5717

Günther Buch

Namen und Daten

wichtiger Personen der DDR

Verlag
J.H.W. Dietz
Nachf.

CIP-Kurztitelaufnahme der Deutschen Bibliothek

Buch, Günther:
Namen und Daten wichtiger Personen der DDR / Günther Buch. — 3., überarb. u. erw. Aufl. — Berlin; Bonn: Dietz, 1982.
ISBN 3-8012-0081-7

NE: HST

3., überarbeitete und erweiterte Auflage 1982
(1. Auflage 1973)
© 1982 bei Verlag J. H. W. Dietz Nachf. GmbH
Berlin · Bonn
Godesberger Allee 143 · D-5300 Bonn 2
Alle Rechte vorbehalten
Satz: Satzstudio Hülskötter, Burscheid
Druck und Verarbeitung: braunschweig druck
Printed in Germany 1982

Inhalt

Vorwort	VII
Hinweise	IX
Abkürzungsverzeichnis	XI
Biographischer Teil	1
Nekrolog	363

Vorwort

Mit dieser Ausgabe legen Autor und Verlag zum dritten Mal das biographische Nachschlagewerk „Namen und Daten" vor. Dies geschieht nicht nur, weil seit der Herausgabe der 2. Auflage vier Jahre verstrichen sind und die im Buch enthaltenen Biographien überprüft, ergänzt und aktualisiert werden müssen, sondern auch wegen des unverändert großen Interesses an diesem Nachschlagewerk. Autor und Verlag halten eine Neuauflage auch für geboten, weil in der DDR ein vergleichbares Lexikon nach wie vor nicht existiert. Diesem Mangel war erneut abzuhelfen.

Der Öffentlichkeit wird damit ein völlig überarbeitetes und ergänztes Werk angeboten, das alle wesentlichen Veränderungen in den wichtigsten Personalbereichen der DDR enthält.

„Namen und Daten" umfaßt diesmal 2.324 Personen, davon sind im Zuge der Überprüfung rund ein Fünftel wegen nicht mehr zutreffender Auswahlkriterien (Funktionsentzug, Pensionierung etc.) ausgewechselt worden.

Bei der Aufnahme der Biographie in das Nachschlagewerk wurde wieder nach den in der 1. und 2. Auflage mit Erfolg praktizierten Auswahlprinzipien verfahren (siehe unter Hinweise). Aufnahme in das Buch fand nur ein ganz bestimmter, fest umrissener Personenkreis. Zufälligkeiten und Gefälligkeiten spielten auch diesmal keine Rolle. Im Interesse strikter Objektivität wurde auf Wertungen und Vermutungen durchgängig verzichtet. Nach wie vor bleibt die Wertung einzig und allein dem Benutzer überlassen. Einige Lebensläufe konnten auf Grund neu erschlossener Quellen ergänzt und wesentlich verbessert werden. Dennoch werden für einige Benutzer Wünsche offen bleiben. Der Autor ist unverändert bemüht, trotz schwieriger Quellenlage und der anhaltenden restriktiven Publikationspolitik der DDR im Laufe der Zeit diese Lücken zu schließen. Von Auflage zu Auflage ist das bereits geschehen.

„Namen und Daten" ist auch diesmal ein „Nekrolog" beigefügt. Infolge zahlreicher Todesfälle ist die Zahl der darin Aufgeführten auf 82 Biographien erweitert worden.

Ergänzende Hinweise aus dem Kreis der Benutzer nehmen Autor und Verlag weiterhin dankbar entgegen.

Abgeschlossen im Juli 1982

Hinweise

Da auf engem Raum möglichst viele Lebensläufe untergebracht werden sollten, war es notwendig, so knapp wie möglich zu formulieren, viele Abkürzungen zu verwenden und sich bei einigen Angaben (Auszeichnungen und Veröffentlichungen) auf ein Mindestmaß zu beschränken. Der Leser findet auf den folgenden Seiten ein Verzeichnis dieser Abkürzungen. Die Biographien sind nach einem einheitlichen Schema erarbeitet, das sich im einzelnen wie folgt darstellt:

a) Name
b) Gegenwärtiger Aufenthaltsort
c) Geburtsdatum und -ort
d) Erlernter Beruf
e) Ausgeübter Beruf
f) Gegenwärtige Parteizugehörigkeit
g) Chronologischer Lebenslauf
h) Auszeichnungen
i) Veröffentlichungen und Werke

Die akademischen Titel sind in der Regel in der Spalte „Erlernter Beruf" aufgeführt. Fehlen Angaben über den erlernten Beruf, dann sind die akademischen Grade ausnahmsweise in der Spalte „Ausgeübter Beruf" erwähnt. In der Rubrik „Ausgeübter Beruf" sind die gegenwärtigen Funktionen aus Platzgründen so knapp wie möglich angegeben. Genauere Berufs-, Funktions- und Ressortangaben sind im chronologischen Lebenslauf vermerkt. Im allgemeinen sind die Biographien im Juli 1982 abgeschlossen worden. Bei einigen wenigen Spitzenfunktionären wurden wesentliche Veränderungen bis in den August 1982 berücksichtigt. Entsprechend der im Vorwort dargestellten Konzeption enthält das Buch folgende Personengruppen:

1. Mitglieder und Kandidaten des ZK der SED, Mitglieder und Kandidaten der ZPKK und ZRK der SED, Direktoren und stellvertretende Direktoren der Parteihochschulen und der ZK-Institute, Sekretäre der SED-Bezirksleitungen, Vorsitzende der BPKK und BRK der SED.

2. Abgeordnete der Volkskammer mit überregionaler Bedeutung und wichtigen politischen und gesellschaftlichen Funktionen.

3. Mitglieder des Staatsrates, des Nationalen Verteidigungsrates und des Ministerrates, Minister, Leiter der Staatlichen Ämter und Komitees, Vorsitzende und stellvertretende Vorsitzende der SPK und ABI, Staatssekretäre und stellvertretende Minister.

4. Botschafter, Generalkonsuln, Leiter der Handelsvertretungen, Abteilungsleiter im MfAA.

5. Generaldirektoren einiger VVB, Kombinate, Außenhandelsunternehmen und wichtiger Schwerpunktbetriebe.

6. Rektoren der Universitäten und Hochschulen, Direktoren der Institute der AdW, AdL und APW, Wissenschaftler und Hochschullehrer mit überregionaler Bedeutung und wichtigen politischen Funktionen, Träger hoher staatlicher Auszeichnungen.

7. Vorsitzende, stellvertretende Vorsitzende und hauptamtliche Sekretäre der Parteien, Massenorganisationen und Berufsverbände, Mitglieder der Präsidien.

8. Generalität der DDR (NVA, Volkspolizei und Staatssicherheitsdienst).

9. Schriftsteller und Künstler mit überregionaler Bedeutung oder wichtigen politischen Funktionen.

10. Bezirksvorsitzende der Parteien und Massenorganisationen.

11. Chefredakteure der Zentralorgane und Bezirkszeitungen, Chefredakteure der wichtigsten Zeitschriften, Intendanten der Rundfunksender, Leiter der wichtigsten Verlage.

12. Personen, die in der 33jährigen Geschichte der SBZ/DDR eine wichtige Rolle gespielt haben.

Abkürzungsverzeichnis

ABF	=	Arbeiter- und Bauern-Fakultät
Abg.	=	Abgeordneter
ABI	=	Arbeiter- und Bauern-Inspektion
Abt.	=	Abteilung
Abtltr.	=	Abteilungsleiter
ADGB	=	Allgemeiner Deutscher Gewerkschaftsbund
AdK	=	Akademie der Künste
AdL	=	Akademie der Landwirtschaftswissenschaften
ADMV	=	Allgemeiner Deutscher Motorsportverband
ADN	=	Allgemeiner Deutscher Nachrichtendienst
AdW	=	Akademie der Wissenschaften
AeO	=	Arbeitsgemeinschaft ehemaliger Offiziere
AfG	=	Akademie für Gesellschaftswissenschaften
AG	=	Amtsgericht, Aktiengesellschaft
AGL	=	Abteilungsgewerkschaftsleitung
Agit.	=	Agitation
AHU	=	Außenhandelsunternehmen
AL	=	Abteilungsleiter
amt.	=	amtierend
Antifa	=	Antifaschismus, antifaschistisch
APW	=	Akademie der Pädagogischen Wissenschaften
ASMW	=	Amt für Standardisierung, Meßwesen u. Warenprüfung
ASP	=	Altsozialistische Partei
ASR	=	Akademie für Staats- und Rechtswissenschaft
ASV	=	Armee-Sportvereinigung
BDA	=	Bund Deutscher Architekten
BDO	=	Bund Deutscher Offiziere (in der SU)
BdVP	=	Bezirksbehörde der Volkspolizei
BG	=	Bezirksgericht
BGL	=	Betriebsgewerkschaftsleitung
BHG	=	Bäuerliche Handels-Genossenschaft
BKW	=	Braunkohlenwerk
BL	=	Bezirksleitung
Bln	=	Berlin bzw. Berliner
BLWR	=	Bezirkslandwirtschaftsrat
BMK	=	Bau- und Montagekombinat
BPK	=	Bezirksplankommission
BPKK	=	Bezirksparteikontrollkommission
BPO	=	Betriebsparteiorganisation
BPS	=	Bezirksparteischule
BRK	=	Bezirksrevisionskommission
BT	=	Bezirkstag
BV	=	Bundesvorstand/Bezirksvorstand
Btl.	=	Bataillon
BVG	=	Berliner Verkehrsgesellschaft
BWR	=	Bezirkswirtschaftsrat
BZ	=	Berliner Zeitung (Ostberlin)
CDU	=	Christlich-Demokratische Union
CFK	=	Christliche Friedenskonferenz
CSR	=	Tschechoslowakische Republik (Ceskoslovenská Republika)
CSSR	=	Tschechoslowakische Sozialistische Republik (seit 11. 7. 1960)
DAG	=	Deutsche Agrarwissenschaftliche Gesellschaft
DAK	=	Deutsche Akademie der Künste
DAL	=	Deutsche Akademie der Landwirtschaftswissenschaften
DAMW	=	Deutsches Amt für Material- und Warenprüfung
DASR	=	Deutsche Akademie für Staats- und Rechtswissenschaft „Walter Ulbricht" in Potsdam-Babelsberg
DAW	=	Deutsche Akademie der Wissenschaften
DBA	=	Deutsche Bauakademie
DBD	=	Deutsche Bauernpartei Deutschlands
DDP	=	Deutsche Demokratische Partei

DDR	= Deutsche Demokratische Republik	EK	= Eisernes Kreuz
DEFA	= Deutsche Film AG, jetzt: Deutsche Filmgesellschaft mbH	EKD	= Evangelische Kirche in Deutschland
		EKO	= Eisenhüttenkombinat Ost
		EKU	= Evangelische Kirche der Union
DFF	= Deutscher Fernsehfunk		
DFD	= Demokratischer Frauenbund Deutschlands	em.	= emeritiert
		EOS	= Erweiterte Oberschule
DGB	= Deutscher Gewerkschaftsbund	Evang. luth.	= Evangelisch-lutherisch
DHfK	= Deutsche Hochschule für Körperkultur (in Leipzig)	FDGB	= Freier Deutscher Gewerkschaftsbund
DHZ	= Deutsche Handelszentrale	FDJ	= Freie Deutsche Jugend
DIA	= Deutscher Innen- und Außenhandel	FIR	= Fedération Internationale de Résistance
Diamat	= Dialektischer Materialismus		
DIB	= Deutsche Investitionsbank	GdA	= Gewerkschaftsbund der Angestellten
Dipl.-Ing. oec.	= Diplom-Ingenieurökonom	Ges.	= Gesellschaft
Dipl.-Gewi.	= Diplom-Gesellschaftswissenschaftler	Gewi.	= Gesellschaftswissenschaften
		GHG	= Großhandels-Gesellschaft
		GL	= Gebietsleitung
Dipl.-Mil. Dipl.-rer. mil.	= Diplom-Militärwissenschaftler	GO	= Grundorganisation
		Gren.	= Grenadier
		GST	= Gesellschaft für Sport und Technik
Div.	= Division		
DKB	= Deutscher Kulturbund	HA	= Hauptabteilung
DNB	= Deutsche Notenbank	Habil.	= Habilitation
DNVP	= Deutschnationale Volkspartei	HJ	= Hitler-Jugend
		HO	= Handelsorganisation
Doz.	= Dozent	HfP	= Hochschule für Politik
DRK	= Deutsches Rotes Kreuz	HfV	= Hochschule für Verkehrswesen
DSF	= Deutsch-Sowjetische Freundschaft, Gesellschaft für		
		HS	= Hochschule
		HV	= Hauptverwaltung, Handelsvertretung
DSG	= Deutsche Saatzucht-Gesellschaft		
DSU	= Deutsche Schiffahrts- und Umschlagsbetriebe	HVA	= Hauptverwaltung für Ausbildung
		HVDVP	= Hauptverwaltung Deutsche Volkspolizei
DSV	= Deutscher Schriftstellerverband		
		IAH	= Internationale Arbeiterhilfe
DTSB	= Deutscher Turn- und Sportbund	IDFF	= Internationale Demokratische Frauenföderation
DVP	= Deutsche Volkspartei, Deutsche Volkspolizei	IfG	= Institut für Gesellschaftswissenschaften
DWK	= Deutsche Wirtschaftskommission	IG	= Industriegewerkschaft
		IHK	= Industrie- und Handelskammer
EAW	= Elektroapparate-Werk in Berlin-Treptow	IHS	= Ingenieur-Hochschule
		ill.	= illegal

IML	= Institut für Marxismus-Leninismus	KZ	= Konzentrationslager
IOJ	= Internationale Organisation der Journalisten	LA	= Lehrauftrag
		LB	= Landesbezirk
IPG	= Interparlamentarische Gruppe	LDP	= Liberal-Demokratische Partei
IPW	= Institut für Internationale Politik und Wirtschaft	LG	= Landgericht
		LPG	= Landwirtschaftliche Produktionsgenossenschaft
JD	= Justizdienst	LPKK	= Landesparteikontrollkommission
KB	= Kulturbund	LSK	= Luftstreitkräfte
Kdr.	= Kommandeur	Ltn.	= Leutnant
KdT	= Kammer der Technik	Ltr.	= Leiter
KfA	= Kammer für Außenhandel	LV	= Luftverteidigung, Landesvorstand
KG	= Kammergericht		
KJV	= Kommunistischer Jugendverband	LVZ	= Leipziger Volkszeitung
		LWR	= Landwirtschaftsrat beim Ministerrat
Kl.	= Klasse		
KL	= Kreisleitung		
KMU	= Karl-Marx-Universität (in Leipzig)	MA	= Mitarbeiter
		MAI	= Ministerium für Außenhandel und Innerdeutschen Handel
Koll.	= Kollektiv-Auszeichnung		
Koll.d.RA.	= Kollegium der Rechtsanwälte		
		MAS	= Maschinen-Ausleih-Station
komm.	= kommissarisch, kommunistisch	MdF	= Ministerium der Finanzen
		MdI	= Ministerium des Innern
Komintern	= Kommunistische Internationale	MdR	= Mitglied des Reichstages
		MdV	= Mitglied der Volkskammer
KPC	= Kommunistische Partei der Tschechoslowakei	MfA	= Ministerium für Außenwirtschaft/Außenhandel
KPD	= Kommunistische Partei Deutschlands	MfAA	= Ministerium für Auswärtige Angelegenheiten
KPdSU	= Kommunistische Partei der Sowjetunion	MfK	= Ministerium für Kultur
		MfNV	= Ministerium für Nationale Verteidigung
KPF	= Kommunistische Partei Frankreichs		
		MfS	= Ministerium für Staatssicherheit
KPKK	= Kreisparteikontrollkommission		
		MLU	= Martin-Luther-Universität (Halle-Wittenberg)
KPO	= Kommunistische Partei-Opposition		
		mot.	= motorisiert
KPÖ	= Kommunistische Partei Österreichs	MPF	= Ministerium für Post- u. Fernmeldewesen
Krs.	= Kreis		
KT	= Kreistag	MR	= Ministerrat
KV	= Kreisverband	MSD	= Motorisierte Schützendivision
KVP	= Kasernierte Volkspolizei		
KWI	= Kaiser-Wilhelm-Institut (seit 1948: Max-Planck-Gesellschaft) zur Förderung der Wissenschaften	MVR	= Mongolische Volksrepublik
		MTS	= Maschinen-Traktoren-Station
		NF	= Nationale Front
KWU	= Kommunales Wirtschaftsunternehmen	Nat. Front	= Nationale Front des demokratischen Deutschland

Nat. Rat	= Nationalrat (der Nationalen Front)		prov.	= provisorisch
nba.	= nebenamtlich		PV	= Parteivorstand
ND	= „Neues Deutschland" (Zentralorgan der SED)		Pz.	= Panzer
NDP	= Nationaldemokratische Partei		RA	= Rechtsanwalt
			RAD	= Reichsarbeitsdienst
NKFD	= Nationalkomitee „Freies Deutschland"		RAW	= Reichsbahnausbesserungswerk
NOK	= Nationales Olympisches Komitee		RB	= Reichsbahn
			Rba.	= Reichsbahnamt
NS	= Nationalsozialismus		RBD/Rbd.	= Reichsbahndirektion
NSDAP	= Nationalsozialistische Deutsche Arbeiterpartei		RdB	= Rat des Bezirks
			RdK	= Rat des Kreises
NSLB	= Nationalsozialistischer Lehrerbund		Red.	= Redakteur, Redaktion
			Res.	= Reserve
NVA	= Nationale Volksarmee		RFB	= Roter Frontkämpferbund
NWDR	= Nordwestdeutscher Rundfunk		RGO	= Revolutionäre Gewerkschaftsopposition
			Rgt.	= Regiment
OB	= Oberbürgermeister		RGW	= Rat für gegenseitige Wirtschaftshilfe = COMECON (Council for Mutual Economic Aid)
OdF	= Opfer des Faschismus			
Öst.	= Österreich bzw. österreichisch			
ÖVW	= Örtliche Versorgungswirtschaft		RH	= Rote Hilfe
			RLN	= Rat für Landwirtschaftliche Produktion und Nahrungsgüterwirtschaft
OG	= Oberstes Gericht			
OLG	= Oberlandesgericht			
opp.	= oppositionell			
OS	= Oberschule		S	= Sicherheit
			SA	= Sturm-Abteilung (der NSDAP)
PB	= Politbüro			
PEN	= PEN-Club, Abkürzung für Klub der „poets, playwriters, editors, essayists, novelists"		Sa.	= Sachsen
			SAG (SDAG)	= Sowjetische (bzw. Sowjetisch-Deutsche) Aktiengesellschaft
PGH	= Produktionsgenossenschaft des Handwerks			
			SAJ	= Sozialistische Arbeiterjugend
PHSch	= Parteihochschule „Karl Marx" der SED, Parteihochschule der KPdSU		SAP	= Sozialistische Arbeiterpartei
			SBZ	= Sowjetische Besatzungszone
			SED	= Sozialistische Einheitspartei Deutschlands
PHV	= Politische Hauptverwaltung			
Pi.	= Pionier		Sekr.	= Sekretär, Sekretariat
PK	= Politkultur		SHF	= Staatssekretariat für Hoch- und Fachschulwesen
Po.	= Pommern			
Präs.	= Präsident, Präsidium		SMAD	= Sowjetische Militäradministration in Deutschland
Priv.	= Privat			
Prof.	= Professor		sozial.	= sozialistisch
Prof.m.LA	= Professor mit Lehrauftrag		sowj.	= sowjetisch
Prof.m.v. LA	= Professor mit vollem Lehrauftrag		SPD	= Sozialdemokratische Partei Deutschlands
			SPF	= Sozialdemokratische Partei Frankreichs
prol.	= proletarisch			
Prop.	= Propaganda		SPK	= Staatliche Plankommission

SPÖ	= Sozialistische Partei Österreichs		VDR	= Volksdemokratische Republik
SS	= Schutzstaffel (der NSDAP)		VEAB	= Volkseigener Erfassungs- und Aufkaufbetrieb
SSD	= Staatssicherheitsdienst			
St. Ausschuß	= Ständiger Ausschuß (der Volkskammer)		VEB	= Volkseigener Betrieb
			VEG	= Volkseigenes Gut
StBl	= Stadtbezirksleitung		VELK	= Ver. EV. Luth. Kirche
StL	= Stadtleitung		VGH	= Volksgerichtshof
StPKK	= Stadtparteikontrollkommission		VK	= Volkskammer
			VKSK	= Verband der Kleingärtner, Siedler und Kleintierzüchter
StVV	= Stadtverordnetenversammlung			
			Vlg.	= Verlag
SU	= Sowjetunion		VOB	= Vereinigung organisationseigener Betriebe
SVK	= Sozialversicherungskasse			
SVZ	= Schweriner Volkszeitung		VP	= Volkspolizei
			VR	= Volksrepublik
TAN	= Technisch begründete Arbeitsnorm		VVB	= Vereinigung volkseigener Betriebe
TH	= Technische Hochschule		VVEAB	= Vereinigung volkseigener Erfassungs- und Aufkaufbetriebe
THC	= Technische Hochschule für Chemie			
			VVN	= Vereinigung der Verfolgten des Naziregimes
UdSSR	= Union der Sozialistischen Sowjetrepubliken		VVO	= Vaterländischer Verdienstorden
Uffz.	= Unteroffizier			
UGL	= Universitäts-Gewerkschaftsleitung		VVW	= Vereinigung Volkseigener Warenhäuser
U-Haft	= Untersuchungshaft		VWR	= Volkswirtschaftsrat
UPL	= Universitätsparteileitung			
USPD	= Unabhängige Sozialdemokratische Partei Deutschlands		WBDJ	= Weltbund der Demokratischen Jugend
			WGB	= Weltgewerkschaftsbund
			WMW	= Werkzeugmaschinenwerke
VAR	= Vereinigte Arabische Republik		Z.	= Zuchthaus
			ZdA	= Zentralverband der Angestellten
VBKD	= Verband Bildender Künstler Deutschlands			
			Zentrag	= Zentrale Druckerei-, Einkaufs- und Revisionsgesellschaft mbH
VBV	= Verwaltung, Banken, Versicherungen (Gewerkschaft)			
			ZfK	= Zentralinstitut für Kernforschung in Rossendorf bei Dresden
VdgB	= Vereinigung der gegenseitigen Bauernhilfe			
VdJ	= Verband der Journalisten		ZK	= Zentralkomitee
VDJ	= Verband der Deutschen Journalisten		ZKSK	= Zentrale Kommission für Staatliche Kontrolle
VDK	= Verband Deutscher Komponisten und Musikwissenschaftler - oder: Verband Deutscher Konsumgenossenschaften		ZPKK	= Zentrale Parteikontrollkommission
			ZRK	= Zentrale Revisionskommission
VDP	= Verband der Deutschen Presse		ZV	= Zentralvorstand, Zivilverteidigung

A

Abraham, Heinz
Berlin
Geb. 30. 6. 1911 i. Allenstein/Ostpr. als Sohn eines Handwerkers
Erl. B.: Architekt
Ausg. B.: Hochschullehrer
Partei: SED
L.: 1928-31 Ing.-Studium (Hochbau) i. Breslau. 1931 KPD. 1937 i. Spanien, 1939 i. Frankreich interniert. Danach Architekt i. d. SU. 1943-45 NKFD. Politinstrukteur d. Roten Armee. Nach 1945 Lehrer a. Bildungseinrichtungen d. KPD, dann ab 1946 Lehrstuhllltr. u. stellv. Dir. a. d. PHSch „Karl Marx" d. SED. 1952 o. Prof. 1960-64 Außerord. Gesandter u. Bevollm. Min. i. d. UdSSR. Seit 1964 wieder a. d. PHSch d. SED tätig. o. Prof. a. Lehrstuhl für Geschichte u. Politik d. KPdSU. 1981 Dr. h. c. d. PHSch d. SED.
Ausz.: Karl-Marx-Orden (1976) u. a.

Ackermann, Gerhard
Zittau
Geb. 1922
Erl. B.: Diplom-Chemiker, Dr. sc. techn.
Ausg. B.: Hochschullehrer
Partei: SED
L.: Bis 1948 Studium a. d. TH Dresden. Dipl.-Chemiker. Ass. bzw. Oberass. TH. 1952 Promotion zum Dr. rer. nat. 1956 Lehrbeauftragter a. d. Bergakademie Freiberg. 1957 Habil. 1958 Dozent, 1. 1. 1960 Prof. m. LA, 1965 Prof. m. Lehrstuhl Bergakademie Freiberg. Berufung a. d. IHS Zittau. Dir. d. Sektion Kraftwerksanlagen u. Energieumwandlung. 1976-81 Kandidat, seit Febr. 1981 Mitgl. d. SED-BL Dresden. Seit 15. 6. 1981 Rektor d. IHS Zittau. Nachf. v. Hans-Joachim Hildebrand.

Adam, Theo
Dresden
Geb. 1. 8. 1926 i. Dresden als Sohn eines Dekorationsmalers
Ausg. B.: Opernsänger
L.: Besuch der 40. Volksschule i. Dresden. 1936 Angehöriger d. Kreuz-Chores Dresden. Abitur. 1944 RAD u. Wehrmacht. Kriegsgefangenschaft. Gesangsunterricht bei Kammersänger R. Dittrich i. Dresden. Neulehrer. 1949 Anfänger, dann Mitgl. d. Ensembles d. Dresdner Oper, seit 1955 Mitgl. d. Ensembles d. Berliner Staatsoper (Bassist). Trat wiederholt i. Bayreuth auf. Kammersänger, Mitgl. d. AdK. Seit 1979 Kammersänger d. Wiener Oper.
Ausz.: Nat. Pr. III. Kl. (1959), Goethe-Preis f. künstl. Leistungen I. Kl. (1979) u. a.
Veröff.: „Seht, hier ist Tinte, Feder, Papier" Aus der Werkstatt eines Sängers, Henschel-Verlag, 1980.

Adameck, Heinz
Berlin
Geb. 21. 12. 1921 i. Silberhausen/Thür.
Erl. B.: Kaufmännischer Angestellter, Diplom-Staatswissenschaftler
Ausg. B.: Vorsitzender d. Staatl. Komitees f. Fernsehen
Partei: SED
L.: Kriegsdienst. Sowj. Kriegsgefangenschaft. Mitgl. d. Nationalkomitees „Freies Deutschland". Nach 1945 MA d. thür. Landesregierung. 1949 SED. Anfang d. 50er Jahre Ltr. d. Kaderabt. d. Staatl. Rundfunkkomitees d. DDR. Seit 1954 Intendant d. Dtsch. Fernsehfunks i. Ostberlin. 1959-68 stellv. Vors. d. Staatl. Rundfunkkomitees. Seit Jan. 1963 (VI. Parteitag) Mitgl. d. ZK d. SED. 1967-72 stellv. Vors. d. VDJ. Seit Dez. 1968 Vors. d. Staatl. Komitees f. Fernsehen. Vors. d. Fernsehprogramm-Kommission d. OIRT u. d. Rates d. Intervision. Mitgl. d. Präsidiums d. Film- u. Fernsehrates d. DDR.
Ausz.: VVO i. Gold (1971) u. a.

Agsten, Rudolf
Berlin
Geb. 31. 10. 1926 i. Leipzig als Sohn eines Postangestellten
Erl. B.: Diplom-Journalist, Dr. sc. phil.
Ausg. B.: Sekretär d. ZV d. LDP
Partei: LDP
L.: Nach d. Besuch d. Oberschule Einberufung z. Wehrmacht. Geriet schwerverwundet i. sowj. Kriegsgefangenschaft. 1946 Entlassung a. d. Gefangenschaft. 1946 LDP. 1946-47 Referent beim KV Halle/Saale u. später beim LV Sachsen-Anhalt d. LDP. 1947-48 Ltr. d. Landesparteischule d. LDP i. Schierke. 1948-53 Red. u. Chefred. d. „Liberal-Demokratischen Zeitung" i. Halle. Seit 1949 Mitgl. d. ZV d. LDP (s. 1957 Mitgl. d. Polit. Ausschusses). 1950-52 Abg. d. Landtages Sachsen-Anhalt. 1952-53 Abg. d. BT Halle. Im Landtag Vors. d. LDP-Fraktion. 1951-53 2. Landesvors. d. DSF bzw. 2. Bez.-Vors. d. DSF i. Halle. 1953-54 Ltr. d. Hauptabt. Politik i. d. Parteileitung d. LDP. Seit 1954 Abg. d. VK u. Sekr. d. ZV d. LDP. Vors. d. LDP-Fraktion i. d. VK. 1955-61 Fernstudium d. Journ. a. d. KMU Leipzig. Diplom-Journalist. Seit 1962 Vizepräs. d. Dtsch.-Arab. Gesellschaft. Nov. 1963-Nov. 1971 stellv. Vors. d. IPG d. DDR. Mai 1969-Nov. 1971 Vors. d. Ausschusses f. Auswärtige Angelegenheiten d. VK. Seit Juni 1973 Vors. d. Geschäftsordnungsausschusses d. VK. Mai 1963-65 Fernstudium a. d. DASR. 1969 Promotion z. Dr. phil. (zusammen mit Manfred Bogisch). April 1976 Promotion B.
Ausz.: Orden „Banner d. Arbeit" (1969) u. a.

Akkermann, Siegfried
Dresden
Geb. 1935
Erl. B.: Arzt, Dr. sc. med.
Ausg. B.: Präsident d. DRK
Partei: SED

L.: Studium d. Medizin. 1958 Staatsexamen. Seit 1959 am Lehrstuhl Sozialhygiene d. Uni. Rostock tätig. 1963 Oberarzt. 1969 Habil. 1969 Dozent, 1975 ao. Prof., 1979 o. Prof. f. Sozialhygiene d. Uni. Rostock. 1973-74 stellv. Dir. d. Bereichs Medizin d. Uni. Rostock. Seit 1976 Parteisekr. d. SED d. Bereichs Medizin. 1974-76 Gastprof. i. Irak. 1. 9. 1980 i. d. Präsidium d. DRK kooptiert u. zum Vizepräs. gewählt. Seit 24. 10. 1981 Präs. d. DRK d. DDR, Nachf. v. Werner Ludwig.
Ausz.: Max-Pettenkofer-Medaille (1976) u. a.

Albrecht, Dieter

Berlin
Geb. 12. 5. 1930 i. Leipzig
Ausg. B.: Stellv. Vorsitzender d. SPK, Dr.
Partei: SED
L.: Seit Anfang d. 50er Jahre i. MAI tätig (Hauptreferent, pers. Referent d. Min., Ltr. einer HV). 1959-63 stellv. Min. f. Außenhandel u. Innerdtsch. Handel. 1963-65 stellv. Vors. d. SPK. Dez. 1965-Nov. 1975 Staatssekr. u. 1. stellv. Min. i. MAI bzw. MfA. Seit Nov. 1975 stellv. Vors. d. SPK. Vors. d. DDR-Sektion i. Gemeinsamen Wirtschaftsausschuß DDR-Kuba.
Ausz.: VVO i. Gold (1980) u. a.

Albrecht, Erhard

Greifswald
Geb. 8. 10. 1925 i. Kirchscheidungen
Ausg. B.: Hochschullehrer, Dr. rer. pol. et sc. phil.
Partei: SED
L.: 1944-46 sowj. Kriegsgefangenschaft. 1946 SED. 1946-49 Studium a. d. Uni. Rostock. 1949 Promotion. 1951 Habil. a. d. Uni Rostock. 1952 als Prof. f. Diamat a. d. Uni. Greifswald berufen. 1956-59 Prof. m. vollem LA, seit 1. 1. 1959 Prof. m. Lehrstuhl f. Philosophie, Logik, Semiotik u. Erkenntnistheorie a. d. Ernst-Moritz-Arndt-Uni. Greifswald.
Ausz.: VVO i. Bronze (1975), Nat. Pr. III. Kl. (1979) u. a.

Albrecht, Ernst

Neubrandenburg
Geb. 1935
Erl. B.: Augenoptiker, Diplom-Jurist, Dr. jur.
Ausg. B.: Sekretär d. SED-BL Neubrandenburg
Partei: SED
L.: Augenoptiker, Dipl.-Jurist, Dr. jur. Zeitweise Lehrstullltr. f. Diamat a. d. BPS d. SED Neubrandenburg. Danach Sekr. f. Agitprop. bzw. 1976-80 f. Wiss., Volksb. u. Kultur d. SED-KL Neubrandenburg. Seit 7. 5. 1980 Sekr. f. Agitprop. d. SED-BL Neubrandenburg. Nachf. v. Werner Breitsprecher. Seit Juni 1981 Abg. d. BT.
Ausz.: VVO i. Bronze (1977) u. a.

Albrecht, Günter

Berlin
Geb. 14. 2. 1930 i. Greußen
Erl. B.: Physiker, Dr. rer. nat. habil.
Ausg. B.: Forschungsbereichsleiter
L.: Physiker. Dr. rer. nat. habil. Zeitw. Dir. d. Sektion Physik a. d. Uni. Jena. 1978 korr. Mitgl. d. AdW. 1978 stellv. Ltr., seit Febr. 1979 Ltr. d. Forschungsbereichs Physik, Kern- u. Werkstoffwiss. d. AdW. Nachf. v. Klaus Fuchs.
Ausz.: Nat. Pr. II. Kl. (1974).

Albrecht, Hans

Suhl
Geb. 22. 11. 1919 i. Bochum als Sohn eines Arbeiters
Erl. B.: Schlosser, Diplom-Ingenieur oec.
Ausg. B.: 1. Sekretär d. SED-BL Suhl
Partei: SED
L.: Volksschule. 1934-38 Schlosserlehre. Kriegsdienst. 1940 Flieger. 1945 SPD. 1945-46 Heizungsmonteur. 1946-49 polit. MA u. Sekr. d. SED-KL Grimma/Sa. 1950 Besuch d. PHSch. 1951-52 2. bzw. 1. Sekr. d. SED-KL Frankfurt/O. 1952-54 1. Sekr. d. SED-KL Eberswalde. 1954-58 1. Sekr. d. SED-KL Stalinstadt. 1958-60 Vors. d. BWR Frankfurt/O. 1958-63 Abg. d. BT Frankfurt/O. Juni 1960-März 1963 Vors. d. RdB Frankfurt/O. 1963-65 Studium a. Ind.-Inst. Bergakad. Freiberg. Dipl.-Ing. oec. März 1965-Aug. 1968 1. stellv. Vors. d. Komitees d. ABI. Seit 15. 8. 1968 1. Sekr. d. SED-BL Suhl. Nachf. v. Otto Funke. 1954-63 Kand., seit 1963 Mitgl. d. ZK d. SED. Seit 1970 Mitgl. d. Präs. d. Freundschaftsges. DDR-Arab. Länder. Seit Nov. 1971 Abg. d. VK.
Ausz.: VVO i. Gold (1974), Karl-Marx-Orden (1979) u. a.

Albrecht, Heinz

Berlin
Geb. 22. 3. 1935 i. Lugau/Krs. Stollberg/Erzgeb. als Sohn eines Arbeiters
Erl. B.: Schlosser, Diplom-Wirtschaftler, Ingenieur
Ausg. B.: Sekretär d. SED-BL Berlin
Partei: SED
L.: 1949-51 Lehre als Werkzeugmaschinenschlosser u. danach Tätigkeit als Schlosser. 1953 SED. 1953-57 Studium HS f. Ökonomie i. Ostberlin. Dipl.-Wirtschaftler. 1958-60 Ass. u. kfm. Dir. i. VEB Schleifmaschinenwerk Berlin. 1960-65 hauptamtl. Parteisekr. d. SED. i. versch. Betrieben, u. a. i. VEB Großdrehmaschinenbau „7.10." i. Berlin-Weißensee. 1965-70 Werkdir. VEB Kühlautomat Berlin-Johannisthal. 1959-64 Fernstudium Ing.-Schule f. Maschinenbau u. Elektrotechnik Berlin. Ing. Mai 1970-Okt. 1975 Vors. d. BWR Berlin (1971-75 zusätzl. stellv. OB). Seit 1971 Mitgl. STVV Berlin. 1971-76 Berliner Vertreter i. d. VK. Seit 31. 10. 1975 Sekr. f. Landw., Nahrungsgüterwirtschaft, Handel u. ÖVW d. SED-BL Berlin. Nachf. v. Ernst Stein.
Ausz.: VVO i. Bronze (1974) u. a.

Albrecht, Kurt

Berlin
Geb. 24. 2. 1918 i. Halle/Saale
Ausg. B.: Chefredakteur, Dr.
Partei: SED
L.: 1937 NSDAP, Anfang d. 50er Jahre Korrespondent d. „Täglichen Rundschau" i. Erfurt. Vors. d. VDP i. Bez. Erfurt. Seit 1955 Chefred. d. Zentralorgans d. VDJ „Neue Deutsche Presse" i. Ostberlin. Seit 1956 Mitgl. d. ZV d. VDP bzw. VDJ (seit 1977 Sekr.).
Ausz.: VVO i. Bronze (1968) u. a.

Albrecht, Siegfried

Karl-Marx-Stadt
Geb. 1929
Erl. B.: Angestellter, Diplom-Gesellschaftswiss.
Ausg. B.: 1. Sekretär d. SED-StL Karl-Marx-Stadt
Partei: SED
L.: 1947 Mitglied d. SED. Bis 1954 als Angest., dann als hauptamtl. SED-Funktionär tätig. 1966-69 1. Sekr. d. SED-StBL Karl-Marx-Stadt-Süd. 1969-72 Studium a. d. PHSch d. SED. Dipl.-Gesellschaftswiss. Anschl. bis 1975 1. Sekr. d. SED-KL Auerbach. Seit 7. 3. 1975 1. Sekr. d. SED-StL Karl-Marx-Stadt. Nachf. v. Rudi Scharrer. Mitgl. d. Sekr. d. SED-BL.
Ausz.: VVO i. Bronze (1973) u. a.

Albrecht, Werner

Berlin
Geb. 19. 2. 1921 als Sohn eines KPD-Funktionärs (i. d. NS-Zeit ermordet)
Ausg. B.: Abteilungsleiter d. ZK d. SED
Partei: SED
L.: 1934 Emigration mit der Mutter i. d. SU. 1939-47 Mitgl. d. Komsomol. Kriegsdienst. Seit 1947 MA d. Zentralsekr. bzw. ZK d. SED. Dolmetscher. Gegenwärtig Ltr. d. Allg. Abt. d. ZK d. SED.
Ausz.: VVO i. Silber (1969) u. a.

Alexander, Karl Friedrich

Berlin
Geb. 1. 5. 1925 i. Berlin
Erl. B.: Physiker, Dr. rer. nat. habil.
Ausg. B.: Hochschullehrer, Institutsdirektor
Partei: SED
L.: Kriegsdienst u. Kriegsgefangenschaft. Nach 1945 Studium d. Physik a. d. Uni. Göttingen. Mitgl. d. KPD. Übersiedlung i. d. SBZ. Studium i. d. UdSSR. Teilnehmer am ersten Reaktorlehrgang i. Dubna. Danach MA d. DAW, Prof. m. Lehrauftrag f. Kernphysik a. d. KMU Leipzig sowie Ltr. d. Bereichs Reaktorphysik u. Neutronenphysik i. ZfK i. Rossendorf b. Dresden. 1966-69 stellv. Labordir. a. Kernforschungsinst. i. Dubna/UdSSR. Gegenw. Dir. d. Zentralinst. f. Elektronenphysik d. AdW. 1973 o. Mitgl. d. AdW.

Allendorf, Marlis

Berlin
Geb. 26. 11. 1927
Erl. B.: Lehrerin, Dr. phil.
Ausg. B.: Chefredakteur
Partei: SED
L.: Nach 1945 Lehrerin an versch. Jugend- u. Parteischulen. Danach bis 1961 Studium u. Promotion auf dem Gebiet d. Philosophie a. IfG. Seitdem Journalistin b. d. Wochenztg. „Für Dich", zuletzt stellv. Chefred. Seit Juni 1981 Chefred. d. Wochenztg. „Für Dich". Nachf. v. Lieselotte Thoms-Heinrich.
Ausz.: VVO i. Bronze (1974) u. a.
Veröff.: „Die Frau i. Sozialismus", 1975.

Altkuckatz, Georg

Halle/Saale
Geb. 20. 3. 1930 als Sohn eines Tischlers
Erl. B.: Kaufmann, Diplom-Wirtschaftler
Ausg. B.: Vors. d. NDP i. Bez. Halle
Partei: NDP
L.: Groß- u. Einzelhandelskaufmann. Nach 1945 versch. Funktionen i. Handel. 1956-62 Dir. d. HO-Kreisbetriebes Finsterwalde. Vors. d. KV Finsterwalde d. NDP. 1963 stellv. Dir. d. HO-Bezirksdirektion Cottbus. Seit 1963 Abg. d. BT Halle. 1963-78 stellv. Vors. d. RdB Halle f. Handel u. Vers. Seit April 1977 Mitgl. d. Hauptausschusses d. NDP. Seit 16. 6. 79 Vors. d. NDP i. Bez. Halle. Nachf. v. Karl-Heinz Döring.
Ausz.: VVO i. Bronze (1972) u. a.

Altner, Wolfgang

Leipzig
Geb. 1930
Erl. B.: Bautischler, Dr. sc. techn.
Ausg. B.: Hochschullehrer
L.: Bautischler, Lehrer an einer Berufsschule. Studium d. Berufspädag. u. d. Bauwesens a. d. TH Dresden. Ass. bzw. Oberass. HS f. Bauwesen i. Leipzig. 1964 Promotion zum Dr.-Ing. Danach 10 Jahre als Ltr. von Plattenwerken bzw. d. Vorfertigung b. Baukomb. Leipzig tätig. B-Promotion. Dozent, seit Sept. 1978 o. Prof. f. Betontechnologie a. d. TH Leipzig tätig. Prorektor f. Naturwiss. u. Technik. Seit Jan. 1980 Rektor d. TH Leipzig. Nachf. v. Kurt Fiedler.
Ausz.: Artur-Becker-Medaille i. Gold (1980)

Ambrée, Kurt

Berlin
Geb. 1925
Erl. B.: Diplom-Wirtschaftler, Dr. rer. oec. habil.
Ausg. B.: Hochschullehrer
Partei: SED
L.: 1946 SED. Ab 1947 Studium d. Gesellschaftswiss. a. d. Uni. Leipzig. Danach 5 Jahre MA i. Sekr. Otto Grotewohls. Anschl. MA d. MdF u. Abtlr. d. Regierungskommission f. Preise. Seit 1960 Lehrtätigkeit a. d. HS f. Ökonomie i. Ostberlin. 1963 Promotion, 1966 Habil. O. Prof. a. Wissenschaftsbereich Preisökonomie. 1966-69 1.

Sekr. d. Parteiorg. d. SED a. d. HS f. Ökonomie.
Dir. d. Sektion sozial. Betriebswirtsch. d. HS f. Ökonomie.
Ausz.: Artur-Becker-Medaille i. Gold (1980)

Ambros, Gerhard

Karl-Marx-Stadt
Geb. 1928
Erl. B.: Diplom-Agrar-Ingenieur-Ökonom
Ausg. B.: Sekretär d. SED-BL Karl-Marx-Stadt
Partei: SED
L.: Dipl.-Agr.-Ök. Landwirtschaftsfunktionär, VdgB-Funktionär i. Glauchau u. i. Bez. Karl-Marx-Stadt. 1963-73 Ltr. d. Abt. Landw. d. SED-BL Karl-Marx-Stadt. 20. 11. 1973 i. d. SED-BL Karl-Marx-Stadt kooptiert u. zum Sekr. f. Landwirtschaft gewählt. Nachf. v. Kurt Fritz. Abg. d. BT.
Ausz.: VVO i. Bronze (1976) u. a.

Ammer, Hartmut

Frankfurt/Oder
Geb. 1940
Erl. B.: Hauer, Diplom-Ingenieur
Ausg. B.: Stellv. Vorsitzender d. RdB Frankfurt/O.
Partei: LDP
L.: Junghauer u. Dipl.-Ing. Seit Okt. 1971 stellv. Vors. d. RdB Frankfurt/O. f. Verkehr u. Nachrichtenwesen. Nachf. v. Karl-Friedrich Mucker. Mitgl. d. Sekr. d. BV Frankfurt/O. d. LDP. Abg. d. BT.

Anclam, Kurt

Halle/Saale
Geb. 7. 5. 1918 i. Kowanz/Krs. Kolberg als Sohn eines Schneiders
Erl. B.: Bäcker, Diplom-Jurist
Ausg. B.: Vorsitzender d. LDP i. Bez. Halle
Partei: LDP
L.: Volksschule. 1932-35 Lehre u. Tätigkeit als Bäcker. Kriegsdienst. 1946 Meisterprüfung. 1948 Eintritt i. d. LDP. 1950-54 Abg. d. KT Schwerin. Bis 1952 als Bäcker tätig. 1952-54 stellv. Vors. d. RdK Schwerin-Land u. Kreisrat f. Handel u. Versorgung. 1952-54 Abg. d. KT Schwerin-Land. 1953-59 Fernstudium u. d. DASR. Diplom-Jurist. 1954-57 Instrukteur u. Abtltr. beim ZV d. LDP. 1954-63 Abg. d. VK. Seit 1957 Mitgl. d. ZV d. LDP. 1957-66 pers. Referent bei d. Stellv. Vors. d. MR, Dr. Loch u. Dr. Suhrbier. Seit Febr. 1966 Vors. d. BV Halle d. LDP. Seit 1967 Mitgl. d. Polit. Ausschusses d. ZV d. LDP. Seit Juli 1967 erneut Abg. d. VK. Seit Nov. 1971 Mitgl. d. Staatsrates.
Ausz.: VVO i. Silber (1969) u. a.

Anderle, Alfred

Halle/Saale
Geb. 21. 6. 1925 i. Loosch/Sudetenland
Erl. B.: Historiker, Dr. phil. habil.
Ausg. B.: Hochschullehrer
Partei: SED
L.: 1943 NSDAP. 1948-52 Studium d. Geschichte u. d. Slawistik a. d. Uni. Leipzig. 1953-56 wiss. Aspirant a. d. Uni. Moskau. 1956 Promotion, 1962 Habil. Seit 1962 Dir. d. Inst. f. Geschichte d. Völker d. UdSSR i. Halle. Prof. m. Lehrstuhl f. Geschichte d. UdSSR u. d. sozial. Weltsystems a. d. MLU Halle-Wittenberg. Vors. d. DSF a. d. Uni. Halle u. Mitgl. d. ZV d. DSF.

Andrä, Erwin

Halle/Saale
Geb. 20. 5. 1921 i. Dresden
Erl. B.: Modellbauer, Formgestalter, Prof.
Ausg. B.: Hochschullehrer
Partei: SED
L.: Modellbauer u. Industrieformgestalter. Teilnehmer am 2. Weltkrieg. 1947 Student, Ass. a. d. HS f. Werkkunst Dresden. 1952-55 am Inst. f. angewandte Kunst tätig. 1955-61 MA (HV-Ltr.) i. Min. f. Leichtind. u. SPK. 1961-64 Dir. d. Inst. f. Spielzeug i. Sonneberg/Thür. Seit Dez. 1964 Prof. f. Holz- u. Spielzeuggestaltung a. d. HS f. Industrielle Formgestaltung i. Burg Giebichenstein. 1964-71 Rektor dieser HS. 1968-70 Vizepräs. VBK. Mitgl. d. Präs. d. VBK. Dir. d. Sektion Produkt- u. Umweltgestaltung i. Bereich d. Wohn- u. Gesellschaftsbaus d. HS f. Industrielle Formgestaltung.
Ausz.: VVO i. Bronze (1977) u. a.

Andrä, Joachim

Karl-Marx-Stadt
Geb. 1937
Erl. B.: Schlosser, Dipl.-Ing.
Ausg. B.: Stellv. Vorsitzender d. RdB Karl-Marx-Stadt
Partei: SED
L.: Schlosser, Dipl.-Ing. Seit Nov. 1976 Mitgl. d. RdB bzw. stellv. Vors. d. RdB Karl-Marx-Stadt f. Energie, Verkehrs- u. Nachrichtenwesen. Abg. d. BT.

Angermann, Dieter

Potsdam
Geb. 1938
Erl. B.: Werkzeugmacher, Diplom-Lehrer
Ausg. B.: Sekretär d. RdB Potsdam
Partei: SED
L.: Werkzeugmacher, Diplom-Lehrer. Zeitw. kommunalpolitisch tätig, u. a. bis 1981 Vors. d. RdK Jüterbog. Seit 1981 Sekr. d. RdB Potsdam. Nachf. v. Klaus Köhler. Abg. d. BT.

Ankermann, Horst

Berlin
Geb. 20. 12. 1921 i. Königsberg als Sohn eines Arztes
Erl. B.: Arzt, Dr. sc. med.
Ausg. B.: Hochschullehrer
Partei: SED
L.: Studium d. Medizin. Kriegsdienst. Geriet als

Fähnrich d. Dtsch. Wehrmacht April 1945 i. sowj. Kriegsgefangenschaft. Antifa-Schüler. 1948 Rückkehr nach Deutschland. Mitgl. d. SED. Fortsetzung d. Studiums a. d. Humboldt-Uni. Sekr. d. Studentenrates. Zeitw. Parteisekr. d. SED d. Mediz. Fakultät. Lehrtätigkeit a. d. Humboldt-Uni. Ostberlin u. a. d. Uni. Rostock. 1961 Habil. Seit 1963 Lehrtätigkeit a. d. Uni. Jena. Prof. m. Lehrstuhl f. Pharmakologie. Dir. d. Inst. f. Pharmakologie u. Toxikologie d. Uni. Jena. 1976 Inhaber d. Lehrstuhls f. Pharmakologie d. Akad. f. Ärztl. Fortbildung i. Ostberlin. Vors. d. Zentralen Kommission f. wiss. Arzneimitteltherapie b. Min. f. Gesundheitswesen.
Ausz.: Hufeland-Med. i. Gold (1976) u. a.

Apel, Hermann
Berlin
Geb. 6. 2. 1926
Erl. B.: Lehrer, Dr.
Ausg. B.: Stellv. Abteilungsleiter i. ZK d. SED
Partei: SED
L.: Lehrer. MA d. Abt. Volksbildung i. ZK d. SED. Zeitw. Ltr. d. Sektors Lehrerausbildung, jetzt stellv. Abtltr.
Ausz.: Verdienter Lehrer des Volkes (1976) u. a.

Appelfeller, Martin
Berlin
Geb. 12. 8. 1921 i. Meuselbach
Ausg. B.: Generalmajor d. NVA
Partei: SED
L.: April 1941 Einberufung z. Wehrmacht (Art.). Seit 1954 MA d. ZK d. SED. Zuerst MA, dann Sektorenltr. i. d. Abt. S d. ZK d. SED. Generalmajor d. NVA.
Ausz.: VVO i. Gold (1981) u. a.

Ardenne, Manfred von
Dresden (Weißer Hirsch)
Geb. 20. 1. 1907 i. Hamburg als Sohn eines Offiziers
Ausg. B.: Institutsleiter, Hochschullehrer
L.: Besuch d. Friedrich-Realgymn. i. Berlin. 1923 Abitur, Prakt. Ausbildung i. einer feinmechanischen Werkstatt. 1925-26 Studium d. Physik, Chemie u. Mathematik a. d. Uni. Berlin. In d. 20er Jahren MA d. Firma Loewe-Radio, Berlin. 1928-45 Ltr. d. Forschungslaboratoriums f. Elektronenphysik i. Berlin-Lichterfelde. Forschungsarbeiten a. d. Gebiet d. Rundfunk- u. Fernsehtechnik. Später a. d. Gebiet d. Elektronen- u. Ionenphysik tätig. Entwicklung eines Universal-Elektronenmikroskops usw. Jan. 1945 Berufung i. d. Reichsforschungsrat. 1945-55 als Atomphysiker i. d. UdSSR (Suchumi) tätig. 1955 Rückkehr nach Deutschland. Seitdem Ltr. d. Manfred-von-Ardenne-Forschungsinst. i. Dresden. Seit 1. 6. 1956 nebenamtl. Prof. f. elektrotechn. Sonderprobleme d. Kerntechnik. a. d. TU Dresden. Seit 1957 Mitgl. d. Forschungsrates. Seit 1958 Mitgl. d. Friedensrates d. DDR. Seit 1963 Mitgl. d. Präsidialrates d. KB. Seit 1961 Vors. d. Gesellschaft f. mediz. Elektronik bzw. biomediz. Technik. Seit Okt. 1963 Abg. d. VK. Korr. Mitgl. d. Internat. Astronaut. Akademie, Sektion Ingenieurwiss. Paris.
Ausz.: Silberne Leibnizmed. (1941). Stalin-Preis (1953). Nat. Pr. I. Kl. (1958). Dr. h. c. d. Uni. Greifswald (1958). VVO i. Gold (1977) u. a.

Arendt, Erich
Berlin-Treptow
Geb. 15. 4. 1903 in Neuruppin als Sohn eines Heizers
Erl. B.: Lehrer
Ausg. B.: Schriftsteller
L.: Lehrerstudium. Bis 1933 als Zeichner, Bankangestellter, Journalist u. Erzieher tätig. 1926 Mitgl. d. KPD. 1928 Mitgl. d. Bundes prolet.-revolut. Schriftsteller. Nach 1933 Emigration. Teilnehmer a. spanischen Bürgerkrieg. Anschl. Emigrant i. Frankreich u. Südamerika (Kolumbien). 18. 3. 1941 dtsch. Staatsbürgerschaft aberkannt. 1950 Rückkehr nach Deutschland. Freiberufl. Schriftsteller. Nachdichtungen südamerik. Lyrik. Mitgl. d. Akademie d. Künste d. DDR.
Ausz.: Nat.-Preis III. Kl. (1952). u. a.
Veröff.: „Trug doch die Nacht den Albatros", Gedichte, Berlin, Verlag Rütten u. Loening, 1951. „Bergwindballade", Gedichte, Berlin, Dietz-Verlag 1952. „Tropenland Kolumbien", Leipzig, Brockhaus 1954. „Ägäis"-Gedichte, 1976 u. a. m.

Aresin, Lykke, geb. Bauer
Leipzig
Geb. 2. 3. 1921 i. Bernburg als Tochter eines Arztes
Erl. B.: Facharzt f. Nervenheilkunde, Dr. med. habil.
Ausg. B.: Hochschullehrer
Partei: SED
L.: Abitur. Hilfsschwester d. DRK. Studium d. Medizin a. d. Uni. Jena. 1945 Promotion zum Dr. med. Fachausbildung als Nervenärztin i. Jena. 1952 Facharzt f. Nervenheilkunde, Oberärztin a. d. Mediz. Klinik Erfurt. 1958 Habil. Seit 1961 a. d. Frauenklinik d. KMU Leipzig tätig. 1964 Prof. f. Neurologie u. Psychiatrie a. d. KMU Leipzig. Seit 1968 Ltr. d. Ehe- u. Sexualberatungsstelle. Seit 1967 Stadtverordnete i. Leipzig. Präs.-Mitgl. d. internat. Organisation f. geplante Elternschaft. Witwe v. Prof. Norbert A.
Ausz.: Ehrennadel d. DFD. Gold u. a.

Aris, Helmut
Dresden — Weißer Hirsch
Geb. 11. 5. 1908 i. Dresden als Sohn eines Metallwarenfabrikanten
Erl. B.: Kaufmann
Ausg. B.: Präsident d. Verbandes d. jüdischen Gemeinden i. d. DDR
Partei: SED
L.: Besuch d. König-Georg-Gymnasiums i. Dresden. Kaufmann. NS-Verfolgter. Transportarbeiter. Seit 1948 Mitgl. d. Vorstandes, seit 1953 Vors.

d. Jüd. Gemeinde Dresden. Bis 1965 Verwaltungsdir. d. Inst. f. Chemieanlagen i. Dresden. Bis 1962 stellv. Präs., seit Juli 1962 Präs. d. Verbandes d. jüdischen Gemeinden i. d. DDR. Mitgl. d. Präs. d. Liga f. d. Vereinten Nationen, d. Komitees d. Antifa-Widerstandskämpfer, d. Friedensrates u. seit 1969 d. Nationalrates d. Nat. Front.

Arlt, Rainer

Potsdam-Babelsberg
Geb. 20. 1. 1928 i. Duisburg als Sohn eines Maschinensetzers
Erl. B.: Jurist, Dr. jur. habil.
Ausg. B.: Hochschullehrer
Partei: SED
L.: Abitur. 1945 KPD. 1946—1950 Studium d. Rechtswiss. a. d. Humboldt-Uni. i. Ostberlin. 1952 Promotion z. Dr. jur. i. Leipzig. Danach 2 Jahre Dozent a. d. Martin-Luther-Uni. Halle-Wittenberg u. mehrjähriges Studium a. d. Uni. Leningrad/UdSSR. 1956 Kand. d. Rechtswiss. (UdSSR). Ab 1956 Ltr. d. Abt. LPG- u. Bodenrecht a. Inst. f. Rechtswiss. d. DASR i. Potsdam-Babelsberg. Professor mit Lehrstuhl f. LPG- u. Bodenrecht a. d. DASR. 1958-62 Chefred. d. Zeitschr. „Staat u. Recht". Okt. 1963-Nov. 1971 Abg. d. VK. April 1966-Febr. 1972 Rektor d. DASR. Von Prof. Gerh. Schüssler abgelöst. März 1969-Febr. 1972 Vors. d. Rates f. staats- u. rechtswiss. Forschung d. DDR.
Ausz.: VVO i. Bronze (1968) u. a.
Veröff.: „Grundriß d. LPG-Rechts" u. a.

Armbrust, Willi

Berlin
Geb. 11. 1. 1924
Erl. B.: Diplom-Wirtschaftler
Ausg. B.: Abteilungsleiter i. Amt f. Preise
Partei: SED
L.: Nach 1945 Mitarb. d. ZK d. SED, u. a. Sektorenltr. i. d. Abt. Staats- u. Rechtsfragen b. ZK d. SED. 1964-66 stellv. Minister f. d. Anleitung u. Kontrolle d. Bezirks- u. Kreisräte. Seit 1968 Ltr. d. Abt. Preiskontrolle i. Amt f. Preise b. MR.
Ausz.: VVO i. Bronze (1974) u. a.

Arndt, Günter

Berlin
Ausg. B.: 1. stellvertretender Leiter d. Staatlichen Zollverwaltung, Zollinspekteur
Partei: SED
L.: Seit Anfang d. 50er Jahre i. d. Zollverwaltung d. DDR tätig. Zeitw. Ltr. d. Abt. Strafverfolgung. Gegenwärtig 1. stellv. Ltr. d. Staatl. Zollverwaltung. Zollinspekteur.
Ausz.: VVO i. Silber (1974) u. a.

Arndt, Otto

Berlin
Geb. 19. 7. 1920 i. Aschersleben als Sohn eines Eisenbahners
Erl. B.: Bauschlosser, Reichsbahn-Inspektor, Ing. f. Eisenbahnwesen

Ausg. B.: Minister f. Verkehrswesen
Partei: SED
L.: Mittelschule, Mittlere Reife. Bauschlosser. Kriegsdienst. 1942/43 Obergefr. i. e. Kampfgeschwader d. Luftwaffe. Nach 1945 Arbeiter bei d. Reichsbahn. Ausbildung als Reichsbahninspektor. Okt. 1945 Mitgl. d. KPD. Versch. Funktionen i. Reichsbahnamt Aschersleben. 1950 Amtsvorstand d. Rba Aschersleben. 1951 Vizepräs. d. Rbd Dresden. 1952 Vizepräs. d. Rbd Halle/S. 1960-61 Besuch d. Parteihochschule d. SED. 1961-64 Präs. d. Rbd Berlin. März 1964-Dez. 1970 stellv. Minister, seit Dez. 1970 Minister f. Verkehrswesen. Nachf. v. Erwin Kramer. Seit Juni 1971 (VIII. Parteitag) Kand. d. ZK d. SED, seit Juni 1975 Mitgl. d. ZK d. SED. Seit Okt. 1976 Abg. d. VK
Ausz.: VVO i. Gold (1980) u. a.

Arnold, Hellmut

Berlin
Geb. 1921
Ausg. B.: Generalleutnant d. NVA
Partei: SED
L.: 1949/50 Absolvent eines milit. Sonderlehrgangs i. Saratow/SU. Danach VP-Kommandeur (Oberst d. KVP). Seit 1967 Generalmajor, seit Febr. 1974 Generalleutnant d. NVA. Stellv. Chef d. Hauptstabes d. NVA.
Ausz.: VVO i. Gold (1981) u. a.

Arnold, Karl-Heinz

Berlin
Geb. 26. 10. 1925 i. Hainsberg/S.
Ausg. B.: Stellvertretender Chefredakteur, Dr.
Partei: SED
L.: 1944 NSDAP. Nach 1945 Studium a. d. Humboldt-Uni. i. Ostberlin. Promotion. Danach Justitiar d. HO-Gaststätten. Anschl. Redaktionssekr., Wirtschaftsred. u. seit 1965 stellv. Chefred. d. „Berliner Zeitung".
Ausz.: VVO i. Bronze (1965) u. a.

Arnold, Werner

Freiburg/S.
Geb. 1. 6. 1920 i. Nerchau, Krs. Grimma/S.
Erl. B.: Dr.-Ing.
Ausg. B.: Hochschullehrer
Partei: NDP
L.: Kriegsdienst. 1943 Uffz. 1946-50 Studium a. d. Bergakad. Freiburg/S. 1950 NDP. 1953 Promotion. Steiger, Betriebsass., Produktionsltr., Techn. Dir. VEB Schachtbau Nordhausen. 1960 MA RGW. Seit 1962 Prof. Bergakad. Freiburg/S. Gegenwärtig Lehrstuhlltr. f. Tiefbohrtechnik, Erdöl- u. Erdgaserkundung a. d. Bergakad. Seit Mai 1963 Mitgl. d. Hauptausschusses d. NDP.
Ausz.: Nat.-Preis III. Kl. (1961, Koll.-Ausz.). Verdienter Bergmann (1965) u. a.

Arway, Hans

Suhl
Geb. 1929 i. Stützerbach als Sohn eines Glasarbeiters
Erl. B.: Kaufmann, Dr. jur.
Ausg. B.: Direktor d. BG Suhl
Partei: SED
L.: In Ilmenau aufgewachsen. Kaufm. Lehre in einer Hohlglashütte i. Ilmenau. 1945 Mitgl. Antifa-Jugend. Besuch d. Staatl. Aufbauschule Schleusingen. ABF Jena. Studium d. Rechtswiss. i. Leipzig. Seit 1954 Richtertätigkeit. 1956 Richter i. Ilmenau. Dir. d. KG. 1963-67 stellv. Dir., seit 1967 Dir. d. BG Suhl. 1971 Promotion zum Dr. jur.
Ausz.: Medaille f. Verdienste i. d. Rechtspflege i. Gold (1979)

Asriel, André

Berlin
Geb. 22. 2. 1922 i. Wien als Sohn eines Arztes
Ausg. B.: Dozent, Komponist, Prof.
L.: 1936 Studium a. d. Wiener Staatsakademie. 1938 Emigration nach England. Studium am Royal College of Music. Dez. 1946 Übersiedlung n. Berlin. Bis 1949 Studium a. d. Westberliner Musik-HS. 1949 Staatsexamen. 1951 bis 53 MA d. Abt. „Unser Lied - unser Leben" b. Ost-Berliner Rundfunk. Komponist. Seitdem Doz. f. Komposition (Prof.) HS f. Musik i. Ost-Berlin.
Ausz.: VVO i. Silber (1974) u. a.
Werke: „Es lebe das Brot, es lebe der Wein", „Tapfer lacht die junge Garde", Lieder. „Der Lotterieschwede", Filmmusik. "Jiddische Volkslieder", u. a. m.

Au, Ernst-August

Frankfurt/Oder
Geb. 1935
Erl. B.: Kaufmann, Diplom-Staatswiss.
Ausg. B.: Stellv. Vorsitzender d. RdB Frankfurt/O.
Partei: SED
L.: Kaufmann, Dipl.-Staatswiss. 1970 AL b. RdB, 1975 stellv. Vors. d. BPK Frankfurt/Oder. Seit 9. 11. 1976 stellv. Vors. d. RdB u. Vors. d. BPK Frankfurt/Oder. Nachf. v. Werner Kalz. Mitgl. d. Sekr. d. SED-BL. Seit Okt. 1976 Abg. d. BT.
Ausz.: Verdienstmedaille d. DDR (1970).

Aull, Heinz

Berlin
Geb. 1924
Erl. B.: Diplom-Gesellschaftswissenschaftler, Dr.
Ausg. B.: Stellvertretender Minister
Partei: SED
L.: Nach 1945 i. Post- u. Fernmeldewesen d. DDR tätig, zeitweise AL i. MPF. 1963-70 stellv. Min. f. Post- u. Fernmeldewesen. 1971-81 stellv. Leiter d. Abt. Transport- u. Nachrichtenwesen i. ZK d. SED. Seit 1981 erneut stellv. Minister für Post- u. Fernmeldewesen.
Ausz.: VVO i. Silber (1975) u. a.

Aurich, Eberhard

Berlin
Geb. 10. 12. 1946 in Chemnitz
Erl. B.: Betonfacharbeiter, Diplom-Lehrer für Deutsch und Staatsbürgerkunde
Ausg. B.: 2. Sekretär d. FDJ-Zentralrates
Partei: SED
L.: Besuch d. Erw. OS. Abitur. Betonfacharbeiter. 1965-69 Studium a. d. Pädag. HS Zwickau. Dipl.-Lehrer f. Deutsch u. Staatsbürgerk. 1960 FDJ, 1967 SED. Seit 1969 hauptamtl. MA d. FDJ-BL Karl-Marx-Stadt. 1971 Sekr. f. Studenten d. FDJ-BL Karl-Marx-Stadt. 1972 stellv. Ltr. d. Abt. Studenten i. ZR d. FDJ. Nov. 1977-Dez. 80 1. Sekr. d. FDJ-BL Karl-Marx-Stadt. Nachf. v. Uwe Tobies. Seit Nov. 1977 Mitgl. d. ZR d. FDJ. Seit Jan. 1979 Mitgl. d. Büros d. ZR d. FDJ. Seit 19. 12. 1980 2. Sekretär d. FDJ-ZR. Nachf. von Erich Postler. Seit Juni 81 Abg. u. Mitgl. d. Präsidiums d. VK.
Ausz.: VVO i. Bronze (1981) u. a.

Auth, Joachim

Berlin
Geb. 22. 5. 1930 i. Berlin
Erl. B.: Physiker, Dr. sc. nat.
Ausg. B.: Hochschullehrer
Partei: SED
L.: Physiker. Dr. rer. nat. In d. 60er Jahren Wiss. Dir. VEB Halbleiterwerk Frankfurt/O. Jetzt o. Prof. a. d. Sektion Physik d. Humboldt-Uni. Ostberlin. Prorektor f. Naturwiss. u. Technik. Vors. d. Nationalkomitees f. Physik d. AdW. Mitgl. d. Hoch- u. Fachschulrates d. DDR. Seit 1969 o. Mitgl. d. DAW. Seit Juni 1981 Mitgl. d. StVV Ostberlin.
Ausz.: Nat.-Preis III. Kl. (1974) u. a.

Axen, Hermann

Berlin
Geb. 6. 3. 1916 i. Leipzig als Sohn d. KPD-Funktionärs Rolf A.
Ausg. B.: Sekretär d. ZK d. SED
Partei: SED
L.: Realgymnasium i. Leipzig. 1932 Mitgl. d. KJV. Nach 1933 ill. Tätigkeit f. d. KJV i. Leipzig. 19. 10. 1934 vom 1. Strafsen. d. OLG Dresden zu 3 Jahren Zuchthaus verurteilt. Nach östl. Version anschl. bis 1937/38 Häftl. i. Zuchthaus Zwickau, 1938-40 Emigrant i. Frankreich u. 1940-45 Häftl. im KZ Vernet/Frankreich u. i. KZ Auschwitz u. Buchenwald (Außenlager Jawisziwice). 1942 KPD. 1946 Mitbegründer d. FDJ. 1946-49 Sekr. f. Org. u. später f. Agit. u. Prop. beim ZR d. FDJ. 1950 Sekr. f. Agit. i. ZK d. SED. Seit 1950 Mitgl. d. ZK d. SED. 1953 bis 56 2. Sekr. d. SED-BL Berlin. Seit 1954 Berlin-Vertr. bzw. Abg. d. VK. Mitgl. d. Ausschusses f. Ausw. Angelegenheiten. Juli 1956 bis Febr. 1966 Chefred. d.

Zentralorgans d. SED „Neues Deutschland". Jan. 1963-Dez. 1970 Kand., seit Dez. 1970 Vollmitgl. d. Politbüros b. ZK d. SED. Seit Juni 1964 Vizepräs. d. Deutsch-Belgischen Ges. d. DDR. Seit 18. 2. 1966 Sekr. d. ZK d. SED f. Internat. Verbindungen. Seit Nov. 1971 Vors. d. Ausschusses f. Auswärt. Angel. d. VK. Seit Febr. 1982 Mitgl. d. Präsidiums d. Friedensrates d. DDR. Mitgl. d. Zentralltg. d. Komitees d. Antifa-Widerstandskämpfer d. DDR.

Ausz.: Karl-Marx-Orden u. a.

Azig, Edgar

Berlin
Geb. 1928 i. Lauter/Erzgebirge

Erl. B.: Kaufm. Angestellter, Diplom-Staatswissenschaftler
Ausg. B.: Hauptdirektor
Partei: SED
L.: Kaufm. Angestellter. FDJ- u. Sportfunktionär. Zeitw. Vors. d. Kreiskomitees Aue f. Körperkultur u. Sport. Danach Besuch einer Sportschule u. Funktionär d. BV DTSB bzw. Staatl. Komitees f. Körperkultur u. Sport. 1965-68 stellv. Vors. d. Staatl. Komitees f. Körperkultur u. Sport. Seit 1968 Hauptdir. d. VEB Vereinigte Wettspielbetriebe. Zeitw. Präs. d. Tischtennisverbandes d. DDR. Seit 1969 Mitgl. d. Präs. d. Ges. z. Förderung d. olympischen Gedankens (Schatzmeister).

Ausz.: Ehrenzeichen f. Körperkultur u. Sport u. a.

B

Baarß, Klaus
Berlin
Geb. 1934
Erl. B.: Stahlschiffbauer
Ausg. B.: Generalmajor d. NVA
Partei: SED
L.: Lehre als Stahlschiffbauer auf d. Volkswerft Stralsund. Studium a. d. Jugend-HS „W. Pieck." 1952 KVP. Flugzeugführer, Staffel- u. Geschwaderkdr. Zeitw. Kdr. d. Jagdfliegergeschwaders „H. Rau" i. Ostseebezirk. Seit 5. 10. 1978 Generalmajor d. NVA. Stellv. Chef d. LSK/LV.
Ausz.: Verdienter Militärflieger (1974) u. a.

Babor, Horst
Suhl
Geb. 1940
Erl. B.: Rinderzüchter, Diplom-Landwirt, Dr. agr.
Ausg. B.: Vorsitzender d. Bezirkskomitees Suhl d. ABI
Partei: SED
L.: Rinderzüchter, Diplom-Landwirt u. Dr. agr. SED-Funktionär. Zeitw. stellv. Ltr. bzw. Ltr. d. Abt. Landw. SED-BL Suhl. Seit 7. 4. 1981 Vors. d. Bezirkskomitees Suhl d. ABI. Nachf. v. Alexander Volk. Seit Juni 1981 Abg. d. BT Suhl.

Bachmann, Manfred
Oberwartha/S.
Geb. 17. 5. 1928 i. Oberwartha, Krs. Dresden, als Sohn eines Maurers
Erl. B.: Lehrer, Dr. phil.
Ausg. B.: Generaldirektor
Partei: SED
L.: 1945 Neulehrer. 1946 SED. 1947-50 Studium d. Berufspädag. TH Dresden. 1950 Staatsexamen. Zweijähriges Studium KMU Leipzig. Danach MA d. Landesamtes f. Volkskunst u. Denkmalspflege. 1952-55 wiss. MA d. Zentralhauses f. Volkskunst. 1956-57 Ltr. d. Hauses d. erzgebirg. Volkskunst i. Schneeberg. 1957-67 Dir. d. Staatl. Museums f. Volkskunst Dresden. 1957 Promotion z. Dr. phil. Seit Febr. 1968 Generaldir. d. Staatl. Kunstsammlungen i. Dresden. Nachf. v. Max Seydewitz. Stellv. Vors. d. DKB i. Bez. Dresden. Mitgl. d. Vorstandes d. Rates f. Museumswesen d. DDR. 1967 bis 1969 Kand., 1969-74 Mitgl. d. SED-BL Dresden. Seit 1. 9. 1973 Honorarprof. HS f. Bildende Künste Dresden. Vors. d. wiss. Beirates zur Pflege d. erzgebirgischen u. vogtländischen Folklore.
Ausz.: Martin-Andersen-Nexö-Kunstpreis (1976) u. a.

Bär, Harald
Magdeburg
Geb. 2. 3. 1927 i. Thüringen
Ausg. B.: Generalmajor d. NVA
Partei: SED
L.: Nach Mittelschule in einem Forstwirtschaftsbetrieb tätig. 1944/45 Kriegsdienst. Kriegsgefangenschaft. Nach 1946 erneut i. d. Forstwirtschaft tätig. 1946 SED. 1946 Eintritt i. d. VP. 1948 Lehrer a. d. Landespolizeischule i. Erfurt. 1949 Besuch d. Polizei-HS i. Dessau-Kochstedt. Stabschef eines Grenz-Bereitschaftsk. 1950/51 Politlehrer a. d. Zentralschule d. Grepo. i. Sondershausen. 1951/53 Stabschef d. Grepo. Thüringen. 1953/56 Kdr. einer Grenzbereitschaft i. Dermbach. 1956-57 Besuch d. Offiziers-HS Dresden. 1967-70 Brigade-Kdr. i. Magdeburg. Seit 1970 Kommandeur d. Grenzkommandos Nord i. Magdeburg. 1971-81 Mitgl. d SED-BL Magdeburg. Seit 26. 2. 1971 Generalmajor d. NVA.
Ausz.: VVO i. Silber (1976) u. a.

Bäskau, Heinz
Rostock
Geb. 11. 4. 1925 i. Klein Sausgarten/Ostpr. als Sohn eins Landwirts
Erl. B.: Lehrer, Dr. sc. paed.
Ausg. B.: Hochschullehrer
Partei: SED
L.: 1943 Abitur. 1943 NSDAP. Kriegsdienst. Uffz. Engl. Kriegsgefangensch. Landarbeiter i. Niedersachsen. Neulehrer i. Wikkendorf b. Schwerin. 1946 Schulltr. i. Düssin, Krs. Hagenow. 1947 SED. 1950 Lehrer a. d. OS Hagenow. 1951-52 Referent f. Körpererz. Min. f. Volksb. Mecklenburg. 1952-54 Studiendir. Inst. f. Lehrerb. Alt-Rehse. 1954-60 stellv. Dir. d. Kinder- u. Jugendsportschule Rostock. Seit 1961 Dir. d. Inst. f. Körpererz. Uni. Rostock. 1962 Promotion z. Dr. paed. 1968 Prof. für Theorie u. Methodik d. Körpererziehung. Vors. d. Kommission f. Methodik d. Sportunterrichts i. Min. f. Volksbildung.
Ausz.: Verdienter Lehrer d. Volkes (1958) u. a.

Bahle, Hans
Berlin
Geb. 1934
Erl. B.: Tischler, Berufskraftfahrer, Dipl.-Ing. oec.
Ausg. B.: FDGB-Kreisvorsitzender
Partei: SED
L.: Tischler, Berufskraftfahrer u. Dipl.-Ing. oec. Stadtbezirksverordneter i. Berlin-Lichtenberg. Vors. d. KV Berlin-Lichtenberg d. FDGB. Seit 24. 4. 1982 Mitgl. d. BV d. BV d. Präs. d. BV d. FDGB.
Ausz.: VVO i. Bronze (1980)

Bahner, Gert
Leipzig
Geb. i. Erzgebirge als Sohn eines Schlossermeisters
Erl. B.: Musiker, Dirigent

Ausg. B.: Generalmusikdirektor
L.: Besuch d. Oberschule. Abitur. 1949-54 Studium i. d. Dirigentenklasse d. HS f. Musik Leipzig. Danach Solorepetitor d. Komischen Oper Ostberlin. 1958 musikal. Oberspielltr. Hans-Otto-Theater Potsdam. 1962-65 Generalmusikdir. Karl-Marx-Stadt. Seit 1965 Generalmusikdir. a. d. Komischen Oper Ostberlin bzw. am Opernhaus Leipzig.
Ausz.: Fontane-Preis. Kunstpreis d. DDR (1971).

Bahner, Werner

Leipzig
Geb. 18. 6. 1927 i. Neuwiese/Erzgeb. als Sohn eines Zimmermanns.
Erl. B.: Romanist, Dr. phil. habil.
Ausg. B.: Hochschullehrer
Partei: SED
L.: 1946-50 Studium d. roman. Philologie u. Anglistik sowie Phil. a. d. Uni. Leipzig. 1950 Promotion zum Dr. phil. bei Werner Krauss. Danach wiss. Ass. u. Lehrtätigkeit KMU Leipzig. 1955 Habil. 1960 Prof. 1965 Mitgl. d. Sächs. Ak. d. Wiss. 1966 Dir. d. Inst. f. roman. Sprachen DAW. 1969 stellv. Dir. d. Zentralinst. f. Literaturgeschichte AdW. Seit 1977 Dir. d. Zentralinst. f. Sprachwiss. d. AdW. Seit Nov. 1980 Vizepräs. d. AdW, seit 21. 11. 80 Präs. d. Sächs. Akademie d. Wiss. Nachf. v. Kurt Schwabe.
Ausz.: VVO i. Bronze (1974) u. a.

Baierl, Helmut

Berlin
Geb. 13. 12. 1926 i. Rumburg/CSR
Ausg. B.: Schriftsteller, Dramaturg, Dr.
Partei: SED
L.: 1944 NSDAP. 1947 Russischlehrer i. Köthen. Vors. d. Kreisverbandes d. Ges. d. Studium d. Kultur d. SU (später DSF). 1955 Doz. a. d. ABF Greifswald. 1955-57 Studium am Literatur-Inst. i. Leipzig. Danach Cheflektor d. Hofmeister-Verlages u. Dramaturg am Theater am Schiffbauerdamm i. Ostberlin. 1959-67 Mitarbeiter u. Dramaturg des „Berliner Ensembles". 1958-68 Parteisekr. d. „Berliner Ensembles". Seit 1967 Kand., seit 1969 Mitgl. d. SED-BL Berlin. Juni 1970-April 1974 Sekr. d. Sektion Literatur u. Sprachpflege DAK. Mitgl. d. Vorstandes DSV. Seit April 1974 Vizepräs. d. Akademie d. Künste d. DDR. Jetzt freiberufl. Schriftsteller i. Berlin.
Ausz.: VVO i. Silber (1976) u. a.
Veröff.: „Die Feststellung" (1958, Lehrstück). „Frau Flinz" (1961, Komödie). „Johanna v. Döbeln" (Komödie, 1964) „Die Sommerbürger", Komödie, 1976. „Die Lachtaube", Komödie, 1974 (Urauff.: Dresden) u. a.

Bamberg, Gerda

Leipzig
Ausg. B.: Vorsitzende d. BPKK d. SED
Partei: SED
L.: Nach 1945 SED-Funktionärin. Zeitw. stellv. AL d. SED-BL Leipzig u. wisse. Ass. a. d. PHSch d. SED. 1969-79 Sekr. f. Agitprop. SED-STL Leipzig. Seit 1978 Kand. BPKK, seit 11. 2. 1979 Vors. d. BPKK Leipzig d. SED. Nachf. v. Edith Gehre.
Ausz.: VVO i. Bronze (1973) u. a.

Banaschak, Manfred

Berlin
Geb. 14. 9. 1929
Ausg. B.: Chefredakteur, Dr. rer. pol. habil.
Partei: SED
L.: 1960 Mitgl. d. Redaktionskollegiums, 1965 stellv. Chefred., seit Mai 1972 Chefred. d. theor. Zeitschr. d. SED „Einheit" (AL d. ZK d. SED). Nachf. v. Hans Schaul. 1971 Prof.
Ausz.: VVO i. Gold (1976) u. a.

Barbarino, Rudolf

Berlin
Geb. 19. 3. 1920 i. Kattowitz/OS
Erl. B.: Bankkaufmann, Diplom-Wirtschaftler
Ausg. B.: Verlagsleiter
Partei: SED
L.: Bankkaufmann. RAD. Kriegsdienst. Geriet als Leutnant 1941 i. sowj. Kriegsgef. NKFD. 1947 Ltr. d. Abt. Kader/Arbeit i. Berliner Verlag. 1948 SED. 1961-65 Ltr. d. Verlages „Junge Welt". Seit 1. 11. 1967 Dir. d. Berliner Verlages. Mitgl. d. ZV d. VdJ.
Ausz.: VVO i. Silber (1975) u. a.

Bartel, Horst

Berlin
Geb. 16. 1. 1928 i. Cottbus
Erl. B.: Historiker, Dr. phil. habil.
Ausg. B.: Institutsdirektor
Partei: SED
L.: 1946-49 Studium d. Geschichte u. Germanistik a. d. Humboldt-Uni. Ostberlin. Neulehrer a. einer Oberschule. 1951 Stadtschulrat i. Potsdam. Ab 1951 Aspirant, danach Doz. bzw. Prof. a. IfG. 1956 Promotion zum Dr. phil. a. IfG. 1960 stellv. Dir., seit 1969 Dir. d. Zentralinst. f. Geschichte d. DAW. Vors. d. Dtsch. Sektion d. Komm. d. Historiker DDR/UdSSR. Seit 1972 o. Mitgl. AdW.
Ausz.: VVO i. Silber (1978) u. a.

Bartel, Walter

Berlin
Geb. 15. 9. 1904 i. Fürstenberg
Ausg. B.: Hochschullehrer (em.), Prof. Dr. phil.
Partei: SED
L.: Kaufm. Lehrling. 1919 Mitgl. d. KJV. 1923 Mitgl. d. KPD. 1923 auf d. bayr. Festung Niederschönfeld inhaftiert. Besuch d. Leninschule i. Moskau. 1933-35 Zuchthaushaft. 1935-38 Emigrant i. d. ČSR. 1938-45 Häftling i. KZ Buchenwald. Führendes Mitgl. d. illegalen kommunistischen Lagerkomitees im KZ Buchenwald. Nach dem Zusammenbruch maßgeblich am Aufbau d. Volksbildungswesens i. damals noch ungeteilten

Berlin beteiligt. 1946-53 pers. Referent Wilhelm Piecks f. Parteifragen. Anfang d. 50er Jahre entlassen. Mehrjähriger Bewährungsauftrag a. d. KMU Leipzig. 1953 Habil. f. neuere u. neueste Geschichte a. d. KMU. 1957 Promotion z. Dr. phil. 1957-62 Dir. d. Inst. f. Zeitgesch. i. Ostberlin. 1962-67 AL f. Zeitgeschichte a. Inst. f. dtsch. Geschichte d. Humboldt-Uni., 1965-67 Prorektor f. Studienangel. u. 1967-70 Prof. mit Lehrstuhl f. neuere u. neueste Gesch. a. d. Humboldt-Uni. i. Ostberlin. Emeritus. Mitgl. d. Präs. d. Komitees d. Antifa-Widerstandskämpfer u. d. Präs. d. Historikergesellschaft d. DDR.
Ausz.: Karl-Marx-Orden (1974) u. a.
Veröff.: „Die Linken i. d. SPD i. Kampf gegen Militarismus u. Krieg", Dissertation. „Deutschland i. d. Zeit d. Faschismus" u. a. m.

Barth, Herbert

Berlin
Geb. 20. 5. 1929 i. Leipzig als Sohn eines Arbeiters
Erl. B.: Fernmeldebauhandwerker, Dr. rer. oec.
Ausg. B.: Botschafter
Partei: SED
L.: Fernmeldebauhandwerker. Studium. Seit 1951 Angeh. d. diplom. Dienstes. Ltr. d. Grundsatzabt., Ltr. d. Büros d. Ministers. 1965-66 Botschaftsrat i. Ungarn. 1966-74 M a. d. ZK d. SED, stellv. Ltr. d. Abt. Internat. Verbindungen. 1971-75 Mitgl. d. Red.-Koll. d. Wochenzeitung „horizont". 1975 wiss. MA d. MfAA. Aug. 1976-Mai 80 Botschafter i. d. Schweiz. Nachf. v. Günter Ullrich. Seit Juni 1980 AL USA, Kanada, Japan i. MfAA. Nachf. v. Hans-Martin Geyer.

Barthel, Hans

Dresden
Geb. 24. 3. 1923 i. Chemnitz
Erl. B.: Diplom-Wirtschaftler
Ausg. B.: Vors. d. BPKK d. SED
Partei: SED
L.: Kriegsdienst (Gr. Rgt. 533). Nach 1945 SED-Funktionär, u. a. bis 1963 Ltr. d. Abt. Wirtschaft d. SED-BL Dresden. Febr. 1963-Juni 1980 Sekr. f. Wirtsch. d. SED-BL Dresden. Seit 4. 6. 1980 Vors. d. BPKK d. SED Dresden. Nachf. v. Heinz Hutsky.
Ausz.: VVO i. Silber (1973) u. a.

Barthel, Manfred

Berlin
Geb. 1929
Ausg. B.: Generalleutnant d. NVA
Partei: SED
L.: Offizier d. LSK/LV d. NVA. Zeitw. Operativchef einer Luftverteidigungsdiv. 1970-72 Absolvent d. Generalstabsakad. d. Luftstreitkräfte d. UdSSR. Seit 1. 3. 1973 Generalmajor, seit 25. 9. 1979 Generalleutnant d. NVA. Stellv. Chef d. LSK/LV.
Ausz.: VVO i. Silber (1981) u. a.

Bartke, Eberhard

Berlin
Geb. 18. 2. 1926 i. Berlin-Weissensee
Erl. B.: Kusnthistoriker, Dr. phil. Prof.
Ausg. B.: Generaldir. d. Staatl. Museen i. Ostberlin
Partei: SED
L.: Vor 1945 als Schauspieler tätig („Schwedische Nachtigall", „Ein Volksfeind", Filme). Nach 1945 Studium d. Kunstgeschichte. Dr. phil. In den 60er Jahren Ltr. d. Abt. Bildende Kunst u. Museen i. Min. f. Kultur. Vors. d. Rates f. Museumswesen b. MfK. 1972-78 Mitgl. d. Präsidiums, Mai 1974-Nov. 1978 Vizepräs. d. VBK d. DDR. Sept. 1974 zum Honorarprof. a. d. Kunst-HS i. Ostberlin berufen. 1975 Dir. d. Alten Museums (Nationalgalerie) Ostberlin, seit 16. 1. 1976 Generaldir. d. Staatl. Museen i. Ostberlin. Nachf. v. Gerhard Rudolf Meyer. Mitgl. d. ZV DSF u. Präs. d. Freundschaftskomitees DDR-Niederlande.

Bartnig, Fritz-Karl

Leipzig
Geb. 10. 4. 1926 i. Dirschken/Niederschlesien als Sohn eines Landwirts
Erl. B.: Landwirt, Lehrer, Studienrat
Ausg. B.: CDU-Funktionär
Partei: CDU
L.: Nach dem Besuch d. Volks- u. Mittelschule landwirtsch. Praktikum. Kriegsdienst. 1944 NSDAP. 1945 Landarbeiter i. Krs. Goslar. Übersiedlung i. d. SBZ. 1946 Mitgl. d. CDU. 1946 Eintritt i. d. Schuldienst (Lehramtsbewerber). 1948 Ltr. d. Grundschule i. Flößberg/S. 1952/53 Vors. d. Kreisverbandes Schmölln d. CDU. 1953-58 Ltr. d. Grundschule Eula, Krs. Borna, u. Vors. d. Kreisverbandes Borna d. CDU. Juli 1958-März 82 Vors. d. Bezirksverbandes Leipzig d. CDU. Nachf. v. Wolfgang Heyl. Abg. d. BT Leipzig u. Mitgl. d. Hauptvorst. d. CDU.
Ausz.: VVO i. Bronze (1965) u. i. Silber (1970) u. a.

Bartsch, Karl-Heinz

Woldegk
Geb. 25. 11. 1923 i. Löblau-Danzig als Sohn eines Landwirts
Erl. B.: Agrarwissenschaftler, Dr. agr. habil.
Ausg. B.: Direktor eines VEG
Partei: SED
L.: Im Freistaat Danzig aufgewachsen. Besuch d. Oberschule. 23. 7. 1940 Eintritt i. d. SS (Nr. 368 207). Ab 6. 4. 1941 Angehöriger d. Waffen-SS. Während d. 2. Weltkrieges zeitw. landw. Beamter i. Barlomin, Krs. Neustadt/Westpr. Heimatvertriebener. 1949 Mitgl. d. SED. Mitarb. d. Tierzuchtinst. Halle/S. u. d. Inst. f. Tierzuchtforschung d. DAL i. Dummerstorf. 1954-60 Mitgl. d. Bezirksltg. Erfurt d. SED. Ltr. d. Versuchsberg b. Eisenach d. Inst. f. Tierzuchtforschung d. DAL. Nov. 1960-Febr. 1963 Prof. d. Tierzucht- u. Haustiergenetik a. d. Humboldt-Uni. Ostberlin 1960-62 Mitarb. bzw. stellv. Ltr. d. Abt. Land-

wirtschaft beim ZK d. SED. Anfang 1963 stellv. Min. f. Landwirtschaft, Erfassung u. Forstwirtschaft. Jan.-Febr. 1963 Mitgl. d. ZK d. SED u. Kand. d. Politbüros. 7. 2. 1963-9. 2. 63 Vors. d. Landwirtschaftsrates beim Ministerrat d. DDR, 9. 2. 1963 aus dem ZK d. SED ausgeschlossen u. sämtlicher Funktionen i. Ministerrat enthoben, „weil Bartsch seine Zugehörigkeit zur Waffen-SS verschwiegen hat u. dadurch der Partei großen Schaden zufügte" (ND, 10. 2. 1963). Seitdem Tierzuchtltr. auf dem VEG Groß Vielen bzw. Dir. d. VEG Woldegk, Bez. Neubrandenburg.
Ausz.: VVO i. Bronze (1959) u. a.

Bartsch, Rudolf

Leipzig
Geb. 15. 9. 1929 i. Rosenberg/Oberschlesien als Sohn eines Angestellten
Ausg. B.: Schriftsteller
Partei: SED
L.: Aufgewachsen bei seinem Großvater i. Kreuzburg. Besuch d. Volks- u. Oberschule. 1945 Übersiedlung nach Görlitz u. später nach Leipzig. Fortsetzung d. Schulbesuchs. Journalist. u. schriftstl. Betätigung. Tätigkeit als Landarbeiter u. Maurer. Teilnehmer am 1. Schriftsteller-Seminar i. Bad Saarow (1950). 1951 Ltr. d. AG Jg. Autoren f. d. Land Sachsen. 1954-58 Abg. d. BT Leipzig. 1955-56 Studium a. Literaturinst. Leipzig.
Veröff.: „Offen steht das Tor des Lebens", Erz. „Aufwind, Endspurt, linker Haken", Mitteldtsch. Verlag, Halle, 1953. „Man kann nicht immer stumm sein", Mitteldtsch. Verlag, Halle, 1953. „Geliebt bis ans bittere Ende", Mitteldtsch. Verlag, Halle, 1958. „Aufruhr in Bangsville", Verlag Neues Leben, Berlin, 1961. „Diskretion", Greifenverlag, Rudolstadt, 1962. „Zerreißprobe", Aufbau-Verlag, 1969 u. a.

Bassarak, Gerhard

Berlin
Geb. 3. 2. 1918 i. Willensberg/Ostpr. als Sohn eines Diakon
Erl. B.: Evangelischer Theologe, Dr. theol.
Ausg. B.: Hochschullehrer
L.: Während d. 2. Weltkrieges Studium d. Germanistik u. Musik. Nach d. Krieg Studium d. Evang. Theologie a. d. MLU. Studentenpfarrer i. Halle u. Ltr. d. Evang. Studentengemeinden i. d. DDR. 1957-66 Ltr. d. Evang. Akad. Berlin-Brandenburg. 1963-76 Internat. Sekr. d. CFK. Danach Ltr. d. Studienabt. bzw. seit Juni 1978 Vizepräs. d. CFK. 1965 Promotion z. Dr. theol. i. Prag. Seit 1967 o. Prof. f. Ökumenik a. d. Humboldt-Uni. Ostberlin. Mitgl. d. Präs. d. Friedensrates.
Ausz.: VVO i. Bronze (1964) u. a.

Bastian, Wilhelm

Berlin
Geb. 12. 5. 1930 i. Rostock
Ausg. B.: Stellv. Minister f. Außenhandel
Partei: SED
L.: Außenhandelsfunkt. i. MAI u. MfA. 1968 AL, 1970 HA-Ltr. i. MfA. Seit 1. 3. 1977 stellv. Minister f. Außenhandel. Ltr. d. DDR-Seite d. gemeinsamen Handelskommission DDR-Brasilien.
Ausz.: VVO i. Silber (1980) u. a.

Bastian, Wilhelm

Potsdam
Geb. 1936
Erl. B.: Schlosser, Staatl. gepr. Landwirt, Dipl.-Gesellschaftswiss.
Ausg. B.: Stellv. Vors. d. RdB Potsdam
Partei: SED
L.: Motorenschlosser, Staatl. gepr. Landw., Dipl.-Gesellschaftswiss. 1952 Mitgl. d. SED. 1958 Sekr. d. KL Wittstock d. SED i. d. MTS Tetschendorf. 1960 2. Sekr., 1966 1. Sekr. d. SED-KL Nauen. 1971-76 1. Sekr. d. SED-KL Zossen. 1971-76 Abg. d. BT Potsdam. 1976-77 stellv. Vors. d. BPK Potsdam u. Ltr. d. Abt. Standortverteilung d. Produktivkräfte. Juni 1977-Juni 1981 1. stellv. Vors. d. RdB Potsdam. Nachf. v. Herbert Tzschoppe. Seit Juni 1981 stellv. Vors. d. RdB Potsdam u. Vors. d. BPK. Nachf. v. Kurt Molkenthin. Mitgl. d. Sekr. d. SED-BL.
Ausz.: VVO i. Silber (1979) u. a.

Bator, Wolfgang

Berlin
Geb. 12. 9. 1927 i. Leipzig-Lindenau.
Ausg. B.: Botschafter, Dr. phil.
Partei: SED
L.: 1944 RAD. Okt. 1944 Einberufung zur Kriegsmarine. Studium a. d. KMU Leipzig. Im Anschluß daran Angehöriger d. diplom.-Dienstes d. DDR. 1958-61 Kulturattaché i. Syrien. 1961-64 MA d. MfAA. 1964-67 stellv. Ltr. d. HV d. DDR i. Marokko. Seit 1967 MA der Abt. Internat. Verbindungen d. ZK d. SED. 1971 Promotion zum Dr. phil. Seit 3. 11. 1981 Botschafter d. DDR i. Libyen. Nachf. v. Freimut Seidel.
Ausz.: VVO i. Bronze (1977).

Bauer, Gertrud

Suhl
Geb. 9. 7. 1923
Erl. B.: Säuglingsschwester
Ausg. B.: Vorsitzende d. BV Suhl d. DFD
Partei: SED
L.: Volksschule. Säuglingsschwester. DFD-Funktionärin. Bezirkssekr. DFD i. Suhl. Seit 1958 Abg. d. BT Suhl. Seit 1964 Vors. d. DFD i. Bez. Suhl. 1958-67 Kand., seit 1967 Vollmitgl. d. SED-BL. Mitgl. d. BV d. DFD.
Ausz.: VVO i. Bronze (1969) u. a.

Bauer, Heinz

Berlin
Geb. 11. 4. 1929
Erl. B.: Diplom-Staatswissenschaftler

Ausg. B.: Botschafter
Partei: SED
L.: Studium a. d. DASR u. am Institut f. Internat. Bez. i. Moskau. Seit 1960 Angehöriger d. diplom. Dienstes d. DDR. 1966-73 MA d. Abt. Internat. Verbindungen i. ZK d. SED. 1973-77 Botschaftsrat u. stellv. Ltr. d. DDR-Botschaft i. d. VR China. 1977-80 stellv. Ltr. d. Abt. Ferner Osten i. MfAA. Seit 19. 9. 1981 Botschafter i. d. Mongol. VR. Nachf. v. Egon Rommel.
Ausz.: VVO i. Bronze (1973) u. a.

Bauer, Helmut

Erfurt
Geb. 1924
Erl. B.: Finanzangestellter, Handelswirtschaftler
Ausg. B.: Stellv. Vorsitzender d. RdB Erfurt
Partei: SED
L.: Finanzangestellter, Handelswirtschaftler. Wirtschaftsfunktion. Zeitw. 1. stellv. Vors. d. BWR Erfurt. Seit März 1980 stellv. Vors. d. RdB Erfurt f. bezirksgel. Ind., ÖVW. Vors. d. BWR. Nachf. v. Emil Jarosch. Seit Juni 1981 Abg. d. BT Erfurt.
Ausz.: VVO i. Bronze (1974).

Bauer, Roland

Berlin
Geb. 19. 3. 1928
Erl. B.: Feinmechaniker, Diplom-Gesellschaftswissenschaftler, Dr. phil.
Ausg. B.: Vertreter d. SED i. d. Redaktion „Probleme d. Friedens u. d. Sozialismus"
Partei: SED
L.: Feinmechaniker. FDJ-Funktionär i. Thüringen. 1946 Mitgl. d. SED. 1949 Besuch d. PHSch d. SED. Anschl. Lehrtätigkeit a. d. PHSch d. SED. Zeitw. stellv. Dir. d. PHSch. 1958 Aspirant a. Inst. f. Gesellschaftswiss. beim ZK d. KPdSU. Promotion. 1962-64 Dir. d. Inst. f. Marxismus-Leninismus beim ZK d. SED. Seit 1962 Vizepräs. d. Historiker-Ges. d. DDR. Seit Juni 1964 Sekr. d. SED-BL Berlin (Ltr. d. Ideol. Kommission). März 1967-Juni 78 Sekr. f. Wissenschaft, Volksbildung u. Kultur d. SED-BL Berlin. 1967-71 Kand., seit 1971 Vollmitgl. d. ZK d. SED. 1971-81 Mitgl. d. StVV Ostberlin. Seit 1978 Vertreter d. SED i. d. Redaktion d. Ztschr. „Probleme d. Friedens u. d. Sozialismus".
Ausz.: VVO i. Silber (1968) u. a.

Bauermeister, Helmut

Berlin
Geb. 24. 4. 1927 i. Sangerhausen als Sohn eines Arbeiters
Erl. B.: Industrie-Kaufm., Dipl.-Wirtschaftler
Ausg. B.: Botschafter
Partei: SED
L.: Besuch d. Volks- u. Berufsschule. Besuch einer ABF. Bis 1951 Studium d. Wirtschaftswiss. a. d. Uni Halle, Leipzig u. Ostberlin. Dipl.-Wirtsch. 1 jähr. Studium a. d. PHSch d. SED. 1951-58 MA d. SPK (Ltr. d. HA Planung d. Arbeitskräfte etc.).

1958-61 Ltr. d. Abt. Planung u. stellv. Vors. d. Bezirkswirtschaftsrates Leipzig. 1961-71 Vors. d. BPK Leipzig. Seit 1971 Angehöriger d. dipl. Korps d. DDR. 1972-73 2. Sekr. a. d. DDR-Botschaft i. Chile. März 1973-März 1975 Botschafter i. Kuba. Nov. 1975-Aug. 79 Botschafter i. Ekuador. Nachf. v. Walter Weber.
Ausz.: VVO i. Bronze (1971) u. a.

Baumann, Gerhard

Berlin
Geb. 3. 9. 1921 i. Klein Rogahn als Sohn eines Landwirts
Erl. B.: Musiker
Ausg. B.: Oberst d. NVA
Partei: SED
L.: 1936-40 Schüler d. Musikschule Malchow. 1940 Einberufung z. Wehrmacht. 1947 Musiker u. Arrangeur d. VP-Orchesters Schwerin. Seit Aug. 1959 Ltr. d. Zentralen Orchesters d. NVA. Oberst. Generalmusikdir.
Ausz.: Nat. Pr. III. Kl. (1977)

Baumeister, Christian

Cottbus
Geb. 8. 6. 1939
Erl. B.: Diplom-Wirtschaftler
Ausg. B.: Stellv. Vorsitzender d. RdB Cottbus
Partei: CDU
L.: Diplom-Wirtschaftler. 1973/74 ehrenamtl. Mitgl. d. RdB Cottbus. Danach stellv. Bezirksdir. f. Handel, Waren, tägl. Bedarf i. d. HO Cottbus. Seit Juli 1981 stellv. Vors. d. RdB Cottbus f. Handel u. Versorgung. Nachf. v. Erhard Schomberg. Abg. d. BT.

Baumgarten, Klaus-Dieter

Erfurt
Geb. 1. 3. 1931
Erl. B.: Zimmermann, Dipl. rer. mil.
Ausg. B.: Generalleutnant d. NVA
Partei: SED
L.: 1945 Lehre als Zimmermann. 1946 FDJ. 1948 SED. Seit 1949 Angehöriger d. VP. Offizier d. Grepo bzw. Grenztruppen d. NVA. Zeitw. 1. stv. Chef d. Grenztruppen bzw. Chef d. Grenz-Kdo. Süd. 1974-79 Mitgl. d. SED-BL Erfurt. Absolvent d. Frunse-Akademie d. UdSSR u. d. Mil. Ak. „Friedrich Engels" i. Dresden. Seit Aug. 1979 stellv. Min. f. Nat. Verteidigung u. Chef d. Grenztruppen. Nachf. v. Erich Peter. 1. 10. 1964 Generalmajor, seit 25. 9. 1979 Generalleutnant d. NVA. Seit 16. 4. 1981 erstmalig Kandidat d. ZK d. SED.
Ausz.: VVO i. Bronze (1968) u. a.

Baustian, Gerhard

Berlin
Ausg. B.: Stellv. Vorsitzender d. ZV d. GST, Generalmajor d. NVA
Partei: SED
L.: Offizier d. LSK/LV. Seit 1. 3. 1973 General-

major d. NVA. Stellv. Chef d. LSK/LV. Seit 1978 stellv. Vors. d. ZV d. GST für Flug- u. Fallschirmausbildung.
Ausz.: VVO i. Bronze (1969). Verdienter Militärflieger d. DDR (1977) u. a.

Bayer, Günther

Karl-Marx-Stadt
Geb. 1929
Erl. B.: Bankkaufmann, Diplom-Staatswissenschaftler
Ausg. B.: 1. stellv. Vorsitzender d. RdB
Partei: SED
L.: Bankkaufmann, Dipl.-Staatswiss. 1954 1. Sekr. d. FDJ-KL Freiberg. 1965 1. stellv. Vors., 1967 Vors. d. RdK Freiberg. Seit 10. 11. 1976 1. stellv. Vors. d. RdB Karl-Marx-Stadt. Nachf. v. Günter Schmidt. Seit Okt. 1976 Abg. d. BT.
Ausz.: VVO i. Bronze (1973).

Bayerlacher, Wolfgang

Berlin
Geb. 14. 8. 1930 i. Jehserigk, Krs. Spremberg
Erl. B.: Bergmann, Diplom-Staats- u. Gesellschaftswissenschaftler
Ausg. B.: Botschafter
Partei: SED
L.: 1945-55 Bergmann, FDJ- u. Gewerkschaftsfunktionär. Danach bis 1959 Studium a. d. DASR. Dipl.-Staatswiss. 1959-62 MA d. MfAA. 1962-64 stellv. Ltr. DDR-Vertretung (Konsul) i. Burma. 1965 Sektorenltr. MfAA. 1965-69 Generalkonsul i. Indonesien. 1969-71 stellv. Ltr. d. Abt. Süd- u. Südostasien i. MfAA. 1971-74 Studium a. d. PHSch d. SED. Dipl.-Ges. Jan. 1975-Okt. 1977 Botschafter i. Bangladesh. Danach erneut stellv. Ltr. d. Abt. Süd- u. Südostasien bzw. Ltr. d. Abt. Ost- u. Zentralafrika i. MfAA.
Ausz.: VVO i. Bronze (1980) u. a.

Becker, Achim

Berlin
Geb. 21. 11. 1931
Erl. B.: Kaufmann, Journalist, Diplom-Gesellschaftswissenschaftler
Ausg. B.: Vorsitzender d. Staatl. Komitees f. Rundfunk
Partei: SED
L.: Getreidekaufmann. 1952 SED. FDJ-Sekr. i. Grevesmühlen. Seit 1951 beim DDR-Rundfunk tätig. Fünfjähriges Fernstudium d. Gesellschaftswiss. Zeitw. Chefredakteur d. Deutschlandsenders bzw. d. „Stimme d. DDR". Anfang d. 70er Jahre Sekr. d. GO d. SED b. Staatl. Komitee f. Rundfunk. Danach Mitgl. d. Agitationskommission b. PB d. ZK d. SED. Seit Nov. 1980 Vors. d. Staatl. Komitees f. Rundfunk d. DDR. Nachf. v. Rudi Singer. Seit 16. 4. 1981 erstmalig Kandidat d. ZK d. SED.
Ausz.: VVO i. Bronze (1973) u. a.

Becker, Helmut

Suhl
Geb. 1928 i. Lipprechteroda als Sohn eines Bergmanns
Erl. B.: Schlosser, Diplom-Gesellschaftswissenschaftler
Ausg. B.: 1. Sekretär d. SED-KL Suhl
Partei: SED
L.: Schlosser. Seit 1949 leitende Funktionen i. d. Gewerkschaft u. SED. 1955-57 Sekr. d. IG Bergbau i. Bad Salzungen. 1957-60 Besuch d. PHSch d. SED. Diplom. 1961-71 1. Sekr. d. SED-KL Neuhaus. 1971 Parteisekr. d. SED i. Ernst-Thälmann-Werk Suhl. 1971-76 AL Wirtschaftspolitik SED-BL Suhl. Juni 1976-Jan. 79 stellv. Vors. d. RdB Suhl f. bezirksgeleitete Ind., Lebensmittelind. u. ÖVW. Nachf. v. Kurt Rödiger. Seit Okt. 1976 Abg. d. BT. Seit 13. 1. 1979 1. Sekr. d. SED-KL Suhl. Nachf. v. Kurt Engelhardt. Mitgl. d. Sekr. d. SED-BL Suhl.
Ausz.: VVO i. Bronze (1974) u. a.

Becker, Manfred

Suhl
Geb. 1928
Erl. B.: Maurer, Diplom-Wirtschaftler
Ausg. B.: Vors. d. LDP i. Bez. Suhl
Partei: LDP
L.: Besuch d. Volks- u. Oberschule. Soldat. 1945 Maurerlehre. Mitgl. d. LPD. 10 Jahre Angest. i. einer Maschinenfabrik i. Halle/Saale. 1954 Einkäufer f. Metallurgie. Stadtrat i. Halle-Süd u. 1963-67 stellv. OB v. Halle. 1969-82 stellv. Vors. d. RdB Suhl f. Handel u. Versorgung bzw. für Wohnungspolitik (s. Juli 81). Seit 1971 Abg. d. BT Suhl. Seit Jan. 1982 Vors. d. BV Suhl d. LDP. Nachf. von Klaus-Peter Weichenhain.
Ausz.: VVO i. Bronze (1974) u. a.

Becker, Otto

Berlin
Geb. 4. 3. 1928 i. Schlesien
Ausg. B.: Botschafter
Partei: SED
L.: Studium d. Außenpol. a. d. DASR. Seit 1950 i. diplom. Dienst. 1954-57 Angehöriger d. DDR-Botschaft i. Albanien. 1958-62 Sektorenltr. bzw. AL i. MfAA (3. Europ. Abt.). Jan. 1963-Aug. 1964 Botschafter i. Nordkorea. 1964 Sekr. d. BPO d. SED i. MfAA u. Mitgl. d. Kollegiums. 1970-77 HA-Ltr. Kader u. Schulung i. MfAA. Okt. 1977-April 81 Botschafter i. Ägypten. Nachf. v. Hans-J. Radde. Seit 9. 4. 1981 Botschafter d. DDR i. Simbabwe.
Ausz.: VVO i. Silber (1973) u. a.

Becker, Walter

Berlin
Geb. 1931 i. Sulzhain b. Nordhausen
Erl. B.: Diplom-Wirtschaftler, Dr. sc. oec.
Ausg. B.: Hochschullehrer
Partei: SED
L.: 1948 SED. FDJ-Funktionär. 1951-56 Stu-

dium a. d. HS f. Ökonomie i. Berlin-Karlshorst. Dipl.-Wirtschaftler. 1960 Promotion zum Dr. rer oec. Lehrtätigkeit a. d. HS f. Ökonomie. Seit 1970 o. Prof. f. Wirtschaftsgeschichte, seit 1976 Dir. d. Sektion Marxismus-Leninismus. 1960 Meister d. DDR i. Motorrad-Geländesport. Zeitw. Mitgl. d. Präs. d. ZV d. GST. Moderator d. „Tele-Verkehrsmagazins" d. DDR.
Ausz.: Meister d. Sports (1961) u. a.

Beckert, Manfred

Magdeburg
Ausg. B.: Hochschullehrer, Dr. sc. techn.
Partei: SED
L.: 1946 SED. Facharbeiter i. einem Maschinenbaubetrieb. ABF. Studium a. d. Bergakad. Freiberg. Wiss. Tätigkeit am Zentralinst. f. Schweißtechnik i. Halle. Seit 1960 Lehrtätigkeit a. d. TH Magdeburg. Prof. m. Lehrstuhl a. d. Sektion Technologie d. metallverarbeitenden Industrie TH Magdeburg. 1966-70 Rektor d. TH Magdeburg. 1967-71 Mitgl. d. SED-BL Magdeburg.
Ausz.: VVO i. Gold (1980) u. a.
Veröff.: „Welt der Metalle" u. a. m.

Beer, Klaus

Karl-Marx-Stadt
Geb. 1939 i. Grünhainichen/Erzgeb. als Sohn eines Arbeiters
Erl. B.: Mathematiker, Dr. sc.
Ausg. B.: Hochschullehrer
Partei: SED
L.: Besuch d. Volksschule Grünhainichen, d. OS Stollberg u. d. ABF Halle. 1957 Abitur. Studium d. Mathematik a. d. Uni. Leningrad. 1963 wiss. Ass. a. d. TH Karl-Marx-Stadt. 1967 Promotion. 1969 Dozent. 1974 Promotion B. Seit 1975 o. Prof. f. math. Optimierung d. TH Karl-Marx-Stadt. Stellv. Dir. d. Sektion Mathematik. Seit 1. 4. 1978 Vors. d. DSF i. Bez. Karl-Marx-Stadt.

Behrend, Werner

Erfurt
Geb. 2. 11. 1918 i. Königsberg/Ostpr. als Sohn eines Kaufmanns
Erl. B.: Autoschlosser, Kaufmann
Ausg. B.: Vorsitzender d. Bezirksverbandes Erfurt d. CDU
Partei: CDU
L.: 1935-38 Autoschlosserlehrling. 1938-39 kfm. Lehrling. 1937 NSDAP. 1939 Handlungsgehilfenprüfung. 1945 Mitgl. d. CDU. Ltr. d. Preisüberwachung bei d. Kreisverwaltung Schönberg. 1947-51 Kreisrat i. Schönberg u. Grevesmühlen. 1951-52 Mitarbeiter d. Landesverbandes Mecklenburg d. CDU u. d. Landesregierung. 1952-55 Vors. d. Kreisverbandes Schwerin-Stadt d. CDU. 1956-68 Vors. d. Bezirksverbandes Suhl d. CDU. 1968-70 Vors. d. Bezirksverbandes Gera, seit Mai 1970 Vors. d. Bezirksverbandes Erfurt d. CDU. Abg. d. BT Erfurt u. Mitgl. d. HV d. CDU.
Ausz.: VVO i. Bronze (1962) u. i. Silber (1970) u. a.

Behrendt, Armin

Berlin
Geb. 29. 6. 1934 i. Osterode
Erl. B.: Diplom-Historiker, Dr. phil.
Ausg. B.: Sekretär d. ZV d. LDP
Partei: LDP
L.: Studium d. Geschichte a. d. Humboldt-Uni. i. Ostberlin. Diplom-Historiker. 1957 Eintritt i. d. Redaktion d. LDP-Tageszeitg. „Der Morgen". 1958 Mitgl. d. LDP. 1966 wiss. MA d. Parteivors. d. LDP. März 1968 Promotion zum Dr. phil. a. d. Humboldt-Uni. („Wilhelm Külz: Aus dem Leben eines Suchenden"). 11. 12. 81 i. ZV d. LDP kooptiert u. zum Sekretär gewählt. Seit 7. 4. 1982 Mitgl. d. Polit. Ausschusses d. ZV d. LDP.
Ausz.: VVO i. Bronze (1974) u. a.

Beier, Siegfried

Berlin
Erl. B.: Lehrer, Oberstudienrat
Ausg. B.: Stellv. Minister f. Volksbildung
Partei: SED
L.: Seit Nov. 1945 i. Schuldienst. Lehrer i. Ottendorf b. Sebnitz. Danach Schuldir., Kreisreferent f. Lehrerbildung, stellv. Kreisschulrat u. stellv. Bezirksschulrat i. Dresden. Seit 1958 MA d. Min. f. Volksbildung. Sektorenltr., stellv. Abt.-Ltr., Abt.-Ltr. u. Ltr. d. HA Oberschulen i. Min. f. Volksbildung. Seit Juni 1964 stellv. Min. f. Volksbildung f. d. Bereich Planung, Ökonomie u. Sport.
Ausz.: VVO i. Silber (1974) u. a.

Beil, Gerhard

Berlin
Geb. 28. 5. 1926 i. Leipzig-Volkmarsdorf als Sohn eines Tischlers
Erl. B.: Industriekaufmann, Diplom-Wirtschaftler, Dr. rer. pol.
Ausg. B.: Staatssekretär
Partei: SED
L.: Ausbildung als Industriekfm. (chem. Industrie). 1944 NSDAP. Nach 1945 Stahlbauschlosser. 1951-54 Studium a. d. HS f. Ökonomie. Berlin-Karlshorst. 1953 SED. 1956 Dipl.-Wirtschaftler (Humboldt-Uni.). Danach Mitarbeiter d. Staatssekr. f. örtl. Wirtschaft. 1958 bis 1961 Mitarbeiter d. Vertretung d. KfA i. Österreich. 1961-65 Ltr. d. Bereichs Westeuropa i. MAI (Dir.). Seit März 1965 stellv. Min. f. Außenhandel u. Innerdtsch. Handel. Promotion zum Dr. rer. pol. a. d. DASR. Seit 1969 Staatssekr. u. 1. stellv. Min. i. Min. f. Außenwirtschaft bzw. Außenhandel. Vors. d. Wirtschaftsausschusses DDR-Frankr. 1976-81 Kand., seit 16. 4. 81 Vollmitglied d. ZK d. SED. Seit 21. 12. 1977 Mitgl. d. MR d. DDR.
Ausz.: VVO i. Gold (1976) u. a.

Bein, Wolfgang
Berlin
Geb. 29. 5. 1925
Erl. B.: Großhandelskaufmann, Diplom-Wirtschaftler
Ausg. B.: Stellvertretender Oberbürgermeister von Ostberlin
Partei: NDP
L.: Nach 1945 Disponent u. Verkaufsltr. einer Großhandelsgenossenschaft. 1950 Mitgl. d. NDP. 1954-63 Direktor d. GHG Lebensmittel i. Rudolstadt. 1963-66 stellv. Vors. d. RdB Gera f. Handel u. Versorgung bzw. f. örtl. Versorgungswirtschaft. Abg. d. BT Gera. April 1966-81 stellv. Min. f. bezirksgel. Industrie u. Lebensmittelindustrie. Seit 1967 Mitgl. d. Hauptausschusses, seit April 1972 d. PV bzw. Präs. d. NDP. Seit 29. 6. 81 stellv. OB von Ostberlin f. Wohnungspolitik. Nachf. von Hans-Joachim Linn.
Ausz.: VVO i. Silber (1979) u. a.

Beinemann, Gert
Weimar
Geb. 15. 6. 1918 i. Dresden.
Erl. B.: Theaterwissenschaftler, Schauspieler, Dr. phil.
Ausg. B.: Generalintendant
L.: Studium d. Theaterwiss. 1941 Promotion z. Dr. phil. i. Jena. 1939-41 Schauspielerausbildung i. Weimar. Ab 1941 Schauspieler a. Nationaltheater Weimar. Nach 1945 Schauspieler u. Regisseur versch. Bühnen i. d. SBZ/DDR. 1950 Schauspieler u. Regieass. b. Berliner Ensemble. 1954-58 Regisseur beim Maxim-Gorki-Theater i. Ostberlin. Anschl. Regisseur d. Staatl. Rundfunkkomitees. 1959-65 Intendant d. Landestheaters Altenburg. 1965-73 stellv. Generalintendant, seit Juli 1973 Generalintendant d. Nationaltheaters Weimar. Nachf. v. Otto Lang.
Ausz.: VVO i. Bronze (1977) u. a.

Bellag, Lothar
Berlin
Geb. 27. 11. 1930 i. Berlin
Ausg. B.: Regisseur
L.: 1947-49 schauspiel. Ausbildung a. d. Mendelssohn-Akad. i. Leipzig. 1949 Schauspieler a. Volkstheater Rostock. Ab 1951 Brecht-Schüler, Schauspieler u. Regisseur a. Theater d. Freundschaft i. Berliner Ensemble Ostberlin. Seit 1958 Fernsehregisseur. 1967-72 u. seit 1974 Vizepräs., seit 18. 11. 80 Präsident d. Verbandes d. Film- u. Fernsehschaffenden. Nachf. von Andrew Thorndike. o. Mitgl. d. AdK d. DDR.
Ausz.: Nat.-Preis I. Kl. (Koll., 1968) u. a.
Werke: „Die Glasmenagerie", 1964; „Woyzeck", 1965; „Daniel Druskat", 1976, Fernsehinszenierungen u. a. m.

Bellmann, Rudi
Berlin
Geb. 6. 11. 1919 i. Erzgebirge
Ausg. B.: Arbeitsgruppenleiter i. ZK d. SED
Partei: SED
L.: Kriegsdienst. Sowj. Kriegsgefangenschaft. Besuch d. Antifa-Schule. NKFD. Seit 1946 i. Verlagswesen tätig. In den 50er Jahren AL i. Amt f. Information u. Amt f. Literatur u. Verlagswesen. Seit 1955 MA bzw. stellv. Ltr., seit 1976 Ltr. d. Arbeitsgruppe Kirchenfragen b. ZK d. SED. Nachf. v. Willi Barth.
Ausz.: VVO i. Gold (1979) u. a.

Benjamin, Hilde, geb. Lange
Berlin
Geb. 5. 2. 1902 i. Bernburg als Tochter eines kfm. Angestellten (späteren Directors in einer Berliner Filiale des Scheidemandel-Konzerns)
Erl. B.: Jurist, Prof.
Ausg. B.: Hochschullehrerin
Partei: SED
L.: Besuch d. Lyzeums u. d. Studienanstalt Berlin-Steglitz. 1921-24 Studium d. Rechtswiss. a. d. Uni. Berlin, Heidelberg u. Hamburg. 1924 Referendar-. 1927 Assessor-Examen. Heiratete 1926 d. komm. Arzt Dr. Georg Benjamin, der 1942 i. KZ Mauthausen ums Leben kam. 1927 Mitgl. d. KPD. 1928-33 Rechtsanwältin i. Berlin-Wedding. Im Mordfall Horst Wessel Verteidigerin d. Wirtin d. Wessel-Mörders „Ali" Höhler. 1933 Berufsverbot. Während NS-Zeit jur. Beraterin d. sowj. Handelsgesellschaft i. Berlin, Werkstattschreiberin i. Berlin-Kaulsdorf u. Angest. i. d. Konfektion. Mai 1945 v. d. SMAD als Staatsanwältin i. Berlin-Steglitz eingesetzt. Ab. Sept. 1945 „Vortragender Rat", 1947-49 Ltr. d. Personalabt. (Kaderabt.) i. d. ZV f. Justiz. KPD/SED-Mitgl. 1949 Studienreise i. d. SU. 1949 bis 1953 Vizepräs. d. Obersten Gerichts d. DDR. Vors. i. zahlreichen großen Schauprozessen. 1949-67 Abg. d. VK. 1949-53 Mitgl. d. Rechtsausschusses d. VK. Juli 1953-Juli 1967 Justizmin. d. DDR. Nachf. v. H. Fechner. Seit April 1954 Mitgl. d. ZK d. SED. Seit 1967 Lehrtätigkeit a. d. DASR. Prof. Leiterin d. Lehrstuhls „Geschichte d. Rechtspflege".
Ausz.: Dr. jur. h. c. (1952). VVO i. Gold (1962). Held d. Arbeit (1967). Ehrenspange zum VVO i. Gold (1972) u. a.
Veröff.: „Zur Geschichte der Rechtspflege d. DDR" 2. Bd. u. a.

Benjamin, Michael
Potsdam-Babelsberg
Geb. 27. 12. 1932 i. Berlin als Sohn des i. KZ umgekommenen Arztes Dr. Georg B. u. des nachmaligen Ministers d. Justiz d. DDR, Hilde B.
Erl. B.: Jurist, Dr. jur.
Ausg. B.: Hochschullehrer
Partei: SED
L.: Opfer d. Faschismus. 1947 Abitur i. Berlin-Steglitz. 1948-56 Studium d. Mathematik u. Rechtswiss. i. Ostberlin u. Leningrad. 1956 jurist. Staatsexamen i. Leningrad. 1960 Promotion, 1966 Habil. Lehrtätigkeit a. d. DASR. Prof. f. Rechtstheorie u. kybernetische Probleme d. Rechts- u. Staatswiss. Dir. d. Sektion II d. DASR (Staats-

recht u. Staatl. Leitung). Mitgl. d. Rates f. staats- u. rechtswiss. Forschung AdW. Ausz.: VVO i. Bronze (1973) u. a.

Benthien, Bruno
Greifswald
Geb. 12. 4. 1930 i. Schwerin-Lankow als Sohn eines Gärtnermeisters
Erl. B.: Diplom-Geograph, Dr. sc. nat.
Ausg. B.: Hochschullehrer
Partei: LDP
L.: Oberschule. 1949-52 Studium d. Pädag., Geographie u. Anglistik Uni. Rostock. Staatsexamen. 1952-53 Studium d. Geographie i. Greifswald. Dipl.-Geograph. Seit 1953 Ass., Oberass. u. Lehrtätigkeit a. d. Uni. Greifswald. Seit 1969 o. Prof. f. Polit. u. Ökon. Geographie. 1956 Promotion z. Dr. rer. nat. 1970 Dr. sc. nat. 1962 LDP. 1967-77 Vors. d. Kreisausschusses d. Nat. Front i. Greifswald. 1963-71 Abg. d. BT Rostock. Seit Okt. 1976 Abg. d. VK. Mitgl. d. Ausschusses f. Arbeit u. Sozialpolitik. Seit 1980 Vors. d. LDP i. Krs. Greifswald.
Ausz.: Verdienstmed. d. DDR u. a.

Bentzien, Hans
Berlin
Geb. 4. 1. 1927 i. Greifswald
Ausg. B.: Fernsehfunktionär
Partei: SED
L.: Vor 1945 i. Wartheland ansässig. 1944 NSDAP. 1946-48 Neulehrer. Anschl. bis 1950 Studium d. Gesellschaftswiss. a. d. Friedrich-Schiller-Uni. Jena. 1950-55 hauptamtl. SED-Funktionär i. Thüringen, u. a. Instrukteur f. Kultur d. SED-Landesltg. Thüringen. 1. Sekr. d. SED-Stadtltg. Jena (1953) u. Sekr. f. Kultur u. Volksbildung d. SED-BL Gera. 1955-58 Besuch d. PHSch d. SED. 1958-61 Sekr. f. Kultur u. Volksbildung d. SED-BL Halle. 1958 Mitgl. d. Kulturkommission beim Politbüro d. ZK d. SED. Febr. 1961-Jan. 1966 Min. f. Kultur. Wegen „ernster Fehler i. seinem Amt" abgesetzt. 1966-75 Ltr. d. Verlages Neues Leben i. Ostberlin. 1975-78 Ltr. d. HA Funkdramatik b. DDR-Rundfunk bzw. stellv. Vors. d. Staatl. Komitees f. Fernsehen (Bereichsltr.).
Ausz.: VVO i. Silber (1965) u. a.

Berg, Helene
Berlin
Geb. 10. 4. 1906
Erl. B.: Schneiderin, Prof. Dr. phil. h. c.
Ausg. B.: Mitglied d. Agitationskommission
Partei: SED
L.: 1927 Mitgl. d. KPD. Nach 1933 Emigration i. d. SU. Dort Lehrerin a. Antifa- u. Zentralschulen. Nach 1945 Rückkehr nach Dtschl. Sekr. f. Propaganda i. d. SED-Landesltg. Sachsen-Anhalt. 1951-61 Dir. d. Inst. f. Gesellschaftswiss. beim ZK d. SED. 1954-58 Kand. d. ZK d. SED. Seit dem V. Parteitag d. SED (1958) Vollmitgl. d. ZK d. SED. 1961-74 Vertreter d. SED i. d. zentralen Redaktion d. Zeitschr. „Probleme d. Friedens u. Sozialismus". Prof. 1974-79 Dir. d. Inst. f. Meinungsforschung b. ZK d. SED. Nachf. v. Karl Maron. 1. 12. 1976 Dr. phil. h. c. IfG. Gegenwärtig Mitgl. d. Agitationskommission b. Politbüro d. ZK d. SED.
Ausz.: Karl-Marx-Orden (1966). VVO i. Gold (1968). Ehrenspange z. VVO i. Gold (1971) u. a.

Berg, Hermann von
Schöneiche
Geb. 29. 3. 1933 i. Mupperg, Krs. Sonneberg
Ausg. B.: Hochschullehrer, Dr. phil. habil.
Partei: SED
L.: Anfang d. 50er Jahre Sachbearbeiter i. SHF. Danach Studium a. d. KMU Leipzig. Anschl. AL i. Presseamt b. Vors. d. MR d. DDR. Fortsetzung d. Studiums, Promotion u. Habil. a. IfG. Seit 1972 o. Prof. f. Politökonomie a. d. Sektion Wirtschaftswiss. d. Humboldt-Uni. Ostberlin. Weilte mehrmals als Sonderbeauftragter d. DDR-Führung i. d. Bundesrepublik.
Ausz.: VVO i. Silber (1973).

Berg, Werner
Berlin
Geb. 18. 9. 1926 i. Feldberg/Neustrelitz
Erl. B.: Seemann, Diplom-Sportlehrer
Ausg. B.: Vizepräsident d. DTSB
Partei: SED
L.: Sportfunktionär. Bis 1970 Abt.-Ltr. „Sportverkehr" i. Bundesvorstand d. DTSB. Seit Mai 1970 Vizepräs. u. Mitgl. d. Sekr. d. Bundesstandes d. DTSB. Zeitw. Vizepräs. d. Ruderspotverbandes.
Ausz.: VVO i. Bronze (1972) u. a.

Berger, Gotthart
Dresden
Geb. 21. 2. 1920 i. Pirna/Sa.
Erl. B.: Lehrer, Diplom-Biologe
Ausg. B.: Zoodirektor
Partei: LDP
L.: Kriegsdienst. 1946 LDP. 1946-50 Studium d. Pädag. Biologie u. Geographie a. d. TH Dresden. Staatsexamen. 1950-54 Lehrer f. Biologie u. Geographie a. d. OS Zittau. 1954 Ass., 1957 Oberass., 1969 stellv. Dir. ab seit 21. 3. 1974 Dir. d. Dresdner Zoos. Nachf. v. Prof. Ullrich. Seit 1957 Stadtverordneter, zeitw. Abg. d. BT Dresden. Seit März 1977 Mitgl. d. ZV d. LDP.
Ausz.: VVO i. Bronze (1980).
Veröff.: „Mit Elefanten unterwegs", Brockhaus-Vlg., 1968.

Berger, Günter
Leipzig
Geb. 1924
Erl. B.: Kraftfahrzeugschlosser, Diplom-Gesellschaftswissenschaftler
Ausg. B.: Sekretär f. Wirtschaft d. SED-BL Leipzig

Partei: SED
L.: Kfz.-Schlosser. 1958-60 1. Sekr. d. SED-Stadtbezirksltg. Leipzig-Südost. 1960-62 Ltr. d. Abt. Wirtschaft d. SED-BL Leipzig. Seit April 1962 Sekr. f. Wirtschaft d. SED-BL Leipzig. Abg. d. BT.
Ausz.: VVO i. Bronze (1964) u. a.

Berger, Rolf
Berlin
Geb. 14. 5. 1921 i. Leipzig
Erl. B.: Werkzeugdreher, Dr. rer. oec.
Ausg. B.: FDGB-Funktionär
Partei: SED
L.: Werkzeugdreher. 1942-45 Soldat (Obergefr. i. einer Flak-Einheit), 1946 Mitgl. d. KPD bzw. SED. Seit 1948 hauptamtl. Gewerkschaftsfunktionär, u. a. bis 1953 Sekr. d. Bezirksvorstandes Leipzig d. IG Metall. 1953 bis 1957 u. 1960-61 Vors. d. Zentralvorstandes d. IG Metall. 1957-60 Studium a. d. PHSch d. SED. März 1961-Juli 1971 stellv Vors. d. Bundesvorstandes d. FDGB u. Ltr. d. Sekr. 1963-71 Mitgl. d. ZK d. SED u. Abg. d. VK. 1963-64 Aspirantur HS f. Ökonomie i. Berlin u. Promotion z. Dr. rer. oec.
Ausz.: VVO i. Silber (1965). Orden „Banner d. Arbeit" (1969) u. a.

Berger, Uwe
Berlin-Köpenick
Geb. 29. 9. 1928 i. Eschwege als Sohn eines Bankbeamten
Ausg. B.: Schriftsteller, Lektor
L.: Aufgewachsen i. Emden, Augsburg u. Berlin. 1943/45 Flakhelfer u. Marinesoldat. 1947 Abitur. Studium d. Germanistik a. d. Humboldt-Uni. i. Ostberlin. 1949-56 Red. u. Verlagslektor i. Verlag Volk u. Wissen u. i. Aufbau-Verlag. Seit 1956 freischaffend tätig. Mitgl. d. Vorstandes d. Schriftsteller-Verbandes d. DDR. Seit Juni 1982 Vizepräs. d. KB.
Ausz.: Nat.-Pr. III. Kl. (1972). Heine-Preis (1968) u. a.
Veröff.: „Begeistert von Berlin", Gedichte, Aufbau-Verlag, Berlin 1952 (zusammen mit M. H. Kieseler u. Paul Wiens). „Die Einwilligung", Erz., Aufbau-Verlag, Berlin 1955. „Straße der Heimat", Ged., Aufbau-Verlag, Berlin 1955. „Der Dorn in dir", Ged., Aufbau-Verlag, Berlin 1958. „Der Erde Herz", Ged., Aufbau-Verlag, Berlin 1960. „Hütten am Strom", Aufbau-Verlag, Berlin 1961. „Mittagsland", Ged., 1965. „Gesichter", Ged., 1969. „Bilder d. Verwandlung", Lyrikbd., 1971. „Lächeln im Flug", Gedichte, Aufbau-Verlag 1976, „Deutsches Gedichtbuch", „Lyrik der DDR" (zusammen mit G. Deicke herausgegeben), „Schamanenstern", Aufbau-Verlag 1980, u. a. m.

Berghaus, Ruth, verw. Dessau
Zeuthen
Geb. 2. 7. 1927 i. Dresden
Erl. B.: Choreographin
Ausg. B.: Regisseur

Partei: SED
L.: 1944 NSDAP. 1951-64 Choreographin d. Palucca-Schule i. Dresden u. d. Theaters d. Freundschaft. 1964-67 Regieass. u. Choreographin d. Berliner Ensembles. 1967-70 Regisseur, 1970-71 stellv. Intendant, 1971-77 Intendant d. Berliner Ensembles. Seit Nov. 1971 Mitgl. d. StVV Ost-Berlin. Seit April 1977 Regisseur a. d. Staatsoper Ostberlin. Mai 1978 Mitgl. d. Präsidiums u. Sekr. d. Sektion Darstellende Kunst d. AdK. Nachf. v. Gerh. Scheumann. Witwe von Paul Dessau.
Ausz.: Nat. Pr. II. Kl. (1974), Goethe-Preis I. Kl. (1980) u. a.

Berghaus, Siegfried
Leipzig
Geb. 24. 1. 1945
Erl. B.: Dreher, Diplom-Staatswissenschaftler
Ausg. B.: Vorsitzender d. BV Leipzig d. CDU
Partei: CDU
L.: Dreherlehre. Besuch einer Fachschule. Finanzökonom. 1978 Diplom-Staatswiss. a. d. ASR Militärdienst i. d. NVA. Technologe i. VEB Planeta Radebeul. 1968 Mitgl. d. CDU. 1970 stellv. Bürgermeister v. Radebeul. 1973 Mitgl. d. RdK Freital f. Wohnungspolitik. 1980-82 Vors. d. KV Freital d. CDU. Seit 8. 3. 1982 Vors. d. BV Leipzig d. CDU. Nachf. v. Fritz-Karl Bartnig.
Ausz.: Verdienstmedaille d. DDR u. a.

Bergner, Dieter
Halle/Saale
Geb. 6. 2. 1928 als Sohn eines Maurers
Erl. B.: Dr. sc. phil.
Ausg. B.: Hochschullehrer
Partei: SED
L.: 1948-52 Studium d. Geschichte u. Philosophie a. d. MLU Halle-Wittenberg. 1952 Staatsexamen. Ass. bzw. Oberass. a. d. Uni. Jena. 1957 Dozent, 1958 Prof. f. Diamat MLU Halle-Wittenberg. Zeitw. Dekan d. Philos. Fak. u. Dir. d. Sektion Marx.-Lenin. Philos. d. MLU. 1964-81 Mitgl. d. SED-BL Halle. Okt. 1977-Okt. 80 Rektor d. MLU. Mitgl. d. Gemeinsamen Kommission v. Philosophen d. UdSSR/DDR.
Ausz: Orden „Banner d. Arbeit" u. a.

Bergold, Wolfgang
Berlin
Geb. 19. 4. 1913 i. Dresden
Ausg. B.: Sekretär d. FIR
Partei: SED
L.: Studium i. Dresden. 1932 Mitgl. d. KJV u. d. Freien Sozial. Studentenschaft i. Dresden. 1933 relegiert. 18. 11. 1933 vom OLG Dresden zu 1 Jahr Gefängnis verurteilt. Häftling im KZ Hohnstein. Nach der Entlassung aus der Haft illegal f. d. KPD tätig. 1941 erneut verhaftet u. verurteilt. Nach 1945 Mitgl. d. KPD/SED. Versch. Funktionen. Leitender Mitarbeiter d. Abt. Außenpolitik u. Internat. Verbindungen beim ZK d. SED. Sept. 1963-Dez. 1968 Außerord. u. Bevollm. Bot-

schafter d. DDR i. Nord-Vietnam. Jetzt Sekr. d. FIR.
Ausz.: Orden „Banner d. Arbeit" (1966)

Bernhardt, Fritz
Berlin
Geb. 8. 12. 1921
Erl. B.: Speditionskaufmann, Ingenieur
Ausg. B.: 1. Sekretär d. SED-KL
Partei: SED
L.: Speditionskaufmann, 1952 SED. Ing. f. Eisenbahnbetriebs- u. Verkehrstechnik. Reichsbahnhauptrat. Zeitw. Ltr. d. Abt. Schulung u. Berufsausbildung i. MfV. Danach Sekr. d. Zentralen Parteiltg. d. SED i. MfV u. seit Dez. 1970 1. Sekr. d. SED-KL Zentrale Organe d. Verkehrswesens. Mitgl. d. SED-BL Berlin.
Ausz.: Ehreneisenbanner d. UdSSR (1977), Orden „Banner d. Arbeit Stufe II (1981) u. a.

Bernhardt, Günter
Berlin
Geb. 1932 als Sohn eines Molkereifacharbeiters.
Erl. B.: Diplom-Wirtschaftler, Dr.
Ausg. B.: Staatssekretär
Partei: SED
L.: Studium d. Wirtschaftswiss. a. d. Humboldt-Uni. Ostberlin. Dipl.-Wirtschaftler. Seit 1954 Mitarbeiter d. SHF. Zeitw. Parteisekr. d. SED d. SHF. 1960-65 stellv. Staatssekr., seit 1967 Staatssekr. i. Min. f. Hoch- u. Fachschulwesen. Mitgl. d. ZV d. DSF.
Ausz.: VVO i. Silber (1974) u. a.

Bernhardt, Heinz
Dresden
Geb. 1930
Erl. B.: Kaufmännischer Angestellter, Diplom-Staatswissenschaftler
Ausg. B.: 1. stellvertretender Vorsitzender d. RdB Dresden
Partei: SED
L.: Kfm. Angest. 1950 SED. Besuch d. Verwaltungsschule. 1961-63 Stadtrat f. Plankoordinierung i. Dresden. Seit 1963 Abg. d. BT Dresden. 1963-69 Vors. d. Bezirksplankommission Dresden. Seit Febr. 1969 1. stellv. Vors. d. RdB Dresden. 1972-73 wegen Studiums beurlaubt. Seit 1967 Mitgl. d. SED-BL Dresden.
Ausz.: VVO i. Bronze (1969) u. a.

Bernhardt, Karl Heinz
Berlin
Geb. 21. 7. 1927 i. Erfurt
Erl. B.: Evangelischer Theologe, Dr. theol. habil.
Ausg. B.: Hochschullehrer
L.: Studium d. evang. Theologie. Seit 1952 Lehrtätigkeit a. d. Uni. Greifswald, Rostock u. Ostberlin. Prof. m. Lehrstuhl f. Altes Testament Humboldt-Uni. Ostberlin. Seit 1971 Dir. d. Sektion Evang. Theologie Humboldt-Uni. Seit 1965 Vors. d. Regionalausschusses DDR d. CFK. Mitgl. d.

Präs. d. Friedensrates d. DDR. Mitherausgeber d. Ztschr. „Standpunkt".
Ausz.: VVO i. Bronze (1975).

Bernhardt, Klaus
Berlin
Geb. 8. 1. 1946 i. Hartha, Kreis Döbeln
Erl. B.: Dipl.-Ing.
Ausg. B.: Sekretär d. ZR d. FDJ
Partei: SED
L.: Besuch d. Erweit. OS. 1960 FDJ-Mitglied. Studium a. d. THC Leuna-Merseburg (Fachrichtung: Verfahrenstechn.). 1966 SED. 1969 Dipl.-Ing. Seit 1969 hauptamtl. FDJ-Funkt. FDJ-Sekr. THC Leuna-Merseburg. 1972-75 Besuch d. PHSch d. KPdSU i. Moskau. Sept. 1975-Okt. 1977 2. Sekr., Okt. 1977-Febr. 79 1. Sekr. d. FDJ-BL Halle. Nachf. v. Lothar Buttler. Seit Nov. 1977 Mitgl. d. ZR d. FDJ. Seit 3. 5. 1979 Sekr. d. ZR d. FDJ. Nachf. von Günter Schneider.
Ausz.: Artur-Becker-Medaille i. Gold (1979) u. a.

Bernheier, Kurt
Berlin
Geb. 1928
Erl. B.: Diplom-Wirtschaftler, Dr. sc. oec.
Ausg. B.: Hochschullehrer
Partei: SED
L.: 1955 MA d. SED-BL Halle. 1959-61 MA bzw. Aspirant a. Inst. f. Gewi. b. ZK d. SED. 1961 Promotion z. Dr. rer. oec. Danach MA bzw. Sektorenltr. i. d. Abt. Handel, Versorgung u. Außenhandel d. ZK d. SED. 1968-73 Staatssekr. u. 1. stellv. Min. f. Handel u. Versorgung. Seit 1973 Prof. a. d. Handels-HS i. Leipzig bzw. Gruppenltr. i. Zentralinst. f. sozial. Wirtschaftsführung b. ZK d. SED.
Ausz.: VVO i. Bronze (1970).

Bernicke, Hubertus
Berlin
Geb. 28. 4. 1919
Ausg. B.: Hochschullehrer, Diplom-Ingenieur oec., Dr. rer. oec.
Partei: SED
L.: Nach 1945 Wirtschaftsfunktionär. 1954 Ltr. d. HV Landmaschinenbau i. Min. f. Maschinenbau. 1955-58 Staatssekr. i. Min. f. Allg. Maschinenbau. Ab 1958 Sektorenltr. f. Elektrotechnik i. d. Abt. Maschinenbau der Staatl. Plankommission. Seit 1959 Vizepräs. d. KdT. Seit 1. 1. 1963 Prof. m. LA f. Ökonomie. sozial. Industrie a. d. HS f. Ökonomie. 1970-71 Dir. d. Akad. f. marx.-leninistische Organisationswiss.
Ausz.: VVO i. Bronze (1966) u. a.

Bernstein, Harry
Berlin
Erl. B.: Dr.-Ing.
Ausg. B.: Stellvertretender Minister
Partei: SED

L.: 1958-62 Mitgl. d. SED-BL Cottbus. 1962-65 Gruppen- bzw. Sektorenltr. Technik i. VWR. Seit 1966 MA, seit 1971 stellv. Min. f. Grundstoffindustrie (Kohle u. Energie). Regierungsbeauftragter f. d. Drushba-Trasse. Mitgl. d. Hoch- u. Fachschulrates d. DDR.
Ausz.: VVO i. Gold (1978) u. a.

Berthold, Heinz

Berlin
Geb. 1924
Erl. B.: Schlosser
Ausg. B.: Stellvertretender Minister
Partei: SED
L.: Schlosser. 1946 Mitgl. d. SED. Parteifunktionär. Zeitw. Sekr. d. BPO d. SED i. Elektrochemischen Komb. Bitterfeld u. Parteiorganisator d. ZK i. d. VVB Allg. Chemie, bzw. VVB Agrochemie u. Zwischenprodukte. 1967-71 Kand. d. ZK d. SED. Seit 1975 stellv. Min. f. Kohle u. Energie.
Ausz.: VVO i. Bronze (1976).

Berthold, Lothar

Berlin
Geb. 30. 8. 1926 i. Zaborze/OS.
Erl. B.: Historiker, Dr. phil.
Ausg. B.: Verlagsdirektor
Partei: SED
L.: 1944 NSDAP. 1946-50 Studium d. Gesch., Germanistik, Philosophie u. Pädag. a. d. Uni. Jena. 1952-62 Doz. f. Gesch. d. dtsch. Arbeiterbewegung bzw. Ltr. d. Historischen Fakultät a. d. PHSch d. SED. 1955 Promotion zum Dr. phil. 1960 zum Prof. ernannt. 1962-65 stellv. Dir. 1965-69 Dir. d. Inst. f. Marxismus-Leninismus b. ZK d. SED. Danach stellv. Dir. d. Zentralinst. f. Gesch. d. AdW. Seit 1976 Dir. d. Akademie-Verlages i. Ostberlin.
Ausz.: VVO i. Silber (1965) u. a.

Berthold, Rolf

Berlin
Ausg. B.: Botschafter
Partei: SED
L.: DDR-Diplomat. Anfang d. 70er Jahre Botschaftsrat u. Geschäftsträger d. DDR i. d. DRV Vietnam. 1976-82 Ltr. d. Abt. Ferner Osten i. MfAA. Seit Juli 1982 Botschafter d. DDR i. d. VR China. Nachf. v. Helmut Liebermann.
Ausz.: VVO i. Bronze (1973) u. a.

Bertoldi, Werner

Berlin
Geb. 15. 4. 1934 i. Lichtenstein, Krs. Glauchau
Erl. B.: Diplom-Physiker, Dr. rer. nat.
Ausg. B.: Institutsdirektor
L.: Studium. Dipl.-Physiker. Dr. rer. nat. Zeitw. Forschungsgruppenltr. i. III. Physikal.-Techn. Inst. Rahnsdorf d. DAW. Gegenwärtig Dir. d. Inst. f. Physik d. Werkstoffbearbeitung d. AdW i. Berlin-Rahnsdorf.

Bertsch, Herbert

Berlin
Geb. 27. 7. 1929 i. Lyck (Ostpreußen)
Erl. B.: Diplom-Journalist, Dr. phil. habil., Prof.
Ausg. B.: Hauptabteilungsleiter i. Institut f. Internationale Politik u. Wirtschaft
Partei: SED
L.: 1945 Umsiedler i. Mecklenburg. Mitgl. d. Landesjugendausschusses Mecklenburg d. Antifa-Jugend. Mitbegründer d. FDJ i. Mecklenburg (Mitgl. Nr. 60). Studium u. Lehrtätigkeit a. d. Uni. Leipzig. Anschließend MA (Ltr. d. Abt. Forschung) bzw. stellv. Dir. d. Inst. f. Zeitgesch. i. Ostberlin. 1966-71 stellv. Ltr. d. Presseamtes b. Vors. d. MR. Seit 1971 HA-Ltr. i. Inst. f. Internat. Politik u. Wirtschaft i. Ostberlin. Mitgl. d. Präs. d. „Urania".
Ausz.: VVO i. Silber (1973) u. a.
Veröff.: „CDU/CSU demaskiert", „Die FDP und der deutsche Liberalismus" u. a.

Beseler, Horst

Hinzenhagen b. Güstrow
Geb. 29. 5. 1925 i. Berlin als Sohn eines Reichsbahnangestellten
Ausg. B.: Schriftsteller
L.: Besuch d. Volksschule u. d. Realgymnasiums. 1944 Einberufung zur Wehrmacht (Sanitäter). Amerik. Gefangenschaft. Nach d. Krieg Telefonist u. Techniker i. Filmkopierwerk Berlin-Johannisthal. Seit 1947 Journalist u. Red. bei d. „Jungen Welt" u. „Neues Deutschland", seit 1952 freischaffender Schriftsteller i .Berlin, dann Bez. Schwerin. Verfasser sozialistischer Kinder- u. Jugendliteratur. Seit 1973 Vors. d. Schriftstellerverbandes i. Bez. Schwerin. Seit Mai 978 Mitgl. d. Präs. d. Schriftstellerverbandes.
Ausz.: Alex-Wedding-Preis (1975), VVO i. Bronze (1978) u. a.
Veröff.: „Die Moorbande", Kinderbuchvlg., Berlin 1952. „Im Garten der Königin", Vlg. Neues Leben, 1957. „Käuzchenkuhle", Vlg. Neues Leben, 1965, verfilmt, u. a. m.

Besser, Heinz

Berlin
Erl. B.: Diplom-Landwirt, Dr. agr.
Ausg. B.: Stellv. Abteilungsleiter i. ZK d. SED
Partei: SED
L.: Dipl.-Landwirt, Dr. agr. In d. 50er Jahren MA d. Inst. f. Agrarökonomik d. DAL u. wiss. Aspirant i. Leningrad. Seit Anfang d. 60er Jahre MA bzw. stellv. Abtltr. Landwirtschaft i. ZK d. SED. Seit Okt. 1976 Mitgl. d. Red.-Koll. d. Zeitschrift „Neuer Weg".
Ausz.: VVO i. Bronze (1975), Orden „Banner der Arbeit", Stufe I (1980) u. a.

Bethge, Heinz

Halle/Saale
Geb. 15. 11. 1919 i. Magdeburg
Erl. B.: Physiker, Dr. rer. nat. habil.
Ausg. B.: Institutsdirektor

L.: Studium a. d. MLU Halle-Wittenberg (Physik). 1954 Promotion z. Dr. rer. nat. i. Halle. 1959 Habil. i. Halle. Lehrtätigkeit a. d. MLU Halle-Wittenberg. Prof. f. Experimentalphysik. Dir. d. Inst. f. Festkörperphysik u. Elektronenmikroskopie d. AdW i. Halle/S. Seit 1972 o. Mitgl. d. AdW. Seit Nov. 1974 Präs. d. Akad. d. Naturforscher „Leopoldina". i. Halle. Nachf. v. Kurt Mothes. O. Mitgl. d. Sächs. Akademie d. Wiss., Auswärtiges Mitgl. d. Bulgarischen Akademie d. Wiss., Korr. Mitgl. d. Bayerischen u. d. österreichischen Akademie d. Wiss.
Ausz.: Nat.-Preis II. Kl. (1967), Dr. rer. nat. h. c. (TH Karl-Marx-Stadt) u. a.

Bettin, Karl

Berlin
Geb. 1930
Erl. B.: Maschinenbauer, Diplom-Wirtschaftler, Dr.
Ausg. B.: Wiss. Mitarbeiter
Partei: SED
L.: Maschinenbauer. In den 50er Jahren Abt.-Ltr. beim RdB Cottbus. 1961-65 Vors. d. BWR Cottbus. 1965 Ltr. d. Abt. Glas u. Keramik i. VWR. 1966-67 stellv. Min., 1967-71 Staatssekr. f. Leichtindustrie. Nov. 1971-Nov. 1972 Min. f. Glas- u. Keramikindustrie. Nov. 1972-Dez. 1978 Min. f. Leichtindustrie. Seitdem wiss. MA d. Zentralinst. f. sozial. Wirtschaftsführung b. ZK d. SED.
Ausz.: VVO i. Silber (1972) u. a.

Beuel, Friedrich

Frankfurt/Oder
Geb. 1929
Erl. B.: Holzarbeiter, Diplom-Wirtschaftler
Ausg. B.: Vorsitzender d. BV Frankfurt/Oder d. FDGB
Partei: SED
L.: Holzarbeiter. Seit 1951 SED-Funktionär. Zeitweise 1. Sekr. d. SED-KL Strausberg, Bernau u. Eberswalde. Seit 15. 2. 1979 Vors. d. BV Frankfurt/Oder d. FDGB. Nachf. v. Otto Schmidt. Mai 1979 i. d. BV d. FDGB kooptiert. Abg. d. BT u. Mitgl. d. Sekr. d. BL d. SED.
Ausz.: VVO i. Silber (1976) u. a.

Beuhne, Klaus

Dresden
Geb. 11. 9. 1942
Erl. B.: Bau- u. Möbeltischler, Dipl.-Lehrer
Ausg. B.: Bezirksschulrat
Partei: SED
L.: Grundschule. Lehre als Bau- u. Möbeltischler. 1962-65 Militärdienst i. d. NVA. Ab 1965 Studium a. d. Päd. HS Dresden. FDJ-Sekr. a. d. HS. Karl-Marx-Stipendiat. Dipl.-Lehrer. 1970 Sekr., 1972 2. Sekr. Nov. 1973-Aug. 1978 1. Sekr. d. FDJ-BL Dresden. Nachf. v. Werner Moke. 1976-79 Mitgl. d. Zentralrates d. FDJ. Seit Okt. 1976 Abg. d. BT Dresden. Nachf. v. 1898 Student a. d. PHSch d. SED. Seit Jan. 1980 Bezirksschulrat i. Dresden. Nachf. v. Joachim Tannigel.
Ausz.: Verdienstmedaille d. DDR u. a.

Beyer, Hans

Leipzig
Geb. 6. 3. 1920 . Berbisdorf, Krs. Chemnitz
Erl. B.: Maler, Dr. sc. phil.
Ausg. B.: Hochschullehrer
Partei: SED
L.: Kriegsdienst (Wachtmstr.). Bis 1947 Kriegsgef. Maler u. hauptamtl. SED-Funktionär i. Sachsen. 1951-52 Studium d. Gesellschaftswiss. a. d. Uni. Leipzig. 1955 Promotion z. Dr. phil. i. Leipzig. Lehrtätigkeit a. d. Uni. Leipzig. Seit 1. 9. 1961 Prof. m. v. LA f. Diamat a. d. Uni. Leipzig. Zeitw. Dir. d. Franz-Mehring-Inst. d. Uni. Leipzig.
Ausz.: VVO i. Silber (1976) u. a.

Beyreuther, Wolfgang

Berlin
Geb. 16. 6. 1928 i. Böhlitz-Ehrenberg, Krs. Leipzig-Ld., als Sohn eines Arbeiters
Erl. B.: Maschinenschlosser, Diplom-Gesellschaftswissenschaftler
Ausg. B.: Staatssekretär f. Arbeit u. Löhne
Partei: SED
L.: Volksschule, 1942-44 Lehre als Maschinenschlosser, 1945-48 als Maschinenschlosser tätig. 1945 Jugendvertrauensmann i. einem Leipziger Metallbetrieb. 1946 SED. Seit 1948 hauptamtl. FDGB-Funktionär. 1953-56 MA bzw. Sekr. d. ZV IG Metall. 1956-59 Studium PHSch KPdSU. 1959-71 Sekr., Juli 1971-April 1977 stellv. Vors. u. Ltr. d. Sekr. d. Bundesvorstandes d. FDGB. Nachf. v. Rolf Berger. Mitgl. d. Präs. d. BV d. FDGB. Seit 1966 Vizepräs. Liga f. UN. 1971-73 Kand., 2. 10. 1973 Vollmitgl. d. ZK d. SED. Seit Nov. 1971 Abg. d. VK. 1976-81 stellv. Vors. d. Ausschusses f. Nat. Verteidigung. Seit 28. 4. 1977 Staatssekr. f. Arbeit u. Löhne. Nachf. v. Horst Rademacher. Seit 16. 6. 1977 Mitgl. d. Ministerrates. Seit 11. 5. 1982 Präs. d. Freundschaftsges. DDR-Afghanistan.
Ausz.: VVO i. Gold (1978) u. a.

Bialecki, Joachim

Knappenrode, Krs. Hoyerswerda
Geb. 1929
Erl. B.: Schlosser, Steiger, Bergmaschinen-Ingenieur
Ausg. B.: Kombinatsdirektor
Partei: SED
L.: Schlosser, Steiger u. Bergmaschinen-Ing. 1949 Mitgl. d. SED. Gegenwärtig Dir. d. VEB Braunkohlenkombinat „Glückauf" i. Knappenrode. 1964-71 Mitgl. d. SED-BL Gottbus. 1967-76 Kand., Mai 1976-April 81 Vollmitgl. d. ZK d. SED.
Ausz.: „Held d. Arbeit" (1970) u. a.

Bibergeil, Horst

Karlsburg/Greifswald
Geb. 1925 i. Greifswald als Sohn eines Arztes
Erl. B.: Arzt, Dr. sc. med.

Ausg. B.: Institutsdirektor
Partei: SED
L.: 1944 Abitur. Aus polit. Gründen interniert. Krankenpfleger. Medizin-Studium. 1951 Promotion. MA d. Kreiskrankenhauses Demmin. 1954-58 wiss. Ass. a. Inst. f. Diabetes i. Karlsburg. Lehrtätigkeit a. d. Uni. Rostock. Facharzt, Oberarzt, Dozent. Seit 1967 Dir. d. Zentralinst. f. Diabetes i. Karlsburg. Seit 1969 Prof. a. d. Uni. Greifswald. Vors. d. Fachbeirates f. Diabetes b. Min. f. Gesundheitswesen. Hrsg. d Standardwerkes „Diabetes mellitus".
Ausz.: Orden „Banner d. Arbeit", Stufe III (1974) u. a.

Bichtler, Karl

Berlin
Geb. 1929
Erl. B.: Wirtschaftswissenschaftler, Dr. sc. oec., Prof.
Ausg. B.: Stellvertretender Generalsekretär
L.: Wirtschaftswiss. Zeitweise Dir. d. Zentralinst. f. Wirtschaftswiss. d. DAW/AdW. Seit 1973 stellv. Generalsekr. d. AdW. Vors. d. Nationalkomitees f. Angewandte Systemanalyse bei d. AdW.
Ausz.: VVO i. Bronze (1979).

Bickelhaupt, Götz

Lauscha/Thür.
Geb. 9. 6. 1928 als Sohn eines Geistlichen
Erl. B.: Evangelischer Theologe
Ausg. B.: Pfarrer
Partei: CDU
L.: Studium d. evang. Theologie a. d. Universitäten Jena und Halle. Mitgl. d. Studentenrates. Pfarrer i. Lauscha/Thür. 1960 Mitgl. d. CDU. 1962-66 Vors., 1966-74 stellv. Vors. d. Evang. Pfarrerbundes. Seitdem Vors. d. Fortsetzungsausschusses d. Evang. Pfarrertages. Mitgl. d. Friedensrates d. DDR u. d. AG „Christl. Kreise" beim Nationalrat d. NF.
Ausz.: VVO i. Bronze (1979)

Bieber, Erwin

Magdeburg
Geb. 26. 10. 1925 i. Stendal
Erl. B.: Buchhalter, Diplom-Wirtschaftler
Ausg. B.: Stellv. Minister d. Finanzen
Partei: SED
L.: Wirtschaftsfunktionär. Zeitweilig AL b. RdK Stendal u. stellv. Vors. d. BPK Magdeburg. Dez. 1973-Febr. 79 stellv. Vors. d. RdB u. Vors. d. BPK Magdeburg. Nachf. v. Johannes Weigl. Mitgl. d. Sekr. d. SED-BL. Abg. d. BT Magdeburg. Seit 1979 stellv. Finanzminister d. DDR.
Ausz.: VVO i. Bronze (1974) u. a.

Bien, Horst

Greifswald
Geb. 5. 11. 1920 i. Treptow/Rega als Sohn eines Angestellten
Ausg. B.: Hochschullehrer, Dr. phil.
Partei: SED
L.: Besuch d. Volks- u. Oberschule. Teilnehmer am 2. Weltkrieg (Uffz. Luftwaffe). Nach 1945 als Übersetzer tätig. Ab 1949 Studium. Promotion z. Dr. phil. 1957 wiss. Oberass. a. German. Inst. d. Uni. Jena. Stadtverordneter i. Jena. 1959 Doz. 1965 Prof. m. LA a. d. Ernst-Moritz-Arndt-Uni. Greifswald. Seit Juli 1961 Mitgl. d. SED. Prof. Sekr. d. Deutsch-Nordischen Ges. d. DDR. Prof. f. Nordeuropäische Literatur a. d. Sektion Nordeuropawiss. d. Uni. Greifswald. Dir. d. Sektion Nordeuropawiss. Präsident d. International Association for Scandinavian Studies.

Bierbach, Martin

Berlin
Geb. 30. 11. 1926 i. Kalbsrieth/Artern als Sohn eines Arbeiters
Erl. B.: Schlosser, Diplom-Staatswissenschaftler
Ausg. B.: Botschafter
Partei: SED
L.: Maschinenschlosserlehre i. d. Zuckerfabrik Artern. 1948 SED. Studium d. Außenpolitik. Dipl.-Staatswiss. Seit 1953 MA d. MfAA. 1954 1. Sekr. d. BPO d. SED i. MfAA. 1957-59 Botschaftsrat a. d. DDR-Botschaft i. China. 1959-62 Generalkonsul d. DDR i. d. VAR. 1963-66 Ltr. d. 3. Außereurop.-Abt. i. MfAA. Febr. 1966-Okt. 1968 Botschafter d. DDR i. d. VR China. Seit März 1966 Ltr. d. Mission, Juli 1969-März 73 Botschafter d. DDR i. d. Arab. Rep. Ägypten. 1973-80 AL Süd- u. Südostasien i. MfAA. Seit 5. 6. 80 Botschafter i. Großbritannien, seit 15. 10. 81 i. Irland. In Großbritannien Nachf. von Karl-Heinz Kern.
Ausz.: VVO i. Silber (1965) u. a.

Biermann, Hans-Herbert

Halle/Saale
Geb. 11. 2. 1928 i. Quedlinburg
Erl. B.: Verwaltungsangestellter, Diplom-Journalist.
Ausg. B.: Chefredakteur
Partei: LDP
L.: Besuch d. Mittelschule. Volontär, dann MA d. Stadtnachrichtenamtes Quedlinburg. Seit 1951 Mitgl. d. Redaktion d. „Liberal-Demokratischen Zeitung" i. Halle. Red., 1961-69 stellv. Chefred., seit Nov. 1969 Chefred. Fernstudium a. d. KMU Leipzig. Mitgl. d. Sekr. d. BV Halle d. LDP.
Ausz.: VVO i. Bronze (1978) u. a.

Biermann, Wolfgang

Jena
Gb. 29. 11. 1927 i. Leipzig-Reudnitz als Sohn eines Buchdruckers
Erl. B.: Maschinenschlosser, Maschinenbauingenieur, Dr. oec.
Ausg. B.: Generaldirektor
Partei: SED
L.: 1944 NSDAP. 1945 Rückkehr aus d. Kriegsgef. 1948 Facharbeiterbrief als Maschinenschlos-

ser. 1951 Ing., Konstrukteur u. Ass. d. Techn. Dir. i. BFG Lauchhammer. Techn. Dir. VEB Nobas i. Nordhausen. 1956 Mitgl. d. SED. 1963 Techn. Dir., 1964-75 Werkdir. (jetzt Generaldir.) VEB-Großdrehmaschinenbau „7. Okt." (jetzt Werkzeugmaschinenkombinat) i. Berlin. 1967-76 Kand., seit Mai 1976 (IX. Parteitag) Mitgl. d. ZK d. SED. 1967-74 Mitgl. BL Berlin d. SED. Seit Okt. 1975 Generaldir. VEB Carl Zeiss i. Jena. Nachf. v. Helmut Wunderlich.
Ausz.: VVO i. Gold (1977) u. a.

Biernat, Klaus-Dieter

Cottbus
Geb. 1935
Erl. B.: Lehrer, Dr. paed.
Ausg. B.: Sekretär d. SED-BL Cottbus
Partei: SED
L.: 1952 Abitur i. Altdöbern. Anschl. bis 1956 Studium. Danach 3 Jahre Lehrer i. Calau. 1959 Dir. d. l. Polytechn. OS Lübbenau. Oberstudienrat. 1967-74 Kreisschulrat i. Calau. Dez. 1974-Sept. 80 Mitgl. d. RdB Cottbus u. Bezirksschulrat. 1979 erneutes Studium. Seit 15. 2. 1981 Sekr. f. Wiss., Volksbildung u. Kultur SED-BL Cottbus. Nachf. v. Günter Jurischka.
Ausz.: Verdienter Lehrer d. Volkes (1979) u. a.

Bigalke, Klaus-Peter

Halle/Saale
Geb. 1938
Erl. B.: Journalist
Ausg. B.: Chefredakteur
Partei: CDU
L.: Seit 1956 als Journalist i. Leipzig tätig. Zeitweise Sportjournalist d. CDU-Presse. Ltr. d. Bezirksredaktion „Die Union" i. Leipzig. Mitgl. d. Sekr. d. BV d. CDU i. Leipzig. Seit 1. 3. 1980 Chefredakteur d. Bezirksorgans „Der Neue Weg" i. Halle. Nachf. v. Ric Machnitzki. Seit Juni 1982 Mitgl. d. ZV d. VdJ.

Bilan, Heinz

Dresden
Geb. 1931 i. Leipzig
Erl. B.: Schlosser
Ausg. B.: Generalmajor d. NVA
Partei: SED
L.: Nach 1945 Maschinenbauschlosser VEB VTA „Paul Fröhlich" i. Leipzig. 1948 SED. FDJ-Sekr. i. Betrieb. 1948 Eintritt i. d. Vopo. Schulbesuch i. Torgau. Absolvent d. Lenin-Akad. u. d. Generalstabsakad. d. UdSSR. Politoffiz. d. NVA. 1974-81 Ltr. d. Politabt. d. Militärbez. Leipzig. Seit 1. 3. 1973 Generalmajor d. NVA. Seit Feb. 1981 Mitgl. d. SED-BL Leipzig. Seit 1982 stellv. Kdr. d. Militärakademie „Friedrich Engels" i. Dresden u. Ltr. d. Politabt.
Ausz.: VVO i. Bronze (1976) u. a.

Binder, Erwin

Berlin
Geb. 18. 9. 1932 i. Groß Godems, Krs. Pachim, als Sohn eines Arbeiters
Erl. B.: Staatlich geprüfter Landwirt, Diplom-Philosoph
Ausg. B.: Sekretär d. PV d. DBD
Partei: DBD
L.: Volksschule 1947-49 Harzfacharbeiter i. Pachim. 1949-51 Besuch d. FS f. Landw. i. Lübz. 1951 DBD. 1950-51 Gemeindesekr. i. Groß Godems. 1952-53 1. Sekr. KV Bad Doberau DBD. 1953-55 polit. MA d. PV d. DBD, 1956-69 Sekr. d. Bezirksverbandes Rostock d. DBD. Seit 1963 Abg. d. BT Rostock. Okt. 1969-Mai 82 Vors. d. Bezirksverbandes Rostock d. DBD. Nachf. v. Otto Lange. 1968-73 Fernstudium a. d. Uni. Greifswald. Diplom-Philosoph. Seit Mai 1977 Mitgl. d. Präs. d. PV d. DBD. Seit Juni 1981 Abg. d. VK. Mitgl. d. Ausschusses f. Arbeit u. Sozialpolitik. Seit Mai 1982 Sekretär d. PV d. DBD.
Ausz.: VVO i. Silber (1975) u. a.

Birch, Heinz

Berlin
Geb. 9. 3. 1927 i. Dessau
Erl. B.: Kraftfahrzeughandwerker, Diplom-Staatswissenschaftler
Ausg. B.: Botschafter
Partei: SED
L.: Kfz-Handwerker. Autoschlosser. Studium d. Außenpolitik. 1955 Dipl.-Staatswiss. 1957-61 Attaché d. DDR-Botschaft i. China. Danach MA d. MfAA u. d. Abt. Internat. Verb. d. ZK d. SED. 1976-77 Gesandter (Geschäftsträger) a. d. DDR-Botschaft i. Großbritannien. Seit 14. 2. 1978 Botschafter i. Indien. Nachf. v. Wolfgang Schüssler.
Ausz.: VVO i. Bronze (1973) u. a.

Birnbaum, Dieter

Greifswald
Geb. 1931 i. Stralsund
Erl. B.: Biochemiker, Dr. sc. rer. nat.
Ausg. B.: Hochschullehrer
Partei: SED
L.: Besuch d. Goethe-OS i. Demmin. Abitur. 1952 SED. Lehrer an d. Zentralschule Hohenmocker. 1952-57 Studium d. Biologie a. d. Uni. Greifswald. 1960 Promotion A. 1970 Promotion B. Seit 1960 Dozent, seit 1977 o. Prof. f. Biochemie Uni. Greifswald. 1973-77 hauptamtl. bei der Uni-PL d. SED tätig. Seit 1978 Dir. d. Sektion Biologie Uni. Greifswald. Seit 14. 11. 79 Rektor d. Uni. Greifswald. Nachf. v. Werner Imig.

Bischoff, Günter

Berlin
Geb. 1929
Ausg. B.: Direktor
Partei: SED
L.: Bis 1960 Sekr., 1960-62 Vors. d. RdK Hettstedt. 1963-75 stellv. Vors. d. Büros d. MR. Seit 1976 Dir. d. Palastes d. Republik i. Ostberlin.
Ausz.: VVO i. Silber (1979)

Bischoff, Herbert
Berlin
Geb. 1932
Erl. B.: Verwaltungsangest., Dipl.-Kulturwiss., Dr. phil.
Ausg. B.: Vors. d. ZV d. Gewerkschaft Kunst i. FDGB
Partei: SED
L.: Verwaltungsangest., Dipl.-Kulturwiss., Dr. phil. Hauptamtl. Gewerkschaftsfunktionär. Zeitweise Lehrer f. Kunst u. Literatur a. d. HS d. Gewerkschaften. 1971-75 1. stellv. Vors., seit 20. 11. 1975 Vors. d. ZV d. Gewerkschaft Kunst i. FDGB. Nachf. v. Hans-Peter Minetti. Seit 1972 Mitgl. d. BV d. FDGB. Mitgl. d. Präsidiums d. Verbandes d. Theaterschaffenden.
Ausz.: VVO i. Silber (1981) u. a.

Bitschkowski, Horst
Berlin
Geb. 29. 3. 1927 i. Berlin
Ausg. B.: Redakteur
Partei: SED
L.: Rb.-Junghelfer i. Berlin. Nach 1945 Journalist, zeitw. Red. d. Publikationsorgane „Der Freie Bauer", u. „Demokratisches Dorf". Seit 1960 Mitgl. d. Red.-Kollegiums d. ND. Ltr. d. Red. Landwirtschaft.
Ausz.: VVO i. Silber (1979) u. a.

Bitterlich, Günther
Leipzig
Geb. 1929
Erl. B.: Zimmerer, Diplom-Wirtschaftler
Ausg. B.: Stellvertretender Vorsitzender d. RdB Leipzig
Partei: SED
L.: Zimmerer, Dipl.-Wirtschaftler, SED-Parteisekr. Seit Juli 1967 Abg. d. BT Leipzig u. stellv. Vors. d. RdB f. Inneres.
Ausz.: VVO i. Bronze (1977) u. a.

Bittighöfer, Bernd
Berlin
Geb. 1929 i. Köln
Erl. B.: Maurer, Dr. phil. habil., Prof.
Ausg. B.: Hochschullehrer, Sekretär
Partei: SED
L.: Maurer. Kriegsdienst. Sowj. Kriegsgefangenschaft. 1950 Mitgl. d. SED. Lehrer a. einer Betriebsparteischule d. SED. 1952 Studium d. Gesellschaftswiss. Aspirantur. 1956 Promotion. 1968 Habil. IfG. Doz. a. IfG. 1973 Sekr. d. Rates f. philos. Forschung d. DDR. 1971 Prof. f. marx. Ethik a. IfG. 1976 Ltr. d. Abt. Wiss. Kommunismus a. IML.
Ausz.: VVO i. Bronze (1980).
Veröff.: „Lebensweise u. Moral i. Sozialismus", Mitautor, u. a.

Bittner, Horst
Berlin
Geb. 14. 6. 1927 i. Taucha bei Leipzig
Erl. B.: Drucker, Diplom-Volkswirt
Ausg. B.: Bereichsleiter
Partei: SED
L.: Drucker. 1945 Mitgl. d. Antifa-Jugend. 1946 Eintritt i. d. SED. Studium d. Wirtschaftswiss. a. d. Uni. Leipzig. 1949 Dipl.-Prüfung. Anschl. Mitarbeiter d. handelpol. Apparates d. DDR. Ltr. d. Abt. UdSSR i. MAI. 1957-63 Handelsattaché u. stellv. Ltr. d. Handelsvertretung d. DDR i. d. UdSSR. 1964-65 stellv. Min. f. Außenhandel u. Innerdtsch. Handel. 1965-74 Botschafter d. DDR i. d. UdSSR. Nachf. v. Rudolf Dölling. 1971-76 Kand. d. ZK d. SED. Seit 1974 Direktionsbereichsltr. i. MfA.
Ausz.: VVO i. Silber (1970) u. a.

Bittrich, Hans-Joachim
Leuna
Geb. 1. 6. 1923 i. Dresden
Erl. B.: Chemiker, Dr. rer. nat. habil.
Ausg. B.: Hochschullehrer
Partei: SED
L.: 1941 Abitur. Kriegsdienst (Nachrichten-Einheit). Ab 1946 Studium d. Chemie a. d. Uni Leipzig. 1954 Promotion z. Dr. rer. nat. Seit 1955 Lehrtätigkeit a. d. TH f. Chemie i. Leuna-Merseburg. Gegenwärtig Prof. f. Physikal. Chemie. 1958-60 Prorektor f. Studienangelegenheiten. 1963-64 Dekan d. Fakultät f. Stoffwirtschaft. 1964-68 Rektor d. TH f. Chemie. 1964-69 Mitgl. d. SED-BL Halle. 1967 Dr. h. c. d. TH Leningrad. Zeitw. Vors. d. Chemischen Ges. d. DDR.

Blau, Karl
Karl-Marx-Stadt
Geb. 6. 3. 1930 i. Themar, Krs. Hildburghausen, als Sohn eines Schuhmachermeisters
Erl. B.: Schuhmachermeister, Diplom-Wirtschaftler u. Diplom-Staatswissenschaftler
Ausg. B.: Vorsitzender d. Bezirksverbandes Karl-Marx-Stadt d. NDP
Partei: NPD
L.: 1945-48 Schuhmacher-Lehre. 1949-52 Geselle. 1952 Meisterprüfung. 1951 Mitgl. d. NDP. 1952-54 Polit. Geschäftsführer d. Kreisverb. Meiningen d. NDP. Besuch d. Hochschule f. Nat. Politik i. Waldsieversdorf. 1953/54 Abg. d. KT Meiningen. 1954-58 Abg. d. BT Suhl u. d. Länderkammer. 1954-58 Parteisekr. d. VK. 1954-73 Vors. d. Bezirkshandwerkskammer Suhl. Seit 1955 Mitgl. d. Hauptausschusses d. NDP. 1958-63 Abg. d. VK (Mitgl. d. Wirtschaftsausschusses). Seit 1963 Mitgl. d. PV d. NDP. 1967-73 Vors. d. Bezirksausschusses Suhl d. Nat. Pront. Mitgl. d. PGH „Fortschritt" i. Themar. 1973 Studium a. d. DASR. Dipl.-Staatswiss. Seit 21. 6. 1975 Vors. d. BV Karl-Marx-Stadt d. NDP. Nachf. v. Martin Richter. Seit Okt. 1976 Abg. d. BT Karl-Marx-Stadt. Seit April 1977 Mitgl. d. Präsidiums d. Hauptausschusses d. NDP.
Ausz.: VVO i. Silber (1969) u. a.

Blecha, Kurt

Berlin
Geb. 25. 2. 1923 i. Außig/CSR
Ausg. B.: Leiter d. Presseamtes beim Vorsitzenden d. MR
Partei: SED
L.: 1941 NSDAP. Während d. 2. Weltkrieges Soldat. Gefr. i. Gren.-Regt. 95. 17. 9. 1943 sowj. Kriegsgef. NKFD-Mitgl. i. Moskau. Nach Entlassung Teilnehmer am 1. Journalisten-Lehrgang d. SED-PHSch. Danach Red. d. „Schweriner Volkszeitung" u. stellv. Ltr. d. Presseamtes beim Vors. d. MR d. DDR. Seit April 1958 Ltr. d. Presseamtes b. Vors. d. MR. Nachf. v. Fritz Beyling. Verh. mit Johanna B. Mitgl. d. Präs. d. ZV. d. VdJ.
Ausz.: VVO i. Silber (1964) u. a.

Bleck, Martin

Berlin
Geb. 12. 6. 1919 als Sohn eines Eisenbahners
Erl. B.: Verkäufer
Ausg. B.: Generalleutnant d. NVA
Partei: SED
L.: Verkäufer. Teilnehmer am 2. Weltkrieg, zuletzt Hauptfeldwebel d. dtsch. Wehrmacht. Nach 1945 Dorfpolizist i. Krs. Wismar. Studium i. d. UdSSR. Danach Divisionskommandeur (Oberst d. KVP bzw. NVA) i. Schwerin u. Magdeburg. Okt. 1959 Generalmajor, seit 26. 2. 1971 Generalleutnant d. NVA. 1958-64 Chef d. Militärbezirks V i. Neubrandenburg. Gegenwärtig Chef einer Verwaltung i. MfNV.
Ausz.: VVO i. Silber (1964) u. a.

Block, Heinz

Berlin
Geb. 1925
Erl. B.: Industriekaufmann
Ausg. B.: Generaldirektor
Partei: SED
L.: Industriekfm. 1945-54 versch. Funktionen i. d. Wirtschaft. 1954-58 Sekr. bzw. 1. stellv. Vors. d. RdK Aschersleben. 1959-67 Vors. d. RdK Wittenberg. 1967 Abg. d. BT Halle. 1967-69 Ltr. d. Abt. Finanzen, 1969-70 Vors. d. BWR Halle. 1970-76 stellv. Min. bzw. Staatssekr. f. bezirksgel. Industrie u. Lebensmittelindustrie. Gegenwärtig Generaldir. VEB Komb. Spirituosen, Wein u. Sekt.
Ausz.: VVO i. Silber (1975) u. a.

Blöcker, Heinz

Berlin
Ausg. B.: Oberrichter am OG
Partei: SED
L.: Absolvent d. Verwaltungsakad. Forst-Zinna. Anfang d. 50er Jahre Richter a. AG Rostock. 1952-58 Ltr. d. Justizverwaltungsstelle Rostock. Seit 1958 Richter bzw. Oberrichter am OG. Stellv. Senatsvors. d. OG.
Ausz.: VVO i. Bronze (1973) u. a.

Blum, Günter

Berlin
Geb. 30. 3. 1922 i. Berlin
Erl. B.: Werkzeugmacher, Dipl.-Wirtschaftler, Dr. agr.
Ausg. B.: Botschafter
Partei: SED
L.: Volksschule. Soldat (Kriegsmarine, 1. 3. 1944 Mechaniker-Maat). Bis 1946 Werkzeugmacher. Anschl. landw. Lehrling, Wirtschaftsgehilfe u. Betriebsltr. eines VE-Gutes. 2jähr. Studium DASR. 1952 Diplom-Wirtschaftler. 1952-56 u. 1957-63 Sekr. f. Landw. d. SED-BL Cottbus. 1956 Besuch d. Sonderschule d. ZK i. Schwerin. 1963 stellv. Dir. d. Inst. f. Landw. i. Vetschau. 1968 Promotion zum Dr. agr. 1964-71 1. Sekr. d. SED-KL Cottbus-Land. Eintritt i. d. diplom. Dienst. Sept. 1973-Sept. 79 Botschafter d. DDR i. Argentinien. Seit 27. 2. 1980 Botschafter i. Kolumbien. Nachf. v. Walter Weber.
Ausz.: VVO i. Bronze (1967).

Bobeth, Wolfgang

Dresden
Geb. 15..2. 1918 i. Löbau/S.
Erl. B.: Diplom-Ingenieur, Dr.-Ing. habil.
Ausg. B.: Institutsdirektor
L.: Studium. Dipl.-Ing. Seit 1950 wiss. MA u. Abt.-Ltr., 1959-81 Dir. d. Inst. f. Technologie d. Fasern d. DAW/AdW i. Dresden. 1952 Lehrbeauftragter, 1957 Prof. m. LA, seit 1960 Prof. m. Lehrstuhl f. Textilrohstoffe u. Textilprüfung a. d. TU Dresden. 1967 o. Mitgl. DAW. Mitgl. d. Forschungsrates d. DDR. Vors. d. KdT-Fachverbandes Textil-Bekleidung-Leder.
Ausz.: Nat. Pr. III. Kl. (1964) u. a.

Bochmann, Manfred

Berlin
Geb. 15. 3. 1928
Erl. B.: Werkzeugmacher, Diplom-Wirtschaftler, Dr. rer. oec.
Ausg. B.: Minister f. Geologie
Partei: SED
L.: Werkzeugmacher, Dipl.-Wirtschaftler, Dr. rer. oec. SED-Funktionär. 1962-67 Sekr. f. Wirtsch. SED-Gebietsltg. Wismut. 1967-74 Staatssekr., seit Juli 1974 Min. f. Geologie d. DDR.
Ausz.: VVO i. Silber (1974) u. a.

Bochow, Frank

Berlin
Geb. 12. 8. 1937 i. Dresden als Sohn des kaufmännischen Angestellten u. KPD-Funktionärs Herbert B. (1942 hingerichtet)
Erl. B.: Diplom-Staatswissenschaftler
Ausg. B.: Sekretär d. BV d. FDGB
Partei: SED
L.: Während d. Schulzeit Freundschaftsratsvors. d. JP. 1951 FDJ. 1955-61 Studium a. Inst. f. Internat. Beziehungen i. Moskau. Dipl.-Staatswiss. 1962-76 hauptamtl. FDJ-Funktionär. 1962-65 Vertreter d. FDJ i. WBDJ. 1965-76 Sekr. d. ZR

d. FDJ. 1976 polit. MA d. MfAA. Sept. 1977-Dez. 81 Botschafter d. DDR i. Portugal. Nachf. v. Erich Butzke. Seit 24. 4. 1982 Sekr. d. BV d. FDGB.
Ausz.: VVO i. Gold (1973) u. a.

Bock, Paul
Karl-Marx-Stadt
Geb. 1938
Erl. B.: St. gepr. Landwirt, Diplom-Landwirt
Ausg. B.: Stellv. Vorsitzender d. RdB Karl-Marx-Stadt
Partei: SED
L.: Staatl. gepr. Landwirt, Dipl.-Landwirt. Zeitw. Vors. d. LPG Schlettau. Seit 1969 Mitgl. d. SED-BL Karl-Marx-Stadt. Seit Juli 1981 stellv. Vors. d. RdB Karl-Marx-Stadt f. Land-, Forst- u. Nahrungsgüterw. Nachf. v. Willi Zeisler.

Bock, Siegfried
Berlin
Geb. 29. 9. 1926 i. Meerane/S.
Erl. B.: Kaufmann, Diplom-Jurist, Dr. jur., Prof.
Ausg. B.: Botschafter
Partei: SED
L.: 1944 NSDAP, Textilkfm. Nach 1945 Studium d. Rechtswiss. a. d. Uni. Leipzig. Dipl.-Jurist. 1955 Promotion z. Dr. jur. Seit 1951 Mitarbeiter d. MfAA, u. a. bis 1961 Ltr. d. Abt. Rechts- u. Vertragswesen i. Min. f. Ausw. Angelegenheiten d. DDR. Während d. Genfer Außenministerkonferenz (1959) jur. Berater d. DDR-Delegation. 1962-66 Botschaftsrat d. DDR i. Rumänien. 1968-77 Ltr. d. Abt. Grundsatzfragen i. MfAA. 1972-75 i. Rahmen d. KSZE i. Helsinki u. Genf tätig. Ltr. d. DDR-Delegation i. Genf. Seit 16. 5. 1977 Botschafter d. DDR i. Rumänien. Nachf. v. Hans Voss.
Ausz.: VVO i. Silber (1976) u. a.

Böhm, Georg
Berlin
Geb. 26. 3. 1923 i. Willomitz/CSR als Sohn eines Arztes
Erl. B.: Landwirt, Diplom-Wirtschaftler, Dr. agr.
Ausg. B.: Sekretär d. Parteivorstandes d. DBD
Partei: DBD
L.: Volks- u. Oberschule. 1940-42 Landwirtschaftslehre. 1942 NSDAP. Jungbauer i. Bensen/Sudetenland. Kriegsdienst u. sowj. Kriegsgef. Antifa-Schüler. 1950 Mitgl. d. DBD. Kreisinstrukteur, Landesjugendref. u. Mitgl. d. Landesvorstandes Mecklenburg d. DBD (Bezirksvorst. Schwerin). 1951-55 Fernstudium a. d. DASR. 1951-54 Ltr. d. Parteischule Bad Kleinen d. DBD. 1955-60 Mitgl. d. Präs. u. d. Sekr. d. PV (Hauptabt.-Ltr. Schulung u. Aufklärung) d. DBD. 1958-63 Abg. d. VK. Mitgl. d. Volksbildungsausschusses d. VK. 1960-62 Sekr. d. Bezirksvorst. Berlin d. DBD. Seit 1962 stellv. Vors., 1963-67 Vors. d. BV Neubrandenburg d. DBD. Danach Sekr. u. 1970 stellv. Vors. d. BV Magdeburg d. DBD. 1971-76 Vors. d. BV Halle d. DBD. Seit Mai 1972 erneut Mitgl. d. Präs. d. PV d. DBD. Seit Nov. 1976 Sekr. d. PV d. DBD. Nachf. v. Claus Howitz. Seit Febr. 1982 Vizepräs. d. Friedensrates d. DDR.
Ausz.: VVO i. Silber (1972) u. a.

Böhme, Günter
Berlin
Geb. 16. 7. 1943 i. Heidenau/Sa. als Sohn eines Arbeiters
Erl. B.: Facharbeiter f. Landwirtschaft
Ausg. B.: Sekretär d. ZR d. FDJ
Partei: SED
L.: Oberschule Glashütte. 1957 FDJ. Dort FDJ-Sekr. 1960-63 Lehre als landw. Facharbeiter VEG i. Siethen, 1961 SED. 1963-64 Sekr. d. KL Zossen. 1964-65 Besuch HS d. Komsomol i. Moskau. 1966-67 Sekr., 1967-69 2. Sekr., 1969-73 1. Sekr. BL Potsdam d. FDJ. Seit Okt. 1973 Mitgl. d. Büros u. Sekr. d. ZR d. FDJ. Nachf. v. Johannes Rech. Seit 1974 Mitgl. d. Präs. d. BV d. DTSB. Seit Okt. 1976 Abg. d. VK. Vors. d. FDJ Fraktion. Nachf. v. Egon Krenz. Mitgl. d. Jugendausschusses. 1977-78 Besuch d. PHSch d. SED.
Ausz.: VVO i. Bronze (1973) u. a.

Böhme, Hans-Joachim
Berlin
Geb. 25. 4. 1931 i. Leipzig als Sohn eines Arbeiters
Erl. B.: Lehrer, Diplom-Pädagoge, Prof.
Ausg. B.: Minister f. Hoch- u. Fachschulwesen
Partei: SED
L.: 1950-53 Studium d. Pädagogik i. Leipzig. 1952 SED. 1953-55 Lehrer bzw. Ass. 1955-59 1. stellv. Sekr., 1959-66 1. Sekr. d. Uni.-Parteiltg. d. SED KMU Leipzig. 1966-68 Ltr. d. Studentenabt. u. DDR-Botschaft i. d. UdSSR, 1968-70 Staatssekr. u. 1. stellv. Min., seit 16. 9. 1970 Min. f. Hoch- u. Fachschulwesen. Nachf. v. E.-J. Giessmann. Juni 1971 bis Okt. 1973 Kand., seit Okt. 1973 Vollmitgl. d. ZK d. SED. Vors. d. Hoch- u. Fachschulrates d. DDR. Prof. d. Humboldt-Uni. (seit 1970)
Ausz.: VVO i. Gold (1981) u. a.

Böhme, Hans-Joachim
Halle/Saale
Geb. 29. 12. 1929 i. Bernburg/Saale
Erl. B.: Verwaltungsangestellter, Diplom-Gesellschaftswissenschaftler, Dr. phil.
Ausg. B.: 1. Sekretär d. SED-BL Halle
Partei: SED
L.: Mittelschule. 1945 SPD. 1946 SED. 1945-48 Verwaltungsangestellter i. Bernburg. 1948-49 Kreisvors. FDJ i. Bernburg. 1949-51 AL d. SED-KL Bernburg. 1951-52 AL d. BPO d. SED Mansfeld. Kombinat. 1952-55 Instrukteur u. stellv. AL d. Landesltg. Sachsen-Anhalt d. SED u. d. BL Halle. 1955-58 Studium a. d. PHSch d. SED. Diplom-Gesellschaftswiss. 1958-63 Sekr. d. SED-KL Weißenfels. 1963-68 Sektorenltr. u. AL Agitprop. d. BL Halle d. SED. 1967 Promotion zum Dr. phil. MLU Halle-Wittenberg. 1968-74 Sekr. f.

Agitation u. Propaganda. 1974-81 2. Sekr., seit 4. 5. 1981 1. Sekr. d. SED-BL Halle. Nachf. von Werner Felfe. Seit 16. 4. 81 Mitgl. d. ZK d. SED. Seit 14. 6. 81 Abg. d. VK.
Ausz. VVO i. Gold (1980) u. a.

Böhme, Heinz

Dresden
Ausg. B.: Generalmajor d. NVA
Partei: SED
L.: Offizier d. LSK/LV. Zeitw. Kommandeur eines Verbandes d. LSK/LV. Gegenwärtig Kommandeur d. Sektion LSK/LV a. d. Militärakad. „Fr. Engels" i. Dresden. Seit Sept. 1969 Generalmajor d. NVA.
Ausz.: Kampforden f. Verdienste um Volk u. Vaterland (1971) u. a.

Böhme, Helmut

Gatersleben
Geb. 7. 6. 1929 i. Halle/Saale
Erl. B.: Agrarwissenschaftler, Dr. agr. habil.
Ausg. B.: Institutsdirektor
L.: Studium. Dr. agr. Wiss. MA, Abt.-Ltr. u. jetzt Dir. d. Zentralinst. f. Genetik u. Kulturpflanzenforschung d. AdW i. Gatersleben .Seit 1969 o. Mitgl. d. DAW, seit 1972 o. Mitgl. d. AdL. Seit 1977 Präs. d. Europ. Ges. f. Umweltmutagenese. Vorb. d. Nat. Komitees f. Biowiss. d. DDR. Mitgl. d. Akademie d. Naturforscher Leopoldina i. Halle.
Ausz.: VVO i. Bronze (1969) u. a.

Böhme, Walter

Berlin
Ausg. B.: Stellvertretender Minister
Partei: SED
L.: Wirtschaftsfunktionär, u. a. bis 1965 Ltr. d. Abt. allg. Maschinenbau i. VWR. 1966-71 stellv. Min. bzw. Staatssekr. f. Verarbeitungsmaschinen u. Fahrzeugbau. Seit 1971 stellv. Min. f. Schwermaschinen- u. Anlagenbau.
Ausz.: VVO i. Bronze (1974) u. a.

Böhme, Wolfgang

Potsdam
Geb. 11. 3. 1926 i. Dresden als Sohn eines Werkzeugmachers
Erl. B.: Meteorologe, Dr. rer. nat. habil., Prof.
Ausg. B.: Direktor
L.: 1946-47 Beobachter beim Sächs. Landeswetterdienst i. Dresden-Wahnsdorf, Plauen u. Fichtelberg. 1948-53 Studium d. Meteorologie u. Geophysik a. d. Humboldt-Uni. Ostberlin. 1953-58 Aspir. a. d. Humboldt-Uni. 1958 Promotion zum Dr. rer. nat. 1970 Habil. a. d. Humboldt-Uni. 1958-62 wiss. MA, 1962-64 Ltr. d. Abt. Forschung. 1964-66 stellv. Dir., seit 1967 Dir. d. Meteorol. Dienstes d. DDR i. Potsdam, 1977 korr. Mitgl., 1980 o. Mitgl. d. AdW.

Böttcher, Klaus

Geb. 9. 3. 1941 i. Dreschwitz/Rügen als Sohn eines Arbeiters
Erl. B.: Unterstufenlehrer, Dr. phil.
Ausg. B.: Direktor d. Jugendhochschule
Partei: SED
L.: Besuch d. Polytechn. OS bis zur 10. Klasse. Anschl. Studium a. Institut f. Lehrerbildung i. Putbus. Unterstufenlehrer. 1955 FDJ. Ab 1968 Studium a. d. PHSch d. SED. FDJ-Funktionär, 1971-75 1. Sekr. d. FDJ-KL Rügen. Bis 1978 Aspirant a. d. Akademie f. Gesellschaftswiss. d. KPdSU. Seit Sept. 1978 Direktor d. Jugendhochschule „W. Pieck". Nachf. v. Dr. Erhard Krüger. 15. 1. 1979 i. d. ZR d. FDJ kooptiert.
Ausz.: Verdienstmedaille d. DDR u. a.

Böttcher, Manfred

Berlin
Geb. 14. 3. 1928
Ausg. B.: Generaldirektor, Dr. rer. oec.
Partei: SED
L.: Nach 1945 journalistische Betätigung f. wirtschaftspolit. Ztschr. d. DDR. Zeitw. stellv. Chefred. d. Ztg. „Die Wirtschaft". Seit 1975 Generaldir. d. DEWAG. Nachf. v. Ulrich Osche.
Ausz.: VVO i. Bronze (1976).

Böttcher, Richard

Schwerin
Geb. 8. 4. 1918
Ausg. B.: Vorsitzender d. BRK d. SED
Partei: SED
L.: 1955-59 1. Sekr. d. SED-KL Sternberg. Danach 2. Sekr. SED-KL Gadebusch u. Abt.-Ltr. Wiss., Volksbildung u. Kultur SED-BL Schwerin. Seit Juni 1969 Vors. d. BRK Schwerin d. SED. Nachf. v. Josef Sapich.
Ausz.: VVO i. Silber (1978) u. a.

Böttger, Joachim

Berlin
Geb. 1938
Erl. B.: Zimmerer, Dipl.-Ing.
Ausg. B.: Stellv. Oberbürgermeister
Partei: SED
L.: Zimmerer, Dipl.-Ing. Zeitw. Hauptdir. VEB Kombinat Tiefbau i. Ost-Berlin bzw. stellv. Bezirksbaudir. Seit 4. 1. 1980 stellv. OB v. Ostberlin u. Bezirksbaudir. Nachf. v. Günter Peters. Mitgl. d. StVV Ostberlin.

Böttger, Kurt

Berlin
Geb. 5. 10. 1923 i. Helfta, Mansfelder Seekrs.
Erl. B.: Schweißer, Diplom-Gesellschaftswissenschaftler
Ausg. B.: Botschafter
Partei: SED
L.: Matrose. Nach 1945 Schweißer i. Mansfelder Kombinat. Studium d. Werbeökonomie. 1950 bis 1954 Mitarbeiter d. MAI. 1954 Mitgl. d. Handels-

vertr. d. DDR i. Kairo. 1955-57 Handelsattaché i. Sudan. 1957-60 Ltr. d. Handelsvertr. d. DDR i. Libanon. Danach Außerord. Gesandter u. Bevollm. Min. Mit Sonderaufgaben i. afrikan. Raum betraut. 1962-65 Ltr. d. Handelsvertr. d. DDR i. Indien. 1965-66 Ltr. d. Südostasienabt. i. MfAA. 1966-70 Studium d. Gesellschaftswiss. Mai 1970-Juni 1973 Botschafter i. Sudan. Seit 1973 Ltr. d. Abt. Nord- u. Westafrika i. MfAA. Ausz.: VVO i. Bronze (1966) u. a.

Bohne, Herbert

Cottbus
Ausg. B.: Generalmajor d. NVA
Partei: SED
L.: Offizierslaufbahn bei den LSK/LV. Zeitw. Kdr. d. Jagdflieger-Geschwaders „Hermann Matern" i. Marxwalde. Seit 1978 Kdr. d. 1. Luftverteidigungs-Div. i. Cottbus. Seit 5. 10. 1978 Generalmajor d. NVA. Seit Febr. 1979 Mitgl. d. BL Cottbus d. SED.
Ausz.: Kampforden f. Verdienste um Volk u. Vaterland (1977) u. a.

Bolck, Franz

Jena
Geb. 15. 9. 1918 i. Berlin
Erl. B.: Arzt, Dr. sc. med.
Ausg. B.: Hochschullehrer
L.: Studium d. Medizin i. Leipzig. Promotion u. Habil. i. Leipzig. Seit 1956 Prof. m. Lehrstuhl f. Allg. Pathologie u. Pathol. Anatomie i. Jena. Seit Jan. 1968 Rektor d. Uni. Jena. Nachf. v. G. Drefahl. Mitgl. d. Präs.-Rates d. KB
Ausz.: Nat.-Preis III. Kl. (1968) Karl-Marx-Orden (1969), VVO i. Gold (1978) u. a.

Bollinger, Klaus

Potsdam-Babelsberg
Geb. 2. 12. 1929 i. Leipzig
Ausg. B.: Hochschullehrer, Dr. rer. pol. habil.
Partei: SED
L.: Studium u. Lehrtätigkeit a. d. DASR. Zeitw. Dir. d. Inst. f. allg. Geschichte DASR. 1969-72 Chefred. d. Zeitschr. „Deutsche Außenpolitik" Nachf. v. Hans W. Aust. 1973 AL i. Inst. f. Internat. Beziehungen d. ASR.

Bolz, Lothar

Berlin
Geb. 3. 9. 1903 i. Gleiwitz/Oberschlesien als Sohn eines Uhrmachers
Erl. B.: Jurist, Dr. jur.
Im Ruhestand
Partei: NDP
L.: Oberrealschule. 1921-25 Studium d. Rechtswiss., Kunst u. Literaturgesch. a. d. Uni. München, Kiel u. Breslau. Promotion z. Dr. jur. 1926 Gerichtsreferendar. 1929 Assessor. Danach Rechtsanwalt b. OLG Breslau. 1933 Ausschluß aus d. schles. Anwaltskammer. Emigration nach Danzig u. später i. d. SU. Dort als Journalist,

Lehrer f. dtsch. Sprache an sowj. Universitäten u. Ass. am Marx-Engels-Lenin-Inst. i. Moskau tätig. 1943 Mitbegründer d. NKFD, Moskau. Unter d. Namen „Rudolf Germersheim" Hrsg. einer Zeitung f. dtsch. Kriegsgef. Ende 1946 Rückkehr nach Dtschl. Bis 1948 Jurist i. Land Sachsen-Anhalt. Gründete am 16. 6. 1948 auf Anordnung d. SMAD die NDP, von Sept. 1948-April 1972 deren Vors. Jan. bis Okt. 1949 Mitgl. d. Plenums d. DWK. Okt. 1949 bis Okt. 1953 Min. f. Aufbau. Seit Okt. 1949 Abg. d. VK. 1950-67 Stellv. Ministerpräs. bzw. stellv. Vors. d. Ministerrates d. DDR. 1950 Mitgl. d. Präs. d. Nationalrates d. Nat. Front. Okt. 1953-Juni 1965 Min. f. Auswärtige Angelegenheiten. 1968-78 Präs. d. DSF. Mitgl. d. Präs. d. Liga f. Völkerfreundschaft. Seit April 1972 Ehrenvors. d. NDP.
Ausz.: VVO i. Gold (1954) u. a.

Bombal, Charlotte

Berlin
Geb. 1936
Erl. B.: Weberin, Textil-Ingenieur, Diplom-Gesellschaftswissenschaftler
Ausg. B.: Vorsitzende d. ZV d. IG Textil, Bekleidung, Leder
Partei: SED
L.: Weberin. Textil.-Ing. 1972-74 Studium a. d. PHSch d. SED. Seit Juni 1972 Mitgl. d. Präs. d. BV d. FDGB. 1974 Sekr., seit 6. 3. 1975 Vors. d. ZV d. IG Textil, Bekleidung, Leder i. FDGB. Nachf. v. Anni Posselt.
Ausz.: VVO i. Bronze (1977) u. a.

Bondzin, Gerhard

Dresden
Geb. 29. 7. 1930 i. Mohrungen/Ostpr. als Sohn eines Buchdruckers
Erl. B.: Kunstmaler
Ausg. B.: Hochschullehrer
Partei: SED
L.: Heimatvertriebener. Besuch d. Mittelschule i. Berlin-Pankow. Mittl. Reife. Ab 1946 Besuch d. Fachschule f. angewandte Kunst i. Sonneberg. 1948-51 Studium a. d. HS f. Architektur u. Bauwesen i. Weimar. Gründer d. FDJ-Hochschulgruppe. 1951-53 Studium a. d. HS f. Bildende Künste i. Dresden. Schüler d. Prof. Dähn u. Bergander. Später Ass. u. Doz. a. d. Dresdener Kunsthochschule. Seit 1965 Prof. f. Malerei. 1965-70 Rektor d. HS f. Bildende Künste i. Dresden. April 1970-Mai 74 Präsident d. VBK i. d. DDR. Seit 1969 Mitgl. d. BL Dresden d. SED.
Ausz.: Nat.-Preis II. Kl. (Koll.-Ausz., 1969) u. a.

Bonitz, Brunhilde

Karl-Marx-Stadt
Geb. 13. 3. 1950
Erl. B.: Gärtner, Diplom-Lehrer
Ausg. B.: 1. Sekretär d. FDJ-BL
Partei: SED
L.: Abitur. 1968-72 Studium a. d. Päd. HS Dresden. Diplom-Lehrer f. Russisch u. Geschichte.

1970 SED. 1972-74 Lehrer u. FDJ-Sekr. a. d. EOS Crimmitschau. 1974 Kreisvors. d. JP i. Werdau. 1978-79 1. Sekr. FDJ-KL Werdau. 1979 BPS. 1979-80 2. Sekr., seit 22. 12. 1980 1. Sekr. d. FDJ-BL Karl-Marx-Stadt. Nachf. v. Eberhard Aurich. Mitgl. d. Sekr. d. SED-BL.

Borchert, Karl-Heinz

Berlin
Geb. 1930
Erl. B.: Jurist
Ausg. B.: Stellvertretender Generalstaatsanwalt
Partei: SED
L.: Ab 1948 Studium d. Rechtswiss. Danach Kreis- u. Jugendstaatsanwalt sowie Bezirksstaatsanwalt i. Frankfurt/O. Zeitw. MA d. 1. Sekr. d. SED-BL Frankfurt/O. Seit 4. 10. 1968 stellv. bzw. 1. stellv. Generalstaatsanwalt d. DDR.
Ausz.: VVO i. Bronze (1976) u. a.

Borgmeier, Anton

Halle/Saale
Geb. 11. 2. 1920 i. Paderborn
Erl. B.: Wirtschaftswissenschaftler, Dr. rer. oec. habil.
Ausg. B.: Hochschullehrer
L.: Kriegsdienst. Lehrtätigkeit a. d. Uni. Halle-Wittenberg. O. Prof. f. sozial. Volkswirtschaft a. d. Sektion Wirtschaftswiss. MLU Halle-Wittenberg. Seit Juli 1969 Vors. d. „Urania" i. Bez. Halle.
Ausz.: VVO i. Bronze (1974) u. a.

Borgwadt, Karl-Heinz

Berlin
Geb. 20. 3. 1949 i. Poltnitz, Krs. Parchim, als Sohn eines Landwirtes
Erl. B.: Diplom-Lehrer f. Math. u. Physik, Dr. paed.
Ausg. B.: Sekretär d. Zentralrates d. FDJ
Partei: SED
L.: Besuch einer Oberschule. Fachlehrerstudium a. Pädag. Inst. Güstrow. 1963 FDJ, 1968 SED. Forschungsstudium a. d. Pädag. HS Güstrow. 1973 Dr. paed. FDJ-Gruppensekr. a. d. Pädagog. HS Güstrow. Wilhelm-Pieck-Stipendiat. 1973-75 Sekr. f. Studenten, Okt. 1975-April 77 1. Sekr. d. FDJ-BL Schwerin. Seit 11. 7. 1977 Sekr. d. Zentralrates d. FDJ. Nachf. v. Kurt Zahn. Seit Nov. 1981 Mitgl. d. Präsidiums d. DTSB.
Ausz.: Artur-Becker-Medaille i. Gold (1976) u. a.

Borning, Walter

Berlin
Ausg. B.: Generaldirektor
Partei: SED
L.: Nach 1945 SED-Funktionär i. Kreis- u. Bezirksmaßstab. 1950/51 Besuch d. PHSch d. SED. 1955 MA, 1956-58 stellv. Ltr., 1958-72 Ltr. d. Abt. Sicherheit i. ZK d. SED. März 1963 Generalmajor, seit 1. 3. 1970 Generalleutnant d. NVA. 1972 aus d. NVA ausgeschieden. Seit 1975 Generaldir. d. Häuser d. DSF. Mitgl. d. ZV d. DSF.
Ausz.: VVO i. Silber (1969) u. a.

Borrmann, Günter

Leipzig
Geb. 11. 3. 1926 i. Brambauer-Lünen
Erl. B.: Sportwissenschaftler, Dr. paed.
Ausg. B.: Hochschullehrer, Sportpräsident
Partei: SED
L.: Kriegsdienst (Flieger), 1945-46 Kriegsgefangenschaft. Sportwiss., Dr. paed. Dozent bzw. Prof. a. d. DHfK i. Leipzig. Dir. d. Inst. f. Turnen. Seit April 1970 Präs. d. Dtsch. Turnverbandes d. DDR. Seit 1973 Mitgl. d. Präs. d. NOK d. DDR. Mitgl. d. BV d. DTSB.
Ausz.: VVO i. Bronze (1972) u. a.

Borrmann, Rolf

Jena
Geb. 1928 i. Magdeburg
Erl. B.: Pädagoge, Dr. paed. habil.
Ausg. B.: Hochschullehrer
Partei: SED
L.: 1952-54 Berufsschullehrer u. dir. i. Bez. Halle. 1954-56 Dozent a. Inst. f. Lehrerbildung. Anschließend Lehrtätigkeit a. d. Humboldt-Uni. Jena. 1961 Promotion z. Dr. paed. Vors. d. Zentralen Sektion Pädag. URANIA. Seit April 1970 Präs. d. Fechtverbandes d. DDR. MA d. APW. Mitgl. d. BV d. DTSB.
Ausz.: Ehrennadel d. URANIA i. Gold (1968) u. a.

Borsbach, Wolfgang

Halle/Saale
Geb. 10. 8. 1921 i. Wittenberg
Erl. B.: Ingenieur-Ökonom
Ausg. B.: Stellv. Vorsitzender d. RdB Halle
Partei: CDU
L.: Kriegsdienst. 1945 CDU. Kreissekr. i. Wittenberg. Referatsltr. f. Verkehr b. RdK Wittenberg. Später stellv. Vors. d. RdK Gräfenhainichen. Seit Okt. 1963 Abg. d. BT Halle. Seit Nov. 1963 stellv. Vors. d. RdB Halle f. Verkehr, Straßen u. Wasserwirtschaft.
Ausz.: VVO i. Bronze (1969) u. a.

Borufka, Helmut

Geb. 26. 10. 1918 i. Krs. Gablonz/Neiße
Ausg. B.: Generalleutnant d. NVA
Partei: SED
L.: Teilnehmer a. 2. Weltkrieg. Geriet als Leutnant d. Panzer-Gren.-Rgt. 21 b. Orlowka i. sowj. Kriegsgefangenschaft. Mitgl. d. NKFD, Moskau. Juli 1949 Rückkehr nach Deutschland. 1950 Chefinspekteur d. VP u. Ltr. d. Abt. Ausbildung. Danach Ltr. d. Verwaltung Ausbildung u. Inspektion i. Stab d. KVP. 1956 Generalmajor d. NVA u. Ltr. d. Verwaltung Ausbildung i. Min. f. Nationale Verteidigung. 1962-64 Studium a. d. Generalstabsakademie d. UdSSR. Danach Generalmajor d. Grenzpolizei bzw. d. LSK/LV. Seit 26. 2.

1971 Generalleutnant d. NVA. Seit 1974 Hauptinspekteur d. NVA.
Ausz.: VVO i. Gold (1978) u. a.

Braecklein, Ingo
Eisenach
Geb. 29. 8. 1906 i. Eisenach als Sohn eines Rechtsanwaltes u. Notars
Erl. B.: Evang. Theologe, Landesbischof a. D.
L.: Besuch d. Karl-Friedrich-Gymnasiums i. Eisenach. Abitur. Studium d. Evang. Theol. i. Jena, Marburg u. Tübingen. 1931 Vikar i. Jena. 1933 NSDAP. Danach bis 1949 Pfarrer i. Esperstedt, Allendorf, Saalfeld. 1950-59 Superintendent i. Weimar. 1959-70 Oberkirchenrat i. Landeskirchenamt d. Evang.-Luth. Kirche Thüringen. Stellv. d. Landesbischofs i. geistl. Angelegenheiten u. Ltr. d. Dezernats „Gemeindedienst" u. „Katechetik". 1969-73 Präses d. Synode d. Bundes Evang. Kirchen i. d. DDR. 1973-77 stellv. Vors. d. Bundes Evang. Kirchen i. d. DDR. April 1970-April 1978 Landesbischof d. Evang.-Luth. Kirche i. Thüringen. Nachf. v. M. Mitzenheim, Mitgl. d. Exekutivkomitees d. Luth. Weltbundes. 1971-77 lt. Bischof d. VELK i. d. DDR.
Ausz.: Theol. Ehrendoktor d. Uni. Jena (1970). VVO i. Gold (1971).

Bräuer, Helmut
Berlin
Geb. 8. 3. 1930
Erl. B.: Diplom-Journalist
Ausz. B.: Sekretär d. ZV d. VdJ
Partei: SED
L.: Diplom-Journalist. FDJ-Funktionär. 1952-70 Mitgl. d. Redaktion d. „Jungen Welt" (AL Kultur, stellv. Chefred.). 1970-77 Sekretär d. IOJ. Seit Juni 1977 Sekretär d. VdJ.
Ausz.: VVO i. Bronze (1976) u. a.

Bräutigam, Alois
Erfurt
Geb. 28. 4. 1916 i. Grünlos/Böhmen als Sohn eines Arbeiters
Erl. B.: Maurer, Bergmann
Ausg. B.: Vorsitzender d. Volkssolidarität
Partei: SED
L.: 1929-32 Maurerlehre. Danach Tätigkeit als Maurer u. Bergmann. 1930 Mitgl. d. KJVD u. danach d. Dtsch. Jugendverbandes d. CSR. 1932 Mitgl. d. Kampfgemeinschaft f. Rote Sporteinheit. 1934 Mitgl. d. KPC. 1937-38 Wehrdienst i. d. tschechosl. Armee. Danach Militär- u. Kriegsdient (1942 Obergefreiter i. einem Art.-Rgt.) i. d. dtsch. Wehrmacht. Später wieder als Bergmann tätig. Illegale politische Arbeit. 1945-46 Angehöriger d. tschechosl. Polizei. Übersiedlung i. d. SBZ (Schmalkalden). VP-Angehöriger. 1946-49 Stadtverordneter i. Schmalkalden. 1949 Kreisvors. d. SED i. Arnstadt. 1950 Abg. d. KT Arnstadt. 1950-52 Kreissekr. d. SED i. Weimar. 1951-52 Besuch d. PHSch d. SED. 1953-54 Stadtverordneter i. Erfurt. 1954-55 1. Sekr. d. SED-Stadtltg. Erfurt. Anschl. bis 1958 1. Sekr. d. SED-Gebietsltg. Wismut. Mai 1958-April 80 1. Sekr. d. BL Erfurt d. SED. Nachf. v. Hermann Fischer. Seit d. V. Parteitag d. SED (1958) Mitgl. d. ZK d. SED. 1958-81 Abg. d. VK. Seit 6. Juni 1982 Vors. d. Zentralausschusses d. Volkssolidarität. Nachf. v. Robert Lehmann.
Ausz.: Karl-Marx-Orden (1976) u. a.

Brandt, Edith
Halle/Saale
Geb. 15. 12. 1923 i. Bernburg/Saale
Erl. B.: Köchin, Lehrerin, Staatl. gepr. Landwirt, Diplom-Gesellschaftswissenschaftler
Ausg. B.: Sekretär d. SED-BL Halle
Partei: SED
L.: 1945 Mitgl. d. KPD. Aktiv a. d. Bildung antifasch. Jugend- u. Frauenausschüsse beteiligt. 1946-49 Neulehrerin (Schulltr. u. stellv. Schulrätin). Besuch d. Kreisparteischule u. PHSch d. SED. 1951-52 Hauptabtltr. i. Min. f. Volksbildung d. Landes Sachsen-Anhalt. 1954-57 Sekr. f. Agit. u. Prop. i. Zentralrat d. FDJ. Seit 1954 Mitgl. d. ZK d. SED. 1957-66 1. Sekr. d. Kreisltg. Wittenberg d. SED. 1950-58 Abg. d. VK. Seit Febr. 1966 Sekr. f. Wissenschaft, Volksbildung u. Kultur d. SED-BL Halle. Abg. d. BT.
Ausz.: VVO i. Gold (1973) u. a.

Brandt, Hans
Schwerin
Geb. 19. 2. 1928
Ausg. B.: Chefredakteur
Partei: SED
L.: Bis 1952 Mitgl. d. Landesvorstandes Mecklenburg d. SED. seit 1952 Mitgl. d. Redaktion d. „Schweriner Volkszeitung". Seit 16. 3. 1971 Chefred. d. „Schweriner Volkszeitung". Nachf. v. Ernst Parchmann. Seit Mai 1971 Mitgl. d. SED-BL Schwerin. seit April 1972 Vors. d. VDJ i. Bez. Schwerin. Seit 1972 Mitgl. d. ZV d. VdJ.
Ausz.: VVO i. Bronze (1973) u. a.

Brandt, Horst
Suhl
Geb. 1928
Erl. B.: Werkzeugmacher, Diplom-Gesellschaftswissenschaftler
Ausg. B.: Vorsitzender d. BV Suhl d. FDGB
Partei: SED
L.: Werkzeugmacher. Seit 1945 Gewerkschaftsfunktionär. In d. 50er Jahren Vors. d. IG Metall i. Bez. Suhl. Danach bes. stellv. Vors. d. BV Suhl d. FDGB. Seit März 1968 Vors. d. BV Suhl d. FDGB. Seit 1958 Mitgl. d. SED-BL Suhl. Seit Nov. 1971 Abg. d. BT Suhl. Mitgl. d. BV d. FDGB
Ausz.: VVO i. Silber (1974) u. a.

Brandtner, Werner
Frankfurt/Oder
Geb. 1932
Erl. B.: Zimmerer, Bau-Ingenieur
Ausg. B.: Stellv. Vorsitzender d. RdB Frankfurt/Oder
Partei: CDU

L.: Zimmerer u. Bau-Ingenieur. Bis 1967 Techn. Ltr. d. WBK Schwedt. Seit Juli 1967 Abg. d. BT Frankfurt/Oder u. Hauptplanträger Komplexer Wohnungsbau sowie Ltr. d. Abt. Wohnungspolitik. 1976-81 Mitgl. d. RdB f. Umweltschutz u. Wasserwirtschaft, seit Juli 1981 stellv. Vors. d. RdB Frankfurt/Oder f. Energie, Umweltschutz u. Wasserwirtschaft.

Brasch, Horst
Berlin
Geb. 23. 12. 1922 i. Berlin als Sohn eines Kaufmanns
Erl. B.: Werkzeugmacher
Ausg. B.: Vizepräsident d. Liga f. Völkerfreundschaft
Partei: SED
L.: Besuch d. Volksschule u. d. Realgymn. 1939 Emigration nach England. Dort als Metallarbeiter tätig. Mitbegründer d. FDJ i. Ausland. 1944 Mitgl. d. KPD. 1945 Beobachter d. FDJ auf d. Weltjugendkonferenz d. WBDJ. 1946 Rückkehr nach Deutschland. Mitgl. d. SED. Lizenzträger d. FDJ i. Berlin. Okt. 1947 Mitgl. d. Red.-koll. „Junge Generation". 1948 Vors. d. FDJ i. Land Brandenburg. 1949 Mitgl. d. Zentralrates u. d. Sekr. d. FDJ. 1950-52 Min. f. Volksbildung i. Landes Brandenburg. Anschl. mehrere Jahre Sekr. d. RdB Cotbus u. Abg. d. BT. 1957-59 Vors. d. RdB Neubrandenburg. Mitgl. d. Büros d. SED-BL u. Abg. d. BT. 1959-65 Vors. d. Büros d. Präs. d. Nationalrates u. Nat. Front u. Vizepräs. d. Nationalrates. 1960-64 Vors. d. Komitees f. d. Solidarität mit d. Völkern Afrikas. Seit Jan. 1963 (VI. Parteitag) Mitgl. d. ZK d. SED. Seit Juni 1963 Vizepräs. d. Deutsch-Britischen Gesellschaft d. DDR. Seit Okt. 1963 Abg. d. VK. 1965-68 Staatssekr. u. 1. stellv. Min. f. Kultur. 1969-70 Studium a. d. PHSch d. KPdSU u. Inst. f. sozialistische Wirtschaftsführung b. ZK d. SED. Dez. 1970-März 1975 2. Sekr. d. SED-BL Karl-Marx-Stadt. Seit 1971 1. stellv. Vors. d. Ausschusses f. Haushalt u. Finanzen d. VK. Seit 29. 4. 1975 1. Vizepräs. u. Ltr. d. Sekr. (Generalsekr.) d. Liga f. Völkerfreundschaft. Seit April 1981 Vizepräs. d. Kuratoriums DDR-Japan/Vereinigung zur Förderung d. kult. u. wiss. Zusammenarbeit.
Ausz.: VVO i. Gold (1973) u. a.

Brassel, Herbert
Magdeburg
Geb. 29. 3. 1924 i. Magdeburg
Erl. B.: Finanzbeamter
Ausg. B.: Stellv. Vorsitzender d. RdB Magdeburg
Partei: LDP
L.: Besuch d. Volks- u. Mittelschule. Verwaltungslehre. 1941 Finanzanwärter-Prüfung. Kriegsdienst. Bis 1947 i. Kriegsgefangenschaft. 1948 Mitgl. d. LDP. Angestellter d. Finanzamtes Magdeburg. Später Abtltr. i. Bezirksvorstand d. LDP i. Magdeburg. 1960-63 u. seit 1965 stellv. Vors. d. RdB Magdeburg (f. Wohnungspolitik). Stellv. Abg. d. BT. d. Bezirksverbandes Magdeburg d. LDP.
Ausz.: VVO i. Bronze (1969) u. a.

Brauchitsch, Manfred von
Gräfenwarth b. Schleiz
Geb. 15. 8. 1905 in Hamburg als Sohn eines Offiziers
Ausg. B.: Sportfunktionär
L.: Gymnasium. 1924-28 Angehöriger d. Reichswehr. Danach Rennfahrer. 1934 Sieger im Eifelrennen. 1937 Gr. Preis von Monaco. 1938 Gr. Preis von Frankreich. Sturmführer d. NSKK. (Nr. 54). 1944 Referent i. Reichsmin. f. Rüstung und Kriegsproduktion (Techn. Amt Panzerbeauftragter). 1948 Sportpräs. d. westdtsch. Automobilklubs. 1951 u. 1953 Präs. d. westdtsch. Komitees z. Vorbereitung d. Weltfestspiele i. Ostberlin u. Bukarest. ′Aktive Betätigung i. versch. kommunistischen Tarnorganisationen. Mai 1953 wegen Verdachts d. Vorbereitung z. Hochverrat vorübergehend festgenommen. 1954 Übersiedlung i. d. DDR. Dort Präs. d. ADMV. Seit Jan. 1960 Präs. d. Gesellschaft z. Förderung d. olympischen Gedankens.
Ausz.: VVO i. Gold (1967) u. a.
Veröff.: „Kampf mit 500 PS", Vlg. Karl Siegismund, Berlin 1939. „Kampf um Meter und Sekunden", Vlg. d. Nation, Berlin 1953.

Brauer, Rudolf
Berlin-Karlshorst
Geb. 25. 1. 1930 i. Gera
Erl. B.: Diplom-Wirtschaftler, Dr. sc. oec.
Ausg. B.: Institutsdirektor
Partei: SED
L.: 1946 SED. 1948-51 Studium d. Wirtschaftswiss. a. d. Uni. Leipzig u. Jena sowie a. d. HS f. Ökonomie i. Berlin-Karlshorst. 1951-63 Ass., Oberass., Dozent u. Prof. (1962) a. d. HS f. Ökonomie. 1956 Promotion, 1961 Habil. 1963-66 Ltr. d. Abt. Außenhandel i. d. SPK. Seit Mai 1966 Dir. d. dtsch. Inst. f. Marktforschung bzw. d. Forschungsinst. d. MfA i. Ostberlin. Schiedsrichter d. KfA.
Ausz.: VVO i. Silber (1980) u. a.

Brauer, Wolfgang
Rostock
Geb. 17. 4. 1925 i. Callenberg, Krs. Glauchau, als Sohn eines Lehrers
Erl. B.: Lehrer, Dr. sc. phil.
Ausg. B.: Hochschullehrer
Partei: SED
L.: Besuch d. OS i. Crimmitschau. Kriegsdienst. 1945-48 Neulehrer i. Russdorf b. Crimmitschau. 1946 SED. 1948-51 Studium d. Germanistik u. Pädag. a. d. KMU Leipzig. 1951 Staatsexamen. Danach Doz. bzw. Studiendir. ABF Leipzig. 1956 Dir. d. ABF Rostock. 1963 bis 68 wiss. MA a. German. Inst. Uni. Rostock. 1967 Promotion zum Dr. phil. 1968 Doz. f. Meth. d. Deutschunterrichts. 1969-75 Dir. f. Erz. u. Ausbildung. Seit 1. 9. 1974 o. Prof. f. Methodik d. Deutschunterrichts. 1974 Dr. sc. phil. Seit Okt. 1975 Rektor d. Uni. Rostock. Nachf. v. Günter Heidorn.
Ausz.: Verdienter Lehrer d. Volkes (1957) u. a.

Braun, Johannes
Magdeburg
Geb. 27. 10. 1919 i. Dortmund
Erl. B.: Katholischer Priester
Ausg. B.: Weihbischof
L.: 1948 Priesterweihe i. Paderborn. Anschl. Kaplan v. St. Sebastian i. Magdeburg. 1952-70 Rektor d. Norbertus-Werke i. Magdeburg. Seit März 1970 Adjutor-Bischof d. Bischöfl. Komissars Rintelen i. Magdeburg. Titularbischof d. röm. Kirche v. Puzia di Bizancena. Seit Juni 1970 Bischöfl. Kommissar i. Magdeburg. Seit Juli 73 Apostol. Administrator f. Magdeburg.

Braun, Volker
Berlin
Geb. 7. 5. 1939 i. Dresden
Erl. B.: Druckereifacharbeiter
Ausg. B.: Schriftsteller, Dramaturg
Partei: SED
L.: Nach d. Abitur Druckereifacharb. i. Dresden, Tiefbauarb. i. Komb. Schwarze Pumpe i. Hoyerswerda u. Maschinist i. Tagebau Burghammer. 1960-64 Studium d. Philosophie KMU. 1965-66 Dramaturg Bln. Ensemble. Seit 1972 Dramaturg a. Deutschen Theater i. Ostberlin. Seit Nov. 1973 Mitgl. d. Vorst. d. Schriftstellerverbandes d. DDR.
Ausz.: Heinrich-Heine-Preis (1971), Lessing-Preis (1981) u. a.
Veröff.: „Die Kipper", Theaterstück, 1972 Uraufführung i. Magdeburg. „Gegen die symmetrische Welt", Ged., Suhrkamp-Verlag, Frankfurt/M., 1974, u. Mitteldtsch. Verlag, Halle, 1975, „Großer Frieden", Drama, 1978 uraufgeführt u. a.

Brauner, Kurt
Erfurt
Geb. 1929
Erl. B.: Staatl. gepr. Landwirt
Ausg. B.: Sekretär d. SED-BL Erfurt
Partei: SED
L.: Staatl. gepr. Landwirt. Landwirtschaftsfunktionär. Zeitweise AL Landw. beim RdB bzw. bei d. SED-BL Erfurt. 11. 10. 1973 i. d. SED-BL Erfurt kooptiert u. zum Sekr. f. Landw. gewählt. Nachf. v. Rolf Lüdecke. Abg. d. BT Erfurt.
Ausz.: VVO i. Bronze (1973) u. a.

Bredendieck, Walter
Halle/Saale
Geb. 7. 4. 1926 i. Swinemünde als Sohn eines Lehrers
Ausg. B.: Hochschullehrer, Dr. theol. Prof.
Partei: CDU
L.: 1943 Abitur. 1943-45 Studium d. Geschichte, Germanistik u. Theologie a. d. Friedrich-Wilhelm-Uni. Berlin. 1945-46 Studium a. d. Uni. Hamburg. 1946-47 als Lehrer tätig. Stellv. Schulltr. u. stellv. Bez.-schulltr. 1947 Fortsetzung d. Studiums a. d. Humboldt-Uni i. Ostberlin (Geschichte, Pädagogik u. Germanistik). Staatsexamen. Anschl. Oberreferent f. Pädag. Zentralinst. d. DDR u. Hauptreferent i. d. Parteiltg. d. CDU (Kulturpolitik, Schulung). 1955-56 MA, 1956-67 Sekr. d. Dtsch. Friedensrates. Mai 1971 Promotion z. Dr. theol. a. d. Humboldt-Uni. Ostberlin. Seit 1. 2. 1972 Dozent f. Kirchengeschichte a. d. Uni. Greifswald. Sept. 1980 zum o. Prof. a. d. Sektion Evang. Theologie MLU Halle-Wittenberg berufen. Mitgl. d. Präs. d. Friedensrates d. DDR u. d. Internat. Kommission d. CFK.
Ausz.: VVO i. Bronze (1965).

Breitbarth, Hans
Berlin
Geb. 25. 9. 1928 als Sohn e. Fleischermeisters
Erl. B.: Diplom-Jurist
Ausg. B.: Stellv. Minister
Partei: NDP
L.: 1946 FDJ. 1947 Abitur. Seit 1948 i. Justizdienst. 1949 Mitgl. d. NDP. Ab 1952 Studium d. Rechtswiss. i. Jena. Diplom-Jurist. 1956 Richter a. KG Mühlhausen. 1958 Richter a. KG Gotha. Danach Richter bzw. Oberrichter a. BG Erfurt. 1963-67 Nachfolgekandidat d. VK. Zeitw. Abg. d. BT Erfurt. Seit Mai 1970 stellv. Justizmin. d. DDR. Nachf. v. Rolf Kaulfersch. Seit April 1972 Mitgl. d. Parteivorstandes (Präsidiums) d. Hauptausschusses d. NDP. Mitgl. d. Sekr. d. ZV d. Vereinigung d. Juristen d. DDR.
Ausz.: VVO i. Bronze (1973) u. a.

Breitenstein, Karl-Günther
Clausberg bei Eisenach
Geb. 18. 10. 1927 i. Abtsbessingen, Krs. Sondershausen, als Sohn eines Landwirts
Erl. B.: Agrarwissenschaftler, Diplom-Landwirt, Dr. agr.
Ausg. B.: Institutsdirektor
Partei: CDU
L.: Studium d. Landwirtschaftswiss. i. Jena u. Rostock. Diplom-Landwirt. Dr. agr. Seit 1955 MA u. danach Dir. d. Instituts f. Tierzucht u. Tierhaltung d. DAL/AdL i. Clausberg. 1958-63 Abg. d. BT.
Ausz.: VVO i. Bronze (1981).

Breitkopf, Johanna (Ulke-Breitkopf)
Leipzig
Geb. 20. 9. 1921 i. Leipzig als Tochter eines Buchbinders
Erl. B.: Kontoristin, Lehrerin
Ausg. B.: Direktorin
Partei: CDU
L.: 1927-37 Besuch d. Volks- u. Oberschule. 1937-39 kaufm. Lehre. Kontoristin. 1940-45 Angestellte d. Bahnmeisterei I i. Bahnhof L Leipzig. Okt.-Dez. 1945 Angestellte d. Soz. Vers. Leipzig. Jan.-Aug. 1946 Lehrerausbildung Schulwiss. Inst. i. Leipzig. April 1946 CDU. 1948 1., 1951 2. Lehrerprüfung. Seit Sept. 1946 Lehrerin, 1951-70 stellv. Dir., seit 1. 9. 1970 Dir. d. 4. Oberschule i. Leipzig. 1963-67 Abg. d. BT Leipzig. Seit 22. 3.

1969 Vizepräs. d. Nationalrates d. Nat. Front. Mitgl. d. Hauptvorstandes d. CDU. Ausz.: Verdienstmed. d. DDR u. a.

Breitsprecher, Werner

Neubrandenburg
Geb. 1932 i. Völschow, Krs. Demmin
Erl. B.: Landmaschinenschlosser, Staatl. gepr. Landwirt, Diplom-Ges.
Ausg. B.: 2. Sekretär d. SED-BL Neubrandenburg
Partei: SED
L.: Volksschule, Landmaschinenschlosser. FDJ-Funktionär. 1955 1. Sekr. d. FDJ-KL Demmin. 1956-61 2. Sekr., Febr. 1961-März 65 1. Sekr. d. FDJ-BL Neubrandenburg. 1959-63 Mitgl. d. ZRK d. FDJ, 1963-67 Mitgl. d. Büros d. ZR d. FDJ. Hochschul-Studium. 1969 bis 76 1. Sekr. d. SED-KL Demmin. Febr. 1976-Mai 80 Sekr. f. Agitprop., seit 7. 5. 80 2. Sekr. d. SED-BL Neubrandenburg. Nachf. v. Gerhard Müller. Abg. d. BT Neubrandenburg.
Ausz.: VVO i. Silber (1974) u. a.

Brendel, Günter

Berlin
Geb. 17. 1. 1930 i. Weida/Thür.
Erl. B.: Maler, Prof.
Ausg. B.: Hochschullehrer
Partei: SED
L.: Lehre als Dekorationsmaler. 1948-53 Studium a. d. HS f. Baukunst i. Weimar u. HS f. bild. Künste i. Dresden. Schüler v. Bergander u. Dähn. Seit 1953 Aspirant, Dozent bzw. seit 1969 Prof. u. Ltr. d. Sektion Bau- u. Bildkunst a. d. HS f. bildende u. angewandte Kunst i. Berlin-Weißensee. Seit 1974 Mitgl. d. SED-BL Berlin. Seit Sept. 1978 Vors. d. VBK i. Berlin. Mitgl. d. Präs. VBK
Ausz.: Nat. Pr. III. Kl. (1971). Goethe-Preis d. „Hauptstadt d. DDR" (1979) u. a.
Werke: „Aufbau d. Berliner Stadtzentrums", 1962, Gemälde. „Familie", Tafelbild u. a. m.

Brendel, Manfred

Leipzig
Geb. 1940
Erl. B.: Journalist, Diplom-Wirtschaftler, Dr.
Ausg. B.: Bezirksvorsitzender d. LDP
Partei: LDP
L.: 1957-64 Red. f. Wirtschaft bzw. Lokalred. b. „Sächs. Tageblatt". Danach bei Radio DDR. 1967-75 wiss. Oberass. a. d. DASR. 1975-78 stellv. OB v. Leipzig f. Wohnungspolitik u. Wohnungswirtschaft. Seit 15. 2. 1979 Vors. d. BV Leipzig d. LDP. Nachf. v. Brigitte Tilsner. Seit März 1977 Mitgl. des ZV d. LDP. Abg. d. BT.

Brenner, Manfred

Cottbus
Geb. 5. 12. 1925 i. Zwickau/Sa.
Ausg. B.: Vorsitzender d. BRK d. SED
Partei: SED
L.: Kriegsdienst. 1945-47 brit. Kriegsgef. Anfang d. 50er Jahre 1 Sekr. d. BPO d. SED i. VEB Synthesewerk Schwarzheide. 1956 2. Sekr. d. SED-KL Senftenberg. 1958 Ltr. d. Abt. Agitprop. SED-BL Cottbus. Seit Juni 1960 Vors. d. BRK d. SED Cottbus.
Ausz. VVO i. Bronze (1974) u. a.

Brentjes, Burchard

Halle/Saale
Geb. 20. 8. 1929 i. Halle/Saale
Erl. B.: Archäologe, Dr. phil. habil.
Ausg. B.: Hochschullehrer
Partei: SED
L.: Besuch einer Mittelschule i. Halle. 1945 Mitgl. d. KPD. Jugendsekr. 1946 Teilnehmer am Vorsemester d. Uni. Halle. Abitur. 1946-52 Studium d. Archäologie a. d. Uni. Halle. 1958 vorübergehend Sekr. d. Deutsch-Arabischen-Gesellschaft d. DDR. o. Prof. a. d. Sektion Orient- u. Altertumswiss. Uni. Halle-Wittenberg. Ltr. d. Wissenschaftsbereichs Orientarchäologie. Vizepräs. d. Freundschaftsgesellschaft DDR-Arab. Länder. Seit Nov. 1973 Vors. d. Komitees „DDR-Irak" Mitgl. d. Präs. d. Liga f. Völkerfreundschaft.
Auszeichnungen: Forschungspreis d. MLU Stufe I (1979)
Veröff.: „Land zwischen den Strömen", Koehler u. Amelang, 1963. „Die iranische Welt vor Mohammed", 1971, „Kunst d. Mittelalters i. Armenien", 1979 u. a. m.

Breunig, Willi

Berlin
Geb. 2. 2. 1928 i. Klein-Auheim
Erl. B.: Agrarwissenschaftler, Dr. agr. habil.
Ausg. B.: Hochschullehrer
L.: Agrarwissenschaftler. Dr. agr. habil. Dir. d. Sektion Pflanzenproduktion a. d. Humboldt-Uni. Ostberlin. Seit Mai 1978 Präs. d. Agrarwiss. Gesellschaft d. DDR. Nachf. v. Otto Liebenberg. Kand. d. AdL.

Brezan, Jurij

Bautzen
Geb. 9. 6. 1916 i. Räckelwitz/Krs. Kamenz (Sachsen) als Sohn eines Steinbrucharbeiters
Ausg. B.: Schriftsteller
Partei: SED
L.: Sorbe. In d. Oberlausitz aufgewachsen. 1928-36 Besuch d. Gymnasiums i. Bautzen. 1936 relegiert. Emigration nach Prag, später nach Polen. Rückkehr nach Deutschland u. Verhaftung. 1938/39 Gefängnis-Haft i. Dresden. Nach d. Entlassung a. d. Gefängnis Dresden i. d. Landwirtschaft tätig. Ab 1942 Soldat. Nach 1945 Funktionär d. sorbischen Jugend. 1946 Mitgl. d. SED. Seit 1965 Mitgl. d. DAK. Seit 1949 als freischaffender Schriftsteller i. Bautzen tätig. Seit Mai 1969 Vizepräs. d. DSV. Mitgl. d. BV d. Domowina.
Ausz.: Karl-Marx-Orden (1974), VVO i. Gold (1981) u. a.
Veröff.: „Der Gymnasiast", Vlg. Neues Leben, Berlin 1958. „Das Mädchen Trix und der Ochse

Esau", Vlg. Neues Leben, Berlin 1959. „Borbass und die Rute Gottes", Domowina-Vlg., Bautzen 1959. „Eine Liebesgeschichte", Vlg. d. Nation, Berlin 1963. „Mannesjahre", Vlg. Neues Leben, Berlin 1964. „Krabat oder die Verwandlung der Welt", Vlg. Neues Leben, Berlin 1976, u. a.

Brie, Horst
Berlin
Geb. 1. 2. 1923 i. Berlin
Ausg. B.: Botschafter
Partei: SED
L.: Nach 1945 hauptamtl. FDJ-Funktionär i. Mecklenburg. 1947-55 Mitgl. d. Zentralrates d. FDJ. 1955-58 Sekr. d. DSF i. Bez. Schwerin. 1958 Eintritt i. d. diplom. Dienst d. DDR. 1961-64 1. Sekr. a. d. Botschaft d. DDR i. d. Volksrepublik China. Sept. 1964-Dez. 1967 Botschafter d. DDR i. Nordkorea. Danach Ltr. d. Abt. Analyse, Prognose u. Planung i. MfAA. Seit 22. 4. 1974 Botschafter d. DDR i. Japan.
Ausz.: VVO i. Silber (1976) u. a.

Briksa, Gerhard
Berlin
Geb. 18. 11. 1924 i. Berlin
Erl. B.: Angestellter, Diplom-Wirtschaftler u. -Gesellschaftswissenschaftler
Ausg. B.: Minister f. Handel u. Versorgung
Partei: SED
L.: Angestellter. Kriegsdienst. Sowj. Kriegsgefangenschaft. Nach 1945 hauptamtl. SED-Funktionär, u. a. 1. Sekr. d. SED-KL Weißwasser. 1962-72 Ltr. d. Abt. Leicht- u. Lebensmittelindustrie beim ZK d. SED. Seit Nov. 1972 Min. f. Handel u. Versorgung. Nachf. v. G. Sieber.
Ausz.: VVO i. Gold (1974) u. a.

Brix, Max
Halle/Saale
Geb. 13. 6. 1928
Erl. B.: Diplom-Biologe, Dr. rer. nat.
Ausg. B.: Hochschullehrer
Partei: SED
L.: Neulehrer. 1946 Mitgl. d. SED. Schulltr. Studium d. Biologie. Diplom-Biologe. Zeitw. Dir. d. Pädag. Inst. Halle-Kröllwitz. Seit 1971 Prof. f. Botanik. 1972-77 Rektor d. Pädag. HS „N. K. Krupskaja" i. Halle.
Ausz.: Verdienter Lehrer d. Volkes (1974)

Brock, Fritz
Berlin
Geb. 22. 7. 1931
Erl. B.: Former
Ausg. B.: Abteilungsleiter i. ZK d. SED
Partei: SED
L.: Former. MA d. ZK d. SED. Stellv. Ltr., 1962-63 Ltr. d. Abt. Maschinenbau u. Metallurgie beim ZK d. SED. Seit 1966 Ltr. d. Abt. Gewerkschaften u. Sozialpolitik beim ZK d. SED. Nachf. v. Josef (Jupp) Steidl. Seit 1968 Mitgl. d. BV d.

FDGB. Seit Mai 1976 Mitgl. d. ZRK d. SED.
Ausz.: Orden „Banner d. Arbeit" (1972), VVO i. Silber (1981) u. a.

Brockhaus, Heinz Alfred
Berlin
Erl. B.: Musikwissenschaftler, Dr. sc. phil.
Ausg. B.: Hochschullehrer
L.: Musikwissenschaftler, Dr. sc. phil. Prof. u. Ltr. d. Bereichs Musikwiss. a. d. Humboldt-Uni. i. Ostberlin. Mitgl. d. ZV, seit 19. 2. 1982 Vizepräs. d. Verb. d. Komponisten u. Musikwiss. d. DDR.
Ausz.: VVO i. Bronze (1976) u. a.

Brombacher, Ellen, geb. Harter
Berlin
Geb. 15. 2. 1947 i. Westerholt
Erl. B.: Mechaniker, Diplom-Russist
Ausg. B.: 1. Sekretär d. FDJ-BL Berlin
Partei: SED
L.: 1959 mit d. Eltern aus d. Bundesrep. i. d. DDR übergesiedelt. FDJ-Sekr. d. Alexander-v.-Humboldt-Schule Bln.-Köpenick. 1965 Abschluß d. Facharbeiterausbildung als Mechaniker mit Abitur. 1965-66 Besuch d. Komsomol-HS Moskau. 1966-70 Abendstudium a. d. Humboldt-Uni. Diplom-Russist. 1967-69 Kreis-Vors. d. JP i. BLn. Friedrichshain. 1971-73 u. 1974-75 Sekr. d. BL Berlin d. FDJ. Vors. d. Pionierorg. Seit Mai 1971 Mitgl. d. Büros d. Zentralrates d. FDJ. 1973-74 Besuch d. PHSch d. SED. Seit 1974 Mitgl. d. BL Berlin d. SED (seit Juni 1975 d. Sekr.). Seit 1. 3. 1975 1. Sekr. d. FDJ-BL Berlin. Nachf. v. Harry Smettan. Seit Okt. 1976 Abg. d. VK u. d. STVV Ostberlin. Verh. mit Pedro B. Mitgl. d. Jugendausschusses d. VK.
Ausz.: VVO i. Bronze (1979) u. a.

Brückner, Christoph
Jena
Geb. 25. 12. 1929 i. Zwickau als Sohn eines Friseurmeisters
Erl. B.: Facharzt f. Sozialhygiene, Dr. sc. med., Medizinalrat
Ausg. B.: Hochschullehrer
Partei: LDP
L.: Besuch d. Oberschule. 1948 Abitur. 1945 Mitgl. d. LDP. 1949-54 Studium d. Medizin a. d. Humboldt-Uni. Ostberlin. 1956-65 lt. Arzt i. Betrieben d. Zwickauer Steinkohlenbergbaus. 1965-72 Ltr. d. Bez.-inspektion Gesundheitsschutz i. d. Betrieben b. RdB Karl-Marx-Stadt. Seit Juli 1967 Abg. d. VK. Seit 1. 11. 1967 Vors. d. Ausschusses f. Gesundheitswesen. 1973 Dr. sc. med. Seit 1972 o. Prof. f. Arbeitshygiene u. Dir. d. gleichnamigen Inst. i. Jena. Seit 1976 Vors. d. LDP Kreis Jena. Juni 1978 als Mitgl. i. d. ZV d. LDP kooptiert.
Ausz.: VVO i. Silber (1969) u. a.

Brückner, Dieter
Berlin
Geb. 26. 9. 1936 i. Bautzen/Sa.
Ausg. B.: Mitglied d. Redaktionskollegiums d. ND
Partei: SED
L.: Wirtschaftsjournalist. Wirtschaftsredakteur d. ND. 1972-75 Ltr. d. Moskauer Büros d. ND. Seitdem erneut Wirtschaftsredakteur d. ND. Seit Febr. 1980 Mitgl. d. Redaktionskollegiums d. ND.
Ausz.: VVO i. Bronze (1975) u. a.

Brühl, Reinhard
Potsdam
Geb. 1924
Erl. B.: Maschinenschlosser, Diplom-Gesellschaftswissenschaftler, Prof. Dr. phil.
Ausg. B.: Institutsdirektor, Generalmajor d. NVA
Partei: SED
L.: Maschinenschlosser. Kriegsdienst. Sowj. Kriegsgefangenschaft. Lehrer a. einer Antifa-Schule. Seit 1950 Angehöriger d. VP. Studium. Promotion zum Dr. phil. KMU Leipzig. Politoffz. d. KVP. Lehrstuhlinhaber a. d. Militärakad. „Fr. Engels" i. Dresden. Seit 1961 Dir. d. Inst. f. Militärgeschichte i. Potsdam. Seit Sept. 1970 Prof. f. Militärgeschichte. Seit 1979 Generalmajor d. NVA.
Ausz.: Friedrich-Engels-Preis (1972)

Brünner, Horst
Berlin
Geb. 21. 2. 1929
Erl. B.: Industriekaufmann, Diplom-Militärwissenschaftler
Ausg. B.: Generalleutnant d. NVA
Partei: SED
L.: Industriekaufmann. 1948 SED. 1948 Eintritt i. d. VP. Offizierslaufbahn. Politoffizier. Mitte d. 60er Jahre Ltr. d. Politverwaltung d. Grenztruppen d. NVA. 1971-72 Ltr. d. Politverwaltung d. Militärbez. Leipzig. 1. 3. 1971 Generalmajor, 20. 2. 1976 Generalleutnant d. NVA. Seit 1972 stellv. Chef für organisationspolit. Arbeit d. PHV d. NVA. Seit 22. 5. 1976 (IX. Parteitag) Kandidat d. ZK d. SED.
Ausz.: Orden „Banner der Arbeit" (1974), VVO i. Silber (1979) u. a.

Brüschke, Gerhard
Berlin
Geb. 6. 7. 1928 i. Leipzig
Erl. B.: Arzt, Dr. med. habil.
Ausg. B.: Hochschullehrer
Partei: SED
L.: Soldat. 1945 KPD. 1947-53 Studium d. Medizin a. d. Humboldt-Uni. i. Ostberlin. Promotion, 1960 Habil. Dozent u. Oberarzt a. d. l. Mediz. Klinik Charité. 1963-65 Dir. d. Inst. f. Sportmedizin a. d. DHfK i. Leipzig. Lehrstuhlinhaber f. Innere Medizin a. d. Humboldt-Uni. Ostberlin. Ltr. d. Forschungsprojekts Gerontologie d. DDR. Vizepräs. d. Koordinierungsrates d. gerontol. Forschung d. sozial. Länder. Präsidiumsmitgl. d. Ges. f. klinische Medizin d. DDR. Ehrenmitgl. d. österr. Ges. f. Geriatrie. Seit Juni 1979 Rektor a. Akademie f. ärztl. Fortbildung d. DDR. Nachf. v. Kurt Winter.

Bruhn, Heinrich
Leipzig
Geb. 29. 1. 1913 i. Lunden/Holstein als Sohn eines Tischlers
Erl. B.: Expedient
Ausg. B.: Hochschullehrer (em.)
Partei: SED
L.: 1928 Mitgl. d. KJV. Mitgl. d. KPD. 1931 Angestellter d. Dtsch.-Russ. Transport- u. Handels-AG i. Berlin. 1936 wegen Vorbereitung z. Hochverrat zu $2^{1}/_{2}$ Jahren Gefängnis verurteilt. Während d. 2. Weltkrieges Soldat. Kriegsgefangenschaft. 1945 erneut Mitgl. d. KPD. Kommissar d. VP. Besuch d. Landesparteischule d. SED. Danach als Sekr., Red. u. Lehrer eingesetzt. Seit 1951 Lehrtätigkeit a. d. KMU Leipzig. Emeritierter o. Prof. f. Geschichte d. Journalistik. 1954-58 Abg. d. VK. Seit 1970 Vors. d. DSF i. Bez. Leipzig.
Ausz.: VVO i. Gold (1973) u. a.

Bruk, Franz
Potsdam
Geb. 1923
Erl. B.: Bäcker
Ausg. B.: Politischer Mitarbeiter
Partei: SED
L.: Bäcker. 1950 Besuch d. Parteischule. 1952-53 1. Sekr. d. SED-BL Cottbus. Vors. d. Bez.-ausschusses Cottbus d. Nat. Front. Anschl. erneuter Besuch d. Parteischule. Danach bis Frühjahr 1958 1. Sekr. d. SED-BL Halle. 1958-66 Sekr. d. SED-BL Halle (Agitprop.). 1966-73 Dir. d. DEFA-Studios f. Spielfilme i. Potsdam-Babelsberg. Jetzt politischer MA d. Staatl. Komitees f. Fernsehen.
Ausz.: VVO i. Silber (1976) u. a.

Bruns, Marianne
Freital/Sa.
Geb. 31. 8. 1897 i. Leipzig als Tochter eines kaufmännischen Angestellten u. späteren Wäschereibesitzers
Ausg. B.: Schriftstellerin
Partei: SED
L.: Aufgewachsen i. Leipzig (1897-1907), Stettin (1907-13) u. Breslau. Privatunterricht (Sprachen). 1917-22 Gesangsunterricht. 1921 erste Veröff. i. „Kunstwart". Ab 1926 Ltr. d. elterlichen Wäschereibetriebes i. Breslau. MA von Rundfunk u. Presse (Sender Breslau, Dresden, Köln u. Frankfurt). Mit d. Ztschr. „Neue Linie". 1945 i. Dresden ansässig. Mitgl. d. KPD u. später d. SED. Freiberufl. Schriftstellerin.
Ausz.: Literatur-Preis d. FDGB (1961). VVO i. Gold (1977) u. a.

Veröff.: „Uns hebt die Flut", Mitteldeutscher Vlg., Halle 1952. „Glück fällt nicht vom Himmel", Mitteldeutscher Vlg., Halle 1954. „Bauer und Richter", Mitteldeutscher-Vlg., Halle 1956. „Frau Dr. Privat", Mitteldeutscher Vlg., Halle 1957. „Das ist Diebstahl", 1959. „Die Lichtung", Mitteldeutscher Vlg., Halle 1965. „Der neunte Sohn des Veit Stoss". „Großaufnahme leicht retuschiert", Mitteldeutscher-Vlg., Halle 1974. „Zeichen ohne Wunder", Mitteldeutscher Vlg., Halle 1977 u. a.

de Bruyn, Günter
Berlin
Geb. 1. 11. 1926 i. Berlin
Ausg. B.: Schriftsteller
L.: Luftwaffenhelfer, RAD u. Soldat. Nach 1945 Neulehrer i. einem havelländischen Dorf. 1949-53 Bibliothekarsschüler u. MA i. Berliner Volksbüchereien. 1953-61 MA d. Zentralinst. f. Bibliothekswesen. Seit 1961 freischaffender Schriftsteller i. Ostberlin .Seit Okt. 1972 Mitgl. d. Präsidiums d. PEN-Zentrums d. DDR. 1969-78 Mitgl. d. Vorstandes d. Schriftsteller-Verb. d. DDR. Mitgl. d. AdK.
Ausz.: Heinrich-Mann-Preis (1964). Lion-Feuchtwanger-Preis (1981) u. a.
Veröff.: „Der Hohlweg", Mitteldeutscher Vlg., Halle 1963. „Buridans Esel", Mitteldeutscher Vlg., Halle 1968. „Preisverleihung", Mitteldeutscher Vlg., Halle 1972, „Das Leben des Jean Paul Richter", Biographie, Mitteldeutscher Vlg., Halle 1975, „Märkische Forschungen", Mitteldeutscher Vlg., Halle 1978.

Brunzel, Burghild, geb. Schulze
Berlin
Ausg. B.: Sekretär d. BV d. DFD
Partei: SED
L.: 1969-77 Sekr. f. Kultur, Sport, Touristik, FDJ-BL Magdeburg. Seit 2. 6. 1977 Sekr. BV d. DFD u. Mitgl. d. Präsidiums.
Ausz.: Preis f. künstl. Volksschaffen (1975) u. a.

Brzenska, Winfried
Berlin
Erl. B.: Diplom-Ingenieur
Ausg. B.: Institutsdirektor
Partei: SED
L.: 1950 Abitur i. Nordhausen. Stahlwerker i. d. Maxhütte. Studium a. Metallurgischen Inst. Dnjepopetrowsk. Dipl.-Ing. 1957 Haptdispatcher i. d. Maxhütte/Unterwellenborn. 1960 Berater d. Ständigen DDR-Vertretung beim RGW. 1963-65 Chefprojektant. 1965 Techn. Dir. EKO. Z. Zt. Dir. d. Zentralinst. f. Metallurgie d. DDR.

Buchholz, Erich
Berlin-Treptow
Geb. 8. 2. 1927 i. Berlin
Erl. B.: Jurist, Dr. sc. jur.
Ausg. B.: Hochschullehrer
Partei: SED
L.: Soldat. Verwundung. 1946 SED. FDJ-Funktionär i. Tiergarten u. Berlin-Moabit. 1948 aus d. Bezirksamt Tiergarten entlassen. Ab. 1948 Studium d. Rechtswissenschaft a. d. Humboldt-Uni. Ostberlin. Mitbegründer d. FDJ-Hochschulgruppe. 1949-50 hauptamtl. FDJ-Sekr. d. Jurist. Fakultät. 1956 Promotion, 1963 Habil. Humboldt-Uni. Jetzt o. Prof. f. Strafrecht, Ltr. d. Bereichs Strafrecht a. d. Sektion Rechtswiss. u. Dir. d. Sektion Rechtswiss. a. d. Humboldt-Uni. Vors. d. Wiss. Beirats f. Staats- u. Rechtswiss. beim Min. f. Hoch- u. Fachschulwesen. Mitgl. d. Hoch- u. Fachschulrates d. DDR.
Ausz.: Med. f. Verdienste i. d. Rechtspflege i. Gold (1977) u. a.

Budig, Klaus-Peter (bei Geburt: Strehlau)
Karl-Marx-Stadt
Geb. 15. 7. 1928 i. Sagan
Erl. B.: Dr. sc. techn.
Ausg. B.: Hochschullehrer
Partei: LDP
L.: Bis 1953 Studium d. Starkstromtechnik a. d. TH Dresden. Anschl. 2 Jahre Ass. TH Dresden. Ing. i. VEB Elektro-Maschinenbau Dresden-Niedersedlitz. 1959 Promotion zum Dr.-Ing. Haupttechnologe u. Techn. Dir. VEB Elektromaschinenbau. 1961 Lehrauftrag HfV Dresden. Seit 1966 Prof. f. Starkstromtechnik TH Karl-Marx-Stadt. Dir. d. Sektion Automatisierungstechnik TH. Seit Nov. 1978 Vizepräs. d. KdT. Mitgl. d. Vorstandes d. Forschungsrates u. d. Nat. Rates d. NF. Seit Juni 1980 korresp. Mitgl. d. AdW.
Ausz.: Nat. Pr. II. Kl. (Koll.-Ausz., 1970) u. a.

Budnick, Wolfgang
Berlin
Geb. 1938
Erl. B.: Dipl.-Ing. oec.
Ausg. B.: Stellv. Oberbürgermeister v. Ostberlin
Partei: SED
L.: Dipl.-Ing. oec. Industrietätigkeit. Zeitw. Generaldir. VVB Energieversorgung. Seit 30. 10. 1980 stellv. OB v. Ostberlin f. stadttechn. Versorgung. Seit Juni 1981 Mitgl. d. StVV Ostberlin.

Büchner-Uhder, Willi
Halle/Saale
Geb. 26. 12. 1928 i. Quedlinburg
Erl. B.: Diplom-Jurist, Dr. sc. jur.
Ausg. B.: Hochschullehrer
Partei: SED
L.: Seit 1956 Lehrtätigkeit Uni. Halle-Wittenberg. Zeitw. Dekan d. Jur. Fakultät. Prof. f. Staatsrecht. Seit 1969 Mitgl. d. Rates f. Staats- u. Rechtswiss. Foschung d. DDR. Gegenw. Dir. d. Sektion f. Staats- u. Rechtswiss. Uni. Halle-Wittenberg. Stadtverordneter i. Halle/Saale.

Bühl, Harald
Berlin
Geb. 24. 10. 1924 i. Groß-Breitenbach/Thür.
Erl. B.: Sparkassenangestellter, Kulturwissenschaftler, Diplom-Gesellschaftswissenschaftler, Dr. phil.
Ausg. B.: Sekretär d. BV d. FDGB
Partei: SED
L.: Sparkassenangestellter. 1943 NSDAP, 1947 SED. FDGB-Funktionär. Stellv. Ltr. u. Ltr. d. Abt. Kultur i. BV d. FDGB. 1968 Kandidat, seit 1971 Mitgl. d. BV d. FDGB. Seit 9. 7. 1971 Sekr. d. BV d. FDGB u. Mitgl. d. Präs. Mitgl. d. Präs. d. Urania u. d. ZV d. DSF. Abendstudium a. d. Humboldt-Uni. Ostbln. Kulturwiss. Promotion zum Dr. phil. a. d. AfG (über ästhetische Interessen u. Bedürfnisse d. Arbeiterklasse i. d. Arbeit u. i. d. Freizeit).
Ausz.: VVO i. Silber (1976) u. a.

Büttner, Kurt
Leipzig
Geb. 6. 10. 1926 i. Königsberg
Ausg. B.: Hochschullehrer, Dr. phil. habil.
Partei: SED
L.: Studium d. Geschichte. 1957 Promotion z. Dr. phil. i. Leipzig. Wahrnehmungsdozent f. Afrikanistik, Geschichte Afrikas a. d. KMU Leipzig. 1960-64 Dir. d. Afrika-Inst. a. d. KMU Leipzig. 1961 Vizepräs. d. Deutsch-Afrikanischen Gesellschaft d. DDR. 1962 Mitgl. d. Nationalkomitees d. Afrikanisten d. DDR. ao. Prof. a. d. KMU Leipzig (Sektion Afrika- u. Nahostwiss.).

Büttner, Siegfried
Berlin
Ausg. B.: Mitarbeiter d. ZK d. SED, Dr. phil.
Partei: SED
L.: Seit Anfang d. 50er Jahre Angehöriger d. diplom. Dienstes d. DDR. Hauptreferent u. zeitw. Abtlnr. Südostasien i. MfAA. 1966 amt. Ltr. d. Abt. Arabische Staaten i. MfAA. Juni 1967-Juni 1970 Ltr. d. DDR-Konsulats auf Sansibar. Seitdem Sektorenltr. d. Abt. Intern. Verbindungen beim ZK d. SED. Mitgl. d. Präs. d. Solidaritätskomitees d. DDR.
Ausz.: VVO i. Bronze (1975) u. a.

Buggel, Edelfried
Leipzig
Geb. 22. 5. 1928 i. Treuen
Erl. B.: Sportwissenschaftler, Dr. paed. habil.
Ausg. B.: Stellv. Staatssekretär
Partei: SED
L.: Sportwissenschaftler. Lehrtätigkeit a. d. DHfK Leipzig. 1967 Prof. f. Theorie u. Methodik d. Freizeit u. Schulsports. Leistungssportler i. Orientierungslauf (1959 Dtsch. Meister). Zeitw. Vizepräs. d. Wanderer- u. Bergsteigerverbandes. 1. Vizepräs. d. Intern. Orientierungslauf-Föderation. 1966-74 Vizepräs. d. DTSB. 1968-77 Mitgl. d. BV d. FDGB. Seit 1974 stellv. Staatssekr. f. Körperkultur u. Sport. Schatzmeister d. Weltrates f. Sport u. Körpererziehung. Vors. d. Wiss. Rates b. Staatssekr. f. K. u. Sport. Mitgl. d. Hochu. Fachschulrates.
Ausz.: VVO i. Silber (1973) u. a.

Buhr, Manfred
Berlin
Geb. 22. 2. 1927 i. Kamenz/Sa. als Sohn eines Arbeiters
Erl. B.: Philosoph, Dr. phil. habil.
Ausg. B.: Institutsdirektor
Partei: SED
L.: 1944 NSDAP. 1946 Neulehrer i. Sachsen. Besuch d. Vorstudienanstalt Dresden. 1947-51 Studium d. Philosophie u. Geschichte a. d. Uni. Leipzig. 1956 Promotion z. Dr. phil. (Dialektik Kants). 1962 Habil. (Bezieh. d. Philos. Fichtes z. Franz. Revol.). Seit 1962 stellv. Dir., seit 1969 Dir. d. Zentralinst. f. Philosophie d. DAW. Vizepräs. d. Internat. Hegel-Gesellschaft. Seit 1971 o. Mitgl. AdW.
Ausz.: Nat. Pr. III. Kl. (1973) u. a.
Veröff.: Mitherausgeber d. „Philosophischen Wörterbuchs" u. a.

Bumbel, Kraft
Berlin
Geb. 18. 10. 1926 i. Schönborn/Niederlausitz
Erl. B.: Bergmann, Diplom-Wirtschaftler
Ausg. B.: Botschafter
Partei: SED
L.: Besuch d. Grundschule. Bergarbeiter. Besuch d. Luftwaffen-Unteroffiziersschule I. Absolvent d. ABF Freiberg. Studium a. d. HS f. Ökonomie i. Berlin. Diplom-Wirtschaftler. Seit 1959 Angehöriger d. diplom. Dienstes d. DDR. 1960-64 Sekr. f. Presse a. d. DDR-Vertretung i. Indien. 1966-68 Ltr. d. DDR-Vertretung i. Madras/Indien. 1968-70 Generalkonsul i. Ceylon. 1970-73 MA d. MfAA. Nov. 1973-Okt. 1977 Botschafter i. Sri Lanka. Nachf. v. Helmut Faulwetter. Mai 1974-Sept. 1977 zusätzlich Botschafter i. Singapur. 1977-79 MA d. Abt. Süd- u. Südostasien d. MfAA. Seit 24. 11. 1979 Botschafter i. Afghanistan. Nachf. v. Hermann Schwiesau.
Ausz.: VVO i. Bronze (1976) u. a.

Burbach, Hans-Günter
Berlin
Geb. 1934
Erl. B.: Landwirt, Diplom-Wirtschaftler, Diplom-Gesellschaftswissenschaftler
Ausg. B.: Stellv. Oberbürgermeister v. Ostberlin
Partei: SED
L.: Landwirt, Diplom-Wirtschaftler u. Gesellschaftswiss. Zeitw. stellv. Vors. d. RLN Berlin bzw. 1. stellv. Ltr. d. Abt. Land-, Forst- u. Nahrungsgüterw. b. Magistrat v. Ostberlin. Seit 29. 6. 1981 stellv. OB f. Land-, Forst- u. Nahrungsgüterwirtschaft. Nachf. v. Kurt Aland. Mitgl. d. StVV Ostberlin.

Burkert, Karl
Berlin
Geb. 11. 5. 1919 i. Breslau
Erl. B.: Kaufmann, Jurist
Ausg. B.: Stellv. Vorsitzender d. Bezirksverbandes Berlin d. CDU
Partei: CDU
L.: Kaufm. Ausbildung. 1937 NSDAP. Während d. 2. Weltkrieges Angehöriger versch. SS-Nachrichteneinheiten (zuletzt SS-Unterscharführer). Schwer verwundet. Bis 1947 i. sowj. Kriegsgefangenschaft. Anschl. Streckenarbeiter b. d. Reichsbahn. 1948 Mitgl. d. CDU. 1950-52 juristisches Studium. Danach dreijähriges Fernstudium. 1952-60 i. Justizdienst, zuletzt Richter a. BG Karl-Marx-Stadt. 1954 Vors. d. Ortsgruppe Mittweida/Sa. d. CDU. 1958-63 Nachfolgekandidat d. VK. 1959 juristisches Staatsexamen. Mai 1960-Nov. 1961 Vors., seit 1961 stellv. Vors. d. CDU i. Ostberlin. Seit Juni 1961 Vizepräs. d. Gesellschaft DDR-Lateinamerika. Mitgl. d. Präsidiums d. Liga f. Völkerfreundschaft.
Ausz.: VVO i. Silber (1979) u. a.

Burkhardt, Hermann
Berlin
Geb. 4. 7. 1910 i. Eisenberg/Thür.
Ausg. B.: Journalist
Partei: SED
L.: Besuch d. Volksschule u. d. Gymnasiums. Danach Studium d. Volkswirtschaft u. Rechtswissenschaft. 1931 Mitgl. d. KPD. 1933-45 Emigrant i. Frankreich. 1945 Mitbegründer d. KPD-Zeitung „Neue Zeit" i. Saargebiet. Von d. franz. Behörden ausgewiesen. Danach Red. d. „Vorwärts" i. Ostberlin u. Chefred. d. Deutschlandsenders. 1953-56 stellv. Chefred. d. „Berliner Zeitung". Anschl. Korrespondent d. Ostberliner „BZ" u. d. ADN i. Kuba u. Stockholm. 1958-62 stellv. Generalsekr. d. kommunistischen internat. Journalistenorganisation. Vizepräs. d. Deutsch-Lateinamerikanischen Gesellschaft d. DDR. Jetzt Kommentator d. Staatl. Komitees f. Rundfunk.
Ausz.: VVO i. Gold (1975) u. a.

Buschmann, Werner
Berlin
Geb. 3. 1. 1931 i. Lichtenstein
Erl. B.: Verwaltungsangestellter, Diplom-Wirtschaftler
Ausg. B.: Minister
Partei: SED
L.: Lehre als Verwaltungsangestellter. 1948-52 i. örtlichen staatl. Organen tätig. 1952 Referent i. Min. f. Wirtsch. u. Arbeit d. Landes Sachsen. 1952-61 MA d. SPK. 1961-64 AL i. VEB Großdrehmaschinenbau „7. Oktober" i. Berlin. 1964 AL örtl. Ind./Wirtschaftsräte VWR. 1965-68 AL i. Min. f. Bezirksgel. Ind. u. Lebensmittelindustrie. 1968-76 MA d. ZK, u. a. stellv. Ltr. d. Abt. Leicht-, Lebensmittel- u. Bezirksgel. Ind. b. ZK d. SED. Seit 1976 Staatssekr. u. 1. stellv. Min. f. Bezirksgel. Ind. u. Lebensmittelind., seit Dez. 1978 Min. f. Leichtind. Nachf. v. Karl Bettin.
Ausz.: VVO i. Bronze (1974) u. a.

Butters, Dieter
Berlin
Geb. 16. 5. 1929 i. Saalfeld
Erl. B.: Diplom-Wirtschaftler, Dr. rer. oec.
Ausg. B.: Hauptabteilungsleiter
Partei: SED
L.: Außenhandelsfunktionär. In d. 50er Jahren lt. Funktionen i. MAI. 1959-67 stellv. Generaldir. DIA Chemie. 1967-71 Ltr. d. Vertretung d. KfA i. Großbritannien. Mitgl. d. Red.-Koll. d. Wochenzeitung „DDR-Außenwirtschaft". Gegenwärtig HA-Ltr. Marktarbeit i. MfA.
Ausz.: VVO i. Bronze (1979) u. a.

Butziger, Kurt
Görlitz
Geb. 1936
Erl. B.: Diplom-Wirtschaftler
Ausg. B.: Oberbürgermeister
L.: Diplom-Wirtschaftler. Febr. 1969-1979 stellv. Vors. d. RdB Dresden u. Ltr. d. Abt. Handel u. Versorgung. Seit 1971 Vors. d. Versorgungskommission. Seit Nov. 1971 Abg. d. BT Dresden. Seit 1979 Oberbürgermeister v. Görlitz. Nachf. v. Werner Dietrich.

Butzke, Erich
Berlin
Geb. 22. 8. 1920 i. Berlin
Erl. B.: Diplom-Wirtschaftler, Dr. rer. oec.
Ausg. B.: Diplomat
Partei: SED
L.: Kriegsdienst. 1945 KPD. 1946 SED. Chefred. d. Inst. f. sozialökon. Probleme Ostberlin. 1947-50 Studium a. d. Humboldt-Uni. Ostberlin. 1950 Diplom. 1957 Dr. rer. oec. d. Humboldt-Uni. Danach Außenhandelsfunktionär (DIA Transportmaschinen). Seit 1959 MA d. MfAA. 1959-60 stellv. Ltr. d. Handelsvertretung d. DDR i. Indonesien. 1964-66 stellv. Ltr. d. Handelsvertretung d. DDR i. Brasilien. 1967 Ltr. d. Abt. Lateinamerika i. MfAA. 1969-72 Generalkonsul d. DDR i. Tansania. Aug. 1974-Mai 1977 DDR-Botschafter i. Portugal.
Ausz.: VVO i. Silber (1977) u. a.

C

Caffier, Wolfgang
Weixdorf, Bez. Dresden
Geb. 10. 3. 1919
Evangelischer Pfarrer i. R.
Partei: CDU
L.: Evang. Theologe. Opfer d. Faschismus. Pfarrer i. Weixdorf, Bez. Dresden. 1950 Mitgl. d. CDU. 1958-61 Vors. d. Evang. Pfarrerbundes d. DDR. Zeitw. Abg. d. BT Dresden. Jetzt im Ruhestand.

Calov, Manfred
Berlin
Geb. 15. 5. 1925
Ausg. B.: Staatssekretär
Partei: SED
L.: Nach 1945 i. Post- u. Fernmeldewesen d. SBZ/DDR tätig. Zeitw. 2. Sekr. d. BPO d. SED i. Min. f. Post- u. Fernmeldewesen sowie persönl. Referent eines stellv. Min. 1960-72 stellv. Ltr. d. Abt. Verkehr u. Verbindungswesen (Sektorenltr. Post) i. ZK d. SED. Seit 1972 Staatssekr. i. Min. f. Post- u. Fernmeldewesen. Nachf. v. R. Serinek. Mitgl. d. Hoch- u. Fachschulrates d. DDR.
Ausz.: VVO i. Silber (1976) u. a.

Calvelage, Heinz
Löbau/Sa.
Geb. 1933 als Sohn eines Schneiders
Erl. B.: Traktorist, Dipl. rer. mil.
Ausg. B.: Generalmajor d. NVA
Partei: SED
L.: Stammt aus Siemersdorf, Krs. Stralsund. MAS-Traktorist. 1. 7. 50 Eintritt i. d. VP. Jugendinstrukteur d. Wachbtl. d. LBdVP. 1952 KVP u. SED. Zugführer u. Batteriechef i. Prora. FDJ-Sekretär. 1957 Absolvent d. Offz.-Schule Treptow. Parteisekr. eines Pz.-Rgt. 1962-65. Besuch d. Militärakademie „Fr. Engels" i. Dresden. MA d. KL d. SED, dann 1. Sekr. d. SED-KL a. d. Mil. Akademie. Absolvent d. PHSch d. KPdSU. Gegenwärtig Ltr. d. Politabt. d. Offz.-HS d. Landstreitkräfte i. Löbau. Seit 1980 Generalmajor d. NVA.

Carow, Heiner
Berlin
Geb. 19. 9. 1929 i. Rostock als Sohn von Dr. Ernst C. (gest. 1945)
Erl. B.: Schauspieler, Regisseur
Ausg. B.: Regisseur
L.: 1950 Abitur. Ltr. eines Jugendtheaters. Ausbildung als Regisseur i. d. Regie-Abt. d. DEFA-Nachwuchsstudios u. i. d. Kurzfilmabt. d. DEFA. Regisseur zahlreicher DEFA-Filme. Seit Dez. 1974 Mitgl. d. Präs. d. Verb. d. Film- u. Fernseh-schaffenden. Seit Mai 1978 o. Mitgl. d. AdK, seit 7. 7. 82 Vizepräs. d. AdK.
Ausz.: Nat. Pr. II. Kl. (1980) u. a.
Werke: „Sheriff Teddy", „Sie nannten ihn Amigo", „Die Legende von Paul u. Paula" u. a. m.

Cesarz, Wilhelm
Berlin
Ausg. B.: Stellv. Minister, Dr.
Partei: SED
L.: 1954 stellv. Ltr. d. Abt. Arbeiterjugend i. Zentralrat d. FDJ. 1963-68 stellv. Ltr. d. LWR f. Planung, Ökonomie u. Finanzen. 1968-71 stellv. Vors. d. RLN. Seit 1972 stellv. Min. f. Land-, Forst- u. Nahrungsgüterwirtschaft. Seit 1978 Mitgl. d. ZV d. DSF.
Ausz.: VVO i .Silber (1975) u. a.

Chemnitzer, Hans
Neubrandenburg
Geb. 24. 3. 1929 i. Wildenfels bei Zwickau
Erl. B.: Staatlich geprüfter Landwirt, Diplom-Gesellschaftswissenschaftler
Ausg. B.: 1. Sekretär d. SED-BL Neubrandenburg
Partei: SED
L.: Besuch d. Volks- u. Handelsschule. 1946 Mitgl. d. SED. 1948-51 Besuch Landw. Fachschulen, Staatl. gepr. Landwirt. 1952-55 i. einer MTS tätig u. Sekr. f. Landwirtschaft d. SED-Kreisltg. Zwickau-Land. 1955-58 Besuch d. PHSch d. KPdSU. 1958-63 Sekr. f. Landwirtschaft d. SED-BL Gera. Ende 1962 Stellv. d. Ltr. d. Delegation d. DDR i. d. Ständigen Kommission f. Landwirtschaft beim RGW i. Rang eines stellv. Ministers. Seit 15. 2. 1963 1. Sekr. d. SED-BL Neubrandenburg. Nachf. v. Georg Ewald. Seit Okt. 1963 Abg. d. VK. Seit 1963 Abg. u. d. BT Neubrandenburg. Seit April 1967 (VII. Parteitag) Mitgl. d. ZK d. SED. Seit 1973 Mitgl. d. Ausschusses f. Nat. Verteidigung d. VK.
Ausz.: VVO i. Gold (1974), Karl-Marx-Orden (1979) u. a.

Chowanetz, Rudi
Berlin
Erl. B.: Diplom-Pädagoge
Ausg. B.: Verlagsleiter
Partei: SED
L.: Dipl.-Päd. Zeitw. Chefred. d. „ABC-Zeitung Bummi". 1963-75 Chefred. d. Ztschr. „Die Trommel". Seit März 1975 Ltr. d. Kinderbuch-Verlages „Neues Leben" u. 1977 d. Kinderbuch-Verlages. Nachf. v. Hans Bentzien bzw. Fred Rodrian.
Ausz.: VVO i. Bronze (1974) u. a.

Chowanski, Jochen
Berlin
Geb. 15. 5. 1941
Erl. B.: Lehrer
Ausg. B.: Stellv. Vors. d. Pionierorg. „Ernst Thälmann"
Partei: SED

L.: Volksschule. Besuch d. Lehrerbildungs-Inst. Dömitz. Lehrer i. Krs. Ludwigslust. 1960 MA Abt. Agritprop. SED-BL Schwerin. 1962-63 Studium Komsomol-HS Moskau. 1963 l. Sekr. FDJ-KL Lübz. 1965-70 Sekr. FDJ-BL Schwerin u. Vors. d. Pionierorg. 1970-75 AL „Junge Pioniere" i. ZR d. FDJ. 21. 1. 1975 als Mitgl. i. d. ZR d. FDJ kooptiert u. zum stellv. Vors. d. Pionierorg. „Ernst Thälmann" berufen. Nachf. v. Frieder Hebecker.
Ausz.: VVO i. Bronze (1981) u. a.

Christoph, Günter

Zittau/Sa.
Geb. 27. 3. 1933 i. Pethau bei Zittau als Sohn eines Bäckers
Erl. B.: Bäcker
Ausg. B.: Bundaufzieher i. VEB Federnwerk Zittau
Partei: SED
L.: Erlernte nach d. Schulbesuch das Bäckerhandwerk. Seit 1952 i. d. metallverarbeitenden Industrie tätig. Bundaufzieher i. VEB Federnwerk Zittau. Maßgeblich a. d. Einführung d. „Mamai-Methode" i. d. DDR beteiligt. Seit 1958 M itgl. d. SED. Mai 1959 Mitgl. d. Zentralrates d. FDJ. Sept. 1960-Nov. 1963 Mitgl. d. Staatsrates d. DDR.
Ausz.: Orden „Banner der Arbeit" u. a.

Cieslack, Johannes

Seifhennersdorf/Sa.
Geb. 1915
Erl. B.: Ofensetzmeister
Ausg. B.: Ofensetzmeister, stellv. Präses
L.: Ofensetzmeister i. Seifhennersdorf. Während d. NS-Zeit zeitweise i. KZ Lichtenberg inhaftiert. Seit März 1967 Präses d. Landessynode d. Evang.-Luth. Landeskirche Sachsen. April 1967-Sept. 1969 stellv. Präses d. Synode d. EKD. Sept. 1969-Jan. 82 stellv. Präses d. Synode d. Evang. Kirchenbundes d. DDR.

Cilensek, Johann

Weimar
Geb. 4. 12. 1913 i. Großdubrau bei Bautzen als Sohn eines Porzellandrehers
Ausg. B.: Hoschullehrer (em.), Komponist
Partei: SED
L.: Studium am Leipziger Konservatorium (J. N. David). 1937 NSDAP. 1945 KPD. Nach 1945 Dozent f. Theorie u. Komposition am Konservatorium i. Erfurt. Seit 1947 Lehrtätigkeit (Prof.) a. d. HS f. Musik i. Weimar. Jan. 1966-Jan. 1972 Rektor d. HS f. Musik. Ltr. einer Meisterklasse f. Komposition. Zeitw. Vors. d. VDK i. Thüringen. Sept. 1973 z. o. Prof. ernannt. 1980 emeritiert. Seit Mai 1978 Mitgl. d. Präsidiums u. Vizepräsident d. AdK.
Ausz.: VVO i. Silber (1980) u. a.
Werke: Konzert f. Orgel u. Klavier (1950). Cellokonzert (1952). Violinkonzert (1953) u. a.

Classen, Herta

Berlin
Geb. 5. 3. 1913 i. Chemnitz
Ausg. B.: Journalistin
Partei: SED
L.: 1946 Lokalred. d. „Sächsischen Zeitung", Landtags- Berichterstatterin. 1951 MA d. Deutschlandsenders. Zeitw. verantw. f. d. Arbeiter- u. Gewerkschaftssendungen f. Westdeutschland u. Ltr. d. Nachrichtenabt. Okt. 1956 Chefred. d. Deutschlandsenders. 1959-70 Intendant d. Berliner Rundfunks. Stellv. Vors. d. Staatl. Rundfunkkomitees d. DDR. 1960-71 Mitgl. d. SED-BL Berlin. 1961-67 Mitgl. d. Präs. d. ZV VDJ. 1962-66 stellv. Vors. d. Freundschaftskomitees „DDR-Japan". Z. Zt. als Kommentatorin beim Berliner Rundfunk tätig.
Ausz.: VVO i. Gold (1978) u. a.

Claus, Justus

Leipzig
Geb. 9. 6. 1922 i. Taura-Chemnitztal als Sohn eines Lehrer
Erl. B.: Lehrer, Arzt, Dr. med.
Ausg. B.: Hochschullehrer
Partei: LDP
L.: Besuch d. Volks- u. Oberschule. Abitur. Kriegsdienst. 1940 NSDAP. Kriegsgefangenschaft. 1945-46 Neulehrer u. Schulltr. 1946 LDP. Studium d. Medizin u. Promotion zum Dr. med. 1946-50 Abg. KT Rochlitz. 1950-52 MdL Sachsen. 1952-54 u. 1963-81 Abg. BT Leipzig. 1954 Stationsarzt. 1956 Stellv. Kreis- u. Jugendarzt, Kreisarzt i. Leipzig-Land. 1954-58 Abg. d. VK. 1962-70 Bezirksarzt u. Mitgl. d. RdB Leipzig. Seitdem Hochschullehrer a. d. KMU Leipzig. Sept. 1974 zum ao. Prof. KMU berufen. Stellv. Dir. d. Bereichs Medizin d. KMU. Mitgl. d. ZV d. LDP.
Ausz.: Verdienter Arzt des Volkes (1967), VVO i. Bronze (1975) u. a.

Clauß, Manfred

Jena
Geb. 9. 4. 1928 i. Plauen/Vogtl. als Sohn eines Kaufmanns.
Erl. B.: Kfm. Angestellter, Lehrer, Dr. sc. paed.
Ausg. B.: Hochschullehrer
Partei: SED
L.: Volksschule. 1942-45 kfm. Lehre. Kfm. Gehilfe. 1950 FDJ. 1952 SED. 1950 u. 51 Neulehrer-Lehrgang. 1951-56 l. u. 2. Lehrerprüfung, Staatsexamen als Oberstufenlehrer. 1951-65 versch. Funktionen i. Schuldienst. 1956-64 Fernstudium TH Dresden u. an d. Humboldt-Uni. Ostberlin. Dipl.-Päd. 1965-69 Kreisschulrat i. Meissen. 1969 Dr. paed. 1974 Dr. sc. paed. 1969-74 Doz., seit 1974 o. Prof. f. Pädag. Psychologie u. Dir. d. Sektion Erziehungswiss. a. d. Uni. Jena. 1967-68 Nachfolgekandidat, seit 1968 Abg. d. VK. seit 1971 stellv. Vors. d. Ausschusses f. Volksb.
Ausz.: VVO i. Bronze (1978) u. a.

Clement, Fritz

Berlin
Erl. B.: Diplom-Gesellschaftswissenschaftler
Ausg. B.: Generalmajor d. NVA
Partei: SED
L.: Seit Mitte d. 50er Jahre MA bzw. Sektorenltr. i. d. Abt. Sicherheit d. ZK d. SED. Seit 26. 2. 1971 Generalmajor d. NVA.
Ausz.: VVO i. Silber (1975) u. a.

Clermont, Friedrich

Dedelow, Krs. Prenzlau
Geb. 5. 4. 1934 i. Flensburg als Sohn eiens Landwirts
Erl. B.: Staatlich geprüfter Landwirt, Diplom-Landwirt
Ausg. B.: LPG-Vorsitzender
Partei: SED
L.: Besuch d. Grundschule. 1953-56 Besuch d. Landwirtschaftl. Fachschule i. Teterow. Staatl. gepr. Landwirt. 1954 SED. 1956-57 Agronom MTS Prenzlau. 1964-69 Fernstudium Humboldt-Uni. Ostberlin. Dipl.-Landwirt. 1957-69 Vors. d. LPG „IV. Parteitag" i. Klinkow. 1962-76 Mitgl. d. SED-BL Neubrandenburg. Seit 1969 Ltr. d. kooperativen Abt. Pflanzenproduktion i. Dedelow. Seit 1974 Vors. d. LPG „VIII. Parteitag" i. Dedelow. 1963-76 Abg. d. VK. Nov. 1971-Okt. 1976 Mitgl. d. Staatsrates.
Ausz.: Orden „Banner der Arbeit" (1962) u. a.

Collein, Edmund

Berlin
Geb. 10. 1. 1906 i. Bad Kreuznach
Erl. B.: Architekt
Im Ruhestand
Partei: SED
L.: Architekt. Sowj. Kriegsgefangenschaft. Danach Ltr. d. Hauptamtes f. Aufbau beim Ostberliner Magistrat. 1951 Vizepräs. d. Dtsch. Bauakad. i. Ostberlin. 1954-63 Kand. d. ZK d. SED. 1966-75 Präs. d. Bundes d. Architekten d. DDR. Seit Nov. 1975 Ehrenpräs. d. BDA. Zeitw. Ltr. d. Fakultät Städtebau u. Architektur d. Bauakad. DDR. Vors. d. Freundschaftskomitees DDR-Griechenland. Jetzt im Ruhestand.
Ausz.: VVO i. Gold (1970). Karl-Marx-Orden (1975) u. a.

Conrad, Joachim

Halle/Saale
Erl. B.: Lehrer, Dr.
Ausg. B.: Hochschullehrer
Partei: SED
L.: Pädagoge, u. a. bis 1967 Dir. d. Pädag. Instituts Köthen. 1968-76 Ltr. d. Abt. Wiss., Volksbildung u. Kultur d. SED-BL Halle. Seit Sept. 1977 Rektor d. Pädag. HS „N. K. Krupskaja" i. Halle. Nachf. v. Max Brix.
Ausz.: VVO i. Silber (1976).

Conrad, Wolfgang

Berlin
Geb. 1928
Erl. B.: Reichsbahnhelfer, Diplom-Gesellschaftswissenschaftler
Ausg. B.: Generalmajor d. NVA
Partei: SED
L.: Reichsbahnhelfer. Politoffizier d. NVA. Zeitw. stellv. Stadtkommandant v. Ostberlin. Gegenwärtig Stellv. d. Chefs d. Verwaltung Kader f. Parteiu. Politkader i. d. PHV d. NVA. Seit Mai 1976 Mitgl. d. ZRK d. SED. Seit 5. 10. 1978 Generalmajor d. NVA.
Ausz.: VVO i. Bronze (1974) u. a.

Credo, Renate

Berlin
Geb. 14. 10. 1920 i. Berlin-Spandau
Erl. B.: Diplom-Chemikerin
Ausg. B.: Abteilungsleiterin
Partei: SED
L.: Diplom-Chemikerin. 1945 KPD. Referentin i. d. Landesregierung Thüringen. 1952 Dozentin a. d. ABF Jena. Anschl. Werkltr. d. Chemischen Werke Grünau u. von 1959-65 d. VEB Kali-Chemie Berlin. 1963-71 Mitgl. d. ZK d. SED. 1965-71 Werkltr. d. VEB Fotochemische Werke Berlin-Köpenick. Mitgl. d. Frauenkommission beim Politbüro. Gegenw. Abtltr. i. d. Zentralstelle f. chemische Industrie.
Ausz.: Orden „Banner der Arbeit" (1967) u. a.

Cremer, Fritz

Berlin
Geb. 22. 10. 1906 i. Arnsberg/Westf. als Sohn eines Handwerkers
Ausg. B.: Bildhauer
Partei: SED
L.: Nach dem Schulbesuch 4 Jahre Steinbildhauer-Lehre i. Essen. Danach zweijährige prakt. Tätigkeit als Steinbildhauer-Gehilfe. 1926 KJV. 1929 KPD. 1929 Übersiedlung nach Berlin. Dort Schüler W. Gerstels a. d. HS f. freie u. angewandte Kunst. Mitbegründer d. Roten Studentenbundes a. d. HS. 1934-36-37-38-39 Studienreisen durch Frankreich, England u. Italien. Ab 1938 Ltr. eines Meisterateliers d. Preuß. Akad. d. Künste. 15. 9. 1940 Einberufung z. Wehrmacht. Gefreiter i. einer Flakeinheit i. Griechenland. Nach d. Verleihung d. Rompreises längere Zeit vom Kriegsdienst befreit. Aufenthalt i. Rom. Danach erneuter Kriegsdienst. 1944-46 jugosl. Kriegsgefangenschaft. Ab. Okt. 1946 Prof. u. Ltr. d. Bildhauerabt. a. d. Akad. f. angewandte Kunst i. Wien. 1950 Rückkehr nach Deutschland. Seit Okt. 1950 Mitgl. d. Dtsch. Akad. d. Künste i. Ostberlin. Ltr. eines Meisterateliers d. Akad. Seit 1967 Ehrenmitgl. d. Akad. d. Künste d. UdSSR. Seit 1974 Vizepräs. d. Akad. d. Künste d. DDR.
Ausz.: VVO i. Gold (1965). Karl-Marx-Orden (1974) u. a.
Werke: OdF-Denkmal auf d. Zentralfriedhof i. Wien (zusammen mit Prof. W. Schütte), „Herz von Mauthausen", Denkmal. „Die Trauernde",

Steinplastik. Karl Marx und Franz Franik, Porträtbüsten. „Aufbauhelfer und Aufbauhelferin", „Galilei", „Der Aufsteigende", „Der Gekreuzigte" Skulpturen u. a.

Cyske, Gerd
Berlin
Geb. 1928 i. Berlin
Erl. B.: Möbeltischler, Diplom-Wirtschaftler
Ausg. B.: Bezirksbürgermeister
Partei: SED
L.: Möbeltischler. In den 50er Jahren i. VEB Möbelwerk Berlin tätig. Planungsltr. Fernstudium a. d. HS f. Ökonomie. Diplom-Wirtschaftler. Zeitw. AL i. d. BPK Berlin u. stellv. Bezirksbürgermstr. v. Bln.-Lichtenberg. Seit 7. 6. 1979 Bezirksbürgermeister d. neugebildeten Stadtbezirks Berlin-Marzahn.
Ausz.: VVO i. Bronze (1975) u. a.

Czadzeck, Arthur
Potsdam
Geb. 1929
Erl. B.: Verwaltungsangestellter, Diplom-Gesellschaftswissenschaftler
Ausg. B.: Vorsitzender d. Bezirksvorstandes Potsdam d. FDGB
Partei: SED
L.: Verwaltungsangestellter. Nach 1945 verschiedene Funktionen, u. a. 1. Sekr. d. SED-Kreisltg. Potsdam-Land u. 1. Sekr. d. BPO d. SED i. Karl-Marx-Werk Potsdam. Seit 1960 Vors. d. Bez.vorstandes Potsdam d. FDGB. Mitgl. d. SED-BL Potsdam. Seit Okt. 1963 Abg. d. BT Potsdam. Mitgl. d. BV d. FDGB.
Ausz.: VVO i. Bronze (1974) u. a.

Czepuck, Harri
Berlin
Geb. 30. 7. 1927 i. Breslau
Ausg. B.: Journalist
Partei: SED
L.: 1942 Ausbildung als Angestellter i. einer Betriebskrankenkasse. 1944 Soldat. Polnische Kriegsgefangenschaft. Jan. 1949 Ltr. d. Kriegsgefangenen-Zeitung „Die Brücke". Sept. 1949 Eintritt als Volontär beim ND. 1954 Abtltr. beim ND. 1958-62 Korrespondent d. ND i. Bonn. Seit 1962 Mitgl. d. Red.-Koll., 1966-71 stellv. Chefred.

d. ND. Dez. 1967-Jan. 1981 Vors. d. VdJ. Nachf. v. Georg Krausz. Jan. 1981 von Eberhard Heinrich abgelöst.
Ausz.: VVO i. Gold (1977) u. a.

Czerny, Peter
Berlin
Geb. 22. 4. 1929 i. Leipzig
Ausg. B.: Intendant
Partei: SED
L.: 1952-55 Studium d. Musikwiss. a. d. Humboldt-Uni. Ostberlin. 1957 Chefred. d. Zeitschrift „Melodie u. Rhythmus". Danach MA d. Abt. Kultur i. ZK d. SED. 1969-73 Künstlerischer Ltr. VEB Dtsch. Schallplatten. 1973-81 Generaldir. d. Komitees f. Unterhaltungskunst d. DDR. Seit Febr. 1981 Intendant d. Metropol-Theaters Ostberlin. Nachf. von Gerd Natschinski.
Ausz.: VVO i. Bronze (1969) u. a.

Czerwinski, Bruno
Berlin
Erl. B.: Diplom-Ingenieur oec.
Ausg. B.: Stellv. Minister
Partei: SED
L.: Kriegsdienst. Sowj. Kriegsgefangenschaft. NKFD. Nach 1945 i. d. Postverwaltung d. SBZ/DDR tätig. Abtltr. i. Min. f. Post- u. Fernmeldewesen. Seit 1971 stellv. Min. f. Post- u. Fernmeldewesen.
Ausz.: VVO i. Silber (1981) u. a.

Cziommer, Werner
Berlin
Geb. 1924 als Sohn eines Monteurs
Erl. B.: Schlosser, Diplom-Ingenieur
Ausg. B.: Stellv. Minister
Partei: SED
L.: Schlosserlehre. Nach 1945 als Monteur tätig. Besuch d. ABF u. Studium a. d. TH Dresden. Studentenratsvors. Dipl.-Ing. Ass. bzw. Oberass. a. d. TH Dresden. 1958 Abtltr. Technik i. SHF. Danach Techn. Dir. VEB Bergmann-Borsig Berlin-Wilhelmsruh. 1967 Ltr. d. Abt. wiss.-techn. Entwicklung i. Min. f. Schwermaschinen- u. Anlagenbau. Seit 1968 stellv. Min. f. Schwermaschinen- u. Anlagenbau. Mitgl. d. Hoch- u. Fachschulrates d. DDR.
Ausz.: Orden „Banner der Arbeit" I. Stufe (1976) u. a.

D

Dach, Rolf
Berlin
Geb. 19. 1. 1934 i. Helbra
Erl. B.: Kfz.-Schlosser
Ausg. B.: Botschafter
Partei: SED
L.: Kfz.-Schlosser. Bis 1952 i. Mansfeld-Kombinat tätig. Anschl. bis 1960 i. d. FDJ-KL Hettsedt tätig. Absolvent d. Inst. f. Internat. Bez. d. DASR. Zeitw. für d. FDJ i. Mali tätig. Danach Lehrer u. stellv. Dir. d. Jugendhochschule „W. Pieck". Eintritt i. d. diplom. Dienst d. DDR. 1. Sekr. a. d. DDR-Botschaft i. Angola. April 79-Mai 82 Botschafter d. DDR i. Kampuchea.

Dahlmann, Horst
Frankfurt/Oder
Geb. 1932
Erl. B.: Diplom-Landwirt, Dr. agr.
Ausg. B.: Stellv. Vors. d. RdB Frankfurt/O.
Partei: SED
L.: Dipl.-Landw. 1951 DBD. Landwirtschaftsfunkt. Zeitw. stellv. Vors. d. BWLR bzw. 1. stellv. Vors. d. RLN i. Bez. Frankfurt/O. Übertritt zur SED. Seit Febr. 1974 Vors. d. RLN Frankfurt/O. bzw. seit 1976 stellv. Vors. d. RdB Frankfurt/O. f. Land-, Forst- u. Nahrungsgüterw. Nachf. v. Siegfried Schmolinsky. Abg. d. BT u. Mitgl. d. Sekr. d. SED-BL Frankfurt/O.
Ausz.: VVO i. Bronze (1976) u. a.

Dalecki, Franz
Rostock
Geb. 1927
Erl. B.: Schmied, Diplom-Wirtschaftler, Diplom-Gesellschaftswissenschaftler
Ausg. B.: Vorsitzender d. Bezirkskomitees Rostock ABI
Partei: SED
L.: Schmied. Nach 1945 SED-Funktionär, u. a. 1960 Ltr. d. Abt. Org./Kader SED-BL Rostock. 1961-68 1. Sekr. d. SED-KL Ribnitz-Damgarten. 1968-69 stellv. Ltr., seit Juni 1969 1. Ltr. d. Bez.-inspektion bzw. Vors. d. Bez.-komitees d. ABI Rostock. Mitgl. d. SED-BL Rostock u. d. BT Rostock.
Ausz.: VVO i. Bronze (1972) u. a.

Dallmann, Fritz
Priborn, Krs. Röbel
Geb. 17. 6. 1923 i. Kaiserdorf/Westpreußen als Sohn eines Schmiedes
Erl. B.: Landarbeiter, Diplom-Agraringenieur-Ökonom
Ausg. B.: Vorsitzender d. LPG „Pflanzenproduktion" i. Priborn
Partei: SED
L.: Landarbeiter, Kriegsdienst, Gefangenschaft, Heimatvertriebener. 1947 Neubauer i. Priborn. 1948 Mitgl. d. SED. 1954-63 Abg. d. BT Neubrandenburg u. Mitgl. d. SED-BL Neubrandenburg. Seit 1953 Vors. d. LPG „Fortschritt" i. Priborn, Krs. Röbel. 1963-64 Kand. d. ZK d. SED. Seit Juni 1963 Mitgl. d. LWR bzw. RLN. Seit Dez. 1964 Vollmitgl. d. ZK d. SED.
Ausz.: „Held der Arbeit" (1959), Karl-Marx-Orden (1970) u. a.

Dallmann, Siegfried
Berlin
Geb. 9. 2. 1915 i. Rörchen, Krs. Naugard (Pommern), als Sohn eines Pfarrers
Erl. B.: Jurist, Dr. rer. pol.
Ausg. B.: Sekretär d. Hauptausschusses d. NDP
Partei: NDP
L.: Volksschule u. Gymnasium. 1933-38 Studium d. Rechts- u. Wirtschaftswiss. a. d. Uni. Greifswald, Köln u. Jena. 1938 1. jur. Staatsexamen. 1934 NSDAP. Bis 1940 Referendar sowie Ass. a. d. Uni. Jena. NS-Gaustudentenführer i. Thüringen. Ab 1940 Kriegsdienst. Geriet als Offizier d. dtsch. Wehrmacht i. sowj. Kriegsgefangenschaft. Mitarbeiter d. NKFD. 1948 Mitbegründer d. NDP. Seit 1948 Mitgl. d. Parteivorstandes d. NDP. MA d. Rechtsabt. d. Wirtschaftsmin. d. Landes Sachsen-Anhalt. Seit 1949 Abg. d. VK. 1950-63 Vors., 1963-67 stellvertretender Vorsitzender d. Verfassungs- u. Rechtsausschusses d. VK. Seit 1967 Fraktionsvorsitzender d. NDP i. d. VK. 1950-52 Abg. d. Brandenb. Landtages u. Finanzmin. d. Landes Brandenburg. 1951-52 Hauptabtltr. d. Parteivorstandes d. NDP. Seit 1963 Sekr. d. Hauptausschusses d. NDP. Seit Okt. 1966 Vizepräs. d. Liga f. d. UN d. DDR. Seit 1967 stellv. Vors. d. IPG d. VK. Seit 1971 stellv. Vors. d. Ausschusses f. Auswärtige Angelegenheiten d. VK. 1972 Promotion z. Dr. rer. pol. Seit 1972 Mitgl. d. Präsidialrates d. KB. Seit 1978 Vizepräs. d. Freundschaftskomitees DDR-Portugal. Seit April 1981 Vizepräs. d. Kuratoriums DDR-Japan/Vereinigung zur Förderung d. kult. u. wiss. Zusammenarbeit.
Ausz.: Orden „Banner der Arbeit" (1965), VVO i. Gold (1970) u. a.

Danz, Helmut
Berlin
Ausg. B.: Staatssekretär, Dr.
Partei: SED
L.: 1963 Ltr. d. Abt. Handel u. Versorgung beim RdB Karl-Marx-Stadt. Seit 1973 Staatssekr. i. Min. f. Handel u. Versorgung.
Ausz.: VVO i. Bronze (1974) u. a.

Darac, Sigurd
Leipzig
Geb. 17. 1. 1926 i. Freiberg/Sa.
Ausg. B.: Stellv. Chefredakteur
Partei: SED
L.: Journalist. Bis 1965 Kreisred. bzw. Red. f.

Politik b. d. LVZ. Zeitw. Vors. VDP i. Bez. Leipzig. 1965-67 stellv. Chefred., 1967-75 Chefred. d. „Abendzeitung" (AZ) i. Leipzig. Seit 1975 stellv. Chefred. d. „Wochenpost".
Ausz.: VVO i. Bronze (1969) u. a.

Dathe, Heinrich
Berlin
Geb. 7. 11. 1910 i. Reichenbach/Vogtl. als Sohn eines Beamten
Erl. B.: Zoologe, Dr. sc. nat.
Ausg. B.: Direktor d. Tierparks Berlin-Friedrichsfelde
L.: 1930 Abitur a. d. Nikolaischule i. Leipzig. Anschl. Studium d. Zoologie, Botanik, Mineralogie, Geographie, Physik u. Chemie a. d. Uni. Leipzig. 1932 NSDAP. Ab 1934 MA d. Zoolog. Gartens i. Leipzig. 1936 Promotion z. Dr. phil. mit einer Dissertation über Säugetiere. Kriegsdienst. Bis 1947 i. ital. Kriegsgefangenschaft. Anschl. MA i. einem Verlag. Ab 1950 erneut am Leipziger Zoo tätig. Lehraufträge a. d. Uni. Leipzig. Seit 27. 8. 1954 Dir. d. Ostberliner Tierparks Friedrichsfelde. 1957 z. Prof. ernannt. Mitgl. d. Präsidialrates d. Dtsch. Kulturbundes. Seit März 1961 Mitgl. d. Präs. d. Deutsch-Afrikan. Gesellschaft. Vizepräs. d. Verbandes Dtsch. Zoodirektoren. Vors. d. Fachkommission Zoolog. Gärten beim Min. f. Kultur. Dir. d. Zoolog. Forschungsstelle i. Berliner Tierpark d. AdW.
Ausz.: VVO i. Gold (1980). Nat. Pr. III. Kl. (1966). Dr. med. vet. h. c. (1970) u. a.

Dau, Rudolf
Dresden
Geb. 1936 i. Forst als Sohn eines Angestellten
Erl. B.: Pädagoge, Dr. sc. phil.
Ausg. B.: Hochschullehrer
Partei: SED
L.: Besuch d. Volks- u. Oberschule. 1954 Abitur. Ab 1954 Studium d. Geschichte (Russisch) u. klass. Philologie. FDJ-Sekr. d. Pädag. Fakultät d. Humboldt-Uni. Ostberlin. 1959-63 Kandidat d. ZR d. FDJ. Studium u. Lehrtätigkeit a. d. Pädag. HS Potsdam. Zeitw. Lehrer u. Parteisekr. a. d. 1. POS Lübz. Sept. 1972 o. Prof. f. wiss. Sozial. a. d. Pädag. HS Potsdam. Dir. d. Sektion Marx.-Leninismus. 1976 1. Prorektor d. Pädag. HS Potsdam. Seit Sept. 1979 Rektor d. Pädag. HS Dresden. Nachf. v. Heinz Lehmann. Mitgl. d. Rates f. wiss. Kommunismus b. d. AfG b. ZK d. SED.

Dechant, Klaus
Halle/Saale
Geb. 24. 5. 1928 als Sohn eines Lehrers i. Halle/Saale
Erl. B.: Staatl. gepr. Landwirt, Diplom-Landwirt, Dr. agr.
Ausg. B.: Vorsitzender d. BV Halle d. DBD
Partei: DBD
L.: 1945-48 Landwirtschaftslehrling. 1949 Mitglied d. DBD. Qualifizierte sich zum Staatl. gepr. Landwirt u. Diplom-Landwirt. Promotion zum Dr. agr. a. d. HS f. Land- u. Nahrungsgüterw. Bernburg. Mehrere Jahre Ltr. d. Abt. Landw. d. RdB Halle sowie stellv. Dir. d. Instituts f. Landw. d. RdB. Zuletzt Ltr. d. Wiss.-techn. Zentrums d. Abt. Landw. u. Nahrungsgüterw. d. RdB Halle. Seit 1966 Abg. d. BT Halle. Seit 1977 Mitgl. d. Sekr. d. BV Halle d. DBD. Seit Mai 1982 Mitgl. d. PV d. DBD. Seit 27. 5. 1982 Vors. d. BV Halle d. DBD. Nachf. v. Günther Maleuda.
Ausz.: VVO i. Bronze (1977) u. a.

Deckert, Heinz
Berlin
Geb. 20. 2. 1927
Erl. B.: Schriftsetzer, Diplom-Gesellschaftswissenschaftler
Ausg. B.: Vorsitzender d. Zentralvorstandes d. IG Druck/Papier i. FDGB
Partei: SED
L.: Schriftsetzer. Nach 1945 FDGB-Funktionär, u. a. Vors. d. Bez.-vorstandes Gera. IG Druck/-Papier i. FDGB. 1958-66 Sekr. bzw. stellv. Vors. d. ZV d. IG Druck/Papier. Seit Jan. 1966 Vors. d. ZV d. IG Druck/Papier i. FDGB. Nachf. v. Heinz Oehler. Mitgl. d. BV d. FDGB. Präs. d. Ständigen Komitees d. Gewerkschaften d. Graf. Industrie.
Ausz.: VVO i. Silber (1977) u. a.

Deicke, Günther
Berlin
Geb. 21. 10. 1922 i. Hildburghausen
Ausg. B.: Schriftsteller, Redakteur
Partei: NDP
L.: Vor 1945 i. Römhild ansässig. HJ-Führer. 1940 NSDAP. Während d. 2. Weltkrieges Marineoffizier auf Minensuch- u. U-Booten. Bis 1946 engl. Kriegsgefangenschaft. Danach Landarbeiter i. Westdeutschland. Übersiedlung i. d. DDR. Büroangestellter, Volontär u. Kulturred. (Theaterkritiker) d. „Weimarer Abendpost". Mitgl. d. Arbeitsgemeinschaft Junger Autoren i. Thüringen. Teilnehmer am ersten Schriftstellerseminar i. Bad Saarow. Danach kulturpolitisch i. d. Maxhütte/Unterwellenborn (zusammen mit A. Müller), i. Aufbau-Vlg. (Lektor) u. i. d. Red. d. Zeitschrift „Neue Dtsch. Literatur" tätig, z. Z. Lektor i. Vlg. d. Nation. Schriftstellerische Betätigung (Lyrik). 1958 Mitgl. d. NDP. Seit 1963 Mitgl. d. Hauptausschusses d. NDP. Mitgl. d. Zentralvorstandes DSF, d. Präs. d. DDR-Komitees z. Schutze d. Menschenrechte u. d. Vorstandes d. DSV.
Ausz.: Heinrich-Heine-Preis (1964). Nat. Pr. III. Kl. (1970) u. a.
Veröff.: G. Deicke, L. Ludwig u. M. Neumann „Geliebtes Land", Gedichte, Aufbau-Vlg. 1954. „Liebe in unseren Tagen", Gedichte, Aufbau-Vlg. 1954. „Ein Tagebuch für Anne Frank". „Du und dein Land und die Liebe", Vlg. d. Nation 1959. „Reineke Fuchs", Kinderoper, Musik v. Ruth Zechlin, 1967. „Esther", Oper (Libretto), „Meister Röckle", Oper (Libretto), 1975 „Die Flamme von Mansfeld", Oratorium, 1980 u. a.

Deiters, Ludwig
Berlin
Geb. 23. 12. 1921 i. Berlin als Sohn des Pädagogen Prof. Heinrich D. († 1966)
Erl. B.: Architekt, Dr.-Ing.
Ausg. B.: Generalkonservator
Partei: SED
L.: Kriegsdienst (Luftnachr.). 1946-50 Studium d. Architektur. Anfang d. 50er Jahre MA d. DBA. Brigadeltr. beim Generalprojektanten Eisenhüttenstadt. Seit 1957 Konservator bzw. 1961 Generalkonservator d. Inst. f. Denkmalpflege. Seit Nov. 1977 stellv. Vors. d. Rates f. Denkmalpflege beim Min. f. Kultur. Präsident d. DDR Nationalkomitees ICOMOS. Vors. d. Zentralen Fachgruppe „Rekonstruktion" BDA.
Ausz.: Nat. Pr. II. Kl. (1959, Koll.). VVO i. Bronze (1975), Nat. Pr. II. Kl. (1980) u. a.

Delenschke, Gerd
Berlin
Geb. 10. 8. 1925 i. Berlin als Sohn eines Arbeiters
Erl. B.: Lehrer, Studienrat, Dr. phil.
Ausg. B.: Hochschullehrer
Partei: NDP
L.: Ab 1943 Kriegsdienst u. Gefangenschaft. 1948-51 Lehrer a. d. 5. u. 17. Grundschule i. Berlin-Lichtenberg. 1950 Mitgl. d. NDP. 1950 1. Lehrerprüfung. 1951-52 stellv. Dir. d. 17. Grundschule i. Berlin-Lichtenberg. 1952 2. Lehrerprüfung. 1952-54 Dir. d. 10. Grundschule i. Berlin-Lichtenberg. 1953 Besuch d. HS f. Nat. Politik i. Waldsieversdorf. 1953-54 Bez.-Verordneter i. Stadtbez. Berlin-Lichtenberg. 1954-81 Berliner Vertreter i. d. VK. 1954-56 stellv. Dir. d. Kant-Obrschule. 1955 Fernstudium d. Pädag. HS Potsdam. 1956-61 Dir. d. Kinder- u. Jugendsportschule i. Ostberlin. 1961-65 Wiss. Oberass. a. d. Humboldt-Uni. i. Ostberlin. 1965-73 Ltr. d. Abt. Internat. Verbindungen u. Arbeit nach Westdeutschland i. Sekr. d. Hauptausschusses i. NDP. 1971 Promotion z. Dr. phil. Seit 1973 Dozent a. d. Sektion Marxismus-Leninismus d. Humboldt-Uni. i. Ostberlin. Seit 1970 Vizepräs. d. Freundschaftsgesellschaft DDR-Italien. Seit Juni 1981 Mitgl. d. StVV Ostberlin.
Ausz.: VVO i. Silber (1975) u. a.

Demke, Christoph
Berlin
Geb. 1935
Erl. B.: Evang. Theologe, Dr.
Ausg. B.: Leiter d. Sekr. d. Evang. Kirchenbundes
L.: Studium d. Evang. Theologie. Kurze Tätigkeit als Pfarrer. Danach theol. Dozent am Berliner Sprachkonvikt. Seit 1975 nba., seit 1977 hauptamtlich im Sekr. d. Bundes Evang. Kirchen d. DDR tätig. Stellv. Ltr. d. Sekr. Seit 1. 10. 1981 Ltr. d. Sekr. Nachf. v. Manfred Stolpe. 26. 6. 82 vom Bischofskollegium d. Evang. Kirche d. Kirchenprovinz Sachsen zum Nachfolger Werner Krusches gewählt.

Dengler, Gerhard
Berlin
Geb. 24. 5. 1914 i. Reinhausen, Krs. Göttingen, als Sohn d. Forstmeister Alfred D. (1874-1944), zuletzt Professor a. d. Forstakademie Eberswalde)
Erl. B.: Journalist, Dr. phil.
Ausg. B.: Sektionsleiter a. d. DASR
Partei: SED
L.: In Eberswalde aufgewachsen. Besuch d. Wilhelm-Gymnasiums i. Eberswalde. SA- u. NSDAP-Mitgl. 1934 Abitur. 1934-39 Studium d. Publizistik i. Berlin u. München. 1939 Promotion z. Dr. phil. Während d. 2. Weltkrieges Soldat. Geriet als Hauptmann (Art.) 23. 1. 1943 b. Stalingrad i. sowj. Kriegsgefangenschaft. Mitgl. d. NKFD, Moskau. Aug. 1945 Rückkehr nach Deutschland. 1946 MA d. „Sächsischen Zeitung". Mitgl. d. SED. 1948 Chefred. d. „Leipziger Volkszeitung". Danach MA d. polit. Red. d. DDR-Wochenschau „Der Augenzeuge" u. d. Red. d. „ND". 5 Jahre Korrespondent d. „ND" i. Bonn. Seit April 1959 Mitgl. u. stellv. Vors. d. Büros d. Präs. d. Nat. Rates. 1966-69 Vizepräs. d. Nat. Rates d. Nat. Front. Mitgl. d. ZV d. Verbandes d. Dtsch. Journalisten. Seit 1969 Ltr. d. Sektion Auslandsinformation DASR i. Potsdam-Babelsberg.
Ausz.: VVO i. Silber (1964) u. a.
Veröff.: „Die Bonner Masche", Kongreß-Vlg., Berlin 1960.

Denner, Eberhard
Suhl
Geb. 16. 4. 1926 i. Kaltennordheim
Erl. B.: Maurer, Geograph u. Planungswirtschaftler, Dr. rer. nat.
Ausg. B.: Sekretär d. SED-BL i. Suhl
Partei: SED
L.: Maurer. 1944 NSDAP. Kriegsdienst i. d. Marine, 1. 1. 1945 Ingenieur-Kadett. Nach 1945 Mitgl. u. Funktionär d. SED. Studium u. Promotion z. Dr. rer. nat. 1958-61 MA d. Wirtschaftsrates d. Bez. Suhl. 1961-63 Vors. d. Bez.-Plankommission Suhl. Seit Febr. 1963 Sekr. f. Wirtschaft SED-BL Suhl. Abg. d. BT.
Ausz.: VVO i. Silber (1974) u. a.

Denzler, Herbert
Berlin
Geb. 7. 1. 1926 i. Werben, Krs. Delitzsch, als Sohn eines Arbeiters
Erl. B.: Eisenbahn-Assistent, Diplom-Staatswissenschaftler
Ausg. B.: Botschafter d. DDR i. Ghana
Partei: SED
L.: Ausbildung u. mehrjährige Tätigkeit bei d. Dtsch. Reichsbahn. Jan. 1944 Einberufung z. Kriegsmarine. Matrose i. U-Boot-Einheiten. Nach 1945 bei d. Reichsbahn u. Verwaltung tätig, u. a. 1. stellv. Vors. d. RdK Hettstedt i. 1965-72 Vors. d. RdK Naumburg. Vierjähriges Studium a. d. DASR. 1963 Diplom-Staatswiss. Seit 1972 Angehöriger d. diplom. Dienstes d. DDR. Sept. 1973-Okt. 1977 Botschafter i. Sudan. 1977-80 MA

d. MfAA. Seit 11. 2. 1981 Botschafter d. DDR i. Ghana. Nachf. von Horst Hähnel. Seit Aug. 1981 zusätzlich Botschafter i. Liberia u. seit 10. 12. 1981 i. Togo.
Ausz.: Verdienstmedaille d. DDR u. a.

Dersch, Helmut
Berlin
Geb. 1929
Erl. B.: Industriekaufmann, Ing. oec.
Ausg. B.: Stellv. Minister
Partei: SED
L.: Industriekaufmann. 1947-51 i. VEB Press- u. Schmiedewerk Brand-Erbisdorf tätig (Produktionsltr.). 1951-66 versch. zentrale Funktionen, u. a. Ltr. d. Abt. Transport u. Schwermaschinenbau i. VWR. 1966-70 Generaldir. d. VVB Ausrüstungen f. d. Schwerindustrie u. Getriebebau i. Magdeburg bzw. VVB Getriebe u. Kupplungen. 1967-71 Mitgl. SED-BL Magdeburg. Seit 1970 stellv. Min. f. Schwermaschinen- u. Anlagenbau.
Ausz.: VVO i. Gold (1975) u. a.

Desczyk, Gerhard
Berlin
Geb. 3. 6. 1899 i. Kreuzburg
Ausg. B.: Cheflektor, Dr. Phil.
Partei: CDU
L.: Gymnasium, Abitur. Studium d. Germanistik, Geschichte u. Philosophie a. d. Uni. München u. Leipzig. 1923 Promotion z. Dr. phil. 1924 Mitgl. d. Red., 1927 Chefred. d. „Sächsischen Volkszeitung". 1928 Gründer d. „St.-Benno-Blattes" (Sonntagsblatt d. Diözese Meißen). Mitgl. d. Zentrumspartei. Landessekr. d. Zentrumspartei i. Sachsen. Während d. NS-Zeit gemaßregelt. 1941 Red. d. Bildmatern-Korrespondenz „Bilder und Studien". 1945-49 Dozent a. d. Volkshochschule Pankow. Seit 1945 Mitgl. d. CDU u. hauptamtl. MA d. CDU-Parteiapparates. Ltr. d. Abt. Kultur i. d. Parteiltg. d. CDU. Seit 1956 Cheflektor d. Buchverlage d. CDU. Seit 1954 Mitgl. d. Präs. d. Hauptvorstandes d. CDU. Zeitw. Mitgl. d. Präs.-Rates d. KB. Mitgl. d. Herausgeberkollegiums d. Zeitschrift „begegnung".
Ausz.: VVO i. Gold (1974) u. a.

Dessau, Adalbert
Rostock
Geb. 15. 3. 1928 i. Heintrop/Soest/Westf.
Erl. B.: Lehrer, Lateinamerikawissenschaftler, Dr. sc. phil.
Ausg. B.: Hochschullehrer
Partei: SED
L.: Nach 1945 Neulehrer (Geschichte, Französisch, Englisch). 1949 SED. Ab 1950 Studium d. franz., span., port. u. ital. Sprache u. Literatur a. d. Humboldt-Uni. Ostberlin. Aspirantur, Promotion u. Habil. i. Berlin. 1959 Berufung a. d. Uni. Rostock. 1965-81 Dir. d. Lateinamerika-Inst. bzw. Dir. d. Sektion Lateinamerikawiss. a. d. Uni. Rostock. Vizepräs. d. Freundschaftsges. DDR-Lateinamerika. Mitgl. d. Präs. d. Liga f. Völkerfreundschaft.
Ausz.: VVO i. Bronze (1977) u. a.

Deumer, Wilfried
Halle/Saale
Geb. 31. 10. 1931
Erl. B.: Diplom-Wirtschaftler, Dr. oec.
Ausg. B.: Sekretär d. SED-BL Halle
Partei: SED
L.: Diplom-Wirtschaftler, Dr. oec. Zeitw. Sekr. f. Wirtschaft d. SED-KL Mansfeld-Kombinat. Jan. 1979-Sept. 80 stellv. Vors. d. RdB Halle f. bezirksgel. Ind., Lebensmittelind. u. ÖVW. Seit 22. 9. 1980 Sekr. f. Wirtschaft d. SED-BL Halle. Nachf. v. Hans-J. Winkler. Seit Juni 1981 Abg. d. BT.
Ausz.: VVO i. Bronze (1979).

Deuscher, Karl
Rostock
Geb. 13. 9. 1917 i. Reutlingen als Sohn eines Tiefbauarbeiters
Erl. B.: Tischler
Ausg. B.: Vorsitzender d. BPKK d. SED Rostock
Partei: SED
L.: Bau- u. Möbeltischler. 1939-45 Soldat. Tischler i. Ludwigslust. Besuch d. Parteischule. 1951-61 1. Sekr. d. SED-KL Rostock-Stadt. Juli 1961-Juni 1969 Vors. d. RdB Rostock. Seit Juni 1969 Vors. d. BPKK Rostock d. SED.
Ausz.: VVO i. Gold (1977) u. a.

Deutschland, Heinz
Berlin
Geb. 29. 6. 1934 i. Bernau als Sohn eines Arbeiters
Erl. B.: Dreher, Diplom-Historiker, Dr. phil.
Ausg. B.: Hochschullehrer
Partei: SED
L.: Vielstahldreherlehre i. VEB „7. 10." i. Ostberlin. Studium. Dipl.-Historiker. 1958-67 MA d. HS d. Gewerkschaften. Ltr. d. Archivs d. Fakultät f. Ausländerstudium u. von 1961-67 d. Inst. f. Internat. Gewerkschaftspolitik. Seit 1967 Angehöriger d. diplom. Dienstes. 1967 Promotion z. Dr. phil. 1969 1. Sekr. a. d. DDR-Handelsvertretung i. Algier. Juni 1970-Juli 1971 Botschafter d. DDR i. d. Zentralafrikanischen Republik. Danach stellv. Ltr. d. Abt. Internat. ökon. Organisationen i. MfAA. Seit 1980 Prof. u. Ltr. d. Forschungsgruppe Geschichte d. FDGB a. d. HS „Fritz Heckert".
Ausz.: Orden „Banner der Arbeit" III. Stufe (1976) u. a.

Deysing, Günter
Cottbus
Geb. 25. 3. 1925 i. Forst
Erl. B.: Schriftsetzer, Diplom-Staatswissenschaftler
Ausg. B.: Stellv. Vorsitzender d. RdB Cottbus
Partei: SED

L.: Schriftsetzer. 1943 NSDAP. Nach 1945 i. d. Verwaltung tätig. Seit Mai 1971 stellv. Vors. d. RdB Cottbus f. Inneres. Seit Nov. 1971 Abg. d. BT.
Ausz.: VVO i. Bronze (1977).

Dickel, Friedrich
Berlin
Geb. 9. 12. 1913 i. Wuppertal-Vohwinkel
Erl. B.: Former, Hochfrequenztechniker, Diplom-Militärwissenschaftler
Ausg. B.: Minister des Innern, Generaloberst
Partei: SED
L.: Nach d. Schulbesuch 1928-31 Gießer- u. Formerlehre i. Wuppertal. 1931 Mitgl. d. KPD. 1933 vorübergehend inhaftiert. Danach Emigration ins Saargebiet, Frankreich, Holland, Spanien u. SU. 1936-37 Teilnehmer am spanischen Bürgerkrieg. 1937-46 i. d. SU. 1946 Angehöriger d. VP. 1949 MA d. Kriminalpolizei i. Chemnitz. 1950 VP-Inspekteur u. Ltr. d. PK-Schule Torgau. 1951 Ltr. d. PK-Schule i. Berlin-Treptow. 1953-56 Generalmajor d. KVP u. stellv. Ltr. d. Politverwaltung. 1956 Generalmajor d. NVA u. stellv. Min. f. Nat. Verteidigung. 1957-59 Besuch d. Generalstabsakad. d. UdSSR. Okt. 1963 Generalleutnant. Seit Nov. 1963 Min. d. Innern u. Chef d. VP. Nachf. v. Karl Maron. 1. 7. 1965 z. Generaloberst befördert. Seit April 1967 (VII. Parteitag) Mitgl. d. ZK d. SED. Seit 1967 Abg. d. VK.
Ausz.: VVO i. Gold (1969). Orden d. Vaterländischen Krieges 1. Grades (1970, UdSSR), Karl-Marx-Orden (1973), Scharnhorst-Orden (1979) u. a.

Diederich, Peter
Gera
Geb. 7. 11. 1938
Erl. B.: Diplom-Landwirt, Dr. agr.
Ausg. B.: Stellv. Vorsitzender d. RdB Gera
Partei: DBD
L.: Diplom-Landwirt, Dr. agr. 1962 Mitgl. d. DBD. Jan. 1975-Juli 1981 Mitgl. d. RdB Gera f. Umweltschutz u. Wasserwirtschaft. Seit Okt. 1976 Abg. d. BT Gera. Seit Juli 1981 stellv. Vors. d. RdB Gera f. Energie, Verkehrs- u. Nachrichtenw. Seit Mai 1982 Mitgl. d. PV d. DBD.

Diedrich, Kurt
Berlin
Ausg. B.: Hauptverwaltungsleiter
Partei: SED
L.: 1966-70 stellv. Ltr. d. HV Zivile Luftfahrt i. Min. f. Verkehrswesen. 1970-78 Generaldirektor d. INTERFLUG. Gegenwärtig Ltr. d. HV Zivile Luftfahrt i. MfV.
Ausz.: VVO i. Bronze (1975).

Diehl, Ernst
Berlin
Geb. 8. 1. 1928 i. Fürstenwalde/Spree als Sohn eines Lehrers

Erl. B.: Diplom-Historiker, Dr. phil.
Ausg. B.: Stellv. Direktor d. Instituts f. Marxismus-Leninismus beim ZK d. SED
Partei: SED
L.: 1946 Mitgl. d. SED. 1946-51 Studium d. Geschichte a. d. Humboldt-Uni. Ostberlin. Mitgl. d. Landesltg. Brandenburg d. FDJ. 1952-58 MA bzw. Sektorenltr. Geschichte i. d. Abt. Wissenschaft d. ZK d. SED. 1958-64 stellv. Ltr. bzw. Ltr. d. Lehrstuhls Geschichte d. Arbeiterbewegung a. Inst. f. Gesellschaftswiss. beim ZK. April 1967 Promotion z. Dr. phil. (KPD 1923). Seit d. VI. Parteitag d. SED (Jan. 1963) Mitgl. d. ZK d. SED. Seit 1964 stellv. Dir. d. Inst. f. Marxismus-Leninismus beim ZK d. SED. 1967 Prof. Seit 1969 Vors. d. Wiss. Rates f. Geschichtswiss. d. DDR. 1973 Ordentl. Mitgl. d. AdW.
Ausz.: VVO i. Silber (1978). Nat. Pr. II. Kl. (1979) u. a.

Diesner, Hans-Joachim
Halle/Saale
Geb. 21. 1. 1922 i. Böhlitz-Ehrenberg bei Leipzig
Erl. B.: Historiker, Dr. phil.
Ausg. B.: Hochschullehrer
Partei: CDU
L.: 1945-50 Studium d. Geschichte i. Regensburg u. Leipzig. 1947 Mitgl. d. CDU. 1950 Promotion z. Dr. phil. Später Habil. (Thema „Studien zur Gesellschaftslehre u. sozialen Haltung Augustins"). 1953 Dozent i. Greifswald, ab 1956 Dozent bzw. Prof. mit Lehrauftrag f. Alte Geschichte a. d. Martin-Luther-Uni. Halle/Wittenberg. 1958 Vors. d. Bez.-friedensrates i. Halle. Seit März 1961 Mitgl. d. Präs. d. Deutsch-Afrikanischen Gesellschaft d. DDR. Außerdem Mitgl. d. Präs. d. Dtsch. Historiker-Gesellschaft. Vors. d. Arbeitskreises Hochschullehrer beim Hauptvorstand d. CDU.
Ausz.: Verdienstmed. d. DDR (1961).

Dietel, Clauss
Karl-Marx-Stadt
Geb. 1934 i. Reinholdshain b. Glauchau/Sa. als Sohn eines Taxifahrers
Erl. B.: Formgestalter
Ausg. B.: Formgestalter
L.: Maschinenschlosserlehre i. Glauchau. Studium a. d. Ing.-Schule f. Kfz.-Bau i. Zwickau. HS f. bildende u. angewandte Kunst i. Bln.-Weissensee. 1961 Formgestalter. Gestaltete u. a. den „Wartburg 353" u. „Mockick S 50". Seit Mai 1974 VBKD. Lehrer a. d. FS f. angewandte Kunst i. Schneeberg.
Ausz.: Nat. Pr. III. Kl. (1980).

Dietrich, Heinz
Berlin
Geb. 28. 1. 1927 i. Neudorf/Schlesien
Erl. B.: Bäcker
Ausg. B.: Generalsekretär
Partei: SED
L.: Bäcker. 1944 NSDAP. Heimatvertriebener.

Sportfunktionär. Zeitw. Vors. d. Bez.-komitees Leipzig f. Körperkultur u. Sport u. Abtltr. i. Staatl. Komitee f. Körperkultur u. Sport i. Ostberlin. 1958-69 Generalsekr. d. Radsport-Verbandes d. DDR. Seit 1969 Generalsekr. d. Gesellschaft zur Förderung d. olympischen Gedankens d. DDR.
Ausz.: VVO i. Silber (1963) u. a.

Dietrich, Helmut

Berlin
Geb. 1921
Ausg. B.: Hochschullehrer, Dr. rer. oec.
Partei: SED
L.: Seit 1945 i. sowjetzonalen Bankwesen tätig, u. a. als Bank-Filialltr. i. Saalfeld u. Arnstadt. 1946 Mitgl. d. SED. Zeitw. MA d. Landeszentralbank Thüringen. 1952-63 Bez.-dir. d. Dtsch. Notenbank i. Gera. 1963-64 Präs. d. Investitionsbank. 1964-67 Präs., 1967-71 Vizepräs. d. Dtsch. Notenbank bzw. Staatsbank d. DDR. 1971-77 Präs. d. Außenhandelsbank d. DDR. Seit 1978 o. Prof. f. sozialistische Finanzwirtschaft a. d. Humboldt-Uni. i. Ostberlin.
Ausz.: VVO i. Gold (1978) u. a.

Dietrich, Matthias

Leipzig
Geb. 18. 8. 1949 in Kleinraschütz, Krs. Großenhain
Erl. B.: Elektromonteur, Lehrer f. Marxismus-Leninismus
Ausg. B.: 1. Sekr. d. FDJ-BL Leipzig
Partei: SED
L.: Erlernte den Beruf e. Elektromonteurs m. Abitur. Studium a. d. KMU Leipzig. 1973 Lehrer f. Marxismus-Leninismus. Seit 1973 hauptamtl. Funktionär d. FDJ. 1964 FDJ, 1968 SED. 1976-78 Sekr., seit 30. 1. 1978 1. Sekr. d. FDJ-BL Leipzig. Nachf. v. Rainer Huhle. Mitgl. d. Sekr. d. SED-BL Leipzig.

Dietsch, Werner

Suhl
Geb. 28. 7. 1920 i. Wahns, Krs. Meiningen
Erl. B.: Kfz.-Schlosser, Faching., Dipl.-Ing. oec.
Ausg. B.: Stellv. Vors. d. RdB Suhl
Partei: SED
L.: Volksschule i. Meiningen. Kfz.-Schlosser. Kriegsdienst. Gefr. i. einem Schützen-Rgt. 1946-49 Angehöriger d. VP. 1951 1. Sekr. d. KV Meiningen d. VdgB. 1954-60 1. Sekr. d. VdgB i. Bez. Suhl. Anschl. Ltr. d. Abt. Landw. SED-BL Suhl. Seit 18. 6. 1976 stellv. Vors. d. RdB Suhl f. Land-, Forst- u. Nahrungsgüterw. Nachf. v. Helmut Meier. Abg. d. BT Suhl.
Ausz.: VVO i. Silber (1979) u. a.

Dietze, Walter

Weimar
Geb. 22. 5. 1926 i. Leipzig-Reudnitz
Erl. B.: Literaturwissenschaftler, Dr. sc. phil.
Ausg. B.: Hochschullehrer
Partei: SED
L.: Ab 1950 Studium d. Germanistik, Slawistik, Geschichte u. Philosophie. 1954-61 Staatsexamen, Promotion u. Habil. KMU Leipzig. 1951 SED. 1963-75 Ordinarius u. Fachrichtungsltr. KMU Leipzig f. Deutsche Literatur. 1971-75 Dekan d. Fakultät f. Sprach- u. Kunst. u. Erziehungswiss. KMU. Aug. 1975 bis Jan. 1982 Generaldir. d. Nat. Forschungs- und Gedenkstätten d. klass. dtsch. Literatur i. Weimar. Nachf. v. Helmut Holtzhauer. Seit Mai 1975 Mitgl. d. Vorstandes d. Goethe-Gesellschaft. Zeitw. Gastprof. an versch. sowj. Uni. u. d. Maxim-Gorki-Inst. f. Weltliteratur. Seit 1967 Mitgl. d. AdW. Seit 1979 Mitgl. d. SED-BL Erfurt.
Ausz. Nat. Pr. III. Kl. (1973) u. a.

Dietzel, Karl

Berlin
Geb. 29. 2. 1928 i. Frankenheim, Krs. Meiningen, als Sohn eines Peitschenstockmachers
Erl. B.: Schlosser, Lehrer, Oberstudienrat
Ausg. B.: Stellv. Minister f. Volksbildung
Partei: SED
L.: Schlosser. Nach 1946 Neulehrer f. Geschichte, stellv. Dir. d. Th.-Neubauer-Oberschule sowie Kreisschulrat i. Meiningen. 1954-55 Vors. d. RdK Meiningen. 1955-58 Studium a. d. PHSch d. SED. 1958-61 stellv. Vors. d. RdB Suhl. Seit April 1961 stellv. Min. f. Volksbildung d. DDR.
Ausz.: VVO i. Silber (1966) u. a.

Dirwelis, Erich

Prora/Rügen
Geb. 12. 3. 1921 i. Sandwalde, Krs. Schlossberg
Ausg. B.: Generalmajor d. NVA
Partei: SED
L.: Kriegsdienst i. d. dtsch. Wehrmacht. (Uffz.) Nach 1945 Eintritt i. d. VP. Nacheinander Gruppenführer, Zugführer, Kompaniechef, Hauptfachlehrer a. einer Offiziersschule. Absolvent d. Generalstabsakad. d. UdSSR. 1966-69 Oberst u. Kdr. d. 11 MSD i. Halle/Saale. Seit 1. 12. 1969 Kommandeur d. Techn. Unteroffiziersschule (Militärtechn. Schule) „Erich Habersath" i. Prora auf Rügen. seit 29. 2. 1972 Generalmajor d. NVA.
Ausz.: VVO i. Gold (1974), Kampforden für Verdienste um Volk u. Vaterland (1978) u. a.

Dlubek, Rolf

Berlin
Geb. 8. 8. 1929 i. Leipzig-Plagwitz als Sohn eines Bergarbeiters
Erl. B.: Tischler, Historiker, Dr. sc. phil.
Ausg. B.: Abteilungsleiter i. Institut f. Marxismus-Leninismus beim ZK d. SED
Partei: SED
L.: Tischler. Jan. 1946 Mitgl. d. KPD. Besuch d. Vorstudienanstalt. Studium d. Geschichte a. d. Uni. Leipzig. Danach MA d. ZK d. SED (stellv. Ltr. bzw. Ltr. d. Sektors Geschichte). Seit 1963 MA d. IML beim ZK d. SED. Zunächst Ltr. d.

Sektors Geschichte d. Arbeiterbewegung d. 19. Jh., dann ab 1965 Ltr. d. Marx-Engels-Abt. i. IML. 1966 Prof. Vors. d. Marx-Engels-Forschung i. d. DDR. 1981 Promotion B am IML. Ausz.: VVO i. Bronze (1966). Orden „Banner der Arbeit" (1968), Nat. Pr. I. Kl. (Koll.-Ausz., 1981)

Doberenz, Günther

Berlin
Geb. 25. 11. 1923 in Chemnitz
Erl. B.: Kaufmann, Lehrer, Dr. phil.
Ausg. B.: Botschafter
Partei: SED
L.: Kaufmann. Kriegsdienst. Kriegsgefangenschaft. 1945-61 als Lehrer tätig, u. a. stellv. Dir. einer Pädag. Fachschule. Seit 1961 Angehöriger d. diplom. Dienstes. MA d. Abt. Südostasien i. MfAA. 1964-65 amt. Ltr. d. Handelsmission i. Kalkutta. 1967-68 kommissarischer Abtltr. am Inst. f. Internat. Beziehungen. DASR. 1968-69 erneut i. MfAA tätig. 1969 Promotion z. Dr. phil. 1969-72 Generalkonsul d. DDR i. Jemen. Arab. Republik. 1973-75 Sektorenltr. i. MfAA. Seit 2. 9. 1975 Botschafter i. Kuweit. Nachf. v. Günter Schurath.
Ausz.: Orden „Banner der Arbeit" Stufe III (1976) u. a.

Döhler, Johannes

Dahlen, Krs. Oschatz
Geb. 9. 6. 1926 i. Sosa, Krs. Aue (Sachsen), als Sohn eines Eisenbahners
Erl. B.: Zimmermann
Ausg. B.: Vorsitzender d. LPG „Walter Ulbricht" i. Dahlen
Partei: SED
L.: Zimmermann. 1955 Mitgl. d. SED. Genossenschaftsbauer. 1957-61 Vors. d. LPG „Helmut Just" i. Börln, Krs. Oschatz. Seit 1961 Vors. d. LPG „Walter Ulbricht" i. Dahlen, Krs. Oschatz. 1962-64 Mitgl. d. SED-BL Leipzig. 1963-71 Mitgl. d. ZK d. SED
Ausz.: Held der Arbeit (1960) u. a.

Döll, Horst

Erfurt
Geb. 26. 2. 1918 i. Erfurt als Sohn eines Kaufmanns
Erl. B.: Kaufmann, Diplom-Wirtschaftler, Dr. rer. oec.
Ausg. B.: Betriebsdirektor
Partei: NDP
L.: Besuch d. Realgymnasiums u. d. Handelsschule. Kaufm. Lehre (1936-38). Kriegsdienst (Art.). 1949-72 Angestellter, Inhaber u. Komplementär d. Fa. Gasmann KG, Erfurt. Seit 1972 Betriebsltr. VEB Bauplast bzw. Ausbau Erfurt, Sitz Weimar. 1958 Mitgl. d. NDP. 1959-63 Sonderstudium f. Komplementäre a. d. HS f. Ökonomie. 1966 Promotion z. Dr. rer. oec. Seit 1963 Abg. d. VK. Seit Sept. 1967 Mitgl. d. Hauptausschusses u. d. Parteivorstandes (Präs.) d. NDP.
Ausz.: VVO i. Silber (1978) u. a.

Dölling, Karl

Cottbus
Geb. 6. 12. 1922 i. Übigau
Erl. B.: Verwaltungsangestellter
Ausg. B.: Vorsitzender d. BV Cottbus d. CDU
Partei: CDU
L.: 1937-39 Verwaltungslehrling. Teilnehmer am 2. Weltkrieg. 1943 Unteroffizier d. Luftwaffe. 1945 Mitgl. d. CDU. Nach 1945 Landarbeiter, 1946-49 Ltr. d. Kreiskommunalkasse. 1949-54 Kreisrat f. Finanzen, 1954-58 stellv. Vors. d. RdK Bad Liebenwerda. Kreisvors. d. CDU. Seit 1958 Vors. d. Bez.-verbandes Cottbus d. CDU. Abg. d. BT. Mitgl. d. Hauptvorstandes d. CDU.
Ausz.: VVO i. Silber (1969) u. a.

Döring, Dieter

Berlin
Geb. 27. 5. 1930 als Sohn eines Arbeiters
Erl. B.: Verwaltungsangestellter, Diplom-Staatswiss. u. Gesellschaftswiss.
Ausg. B.: Botschafter
Partei: SED
L.: Verwaltungsangest. Bis 1952 Studium. Dipl.-Staatswiss. Seit 1953 i. diplom. Dienst d. DDR. Attaché i. Bukarest, stellv. Ltr. d. HA Presse u. Information, 1. Sekr. a. d. DDR-Botschaft i. d. UdSSR u. Ltr. d. Abt. Auslandsinformation i. MfAA. Juli 1972-Mai 78 Botschafter d. DDR i. Nordvietnam bzw. Gesamt-Vietnam (Demokr. Rep. V.). Nachf. v. Klaus Willerding. Danach stellv. AL Sowjetunion/Kuba i. MfAA. Seit 13. 3. 81 Botschafter d. DDR i. d. Volksdemokr. Republik Laos. Nachf. v. Günther Horn.
Ausz.: VVO i. Bronze (1975) u. a.

Doernberg, Stefan

Berlin
Geb. 21. 6. 1924 i. Berlin-Wilmersdorf als Sohn eines KPD-Funktionärs
Erl. B.: Historiker, Dr. phil.
Ausg. B.: Institutsdirektor
Partei: SED
L.: 1935 Emigration mit d. Eltern i. d. SU. 1941 Abitur i. einer Moskauer Schule. Leutnant d. Roten Armee. 1945-46 MA d. Sowj. Militärverwaltung i. Mecklenburg (Referent u. Dolmetscher bei General M. A. Skossyrew). 1946-50 außenpolit. Red. d. „Täglichen Rundschau" i. Ostberlin. Fernstudium (Geschichte) a. d. Moskauer Uni. 1955 Ltr. d. Lehrstuhls f. allg. Geschichte a. Inst. f. Gesellschaftswiss. beim ZK d. SED. 1959 Promotion z. Dr. phil. a. Inst. f. Gesellschaftswiss. beim ZK d. SED. 1962-71 Dir. d. Inst. f. Zeitgeschichte i. Ostberlin. Seit 1963 Prof. f. Geschichte d. dtsch. u. internat. Arbeiterbewegung. 1971-77 stellv. Ltr. d. Inst. f. Internat. Politik u. Wirtschaft i. Ostberlin. Seit 1970 Sekr., Generalsekr., bzw. Vizepräs. d. DDR-Komitees f. europäische Sicherheit. Seit Jan. 1977 Dir. d. Inst. f. Internat. Beziehungen a. d. ASR i. Potsdam-Babelsberg. Nachf. v. Gerhard Hahn. Seit 1979 Vors. d. Wiss. Rates f. außenpolit. Forschung. d. DDR. Mitgl. d. Red.-Koll. d. Zeitschrift „Deutsche Außenpolitik".

Ausz.: VVO i. Silber (1964 u. 1966).
Veröff.: „Die Geburt eines neuen Deutschlands 1945-1948". „Kurze Geschichte der DDR", 1964 u. a. m.

Dörr, Gotthard
Potsdam
Geb. 1930
Erl. B.: Diplom-Gesellschaftswiss.
Ausg. B.: Vors. d. GST i. Bez. Potsdam
Partei: SED
L.: GST-Funktionär. Zeitweise Ltr. d. Abt. Schieß- u. Geländesport u. stellv. Vors. d. GST i. Bez. Potsdam. Seit Aug. 1968 Vors. d. GST i. Bez. Potsdam. 3jähr. Studium a. d. PHSch d. SED. Mitgl. d. ZV d. GST.
Ausz.: VVO i. Bronze (1977) u. a.

Dohlus, Horst
Berlin
Geb. 30. 5. 1925 i. Plauen/Vogtl.
Erl. B.: Friseur
Ausg. B.: Sekretär d. ZK d. SED
Partei: SED
L.: 1939-43 Friseurlehre. Soldat. Kriegsgefangenschaft. 1946 Mitgl. d. KPD. 1947 Bergarbeiter bei d. Wismut AG. 1948 BPO-Sekr. i. Schacht Malwine/Annaberg. 1949 Besuch d. Landesparteischule d. SED. 1950 Objekt-Parteiltr. i. Oberschlema. 1950-54 Abg. d. VK. 1950-63 Kand. d. ZK d. SED. 1951 Besuch einer Verwaltungsschule i. Mittweida. Danach 1. Sekr. d. Gebietsparteiltg. Wismut. 1953 2. Sekr. d. Gebietsparteiltg. Wismut. Ab Herbst 1954 Studium i. d. SU. 1956-58 Sekr. d. Kombinatsparteiltg. „Schwarze Pumpe" bei Hoyerswerda. 1958-60 2. Sekr. d. SED-BL Cottbus. Seit 1960 Ltr. d. Abt. Parteiorgane b. ZK d. SED. Seit Jan. 1963 (VI. Parteitag) Mitgl. d. ZK d. SED. 1964 Ltr. d. Kommission f. Parteiu. Organisationsfragen beim Politbüro d. ZK d. SED. Seit Juni 1971 Mitgl. d. Sekr. d. ZK d. SED. Seit Nov. 1971 erneut Abg. d. VK. Seit 2. 10. 1973 Sekr. d. ZK d. SED. Seit 22. 5. 1976 Kand., seit 22. 5. 1980 Vollmitglied d. Politbüros d. ZK d. SED.
Ausz.: VVO i. Gold (1969) u. a.

Domdey, Karl-Heinz
Berlin
Geb. 1926
Erl. B.: Diplom-Volkswirt, Dr. sc. oec.
Ausg. B.: Hochschullehrer
Partei: SED
L.: Studium d. Volkswirtschaft. 1948 Promotion z. Dr. rer. oec. i. Halle/Saale. 1958 Habil. a. d. Humboldt-Uni. i. Ostberlin. Nach d. Studium wiss. MA d. Dtsch. Wirtschaftsinst. i. Ostberlin. 1. 5. 1962 Prof. mit Lehrauftrag f. Politökonomie a. d. Uni. Rostock. 1963 Prof. mit Lehrauftrag f. Polit. Ökonomie a. d. HS f. Verkehrswesen i. Dresden. 1970 Prof. mit Lehrstuhl f. Weltwirtschaft a. d. Humboldt-Uni. Ostberlin. 1971-75 Vors. d. URANIA i. Ostberlin.
Ausz.: VVO i. Bronze (1981).

Domsch, Kurt
Neustadt/Sa.
Geb. 1929
Erl. B.: Ingenieur
Ausg. B.: Präsident d. Landeskirchenamtes Sachsen
L.: Ing. Bis 1975 als Betriebsltr. i. Neustadt tätig (zuletzt VEB Brücken- u. Hochbau). Seit 1960 Mitgl. d. Sächs. Landessynode d. Ev. Kirche. 1966 2. Stellv. d. Präsidenten d. Landessynode. 1973 Präsident d. Generalsynode Sachsen. Seit 1970 Präsident d. Generalsynode d. Ver. Ev. Luth. Kirchen i. d. DDR. Seit Jan. 1975 hauptamtl. Präsident d. Landeskirchenamtes Sachsen. Okt. 1977-Jan. 82 stellv. Vors. d. Konferenz Ev. Kircheltg. i. d. DDR.

Donda, Arno
Berlin
Geb. 28. 4. 1930 i. Berlin als Sohn eines Arbeiters
Erl. B.: Diplom-Wirtschaftler, Dr. sc. oec.
Ausg. B.: Leiter d. Staatl. Zentralverwaltung f. Statistik
Partei: SED
L.: 1947-50 Lehrling i. Statist. Zentralamt. 1949 Abitur. 1950-54 Studium a. d. HS f. Ökonomie. Dipl.-Wirtschaftler. 1957 Promotion z. Dr. rer. oec. Lehrtätigkeit a. d. HS f. Ökonomie. 1959 Dir. d. Inst. f. Statistik. Seit 1963 Prof. mit Lehrauftrag f. Statistik. Seit Juli 1963 Ltr. d. Staatl. Zentralverwaltung f. Statistik d. DDR. Nachf. d. verst. Heinz Rauch.
Ausz. VVO i. Silber (1969) u. a.

Dorst, Werner
Jena
Geb. 6. 1. 1914 i. Neundorf bei Plauen
Erl. B.: Lehrer, Dr. paed. habil.
Ausg. B.: Hochschullehrer
Partei: SED
L.: Vor 1945 als Lehrer tätig (Volksschullehrer, 1941 Staatsexamen f. höhere Schulen). 1937 NSDAP. Kriegsdienst. Geriet 1944 als Oberleutnant d. dtsch. Wehrmacht i. sowj. Kriegsgefangenschaft. Besuch d. Zentralen Antifaschule. Nach d. Entlassung Hauptreferent f. Oberschulfragen i. d. Zentralverwaltung f. Volksbildung. 1949 Abtltr., 1951-58 Dir. d. Dtsch. Päd. Zentralinst. d. DDR. 1952 Promotion z. Dr. paed. Seit 1958 Hochschullehrer a. d. Uni. Jena. Seit 1. 1961 Prof. mit Lehrauftrag f. Systematische Pädagogik i. Jena. Gegenwärtig o. Prof. f. marx.-lenin. Erziehungstheorie a. d. Uni. Jena. Ltr. d. Wissenschaftsbereiches Allgemeine Pädagogik/Erziehungstheorie. Seit 1970 o. Mitgl. d. Akad. d. Päd. Wiss.
Ausz.: VVO i. Silber (1973).

Dost, Alfred
Berlin
Geb. 1922
Erl. B.: Diplom-Wirtschaftler, Dr. rer. oec.

Ausg. B.: Stellv. Leiter d. Amtes für Preise, Staatssekretär
Partei: SED
L.: Seit 1960 stellv. Ltr. d. Regierungskommission f. Preise bzw. d. Staatl. Amtes f. Preise, Staatssekr. Seit 1970 Honorarprof. f. sozialistische Wirtschaftsführung a. d. Uni Rostock.
Ausz.: VVO i. Bronze (1964).

Dragunsky, Heinz

Berlin-Weißensee
Geb. 6. 6. 1921 i. Gurkeln, Krs. Sensburg
Ausg. B.: SED- u. Sportfunktionär
Partei: SED
L.: Teilnehmer am 2. Weltkrieg (Luftnachr.-Einheit). Nach 1945 SED- u. Sportfunktionär. Zeitw. MA d. SED-BL Berlin. Jetzt Abtltr. Sport bzw. Hauptreferent f. Sport beim Ostberliner Magistrat. Seit 1954 Präs. d. Eislaufverbandes d. DDR. Mitgl. d. Präs. NOK d. DDR. Vorstandsmitgl. d. Internat. Eislaufunion.
Ausz.: Verdienter Meister des Sports (1972) u. a.

Drefahl, Günther

Jena
Geb. 11. 5. 1922 i. Rostock als Sohn eines kaufm. Angestellten
Erl. B.: Chemiker, Dr. phil. habil.
Ausg. B.: Hochschullehrer
L.: Oberschule. Abitur. 1940-45 Studium d. Chemie i .Rostock. 1946 Promotion. 1949 Habil. i. Rostock. 1949-57 Prof. mit Lehrauftrag f. org. Chemie u. Chemie d. Naturstoffe a. d. Friedrich-Schiller-Uni. Jena. Seit 1. 1. 1957 Prof. mit Lehrstuhl f. org. Chemie. Dir. d. Inst. f. Org. Chemie u. Biochemie. 1962-68 Rektor d. Uni. Jena. Seit 1963 Mitgl. d. Forschungsrates beim MR, seit 1964 Mitgl. d. DAW. Seit 23. 1. 1969 Präs. d. Dtsch. Friedensrates. Nachf. v. Prof. Walter Friedrich. Seit 1970 Mitgl. d. Präs. d. Komitees f. europ. Sicherheit d. DDR. Mitgl. d. Präs. d. Weltfriedensrates. Vors. d. Wiss. Beirats f. Forschungen über das Hoch- u. Fachschulwesen. Seit Juni 1981 Abg. d. VK. Mitgl. d. Ausschusses f. Auswärtige Angel.
Ausz.: Nat. Pr. II. Kl. (1962). Orden „Banner der Arbeit" (1965) u. a.

Drefenstedt, Edgar

Berlin
Geb. 12. 2. 1921 i. Gardelegen
Erl. B.: Lehrer, Dr. paed. habil.
Ausg. B.: Institutsdirektor
Partei: SED
L.: 1939-45 Arbeiter. Kriegsdienst (Nachr.-Einheit). 1946-50 Neulehrer i. Gardelegen. 1950-51 Schulrat i. Gardelegen. 1951-52 MA d. Zweigstelle Halle/Saale d. DPZI. 1952-56 Chefred. d. Zeitschrift „Pädagogik". 1956-58 Aspirant a. DPZI. 1960-70 Sektionsltr. Unterrichtsmethodik u. Lehrpläne sowie stellv. Dir. d. DPZI. Prof. f. Syst. Pädag. Seit 1970 o. Mitgl. d. APW. Seitdem Dir. d. Inst. f. Didaktik bzw. pädag. Theorie. Oberstudienrat.
Ausz.: VVO i. Bronze (1979).

Drews, Karl-Heinz

Berlin
Geb. 22. 12. 1929 i. Stettin als Sohn eines Sattlers
Ausg. B.: Generalleutnant d. NVA
Partei: SED
L.: Volks- u. Mittelschule. 1948 Molkereifahrer u. Landarbeiter. 1948 SED. 1948 VP-Anwärter i. Osterburg. Danach Gruppenführer bei d. Bereitschaftspolizei u. Kommandoltr. eines Grenzkommandos. Besuch d. Politschule d. KVP. 1953 Kdr. eines Btl. d. Politschule d. KVP. Danach Politoffizier versch. Einheiten d. NVA, u. a. i. Thüringen. Absolvent d. Militärak. d. Generalstabes d. UdSSR. Seit 1967 stellv. Chef u. Ltr. d. Polit. Verwaltung d. Militärbez. Neubrandenburg. Seit 26. 9. 1969 Generalmajor d. NVA. 1976-78 Militärattaché d. DDR i. d. UdSSR. Nachf. v. Hermann Vogt. Seit 1. 9. 1978 Stadtkommandant v. Ostberlin. Nachf. v. Arthur Kunath. Seit 16. 2. 1981 Generalleutnant d. NVA. Seit Juni 1981 Mitgl. d. StVV Ostberlin.
Ausz.: VVO i. Bronze (1970) u. a.

Drinda, Horst

Berlin
Geb. 1. 5. 1927 i. Berlin
Erl. B.: Flugzeugmotorenschlosser, Schauspieler
Ausg. B.: Schauspieler
L.: Flugzeugmotorenschlosser. Kriegsdienst (Fahnenjunker). Nach 1945 Stipendiat d. Dtsch. Schauspielschule Berlin. Schüler v. Inge v. Wangenheim, Horst Caspar etc. 1946-70 Mitgl. d. Ensembles d. Dtsch. Theaters. Seit 1970 Mitgl. d. Schauspielerensembles d. Fernsehens d. DDR. Seit 1948 zusätzlich Filmschauspieler. Zeitw. Show-Master i. „Ein Kessel Buntes". 1966-80 Mitgl. d. Präs. d. Verb. d. Theaterschaffenden.
Ausz.: Nat. Pr. III. Kl. (1963 u. 70) u. a.
Werke: „Lissy", Film. „Die besten Jahre", Film. „Zur See" u. „Scharnhorst", Fernsehserien u. a. m.

Drobela, Sander

Berlin
Geb. 21. 8. 1931
Erl. B.: Schriftsetzer, Dr. rer. pol.
Ausg. B.: Stellv. Chefredakteur.
Partei: SED
L.: Schriftsetzerlehre. Nach 1945 Teilnehmer an einem Red.-Lehrgang u. Tätigkeit als Red. f. Wirtschaft (SED-Pressedienst). Später Sektorenltr. i. d. Abt. Agitation u. Propaganda beim ZK d. SED. August 1961-April 1966 Chefred. d. SED-Bez.-organs „Sächsische Zeitung" i. Dresden. Mitgl. d. Zentralvorstandes d. VDJ. 1965 Promotion z. Dr. rer. pol. a. d. KMU Leipzig (zusammen mit W. Kessel). Seit April 1966 stellv. Chefred. d. Zentralorgans d. SED „Neues Deutschland". Mitgl. d. Rates f. journalistikwiss. Forschung a. d. KMU Leipzig.
Ausz.: VVO i. Gold (1981) u. a.

Dübner, Horst

Halle/Saale
Geb. 1948
Erl. B.: Elektromaschinenbauer
Ausg. B.: 1. Sekretär d. FDJ-BL Halle
Partei: SED
L.: Elektromaschinenbauer. FDJ-Funktionär. Sekr. d. GO d. FDJ i. RAW Dessau. 1973 1. Sekr. d. FDJ-KL Dessau. 1977-79 2. Sekr., seit 12. 2. 79 1. Sekr. d. FDJ-BL Halle. Nachf. v. Klaus Bernhardt. Seit Mai 1979 Mitgl. d. ZR d. FDJ. seit Juni 1981 Abg. d. BT Halle. Mitgl. d. Sekr. d. SED-BL.
Ausz.: Artur-Becker-Medaille i. Gold u. a.

Dürwald, Wolfgang

Leipzig
Geb. 13. 1. 1924 i. Hagen/Westf.
Erl. B.: Arzt, Dr. sc. med.
Ausg. B.: Hochschullehrer
Partei: LDP
L.: Kriegsdienst. Studium d. Medizin. 1945 LDP. Lehrtätigkeit a. d. Univers. Jena u. Rostock sowie Leipzig. Dozent bzw. Prof. m. Lehrstuhl f. gerichtl. Medizin a. d. KMU Leipzig. Dir. d. gleichnamigen Instituts a. d. KMU. Seit 1975 Vors. d. Ges. f. Gerichtl. Medizin d. DDR. Mitgl. d. BV Leipzig d. LDP. Obermedizinalrat.
Ausz.: „Held d. Arbeit" (1980) u. a.

Düwel, Gertrud

Rostock
Geb. 1928
Erl. B.: Rechtsanwaltsgehilfin
Ausg. B.: Vors. d. DFD i. Bez. Rostock
Partei: SED
L.: Rechtsanwaltsgehilfin. DFD-Funktionärin, 1965-1977 Kreisvors. d. DFD i. Ribnitz-Dammgarten. Seit Mai 1977 Vors. d. DFD i. Bez. Rostock. Nachf. v. Hannelore Hauschild. Seit Febr. 79 Kand. d. BL d. SED. Seit Juni 81 Abg. d. BT Rostock.
Ausz.: VVO i. Bronze (1977) u. a.

Dumke, Fred

Waldsieversdorf
Geb. 1929
Erl. B.: Jurist, Diplom-Philosoph
Ausg. B.: Direktor d. Zentralen Parteischule d. NDP
Partei: NDP
L.: Jurist. Diplom-Philosoph. MA d. Parteivorstandes d. NDP. Seit Anfang d. 60er Jahre Dozent bzw. Lehrstuhlltr. Philosophie a. d. HS f. Nat. Politik bzw. Zentralen Parteischule d. NDP i. Waldsieverdorf. Seit 1972 Direktor d. Zentralen Parteischule. Nachf. v. Rosel Walther. Seit April 1972 Mitgl. d. HA d. NDP.
Ausz.: VVO i. Silber (1978) u. a.

Dusiska, Emil

Leipzig.
Geb. 27. 4. 1914 i. Berlin
Erl. B.: Stein- u. Offsetdrucker, Dr. oec.
Ausg. B.: Hochschullehrer
Partei: SED
L.: Stein- u. Offsetdrucker. 1927 Mitgl. d. SAJ. 1945 Mitgl. d. KPD. Nach 1945 Bez.-rat f. Wirtschaft i. Ostberlin u. Magistratsdir. f. Wirtschaft d. Ostberliner Magistrats. 1950-55 Wirtschaftsred. beim „ND". 1955-65 MA d. Agitationskommission beim ZK d. SED. 5. 2. 1965 Promotion z. Dr. oec. a. Inst. f. Gesellschaftswiss. beim ZK d. SED. Seit 1. 3. 1965 Prof. mit vollem Lehrauftrag f. Theorie u. Praxis d. sozialistischen Pressewesens a. d. KMU Leipzig. Jetzt o. Prof. d. Lehre f. journal. Argumentation. 1967-78 Dir. d. Sektion Journalistik. Mitgl. d. Präs. d. VDJ. Generalsekr. d. Internat. Vereinigung zum Studium u. zur Erforschung der Information.
Ausz.: VVO i. Gold (1971) u. a.

Dutz, Harald

Berlin
Geb. 14. 1. 1914 i. Berlin-Wilmersdorf
Erl. B.: Arzt, Dr. sc. med.
Ausg. B.: Hochschullehrer
Partei: SED
L.: Studium d. Medizin. 1952 Habil. i. Rostock. Lehrtätigkeit (Innere Medizin) a. d. Uni. Rostock u. Ostberlin. Gegenw. Ordinarius f. Innere Medizin a. d. Humboldt-Uni. Ostberlin u. Dir. II. Mediz. Klinik Charité. 1969 Mitgl. d. DAW. Mitgl. d. Präs. d. Rates f. Planung u. Koordinierung d. mediz. Wiss. 1969-77 Vors. d. Gesellschaft f. Nephrologie d. DDR.
Ausz.: Verdienter Arzt des Volkes (1965), VVO i. Gold (1979) u. a.

Dyballa, Hans

Erfurt
Geb. 1923 i. Dresden
Erl. B.: Verwaltungsangestellter, Diplom-Gesellschaftswissenschaftler
Ausg. B.: 1. Sekretär d. SED-STL Erfurt
Partei: SED
L.: Verwaltungsangestellter. Kriegsdienst u. Kriegsgefangenschaft. Nach 1945 2 Jahre i. d. Landw. tätig, dann MA d. Landratsamtes Weissensee, stellv. Geschäftsführer d. SVK Erfurt. 1952 Instrukteur d. SED-STL Erfurt. Besuch d. PHSch d. SED. Diplom-Ges. 1956-59 2. Sekr. d. SED-KL Weimar. 1959-62 Sekr. f. Agitprop. SED-STL Erfurt. 1963-79 1. Sekr. d. SED-KL Sondershausen. Seit 27. 1. 1979 1. Sekr. d. SED-STL Erfurt. Nachf. v. Hans Dose. Abg. d. BT. Mitgl. d. Sekr. d. SED-BL Erfurt.
Ausz.: VVO i. Silber (1975) u. a.

Dyhrenfurth, Klaus

Berlin
Geb. 1928 als Sohn eines Landwirts
Erl. B.: Agrarwissenschaftler, Dr. agr.
Ausg. B.: Direktor d. AdL
Partei: SED
L.: 1946 Landarbeiter i. Gadebusch. 1947 Begabtenprüfung, Anschl. Studium d. Landwirtschaftswiss. a. d. Uni. Rostock. Hilfsass. bei Prof. A. Petersen. 1949 Mitgl. d. Studentenrates. Vors. d. Studenten- u. Fakultätsrates. 1950 Dipl.-Landwirt. Danach lt. MA d. DAL (wiss. Referent, stellv. Dir.) 1958 Ltr. d. Forschungsstelle f. Agrarökonomik d. DAL i. Neetzow. 1962-67 Mitgl. d. SED-BL Neubrandenburg. 1960-63 Vizepräs. d. Agrarwiss. Gesellschaft d. DDR. Mitgl. d. Landwirtschaftskommission beim Politbüro d. ZK d. SED. 1968 Studium a. d. PHSch. Seit 1968 Mitgl. d. DAL. 1971 Prof. Zeitw. Dir. f. Wissenschaftsorganisation d. AdL.
Ausz.: VVO i. Bronze (1959) u. a.

Eberle, Dieter

Berlin
Geb. 19. 5. 1927 i. Freiberg/Sa.
Erl. B.: Journalist, Dr. phil.
Ausg. B.: Chefredakteur
Partei: CDU
L.: 1944 NSDAP, 1946 CDU, 1947-50 Studium. 1951-52 Redaktionsass. 1952-60 Bez.-Red. „Die Union". 1960-62 AL Parteipol., 1962-64 Red.-Sekr., 1964-74 stellv. Chefred. d. Zentralorgans d. CDU „Neue Zeit". 1974-77 Chefred. d. CDU-Zeitungen „Die Union" u. „Märk. Union". Seit Sept. 1977 Chefred. d. CDU-Zentralorgans „Neue Zeit". Nachf. v. Hans Zillig. Seit Juni 1977 Mitgl., seit Juni 1982 Mitgl. d. Präs. d. ZV d. VdJ, seit Okt. 1977 Mitgl. d. Sekr. d. Hauptvorstandes d. CDU.
Ausz.: VVO i. Bronze (1969) u. a.

Eberle, Paul

Berlin
Geb. 6. 4. 1924 i. Dresden als Sohn eines Angestellten
Erl. B.: Lehrer, Diplom-Pädagoge, Dr. paed.
Ausg. B.: Bereichsleiter
Partei: LDP
L.: Besuch d. Volks- u. Aufbauschule. Kriegsdienst (Gren.) Juni 1944 sowj. Kriegsgef. 1946 Lehrer. 1947 LDP. 1949-52 Schuldir. i. Jüterbog. 1952-62 Doz. i. Jüterbog u. Berlin. 1954-57 Fernstudium Päd. HS Potsdam. Lehrer f. Mittelstufe (Math.). 1957-62 Fernstudium Humboldt-Uni. Berlin. Dipl.-Päd. 1962-66 wiss. MA Dtsch. Inst. f. Berufsbildung Berlin. 1958-63 Stadtverordneter i. Ostberlin. 1969 Dr. paed. Seit 1970 stellv. Vors. d. Bezirksverbandes Berlin d. LDP. Seit 1963 Berliner Vertreter bzw. Abg. i. d. VK. Mitgl. d. Ausschusses f. Auswärtige Angel. Gegenwärtig Ltr. d. Bereichs Internat. Verbindungen i. Zentralinstitut f. Berufsbildung Berlin.
Ausz.: VVO i. Silber (1975) u. a.

Eberlein, Werner

Berlin
Geb. 9. 11. 1919 i. Berlin als Sohn des kommunistischen Spitzenfunktionärs Hugo E. (i. d. SU verschollen)
Erl. B.: Elektriker, Journalist, Diplom-Gesellschaftswiss.
Ausg. B.: Stellv. AL i. ZK d. SED
Partei: SED
L.: 1934 Emigration mit den Eltern in die SU. Elektrikerlehre in einem Sägewerk. 1948 Rückkehr nach Deutschland. Journalist. Zeitw. Ltr. d Wirtschaftsred. beim ND. Seit 1960 hauptamtl. Mitarbeiter d. ZK d. SED (Dolmetscher f. russ. Sprache u. stellv. Ltr. d. Abt. Parteiorgane beim ZK). Juni 1963 Mitgl. d. Komitees d. ABI. DDR. 1971-81 Mitgl. d. ZRK d. SED. Seit 1976 Mitgl. d. Red.-Koll. d. Ztschr. „Neuer Weg". Seit 16. 4. 81 (X. Parteitag) Mitgl. d. ZK d. SED.
Ausz.: VVO i. Gold (1979), Orden „Banner d. Arbeit" (1969), u. a.

Ebert, Dieter

Bernburg-Hadmersleben
Geb. 14. 7. 1925 i. Krs. Reichenbach
Erl. B.: Diplom-Landwirt, Dr. sc. agr.
Ausg. B.: Bereichsdirektor, Vizepräsident d. Nationalrates
Partei: DBD
L.: 1945 i. einem landwirtschaftl. Betrieb i. Krs. Zwickau tätig. Facharbeiterbrief. Studium d. Landwirtschaftswiss. Uni. Leipzig. 1949 Staatsexamen. 1949 DBD. 1953 Promotion zum Dr. agr. 1953-60 am Aufbau d. landw. Versuchswesens i. 3 sächs. Bezirken beteiligt. 1960-62 Dozent f. Ackerbau MLU Halle-Wittenberg. 1962 Dozent, 1963-67 Prof. a. d. HS f. Landw. Bernburg. Dir. d. Inst. f. Acker- u. Pflanzenbau a. d. HS 1972 Kand. d. AdL. Seit 1967 Bereichsdir. f. Getreideprod. a. Inst. f. Getreideforschung d. AdL i. Bernburg-Hadmersleben. Seit 1978 Vizepräs. d. Nationalrates d. NF.
Ausz.: VVO i. Bronze (1978).

Ebert, Hans

Berlin
Geb. 12. 7. 1919 i. Chemnitz
Erl. B.: Diplom-Philosoph, Dr. phil.
Ausg. B.: Stellvertretender Generaldirektor
L.: Teilnehmer am 2. Weltkrieg (Leutnant). Nach 1945 Studium. Dipl.-Philosoph. Im Museumswesen d. Stadt Chemnitz tätig. 1960-68 stellv. Generaldir. d. Staatl. Kunstsammlungen i. Dresden. Seit 1968 stellv. Generaldir. d. Staatl. Museen i. Ostberlin. Dir. d. Kupferstichkabinetts.
Ausz.: VVO i. Bronze (1965).

Ebert, Helmut

Gera
Geb. 6. 5. 1918 i. Neustadt a. d. Orla
Ausg. B.: Vorsitzender d. BRK d. SED i. Gera
Partei: SED
L.: 1946 Mitgl. d. SED. Seit 1953 hauptamtl. Parteifunktionär, u. a. 2. Sekr. d. SED-KL Greiz. Seit 1964 Mitgl., seit März 1967 Vors. d. BRK d. SED i. Gera.
Ausz.: VVO i. Silber (1978) u. a.

Ebert, Herbert

Berlin
Erl. B.: Diplom-Ingenieur oec.
Ausg. B.: Staatssekretär i. Komitee d. ABI
Partei: SED
L.: Seit Mai 1963 stellv. Vors. d. Komitees d. ABI mit Zuständigkeit f. d. Bereich Grundstoffindustrie. Seit Ende 1977 Staatssekretär u. 1. stellv. Vors. d. Komitees d. ABI. Nachf. v. Albert Stief.
Ausz.: VVO i. Bronze (1964) u. i. Silber (1969).

Ebertz, Werner
Plauen
Geb. 17. 9. 1921 i. Kahla, Krs. Stadtroda
Erl. B.: Feinmechaniker
Ausg. B.: Generalmajor d. NVA
Partei: SED
L.: Feinmechaniker-Lehre bei Zeiss i. Jena. Kriegsdienst i. d. Luftwaffe. 1946 parität. Vors. d. SED i. Stadtroda. Eintritt i. d. VP. Ab 1948 Angehöriger d. Grepo. Stabschef d. Grepo Thüringen, dann 1950 Chef d. Grepo Brandenburg. Zeitw. Kdr. d. Grepo-Schule Sondershausen. In d. 60er Jahren Kdr. einer Grenzbrigade i. Meiningen. Mitgl. d. SED-BL Suhl. Seit 1970 Kdr. d. Offz.-HS d. Grenztruppen „Rosa Luxemburg" i. Plauen. Oberst, seit 18. 2. 1974 Generalmajor d. NVA. Absolvent d. Militärakademie „Fr. Engels".
Ausz.: VVO i. Gold (1981) u. a.

Ebmeyer, Rudi
Berlin
Geb. 1936
Ausg. B.: Vors. d. DTSB i. Berlin
Partei: SED
L.: Seit 1948 Sportfunktionär. 1973—81 Vors. d. DTSB i. Bez. Potsdam. Seit Mai 1978 Mitgl. d. Präs. d. BV d. DTSB. Seit 15. 10. 1981 Vors. d. DTSB i. Ostberlin. Nachf. v. Willy Langheinrich.
Ausz.: VVO i. Silber (1977) u. a.

Edel, Peter
(richtiger Name: Hirschweh)
Berlin
Geb. 12. 7. 1921 i. Berlin als Sohn eines Kunsthistorikers
Erl. B.: Maler u. Grafiker
Ausg. B.: Publizist
Partei: SED
L.: Ausbildung als Maler u. Grafiker (Grafikschüler v. K. Kollwitz). Während d. NS-Zeit aus „rass. Gründen" verfolgt. 1943-45 KZ-Haft i. Auschwitz, Sachsenhausen, Mauthausen u. Ebensee. Tätigkeit i. d. Falschmünzerwerkstatt d. Reichssicherheitshauptamtes d. SS i. KZ Sachsenhausen. Nach 1945 Publizist i. Ostberlin. MA d. „BZ am Abend" u. d. „Weltbühne". Theaterkritiker. Schriftstellerische Betätigung. Mitgl. d. Präs. d. Friedensrates d. DDR u. d. Präs. d. Komitees d. Antifa Widerstandskämpfer. Stellv. Vors. d. Schriftsteller-Verb. i. Ostberlin. Mitgl. d. Vorstandes d. Schriftstellerverbandes.
Ausz.: Heinrich-Heine-Preis (1961). VVO i. Gold (1969). Nat.-Pr. II. Kl. (1970). „Held d. Arbeit" (1981) u. a.
Veröff.: „Schwester d. Nacht", Roman, veröff. i. Wien. „Die Bilder des Zeugen Schattmann", Verlag d. Nation, 1969 (verfilmt f. d. Fernsehen), „Wenn es ans Leben geht", Autobiographie, Verlag d. Nation, Ostberlin, 1979.

Egel, Karl-Georg
Berlin
Geb. 8. 12. 1919 i. Briest bei Angermünde als Sohn eines Pfarrers
Erl. B.: Arzt, dr. med.
Ausg. B.: Drehbuchautor, Dramaturg
L.: In Berlin aufgewachsen. Gymnasiast. Studium d. Medizin, Dr. med. Während d. 2. Weltkrieges Soldat. Geriet am 7. 2. 1945 als Ass.-Arzt i. Gren.-Rgt. 982 i. d. Eifel i. westl. Gef. Kriegsgef. i. britischen Lager Ascot. 1945 Rückkehr nach Dtschl. Mitarbeiter d. NWDR i. Köln u. d. Bayerisch. Rundfunks. 1948 Übersiedlung i. d. SBZ. Mitarbeiter d. Rundfunks u. d. DEFA. Zeitw. Chefdramaturg d. DEFA. Verfasser zahlr. Drehbücher („Geheimakten Solvay", zus. m. R. Groschopp. „Gefährliche Fracht", 1954, zus. m. K. Bortfeld. „Lied der Matrosen", „Leute mit Flügeln". „Ich - Axel Cäsar Springer", „Spätsaison", „Anton der Zauberer", 1978). Mitgl. d. AdK.
Ausz.: Nat.-Preis II. Kl. (1959), VVO i. Silber (1980) u. a.

Egemann, Hubert
Berlin
Geb. 1930
Erl. B.: Eisenbahner, Diplom-Staatswissenschaftler
Ausg. B.: Abteilungsleiter i. ZK d. SED
Partei: SED
L.: Lehre als Betriebsjunghelfer i. Bahnhof Aschersleben. A.- u. B.-Ausbildung. Danach i. Verkehrsdienst tätig. 1953-54 Betriebsass. i. Min. f. Eisenbahnwesen u. Abt.-Ltr. Güterverkehr Reichsbahnamt Aschersleben. Studium a. d. DASR. Dipl.-Staatswiss. Seit Juli 1954 MA, Sektorenltr. u. seit 1970 Ltr. d. Abt. Verkehr u. Verbindungswesen (jetzt Transport- u. Nachrichtenwesen) i. ZK d. SED.
Ausz.: Verdienter Eisenbahner. VVO i. Gold (1975) u. a.

Ehm, Wilhelm
Rostock
Geb. 30. 8. 1918 i. Bergen auf Rügen
Erl. B.: Elektriker, Radiomechaniker, Diplom-Militärwissenschaftler, Dr. phil.
Ausg. B.: Stellvertretender Minister, Admiral
Partei: SED
L.: 1932 SAJ. Elektriker. 1939 Einberufung zur Kriegsmarine. Funkmaat. Sowj. Kriegsgef. NFKD. 1948 Rückkehr nach Deutschland. SED. 1948/49 2. Sekr. SED-KL Bergen. Besuch d. LPS. 1952 Oberrat d. KVP-See. März 1959 Konteradmiral. 1959-61 u. seit März 1963 Chef d. „Volksmarine". 1961-63 Studium a. d. Akademie d. Seestreitkräfte i. Leningrad. 1. 3. 1964 Vizeadmiral. Seit 1964 Mitgl. SED-BL Rostock. Seit 1972 stellv. Min. f. Nat. Vert. Seit 6. 10. 1976 Admiral. Postgraduales Fernstudium a. d. Militärakademie „Fr. Engels", 1978 Dr. phil. April 1981-Juni 82 Kandidat, seit 24. 6. 1982 Vollmitgl. d. ZK d. SED.
Ausz.: VVO i. Gold, Scharnhorst-Orden u. a.

Ehmke, Günther
Berlin
Geb. 3. 10. 1929 i. Zernsdorf, Krs. Teltow
Ausg. B.: Stellv. Institutsdirektor, Dr. paed.
Partei: SED
L.: Gewerkschaftsfunktionär. Zeitw. Sekr. u. Ltr. d. Abt. Forschung u. Lehre sowie stellv. Vors. d. Zentralvorstandes d. Gewerkschaft Wissenschaft i. FDGB. 1961-63 Mitgl. d. Sekr. d. Bundesvorstandes d. FDGB. 1963-68 Vors. d. Gewerkschaft Wissenschaft i. FDGB. Jetzt stellv. Dir. d. Inst. f. Weiterbildung beim Min. f. Hoch- u. Fachschulwesen bzw. d. Inst. f. Hochschulbildung d. Humboldt-Uni. Ostberlin.

Ehrensperger, Günter
Berlin
Geb. 16. 5. 1931 i. Golzern, Krs. Grimma/Sa.
Erl. B.: Industriekaufmann, Dipl.-Wirtschaftler
Ausg. B.: Abteilungsleiter i. ZK d. SED
Partei: SED
L.: Volksschule. Lehre als Industriekfm. 1946 FDJ. 1948-53 Buchhalter u. Ltr. einer ztr. Betriebsabrechnung. 1953-56 Studium a. d. HS f. Finanzw. Potsdam-Babelsberg. Diplom-Wirtschaftler. 1956 SED. 1956-61 Oberreferent, Hauptreferent u. Sektorenltr. i. MdF. 1961-62 Besuch d. PHSch d. SED. 1962-66 wiss. MA i. Büro d. MR u. SPK. Seit 1966 MA, stellv. AL, seit 1974 AL Planung u. Finanzen i. ZK d. SED. Nachf. v. Erich Wappler. Mai 1976-April 81 Kand., seit April 1981 Mitgl. d. ZK d SED. Seit 1976 Mitgl. d. Ltg. d. SED i. ZK d. SED. Seit Juni 1981 Abg. d. VK u. Mitgl. d. Aussch. f. Ind., Bauwesen u. Verkehr.
Ausz.: VVO i. Gold (1981) u. a.

Ehrich, Kurt
Berlin
Geb. 26. 11. 1925 i. Wien
Ausg. B.: 1. stellvertretender Vorsitzender d. Staatlichen Komitees f. Rundfunk
Partei: SED
L.: Rundfunkjournalist. Versch. Funktionen beim Staatl. Rundfunkkomitee u. Berliner Rundfunk. 1960-67 Intendant d. Deutschlandsenders u. stellv. Vors. d. Staatl. Rundfunkkomitees. Seit 1969 1. stellv. Vors. d. Staatl. Komitees f. Rundfunk.
Ausz.: VVO i. Bronze (1964) u. Silber (1971).

Ehritt, Heinz
Berlin
Geb. 1922
Erl. B.: Kaufmännischer Angestellter, Diplom-Militärwissenschaftler
Ausg. B.: Oberst d. NVA
Partei: SED
L.: Kfm. Angest. Kriegsdienst. Nach 1945 Angehöriger d. KVP/NVA. 1968-79 stellv. Vors. d. Zentralvorstandes d GST f. Ausbildung, dann f. Spezialaufbahnausbildung. Oberst d. NVA.
Ausz.: VVO i. Bronze (1976) u. a.

Ehrlich, Gerhard
Leipzig
Geb. 5. 1. 1921
Erl. B.: Maurer, Diplom-Gesellschaftswissenschaftler
Ausg. B.: Sekretär d. SED-BL Leipzig
Partei: SED
L.: Maurer. Staatl. gepr. Landwirt. Seit 1951 Parteifunktionär d. SED, u. a. 1958-59 2. Sekr., 1959-61 1. Sekr. d. SED-KL Döbeln. Seit Juni 1961 Sekr. f. Landwirtschaft d. SED-BL Leipzig. Abg. d. Bezirkstages Leipzig.
Ausz.: VVO i. Gold (1980) u. a.

Ehwald, Ernst
Eberswalde
Geb. 11. 8. 1915 i. Thal/Thür.
Erl. B.: Forstmeister, Dr. rer. nat.
Ausg. B.: Hochschullehrer
Partei: SED
L.: 1920-33 Besuch d. Volks- u. Oberschule. 1933 Abitur. 1933-34 Forstl. Lehre. Studium d. Forstwiss. in Hann. Münden. 1937 NSDAP. 1935-36 Soldat. Forstreferendar i. Thüringen. Teilnehmer am 2. Weltkrieg. 1942 Leutnant i. einem Inf.-Rgt. Nach 1945 Lehrtätigkeit a. d. Humboldt-Uni. i. Ostberlin. Zeitw. Dir. d. Inst. f. forstl. Bodenkunde u. Standortlehre d. Humboldt-Uni. i. Eberswalde. 1961-72 Vizepräs. d. DAL. 1962 Dir. d. Inst. f. Bodenkunde d. DAL. 1978 o. Prof. f. Bodenkunde a. d. Humboldt-Uni. Ostberlin.
Ausz.: VVO i. Bronze (1969).

Eichelkraut, Lothar
Berlin
Geb. 10. 11. 1929 i. Hartenstein-Zwickau als Sohn eines Arbeiters
Erl. B.: Diplom-Fachlehrer f. Gesellschaftswiss., Diplom-Staatswiss.
Ausg. B.: Botschafter
Partei: SED
L.: Oberschule. 1949 Abitur. Studium a. d. Uni. Leipzig u. Landesverwaltungsschule i. Frankenberg. 1954-56 Dipl.-Fachlehrer f. Gesellschaftswiss. Seit 1956 Angehöriger d. diplom. Dienstes. Fernstudium DASR. 1960 Dipl.-Staatswiss. 1959-61 Attaché i. Irak. Danach MA d. MfAA. 1967-71 MA bzw. Ltr. d. Konsulats i. Madras. Anschl. stellv. Ltr. d. Abt. Auslandsinformation i. MfAA. 1975-77 Botschafter d. DDR i. Jemenit. Arab. Republik. Seit 11. 2. 1978 Botschafter d. DDR i. d. Demokr. Rep. Sudan. Nachf. v. Herbert Denzler.
Ausz.: Verdienstmed. d. DDR u. a.

Eichhorn, Ewald
Berlin
Ausg. B.: Generalmajor d. VP
Partei: SED
L.: Offizier d. VP. Zeitw. 1. Sekr. d. BPO d. SED i. MdI. 1971-74 Ltr. d. Polit. Verwaltung i. MdI. Oberst, seit 26. 6. 1973 Generalmajor d. VP. 1974-

77 1. stellv. Min. d. Innern. 2. Vors. d. SV Dynamo.
Ausz.: VVO i. Bronze (1969) u. a.

Eichhorn, Herbert

Berlin
Geb. 12. 7. 1921 i. Krebes, Krs. Plauen, als Sohn eines Landwirts
Erl. B.: Buchhalter, Staatlich geprüfter Landwirt, Diplom-Staatswissenschaftler
Ausg. B.: Funktionär d. Nationalrates d. Nationalen Front
Partei: DBD
L.: 1936-39 Lehre als landw. Buchhalter. Buchhalter i. Weischlitz. 1939 NSDAP. Soldat (Flak). 1945-47 Landarbeiter. 1948 DBD. 1947-50 Sekr. i. Kreisvorstand Plauen bzw. Landesvorstand Sachsen d. VdgB. 1950-52 Landesgeschäftsführer d. DBD i. Sachsen. 1952-55 stellv. Vors. d. RdB Leipzig. Seit 1955 Mitgl. d. Präs. d. PV d. DBD u. d. Präs. d. ZV d. VdgB. 1955-62 Sekr. d. ZV d. VdgB. 1960-77 Kand. bzw. Mitgl. d. Parteischiedsgerichts d. DBD. Seit 1963 Mitgl. d. Präs. u. d. Sekr. d. Nationalrates d. Nat. Front. 1962-65 Studium a. Inst. z. Ausbildung v. Funktionären f. d. sozial. Landw. Staatl. gepr. Landw. Seit 1966 Mitgl. d. RLN. Seit 1970 Mitgl. d. Präs. d. ZV d. Verbandes d. Kleingärtner, Siedler u. Kleintierzüchter. Seit Nov. 1971 Abg. d. VK. Stellv. Vors. d. Ausschusses f. Haushalt u. Finanzen. 1970-73 Studium a. d. ASR. Dipl.-Staatswiss. Seit 1975 Mitgl. d. Präs. d. Freundschaftsges. DDR-Afrika. Seit 1979 Mitgl. d. ZV d. Ges. f. Denkmalpflege i. KB.
Ausz.: VVO i. Gold (1981) u. a.

Eichhorn, Rudolf

Berlin
Geb. 23. 4. 1921 i. Dresden als Sohn eines Baumeisters
Erl. B.: Ingenieur f. Hochbau
Ausg. B.: Direktor
Partei: CDU
L.: Besuch d. Volks- u. Oberrealschule i. Dresden. 1938-39 Maurerlehre. 1939 NSDAP. 1939-44 Besuch d. Staatsbauschule f. Hoch- u. Tiefbau i. Dresden. Ing. f. Hochbau. Anschl. Kriegsdienst u. Gef. 1946 Mitgl. d. CDU. 1946-56 Bauing., Hauptabt.-Ltr., techn. Dir. u. 1956 Ltr. d. Vorplanung (TH Dresden). 1956-64 stellv. Vors. d. Rates d. Bez. Dresden. Bezirksbaudir. 1958-63 Abg. d. VK. 1965-70 stellv. Min. f. Bauwesen. Seit 1970 Dir. d. Dtsch. Bauausstellung bzw. 1. stellv. Dir. d. Instituts f. Bauinformation. Seit 1968 Mitgl. d. Hauptvorstandes d. CDU.
Ausz.: VVO i. Silber (1959 u. 1981) u. a.

Eichhorn, Wolfgang I

Berlin
Geb. 23. 2. 1930 i. Unterneubrunn, Krs. Hildburghausen
Erl. B.: Gesellschaftswissenschaftler, Dr. phil. habil.

Ausg. B.: Bereichsleiter
Partei: SED
L.: 1946 SED. 1948 Abitur. Studium d. Gewi. i. Jena. Ab 1951 Lehrtätigkeit a. d. Humboldt-Uni. Ostberlin. 1956 Promotion zum Dr. phil. Humboldt-Uni. 1960 ehrenamtl. Chefred. (jetzt stellv. Chefred.) d. „Dtsch. Zeitschr. f. Philosophie". 1965 Habil. 1966 Prof. Jan. 1969-71 Ltr. d. Forschungsbereiches Gewi. u. Mitgl. d. Präs. d. DAW/AdW. Seit 1970 o. Mitgl. d. APW. Seit 1973 o. Mitgl. AdW. Gegenwärtig Ltr. d. Bereichs Histor. Materialismus a. Zentralinst. f. Philosophie AdW.
Ausz.: Nat. Pr. III. Kl. (1980).
Veröff.: „Von d. Entwicklung d. sozial. Menschen", 1964. „Wie ist Ethik als Wissenschaft möglich?". Mitautor d. Lehrbuches „Marxistische Philosophie".

Eichhorn, Wolfgang II

Berlin
Geb. 1931
Erl. B.: Elektroschlosser, Philosoph, Dr. sc, phil.
Ausg. B.: Hochschullehrer
Partei: SED
L.: Lehrling i. RAW Berlin-Oberschöneweide. Bis 1948 Elektroschlosser. 1. FDJ-Sekr. d. RAW. 1950 ABF Berlin. 1951-54 Studium d. Philosophie a. d. Humboldt-Uni. Ostberlin. Aspirantur a. d. Uni. Leningrad. 1964 Promotion zum Dr. phil. 1970 zum Prof. ernannt. Inhaber d. Lehrstuhls f. Histor. Materialismus a. d. Humboldt-Uni. Seit 1972 Dir. d. Sektion marx.-lenin. Philosophie d. Humboldt-Uni.

Eichler, Heinz

Berlin
Geb. 14. 11. 1927 i. Leipzig als Sohn eines Arbeiters
Erl. B.: Kaufmännischer Angestellter, Diplom-Wirtschaftler
Ausg. B.: Sekretär d. Staatsrates
Partei: SED
L.: 1942-44 kfm. Lehre. 1944 NSDAP. 1945 MA d. RdK Oschatz. 1945 KPD. 1946 SED. 1946 Besuch d. BPS i. Hartmannsdorf. Mitgl. d. LPS i. Ottendorf. 1946-48 Mitgl. d. Kreisvorstandes Oschatz d. SED. 1946-47 Besuch d. ABF. 1947-50 Studium Uni. Leipzig. Dipl.-Wirtsch. 1950 Hauptsachbearbeiter i. MdI. 1950-56 Referent u. Abt.-Ltr. i. d. Regierungskanzlei d. DDR. i. Sekr. d. 1. Stellv. d. Vors. d. MR (Ulbricht). 1953-56 Parteisekr. d. SED i. Büro d. Präs. d. MR. 1956-60 Aspirant a. d. Akademie f. Gewi. b. ZK KPdSU. 1960-71 pers. Referent d. Vors. d. Staatsrates W. Ulbricht. Seit Nov. 1971 Berliner Vertreter bzw. Abg. i. d. VK u. Sekr. d. Staatsrates. Nachf. v. Otto Gotsche. Mitgl. d. Präs. d. VK.
Ausz.: VVO i. Gold (1977) u. a.

Eichler, Heinz

Berlin
Erl. B.: Mechaniker
Ausg. B.: Generalmajor d. VP

Partei: SED
L.: Volksschule. Mechaniker-Lehre. Soldat. 1945-49 sowj. Kriegsgefangenschaft. Antifa-Schüler. 1949 Eintritt i. d. VP. Offizier d. Bereitschaftspolizei. Gegenwärtig Ltr. d. HA Bereitschaften i. MdI. Seit 1. 10. 1974 Generalmajor d. VP.
Ausz.: VVO i. Bronze (1968), Orden „Banner der Arbeit", Stufe I (1978) u. a.

Eichler, Klaus

Berlin
Geb. 11. 10. 1939 i. Halle/Saale
Erl. B.: Ingenieur-Chemiker
Ausg. B.: Direktor
Partei: SED
L.: Chemiefacharbeiterlehre i. d. Elektrochem. Werken Ammendorf. 1954 Mitgl. d. FDJ. 1962 SED. Bis 1964 Studium als Chemie-Ing. Hauptamtl. FDJ-Funktionär. 1962-65 1. Sekr. d. FDJ-Kreisltg. d. Leuna-Werke „Walter Ulbricht". 1965-74 1. Sekr. d. FDJ-BL Frankfurt/O. 1971 Studium a. d. PHSch. Seit 23. 10. 1974 Dir. d. Jugendreisebüros „Jugendtourist". 1965-67 u. seit 1974 Mitgl. d. Büros d. ZR d. FDJ.
Ausz.: VVO i. Bronze (1973) u. a.

Eichstädt, Joachim

Berlin
Geb. 1928
Erl. B.: Zimmerer, Dipl.-Ing.
Ausg. B.: Institutsdirektor
Partei: SED
L.: Zimmerer, Dipl.-Ing. Zeitw. Haupttechnologe bzw. Generaldir. BMK Kohle/Energie i. Cottbus. 1963 Abg. d. BT Cottbus. Seit 1977 Dir. d. Inst. f. Industriebau d. Bauakademie d. DDR. Nachf. v. Joseph Hafrang.

Eicke, Waltraud

Erfurt
Geb. 23. 5. 1936 i. Nordhausen-Salza
Erl. B.: Arbeiterin, Diplom-Gesellschaftswiss.
Ausg. B.: Vors. d. DFD i. Bez. Erfurt
Partei: SED
L.: DFD-Funktionärin. Sekr., seit 1975 Vors. d. DFD i. Bez. Erfurt. Nachf. v. Christa Münch. Seit April 1976 Mitgl. d. SED-BL Erfurt. Seit Okt. 1976 Nachfolgekand. d. VK. Mitgl. d. BV d. DFD.
Ausz.: VVO i. Bronze (1980) u. a.

Eisel, Fritz

Dresden
Geb. 1929 i. Lauterbach/Hessen
Erl. B.: Maler u. Grafiker, Prof.
Ausg. B.: Hochschullehrer
Partei: SED
L.: Eineinhalb Jahre Fernfahrer. Ab 1947 Studium a. d. Kusnt-HS i. Weimar u. Dresden. Sechsjähriges Kunststudium a. Repin-Institut i. Leningrad. Danach Kunstmaler i. Potsdam u. Dresden. Seit 1971 Prorektor d. HS f. bild. Künste i. Dresden o. Prof. f. Malerei. 1975-79 Rektor d. HS f. bild. Künste i. Dresden.
Ausz.: Fontane-Preis d. Bez. Potsdam (1961) u. a.

Eismann, Friedrich

Dresden
Geb. 1933
Erl. B.: Journalist
Ausg. B.: Chefredakteur
Partei: CDU
L.: Journalist. 1957 Kulturred. d. CDU-Zeitung „Der Neue Weg". 1961-68 stellv. Chefred. d. CDU-Zeitung „Thüringer Tageblatt". 1968-77 Chefred. d. Tageszeitung d. CDU f. d. Bez. Halle u. Magdeburg „Der Neue Weg". Seit Sept. 1977 Chefred. d. CDU-Tageszeitung „Die Union" i. Dresden u. „Märkische Union" i. Potsdam. Mitgl. d. ZV d. VdJ.
Ausz.: VVO i. Bronze (1976) u. a.

Elm, Joachim

Berlin
Geb. 9. 9. 1931 i. Gera
Erl. B.: Jurist
Ausg. B.: Botschafter
Partei: SED
L.: Studium d. Rechtswiss. a. d. KMU Leipzig. Seit 1954 Angehöriger d. diplom. Dienstes d. DDR. Referent i. d. Abt. Recht d. MfAA. 1965-69 Konsul u. 2. Sekr. a. d. DDR-HV i. Finnland. Danach amt. Ltr. d. Abt. Nordeuropa i. MfAA. 1973-74 Botschaftsrat a. d. DDR-Botschaft i. Finnland. 1974-77 2. Sekr., Kulturattaché u. Botschaftsrat i. d. USA. 1977-82 Sektionsltr. i. MfAA. Seit 12. 3. 1982 Botschafter i. Australien. Zweitakkreditiert i. Neuseeland u. Fidschi. Nachf. v. Gerhard Lindner.
Ausz.: VVO i. Bronze u. a.

Elm, Ludwig

Jena
Geb. 10. 8. 1934 i. Greußen, Krs. Sondershausen, als Sohn eines Arbeiters.
Erl. B.: Landwirtschaftsgehilfe, Diplom-Lehrer f. Marxismus-Leninismus, Dr. sc. phil.
Ausg. B.: Hochschullehrer
Partei: SED
L.: Besuch d. Grundschule u. d Fachschule f. Landw. 1948-50 landw. Lehre. 1952 SED. 1952 Studium a. d. Humboldt-Uni. u. 1953-56 Franz-Mehring-Inst. KMU Leipzig. Dipl.-Lehrer f. Marx.-Len. 1956 Ass. Uni. Jena. 1958-61 stellv. Sekr. d. Hochschultg. d. FDJ i. Jena. 1961-64 Ass. bzw. Oberass. 1964 Promotion zum Dr. phil. 1964-69 stellv. Sekr. d. GO d. SED Uni. Jena. Seit 1969 Doz. u. Prorektor f. Gewi. Uni. Jena. 1970 Prof. 1971 Dr. sc. phil. 1978-1981 Abg. d. VK. Mitgl. d. Ausschusses f. Volksbildung. O. Prof. a. d. Sektion Marx.-Leninismus d. Uni. Jena.
Ausz.: Verdienstmed. d. DDR u. a.

Elsner, Klaus
Berlin
Geb. 15. 3. 1928 i. Friedenshütte als Sohn eines Ingenieurs
Erl. B.: Landwirtschaftlicher Facharbeiter, Staatlich geprüfter Landwirt, Diplom-Landwirt, Dr. sc. paed., Prof.
Ausg. B.: Forschungsbereichsleiter
Partei: DBD
L.: Oberschule. Abitur. 1945-48 landw. Lehre. Danach Landwirtschaftsgehilfe i. VEG Steinbrükken. 1949 DBD. 1949-50 Ausbildung z. landw. Berufsschullehrer i. Schleusingen. 1950-61 Lehrtätigkeit i. Thüringen. 1952-56 Fernstudium Fachschule f. Landw. Weimar. Staatl. gepr. Landw. 1956-61 Fernstudium a. d. Uni. Leipzig u. Jena. Dipl.-Landwirt. 1961-64 wiss. Aspirant DPZI. Seit 1964 wiss. MA u. Forschungsbereichsltr. a. Inst. f. Berufsbildung Berlin. 1965 Promotion zum Dr. paed. 1967-80 Vors. d. DBD i. Krs. Berlin-Pankow. Seit 1969 Mitgl. d. Nat.-Rates d. NF. Seit Juli 1967 Berliner Vertreter bzw. Abg. d. VK. 1973 Dr. sc. paed. Seit 1976 Vizepräs. d. Freundschaftsges. DDR-Südostasien. Seit 1976 stellv. Vors. d. IPG u. stellv. Vors. d. Ausschusses f. Volksbildung d. VK. Seit 1980 Honorarprof. TH Karl-Marx-Stadt.
Ausz.: VVO i. Bronze (1979) u. a.

Elsner, Lothar
Rostock
Ausg. B.: Hochschullehrer, Dr. sc. phil.
Partei: SED
L.: Studium a. d. Humboldt-Uni. Ostberlin. Danach hauptamtl. Funktionär d. SED. 1965 Ltr. d. Abt. Schulen, Hoch- u. Fachschulen d. BL Rostock d. SED. Sept. 1966-Juni 1969 Sekr. f. Kultur u. Volksbildung d. SED-BL Rostock. 1967 Habil. a. d. Uni. Rostock. Seit Juni 1969 o. Prof. f. allg. Geschichte d. Arbeiterbewegung a. d. Sektion Geschichte d. Uni. Rostock. Zeitw. Dir. d. Sektion Geschichte. Vors. d. Bezirkskomitees Rostock d. Historiker-Ges. d. DDR.
Ausz.: VVO i. Bronze (1976) u. a.

Elster, Erwin
Karl-Marx-Stadt
Geb. 1929
Erl. B.: Diplom-Gesellschaftswissenschaftler
Ausg. B.: Sekretär d. SED-BL Karl-Marx-Stadt
Partei: SED
L.: In den 50er Jahren hauptamtl. FDJ-Funktionär, u. a. 1. Sekr. d. FDJ-Kreisleitung Reichenbach u. Plauen sowie 1. Sekr. d. Hochschulleitung d. FDJ a. d. Bergakademie Freiberg u. Sekr. f. Studenten d. FDJ-BL Karl-Marx-Stadt. 1963-71 2. Sekr. d. SED-KL Aue. Seit Mai 1971 Sekr. f. Wissenschaft, Volksbildung u. Kultur d. SED-BL Karl-Marx-Stadt. Nachf. v. Rolf Wendrock. Seit Nov. 1971 Abg. d. BT Karl-Marx-Stadt.
Ausz.: VVO i. Silber (1978) u. a.

Eltze, Werner
Berlin
Ausg. B.: Stellv. Vors. d. ZV d. GST, Oberst d. NVA
Partei: SED
L.: Nach 1945 FDJ-Funktionär u. Offizier d. KVP/NVA. 1959-61 Mitgl. d. ZR u. d. Büros d. ZR d. FDJ. Major u. Vors. d. Jugendkomm. i. d. PHV d. NVA. Anschl. MA d. ZK d. SED. Verantw. Funktionen i. d. AG f. sozial. Wehrerz. u. militärpolit. Agitation b. ZK d. SED. Febr. 1979 als Mitgl. i. d. ZV d. GST kooptiert u. zum stellv. Vors. d. ZV f. Agitprop. gewählt. Nachf. v. Rolf Pitschel. Oberst d. NVA.
Ausz.: VVO i. Bronze (1974). Kampforden f. Verdienste um Volk und Vaterland i. Gold (1980) u. a.

Emmerich, Herbert
Berlin
Geb. 1929
Erl. B.: Ingenieur, Diplom-Wirtschaftler, Dr.
Ausg. B.: Stellvertretender Präsident ASMW
Partei: SED
L.: Nach 1945 i. staatl. Wirtschaftsapparat tätig, u. a. Sektoren- u. Abt.-Ltr. i. d. SPK. 1962-65 Ltr. d. HA Technik i. VWR. Danach Stellvertreter d. Sekr. d. RGW. 1972-73 Ltr. d. Amtes f. Standardisierung d. DDR. Vors. d. Ständ. Kommission Standardisierung i. RGW. Seit 1973 stellv. Präs. d. ASMW.
Ausz.: VVO i. Bronze (1974) u. a.

Emons, Hans-Heinz
Halle/Saale
Geb. 1. 6. 1930 i. Herford/Westf.
Erl. B.: Chemielaborant, Chemiker, Dr. rer. nat. habil.
Ausg. B.: Hochschullehrer
Partei: SED
L.: 1948 Abitur. Chemielaboranten-Lehre. Ab 1949 Chemie-Studium a. d. TH Dresden. Ltr. d. Abt. Chemie d. Fernstudiums TH Dresden. 1959 Oberass. TH f. Chemie Leuna-Merseburg. 1962 Habil. 1962 Doz. Fabrikbetriebsltr. i. Kalikomb. Werra. 1964 Inst.-Dir. TH f. Chemie. seit 1965 Prof. 1966-68 Dekan d. Fakultät f. Stoffwirtschaft. 1968-75 Rektor d. TH. 1970-80 Prorektor. 1979 Mitgl. d. SED-BL Halle. Seit 1973 o. Mitgl. AdW.
Ausz.: Nat.-Preis III. Kl. (Koll.-Ausz., 1970). VVO i. Bronze (1973) u. a.

Enderlein, Fritz
Berlin
Geb. 21. 2. 1929 i. Einsiedel als Sohn eines Schlossers
Erl. B.: Bankangestellter, Dr. jur. et sc. oec.
Ausg. B.: Hochschullehrer
Partei: SED
L.: Bankangestellter. Zeitw. stellv. Bankdir. In d. 60er Jahren stellv. Ltr. d. HV d. DDR i. Indien. Seit 1. 9. 1967 Prof. f. Internat. Wirtschaftsrecht a. d. DASR. Stellv. Dir., seit April 1978 Dir. d.

Inst. f. ausländisches Recht u. Rechtsvergleichung a. d. ASR. Nachf. v. Wolfgang Seiffert. Schiedsrichter d. KfA.
Ausz.: VVO i. Bronze (1978).

Enders, Wolfgang

Karl-Marx-Stadt
Geb. 1930
Erl. B.: Kaufmännischer Angestellter, Diplom-Gesellschaftswissenschaftler, Dipl.-Ing. oec.
Ausg. B.: Sekretär d. SED-BL Karl-Marx-Stadt
Partei: SED
L.: Kfm. Angestellter. Dipl.-Ing. oec. Hauptamtl. SED-Funktionär. In d. 50er Jahren Ltr. d. Abt. Agitprop. d. SED-BL Karl-Marx-Stadt. Danach AL d. SED-KL Flöha. Studium a. d. TH Dresden u. PHSch d. SED. 1966-72 1. Sekr. d. SED-KL Flöha. Seit Mai 1972 Sekr. f. Agitprop. d. SED-BL Karl-Marx-Stadt. Nachf. v. Horst Garzini. Abg. d. BT.
Ausz.: VVO i. Bronze (1969), Orden „Banner d. Arbeit", Stufe I (1979) u. a.

Engel, Lothar

Magdeburg
Geb. 1941
Erl. B.: Kaufmann, Diplom-Agrarökonom
Ausg. B.: Stellv. Vorsitzender d. RdB Magdeburg
Partei: SED
L.: Handelskaufmann, Diplom-Agrarökonom. Seit Dez. 1977 stellv. Vors. d. RdB Magdeburg f. Handel u. Versorgung. Nachf. v. Heinz Kreibich. Abg. d. BT.

Engel, Wolfgang

Rostock
Geb. 10. 4. 1928 i. Ammendorf
Erl. B.: Mathematiker, Dr. sc. nat.
Ausg. B.: Hochschullehrer
L.: Studium d. Mathematik. 1958 Habil i. Halle. Dozent a. d. MLU Halle-Wittenberg. Seit 1959 Prof. i. Rostock. Dir. d. Sektion Mathematik. 1974-81 Vors. d. Mathem. Gesellschaft d. DDR. Korr. Mitgl. d. APW.
Ausz.: VVO i. Bronze (1969) u. a.

Engelmann, Gottfried

Glauchau/S.
Geb. 23. 7. 1926 i. Glauchau als Sohn eines kfm. Angestellten
Erl. B.: Spinner u. Weber, Textil-Ingenieur, Diplom-Wirtschaftler, Dr. rer. oec.
Ausg. B.: Direktor
Partei: LDP
L.: Oberschule. 1944 NSDAP. 1946-48 Ausbildung als Spinner u. Weber. 1946 LDP. 1948-72 Betriebsltr. bzw. Komplementär d. Fa. Nitschke & Co., Glauchau. 1972-73 Dir. VEB Kammgarnweberei Glauchau, 1973-75 Dir., seit 1975 Dir. f. Beschaffung i. VEB Textilwerke Palla Glauchau bzw. Dir. f. Export i. VEB Kombinat Wolle u. Seide, Meerane, Krs. Glauchau. 1950

Studium a. d. Ing.-Schule f. Textiltechnik Reichenbach. Textil-Ing. 1958-61 Fernstudium f. Komplementäre a. d. KMU Leipzig. Dipl.-Wirtschaftler. 1967-71 Nachfolgekand., seit Juni 1971 Abg. d. VK. Mitgl. d. Ausschusses f. Haushalt u. Finanzen. 1971 Promotion zum Dr. rer. oec. Seit Febr. 1972 Mitgl. d. Zentralvorstandes u. d. Polit. Ausschusses d. LDP.
Ausz.: VVO i. Bronze (1971) u. i. Gold (1972) u. a.

Engst, Werner

Berlin
Geb. 1. 6. 1930 i. Groß-Särchen als Sohn eines Buchhalters
Erl. B.: Maschinenschlosser, Lehrer
Ausg. B.: Stellv. Minister f. Volksbildung
Partei: SED
L.: Besuch d. Volks- u. Oberschule. 1946-49 Schlosserlehre. 1949 FDJ. 1949-50 als Schlosser tätig. 1950-64 Instrukteur, stellv. Abt.-Ltr. u. Abt.-Ltr. Junge Pioniere i. ZR d. FDJ. 1952 SED. 1964-71 Sekr. d. ZR d. FDJ u. Vors. d. Pionierorg. „Ernst Thälmann". 1967-71 Abg. d. VK. 1969-71 Mitgl. d. Präs. d. VK. Seit Febr. 1971 stellv. Min. f. Volksbildung. Seit 1973 stellv. Vors. d. Unesco-Kommission d. DDR.
Ausz.: VVO i. Silber (1974) Orden „Banner d. Arbeit", Stufe III (1980) u. a.

Enke, Albert

Cottbus
Geb. 11. 12. 1922 i. Zeitz
Erl. B.: Gas- u. Wasserinstallateur, Diplom-Wirtschaftler
Ausg. B.: Vorsitzender d. Bezirksvorstandes Cottbus d. FDGB
Partei: SED
L.: Gas- u. Wasserinstallateur. Kriegsdienst (1943 Uffz. i. Pz.-Gren.-Rgt. 4). Bis 1947 in sowj. Kriegsgef. Anschl. wieder als Installateur tätig. 1947 Mitgl. d. SED. 1949-50 Vors. d. Gewerkschaft VBV i. Krs. Dessau. 1951-52 stellv. Landesvors., 1952-53 Vors. d. gewerkschaft VBV i. Bez. Magdeburg. 1953-54 Vors. d. FDGB i. Bez. Magdeburg. 1955-56 Studium a. d. HS d. Gewerkschaften. 1957-58 stellv. Vors. d. ZV d. IG örtl. Wirtschaft. Seit April 1958 Vors. d Bezirksvorstandes Cottbus d. FDGB. Nachf. v. Erich Bombach. Mitgl. d. Bezirkstages u. d. SED-BL Cottbus. Seit 1960 Mitgl. d. Bundesvorstandes d. FDGB. Seit 1967 Abg. d. VK. Seit 1971 Mitgl. d. Ausschusses f. Volksbildung, seit 1976 Mitgl. d. Ausschusses f. Kultur. 1975-76 Besuch d. PHSch d. KPdSU.
Ausz.: VVO i. Bronze (1965) u. i. Silber (1969) u. a.

Enkelmann, Kurt

Berlin
Geb. 14. 1. 1920
Erl. B.: Schlosser
Ausg. B.: Handelsrat
Partei: SED

L.: Maschinenschlosser. Seit 1950 i. Außenhandel d. DDR tätig. Bis 1953 Dir. d. DIA Maschinenexport. 1954-58 Handelsrat u. Ltr. d. Handelsvertretung d. DDR i. d. VAR. 1958-74 stellv. Min. f. Außenhandel u. Innerdtsch. Handel bzw. f. Außenwirtschaft. Verantwortlich f. d. Handel mit d. UdSSR. Seit 1974 Ltr. d. Handelsvertretung d. DDR i. d. UdSSR. Nachf. v. Erwin Kerber. Seit 1978 Mitgl. d. ZV d. DSF.
Ausz.: VVO i. Gold (1980) u. a.

Eppendorfer, Walter

Berlin
Geb. 2. 6. 1925 i. Eppendorf/Flöha/S.
Ausg. B.: Generaldirektor
Partei: SED
L.: Kriegsdienst. Nach 1945 i. Außenhandelsapparat d. DDR tätig. Zeitw. Ltr. d. Handelsvertretung d. DDR i. Irak u. Abt.-Ltr. i. MAI. Seit 1967 Generaldir. AHU Mineralöle Import-Export GmbH. bzw. Intercontrol GmbH.
Ausz.: VVO i. Bronze (1975) u. a.

Erbach, Günther

Berlin
Geb. 22. 1. 1928 i. Klampin, Krs. Saatzig
Erl. B.: Pädagoge, Dr. paed., Prof.
Ausg. B.: Staatssekretär
Partei: SED
L.: 1945 Landarbeiter. Danach Junglehrer im Krs. Stralsund. Anschl. Studium a. d. Ernst-Moritz-Arndt-Uni. Greifswald. 1949-53 wiss. Aspirant a. d. Uni. Greifswald, Berlin u. Leipzig (DHfK). 1953-55 Ltr. d. Zentralen Sportschule i. Strausberg b. Berlin. 1956 Ltr. d. Abt. Wissenschaft i. Staatl. Komitee f. Körperkultur u. Sport. Seit 1956 Doz. bzw. Prof. (seit 1960) a. d. Dtsch. HS f. Körperkultur i. Leipzig. 1956-63 Rektor d. DHfK. 1965-74 stellv. Vors. d. Staatl. Komitees f. Körperkultur u. Sport bzw. stellv. Staatssekr. i. Staatssekr. f. Körperkultur u. Sport. Seit März 1974 Staatssekr. f. Körperkultur u. Sport. Nachf. v. Roland Weißig.
Ausz.: VVO i. Silber (1968) u. i. Gold (1970) u. a.

Erdmann, Thomas

Rostock
Geb. 13. 4. 1933 i. Berlin-Wilmersdorf
Erl. B.: Arzt, Dr. sc. med.
Ausg. B.: Hochschullehrer
Partei: SED
L.: 1951 SED. Bis 1956 Studium d. Humanmedizin a. d. Humboldt-Uni. Ostberlin. Pathologe u. Internist, dann Spezialisierung als Urologe. 1961 Arzt a. Städt. Krankenhaus Potsdam. 1964-72 Oberarzt a. d. Urol. Klinik Bln.-Friedrichshain und Charité. 1969 Habil. Seit Sept. 1973 Ltr. d. Lehrstuhls f. Urologie u. Dir. d. gleichnamigen Klinik d. Rostocker Uni. Präs. d. Ges. f. Urologie d. DDR.
Ausz.: Nat. Pr. I. Kl. (Koll.-Ausz. 1972).

Erler, Herbert

Berlin
Geb. 13. 4. 1917 i. Zittau
Erl. B.: Arzt, Dr. med., Obermedizinalrat
Ausg. B.: Stellvertretender Minister f. Gesundheitswesen
Partei: SED
L.: Studium d. Medizin (u. a. a. d. Uni. Gießen). Kriegsdienst. 1946 Mitgl. d. SED. Facharzt bzw. Kreisarzt f. Sozialhygiene i. d. Kreisen Dresden u. Löbau. Seit 1950 Mitarbeiter d. Min. f. Gesundheitswesen (stellv. Abt.-Ltr., Abt.-Ltr., Hauptabt.-Ltr.). Seit 1964 stellv. Min. f. Gesundheitswesen.
Ausz.: VVO i. Silber (1977) u. a.

Ermisch, Luise

Mühlhausen i. Thür.
Geb. 20. 5. 1916 i. Halle/S. als Tochter eines Fleischermeisters
Erl. B.: Damenschneiderin, Bekleidungsingenieur
Rentnerin
Partei: SED
L.: 1930-33 Ausbildung als Damenschneiderin. Danach 4 Jahre erwerbslos. Anschl. Schneiderin. Ab. 1946 Näherin i. VEB Hallesche Kleiderwerke. 1949 Ltr. d. ersten Konfektions-Qualitätsbrigade u. techn. Ass. 1949 Besuch d. Kreisschule d. FDGB i. Halle u. d. Betriebsfachschule i. Neugersdorf. 1950 Mitgl. d. SED. 1950-81 Abg. d. VK. Mitgl. d. Ausschusses f. Handel u. Versorgung d. VK. 1951-76 Betriebsltr. d. VEB Bekleidungswerk Mühlhausen. 1954-81 Mitgl. d. ZK d. SED. 1958-63 Kand. d. Politbüros d. ZK d. SED. 1960 Studium PHSch KPdSU. 1960-63 Mitgl. d. Staatsrates. Parteiveteranin.
Ausz.: Karl-Marx-Orden (1976) u. a.

Ernst, Hans

Geb. 1921 als Sohn eines Webers
Erl. B.: Konditor
Generalleutnant d. NVA a. D.
Partei: SED
L.: Konditor. Teilnehmer am 2. Weltkrieg. 3mal verwundet. 1945 Mitgl. d. KPD. 25. 5. 1945 Eintritt i. d. Volkspolizei. 1946 VP-Wachtmeister i. Mühlhausen. 1948 VP-Rat. Kommandeur d. VP-Bereitschaften Ilmenau u. Mühlhausen. 1950 VP-Oberrat. 1952 Oberst d. KVP. Divisionskommandeur i. Eggesin, Potsdam u. v. 1958-61 i. Erfurt. Studium i. d. UdSSR. März 1961 zum Generalmajor befördert. 1961-74 Chef d. Militärbezirks III „Süd" d. NVA i. Leipzig. 1963-67 Kand. d. ZK d. SED. 3. 10. 1968 zum Generalleutnant befördert. 1974-77 Kdr. d. Offiziers-HS d. Landstreitkräfte „Ernst Thälmann" i. Löbau. Seit 1979 Vors. d. Kommission f. Wehrkampfsport u. GST. Generallt. a. D.
Ausz.: VVO i. Gold (1974) u. a.

Eschebach, Karl-Ernst
Cottbus
Geb. 4. 5. 1924 i. Dresden
Erl. B.: Diplom-Landwirt, Dr. agr.
Ausg. B.: Vorsitzender d. Bezirksverbandes Cottbus d. DBD
Partei: DBD
L.: Kriegsdienst. 1950 DBD. DBD-Funktionär. Zeitw. Sekr. d. BV Cottbus d. DBD. 1970-71 stellv. Vors. d. RLN i. Bez. Cottbus. Seit Okt. 1971 Vors. d. BV Cottbus d. DBD. Nachf. v. Michael Koplanski. Seit Mai 1972 Mitgl. d. PV d. DBD. Abg. d. BT Cottbus.
Ausz.: VVO i. Bronze (1973) u. a.

Escherich, Reinhard
Berlin
Geb. 26. 5. 1936 i. Weimar
Erl. B.: Kaufmann, Diplom-Staatswissenschaftler, Dr. phil.
Ausg. B.: Botschafter
Partei: SED
L.: Kaufm. Lehre. Besuch einer ABF. Studium a. Institut f. Internat. Bez. Diplom-Staatswiss. Seit 1962 Angehöriger d. diplom. Dienstes d. DDR. 1965-67 stellv. Ltr. d. Generalkonsulats i. d. Jemen. Arab. Republik. Danach Sektorenltr. i. MfAA (Naher Osten). 1972-77 1. Sekr. a. d. DDR-Botschaft i. Irak. Promotion a. d. KMU Leipzig zum Dr. phil. 1979-81 stellv. AL Naher u. Mittlerer Osten i. MfAA. Seit 20. 9. 81 Botschafter i. Syrien, seit 2. 11. 81 zusätzlich Botschafter i. Jordanien. Nachf. v. Heinz-D. Winter.
Ausz.: Verdienstmedaille d. DDR u. a.

Etrich, Ignaz
Berlin
Geb. 27. 12. 1921 i. Schatzlar, Krs. Trautenau (Sudetenland), als Sohn eines Textilarbeiters
Erl. B.: Bauingenieur
Ausg. B.: Stellvertretender Minister f. Bauwesen
Partei: SED
L.: Kfm. Lehre in einem Bauunternehmen. Kriegsdienst u. sowj. Gef. Nach Entlassung Mitarbeiter d. Bau-Union i. Heringsdorf u. i. Schwerin. Seit 1951 Mitarbeiter d. Min. f. Bauwesen, seit 1965 stellv. Min. f. Bauwesen mit Zuständigkeit f. d. Landwirtschaftsbau.
Ausz.: VVO i. Silber (1979), Humboldt-Medaille i. Gold (1980) u. a.

Everhartz, Franz
Berlin
Geb. 13. 7. 1923 i. Würselen b. Aachen
Erl. B.: Wollstoffmacher, Diplom-Ingenieur
Ausg. B.: Botschafter
Partei: SED
L.: Wollstoffamcher, Dipl.-Ing. Kriegsdienst. Nach 1945 SED-Funktionär, u. a. 1. Sekr. d. SED-KL Beeskow. Seit 1955 Angehöriger d. dipl. Dienstes. Botschaftsrat a. d. DDR-Botschaft i. China u. Ltr. d Südostasien-Abt. i. MfAA. 1962-68 Botschaftsrat a. d. DDR-Botschaft i. d. CSSR.

1968-72 Ltr. d. Abt. Benachbarte Länder i. MfAA. 1972-78 Botschafter d. DDR i. Nordkorea (Korean. Volksdem. Republik). Nachf. v. Georg Henke.
Ausz.: VVO i. Bronze (1969).

Ewald, Manfred
Berlin
Geb. 17. 5. 1926 i. Podejuch/Po. als Sohn eines Schneiders
Erl. B.: Angestellter, Diplom-Sportlehrer
Ausg. B.: Präsident d. DTSB
Partei: SED
L.: Verwaltungsangest. i. Podejuch/Po. 1944 NSDAP. 1945 Mitgl. d. KPD. Kreissekr. d. FDJ i. Greifswald. Seit 1948 Sportfunktionär, Sekr. d. Dtsch. Sportausschusses. 1951 Ltr. d. Abt. Internat. Arbeit i. Dtsch. Sportausschuß. 1952-60 Vors. d. Staatl. Komitees f. Körperkultur u. Sport (Staatssekr.). 1957-58 Besuch d. PHSch d. SED. Seit 1957 Mitgl. d. Bundesvorstandes d. DTSB. 1960-61 Vizepräs. (amtierender Präs.), seit Mai 1961 Präs. d. DTSB. Nachf. v. R. Reichert. Seit Jan. 1963 (VI. Parteitag) Mitgl. d. ZK d. SED. seit Okt. 1963 Abg. d. VK. Seit 1971 1. stellv. Vors. d. Jugendausschusses d. VK. Seit März 1973 Präs. d. NOK d. DDR. Nachf. v. H. Schöbel.
Ausz.: VVO i. Gold (1964 u. 1968). Ehrenspange zum VVO i. Gold. Karl-Marx-Orden (1976) u. a.

Ewelt, Fritz
Halle/Saale
Geb. 20. 7. 1930
Erl. B.: Maurer, Diplom-Gesellschaftswissenschaftler
Ausg. B.: 1. Sekr. d. SED-STL Halle
Partei: SED
L.: Maurer. SED-Funktionär, u. a. 1962-64 2. Sekr. u. 1964-69 1. Sekr. d. SED-KL Bitterfeld. Seit 18. 5. 1969 1. Sekr. d. SED-STL Halle. Nachf. v. W. Mothes. Mitgl. d. Sekr. d. SED-BL Halle. Mitgl. d. StVV Halle/Saale.
Ausz.: VVO i. Silber (1975) Orden „Banner d. Arbeit", Stufe I (1980) u. a.

Exner, Gerhard
Berlin
Ausg. B.: Leiter d. Staatl. Archivverwaltung, Dr.
Partei: SED
L.: Nach 1945 Offizier d. VP, VP-Inspekteur, dann Generalmajor d. VP. Zeitw. stellv. Ltr. d. HA Schupo i. d. HVdVP. Gegenwärtig Ltr. d. Staatl. Archivverwaltung i. MdI. Nachf. v. Walter Hochmuth.
Ausz.: VVO i. Gold (1979) u. a.

Exner, Heinz

Berlin
Geb. 1925
Erl. B.: Steinsetzer, Diplom-Militärwissenschaftler
Ausg. B.: Generalmajor d. NVA
Partei: SED

L.: Steinsetzer. 1946 SED. Gewerkschaftsfunktionär. Eintritt i. d. VP. Seit 1957 Offizier d. NVA (Kompanie-Btl.- u. Rgt.-Kdr.). Abs. d. Militärakad. Dresden. 1967 bis 76 Chef d. WBK Rostock. Seit 1976 Chef d. WBK Ostberlin. Seit Okt. 1976 Mitgl. d. STVV Ostberlin. Seit Okt. 1977 Generalmajor d. NVA. Seit Febr. 1979 Kand. d. SED-BL Berlin.

F

Faensen, Hubert
Kleinmachnow b. Berlin
Geb. 29. 12. 1928
Ausg. B.: Verlagsdirektor, Dr. phil.
Partei: CDU
L.: 1944 Flakhelfer. Nach 1945 kurzes Studium d. Volkswirtschaft a. d. Uni. Rostock. Ab 1949 Volontär bzw. Kulturred. b. d. CDU-Zeitung „Der Demokrat" i. Mecklenburg. 1950-54 Abg. d. VK. Zeitw. Mitgl. d. Hauptvorstandes d. CDU. Ab 1952 Studium d. Kunstgeschichte u. Phil. a. d. Humboldt-Uni. i. Ostberlin. Gleichzeitig Mitarbeiter d. Zentralorgans d. CDU „Neue Zeit" u. wiss. Mitarbeiter d. Hauptvorstandes d. CDU. Später Promotion zum Dr. phil. (Thema: „Der Formbegriff bei Konrad Fiedler") u. Lehrbeauftragter f. Beiträge zur Geschichte d. Ästhetik a. d. Humboldt-Uni. Seit Dez. 1960 Ltr. d. Union-Verlages i. Ostberlin u. d. Verlages Koehler u. Amelang i. Leipzig.
Ausz.: VVO i. Bronze (1978). Wilhelm-Bracke-Medaille i. Gold (1981) u. a.

Fahl, Ulrich
Berlin
Geb. 26. 6. 1933 i. Königsberg als Sohn eines kaufmännischen Angestellten
Erl. B.: Verwaltungsangestellter, Staatlich geprüfter Landwirt
Ausg. B.: Sekretär d. Hauptvorstandes d. CDU
Partei: CDU
L.: Heimatvertriebener. Bis 1948 Besuch einer Oberschule i. Mecklenburg. 1948/50 Verwaltungslehrling beim Rat d. Stadt Schwerin. Später Sachbearbeiter u. Ltr. eines Bezirksamtes. 1950 Mitgl. d. CDU. 1952 Vors. d. Kreisverbandes Schwerin d. CDU. 1952/53 2. Vors. d. Bezirksverbandes Rostock d. CDU. Ab 1953 Pers. Referent v. Gerald Götting bzw. Abt.-Ltr. Politik i. Hauptvorstand d. CDU. Seit 1954 Mitgl. d. Hauptvorstandes d. CDU. 1961-71 Abg. d. BT Magdeburg. 1960-71 Vors. d. BV Magdeburg d. CDU. Seit Juni 1971 Sekr. d. Hauptvorstandes d. CDU. Seit Nov. 1971 Abg. d. VK. Mitgl. d. Ausschusses f. Nat. Verteidigung. Seit Okt. 1972 Mitgl. d. Präs. d. Hauptv. CDU. Seit 1976 stellv. Fraktionsvors. d. CDU i. d. VK. Seit Juni 1981 Vizepräs. d. Freundschaftsges. DDR-Mexiko.
Ausz.: VVO i. Bronze (1964) u. i. Silber (1969) u. a.

Fahlenkamp, Werner
Berlin
Geb. 24. 3. 1928
Erl. B.: Lehrer, Diplom-Historiker, Oberstudienrat
Ausg. B.: Journalist, stellv. Chefredakteur
Partei: LDP
L.: Besuch eines Lehrerseminars. 1946-54 Lehrer, zuletzt Kreisschulrat Chemnitz-Land. 1947 Mitgl. d. LDP. 1954-57 Ltr. d. Kaderabt. i. d. Zentralen Parteileitung d. LDP. 1957-58 Mitgl. d. Büros d. Präs. d. Nationalrates d. Nat. Front. Danach Ltr. d. Kulturabt. d. Zentralorgans d. LDP „Der Morgen". Seit 1. 9. 1959 stellv. Chefred. d. Ztg. „Der Morgen". Seit 1961 stellv. Vors. d. VDJ i. Berlin. Mitgl. d. Zentralvorstandes d. LDP.
Ausz.: VVO i. Silber (1977) u. a.

Fahrenkrog, Heinz
Berlin
Geb. 16. 5. 1926 i. Wernigerode als Sohn eines Gewerbetreibenden
Erl. B.: Kaufmann, Diplom-Gesellschaftswissenschaftler, Dr. oec.
Ausg. B.: Präsident d. VDK
Partei: SED
L.: Besuch d. Volks-, Mittel- u. Handelsschule. 1942-45 kfm. Lehre. 1945 SPD. 1946 SED. 1945-50 Verkaufsstellenltr., Lagerltr. u. Einkäufer VDK Oschersleben. 1950-61 Referent u. Abt.-Ltr. VDK Berlin. 1961-64 Besuch d. PHSch d. SED. 1965-67 Generaldir. d. Zentralen Konsum-Handels- u. Produktionsunternehmens „Konsument" i. Karl-Marx-Stadt. Seit Febr. 1967 Präs. d. VDK. Nachf. v. Hilmar Weiß. Seit Juli 1967 Abg. d. VK. 1971 Promotion zum Dr. oec. 1967-71 Vors., seit 1971 stellv. Vors. d. Ausschusses f. Handel u. Versorgung d. VK.
Ausz.: VVO i. Silber (1976) u. a.

Falk, Hermann
Berlin
Geb. 1935 i. Greiz/Thür. als Sohn eines Arbeiters
Ausg. B.: Generaldirektor d. Künstleragentur
Partei: SED
L.: Abitur. 1955 Studium d. Außenpolitik a. d. DASR. Diplomat. Zeitw. Ltr. d. Abt. Kultur i. MfAA. Seit 1972 Generaldir. d. Künstleragentur d. DDR. Nachf. v. Ernst Zielke.
Ausz.: VVO i. Bronze (1977) u. a.

Falk, Waltraud
Berlin
Geb. 12. 2. 1930 i. Berlin
Erl. B.: Diplom-Wirtschaftler, Dr. sc. oec.
Ausg. B.: Hochschullehrer
Partei: SED
L.: 1946 Mitgl. d. SED. Studium d. Wirtschaftswiss. a. d. Humboldt-Uni. Ostberlin. 1 1/2 Jahre 1. Sekr. d. FDJ-Hochschulgruppe. 1952 Diplom. 1956 Promotion zum Dr. rer. oec. 1962 Habil. Seit 1956 Dir. d. Inst. f. Wirtschaftsgesch. a. d. Humboldt-Uni. Gegenwärtig Ltr. d. Bereichs „Wirtschaftsgeschichte" d. Sektion Wirtschaftswiss. d. Humboldt-Uni. Dekan d. Gesellschaftswiss. Fakultät. Seit Juni 1976 Vizepräs. d. Urania.
Ausz.: VVO i. Bronze (1974).

Faulstich, Helmuth
Dresden
Geb. 12. 11. 1914 i. Stralsund
Erl. B.: Diplom-Ingenieur, Dr.-Ing.
Ausg. B.: Arbeitsgruppenleiter
Partei: SED
L.: Studium a. d. TH Danzig. 1936 NSDAP.
Praktische Tätigkeit i. Turin u. Zoppot. 1946-55 i.
d. Sowjetunion dienstverpflichtet. Seit 1956 Mitarbeiter, 1965-71 Dir. d. ZfK i. Rossendorf b.
Dresden. Seit 1965 Prof. Mitgl. d. Vorstandes d.
Forschungsrates b. MR. Ltr. d. Zentralen Arbeitsgruppe Forschungstechnologie b. Vizepräs. f.
Forschung u. Planung d. AdW.
Ausz.: Verdienter Techniker d. Volkes (1974),
VVO i. Bronze (1980) u. a.

Faulwetter, Helmut
Berlin
Geb. 17. 4. 1929 i. Renthendorf, Bez. Gera, als
Sohn eines Arbeiters
Erl. B.: Maurer, Dr. sc. oec.
Ausg. B.: Hochschullehrer
Partei: SED
L.: Maurerlehre. Wirtschaftswiss. Studium. Dr.
rer. oec. Zeitw. MA d. Handelsvertretung d.
DDR i. Kairo u. Ltr. d. DDR-Handelsmission i.
Madras. Doz. bzw. Prof. a. d. HS f. Ökonomie i.
Ostberlin. 1970-73 Botschafter d. DDR i. Ceylon,
seit Aug. 1970 zusätzlich Botschafter d. DDR i. d.
Republik d. Malediven. Seit 1973 wieder als
Hochschullehrer tätig. Prof. am Institut f. Ökonomik d. Entwicklungsländer, Sektion Außenwirtschaft d. HS f. Ökonomie Ostberlin.

Fechner, Herbert
Berlin
Geb. 27. 8. 1913 i. Berlin als Sohn eines Tischlers
Erl. B.: Telegrafenbauarbeiter, Diplom-Staatswissenschaftler
Ausg. B.: Vorsitzender d. IPG d. DDR
Partei: SED
L.: Volksschule. 1927 SAJ. 1928-33 Möbelpolierer, 1933-45 Bauarbeiter, 1945 Telegrafenbauhandwerker. 1945 SPD. 1946 SED. 1948-51 Sekr.
d. SED-KL Berlin-Lichtenberg u. Treptow. 1951-
61 Mitgl. d. Magistrats v. Ostberlin (Stadtrat,
stellv. OB). 1961-67 Bezirksbürgermeister v. Berlin-Köpenick. 1963-65 Fernstudium DASR. Seit
1959 Präs. d. Bundes Dtsch. Segler. 1967-76
Kand. d. ZK d. SED. Juli 1967-Febr. 1974 OB v.
Ostberlin. Nachf. v. Fr. Ebert. Seit Juli 1967 Berliner Vertreter bzw. Abg. i. d. VK. Seit Sept. 1974
Vors. d. IPG d. VK. Nachf. v. Rolf Sieber. Seit
1974 Mitgl. d. Ausschusses f. Auswärtige Angel.
d. VK. Mitgl. d. Präs. d. Liga f. Völkerfreundschaft.
Ausz.: VVO i. Gold (1973) u. a.

Fehrmann, Klaus
Plauen/Vogtl.
Geb. 13. 6. 1935 i. Leipzig als Sohn eines Angestellten
Erl. B.: Diplom-Wirtschaftler, Dr. oec.
Ausg. B.: Generaldirektor
Partei: SED
L.: Oberschule. Abitur. 1953-57 Studium a. d.
KMU Leipzig. Diplom-Wirtschaftler. 1961 SED.
1957-60 Betriebsass. bzw. Ökonom i. VEB Thür.
Teppichfabriken Münchenbernsdorf. 1960-71
Hauptdispatcher, Planungsltr. u. Betriebsdir.
VEB Tüllgardinen- u. Spitzenwerke Dresden.
1972-73 AL VVB DEKO Plauen. 1967-73 Aspir.
HS f. Ökonomie. Dr. oec. 1973-74 Studium a. d.
PHSch d. KPdSU i. Moskau. 1974-76 stellv.
Generaldir., seit 1976 Generaldir. VEB Kombinat DEKO Plauen. seit 1976 Mitgl. d. SED-BL
Karl-Marx-Stadt. Seit 1981 Abg. d. VK u. Mitgl.
d. Ausschusses f. Ind., Bauwesen u. Verkehr.
Ausz.: VVO i. Bronze (1979) u. a.

Feist, Manfred
Berlin
Geb. 6. 4. 1930 i. Halle/Saale
Erl. B.: Diplom-Staats- u. Rechtswissenschaftler
Ausg. B.: Abteilungsleiter i. ZK d. SED
Partei: SED
L.: 1947 Mitgl. d. SED. Anfang d. 50er Jahre
Referent bzw. Oberreferent i. MfAA. Danach
MA d. Ausschusses f. Dtsch. Einheit u. Sekr. d.
Arbeitskreises z. Pflege d. dtsch. Kultur u. Sprache. Seit 1966 Arbeitsgruppen- bzw. Abt.-Ltr.
Auslandsinformation i. ZK d. SED. 1971-76
Kand., seit 22. 5. 1976 (IX. Parteitag) Vollmitgl.
d. ZK d. SED. Mitgl. d. Präs. d. DDR-Friedensrates u. d. Weltfriedensrates. Bruder v. Margot
Honecker-Feist.
Ausz.: VVO i. Gold (1980) u. a.

Feist, Peter H.
Berlin
Geb. 29. 7. 1928 i. Warnsdorf/CSR
Erl. B.: Kunstwissenschaftler, Dr. sc. phil.
Ausg. B.: Hochschullehrer, Institutsdirektor
Partei: SED
L.: Studium i. Halle. 1966 Habil. Prof. f. Kunstwiss. a. d. Sektion Ästhetik u. Kunstwiss. Ltr. d.
Wissenschaftsbereichs Kunstwiss. d. Humboldt-
Uni. Ostberlin. Seit Febr. 1982 Dir. d. neugegründeten Instituts f. Ästhetik u. Kunstwissenschaft d. AdW. Seit 1972 Mitgl. d. AdK. Seit 1974
korr. Mitgl. d. AdW.
Ausz.: Nat. Pr. III. Kl. (1975) u. a.

Feister, Eberhard
Berlin
Geb. 1. 9. 1930 i. Bautzen/S.
Erl. B.: Diplom-Wirtschaftler
Ausg. B.: Botschafter
Partei: SED
L.: 1950 Abitur. 1jähr. Praktikum i. VEB Spinnerei u. Färberei Neugersdorf. Studium a. d. HS f.
Ökonomie i. Berlin. 1955 Dipl.-Wirtschaftler.
Anschl. 5 Jahre MA i. RdK Strausberg. Seit 1960
Angehöriger d. dipl. Dienstes. 1966-68 stellv.
Ltr., 1968-69 Ltr. d. Handelsvertretung d. DDR i.

Sudan. Mai 1969-Mai 1970 Botschafter d. DDR i. Sudan. Danach lt. MA d. Abt. arab. Länder i. MfAA. März 1976-Nov. 1977 Botschafter i. Angola. April 1978-März 82 Botschafter i. Indonesien. Nachf. v. Günter Gahlich. Juni 1978-Juli 81 Botschafter auf d. Philippinen. Juni 1979 bis Febr. 82 zusätzlich Botschafter i. Singapur.

Felber, Horst

Berlin
Geb. 23. 10. 1929
Erl. B.: Arbeiter, Oberstufenlehrer, Dr. jur.
Ausg. B.: 1. Sekretär, Generalmajor d. SSD
Partei: SED
L.: Arbeiter. Oberstufenlehrer. 1954 SED. Offizierslaufbahn i. SSD. Zuerst 2. Sekr., dann seit 1980 1. Sekr. d. SED-KL i. MfS. Nachfolger v. Gerhard Heidenreich. Seit 1980 Generalmajor d. SSD. Seit 16. 4. 1981 (X. Parteitag) erstmalig Mitgl. d. ZK d. SED.

Felfe, Werner

Berlin
Geb. 4. 1. 1928 i. Großröhrsdorf, Krs. Bischofswerda, als Sohn eines Arbeiters
Erl. B.: Kaufmännischer Angestellter, Dipl.-Ing. oec.
Ausg. B.: Sekretär des ZK d. SED
Partei: SED
L.: 1942-45 kfm. Lehre. 1945 KPD. 1946 SED. 1946-49 Sachbearbeiter, Abt.-Ltr., Sekr. d. KL Kamenz d SED. 1949-50 Instrukteur d. Landesltg. Sachsen d. SED. 1950-53 1. Sekr. SED-KL Flöha. 1953 Besuch PHSch d. SED. Jan. 1954-März 1957 2. Sekr. d. FDJ-ZR. 1954-58 Abg. d. VK. Vors. d. Jugendausschusses d. VK. 1954-63 Kand. d. ZK d. SED. 1957-60 Vors. d. Rates d. Kreises Zschopau. Mai 1960-Aug. 1963 Vors. d. Rates d. Bez. Karl-Marx-Stadt. Seit Jan. 1963 Mitgl. d. ZK d. SED. 1963-65 Studium a. d. TU Dresden. Dipl.-Ing. oec. 1965-66 stellv. Abt.-Ltr. i. ZK d. SED. 1966-68 Sekr. f. Agitprop., 1968-71 2. Sekr., Mai 1971-Mai 81 1. Sekr. d. SED-BL Halle. Nachf. v. Horst Sindermann. Seit Nov. 1971 erneut Abg. d. VK. Okt. 1973-Mai 1976 Kand., seit 22. 5. 1976 Vollmitgl. d. Politbüros d. ZK d. SED. Seit 16. 4. 1981 (X. Parteitag) Sekretär f. Landw. d. ZK d. SED. Nachf. v. Gerhard Grüneberg. Seit 25. 6. 81 Mitgl. d. Staatsrates.
Ausz.: VVO i. Gold (1974), Karl-Marx-Orden (1978) u. a.

Felgentrebe, Werner

Gera
Geb. 1942
Erl. B.: Fachverkäufer, Ingenieurökonom, Diplom-Staatswissenschaftler
Ausg. B.: Vorsitzender d. BV Gera d. LDP
Partei: LDP
L.: LDP-Funktionär. Anfang d. 70er Jahre stellv. Vors. d. BV Cottbus d. LDP. 1976-81 stellv. Vors., seit 20. 4. 1981 Vors. d. BV Gera d. LDP.

Nachf. v. Hans-Carl Kreissig. Seit Juni 1981 Abg. BT Gera.
Ausz.: Verdienter Aktivist (1979) u. a.

Felgentreu, Herbert

Berlin
Geb. 1928
Erl. B.: Dreher, Dr. sc. phil., Dr. sc. oec., Prof.
Ausg. B.: Hochschullehrer
Partei: SED
L.: Dreher. Gewerkschaftsfunktionär. Studium a. d. Gewerkschafts-HS. Lehrer. Promotion z. Dr. phil. a. IfG. Danach stellv. Dir., 1974-78 Dir. d. HS d. Gewerkschaften. Nachf. v. Heinz Öhler. Seit 1974 Mitgl. d. BV d. FDGB.
Ausz.: VVO i. Bronze (1975) u. a.

Felix, Werner

Leipzig
Geb. 30. 7. 1927 i. Weißenfels als Sohn eines Kaufmanns
Erl. B.: Kaufmann, Musikerzieher, Dr. phil.
Ausg. B.: Hochschullehrer
Partei: SED
L.: Kaufmann. Studium a. d. HS f. Musik i. Weimar. 1951-52 Hauptreferent i. Staatssekr. für Hochschulwesen. 1952-66 Rektor d. Musik-HS „Franz Liszt" i. Weimar. LA f. Musikgesch. (seit 1959 Prof.). Seit 1962 Präs. d. Chopin-Ges. d. DDR. 1958-63 Abg. d. Bezirkstages Erfurt. 1968-71 Intendant d. Gewandhausorchesters Leipzig. Mitgl. d. Exekutivrates d. Musikrates d. DDR. Prof. f. Musikgesch. a. d. HS f. Musik i. Leipzig. Geschäftsführ. Vorstandsmitgl. d. „Neuen Bachges.". Seit Juni 1979 Generaldir. d. Nationalen Forschungs- u. Gedenkstätten J. S. Bach d. DDR.
Ausz.: VVO i. Bronze (1977) u. a.

Fensch, Eberhard

Berlin
Erl. B.: Journalist
Ausg. B.: Stellv. Abteilungsleiter i. ZK d. SED
Partei: SED
L.: Nach 1945 FDJ-Funktionär. Seit Anfang d. 50er Jahre Vors. d. FDJ i. Rostock. Danach 1. Sekr. d. FDJ-Betriebsorganisation a. d. Mathias-Thesen-Werft i. Wismar. 1958-63 Ltr. d. Studios Rostock von Radio DDR. Anschl. zentrale Funktionen bei Radio DDR u. beim Staatl. Rundfunkkomitee i. Berlin. Seit 1969 stellv. Ltr. d. Abt. Agitation i. ZK d. SED.
Ausz.: VVO i. Silber (1979) u. a.

Fenske, Kurt

Berlin
Geb. 3. 5. 1930 i. Berlin als Sohn eines Arbeiters (KP-Mitglied)
Erl. B.: Diplom-Wirtschaftler, Dipl.-Ing. oec., Dr. rer. pol.
Ausg. B.: Stellvertretender Minister f. Außenhandel

Partei: SED
L.: Besuch d. Oberschule. Abitur i. Dresden. 1946 Mitgl. d. SED u. FDJ. 1946-49 Mitgl. d. Landesltg. Sachsen d. FDJ. 1949-50 Studium d. Gewi. Uni. Leipzig. 1950-54 Studium a. d. HS f. Ökonomie i. Berlin. Dipl.-Wirtschaftler. 1957-64 Fernstudium TH Dresden. Dipl.-Ing. oec. 1954-56 stellv. Genraldir. AHU Nahrung. 1956-59 MA d. ZK d. SED. 1960-62 stellv. Generaldir., 1962-67 Generaldir. AHU Elektrotechnik. Seit 1967 stellv. Min. f. Außenwirtschaft bzw. Außenhandel. Seit Juli 1967 Abg. d. VK. Mitgl. d. Ausschusses f. Industrie, Bauwesen u. Verkehr.
Ausz.: VVO i. Gold (1975) u. a.

Feudel, Günter
Berlin
Geb. 17. 4. 1920 i. Nordhausen
Ausg. B.: Institutsdirektor, Dr. phil.
L.: Kriegsdienst (Leutnant). 1943 Kriegsgef. Studium u. Promotion zum Dr. phil. Zeitw. stellv. Dir. d. Inst. f. dtsch. Sprache u. Literatur d. DAW i. Ostberlin. 1972-78 Dir. d. Zentralinst. f. Sprachwiss. d. AdW Ostberlin. 1970 zum Prof. ernannt. Kreisvors. d. DSF bei d. AdW. Seit 26. 4. 1980 Vors. d. DSF i. Ostberlin. Nachf. v. Herbert Becher.
Ausz.: VVO i. Bronze (1975).

Fichtner, Kurt
Berlin
Geb. 16. 8. 1916 i. Breslau als Sohn eines Schlossers
Erl. B.: Handlungsgehilfe, Diplom-Wirtschaftler, Metallhütteningenieur, Dr. rer. oec.
Arbeiterveteran
Partei: SED
L.: Kfm. Lehre. Tätigkeit i. Großbetrieben d. Metallindustrie. 1945 SPD. 1946 SED. Red. d. „Sächs. Volksztg.". Leitende Funktionen i. d. Sächs. Landesregierung. 1951 Werkltr. d. VEB Leichtmetallwerk Rackwitz. Anschl. Ltr. d. Hauptverwaltung NE-Metallindustrie i. Min. f. Berg- u. Hüttenwesen u. Ltr. d. Sektors Berg- u. Hüttenwesen i. d. SPK. 1961-64 Ltr. d. Abt. NE-Metalle i. VWR. 1963 Promotion zum Dr. rer. oec. a. d. Bergakad. Freiberg. 1963-64 Studium i. d. UdSSR. 1964-65 stellv. Vors. d. VWR f. d. Bereich Metallurgie u. Kaliindustrie. Dez. 1965-Juli 1967 Min. f. Erzbergbau u. Metallurgie. Juli 1967-Feb. 1974 stellv. Vors. d. Ministerrates (Mitgl. d. Präs.). Zuständig f. Grundfonds- u. Investitiosnpolitik. 1971-81 Kand. d. ZK d. SED. Febr. 1974-Juni 79 stellv. Vors. d. SPK f. Koordinierung d. Investitionen u. Mitgl. d. Ministerrates d. DDR. 28. 6. 1979 aus gesundheitlichen Gründen zurückgetreten. Arbeiterveteran.
Ausz.: VVO i. Gold (1976) u. a.

Fichtner, Lothar
Karl-Marx-Stadt
Geb. 26. 12. 1934 i. Chemnitz
Erl. B.: Industriekaufmann, Ing. oec., Dipl.-Gesellschaftswissenschaftler

Ausg. B.: Vorsitzender d. RdB Karl-Marx-Stadt
Partei: SED
L.: Industriekfm., Ing. oec. 1955 Mitgl. d. SED. 1960-66 Sekr. d. BL Karl-Marx-Stadt d. FDJ. Anschl. MA d. Abt. Jugend d. ZK d. SED. Absolvent d. PHSch d. SED. Diplom-Ges. Febr. 1976-Jan. 1981 1. Sekr. d. SED-KL Glauchau. Seit 16. 2. 1981 Vors. d. RdB Karl-Marx-Stadt. Nachf. v. Heinz Arnold. Mitgl. d. Sekr. d. SED-BL.
Ausz.: VVO i. Bronze (1974) u. a.

Fiedler, Manfred
Berlin
Geb. 16. 2. 1925 i. Oberfrohna
Erl. B.: Kaufm. Angestellter, Diplom-Gesellschaftswissenschaftler, Dr.
Ausg. B.: Bundessekretär d. KB
Partei: SED
L.: Kaufm. Angestellter. Kriegsdienst. Absolvent eines Pädag. Seminars. Lehrer. Kreissekr. d. KB i. Aue. Danach 2 Sekr. u. 1966-74 1. Bezirkssekr. d. KB i. Karl-Marx-Stadt. Abg. d. BT. Dez. 1974 zum Bundessekr. d. KB gewählt (zuständig f. Denkmalpflege, Heimatgeschichte, Natur u. Umwelt). Seit März 1980 stellv. Vors. d. Ges. f. Natur u. Umwelt.
Ausz.: VVO i. Silber (1980) u. a.

Fiedler, Peter
Berlin
Geb. 1936
Erl. B.: Lehrer, Dr. phil.
Ausg. B.: Stellv. Minister
Partei: SED
L.: 1951 FDJ. 1955-60 Studium d. Germanistik i. Jena. 1960 Staatsexamen als Oberstufenlehrer f. Deutsch u. Gesch. Aspirant. 1960 bis 64 1. Sekr. d. FDJ-Hochschulgruppenltg. Jena. 1966-72 1. Sekr. d. UPL d. SED i. Jena. Seit 1973 stellv. Minister f. Hoch- u. Fachschulwesen. Seit 1978 Mitgl. d. BV d. DTSB. Mitgl. d. Hoch- u. Fachschulrates.
Ausz.: VVO i. Silber (1980) u. a.

Filka, Dieter
Gera
Geb. 1935
Erl. B.: Herrenschneider, Bekleidungs-Ingenieur
Ausg. B.: Stellv. Vorsitzender d. RdB Gera
Partei: SED
L.: Herrenschneider, Bekleidungs-Ingenieur. Zeitw. stellv. Vors. d. KdT i. Bez. Gera. Seit Jan. 1975 stellv. Vors. d. RdB Gera f. bezirksgel. Ind., Lebensmittelind. u. ÖVW. Vors. d. BWR. Nachf. v. Karl-Theo Seidel. Mitgl. d. SED-BL u. Abg. d. BT.
Ausz.: Orden „Banner d. Arbeit" Stufe II (1979).

Findewirth, Heinz
Karl-Marx-Stadt
Geb. 1928
Erl. B.: Bankangestellter, Diplom-Wirtschaftler

Ausg. B.: Stellv. Vorsitzender d. RdB Karl-Marx-Stadt
Partei: SED
L.: Bankangestellter, Diplom-Wirtschaftler. 1953 FDGB-Vors. i. Chemnitz. 1954 Sekr. f. Wirtschaft SED-KL Karl-Marx-Stadt II. 1958-61 stellv. OB v. Karl-Marx-Stadt. Danach Werkltr. VEB Rund- u. Flachstrickmaschinenbau Karl-Marx-Stadt. 1963-76 stellv. Vors. bzw. 1. stellv. Vors. d. BWR Karl-Marx-Stadt. Seit 10. 11. 1976 Mitgl. d. RdB, seit Okt. 1980 komm. stellv. Vors. bzw. stellv. Vors. d. RdB f. bezirksgel. Ind., Lebensmittelind. u. ÖVW Karl-Marx-Stadt. Nachf. v. Herbert Zschunke. Abg. d. BT.
Ausz.: VVO i. Bronze (1971).

Finner, Horst
Neubrandenburg
Geb. 27. 8. 1932
Erl. B.: Staatl. gepr. Landwirt, Diplom-Philosoph
Ausg. B.: Vors. d. BV Neubrandenburg d. DBD
Partei: DBD
L.: Landwirtschaftsgehilfe. Staatl. gepr. Landwirt u. Dipl.-Phil. 1951 Mitgl. d. DBD. Seit den 50er Jahren hauptamtl. DBD-Funktionär. Kreissekr. i. Neubrandenburg, Teterow u. Templin. Seit Juni 1976 Vors. d. BV Neubrandenburg d. DBD. Nachf. v. Michael Koplanski. Seit 1976 Mitgl. d. PV d. DBD. Seit Okt. 1976 Abg. d. BT Neubrandenburg.
Ausz.: VVO i. Bronze (1974) u. a.

Fischer, Bernhard
Altglienicke
Geb. 6. 3. 1919 i. Goseck/Querfurt
Ausg. B.: Sportfunktionär
Partei: SED
L.: Kriegsdienst i. d. dtsch. Wehrmacht. Oberleutnant i. einer Luftnachr.-Einheit. Geriet bei Stalingrad i. sowj. Kriegsgef. Nach 1945 Offizier d. KVP u. Ltr. einer Offiziersschule. Oberstleutnant. Anschl. Funktionär d. GST. 1960-62 u. 1966-77 Mitgl. d. Sekr. d. ZV d. GST. Zeitw. Generalsekr. d. Schützenverbandes d. DDR Seit 1965 Präs. d. Schützenverbandes. Zeitw. Ltr. d. Abt. Internat. Verbindungen u. Leistungssport i. ZV d. GST. Mitgl. d. BV d. DTSB, d. NOK d. DDR u. d. Exekutivkomitees d. Internat. Schützen-Union.
Ausz.: VVO i. Silber (1979) u. a.

Fischer, Egon
Karl-Marx-Stadt
Geb. 1923 i. Krs. Schwarzenberg/Erzgeb.
Ausg. B.: Vorsitzender d. GST i. Bez. Karl-Marx-Stadt
Partei: SED
L.: Schuhmacher. Kriegsdienst u. Kriegsgef. Funktionär d. SED i. Kreis Schwarzenberg. Seit 1956 Funktionär d. GST i. Bez. Karl-Marx-Stadt, seit März 1964 Vors. d. BV d. GST. Mitgl. d. ZV d. GST.
Ausz.: VVO i. Bronze (1969) u. a.

Fischer, Gerhard
Berlin
Geb. 6. 12. 1925 i. Leipzig als Sohn eines Arbeiters
Ausg. B.: Chefredakteur des Zentralorgans d. LDP „Der Morgen"
Partei: LDP
L.: Besuch d. Volks- u. Oberschule i. Leipzig. 1943 NSDAP. 1946 LDP. 1946-48 Volontär u. Hilfsred. d. „Leipziger Zeitung". 1946-50 Studium d. Geschichte u. Publizistik a. d. Uni. Leipzig. 1952-54 verantwortl. Red. beim „Sächs. Tageblatt", Bezirksausgabe Leipzig. 1954-55 Chefred. d. „Liberal-Demokratischen Zeitung" i. Halle/S. Seit 1955 Chefred. d. Zentralorgans d. LDP „Der Morgen" i. Berlin u. Mitgl. d. Polit. Ausschusses d. Zentralvorstandes d. LDP. 1958-63 Berliner Vertreter i. d. VK. Seit 1958 Mitgl. d. Präs. d. VDP bzw. VDJ. 1961-72 u. seit 1977 stellv. Vors. d. VDJ. Seit Sept. 1966 Vizepräs. d. „Freundschaftskomitces DDR-Japan". Seit 1967 Mitgl. d. Sekr. d. Zentralvorstands d. LDP. Mitgl. d. Präsidiums d. Liga f. Völkerfreundschaft.
Ausz.: VVO i. Bronze (1964) u. i. Silber (1971) u. a.

Fischer, Gerhard
Berlin
Geb. 17. 4. 1930
Erl. B.: Diplom-Journalist, Dr. rer. pol.
Ausg. B.: CDU-Funktionär
Partei: CDU
L.: 1946 Mitgl. d. CDU. Ltr. d. FDJ-Gruppe a. d. Oberschule Eberswalde. 1949/50 Sekr. f. Erziehung d. FDJ-Kreisltg. Eberswalde. 1950 Sachgebietsltr. i. d. FDJ-Landesltg. Brandenburg. 1950 Kreissekr. d. CDU i. Potsdam. 1950/51 Abt.-Ltr. i. Landesvorstand Brandenburg d. CDU. 1951-53 Pers. Referent d. Generalsekr. d. CDU (Götting). 1954 Redaktionssekr. d. „Neuen Zeit". 1954-56 stellv. Chefred. d. Zeitschrift „Union teilt mit". 1956-70 Sekr. d. Hauptvorstandes d. CDU (Agitprop.). Seit 1970 Ltr. d. wiss. Arbeitsgruppe b. Hauptvorstand d. CDU. 28. 11. 1969 Promotion zum Dr. rer. pol. a. d. KMU Leipzig. Mitgl. d. Sekr. d. HV d. CDU. Mitgl. d. Präsidialrates d. KB.
Ausz.: VVO i. Silber (1975) u. a.

Fischer, Günter
Berlin
Ausg. B.: Stellv. Abteilungsleiter i. ZK d. SED
Partei: SED
L.: Nach 1945 SED-Funktionär. In d. 50er Jahren Abtltr. i. d. SED-BL Gera (Agitprop.). 1962-65 Sekr. f. Agitprop. SED-BL Gera. Seitdem Sektorenltr. Presse bzw. stellv. Abtltr. Agitation i. ZK d. SED. 1968-77 Mitgl. d. Präs. d. ZV d. VDJ.
Ausz.: VVO i. Silber (1969) u. a.

Fischer, Hans
Berlin
Geb. 5. 7. 1924 i. Eisenach
Erl. B.: Diplom-Jurist
Ausg. B.: Botschafter
Partei: SED
L.: Oberschule, Abitur. Kriegsdienst (Art.). Amerik. Kriegsgef. i. Italien. 1946-52 Studium d. Rechtswiss. a. d. Uni. Jena. 1952 Dipl.-Jurist. 1953-59 i. d. volkseigenen Industrie u. Verwaltung tätig. Seit 1959 Angehöriger d. diplom. Dienstes. 1960-63 stellv. Ltr. d. DDR-Handelsmission i. Kalkutta. 1965-67 stellv. Ltr. d. Generalkonsulats d. DDR i. Daressalam. 1968-73 Sektionsltr. i. d. Afrika-Abt. d. MfAA. Juni 1973-77 Botschafter d. DDR i. Uganda u. Rwanda. Aug. 1977-März 82 Botschafter d. DDR i. Burma. Nachf. v. Siegfried Kühnel. Seit März 1978 zusätzlich Botschafter i. Thailand.

Fischer, Hans-Joachim
Berlin
Ausg. B.: Institutsdirektor, Dr. sc. nat.
L.: Dr. rer. nat. Dir. d. Inst. f. Elektronik d. AdW. Vors. d. Sektion Wiss. Raumflugsysteme d. Internat. Astronautischen Föderation. Wiss. Vors. d. Wiss. Beirates Interkosmos. Seit 1977 Prof. d. AdW. Seit Febr. 1979 Präs. d. Ges. f. Weltraumforschung u. Raumfahrt d. DDR.
Ausz.: VVO i. Gold (1974) u. a.

Fischer, Martin
Freital/S.
Geb. 27. 1. 1915 i. Dresden
Erl. B.: Elektriker, Diplom-Ingenieur oec.
Ausg. B.: Parteisekretär i. Edelstahlwerk „8. 5. 1945" i. Freital
Partei: SED
L.: Elektriker. Kriegsdienst. Sowj. Gef. (Swerdlowsk). Nach 1945 Elektriker, Schmelzer u. schließl. Parteisekr. d. SED i. Edelstahlwerk „8. 5. 1945". 1954 Mitgl. d. SED. 1963-67 Kand., 1967-76 Mitgl. d. ZK d. SED. Studium a. d. Bergakademie Freiberg. Dipl.-Ing. oec.
Ausz.: Held der Arbeit, VVO i. Gold (1975) u. a.

Fischer, Oskar
Berlin
Geb. 19. 3. 1923 i. Asch/CSR als Sohn eines KP-Funktionärs
Erl. B.: Schneider, Diplom-Gesellschaftswissenschaftler
Ausg. B.: Minister f. Auswärtige Angelegenheiten
Partei: SED
L.: 1929-37 Besuch einer Volksschule. 1937-40 Schneiderlehre. 1941-44 Kriegsdienst (Gefr. i. Inf.-Rgt. 55). 1944-46 sowj. Kriegsgef. 1946 Mitgl. d. SED. 1946/47 Arbeiter i. einem Kalkstein- u. Schotterwerk d. CSR. Ausweisung aus d. CSR. Übersiedlung nach Spremberg. 1947-49 Kreisvors. d. FDJ i. Spremberg. 1949 Mitarbeiter d. Landesvorstandes Brandenburg d. FDJ. 1949-52 Mitgl. d. ZR d. FDJ. 1950-51 MdL Brandenburg. 1951-55 Sekr. d. ZR d. FDJ bzw. lt. Mitarbeiter d. WBDJ. 1955-59 Botschafter d. DDR i. Bulgarien. 1960-62 Sektorenltr. i. ZK d. SED. 1962-65 Studium a. d. PHSch d. ZK d. KPdSU. Diplom-Ges. 1965-73 stellv. Min., 1973-75 Staatssekr. u. 1. stellv. Min., seit 20. 1. 1975 Min. f. Auswärtige Angelegenheiten der DDR. Nachf. v. Otto Winzer. Seit 1971 Mitgl. d. ZK d. SED. Seit Okt. 1976 Abg. d. VK.
Ausz.: VVO i. Gold (1973) u. a.

Fischer, Rudolf
Markkleeberg
Geb. 13. 7. 1913 i. Leipzig
Erl. B.: Pianist
Ausg. B.: Hochschullehrer
Partei: SED
L.: Musikstudium i. Leipzig. 1931 Staatsexamen. Pianist u. Klavierlehrer. Konzerttätigkeit. 1945 Mitgl. d. KPD. Nach 1945 stellv. Dir., 1946-73 Rektor d. HS f. Musik i. Leipzig. 1950-52 MdL Sachsen. Zeitw. Abg. d. BT Leipzig. Ltr. d. Meisterklasse f. Klavier a. d. HS f. Musik.
Ausz.: VVO i. Gold (1965) u. a.

Fischer, Siegfried
Leipzig
Geb. 8. 9. 1934 i. Wintersdorf, Krs. Altenburg
Erl. B.: Diplom-Wirtschaftler
Ausg. B.: Generaldirektor d. Leipziger Messeamtes
Partei: SED
L.: Studium a. d. HS f. Ökonomie i. Berlin-Karlshorst. Diplom-Wirtsch. Seit 1963 i. Außenhandel der DDR tätig, u. a. i. AHU Industrieanlagen-Import u. Invest-Export. 1973-79 Handelsrat i. Japan. Seit 1981 Generaldir. d. Leipziger Messeamtes. Nachf. v. Friedrich Wonsack.
Ausz.: VVO i. Bronze u. a.

Flach, Günter
Dresden
Geb. 6. 12. 1932 i. Rostock
Erl. B.: Dr.-Ingenieur
Ausg. B.: Insitutsdirektor
Partei: SED
L.: Abitur. Studium d. Physik a. d. Uni. Rostock u. Leningrad. Seit 1958 i. ZfK i. Rossendorf tätig. 1964 Promotion z. Dr.-Ing. Seit 1972 Dir. d. Zentralinst. f. Kernforschung. d. AdW i. Rossendorf. Seit 1971 Prof. Seit 1968 korr. Mitgl. d. AdW.
Ausz.: VVO i. Bronze (1976) u. a.

Flade, Dietrich
Berlin
Geb. 17. 5. 1927 i. Plauen/Vogtl.
Erl. B.: Diplom-Landwirt, Dr. agr. habil.
Ausg. B.: Hochschullehrer
Partei: LDP
L.: 1946 LDP. 1948-51 Studium d. Landw. a. d. Humboldt-Uni. Ostberlin. Seit 1952 Lehrtätigkeit a. d. Humboldt-Uni. 1957 Promotion zum

Dr. agr. 1967 Habil. Seit 1970 Prof. f. Haustiergenetik. Gegenwärtig stellv. Ltr. d. Bereichs Tierzüchtung u. Haustiergenetik d. Sektion Tierproduktion u. Veterinärmedizin. 1963-70 Vizepräs., seit April 1970 Präs. d. Pferdesportverbandes d. DDR. Nachf. v. Arno v. Lenski. Mitgl. d. BV d. DTSB.

Flämig, Martin

Dresden
Geb. 19. 8. 1913 i. Aue/S.
Erl. B.: Kirchenmusiker, Prof.
Ausg. B.: Leiter d. Kreuzchors i. Dresden
Partei: CDU
L.: Abitur i. Aue. Kirchenmusikal. Ausbildung a. Konservatorium Leipzig. Privatstudium b. Alfred Stier. Anschl. bis 1947 Kantor i. Leisnig. 1946 CDU. Ab 1946 Lehrtätigkeit a. d. Musik-HS Dresden (1953 Prof., Ltr. d. Chors u. d. Konzertklassen f. Liedgesang). 1948 Kantor d. Versöhnungskirche Dresden, 1949 Kirchenmusikdir. u. Ltr. d. Kirchenmusikschule. In d. 60er Jahren Chorpädagoge u. Dirigent d. Radiochors Zürich. Seit April 1971 Ltr. d. Dresdner Kreuzchors u. 26. evang. Kreuzkantor. Nachf. d. verstorbenen Rudolf Mauersberger. Seit Aug. 1973 Generalmusikdir.
Ausz.: VVO i. Bronze (1973), Nat. Pr. II. Kl. (1978) u. a.

Fleck, Rudi

Schwerin
Geb. 24. 12. 1930 i. Greifswald
Erl. B.: Verwaltungsangestellter, Diplom-Staatswissenschaftler
Ausg. B.: Vorsitzender d. RdB Schwerin
Partei: SED
L.: Verwaltungsangest. 1946 FDJ. 1949 SED. 1949 Bürgermeister v. Kröslin, Krs. Wolgast. Versch. Funktionen i. d. SED. 1957-58 Sekr. beim Rat d. Kreises Wolgast. 1958-60 Ltr. d. Org.-Instrukteur-Abt. beim Rat d. Bez. Rostock. 1960-61 Studium DASR. März 1961-Mai 1968 OB v. Rostock. Seit Mai 1968 Vors. d. RdB Schwerin. Nachf. v. Michael Grieb. Mitgl. d. Sekr. d. SED-BL u. Abg. d. BT. Seit 1967 Nachfolgekand. d. VK. 1976-77 Studium a. d. PHSch d. SED.
Ausz.: VVO i. Gold (1980) u. a.

Fleck, Werner

Berlin
Geb. 3. 6. 1931 i. Rosslau
Erl. B.: Laborant, Diplom-Gewerbelehrer f. Chemie, Dr. paed.
Ausg. B.: Botschafter
Partei: SED
L.: Besuch d. Grund- u. Oberschule. Laborantenausbildung. Studium d. Berufspädag. u. Chemie TU Dresden. 1956 Abschlußexamen als Dipl.-Gewerbelehrer. Ass. a. Inst. f. Berufspädag. TU Dresden. 1961-62 Referent i. SHF. 1963-72 Ltr. d. Ständ. AG Bildung u. Kultur i. Büro d. MR. Sekr. d. Staatl. Kommission zur Gestaltung eines einheitl. sozial. Bildungssystems b. MR. 1968 Promotion zum Dr. paed. Febr. 1973-Febr. 1976 Botschafter i. Österreich. Ständ. Vertreter d. DDR b. d. Internat. Org. i. Wien. Seit 23. 9. 1976 Botschafter i. Frankreich. Nachf. v. Ernst Scholz.
Ausz.: VVO i. Silber (1981) u. a.

Flegel, Manfred

Berlin
Geb. 3. 6. 1927 i. Magdeburg als Sohn eines Reichsbahnangestellten
Erl. B.: Diplom-Wirtschaftler
Ausg. B.: Stellvertretender Vorsitzender d. Ministerrates
Partei: NDP
L.: Besuch d. Volks- u. Oberschule i. Magdeburg. Kriegsdienst u. Gef. 1948 Mitgl. d. NDP. 1948-52 Studium d. Gesellschaftswiss. u. Finanzökonomie a. d. Uni. Rostock u. Berlin. 1952 Dipl.-Wirtschaftler. Scit 1950 Abg. d. VK. 1950-54 Mitgl. d. Wirtschaftsausschusses. 1954-67 Mitgl. bzw. Vors. d. Haushalts- u. Finanzausschusses. Ab 1953 Abt.-Ltr. (Staatl. Verw. u. Wirtschaft) b. PV d. NDP. 1959-64 Mitgl. d. Sekr. d. Präs. d. Nat. Rates d. Nat. Front. Jan. 1964-Juli 1967 Sekr. f. Wirtsch. d. Hauptausschusses d. NDP. Seit 13. 7. 1967 stellv. Vors. d. Ministerrates u. Mitgl. d. Präs. Nov. 1971-Febr. 1974 Min. f. Materialwirtschaft. Seit 14. 2. 1974 Vors. d. Staatl. Vertragsgerichts b. MR d. DDR. Mitgl. d. Präs. d. Nationalrates Nat. Front, d. Sekr. u. d. Präs. d. NDP.
Ausz.: VVO i. Gold (1977) u. a.

Flegel, Walter

Potsdam
Geb. 17. 11. 1934 i. Freiburg als Sohn eines Ziegeleiarbeiters
Erl. B.: Offizier
Ausg. B.: Oberstleutnant d. NVA, Schriftsteller
Partei: SED
L.: Heimatvertriebener. Besuch d. Rudolf-Hildebrand-Oberschule i. Markkleeberg. 1953 Abitur. 1952 Mitgl. d. SED. Seit 1953 Angehöriger d. KVP bzw. NVA. Artillerist. 1960-63 Studium a. Literatur-Inst. Leipzig. Danach 10 Jahre Ltr. d. „Hauses d. NVA" i. Potsdam. Schriftstellerische Betätigung. Gegenwärtig Oberstleutnant d. NVA Kulturinstrukteur bzw. wiss. MA am Militärgeschichtl. Institut d. DDR i. Potsdam. Mitgl. d. Vorstandes d. Schriftstellerverbandes. Vors. d. KB i. Potsdam u. Mitgl. d. StVV.
Ausz.: Staatspreis f. Volkskunst. Theodor-Körner-Preis (1972). Nat. Pr. III. Kl. (1981) u. a.
Veröff.: „Wenn die Haubitzen schießen", Mil.-Verlag, 1960. „In Bergheide u. anderswo", Mil.-Verlag, 1966. „Der Regimentskommandeur", Mil.-Verlag, 1971, „Ein Katzensprung", Filmszenarium, 1974, „Es gibt kein Niemandsland", Mil.-Verlag, 1980 u. a.

Fleischer, Alois

Schwerin
Geb. 1934
Erl. B.: Einzelhandelskaufmann, Diplom-Wirtschaftler
Ausg. B.: Stellv. Vorsitzender d. RdB Schwerin
Partei: SED
L.: Einzelhandelskaufmann, Diplom-Wirtschaftler. Zeitw. Sekr. d. SED-KL Lübz. 1973-74 AL ÖVW beim RdB Schwerin. Danach 1. stellv. Vors. d. BWR Schwerin. Seit 21. 12. 1978 stellv. Vors. d. RdB Schwerin f. Handel u. Versorgung. Nachf. v. Willi Harms.

Fleischer, Karlheinz

Gera
Geb. 1932 als Sohn eines Arbeiters
Erl. B.: Schlosser, Ingenieur
Ausg. B.: Vors. d. RdB Gera
Partei: SED
L.: Kfz-Schlosser. Maschinenbau-Ing. Zeitw. MA d. Zentr. Kommission f. Staatl. Kontrolle, d. ABI u. VVB WMW (stellv. Generaldir.). 1966-67 Besuch d. PHSch d. SED. Seit 1970 Werklr. VEB WEMA Zeulenroda. Seit 9. 12. 1977 Vors. d. RdB Gera. Nachf. v. R. Bahmann (gest. Sept. 1977). Mitgl. d. Sekr. d. SED-BL Gera u. Abg. d. BT.
Ausz.: VVO i. Bronze (1975) u. a.

Fleischer, Lutz-Günther

Berlin
Geb. 1938 i. Gera
Erl. B.: Feinoptiker, Chemiker, Dr. sc. techn.
Ausg. B.: Hochschullehrer
Partei: SED
L.: Feinoptikerlehre i. VEB Carl Zeiss i. Jena. 1956 ABF Jena. 1959-64 Studium d. Chemie a. d. THC Leuna-Merseburg. Seit 1970 Dozent a. d. THC. Seit 1975 Vizepräs. d. Urania f. d. Bereich Natur-Technikwiss. 1978 Habil. a. d. Humboldt-Uni. Ostberlin. Seit 1979 Prof. a. d. Humbold-Uni.

Fleissner, Werner

Berlin
Geb. 7. 6. 1922 i. Chemnitz/S.
Erl. B.: Tischler, Ingenieur
Ausg. B.: Stellvertretender Minister f. Nationale Verteidigung, Generaloberst d. NVA
Partei: SED
L.: Tischler. Kriegsdienst. Kriegsgef. 1946 Eintritt i. d. VP. Versch. Funktionen in Chemnitz, Großenhain u. Zeithain. 4. VP-Bereitschaft „E. Thälmann" i. Großenhain/Sa. Längere Zeit Kommandeur d. Kraftfahrzeugschule d. KVP/NVA. Okt. 1963 Generalmajor, Sept. 1969 Generalleutnant d. NVA. 1954 stellv. Min. f. Nat. Verteidigung, Chef f. Bewaffnung u. Technik. Seit 6. 10. 1977 Generaloberst d. NVA.
Ausz.: VVO i. Gold (1979) u. a.

Flint, Fritz

Berlin
Geb. 11. 3. 1917 i. Bad Doberan als Sohn eines Schlossermeisters
Erl. B.: Kaufmännischer Angestellter, Diplom-Staatswissenschaftler
Rentner
Partei: CDU
L.: Gymnasium. 1933-36 kfm. Lehre i. Rostock. 1937-38 Einkäufer u. Korresp. i. einer Werkzeugmaschinen-Großhandlung i. Braunschweig. Anschl. Soldat. 1946 Mitgl. d. CDU. 1946-49 Buchhalter i. einer priv. Weberei i. Bad Doberan. 1946-51 Stadtverordneter i. Bad Doberan u. Abg. d. Kreistages Rostock-Land. 1949-51 Stadtrat i. Bad Doberan. 1951-53 Bürgermeister v. Grabow. 1953-57 Stadtverordneter u. stellv. OB v. Schwerin. Danach Vors. d. Bezirksverbandes Cottbus d. CDU. Febr. 1958-Mai 1960 Vors. d. Bezirksverbandes Berlin d. CDU. 1958-63 Mitgl. d. Stadtverordnetenversammlung v. Ostberlin u. Berliner Vertreter i. d. VK. Mai 1960-März 1977 stellv. Staatssekr. f. Kirchenfragen. Rentner.
Ausz.: VVO i. Gold (1977) u. a.

Florath, Walter

Berlin
Geb. 13. 3. 1925 i. Berlin-Friedenau
Ausg. B.: Stellvertretender Chefredakteur
Partei: SED
L.: 1945 KPD. Studium a. d. Uni. Unter d. Linden i. Ostberlin. 1947-49 Vors. d. SED-Parteibetriebsgruppe Berlin. 1950 Staatsexamen. Danach Parteisekr. d. SED i. VEB Kühlautomat i. Ostberlin u. von 1953-56 i. VEB EAW Berlin-Treptow. Seit 1. 8. 1956 Mitgl. d. Red.-Kollegiums d. ND. 1966-67 stellv. Chefred. d. ND. Gegenwärtig stellv. Chefred. d. „Aktuellen Kamera" b. Fernsehfunk. Seit 1977 Mitgl. d. ZV d. VdJ.
Ausz.: VVO i. Silber (1975) u. a.

Florich-Lieberwirth, Erika

Berlin
Erl. B.: Industriekaufmann, Dipl.-Ing. oec.
Ausg. B.: Stellvertretender Minister
Partei: SED
L.: Industriekfm. Seit 1952 Planungsltr., Kfm. Dir. u. Betriebsdir. i. volkseigenen Großbetrieben. 1961-64 Studium a. Industrie-Inst. d. TU Dresden. Dipl.-Ing. oec. 1964 Sektorenltr. i. VWR. 1966 Abt.-Ltr., seit Febr. 1967 stellv. Min. f. Leichtindustrie. Seit 22. 5. 1976 Mitgl. d. ZRK d. SED.
Ausz.: VVO i. Bronze (1974) u. a.

Florin, Peter

Berlin
Geb. 2. 10. 1921 i. Köln als Sohn des kommunistischen Funktionärs Wilhelm Florin (in der SU verstorben)
Ausg. B.: Stellvertretender Minister f. Auswärtige Angelegenheiten
Partei: SED

L.: Besuch d. Oberrealschule i. Essen. 1933 Emigration nach Frankreich u. i. d. SU. Besuch d. Karl-Liebknecht-Schule i. Moskau. Studium a. d. HS f. Chemie i. Moskau. 1. 2. 1937 dtsch. Staatsbürgerschaft aberkannt. 1943 Red. d. NKFD, Moskau. 1945 Rückkehr nach Deutschland. KPD-Mitgl. 1945 stellv. Landrat d. Kreises Wittenberg. 1946-48 Chefred. d. SED-Zeitung „Freiheit" i. Halle/S. Anschl. Studium i. Leipzig. 1949-52 Hauptabt.-Ltr. i. Min. f. Auswärtige Angelegenheiten. 1953-56 Ltr. der Abt. Außenpolitik u. internat. Verbindungen i. ZK d. SED. Seit 1953 Abg. d. VK. 1954-63 Vors., 1963-67 stellv. Vors., 1967-71 Mitgl. d. Ausschusses f. Auswärtige Angelegenheiten d. VK. 1954-58 Kand. d. ZK, seit 1958 Vollmitgl. d. SED. 1959 Mitgl. d. Regierungsdelegation d. DDR auf der Genfer Außenministerkonferenz. 1967-69 Botschafter d. DDR i. d. CSSR. Aug. 1969-Sept. 1973 Staatssekr. i. MfAA, Sept. 1973-Jan. 82 ständiger Vertreter d. DDR b. d. UNO i. New York. Stellv. Minister f. Auswärtige Angelegenheiten.
Ausz.: Orden d. Roten Sterns (1944, UdSSR). VVO i. Gold (1970). Orden d. Vaterl. Krieges 1. Grades (UdSSR, 1970). Karl-Marx-Orden (1981) u. a.

Foerster, Friedhelm

Magdeburg
Geb. 25. 10. 1930 i. Clöden/Elbe als Sohn eines Lehrers
Erl. B.: Diplom-Jurist
Ausg. B.: Vorsitzender d. BV Magdeburg d. NDP
Partei: NDP
L.: Besuch d. Oberschule. Abitur. 1947 FDJ. 1948 NDP. 1950-52 Jugendreferent beim PV d. NDP. 1952-55 Studium DASR. Dipl.-Jurist. 1955-67 polit. MA i. Sekr. d. Hauptausschusses d. NDP. Seit 1967 Mitgl. d. PV (Präs.) d. NDP. 1967-72 Sekr. d. Hauptausschusses d. NDP. Seit 1968 Berliner Vertreter. 1971-76 Abg. i. d. VK. Stellv. Vors. d. Ausschusses f. Auswärtige Angel. 1968-72 Mitgl. d. Präsidialrates d. DKB. Seit März 1972 Vors. d. BV Magdeburg d. NDP. Nachf. v. Wilhelm Bischoff. Abg. d. BT.
Ausz.: VVO i. Silber (1976) u. a.

Förster, Gerda

Berlin
Geb. 26. 5. 1928 i. Königsberg/Ostpr.
Erl. B.: Diplom-Wirtschaftler
Ausg. B.: Stellvertretender Generaldirektor d. AHU Transportmaschinen Import-Export
Partei: NDP
L.: Nach 1945 Studium d. Wirtschaftswiss. a. d. Uni. Halle/S. 1951 Staatsexamen. Mitgl. d. NDP. Seit 1951 Mitarbeiterin d. Außenhandelsapparates d. DDR. Seit 1961 stellv. Generaldir. d. AHU Transportmaschinen Import-Export. 1954-63 Stadtverordnete i. Ostberlin. Seit Mai 1963 Mitgl. d. Hauptausschusses d. NDP. 1967-72 Mitgl. d. PV d. NDP. Vors. d. Frauenkommission b. PV d. NDP.
Ausz.: VVO i. Silber (1973) u. a.

Förster, Wieland

Berlin
Geb. 12. 2. 1930 i. Dresden als Sohn eines Kraftfahrers
Erl. B.: Technischer Zeichner, Bildhauer
Ausg. B.: Bildhauer
L.: 1936-44 Besuch d. Volksschule i. Dresden. 1944 Lehre als techn. Zeichner i. d. Wasserwerken Dresden. Nach Kriegsende Rohrlegerlehre u. Tätigkeit auf Baustellen. 1953-58 Studium a. d. HS f. Bildende Künste i. Dresden. 1959-61 Meisterschüler a. d. Akad. d. Künste Ostberlin. Schüler v. W. Arnold, Hans Steger u. Fritz Cremer. Seit 1961 freischaffend i. Berlin tätig. 1974 Mitgl. d. AdK. Seit 10. 5. 1978 Vizepräs. d. AdK.
Ausz.: Kunstpreis d. FDGB, Nat. Pr. III. Kl. (1976) u. a.
Werke: „Stehender Mädchenakt", 1961. „Kleist-Skulptur", 1976. „Rügentagebuch", Union-Vlg., Ostberlin 1974, „Große Martyrium", 1977/79 u. a. m.

Forck, Gottfried

Berlin
Geb. 6. 10. 1923 i. Ilmenau/Thür. als Sohn eines Pfarrers
Erl. B.: Evang. Theologe, Dr. theol.
Ausg. B.: Bischof d. Evang. Kirche Berlin-Brandenburg
L.: Besuch d. Internatsschule d. Brüdergemeine i. Niesky. 1942 Eintritt i. d. Kriegsmarine. 1944 Ltn. z. See. Amerik. Gefangenschaft. Ab 1947 Studium d. Evang. Theologie i. Bethel, Heidelberg u. a. d. Kirchl. HS i. West-Berlin. 1952 1. u. 1954 2. theolog. Examen. 1952 Ass. a. d. Kirchl. HS. 1954 Besuch d. Predigerseminars Brandenburg. 1954-59 Studentenpfarrer a. d. Humboldt-Uni. i. Ostberlin. 1959-63 Pfarrer i. Lautawerk/NL. 1963-72 Dir. d. Predigerseminars Brandenburg. 1956 Dr. theol. a. d. Uni. Heidelberg. Jan. 1972-Sept. 1981 Generalsuperintendent d. Sprengels Cottbus. Nachf. v. Günter Jacob. Am 25. 4. 1981 als Nachfolger v. Albrecht Schönherr zum Bischof d. Evang. Kirche Berlin-Brandenburg gewählt. Amtsantritt am 1. 10. 1981.

Forker, Oswin

Dresden
Geb. 11. 4. 1920 i. Langburkersdorf bei Pirna/Sa.
Ausg. B.: Sekretär d. SED-BL Dresden
Partei: SED
L.: Teilnehmer am 2. Weltkrieg (Uffz.). Nach 1945 Gewerkschaftsfunktionär. Zeitw. Vors. d. Gewerkschaft Kunst i. Bez. Dresden. 1955 bis 1960 MA d. SED-BL Dresden. Juni 1960-Febr. 1963 Sekr. f. Kultur u. Volksbildung SED-BL Dresden. Mehrjähriges Studium. 1966 Ltr. d. Abt. Kultur d. SED-BL Dresden. Seit Jan. 1967 Sekr. f. Wissenschaft, Volksbildung u. Kultur d. SED-BL Dresden.
Ausz.: VVO i. Gold (1980) u. a.

Franke, Peter

Zwickau
Geb. 1927
Erl. B.: Lehrer, Dr. sc. paed.
Ausg. B.: Hochschullehrer
Partei: SED
L.: 1946 SED. 1947 Besuch d. Jugend-HS. Danach 10 J. FDJ-Funktionär i. Riesa u. Großenhain, als AL i. d. FDJ-LL Sachsen u. als Sekr. d. FDJ-BL Leipzig. 1957-58 a. Inst. f. Lehrerbildung i. Leipzig u. danach a. Pädag. Inst. Leipzig tätig. 1966 Promotion A, 1974 Promotion B. 1971-72 Zusatzstudium a. Pädag. Inst. „Lenin" i. Moskau. 9. 8. 1972 o. Prof. f. Theorie d. Erziehung a. d. Pädag. HS Zwickau. 1972-81 Rektor d. Pädag. Inst. bzw. d. Pädag. HS „Ernst Schneller" i. Zwickau. Mitgl. d. STL Zwickau d. SED. Stadtverordneter.
Ausz.: VVO i. Bronze (1977) u. a.

Franke, Werner

Berlin
Geb. 15. 11. 1919 i. Ronneburg/Thür. als Sohn eines Monteurs
Erl. B.: Kaufmann
Ausg. B.: Generaldirektor VOB „Union"
Partei: CDU
L.: Kfm. Lehre. 1937 Handlungsgehilfen-Prüfung. 1937-39 kfm. Angest. 1939-45 Soldat (Feldw., Luftw.). Sept. 1945 Mitgl. d. CDU. 1945-49 Parteisekr. d. Landesverbandes Mecklenburg d. CDU. 1949-51 Verlagsltr. „Der Demokrat". 1950-51 MdL Mecklenburg. Seit Febr. 1951 Hauptdir. (Generaldir.) VOB „Union" i .Berlin. Seit 1951 Mitgl. d. Hauptvorstandes. seit 1958 Mitgl. d. Sekr. d. Hauptvorstandes d. CDU. Seit 1967 Mitgl. d. StVV Berlin.
Ausz.: VVO i. Bronze (1964) u. i. Silber (1969) u. a.

Franke, Wolfgang

Neubrandenburg
Geb. 8. 8. 1940
Erl. B.: Facharbeiter f. Landw., Staatl. gepr. Landwirt, Ing., Diplom-Staatswissenschaftler
Ausg. B.: Mitgl. d. RdB Neubrandenburg
Partei: DBD
L.: Facharbeiter f. Landw., Staatl. gepr. Landwirt, Ing. f. Sozial. Betriebswirtschaft, Diplom-Staatswiss. Seit 1963 Mitgl. d. DBD. Seit 1963 i. Staatsapp. tätig. Zeitweise AL f. Melioration b. RLN Merseburg. 1974-76 Stadtrat f. Umweltschutz u. Wasserw. RdSt Halle. Seit 9. 11. 1976 Mitgl. d. RdB Neubrandenburg f. Umweltschutz u. Wasserwirtschaft. 1977-82 Kand., seit 7. 5. 1982 Mitgl. d. PV u. d. Präs. d. PV d. DBD. Abg. d. BT.
Ausz.: VVO i. Bronze (1981) u. a.

Frankenberg u. Proschlitz, Egbert von

Berlin
Geb. 20. 3. 1909 i. Straßburg als Sohn eines Offiziers
Erl. B.: Verkehrsflieger, Berufsoffizier, Diplom-Staatswissenschaftler, Dr. jur.
Ausg. B.: Journalist, Kommentator
Partei: NDP
L.: Abitur. Anschl. kurzes Studium d. Meteor. i. Berlin. 1931 NSDAP-Mitgl. Korpsstudent. 7. 11. 1932 Eintritt i. d. SS. Flugschüler b. d. Verkehrsfliegerschule Warnemünde. Lehrer u. Verkehrsflieger mit sämtl. Flugscheinen. 1935 Offiziersanwärter d. Luftwaffe i. Flensburg-Mürwick. Herbst 1938-Mai 1939 Angehöriger d. Legion Condor i. Spanien. 1939-43 Kriegseinsatz als Offizier d. Luftwaffe i. Dänemark, Holland, Norwegen, Sizilien u. Afrika. 1. 6. 1942 Major. Jan. 1943 Kommodore d. Edelweißgeschwaders i. Rußland. 1. 5. 1943 sowj. Kriegsgef. Führendes Mitgl. d. NKFD u. d. Bundes Dtsch. Offiziere i. d. SU. Sept. 1948 Rückkehr nach Deutschland. Regierungsamtmann i. Dresden. 1949 NDP. 1950-51 Pol. Geschäftsführer d. NDP i. Thüringen. 1951-52 stellv. Landesvors. bzw. Landesvors. d. NDP i. Berlin. 1951-54 Abg. d. VK. Seit 1951 Mitgl. d. Hauptausschusses d. NDP. 1957-78 Präs. d. Allgemeinen Motorsportverbandes d. DDR. Militärpol. Kommentator d. Staatl. Rundfunks. 1958 Mitgl. d. Vorst. d. AeO. 1957 Promotion zum Dr. jur. a. d. Humboldt-Uni. i. Ostberlin. Seit Okt. 1966 Mitgl. d. Präs. d. Liga f. d. Vereinten Nationen d. DDR.
Ausz.: VVO i. Gold (1979). Orden „Banner d. Arbeit" (1966) u. a.
Veröff.: „Meine Entscheidung", 1963, u. a.

Frankenstein, Wolfgang

Berlin-Pankow
Geb. 5. 5. 1918 i. Berlin als Sohn eines Redakteurs
Erl. B.: Gebrauchsgrafiker
Ausg. B.: Hochschullehrer, Maler
L.: Studium d. a. Kunst-HS Berlin-Charlottenburg. Gebrauchsgrafiker. RAD. Kriegsdienst. Aus rass. Gründen aus der Wehrmacht entlassen. Danach als techn. Zeichner u. Konstrukteur dienstverpflichtet. Nach 1945 Maler i. West-Berlin. Künstl. Ltr. d. „Galerie Gerd Rosen". Mitbegründer d. Lokals „Badewanne" i. West-Berlin. 1952-54 Meisterschüler d. Dtsch. Akademie d. Künste i. Ostberlin. Freiberufl. Künstler. 1962-64 Prof. u. Ltr. d. Abt. Künstl. Praxis d. Inst. f. Kunsterziehung d. Ernst-Moritz-Arndt-Uni. Greifswald. Seit 1964 Prof. a. d. Humboldt-Uni. Ostberlin. Ltr. d. Bereichs Kunsterziehung d. Sektion Ästhetik-Kunstwissenschaft. Mitgl. d. ZV d. VBK. Generalsekr. bzw. Vizepräs. d. AiAP (Internat. Vereinigung d. Bild. Künste).
Ausz.: Kunstpreis d. DDR (1960). VVO i. Bronze (1968) u. a.
Werke: Porträts v. Ludwig Renn, Maud v. Ossietzkys. „Göttinger Appell", „Novemberrevolution", Tafelbilder u. a.

Frankiewicz, Heinz
Berlin
Geb. 19. 2. 1925 i. Radebeul
Erl. B.: Maschinenschlosser, Pädagoge, Dr. paed., Prof.
Ausg. B.: Institutsdirektor, Sportpräsident
Partei: SED
L.: Lehre als Maschinenschlosser. Studium a. d. Fachschule f. Maschinenbau i. Meißen u. a. d. TH Dresden. Promotion zum Dr. paed. Zeitw. wiss. Ass. a. Inst. f. Berufspäd. Humboldt-Uni. Ostberlin. Danach pädag. Ltr. d. HA Berufsausbildung i. Verlag Volk u. Wissen u. 1959-61 Chefred. d. Ztschr. „Polytechn. Bildung u. Erziehung". 1962-70 Sektionsltr. bzw. stellv. Dir. DPZI. Prof. f. System. Pädag. DPZI. Seit 1970 o. Mitgl. APW. Gegenwärtig Dir. d. Inst. f. math., naturwiss. u. polytechn. Unterricht d. APW. Mitgl. d. ZV d. Gewerkschaft Unterricht u. Erziehung i. FDGB. Seit April 1978 Präs. d. Faustballverbandes d. DDR. Mitgl. d. BV d. DTSB u. d. Präsidiums d. APW.
Ausz.: Verdienter Lehrer d. Volkes (1973) u. a.

Freitag, Heinz
Karl-Marx-Stadt
Geb. 1935
Erl. B.: Färber, Hauer
Ausg. B.: 2. Sekretär d. SED-GL Wismut
Partei: SED
L.: Zuerst als Färber, dann als Hauer bzw. Hauerbrigadier b. d. SDAG Wismut tätig (zuletzt Schachtkombinat Schmirchau). 1950 FDJ, 1961 SED. 1963-71 Mitgl. d. ZR d. FDJ. Mai 1965-Febr. 1971 1. Sekr. d. FDJ-GL Wismut. Seit 5. 2. 1971 2. Sekr. d. SED-GL Wismut. Nachf. v. Alfred Rohde.
Ausz.: VVO i. Bronze (1974) u. a.

Freitag, Karl-Heinz
Berlin
Geb. 13. 12. 1929 i. Berlin-Pankow
Erl. B.: Elektromechaniker
Ausg. B.: Chefredakteur, Oberst d. NVA
Partei: SED
L.: Nach 1945 Elektromechanikerlehre i. einer Berliner Privatfirma. März 1949 Facharbeiterprüfung. Facharbeiter auf d. Volkswerft Stralsund. 29. 8. 1949 Eintritt i. d. VP. Offizierslaufbahn i. d. VP u. NVA. Anfang d. 60er Jahre Sportred., dann stellv. Chefred. u. seit 1971 Chefred. d. Zeitschrift „Armee-Rundschau". Oberst d. NVA.

Freitag, Peter
Halle/Saale
Geb. 10. 6. 1939
Erl. B.: St. gepr. Landwirt, Diplom-Landwirt
Ausg. B.: Stellv. Vorsitzender d. RdB Halle
Partei: SED
L.: Staatl. gepr. Landwirt. Diplom-Landwirt. Seit 1. 7. 1978 stellv. Vors. d. RdB Halle f. Land-, Forst- u. Nahrungsgüterw. Nachf. v. Günther Möbius. Seit Febr. 1979 Mitgl. d. SED-BL, seit Juni 1981 Abg. d. BT Halle.

Frenzel, Hans
Berlin
Geb. 14. 1. 1921
Ausg. B.: Journalist
Partei: SED
L.: Rundfunkjournalist. Seit Anfang d. 50er Jahre beim Berliner Rundfunk tätig, u. a. als Chefred. 1970-77 Intendant d. Berliner Rundfunks. Nachf. v. Herta Classen. Jetzt i. leitender Funktion b. Staatl. Rundfunkkomitee tätig. Ltr. d. HA Information b. Rundfunk d. DDR. 1971-79 Mitgl. d. SED-BL Berlin.
Ausz.: VVO i. Silber (1973) u. a.

Freund, Erich
Berlin
Geb. 5. 3. 1913
Erl. B.: Diplom-Volkswirt, Dr. rer. oec.
Ausg. B.: Hochschullehrer (em.)
Partei: SED
L.: Vor 1933 Mitgl. d. KJV. 1948 Mitarbeiter d. DWK. Später Hauptabt.-Ltr. (Innerdeutscher Handel) i. Min. f. Außenhandel u. Innerdtsch. Handel. 1956-58 Rektor d. HS f. Außenhandel i. Staaken bei Berlin. 1959-73 o. Prof. f. Sozial. Außenwirtschaft a. d. HS f. Ökonomie i. Berlin-Karlshorst. Schiedsrichter d. KfA. Vors. d. Handelsvereins DDR/BRD.
Ausz.: VVO i. Silber (1973).

Freyer, Peter
Müllrose, Krs. Eisenhüttenstadt
Geb. 4. 12. 1935 i. Dresden als Sohn eines Arbeiters
Erl. B.: Maurer, Bau-Ingenieur
Ausg. B.: Generaldirektor
Partei: SED
L.: Grundschule. 1950-52 Lehre als Maurer. 1952-55 Studium Ing. Sch. f. Bauwesen Erfurt. Bau-Ing. 1955-60 Baultr. u. Statiker i. VEB Sonderbaubüro u. VEB Hochbauprojektierung Frankfurt/Oder. 1961 SED. Seit 1960 in versch. Funktionen i. VEB BMK Ost i. Frankfurt/Oder tätig, seit 1979 Generaldir. 1964-75 u. seit 1981 Mitgl. d. SED-BL Frankfurt/Oder. Seit Juni 1981 Abg. d. VK u. Mitgl. d. Ausschusses f. Ind., Bauwesen u. Verkehr.
Ausz.: Orden „Banner d. Arbeit" Stufe I (1979) u. a.

Freyer, Yvonne
Berlin
Geb. 12. 9. 1921
Ausg. B.: Chefredakteurin
Partei: SED
L.: Journalistin. Nach 1945 bei d. „Sächs. Zeitung" i. Dresden tätig. Danach bis 1952 Chefred. d. „Freien Presse" i. Zwickau. 1952-59 Chefred. d. SED-Bezirksorgans „Freies Wort" i. Suhl. Vors.

d. VDP i. Bez. Suhl u. Mitgl. d. SED-BL. Danach MA d. Presseamtes b. Vors. d. MR. 1962-68 Chefred. d. Frauenzeitung „Für Dich". Seitdem Chefred. d. Zeitschrift „Sybille".
Ausz.: VVO i. Bronze (1976) u. a.

Fricke, Dieter

Weimar
Geb. 21. 6. 1927 i. Frankfurt/O.
Erl. B.: Historiker, Dr. phil. habil.
Ausg. B.: Hochschullehrer
Partei: SED
L.: 1944 NSDAP. 1947 SED. Studium d. Gesch. 1952-57 Ltr. d. Abt. Fernstudium a. d. Humboldt-Uni. i. Ostberlin bzw. a. d. PH Potsdam. 1954 Promotion zum Dr. phil., 1960 Habil. i. Berlin. 1957-60 Chefred. d. Zeitschrift für Geschichtswiss. d. DDR. 1960 Prof. mit LA, 1962 Prof. mit v. LA, seit 1. 2. 1966 Prof. mit Lehrstuhl f. Deutsche Geschichte d. Neuzeit u. Neuesten Zeit a. d. Uni. Jena.
Ausz.: VVO i. Bronze (1963), Verdienter Hochschullehrer d. DDR (1979) u. a.

Friede, Dieter

Berlin
Geb. 9. 1. 1938 i. Gräfenhainichen
Erl. B.: Diplom-Staatswissenschaftler
Ausg. B.: Botschafter
Partei: SED
L.: Besuch d. OS. 1956-60 Studium d. Außenpol. DASR. Dipl.-Staatswiss. Seit 1960 Angehöriger d. dipl. Dienstes d. DDR. 1961-62 Attaché a. d. DDR-Botschaft i. d. VR China. 1964-67 Vizekonsul i. Burma. 1971-74 1. Sekr. bzw. stellv. Botschafter i. Sri Lanka. 1974 bis 77 Sektorenltr. i. MfAA. Okt. 1977-Juni 81 Botschafter d. DDR i. Bangladesh. Nachf. v. Wolfgang Bayerlacher.

Friedrich, Gerd

Berlin
Geb. 28. 10. 1928 i. Berlin
Erl. B.: Diplom-Wirtschaftler, Dr. sc. oec.
Ausg. B.: Stellvertretender Institutsdirektor
Partei: SED
L.: 1947-50 Studium d. Wirtschaftswiss. Humboldt-Uni. Ostberlin. Dipl.-Wirtschaftler. Anschl. Ass., Doz. u. Prof. a. d. HS f. Ökonomie i. Ostberlin. 1956 Promotion zum Dr. rer. oec. 1967-68 Dir. d. Inst. f. Sozial. Wirtschaftsführung b. Min. f. Leichtindustrie i. Woltersdorf. Seit 1968 stellv. Dir. d. Zentralinst. f. Sozial. Wirtschaftsführung b. ZK d. SED. Vors. d. Wiss. Rates f. Fragen d. Leitungswiss. i. d. Volkswirtschaft. 1975 korr. Mitgl. d. APW. Vors. d. Red. Koll. d. Ztschr. „Wirtschaftswiss.".
Ausz.: VVO i. Silber (1978), Nat. Pr. III. Kl. (Koll.-Ausz. 1976) u. a.

Friedrich, Heinz

Erfurt
Geb. 22. 4. 1926
Erl. B.: Industriekaufmann,
Ausg. B.: Sekretär d. SED-BL Erfurt
Partei: SED
L.: Industriekfm. SED-Funktionär. In den 50er Jahren stellv. Ltr. d. Abt. Agitprop. SED-BL Erfurt bzw. Sekr. f. Wirtschaft u. 2. Sekr. SED-KL Nordhausen. Absolvent d. PHSch d. SED. 1963-66 1. Sekr. d. SED-KL Heiligenstadt. Seit April 1966 Sekr. f. Agitprop. SED-BL Erfurt. Nachf. v. Siegfried Mohr. Abg. d. BT Erfurt.
Ausz.: VVO i. Silber (1969) u. a.

Friedrich, Paul

Potsdam
Geb. 23. 10. 1919 i. Berlin
Erl. B.: Kontorist, Textilkaufmann, Diplom-Staatswissenschaftler
Ausg. B.: Vorsitzender d. BV Potsdam d. NDP
Partei: NDP
L.: Textilkfm., Kontorist i. Berlin. 1937 NSDAP. Nach 1945 NDP-Funktionär. Hauptamtl. Funktionen i. Landesverband Thüringen (kfm. Geschäftsführer) u. BV Erfurt d. NDP. Später MA d. PV d. NDP i. Ostberlin (zeitw. pers. Ref. d. Vors.). Seit 1967 Vors. d. BV Potsdam d. NDP u. Mitgl. d. Hauptausschusses. Abg. d. BT Potsdam.
Ausz.: VVO i. Silber (1977) u. a.

Friedrich, Walter

Leipzig
Geb. 5. 10. 1929 i. Neuland/Schlesien als Sohn eines Handwerkers
Erl. B.: Psychologe, Dr. phil. habil.
Ausg. B.: Institutsdirektor
Partei: SED
L.: 1948-50 Neulehrer i. Bez. Leipzig. Besuch d. ABF Leipzig. 4jähr. Studium d. Psychologie a. d. Uni. Leipzig. Anschl. Mitarbeiter d. DHfK i. Leipzig. 1958 Ass. am Psychol. Inst. d. Uni. Leipzig. 1962 Promotion zum Dr. phil. 1965 Habil. Wahrnehmungsdoz. f. Psychologie a. d. KMU Leipzig. Seit 1. 7. 1966 Dir. d. neugegründeten Zentralinst. f. Jugendforschung beim Amt f. Jugendfragen d. DDR i. Leipzig. Vors. d. Wiss. Beirates f. Jugendforschung b. Amt f. Jugendfragen. Sept. 1968 zum Prof. ernannt. O. Mitgl. d. APW.
Ausz.: VVO i. Bronze (1979) u. a.
Veröff.: „Jugend — heute", 1967 u. a. m.

Fries, Edgar

Berlin
Geb. 2. 7. 1937 i. Proschwitz als Sohn eines Arbeiters
Erl. B.: Diplom-Staatswissenschaftler
Ausg. B.: Sektorenleiter i. ZK d. SED
Partei: SED
L.: Abitur. Studium a. Inst. f. Internat. Beziehungen. Seit 1962 Angehöriger d. auswärtigen Dienstes d. DDR. Zeitw. Sekr. d. Dtsch.-Lateinameri-

kan. Ges. d. DDR. 1965-70 stellv. Generalsekr. d. Liga f. Völkerfreundschaft mit Zuständigkeit f. Übersee. 1971-73 Botschaftsrat a. d. DDR-Botschaft i. Chile. April 1973-April 1975 Botschafter i. Peru. Seit 1975 Sektorenltr. i. d. Abt. Internat. Verbindungen i. ZK d. SED.
Ausz.: VVO i. Bronze (1973) u. a.

Fritsch, Günter

Berlin
Geb. 17. 3. 1930 i. Hamburg
Ausg. B.: AL i. MfAA, Botschafter
Partei: SED
L.: Nach 1949 Arbeiter i. Berliner Betrieben.Studium a. d. KMU Leipzig. 1954 Staatsexamen. Ass. a. d. KMU. Seit 1955 Angehöriger d. dipl. Dienstes d. DDR. Mitarbeiter d. DDR-Handelsvertretung i. Indien. 1961-62 stellv. Ltr. d. Handelsvertretung d. DDR i. Ghana. 1963 stellv. Ltr. d. Afrika-Abt. i. MfAA. Febr. 1964-März 1965 Botschafter d. DDR i. Sansibar. 1965 erneut stellv. Ltr. d. Afrika-Abt. i. MfAA. Sept. 1970-Nov. 1974 Botschafter d. DDR i. Guinea, März 1973-Okt. 1974 zusätzl. i. Sierra Leone, Nov. 1973-Febr. 1975 i. Gambia u. Sept. 1974-Okt. 1974 i. Guinea-Bissau. Seit 1975 Ltr. d. Abt. Journal. Beziehungen i. MfAA.
Ausz.: VVO i. Silber (1980) u. a.

Fritsche, Hans

Berlin
Geb. 6. 6. 1929 i. Chemnitz
Erl. B.: Maurer, Dr. sc. techn.
Ausg. B.: Präsident d. Bauakademie
Partei: SED
L.: Maurer. Studium a. d. TH Dresden. 1947 Mitgl. d. SED. 1954 Dipl. Wiss. Ass. a. d. TH Dresden. 1957 Promotion zum Dr. oec. i. Dresden. Danach Technologe, Baultr., Techn. Ltr. u. Betriebsltr. i. Betrieben d. Industriebaus. 1963-66 stellv. Min. f. Bauwesen. Danach wiss. Dir. u. 1967-77 1. Vizepräs. d. Bauakademie. Seit 27. 5. 1977 Präs. d. Bauakademie d. DDR. Nachf. v. Werner Heynisch. Seit Sept. 1970 Prof. Mitgl. d. Präs. d. ZV d. IG Bau-Holz u. d. Forschungsrates d. DDR.
Ausz.: Orden „Banner d. Arbeit" (1964), VVO i. Silber (1979) u. a.

Fritzsche, Heinz

Berlin
Geb. 25. 12. 1927 i. Chemnitz
Erl. B.: Diplom-Ingenieur, Dr.-Ing.
Ausg. B.: Leiter d. Staatlichen Amtes f. Technische Überwachung
Partei: SED
L.: Bis 1954 Maschinenbau-Studium a. d. TH Dresden. Ass. bzw. Oberass. i. Institut f. Werkzeugmaschinen. 1963-65 Vizepräs., dann 1965 amtierender Präs. bzw. Präs. d. DAMW. 1967-70 stellv. Min. f. Wiss. u. Technik. Seit 1970 Dir. d. Zentralinspektion d. Techn. Überwachung bzw. 1977-81 Ltr. d. Staatl. Amtes f. Techn. Überwachung d. DDR.
Ausz.: VVO i. Bronze (1976) u. a.

Fritzsche, Helmut

Rostock
Geb. 8. 1. 1929
Erl. B.: Evang. Theologe, Dr. sc. theol.
Ausg. B.: Hochschullehrer
Partei: CDU
L.: 1946 Mitgl. d. CDU. 1947-53 Studium d. Evang. Theologie a. d. Humboldt-Uni. Ostberlin. 1953-57 wiss. Aspirantur. 1957-68 Pfarrer i. Dobbrikow, 1968 Dozent, 1969 Prof. f. Syst. Theologie Uni. Rostock. Seit 1968 Kand., seit 1972 Mitgl. d. Hauptvorst. d. CDU. Zur Zeit Dir. d. Sektion Theologie Uni. Rostock. Bruder: Hans-Georg Fr., Theologie-Prof. Humboldt-Uni. Ostberlin.
Ausz.: Verdienstmedaille d. DDR (1978)

Frohn, Werner

Schwedt/O.
Geb. 12. 4. 1929 i. Zscherndorf/Bitterfeld
Erl. B.: Verwaltungsangestellter, Diplom-Wirtschaftler, Dr. oec.
Ausg. B.: Generaldirektor
Partei: SED
L.: Verwaltungsangest. 1946 Mitgl. d. SED. In d. 60er Jahren i. Elektrochem. Werk Bitterfeld beschäftigt. Seit 1970 Generaldir. VEB Petrolchemisches Kombinat Schwedt. Seit Juni 1971 Mitgl. d. ZK d. SED. Vors. d. Nat. Komitees d. DDR f. Welterdölkongresse. 1971-76 Mitgl. SED-BL Frankfurt/O.
Ausz.: Fritz-Heckert-Med. i. Silber (1976), Orden „Banner d. Arbeit" Stufe I (1979) u. a.

Fuchs, Gerhard

Erfurt
Ausg. B.: Hochschullehrer, Dr. phil.
Partei: SED
L.: Journalist. 1959-65 Chefred. d. SED-Bezirksorgans „Freies Wort" i. Suhl. 1965-74 Chefred. d. SED-Bezirkszeitung „Das Volk" i. Erfurt. 1967-74 Mitgl. d. SED-BL Erfurt. Vors. d. VDJ i. Bez. Erfurt. 1967-72 Mitgl. d. Präs. d. VDJ. Seit 1972 Lehrtätigkeit a. d. KMU Leipzig. Ao. Prof. a. d. Sektion Journalistik (Ltr. d. Wissenschaftsbereiches „Journal. Arbeitsprozeß"). 1978 Promotion zum Dr. phil. i. Leipzig. Seit Okt. 1978 Dir. d. Sektion Journalistik d. KMU. Seit Mai 79 Mitgl. d. Präsidiums d. VdJ.
Ausz.: VVO i. Silber (1974) u. a.

Fuchs, Karl-Albert

Berlin
Geb. 7. 2. 1920 i. Oetzsch-Markkleeberg
Erl. B.: Diplom-Ingenieur
Ausg. B.: Hochschullehrer
Partei: SED
L.: Abitur. Kriegsdienst. Kanad. Kriegsgef. 1947

Rückkehr. SED. Studium a. d. TH Dresden. Dipl.-Ing. Später Techn. Dir. VEB Ingenieurbau Brandenburg u. Ltr. d. HA Technik Min. f. Bauwesen. 1963 stellv. Min. f. Bauwesen. 1967 Vizepräs. DBA u. Dir. d. Inst. f. Ing.- u. Tiefbau i. Leipzig. Seit Sept. 1968 Prof. a. d. HS f. Architektur u. Bauwesen i. Weimar. Seit Dez. 1970 Rektor d. vorgenannten HS. Seit 1974 Mitgl. d. SED-BL Erfurt. Seit 1974 Vors. d. DSF i. Bez. Erfurt.
Ausz.: Karl-Marx-Orden (1974) u. a.

Fuchs, Karl-Friedrich

Dresden
Geb. 13. 11. 1921 i. Einsiedel
Ausg. B.: Chefredakteur
Partei: CDU
L.: Kriegsdienst (Flieger). Nach 1945 Journalist bei d. CDU-Presse. 1952-57 Chefred. d. „Märk. Union" u. Chef v. Dienst bei d. „Neuen Zeit". 1957-61 Chefred. d. Berliner Red. d. CDU-Presse. 1960-71 Chefred. d. CDU-Zeitungen „Die Union" i. Dresden u. „Märk. Union" i. Potsdam. Juli 1971-Juli 1973 Chefred. d. Zentralorgans d. CDU „Neue Zeit" i. Ostberlin. Juli 1973-Sept. 1974 Chefred. d. CDU-Zeitung „Die Union" i. Dresden. 1972-77 Mitgl. d. ZV d. VdJ. 1972-73 Mitgl. d. Sekr. d. Hauptvorstandes d. CDU. Seit 1974 Journalist d. CDU-Presse i. Ostberlin. Chefred. d. Berliner Redaktion d. CDU.

Fuchs, Klaus

Dresden
Geb. 29. 12. 1911 i. Rüsselsheim/Main als Sohn des ev. Theologen Emil Fuchs
Erl. B.: Physiker, Dr. phil., Dr. rer. nat. habil. Emeritus
Partei: SED
L.: Aufgewachsen i. Rüsselsheim u. Eisenach. Nach Abitur Studium d. Physik u. Mathematik a. d. Uni. Leipzig u. Kiel. Mitgl. d. SAJ u. d. Reichsbanners. 1930-32 Mitgl. d. SPD. 1932 Eintritt i. d. KPD u. aktive polit. Betätigung a. d. Uni. Kiel. Juli 1933 Emigration nach Frankreich (Paris) u. Sept. 1933 Großbritannien. Dort Fortsetzung des Studiums d. Physik a. d. Uni. Bristol. 1937 Promotion auf dem Gebiet d. Mathematik. Stipendiat. 1938 Studium bei Prof. M. Born i. Edinbourgh. Erneute Promotion, diesmal i. theoret. Physik. 1939 Stipendiat d. Carnegie-Stiftung. 1940/41 Internierung auf d. Insel Man u. im kanadischen Lager Sherbrooke bei Quebec. 1941 Entlassung aus Internierung u. Rückkehr nach Edinbourgh. Ab Mai 1941 a. d. wiss. Entwicklung d. Atombombe beteiligt (Uni. Birmingham). Mitarbeiter v. Prof. R. Peierls. Kontaktaufnahme zu Agenten d. sowj. Nachrichtendienstes. 7. Aug. 1942 englische Staatsbürgerschaft. Dez. 1943-Juni 1946 wiss. Tätigkeit i. d. USA (Columbia-Uni. u. Atomforschungszentrum Los Alamos). 28. Juni 1946 Rückkehr nach England; Juli 1946 Ltr. d. Abt. Theoretische Physik am engl. Atomforschungszentrum Harwell. 1949/50 Entlarvung als sowj. Agent; 1. März 1950 vor Gericht gestellt u. zu 14 Jahren Gefängnis verurteilt. Einweisung ins Wakefield-Gefängnis. Begnadigung am 23. 6. 1959 u. Abschub i. d. DDR. 1959-74 stellv. Dir. u. Ltr. eines wiss. Bereiches i. ZfK. Seit 1. 1. 1963 nebenamtl. Prof. a. d. TU Dresden. Seit April 1967 (VII. Parteitag) Mitgl. d. ZK d. SED. Seit 1972 o. Mitgl. AdW. 1974-78 Ltr. d. Forschungsbereichs Physik, Kern- u. Werkstoffwiss. d. AdW. Seit 1979 i. Ruhestand. Vors. d. wiss. Räte f. Probleme d. energetischen u. mikroelektronischen Grundlagenforschung.
Ausz.: VVO i. Silber (1962) u. i. Gold (1971). Nat.-Preis I. Kl. (1975), Karl-Marx-Orden (1979) u. a.

Fuchs, Otto Hartmut

Berlin
Geb. 4. 9. 1919 i. Schwäbisch-Gmünd als Sohn eines Seminarprofessors
Erl. B.: Diplom-Journalist
Ausg. B.: Herausgeber
Partei: CDU
L.: 1937 KZ-Haft i. Welzheim/Württ. Abitur. RAD-Angehöriger. 1939-40 Studium d. Theologie u. Philosophie a. d. Uni. Tübingen. 1940 Soldat (2 Mon.). 1941 Staatsexamen. Anschl. Studium d. Geschichte u. Publizistik i. Wien. Gründer d. Antifa-Jugendliga. 1944 aus der Wehrmacht ausgestoßen. Verhaftet. Hochverratsprozeß vor dem VGH. 1945-50 Chefred. i. Westdeutschland („Junges Wort", „Scheinwerfer"). 1950 CDU. 1951-69 Chefred. d. „Union-Pressedienstes". 1969-77 Chefred., 1971-77 Mitherausgeber, seit Mai 1977 Herausgeber d. Zeitschrift für Katholiken i. Kirche u. Gesellschaft „begegnung". Seit 1969 Vors. d. Präs. d. Internat. Fortsetzungsausschusses d. Berliner Konferenz kathol. Christen aus europ. Ländern. Seit 1968 Mitgl. d. HV, seit 1972 d. Präs. d. HV d. CDU. Mitgl. d. Präs. d. Weltfriedensrates u. d. Friedensrates d. DDR.
Ausz.: VVO i. Silber (1974), Stern u. Völkerfreundschaft i. Gold (1979) u. a.

Fühmann, Franz

Märkisch-Buchholz
Geb. 15. 1. 1922 i. Rochlitz, Krs. Hohenelbe/Riesengeb., als Sohn eines Apothekers
Ausg. B.: Schriftsteller
Partei: NDP
L.: Während d. 2. Weltkrieges Angehöriger d. RAD u. d. Wehrmacht. 1945-49 sowj. Kriegsgef. Mitgl. d. NDP. Hauptamtl. MA d. PV d. NDP. Ltr. d. Abt. Kultur. 1950-58 Mitgl. d. PV u. Hauptausschusses d. NDP. 1958 aus d. Hauptausschuß ausgeschlossen. 1954-63 Mitgl. d. Präsidialrates d. DKB. Jetzt freiberuflicher Schriftsteller. Mitgl. d. DAK u. d. Beirates d. Zeitschrift „Sinn u. Form". Zeitw. Mitgl. d. Vorstandes d. Schriftstellerverbandes d. DDR.
Ausz.: Heinrich-Mann-Preis (1956). Nat.-Preis III. Kl. (1957), Kritikerpreis d. AdK West-Berlin (1977) u. a.
Veröff.: „Die Fahrt nach Stalingrad", Dichtung, Aufbau-Verlag, Berlin, 1953. „Die Nelke Nikos",

Ged., Verlag d. Nation, Berlin, 1953. „Kameraden", Novelle, Aufbau-Verlag, Berlin, 1955. „Aber die Schöpfung soll dauern", Aufbau-Verlag, Berlin, 1957. „Stürzende Schatten", Verlag d. Nation, Berlin, 1959. „Fronten", Aufbau-Verlag, Berlin, 1960. „Böhmen am Meer", Verlag Hinstorff, 1962. „Das Judenauto", Reclam, Leipzig, 1965. „König Ödipus", Aufbau-Verlag, Berlin, 1965. „Shakespeare-Märchen", Kinderbuchverlag, 1968. „Das Nibelungenlied, neu erzählt", Verlag Neues Leben, Berlin, 1972. „Prometheus", Bd. 1, 1974; „Erzählungen" 1955-75, VEB Hinstorff-Vlg., Rostock, 1978, „Der gestürzte Engel", „Saiäns-Fiktschen", Hinstorff-Vlg., Rostock, 1982 u. a.

Fülle, Hans

Berlin
Geb. 1925
Erl. B.: Diplom-Volkswirt, Dr. sc. oec. Prof.
Ausg. B.: Hochschullehrer
Partei: SED
L.: 1943 NSDAP. Kriegsdienst (Fahnenjunker). 1946-49 Studium d. Wirtschaftswiss. a. d. Uni. Leipzig. Seit 1950 Lehrtätigkeit a. d. HS f. Ökonomie i. Berlin-Karlshorst. Prof. m. LA. Dir. d. Inst. f. Materialversorgung. 1960-62 Chefred. d. Zeitschrift „Wirtschaftswissenschaft". 1962-65 Ltr. d. Hauptabt. Methodik, Organisations- u. Rechentechnik d. SPK. 1966-72 stellv. Min. f. Materialwirtschaft. Seitdem Ltr. d. Lehrstuhls System u. Methodik d. Volkswirtschaftsplanung a. d. HS f. Ökonomie.

Füssling, Hubert

Halle/Saale
Geb. 12. 3. 1936
Erl. B.: Landmaschinenschlosser, Ing. oec., Diplom-Staatswissenschaftler
Ausg. B.: Stellv. Vorsitzender d. RdB Halle
Partei: SED
L.: Landmaschinenschlosser, Ingenieur-Ökonom f. Maschinenbau. Diplom-Staatswiss. 1976-80 Vors. d. RdK Köthen. Seit 19. 12. 1980 stellv. Vors. d. RdB Halle f. Handel u. Versorgung. Nachf. v. Heinz Pasenau. Seit Juni 1981 Abg. d. BT.

Funder, Wilhelm

Waldsieversdorf
Geb. 18. 10. 1919 i. Mengenich/Köln als Sohn eines Schreiners
Erl. B.: Diplom-Staatswissenschaftler
Ausg. B.: Lehrstuhlleiter
Partei: NDP
L.: Nach dem Schulbesuch (Volks- u. Oberrealschule i. Köln) Studium d. Philologie u. Geschichte a. d. Uni. Köln. 1939 Einberufung zur Wehrmacht. Geriet i. Juli 1944 als Uffz. einer Pioniereinheit in sowj. Kriegsgef. Antifa-Schüler. 1948 Entlassung aus d. Gef. 1949 Mitgl. d. NDP. 1949-53 Lehrer. 1953-63 Lehrstuhlltr. u. Rektor d. HS f. Nationale Politik i. Waldsieversdorf.
1953-63 Mitgl. d. Hauptausschusses d. NDP. 1954-63 Abg. d. VK. März 1963 Ltr. d. Abt. Politisches Studium i. PV d. NDP. Jetzt erneut Lehrstuhlltr. f. Dtsch. Geschichte a. d. Zentralen Parteischule d. NDP. Mitgl. d. Präs. d. „Urania". 1966-81 Vors. d. Urania i. Bez. Frankfurt/Oder.
Ausz.: VVO i. Bronze (1956) u. a.

Funke, Joachim

Berlin
Geb. 21. 12. 1930 i. Breslau
Ausg. B.: Generaldirektor
Partei: SED
L.: Statistiker. Anfang d. 60er Jahre Ltr. d. Bezirksstelle Frankfurt/O. d. Zentralverwaltung f. Statistik. 1960-67 Mitgl. d. BRK d. SED Frankfurt/O. 1966-75 stellv. Ltr. d. Zentralverwaltung f. Statistik d. DDR. Seit 1967 Mitgl. d. ZRK d. SED. Seit 1975 Generaldir. d. VVB Maschinelles Rechnen bzw. d. VEB Kombinat Datenverarbeitung.
Ausz.: VVO i. Silber (1979) u. a.

Funke, Otto

Berlin
Geb. 23. 8. 1915 i. Lennep/Rheinland
Erl. B.: Technischer Angestellter
Ausg. B.: Vorsitzender d. Zentralleitung d. Komitees d. Antifa-Widerstandskämpfer
Partei: SED
L.: 1930 Mitgl. d. SAJ. 1931 KJV. 1933 KPD. Bis Pfingsten 1932 Besuch eines Realgymnasiums i. Wuppertal-Elberfeld. Danach bis 1935 erwerbslos. Nach 1933 ill. Tätigkeit f. d. KJV i. Rheinland. 1935 verhaftet u. am 29. 7. 1935 vom OLG Hamm zu 2 Jahre Gef. verurteilt. 1938-40 Lehrzeit u. techn. Angest. i. d. Maschinenfabrik Augsburg-Nürnberg AG i. Düsseldorf. 1944/45 Kriegsdienst. Gef. KPD/SED-Mitgl. FDJ-Funktionär. Bis 1948 2. Sekr. d. FDJ-Landesleitung i. Thüringen. 1948-49 1. Sekr. d. FDJ-Landesleitung Thüringen. 1949-52 2. Sekr. d. SED-Landesleitung Thüringen. 1950-54 Abg. d. VK. 1952-55 1. Sekr. d. SED-BL Gera. Abg. d. Bezirkstages Gera. 1956-68 1. Sekr. d. SED-BL Suhl. 1958-63 Kand., seit Jan. 1963 Vollmitgl. d. ZK d. SED. Seit 16. 11. 1958 erneut Abg. d. VK. Seit 1969 stellv. leitender Sekr., seit 1971 Leitender Sekr., seit 1974 Vors. d. Zentralleitung d. Komitees d. Antifa-Widerstandskämpfer. Seit 1971 Mitgl. d. Ausschusses f. Auswärtige Angelegenheiten d. VK. Seit 1972 Vizepräs. d. FIR.
Ausz.: VVO i. Gold (1965). Ehrenspange zum VVO i. Gold (1969). Karl-Marx-Orden (1975) u. a.

Funke, Siegfried
Querfurt
Geb. 28. 6. 1938
Erl. B.: Diplom-Landwirt
Ausg. B.: Leiter d. Agrar-Industrie Vereinigung Pflanzenproduktion Querfurt
Partei: SED

L.: Diplom-Landwirt. Seit 1958 Mitgl. d. SED. Ltr. d. Agrar-Industrie-Vereinigung Pflanzenproduktion Querfurt. Seit Febr. 1979 Kand., seit Febr. 1981 Mitgl. d. SED-BL Halle. Seit 16. 4. 1981 erstmalig Kandidat d. ZK d. SED.

G

Gabel, Edith
Neubrandenburg
Geb. 1931
Erl. B.: Diplom-Gesellschaftswissenschaftler
Ausg. B.: Sekretär d. RdB
Partei: SED
L.: Absolventin d. PHSch d. SED. Diplom-Ges. Hauptamtl. SED-Funktionärin. Zeitw. stellv. AL i. d. SED-BL Neubrandenburg. Seit März 1977 Sekr. d. RdB Neubrandenburg. Nachf. v. Wolfgang Rosenow. Seit Juni 1981 Abg. d. BT.
Ausz.: VVO i. Bronze (1978).

Gabriel, Klaus-Jürgen
Magdeburg
Geb. 1936
Erl. B.: Ing. oec., Diplom-Wirtschaftler
Ausg. B.: Stellv. Vors. d. RdB Magdeburg
Partei: SED
L.:Ingenieur-Ökonom. Diplom-Wirtschaftler. Versch. lt. Funktionen i. Kraftverkehrsbetrieben d. Bez. Magdeburg, zuletzt stellv. Ltr. Bezirksdir. f. Kraftverkehr. Seit Juni 1979 stellv. Vors. d. RdB Magdeburg f. bezirksgel. Ind., Lebensmittelind. u. ÖVW. Seit 1963 Abg. d. BT.

Gäbler, Klaus
Berlin
Geb. 5. 10. 1931
Erl. B.: Diplom-Philosoph, Dr. phil.
Ausg. B.: Abteilungsleiter i. ZK d. SED
Partei: SED
L.: 1947 Mitgl. d. SED., Dipl.-Philosoph. Seit Mitte d. 60er Jahre stellv. Ltr. d. Abt., seit Febr. 1979 Ltr. d. Abt. Propaganda i. ZK d. SED. Nachf. v. Kurt Tiedke. seit 16. 4. 1981 Mitgl. d. ZK d. SED. Mitgl. d. Präsidiums d. Urania.
Ausz.: VVO i. Gold (1974 u. 1981) u. a.

Gadow, Karl
Berlin
Geb. 26. 11. 1913 i. Nowawes als Sohn eines Buchdruckers
Erl. B.: Buchhändler
Ausg. B.: Botschafter
Partei: SED
L.: 1933 Abitur. Buchhändler. Kriegsdienst. 1945 SPD. 1946 SED. Bis 1952 AL i. d. SED-Landesltg. Brandenburg. 1950-53 Besuch d. PHSch d. SED. Ltr. d. Abt. Lichtspielwesen i. d. HV Film d. Min. f. Kultur. Direktor d. DEFA.Studios f. Synchronisation. Seit 1961 Angehöriger d. dipl. Dienstes. 1961-65 2. Sekretär i. Kairo. 1965-70 versch. Funktionen i. MfAA, Sekr. d. UNESCO-Kommission d. DDR. 1970-74 1. Sekretär d. DDR-Botschaft in Indien. Mai 1975-Aug. 78 Botschafter i. Nepal. Nachf. v. Wolfgang Schüssler.
Ausz.: VVO i. Gold (1978) u. a.

Gallerach, Ernst
Magdeburg
Geb. 7. 3. 1930 i. Podletzki/CSR als Sohn eines Handwerkers
Erl. B.: Diplom-Ökonom
Ausg. B.: Werkdirektor
Partei: SED
L.: 1948-50 Besuch d. ABF Halle/Saale. 1950-54 Studium a. d. HS f. Ökonomie Berlin-Karlshorst. Diplom-Ökonom. 1948 Mitgl. d. SED. 1955 Planungsltr., 1959-62 Werkltr. d. Karl-Marx-Werkes i. Magdeburg (Sekr. f. Maschinenbau d. BL). 1963 1. stellv. Generaldir., 1966-71 Generaldir. d. VEB Carl Zeiss i. Jena. 1963-67 Kand. d. ZK d. SED. 1963-71 Abg. d. VK. 1967-71 Mitgl. d. ZK d. SED. Gegenw. Werkdir. VEB Erich-Weinert-Werk i. Magdeburg.
Ausz.: Verdienstmed. d. DDR u. a.

Gambke, Heinz
Berlin
Erl. B.: Historiker, Dr. habil.
Ausg. B.: Hochschullehrer
Partei: SED
L.: 1957 SED-Funktionär i. d. SED-BL Erfurt. Studium. Dozent, dann Prof. sowie stellv. Lehrstuhlltr. f. Geschichte d. dtsch. Arbeiterbew. a. IfG. Seit Juni 1974 Vors. d. Freundschaftskomitees DDR-VDR Jemen. Vizepräs. d. Freundschaftsges. DDR-Arab. Länder.
Ausz.: VVO i. Bronze (1973).
Veröff.: „Geschichte d. SED-Abriß" Koautor.

Garling, Adolf
Rügen
Geb. 11. 1. 1925 i. Teterow (Mecklenburg)
Erl. B.: Diplom-Staatswissenschaftler, Diplom-Gesellschaftswissenschaftler
Ausg. B.: Werkdirektor
Partei: SED
L.: 1943 NSDAP, Kriegsdienst. Kriegsgefangenschaft. Nach 1945 Angestellter i. Teterow u. Malchin. 1954-60 Vors. d. RdK Malchin. 1960-66 Vors. d. RdK Pasewalk bzw. 1. Sekr. d. SED-Kreisltg. Pasewalk. 1966-67 1. stellv., März 1967-Febr. 1972 Vors. d. RdB Neubrandenburg u. Mitgl. d. Sekr. d. SED-BL. Febr. 1972 sämtl. Funktionen enthoben („Hat seine Zugehörigkeit zur ehemaligen NSDAP verschwiegen. Er war unaufrichtig und unehrlich gegenüber der Partei und hat das in ihn gesetzte Vertrauen gröblichst mißbraucht."). Seitdem Werkdir. d. Betriebes Grimmen d. Kleiderwerke Greifswald bzw. Werkdir. d. Kleiderwerke Rügen.
Ausz.: Verdienstmedaille d. DDR (1959). VVO i. Bronze (1068).

Garscha, Joachim
Berlin
Geb. 1935
Erl. B.: Industriekaufmann, Dr. sc. oec.
Ausg. B.: Hochschullehrer
Partei: SED

L.: Industriekaufmann, Diplom-Wirtschaftler. Dr. sc. oec. Betriebsdir. Zeitweise wiss. MA d. SPK. 1967 Dozent, seit 1. 9. 70 Prof. a. d. HS f. Ökonomie Berlin-Karlshorst. Ltr. d. Lehrstuhls f. Industrieplanung. Gegenwärtig l. Prorektor. Seit Juni 1981 Mitgl. d. STVV Ostberlin.

Garzini, Horst
Berlin
Geb. 1929
Erl. B.: Kaufmann, Diplom-Gesellschaftswissenschaftler
Ausg. B.: Sekretär d. ZV d. DSF
Partei: SED
L.: Kaufmann, 1945 KPD. Seit 1952 i. verantw. Parteifunktionen d. SED, u. a. 2. Sekr. d. SED-KL Klingenthal. Studium a. d. PHSch d. KPdSU-1964-67 1. Sekr. d. SED-KS Auerbach. Nov. 1967-Mai 1972 Sekr. f. Agitprop. SED-BL Karl-Marx-Stadt. Seitdem Sekr. f. Agitprop. d. ZV d. DSF. Seit Mai 1978 Mitgl. d. Präs. d. ZV d. DSF.
Ausz.: VVO i. Bronze (1969) u. a.

Gass, Karl
Potsdam-Babelsberg
Geb. 2. 2. 1917 i. Mannheim
Ausg. B.: Filmregisseur, Autor
Partei: SED
L.: Studium d. Volkswirtschaft. Soldat. Nach 1945 MA d. NWDR Köln. 1947 i. d. SBZ übergesiedelt. 1948 SED. Zuerst Wirtschaftsred. u. Kommentator beim Berliner Rundfunk, dann Dokumentarfilmregisseur d. DEFA u. künstlerischer Ltr. d. DEFA-Studios f. populärwiss. Filme. Regisseur f. Dokumentarfilme d. DEFA. Vizepräs. d. Internat. Verbandes d. Dokumentaristen. Vors. d. Sektion Dokumentarfilm u. Fernsehpublizistik d. Verbandes d. Film- u. Fernsehschaffenden. Vors. d. Bezirkszentrums Potsdam d. Verbandes d. Film- u. Fernsehschaffenden.
Ausz.: Nat. Pr. III. Kl. (1977) u. a.
Werke: „Paradies d. Ruderer", Film, 1953, „Silberfüchse", 1978. „Ecken und Kanten", 1980, u. a.

Gaude, Gerhard
Leipzig
Geb. 26. 1. 1925 i. Buckow/Po.
Erl. B.: Landarbeiter, Diplom-Agrarökonom
Ausg. B.: Vorsitzender d. BV Leipzig d. DBD
Partei: DBD
L.: Landarbeiter. 1943 NSDAP. 1950 DBD. DBD-Funktionär. Zeitw. stellv. Ltr. d. Kaderabt. i. Parteivorstand d. DBD. 1963-72 stellv. Vors. bzw. Sekr. d. BV Leipzig d. DBD. Seit 1968 Mitgl. d. Parteivorstandes d. DBD. Seit März 1972 Vors. d. BV Leipzig d. DBD. Nachf. v. Helmut Merke. Abg. d. BT.
Ausz.: VVO i. Silber (1976) u. a.

Gaudian, Werner
Magdeburg
Geb. 1934
Erl. B.: Werkzeugmacher, Diplom-Ingenieur
Ausg. B.: Haupttechnologe
Partei: SED
L.: Werkzeugmacher, Dipl-Ing. 1958 Mitgl. d. SED. Gegenw. Haupttechnologe i. VEB Kombinat „Karl Marx" i. Magdeburg. Juni 1971-April 1981 Kand. d. ZK d. SED.

Gawlik, Manfred
Magdeburg
Geb. 28. 11. 1941
Erl. B.: Ingenieur, Diplom-Staatswissenschaftler
Ausg. B.: Vors. d. BV Magdeburg d. CDU
Partei: CDU
L.: Ingenieur f. Betriebs- u. Verkehrstechnik. Diplom-Staatswiss. 1965 Mitgl. d. CDU. 1970-77 verschiedene Staatsfunktionen. 1977-79 Ltr. d. Abt. Erholungswesen b. RdB Magdeburg. 1979 stellv. Vors., seit 20. 11. 1980 Vors. d. BV Magdeburg d. CDU. Nachf. v. Werner Biedermann. Seitr Juni 1981 Abg. d. BT Magdeburg.

Gebauer, Wolfgang
Harsleben, Krs. Halberstadt, Bez. Magdeburg
Geb. 30. 12. 1941
Erl. B.: Agrotechniker, St. gepr. Landwirt
Ausg. B.: LPG-Vorsitzender
Partei: SED
L.: Agrotechniker, St. gepr. Landwirt. 1964 SED. Vors. d. LPG „IX. Parteitag" Pflanzenproduktion Harsleben. Seit 22. Mai 1976 Kandidat d. ZK d. SED.

Gebhardt, Friedrich-Karl
Berlin
Geb. 29. 10. 1932
Erl. B.: Landwirtschaftsgehilfe, Diplom-Landwirt, Dr. sc. agr.
Ausg. B.: Stellv. Minister
Partei: SED
L.: Landwirtschaftsgehilfe. Dipl.-Landwirt. 1956 Mitglied d. SED. 1963 Tierzuchtltr. d. LPG Damshagen, Krs. Grevensmühlen. 1966-67 Ltr. d. Abt. Landwirtschaft SED-BL Rostock. 1967-72 Vors. d. LWR bzw. RLN i. Bez. Rostock. Febr. 1972-März 1982 Sekr. f. Landwirtschaft d. SED-BL Rostock. Nachf. v. Bruno Lietz. Seit 1967 Abg. d. BT. Seit 22. 5. 1976 Kandidat d. ZK d. SED. Seit April 1982 stellv. Minister f. Land-, Forst- u. Nahrungsgüterwirtschaft.
Ausz.: VVO i. Silber (1974). Orden „Banner d. Arbeitsstufe I" (1982) u. a.

Geerdts, Hans-Jürgen
Greifswald
Geb. 16. 2. 1922 i. Danzig als Sohn eines Angestellten
Erl. B.: Germanist, Dr. sc. phil.
Ausg. B.: Hochschullehrer
Partei: SED
L.: Abitur, Aushilfslehrer. Studium d. Germanistik, Geschichte, Theaterwissenschaft u. Philosophie i. Königsberg u. Wien. 1940 NSDAP.

Kriegsdienst. 1944 wegen Wehrkraftzersetzung vor einem Kriegsgericht. Nach 1945 Fortsetzung d. Studiums (Germanistik, Geschichte, Theaterwiss.) a. d. Friedrich-Schiller-Uni. Jena. 1947 Staatsexamen i. d. Fächern Deutsch, Literatur, Theaterwiss., Geschichte u. Philosophie. 1948 Dozent a. Dtsch. Theaterinst. i. Weimar (Prof. M. Vallentin). Danach Ltr. einer Fachschule u. Fachlehrer f. Gesellschaftswiss. 1952 Promotion z. Dr. phil. über Gerhart Hauptmanns „Weber". Danach Habil.-aspirant a. Germanistischen Inst. d. Uni. Jena. Stadtverordneter, Mitgl. d. BL Gera d. KB u. Vors. d. Arbeitsgemeinschaft junger Autoren i. Bez. Gera. 1956 Habil. über Goethes „Wahlverwandtschaften". Seit 1956 Lehrtätigkeit a. d. Uni. Greifswald. Seit 1. 2. 1964 Prof. m. Lehrstuhl f. Neuere dtsch. Literatur a. d. Uni. Greifswald. Juli 1961-April 1974 Präs. d. Dtsch.-Nordischen Gesellschaft d. DDR. Seit 1974 Vizepräs. d. Freundschaftsgesellschaft DDR-Nordeuropa. Schriftstellerische Betätigung.
Ausz.: VVO i. Bronze (1965), Nat. Pr. II. Kl. (1976) u. a.
Veröff.: Rheinische Ouvertüren", Thür. Volksvlg. Weimar 1954. „Dtsch. Literaturgeschichte i. e. Band", Vlg. Volk u. Wissen, Berlin 1965. „Literatur d. DDR i. Einzeldarstellungen", 1972 u. a.

Geggel, Heinz
Berlin
Geb. 11. 11. 1921 i. München als Sohn eines Kaufmanns
Erl. B.: Diamantenschleifer, Journalist
Ausg. B.: Abteilungsleiter beim ZK d. SED
Partei: SED
L.: Nach 1933 Emigration i. d. westl. Ausland (Schweiz, Belgien, Frankreich, u. Kuba). Mitgl. d. Komitees d. Antifaschisten i. Kuba. 1940 Aberkennung d. dtsch. Staatsbürgerschaft. 1944 Mitgl. d. KPD. Rückkehr nach Deutschland. Journalist. MA d. Staatl. Rundfunkkomitees. 1956-60 Intendant d. Deutschlandsenders. Zeitw. auch stellv. Vors. d. Staatl. Rundfunkkomitees. Mitgl. d. Zentralvorstandes d. VDJ. Seit 1960 MA beim ZK d. SED. Abtltr. West beim ZK u. Sekr. d. Westkommission beim Politbüro d. ZK d. SED. 1963-71 Kand., seit Juni 1971 Mitgl. d. ZK d. SED. Seit 1973 Ltr. d. Abt. Agitation beim ZK d. SED. Nachf. v. Hans Modrow.
Ausz.: VVO i. Gold (1970), Karl-Marx-Orden (1981) u. a.

Gehlert, Siegfried
Karl-Marx-Stadt
Ausg. B.: Generalmajor d. SSD
Partei: SED
L.: Seit Anfang d. 50er Jahre Angehöriger d. SSD. Ltr. d. Kreisdienststelle Schwarzenberg d. MfS. Seit 1959 Ltr. d. Bez.-verwaltung Karl-Marx-Stadt d. MfS u. Mitgl. d. SED-BL. Seit Febr. 1972 Generalmajor d. SSD.
Ausz.: VVO i. Bronze (1963)

Gehmert, Manfred
Neubrandenburg
Geb. 1931
Erl. B.: Elektriker, Berufsoffizier
Ausg. B.: Generalleutnant d. NVA
Partei: SED
L.: Elektriker. 1949 Eintritt i. d. VP. Offizierslaufbahn i. d. KVP/NVA. 1964-67 Besuch d. Frunse-Akademie u. 1971-73 d. Generalstabsakademie d. UdSSR. Absolvierte zwei sowj. Mil. Akademien. Zeitweise Rgt.-Kdr. i. Schwerin u. 1973-77 Kdr. d. 9. Pz.-Div. i. Eggesin. 1979 Generalmajor, seit 16. 2. 1981 Generallt. d. NVA. 1977-79 stellv. Chef, seit 1979 Chef u. d. Mil. Bez. Neubrandenburg. Nachf. v. Joachim Goldbach.

Gehre, Edith
Leipzig
Beb. 1931
Erl. B.: Verwaltungsangestellte, Diplom-Staatswissenschaftler
Ausg. B.: Mitglied d. ZPKK d. SED
Partei: SED
L.: Nach 1945 MA d. Finanzamtes Leipzig u. d. Rates d. Stadtbez. Leipzig VII. 1955 Stadtbezirksbürgermstr. Leipzig-Südost, seit 1958 Mitgl. d. SED-BL Leipzig. 1963-69 1. stellv. Vors. RdB Leipzig. Juni 1969-Febr. 1979 Vors. d. BPKK d. SED Leipzig. Seit 22. 5. 1976 Kand., seit 25. 5. 1978 Mitgl. d. ZPKK d. SED.
Ausz.: VVO i. Silber (1974) u. a.

Geier, Bernhard
Plauen
Ausg. B.: Generalmajor d. NVA
Partei: SED
L.: Offizier d. Grenztruppen. Zeitw. Kommandeur d. 2. Grenzbrigade i. Groß-Glienicke. Seit Febr. 1972 Generalmajor d. NVA. 1972-79 Kdr. d. Grenzkdo. „Mitte" i. Berlin. Seitdem stellv. Kdr. d. Offz.-HS d. Grenztruppen „Rosa Luxemburg" i. Plauen.
Ausz.: VVO i. Bronze (1976) u. a.

Geiger, Kurt
Halle/Saale
Geb. 1920
Erl. B.: Arzt, Dr. sc., Dr. rer. mil.
Ausg. B.: Hochschullehrer
Partei: SED
L.: Studium d. Medizin. 1947 Promotion z. Dr. med. Militärarzt. 1956-67 Ltr. d. Mediz. Dienstes d. NVA., zuletzt Generalmajor (seit 1959). 1963 Promotion z. Dr. rer. mil. 1964 Habil. Prof. a. d. Militärmediz. Sektion Uni. Greifswald. 1967-69 Stadtrat u Ltr. d. Abt. Gesundheits- u. Sozialwesen i. Halle. Aug. 1971-Sept. 1978 Bez.-arzt u. Mitgl. RdB Halle. Seit Nov. 1971 Abg. d. BT Halle. Seit Jan. 1978 Ltr. d. Abt. Militärmedizin d. MLU Halle-Wittenberg.
Ausz.: VVO i. Silber (1975) u. a.
Veröff.: „Grundlagen d. Militärmedizin", Dtsch. Militärverlag, Berlin, 1964 u. a.

Geilsdorf, Siegfried

Dresden
Geb. 1929
Ausg. B.: Vizepräsident d. DTSB
Partei: SED
L.: 1955 Sekr. d. FDJ-BL Dresden. 1957-60 1. Sekr. d. FDJ-KL Riesa. 1960-62 2. Sekr. d. FDJ-BL Dresden. 1966-75 Vors. d. BV Dresden d. DTSB. 1970-78 Präs. d. Gewichtheber-Verbandes d. DDR. Seit Dez. 1975 Vizepräs. d. DTSB. Mitgl. d. Zentralrates d. FDJ u. d. Präs. d. BV d. DTSB.
Ausz.: VVO i. Bronze (1979) u. a.

Geipel, Norbert

Neubrandenburg
Geb. 19. 11. 1928
Erl. B.: Diplom-Landwirt
Ausg. B.: Sekretär d. SED-BL Neubrandenburg
Partei: SED
L.: Landwirtschaftsgehilfe, Dipl.-Landwirt. 1953 Mitgl. d. SED. MA i. Min. f. Land- u. Forstwirtschaft. 1958-64 MA d. ZK d. SED (Abt. Landwirtschaft, zeitw. stellv. Abtltr.). 1963-64 Mitgl. d. Red.-koll. d. Zeitschrift „Neuer Weg". Seit Juni 1964 Sekr. f. Landwirtschaft d. SED-BL Neubrandenburg. Seit Juni 1971 Kand. d. ZK d. SED.
Ausz.: VVO i. Silber (1974) u. a.

Geisler, Eckhard

Neubrandenburg
Geb. 1936
Erl. B.: Diplom-Landwirt, Dr. agr.
Ausg. B.: Stellv. Vorsitzender d. RdB Neubrandenburg
Partei: SED
L.: Landw. Facharbeiter, Staatl. gepr. Landwirt, Diplom-Landwirt, Dr. agr. l. stellv. Vors., dann bis 1979 Vors. d. RdK Neubrandenburg. Seit Juni 1979 stellv. Vors. d. RdB Neubrandenburg f. Inneres. Nachf. v. Willi Schulz. Abg. d. BT.

Geißler, Fritz

Bad Saarow
Geb. 16. 9. 1921 i. Wurzen/Sa. als Sohn eines Maurers
Erl. B.: Musiker
Ausg. B.: Komponist, Hochschullehrer
Partei: SED
L.: Nach d. Schulbesuch als Musiker i. Leipzig tätig (Geiger). Kriegsdienst (Mitlitärmusiker). Engl. Kriegsgefangenschaft. Gründer einer Lagerkapelle. Ab 1948 Studium d. Musik a. d. HS f. Musik i. Leipzig u. Berlin. Seit 1953 Lehrbeauftragter f. Musiktheorie a. d. KMU Leipzig. 1960-71 Vors. d. VDK i. Bez. Leipzig. Seit Sept. 1972 o. Mitgl. d. Akad. d. Künste d. DDR. Seit Nov. 1972 Vizepräs. d. Verbandes d. Komponisten u. Musikwiss. d. DDR. Seit Sept. 1974 o. Prof. a. d. HS f. Musik i. Leipzig. Seit 1980 i. Bad Saarow ansässig.
Ausz.: Nat. Pr. III. Kl. (1970) u. a.
Werke: „Heitere Suite für 5 Bläser". „Handzettel für einige Nachbarn", Text v. Strittmacher,

Urauff. 1958. „Lied von der Erkennbarkeit der Welt", Kantate. „Pigment", Ballett, Urauff. Dresden 1960. „Der Schatten", Oper. „Schöpfer Mensch", Oratorium. „Die Flamme von Mansfeld", Oratorium. „Das Chagrinleder", Oper, 1981 u. a.

Gelfert, Joachim

Karl-Marx-Stadt
Geb. 27. 12. 1925 i. Berlin-Tempelhof
Erl. B.: Kaufmännischer Angestellter
Ausg. B.: Vorsitzender d. Bezirksverbandes Karl-Marx-Stadt d. CDU
Partei: CDU
L.: 1941-43 kaufm. Lehrling. Kriegsdienst (Werfer-Rgt.). 1945-53 Abtltr. 1945 CDU. Ab 1953 CDU-Funktionär i. verschiedenen Kreisverbänden Thüringens. 1962-66 Sekr. d. Bez.-verbandes Erfurt d. CDU. 1958-63 Abg. d. BT Erfurt. Seit Aug. 1966 Vors. d. Bez.-verbandes Karl-Marx-Stadt d. CDU. Nachf. v. Lothar Fischer. Seit 1967 Abg. d. BT Karl-Marx-Stadt. Seit 1968 Mitgl. d. HV d. CDU.
Ausz.: VVO i. Bronze (1970) u. a.

Gellert, Johannes F.

Potsdam-Babelsberg
Geb. 4. 10. 1904 i. Leipzig
Erl. B.: Geologe u. Geograph, Dr. phil.
Ausg. B.: Hochschullehrer (em.)
Partei: NPD
L.: Besuch d. Petri-Realgymnasiums i. Leipzig. 1924 Abitur. Anschl. Studium d. Geologie u. Geographie a. d. Uni. Leipzig, Marburg u. Gießen. 1929 Promotion z. Dr. phil. a. d. Uni. Leipzig. 1929-30 Stipendiat d. Notgemeinschaft d. Dtsch. Wiss. 1930-31 Ass. am Geol. Paläont. Inst. d. Uni. Freiburg/Br. 1931 Volontärass. 1932 stellv. Hilfsass. 1932-38 Hilfsass. A. Kolonialgeogr. Inst. d. Uni Leipzig. 1933 NSDAP, 1933-39 Polit. Ltr. d. NSDAP. 1940 Dozent a. d. Uni. Leipzig. 1940-44 i. Südafrika interniert. 1944 ausgetauscht. Rückkehr nach Deutschland. Danach mit wehrgeogr. Sonderaufgaben betraut. 7. 1. 1945 apl. Prof. a. d. Uni. Leipzig. 1950 Dozent, 1951 Prof. a. Geogr. Inst. d. Pädag. HS Potsdam. Prof. mit Lehrstuhl f. phys. Geographie u. Dir. d. gleichnamigen Inst. a. d. Pädag. HS Potsdam. 1970 emeritiert. Mitgl. d. NDP. Zeitw. Vors. d. Geogr. Gesellschaft d. DDR u. d. Präs. d. Dtsch.-Afrikanischen Gesellschaft d. DDR. 1. stellv. Vors. v. d. KB i. Bez. Potsdam. Mitgl. d. Präs. d. Urania u. d. Zentralen Sektion Geowissenschaft. Vors. d. Ges. f. Natur u. Umwelt i. Bez. Potsdam.
Ausz.: VVO i. Bronze (1959) u. a.

Gemkow, Heinrich

Berlin
Geb. 26. 6. 1928 i. Stolp/Pommern
Erl. B.: Historiker, Dr. phil.
Ausg. B.: Stellv. Direktor d. Instituts f. Marxismus-Leninismus beim ZK d. SED

Partei: SED
L.: Historiker. 1959 Promotion z. Dr. phil. i. Ostberlin. Zuerst Oberass. u. stellv. Abtltr., dann ab 1. 9. 1966 Prof. mit Lehrauftrag f. Geschichte d. dtsch. Arbeiterbewegung a. Inst. f. Marxismus-Leninismus beim ZK d. SED. Stellv. Dir. d. Inst. Seit April 1968 Vizepräs. d. KB.
Ausz.: VVO i. Silber (1966) Nat. Pr. III. Kl. (1971) u. a.

Georgi, Rudi

Berlin
Geb. 25. 12. 1927 i. Bockau/Erzgeb. als Sohn eines Arbeiters
Erl. B.: Industriekaufmann, Diplom-Wirtschaftler, Dr. rer. oec.
Ausg. B.: Minister f. Werkzeug- u. Verarbeitungsmaschinenbau
Partei: SED
L.: Besuch d. Volks- u. Handelsschule i. Aue. 1944-46 Lehre als Industriekaufmann i. d. Besteckfabrik Aue. 1945 SPD. 1946 SED. 1950-51 Betriebsass., 1951-55 Produktionsltr., 1955-62 Werkltr. VEB Besteck- u. Silberwaren-Werke Aue. 1957-61 Fernstudium a. d. Uni. Leipzig. 1963-65 Generaldir. d. VVB Eisen, Bleche, Metallwaren i. Karl-Marx-Stadt. Seit Dez. 1965 Min. f. Verarbeitungsmaschinen u. Fahrzeugbau bzw. Werkzeug- u. Verarbeitungsmaschinenbau. April 1966 Promotion a. d. Wirtschaftswiss. Fakultät d. KMU Leipzig. 1967-76 Kand., seit Mai 1976 (IX. Parteitag) Mitgl. d. ZK d. SED.
Ausz.: Orden „Banner der Arbeit" (1964). VVO i. Bronze (1970) u. a.

Gerber, Heinz

Berlin
Geb. 14. 6. 1927 i. Aue/Sa.
Erl. B.: Jurist
Ausg. B.: Stellv. Minister
Partei: SED
L.: Jurist. Zeitw. leitender MA d. Abt. Recht i. MfV. In den 70er Jahren HA-Ltr. Internat. Angel. i. MfV. Ltr. d. Verkehrskommission DDR-Bundesrep. Deutschland. RB-Hauptdir. Seit 1. 8. 1977 stellv. Minister f. Verkehrswesen f. d. Bereich d. internat. wirtschaftl. u. wiss.-techn. Zusammenarbeit. Nachf. v. Volkmar Winkler.
Ausz.: Orden „Banner d. Arbeit" Stufe III (1980).

Gerboth, Elfriede, geb. Schneeweiss

Berlin
Geb. 1933
Erl. B.: Ärztin, Dr. med.
Ausg. B.: Vorsitzende d. ZV d. Gewerkschaft Gesundheitswesen
Partei: SED
L.: Ärztin. Dr. med. Seit März 1968 Vors. d. ZV. d. Gewerkschaft Gesundheitswesen i. FDGB. Nachf. v. Prof. H.-G. Grossmann. Seit 1968 Mitgl. d. BV d. FDGB. Vizepräs. d. Nat. Komitees f. Gesundheitserziehung d. DDR.
Ausz.: VVO in Bronze (1977) u. a.

Gericke, Hans

Berlin
Geb. 27. 7. 1912 i. Magdeburg.
Erl. B.: Architekt, Diplom-Ingenieur
Ausg. B.: Städtebau-Wissenschaftler
Partei: NPD
L.: Nach d. Studium a. d. TH Hannover als Architekt tätig, u. a. i. Westerland/Sylt (Baultr. d. dtsch. Luftwaffe) u. i. Naumburg. 1933 NSDAP. 1948 NDP. 1949 Mitbegründer u. Ltr. d. Zweigstelle Naumburg d. Projektierungsbüros Sachsen-Anhalt. 1951 pers. Referent d. Min. f. Aufbau. Anschl. bis 1953 Stadtrat f. Aufbau beim Magistrat v. Ostberlin. Ab 1953 MA (Abtltr.) d. Dtsch. Bauakad. i. Ostberlin. 1960-64 Stadtarchitekt von Ostberlin. 1965-68 Dir., seit 1968 stellv. Dir. d. Inst. f. Städtebau u. Architektur DBA. Seit 1952 Mitgl. d. Hauptausschusses d. NDP u. Vizepräs. (1. Vizepräs.) d. Bundes d. Architekten d. DDR. Seit 1954 Mitgl. d. Nat. Rates d. NF. 1968 zum Prof. ernannt. Seit 1977 Präs. d. Freundschaftsgesellschaft DDR-USA. Mitgl. d. Präsidiums d. Liga f. Völkerfreundschaft.
Ausz.: VVO i. Gold (1977) u. a.

Gerlach, Jens

Geb. 30. 1. 1926 i. Hamburg als Sohn eines kaufm. Angestellen
Ausg. B.: Schriftsteller
Partei: SED
L.: 1943 Schütze i. d. SS-Leibstandarte „Adolf Hitler". Anfang 1945 wegen Wehrkraftzersetzung i. einem Straflager u. einer Bewährungseinheit. 1947 Abitur. Studium d. Kunstgeschichte u. Literaturwiss. a. d. Uni. Hamburg. Hafenarbeiter u. Mitgl. d. Kulturredaktion d. „Hamburger Volkszeitung". Seit 1953 i. d. DDR ansässig. Seit 1967 MA d. Staatl. Rundfunkkomitees (Cheflektor f. Schlagertexte). Lyriker.
Ausz.: Heinrich-Heine-Preis (1967) u. a.
Veröff.: „Der Gang zum Ehrenmal", Gedichte, Rütten u. Loening, Berlin 1953. „Ich will Deine Stimme sein", Gedichte, Vlg. Neues Leben, Berlin 1957 (von d. DEFA verfilmt). „Pelle der Eroberer", Filmdrehbuch nach Andersen-Nexö. „Lehmhaus-Blues", Musik v. A. Asriel, u. a. m.

Gerlach, Manfred

Berlin
Geb. 8. 5. 1928 i. Leipzig als Sohn eines Feinmechanikers
Erl. B.: Angestellter, Diplom-Jurist, Dr. jur.
Ausg. B.: Vorsitzender d. LDP, stellv. Vorsitzender d. Staatsrates
Partei: LDP
L.: Besuch d. Volks- u. Mittelschule i. Leipzig. 1944-46 Justizangestellter. 1945 Mitgl. d. LDP. Mitbegründer d. FDJ i. Leipzig. 1946-50 Jugendreferent i. Stadtverband Leipzig u. i. Bez.-

verband Nordwestsachsen d. LDP. 1947-52 Mitgl. d. Landesvorstandes Sachsen d. LDP. 1947 Abtltr. i. Kreisvorstand Leipzig d. FDJ. 1949-59 Mitgl. d. Zentralrates d. FDJ. Seit 1949 Abg. d. VK. 1950-56 Mitgl. d. Jugendausschusses, 1956-63 Mitgl. d. Ständigen Ausschusses f. Allg. Angelegenheiten d. VK. 1950-54 Stadtverordneter, Bürgermeister u. ab 1952 stellv. OB v. Leipzig. 1950 gegen d. Stimmen d. LDP u. CDU zum Bürgermeister gewählt. 1951-53 stellv. Vors. d. LDP i. d. DDR. 1952-54 Vors. d. Bez.-verbandes Leipzig d. LDP. 1954 Chefred. d. „Liberal-Demokratischen Zeitung" i. Halle. 1954-67 Generalsekr. d. LDP. Seit März 1960 stellv. Vors. d. Ständigen Ausschusses f. Nat. Verteidigung d. VK. Seit Sept. 1960 stellv. Vors. d. Staatsrates d. DDR. 1963-67 Vizepräs. d. Deutsch-Britischen Gesellschaft d. DDR. Dez. 1964 Promotion z. Dr. jur. a. d. DASR. Seit 30. 11. 1967 Vors. d. LDP d. DDR. Nachf. v. Otto Suhrbier. Mitgl. d. Präs. d. ZV d. DSF, d. Friedensrates d. DDR u. d. Nat. Rates d. NF.
Ausz.: VVO i. Gold (1964). Ehrenspange zum VVO i. Gold (1969) u. a.

Gerstenberger, Karl-Heinz
Berlin
Geb. 8. 7. 1929 i. Friedeberg/CSR
Erl. B.: Diplom-Wirtschaftler, Prof. Dr. sc. oec.
Ausg. B.: Hauptabteilungsleiter
Partei: SED
L.: Diplom-Wirtschaftler. Seit 1950 MA d. MAI. Zeitw. Ltr. d. Abt. Finanzen i. MAI. 1965-67 stellv. Min. i. MAI. Gegenw. Prof. a. d. Sektion Außenwirtschaft, Wissenschaftsbereich Betriebsführung d. HS f. Ökonomie Ostberlin u. Hauptabtltr. Preise i. Min. f. Außenhandel.
Ausz.: VVO i. Silber (1978 u. 1981) u. a.

Gerstner, Karl-Heinz
Kleinmachnow
Geb. 15. 11. 1912 i. Berlin-Charlottenburg
Erl. B.: Jurist, Dr.
Ausg. B.: Chefreporter
Partei: SED
L.: Studium d. Volkswirtschaft u. Rechtswissenschaft u. Promotion. 1933 NSDAP. Angehöriger d. diplom. Dienstes. 1941 Legationssekr. a. d. Dtsch. Botschaft i. Paris. Nach 1945 3. stellv. Bez.-bürgermeister i. Berlin-Wilmersdorf. Mitgl. d. KPD. Wegen falscher Angaben i. Fragebogen abgesetzt. MA d. DWK. Seit 1950 Mitgl. d. Red. d. „Berliner Zeitung". Jetzt Chefreporter d. „Berliner Zeitung". Rundfunkkommentator u. Moderator d. Fernsehsendung „Prisma".
Ausz.: VVO i. Silber (1972) u. a.

Gerth, Franz
Weimar
Geb. 22. 7. 1928 i. Deutsch Krone
Ausg. B.: Chefredakteur
Partei: CDU
L.: 1949 Abitur. 1950 Sekr. d. Kreisverb. Greves-mühlen d. CDU. 1951-60 Mitgl. d. Redaktion d. CDU-Kts. „Der Demokrat" (Lokal- u. Kulturred., Ressortltr. u. stellv. Chefred.). 1960 AL f. Innenpolitik d. „Neuen Zeit". Seit Nov. 1960 Chefred. d. Tageszeitung „Thüringer Tageblatt". Seit 1967 Mitgl. d. ZV d. VdJ.
Ausz.: VVO i. Bronze (1977) u. a.

Geschonnek, Erwin
Berlin
Geb. 27. 12. 1906 i. Berlin als Sohn eines Schuhmachers
Ausg. B.: Schauspieler
Partei: SED
L.: Nach d. Schulbesuch Bürobote beim Bankhaus Arnold i. Berlin. Danach Aushilfe b. d. Fa. Tietz i. Berlin. Mitgl. d. Arbeitersportvereins „Fichte" u. einer Agitprop.-Gruppe. Ausbildung als Schauspieler. 1929 KPD-Mitgl. Nach 1933 Emigration (Polen, Lettland u. SU). 1938-39 i. d. CSR ansässig. 1939 beim Einmarsch d. dtsch. Truppen verhaftet. Häftling i. d. KZ Sachsenhausen, Dachau u. Neuengamme. Nach 1945 Schauspieler i. Hamburg. 1949 Übersiedlung i. d. DDR. Schauspieler beim „Berliner Ensemble". Mitwirkung i. zahlr. DEFA-Filmen. Seit 1967 Mitgl. d. Präs. d. Verbandes d. Film- u. Fernsehschaffenden. O. Mitgl. d. Adad. d. Künste d. DDR.
Ausz.: VVO i. Gold (1976). Karl-Marx-Orden (1981) u. a.
Filme: „Der Biberpelz", 1950. „Das Beil von Wandsbeck", 1952. „Nacht unter Wölfen", 1964. „Gewissen i. Aufruhr", 1961 (Fernsehfilm). „Levins Mühle", 1980 u. a.

Geßner, Johannes
Saalfeld
Geb. 1927
Erl. B.: Arzt, Dr. sc. med.
Ausg. B.: Bezirksarzt
Partei: SED
L.: Arzt. Dr. sc. med. Zeitweise Ärztl. Dir. d. Vereinigten Gesundheitseinrichtungen i. Saalfeld sowie Chefarzt d. Chirurgischen Abt. d. Agricola-Krankenhauses Saalfeld. Seit April 1974 Vors. d. DSF i. Bez. Gera. Prof. a. d. Akademie f. ärztl. Fortbildung i. Ostberlin. Ltr. d. Arbeitsgruppe f. berufspraktische Ausbildung f. Studenten d. Entwicklungsländer. Dez. 1976-Dez. 1977 i. Angola eingesetzt. Seit März 1981 Mitgl. d. RdB u. Bezirksarzt v. Gera. Nachf. v. Wolfgang Becker. Seit Juni 1981 Abg. d. BT.

Gestewitz, Hans-Rudolf
Bad Saarow
Geb. 12. 12. 1921 i. Satow/Meckl. als Sohn eines Arztes
Erl. B.: Arzt, Dr. sc. med.
Ausg. B.: Generalleutnant d. NVA
Partei: SED
L.: 1928-32 Besuch d. Volksschule, 1933-39 d. Human. Gymnasiums i. Rostock. 1939-40 RAD.

1940 Soldat. Nach dreimaliger Verwundung ab 1943 Studium d. Medizin i. Rostock, Erlangen u. Hamburg. Anschl. wiss. Ass. a. d. Charité i. Ostberlin. Seit 1954 Militärarzt a. Zentralen Lazaretts d. KVP bzw. NVA. Leiter d. Zentralen Lazaretts i. Bad Saarow. 1962 Habil. a. d. Humboldt-Uni. i. Ostberlin. Prof. a. d. Militärmediz. Sektion d. Ernst-Moritz-Arndt-Uni. Greifswald. Seit 1. 3. 1966 Generalmajor d. NVA. Seit Febr. 1971 Präs. d. Militärmediz. Gesellschaft d. DDR. Seit 18. 2. 1974 Generalleutnant d. NVA (Mediz. Dienst). Seit 7. 12. 1981 Chef d. neugegründeten Militärmediz. Akademie d. DDR i. Bad Saarow.
Ausz.: Friedrich-Engels-Preis II. Kl. (1970). Nat. Pr. II KL. (1971). VVO i. Gold (1976) u. a.

Giel, Günter

Berlin
Erl. B.: Diplom-Staatswissenschaftler
Ausg. B.: Stellv. Innenminister, Generalleutnant d. VP
Partei: SED
L.: Angehöriger d. VP. Zeitweise Ltr. d. HA Pass- u. Meldewesen i. MdI. Seit 1. 10. 1974 Generalmajor d. VP. Stellv. Innenminister d. DDR. Seit 23. 6. 1981 Generalleutnant d. VP. Mitgl. d. ZV d. DSF.
Ausz.: VVO i. Bronze (1977).

Gienke, Horst

Greifswald
Geb. 18. 4. 1930 i. Schwerin
Erl. B.: Evangelischer Theologe
Ausg. B.: Bischof d. Evangelischen Landeskirche Greifswald
L.: Studium d. Evang. Theologie. Pfarrer i. Blankenhagen u. Rostock. 1964-71 Rektor d. Predigerseminars i. Schwerin. 1971 Landessuperintendent f. d. Kirchenkreis Schwerin. Seit März 1972 Bischof d. Evang. Landeskirche Greifswald. Nachf. v. Fr.-W. Krummacher. Mitgl. d. Konferenz d. Kirchenltg. d. DDR u. d. Kirchenltg. d. VELK i. d. DDR. Juni 1973-Juli 1976 Vors. d. Rates d. EKU i. d. DDR. Seit Okt. 1980 Vors. d. Nationalkomitees d. Luth. Weltbundes i. d. DDR. Seit Sept. 1981 stellv. Vors. d. Konferenz Evang. Kirchenltg. i. d. DDR. Nachf. v. Werner Krusche.

Gießmann, Ernst-Joachim

Berlin
Geb. 12. 2. 1919 i. Berlin als Sohn eines Pfarrers
Erl. B.: Diplom-Physiker, Dr. sc. nat.
Ausg. B.: Hochschullehrer
Partei: SED
L.: Besuch d. Reformrealgymnasiums i. Oranienburg. 1937 Abitur. 1937 NSDAP. Anschl. Studium d. Physik u. Mathematik a. d. Uni Berlin u. a. d. TH Berlin. 1943 Dipl.-Physiker. Militärdienst. 1943-45 MA a. Inst. f. techn. Physik d. TH Berlin. 1945-48 Lehrer u. Dir. a. d. Oberschulen i. Oranienburg u. Frankfurt/O.. 1946 SED. 1946-48 Stadtverordneter i. Oranienburg. 1948-51 MA d. Min. f. Volksbildung d. Landes Brandenburg u. d. Min f. Schwerindustrie d. DDR. Ltr. d. gesamten metallurgischen Forschung. 1951-53 Oberass. u. Dozent a. d. Pädag. HS Potsdam. 1951-54 Habil.-Aspirantur. 1954 Dr. habil. 1954 Prof. u. Dir. d. Physikal. Inst. a. d. HS f. Schwermaschinenbau i. Magdeburg. 1956-62 Rektor d. HS f. Schwermaschinenbau (seit Mai 1961 TH „Otto v. Guericke") i. Magdeburg u. Mitgl. d. SED-BL Magdeburg. Zeitw. Vizepräs. d. Dtsch. KB. 1958-63 Abg. d. VK. Mitgl. d. Ständigen Ausschuses f. Wirtschafts- u. Finanzfragen u. d. Wirtschaftsausschusses d. VK. 1962-67 Staatssekr. 1967-70 Min. f. Hoch- u. Fachschulwesen d. DDR. Seit 1970 erneut als Hochschullehrer tätig. O. Prof. f. Physik a. d. Ingenieurs-HS Berlin-Wartenberg. Vors. d. Zentralen Kommission Wissenschaft b. Präsidialrat d. KB.
Ausz.: VVO i. Silber (1959). Orden „Banner der Arbeit" (1969) u. a.

Giessmann, Hans-Günter

Magdeburg
Erl. B.: Arzt, Dr. sc. med.
Ausg. B.: Hochschullehrer
L.: Studium d. Medizin i. Berlin u. Rostock. Danach vier Jahre wiss. MA d. Charité. Seit 1958 a. d. Mediz. Akademie Magdeburg tätig. 1963 Habil. 1966 o. Prof. f. Augenheilkd. Dir. d. Augenklinik. 1970-73 Rektor d. Mediz. Akad. Seit Juni 1978 Vors. d. DRK i. Bez. Magdeburg. Ehrenmitgl. d. sowjt. Allunionsges. d. Augenärzte.
Ausz.: Verdienter Arzt des Volkes (1970). VVO i. Silber (1980) u. a.

Gilde, Werner

Halle/Saale
Geb. 9. 6. 1920 i. Horst/Holstein als Sohn eines Maurers
Erl. B.: Metallurge, Dr. rer. nat. habil.
Ausg. B.: Institutsdirektor, Hochschullehrer
Partei: SED
L.: Studium u. Promotion i. Göttingen. Kriegsdienst (1944 Ltn. i. einem Art. Rgt.). Nach 1945 Metallurge i. einem Hüttenwerk, Forschung auf d. Gebiet d. Schweißmetallurgie. Seit 1953 Dir. d. Zentralinst. f. Schweißtechnik i. Halle. 1965 Prof. Lehrtätigkeit a. d. TH Ilmenau u. THC Leuna-Merseburg. Bevollm. d. DDR i. RGW-Koordinierungszentrum Schweißtechnik. Mitgl. d. Forschungsrates u. d. Japan. Ges. f. Schweißtechnik.
Ausz.: Nat. Pr. II. Kl. (1964) u. a.
Veröff.: „Ideen muß man haben". „Erfinden, was noch niemals war".

Girnus, Wilhelm

Berlin
Geb. 27. 1. 1906 i. Allenstein/Ostpr.
Erl. B.: Kunst- u. Zeichenlehrer, Literaturwissenschaftler, Dr. phil.
Ausg. B.: Hochschullehrer
Partei: SED

L.: 1925 Abitur, Studium d. Malerei a. d. Kunstakad. Kassel u. Breslau sowie d. dtsch. u. franz. Literatur a. d. Uni. Breslau, Königsberg u. Paris (Sorbonne). 1928 Staatsexamen i. Berlin. Kunstu. Zeichenlehrer. 1929 Mitgl. d. KPD. Mitgl. d. Reichsltg. d. „Roten Studentengruppen". Lehrer f. französ. Sprache u. Geschichte a. d. MASCH. 1933 aus d. Schuldienst entlassen u. vorübergehend i. Schutzhaft. 1934-35 illegale Tätigkeit f. d. KPD. 1935 erneut verhaftet. Bis Kriegsende Häftling i. d. Zuchthäusern Brandenburg u. Amberg u. i. d. KZ Sachsenhausen u. Flossenbürg. 1945 erneut KPD. Dezernent i. d. Verwaltung f. Volksbildung. 1946 stellv. Intendant d. Berliner Rundfunks. 1949-53 Mitgl. d. Red.-Koll. d. „Neuen Deutschland". 1951-54 Mitgl. d. Staatl. Kommission f. Kunstangelegenheiten. 1952 Promotion z. Dr. phil. a. d. KMU Leipzig. 1954-57 Staatssekr. u. Sekr. d. Ausschusses f. dtsch. Einheit. 28. 2. 1957 bis 4. 7. 1962 Staatssekr. f. d. Hoch- u. Fachschulwesen d. DDR. Anschließend bis 1971 Prof. m. Lehrstuhl f. allg. Literaturwiss. a. d. Humboldt-Uni. i. Ostberlin. Seit Febr. 1962 Vizepräs. d. Dtsch.-Franz. Gesellschaft d. DDR. Seit Dez. 1962 Vors. d. „Freundschaftskomitees DDR-Irak". Nov. 1963-Dez. 1981 Chefred. d. Ztschr. „Sinn und Form". Mitgl. d. Akad. d. Künste d. DDR.
Ausz.: Orden „Banner der Arbeiter" (1966). VVO i. Gold (1971). Karl-Marx-Orden (1976) u. a.

Gißke, Erhard

Berlin Geb. 2. 3. 1924 i. Schönstedt, Krs. Mühlhausen/Thür.
Erl. B.: Maurer, Ingenieur, Dr.-Ingenieur
Ausg. B.: Direktor
Partei: SED
L.: Maurer. 1942 NSDAP. Absolvent einer Ingenicurschule. Angestellter i. VEB Entwurfsbüro. Maßgeblich am Aufbau d. Stadt Bruchstedt, d. Wintersportanlage Oberhof u. d. Sportstätten i. Leipzig beteiligt. Seit 1952 i. Ostberlin tätig. 1952-56 Techn. Ltr. bzw. Ltr. d. Aufbaustabes „Stalinallee". 1956-58 stellv. Chefarchitekt, 1958-63 Stadtrat u. Stadtbaudir. v. Ostberlin. Seit 1964 nacheinander stellv. Dir. d. VEB Typenprojektierung i. Ostberlin, Dir. d. Inst. f. Industriebau a. d. Bauakad. d. DDR u. Dir. d. Aufbauleitung Sondervorhaben d. Hauptstadt Berlin.
Ausz.: VVO i. Gold (1979). Nat. Pr. I Kl. (1976) u. a.

Glaßl, Horst

Magdeburg
Geb. 2. 4. 1950 i. Genthin als Sohn eines Arbeiters
Erl. B.: Schlosser, Diplom-Staatswissenschaftler
Ausg. B.: 1. Sekretär d. FDJ-BL Magdeburg
Partei: SED
L.: Besuch d. Polytechn. OS bis zur 10. Klasse. Lehre als Betriebsschlosser. Studium als Staatswiss. 1964 FDJ. 1970 SED. Seit 1972 hauptamtl. Funktionär d. FDJ. 1975 1. Sekr. d. FDJ-KL Genthin. Besuch d. BPS d. SED. 1977-78 2. Sekr., seit 27. 6. 1978 1. Sekr. d. FDJ-BL Magdeburg.

Nachf. v. Wolfgang Bonath. Jan. 1979 i. d. ZR d. FDJ kooptiert. Seit Juni 1981 Mitgl. d. Büros d. ZR d. FDJ.
Ausz.: Artur-Becker-Medaille i. Bronze u. Silber u. a.

Glatzer, Hans-Dieter

Berlin
Geb. 2. 9. 1926 i. Bielefeld
Erl. B.: Journalist, Dr. phil., Professor
Ausg. B.: Stellv. Vorsitzender d. Staatl. Komitees f. Fernsehen
Partei: SED
L.: Seit Anfang d. 50er Jahre Rundfunk- u. Fernsehjournalist. Zeitw. Abtltr. d. Mitteldtsch. Rundfunks Leipzig. Ltr. d. Funkschule Weimar, stellv. Intendant u. Ltr. d. HA Wissenschaft beim DFF. Seit 1969 stellv. Vors. d. Staatl. Komitees f. Fernsehen beim MR. Absolvent d. PHSch d. SED. Professor.
Ausz.: VVO i. Silber (1974) u. a.

Glende, Gisela, geb. Trautzsch

Berlin
Geb. 30. 10. 1925 i. Berlin
Erl. B.: Kaufm. Angestellte, Diplom - Gesellschaftswissenschaftler
Ausg. B.: AL i. ZK d. SED
Partei: SED
L.: Kaufm. Angestellte. 1945 KPD. 1946 SED. SED-Funktionärin. Seit 1969 Ltr. d. Büros d. Politbüros b. ZK d. SED. Nachf. v. Otto Schön. Seit 19. 6. 1971 Mitgl. d. ZK d. SED. Verh. m. Günter G., AL i. ZK.
Ausz.: VVO i. Gold (1975). Orden „Banner der Arbeit" Stufe I (1981) u. a.

Glende, Günter

Berlin
Geb. 9. 1. 1918 i. Stolp/Po.
Ausg. B.: AL i. ZK d. SED
Partei: SED
L.: Kriegsdienst (Flieger). 1945 KPD. Partei- u. Staatsfunktionär. Seit 1953 MA d. ZK d. SED. Seit 1964 Ltr. d. Abt. Verwaltung d. Wirtschaftsbetriebe i. ZK d. SED. Verh. m. Gisela G.
Ausz.: VVO i. Silber (1968). Orden „Banner der Arbeit" Stufe I (1977 u. 81) u. a.

Glocke, Theodor

Erfurt
Geb. 13. 2. 1930
Erl. B.: Pädagoge, Dr. phil. et rer. nat. habil.
Ausg. B.: Hochschullehrer
Partei: SED
L.: Pädagoge. Fachlehrer f. Mathematik. 1951 Mitgl. d. SED. 1969-72 1. Prorektor, seit Sept. 1972 Rektor d. Pädag. HS „Dr. Theodor Neubauer" i. Erfurt-Mühlhausen. Nachf. v. Helmut Stolz. 1976-79 Mitgl. d. SED-BL Erfurt. Seit 22. 5. 1976 (IX. Parteitag) erstmalig Kand. d. ZK d. SED. Mitgl. d. Hoch- u. Fachschulrates d. DDR o. Mitgl. der APW.

Ausz.: Verdienter Hochschullehrer d. DDR (1978) u. a.

Glöckner, Elli, geb. Brydda
Berlin
Geb. 29. 7. 1925 i. Dresden
Erl. B.: Diplom-Gesellschaftswissenschaftler
Ausg. B.: Stellv. AL i. ZK d. SED
Partei: SED
L.: 1943 NSDAP. Nach 1945 SED-Funktionärin. 1953-56 2. Sekretär d. SED-STL Karl-Marx-Stadt. Besuch d. PHSch. Seit 1960 stellv. Ltr. d. Abt. Frauen i. ZK d. SED. Mitgl. d. Präs. d. BV d. DFD. Seit Mai 1976 (IX. Parteitag) Mitgl. d. ZRK d. SED.
Ausz.: VVO i. Silber (1976) u. a.

Gluschke, Dieter
Berlin
Ausg. B.: Generaldirektor
Partei: SED
L.: Nach 1945 FDJ-Funktionär. Zeitweise 1. Sekr. d. FDJ-KL Forst. In den 70er Jahren Ltr. d. Abt. Kultur i. ZR d. FDJ. Seit 1981 stellv. Generaldir. bzw. Generaldir. d. Komitees f. Unterhaltungskunst d. DDR. Nachf. v. Peter Czerny.
Ausz.: VVO i. Bronze (1977) u. a.

Göde, Arno
Berlin
Geb. 7. 10. 1925 i. Dessau
Ausg. B.: HA-Leiter i. MfAA, Botschafter
Partei: SED
L.: 1945 Mitgl. d. KPD. 1946 Mitgl. d. FDJ- u. SED-KL Dessau. 1950 Besuch d. PHSch d. SED. Anschl. Sekr. d. FDJ-Landesltg. Sachsen-Anhalt. 1952 1. Sekr. d. FDJ-Gebietsltg. Wismut. 1955-57 Sekr. d. Zentralrates u. Mitgl. d. Büros d. Zentralrates d. FDJ. 1957-60 Besuch d. PHSch. d. SED. 1960 Ltr. d. Arbeitsgruppe f. Jugendfragen beim ZK d. SED. 1966-73 Ltr. d. 1. Europ. Abt. (UdSSR) i. MfAA. 1973-77 Gesandter a. d. DDR-Botschaft i. d. UdSSR. Seit 1977 Ltr. d. HA Kader u. Schulung i. MfAA. Botschafter.
Ausz.: VVO i. Silber (1973) u. a.

Görbing, Rolf
Berlin
Geb. 20. 4. 1930 i. Chemnitz
Erl. B.: Kraftfahrzeugschlosser, Dipl.-Ing.
Ausg. B.: Stellvertreter d. Sekretärs d. RGW
Partei: SED
L.: Autoschlosserlehre i. IFA-Werk i. Altchemnitz. Ab 1951 Studium a. Automechanischen Inst. i. Moskau. Später Chefkonstrukteur i. VEB BARKAS Karl-Marx-Stadt. 1958-65 Abg. d. BT Karl-Marx-Stadt. Zeitw. ehrenamtl. Mitgl. d. RdB. 1965-72 Ltr. d. Amtes f. Standardisierung d. DDR. Seit 1972 Stellvertreter d. Sekr. d. RGW.
Ausz.: VVO i. Bronze (1971).

Göring, Helga
Kleinmachnow
Geb. 14. 1. 1922 i. Meißen als Tochter eines Arztes
Erl. B.: Schauspielerin
Ausg. B.: Schauspielerin (Film u. Fernsehen)
L.: 1928-36 Besuch d. Volksschule. Anschl. Besuch d. Frauenschule i. Schwarzenberg (1936-37), d. Kindergärtnerinnenschule i. Dresden (1937-38) u. d. Schauspielschule a. Konservatorium i. Dresden (1938-40). 1940 Abschlußprüfung. Danach Engagements i. Bielefeld, Frankfurt/M. u. Hamburg, Stendal u. Dresden. Seit 1952 vorwiegend f. Film u. Fernsehen i. d. DDR tätig, wirkte u. a. mit in „Eva u. Adam", „Das verurteilte Dorf", „Stärker als die Nacht", „Krupp u. Krause", „Die große Reise der Agathe Schweigert" u. a. Zeitw. Mitgl. d. Bundesvorstandes d. DFD.
Ausz.: Nat. Pr. I. Kl. (1969). Kunstpreis d. FDGB (1973) u. a.

Görlich, Günter
Berlin
Geb. 6. 1. 1928 i. Breslau
Erl. B.: Arbeiter, Heimerzieher
Ausg. B.: Schriftsteller
Partei: SED
L.: 1944 Flakhelfer. Angehöriger d. dtsch. Wehrmacht. 1945-49 sowj. Kriegsgefangenschaft. 1949-58 Volkspolizist, Bauarbeiter u. Heimerzieher. Seit 1951 schriftstellerische Tätigkeit. 1955 Mitgl. d. SED. 1958-61 Studium a. Literatur-Inst. i. Leipzig. 1962-63 Sekr. d. DSV d. DDR. Seit März 1969 Vors. d. DSV i. Berlin. 1963-67 Mitgl. d. Zentralrates d. FDJ. Mitgl. d. Jugendkommission beim ZK d. SED u. d. Präs. d. Schriftstellerverbandes d. DDR. Seit 1974 Mitgl. d. SED-BL Berlin. Seit 22. 5. 1976 Kand., seit 16. 4. 1981 Vollmitglied d. ZK d. SED.
Ausz.: Literatur-Preis d. FDGB (1960). Nat. Pr. I. Kl. (1978) u. a.
Veröff.: „Wilhelm Rochnow ärgert sich", Fernsehspiel. „Der schwarze Peter", Vlg. Neues Leben, Berlin 1952. „Das Liebste und das Sterben", Vlg. Neues Leben, Berlin 1963. „Unbequeme Liebe", Vlg. Neues Leben, Berlin 1965. „Autopanne", Erzählung, Vlg. Neues Berlin 1967. „Den Wolken ein Stück näher", Roman, Kinderbuchvlg., Berlin 1971. „Heimkehr in ein fremdes Land", Vlg. Neues Leben, Berlin 1974 (verfilmt f. d. DDR-Fernsehen 1976). „Eine Anzeige in der Zeitung", Roman, Vlg. Neues Leben, Berlin 1976, „Das Mädchen und der Junge", Kinderbuchvlg., Berlin, 1981 u. a.

Görlich, Hubert
Halle/Saale
Geb. 31. 8. 1921 i. Oppeln/OS.
Erl. B.: Sparkassenangestellter, Diplom-Ingenieur oec.
Ausg. B.: Vorsitzender d. BRK d. SED i. Halle
Partei: SED
L.: Sparkassenangestellter. 1940 NSDAP. Kriegsdienst. Nach 1945 Chemiearbeiter i. d. Farben-

fabrik Wolfen. 1950 Mitgl. d. SED. Parteifunktionär. Zeitw. Instrukteur f. Wirtschaftspolitik d. SED-BL Halle. Studium a. d. TH Chemie i. Leuna-Merseburg. 1963-69 1. Sekr. d. Industriekreisltg. d. SED d. Chemiekombinats Leuna. Seit 1964 Mitgl. d. SED-BL Halle. 1967-71 Kand. d. ZK d. SED. Seit Juni 1969 Vors. d. BRK d. SED i. Halle.
Ausz.: VVO i. Bronze (1969). Orden „Banner d. Arbeit", Stufe I (1981) u. a.

Görres, Franz

Dresden
Geb. 3. 5. 1920 i. Köln
Erl. B.: Arzt, Dr. med.
Ausg. B.: Generaldirektor
Partei: SED
L.: 1938 NSDAP. Ab 1941 Studium d. Medizin i. Marburg. 1943 Soldat. Sowj. Kriegsgefangenschaft. 1944-48 Vors. d. Antifa-Komitees i. Zentrallazarett f. dtsch. Kriegsgefangene. 1948 Rückkehr nach Deutschland (Marienberg). Fortsetzung d. Studiums i. Leipzig. Anschl. Kreisarzt i. Zschopau. 1957-66 Bez.-arzt i. Karl-Marx-Stadt. 1966-80 Generaldir. d. Hygiene-Museums i. Dresden. Mitgl. d. Internat. Museumsrates. Vizepräs. d. Nat. Komitees f. Gesundheitserziehung.
Ausz.: Verdienter Arzt des Volkes (1965) u. a.

Götting, Gerald

Berlin
Geb. 9. 6. 1923 i. Nietleben/Halle als Sohn eines Kaufmanns
Erl. B.: Philologe
Ausg. B.: Vorsitzender d. CDU
Partei: CDU
L.: Besuch d. Volksschule u. Franckeschen Stiftung i. Halle. 1942-45 RAD u. Kriegsdienst. 1946 Mitgl. d. CDU. Bis 1947 i. Kriegsschädenamt Halle tätig. 1947-49 Studium d. Philologie i. Halle. 1948 Mitgl. d. CDU-Landesvorstandes Sachsen-Anhalt. Seit 1949 Abg. d. VK. 1949-66 Generalsekr. d. CDU. 1950-54 Vizepräs., 1954-58 Stellv. d. Präs. u. Mai 1969-Okt. 1976 Präs. d. VK. Nachf. v. Johannes Dieckmann. 1958-63 Vors. d. CDU-Fraktion i. d. VK. 1956-63 Mitgl., 1963-69 Vors. d. Ausschusses f. Ausw. Angelegenheiten d. VK. 1960-69 stellv. Vors. d. Ausschusses f. Nat. Verteidigung d. VK. Seit Sept. 1960 stellv. Vors. d. Staatsrates d. DDR. Seit Mai 1966 Vors. d. CDU i. d. DDR. Nachf. v. August Bach. Seit 1. 11. 1976 Präs. d. Liga f. Völkerfreundschaft d. DDR. Nachf. v. Paul Wandel. Seit Juli 1980 erneut Stellvertreter d. Präs. d. VK. Mitgl. d. Präs. d. Nat. Rates d. NF, d. Präs. d. DSF u. d. Fräs. d. Friedensrates. Vizepräsident d. DDR-Komitees f. europ. Sicherheit.
Ausz.: VVO i. Gold (1961) u. a.

Goetzie, Johannes

Rostock
Geb. 1928
Erl. B.: Diplom-Landwirt
Ausg. B.: Stellv. Vorsitzender d. RdB Rostock
Partei: SED
L.: Diplom-Landwirt. In d. 50er u. 60er Jahren UA-Ltr. bzw. AL beim RdB Rostock (VEG, Landw.). 1964 Vors. d. LWR d. Krs. Wismar. 1972-74 Vors. d. LWR bzw. RLN d. Bez. Rostock. Seit Febr. 1974 stellv. Vors. d. RdB Rostock f. Land-, Forst- u. Nahrungsgüterw. Seit 1972 Mitgl. d. BL Rostock d. SED. Abg. d. BT.
Ausz.: VVO i. Bronze (1974).

Goldbach, Joachim

Berlin
Geb. 1929 i. Cossebaude/Sa. als Sohn eines Zimmermanns
Erl. B.: Zimmermann, Berufsoffizier
Ausg. B.: Stellv. Minister f. Nat. Verteidigung, Generalleutnant d. NVA
Partei: SED
L.: Volksschule, Zimmermann. Mitgl. d. Antifa-Jugend. Wirtschaftltr. eines Pionierlagers („Fr. List"). 27. 10. 1949 VP-Anwärter i. d. VP-Bereitschaft „Ernst Thälmann". 1950 Mitgl. d. SED. Naoheinander Gruppen- u. Zugführer, Fachlehrer a. einer Offiziersschule d. KVP, 1. Stellvertreter u. Stabschef einer Panzer-Division. Absolvent d. Sowj. Militärakd. u. d. Generalstabskad. (Goldmedaille). In d. 60er Jahren Kommandeur d. 7. Panzer-Division i. Dresden u. d. 4. MSD i. Erfurt. 1966 Generalmajor d. NVA. 1970-72 stellv. Chef d. Militärbez. Leipzig d. NVA. 1973-79 Chef d. Militärbez. Neubrandenburg d. NVA. Seit 1. 10. 1974 Generalleutnant d. NVA. Seit 1979 stellv. Minister f. Nat. Verteidigung u. Chef d. Rückwärtigen Dienste. Nachf. v. Helmut Poppe.
Ausz.: VVO i. Bronze (1964). Scharnhorst-Orden (1981) u. a.

Goldenbaum, Ernst

Berlin
Geb. 15. 12. 1898 i. Parchim als Sohn eines Arbeiters
Erl. B.: Landarbeiter, Landwirt
Ausg. B.: Ehrenvorsitzender d. DBD
Partei: DBD
L.: 1913-17 Landwirtschaftl. Lehre. Danach Landarbeiter u. Landwirt. Teilnehmer a. 1. Weltkrieg. 1919 Übertritt von d. USPD zur KPD. 1921 Mitgl. d. KPD-BL Mecklenburg. 1924-26 u. 1929-32 Abg. d. Meckl. Landtags. 1927-32 Red. d. KPD-Zeitung „Volkswacht". Nach 1933 Landwirt i. Parchim. Mehrmals verhaftet. 1945 erneut KPD. Bürgermeister v. Parchim. 1945-46 Geschäftsführer d. Landeskommission f. Bodenreform i. Mecklenburg. 1946-52 Abg. d. Meckl. Landtages. Ab 1946 Vors. d. VdgB i. Mecklenburg. 1947 Ministerialdir. i. Min. f. Landwirtschaft d. Landes Mecklenburg. 1948 von d. SMA u. d. SED mit d. Gründung d. DBD beauftragt. Juni 1948-Mai 82 Vors. d. DBD i. d. DDR.

1949-50 Min. f. Land- u. Forstwirtschaft d. DDR. Seit 1949 Abg. d. VK. 1950-54 Vizepräs. d. VK, 1954-63 Stellvertreter d. Präsidenten, 1963-76 Mitgl. d. Präsidiums d. VK. 1950-54 Vors. d. Ausschusses f. Land- u. Forstwirtschaft. Mitgl. d. Präs. d. Nat. Rates d. NF, d. Friedensrates, d. Gesellschaft f. Deutsch-Sowj- Freundschaft u. d. Komitees d. Antifachistischen Widerstandskämpfer. Okt. 1976-Juli 82 stellv. Vors. d. Staatsrates d. DDR. Seit Mai 1982 Ehrenvorsitzender d. DBD.
Ausz.: VVO i. Gold (1958). Ehrenbürger d. Stadt Parchim. Stern der Völkerfreundschaft i. Gold (1969). Karl-Marx-Orden (1973) u. a.

Goldenbaum, Käthe

Berlin
Geb. 18. 5. 1919
Erl. B.: Diplom-Jurist, Dr. jur.
Partei: DBD
L.: Nach 1945 Sachbearbeiterin f. Jugendangelegenheiten b. d. VP Schwerin. 1949 einjähriger jurist. Lehrgang. Seit 1950 als Staatsanwalt tätig. Pers. Referent b. Generalstaatsanwalt Teuber. 1958 DASR. Staatsanwalt i. Berlin-Weißensee. Seit 1963 Mitgl. d. StVV Berlin. Zeitweise Staatsanwalt u. Ltr. d. Arbeitsgruppe Jugendkriminalität b. Generalstaatsanwalt d. DDR. Mitgl. d. Bez.-vorstandes Berlin d. DFD u. d. DBD. Mitgl. d. Zentralausschusses f. Jugendweihe. Promotion zum Dr. jur. Humboldt-Uni. Ostverlin. Jetzt wiss. MA b. Generalstaatsanwalt d. DDR. 2. Ehefrau v. Ernst G.
Ausz.: VVO i. Bronze (1969). Medaille f. Verdienste i. d. Rechtspflege i. Gold (1979) u. a.

Goldenbaum, Klaus

Berlin
Geb. 28. 3. 1928 i. Wismar als Sohn d. KPD/DBD-Funktionär Ernst G.
Erl. B.: Jurist
Ausg. B.: Diplomat, Botschafter
Partei: SED
L.: Nach 1945 i. Justizdienst d. DDR tätig, u. a. Oberrichter a. Stadtgericht Ostberlin. Seit Anfang d. 60er Jahre Angehöriger d. diplom. Dienstes d. DDR, u. a. Vizekonsul i. d. VAR, Abtltr. i. MfAA. 1966-69 Generalkonsul i. d. Jemenit-Arab. Republik. Danach Botschaftsrat u. Geschäftsträger a. d. DDR-Botschaft i. d. VAR bzw. stellv. Ltr. d. Abt. Westeuropa i. MfAA. Seit 23. 6. 1980 Botschafter i. d. Schweiz. Nachf. v. Herbert Barth.
Ausz.: VVO i. Bronze (1980).

Goldstein, Kurt

Berlin
Geb. 3. 11. 1914
Rentner
Partei: SED
L.: 1928 KJV, 1930 KPD. Nach 1933 Emigration. Teilnehmer a. span. Bürgerkrieg. Nach Ausbruch d. 2. Weltkrieges i. Lager Vernet/Frankreich interniert. 1941-45 Häftling i. KZ Buchwald. 1945-49 KPD-Funktionär i. Westdeutschland (Nordrhein-Westfalen). Spitzenfunktionär d. westdtsch FDJ. Übersiedlung i. d. DDR. MA d. ZK d. SED (Gewerkschaftsarbeit i. Westdeutschland). Seit 1967 MA d. Deutschlandsenders (Abtltr., stellv. Chefred. u. Chefred. sowie 1969-71 Intendant). 1971-78 Intendant d. „Stimme d. DDR". Seitdem Rentner. Mitgl. d. Zentraltg. d. Komitees d. Antifa Widerstandskämpfer, d. Präs. d. Friedensrates d. DDR u. d. Präs. d. Solidaritätskomitees d. DDR. Vors. d. Lagerarbeitsgemeinschaft „Auschwitz" d. DDR.
Ausz.: VVO i. Gold (1974) u. a.

Golle, Hans

Berlin
Rentner
Partei: SED
L.: Zeitweise Ltr. d. Abt. Kader u. Schulung i. d. DNB, Industrie- u. Handelsbank bzw. Staatsbank d. DDR. 1967-71 Kand., seit Juni 1971 Mitgl. d. ZRK d. SED. Seit 1981 Rentner.
Ausz.: VVO i. Bronze (1973) u. a.

Gompert, Johannes

Berlin
Geb. 21. 8. 1935 i. Obergläsersdorf
Erl. B.: Maschinenschlosser, Dr.
Ausg. B.: Botschafter
Partei: SED
L.: Maschinenschlosserlehre. Abitur. 1955-59 Studium a. d. DASR. Seit 1962 Angehöriger d. diplom. Dienstes. 1962-63 Wirtschaftsattaché, 1963-66 Ltr. d. Wirtschaftspolit, Abt. a. d. DDR-Botschaft i. Kuba. Danach Sektionsltr. bzw. wiss. MA d. MfAA. 1972-73 stellv. Ltr. d. HV, 1973-75 Geschäftsträger d. DDR i. Mexiko. 1975-80 Ltr. d. AG Lateinamerika u. seit 1979 Hochschullehrer bzw. Lehrstuhlltr. a. Inst. f. Internat. Beziehungen d. ASR. Seit 18. 11. 1980 Botschafter d. DDR i. Argentinien.
Ausz.: Verdienstmedaille d. DDR u. a.

Gothe, Richard

Erfurt
Geb. 31. 12. 1928 i. Nordhausen
Erl. B.: Elektriker, Diplom-Gesellschaftswissenschaftler
Ausg. B.: Vorsitzender d. RdB Erfurt
Partei: SED
L.: 1947 Abitur. Elektrikerlehre i. Kaliwerk „Glückauf" i. Sondershausen. Ab 1952 FDJ-bzw. SED-Funktionär (Kreisltg. Sondershausen, Sektorenltr. i. d. SED-BL Erfurt). 1960-62 1. Sekr, d. SED-Kreisltg. Arnstadt. Seit Okt. 1962 Vors d. RdB Erfurt. Nachf. v. Willy Gebhardt, Abg. d. BT Erfurt u. Mitgl. d. Sekr. d. SED-BL. Seit Juni 1981 Nachfolgekandidat d. VK.
Ausz.: VVO i. Silber (1974) u. a.

Gotsche, Otto
Berlin
Geb. 3. 7. 1904 i. Wolferode b. Eisleben als Sohn eines Bergarbeiters
Erl. B.: Klempner
Ausg. B.: Schriftsteller
Partei: SED
L.: 1918-1921 Klempnerlehre. 1921 Sekr. d. KJV i. Unterbez. Halle/S. Versch. Gefängnisstrafen wegen kommunistischer Betätigung. KPD-Funktionär u. Arbeiterkorrespondent. 1927 i. d. SU. 1932 Instrukteur d. KPD-BL Wasserkante. März 1933 verhaftet. Häftling i. d. Gefängnissen u. KZ-Harburg-Wilhelmsburg, Altona, Berlin u. Sonnenburg. Nach d. Entlassung ambulanter Händler, Arbeiter u. Monteur i. Bunawerk Schkopau u. Treibstoffwerk Lützkendorf (Geiseltal). 1940 am Aufbau d. „Mitteldeutschen antifaschistischen Arbeitergruppe" u. nach 1945 maßgeblich i. Mansfelder Gebiet am Aufbau d. komm. Parteiorganisation beteiligt. Landrat von Eisleben. Danach 1. Vize- u. später Bez.-präs. d. Regierungsbez. Merseburg u. Ministerialdir. i. Innenmin. d. Landes Sachsen-Anhalt. 1950-60 Ltr. d. Sekr. d. Stellvertreters d. Vors. d. Ministerrates. Walter Ulbricht. Sept. 1960-Nov. 1971 Sekr. d. Staatsrates. 1963-71 Abg. d. VK. 1963-66 Kand., seit Sept. 1966 Mitgl. d. ZK d. SED. Jetzt freiberufl. Schriftsteller
Ausz.: Karl-Marx-Orden (1965). VVO i. Gold (1969) u. a.
Veröff.: „Tiefe Furchen", Mitteldtsch. Druckerei u. Verlagsanstalt, Halle 1949. „Märzstürme", Bd. I, Dietz-Vlg., Berlin 1953. „Zwischen Nacht und Morgen", Mitteldtsch. Vlg., Halle 1955. „Die Fahne von Kriwoi Rog", Mitteldtsch. Vlg., Halle 1959. „Auf den Straßen, die wir selber bauten", Dietz-Vlg., Berlin 1959. „Unser kleiner Trompeter", Mitteldtsch. Vlg., Halle 1961. „Gefahren und Gefährten", Mitteldtsch. Vlg., Halle 1966. „Märzstürme", Bd. II, Mitteldtsch. Vlg., Halle 1971. „Mein Dorf-Geschichte und Geschichten", Mitteldtsch. Vlg., Halle 1974. „... und haben nur den Zorn", Mitteldtsch. Vlg., Halle 1975. „Die seltsame Belagerung von St. Nazaire", Mitteldtsch. Vlg., Halle 1979. „Erlebt und aufgeschrieben", Aufsätze, Repliken, Reden, Essay-Reihe, Mitteldtsch. Vlg., Halle-Leipzig, 1981 u. a.

Gotthilf, Leopold
Berlin
Geb. 1917
Ausg. B.: Generalmajor d. NVA
Partei: SED
L.: 1947 Eintritt i. d. VP. VP-Wachtmeister. Polit-offizier. 1956 Studium i. d. UdSSR. 1962 Kommandeur d. 1. MSD Potsdam. 1963-74 Kommandeur d. Offiziersschule (jetzt Offiziershochschule) „Ernst Thälmann" i. Löbau. Seit 3. 10. 1968 Generalmajor d. NVA.
ausz.: Kampforden „Für Volk und Vaterland" i. Silber (1971). VVO i. Gold (1980) u. a.

Gottwald, Kurt
Moskau
Geb. 1931 i. Pirna/Sa.
Erl. B.: Möbeltischler, Berufsoffizier
Ausg. B.: Generalmajor d. NVA
Partei: SED
L.: Möbeltischlerlehre. 1946 FDJ, 1949 SED. Seit 1949 Angehöriger d. VP, KVP bzw. NVA. Absolvent d. Frunse-Akademie u. d. Generalstabsakademie d. UdSSR. Verschiedene Truppen- u. Stabsstellungen. 1968-73 Stabschef einer MSD. 1973-77 Chef d. Stabes d. Militärbez. Leipzig. Seit 1977 stellv. Chef d. Stabes d. Vereinten Streitkräfte d. Warschauer Paktstaaten i. Moskau. Seit 1. 10. 1974 Generalmajor d. NVA.
Ausz.: VVO i. Bronze (1977) u. a.

Gräfe, Siegfried
Berlin
Geb. 1927 i. Königsbrück/Sa. als Sohn eines Arbeiters
Erl. B.: Rb-Angestellter
Ausg. B.: Generalmajor d. NVA, Dr.
Partei: SED
L.: 1942 Rb-Junghelfer i. Königsbrück. 1945 KPD. Fahrdienstltr. 1951 Dienstvorsteher i. Königsbrück. Sonderreifeprüfung. MA d. Generaldir. d. Rb. Seit 1953 KVP/NVA. Seit 1957 Ltr. d. Militärtransportabt. i. Min. f. Nat. Verteidigung. Seit 2. 11. 1970 Generalmajor. Studium a. d. HfV u. Militärakad. Promotion.
Ausz.: Kampforden „Für Volk und Vaterland" (1977). VVO in Bronze (1980) u. a.

Graefrath, Bernhard
Berlin
Geb. 12. 2. 1928 i. Berlin
Erl. B.: Jurist, Dr. jur. habil.
Ausg. B.: Hochschullehrer
Partei: SED
L.: Studium d. Rechtswissenschaft. 1951 Promotion z. Dr. jur. 1953-54 Hauptreferent bzw. Abtltr. i. SHF. Danach Dozent a. d. Humboldt-Uni. i. Ostberlin. 1958-60 Bürgermeister v. Zossen. 1963 Habil. 1963 Prof. Jetzt o. Prof. f. Völkerrecht a. d. Humboldt-Uni. i. Ostberlin. Ltr. d. Bereichs Völkerrecht d. Sektion Rechtswiss. d. Humboldt-Uni. Mitgl. d. Präs. d. DDR-Komitees für Menschenrechte u. d. Präs. d. Liga f. UN sowie d. Menschenrechtskommission d. UN. Stellv. Vors. d. Rates f. staats- u. rechtswiss. Forschung d. AdW.

Graf, Herbert
Berlin
Erl. B.: Jurist, Dr. jur.
Ausg. B.: Hochschullehrer
Partei: SED
L.: Jurist, Dr. jur. 1960-74 HA-Ltr. bzw. AL f. Staatsorgane i. d. Kanzlei d. Staatsrates. 1971 Sekr. d. Wahlkommission d. DDR. Seit 1976 Ltr. d. Außenstelle Berlin d. Akademie f. Staats- u. Rechtswiss. d. DDR bzw. Ltr. d. Lehrstuhls f.

Staatsrecht junger Nationalstaaten. Seit 22. 5. 1976 Kandidat, seit 16. 4. 1981 Mitgl. d. ZRK d. SED.
Ausz.: Orden „Banner d. Arbeit", Stufe I (1977). VVO i. Silber (1979) u. a.

Grande, Ernst-Ulrich
Berlin
Erl. B.: Diplom-Wirtschaftler
Ausg. B.: Stellv. Minister
Partei: SED
L.: 1955 Werkltr. VEB TRAFO Reichenbach. 1961 Fachgruppenltr. i. d. SPK. 1969 Abtltr., seit 1971 stellv. Min. f. Elektrotechnik u. Elektronik.
Ausz.: Orden „Banner der Arbeit" (1969) u. a.

Grandke, Anita, geb. Frank
Berlin
Geb. 11. 6. 1932 i. Neuruppin
Erl. B.: Jurist, Dr. sc. jur.
Ausg. B.: Hochschullehrer
Partei: SED
L.: 1950-54 Studium a. d. Humboldt-Uni. i. Ostberlin. 1960 Promotion z. Dr. jur. 1964 Habil. Seit 1964 Ltr. d. Forschungsgruppe „Die Frau i. d. sozialistischen Gesellschaft" bei d. DAW. Seit 1. 2. 1966 nebenamtl. Prof., jetzt o. Prof. f. Familienrecht a. d. Sektion Rechtswiss. d. Humboldt-Uni. Ostberlin. Mitgl. Frauenkommission beim Politbüro d. ZK d. SED u. d. Rates f. staats- u. rechtswiss. Forschung d. AdW.
Ausz.: VVO i. Bronze (1977) u. a.

Grasmeyer, Günter
Schwerin
Geb. 24. 3. 1930
Ausg. B.: Chefredakteur
Partei: LDP
L.: Journalist d. LDP-Presse. Stellv. Chefred., seit 1959 Chefred. d. „Norddeutschen Zeitung" i. Schwerin. Mitgl. d. Sekr. d. BV Schwerin LDP.
Ausz.: VVO i. Bronze (1974) u. a.

Grasnick, Georg
Berlin
Geb. 25. 4. 1927 i. Berlin
Ausg. B.: HA-Leiter i. IPW, Dr. phil., Prof.
Partei: SED
L.: 1945 Mitgl. d. KPD u. d. Antifa-Jugend. Stellv. Bez.-bürgermeister i. Berlin-Reinickendorf. Ab 1946 Volontär beim Berliner Rundfunk. Fernstudium d. Journalistik a. d. Uni. Leipzig. Versch. Funktionen i. Rundfunkwesen (Abtlr., stellv. Intendant d. Berliner Rundfunks u. Chefred. d. Deutschlandsenders) 1962 Promotion. Inst. f. Gesellschaftswissenschaften beim ZK d. SED. Mai 1963 vorübergehend i. d. Bundesrepublik Deutschland inhaftiert. 1956-71 Mitgl. d. Ltg. d. Staatssekr. f. gesamtdtsch. bzw. westdtsch. Fragen. Seit 1971 HA-Ltr. i. IPW. Mitgl. d. Friedensrates. Seit 1. 9. 1979 o. Prof. an d. AfG.
Ausz.: VVO i. Bronze (1963).

Grau, Volkmar
Gera
Geb. 1931 als Sohn eines Reichsbahnarbeiters
Erl. B.: Tischler, staatl. gepr. Landwirt, Agrar-Ingenieur
Ausg. B.: Sekretär d. SED-BL Gera
L.: Stammt a. d. Kreis Pößneck/Thür. Möbeltischler u. staatl. gepr. Landwirt. Seit 1951 Landwirtschafts-Funktionär. Zeitw. Ltr. d. Abt. Landwirtschaft d. SED-BL Gera. Seit Feb. 1963 Sekr. f. Landwirtschaft d. SED-BL Gera. Abg. d. BT Gera.
Ausz.: VVO i. Silber (1974) u. a.

Grausenick, Jürgen
Schwerin
Geb. 19. 6. 1932 als Sohn eines Lehrers
Erl. B.: Landwirt, Diplom-Agronom
Ausg. B.: Stellv. Vorsitzender d. RdB Schwerin
Partei: SED
L.: Landwirt, Diplom-Agronom. Zeitw. Oberagronom d. MIS-Bereichs Leetzen u. wiss. MA d. Inst. f. Landw. i. Lübstorf. 1961 Vors. d. RdK Schwerin. 1968 Besuch d. PHSch d. SED. 1970-71 stellv. Vors., 1971-74 Vors. d. RLN i. Bez. Schwerin. Seit 4. 7. 74 stellv. Vors. d. RdB Schwerin f. Land-, Forst- u. Nahrungsgüterwirtschaft.
Ausz.: VVO i. Bronze (1973) u. a.

Gregoraschuk, Liesl
Magdeburg
Geb. 1925
Erl. B.: Diplom-Lehrer
Ausg. B.: Vorsitzende d. DFD i. Bez. Magdeburg
Partei: SED
L.: Diplom-Lehrer. 1958 Ltr. d. Abt. Agitprop. SED-KL Schönebeck. Seit 20. 2. 1974 Vors. d. DFD i. Bez. Magdeburg. Nachf. v. Irmgard Wiele. Seit Okt. 1976 Abg. d. BT. Mitgl. d. BV d. DFD u. d. SED-BL Magedeburg.
Ausz.: VVO i. Bronze (1978)

Greim, Hartmut
Karl-Marx-Stadt
Geb. 1941
Erl. B.: Diplom-Wirtschaftler, Dr. oec.
Ausg. B.: Stellv. Vors. d. RdB
Partei: LDP
L.: Diplom-Wirtschaftler, Dr. oec. Zeitweise Stadtrat u. Vors. d. KV Gera d. LDP. 1969 wiss. MA a. d. Zentralen Parteischule d. LDP. Danach Pers. MA d. Generaldir. bzw. Dir. f. Org. u. Datenverarbeitung b. Komb. KWH Hermsdorf. 1980-81 stellv. Vors. d. BV Karl-Marx-Stadt d. LDP. Seit 1. 1. 1982 stellv. Vors. d. RdB Karl-Marx-Stadt f. Handel u. Versorgung. Nachf. v. Manfred Löffler.
Ausz.: Verdienter Aktivist u. a.

Greiner-Petter, Werner

Berlin
Geb. 15. 11. 1927 i. Lauscha/Thür.
Erl. B.: Glasbläser, Diplom-Gesellschaftswissenschaftler
Ausg. B.: Minister f. Glas- u. Keramikindustrie
Partei: SED
L.: Werkzeug- u. Glasmacher i. Lauscha. 1944 NSDAP. 1946 SED. Brigadier u. Meister. Werkdir. d. Glaswerkes Lauscha. In d. 50er Jahren Ltr. d. Fachabt. Glas i. d. HV Glas u. Keramik i. Min. f. Leichtindustrie. 1963-71 MA d. Komitees d. ABI (1968-71 1. stellv. Vors. u. Staatssekr.). Studium a. d. PHSch d. KPdSU i. Moskau. Jan. 1972-Nov. 1972 Staatssekr., seit Nov. 1972 Min. f. Glas- u. Keramikindustrie. Nachf. v. Karl Bettin.
Ausz.: VVO i. Silber (1974) u. a.

Grell, Günter

Frankfurt/Oder
Geb. 11. 1. 1926 i. Brandenburg
Erl. B.: Diplom-Wirtschaftler, Diplom-Gesellschaftswissenschaftler
Ausg. B.: 2. Sekretär d. SED-BL Frankfurt/O.
Partei: SED
L.: RAD u. Kriegsdienst. 1944-47 Gefangenschaft. Hauptamtl. SED-Funktionär. 1960 Sekr. f. Agitprop. SED-KL Eberswalde. 1962 1. Sekr. d. SED-KL Bernau. 1968-71 1. Sekr. SED-KL Eisenhüttenstadt. Seit 23. 5. 1971 2. Sekr. d. SED-BL Frankfurt/O. Nachf. v. HansJoachim Herwig.
Ausz.: VVO i. Gold (1981) u. a.

Gress, Wolfgang

Berlin
Geb. 9. 5. 1929 i. Berlin als Sohn eines Lehrers
Erl. B.: Diplom-Wirtschaftler
Ausg. B.: Staatssekretär
Partei: SED
L.: Praktikant i. einem Stahlbaubetrieb. 1947 SED. Studium a. d. HS f. Ökonomie i. Ostberlin. 1951 Diplom-Wirtschaftler. Industrie-Funktionen. In d. 50er Jahren Abtltr. Planung i. Min. f. Schwermaschinenbau. 1964 Generaldir. VVB Rohrleitungen u. Isolierungen i. Leipzig. 1965 Ltr. d. Abt. Chemieanlagen i. VWR. 1966-71 stellv. Min., 1971-79 Staatssekr. u. 1. stellv. Min. f. Schwermaschinen- u. Anlagenbau. 1975-76 Besuch d. Parteihochschule d. SED. Seit 28. 6. 1979 Mitgl. d. Ministerrates d. DDR u. Staatssekretär d. SPK f. d. Bereich Investitionen u. Wiss./Technik. Seit 16. 4. 1981 Kandidat d. ZK d. SED.
Ausz.: VVO i. Bronze (1970) u. a.

Grewe, Günther

Berlin
Geb. 7. 8. 1924 i. Essen-Borbeck als Sohn eines Grubenangestellten
Erl. B.: Elektroinstallateur
Ausg. B.: Funktionär d. Nationalen Front
Partei: CDU
L.: 1939-41 Lehre als Elektroinstallateur. Soldat. 1946 CDU. 1945-50 i. seinem Beruf u. als Geschäftsführer u. Prokurist tätig. 1950-52 stellv. Landrat i. Altenburg. 1952-54 stellv. Oberbürgermeister v. Gera. 1954-60 Vors. d. BV Gera d. CDU u. Abg. d. BT Gera. Seit 1954 Mitgl. d. Hauptvorstandes, seit 1960 Mitgl. d. Präs. d. Hauptvorstandes d. CDU. Seit 1960 Mitgl. d. Präs. u. d. Sekr. d. Nationalrates d. NF. Ltr. d. AG „Christliche Kreise" beim Nationalrat d. NF. Seit 1963 Abg. d. VK. 1963-69 Mitgl. d. Ausschusses f. Eingaben d. Bürger, 1969-71 stellv. Vors. d. Ausschusses f. Ausw. Angelegenheiten, seit 1971 stellv. Vors. d. Ausschusses f. Handel u. Versorgung d. VK. Vors. d. Arbeitsgemeinschaft f. Kirchenfragen b. Hauptvorstand d. CDU.
Ausz.: VVO i. Silber (1969 u. 1979) u. a.

Grieb, Michael

Rostock
Geb. 12. 2. 1921 i. Tannesberg bei Weiden (Oberpfalz)
Erl. B.: Bäcker, Diplom-Gesellschaftswissenschaftler
Ausg. B.: Stellv. Vorsitzender d. RdB Rostock
Partei: SED
L.: Teilnehmer am 2. Weltkrieg. Zuletzt Obersignalmaat b. d. 21. U-Flottille. 1946 Mitgl. d. SED. 1947 Bäckermeisterprüfung i. Schwerin. Versch. Funktionen i. Partei- u. Staatsapparat, u. a. bis 1960 stellv. Ltr. bzw. Ltr. d. Abt. Agitation u. Propaganda i. d. SED-BL Schwerin. Juli 1960-Mai 1968 Vors. d. RdB Schwerin. Juli 1960-Mai 1968 Vors. d. RdB Schwerin. Studium. Seit Sept. 1969 stellv. Vors. d. RdB Rostock f. wichtige Investitionsvorhaben bzw. f. Arbeit u. Löhne u. Wohnungspolitik u. seit Juni 1981 für Arbeit u. Löhne u. ausgewählte Investitionsvorhaben. Seit 1960 Abg. d. BT Rostock.
Ausz.: VVO i. Bronze (1966) u. a.

Griebsch, Erich

Potsdam
Geb. 1925 i. Berlin
Erl. B.: Werkstoffprüfer, Diplom-Staatswiss.
Ausg. B.: Generalmajor d. VP
Partei: SED
L.: Werkstoffprüfer, Kriegsdienst und Kriegsgefangenschaft. Maurer. 1947 Eintritt i. d. VP. Volkspolizist i. VP-Revier 253 Berlin-Lichtenberg. 1947 SED. Seit 1. 4. 70 Chef d. BdVP Potsdam. Nachf. v. H. Münchow. Seit 1. 10. 74 Generalmajor d. VP. Abg. d. BT Potsdam. Mitgl. d. SED-BL.
Ausz.: VVO i. Silber (1980) u. a.

Griesbach, Karl-Rudi

Dresden
Geb. 14. 6. 1916 i. Brekerfeld, Krs. Hagen/Westf.
Erl. B.: Komponist, Prof.
Ausg. B.: Komponist
L.: Besuch eines Realgymnasiums i. Hamburg. Studium d. Komposition a. d. HS f. Musik i.

Köln. 1941 Staatsexamen. Kriegsdienst. Bis 1949 i. sowj. Kriegsgefangenschaft. 1949-50 i. Hamburg ansässig. 1950 Übersiedlung i. d. DDR. Dozent f. Komposition u. Theorie a. d. HS f. Musik i. Dresden. 1953-63 freischaffender Komponist. Seit 1963 Musikdramaturg u. künstl. Beirat a. d. Staatstheatern Dresden. Seit 1964 Mitgl. d. Zentralvorstandes d. Verbandes Dtsch. Komponisten u. Musikwissenschaftler. Komponist zahlr. Lieder u. Orchesterwerke. Seit Okt. 1969 Prof. f. Komposition a. d. HS f. Musik i. Dresden
Ausz.: VVO i. Bronze (1976).
Werke: „Marike Weiden". „Kolumbus". „Afrikanische Sinfonie" u. a.

Griesheimer, Dietmar
Karl-Marx-Stadt
Erl. B.: Journalist
Ausg. B.: Chefredakteur
Partei: SED
L.: Journalist. 1967 AL Kultur, 1971 stellv. Chefredakteur, seit 9. 6. 76 Chefredakteur d. SED-Bezirksztg. „Freie Presse" i. Karl-Marx-Stadt. Nachf. v. Werner Kessel. Seit Juni 76 Vors. d. VdJ i. Bez. Karl-Marx-Stadt. Seit Juni 1977 Mitgl. d. ZV, seit Juni 1982 Mitgl. d. Präs. d. ZV d. VdJ. Mitgl. d. SED-BL.
Ausz.: VVO i. Bronze (1975). Orden „Banner d. Arbeit" Stufe I (1977) u. a.

Grimm, Frank
Schwerin
Geb. 25. 5. 1930 i. Reinsdorf, Krs. Zwickau, als Sohn eines Bergarbeiters
Erl. B.: Diplom-Jurist, Dr. jur.
Ausg. B.: Oberbürgermeister v. Schwerin
Partei: SED
L.: Besuch d. Oberschule Zwickau. 1949 Abitur. 1950-54 Studium d. Rechtswiss. KMU Leipzig. 1952 SED. 1954 jur. Staatsexamen. Danach Ass. bzw. Lehrbeauftrager f. Strafrecht u. Strafprozeß a. d. KMU. 1958 Pers. Referent d. OB v. Leipzig. April 1963 Promotion z. Dr. jur. 1965-70 Bürgermeister v. Altenburg. 1967-81 Nachfolgekand. d. VK. 1976 Besuch d. PHSch d. SED. April 1970-Sept. 1977 1. stellv. OB v. Leipzig. Seit 9. 9. 1977 OB v. Schwerin. Nachf. v. Horst Pietsch.
Ausz.: VVO i. Bronze (1968).

Grimmer, Reginald
Berlin
Geb. 1. 5. 1926
Erl. B.: Dreher
Ausg. B.: Sekretär d. SED-BL Berlin
Partei: SED
L.: Kriegsdienst. Sowj. Kriegsgefangenschaft. Besuch einer Antifa-Schule. Nach 1945 MA d. Senders Leipzig. 1951-62 MA d. ZK d. SED. Zeitw. Instrukteur d. Sektors Funk i. d. Abt. Agitation u. stellv. Ltr. d. Abt. Propaganda beim ZK d. SED. 1962-68 1. stellv. Vors. d. Staatl. Komitees f. Rundfunk. Seit Juli 1971 Sekr. f. Agitation u. Propaganda d. SED-BL Berlin. Nachf. v. Hans Modrow. Seit Nov. 1971 Mitgl. d. StVV Ostber-

lin. Seit Mai 1976 (IX. Parteitag) Kand., seit 16. 4. 81 Mitgl. d. ZRK d. SED.
Ausz.: VVO i. Gold (1979) u. a.

Gröger, Walter
Berlin
Geb. 10. 12. 1923 i. Bielitz
Ausg. B.: Stellv. Abteilungsleiter i. ZK d. SED.
Partei: SED
L.: Kriegsdienst (Flak). Nach 1945 Sport- u. SED-Funktionär. In d. 50er Jahren Sekr. d. Hochschulparteiltg. d. SED a. d. DHfK i. Leipzig. Mitgl. d. SED-BL Leipzig. Seit 1958 MA d. Arbeitsgruppe bzw. Abt. Sport beim ZK d. SED, z. Z. stellv. Abtltr.
Ausz.: VVO i. Gold (1976). Stern d. Völkerfreundschaft i. Gold (1980) u. a.

Gröning, Werner
Berlin
Geb. 1926 i. Berlin-Prenzlauer Berg als Sohn eines Tischlers
Erl. B.: Diplom-Militärwissenschaftler
Ausg. B.: Generalleutnant d. VP
Partei: SED
L.: Luftwaffenhelfer. Kriegsabitur. Soldat u. Gefangenschaft. Eintritt i. d. VP. Wachtmeister i. Berlin-Mitte. Absolvent d. einer Polizeischule. Abtltr. i. Präs. d. VP. 1962-69 Kommandeur d. Grenzbrigade „13. August" i. Berlin. 26. 6. 1973 Generalmajor d. VP. Stellv. Ltr. d. Hauptinspektion i. MdI. Seit 22. 5. 1975 Polizeipräs. v. Ostberlin. Nachf. v. Horst Ende. Mitgl. d. SED-BL Berlin. Seit Okt. 1976 Mitgl. d. StVV Ostberlin. Seit 1. 7. 1979 Generalleutnant d. VP.

Gros, Jurij
Bautzen
Geb. 1931 i. Wendisch-Baselitz, Krs. Kamenz/Sa., als Sohn eines Steinarbeiters
Erl. B.: Tischler, Lehrer, Diplom-Gesellschaftswissenschaftler
Ausg. B.: 1. Sekretär d. DOMOWINA
Partei: SED
L.: Tischlerlehre. 1948/49 Besuch d. Sorbischen Lehrerbildungsinstituts i. Ratibor. Lehrer. 1948 SED. FDJ-Funktionär. 1954-55 1. Sekr. FDJ-KL Kamenz. 1955-64 2. Sekretär, seit 1964 1. Sekr. d. Bundesvorstandes d. DOMOWINA. 1959-71 Mitgl. d. ZR d. FDJ. Seit 1969 Mitgl. d. Präs. d. Nationalr. d. NF. Seit 1974 Mitgl. d. SED-BL Dresden. Seit 1978 Mitgl. d. ZV d. DSF. Seit Juni 1981 Nachfolgekandidat d. VK. Fernstudium a. d. PHSch d. ZK d. SED. Diplom-Gesellschaftswiss.
Ausz.: VVO i. Bronze (1968) u. a.

Grote, Claus
Berlin
Geb. 8. 8. 1927 i. Bückeburg als Sohn eines Arbeiters
Erl. B.: Diplom-Physiker, Dr. rer. nat. habil., Professor

Ausg. B.: Generalsekretär d. AdW
Partei: SED
L.: 1942-45 Lehrer. Kriegsdienst. Bis 1946 amerik. Kriegsgefangenschaft. 1946 SED. 1945-50 Bergarbeiter b. d. Wismut AG. 1950-53 ABF Leipzig. 1953-58 Physik-Studium a. d. Humboldt-Uni. Ostberlin. 1957 Examen. 1958-63 MA d. Forschungsstelle f. Physik hoher Energien d. DAW i. Zeuthen. 1959 Physiker a. Ver. Inst. f. Kernforschung i. Dubna. Vors. d. Internat. Blasenkammer-Komitees. 1963 Promotion. 1963-70 Ltr. d. Abt. Blasenkammer i. Zeuthen. 1970 Ernennung z. Prof. u. MA d. Stellvertreters d. Präs. f. Forschung d. DAW. Seit Aug. 1972 Generalsekr. d. DAW/AdW. Nachf. v. Ernst-August Lauter. 1974 o. Mitgl. d. AdW. Mitgl. d. Akad. d. Wiss. d. UdSSR. Vors. d. Koordinierungskomitees für die Erforschung u. Nutzung d. kosmischen Raumes.
Ausz.: VVO i. Bronze (1969).

Grote, Heinz
Berlin
Geb. 21. 3. 1925 i. Bückeburg
Erl. B.: Diplom-Journalist
Ausg. B.: Chefredakteur
Partei: SED
L.: Kriegsdienst, Amerik, Kriegsgefangenschaft. Seit 1947 Journalist b. Berliner Rundfunk. Ltr. d. Jugendfunks b. Berliner Rundfunk. 1953-60 Fernstudium a. d. KMU Leipzig. Seit 1954 Journalist b. DFF. 1966 nba. Dozent f. Theorie u. Praxis d. Fernsehjournalistik KMU Leipzig. Chefred. d. Außenpolitischen Red. DFF. April 1972-Dez. 1974 Vizepräs. d. Verbandes d. Film- u. Fernsehschaffenden d. DDR. 1974-77 Korrespondent d. DDR-Fernsehens i. d. Bundesrepublik. Danach stellv. Chefred. f. Innen- u. außenpolitische Publizistik bzw. d. „Aktuellen Kamera" beim Fernsehen d. DDR. Mitgl. d. Präs. d. Verbandes d. Film- u. Fernsehschaffenden d. DDR (Vors. d. Kommission f. Nachwuchs).
Ausz.: VVO i. Silber (1975) u. a.

Grünert, Bernhard
Seelow
Geb. 3. 7. 1906 i. Bergen, Krs. Schweidnitz (Schlesien), als Sohn eines Landarbeiters
Erl. B.: Land- u. Bauarbeiter, staatlich geprüfter Landwirt
Parteiveteran
Partei: SED
L.: Land- u. Bauarbeiter. 1923 KJV. 1925 KPD. 1933 Mitgl. d. BL Breslau d. KPD. Während d. NS-Zeit vorübergehend i. Haft. Nach 1945 Neubauer u. Bürgermeister i. Worin. 1950 Besuch d. Bauernhochschule. 1952-75 Mitbegründer u. Vors. d. LPG „Thomas Müntzer" i. Worin. 1954-57 stellv. Vors. d. Zentralvorstandes d. VdgB. 1954-76 Mitgl. d. ZK d. SED. Zeitweise Mitgl. d. SED-BL Frankfurt/O. 1963-65 Vors. d. Landwirtschaftsrats d. Bez. Frankfurt/O. Seit 1968 Mitgl. d. RLN. Jetzt Parteiveteran.
Ausz.: VVO i. Gold (1966). Karl-Marx-Orden (1968) u. a.

Grünheid, Karl
Berlin
Geb. 20. 7. 1931 i. Berlin als Sohn eines Maurers
Erl. B.: Maurer, Diplom-Wirtschaftler, Dr. rer. oec.
Ausg. B.: Staatssekretär i. d. SPK
Partei: SED
L.: Abitur. Maurer i. Berlin. Studium a. d. HS. f. Ökonomie i. Berlin. 1956 Sonderdiplom f. ausgez. Leistungen. MA d. Min. f. Schwermaschinenbau. 1958 Planungsltr., 1959-61 1. stellv. Hauptdir., 1961-63 Generaldir. VVB Ausrüstungen f. Schwerindustrie u. Getriebebau i Magdeburg. 1961 Promotion zum Dr. rer. oec. 1963-67 1. stellv. Vors. d. VVB Industrieanlagenmontagen u. Stahlbau (VEB Metalleichtkombinat) i. Leipzig. Sept. 1969 Prof. f. sozial. Betriebswirtschaft HS f. Bauwesen i. Leipzig. Sept. 1969 ao. Mitgl. d. Forschungsrates. Seit 1971 Staatssekr. i. d. SPK. Ltr. d. Bereichs Außenwirtschaft i. d. SPK. Stellvertreter d. Vors. d. paritätischen Regierungskommission f. ökon. u. wiss.-techn. Zusammenarbeit DDR-UdSSR.
Ausz.: Nat. Pr. II. Kl. (Koll.-Ausz. 1970). VVO i. Gold (1981) u. a.

Grünstein, Herbert
Berlin
Geb. 27. 7. 1912 i. Erfurt
Ausg. B.: Sekretär d. ZV d. DSF
Partei: SED
L.: 1928 SAJ. 1930 KJV. 1931 KPD. Nach 1933 illegale Tätigkeit f. d. KPD. 1936-38 Teilnehmer a. span. Bürgerkrieg. Anschl. i. d. SU. 1940 illegale Tätigkeit i. Schweden, später i. Rumänien. Heirat mit d. Tochter Anna Paukers (Paula Gr.). 1948 Rückkehr nach Deutschland, Ltr. d. Hauptabt. Politkultur, stellv. Chef d. Hauptverwaltung u. Chefinspekteur d. VP. 1956-74 stellv. Min. bzw. Staatssekr. u. 1. stellv. Min. d. Innern. 1952 Generalmajor d. VP. 1962 Generalleutnant d. VP. Seit 1974 Vors. d. Bez.-komitees Berlin d. Antifa Widerstandskämpfer u. Sekr. d. ZV d. DSF. Seit 1976 Mitgl. d. SED-BL Berlin.
Ausz.: Scharnhorst-Orden (1969). Orden d. Vaterländischen Krieges I. Grades (UdSSR) 1971). Karl-Marx-Orden (1977) u. a.

Grünwald, Siegfried
Magdeburg
Geb. 1938
Erl. B.: Dreher, Ingenieurökonom, DiplomStaatswissenschaftler
Ausg. B.: 1. stellv. Vorsitzender d. RdB
Partei: SED
L.: Dreher, Ingenieurökonom. 1975/76 1. stellv. Vors. d. BPK Magdeburg. Seit 10. 11. 1976 1. stellv. Vors. d. RdB Magdeburg. Nachf. v. Richard Schulze. Seit Okt. 1976 Abg. d. BT.
Ausz.: VVO i. Bronze (1975).

Grützner, Erich
Leipzig
Geb. 30. 7. 1910 i. Pirna/Sa. als Sohn eines Stahlschmelzers
Erl. B.: Chemiefacharbeiter, Diplom-Gesellschaftswissenschaftler
Ausg. B.: Vorsitzender d. Bezirkskomitees Leipzig d. Antifa Widerstandskämpfer
Partei: SED
L.: 1924 Mitgl. d. Jungspartakusbundes. 1925 Mitgl. d. KJV. 1925-39 ungelernter Arbeiter. 1928 Mitgl. d. RH u. IAH. 1932 Mitgl. d. KPD. Nach 1933 illegale Tätigkeit f. d. KPD. Verhaftet u. zu einer Zuchthausstrafe verurteilt. 1939-45 Chemiefacharbeiter i. Pirna. 1945-46 Vors. d. Jugendausschusses d. Stadt Pirna. Ab 1947 FDGB-Funktionär (Kreisvorstand Pirna u. Landesvorstand Sachsen). 1948 Besuch d. Landesparteischule d. SED i. Ottendorf. 1948-50 Stadtverordnetenvorsteher i. Pirna. 1951-54 Lehrer u. Lehrstuhlltr. a. d. HS d. FDGB i. Bernau. 1954-59 Vors. d. Bez.-vorstandes Leipzig d. FDGB. Zeitweise Abg. d. BT Leipzig u. Mitgl. d. SED-BL Leipzig. 1956-63 Fernstudium a. d. PHSch d. ZK d. SED. Diplom-Gesellschaftswissenschaftler. Seit 16. 11. 1958 Abg. d. VK. März 1959-Febr. 1974 Vors. d. RdB Leipzig. Sept. 1960-Okt. 1976 Mitgl. d. Staatsrates d. DDR. Seit Juni 1974 Vors. d. Bez.-komitees Leipzig d. Antifa Widerstandskämpfer.
Ausz.: Orden „Banner der Arbeit" (1964). VVO i. Gold (1970) u. a.

Gruhl, Gerhard
Dresden
Geb. 23. 4. 1924 i. Dresden
Erl. B.: Angestellter, Diplom-Wirtschaftler
Ausg. B.: Vorsitzender d. Bezirksvorstandes Dresden d. FDGB
Partei: SED
L.: Angestellter. Kriegsdienst. Nach 1945 SED- u. FDGB-Funktionär. 1953-54 1. Sekr. d. SED-KL Freital. 1955 Vors. d. IG Metall i. Krs. Dresden-Land. 1960-63 Vors. d. Kreisvorstandes Dresden-Stadt d. FDGB. 1963-68 Sekr. f. Wirtschaft d. SED-Stadtltg. Dresden. 1968-73 Sekr. bzw. stellv. Vors., seit April 1973 Vors. d. Bez.-vorstandes Dresden d. FDGB. Nachf. v. Rudolf Springer. Seit 1973 Mitgl. d. Sekr. d. SED-BL Dresden u. d. Bundesvorstandes d. FDGB.
Ausz.: VVO i. Silber (1975) u. a.

Grund, Manfred
Berlin-Mahlsdorf
Geb. 21. 1. 1936 i. Zehdenick, Krs. Templin, als Sohn eines Arbeiters
Erl. B.: Maurer, Maurermeister
Ausg. B.: PGH-Vorsitzender
Partei: LDP
L.: Oberschule, Abitur. 1954-56 Lehre als Maurer. 1956-57 Studium TH Dresden. 1957-61 Bauführer u. Baubereichsleiter i. VEB Bauhof Treptow. 1961-73 Meisterbereichsltr., stellv. Vors. u. seit 1973. PGH-Vors. i. d. PGH Bau Berlin-Mahlsdorf. 1973 LDP. Seit Okt. 1976 Abg. d. VK. Seit Jan. 1979 stellv. Vors. d. KV Berlin-Marzahn der LDP. Seit 5. 3. 1979 Vizepräs. d. Nationalrates. Nachf. v. Günter Jähne.

Grunert, Horst
Berlin
Geb. 10. 4. 1928 i. Waldenburg
Erl. B.: Lehrer, Dr. rer. pol.
Ausg. B.: Botschafter
Partei: SED
L.: Nach 1945 Lehrer i. Krs. Perleberg. Seit 1951 MA d. MfAA. Studium a. d. DASR. 1953-56 2. Sekr. i. Polen. 1956-57 2. Sekr. DDR-HV i. Finnland. 1957 Staatsexamen DASR. Pers. Referent v. Dr. Lothar Bolz. 1961-62 MA KfA London. 1962-65 Ltr. d. Kulturabt. i. MfAA. Okt. 1965-Nov. 1968 Generalkonsul d. DDR i. Syrien. Danach Dir. d. Zentrums f. Information u. Dokumentation d. MfAA. 1971 Promotion zum Dr. rer. pol. 1972-73 Ständiger Beobachter d. DDR bei d. Organisation d. Vereinten Nationen i. New York. Botschafter. Febr. 1974-Aug. 1978 stellv. Min. f. Auswärtige Angelegenheiten. Seit 2. 10. 1978 Botschafter d. DDR i. d. USA. Nachf. v. Rolf Sieber. Seit 20. 10. 1978 zusätzlich Botschafter i. Kanada.
Ausz.: VVO i. Silber (1973). Orden „Banner d. Arbeit", Stufe I (1978) u. a.

Grunow, Helmut
Suhl
Geb. 30. 11. 1920 i. Stettin
Erl. B.: Angestellter, Diplom-Staatswissenschaftler
Ausg. B.: Vorsitzender d. Bezirksverbandes Suhl d. NDP
Partei: NDP
L.: Kaufmännischer Angestellter. 1937-45 Militär- u. Kriegsdienst. Sowj. Kriegsgefangenschaft. Antifa-Schüler. Seit 1950 hauptamtl. Funktionär d. NDP i: d. Bez. Gera u. Dresden. Seit 1965 Vors. d. Bez.-verbandes Suhl d. NDP. Seit 1967 Abg. d. BT Suhl. Mitgl. d. Hauptausschusses sowie 1967-77 d. Parteikontrollkommission d. NDP. Nov. 1973-Febr. 80 Vors. d. Bez.-ausschusses Suhl d. Nat. Front. Mitgl. d. Nationalrates d. Nat. Front.
Ausz.: VVO i. Silber (1975) u. a.

Gülke, Peter
Weimar
Geb. 1934 i. Weimar
Erl. B.: Dirigent, Musikwissenschaftler; Dr. phil.
Ausg. B.: Chefdirigent
L.: Studium a. d. Musik-HS Weimar u. a. d. Univers. Jena u. Leipzig (Cello, Musikwiss., Germanistik). Danach Engagements als Dirigent u. Kapellmeister i. Rudolstadt, Stendal, Potsdam u. Stralsund. Promotion zum Dr. phil. 1976-81 Kapellmeister d. Dresdner Staatskapelle. Seit 1. 11. 1981 Musik. Oberleiter u. Chefdirigent d. Weimarischen Staatskapelle. Nachf. v. Rolf Reuter. Lehrbeauftragter a. d. Musik-HS Dresden.
Veröff.: „Mönche, Bürger, Minnesänger", Koehler & Amelang, Leipzig „Sinfonische Fragmente" nach Klavierskizzen v. Schubert (Herausgeber).

Günther, Karl-Heinz
Berlin
Geb. 13. 2. 1926 i. Eisenach
Erl. B.: Lehrer, Dr. paed. habil., Prof.
Ausg. B.: Vizepräsident d. APW
Partei: SED
L.: 1944 Abitur i. Eisenach. 1949-52 Studium d. Geschichte u. Pädag. i. Halle. Ass. u. 1955 Promotion zum Dr. paed. i. Halle. 1962 Habil. a. d. Humboldt-Uni. Ostberlin. 1962 zum Prof. f. Geschichte d. Pädagogik ernannt. 1955 wiss. MA, 1961-70 stellv. Dir. DPZI f. Aspirantur u. Forschung. Seit Sept. 1970 Vizepräs. d. APW. Seit 1978 korr. Mitgl. d. AdW.
Ausz.: VVO i. Bronze (1969). Verdienter Lehrer des Volkes (1971) u. a.

Günther, Loni
Suhl
Geb. 3. 7. 1928
Ausg. B.: Sekretär d. SED-BL Suhl
Partei: SED
L.: Nach 1945 hauptamtl. SED-Funktionärin. 1950-52 MdL Thüringen. Ltr. d. Frauen-Abt. i. d. SED-Landesltg. Thüringen. 1953-58 MA d. ZK d. SED. Stellv. Ltr. d. Abt. Agitation beim ZK d. SED (Sektorenltr. f. Rundfunk u. Fernsehen). 1958-66 Ltr. d. Abt. Agitation/Prop. d. SED-BL Suhl. Seit Juni 1966 Sekr. f. Agitation u. Propaganda d. SED-BL Suhl.
Ausz.: VVO i. Bronze (1964). Orden „Banner d. Arbeit", Stufe I (1978) u. a.

Günther, Ottfried
Dresden
Geb. 30. 7. 1921 i. Köthen als Sohn eines Theologen
Erl. B.: Facharzt f. innere Medizin, Dr. sc. med.
Ausg. B.: Ärztlicher Direktor
Partei: CDU
L.: Studium d. Medizin. 1945 Assistenzarzt. 1945-50 wiss. Ass. 1950-57 Oberarzt. 1957-62 Oberarzt u. Dozent a. d. Uni Greifswald. Seit 1962 Ärztl. Dir. d. Bezirkskrankenhauses Dresden-Friedrichstadt u. Chefarzt d. II. Mediz. Klinik. Seit 1969 Mitgl. d. CDU. Seit 1971 Abg. d. BT Dresden. Seit Okt. 1977 Mitglied d. Hauptvorstandes d. CDU. Zeitweise Vors. d. Ges. f. Krankenhauswesen d. DDR.
Ausz.: Verdienter Arzt d. Volkes. VVO i. Bronze (1981) u. a.

Gürke, Helmut
Berlin
Geb. 1. 6. 1922 i. Eisleben
Erl. B.: Jurist
Ausg. B.: Diplomat, Botschafter
L.: Kriegsdienst (Flieger i. Kampfgeschwader Boelke). 1946-49 Studium d. Rechtswiss. u. Volkswirtschaft a. d. MLU Halle-Wittenberg. Danach i. Justizdienst. Zeitw. Ltr. d. Justizverwaltungsstelle Magdeburg. Seit 1961 Angehöriger d. diplom. Dienstes d. DDR. 1962-64 amt. Ltr. d. Handelsvertretung d. DDR i. Guinea. 1965 Handelsattaché a. d. DDR-Handelsvertretung auf Zypern. 1966-70 Generalkonsul u. Ltr. d. DDR-Handelsvertretung i. Guinea. Seitdem i. d. Afrika-Abt. d. MfAA tätig, 1972-73 deren Ltr. Nov. 1973-April 1977 Botschafter d. DDR i. Äthiopien, Juli 1975 zusätzl. Botschafter i. Kenia. Seit 24. 3. 1979 Botschafter i. Tunesien. Nachf. von Alfred Peukert.
Ausz.: VVO i. Silber (1977) u. a.

Güth, Hans
Berlin
Geb. 2. 1. 1922 i. Meiningen als Sohn eines Schlossers
Ausg. B.: Stellv. Chefredakteur
Partei: CDU
L.: 1939 Abitur i. Meiningen. Kriegsdienst. 1946 CDU. Stadtrat i. Meiningen. 1953-56 Vors. d. CDU i. Bez. Suhl. Anschl. Ltr. d. West-Abt. bzw. d. Abt. Politik i. d. CDU-Parteiltg. Seit 1965 Red.-Sekr., seit 1974 stellv. Chefred. d. Zentralorgans d. CDU „Neue Zeit". Stellv. Vors. d. VDJ i. Ostberlin.
Ausz.: VVO i. Silber (1981) u. a.

Güthert, Harry
Erfurt
Geb. 1. 3. 1912 i. Graz
Erl. B.: Arzt, Dr. sc. med.
Ausg. B.: Hochschullehrer
Partei: SED
L.: 1941 Habil. a. d. Uni. Jena. Ab 16. 7. 1941 Dozent f. Pathalogie a. d. Uni. Jena. 1937 NSDAP. 1947 SED. Seit 1. 9. 1954 Prof. mit Lehrstuhl f. Allg. Pathologie u. Pathol. Anatomie a. d. Mediz. Akad. Erfurt. 1959-63 Rektor d. Mediz. Akad. Erfurt. Ehrenmitgl. d. „Société Anatomique" zu Paris. Mitgl. d. Sektion Geschwulstkrankheiten d. DAW i. Ostberlin.
Ausz.: VVO i. Bronze (1959) u. a.

Gulich, Heinz
Frankfurt/Oder
Geb. 3. 10. 1931
Erl. B.: Lehrer
Ausg. B.: Vorsitzender d. BV Frankfurt/Oder d. CDU
Partei: CDU
L.: Lehrer. 1949 CDU. Seit 1970 Vors. d. KV Löbau u. Dresden. Zuletzt stellv. Dir. POS Oberoderwitz, Kreis Löbau, Abg. d. KT u. BT Dresden. Seit 16. 5. 1979 Vors. d. BV Frankfurt/O. d. CDU. Nachf. v. Heinz Hähne.
Ausz.: VVO i. Bronze (1976).

Gummel, Margitta, geb. Helmbold
Leipzig
Geb. 29. 6. 1941 i. Magdeburg
Erl. B.: Diplom-Sportlehrer, Dr. paed.
Ausg. B.: Wissenschaftliche Mitarbeiterin
Partei: SED

L.: 1954 Beginn d. sportl. Karriere als Kugelstoßerin bei BSG Mitte Magdeburg. Mehrf. DDR-Meisterin. 1968 Gold-Medaillen-Gewinnerin beim Kugelstoßen während d. Olympischen Spiele i. Mexiko. Gegenw. wiss. MA a. Forschungsinst. f. Körperkultur u. Sport i. Leipzig. Mitgl. d. Friedensrates d. DDR, d. Präs. d. BV d. DTSB u. d. Präs. d. Dtsch. Verbandes f. Leichtathletik sowie d. NOK d. DDR.
Ausz.: VVO i. Gold. Verdienter Meister des Sports u. a.

Gunne, Richard
Berlin
Geb. 31. 10. 1923 i. Agnetheln, Krs. Alttal/Rumänien
Ausg. B.: Stellv. Staatssekretär
Partei: SED
L.: Sportfunktionär. Zeitw. Ltr. d. Kaderabt. i. Staatl. Komitee f. Körperkultur u. Sport i. BV d. DTSB. Sekr. d. GO d. SED i. BV d. DTSB. 1968-70 stellv. Vors. d. Staatl. Komitees f. Körperkultur u. Sport, seit 1970 stellv. Staatssekr. f. Körperkultur u. Sport. Mitgl. d. BV d. DTSB.
Ausz.: VVO i. Silber (1972). Orden „Banner d. Arbeit", Stufe I (1976) u. a.

Gurgeit, Hilde
Berlin
Geb. 8. 11. 1913
Ausg. B.: SED-Funktionärin
Partei: SED
L.: Nach 1945 als SED-Funktionärin tätig, u. a. i. ZK d. SED. Zeitweise auch MA d. Ökon. Forschungsinst. d. SPK. Jetzt Parteiveteranin. Seit 1958 Mitgl. d. ZRK d. SED.
Ausz.: VVO i. Gold (1978) u. a.

Gutsche, Willibald
Berlin
Geb. 14. 8. 1926 i. Erfurt als Sohn eines Angestellten
Erl. B.: Lehrer, Historiker, Dr. phil. habil.
Ausg. B.: Hochschullehrer
Partei: SED
L.: 1946 Neulehrer. Bis 1961 Geschichtslehrer u. stellv. Dir. Erfurter Oberschulen. 1956/57 Studium als Externer d. Geschichte u. Phil. i. Jena. 1959 Promotion zum Dr. phil. i. Jena. 1967 Habil. i. Berlin. Seit 1961 MA (jetzt AL) a. Zentralinst. f. Geschichte d. AdW. Ltr. d. Forschungsstelle f. Regionalgeschichte. Seit 1958 Vors. d. Zentr. Fachausschusses Heimatgesch./Ortschronik b. Präs. d. KB. Mitgl. d. Präs. d. KB. Seit Sept. 1976 Prof. Seit 17. 1. 1979 Vors. d. Ges. f. Heimatgesch. b. KB.
Ausz.: Orden „Banner d. Arbeit", Stufe I

Guttmann, Rudolf
Berlin
Geb. 14. 1. 1920
Ausg. B.: Stellv. Abteilungsleiter i. ZK d. SED

Partei: SED
L.: Emigration. Nach 1945 Sekr. einer Landesltg. d. FDJ u. Mitgl. d. Zentralrates. Seit Anfang d. 50er Jahre MA d. ZK d. SED (Org.-Instrukteur-Abt.). Seit Mitte d. 60er Jahre stellv. Ltr. d. Abt. Internat. Verbindungen i. ZK d. SED.
Ausz.: VVO i. Gold (1980) u. a.

Gysi, Irene, geb. Lessing
Berlin
Geb. 10. 3. 1912 i. Petersburg
Ausg. B.: Direktor
Partei: SED
L.: Studium d. Volkswirtschaft a. d. Uni. Berlin. Staatsexamen. Nach 1933 illegale pol. Tätigkeit i. Deutschland. Später Emigration. Zeitw. i. einem franz. KZ inhaftiert. Nach d. 2. Weltkrieg freie MA d. „Berliner Zeitung". Mitbegründerin d. ersten Frauenzeitschrift d. DDR „Frau von heute". Danach MA d. Zentralverwaltung f. Industrie. Anschließend bis 1951 Ltr. d. Vlg. Kultur u. Fortschritt i. Ostberlin. 1951-57 Ltr. d. Vlg. Rütten & Loening i. Ostberlin. Danach MA d. Min. f. Kultur, Ltr. d. Abt. kulturelle Beziehungen mit d. Ausland. Seit 1978 Dir. d. Zentrums d. Internat. Theaterinst. d. DDR.
Ausz.: VVO i. Silber (1972) u. a.

Gysi, Klaus
Berlin
Geb. 3. 3. 1912 i. Berlin als Sohn eines Arztes
Erl. B.: Diplom-Volkswirt
Ausg. B.: Staatssekretär
Partei: SED
L.: Besuch eines Realgymnasiums i. Berlin. 1931 Abitur. 1928 KJV. 1931 KPD. 1931-35 Studium d. Wirtschaftswiss. i. Frankfurt/M., Paris u. Berlin. Mitgl. u. Funktionär d. Roten Studentenbewegung. 1935 relegiert. 1939 Mitgl. d. Studentenltg. d. KPD i. Paris. 1939 vorübergehend i. Frankreich interniert. 1940-45 illegal i. Deutschland tätig. 1945 Bez.-bürgermeister i. Berlin-Zehlendorf. 1945-48 Chefred. d. kulturpolitischen Zeitschrift „Aufbau". 1948-50 Bundessekr. d. Kulturbundes. 1949-54 Abg. d. Provisorischen VK bzw. VK. Vors. d. Ausschusses f. Volksbildung d. VK. 1952-56 Abtltr. i. Vlg. Volk u. Wissen. Seit 1957 Mitgl. d. Präs. d. KB. 1957-66 Ltr. d. Aufbau-Vlg. i. Ostberlin. 1961-66 Vors. d. Börsenvereins d. Dtsch. Buchhändler i. Leipzig. Jan. 1966-Jan. 1973 Min. f. Kultur d. DDR. Nachf. v. Hans Bentzien. Seit 1967 erneut Abg. d. VK. März 1973-Aug. 1978 Botschafter i. Italien. Danach Generalsekr. d. DDR-Komitees f. Europ. Sicherheit u. Zusammenarbeit. Seit 7. 11. 1979 Staatssekr. f. Kirchenfragen. Nachf. v. Hans Seigewasser.
Ausz.: Orden „Banner d. Arbeit" (1970). VVO i. Gold (1972). Karl-Marx-Orden (1977) u. a.

H

Haase, Erich
Berlin
Geb. 1928
Erl. B.: Diplom-Wirtschaftler, Dr. rer. oec.
Ausg. B.: Staatssekretär
Partei: SED
L.: Bis 1952 Studium a. d. TH Dresden. Dipl.-Wirtschaftler. Ass. a. d. TH Dresden. 1956 Promotion z. Dr. rer. oec. 1958-61 1. stellv. Hauptdir. VVB Maschinenbau. 1961-65 MA u. Sekr. d. VWR. 1966-68 1. stellv. Min, Juni 1968-Nov. 1971 Min. f. Materialwirtschaft. 1968-71 Mitgl. d. Präs. d. MR. Seit Jan. 1972 Staatssekr. i. Min. f. Materialwirtschaft.
Ausz.: VVO i. Silber (1978) u. a.

Hackenberg, Helmut
Leipzig
Geb. 1926
Erl. B.:Ingenieur-Ökonom, Diplom-Gesellschaftswissenschaftler
Ausg. B.: 2. Sekretär d. SED-BL Leipzig
Partei: SED
L.: Ingenieur-Ökonom u. Diplom-Gesellschaftswiss. Seit Anfang d. 50er Jahre hauptamtl. Funktionär d. SED. Abtltr. d. SED-BL Magdeburg. 1963-71 1. Sekr. d. SED-Stadtltg. Magdeburg. Seit 30. 11. 1971 2. Sekr. d. SED-BL Leipzig. Nachf. v. Hans-Joachim Hoffmann. Seit Nov. 1971 Abg. d. BT Leipzig.
Ausz.: VVO i. Gold (1977) u. a.

Hacks, Peter
Berlin
Geb. 21. 3. 1928 i. Breslau als Sohn eines Rechtsanwalts u. Notars
Ausg. B.: Schriftsteller, Dr. phil.
L.: Studium d. Soziologie, Germanistik, Theaterwissenschaft u. Philosophie a. d. Uni. München. 1951 Promotion z. Dr. phil. (Thema d. Diss.: „Das Theaterstück des Biedermeiers / 1815-1840/"). Seit 1955 i. d. DDR ansässig. Freischaffender Schriftsteller i. Ostberlin. Verfasser zahlr. Theaterstücke. Seit 1964 Mitgl. d. Präsidiums d. PEN-Zentrums d. DDR. 1972 o. Mitgl. d. Akad. d. Künste d. DDR.
Ausz.: Dramatikerpreis d. Stadt München (1954). Lessing-Preis d. DDR (1956). Kritiker-Preis f. Literatur (Westberlin, 1971). Nat. Pr. I. Kl. (1977). Heinrich-Mann-Preis (1981).
Veröff.: „Eröffnung des indischen Zeitalters", Theaterstück. „Die Schlacht bei Lobositz", Theaterstück. „Theaterstücke", Aufbau-Vlg., Berlin 1957. „Das Windloch", Kinderbuch, Vlg. Neues Leben, Berlin 1957. „Der Müller von Sanssouci", Theaterstück, Uraufführung Berlin 1958. „Die Sorgen und die Macht", Theaterstück, 1962. „Moritz Tassow", Komödie, 1965. „Schuhu und die fliegende Prinzessin", Märchenspiel, 1967. „Adam und Eva", Komödie, 1973. „Rosi träumt", Komödie, 1975. „Ein Gespräch im Hause Stein über den abwesenden Herrn von Goethe", Monodrama, 1976, „Die Maßgaben der Kunst", Henschel-Vlg., Berlin, 1979 u. a. m.

Hadler, Siegfried
Rostock
Geb. 1932
Erl. B.: Verwaltungsangestellter, Diplom-Kriminalist
Ausg. B.: Generalmajor d. VP
Partei: SED
L.: Abitur. Verwaltungsangestellter. Diplom-Kriminalist. Seit 1953 Angehöriger d. VP (Kripo). Zeitw. Stellvertreter Operativ d. BdVP Rostock. Seit 1976 Chef d. BdVP Rostock. Nachf. v. Ernst Fuchs. Abg. d. BT. Seit 1. 7. 1979 Generalmajor d. VP. Mitgl. d. SED-BL Rostock.
Ausz.: Kampforden f. Verdienste um Volk u. Vaterland i. Silber (1978) u. a.

Häber, Herbert
Berlin
Geb. 15. 11. 1930 i. Zwickau/Sa.
Ausg. B.: Abteilungsleiter i. ZK d. SED, Prof.
L.: 1946 Mitgl. d. SED. 1950-65 MA d. ZK d. SED, zuletzt Abtltr. d. ZK (Westfragen). Dez. 1965-Juli 1971 stellv. Staatssekr. f. gesamt- bzw. westdtsch. Fragen. Juli 1971-Okt. 1973 Dir. d. Inst. f. Internat. Politik u. Wirtschaft i. Ostberlin. Prof. Seit Ende 1973 Ltr. d. Westabt. i. ZK d. SED. Seit 22. 5. 1976 (IX. Parteitag) Kand., seit 25. 5. 1978 Vollmitgl. d. ZK d SED.
Ausz.: VVO i. Gold (1980) u. a.

Häber, Susanne
Günsdorf, Krs. Stollberg/Sa.
Geb. 18. 4. 1927 i. Stollberg/Erzgeb. als Tochter eines Landwirts
Erl. B.: Facharbeiterin f. Rinderzucht, Agraringenieur
Ausg. B.: Genossenschaftsbäuerin
Partei: DBD
L.: Volksschule. Landw. Lehre. In d. Landwirtschaft tätig. 1947 Neubäuerin, 1949 DBD. 1950-52 MdL Sachsen. 1953 Mitbegründerin d. LPG Niederwürschnitz. 1954-57 Sekr. f. Schulung u. Kader d. Bez.-vorstandes Karl-Marx-Stadt d. DBD. Seit 1951 Mitgl. d. Parteivorstandes, 1955-82 Mitgl. d. Präs. d. PV d. DBD. 1954-58 u. seit 1963 Abg. d. VK. Mitgl. d. Ausschusses f. Kultur. Seit 1959 Genossenschaftsbäuerin u. Vichpflegerin i. d. LPG „Freundschaft" i. Brünlos-Dorfchemnitz, Krs. Stollberg. 1964-68 Fernstudium d. Fachschule f. Landwirtschaft Karl-Marx-Stadt. Agraringenieur.
Ausz.: VVO i. Silber (1977) u. a.

Haedler, Manfred
Berlin
Geb. 1934 i. Leipzig
Erl. B.: Germanist
Ausg. B.: Chefdramaturg
Partei: LDP
L.: Besuch d. Volks- u. Oberschule. 1952-56 Studium d. Germanistik a. d. KMU Leipzig. 1956 Staatsexamen. 1956-57 Dramaturg Stadttheater Meißen. 1957-59 Dramaturg Stadttheater Plauen. 1959 Dramaturg Stadttheater Greiz. 1960-78 stellv. Ltr. d. Kulturred. d. Zentralorgans d. LDP „Der Morgen". Theatermusikkritiker. Seit Aug. 1978 Chefdramaturg d. Dtsch. Staatsoper i. Ostberlin. Mitgl. d. Vorstandes d. Verbandes d. Theaterschaffenden.

Häger, Helge
Bitterfeld
Geb. 15. 4. 1938 i. Zabenstedt, Krs. Hettstedt, als Tochter eines Bergmanns
Erl. B.: Betriebsschlosser, Bergingenieur
Ausg. B.: Generaldirektor
Partei: SED
L.: Grundschule. 1952-55 Lehre als Betriebsschlosser i. Lehrkomb. Mücheln. 1955-58 Studium a. d. Berging.-Schule Senftenberg. Berg.-Ing. f. Kohleveredlung. 1962 SED. 1958-59 Ass. i. Brikettfabriken. 1959-63 TKO-Ltr. i. VEB BKW „Gustav Sobottka" Röblingen. 1963-68 TKO-Ltr. VVB Braunkohle Halle. 1968-71 Dir. f. Absatz u. Bilanzierung VEB Braunkohlenkomb. Geiseltal. 1972-75 Dir. f. Beschaffung u. Absatz, 1975-80 Kombinatsdir. i. Braunkohlenkomb. Geiseltal. Seit 1980 Generaldir. VEB Braunkohlenkomb. Bitterfeld. Seit Febr. 1981 Mitgl. d. SED-BL Halle. Seit Juni 1981 Abg. d. VK u. Mitgl. d. Ausschusses f. Ind., Bauwesen u. Verkehr.
Ausz.: Verdienter Bergmann d. DDR u. a.

Hähne, Heinz
Frankfurt/Oder
Geb. 1. 9. 1922 i. Niederebersbach als Sohn eines Landwirts
Erl. B.: Diplom-Landwirt, Fachschullehrer
Ausg. B.: Direktor
Partei: CDU
L.: Besuch d. Volks- u. Landwirtschaftsschule. 1937-40 Lehrling. 1940-45 Versuchstechniker. 1945-46 landw. Gehilfe. 1946 CDU. 1946 Studium. 1946-49 Landwirtschaftslehrer. 1949-60 Fachschullehrer. 1961 2. LPG-Vors. 1962-67 Fachschullehrer a. d. FS f. Landw. i. Rochlitz. Sept. 1967-März 1979 Vors. d. Bezirksverbandes Frankfurt/O. d. CDU. Nachf. v. H. Mock. 1963-71 Abg. d. VK. 1968-72 Kand., seit 1972 Mitgl. d. HV d. CDU. 1971-81 Abg. d. BT Frankfurt/O. Seit März 1979 Dir. d. IHK d. Bez. Frankfurt/Oder.
Ausz.: VVO i. Silber (1979) u. a.

Hähnel, Horst
Berlin
Geb. 21. 5. 1932 i. Neustadt/Sa.
Erl. B.: Diplom-Staatswissenschaftler
Ausg. B.: Botschafter
Partei: SED
L.: Studium a. d. DASR. Seit 1956 Angehöriger d. diplom. Dienstes d. DDR. 1960-63 Vizekonsul i. Kairo. 1967-71 Konsul u. amt. Ltr. d. Generalkonsulats d. DDR i. Irak. 1974-75 MA d. MfAA. 1976-78 stellv. Ltr. d. Botschaft d. DDR i. Nigeria. Okt. 1978-Nov. 80 Botschafter d. DDR i. Ghana. Gleichzeitig i. Personalunion v. Dez. 1978-Okt. 80 i. Liberia u. Okt. 79-Nov. 80 i. Togo.

Haenel, Helmut
Potsdam-Rehbrücke
Geb. 24. 4. 1919 i. Berlin
Erl. B.: Tierarzt, Dr. med. vet. habil.
Ausg. B.: Institutsdirektor
L.: Studium d. Veterinärmedizin a. d. Justus-Liebig-HS i. Gießen. Tierarzt. Dr. med. vet. Kriegsdienst (1943 Oberstleutnant). Seit 1952 i. Inst. (Zentralinst.) f. Ernährung i. Potsdam-Rehbrücke tätig. Jan. 1964-Febr. 82 Dir. d. Inst. Seit 1975 Ltr. d. Hauptforschungsrichtung Ernährung a. Zentralinst. f. Ernährung. Seit 1969 o. Mitgl. DAW u. Akademie d. Naturforscher Leopoldina i. Halle/S.
Ausz.: Orden „Banner der Arbeit" (1969).

Härtel, Armin
Dresden
Geb. 4. 6. 1928 i. Bernsdorf, Krs. Aue/Sa.
Ausg. B.: Bischof d. Evang.-Method. Kirche
L.: Studium. Seit 1946 i. Dienst d. Evang.-Method. Kirche. Seit 1951 Pastor i. versch. Gemeinden. 1968-70 Superintendent d. Dresdner Bezirks d. Evang.-Method. Kirche. Seit Juni 1970 Bischof d. Evang.-Method. Kirche i. d. DDR. Zeitw. Vors. d. Ver. Evang. Freikirchen i. d. DDR.

Härtlein, Manfred
Karl-Marx-Stadt
Geb. 1929
Erl. B.: Verwaltungsangestellter, Diplom-Staatswissenschaftler
Ausg. B.: Sekretär d. SED-BL Karl-Marx-Stadt
Partei: SED
L.: Verwaltungsangestellter. 1962-67 stellv. Vors. d. RdB u. Vors. d. Bez.-plankommission Karl-Marx-Stadt. Seit März 1967 Sekr. f. Wirtschaft d. SED-BL Karl-Marx-Stadt.
Ausz.: VVO i. Gold (1974) u. a.

Hagemann, Horst
Greifswald
Geb. 18. 11. 1924 i. Breslau
Erl. B.: Verwaltungsangestellter, Diplom-Wirtschaftler

Ausg. B.: Oberbürgermeister v. Greifswald
Partei: SED
L.: Verwaltungsangestellter. Heimatvertriebener. Nach 1945 i. d. Verwaltung i. Ludwigslust tätig. 1949 SED. 1950 MA d. Rates d. Stadt Rostock. Zeitw. Stadtrat u. AL. 1955-60 Fernstudium a. d. HS f. Ökonomie i. Berlin. Dipl.-Wirtschaftler. 1966-73 1. stellv. Oberbürgermeister v. Rostock. Seit 15. 3. 1973 Bürgermeister, seit 1. 4. 1974 Oberbürgermeister v. Greifswald. Mitgl. d. Sekr. d. SED-KL.
Ausz.: VVO i. Bronze (1975) u. a.

Hager, Kurt

Berlin
Geb. 24. 7. 1912 i. Bietigheim/Enz als Sohn eines Dieners (gefallen 1915)
Ausg. B.: Sekretär d. ZK d. SED, Professor
Partei: SED
L.: Besuch d. Volks-, Real- u. Oberrealschule i. Stuttgart. 1931 Abitur a. d. Wilhelm-Oberrealschule Stuttgart. Sozial. Schülerbund. 1929 KJV. Journalist. 1930 Mitgl. d. KPD. Nach 1933 vorübergehend inhaftiert. Danach Emigration. 1937-39 Teilnehmer am span. Bürgerkrieg. Dir. v. Radio Madrid. Anschl. i. Frankreich u. England ansässig. Zeitw. interniert. Journalistische Tätigkeit i. England unter dem Decknamen „Felix Albin". Nach 1945 Ltr. d. Abt. Parteischulung, ab 1949 Ltr. d. Abt. Propaganda, ab 1952 Ltr. d. Abt. Wissenschaft u. Hochschulen im Parteivorstand bzw. ZK d. SED. Seit 1949 Prof. mit Lehrstuhl f. Philosophie a. d. Humboldt-Uni. i. Ostberlin. 1950-54 Kand., seit 1954 Mitgl. d. ZK d. SED. Seit 1955 Sekr. f. Wiss. u. Kultur d. ZK d. SED. 1958-63 Kand., seit Jan. 1963 (VI. Parteitag) Vollmitgl. d. Politbüros d. ZK d. SED. Vizepräs. d. Deutsch-Südostasiat. Gesellschaft d. DDR. Seit 16. 11. 1958 Abg. d. VK. Vors. d. Ausschusses f. Volksbildung. Seit Sept. 1966 Mitgl. d. Präs. d. Forschungsrates. Seit Okt. 1976 Mitgl. d. Staatsrates d. DDR.
Ausz.: VVO i. Gold (1964). Karl-Marx-Orden (1972 u. 1977) u. a.

Hager, Werner

Leuna
Geb. 14. 5. 1925 i. Wiederau, Krs. Borna bei Leipzig
Erl. B.: Diplom-Chemiker, Dr. rer. nat.
Ausg. B.: Stellv. Bereichsleiter
Partei: SED
L.: ABF. 1945 SPD. 1946 SED. 1947-51 Studium d. Chemie a. d. Uni. Leipzig. Dipl.-Chemiker. 1955 Promotion. 1952-59 Gruppenltr. i. Inst. f. Verfahrenstechnik d. organ. Chemie i. Leipzig. 1960-63 Gruppenltr. Forschung u. Entwicklung i. d. VVB Mineralöle u. organ. Grundstoffe. 1963-70 Werkdir. VEB Erdölverarbeitungswerk Schwedt/Oder. 1963-71 Kand. d. ZK d. SED. 1967-71 Abg. d. VK. Mitgl. d. Ausschusses f. Kultur. Gegenw. stellv. Bereichsleiter i. VEB Leuna-Werke „Walter Ulbricht".
Ausz.: Verdienstmed. d. DDR (1964) u. a.

Hahn, Brunhilde

Karl-Marx-Stadt
Geb. 1935
Erl. B.: Techn. Zeichnerin, Diplom-Staatswissenschaftlerin
Ausg. B.: Sekretär d. RdB Karl-Marx-Stadt
Partei: SED
L.: Techn. Zeichnerin, Dipl.-Staatswiss. Zeitw. Ltr. d. Abgeordnetenkabinetts u. Sekr. d. RdSt Karl-Marx-Stadt. März 1976-Sept. 1977 Ltr. d. Büros d. BT u. d. RdB Karl-Marx-Stadt. Seit 19. 9. 1977 Sekr. d. RdB Karl-Marx-Stadt. Nachf. v. Siegfried Hoyer. Abg. d. BT.
Ausz.: VVO i. Bronze (1979).

Hahn, Erich

Berlin
Geb. 5. 3. 1930 i. Kiel
Erl. B.: Diplom-Philosoph, Dr. phil. habil., Professor
Ausg. B.: Hochschullehrer
Partei: SED
L.: 1951 SED. Studium d. Philosphie. Dipl.-Philosoph. Wiss. Tätigkeit a. d. Humboldt-Uni. 1961 Promotion z. Dr. phil. 1965 Habil. Zweijähriger Studienaufenthalt i. d. SU. Ltr. d. Lehrstuhls Soziologie a. IfG. Vors. d. Rates f. Soziol. Forschung i. DDR. Seit 1971 Ltr. d. Lehrstuhls marx.-lenin. Philosophie a. IfG (Ak. f. Ges.). Dir. d. Inst. f. Marx.-Lenin. Philosophie AfG. Vors. d. Rates f. phil. Forschung i. DDR. Vors. d. gemeinsamen Kommission von Philosophen d. DDR u. UdSSR. Seit 22. 5. 1976 Kand., seit 16. 4. 1981 Vollmitglied d. ZK d. SED. Seit 1980 o. Mitgl. d. AdW.
Ausz.: Nat. Pr. III. Kl. (1977) u. a.

Hahn, Gerhard

Potsdam-Babelsberg
Geb. 24. 3. 1930 i. Weida/Thür.
Erl. B.: Industriekaufmann, Diplom-Wirtschaftler, Dr. rer. pol.
Ausg. B.: Botschafter
Partei: SED
L.: Industriekaufmann. Studium a. d. DASR. Diplom-Wirtschaftler. 1962 Promotion a. Inst. f. Internat. Beziehungen DASR. 1966 Habil. a. d. DASR. 1964 Prof. mit Lehrauftrag. 1969 o. Prof. a. d. DASR. 1965-70 stellv. Dir., März 1970-Jan. 1977 Dir. d. Inst. f. Internat. Beziehungen DASR. Mitgl. d. Koll. d. MfAA. Vors. d. Außenpolit. Forschungsrates d. DDR. 1. Vizepräs. d. Liga f. UN. April 1977-Juli 82 Botschafter d. DDR i. Jugoslawien. Nachf. v. Helmut Ziebart.
Ausz.: VVO i. Silber (1973) u. a.

Hahn, Heinz

Neubrandenburg
Geb. 1929
Erl. B.: Textilkaufmann, Diplom-Gesellschaftswissenschaftler
Ausg. B.: Oberbürgermeister v. Neubrandenburg
Partei: SED

L.: Textilkaufmann. Leitende Funktionen i. DDR-Handel. Zeitw. stellv. Vors. d. RdK Neubrandenburg u. Ltr. d. Abt. Handel u. Versorgung. 1962-65 Studium a. d. PHSch d. SED. Diplom-Gesellschaftswiss. Seit Juli 1968 Bürgermeister bzw. Oberbürgermeister d. Stadt Neubrandenburg. Nachf. v. Ilse Schweinberger. Seit 1969 Mitgl. d. SED-BL.
Ausz.: VVO i. Bronze (1972) u. a.

Hahn, Karl-Heinz

Weimar
Geb. 6. 7. 1921 i. Erfurt
Erl. B.: Historiker, Dr. phil., Professor
Ausg. B.: Direktor d. Goethe- u. Schiller-Archivs
Partei: SED
L.: Schulbesuch i. Erfurt. Kriegsdienst. Nach 1945 Neulehrer u. Doz. a. d. Pädag. HS Erfurt. 1947-50 Studium d. Geschichte, Germanistik u. Archivwiss. Uni. Jena. Promotion zum Dr. phil. 1950-54 MA d. Landeshauptarchivs, dann ab 1954 d. Goethe- u. Schillerarchivs d. Nat. Forschungs- u. Gedenkstätten i. Weimar. Seit 1958 Dir. d. Goethe- u. Schiller-Archivs. 1963 Prof. Seit 1966 Vors. d. KB i. Bez. Erfurt. Seit 24. 4. 1974 Präs. d. Goethe-Ges. Nachf. v. Helmut Holtzhauer.
Ausz.: VVO i. Bronze (1971) u. a.

Hahne, Ruthild

Berlin
Geb. 19. 12. 1910 i. Berlin als Tochter eines Fabrikbesitzers
Erl. B.: Heilgymnastik-Lehrerin, Bildhauerin
Ausg. B.: Bildhauerin
Partei: SED
L.: Nach d. Schulzeit bis 1936 als Lehrerin f. Gymnastik u. orthopädisches Turnen tätig. Vor 1933 Mitgl. d. Gruppe „Rote Tänzer" (Jean Weidt). Ab 1936 Studium d. Bildhauerei a. d. HS f. bild. Künste i. Berlin-Charlottenburg. Herbst 1940-Herbst 1941 Aufenthalt i. Italien. (Rom-Stipendiatin). Während d. 2. Weltkrieges Mitgl. einer kommunistischen Widerstandsgruppe (Hans Coppi, W. Schürmann, W. Thiess u. a.). 21. 10. 1942 festgenommen. Am 20./21. 8. 1943 vom 2. Senat d. VGH zu 4 Jahren Zuchthaus verurteilt. 19. 2. 1945 Flucht a. d. Frauengefängnis Cottbus zur Roten Armee. Juni 1945 Rückkehr nach Berlin. Seitdem als Bildhauerin tätig.
Ausz.: VVO i. Silber (1971) u. a.
Werke: Thälmann-Denkmal u. a. m.

Haida, Gerhard

Berlin
Geb. 9. 9. 1937 i. Dessau
Erl. B.: Diplom-Staatswissenschaftler
Ausg. B.: Botschafter
Partei: SED
L.: Abitur. 1955-60 Studium d. Außenpolitik a. d. DASR. Diplom-Staatswiss. Seit 1960 Angehöriger d. diplom. Dienstes d. DDR. Zeitw. als Vizekonsul u. Kulturattaché i. d. Syrischen Arab. Republik u. i. d. Zentralafrik. Republik tätig. 1973-76 Geschäftsträger u. 1. Sekr. a. d. DDR-Botschaft i. Tunesien. 1976-78 postgraduales Studium. Sept. 1978-Juli 80 Botschafter d. DDR i. Guinea. Nachf. v. Eleonora Schmid. Jan. 1979-80 zusätzlich Botschafter i. Sierra Leone.

Halbritter, Walter

Berlin
Geb. 17. 11. 1927 i. Hoym, Krs. Aschersleben
Erl. B.: Angestellter, Diplom-Wirtschaftler
Ausg. B.: Leiter d. Amtes f. Preise beim Ministerrat
Partei: SED
L.: Volksschule. 1942-44 Verwaltungslehrling. 1946 SED. 1946-50 Sachbearbeiter b. RdK Ballenstedt. 1950-51 Besuch DASR. 1951-54 Abtltr. i. Finanzmin. 1954-61 Sektorenltr. i. d. Abt. Planung u. Finanzen beim ZK d. SED. 1961-63 stellv. Finanzmin. d. DDR. 1963-65 stellv. Vors. d. Staatl. Planungskommission u. Vors. d. Komitees f. Arbeit u. Löhne. Seit Dez. 1965 Ltr. d. Amtes f. Preise beim MR. Seit April 1967 (VII. Parteitag) Mitgl. d. ZK d. SED. April 1967-Okt. 1973 Kand. d. Politbüros. Seit 1967 Mitgl. d. Präs. d. MR u. Abg. d. VK. Vors. d. RGW-Arbeitsgruppe Preise.
Ausz.: Orden „Banner der Arbeit" (1963). VVO i. Gold (1977) u. a.

Hamann, Peter

Rostock
Geb. 1940
Erl. B.: Schiffsschlosser, Lehrer
Ausg. B.: Vorsitzender d. DTSB i. Bez. Rostock
Partei: SED
L.: Schiffsschlosser, Lehrer. 1964 1. Sekr. d. FDJ-KL Bad Doberan. 1965 Sekr. d. FDJ-BL Rostock, 1967-70 u. 1971-73 2. Sekr. d. FDJ-BL Rostock. Zeitweilig Student. Seit 3. 10. 1973 Vors. d. DTSB i. Bez. Rostock. Nachf. v. Hermann Pupat. Mitgl. d. BV d. DTSB.

Hammer, Hans-Jürgen

Berlin
Geb. 1934
Erl. B.: Elektriker, Dipl.-Ing. oec.
Ausg. B.: Stellv. Minister
Partei: SED
L.: Betriebselektriker. Ingenieur u. Dipl.-Ing. oec. Zeitw. Ltr. d. Rundfunk-Fernsehtechn. Zentralamtes d. Dtsch. Post i. Ostberlin. Mitgl. d. Stadtbezirksvers. Berlin-Treptow. Seit 1981 stellv. Minister f. Post- u. Fernmeldewesen d. DDR.

Hammer, Gero

Berlin
Geb. 26. 2. 1933 i. Stettin als Sohn eines Ingenieurs
Erl. B.: Diplom-Philosoph, Theaterwissenschaftler, Dramaturg

Ausg. B.: Intendant
Partei: NDP
L.: Oberschule. Abitur. 1951 NDP. 1951-55 Studium a. d. Humboldt-Uni. Ostberlin. Dipl.-Philosoph. 1955-62 Chefdramaturg i. Zwickau u. Cottbus. 1962-66 stellv. Ltr. d. Abt. Theater i. Min. f. Kultur. Seit 1963 Mitgl. d. Hauptausschusses d. NDP. 1966-69 Chefdramaturg u. stellv. Intendant d. „Volksbühne" Ostberlin. 1969-71 wiss. MA Min. f. Kultur. Seit Juni 1971 Intendant d. Hans-Otto-Theaters Potsdam. 1967-71 Berliner Vertreter, seit Juni 1971 Abg. d. VK. Mitgl. d. Ausschusses f. Kultur.
Ausz.: Verdienstmed. d. DDR (1969), VVO i. Bronze (1978) u. a.

Hampf, Ernst

Berlin
Geb. 1921
Ausg. B.: Generalleutnant d. NVA
Partei: SED
L.: Politoffizier d. NVA. Stellv. Ltr. für ideol. Arbeit d. Polit. Hauptverwaltung d. NVA. 26. 9. 1969 Generalmajor, Okt. 1977 Generalleutnant d. NVA.
Ausz.: VVO i. Silber (1975), Friedrich-Engels-Preis (1980) u. a.

Hampicke, Erwin

Berlin
Geb. 16. 1. 1927 i. Magdeburg
Erl. B.: Schlosser, Diplom-Wirtschaftler, Dr. rer. oec.
Ausg. B.: Stellv. Staatssekretär
Partei: SED
L.: Maschinenschlosser. Studium. Zeitw. Abtltr. u. stellv. Dir. d. Inst. f. Arbeitsökonomie u. Arbeitsschutzforschung i. Dresden. 1967 Abtltr., seit 1968 stellv. Ltr. d. Staatl. Amtes f. Arbeit u. Löhne beim MR (seit 1972 stellv. Staatssekr. f. Arbeit u. Löhne).
Ausz.: VVO i. Silber (1977) u. a.

Handke, Heinz

Geb. 1927
Ausg. B.: Generalleutnant d. NVA
Partei: SED
L.: Sowj. Kriegsgefangenschaft. Dez. 1949 Eintritt i. d. VP. Studium a. d. Frunse-Akad. u. sowj. Generalstabsakad. Kommandeur d. Rgt. „Fritz Weineck" i. Halle. 1970-72 Kommandeur d. 11. MSD i. Halle. Seit 1970 Generalmajor, seit 20. 2. 1976 Generalleutnant d. NVA. 1973-77 Chef. d. Militärbez. Leipzig. Seitdem stellv. Chef d. Landstreitkräfte für Gefechtsausbildung.
Ausz.: Verdienstmed. d. NVA i. Gold u. a.

Handrick, Georg (Jurij)

Bautzen
Geb. 9. 10. 1931 i. Bornitz, Krs. Bautzen
Erl. B.: Bau- u. Möbeltischler, Diplom-Gesellschaftswissenschaftler

Ausg. B.: 2. Sekretär d. BV d. Domowina
Partei: SED
L.: Bau- u. Möbeltischler. 1949 Mitgl. Domowina. 1955 SED. 1954-61 2. Sekr. bzw. 1. Sekr. d. FDJ-KL Bautzen. 1961-64 Studium PHSch d. SED. Diplom-Gesellschaftswiss. Seit 1964 2. Sekr. d. BV d. Domowina. Seit Juli 1967 Nachfolgekand., seit April 1977 Abg. d. VK. Mitgl. d. Ausschusses f. Volksbildung.
Ausz.: Verdienstmed. d. DDR (1959), VVO i. Silber (1981) u. a.

Handwerker, Berthold

Berlin
Geb. 13. 6. 1920 i. Hansen/Ostpr.
Erl. B.: Elektroinstallateur, Dipl.-Ing.
Ausg. B.: Sekretär
Partei: SED
L.: Elektroinstallateur. Kriegsdienst (Unteroffizier, Art.). 1952-54 Sekr. f. Wirtschaft d. SED-BL Potsdam. Danach MA d. ZK d. SED Ltr. d. Abt. Grundstoffindustrie, Ltr. d. Abt. Kohle, Bergbau, Energie, Chemie). Studium. Seit 1965 Angehöriger d. diplom. Dienstes d. DDR. 1965-72 Ltr. d. Wirtschaftspolit. Abt. u. Botschaftsrat d. DDR-Botschaft i. Rumänien. April 1972-Juli 1976 Botschafter d. DDR i. d. Mongolischen Volksrepublik. Nachf. v. W. Hüttenrauch. Seit 1977 Sekr. d. Solidaritätskomitees d. DDR.
Ausz.: VVO i. Gold (1980) u. a.

Hanell, Robert

Berlin
Geb. 2. 3. 1925 i. Komotau/CSR
Erl. B.: Dirigent
Ausg. B.: Generalmusikdirektor
L.: Human. Gymnasium. Ab. 1944 Kapellmeister d. Bühnen Zwickau, Meiningen, Gera u. Görlitz. 1955 1. Kapellmeister d. Komischen Oper i. Ostberlin. 1960 Staatskapellmeister. Gegenw. Chefdirigent d. Großen Orchesters d. Deutschlandsenders (Stimme d. DDR) bzw. d. Berliner Rundfunksinfonieorchesters. 1971 zum Generalmusikdir. ernannt. Zahlr. Kompositionen.
Ausz.: Nat. Pr. III. Kl. (1970), Goethe-Preis von Ostberlin (1981) u. a.
Werke: „Die Spieldose", Oper. „Dorian Grey", Oper. „Esther", Oper, Okt. 1966 a. d. Dtsch. Staatsoper i. Berlin uraufgeführt. „Griechische Hochzeit", Uraufführung Leipzig 1969.

Hanemann, Theobald

Birkenwerder, Krs. Oranienburg
Geb. 2. 4. 1920 i. Weimar als Sohn eines Gastwirts
Erl. B.: Diplom-Jurist
Ausg. B.: Direktor d. Zentralen Parteischule d. LDP
Partei: LDP
L.: Abitur. 1938 NSDAP. Ab 1938 Studium d. Germanistik a. d. Uni. Jena (im 2. Weltkrieg abgebrochen). 1945 Mitbegründer d. LDP i. Weimar. Verwalter einer Poliklinik i. Weimar. 1950 Stadtverordneter i. Weimar. Studium a. d.

Akad. f. Rechts- u. Staatswissenschaft. 1952 Dipl.-Jurist. Zeitw. 1. Vors. d. Zentralen Betriebsgruppe d. LDP i. d. Regierung d. DDR u. pers. Referent d. Präs. d. VK. Stellv. Vors. d. Bez.-verbandes Potsdam d. LDP. 1965-71 Abtltr. i. SHF bzw. Min. f. Hoch- u. Fachschulwesen. Seit 1962 Mitgl. d. Zentralvorstandes d. LDP. Seit Jan. 1972 Dir. d. Zentralen Parteischule „Dr. Wilh. Külz" d. LDP i. Bantikow. Mitgl. d. Präs. d. Liga f. UN.
Ausz.: VVO i. Silber (1978) u. a.

Hanke, Brunhilde, geb. Anweiler

Potsdam
Geb. 23. 3. 1930 i. Erfurt als Tochter eines Drehers
Erl. B.: Näherin, Diplom-Gesellschaftswissenschaftlerin
Ausg. B.: Oberbürgermeister v. Potsdam
Partei: SED
L.: 1945-47 Konfektionsnäherin i. einem Textilbetrieb. 1946 Mitgl. d. SED. Mitgl. d. Antifa-Jugend bzw. d. FDJ. 1948-50 Sekr. bzw. 1. Sekr. FDJ-KL Rudolfstadt. 1950-52 a. d. Jugendhochschule tätig. 1952-63 Mitgl. d. Zentralrats d. FDJ. 1952-61 2. Sekr. FDJ-BL Potsdam. Seit Sept. 1961 OB d. Stadt Potsdam. Nachf. v. Wilh. Rescher. Mitgl. d. SED-BL Potsda'm. Seit Okt. 1963 Abg. d. VK. Seit Nov. 1964 Mitgl. d. Staatsrates. Seit 1971 1. stellv. Vors. d. Geschäftsordnungsausschusses d. VK.
Ausz.: VVO i. Silber (1979) u. a.

Hanke, Heinz

Magdeburg
Geb. 1929
Erl. B.: Maschinenschlosser, Ingenieurökonom, Diplom-Gesellschaftswissenschaftler
Ausg. B.: 1. Sekretär d. SED-Stadtleitung Magdeburg
Partei: SED
L.: Maschinenschlosser. Nach 1945 FDJ-Funktionär, u. a. 1. Sekr. d. FDJ-KL Osterburg u. 1. Sekr. d. SED-StL Magdeburg. 1964-79 2. Sekr., seit 27. 1. 1979 1. Sekr. d. SED-StL Magdeburg. Nachf. v. Gerhard Meurer. Mitgl. d. Sekr. d. SED-BL Magdeburg. Stadtverordneter i. Magdeburg.
Ausz.: VVO i. Bronze (1976) u. a.

Hanns, Heinz

Rostock
Geb. 10. 10. 1932 i. Ringethal b. Mittweida/Sa.
Erl. B.: Zimmermann, Diplom-Gesellschaftswissenschaftler
Ausg. B.: Vorsitzender d. FDGB i. Bezirk Rostock
Partei: SED
L.: Volksschule. Zimmermannslehre. In seinem Beruf b. d. Wismut AG i. Schwarzenberg u. Mathias-Thesen-Werft i. Wismar tätig. Hauptamtl. BGL. Vertrauensmann. 1955 SED. Kreissekr. Bez.-Vors. d. IG Holz-Bau i. Rostock. Seit 1966 Vors. d. BV Rostock d. FDGB. 1962-65 Besuch d. PHSch d. SED. Dipl.-Gesellschaftswiss. Seit 1968 Mitgl. d. Präs. d. BV d. FDGB. Seit Juli 1975 Vors. d. Ständ. Komitees d. Arbeiterkonferenz d. Ostseeländer, Norwegens u. Islands. Nachf. v. Rudi Speckin. Seit Mai 1976 (IX. Parteitag) Kand. d. ZK d. SED. Abg. d. BT Rostock u. Mitgl. d. Sekr. d. SED-BL.
Ausz.: VVO i. Silber (1974) u. a.

Harich, Wolfgang

Berlin
Geb. 9. 12. 1923 i. Königsberg/Ostpr. als Sohn d. Schriftstellers Walther H.
Ausg. B.: Schriftsteller
Partei: SED (bis 1956)
L.: Philosophie-Studium i. Berlin. Ab 1943 Soldat. Nach 1945 journal. Betätigung i. West- u. Ostberlin. MA d. „Täglichen Rundschau". 1946 Mitgl. d. SED. 1948 Lehrauftrag f. marx. Philosophie a. d. Humboldt-Uni. i. Ostberlin. 1949 Besuch d. PHSch d. SED. Ernennung zum Prof. 1949-56 Chefred. d. „Deutschen Zeitschrift für Philosophie". 29. 11. 1956 wegen „Bildung einer konspirativen staatsfeindlichen Gruppe" verhaftet u. am 9. 3. 1957 zu 10 Jahren Zuchthaus verurteilt. Dez. 1964 a. d. Haft entlassen. Lektor i. Akademie-Vlg. i. Ostberlin. 1979-81 mit einem befristeten DDR-Visum i. d. Bundesrepublik Deutschland u. i. Österreich ansässig.
Ausz.: Heinrich-Mann-Preis (1953).
Veröff.: „Das Problem der Freiheit im Lichte des wissenschaftlichen Sozialismus", Akademie-Verlag, Berlin, 1956. „Jean Pauls Revolutionsdichtung", Akademie-Verlag, Berlin, 1974. „Kommunismus ohne Wachstum?", Rowohlt Verlag, Hamburg 1975 u. a. m.

Harkenthal, Wolfgang

Berlin
Geb. 14. 1. 1922 i. Aschersleben
Ausg. B.: Direktor d. Progreß-Filmvertrieb
Partei: SED
L.: Kaufm. Angestellter. Kulturfunktionär. In d. 50er Jahren stellv. Ltr. d. Hauptverwaltung Film i. Min. f. Kultur. 1964-73 Dir. d. Internat. Leipziger Dokumentar- u. Kurzfilmwoche. Seit 1. 9. 1973 Dir. d. Progreß-Filmvertrieb. Nachf. v. Helmut Häußler.
Ausz.: Orden „Banner der Arbeit" Stufe III (1976), VVO i. Bronze (1981) u. a.

Hartke, Werner

Berlin
Geb. 1. 3. 1907 i Eschwege als Sohn des nachmaligen Universitäts-Prof. Wilhelm H.
Ausg. B.: Hochschullehrer (emeritiert)
Partei: SED
L.: Ostern 1925 Abitur a. Viktoria-Gymnasium i. Potsdam. 1925-31 Student d. klass. Philologie, Archäologie, Philosphie u. Mathematik a. d. Uni. Berlin. 18. 1. 1932 Staatsexamen f. Latein, Griechisch u. Archäologie. 9. 5. 1932 Promotion z. Dr.

phil. 1. 4. 1934 apl. Oberass. a. d. Uni. Königsberg. 1937 NSDAP. Ab 17. 8. 1939 Dozent f. klass. Philologie a. d. Uni. Königsberg. Kriegsdienst. 1944 Hauptmann i. einer Dienststelle d. Abwehr i. Stahnsdorf bei Berlin. Nach 1945 Lehrtätigkeit a. d. Uni. Göttingen. 1945 Mitgl. d. KPD. Ab 1948 Prof. mit vollem Lehrauftrag bzw. Lehrstuhl a. d. Uni. Rostock. Seit 1955 Prof. mit Lehrstuhl f. latein. Sprache u. Literatur a. d. Humboldt-Uni. i. Ostberlin. 1972 emeritiert. 1956-69 Rektor d. Humboldt-Uni. 1958-68 Präs. d. Dtsch. Akad. d. Wissenschaften. Seit 1963 Mitgl. d. Präs. d. KB. 1968-72 Vizepräs. d. DAW. Seit Febr. 1966 Mitgl. d. Akad. d. Wiss. d. UdSSR. Seit Sept. 1966 Mitgl. d. Präs. d. Forschungsrates. Seit 1967 Mitgl. d. Akad. d. Wiss. Bulgariens. Seit Juni 1977 Vors. d. Gesellschaft f. Denkmalpflege i. KB.
Ausz.: Nat. Pr. III. Kl. (1958). VVO i. Gold (1959). Dr. phil. h. c. Uni. Rostock (1961) u. a.

Hartmann, Günter

Berlin
Geb. 18. 3. 1930 i. Halberstadt als Sohn eines Arbeiters
Erl. B.: Vermessungsingenieur, Diplom-Wirtschaftler
Ausg. B.: Sekretär d. Hauptausschusses. NDP
Partei: NDP
L.: Volksschule. 1945 Mitgl. d. Antifa-Jugendausschusses Blankenburg/Harz. 1945-46 Landvermesser b. d. Bodenreform. 1946 FDJ. 1947-49 Besuch d. Ing.-Schule Magdeburg u. d. Bergakad. Freiberg. Vermessungsing. 1949 NDP. Stadtjugendltr. d. FDJ i. Kölleda. 1949-50 Reviermarkscheider bei d. SDAG Wismut i. Johanngeorgenstadt. Seit 1951 Mitgl. d. Hauptausschusses d. NDP. 1951 Landesjugendreferent d. NDP Sachsen-Anhalt. 1952-54 Mitglied d. BV Halle d. NDP. 1954-71 MA d. PV d. NDP, AL, Ltr. d. Büros d. Parteivors. Seit April 1972 Mitgl. d. PV (Präs.) d. NDP u. Sekr. d. Hauptaussch. Seit 1972 Mitgl. d. Nat.-Rates d. NF, d. Präs. d. Friedensrates u. d. Präs. d. Liga f. Völkerfreundsch. Seit 1974 Mitgl. d. Chile-Zentrums d. DDR. Seit 1973 Abg. d. VK (1973-76 Berliner Vertreter). Mitgl. d. Ausschusses f. Ausw. Angel.
Ausz.: VVO i. Silber (1972), Orden „Banner d. Arbeit Stufe I (1980) u. a.

Hartmann, Heinz

Erfurt
Geb. 1928
Erl. B.: Tischler
Ausg. B.: Stellv. Vorsitzender d. RdB
Partei: SED
L.: Tischler. 1974 AL Innere Angel. RdB Erfurt. Seit Okt. 1976 Abg. d. BT. Seit 10. 11. 1976 stellv. Vors. d. RdB Erfurt f. Innere Angel. Nachf. v. Ludwig Hermann.
Ausz.: VVO i. Bronze (1978) u. a.

Harz, Waldemar

Berlin
Geb. 6. 2. 1928 i. Erfurt
Erl. B.: Diplom-Jurist
Ausg. B.: Stellv. Minister
Partei: NDP
L.: Kriegsdienst (Fahnenjunker). Studium d. Rechtswiss. Diplom-Jurist. MA d. Außenhandelsapparates d. DDR. Zeitweise Ltr. d. Rechtsabt. DIA Invest-Export sowie stellv. Generaldir. d. AHU Chemieanlagen u. Industrieanlagen-Import. Seit 1982 stellv. Minister f. Bezirksgeleitete Industrie u. Lebensmittelindustrie. Seit 24. 4. 1982 Mitgl. d. HA u. d. Präs. d. HA d. NDP.
Ausz.: VVO i. Bronze (1978) u. a.

Hass, Jürgen

Rostock
Geb. 1937
Erl. B.: Stahlschiffbauer, Dipl.-Ing. oec.
Ausg. B.: Stellv. Vorsitzender d. RdB Rostock
Partei: SED
L.: Stahlschiffbauer, Dipl.-Ing. oec. Bis 1981 Ltr. d. Org.-Instrukteur-Abt. b. RdB Rostock. Seit Juni 1981 stellv. Vors. d. RdB Rostock f. Inneres. Nachf. v. Werner Steinbach. Seit Juni 1981 Abg. d. BT.

Hasse, Horst

Linum, Krs. Neuruppin
Geb. 9. 2. 1930
Erl. B.: Diplom-Landwirt
Ausg. B.: Produktionsleiter
Partei: SED
L.: Dipl.-Landwirt. 1955 Mitgl. d. SED. Zeitw. Vors. d. LPG „Wilhelm Florin" i. Linum. Gegenw. Ltr. d. Abt. kooperative Pflanzenproduktion bzw. d. Agrar-Industrie-Vereinigung Pflanzenproduktion Linum. 1962-64 Kand. d. SED-BL Potsdam. 1966-68 Kand. d. LWR, seit 1968 Mitgl. d. RLN. Seit Juni 1971 Kand., seit Juni 1975 Mitgl. d. ZK d. SED.
Ausz.: Orden „Banner der Arbeit" Stufe I (1974) u. a.

Hastedt, Regina

Karl-Marx-Stadt
Geb. 23. 10. 1921 i. Flöha/Sa. als Tochter eines Kraftfahrers
Erl. B.: Fotografenmeisterin
Ausg. B.: Schriftstellerin
Partei: SED
L.: 1928-36 Besuch d. Volksschule i. Chemnitz. 1936-39 Lehrling i. d. Fotobranche. Besuch d. Akad. f. grafische Künste i. Leipzig. 1944 Fotografenmeisterin (Weimar). Nach 1945 Volkskorrespondentin d. Chemnitzer KPD-Organs „Volkszeitung" u. später d. SED-Zeitung „Volksstimme". 1950-55 Ltr. d. „Arbeitsgemeinschaft junger Autoren" i. Karl-Marx-Stadt. Schriftstellerische Betätigung.
Ausz.: Literatur-Preis des FDGB (1959).
Veröff.: „Ein Herz schlägt weiter", biogr. Erzäh-

lung über Dr. med. G. Korb, 1954. „Wer ist hier von gestern?", Musik. Lustspiel, 1955. „Die Tage mit Sepp Zach", Vlg. Tribüne, Berlin 1959. „Ich bin Bergmann - Wer ist mehr?", Sachsenvlg., Dresden 1961. „Kumpelgeschichten", Vlg. Tribüne, Berlin 1962 u. a. m.

Hauptmann, Helmut
Berlin
Geb. 12. 3. 1928 i. Berlin als Sohn eines Metallarbeiters
Ausg. B.: Schriftsteller, Redakteur
Partei: SED
L.: 1944-45 Flakhelfer. Angehöriger d. RAD u. Soldat. Kriegsgefangenschaft. Nach 1945 Mitgl. eines Antifa Jugendausschusses u. d. FDJ. 1946 Abitur. Anschl. i. d. FDJ u. d. Ostberliner Magistrat tätig. Seit 1949 Journalist, Red. u. Lektor. 1950 Mitgl. d. SED. 1950 Red. d. Büchergilde Gutenberg. Mitgl. d. Vorstandes d. DSV u. seit 1958 d. Red.-koll. d. Zeitschrift „Neue Deutsche Literatur".
Ausz.: Heinrich-Mann-Preis (1960). VVO i. Bronze (1974) u. a.
Veröff.: „Das Geheimnis von Sosa", Aufbau-Vlg., Berlin 1950. „Schwarzes Meer und weiße Rosen", Vlg. Neues Leben, Berlin. „Der Unsichtbare mit dem roten Hut", Vlg. d. Min. f. Nat. Vert., Berlin 1958. „Blauer Himmerl, blaue Helme", Mitteldtsch. Vlg., Halle/S. 1965. „Im Kreis der Familie", Mitteldtsch. Vlg., Halle 1964 u. überarbeitet 1981. „Ivi", Erzählung, Mitteldtsch. Vlg., Halle 1969. „Das unteilbare Leben", Mitteldtsch. Vlg., Halle 1972 u. a. m.

Hauschild, Hannelore
Berlin
Geb. 17. 1. 1932 i. Buckow als Tochter eines Lehrers
Erl. B.: Lehrerin, Diplom-Gesellschaftswissenschaftler
Ausg. B.: Sekretär d. Bundesvorstandes d. DFD
Partei: SED
L.: Oberschule. 1950 DFD. 1949-50 Pionierltr. 1950-53 Instrukteur beim ZR FDJ. 1953 SED. 1953-56 AL u. Ltr. d. Hauses d. Jg. Pioniere Greifswald. 1956-61 Instrukteur KL Greifswald SED. 1962-68 Fernstudium MLU Leipzig. Staatsexamen als Lehrerin f. Marx.-Leninismus. 1963-77 Vors. d. DFD i. Bez. Rostock. Seit Juni 1977 Sekr. d. BV d. DFD. Seit 14. 6. 81 Abg. d. VK. Mitgl. d. Ausschusses f. Nat. Verteidigung.
Ausz.: VVO i. Bronze (1974) u. a.

Hauschild, Thea
Dessau
Geb. 3. 12. 1932 i. Weißenfels als Tochter eines Schlossers
Erl. B.: Diplom-Wirtschaftler
Ausg. B.: Oberbürgermeister von Dessau
Partei: SED
L.: Volksschule. 1948-50 Gehilfin. 1950 Anlernstepperin i. Schuhfabrik Weißenfels. 1950-53 ABF Halle/S. Abitur. 1954 SED. 1953-57 Studium HS f. Ökonomie Ostberlin. Dipl.-Wirtschaftler. 1957-62 stellv. Vors. bzw. Vors. d. Plankommission RdK Weißenfels. 1962-63 Ltr. d. Unterabt. Plankoordinierung RdB Halle. Seit Aug. 1963 OB von Dessau. Seit 1969 Mitgl. d. SED-BL Halle Seit Nov. 1971 Abg. d. VK u. Mitgl. d. Verfassungs- u. Rechtsausschusses. 1973-74 Besuch d. PHSch d. SED.
Ausz.: VVO i. Bronze u. a.

Hauschild, Wolf-Dieter
Leipzig
Geb. 1937 i. Greiz/Thür.
Erl. B.: Dirigent
Ausg. B.: Generalmusikdirektor
L.: Studium a. d. Musik-HS i. Weimar (Komposition, Dirigieren u. Klavier). 1959 Korrepetitor a. Nationaltheater Weimar. 1963 Künstl. Oberltr. a. Kleist-Theater Frankfurt/Oder. 1971 Verpflichtung a. d. Berliner Rundfunk. Dirigent d. Rundfunkchores. Ab 1973 stellv. Chefdirigent d. Berliner Rundfunksinfonieorchesters u. Ltr. d. Rundfunkchores. Seit 1978 Chefdirigent d. Rundfunksinfonieorchesters Leipzig. Lehrbeauftrager a. d. Musik-HS i. Leipzig u. Weimar.

Hauser, Harald
Berlin
Geb. 17. 2. 1912 i. Lörrach/Baden als Sohn des Hochschullehrers Wilh. H.
Ausg. B.: Schriftsteller
Partei: SED
L.: 1930-33 Studium d. Rechtswiss. a. d. Uni. Freiburg/Br. u. Berlin. 1931 Studienreise i. d. SU. 1932 Mitgl. d. KPD. Agitproplitr. d. Roten Studentengruppe a. d. Berliner Uni. 1933 Emigration nach Frankreich. Dort als Chauffeur, Sportlehrer, Gelegenheitsarbeiter u. Journalist tätig. Ab 1939 Angehöriger eines Freiwilligenregiments i. d. franz. Armee. Danach illegal tätig. 1943-44 Hauptred. d. Zeitung „Volk und Vaterland" (NKFD West). Generalsekr. d. NKFD-West. 1945 Rückkehr nach Deutschland. Red. d. „Deutschen Volkszeitung" u. am „Neuen Deutschland". 1949-54 Chefred. d. Zeitschrift „Die neue Gesellschaft". Gründer d. Illustrierten „Freie Welt". Schriftstellerische Betätigung. Seit Febr. 1962 Mitgl. d. Präs. d. Dtsch.-Franz. Gesellschaft d. DDR. Stadtbez.-verordneter i. Berlin-Pankow. Mitgl. d. Vorstandes d. Schriftstellerverbandes d. DDR u. d. Präs. d. URANIA.
Ausz.: Nat. Pr. III. Kl. (1960). VVO i. Gold (1977) u. a.
Veröff.: „Wo Deutschland lag", Dietz-Vlg., Berlin 1947 (1980 unter dem Titel „Botschafter ohne Agrément" neu aufgelegt). „Prozeß Wedding", Schauspiel, Henschelvlg., Berlin 1951 (Urauff. Berlin 1953). „Am Ende der Nacht", Schauspiel, Urauff. Magdeburg 1955. „Im Himmlischen Garten", Schauspiel, Reclam, Leipzig 1959 (Urauff. Leipzig 1958). „Weißes Blut", Fernsehspiel (1958, 1959 verfilmt). „Night step", 1962. „Barbara", Theaterstück, 1964. „Der illegale Casanova",

Erzählung, 1967. „Saint Germain", Fernsehspiel, 1971, „Es waren zwei Königskinder", Erz., Kinderbuchvlg., Berlin, 1978. „Besuch eines Herrn", Fernsehspiel 1981 u. a.

Hawlitzki, Siegmund

Frankfurt/Oder
Geb. 1936
Erl. B.: Schlosser, Diplom-Gesellschaftswissenschaftler
Ausg. B.: 1. Sekretär d. SED-KL Frankfurt/Oder
Partei: SED
L.: Betriebsschlosser. 1954 Mitgl. d. SED. FDJ-Funktionär. 1961 1. Sekr. d. FDJ-KL Bitterfeld. 1963 Besuch d. HS d. Komsomol. 1963-69 2. Sekr. d. FDJ-BL Frankfurt/Oder. 1969-71 2. Sekr. d. SED-KL Frankfurt/Oder. 1971-74 Absolvent d. PHSch d. SED. Diplom-Gesellschaftswiss. Seit 9. 10. 1974 1. Sekr. d. SED-KL Frankfurt/Oder. Nachf. v. Werner Henze. Mitgl. d. Sekr. d. SED-BL.
Ausz.: VVO i. Bronze (1977) u. a.

Hecht, Fritz

Neubrandenburg
Geb. 29. 8. 1918
Erl. B.: Diplom-Gesellschaftswissenschaftler
Ausg. B.: Vorsitzender d. Bezirkskomitees Neubrandenburg d. ABI
Partei: SED
L.: 1952-53 Sekr. f. Landw. SED-BL Halle. 1953-55 Ltr. d. Abt. Landw. i. ZK d. SED. 1958-60 1 Sekr. d. SED-KL Gräfenhainichen. 1960-62 Sekr. f. Landw. d. SED-BL Dresden. Danach stellv. Vors. d. Zentr. Komm. f. Staatl. Kontrolle i. Neubrandenburg. Seit 1963 Vors. d. Bezirksinspektion bzw. d. Bezirkskomitees Neubrandenburg d. ABI. Seit 1964 Mitgl. d. SED-BL Neubrandenburg. Seit 1967 Abg. d. BT.
Ausz.: VVO i. Silber (1978) u. a.

Hegler, Harry

Leipzig
Geb. 29. 3. 1926 i. Themar/Thür.
Erl. B.: Lehrer, Diplom-Staatsw., Dr. rer. pol.
Ausg. B.: Vors. d. BV Leipzig d. NDP
Partei: NDP
L.: Lehrer, Diplom-Staatsw. u. Dr. rer. pol. Seit Anfang d. 50er Jahre hauptamtl. Funktionär d. NDP. Zeitw. Ltr. d. Landesparteischule Brandenburg d. NDP, stellv. Abt.-Ltr. i. Sekr. d. Hauptausschuses d. NDP u. Lehrstuhlinhaber a. d. HS f. Nat. Politik i. Waldsieversdorf. 1965 Sekr. d. Bezirksverbandes Berlin d. NDP. 1966-81 Ltr. d. Abt. Politisches Studium bzw. Agitation u. Propaganda i. Sekr. d. Hauptausschusses d. NDP. Seit Okt. 1966 Mitgl. d. Präs. d. Liga f. d. Vereinten Nationen. Zeitw. Chefred. d. Zeitschrift „Der nationale Demokrat". Seit 1981 stellv. Vors., seit Jan. 1982 Vors. d. BV Leipzig d. NDP. Nachf. v. Klaus-Werner Jacobs, seit Juni 1981 Abg. d. BT Leipzig.
Ausz.: VVO i. Bronze (1969) u. i. Silber (1981) u. a.

Heicking, Wolfram

Berlin
Geb. 1927 i. Leipzig
Erl. B.: Musiker, Komponist, Prof.
Ausg. B.: Hochschullehrer
L.: Studium a. d. HS f. Musik u. KMU Leipzig. Ass. a. Institut f. Musikerz. Humboldt-Uni. Ostberlin. Seit 1952 Lehrtätigkeit a. d. HS f. Musik „Hanns Eisler" i. Ostberlin. Seit 1969 Prof. f. Tonsatz u. Komposition. Seit 1972 Vors. d. Verb. d. Komponisten u. Musikwiss. i. Ostberlin. Seit 19. 2. 82 Vizepräs. d. Verb. d. Komponisten u. Musikwiss. d. DDR.
Ausz.: VVO i. Gold (1974). Nat. Pr. III. Kl. (1979).
Werke: Filmmusiken („Anton d. Zauberer", „Meine Freundin Sybille"). „Rund ist die Welt", Musical. „Kontraste", Fernsehballett u. a. m.

Heidenreich, Gerhard

Berlin
Geb. 5. 10. 1916 i. Breslau
Erl. B.: Ofensetzer
Generalmajor d. SSD a. D.
Partei: SED
L.: 1926 Mitgl. d. komm. Jungen Pioniere. 1931 Mitgl. d. KJV. 1934 zu 2 Jahre Gefängnis verurteilt. 1945 KPD. Mitbegründer u. Ltr. d. Antifaschistischen Jugendausschusses i. Plauen/Vogtl. 1947 Organisations-Sekr. i. FDJ-Landesverband Sachsen. 1947-54 Mitgl. d. ZR d. FDJ. 1949 Sekr. d. ZR d. FDJ. 1950 Sektorenltr. i. d. Kaderabt. i. ZK d. SED. 1950-54 Abg. d. VK. 1951 Eintr. Ltr. des dem MfS unterstellten u. Spionagezwecken dienenden Inst. f. wirtschaftswiss. Forschung (jetzt Hauptverwaltung Aufklärung d. MfS). 1950-63 Kand., Jan. 1963-April 1981 Vollmitgl. d. ZK d. SED. 1963-80 1. Sekr. d. KL d. SED im MfS. Seit 1970 Generalmajor d. SSD. Seit 1980 i. Ruhestand.
Ausz.: VVO i. Bronze (1955). Orden „Banner d. Arbeit" (1965).

Heider, Hubert

Cottbus
Geb. 7. 7. 1927
Erl. B.: Facharbeiter, Diplom-Wirtschaftler
Ausg. B.: Stellv. Vorsitzender d. RdB Cottbus
Partei: SED
L.: Facharbeiter f. Betriebs- u. Verkehrsdienst d. DRB. Diplom-Wirtschaftler. 1973-81 Ltr. d. Abt. Verkehr, Straßenwesen u. Wasserwirtschaft, seit Juli 1981 stellv. Vors. d. RdB Cottbus f. Energie, Verkehr- u. Nachrichtenwesen. Abg. d. BT.

Heidorn, Günther

Rostock
Geb. 23. 8. 1925 i. Hamburg
Erl. B.: Historiker, Dr. sc. phil.
Ausg. B.: Hochschullehrer, stellvertretender Minister
Partei: SED
L.: 1943 NSDAP. Ab 1947 Studium d. Gewi. u.

Geschichte a. d. Uni. Rostock. 1953 Promotion z Dr. phil. a. d. Humboldt-Uni. i. Ostberlin. 1958 Habil. a. d. Uni. Rostock. Lehrtätigkeit a. d. Uni. Rostock. 1959-65 Prorektor f. d. gesellschaftswiss. Grundstudium a. d. Uni. Rostock. Seit 1. 9. 1963 Prof. m. Lehrstuhl f. Geschichte d. Arbeiterbewegung a. d. Uni. Rostock. Seit März 1965 Vizepräs. d. Historiker-Ges. d. DDR. 1965-76 Rektor d. Uni. Rostock. Seit 1976 stellv. Min. f. Hoch- u. Fachschulwesen.
Ausz.: VVO i. Silber (1969), Orden „Banner d. Arbeit" Stufe I (1976) u. a.

Heidrich, Theodor

Leipzig
Geb. 4. 5. 1925
Erl. B.: Pädagoge, Dr. sc. paed., Prof.
Ausg. B.: Hochschullehrer
Partei: SED
L.: 1946 Absolvent eines Neulehrer-Kurses i. Erfurt. Neulehrer. SED. Zeitw. am Pädag. Institut Erfurt tätig. 1965-72 Dir. d. Pädag. Inst., Sept. 1972-Sept. 81 Rektor d. Pädag. HS „Clara Zetkin" i. Leipzig. Oberstudienrat.
Ausz.: Verdienter Lehrer d. Volkes (1968), VVO i. Bronze (1975) u. a.

Heiduczek, Werner

Leipzig
Geb. 24. 11. 1926 i. Hindenburg (Zabrze)/OS.
Erl. B.: Lehrer
Ausg. B.: Schriftsteller
Partei: SED
L.: 1943 Einberufung zur dtsch. Wehrmacht. Bis 1946 i. sowj. Kriegsgef. Danach Land- u. Streckenarbeiter. Neulehrer a. einer Dorfschule. Studium d. Germanistik a. d. MLU Halle-Wittenberg. Stellv. Dir. einer Oberschule. Referent f. Oberschulen i. d. Landesregierung Sachsen-Anhalt. Bezirksschulinspektor u. Kreisschulrat i. Merseburg, MA d. DAK sowie Deutschlehrer a. Herder-Inst. Leipzig. 1961-64 Deutschlehrer i. Bulgarien. Seit 1965 freiberufl. Schriftsteller i. Halle bzw. Leipzig. 1969-71 Vors. d. DSV i. Bez. Halle.
Ausz.: Heinrich-Mann-Preis (1969) u. a.
Veröff.: „Matthes u. d. Bürgermeister", Erz., Mitteldtsch. Verlag, Halle, 1961. „Abschied von den Engeln", Mitteldtsch. Verlag, Halle, 1968. „Mark Aurel oder ein Semester Zärtlichkeit", Verlag Neues Leben, Berlin, 1974. „Tod am Meer", Mitteldtsch. Verlag, Halle, 1978.

Heil, Alfred

Berlin
Geb. 13. 2. 1921 i. Dresden
Ausg. B.: Direktor
Partei: SED
L.: Studium d. Bau-Ingenieurwesens a. d. TH Dresden. Während d. 2. Weltkrieges vorübergehend Soldat (Uffz. i. einem Art.-Rgt.). Nach 1945 Sportfunktionär. 1952-54 Ltr. d. Abt. Agitation u. Prop. i. Staatl. Komitee f. Körperkultur u. Sport. 1954-59 Chefred. d. Sport-Zeitung „Sport-Echo". 1959-66 Sekr., Juni 1966-Febr. 1973 Vizepräs. d. DTSB. Seit 1969 Vizepräs. d. Ges. z. Förderung d. olymp. Gedankens d. DDR. Seit 1973 Dir. der Auslandspresseagentur „Panorama DDR".
Ausz.: VVO i. Gold (1972) u. a.

Heilemann, Werner

Dresden
Geb. 28. 5. 1925 i. Dresden
Erl. B.: Bauschlosser, Diplom-Gesellschaftswissenschaftler
Ausg. B.: Sekretär d. Bundesvorstandes d. FDGB
Partei: SED
L.: 1939-42 Bauschlosserlehre. 1942-43 Studium FS f. Hoch- u. Tiefbau München. 1945 KPD. 1945-46 Angestellter Stadtverw. Hartha. 1946-48 Jugendsekr. Landesvorst. Sachsen FDGB. 1949-50 Jugendsekr., 1950-52 AL BV FDGB. 1950-54 Abg. d. VK. 1950-55 Mitgl. d. ZR d. FDJ. Zeitw. Ltr. d. Westabt. bzw. d. Büros f. Gewerkschaftseinheit beim Bundesvorstand d. FDGB. 1954-62 Mitarbeiter d. ZK d. SED (Gewerkschaften u. Sozialpolitik). 1962-68 Vors. d. FDGB i. Bez. Dresden. 1967-68 Studium a. d. HS d. Gewerkschaften. Seit Mai 1968 Mitgl. d. Präs. u. Sekr. d. Bundesvorstandes d. FDGB. Seit 14. 6. 1981 erneut Abg. d. VK. Seit 25. 6. 81 Mitgl. d. Präsidiums d. VK u. d. Ausschusses f. Nat. Verteidigung.
Ausz.: VVO i. Gold u. a.

Heilig, Walter

Berlin
Geb. 10. 11. 1925 i. Stuttgart als Sohn eines Galvanoplastikers
Ausg. B.: Hauptabteilungsleiter
Partei: SED
L.: Oberschule. Volontär i. Deutschen Verlag. Kriegsdienst u. Gefangenschaft. Danach Bildreporter b. Illus (Berliner Verlag). Seit 1956 Ltr. d. Fotoabt. ADN-Zentralbild. Zeitw. Mitgl. d. Präs. d. KB und d. ZV d. VdJ. Generalsekr. d. Verwaltungsrates Foto International. Seit 24. 3. 1982 Vors. d. ZV d. neugegründeten Ges. f. Fotografie i. KB.
Ausz.: VVO i. Silber (1975) u. a.

Heilmann, Otto

Berlin
Geb. 20. 2. 1930 i. Oelsnitz/Ergeb. als Sohn eines Bergarbeiters
Erl. B.: Diplom-Journalist
Ausg. B.: Botschafter
Partei: SED
L.: Besuch d. Oberschule. 1951 Abitur. Studium d. Journalistik a. d. KMU Leipzig. 1954 Dipl.-Journalist. Seit 1955 Angehöriger d. diplomatischen Dienstes d. DDR. Presseattaché d. DDR i. d. VR Rumänien u. i. d. ČSSR. 1968-71 Ltr. d. Presseabt. i. MfAA. 1971-72 Besuch d. PHSch d. SED. 1972 Ltr. d. Vertretung d. KfA i. Dänemark. März 1973-Juni 1977 Botschafter d. DDR

i. Dänemark. Seitdem stellv. Ltr. d. Abt. „Journalistische Beziehungen" i. MfAA.
Ausz.: Orden „Banner d. Arbeit", Stufe III (1977) u. a.

Heine, Horst
Berlin
Geb. 1931
Erl. B.: Arzt, Dr. sc. med.
Ausg. B.: Institutsdirektor
Partei: SED
L.: Studium d. Medizin a. d. Humboldt-Uni. i. Ostberlin. Wiss. Tätigkeit i. d. CSSR u. UdSSR a. Forschungsinstituten f. Kardiologie u. Angiologie. 1974 ao. Prof. a. d. Humboldt-Uni. Ostberlin. Stellv. Dir. d. II. Mediz. Klinik d. Charité. 1976 Kandidat, seit 1979 Mitgl. d. SED-BL Berlin. 1. stellv. Dir., seit Nov. 1978 Dir. d. Zentralinstituts f. Herz-u. Kreislaufregulationsforschung d. AdW. Nachf. v. Rudolf Baumann. Ltr. d. Hauptforschungsrichtung Hypertonie u. ischämische Herzkrankheiten.
Ausz.: VVO i. Bronze (1980).

Heinemann, Michael
Halle/Saale
Geb. 11. 10. 1949 i. Leinefelde/Eichsfeld
Erl. B.: Lebensmittelkonservierer, Ing., Diplom-Staatswissenschaftler
Ausg. B.: Vorsitzender d. BV Halle d. CDU
Partei: CDU
L.: Erlernte d. Beruf eines Lebensmittelkonservierers i. Feinkostkomb. Leipzig. Studium a. d. Ing.-Schule d. Lebensmittelind. i. Gerwisch. 1971 Ing. f. Lebensmitteltechnologie. 1968 Mitgl. d. CDU. Bis 1972 als Produktionsltr. i. d. Konsum-Großkelterei Rötha tätig. 1970-74 Gemeindevertreter i. Gerwisch. Seit 1. 11. 73 stellv. Vors. d. RdK Weißenfels (Ltr. d Abt. Handel u. Versorgung). Fernstudium a. d. DASR. Diplom-Staatswiss. 1979-81 stellv. Vors., seit 30. 3. 1981 Vors. d. BV Halle d. CDU. Nachf. v. Paul Konitzer.
Ausz.: Verdienstmedaille d. DDR u. a.

Heinicke, Reinhold
Erfurt
Geb. 21. 12. 1925 i. Lindenthal/Sa.
Erl. B.: Jurist, Diplom-Wirtschaftler
Ausg. B.: Vorsitzender d. Bezirksverbandes Erfurt d. LDP
Partei: LDP
L.: 1943 NSDAP. Soldat. 1945 LDP. Studium d. Rechtswiss. LDP-Funktionär i. Leipzig. 1953 Sekr. d. Bezirksverbandes Groß-Berlin d. LDP. 1953-57 Ltr. d. Instrukteurabt. i. ZV d. LDP u. stellv. Ltr. d. Zentralen Parteischule d. LDP. 1957 wiss. Ass. HS f. Binnenhandel. Seit Juni 1959 Vors. d. Bezirksverbandes Erfurt d. LDP. Seit 1960 Mitgl. d. ZV d. LDP (1963-67 Polit. Ausschuß). 1963-67 Nachfolgekand. d. VK. Abg. d. BT Erfurt. Seit März 1977 erneut Mitgl. d. Polit. Ausschusses d. ZV d. LDP.
Ausz.: VVO i. Bronze (1965) u. i. Silber (1969) u. a.

Heinrich, Eberhard
Berlin
Geb. 12. 3. 1926
Erl. B.: Industriekaufmann, Redakteur
Ausg. B.: Vorsitzender d. VdJ
Partei: SED
L.: Industriekfm. 1946 Mitgl. d. SED. Journalist. d. SED-Presse. In den 50er Jahren Red. u. Redaktionssekr. d. ND. 1961-66 stellv. Chefred. d. ND. 1961-67 stellv. Vors. d. VDJ i. Berlin. Seit 1966 MA d. ZK d. SED (Sekr. d. Agitationskommission b. Politbüro bzw. Abt.-Ltr.). Seit Juni 1971 Kand. d. ZK d. SED. Seit 9. 1. 1981 Vors. d. VdJ d. DDR. Nachf. von Harri Czepuck.
Ausz.: VVO i. Gold (1974).

Heinrich, Gotthard
Schwerin
Geb. 31. 12. 1921 i. Gröditzberg, Krs. Goldberg/Schlesien
Erl. B.: Kaufmann, Staatlich geprüfter Landwirt
Ausg. B.: Hauptdirektor
Partei: SED
L.: Landmaschinenkfm. Kriegsdienst (1943 Obergefr. d. Luftwaffe). 1946 Mitgl. d. SED. Abt.-Ltr. i. d. sächs. Landesregierung. Später Hauptabt.-Ltr. i. Staatssekr. f. Erfassung u. Aufkauf landw. Erzeugnisse. 1958-60 stellv. Staatssekretär i. Staatssekr. f. Aufkauf landw. Er-zeugnisse, 1960-63 stellv. Min. f. Landw., Erfassung u. Forstwirtschaft. 1963-71 Kand. d. ZK d. SED. 1963-71 Vors. d. LWR bzw. RLN i. Bez. Schwerin. 1967-71 Mitgl. d. Sekr. d. SED-BL Schwerin. Seit 1971 Hauptdir. VEB Getreidekombinat Schwerin
Ausz.: VVO i. Bronze (1965) u. a.

Heinrich, Jürgen
Suhl
Geb. 10. 6. 1948 i. Potsdam
Erl. B.: Baumechaniker. Dipl.-Ing.
Ausg. B.: 1. Sekretär d. FDJ-BL Suhl
Partei: SED
L.: Baumechaniker. (Lehre i. BMK Potsdam). 1967-69 Wehrdienst i. d. NVA. Anschließend Studium a. d. TH Ilmenau. Dipl.-Ing. f. Gerätetechnik. 1963 FDJ. Später Sekr. f. Agitprop. bzw. 1975-78 1. Sekr. d. FDJ-KL Suhl. 1978-80 1. Sekretär, seit 31. 5. 80 1. Sekretär d. FDJ-BL Suhl. Nachf. v. Rosita Kleinpeter.

Heinrichs, Wolfgang
Berlin
Geb. 9. 2. 1929 i. Danzig-Langfuhr
Erl. B.: Diplom-Wirtschaftler, Dr. rer. oec. habil.
Ausg. B.: Institutsdirektor
Partei: SED
L.: 1948 Abitur. 1948-51 Studium d. Wirtschaftswiss. a. d. Uni. Rostock. 1951 wiss. Mitarbeiter, 1951-53 Aspirant d. Deutschen Verwaltungsakademie „Walter Ulbricht". Ab 1953 Lehrtätigkeit a. d. HS. f. Binnenhandel i. Leipzig. 1954 Promotion z. Dr. rer. oec. a. d. Uni. Leipzig. 1957 Habil. Prof. mit v. LA f. Ökonomik

u. Planung d. Binnenhandels a. d. HS f. Binnenhandel. 1964 Bereichsltr., 1965-69 stellv. Min. f. Handel u. Versorgung. 1969-73 Rektor d. Handels-HS Leipzig. Seit Nov. 1973 Dir. d. Zentralinst. f. Wirtschaftswiss. d. AdW. Korr. Mitgl. d. AdW. Mitgl. d. Red. Koll. d. Ztschr. „Wirtschaftswissenschaft".
Ausz.: VVO i. Bronze (1969) u. a.

Heintze, Horst
Berlin
Geb. 15. 8. 1927 i. Halle/Saale
Erl. B.: Maschinenschlosser, Diplom-Wirtschaftler, Diplom-Gesellschaftswissenschaftler
Ausg. B.: Sekretär d. Bundesvorstandes d. FDGB
Partei: SED
L.: 1942-44 Lehre als Maschinenschlosser. 1944 NSDAP. 1947 SED. FDGB-Funktionär, u. a. bis 1952 Sekr. d. Landesverbandes Sachsen-Anhalt d. FDGB. 1952-54 Vors. d. Bezirksvorstandes Magdeburg d. FDGB. 1953 Besuch d. PHSch d. SED. 1954-61 stellv. Vors. d. Zentralvorstandes d. IG Metall i. FDGB. 1961 vorübergehend Ltr. d. Abt. Wirtschaft i. Bundesvorstand d. FDGB. Seit Dez. 1961 Sekr. f. Arbeitsproduktivität u. Lohn d. Bundesvorstandes d. FDGB. Seit Jan. 1963 (VI. Parteitag) Mitgl. d. ZK d. SED. 1965-67 Studium a. d. HS f. Ökonomie i. Berlin. Seit Okt. 1976 Abg. d. VK. 1. stellv. Vors. d. Ausschusses f. Industrie, Bauwesen u. Verkehr. Mitgl. d. Redaktionskollegiums d. Zeitschrift „Die Arbeit".
Ausz.: VVO i. Silber, Orden „Banner d. Arbeit" (1970) u. a.

Heinz, Wolfgang
Berlin
Geb. 18. 5. 1900 i. Pilsen als Sohn eines Journalisten
Erl. B.: Schauspieler, Prof.
Ausg. B.: Regisseur
Partei: SED
L.: Vor 1933 Engagements i. Eisenach u. Berlin. 1930 Mitgl. d. KPD. Stellv. Vors. d. Gewerkschaftsleitung d. Staatl. Schauspielhauses am Gendarmenmarkt i. Berlin. Nach 1933 Emigration nach Holland, Österreich u. Schweiz (Schauspielhaus Zürich). 1948 Mitbegründer d. Neuen Theaters i. d. Scala, Wien. 1951-56 Ltr. d. Neuen Theaters i. d. Scala, Wien. Seit 1956 Mitgl. d. Ensembles d. Dtsch. Theaters i. Ostberlin. Nov. 1958-Nov. 1960 künstl. Ltr. d. Schauspielschule i. Ostberlin. 1. 10. 1959 zum Prof. ernannt. Nov. 1960 Dir. d. Schauspielschule i. Ostberlin. April 1962-Juli 1963 Intendant d. Berliner Volksbühne. 1962-65 Ständiger Sekr. f. darstellende Kunst d. Akademie d. Künste i. Ostberlin. 1963-70 Intendant d. Dtsch. Theaters u. d. Kammerspiele Ostberlin. Seitdem Schauspieler u. Regisseur a. Dtsch. Theater i. Ostberlin. Seit Dez. 1966 Präs. d. Verbandes d. Theaterschaffenden. 1968-74 Vizepräs. d. Akademie d. Künste d. DDR.
Ausz.: Nat.-Preis I. Kl. (1968). Karl-Marx-Orden (1974) u. a.

Heinze, Dieter
Berlin
Geb. 7. 8. 1928 i. Breslau
Erl. B.: Diplom-Wirtschaftler
Ausg. B.: 1. stellv. Generaldirektor
Partei: SED
L.: Besuch d. Grund- u. Oberschule. Studium a. d. Uni. Leipzig. 1951 Dipl.-Wirtschaftler. Studium d. Pädagogik. Lehrbefähigung. 1959-69 MA d. Abt. Kultur b. ZK d. SED (Sektorenltr. Film u. stellv. Abt.-Ltr.). 1969-73 Staatssekr. i. Min. f. Kultur. Febr. 1973-Sept. 1977 Botschafter u. ständiger Beobachter d. DDR b. d. UNESCO i. Paris. Seitdem 1. stellv. Generaldir. d. AdK.
Ausz.: VVO i. Silber (1971) u. a.

Heinze, Günther
Berlin
Geb. 26. 7. 1923 i. Dresden-Blasewitz
Erl. B.: Maschinenschlosser, Diplom-Sportlehrer
Ausg. B.: Vizepräsident d. DTSB, Generalsekretär
Partei: SED
L.: Maschinenschlosser i. Dresden. 1941 NSDAP. Teilnehmer am 2. Weltkrieg. 1944 Gefr. i. einer Nachr.-Abt. d. Luftwaffe. Sowj. Kriegsgef. Nach 1945 Sportfunktionär. 1949 Ltr. d. Kreissportausschusses Dresden. 1950-52 Studium a. d. DHfK i. Leipzig. Dipl.-Sportlehrer. 1952-57 Abt.-Ltr. bzw. stellv. Vors. d. Staatl. Komitees f. Körperkultur u. Sport. Seit 1955 Vizepräs. d. NOK d. DDR. Seit 1957 Sekr. bzw. Vizepräs. d. DTSB. Seit 16. 3. 1973 Generalsekr. d. NOK d. DDR. Nachf. v. Helmut Behrendt. Seit Okt. 1981 Mitgl. d. IOC.
Ausz.: VVO i. Gold (1972) u. a.

Heinze, Robert
Potsdam
Geb. 1927
Erl. B.: Maurer, Jurist, Diplom-Staatswissenschaftler
Ausg. B.: Stellv. Vorsitzender d. RdB Potsdam
Partei: NDP
L.: Maurer, Jurist, Dipl.-Staatswiss. Hauptamt. NDP-Funktionär i. d. Bez. Frankfurt/Oder u. Cottbus, u. a. Sekr. d. BV Cottbus. Seit 4. 11. 1976 stellv. Vors. d. RdB Potsdam f. Energie, Verkehrs- u. Nachrichtenwesen. Nachf. v. Hans-J. Linn. Abg. d. BT Potsdam.
Ausz.: VVO i. Bronze (1976) u. a.

Heinze, Rudolf
Berlin
Geb. 10. 8. 1932 i. Leipzig
Erl. B.: Mechaniker, Diplom-Gesellschaftswissenschaftler
Ausg. B.: Stellvertretender Vorsitzender d. SPK
Partei: SED
L.: Mechaniker. Anfang d. 50er Jahre Planungsltr. Funkwerk Kölleda. 1958 Hauptdir. (Generaldir.) VVB Rundfunk u. Fernsehen. 1964 Generaldir. VVB Bauelemente u. Vakuumtechnik.

1972 stellv. Vors. d. SPK f. metallverarbeitende Industrie u. Metallurgie. Vors. d. Ges. Rates d. Humboldt-Uni. Ostberlin. Ltr. d. DDR-Delegation i. d. Ständ. Kommission Maschinenbau i. RGW.
Ausz.: VVO i. Silber (1974) u. a.

Heisig, Bernhard
Leipzig
Geb. 31. 3. 1925 i. Breslau als Sohn d. Malers Walter H.
Erl. B.: Grafiker, Maler, Professor
Ausg. B.: Hochschullehrer
Partei: SED
L.: Ausbildung i. Atelier d. Vaters, dann Besuch d. Handwerkerschule Breslau (Klasse f. Gebrauchsgraphik). 1942-45 Kriegsdienst (SS-Leibstandarte). Bis 1945 sowj. Kriegsgef. 1946-48 Grafiker i. polnischen Amt f. Inform. i. Breslau. 1948 Übersiedlung nach Zeitz. Ab 1948 Studium a. d. Kunstgewerbeschule, dann Ak. f. graf. Künste i. Leipzig b. Max Schwimmer. 1955-68 a. d. HS f. Grafik u. Buchkunst tätig. 1961 Prof. 1961-64 Rektor. 1958-61 u. danach VBK i. Bez. Leipzig. Zeitw. freiberufl. tätig. 1972 o. Mitgl. d. DAK. Seit Mai 1974 Vizepräs. VBK d. DDR. Seit 15. 7. 76 erneut Rektor d. HS f. Grafik u. Buchkunst i. Leipzig. Nachf. v. Werner Tübke. Seit April 1976 Kand., seit Febr. 79 Mitgl. d. BL Leipzig d. SED. Seit Nov. 78 1. stellv. Präs. d. VBK.
Ausz.: Nat. Pr. II. Kl. (1972), Nat. Pr. I. Kl. (1978) u. a.
Werke: Faschist. Alptraum, Lithofolge (1965/66). „Pariser Kommune", Bildwerk, „Brigadier", Gemälde. „Lenin", Gemälde (1971). „Lesendes Mädchen", VII. Kunstausstellung, u. a.

Heitz, Gerhard
Graal-Müritz
Geb. 28. 3. 1925 i. Burg b. Magdeburg
Erl. B.: Historiker, Dr. sc. phil.
Ausg. B.: Hochschullehrer
Partei: SED
L.: 1943 NSDAP. Studium d. Geschichte u. Germanistik i. Leipzig u. Berlin. 1953 Promotion, 1960 Habil. i. Leipzig. Lehrtätigkeit a. d. Uni. Rostock. 1961 Prof. m. LA. 1963 Prof. m. v. LA, seit 1. 2. 1966 Prof. m. Lehrstuhl für Regional- u. Agrargeschichte a. d. Uni. Rostock. Seit 1981 Prorektor f. Gewi. d. Uni. Rostock. Vors. d. Ges. f. Heimatgeschichte i. Bez. Rostock. Mitgl. d. Sektion Geschichte d. DAW u. d. Redaktionskollegiums d. „Zeitschrift f. Geschichtswissenschaft".
Ausz.: Verdienstmed. d. DDR (1963).

Heitzer, Heinz
Berlin
Geb. i. Zwickau
Erl. B.: Historiker, Dr. phil.
Ausg. B.: Stellv. Institutsdirektor
Partei: SED

L.: Historiker. 1956 Promotion zum Dr. phil. am IfG. Danach Dozent am IfG, Abtltr. Neueste Geschichte u. stellv. Dir. d. Zentralinst. f. Geschichte d. DAW/AdW. Seit 1980 korr. Mitgl. d. AdW.
Ausz.: VVO i. Silber (1966), Nat. Pr. III. Kl. (1979) u. a.
Veröff.: Mitautor „Geschichte der SED", Abriß.

Hejhal, Gottfried
Berlin
Geb. 1927 i. Dresden
Erl. B.: Kaufmännischer Angestellter, Diplom-Jurist
Ausg. B.: Oberrichter a. OG
Partei: LDP
L.: Kfm. Angest. 1945 Schreiber i. einem Grundbuchamt. 1946 LDP. Richter-Lehrgang i. Babelsberg. 1952-66 Richter bzw. Oberrichter a. BG Leipzig. Stadtverordneter i. Leipzig u. Mitgl. d. BV d. LDP. 1966-71 wiss. MA, seit Nov. 1971 Oberrichter u. Vors. d. 2. Zivilsenats b. OG. Seit 1967 Mitgl. d. StVV Ostberlin. Mitgl. d. BV Berlin d. LDP. Mitgl. d. Sekr. d. Vereinigung d. Juristen d. DDR.
Ausz.: VVO i. Silber (1979) u. a.

Helbig, Kurt
Berlin
Geb. 25. 4. 1919 i. Derenburg/Halberstadt als Sohn eines Tischlers
Erl. B.: Schriftsetzer, Diplom-Staatswissenschaftler
Ausg. B.: Sekretär
Partei: SED
L.: Vor 1933 Mitgl. d. SAJ. Schriftsetzer. 1937 zu 1 Jahr Gefängnis verurteilt. Arbeiter u. Revolverdreher i. versch. Betrieben. Kriegsdienst (Infanterist). 1943 zur Roten Armee übergelaufen. 1944-48 a. d. Polit-Schulung dtsch. Kriegsgefangener beteiligt. 1948 SED. 1948-59 hauptamtl. FDGB-Funktionär (Abt.-Ltr. i. BV d. FDGB u. Sekr. d. BV). 1954-58 Mitgl. d. ZK d. SED. 1960 Sekr. f. Wirtschaft d. SED-KL Berlin-Weißensee. 1960-76 Stadtrat f. Innere Angel. u. stellv. OB v. Ostberlin. 1963-76 Mitgl. StVV Ostberlin. Seit 1976 Sekr. d. Zentralleitung d. Komitees d. Antifa Widerstandskämpfer.
Ausz.: VVO i. Silber (1976 u. 1979) u. a.

Helbing, Gerd
Neubrandenburg
Geb. 1931
Erl. B.: Industriekaufmann, Diplom-Wirtschaftler
Ausg. B.: Vorsitzender d. BPK Neubrandenburg
Partei: SED
L.: Industriekfm. 1954-60 Sekr. f. Wirtschaft d. SED-KL Neubrandenburg. 1960-71 Ltr. d. Abt. Wirtschaft d. SED-BL Neubrandenburg. Seit Juli 1971 stellv. Vors. d. RdB u. Vors. d. BPK Neubrandenburg. Mitgl. d. Sekr. d. SED-BL u. Abg. d. BT Neubrandenburg.
Ausz.: VVO i. Silber (1974) u. a.

Heldt, Peter

Berlin
Geb. 1933
Erl. B.: Diplom-Wirtschaftler, Dr. sc. oec., Prof.
Ausg. B.: Hochschullehrer
Partei: SED
L.: Studium d. Wirtschaftswiss. Dipl.-Wirtschaftler. 1962 Promotion a. d. HS f. Binnenhandel. Oberass. a. d. HS f. Binnenhandel i. Leipzig. 1967-70 Sekr. f. Wiss., Volksbildung u. Kultur d. SED-KL d. KMU Leipzig. Nov. 1970-Febr. 1973 Sekr. f. Wiss., Volksbildung u. Kultur d. SED-BL Leipzig. 1973-76 Ltr. d. Abt. Kultur i. ZK d. SED. Seitdem Prof. a. d. KMU Leipzig. Vors. d. KB i. Leipzig.
Ausz.: Orden „Banner d. Arbeit", Stufe I (1974), u. a.

Hellberg, Martin

Bad Berka/Thür.
(richtiger Name: Martin Gottfried Heinrich)
Geb. 31. 1. 1905 i. Dresden als Sohn eines Predigers der kath.-apost. Gemeinde
Erl. B.: Schlosser, Techniker, Schauspieler
Ausg. B.: Regisseur, Prof.
Partei: SED
L.: Nach dem Schulbesuch Schlosserlehre u. einjährige Tätigkeit als Geselle i. d. Schladitzwerken u. d. Firma Ernemann i. Dresden. Ausbildung zum Techniker i. Abendkursen d. Städt. Gewerbeschule. 1923-24 Ausbildung zum Schauspieler am Konservatorium u. bei Oberregisseur Kiesau am Staatl. Schauspielhaus Dresden. 1924-33 Schauspieler am Staatl. Schauspielhaus Dresden. Mitgl. d. KPD. Vorstandsmitgl. d. „Jungen Bühne". 1933 entlassen. 1933-34 Spiellltr. am Komödienhaus Berlin. 1934-35 Spielltr. am Schillertheater Berlin. Danach Gastspiele i. Essen u. Hamburg. Schauspielreise m. Paul Kemp. Verfasser zahlr. Theaterstücke („Balken im Auge" usw.). Später Schauspieler a. d. Württembergischen Landesbühne Stuttgart u. a. Städt. Bühnen Freiburg/Brsg. 14. 9. 1942 aus d. Reichskulturkammer ausgeschlossen. Kriegsdienst. Nach 1945 i. Freiburg/Brsg. u. München tätig. Ltr. einer Schauspielschule. 1949-51 Generalintendant am Staatstheater Dresden. Aug. 1962-Nov. 1963 Generalintendant d. Meckl. Staatstheaters Schwerin. Regisseur zahlreicher Defa-Filme („Das verurteilte Dorf", „Emilia Galotti" etc.). Jetzt i. Bad Berka ansässig.
Ausz.: Nat.-Preis I. Kl. (1952). Weltfriedenspreis (1953, Kollektiv-Ausz.), VVO i. Gold (1980) u. a.

Hellmann, Rudolf

Berlin
Geb. 26. 2. 1926 i. Chemnitz
Ausg. B.: Abteilungsleiter i. ZK d. SED
Partei: SED
L.: Kriegsdienst. Torpedo-Mechaniker. Brit. Kriegsgefangenschaft. Seit Mitte d. 50er Jahre MA, seit 1960 Ltr. d. Arbeitsgruppe bzw. Abt. Körperkultur u. Sport b. ZK d. SED. Seit 1961 Mitgl. d. BV d. DTSB. Seit März 1973 Mitgl. d. Präs. u. Vizepräs. d. NOK.
Ausz.: Karl-Marx-Orden (1976), Großer Stern d. Völkerfreundschaft (1980) u. a.

Helmer, Rudolf

Berlin
Geb. 22. 2. 1914 i. Leipzig
Erl. B.: Technischer Zeichner
Ausg. B.: Sekretär
Partei: SED
L.: 1920-28 Volksschul-Besuch. Arbeitsbursche. Ausbildung als techn. Zeichner. 1931 Mitgl. d. KPD. 1933-35 Gefängnishaft wegen Hochverrats. 1936-38 als techn. Zeichner tätig. Illegale Tätigkeit f. d. KPD. 1941-45 KZ-Haft (Sachsenhausen). 1945-47 Bezirksrat f. Sozialwesen i. Berlin-Kreuzberg. Bezirksverordneter. 1947-49 Studium d. Gesellschaftswiss. a. d. Uni. Leipzig. 1949 Teilnehmer an einem Lehrgang a. d. Verwaltungsakademie. Anschl. lt. Mitarbeiter (Abt.-Ltr. i. d. Hauptabt. I, Ungarn usw.) i. Min. f. Ausw. Angelegenheiten. 1954-56 Botschaftsrat a. d. DDR-Botschaft i. Warschau. 1956-59 Botschafter i. Ungarn. Danach 1959 Abt.-Ltr. im Min. f. Ausw. Angelegenheiten. Seit 1979 Sekr. u. Mitgl. d. Präsidiums d. Komitees d. Antifa Widerstandskämpfer.
Ausz.: VVO i. Gold (1979) u. a.

Helmschrott, Leonhard

Berlin
Geb. 5. 6. 1921 i. Unterthürkheim b. Augsburg als Sohn eines Landwirts
Erl. B.: Diplom-Journalist
Ausg. B.: Chefredakteur d. DBD-Zentralorgans „Bauern-Echo"
Partei: DBD
L.: Bis 1941 i. d. elterlichen Landwirtschaft tätig. Anschl. Kriegsdienst. Gefr. i. Inf.-Rgt. 487. Geriet Sept. 1942 i. sowj. Kriegsgef. Mitgl. d. NKFD. 1945-47 Red. d. „Volkszeitung" u. d. „Landeszeitung" i. Schwerin. 1948 Mitgl. d. DBD. Mitgl. d. Präs., d. Sekr. u. d. PV d. DBD. Seit 1948 Chefred. d. DBD-Zentralorgans „Bauern-Echo". 1950-54 Berliner Vertreter i. d. VK. Seit 1954 Abg. d. VK. 1954-58 Mitgl. d. Verfassungsausschusses. 1963-67 Mitgl. d. Ausschusses f. Nat. Verteidigung, 1971-76 Vertreter d. Vors. d. IPG d. VK. Seit 1963 Vors. d. DBD-Fraktion i. d. VK.
Ausz.: Orden „Banner d. Arbeit" (1968). VVO i. Gold (1970) u. a.

Hemmerling, Joachim

Berlin
Geb. 1926
Erl. B.: Mechaniker, Jurist, Dr. oec., Prof.
Ausg. B.: Präsident d. Amtes f. Erfindungs- u. Patentwesen
Partei: SED
L.: Mechaniker, Studium d. Rechtswiss. 1949 Hauptreferent f. Schulung i. Justizmin. d. Landes

Brandenburg. Danach a. d. Volksrichterschule Potsdam-Babelsberg tätig. 1955 Wiss. Aspir. IfG. 5. 9. 1955 Promotion zum Dr. oec. IfG. 1956 stellv. Ltr. d. Staatl. Vertragsgerichts d. DDR. Seit 1961 Präs. d. Amtes f. Erfindungs- u. Patentwesen d. DDR. Seit Okt. 1962 Vizepräs. d. Vereinigung Demokr. Juristen d. DDR. Lehrtätigkeit a. d. Humboldt-Uni. Ostberlin. Vizepräs. d. Vereinigung f. gewerbl. Rechtsschutz d. DDR. Mitgl. d. Weltorg. für geistiges Eigentum. Ausz.: VVO i. Silber (1974) u. a.

Hempel, Eva

Schwerin
Geb. 22. 10. 1936
Erl. B.: Facharbeiter f. Acker- u. Pflanzenbau, Staatlich geprüfter Landwirt
Ausg. B.: 1. Sekretär d. SED-KL Schwerin
Partei: SED
L.: Besuch d. Oberschule u. einer Fachschule f. Landwirtschaft. Staatl. geprüfter Landwirt. 1958 Saatzuchtass. auf dem VEG Dachwig, Bez. Erfurt. 1950 Mitgl. d. FDJ. 1956 Mitgl. d. SED. 1960-71 Mitgl. d. Büros, 1962-71 Sekr. d. ZR d. FDJ. 1963-76 Kand. d. ZK d. SED. Seit 1971 Sektorenltr. i. d. SED-BL Schwerin. Seit Sept. 1974 1. Sekr. d. SED-KL Schwerin-Land. Seit 22. 5. 1976 Vollmitgl. d. ZK d. SED.
Ausz.: VVO i. Bronze (1969) u. a.

Hempel, Johannes

Dresden
Geb. 23. 3. 1929 i. Zittau/S.
Erl. B.: Evangelischer Theologe, Dr. theol.
Ausg. B.: Landesbischof d. Evangelisch-Luth. Landeskirche Sachsen
L.: Studium d. Evang. Theologie i. Tübingen, Berlin, Heidelberg u. Leipzig. 1955-57 Gemeindepfarrer i. Krs. Karl-Marx-Stadt. 1957-63 Studieninspektor, 1967-71 Studiendir. d. Leipziger Predigerkollegs St. Pauli. 1963-67 Studentenpfarrer i. Leipzig. Seit Okt. 1971 Landesbischof d. Evang.-Luth. Landeskirche Sachsen. Nachf. v. Gottfried Noth. Okt. 1973-Okt. 1977 u. seit Jan. 1982 stellv. Vors. d. Konferenz Evang. Kirchltg. i. d. DDR. Seit 24. 10. 1981 leitender Bischof d. VELK i. d. DDR. Nachf. v. Heinrich Rathke. Mitgl. d. Exekutivausschusses d. ökum. Rates d. Kirchen.

Hempelt, Siegfried

Schwerin
Geb. 1931
Erl. B.: Gärtner, Diplom-Wirtschaftler, Dr. agr.
Ausg. B.: 1. stellv. Vorsitzender d. RdB
Partei: SED
L.: Gärtner. Diplom-Wirtschaftler u. Dr. agr. 1961 stellv. Vors. d. RdK Hagenow. 1964/70 Vors. d. KLWR Hagenow. Danach Dir. VEB Meliorationsbau Schwerin, Sitz Ludwigslust. Seit 19. 3. 1975 1. stellv. Vors. d. RdB Schwerin. Nachf. v. Gerh. Wegner. Abg. d. BT Schwerin.
Ausz.: VVO i. Bronze (1977).

Hengst, Karlheinz

Zwickau
Geb. 2. 3. 1934 i. Marienberg als Sohn eines Angestellten
Erl. B.: Diplom-Slawist, Dr. sc. phil.
Ausg. B.: Hochschullehrer
Partei: NDP
L.: Oberschule, Abitur. 1950 FDJ. 1952-56 Studium a. d. KMU Leipzig. Diplom-Slawist. 1956-59 Lehrer i. Stollberg/Erzgeb. 1959 NDP. 1959-63 Lektor u. Ass. Pädag. Inst. Karl-Marx-Stadt. 1963 Dr. phil. 1968 Dozent. 1972 Dr. sc. phil. 1973 Prof. Seit 1963 Ltr. d. Abt. Fremdsprachen a. d. Pädag. HS Zwickau. Seit 1974 Mitgl. d. Friedensrates d. DDR. Seit 1976 Mitgl. d. Präsidiums d. Ges. „Neue Heimat". Seit 1971 Abg. d. VK u. Mitgl. d. Ausschusses f. Volksb.
Ausz.: VVO i. Bronze u. Silber.

Hengstler, Alfons

Cottbus
Geb. 1928
Erl. B.: Elektromonteur, Sportlehrer
Ausg. B.: Vorsitzender d. DTSB i. Bez. Cottbus
Partei: SED
L.: Elektromonteur. Seit Jan. 1951 hauptamtl. Sportfunktionär. Seit 1952 MA d. Bez.-Komitees Cottbus f. Körperkultur u. Sport. 1963 Sportlehrer. 1957-64 stellv. Vors., seit Juli 1964 Vors. d. BV Cottbus d. DTSB. Abg. d. BT Cottbus. Mitgl. d. BV d. DTSB.
Ausz.: VVO i. Bronze (1978) u. a.

Henkel, Otto

Cunnersdorf
Geb. 27. 6. 1924 i. Limlingerode/Harz
Erl. B.: Schlosser, Physiker, Dr.-Ing.
Ausg. B.: Institutsdirektor
L.: Schlosser. Kriegsdienst. Studium. Dr.-Ing. 1969 zum Prof. ernannt. Seit 1969 Dir. d. Zentralinst. f. Festkörperphysik u. Werkstofforschung d. DAW u. AdW i. Dresden. Seit 1978 o. Mitgl. d. AdW. Seit 1979 Vizepräs. d. Ges. f. Weltraumforschung u. Raumfahrt. Mitgl. d. Forschungsrates b. MR.
Ausz.: VVO i. Bronze (1978).

Henkel, Wilhelm

Weimar/Thür.
Geb. 29. 6. 1921 i. Weimar
Erl. B.: Diplom-Wirtschaftler
Ausg. B.: Stellv. Vorsitzender d. RdK, Sportpräsident
Partei: SED
L.: Kriegsdienst. Dipl.-Wirtschaftler. Wirtschaftsfunktionär i. Weimar. Ltr. d. HO-Verkaufsstelle „Truhe" i. Weimar, dann Ltr. d. Abt. Handel u. Versorgung bzw. stellv. Vors. d. RdK Weimar. Seit Mai 1966 Präs. d. Dtsch. Hockeyverbandes d. DDR. Mitgl. d. BV d. DTSB.
Ausz.: Friedrich-Ludwig-Jahn-Med. (1971), VVO i. Bronze (1978) u. a.

Henkes, Klaus
Berlin
Geb. 1929 i. Görlitz
Erl. B.: Chemiewerker, Dr. rer. mil.
Ausg. B.: Stellv. Minister, Generalmajor d. NVA
Partei: SED
L.: Lehre als Chemiewerker i. Espenhain (Braunkohlenkomb.). Danach Hauerbrigadier b. d. Wismut AG. 1952 Studium a. d. Jugend-HS. Eintritt i. d. Luftstreitkräfte d. KVP/NVA. Absolvent d. Militärakad. „J. Gagarin" d. UdSSR. Dr. rer. mil. Offizier d. LSK/LV. 26. 2. 1975 z. Generalmajor ernannt. Seit Mai 1975 stellv. Minister f. Verkehrswesen u. zeitweilig Ltr. d. HV Zivile Luftfahrt. Seit Anf. 1978 zusätzl. Generaldir. d. Interflug.
Ausz.: VVO i. Bronze (1972) u. a.

Henn, Ewald
Erfurt
Geb. 1933 als Sohn eines Landwirts
Erl. B.: Dr.-Ing., Prof.
Ausg. B.: Präsident i. BdA, Bezirksarchitekt
Partei: SED
L.: Besuch einer ABF. Studium a. d. HS f. Architektur u. Bauwesen i. Weimar. Dr.-Ing. Danach a. Lehrstuhl f. Städtebau u. Entwerfen tätig u. praktische Tätigkeit als Architekt. Seit 1962 Bezirksarchitekt u. stellv. Bezirksbaudir. i. Erfurt. O. Mitgl. d. DBA. 1982 Prof. Vizepräs., seit 7. 5. 1982 Präsident d. BdA. Nachf. v. Wolfgang URBANSKI.
Ausz.: Nat. Pr. III. Kl. (1974, Koll.). Architekturpreis d. DDR (1976).

Hennig, Günter
Berlin
Geb. 1928
Ausg. B.: Verlagsleiter, Dr. phil.
Partei: SED
L.: 1961 MA d. ZK d. SED. Seit 1962 Ltr. d. parteieigenen Dietz-Verlages i. Ostberlin. Seit 1964 Mitgl. d. Hauptausschusses d. Börsenvereins Dtsch. Buchh. Seit 16. 4. 1981 Kandidat d. ZRK d. SED.
Ausz.: VVO i. Silber (1969) u. a.

Hennig, Klaus
Karl-Marx-Stadt
Geb. 5. 4. 1936
Erl. B.: Physiker, Dr. sc. nat.
Ausg. B.: Institutsdirektor
L.: Physiker. Dr. sc. nat. 10 Jahre i. Dubna/SU am Aufbau einer Abt. f. Neutronenstreuung beteiligt. 1978 Ltr. d. Abt. Neutronenstreuung i. Zentralinst. f. Kernforschung d. AdW. Sept. 1979 Prof. d. AdW. Stellv. Dir. d. Zentralinst. f. Math. u. Mechanik d. AdW. Seit Jan. 1981 Dir. d. neugegründeten Instituts f. Mechanik d. AdW i. Karl-Marx-Stadt.

Hennig, Manfred
Berlin
Geb. 1931
Erl. B.: Elektroinstallateur, Ingenieur, Diplom-Gesellschaftswissenschaftler
Ausg. B.: Sekretär d. DSF
Partei: SED
L.: Elektroinstallateur, Ing. Parteifunktionär d. SED. Zeitw. 2. Sekr. d. BPO d. SED i. VEB Transformatorenwerk „Karl Liebknecht" u. Sekr. f. Wirtschaft d. SED-KL Berlin-Mitte. 3 1/2 jähriges Studium i. Moskau. Seit April 1978 1. Sekr. d. BV Berlin d. DSF. Seit Mai 1978 Mitgl. d. Sekr. d. ZV d. DSF.
Ausz.: VVO i. Bronze (1981) u. a.

Henniger, Gerhard
Berlin
Geb. 5. 5. 1928 i. Großkamsdorf
Ausg. B.: 1. Sekretär d. Schriftstellerverbandes
Partei: SED
L.: In den 50er Jahren Redakteur am „Börsenblatt f. d. Deutschen Buchhandel zu Leipzig" u. 1. Sekr. d. BL Leipzig d. Kulturbundes. Seit März 1966 geschäftsführender Sekr. (1. Sekr.) d. Schriftstellerverbandes d. DDR. Seit 1963 Mitgl. d. Präs. d. KB, seit 1969 1. Präs. d. Schriftstellerverbandes.
Ausz.: VVO i. Silber (1969) u. a.

Henning, Hans
Weimar
Geb. 1928
Erl. B.: Germanist, Bibliothekar, Dr. phil.
Ausg. B.: Direktor
Partei: SED
L.: Germanist u. Bibliothekar. Zeitw. i. Dtsch. Zentralarchiv Merseburg tätig. Gegenwärtig Bibliotheksrat u. Dir. d. Zentralbibliothek d. dtsch. Klassik d. Nat. Forschungs- u. Gedenkstätten i. Weimar. 1963 Abg. d. BT Erfurt. Seit April 1973 1. Vizepräs. d. Shakespeare-Ges. d. DDR.
Ausz.: Nat.-Preis II. Kl. (Koll.-Ausz., 1969).

Henschel, Wolfgang
Neubrandenburg
Geb. 1931
Erl. B.: Verwaltungsangestellter, Diplom-Wirtschafter
Ausg. B.: Stellvertretender Vorsitzender d. RdB
Partei: SED
L.: Verwaltungsangest. 1958-61 stellv. Vors. d. RdK Anklam. 1964 Sekr. f. Wirtsch. SED-KL Anklam. Seit Juli 1971 Mitgl. d. RdB u. Vors. d. BWR Neubrandenburg. Stellv. Vors. d. RdB f. bezirksgeleit. Industrie u. Lebensmittelindustrie. Abg. d. BT Neubrandenburg.
Ausz.: VVO i. Silber (1981) u. a.

Henschke, Helmut
Cottbus
Geb. 6. 6. 1927
Erl. B.: Angestellter, Diplom-Gesellschaftswissenschaftler
Ausg. B.: Sekretär d. RdB Cottbus
Partei: SED
L.: 1956 stellv. Vors., 1957 Sekr., 1959-61 Vors. d. RdK Guben. Seit Dez. 1961 Sekr. d. RdB Cottbus. Seit 1963 Abg. d. BT.
Ausz.: VVO i. Silber (1979) u. a.

Henseke, Hans
Potsdam
Geb. 17. 10. 1925 i. Cammin/Po.
Erl. B.: Lehrer, Historiker, Dr. phil. habil.
Ausg. B.: Hochschullehrer
Partei: SED
L.: Oberschule, Abitur. Kriegsdienst. Bis 1948 französ. Kriegsgef. 1948 Neulehrerkursus a. Inst. f. Lehrerbildung i. Ludwigsfelde. Danach Dir. d. Inst. f. Lehrerbildung i. Cottbus u. Potsdam. 1952 SED. Ab 1954 Ass. a. Inst. f. Geschichte d. Pädag. HS Potsdam. 1968 1. Stellvertreter d. Rektors. Jetzt o. Prof. f. allgemeine Geschichte a. d. Pädag. HS. 1973-76 Rektor d. Pädag. HS Potsdam.
Ausz.: VVO i. Bronze (1970).

Henselmann, Hermann
Berlin
Geb. 3. 2. 1905 i. Roßla/Harz
Erl. B.: Tischler, Architekt
Ausg. B.: Architekt, Prof.
Partei: SED
L.: Besuch d. Volks- u. Oberrealschule. Tischlerlehre u. später Architekturstudium. Freiberufl. Architekt. In der NS-Zeit zeitw. aus d. Reichskammer d. bildenden Künste aus rass. Gründen ausgeschlossen. Laut Erlaß v. 27. 5. 1941 eingeschränkte Berufserlaubnis. Mitarbeiter d. reichseigenen Gesellschaft „Bauernsiedlung Hohensalza" d. Kulturamtes Hohensalza u. d. Kreisbauernführers. 1946-49 Prof. u. Dir. d. Staatl. HS f. Baukunst u. bildende Künste i. Weimar. Mitgl. d. SED. 1951 Mitgl. DBA. 1951 Dir. d. Inst. f. Theorie u. Geschichte d. Baukunst i. DBA. 1953-58 Chefarchitekt v. Ostberlin. Maßgeblich am Aufbau d. Ostberliner „Stalinallee" beteiligt. 1958 Abt.-Ltr. i. Stadtbauamt i. Ostberlin. Danach Chefarchitekt i. VEB Typenprojektierung i. Ostberlin und 1965-72 Chefarchitekt u. Ltr. d. Experimentalwerkstatt d. Inst. f. Städtebau u. Architektur DBA. Jetzt emeritiert.
Ausz.: Dr.-Ing. h. c. HS f. Architektur Weimar (1970). VVO i. Gold (1970), Stern d. Völkerfreundschaft i. Gold (1980) u. a.

Herbell, Hajo (Hans-Joachim)
Berlin
Geb. 21. 4. 1923 i. Dresden
Ausg. B.: Stellvertretender Chefredakteur d. ND, Dr.
Partei: SED
L.: Abitur. Teilnehmer am 2. Weltkrieg. Nach 1945 Eintritt i. d. VP. 1954 Major d. KVP u. Ltr. d. Abt. Kultur i. d. Politverwaltung d. KVP. Später Oberst u. militärpolitischer Berater d. Zentralorgans d. SED „Neues Deutschland", seit August 1963 dessen stellv. Chefred.
Ausz.: VVO i. Gold (1973), Journalistenpreis d. VdJ (1981) u. a.

Herbert, Günther
Berlin
Geb. 1928
Erl. B.: Verkäufer, Diplom-Wirtschaftler
Ausg. B.: Stadtrat v. Ostberlin
Partei: SED
L.: Verkäufer. Zeitw. Mitgl. d. Vorstandes d. Bezirkskonsumgen. Leipzig. 1959-63 Mitgl. d. Genossenschaftsrates VDK. Danach Dir. d. HO-Bezirksdir. Leipzig. 1968-76 stellv. OB u. Stadtrat f. Handel u. Versorgung i. Ostberlin. Seit 25. 10. 1976 Stadtrat f. Arbeiterversorgung u. Speisenwirtschaft d. Magistrats v. Ostberlin.
Ausz.: VVO i. Bronze (1975) u. a.

Herbig, Günther
Berlin
Geb. 1931 i. d. CSR
Erl. B.: Dirigent
Ausg. B.: Generalmusikdirektor
L.: Dirigentenausbildung b. Hermann Abendroth i. Weimar. 1957 Dirigent am Nationaltheater Weimar. 1962 musikal. Oberltr. a. Hans-Otto-Theater Potsdam. 1966-72 stellv. Dirigent (stellv. künstl. Ltr.) d. Berliner Sinfonieorchesters. Okt. 1971 Generalmusikdir. 1972-77 Chefdirigent u. künstl. Ltr. d. Dresdner Philharmonie. Nachf. v. Kurt Masur. Seit 1977 Chefdirigent d. Berliner Sinfonieorchesters. Nachf. v. Kurt Sanderling.

Herbst, Wolfgang
Birkenwerder
Geb. 21. 1. 1928 i. Halberstadt
Erl. B.: Diplom-Historiker, Dr. phil.
Ausg. B.: Direktor d. Museums f. Deutsche Geschichte
Partei: SED
L.: 1946-49 Studium d. Geschichte, Philosophie, Kunst- u. Musikgeschichte sowie d. Verfassungs- u. Staatsrechts a. d. MLU Halle-Wittenberg. Danach Ass. bei Prof. Leo Stern, Dozent a. d. ABF Halle. Seit 1952 MA, dann Abt.-Ltr., 1961-67 stellv. Dir. u. seit 1967 Dir. d. Museums f. Deutsche Geschichte i. Ostberlin. Vors. d. Wiss. Beirates f. Museen b. Min. f. Hoch- u. Fachschulwesen. Seit 1972 Honorarprof. a. d. Humboldt-Uni. Ostberlin. Seit 1980 Präsident d. Nationalen. Museumsrates d. DDR. Vizepräs. d. Internat. Komitees f. Archäologie u. Geschichte d. Internat. Museumsrates.
Ausz.: VVO i. Silber (1975) u. a.

Herder, Gerhard
Berlin
Geb. 13. 8. 1928 i. Althöfen/Ostpreußen als Sohn eines Tischlers
Erl. B.: Jurist, Dr. jur.
Ausg. B.: Botschafter
Partei: SED
L.: In Ostpreußen aufgewachsen. Abitur. Flakhelfer. Sowj. Kriegsgef. Nach d. Entlassung von 1949-56 hauptamtlicher FDJ-Funktionär, u. a. Ltr. d. Abt. Internat. Verbindungen i. ZR d. FDJ. Studium d. Rechtswiss. u. Außenpol. a. d. DASR. 1953 Staatsexamen i. Außenpolitik. 1961 Promotion zum Dr. jur. 1956-62 Dozent a. d. DASR. Seit 1962 MA d. MfAA (Rechtsabt.). 1965-68 Ltr. d. Grundsatzabt. i. MfAA. 1968-72 Ltr. d. Handelsvertretung d. DDR i. Libanon. Legationsrat. März.-Nov. 1973 Botschafter i. Libanon. Seit 1975 DDR-Vertreter i. Genfer Abrüstungsausschuß. Seit 10. 4. 79 ständiger Vertreter d. DDR beim Sitz d. Vereinten Nationen u. bei den anderen internat. Organisationen i. Genf. Nachf. von Gerd Höhne.
Ausz.: VVO i. Silber (1978) u. a.

Herforth, Lieselott
Dresden
Geb. 13. 9. 1916 i. Altenburg/Thür. als Tochter des Verlegers Walter H.
Erl. B.: Physikerin, Dr.-Ing. habil.
Ausg. B.: Hochschullehrerin (em.)
Partei: SED
L.: 1936 Abitur. 1936-40 Studium d. Physik a. d. TH Berlin. Dipl.-Ing. Anschl. wiss. Ass. i. Leipzig, Freiburg, Schwarzenfelde. 1946 Mitarbeiterin d. Kabelwerkes Oberspree. 1948 Promotion zum Dr.-Ing. a. d. TU Berlin. 1949-60 Mitarbeiterin d. DAW i. Berlin-Buch u. Leipzig. 1953 Habil. i. Leipzig. Lehrtätigkeit a. d. KMU Leipzig. 1957-60 Prof. m. LA a. d. TH f. Chemie i. Leuna-Merseburg. 1. 9. 1960 Prof. m. v. LA, seit 1. 5. 1962 Prof. m. Lehrstuhl f. Experimentalphysik a. d. TU Dresden. Jetzt emeritiert. 1963 Mitgl. d. SED. Okt. 1963-Juni 1981 Abg. d. VK, Nov. 1963-Juni 81 Mitgl. d. Staatsrates d. DDR. 1965-68 Rektor d. TU Dresden. Seit 1969 o. Mitgl. d. DAW.
Ausz.: VVO i. Silber (1964). Nat.-Preis III. Kl. (1971) u. a.

Herger, Wolfgang
Berlin
Geb. 10. 8. 1935 i. Rudolstadt/Thür. als Sohn eines Arbeiters
Erl. B.: Diplom-Philosoph, Dr. phil.
Ausg. B.: Abteilungsleiter i. ZK d. SED
Partei: SED
L.: Besuch d. Oberschule Rudolstadt/Thür. 1949 Mitgl. d. FDJ. 1953-58 Studium d. Philosophie a. d. Uni. Jena. 1957 Mitgl. d. SED. Ass. a. d. Uni. Jena. 1959 1. Sekr. d. FDJ i. VEB Schott u. Genossen Jena. 1962 2. Sekr. d. FDJ-Hochschulltg. Jena. 1963-64 1. Sekr. d. FDJ-Stadtltg. Jena. 1963 Promotion zum Dr. phil. April 1964-Mai 1971 Sekr., Mai 1971-Mai 1976 2. Sekr. d. ZR d. FDJ. Seit April 1976 Ltr. d. Abt. Jugend i. ZK d. SED. Nachf. v. Siegfried Lorenz. Seit 22. 5. 1976 (IX. Parteitag) Mitgl. d. ZK d. SED. Seit Nov. 1976 Vors. d. Jugendausschusses d. VK. Seit 1979 Mitgl. Red. Koll. d. Ztschr. „Neuer Weg".
Ausz.: VVO i. Gold (1973) u. a.

Herholdt, Gerhard
Schönwalde
Geb. 22. 9. 1922 i. Schönwalde/Bernau
Erl. B.: Diplom-Ingenieur
Ausg. B.: Institutsdirektor
L.: Kriegsdienst (1944 Gefr.). Studium. Dipl.-Ing. An d. Projektierung d. Karl-Marx-Allee i. Ostberlin, d. Staatsoper, d. Stadt Hoyerswerda sowie Rostocks u. Lübbenaus beteiligt. Tätigkeit a. versch. Inst. d. Bauakad., u. a. wiss. Dir. d. Inst. f. Städtebau u. Architektur. Seit 1970 Dir. d. Inst. f. Wohnungs- u. Gesellschaftsbau d. Bauakad.
Ausz.: VVO i. Bronze (1977) u. a.

Herholz, Kurt
Berlin
Geb. 25. 9. 1905
Parteiveteran
Partei: SED
L.: Altkommunist, SU-Emigrant. Nach 1945 KPD-Funktionär i. Mecklenburg. Lehrer a. d. PHSch d. SED u. Funktionär d. VdgB. Seit 1956 i. versch. Funktionen a. IML tätig (zeitw. Kaderltr.). 1958-63 Kandidat, seit 1963 Vollmitgl. d. ZRK d. SED.
Ausz.: Ehrenspange z. VVO i. Gold u. a.

Hering, Werner
Berlin
Geb. 20. 3. 1930
Erl. B.: Jurist, Dr. jur.
Ausg. B.: SED-Funktionär
Partei: SED
L.: Nach 1945 Neulehrer i. Leipzig. 1946 Mitgl. d. SED. 1952 Studium d. Rechtswiss. a. d. Uni. Leipzig. Seit 1953 Mitarbeiter d. ZK d. SED. Zeitw. stellv. Ltr. d. Abt. Wiss. beim ZK d. SED. 1959-81 Ltr. d. Abt. Gesundheitspolitik beim ZK d. SED. 1960 Promotion zum Dr. jur. a. d. KMU Leipzig (bei Prof. Polak). Mitgl. d. Kollegiums d. Min. f. Gesundheitswesen. Doz. f. Staatsrecht (nebenamtl.) a. d. KMU Leipzig. 1967-76 Kand., seit 22. 5. 1976 Mitgl. d. ZK d. SED.
Ausz.: VVO i. Gold (1974), Orden „Banner d. Arbeit" Stufe I (1980) u. a.

Herklotz, Werner
Berlin
Geb. 25. 5. 1931 i. Clausnitz als Sohn eines Arbeiters
Erl. B.: Diplom-Staatswissenschaftler
Ausg. B.: Mitarbeiter d. ZK d. SED
Partei: SED
L.: Angest. Absolvent d. Bezirksparteischule d.

SED, d. Landesverwaltungsschule Sachsen u. Fernstudent d. DASR. Zuerst Stadtrat, dann von 1957-63 Bürgermeister v. Freiberg/S. 1963-69 Sekr. d. RdB Karl-Marx-Stadt. 1969 MA d. DDR-Handelsvertretung i. Sambia. Mai 1970-Juni 1974 Botschafter d DDR i. Somalia. Seit 1974 Sektorenltr. i. MfAA, seit 1976 Polit. MA i. d. Abt. Internat. Verbindungen d. ZK d. SED.
Ausz.: Orden „Banner d. Arbeit" Stufe III (1976), VVO i. Bronze (1979) u. a.

Herkner, Walter
Berlin
Geb. 28. 10. 1928 i. Reichenberg/CSR
Erl. B.: Industriekaufmann, Offizier, Diplom-Gesellschaftswissenschaftler
Ausg. B.: Generalmajor d. NVA
Partei: SED
L.: Industriekfm., Werftarbeiter. 1946 KPD/SED. In Mecklenburg politisch tätig (FDJ, DSA). 1950-52 Studium a. d. PHSch d. SED. Dipl.-Gesellschaftswiss. MA d. ZK d. SED. Eintritt i. d. KVP/NVA. Absolvent d. Militärakademie. Politoffizier. Zeitw. stellv. Stadtkommandant v. Ostberlin u. stellv. Chef d. Grenztruppen. Seit 1974 Chef d. Komitees d. ASV „Vorwärts". Seit 26. 9. 1969 Generalmajor d. NVA. Stellv. Vors. d. Büros d. Sportkomitees d. befreundeten Armeen. Mitgl. d. BV d. DTSB.
Ausz.: VVO i. Silber (1976) u. a.

Herlinghaus, Hermann
Berlin
Erl. B.: Filmwissenschaftler
Ausg. B.: Direktor
Partei: SED
L.: Filmwissenschaftler. Zeitw. Chefred. d. wiss. Mitteilungen „Film". MA a. Inst. f. Filmwiss. HS f. Film u. Fernsehen. 1972-80 1. Sekr., seit 1980 Vizepräs. d. Verbandes d. Film- u. Fernschaffenden. Gegenwärtig Dir. f. Information, Dokumentation u. Publikation d. HS f. Film u. Fernsehen i. Potsdam-Babelsberg.

Herlitzius, Erwin
Dresden
Geb. 15. 3. 1921 i. Erfurt als Sohn eines Tischlers
Erl. B.: Maschinenschlosser, Gesellschaftswissenschaftler, Dr. sc. phil.
Ausg. B.: Hochschullehrer
Partei: SED
L.: Maschinenschlosser. Kriegsdienst. Nach 1945 i. Aachener Steinkohlenrevier tätig. 1946 Übersiedlung i. d. SBZ. Abitur an einer Volkshochschule. Studium d. Philosophie a. d. Uni. Jena. Hilfsass. bei Prof. Georg Klaus i. Jena u. Lehrbeauftragter a. Deutschen Theater-Inst. Weimar. 1951-64 Lehrtätigkeit a. d. Bergakademie Freiberg. Zeitw. Prorektor f. d. gesellschaftswiss. Grundstudium a. d. Bergakademie Freiberg. Seit 1. 1. 1964 Prof. f. DIAMAT a. d. TU Dresden. Dir. d. Inst. f. Philosophie der TU Dresden. Zeitw. Prorektor f. Gesellschaftswiss.
Ausz.: VVO i. Bronze (1965) u. a.

Herm, Günter
Potsdam
Geb. 1928 als Sohn d. Altkommunisten Max H.
Erl. B.: Elektriker, Diplom-Gesellschaftswissenschaftler
Ausg. B.: Vorsitzender d. BPKK d. SED Potsdam
Partei: SED
L.: Elektriker. SED-Funktionär. MA d. SED-BL Potsdam (stellv. Abt.-Ltr. f. Agitprop.). 1967-71 Mitgl., seit Mai 1971 Vors. d. BPKK d. SED Potsdam. Nachf. v. Erna Warnke. Abg. d. BT.
Ausz.: VVO i. Bronze (1974) u. a.

Hermlin, Stephan
(richtiger Name: Rudolf Leder)
Berlin
Geb. 13. 4. 1915 i. Chemnitz als Sohn eines Industriellen
Ausg. B.: Schriftsteller
Partei: SED
L.: 1931 Mitgl. d. KJV. 1933-36 ill. Tätigkeit i. Berlin. Jan. 1936-Juli 1945 Emigration (Ägypten, Palästina, England, Frankreich, Spanien, Schweiz). Teilnehmer am spanischen Bürgerkrieg. Während d. 2. Weltkrieges i. d. Schweiz ansässig. 1945 Rückkehr nach Deutschland (Frankfurt/M.). 1947 Übersiedlung nach Berlin. Schriftstellerische Betätigung. Mitgl. d. Akademie d. Künste i. Ostberlin und i. Westberlin. 1962/63 Ständ. Sekr. d. Sektion Dichtkunst u. Sprachpflege d. Akademie d. Künste. Mitgl. d. Präs. d. PEN-Zentrums d. DDR u. d. Vorstandes d. Schriftstellerverbandes. Seit Mai 1975 Vizepräs. d. Internat. PEN-Clubs.
Ausz.: Heine-Preis (1948). Nat. Pr. I. Kl. (1975), VVO i. Gold (1980) u. a.
Veröff.: Stephan Hermlin u. Hans Mayer: „Ansichten über einige Bücher und Schriftsteller", 1947. „Zwei Erzählungen", 1947. „Zweiundzwanzig Balladen", 1947, Verlag Volk u. Welt, Berlin. „Russische Eindrücke", Verlag Kultur u. Fortschritt, Berlin, 1948. Stephan Hermlin u. E. H. Meyer: „Mansfelder Oratorium", Textbuch, Verlag Peters, Leipzig, 1951. „Die Zeit der Einsamkeit", Insel-Verlag, Leipzig, 1951. „Der Flug der Taube", Gedichte, Verlag Volk u. Welt, Berlin, 1952. „Die Sache des Friedens", Aufsätze u. Berichte, Verlag Volk u. Welt, Berlin, 1953. „Ferne Nähe", Aufbau-Verlag, Berlin, 1954. „Der Leutnant Yorck von Wartenburg", Insel-Verlag, Leipzig, 1954. „Begegnungen 1954-59", Aufbau-Verlag, Berlin, 1960. „Die Städte", Gedichte, Bechtle-Verlag, München, 1966. „Scardanelli", Verlag Klaus Wagenbach, West-Berlin, 1971, „Gesammelte Gedichte", Carl Hanser Vlg., 1979, „Abendlicht", Vlg. Klaus Wagenbach, Berlin, 1979 u. Reclam-Vlg. Leipzig, u. a.

Herold, Manfred
Berlin
Geb. 29. 11. 1930 i. Klingenthal/Vogtl.
Erl. B.: Tischler, Diplom-Wirtschaftler, Dr. rer. oec.
Ausg. B.: Lehrstuhlleiter a. d. PHSch d. SED

Partei: SED
L.: Tischler. In der Nachkriegszeit nacheinander Ass. d. Betriebsltr. i. VEB Holzhausbau Klingenthal, Mitarbeiter einer VVB, Ltr. d. Abt. Technologie i. Min. f. Leichtindustrie u. Ltr. einer Arbeitsgruppe f. d. Rekonstruktion d. Möbelindustrie i. Zeulenroda. 1950 Mitgl. d. SED. Studium am Inst. f. Gesellschaftswiss. beim ZK d. SED. Diplom-Wirtschaftler. 1958 Promotion a. d. PHSch d. SED. Seitdem Doz. bzw. Lehrstuhlltr. f. Wirtschaftspolitik u. 1. stellvertr. Dir. d. PHSch d. SED. Seit 22. 5. 1976 (IX. Parteitag) Kand. d. ZK d. SED.
Ausz.: VVO i. Gold (1979) u. a.

Herrmann, Frank-Joachim

Berlin
Geb. 15. 11. 1931 i. Dresden als Sohn eines Eisenbahners
Erl. B.: Journalist
Ausg. B.: Staatssekretär
Partei: SED
L.: FDJ-Funktionär i. Sachsen. 1949 Mitglied d. SED. 1949 Volontär bei d. BZA. Danach AL d. BZA (Ressortltr. „Politik"). 1959-63 1. stellv. Chefred. d. „Berliner Zeitung". Seitdem MA d. ZK d. SED. Stellv. Ltr. d. Abt. Agitation i. ZK d. SED. Pers. Referent d. Generalsekr. d. ZK d. SED. Seit 1961 Mitgl. d. ZV d. VDJ. Seit 1967 Mitgl. d. Agitationskommission b. Politbüro. 15. 8. 80 zum Staatssekr. ernannt u. zum Ltr. d. Kanzlei d. Vors. d. Staatsrates berufen. Seit 16. 4. 1981 Kandidat d. ZK d. SED.
Ausz.: VVO i. Gold (1980) u. a.

Herrmann, Heinz

Kleinmachnow
Geb. 3. 1. 1929
Erl. B.: Staatlich geprüfter Landwirt, Diplom-Gesellschaftswissenschaftler
Ausg. B.: Stellv. Direktor
Partei: SED
L.: 1947 Mitgl. d. SED. Tätig i. Chemie- u. Kraftwerkbetrieben. 1948 Funktionär d. FDJ, ab 1950 hauptamtl. Funktionär d. SED. 1952-55 Besuch d. PHSch d. SED. 1956-76 Sekr. f. Agitation u. Propaganda d. SED-BL Neubrandenburg. 1976 stellv. Dir. d. PHSch d. SED. Seit 1979 stellv. Dir. d. Parteischule „Karl Liebknecht" b. ZK d. SED i. Kleinmachnow.
Ausz.: VVO i. Silber (1969) u. a.

Herrmann, Heinz K.

Neubrandenburg
Geb. 6. 1. 1928 i. Penig als Sohn eines Arbeiters
Erl. B.: Kaufmann, Diplom-Ingenieur oec.
Ausg. B.: Sekretär d. BL Neubrandenburg d. SED
Partei: SED
L.: Lehre als Industriekaufmann. Danach Zahnradhobler, Hauptbuchhalter u. Betriebsdir. Seit 1956 i. Apparat d. SED-BL Karl-Marx-Stadt tätig, 1960-73 Ltr. d. Abt. Wirtschaftspolitik. Seit 1967 Mitgl. d. BL Karl-Marx-Stadt. Dipl. Ing. oec. Seit 4. 1. 1974 Sekr. f. Wirtschaft der SED-BL Neubrandenburg. Nachf. v. W. Köppen.
Ausz.: VVO i. Silber (1977) u. a.

Herrmann, Joachim

Berlin
Geb. 29. 10. 1928 i. Berlin als Sohn eines Arbeiters
Erl. B.: Journalist
Ausg. B.: Sekretär d. ZK d. SED
Partei: SED
L.: Besuch d. Volks- u. Mittelschule. 1945-49 Botenjunge, Redaktionsvolontär, Hilfsred. u. Red. d. „Berliner Zeitung" u. d. Zeitung „Start". 1946 SED. 1949-52 stellv. Chefred., 1954-60 Chefred. d. FDJ-Zentralorgans „Junge Welt". 1953-54 Besuch d. Komsomol-HS i. Moskau. 1952-60 Mitgl. d. ZR d. FDJ. 1955 Red.-Diplom. 1958-59 Sekr. d. ZR d. FDJ. 1960-62 MA d. ZK d. SED. 1962-65 Chefred. d. „Berliner Zeitung". 1962-67 Mitgl. d. SED-BL Berlin. Dez. 1965-Juli 1971 Staatssekr. f. gesamtdeutsche bzw. westdeutsche Fragen. 1967-71 Kand., seit Juni 1971 Vollmitgl. d. ZK d. SED. Juli 1971-März 1978 Chefred. d. Zentralorgans d. SED „Neues Deutschland". Nachf. v. Rudi Singer. Okt. 1973-Mai 1978 Kand., seit 25. 5. 1978 Vollmitgl. d. Politbüros d. ZK d. SED. Seit 22. 5. 1976 Sekr., seit 15. 3. 1978 Sekr. f. Agitation u. Propaganda d. ZK d. SED. Nachf. v. Werner Lamberz. Seit Okt. 1976 Abg. d. VK. Seit März 1979 Mitgl. d. Präsidiums d. Nationalrates d. NF.
Ausz.: VVO i. Gold (1970), Orden „Banner d. Arbeit" (1968), Karl-Marx-Orden (1978) u. a.

Herrmann, Joachim

Berlin
Geb. 19. 12. 1932 i. Lübnitz, Krs. Zauch-Belzig
Erl. B.: Historiker, Dr. phil. habil.
Ausg. B.: Institutsdirektor
L.: Studium d. Geschichte. 1958 Promotion zum Dr. phil. a. d. Humboldt-Uni. Ostberlin. Danach wiss. Ass. a. d. Uni. Greifswald u. wiss. Arbeitsltr. a. Inst. f. Ur- u. Frühgeschichte d. DAW. Seit 1969 Prof. Seit 1970 Dir. d. Zentralinst. f. Alte Geschichte u. Archäologie d. DAW/AdW i. Berlin. Seit 1972 korresp. Mitgl., seit 1974 o. Mitgl. d. AdW. Mitgl. d. Präsidiums d. AdW. Seit März 1978 Vors. d. Wiss. Rates f. Archäologie u. Alte Geschichte. Seit 1980 Vors. d. Klasse Gesellschaftswiss. II d. AdW. Nachf. von Werner Bahner.
Ausz.: Nat.-Preis II. Kl. (1971), Held d. Arbeit (1981) u. a.

Herrmann, Klaus

Berlin
Ausg. B.: Stellvertretender Minister
Partei: SED
L.: Seit 1971 stellv. Min. f. Wiss. u. Technik. Mitgl. d. Wirtschaftsausschusses DDR-Frankreich. Mitgl. d. Hoch- u. Fachschulrates.
Ausz.: VVO i. Bronze (1974) u. a.

Hertelt, Horst
Berlin
Geb. 1. 10. 1929
Erl. B.: Bäcker, Diplom-Journalist
Ausg. B.: Chefredakteur d. BZA
Partei: SED
L.: Bäcker. 1945 Mitgl. d. Antifa-Jugendausschusses i. Dresden. 1951-61 Redaktionsass., dann Abt.-Ltr. u. Mitgl. d. Redaktionskoll. d. „Lausitzer Rundschau". 1961-65 Auslandskorrespondent ADN u. ND i. Belgrad. 1965-70 stellv. Chefred. d. „Neuen Berliner Illustrierten". Seit Dez. 1970 Chefred. d. „Berliner Zeitung am Abend". Nachf. v. Ernst Hansch. Seit Mai 1971 Mitgl. d. SED-BL Berlin. Seit 1972 Mitgl. d. ZV d. VdJ (1972-77 Präsidium). Seit Nov. 1971 Mitgl. d. StVV Ostberlin.
Ausz.: VVO i. Silber (1977) u. a.

Hertwig, Hans-Joachim
Frankfurt/O.
Geb. 16. 7. 1928 i. Schmiedeberg als Sohn eines Tischlers
Erl. B.: Lehrer, Diplom-Gesellschaftswissenschaftler
Ausg. B.: 1. Sekretär d. SED-BL Frankfurt/O.
Partei: SED
L.: Besuch d. Volksschule. 1942-44 Lehrling. 1945 SPD. 1946 SED. 1945-50 Neulehrer. 1950-52 Schulltr. 1952-55 Dir. d. Grundschule i. d. Pionierrepublik „W. Pieck". 1955-58 Absolvent PHSch d. SED. 1958-60 Ltr. d. Zentralschule d. Pionierorg. „E. Thälmann". 1960-66 Sekr. u. stellv. Vors. d. Pionierorg. „E. Thälmann". Seit 1954 Mitgl. d. ZK d. SED. Okt. 1966-Sept. 1968 Sekr. f. Wiss., Volksbildung u. Kultur, Sept. 1968-Mai 1971 2. Sekr., seit 23. 5. 1971 1. Sekr. d. SED-BL Frankfurt/O. Nachf. v. Erich Mückenberger. Seit Nov. 1971 Abg. d. VK. Seit Sept. 1976 Mitgl. d. Red.-Koll. d. Zeitschrift „Einheit".
Ausz.: VVO i. Silber, Karl-Marx-Orden (1978) u. a.

Hertzfeld, Gustav
Berlin
Geb. 4. 6. 1928 i. Berlin als Sohn eines Angestellten
Erl. B.: Zimmermann
Ausg. B.: Chefredakteur
Partei: SED
L.: Während der NS-Zeit aus rass. Gründen verfolgt. 1942-44 mehrmals verhaftet. Zwangsarbeit u. Illegalität. Nach 1945 i. Jugendnoteinsatz u. als Zimmermann tätig. 1945 KPD. 1946 SED. 1947 Journalist b. Berliner Rundfunk. 1950-62 Hauptred. d. Zeitschrift „Einheit". 1954-57 Studium d. Gewi. 1962 Eintritt i. d. auswärtigen Dienst d. DDR. Sept. 1962-Okt. 1965 Generalkonsul d. DDR i. Indonesien. 1966-69 stellv. Außenmin. d. DDR. März 1969-Juni 1973 Botschafter d. DDR i. d. VR China. Seit Nov. 1973 Chefred. d. Zeitschrift „Deutsche Außenpolitik".
Ausz.: VVO i. Silber (1978) u. a.

Herz, Joachim
Berlin
Geb. 15. 6. 1924 i. Dresden
Erl. B.: Lehrer, Regisseur, Prof.
Ausg. B.: Regisseur
L.: Kreuzschüler i. Dresden. 1945-51 Studium a. d. HS f. Musik i. Dresden u. Humboldt-Uni. Ostberlin. Staatsexamen f. d. höhere Lehramt. 1951-53 Opernregisseur a. Landestheater Dresden-Radebeul. 1953-56 1. Regieass. a. d. Komischen Oper Ostberlin. 1956-57 Spielltr. Bühnen d. Stadt Köln. 1957-59 Oberspielltr., dann ab 1959 Operndir. i. Leipzig. April 1976-Jan. 1981 Intendant d. Komischen Oper Ostberlin. Nachf. v. Walter Felsenstein. Lehrauftrag Sektion Kulturwiss. (Germanistik) KMU Leipzig. O. Mitgl. d. AdK. Mitgl. d. Direktoriums i. Zentrum DDR d. Internat. Theaterinstituts. Ehrenmitgl. d. Bolschoi-Theaters Moskau.
Ausz.: Zweimal Nat. Pr. (1970 u. 77), VVO i. Gold u. a.

Herzfelde, Wieland
Berlin
Geb. 11. 4. 1896 i. Weggis/Schweiz als Sohn eines Schriftstellers
Ausg. B.: Hochschullehrer (em.), Schriftsteller
Partei: SED
L.: Studium a. d. Uni. Berlin. Teilnehmer am 1. Weltkrieg. 1917-33 Mitbegründer (zus. mit seinem Bruder J. Heartfield) u. Ltr. d. Malik-Verlages i. Berlin. Dez. 1918 KPD. 1933-39 Ltr. d. Malik-Verlages i. Prag. 1939-48 Journalist, Buchhändler u. Ltr. d. Aurora-Verlages i. New York. 1948 Rückkehr nach Deutschland. Seitdem Lehrtätigkeit a. d. Leipziger Uni. Prof. m. Lehrstuhl f. Soziologie der neueren Literatur a. d. Fakultät f. Journalistik d. KMU Leipzig. Emeritiert. Mitgl. d. DAK (zeitw. deren Vizepräs.). 1967-70 Sekr. d. Sektion Dichtkunst u. Sprachpflege DAK. Seit 1972 Ehrenpräs. d. PEN-Zentrums d. DDR. Ehrenmitgl. d. Schriftsteller-Verb.
Ausz.: VVO i. Silber (1961) u. i. Gold (1966), Goethe-Preis (1979), Karl-Marx-Orden (1981) u. a.
Veröff.: „Sulamith", Ged., 1917. „Gesellschaft, Künstler u. Kommunismus", Essay, 1921. „Immergrün", Aufbau-Verlag, Berlin, 1949. „Das steinerne Meer", Insel-Verlag, Leipzig. „Unterwegs", Aufbau-Verlag, Berlin, 1961. „John Heartfield — Leben, Werk", Verlag d. Kunst, 1961, „Paß auf! Hier kommt Grosz", Reclam-Vlg., Leipzig 1981, (herausgegeben v. Herzfelde u. Hans Marquardt) u. a.

Herzig, Heinz
Magdeburg
Geb. 1931 i. Magdeburg als Sohn eines Schmiedes
Erl. B.: Diplom-Wirtschaftler, Diplom-Gesellschaftswissenschaftler
Ausg. B.: Sekretär d. SED-BL Magdeburg
Partei: SED
L.: Seit 1949 SED-Funktionär. Zeitw. Betriebswirtschaftler i. VEB „7. Oktober" i. Magdeburg u.

Kontrollgruppenltr. b. Bevollm. d. Zentr. Kommission f. Staatl. Kontrolle. 1963-67 Ltr. d. Bezirksinspektion Magdeburg d. ABI. Seit März 1967 Sekr. f. Wirtschaft d. SED-BL Magdeburg. Abg. d. BT Magdeburg.
Ausz.: VVO i. Bronze (1969).

Herzig, Werner

Magdeburg
Geb. 16. 12. 1928 i. Magdeburg als Sohn eines Schmiedes
Erl. B.: Handlungsgehilfe, Ing. oec. Diplom-Wirtschaftler
Ausg. B.: Oberbürgermeister v. Magdeburg
Partei: SED
L.: Handlungsgehilfe. 1950-53 Kulturdir. d. VEB „7. Oktober" i. Magdeburg. Danach leitende Funktionen im VEB „Karl Marx" u. im VEB Fahlberg-List Magdeburg. 1960-63 1. Sekr. d. SED-Stadtbezirksleitung Magdeburg-Südost. 1963-65 Sekr. u. Ltr. des Büros f. Industrie u. Bauwesen d SED-Stadtleitung Magdeburg. 1965 Studium a. d. Ingenieurschule f. Maschinenbau u. Elektrotechnik. Ing. oec. Seit 26. 10. 1965 OB d. Stadt Magdeburg. Nachf. v. Friedrich Sonnemann. Seit 1967 Abg. d. BT u. Mitgl. d. BL Magdeburg d SED.
Ausz.: VVO i. Silber (1975) u. a.

Hesse, Gustav

Rostock
Geb. 1931 i. Haldensleben
Erl. B.: Bäcker, Dipl.-Mil.
Ausg. B.: Vizeadmiral
Partei: SED
L.: Besuch d. Volksschule. Bäckerlehre. 1949 FDJ. Bäcker. 1950 Eintritt i. d. VP-See. Wasserschutzpolizist i. Haldensleben. 1952 Mitgl. d. SED. Besuch einer Offiziersschule u. d. Seekriegsakademie Leningrad. (Dipl.-Mil. mit Ausz.) Zeitw. Chef eines Verbandes d. Volksmarine. Seit 1971 stellv. Chef d. Volksmarine u. Chef d .Stabes. Seit Sept. 1969 Konteradmiral, seit Sept. 1979 Vizeadmiral.
Ausz.: VVO i. Bronze (1973) u. a.

Hetterle, Albert

Berlin
Geb. 31. 10. 1918 i. Odessa
Erl. B.: Lehrer, Schauspieler,
Ausg. B.: Schauspieler, Intendant
Partei: SED
L.: In der Sowjetunion aufgewachsen. 1925-32 Besuch der Volksschule Peterstal. Pädag. Studium. 1937-41 Mitgl. d. Komsomol. 1942-43 Volksschullehrer. Zeitw. Schauspieler am deutschsprachigen Theater i. Odessa. 1944 i. Deutschand eingebürgert. HJ-Führer, stellv. Ltr. einer Dienststelle i. Troppau. Nach 1945 Engagements als Schauspieler i. Sondershausen, Greifswald, Erfurt, Halle/S., Altenburg u. seit 1955 am Maxim-Gorki-Theater i. Ostberlin. 1949 SED. Mitgl. d. Parteileitung d. SED des Maxim-Gorki-Theaters.

DEFA-Filmschauspieler. 1965-68 Vors. d. Gew. Kunst i. Ostberlin. Seit 1966 Mitgl. d. Vorstandes d. Verbandes d. Theaterschaffenden. 1967-68 stellv. Intendant, seit Juli 1968 Intendant d. Maxim-Gorki-Theaters i. Ostberlin. Seit 1967 Mitgl. d. SED-BL Berlin.
Ausz.: Nat.-Preis I. Kl. (1977), VVO i. Silber (1978) u. a.

Heuckrodt, Gertrud

Frankfurt/O.
Geb. 1927 i. Prag
Erl. B.: Diplom-Gesellschaftswissenschaftler
Ausg. B.: Vorsitzende d. DFD i. Bez. Frankfurt/O.
Partei: SED
L.: 1945 Bauhilfsarbeiterin. Mitbegründerin d. DFD. 1947-56 Lehrerin u. stellv. Abt.-Ltr. a. d. Bezirksgewerkschaftsschule Wolkenburg a. d. Mulde. 1956-64 Abt.-Ltr. SED-KL Bernau. Absolventin d. PHSch. Seit 1964 Vors. d. DFD i. Bez. Frankfurt/O. Abg. d. BT. Mitgl. d. Präs. d. BV d. DFD u. d. BL Frankfurt/O. d. SED.
Ausz.: Verdienstmedaille d. DDR (1965) u. a.

Heuer, Uwe-Jens

Berlin
Geb. 11. 7. 1927 in Essen als Sohn eines Juristen (Harald H.)
Erl. B.: Jurist, Diplom-Wirtschaftler, Dr. jur. habil.
Ausg. B.: Hochschullehrer
Partei: SED
L.: Studium d. Rechtswiss. 1956 Promotion zum Dr. jur. 1956-58 Mitarb. d. Staatl. Vertragsgerichte i. Berlin u. Karl-Marx-Stadt. 1964 Habil. a. d. Humboldt-Uni. Ostberlin. Lehrtätigkeit a. d. Humboldt-Uni. Prof. f. Staatsrecht u. Dir. d. gleichnamigen Inst. a. d. Humboldt-Uni. Z. Zt. Ltr. d. Gruppe Staats- u. Wirtschaftsrecht am Zentralinst. f. sozial. Wirtschaftsführung b. ZK d. SED. Seit 1979 korr. Mitgl. AdW.
Ausz.: VVO i. Bronze (1975) u. a.
Veröff.: „Demokratie u. Recht i. NÖS", 1965, u. a. m.

Heusinger, Hans-Joachim

Berlin
Geb. 7. 4. 1925 i. Leipzig als Sohn eines Arbeiters
Erl. B.: Elektriker, Diplom-Jurist
Ausg. B.: Stellvertretender Vorsitzender d. Ministerrates
Partei: LDP
L.: Volksschule. 1939-42 Lehre als Elektromechaniker. 1942-45 Soldat. 1945-51 als Elektromechaniker u. Kabelmonteur tätig. 1947 Mitgl. d. LDP. 1951-Juli 1952 Verwaltungsbezirkstr. u. stellv. Vors. d. Rates d. Stadtbezirks II i. Leipzig. 1952-57 Sekr. d. Bezirksverbandes Leipzig d. LDP. Abg. d. Bezirkstages Leipzig u. Mitgl. d. Rates d. Bezirkes. Seit 1957 Mitgl. d. ZV d. LDP u. seines Polit. Ausschusses. 1957-59 Dir. d. IHK d. Bez. Cottbus. Vors. d. Bezirksverbandes Cott-

bus d. LDP. Abg. d. Bezirkstages Cottbus u. ehrenamtl. Mitgl. d. Rates d. Bezirkes. Seit 16. 11. 1958 Nachfolgekand., seit 1961 Abg. d. VK. 1967-73 stellv. Vors. d. Ausschusses f. Industrie, Bauwesen u. Verkehr d. VK. 1959-72 Sekr. d. PV d. LDP. Seit Okt. 1972 stellv. Vors. d. MR u. Justizmin. d. DDR. Nachf. v. K. Wünsche. Seit Nov. 1972 stellv. Vors. d. LDP. Seit 1974 Mitgl. d. Präs. d. Nationalrates d. NF. Seit April 1982 erneut Mitgl. d. Sekretariats d. ZV d. LDP.
Ausz.: VVO i. Gold (1975), Verdienter Jurist d. DDR (1981) u. a.

Heydel, Alfred

Berlin
Geb. 14. 11. 1919 i. Chemnitz
Erl. B.: Maschinenschlosser, Kraftfahrzeug-Ingenieur
Ausg. B.: Generalmajor d. VP
Partei: SED
L.: Maschinenschlosser. Kriegsdienst. 1945 KPD. Eintritt i. d. VP. 1945-50 Schutzpolizist i. Chemnitz, zuletzt Revierltr. Übernahme i. d. Verkehrspolizei. Offizier d. Verkehrspolizei i. Chemnitz, Potsdam u. Cottbus. Bis 1961 Fernstudium als Kfz.-Ingenieur. 1967-71 Ltr. d. HA Verkehrspolizei i. MdI. Seit 26. 6. 1973 Generalmajor d. VP. Seit 1971 Ltr. d. HA Schutzpolizei i. MdI.
Ausz.: VVO i. Gold (1979) u. a.

Heyden, Günter

Berlin-Friedrichshagen
Geb. 16. 2. 1921 i. Stargard/Pommern
Erl. B.: Ofensetzer, Gesellschaftswissenschaftler, Dr. phil.
Ausg. B.: Direktor d. Instituts f. Marxismus-Leninismus b. ZK d. SED
Partei: SED
L.: Ofensetzer. Kriegsdienst (Flak). Nach 1945 Studium d. Gewi. Tätigkeit a. d. FDGB-Schule Beesenstedt, zuletzt stellv. Dir. 1956 Promotion zum Dr. phil. a. Inst. f. Gewi. b. ZK d. SED. Doz., 1959 Prof. a. Inst. f. Gewi. b. ZK d SED. Seit 1969 Dir. d. Inst. f. Marxismus-Leninismus b. ZK d SED. Nachf. v. Lothar Berthold. Seit 16. 4. 1981 Mitgl. d. ZRK d. SED. Mitgl. d. Redaktionskollegiums d. „Deutschen Zeitschrift f. Philosophie" u. d. Zeitschrift „Einheit" (seit Sept. 1976).
Ausz.: VVO i. Gold (1981) u. a.

Heyer, Ernst

Potsdam
Geb. 20. 4. 1912 i. Varel/Oldenburg als Sohn eines Diplom-Ingenieurs
Erl. B.: Meteorologe, Dr. phil. habil.
Ausg. B.: Hochschullehrer
Partei: NDP
L.: Studium a. d. Uni. Köln, Königsberg u. Göttingen. Dr. phil. Meteorologe. 1937 NSDAP. 1950-55 Mitarbeiter d. Meteor.-Hydrologischen Dienstes i. Potsdam. 1958 Habil. Prof. f. Physische Geographie a. d. Pädag. HS Potsdam. 1952-63 Abg. BT Potsdam. Seit Febr. 1969 Vors. d. Bezirksausschusses Potsdam d. Nat. Front. Mitgl. d. Nationalrates d. NF u. d. Präs. d. Urania.
Ausz.: VVO i. Silber (1977) u. a.

Heyl, Wolfgang

Berlin
Geb. 21. 8. 1921 i. Borna bei Leipzig als Sohn eines Kaufmanns
Erl. B.: Zimmermann
Ausg. B.: Stellvertretender Vorsitzender d. CDU
Partei: CDU
L.: Besuch d. Volks- u. Oberschule. 1939 NSDAP. Kriegsdienst u. Gefangenschaft. 1945-47 Zimmermann. 1947-52 Mitarbeiter u. später Geschäftsführer d. IHK Borna. 1949 Mitgl. d. CDU. 1949-53 Stadtverordneter i. Borna. 1952 Organisationsltr. u. stellv. Vors. d. Bezirksverbandes Leipzig d. CDU. 1953-58 Abg. d. Bezirkstages Leipzig. 1954-58 Vors. d. Bezirksverbandes Leipzig d. CDU. 1958-66 stellv. Generalsekr. d. CDU. Seit 1966 Mitgl. d. Präs. d. Nationalrates d. NF. 1966-71 Sekr. d. Hauptvorstandes d. CDU. Seit 1958 Abg. d. VK. Seit 1963 Vors. d. CDU-Fraktion i. d. VK. 1967-71 u. seit 1976 stellv. Vors. d. IPG. Seit Juni 1971 stellv. Vors. d. CDU i. d. DDR. Seit Nov. 1971 stellv. Vors. d. Ausschusses f. Auswärtige Angelegenheiten d. VK. Seit Okt. 1976 Mitgl. d. Präs. d. VK. Seit 1974 bzw. 1975 Mitgl. d. Präs. d. Friedensrates u. d. Liga f. Völkerfreundschaft. Stellv. Vors. d. Freundschaftsges. DDR-Österreich.
Ausz.: VVO i. Gold (1973) u. a.

Heym, Stefan

(bei Geburt: Hellmuth Fliegel)
Berlin-Grünau
Geb. 10. 4. 1913 i. Chemnitz als Sohn eines Kaufmanns
Ausg. B.: Schriftsteller
L.: Besuch d. Volksschule u. d. Gymnasiums i. Chemnitz. Studium d. Philosophie, Germanistik u. Zeitungswissenschaft a. d. Uni. Berlin. 1933 Flucht i. d. CSR. Journalist linksgerichteter deutschsprachiger Zeitungen. 1935 Übersiedlung i. d. USA. Fortsetzung d. Studiums a. d. Uni. Chicago. Promotion. Tellerwäscher u. Aushilfskellner. Journal. u. schriftst. Betätigung („Die Nazis i. d. USA"). 1937-39 Red. d. antifasch. Wochenschrift „Deutsches Volksecho" i. New York. Danach Druckereivertreter. Ab 1943 Soldat d. amerik. Armee. Sergeant einer „Psychological Warfare"-Kompanie. Später Offizier. Ende 1945 Mitbegründer d. „Neuen Zeitung" i. München. Aus dem Heeresdienst entlassen u. Rückkehr i. d. USA. Erneute schriftst. Betätigung („Kreuzfahrer", „Die Augen d. Vernunft"). Herbst 1952 Teiln. d. amerik. Delegation am Weltfriedenskongreß i. Warschau. 1952 Rückkehr nach Deutschland. Freiberuflicher Schriftsteller i. Ostberlin. Mitgl. d. Vorstandes d. Schriftstellerverbandes d. DDR. 7. 6. 79 „wegen groben Verstoßes gegen das Statut d. Schriftstellerverbandes" ausgeschlossen.

Ausz.: Heinrich-Mann-Preis (1954). Nat.-Preis II. Kl. (1959) u. a.
Veröff.: „Kreuzfahrer von heute", 1950; „Goldsborough", 1953; „Die Kannibalen und andere Erzählungen", 1953; alle i. List-Verlag, Leipzig. „Offene Worte", Verlag Tribüne, Berlin, 1953. „Im Kopf sauber", List-Verlag, Leipzig, 1954. „Reise ins Land der unbegrenzten Möglichkeiten", Verlag Tribüne, Berlin, 1954. „Die Augen der Vernunft", List-Verlag, Leipzig, 1955. „Der Fall Glasenapp", List-Verlag, Leipzig, 1959. „Das kosmische Zeitalter", Verlag Tribüne, Berlin, 1959. „Schatten und Licht", Berlin, 1960. „Die Papiere des Andreas Lenz", Leipzig, 1964. „Der König David Bericht", Kindler-Vlg., München, 1972. „Lassalle", Vlg. Neues Leben. Berlin, 1974. „5 Tage im Juni", Bertelsmann-Verlag, München, 1974. „Auskunft", Neue Prosa aus d. DDR, hrsg. v. St. Heym, Bertelsmann-Verlag, München, 1975, „Collin", Bertelsmann-Vlg., München, 1979 (verfilmt für das westdtsch. Fernsehen), „Wege und Umwege", Bertelsmann Vlg., München, 1980, u. a.

Heynert, Horst
Karl-Marx-Stadt
Geb. 1921
Erl. B.: Gärtner, Diplom-Biologe, Dr. rer. nat. habil.
Ausg. B.: Hochschullehrer
Partei: SED
L.: Gärtner. Absolvent einer ABF. 1958 Dipl.-Biologe. Promotion zum Dr. rer. nat. a. d. Uni. Jena. Gegenwärtig Prof. f. Bionik a. d. Sektion Informationstechnik d. TH Karl-Marx-Stadt. Mitgl. d. Präs. d. Urania (zeitw. Vizepräs.). 1971-76 Vors. d. Urania i. Bez. Karl-Marx-Stadt.

Heynowski, Walter
Berlin
Geb. 20. 11. 1927 i. Ingolstadt
Ausg. B.: Drehbuchautor
Partei: SED
L.: Nach 1945 Mitarbeiter d. Zeitschrift „Zukunft" i. d. franz. Besatzungszone. 1948 Mitarbeiter d. Redaktion d. Zeitschrift „Start". Danach Volontär i. d. innenpolit. Red. d. „Berliner Zeitung". 1949-56 Chefred. d. Zeitschriften „Frischer Wind" bzw. „Eulenspiegel". 1956 abgesetzt. 1961-63 Programmdir. d. DFF. Seit 1963 Autor u. Regisseur d. DEFA („Mord i. Lwow", „Der lachende Mann", „Piloten i. Pyjama", „Im Feuer bestanden — Die letzten Stunden i. d. Moneda", 1978, u. a.). 1972 o. Mitgl. d. Akademie d. Künste.
Ausz.: VVO i. Gold (1974) u. a.
Veröff.: „Die Kugelweste", Vlg. d. Nation. Berlin 1980 (zus. mit Scheumann) u. a.

Hieblinger, Inge
Halle/Saale
Geb. 10. 1. 1928 i. Merseburg als Tochter eines Arbeiters
Erl. B.: Jurist, Dr. jur. habil.

Ausg. B.: Hochschullehrerin
Partei: SED
L.: Besuch d. Volks- u. Oberschule. Abitur. 1945 KPD. 1946 SED. 1947-50 Studium d. Rechtswiss. i. Halle. 1951-52 Hauptsachbearbeiterin i. Min. f. Gesundheitswesen. 1952-53 Referendar KG Halle. Seit 1953 Ass. bzw. Oberass. Martin-Luther-Uni. Halle-Wittenberg. Seit 1964 Dozentin, seit 1967 Prof. 1958 Promotion, 1964 Habil. 1967-71 Kand. d. ZK d. SED u. Abg. d. VK. Mitgl. d. Verfassungs- u. Rechtsausschusses.

Hiebsch, Hans
Jena
Geb. 10. 8. 1922 i. Bodenbach/CSR
Erl. B.: Lehrer, Psychologe, Dr. phil. habil.
Ausg. B.: Hochschullehrer
Partei: SED
L.: 1943 Studium a. d. Uni. Prag. 1946 Neulehrerkursus. Lehrer a. einer Landschule i. Krs. Wittenberg. 1951 wiss. Aspirantur. 1952 Diplom. 1954 Promotion i. Leipzig. Dozent a. d. KMU Leipzig. 1960 Habil. Seit 1962 Prof. a. d. Uni. Jena. Dir. d. Inst. f. Psychologie. Gegenwärtig Dir. d. Sektion Psychologie. Stellv. Vors. d. Ges. f. Psychologie d. DDR. Mitgl. d. Sächs. Akademie d. Wiss.
Veröff.: „Sozialpsychologische Grundlagen d. Persönlichkeitsformung", 1966. „Einführung i. d. marx. Sozialpsychologie", 1965 (mit Vorwerg) u. a. m.

Hilbert, Fritz
Berlin
Erl. B.: Diplom-Physiker, Dr.
Ausg. B.: Stellvertretender Minister
Partei: SED
L.: Dipl.-Physiker. In den 50er Jahren Abt.-Ltr. (Techn. HS) i. SHF. 1965 stellv. Staatssekr. f. Forschung u. Technik. Seit 1967 stellv. Min. f. Wiss. u. Technik. Ltr. d. DDR-Komitees f. friedl. Erforschung u. Nutzung d. Weltraums. Mitgl. d. Präs. u. Sekr. d. Präs. d. Forschungsrates b. MR. Seit 1968 Mitgl. d. Präsidialrates d. KB. Regierungsbevollmächtigter d. DDR f. d. Vereinigte Inst. f. Kernforschung i. Dubna.
Ausz.: VVO i. Bronze (1973) u. a.

Hilbig, Klaus
Berlin
Geb. 10. 2. 1930 i. Leipzig als Sohn eines Arbeiters
Ausg. B.: Chefredakteur, Dr. phil.
Partei: SED
L.: 1948 Abitur a. d. Zabelschule i. Gera. Anschl. Studium d. Gewi. a. d. Uni Jena. Vors. d. FDJ-Hochschulgruppe. 1951-60 Chefred. d. Zeitschrift „Der Junge Pionier" u. „Die Trommel". 1960 Aspirantur a. d. Akademie f. Gewi. b. ZK d. KPdSU. 1965-72 Chefred. d. Wochenzeitung „Forum". Seitdem Chefred. f. Kulturpolitik b. DDR-Fernsehen.
Ausz.: VVO i. Gold (1979) u. a.

Hildebrandt, Hans-Joachim

Zittau/Sa.
Geb. 6. 11. 1915 i. Dresden
Erl. B.: Energiewirtschaftler, Diplom-Ingenieur, Dr. rer. oec.
Ausg. B.: Hochschullehrer
Partei: SED
L.: Studium d. Elektrotechnik u. Ökonomie TH Dresden. Dipl.-Ing. 1946 SED. Obering. u. Dir. i. d. Energiewirtschaft. Hauptdir. d. Energiebez. Nord. 1956-59 Lehrtätigkeit a. d. TU Dresden. Prof. f. Energiewirtschaft bzw. f. sozial. Betriebswirtschaft. Dir. d. Inst. f. Ökonomie d. Energetik. 1969-81 Rektor d. Ing.-HS Zittau. Vors. d. Nat. Komitees d. DDR f. Weltenergiekonferenz.
Ausz.: VVO i. Gold (1980) u. a.

Hillmann, Bernd

Neubrandenburg
Geb. 4. 1. 1943
Erl. B.: Dipl.-Ing. oec.
Ausg. B.: Vorsitzender d. BV Neubrandenburg d. CDU
Partei: CDU
L.: Studium a. d. Uni. Rostock. 1970 Dipl.-Ing. oec. Danach bis 1972 AL i. VEB Baumechanik Neubrandenburg. 1972-75 stellv. Investbaultr. i. VEB Wasserversorgung u. Abwasserbehandlung Neubrandenburg. Anschl. erneut verantw. Funktionen i. VEB Baumechanik Neubrandenburg. 1966 Mitgl. d. CDU. 1975-78 stellv. Vors. d. KV Neubrandenburg d. CDU. Seit 1974 StVV i. Neubrandenburg. 1978-81 stellv. Vors., seit 11. 2. 1981 Vors. d. BV Neubrandenburg d. CDU. Nachf. v. Dietrich Lehmann.

Hintzmann, Peter

Berlin
Geb. 3. 2. 1936 i. Rostock als Sohn eines Angestellten
Erl. B.: Diplom-Wirtschaftler
Ausg. B.: AL i. MfAA, Botschafter
Partei: SED
L.: Abitur. 1956-60 Studium a. d. DASR. Seit 1960 Angehöriger d. diplom. Dienstes d. DDR. MA d. Botschaft d. DDR i. Polen, Referent i. d. Nordeuropa-Abt. d. MfAA. 1964 MA d. Vertretung d. KfA i. Dänemark. 1968-69 stellv. Ltr. d. DDR-Handelsvertretung i. Dänemark. 1969-71 Besuch d. Diplomaten-HS i. Moskau. 1972-77 Ltr. d. Handelsvertretung d. DDR bzw. Botschafter i. Norwegen. 1973-77 zusätzl. Botschafter i. Island. Seit 1977 Ltr. d. Abt. Nordeuropa i. MfAA. Nachf. v. Peter Steglich.
Ausz.: VVO i. Bronze (1977) u. a.

Hinz, Heide

Schwerin
Geb. 25. 6. 1939
Erl. B.: Versicherungskaufmann, Ingenieur-Ökonom
Ausg. B.: Sekretär d. SED-BL Schwerin
Partei: SED
L.: Versicherungskfm. Seit 1958 FDJ-Funktionärin. Sekr. einer KL d. FDJ u. MA d. BL. Studium d. Ing.-Ökonomik i. Eisenbahnwesen. 1964-69 2. Sekr. d. FDJ-BL Schwerin. 1969-70 Studium a. d. PHSch d. KPdSU i. Moskau. Sept. 1970-Okt. 1975 1. Sekr. d. FDJ-BL Schwerin. 1975-79 AL f. Wiss., Volksbildung u. Kultur i. d. SED-BL Schwerin. Seit 11. 2. 1979 Sekr. f. Wiss., Volksb. u. Kultur d. SED-BL Schwerin. Nachf. v. Ernst Parchmann.
Ausz.: VVO i. Bronze (1973) u. a.

Hoberg, Ernst

Magdeburg
Geb. 11. 8. 1913
Erl. B.: Diplom-Wirtschaftler, Dr.
Rentner
Partei: SED
L.: 1954 kfm. Dir., 1961 Werkltr., 1969-78 Generaldir. Schwermaschinenbaukombinat „Ernst Thälmann" Magdeburg. Seit 26. 10. 1976 Vors. d. DSF i. Bez. Magdeburg.
Ausz.: Orden „Banner d. Arbeit" (1973) u. a.

Hoche, Eberhardt

Erfurt
Geb. 6. 1. 1947 i. Nordhausen als Sohn eines Arbeiters
Erl. B.: Schlosser, Diplom-Staatswissenschaftler
Ausg. B.: 1. Sekretär d. FDJ-BL Erfurt
Partei: SED
L.: Besuch d. Oberschule, Schlosserlehre. 1963 FDJ, 1967 SED. Seit 1966 hauptamtl. FDJ-Funktionär i. Nordhausen. 3 Jahre Angehöriger d. Grenztruppen d. NVA. Besuch d. Jugend-HS „W. Pieck", 1971-75 2. bzw. 1. Sekr. FDJ-KL Nordhausen. Fernstudium. 1976 Diplom-Staatswiss. Seit April 1975 2. Sekr., seit 31. 8. 1979 1. Sekr. d. FDJ-BL Erfurt. Nachf. Hans-Jürgen Danisch. Seit Sept. 1979 Mitgl. d. Sekr. d. SED-BL. Seit Dez. 1979 Mitgl. d. ZR d. FDJ.
Ausz.: Artur-Becker-Medaille i. Gold (1975).

Hochmuth, Arno

Berlin
Ausg. B.: Hochschullehrer, Dr. phil.
Partei: SED
L.: Studium. Kulturwissenschaftler. Dozent a. Lehrstuhl Gewi b. IfG. 1966-72 Ltr. d. Abt. Kultur d. ZK d. SED. Seit 1963 Mitgl. d. Präsidialrates d. KB. Seit 1972 o. Prof. a. d. Sektion Ästhetik-Kunstwiss. Humboldt-Uni. Ostberlin. Seit Juni 1977 Vors. d. KB i. Ostberlin. Nachf. v. Hans Pischner. Mitgl. d. Redaktion (Chefred.) d. Ztschr. „Temperamente".
Ausz.: VVO i. Silber (1968) u. a.

Hochmuth, Gerhard

Leipzig
Geb. 2. 11. 1927 i. Georgenthal
Erl. B.: Dipl.-Ing., Dr.-Ing. et paed. habil.
Ausg. B.: Hochschullehrer

Partei: SED
L.: Bis 1951 aktiver Skisportler. DDR-Studentenmeister i. Spezialsprunglauf. Seit 1953 Lehrtätigkeit a. d. DHfK i. Leipzig. Zeitw. Dir. d. Inst. f. Biomechanik. Fünfjähriges Studium d. techn. Mechanik u. Strömungslehre a. d. TH Dresden. Gegenwärtig Prof. u. Bereichsltr. i. Forschungsinst. f. Körperkultur u. Sport DHfK. 1970-74 Präs. d. Skiläuferverbandes d. DDR (jetzt nur noch Mitgl. d. Präsidiums).
Ausz.: Artur-Becker-Medaille i. Gold (1972) u. a.

Hochmuth, Hans

Magdeburg
Geb. 16. 9. 1931
Erl. B.: Hobler, Diplom-Gesellschaftswissenschaftler
Ausg. B.: Sekretär d. SED-BL Magdeburg
Partei: SED
L.: Hobler u. Fräser. FDJ-Funktionär. 1953-54 1. Sekr. FDJ-KL Kalbe. 1954-60 1. Sekr. FDJ-KL Wernigerode. 1960 Studium PHSch d. SED. 1963-71 1. Sekr. FDJ-BL Magdeburg. Seit 1971 MA BL Magdeburg d. SED sowie 1. Sekr. d. SED-KL Schönebeck. Seit 3. 4. 1976 Sekr. f. Agitprop. d. SED-BL Magdeburg. Nachf. v. Kurt Zenk. Abg. d. BT.
Ausz.: VVO i. Silber (1975) u. a.

Höfer, Karl-Heinz

Markkleeberg
Geb. 12. 5. 1926 i. Saalfeld
Erl. B.: Diplom-Bergingenieur, Dr.-Ing.
Ausg. B.: Institutsdirektor
L.: Dipl.-Berging. Dir. d. Inst. f. Grubensicherheit (Bergbausicherheit) i. Leipzig. Seit 1967 o. Mitgl. d. DAW.

Höfer, Karl-Heinz

Halle/Saale
Geb. 16. 4. 1937
Erl. B.: Chemiefacharbeiter, Dipl.-Ing.
Ausg. B.: Stellv. Vorsitzender d. RdB Halle
Partei: NDP
L.: Chemiefacharbeiter, Dipl.-Ing. Seit Sept. 1978 stellv. Vors. d. RdB Halle f. Wohnungspolitik. Nachf. v. Otto Ecke. Seit Juni 1981 Abg. d. BT. Mitgl. d. BV Halle d. NDP.

Höfer, Roland

Berlin
Geb. 1934
Erl. B.: Diplom-Dolmetscher
Ausg. B.: Generalkonsul
Partei: SED
L.: Diplom-Dolmetscher u. Übersetzer. 1962 wiss. MA d. Abt. f. German. Sprachen a. Dolmetscher-Inst. KMU Leipzig. 1966 Studienaufenthalt i. d. VAR. Am 13. Aug. 1961 als Kampfgruppenmitglied (Kampfgr. Btl. „H. Rau") aktiv a. d. Absperrungsmaßnahmen i. Berlin beteiligt. In den 70er Jahren 2. Sekr. a. d. DDR-Botschaft i. China. Seit Juni 1980 Generalkonsul d. DDR i. Ho-Chi-Minh-Stadt.

Höfner, Ernst

Berlin
Geb. 1. 10. 1929
Erl. B.: Industriekaufmann, Diplom-Gesellschaftswissenschaftler
Ausg. B.: Minister d. Finanzen
Partei: SED
L.: Industriekaufmann. Im Finanzwesen d. DDR tätig. In den 60er Jahren Ltr. d. Abt. Grundsatzu. Perspektivplan i. MdF. 1970-76 stellv. Finanzminister d. DDR. Febr. 1976-Jan. 1979 1. Sekr. d. SED-KL Zentrale Bank- u. Finanzorgane. Jan. 1979-Juni 81 1. Sekr. d. SED-KL d. SPK. Seit 26. Juni 1981 Minister d. Finanzen. Nachf. v. Werner Schmieder. Mitgl. d. Präsidiums d. MR.
Ausz.: VVO i. Bronze (1973) u. a.

Höhn, Kurt

Berlin-Köpenick
Geb. 21. 5. 1907 i. Wiesbaden als Sohn eines Steuersekretärs
Erl. B.: Journalist
Ausg. B.: CDU-Funktionär
Partei: CDU
L.: Besuch d. Volksschule u. eines Reformrealgymnasiums. 1926 Abitur i. Halle/S. 1926-33 Studium a. d. Uni. Marburg, Wien u. Halle/S. 1933 NSDAP. Red. d. „Saale-Zeitung" i. Halle/S. 1939-46 Soldat u. Kriegsgef. 1946-51 Hilfsarbeiter u. Bauverwalter. 1948 CDU. 1951 stellv. Chefred. „Der Neue Weg" i. Halle/S. Seit 1952 MA d. Hauptvorstandes d. CDU. Ltr. d. Pressestelle d. Hauptvorstandes d. CDU. Seit 1954 Mitgl. d. Hauptvorstandes d. CDU. Seit 1971 Ltr. d. Büros d. Präsidiums d. Hauptvorstandes u. Mitgl. d. Sekr. Seit 1966 Mitgl. d. Präs., 1970-82 stellv. Vors. d. Zentralausschusses d. Volkssolidarität.
Ausz.: VVO i. Gold (1977) u. a.

Höhne, Gerd

Wien
Geb. 13. 8. 1929 i. Dautzschen, Krs. Torgau, als Sohn eines Arbeiters
Erl. B.: Diplom-Staatswissenschaftler, Dr. rer. pol.
Ausg. B.: Botschafter, Ständiger Vertreter
Partei: SED
L.: Besuch d. Volks- u. Handelsschule. 1949-52 Besuch einer ABF. 1952-55 Studium a. d. DASR. Dipl.-Staatswiss. Seit 1955 Angehöriger d. diplom. Dienstes d. DDR. 1961-63 2. Sekr. i. Prag. 1963-65 Sektionschef i. d. Abt. Internat. Org. MfAA. 1965-66 u. 1968-76 stellv. Ltr. d. Abt. Internat. Org. i. MfAA. 1966-68 erneutes Studium DASR. Promotion z. Dr. rer. pol. Juni 1976-März 79 Botschafter u. Ständiger Vertreter d. DDR b. Sitz d. UNO u. anderen internat. Org. i. Genf. Nachf. v. Gerhard Kegel. Seit 23. 2. 1982 Ständiger Vertreter d. DDR bei d. Vereinten

Nationen u. anderen internat. Org. i. Wien. Nachf. von Gerhard Thomas. Ausz.: VVO i. Bronze (1975) u. a.

Höldtke, Siegfried
Berlin
Geb. 1930
Ausg. B.: Generalkonsul
Partei: SED
L.: Studium a. d. Verwaltungsakademie Forst-Zinna. Seit Anfang d. 50er Jahre Angehöriger d. diplom. Dienstes d. DDR. Referent, Hauptreferent i. MfAA. Ende d. 50er Jahre 2. Sekr. i. Jugoslawien. Danach als stellv. Ltr. d. Presseabt. i. MfAA u. erneut als Geschäftsträger i. Jugoslawien tätig. 1974-79 Botschaftsrat u. Ltr. d. Presseabt. a. d. Ständ. Vertr. d. DDR i. Bonn. Seit März 1982 Generalkonsul d. DDR i. Kiew. Nachf. v. Rudolf Roscher.
Ausz.: VVO i. Bronze (1979) u. a.

Hölterhoff, Rudolf
Meißen
Geb. 1919
Erl. B.: Agrarwissenschaftler, Dr. agr.
Ausg. B.: Hochschullehrer
Partei: SED
L.: Kriegsdienst. Nach 1945 Lehrer a. d. Fachschule f. Landwirtschaft i. Prenzlau. Seit 1953 a. d. HS f. LPG i. Meißen tätig. 1959-62 Aspirant a. d. HS f. Landwirtschaft i. Prag. Promotion zum Dr. agr. i. Prag. Anschl. Dozent f. Arbeitsökonomik a. d. HS f. LPG i. Meißen. Seit 1965 Prof. 1965-67 Rektor d. LPG-HS.

Höltge, Arthur
Berlin
Geb. 17. 2. 1932 i. St. Andreasberg
Erl. B.: Schlosser, Diplom-Staatswissenschaftler
Ausg. B.: Botschafter
Partei: SED
L.: Schlosserlehre. Studium d. Außenpolitik a. d. DASR. 1953 Diplom-Staatswiss. Seit 1953 Angehöriger d. diplom. Dienstes. 1958-61 Attaché bzw. 3. Sekr. i. Peking. 1961-66 Sektionsltr. i. MfAA. 1966-69 stellv. Ltr. d. DDR-HV i. Brasilien. 1969-73 stellv. Ltr. d. Abt. Lateinamerika i. MfAA. 1973-77 Botschaftsrat u. Geschäftsträger d. DDR i. Brasilien. 1977-80 Sektionsltr. i. MfAA. Seit 2. 12. 1980 Botschafter d. DDR i. Peru. Nachf. v. Gerhard Witten.
Ausz.: Verdienstmedaille d. DDR.

Hoell, Günter
Berlin
Geb. 1934 i. Löbau/Sa.
Erl. B.: Agrarökonom, Dr. sc. oec.
Ausg. B.: Hochschullehrer
Partei: SED
L.: Studium d. Wirtschaftswiss. u. Agrarökonomik. Teilaspirantur a. d. Moskauer Universität. Seit 1970 o. Prof. f. Geschichte d. Polit. Ökonomie a. d. HS f. Ökonomie i. Ostberlin. Dir. d. Sektion Marxismus-Leninismus. Mitgl. d. Präs. d. URANIA.
Ausz.: VVO i. Bronze (1980).

Hönel, Harald
Magdeburg
Geb. 1934
Erl. B.: Chemieingenieur, Berufsschullehrer, Diplom-Pädagoge
Ausg. B.: Bezirksschulrat
Partei: SED
L.: Berufsschullehrer f. Math. u. Naturwiss. Chemieing. u. Diplom-Pädagoge. Zeitw. Kreisschulrat i. Mühlhausen u. 1973-76 Stadtschulrat i. Erfurt. 1976-81 Bezirksschulrat i. Suhl. Seit März 1981 Bezirksschulrat u. Mitgl. d. RdB Magdeburg. Nachf. v. Hans Meier. Korr. Mitgl. d. APW. Oberstudienrat.
Ausz.: Verdienter Lehrer d. Volkes (1980) u. a.

Höpcke, Klaus
Berlin
Geb. 1933
Erl. B.: Diplom-Journalist
Ausg. B.: Stellvertretender Minister f. Kultur
Partei: SED
L.: 1947 Mitgl. d. FDJ. Studium d. Publizistik a. d. Uni. Leipzig. Dipl.-Journalist. Danach wiss. Oberass. am Inst. f. Theorie u. Praxis d. Pressearbeit sowie Lehrbeauftragter f. Innen- u. Außenpolitik i. d. Presse a. d. Leipziger Uni. Juli 1962-Jan. 1964 1. Sekr. d. FDJ-BL Leipzig. 1964-73 Kulturred. d. ND. Seit 1968 Mitgl. d. Präsidialrates d. DKB. Seit März 1973 stellv. Min. f. Kultur u. Ltr. d. HV Verlage u. Buchhandel. Nachf. v. Bruno Haid.
Ausz.: VVO i. Bronze (1969) u. a.

Höppner, Rudolf
Berlin
Geb. 28. 10. 1923 i. Güstrow/Meckl.
Erl. B.: Schlosser, Diplom-Wirtschaftler
Ausg. B.: Stellv. Generalsekretär
Partei: SED
L.: Volksschule. 1938-41 Schlosserlehre. Anschl. als Schlosser tätig. Kriegsdienst. 1948 SED. 1948-50 Vors. d. FDGB i. Krs. Güstrow. 1950-58 Funktionär d. IG Metall u. d. BV d. FDGB. Vors. d. IG örtl. Wirtschaft, stellv. Vors. d. IG Chemie. Seit 1952 Mitgl. d. BV, seit 1956 Mitgl. d. Präs. d. BV d. FDGB. 1958-65 Vors. d. ZV d. IG Chemie. 1966-68 Studium a. d. HS f. Ökonomie i. Berlin. Dipl.-Wirtschaftler. März 1968-Jan. 1979 Vors. d. Bezirksvorstandes Berlin d. FDGB. Nachf. v. Waldemar Sukale. Mitgl. d. Sekr. d. SED-BL. Seit Nov. 1971 Abg. i. d. VK, 1971-81 1. stellv. Vors. d. Ausschusses f. Handel u. Versorgung. 1971 Mitgl. d. BV, seit 1979 stellv. Vors. u. Generalsekr. d. Solidaritätskomitees d. DDR. Seit 1981 Mitgl. d. Ausschusses f. Auswärtige Angel. d. VK.
Ausz.: VVO i. Silber (1974) u. a.

Hörnig, Hannes
Berlin
Geb. 1. 4. 1921 i. Leppersdorf, Krs. Dresden
Erl. B.: Schlosser, Lehrer, Diplom-Gesellschaftswissenschaftler
Ausg. B.: Abteilungsleiter beim ZK d SED
Partei: SED
L.: Schlosser. Kriegsdienst (Pz.-Jäger). 1945 Mitgl. d. KPD. Neulehrer. Kreisschulrat i. Sachsen. Besuch der PHSch d. SED. Seit Anfang der 50er Jahre Mitarbeiter d. ZK d. SED. Seit 1955 Ltr. d. Abt. Wissenschaften beim ZK d. SED. 1963-67 Kand., seit April 1967 (VII. Parteitag) Vollmitgl. d. ZK d. SED.
Ausz.: VVO i. Gold (1971), Dr. phil. h. c. KMU Leipzig (1980) u. a.

Hörz, Herbert
Berlin
Geb. 12. 8. 1933 i. Stuttgart
Erl. B.: Philosoph, Dr. sc. phil.
Ausg. B.: Hochschullehrer
Partei: SED
L.: Besuch d. Oberschule Erfurt. FDJ-Funktionär. 1952-56 Studium d. Philosophie u. Physik a. d. Uni. Jena u. Berlin. 1956 Staatsexamen mit Auszeichnung. 1960 Promotion zum Dr. phil. („Die phil. Bedeutung d. Heisenbergschen Unbestimmtheitsrelationen"). 1962 Habil. 1965 Prof. a. d. Humboldt-Uni. Ostberlin. Dir. d. Sektion marx.-lenin. Philosophie. Seit 1973 Ltr. d. Bereichs phil. Probleme d. Wissenschaftsentw. a. Zentralinst. f. Philosophie d. AdW (stellv. Dir. d. Inst.). Seit 1977 o. Mitgl. d. AdW. Mitgl. d. Präsidiums d. ZV d. Gewerkschaft Wissenschaft i. FDGB. Vors. d. Kreisvorstandes d. Gewerkschaft Wissenschaft a. d. AdW.
Ausz.: Nat.-Preis II. Kl. (1972) u. a.
Veröff.: „Atome, Kausalität, Quantensprünge", 1964, u. a. m.

Hößelbarth, Rolf
Berlin
Geb. 1931
Erl. B.: Färber, Ingenieur, Diplom-Gesellschaftswissenschaftler
Ausg. B.: Vorsitzender d. Gewerkschaft d. MA d. Staatsorgane u. d. Kommunalwirtschaft
Partei: SED
L.: Färber, Ingenieur u. Diplom-Gesellschaftswiss. FDGB-Funktionär, u. a. Sekr. f. Arbeit u. Löhne d. BV Gera d. FDGB. Seit 27. 3. 1980 Vors. d. Gewerkschaft d. MA d. Staatsorgane u. d. Kommunalwirtschaft i. FDGB. Nachf. v. Helmut Thiele. Seit 1980 Mitgl. d. BV d. FDGB.
Ausz.: VVO i. Bronze (1979) u. a.

Hofé, Günter
Berlin
Geb. 17. 3. 1914 i. Berlin als Sohn eines Schlossers
Erl. B.: Kaufmann, Diplom-Staatswissenschaftler
Ausg. B.: Verlagsdirektor, NDP-Funktionär
Partei: NDP
L.: Gymnasium. 1934 Abitur. Bankkfm. 1939 NSDAP. Teilnehmer am 2. Weltkrieg. Artillerie-Offizier. Amerik. Kriegsgef. Lehrer. Ltr. d. Volkshochschule Berlin-Friedrichshagen. 1947 Lektor. 1949 Mitgl. d. NDP. Seit 1949 Ltr. d. Verlages d. Nation i. Ostberlin. Seit 1949 Mitgl. d. Präsidialrates d. KB. Seit 1950 Mitgl. d. Hauptausschusses d. NDP. Seit 1954 1. Stellv. Vors. d. Börsenvereins d. Deutschen Buchhändler zu Leipzig (jetzt Verlegerverband d. DDR). Zeitw. Mitgl. StVV Ostberlin. Schriftstellerische Betätigung.
Ausz.: VVO i. Gold (1979) u. a.
Veröff.: „Niersteiner Spätlese", Verlag der Nation Berlin. „Rivalen am Steuer". „Roter Schnee", Verlag der Nation, Berlin, 1962. „Merci, Kamerad", Verlag der Nation, Berlin, 1970. „Schlußakkord", Verlag der Nation, Berlin, 1974, „Der dalmatinische Dolch", Verlag d. Nation, Berlin, 1980 u. a. m.

Hoffmann, Günter
Berlin
Geb. 1929
Erl. B.: Vermessungstechniker, Diplom-Gesellschaftswissenschaftler, Ing.-Ök.
Ausg. B.: Stellv. Oberbürgermeister v. Ostberlin
Partei: SED
L.: Vermessungstechniker. Nach 1945 Offizier d. VP. In den 70er Jahren Oberstltn. d. VP u. 1. Sekr. d. SED-KL i. Polizeipräsidium Ostberlin. Seit 25. 10. 1976 stellv. OB v. Ostberlin f. Inneres. Nachf. v. Kurt Helbig.
Ausz.: Orden „Banner d. Arbeit" Stufe III (1981) u. a.

Hoffmann, Hans-Joachim
Berlin
Geb. 10. 10. 1929 i. Bunzlau
Erl. B.: Elektromonteur, Diplom-Gesellschaftswissenschaftler
Ausg. B.: Minister f. Kultur
Partei: SED
L.: Volksschule. 1943-45 Lehre als Elektromonteur. Bis 1948 i. seinem Beruf tätig. 1945 KPD, 1946 SED. Seit 1948 FDJ- u. SED-Funktionär, u. a. 1. Sekr. d. FDJ-KL Leipzig, Sekr. f. Agitprop. d. FDJ-BL u. SED-STL Leipzig. 1954-56 Besuch d. PHSch d. SED. Dipl.-Gewi. 1960-62 1. Sekr. d. STBL Leipzig-Mitte. 1962-66 1. Sekr. d. SED-KL Eilenburg. 1966-71 Sekr. f. Agitprop., dann f. Wiss., Volksbildung u. Kultur u. v. Nov. 1970-Nov. 1971 2. Sekr. d. SED-BL Leipzig. 1971-73 Ltr. d. Abt. Kultur i. ZK d. SED. Nachf. v. Arno Hochmuth. Seit Febr. 1973 Min. f. Kultur. Nachf. v. Klaus Gysi. Seit 22. 5. 1976 Mitgl. d. ZK d. SED. Seit Okt. 1976 Abg. d. VK. Seit Sept. 1977 Mitgl. d. Präs. d. KB. Seit Mai 78 Mitgl. d. ZV d. DSF. Seit 18. 9. 1980 Vors. d. Nationalen Rates zur Pflege u. Verbreitung d. deutschen Kulturerbes beim MR d. DDR.
Ausz.: VVO i. Gold (1974) u. a.

Hoffmann, Heinz
Berlin
Geb. 8. 9. 1921 i. Berlin
Erl. B.: Lehrer, Diplom-Gesellschaftswissenschaftler
Ausg. B.: Botschafter
Partei: SED
L.: Teilnehmer am 2. Weltkrieg (Uffz., Luftnachrichten). Nach 1945 Lehrer f. Geschichte. In den 50er Jahren Sektorenltr. i. d. Abt. allgemeinbildende Schulen d. ZK d. SED. 1961 Sekr., 1962-72 stellv. Vors. d. ZV d. Gewerkschaft Unterricht u. Erziehung i. FDGB. Seit 1972 MA d. MfAA. Seit März 1973 Botschafter d. DDR i. Belgien. Seit April 1973 Botschafter i. Luxemburg.
Ausz.: Verdienter Lehrer d. Volkes (1970), VVO i. Silber (1981) u. a.

Hoffmann, Joachim
Berlin
Geb. 8. 7. 1923 als Sohn eines Arbeiters
Erl. B.: Diplom-Wirtschaftler
Ausg. B.: Bezirksbürgermeister v. Berlin-Weißensee
Partei: SED
L.: Verwaltungsangest. Nach 1945 i. d. Stadtbezirksverw. Berlin-Treptow tätig. 1952 Abt.-Ltr. Finanzen, 1958 Bezirksrat, 1959-60 1. stellv. Bezirksbürgermeister, 1960-61 Bezirksbürgermeister, 1961-69 erneut 1. stellv. Bezirksbürgermeister. Seit Mai 1969 Bezirksbürgermeister v. Berlin-Weißensee. Nachf. v. Johanna Kuzia. 1971-81 Mitgl. d. StVV Ostberlin.
Ausz.: VVO i. Bronze (1976) u. a.

Hoffmann, Johannes
Neubrandenburg
Geb. 1928
Erl. B.: Kaufm. Angestellter, Finanzwirtschaftler, Diplom-Staatswissenschaftler
Ausg. B.: Stellv. Vorsitzender d. RdB Neubrandenburg
Partei: LDP
L.: Kaufm. Angestellter, Finanzwirtschaftler u. Diplom-Staatswiss. Zeitw. stellv. Vors. d. LDP i. Bez. Leipzig. Seit 1962 stellv. Vors. d. RdB Neubrandenburg (jetzt f. Verkehrs- u. Nachrichtenwesen). Abg. d. BT.

Hoffmann, Heinz
Strausberg
Geb. 28. 11. 1910 i. Mannheim als Sohn eines Arbeiters
Erl. B.: Maschinenschlosser, Diplom-Militärwissenschaftler
Ausg. B.: Minister f. Nationale Verteidigung, Armeegeneral d. NVA
Partei: SED
L.: Besuch d. Volksschule i. Mannheim. 1925-28 Maschinenschlosserlehre i. d. Motorenwerken Mannheim. Polit-Ltr. d. KJV i. Mannheim-Jungbusch. 1926-30 Funktionär d. KJV. 1930 Mitgl. d. KPD. Nach 1933 ill. Tätigkeit f. d. KPD. Org. bzw. Pol. Ltr. d. KPD-BL Baden-Mannheim. 1935 Emigration i. d. SU. 1935 Besuch d. Leninschule. 1936/37 Besuch d. Frunse-Akademie i. Rjasan. März 1937 milit. Einsatz i. Spanien. Bataillonskommandeur u. später Politkommissar i. d. XI. Internat. Brigade i. Spanien. Danach Flucht nach Frankreich. 1939 Rückkehr i. d. SU. 1941-43 Besuch d. Kominternschule. Zeitw. Oberltn. d. Roten Armee u. Lehrer i. Lager Karaganda, Oranki, u. Krasnogorsk. 1946 Rückkehr nach Deutschland. Hauptamtl. Mitarbeiter d. SED-Landesltg. Berlin (Ost). 1947-49 Sekr. d. LL Groß-Berlin d. SED. Seit 1. 7. 49 Generalinspekteur d. DVP u. ständiger Vertreter d. Ltr. d. Deutschen Verwaltung d. Innern u. Leiter der Hauptabteilung Politik-Kultur i. d. Hauptverwaltung d. VP. 1950 Generalinspekteur u. Ltr. d. Hauptverwaltung f. Ausbildung. 1950-52 Kand. d. ZK d. SED. Seit 1950 Abg. d. VK. 1952-55 Generalleutnant d. KVP, stellv. Min. d. Innern u. Chef d. KVP. Seit 1952 Mitgl. d. ZK d. SED. 1955-57 Besuch d. Generalstabsakademie d. UdSSR. Zeitw. Vertreter d. DDR i. Stab d. Oberkommandos d. Warschauer Paktstaaten. Chef des Heeres, dann Chef des Stabes. 1956-60 1. stellv. Min. f. Nationale Verteidigung. Okt. 1959 Generaloberst d. NVA. Seit Juli 1960 Min. f. Nat. Verteidigung. Nachf. v. W. Stoph. 1. 3. 1961 zum Armeegeneral befördert. Seit 2. 10. 1973 Mitgl. d. Politbüros d. ZK d. SED.
Ausz.: VVO i Gold (1954). Rotbanner-Orden d. UdSSR (1965). Scharnhorst-Orden (1966). Kampforden i. Gold „Für Verdienste um Volk u. Vaterland" (1970). Karl-Marx-Orden (1970). Orden d. Vaterl. Krieges I. Grades (1970). Held d. DDR (1975). Dr. h. c. d. PHSch d. SED (1975). Scharnhorst-Orden (1979) u. a.

Hoffmann, Siegfried
Leipzig
Geb. 28. 9. 1922 i. Leipzig
Erl. B.: Buchhändler, Diplom-Wirtschaftler
Ausg. B.: Verlagsleiter
Partei: SED
L.: Volksschule. Buchhändler. In den 50er Jahren Fachdir. Buch-Export u. Import GmbH. Seit 1957 MA, seit 1. 1. 1960 Ltr. d. VEB Fachbuch- u. Fotokinoverlag Leipzig. 1956-61 Fernstudium. Diplom-Wirtschaftler. Bis 1971 stellv. Vors., seit Juni 1971 Vors. d. Börsenvereins Deutscher Buchhändler (Verlegerverband d. DDR).
Ausz.: Kunstpreis d. DDR (1977), VVO i. Bronze (1978) u. a.

Hoffmann, Willy
Berlin
Geb. 5. 12. 1925 i. Lobstädt/Leipzig
Ausg. B.: Botschafter, Dr.
Partei: SED
L.: Vor 1945 als Matrose bei der Handels- bzw. Kriegsmarine. Nach d. Krieg i. örtl. Organen tätig. Studium. Seit 1964 Angehöriger d. diplom. Dienstes. Sektorenltr. Italien u. stellv. AL Westeuropa i. MfAA. 1967-68 1. Sekr., 1969-71 Rat b.

d. DDR-Botschaft i. Rumänien. 1975-78 Rat bei der DDR-Botschaft i. Marokko. Anschl. Sektorenltr. i. MfAA. Mai 1981-März 1982 Botschafter d. DDR i. Königreich d. Niederlande. Nachf. v. Gerh. Waschewski.
Ausz.: VVO i. Bronze (1979).

Hofmann, Hans

Rostock
Geb. 1932
Erl. B.: Schiffsbauer, Technischer Zeichner, Diplom-Staatswissenschaftler
Ausg. B.: Konteradmiral
Partei: SED
L.: Schiffsbauer u. Techn. Zeichner i. einer Werft. 1952 Eintritt i. d. Seestreitkräfte d. DDR. 1962 Dipl.-Staatswiss. a. d. DASR. Absolvent d. Militärakad. „Fr. Engels", (1966 „sehr gut"). Stabschef, dann Kommandeur eines Flottenverbandes d. Volksmarine. 1971-74 Studium a. d. Militärakad. d. SU. Seit 26. 2. 1975 Konteradmiral. Stellv. Kdr. d. Volksmarine u. Chef d. Rückwärtigen Dienste.
Ausz.: VVO i. Bronze (1980) u. a.

Hofmann, Heinz

Berlin
Geb. 23. 6. 1925 i. Bleicherode, Krs. Nordhausen
Erl. B.: Verwaltungsangestellter, Dramaturg, Theater- u. Filmwissenschaftler
Ausg. B.: Film- u. Fernsehkritiker
Partei: NDP
L.: Volksschule. Verwaltungsfachschule. Polizeiangestellter. Kriegsdienst i. d. SS-Pz.-Div. Hohenstaufen. SS-Standartenoberfunker. 1943 NSDAP. 1948-50 Studium a. d. Schauspielabt. d. Thür. Landeskonservatoriums. Dramaturg, Theaterwiss. KB-Funktionär. 1950-55 Hilfsredakteur, Redakteur u. Ltr. d. Kulturabt. d. „National-Zeitung". Seit 1955 freischaffender Publizist, Theater-, Film- u. Fernsehkritiker. 1949 NDP. 1959-62 Dozent f. Filmanalyse a. d. HS f. Filmkunst i. Potsdam-Babelsberg. 1954-67 Mitgl. d. Vorstandes d. Clubs d. Filmschaffenden d. DDR. Seit 1972 Mitgl. d. Vorstandes (seit 1980 d. Präs.) d. Verb. d. Film- u. Fernsehschaffenden u. d. HA d. NDP. Seit 1978 Abg. d. VK. Seit Juni 1981 Mitgl. d. Ausschusses f. Eingaben d. Bürger. Seit 19. 1. 1979 Vizepräs. d. KB.
Ausz.: VVO i. Bronze (1977) u. a.

Hofmann, Ulrich

Berlin
Geb. 26. 6. 1931 i. Lauchhammer als Sohn eines kaufmännischen Angestellten
Erl. B.: Schlosser, Physiker, Dr.-Ing.
Ausg. B.: Vizepräsident d. AdW
Partei: SED
L.: Schlosserlehre, Montagearbeiter. ABF Halle. 1949 SED. Ab 1951 Studium d. Physik TH Dresden. 1952-56 Studium Uni. Moskau. Dipl.-Physiker. Spezialist f. Festkörperphysik. 1966 Dr.-Ing. 1957-69 MA d. Inst. f. metallische Spezialwerkst. d. DAW (1967 stellv. Inst.-Dir.). 1969 Honorar-Prof. TU Dresden. 1970 Berufung a. d. DAW i. Berlin. Seit 1970 o. Mitgl. DAW. Berufung zum Stellvertreter d. Präs. f. Forschung. Seit 10. 7. 1972 Vizepräs. f. Planung u. Forschung bzw. 1. Vizepräs. d. AdW.
Ausz.: VVO i. Silber (1981) u. a.

Hofmann, Wilfried

Berlin
Geb. 1. 11. 1932 i Chemnitz
Ausg. B.: Sportfunktionär, Sportpräsident
Partei: SED
L.: Angestellter d. SV Dynamo. Vizepräs., seit April 1974 Präs. d. Dtsch. Rudersportverbandes d. DDR. Mitgl. d. BV d. DTSB u. d. NOK d. DDR.
Ausz.: VVO i. Silber (1976) u. a.

Hohlin, Harald

Berlin
Erl. B.: Maschinenschlosser, Diplom-Gesellschaftswissenschaftler
Ausg. B.: Vizepräsident d. Urania
Partei: SED
L.: Maschinenschlosser. Studium d. Gewi. i. d. SU. 1962-70 1. Sekr. d. FDJ-KL Berlin-Friedrichshain. 1970-71 2. Sekr. d. FDJ-BL Berlin. 1971-75 Mitgl. d. Büros u. Sekr. d. ZR d. FDJ. Seit 1975 Vizepräs. d. Urania.
Ausz.: VVO i. Bronze (1973) u. a.

Holland, Witho

Berlin
Geb. 14. 7. 1926 i. Bunzlau als Sohn eines Rechtsanwalts
Erl. B.: Diplom-Jurist, Dr. jur.
Ausg. B.: Sekretär d. Zentralvorstandes d. LDP
Partei: LDP
L.: Oberschule. Abitur. Kriegsdienst. 1944 NSDAP. 1946 LDP. 1946-50 Studium d. Rechtswiss. Uni. Jena. Jur. Staatsexamen. 1957 Dr. jur. 1953-61 Justitiar i. einem Kreis- bzw. Bezirksverband d. VDK (Suhl). 1958-61 Abg. d. BT Suhl. 1961-70 Justitiar d. VDK. 1963-71 Berliner Vertreter, seit Nov. 1971 Abg. d. VK. 1971-73 Vors. d. Geschäftsordnungsausschusses d. VK. Seit Jan. 1970 Sekr. d. Zentralvorstandes u. Mitgl. d. Polit. Ausschusses d. ZV d. LDP. Seit 1973 stellv. Vors. d. Ausschusses f. Industrie, Bauwesen u. Verkehr d. VK.
Ausz.: VVO i. Silber (1976), Orden „Banner d. Arbeit" Stufe I (1981) u. a.

Hollender, Julian

Berlin
Geb. 2. 5. 1938
Ausg. B.: Botschafter
Partei: SED
L.: 1958-64 Studium d. Außenpolitik a. d. DASR. Seit 1964 Angehöriger d. diplom. Dienstes d. DDR. 1967-68, 1970-71 u. 1971-74 am Generalkonsulat d. DDR i. Tansania tätig. 1974-78 stellv.

Ltr. d. Abt. Ost- u. Zentralafrika i. MfAA. Okt. 1978-März 1981 Botschafter i. Mocambique. Nachf. v. Johannes Vogel. Seitdem stellv. AL i. MfAA (Ost- u. Zentralafrika).
Ausz.: VVO i. Bronze (1981).

Hollmann, Erich

Erfurt
Geb. 28. 4. 1930
Erl. B.: Landwirt, St. gepr. Landwirt
Ausg. B.: Vorsitzender d. BV Erfurt d. DBD
Partei: DBD
L.: Landwirt, Staatl. gepr. Landwirt. 1950 Mitgl. d. DBD. Funktionär. Stellv. Vors. d. DBD, seit 30. 8. 1979 Vors. d. DBD i. Bez. Erfurt. Nachf. v. Willi Grandetzka. Seit Juni 1981 Abg. d. BT Erfurt. Seit Juni 1979 Mitgl. d. PV d. DBD.
Ausz.: VVO i. Bronze (1971).

Holtz-Baumert, Gerhard

Berlin
Geb. 25. 12. 1927 i. Berlin als Sohn eines Arbeiters
Erl. B.: Lehrer, Journalist
Ausg. B.: Schriftsteller, Generalsekretär
Partei: SED
L.: Oberschule. Abitur. Flakhelfer. Amerik. Kriegsgef. 1946 FDJ. 1947-48 Vors. d. KL Berlin-Friedrichshain d. FDJ. 1947 SED. 1948-49 Lehrer. 1949-51 stellv. Dir. d. Zentralhauses f. Jg. Pioniere Berlin. 1949 Sekr. f. Kultur u. Erziehung FDJ-BL Berlin. 1951-58 Chefred. d. „ABC-Zeitung" u. „Schulpost". 1958-59 Studium a. Literatur-Inst. Leipzig. 1960 Mitgl. d. Vorstandes, seit 1973 d. Präs. d. Schriftstellerverbandes. 1959-61 Sekr. d. DSV. Seit 1961 freischaffender Schriftsteller. Seit 1970 Generalsekr. d. Kuratoriums Sozial. Kinderliteratur d. DDR. Seit 1971 Berliner Vertreter bzw. Abg. i. d. VK. Mitgl. d. Ausschusses f. Kultur. Seit Mai 1978 Vizepräs. d. Schriftstellerverbandes d. DDR. Seit 16. 4. 1981 Mitgl. d. ZK d. SED.
Ausz.: VVO i. Silber (1977) u. a.
Veröff.: „Alfons Zitterbacke", 1958. „Der Mann mit dem Stern", 1967. „Trampen nach Norden", Kinderbuch-Vlg., Berlin 1975, „Sieben und dreimal sieben Geschichten", Kinderbuch-Vlg., Berlin, 1979, „Erscheinen Pflicht" Vlg. Neues Leben, Berlin, 1981, u. a. m.

Holzki, Werner

Magdeburg
Geb. 1929
Erl. B.: Verwaltungsangestellter, Diplom-Staatswissenschaftler
Ausg. B.: Sekretär d. RdB Magdeburg
Partei: SED
L.: Verwaltungsangestellter, Diplom-Staatswiss. 1954-64 Sekr. d. RdK Tangerhütte. 1964 1. stellv. Vors., 1965-71 Vors. d. RdK Stassfurt. Seit Dez. 1971 Sekr. d. RdB Magdeburg. Abg. d. BT.

Homann, Heinrich

Berlin
Geb. 6. 3. 1911 i. Bremerhaven als Sohn eines Reedereidirektors
Erl. B.: Offizier (ehemaliger Major d. deutschen Wehrmacht), Historiker, Dr. phil.
Ausg. B.: Vorsitzender d. NDP, stellvertretender Vorsitzender d. Staatsrates
Partei: NDP
L.: Besuch d. Gymnasiums i. Bremerhaven. 1929 Abitur. Anschl. Studium der Rechtswiss. (6 Sem.) a. d. Uni. Tübingen, Jena, Göttingen u. Hamburg. Korpsstudent. 1933 NSDAP. 1934-45 Berufssoldat. 1. 11. 1934 Fahnenjunker i. Art.-Rgt. 10. 1937 Leutnant, 1940 Batteriechef im Westen. Geriet 1943 als Major u. Abteilungskommandeur im Art.-Rgt. 83 bei Stalingrad i. sowj. Kriegsgef. Mitbegründer d. NKFD. 1948 Mitbegründer d. NDP i. d. SBZ. 1949-52 Polit. Geschäftsführer d. NDP. Seit 1949 Abg. d. VK. 1952-54 Vizepräs. u. 1954-63 stellv. Präs. d. VK. 1954-58 Mitgl. d. Ständigen Ausschusses f. Auswärtige Angelegenheiten d. VK. 1952-67 stellv. Vors. d. NDP i. d. DDR. Seit März 1960 stellv. d. Ausschusses f. Nat. Verteidigung d. VK. Seit Sept. 1960 stellv. Vors. d. Staatsrates d. DDR. Mitgl. d. Präs. d. Nat.-Rates d. Nat. Front u. d. Präs. d. Friedensrates. 14. 1. 1964 Promotion zum Dr. phil. a. d. Uni. Halle/S. 1971 Honorar-Prof. a. d. DASR. 1967-72 geschäftsführ. Vors., seit 21. 4. 1972 Vors. d. NDP d. DDR. Nachf. v. Dr. Lothar Bolz.
Ausz.: VVO i. Gold (1964). Ehrenspange zum VVO i. Gold (1969) u. a.

Honecker, Erich

Berlin
Geb. 25. 8. 1912 i. Neunkirchen/Saar als Sohn eines Bergarbeiters
Erl. B.: Dachdecker
Ausg. B.: Generalsekretär d. ZK d. SED, Staatsratsvorsitzender
Partei: SED
L.: In Wiebelskirchen, Krs. Ottweiler/Saargebiet, aufgewachsen. Dachdeckerlehre i. Wiebelskirchen. Besuch d. Volksschule. 1922-26 Mitgl. d. komm. Kinderbewegung d. Jung-Spartakusbundes u. d. Roten Jungpioniere. 1926 KJV. 1929 KPD. 1930 Teilnahme an einem Jugendkursus d. Leninschule Moskau. 1931 Sekr. d. KJV i. Saargebiet. 1933 Ltr. d. KJV i. Ruhrgebiet. 1934 Ltr. d. KJV i. Hessen, Baden-Württemberg u. d. Pfalz. 1935 Ltr. d. KJV i. Berlin. Mitgl. d. ZK d. KJV. Dez. 1935 verhaftet. 1937 zu 10 Jahren Zuchthaus verurteilt. 1945 aus dem Zuchthaus Brandenburg-Görden befreit. 1945 erneut Mitgl. d. KPD. Jugendsekr. d. ZK d. KPD. Mitgl. d. ZK. Ltr. d. Organisationskomitees d. FDJ. Mai 1946-Mai 1955 1. Vors. d. FDJ i. d. SBZ/DDR. Seit 1946 ununterbrochen Mitgl. d. PV bzw. d. ZK d. SED. Seit 1949 Abg. d. VK. 1950-58 Kand. d. Politbüros d. ZK d. SED. 1956 Sekr. d. Sicherheitskommission d. ZK d. SED. 1956-57 zur Schulung i. d. SU. Danach mit militär. u. Abwehraufgaben im ZK d. SED beauftragt. 1958-71 Sekr. d. ZK d. SED. Seit dem V. Parteitag d. SED (Juli 1958)

Mitgl. d. Politbüros d. ZK d SED. 1960-71 Sekr., seit Juni 1971 Vors. d. Nat. Verteidigungsrates. Seit 3. 5. 1971 1. Sekr. (seit 22. 5. 1976 Generalsekr.) d. ZK d. SED. Nachf. v. Walter Ulbricht. Seit Nov. 1971 Mitgl., seit 29. 10. 1976 Vors. d. Staatsrates d. DDR. Nachf. v. Willi Stoph. In erster Ehe mit Edith Baumann, in 2. Ehe mit Margot Feist verheiratet.
Ausz.: VVO i. Gold (1955), Ehrenspange zum VVO i. Gold (1965), Karl-Marx-Orden (1969) u. (1977), Dr. h. c. Univers. Tokio (Mai 1981) u. a. m.

Honecker, Margot, geb. Feist

Berlin
Geb. 17. 4. 1927 i. Halle/S. als Tochter eines Schuhmachers (KPD)
Erl. B.: Telefonistin
Ausg. B.: Minister f. Volksbildung
Partei: SED
L.: Besuch d. Volksschule. Telefonistin. 1945-46 Stenotypistin b. Landesvorstand Sachsen-Anhalt FDGB. 1945 Mitbegründerin d. Antifasch. Jugendausschusses i. Halle. 1945 KPD. Mitgl. d. Sekr. d. FDJ-KL Halle. 1947 Ltr. d. Abt. Kultur u. Erziehung. 1948 Sekr. f. Kultur u. Erziehung i. FDJ-Landesvorstand Sachsen-Anhalt. 1949-53 Ltr. d. Abt. Junge Pioniere u. danach Sekr. f. Junge Pioniere i. ZR d. FDJ. Mitgl. d. ZR d. FDJ. 1949-54 u. seit 1967 Abg. d. VK. 1950-63 Kand. d. ZK d. SED. 1953 Heirat mit Erich Honecker. 1953-54 Besuch d. Komsomol-HS Moskau. 1955-58 Abt.-Ltr. i. d. Hauptabt. Lehrerbildung im Min. f. Volksbildung. Aug. 1958 stellv. Min., Nov. 1963 Min. f. Volksbildung. Nachf. v. Prof. Lemnitz. Seit Jan. 1963 Mitgl. d. ZK d SED. Seit 1970 o. Mitgl. APW.
Ausz.: VVO i. Gold (1964). Dr. h. c. d. Uni. Posen (1974). Karl-Marx-Orden (1977) u. a.

Hoppe, Günter

Berlin
Geb. 25. 2. 1925 i. Chemnitz
Erl. B.: Fleischer, Dr. phil.
Ausg. B.: Institutsdirektor
Partei: SED
L.: Fleischer. Kriegsdienst. 1944 Gefreiter i. einer Pioniereinheit. Sowj. Kriegsgefangenschaft. Besuch d. Antifa-Schule Taliza. 1950 Mitgl. d. SED. 1951-52 Lehrer a. d. Kreisparteischule Kändler. Instrukteur d. SED-BL Karl-Marx-Stadt. Ab 1953 Studium a. IfG. 1962 Promotion a. IfG. 1968 Prof. Seit Mai 1975 Ltr. d. Lehrstuhls f. Wiss. Kommunismus a. IfG. Dir. d. Inst. f. Wiss. Kommunismus a. AfG. Vors. d. Wiss. Rates f. wiss. Kommunismus. Ltr. d. Autorenkollektivs „Lebensweise u. Moral i. Sozialismus".
Ausz.: VVO i. Silber (1978) u. a.

Hoppe, Ilse

Leipzig
Geb. 1929
Erl. B.: Kaufmännische Angestellte, Diplom-Wirtschaftler

Ausg. B.: Direktor d. Centrum-Warenhauses Leipzig
Partei: SED
L.: Kfm. Angest. Studium a. d. HS f. Binnenhandel. 1946 Mitgl. d. SED. Gegenwärtig Dir. d. Centrum-Warenhauses i. Leipzig. 1971-81 Kand. d. ZK d SED. Mitgl. d. Kollegiums d. Min. f. Handel u. Versorgung.

Hoppe, Johannes

Potsdam
Geb. 30. 4. 1907 i. Kriewen
Erl. B.: Astronom, Dr. phil. nat. habil.
Ausg. B.: Direktor
L.: Astronom. Nach 1945 Lehrtätigkeit als Doz. bzw. Prof. f. Astronomie u. Astrophysik a. d. Uni. Jena u. Bergakademie Freiberg/S. Dir. d. Sternwarte Babelsberg d. DAW. Seit Dez. 1965 Präs. d. Astronautischen Ges. d. DDR. Gegenwärtig Dir. a. Heinrich-Hertz-Institut f. solarterrestrische Physik.

Horn, Günter

Berlin
Geb. 10. 6. 1930 i. Dresden
Erl. B.: Bäcker, Ingenieur-Ökonom, Diplom-Staatswissenschaftler
Ausg. B.: Botschafter
Partei: SED
L.: Bäcker. Ingenieur-Ökonom. Studium a. d. DASR. Diplom-Staatswiss. Zeitw. als Offizier u. als Parteifunktionär d. SED tätig. Seit 1965 Angehöriger d. diplom. Dienstes. Zeitw. a. d. Botschaften i. Vietnam u. Laos tätig. Okt. 1978-Febr. 1981 Botschafter d. DDR i. Laos. Seit Juni 1982 Botschafter i. Kampuchea. Nachf. v. Rolf Dach.

Horn, Werner

Berlin
Geb. 1926 i. Hirschfelde/Lausitz
Erl. B.: Historiker, Dr. phil.
Ausg. B.: Hochschullehrer
Partei: SED
L.: 1945 Mitgl. d. KPD. Jugendsekr. KL Zittau d. KPD. Mitbegründer d. FDJ. Besuch d. Landesparteischule d. KPD i. Ottendorf/S. 1947-49 Studium a. d. PHSch. Seit 1949 Ass., 1952 stellvertr. Lehrstuhlltr. u. 1962 Lehrstuhlltr. f. Geschichte d. SED a. d. PHSch. Stellv. Dir. d. PHSch. 1961 Promotion zum Dr. phil. a. d. PHSch. Seit März 1965 Vizepräs. d. Historikerges. d. DDR. Seit Febr. 1981 Mitgl. d. BL Berlin d. SED.
Ausz.: Nat.-Preis I. Kl. (Koll., 1966), VVO i. Silber (1981).

Horstmann, Ernst

Rostock
Geb. 1932
Erl. B.: Lehrer, Diplom-Gesellschaftswissenschaftler

Ausg. B.: Sekretär d. SED-BL Rostock
Partei: SED
L.: Lehrer. Diplom-Gesellschaftswiss. MA d.
SED-BL Rostock, zuletzt AL f. Fach- u. HS
sowie Kultur. Seit 11. 2. 1979 Sekr. f. Wiss.,
Volksb. u. Kultur d. SED-BL Rostock. Nachf. v.
Helga Kuhnt. Abg. d. BT.
Ausz.: Verdienstmedaille d. DDR u. a.

Howitz, Claus

Rostock
Geb. 1. 3. 1927 i. Hamburg als Sohn eines Landwirts
Erl. B.: Landwirt, Diplom-Landwirt, Dr. sc. agr.
Ausg. B.: Hochschullehrer
Partei: DBD
L.: Oberschule. Abitur. 1945-46 landw. Lehre.
1946-49 Studium d. Landw. Uni. Rostock. 1949
Mitgl. d. DBD. Seit 1951 mit einigen Unterbrechungen Mitgl. d. PV d. DBD. 1952 Dr. agr.
1951-62 wiss. MA, Abt.-Ltr. Land- u. Forst i.
SHF u. wiss. MA d. Min. f. Land- u. Forstw.
1956-62 Sekr. d. DDR-Deleg. d. Ständ. Komm. d.
RGW f. Landw. 1958-63 Abg. d. BT Potsdam.
1963-67 Abg. d. BT Rostock. 1961 Doz., 1966
Habil., 1966 Prof. f. Agrarökonomik Uni. Rostock. 1966-68 Dir. d. Inst. f. Agrarök. Uni.
Rostock. O. Prof. f. Ökonomie d. Landw. u. Nahrungsgüterw. Seit 1967 Abg. d. VK, 1967-71
Mitgl. d. Ausschusses f. Industrie, Bauwesen u.
Verkehr, seit 1971 des Ausschusses f. Landw.,
Forst- u. Nahrungsgüterwirtschaft. 1967-75 Mitgl. d. Präs. d. DDR-Friedensrates. 1969 Dr. sc.
agr. Seit 1968 Mitgl. d. Präs. d. PV d. DBD. Sept.
1974-Nov. 1976 Sekr. d. PV. Seit 1976 Vizepräs.
d. Freundschaftsges. DDR-Indien. Seit 1978 Präs.
d. Freundschaftsges. DDR-Australien.
Ausz.: VVO i. Silber (1976) u. a.

Hoyer, Siegfried

Karl-Marx-Stadt
Geb. 1931
Erl. B.: Verwaltungsangestellter, Diplom-Staatswissenschaftler
Ausg. B.: Stellv. Vorsitzender d. RdB
Partei: SED
L.: Verwaltungsangestellter. 1961 Sekr. d. RdK
Klingenthal. 1969-77 Sekr. d. RdB Karl-Marx-Stadt. Seit Sept. 1977 stellv. Vors. d. RdB Karl-Marx-Stadt f. Inneres. Nachf. v. Walter Damisch.
Abg. d. BT.
Ausz.: VVO i. Bronze (1974) u. a.

Huber, Kurt

Berlin
Geb. 12. 7. 1923 i. Chammünster/Oberpfalz als
Sohn eines Buchdruckers
Ausg. B.: Hochschullehrer, Dr. sc. phil.
Partei: SED
L.: Teilnehmer am 2. Weltkrieg. Sowj. Kriegsgef.
1948 Mitgl. d. SED. Journalist. Zeitw. ADN-Korrespondent i. Indonesien. 1958 Promotion
zum Dr. phil. Danach Lehrbeauftragter, Doz.
bzw. Prof. f. indones. Sprachen u. Kulturen a. d.
Humboldt-Uni. i. Ostberlin. Zeitw. Dir. d. Sektion Asienwissenschaft d. Humboldt-Uni. Seit
Nov. 1963 Vizepräs. d. Freundschaftsges. DDR-Südostasien d. DDR.

Hubrich, Theodor

Magdeburg
Geb. 13. 5. 1919 i. Glatz
Erl. B.: Kathol. Priester
Ausg. B.: Weihbischof
L.: Studium d. kathol. Theologie. 27. 6. 1948
Priesterweihe i. Freiburg i. Br. Danach 11 Jahre
Vikar i. Delitzsch, Burg u. Magdeburg-Sudenburg. 1959 Caritasdirektor i. Magdeburg. 1964
Direktor d. Caritas Berlin, 1968-72 Ltr. d. Zentralstelle d. Caritasverbandes. 1968 Monsignore.
1. 1. 1972 zum Generalvikar d. Kommissariats
Magdeburg berufen. 1973 Päpstl. Hausprälat.
Dez. 1975 zum Titularbischof v. Auca (Spanien)
u. Weihbischof d. Apostol. Administrators i.
Magdeburg ernannt (Johannes Braun).

Hübel, Jochen

Dresden
Geb. 24. 3. 1926 i. Dresden
Ausg. B.: Chefredakteur
Partei: NDP
L.: NDP-Journalist u. -Funktionär. Anfang d.
50er Jahre pers. Referent d. Landesvors. d. NDP
i. Sachsen u. Abt.-Ltr. i. Landesvorstand Sachsen. Danach MA d. PV d. NDP u. Redakteur d.
„National Zeitung". 1972-77 Chefred. d. „Mitteldeutschen Neuesten Nachrichten" i. Leipzig. Seit
1977 Chefred. d. „Sächsischen Neuesten Nachrichten" i. Dresden.
Ausz.: VVO i. Bronze (1977) u. a.

Hübner, Hans

Dresden
Geb. 1928
Erl. B.: Kaufmännischer Angestellter, Diplom-Gesellschaftswissenschaftler
Ausg. B.: Vors. d. BRK Dresden d. SED
Partei: SED
L.: Kfm. Angestellter. SED-Funktionär. Sektorenltr. i. d. SED-BL Dresden. 1960-63 1. Sekr. d.
SED-KL Pirna. 1963-77 Sekr. f. Agitprop. SED-BL Dresden. Mai 1977-Jan. 81 1. Sekr. d. SED-StL Dresden. Nachf. v. Hans Schubert. Abg. d.
BT. Seit 21. 2. 1981 Vors. d. BRK Dresden d.
SED. Nachf. v. Max Renne.
Ausz.: VVO i. Silber (1972). Orden „Banner d.
Arbeit" Stufe I (1978) u. a.

Hübner, Ulrich

Schwerin
Geb. 1933
Erl. B.: Diplom-Wirtschaftler
Ausg. B.: Stellv. Vorsitzender d. RdB
Partei: SED
L.: 1962 stellv. Vors. RdK Güstrow. Seit Dez.

1961 stellv. Vors. d. RdB Schwerin f. Invest-Vorhaben. Seit März 1975 Vors. d. BPK u. stellv. Vors. RdB. Nachf. v. D. Steinfeldt. Mitgl. d. Sekr. d. SED-BL u. Abg. d. BT.
Ausz.: VVO i. Bronze (1975).

Hübner, Werner
Berlin
Geb. 1928 i. Dresden
Erl. B.: Militärhistoriker, Dr. sc. phil.
Ausg. B.: Arbeitsgruppenleiter i. ZK d. SED, Oberst d. NVA
Partei: SED
L.: Seit Anfang d. 60er Jahre MA d. ZK d. SED. Ltr. d. Arbeitsgruppe Sozial. Wehrerziehung u. militärpolit. Agitation i. ZK d SED. Oberst d. NVA.
Ausz.: VVO i. Silber (1974). Orden „Banner d. Arbeit" Stufe I (1981) u. a.

Hückel, Wolfgang
Berlin
Geb. 13. 1. 1936 i. Riesa/Sa.
Erl. B.: Diplom-Staatswissenschaftler
Ausg. B.: Botschafter
Partei: SED
L.: Ab 1956 Studium a. d. DASR. 1960 Diplom-Staatswiss. Eintritt i. d. diplom. Dienst. In Rumänien u. Guinea-Bissau stationiert. 1972-75 1. Sekr. a. d. DDR-Botschaft i. d. VR Kongo. 1975-79 für d. Nationalrat d. NF tätig. Seit 2. 10. 1979 Botschafter d. DDR i. Tschad. Nachf. v. Helmut Plettner.

Hühns, Erik
Berlin
Geb. 26. 8. 1926 i Berlin
Erl. B.: Historiker, Dr. phil.
Ausg. B.: Museumsdirektor
Partei: SED
L.: Studium d. Geschichte a. d. Humboldt-Uni. Ostberlin. Mitbegründer d. FDJ. 1948 Vors. d. FDJ-Hochschulgruppe a. d. Humboldt-Uni. Später AL i. Museum f. Dtsch. Geschichte i. Ostberlin. Seit 1958 Mitgl. d. Präsidialrates bzw. d. Präsidiums d. KB. Seit 1961 Dir. d. Märkischen Museums Ostberlins. Seit 1972 stellv. Generaldir. d. Staatl. Museen Berlin. 1971-81 Mitgl. d. StVV Ostberlin.
Ausz.: Orden „Banner d. Arbeit" II. Stufe (1974).

Hümmler, Heinz
Berlin
Ausg. B.: Stellvertretender Institutsdirektor, Dr. phil. habil.
Partei: SED
L.: Seit 1964 stellv. Dir. d. Inst. f. Gewi. b. ZK d. SED bzw. Prorektor d. AfG (zuständig f. Aus- u. Weiterbildung). Sept. 1970 Prof. O. Mitgl. d. APW.
Ausz.: VVO i. Silber (1976) u. a.

Hugot, Heinz
Berlin
Geb. 1925
Erl. B.: Dreher, Diplom-Jurist, Dr. jur.
Ausg. B.: Direktor d. Stadtgerichts Berlin
Partei: SED
L.: Dreher. Kriegsdienst. 1945 KPD. 1946 SED. FDJ-Funktionär. Abitur. 1946-50 Studium d. Rechtswiss. Uni. Halle-Wittenberg. Richter a. BG Halle. Danach Oberreferent i. MdJ bzw. pers. Referent d. Justizministers. Richter a. Stadtbezirksgericht Berlin-Köpenick sowie Dir. d. Stadtbezirksgerichts Berlin-Mitte. Seit Nov. 1969 Dir. d. Stadtgerichts Berlin. Nachf. v. Ernst Brunner. Seit 1971 Mitgl. d. StVV Ostberlin. Vors. d. ZRK d. Ver. d. Juristen d. DDR.
Ausz.: VVO i. Silber (1979) u. a.

Huhle, Rainer
Berlin
Geb. 11. 8. 1950 i. Eilenburg als Sohn eines Arbeiters
Erl. B.: Chemiefacharbeiter
Ausg. B.: Sekretär d. ZR d. FDJ
Partei: SED
L.: Oberschule. Chemiefacharbeiter m. Abitur. 1946 FDJ. 1970 SED. Seit 1969 hauptamtl. Funktionär d. FDJ, Sekr. d. FDJ-KL Eilenburg, MA u. 1973-75 Sekr. f. Sport, Kultur u. Touristik d. FDJ-BL Leipzig. Jan. 1976-Jan. 1978 1. Sekr. d. FDJ-BL Leipzig. Seit Juni 1976 Mitgl. d. Büros d. Zentralrates d. FDJ. 1978-80 Ltr. d. Abt. Kultur i. FDJ-Zentralrat. Absolvent d. PHSch d. SED. Seit 19. 12. 1980 Sekretär d. ZR d. FDJ.
Ausz.: Artur-Becker-Medaille i. Gold (1976) u. a.

Huhn, Bernhard
Görlitz
Geb. 4. 8. 1921 i. Liegnitz
Erl. B.: Katholischer Priester
Ausg. B.: Apostolischer Adminstrator, Weihbischof
L.: 1953 Priesterweihe i. Neuzelle. 1955 Diözesanjugendpfleger. 1959 Rektor d. Görlitzer Katechetenseminars. 1964 Ordinariatsrat, 1967 Monsignore. Seit 1970 Generalvikar d. Erzbischöflichen Amtes, seit Juni 1972 Apostol. Administrator v. Görlitz. Dez. 1971 Weihbischof d. kathol. Diözese (Titularbischof v. Tasacorra).

Hummeltenberg, Max
Berlin
Geb. 8. 10. 1913 i. Remscheid
Ausg. B.: Wiss. Mitarbeiter, Dr. phil.
Partei: NDP
L.: Abitur. Studium d. Kunstgeschichte u. Psychologie i. Marburg. Dr. phil. 1937 NSDAP. Kriegsdienst (Heerespsychologe). Geriet als Oberleutnant i. Inf.-Rgt. 212 i. sowj. Kriegsgef. Mitgl. d. NKFD. 1950 Rückkehr nach Deutschland. Dir. d. Landesparteischule d. NDP i. Sachsen-Anhalt. Ab April 1951 Ltr. d. Abt. Lehrerschulung i. d. Hauptabt. Polit. Studium u. Kultur i. PV

d. NDP. Ab 30. 7. 1951 pers. Referent d. Polit. Geschäftsführers d. NDP. 1952-53 stellv. Vors. d. Rates des Bezirks Leipzig. 1953-55 Vors. d. Bezirksverbandes Potsdam d. NDP. Abg. d. Bezirkstages Potsdam. 1955-56 stellv. Chef d. Protokolls, 1956-59 Chef d. Protokolls im Min. f. Ausw. Angelegenheiten d. DDR. Jan. 1958 Mitgl. d. Vorstandes d. AeO. Bis 1971 Chefred. d. Mitteilungsblattes d. AeO. Wiss. MA d. Inst. f. Militärgeschichte i. Potsdam. Ausz.: VVO i. Silber (1978) u. a.

Hunold, Alfred

Berlin
Geb. 22. 11. 1922 i. Burg
Erl. B.: Schlosser, Sportwissenschaftler, Dr. sc. paed.
Ausg. B.: Hochschullehrer
Partei: SED
L.: Schlosser. Kriegsdienst. Nach 1945 zeitw. pers. Referent Walter Ulbrichts. Studium d. Pädagogik. 1956 Promotion zum Dr. paed. Stellv. Dir. bzw. Dir. d. Inst. f. Körpererziehung a. d. Humboldt-Uni. Ostberlin. Jetzt Dir. d. Sektion Sportwiss. Seit Sept. 1975 Präs. d. Hoch- u. Fachschulsports d. DDR. Mitgl. d. BV d. DTSB.
Ausz.: Verdienter Meister d. Sports (1970) u. a.

Hussel, Lothar

Leipzig
Geb. 13. 8. 1919 i. Leipzig
Erl. B.: Tierarzt, Dr. med. vet. habil.
Ausg. B.: Hochschullehrer
Partei: SED
L.: Oberrealschule. 1938 Abitur. 1946-49 Studium d. Veterinärmedizin a. d. Leipziger Uni. 1949 Promotion zum Dr. med. vet. Anschl. Lehrtätigkeit a. d. Leipziger Uni. 1954-58 Abg. d. Bezirkstages Leipzig. Vorübergehend stellv. Min. f. Land- u. Forstwirtschaft d. DDR. Danach Prof. mit LA, seit 1. 2. 1959 Prof. mit vollem Lehrauftrag, seit 1. 10. 1961 Prof. mit Lehrstuhl f. Staatsveterinärkunde u. Veterinärhygiene a. d. KMU Leipzig. Zeitw. Ltr. d. Bez.-komitees Leipzig u. Mitgl. d. Sekr. d. Dtsch.-Afrikan. Gesellschaft d. DDR. Vizepräs. d. Freundschaftsgesellschaft DDR-Afrika.

I

Ihlenfeld, Ingeborg
Neustrelitz
Geb. 1932
Erl. B.: Kaufmännische Angestellte
Ausg. B.: Vorsitzende d. FDGB i. Neustrelitz
Partei: SED
L.: Kfm. Angestellte, MA d. RdK Neustrelitz. Seit 1960 Vors. d. Kreisvorstandes Neustrelitz d. FDGB. Seit 1963 Mitgl. d. BV u. d. Präs. d. BV d. FDGB.
Ausz.: VVO i. Bronze (1965) u. a.

Imig, Werner
Greifswald
Geb. 21. 3. 1920 i. Wülfrath/Rheinland
Erl. B.: Gesellschaftswissenschaftler, Dr. sc. phil.
Ausg. B.: Hochschullehrer
Partei: SED
L.: 1938 NSDAP. Kriegsdienst. Geriet 1943 als Leutnant einer Flak-Einheit i. Stalingrad i. sowj. Kriegsgef. Seit 1949 a. d. DASR bzw. Uni. Greifswald tätig. Ltr. d. Fernstudiums bzw. Prorektor f. d. Gesellschaftswiss. Grundstudium a. d. DASR. 1963 Dozent f. Geschichte d. deutschen Arbeiterbewegung a. Inst. f. Marx.-Leninismus Uni. Greifswald. 1965 Dir. d. Instituts für Marxismus-Leninismus. Dez. 1970-Okt. 79 Rektor d. Uni. Greifswald. Nachf. v. Werner Scheler. Mitgl. d. Hoch- u. Fachschulrates d. DDR.
Ausz.: VVO i. Silber u. a.

Irmscher, Johannes
Berlin-Niederschönhausen
Geb. 14. 9. 1920 i. Dresden
Erl. B.: Philologe, Dr. sc. phil.
Ausg. B.: Hochschullehrer
L.: 1938 NSDAP. 1939/40 Studium d. klass. Philologie, Byzantinistik u. Neograzistik a. d. Uni. Leipzig. Kriegsdienst. 1945/46 Ltr. d. Bibliothek d. Kammer d. Kunstschaffenden i. Berlin u. Ass. a. d. Berliner Uni. 1947 Promotion. 1951 Habil., dann Lehrtätigkeit a. d. Humboldt-Uni. i. Ostberlin. 1953 Honorarprof. f. Byzantinistik u. Gräzistik a. d. Humboldt-Uni. Zeitweise Dir. d. Inst. f. griech.-röm. Altertumskunde DAW. Jetzt Dir. d. Bereichs griech.-röm. Kulturgeschichte d. Zentralinst. f. Alte Geschichte u. Archäologie d. DAW. Vors. d. Winckelmann-Gesellschaft d. DDR. Mitgl. d. Präsidialrates d. DKB. 1973 Korresp. Mitgl. d. AdW. Mitgl. d. Friedensrates d. DDR. Vors. d. Nationkomitees d. Byzantinisten d. AdW.
Ausz.: VVO i. Bronze (1966) u. a.

Irmschler, Reinhard
Schwerin
Geb. 14. 2. 1945 i. Chemnitz als Sohn eines Arbeiters
Erl. B.: Schriftsetzer, Lehrer
Ausg. B.: 1. Sekretär d. FDJ-BL Schwerin
Partei: SED
L.: Besuch d. Oberschule. Schriftsetzer. 1964-68 Studium a. Pädag. Inst. Zwickau. Lehrer f. Deutsch u. Staatsbürgerkunde. Lehrer a. d. EOS Boizenburg. 1959 FDJ. Versch. ehren- u. hauptamtl. Funktionen i. d. FDJ. 1973-74 Besuch d. Komsomol-HS i. Moskau. 1974-77 2. Sekr. Seit 15. 4. 1977 1. Sekr. d. FDJ-BL Schwerin. Nachf. v. Karl-Heinz Borgwadt. 1976-77 Mitgl. d. ZRK d. FDJ. Seit März 1977 Mitgl. d. Zentralrates d. FDJ u. d. Sekr. d. SED-BL Schwerin.
Ausz.: Artur-Becker-Medaille i. Gold (1976) u. a.

Ißleib, Walter
Berlin
Geb. 11. 4. 1923 i. Eisenach/Thür. als Sohn eines Arbeiters
Erl. B.: Diplom-Wirtschaftler
Ausg. B.: Botschafter
Partei: SED
L.: Oberschule, Pfleger i. Eisenach. Nach 1945 Rechtspfleger i. thür. Justizdienst. Referent i. thür. Innenministerium. 1954 Dipl.-Wirtschaftler DASR. Versch. Funktionen beim RdB Erfurt. 1961-69 stellv. OB bzw. 1. stellv. OB v. Erfurt. Seit 1969 Angehöriger d. dipl. Dienstes. Seit Okt. 1970 Legationsrat u. Ltr. d. Handelsvertretung, 1971-72 Generalkonsul d. DDR i. Kuweit. Mai 1978-Febr. 80 Botschafter d. DDR. i. d. Jemenit. Arab. Republik. Nachf. v. Lothar Eichelkraut. Seit 1980 polit. MA d. MfAA.
Ausz.: VVO i. Bronze (1980) u. a.

Itzerott, Dieter
Torgau
Geb. 12. 11. 1931 i. Neunheiligen, Krs. Langensalza
Erl. B.: Maschinenschlosser, Dipl.-Ing. oec.
Ausg. B.: SED-Funktionär
Partei: SED
L.: 1949-51 Maschinenschlosserlehre. 1949 Mitgl. d. FDJ. 1953 Eintritt i. d. SED. 1955-57 1. Sekr. d. FDJ-KL Buna. 1957-59 1. Sekr. d. FDJ-KL Leuna-Werke. 1959-65 1. Sekr. d. FDJ-KL Halle. 1963-67 Abg. d. VK, Schriftführer d. Verfassungs- u. Rechtsausschusses. 1965-67 Studium a. d. TH f. Chemie Leuna-Merseburg. Mai 1967-Mai 1971 2. Sekr. d. ZR d. FDJ. Mai 1971-Febr. 1974 2. Sekr. d. SED-BL Halle. Ab 1974 Studium a. d. PHSch d. SED. Seit 1976 1. Sekr. d. SED-KL Torgau.
Ausz.: VVO i. Bronze (1969) u. a.

J

Jacob, Günter
Cottbus
Geb. 8. 2. 1906 i. Berlin als Sohn eines Lehrers
Erl. B.: Evangelischer Theologe, D. Generalsuperintendent (i. R.)
L.: 1924-29 Studium d. evang. Theologie i. Tübingen, Berlin u. Marburg. Lic. theol. 1929 i. Marburg. 1932--45 Pfarrer i. Forst-Noßdorf. Während d. NS-Zeit Angehöriger d. Bekennenden Kirche. 1946-72 Generalsuperintendent der Neumark u. Niederlausitz mit Sitz i. Cottbus. Febr. 1963-Febr. 1966 im Nebenamt Verwalter des Bischofsamtes i. Bereich d. Regionalsynode Ost d. Evang. Kirche Berlin-Brandenburg. Jetzt i. Ruhestand.

Jacob, Günter
Dresden
Geb. 4. 1. 1924 i. Magdeburg
Erl. B.: Geograph, Dr. sc. nat.
Ausg. B.: Hochschullehrer
L.: Kriegsdienst. Englische Gef. Nach 1945 Lehrtätigkeit a. d. Uni. Halle u. Leipzig sowie a. d. TH f. Chemie. Seit 1964 Vizepräs., seit Mai 1975 Präs. d. Geogr. Gesellschaft d. DDR. O. Prof f. Volkswirtschaftsplanung u. regionale Verkehrsökonomie sowie Ltr. d. Wissenschaftsbereichs Volkswirtschaft d. Sektion Verkehrs- u. Betriebswirtschaft HS f. Verkehrsw. Dresden. Seit 1971 Abg. d. BT Dresden.

Jacobus, Hans
Berlin
Geb. 6. 8. 1923 i. Berlin
Ausg. B.: Chefredakteur
Partei: SED
L.: Metallarbeiter. 1938 Emigration nach Großbritannien. 1945 KPD. Mitgl. d. Landesltg. Brandenburg d. FDJ. Danach Red. i. Verlag Neues Leben u. bis 1953 Chefred. d. „Sport-Echos". 1953 abgesetzt. 1954 Ltr. d. Abt. Kultur beim Rat d. Stadtbezirkes Berlin-Mitte. Danach Red. bzw. Chefkommentator d. Berliner Rundfunks u. DFF. Seit 1965 Mitgl. d. Friedensrates d. DDR. Seit Nov. 1976 Chefred. d. Kulturbund-Wochenzeitung „Sonntag". Nachf. v. Bernt v. Kügelgen. Seit Sept. 1977 Mitgl. d. Präs. d. Kulturbundes.
Ausz.: VVO i. Gold (1979) u. a.

Jäckel, Hans
Colmnitz b. Freiberg (Sachsen)
Geb. 31. 5. 1923 i. Colmnitz als Sohn eines Eisenbahnarbeiters
Erl. B.: Diplom-Mathematiker, Dr. rer. nat. habil.
Ausg. B.: Hochschullehrer
Partei: SED
L.: 1941 NSDAP. 1948 Abitur. Studium d. Mathematik a. d. Uni. Leipzig. 1948 Mitgl. d. SED. 1954 Dipl.-Mathematiker. Doz. a. d. ABF. Danach Ass. bzw. wiss. Oberass. a. d. Bergakademie Freiberg. 1956 Promotion a. d. Bergakademie Freiberg. Zeitweise auch Sektorenltr. f. Mathematik i. Staatssekr. f. Hochschulwesen. 1960 Berufung a. d. HS f. Maschinenbau (jetzt TH) Karl-Marx-Stadt. O. Prof. u. Dir. d. Mathematischen Inst. 1963-64 Kand., 1964-67 Mitgl. d. ZK d. SED. 1963-69 Rektor d. TH Karl-Marx-Stadt. 1963-69 Vors. d. Urania Bez. Karl-MarxStadt.
Ausz.: VVO i. Silber (1968) u. a.

Jaeger, Brunhild
Wolfen
Geb. 23. 10. 1937 i. Goldap als Tochter eines Angestellten
Erl. B.: Diplom-Wirtschaftler, Dr. phil.
Ausg. B.: Generaldirektor VEB Fotochemisches Kombinat Wolfen
Partei: SED
L.: Oberschule. 1955-59 Studium d. Wirtschaftswiss. KMU Leipzig. 1957 SED. 1959 Dipl.-Wirtschaftler. Wiss. Ass. Pers. Referent d. Werkdir. bzw. Arbeitsökonom i. VEB Elektrochemisches Kombinat Bitterfeld. 1963 Dir. f. Arbeit i. VEB Kunstseidenwerk „Clara Zetkin" i. Elsterberg. 1964 Sonderlehrgang f. Frauen THC. Danach ökon. Dir., seit 1966 Werkltr. VEB Kunstseidenwerk „Clara Zetkin". 1964-76 Mitgl. d. SED-BL Gera. 1970-74 Generaldir. VEB Chemiefaserkombinat „W. Pieck" i. Schwarza. Seit Nov. 1971 Nachfolgekand., seit 14. 6. 81 Abg. d. VK. Mitgl. d. Ausschusses f. Industrie, Bauwesen u. Verkehr. 1974 Studium a. d. PHSch d. KdSU i. d. UdSSR. Seit 1976 Generaldir. VEB Fotochemisches Kombinat Wolfen. Seit März 1976 Mitgl. d. SED-BL Halle.
Ausz.: VVO i. Gold (1969).

Jähn, Sigmund
Geb. 13. 2. 1937 i. Rautenkranz b. Klingenthal/Vogtl. als Sohn eines Sägewerkarbeiters
Erl. B.: Buchdrucker, Berufsoffizier, Flugzeugführer-Ing.
Ausg. B.: Oberst d. NVA
Partei: SED
L.: Besuch d. Grundschule. Gruppenratsvors. d. Jungen Pioniere. Sekr. d. FDJ-Gruppe i. Rautenkranz. Ab 1951 Lehre als Buchdrucker i. VEB Buchdruckerei Falkenstein, Betriebsteil Klingenthal. Facharbeiterprüfung. 1954 Pionierltr. a. d. Schule von Hammerbrücke. Seit 1955 Angehöriger d. KVP/NVA. 1955 Mitgl. d. SED. Absolvent d. Offiziers-HS d. LSK/LV „Franz Mehring" i. Kamenz/Sa. Seit 1958 Offizier d. Luftwaffe. Zeitw. Offizier i. 8. Jagdfliegergeschwader „Hermann Matern". Politstellvertreter einer Jagdfliegerstaffel. 1966-70 Besuch d. Militärakad. d. Luftstreitkräfte „Juri Gagarin" d. UdSSR. Danach Inspekteur d. LSK/LV. Flugzeugführer d. Leistungsklasse I. 1976-78 Ausbildung zum Forschungskosmonauten i. d. SU. Startete am 26. 8.

1978 an Bord von „Sojus 31 " mit dem sowj. Kosmonauten Waleri Bykowski in den Weltraum. Seit Sept. 1978 Oberst d. NVA. Ausz.: Verdienter Militärflieger d. DDR. „Fliegerkosmonaut d. DDR" (1978). „Held d. DDR" (1979). Ehrenbürger von Ostberlin u. a.

Jähne, Günter

Löbau/S.
Geb. 10. 8. 1920 i. Löbau/S. als Sohn eines Einzelhändlers
Erl. B.: Textiltechniker, Kaufmann
Ausg. B.: Direktor
Partei: LDP
L.: Besuch d. Volksschule u. von 1931-37 d. Oberrealschule. 1937-39 Praktikant i. Spinnereibetrieben. 1939 NSDAP. 1939-40 Besuch d. Textilfachschule Reutlingen. Textiltechniker. 1940-45 Soldat. 1946 LDP. Seit 1946 Betriebsltr. d. ASTIK-Werke Löbau (1956-72 mit staatl. Beteiligung, seit 1972 VEB). 1954-58 Abg. d. BT Dresden. Seit 1956 Mitgl. d. Nationalrates, März 1969-März 79 Vizepräs. d. Nationalrates. 1957-63 u. seit 1969 Mitgl. d. Zentralvorstandes d. LDP. Vors. d. Kreisverbandes Löbau d. LDP.

Jähner, Horst

Dresden
Geb. 14. 10. 1918 i. Berlin-Charlottenburg als Sohn eines Kaufmanns
Erl. B.: Kaufmann, Diplom-Philosoph, Prof.
Ausg. B.: Verlagsleiter
Partei: NDP
L.: Abitur. Kfm. Ausbildung. 1937 NSDAP. Kriegsdienst (Offizier). Bis 1949 Kunstkritiker d. „Berliner Zeitung". 1949 Studium d. Kunstgeschichte. Diplom. 1952-55 MA d. „National-Zeitung". 1957-63 Red. d. Wochenzeitung „Sonntag" i. Berlin. Seit 1963 Ltr. d. Verlages d. Kunst i. Dresden. Mitgl. d. Präsidialrates d. KB (1968-72 d. Präs.). Seit Sept. 78 Honorarprof. f. Kunstgeschichte a. d. HS f. Bild. Künste Dresden.
Ausz.: VVO i. Bronze (1977) u. a.

Jänisch, Werner

Berlin
Erl. B.: Arzt, Dr. sc. med.
Ausg. B.: Stellv. Minister f. Gesundheitswesen
Partei: SED
L.: Arzt. Dr. med. Sept. 1970 o. Prof. a. d. Mediz. Akademie Erfurt. Seit Sept. 1973 o. Prof. a. d. MLU Halle-Wittenberg u. Dir. d. Sektion Medizin sowie Dir. d. Pathol. Instituts. 1974-79 Mitgl. d. SED-BL Halle. Seit 1979 stellv. Minister f. Gesundheitswesen d. DDR.
Ausz.: Nat. Pr. II. Kl. (1976, Koll.-Ausz.).

Jäschke, Norbert

Berlin
Geb. 18. 1. 1927 i. Oppeln
Ausg. B.: Botschafter
Partei: SED
L.: 1948 Abitur. Studium d. Rechtswiss. a. d. Uni. Jena. Seit 1952 Angehöriger d. dipl. Dienstes d. DDR. MA d. MfAA (Hauptref.). 1958-61 stellv. Ltr. d. HV bzw. d. Generalkonsulats i. Burma. 1961-64 amt. Ltr. d. Nahost-Abt. MfAA. 1964-68 Generalkonsul i. Irak. Danach erneut MA d. MfAA. Okt. 1974-Mai 79 Botschafter i. d. Türkei.
Ausz.: VVO i. Bronze (1977) u. a.

Jagenow, Hans

Berlin
Geb. 17. 6. 1938 i. Bublitz
Erl. B.: Schlosser, Diplom-Wirtschaftler
Partei: SED
L.: Rohrschlosser. Seit 1963 hauptamtl. FDJ-Funktionär. FDJ-Sekr. eines Berliner Großbetriebes. Danach Sekr. bzw. 2. Sekr. d. FDJ-BL Berlin sowie Abt.-Ltr. d. ZR d. FDJ. 1972-81 1967-71 Mitgl. d. STVV Ostberlin. Jan. 1975-Juni 81 Ltr. d. Amtes f. Jugendfragen d. DDR. Nachf. v. Helmut Oppermann. Vors. d. Zentralen Ausschusses f. Feriengestaltung b. MR.
Ausz.: VVO i. Silber (1973) u. a.

Jagow, Joachim von

Dresden
Geb. 1931 i. Leipzig
Erl. B.: Möbeltischler, Diplom-Architekt
Ausg. B.: Vorsitzender d. Bezirksverbandes Dresden LDP
Partei: LDP
L.: Möbeltischler. Absolvent d. HS f. industrielle Formgestaltung i. Halle. Dipl.-Architekt. 1960 LDP. Als Architekt i. VEB Halle-Projekt tätig. 1963-73 Abg. BT Halle. 1967-73 Mitgl. d. RdB Halle. U. Ltr. d. Abt. örtl. Versorgungswirtschaft. Seit 29. 6. 1973 Vors. d. Bezirksverbandes Dresden d. LDP. Nachf. v. Werner Grohs. Abg. d. BT Dresden.
Ausz.: VVO i. Silber (1979) u. a.

Jahn, Gerda

Berlin
Erl. B.: Verkäuferin, Diplom-Gesellschaftswissenschaftler
Ausg. B.: Generaldirektor d. MITROPA
Partei: SED
L.: Verkäuferin. Besuch d. Jugendhochschule. FDJ-Funktionärin. Bezirksdir. d. Reisebüros i. Potsdam. Studium a. d. FS f. Binnenhandel. Handelswirtschaftler. Fernstudium i. Fach Organisationswiss. Dreijähriger Besuch d. PHSch d. KPdSU i. Moskau. Seit 1976 Generaldir. d. MITROPA.

Jahn, Günther

Potsdam
Geb. 9. 1. 1930 i. Erfurt als Sohn des kommunistischen Funktionärs Hermann J.
Erl. B.: Diplom-Wirtschaftler, Dr. rer. oec.
Ausg. B.: 1. Sekretär d. SED-BL Potsdam
Partei: SED
L.: Oberschule, Abitur. 1946 KPD/SED. Mitbegründer d. Antifa-Jugend u. FDJ i. Erfurt. 1948-50 Studium d. Gewi. Uni. Jena. 1951-53 Studium a. d. HS f. Ökonomie Berlin. Dipl.-Wirtschaftler. 1953-54 MA d. SPK. 1954-56 MA d. ZK d. SED. 1956-61 Aspirantur IfG. Dr. rer. oec. Bis 1962 Wahrnehmungsdoz. 1962-66 erneut MA d. ZK d. SED. Seit 1966 Mitgl. d. ZR d. FDJ, 1966-67 2. Sekr., Mai 1967-Jan. 1974 1. Sekr. d. ZR d. FDJ. Nachf. v. Horst Schumann. Seit April 1967 Mitgl. d. ZK d. SED. Seit Juli 1967 Abg. d. VK. 1967-76 Mitgl. d. Jugendausschusses. Febr. 1974-Jan. 1976 2. Sekr., seit 23. 1. 1976 1. Sekr. d. SED-BL Potsdam. Nachf. v. Werner Wittig (≈). Seit Okt. 1976 Abg. d. BT Potsdam.
Ausz.: VVO i. Silber (1968). Karl-Marx-Orden (1973) u. a.

Jahsnowsky, Franz

Berlin
Geb. 29. 9. 1930 i. Joudreville/Frankreich
Erl. B.: Tischler, Dolmetscher, Diplom-Staatswissenschaftler
Ausg. B.: Abteilungsleiter
Partei: SED
L.: Besuch d. Volksschule i. Frankreich u. d. OS i. d. DDR. Tischler- u. Zimmermannslehre. 1951 SED. Sprachstudium u. Studium d. Außenpolitik a. d. DASR. 1955 Dolmetscher. Eintritt i. d. diplom. Dienst. 1956-57 Pressereferent i. Nordvietnam. Danach MA u. 1961 stellv. Ltr. d. Dolmetscher-Abt. i. MfAA. 1962 Diplom. Sekr. i. Kambodscha. 1967/68 Sektionsltr. Zentralafrika i. MfAA. 1969 1. Sekr. a. d. HV i. Guinea. 1970-73 Geschäftsträger a. d. DDR-Gesandtschaft/Botschaft i. d. VR Kongo-Brazzaville. Seit 1973 Ltr. d. Protokollabt. i. MfAA. Nachf. v. Horst Hain. Botschafter.
Ausz.: VVO i. Bronze (1976) u. a.

Jakobs, Karl-Heinz

Geb. 20. 4.1929 i. Kiauken/Ostpr.
Ausg. B.: Schriftsteller
Partei: SED
L.: In einem ostpr. Dorf aufgewachsen. Besuch d. Volks- u. Mittelschule. 1945 Soldat. Übte danach versch. Berufe aus: Bauhilfsarbeiter, Bergmann, Hausdiener. 1948 Lehre als Maurer, Abendkurse a. einer Ing.-Schule. Danach Maurer, Sachbearbeiter, Redaktionsassistent, Bautechniker, Journalist u. Wirtschaftsfunktionär. 1956 Studium a. Literatur-Inst. i. Leipzig. Seit 1958 freischaffend tätig. Nov. 1973-Nov. 78 Mitgl. d. Vorstandes d. Schriftstellerverbandes d. DDR. 1976-77 Herausgeber d. Ztschr. „Temperamente - Blätter für junge Literatur". 7. Juni 1979 „wegen groben Verstoßes gegen das Statut" aus dem Schriftstellerverband ausgeschlossen. April 1981 mit einem auf 3 Jahre befristeten Visum i. d. Bundesrepublik übergesiedelt (Essen).
Ausz.: Heinrich-Mann-Preis (1972).
Veröff.: „Beschreibung eines Sommers", Roman, 1961 (1963 verfilmt). „Eine Pyramide für mich", Vlg. Neues Leben, 1971. „Die Interviewer", Vlg. Neues Leben, 1973. „Tanja, Taschka und so weiter", Damnitz-Vlg., München 1976. „Wüste kehr wieder". „Wilhelmsburg", Claasen-Vlg., Düsseldorf u. a.

Jaldati, Lin

Berlin
Geb. 31. 12. 1912 i. Amsterdam
Erl. B.: Tänzerin
Ausg. B.: Sängerin (Diseuse)
Partei: SED
L.: Nach dem Schulbesuch Balletttänzerin i. Amsterdam u. Paris. Mitgl. d. KP d. Niederlande. Heirat mit Eberhard Rebling. 1944 von der Gestapo verhaftet. KZ-Haft (Bergen-Belsen, Auschwitz). Nach 1945 i. d. Niederlanden u. d. DDR tätig. Interpretin jüd. Volkslieder.
Ausz.: Kunstpreis d. DDR (1960). VVO i. Gold (1976) u. a.

Janson, Carl-Heinz

Berlin
Erl. B.: Diplom-Wirtschaftler
Ausg. B.: Abteilungsleiter i. ZK d. SED
Partei: SED
L.: SED-Funktionär. Seit 1967 Ltr. d. Abt. Sozial. Wirtschaftsführung b. ZK d. SED.
Ausz.: VVO i. Silber (1982) u. a.

Jarck, Dietrich

Berlin
Geb. 21. 5. 1932 i. Eberswalde als Sohn eines Arbeiters
Erl. B.: Diplom-Staatswissenschaftler
Ausg. B.: Botschafter
Partei: SED
L.: 1951-53 Besuch einer ABF. 1954-60 Studium a. Inst. f. Internat. Beziehungen i. Moskau. Seit 1960 Angehöriger d. diplom. Dienstes d. DDR. 1962-64 Attaché a. d. DDR-Botschaft i. China u. Generalkonsulat i. Shanghai. 1964-65 Diplomat a. d. DDR-Botschaft i. Nordvietnam. 1967-69 1. Sekr. (Geschäftsträger) a. d. DDR-Botschaft i. Nordkorea. Anschl. stellv. Ltr. d. Abt. Ferner Osten i. MfAA. 1973-76 Botschafter d. DDR bei der Prov. Revol. Regierung Südvietnams u. Dez. 1974-Sept. 78 i. Laos. Seit 19. Jan.- 1981 Botschafter d. DDR i. Nordkorea. Nachf. v. Franz Everhartz. Seit 1981 stellv. AL Sowjetunion/Kuba i. MfAA.
Ausz.: Orden „Banner der Arbeit", Stufe III (1977) u. a.

Jarmatz, Klaus
Berlin
Geb. 7. 7. 1930 i. Schwerin als Sohn eines Konditors
Erl. B.: Literaturwissenschaftler u. -kritiker, Dr. phil.
Ausg. B.: Hochschullehrer
Partei: SED
L.: Oberschule. Ausbildung u. Tätigkeit als Lehrer. Anschl. bis 1957 Studium d. Germanistik. 1964 Promotion zum Dr. phil. Dozent, seit 1973 o. Prof. sowie Fachrichtungsltr. a. Inst. f. marx.-lenin. Kultur- u. Kunstwiss. IfG (AfG). Seit 1968 Mitgl. d. Vorstandes d. Schriftstellerverbandes d. DDR. Vors. d. Aktivs f. Literaturkritik ebd. Seit 1972 Mitgl. d. Exekutivkomitees i. d. Internat. Vereinigung d. Literaturkritiker.
Veröff.: „Literatur im Exil", 1966 u. a.

Jarosch, Emil
Erfurt
Geb. 11. 11. 1922 i. Pokau, Krs. Marienberg (Sachsen)
Erl. B.: Kaufmann, Diplom-Journalist. Dr. rer. oec.
Ausg. B.: Generaldirektor
Partei: SED
L.: Nach 1945 verschiedene Wirtschaftsfunktionen, u. a. Abt.-Ltr. i. d. VVB Landmaschinen- u. Traktorenbau sowie Werkdir. d. Mähdrescherwerkes Weimar. Seit Okt. 1963 Abg. d. BT Erfurt. Seit Nov. 1963 stellv. Vors. d. RdB u. Vors. d. Bezirkswirtschaftsrates Erfurt. Jan. 1965 Promotion zum Dr. rer. oec. a. d. KMU Leipzig. Seit 1964 Mitgl. d. SED-BL Erfurt. Sept. 1974-Sept. 80 stellv. Vors. d. RdB Erfurt f. bezirksgeleitete Industrie, Lebensmittelindustrie u. ÖVW. Seitdem Generaldir. VEB Kombinat Oberbekleidung i. Erfurt.
Ausz.: VVO i. Silber (1979) u. a.

Jarowinsky, Werner
Berlin
Geb. 25. 4. 1927 i. Leningrad (Vater i. d. Emigration verstorben)
Erl. B.: Industriekaufmann, Diplom-Wirtschaftler, Dr. rer. oec.
Ausg. B.: Sekretär d. ZK d. SED
Partei: SED
L.: 1941-43 Lehre als Industriekfm. Soldat. 1945 Mitgl. d. KPD. Jugendfunktionär i. Zeitz. Angehöriger der VP. 1945-47 Besuch d. ABF Halle/S. Abitur. 1948-51 Studium der Wirtschafts- u. Rechtswiss. a. d. Humboldt-Uni. u. a. d. Uni. Halle/S. 1956 Promotion zum Dr. rer. oec. Doz. u. Institutsdir. a. d. Humboldt-Uni. (Wirtschaftswiss. Fakultät). Seit 1956 Mitarbeiter d. Min. f. Handel u. Versorgung d. DDR (Abt.-Ltr., Hauptabt.-Ltr.). Seit 1959 stellv. Min. Staatssekr. u. 1. stellv. Min. f. Handel u. Versorgung d. DDR. Seit dem VI. Parteitag (Jan. 1963) Mitgl. d. ZK u. Kand. d. Politbüros d. SED. Seit Oktober 1963 Abg. d. VK. Seit Nov. 1963 Sekr. d. ZK d. SED (f. Handel u. Versorgung). Seit Nov. 1971 Vors. d. Ausschusses f. Handel u. Versorgung d. VK.
Ausz.: VVO i. Silber (1965). Karl-Marx-Orden (1977) u. a.

Jastram, Joachim
Rostock
Geb. 1928 i. Rostock als Sohn eines Volksschullehrers
Erl. B.: Bildhauer, Prof.
Ausg. B.: Bildhauer, Hochschullehrer
Partei: NDP
L.: Gymnasium i. Rostock. Jungvolkführer. Kriegsdienst. 1947 Rückkehr aus d. Gefangenschaft. Waldarbeiter i. Sachsenwald. 1949 SBZ/DDR. Lehre als Holzbildhauer. Besuch d. FS f. Holzbildhauerei i. Empfertshausen i. d. Rhön. 1949 NDP. 1951-56 Kunststudium i. Dresden u. Berlin bei Walter Arnold u. Heinrich Drake. Seit 1956 freischaffend als Bildhauer i. Rostock tätig. 1967-72 Mitgl. d. HA f. NDP. Zeitweise Vors. d. VBK i. Bez. Rostock. 1972-74 u. seit 1978 Mitgl. d. Präs. d. VBK. Seit 1975 Präs. d. Internat. Komitees d. Bienale d. Ostseeländer. Seit Sept. 1980 Prof. a. d. Sektion Bildhauerkunst d. HS f. Bildende Künste i. Bln.-Weißensee.
Ausz.: Nat. Pr. II. Kl. (1973) Kunstpreis d. FDGB (1977) u. a.
Werke: „Lob des Kommunismus" Foyer d. Volkskammer u. a.

Jendretzky, Hans
Berlin
Geb. 20. 7. 1897 i. Berlin als Sohn eines Buchdruckers
Erl. B.: Schlosser, Heizungstechniker
Ausg. B.: FDGB-Funktionär
Partei: SED
L.: 1919 Mitgl. d. USPD. 1920 Mitgl. d. KPD. Gewerkschaftl. Funktionen. 1928 Parteisekr. i. Frankfurt/O. 1928-32 Abg. d. Preuß. Landtages. In der NS-Zeit illegale Tätigkeit f. d. KPD. Verhaftet. 1934-37 i. Zuchthaus. Anschl. 1937-38 i. KZ. 1944-45 erneut i. Haft (Saefkow-Prozeß). 1945 Mitgl. d. KPD. Stadtrat f. Arbeit i. Berlin. 1946-48 Vors. d. Bundesvorstandes d. FDGB. Anschl. bis 1953 1. Sekr. d. SED-Landes- bzw. BL Berlin (Ost) der SED. 1949-53 Abg. d. VK. Juli 1950-Juli 1953 Kand. d. Politbüros d. ZK d. SED. Im Juli 1953 als Anhänger d. Fraktion Zaisser-Herrnstadt aus dem Politbüro ausgeschlossen. Okt. 1953-1957 Vors. d. Rates d. Bezirkes Neubrandenburg u. Abg. d. Bezirkstages. Jan. 1954 mit einer Parteirüge bestraft. April 1954 nicht wieder in das ZK d. SED gewählt. Durch Beschluß des ZK vom 29. 7. 1956 im Zuge der Entstalinisierung rehabilitiert. Am 1. 2. 1957 i. d. ZK d. SED kooptiert. 1957-60 stellv. Min. des Innern u. Staatssekr. f. d. Anleitung der örtl. Räte. Seit 16. 11. 1958 erneut Abg. d. VK. Seit Okt. 1959 Mitgl. d. Bundesvorstandes d. FDGB. Aug. 1960-Nov. 1961 Staatssekr. u. Ltr. d. Sekr. d. Ministerrates d. DDR. Nov. 1961-Mai 1963 Vors. d. Zentralen Kommission f. Staatl. Kon-

trolle. 1963-65 Mitgl. d. Sekr. u. des Präs. des Bundesvorstandes d. FDGB. Seit Dez. 1965 Vors. d. FDGB-Fraktion i. d. VK. Seit 1976 stellv. Vors. d. IPG.
Ausz.: Ehrenbürger v. Ostberlin. Karl-Marx-Orden (1962). VVO i. Gold (1965). Ehrenspange zum VVO i. Gold (1970) u. a.

Jenßen, Hans-Hinrich

Berlin
Geb. 11. 11. 1927 i. Greifswald als Sohn des Theologie-Professors Ernst J.
Erl. B.: Evangelischer Theologe, Dr. theol.
Ausg. B.: Hochschullehrer
Partei: CDU
L.: Oberschule. Abitur. Studium d. Evang. Theologie a. d. Uni. Greifswald. Mitgl. d. CDU. FDJ-Funktionär. 1952 Vikar i. Ahlbeck. Pfarrer i. Spantekow, Krs. Anklam. Vors. d. Ortsgruppe d. CDU. Seit 1960 Lehrtätigkeit a. d. Theol. Fakultät d. Humboldt-Uni. Ostberlin. Prof. f. Praktische Theologie. Zeitweise Mitgl. d. Hauptvorstandes d. CDU. Mitgl. d. Präs. d. Friedensrates d. DDR u. d. Nationalrates d. NF.
Ausz.: VVO i. Bronze (1964) u. a.

Jentsch, Karl-Heinz

Leipzig
Geb. 6. 12. 1921 i. Lauterbach/Erzgeb. als Sohn eines Holzhändlers
Erl. B.: Diplom-Betriebswirt, Dr. rer. pol. habil.
Ausg. B.: Generaldirektor
Partei: LDP
L.: Besuch d. Wirtschafts-OS Leipzig. Abitur. 1940 Mitgl. d. NSDAP. Kriegsdienst (Inf.). 1942-44 u. 1945-47 Studium a. d. Uni. Leipzig. Diplom-Betriebswirt. 1946 Mitgl. d. LDP. 1947 Promotion zum Dr. rer. pol. 1947-48 MA i. d. Chefdirektion d. Landeseigenen Betriebe Sachsen-Anhalt. 1948-49 Mitgl. d. Revisions- u. Treuhandges. d. volkseigenen Betriebe. Kfm. Dir., seit 1960 Werkdir. bzw. Generaldir. VEB Mansfeld-Kombinat „Wilhelm Pieck", Eisleben. Seit 1963 Lehrtätigkeit a. d. Bergakademie Freiberg. 1967 Habil. Seit Sept. 1968 Prof. Seit 1958 Mitgl. d. ZV d. DSF. Seit März 1963 Vors. d. DSF i. Bez. Halle. 1963-67 Abg. d. VK.
Ausz.: VVO i. Gold (1977). Stern d. Völkerfreundschaft i. Gold (1979) u. a.

Joachimi, Herbert

Greifswald
Geb. 9. 10. 1921 i. Nordhausen
Erl. B.: Nordeuropawissenschaftler, Dr. rer. oec.
Ausg. B.: Hochschullehrer
L.: 1939 NSDAP. Kriegsdienst (Kradschütze). 1941 Engl. Kriegsgef. i. Afrika. Studium. Dr. rer. pol. Gegenwärtig Prof. f. internat. u. ökon. Bez. a. d. Uni. Greifswald. Zeitweise Dir. d. Sektion Nordeuropawiss. Vizepräs. d. Ges. DDR-Nordeuropa. Mitgl. d. Red. Koll. d. Ztschr. „Deutsche Außenpolitik".
Ausz.: VVO i. Bronze (1971).

Jobst, Rolf

Gera
Geb. 3. 7. 1924 i. Pößneck
Erl. B.: Schlosser, Diplom-Gesellschaftswissenschaftler, Ingenieur-Ökonom
Ausg. B.: Sekretär d. SED-BL Gera
Partei: SED
L.: Schlosser. 1942-45 Soldat. 1946 Schlosser i. d. Maxhütte i. Unterwellenborn. FDJ-Sekr. i. d. Maxhütte. Meister d. VE-Industrie. 3jähriger Besuch d. PHSch d. SED. Dipl.-Gewi. 1958-61 l. Sekr. d. BPO d. SED d. Maxhütte. 1961-62 Sekr. f. Agitation u. Propaganda d. SED-BL Gera. 1962-65 l. Sekr. d. SED-Stadtleitung Gera. Seit Mai 1965 Sekr. f. Wirtschaftspolitik d. SED-BL Gera. Abg. d. BT Gera.
Ausz.: Orden „Banner d. Arbeit", Stufe I (1974) u. a.

John, Erhard

Leipzig
Geb. 14. 10. 1919 i. Gablonz
Erl. B.: Lehrer, Dr. sc. phil.
Ausg. B.: Hochschullehrer
Partei: SED
L.: Teilnehmer am 2. Weltkrieg (1942 Obergefr.). Nach 1945 Neulehrer. 1950-53 Ass. bzw. Dir. d. Landesvolkshochschule Sachsen. 1953-56 Aspirant a. d. Humboldt-Uni. i. Ostberlin. Seit 1956 Lehrtätigkeit a. d. KMU Leipzig. Prof. am Lehrstuhl f. Kulturtheorie u. Ästhetik. Seit 1968 Mitgl. d. Bundesvorstandes d. FDGB.

John, Friedmar

Berlin
Geb. 1929
Erl. B.: Diplom-Wirtschaftler, Dr. rer. oec. habil., Prof.
Ausg. B.: Vizepräsident
Partei: SED
L.: Studium a. d. HS f. Ökonomie. Dipl.-Wirtschafter. Dr. rer. oec. Lehrtätigkeit a. d. HS f. Ökonomie. Zeitweise auch MA d. MdF u. Sektorenltr. i. SHF. Seit 1967 Dir. d. Finanzökonomischen Forschungsinst. d. MdF. Seit 1972 Vizpräs. d. Staatsbank bzw. d. Dtsch. Außenhandelsbank d. DDR.
Ausz.: VVO i. Silber (1979) u. a.

John, Hans-Rainer

Berlin-Treptow
Geb. 7. 8. 1931 i. Dresden als Sohn eines Angestellten
Erl. B.: Schauspieler, Dramaturg
Ausg. B.: Sekretär d. Verbandes d. Theaterschaffenden
Partei: SED
L.: Seit 1949 Dramaturg i. Dresden. Weimar u. Berlin. 1954-56 Studium a. d. Theaterhochschule Leipzig. 1956 Mitgl. d. SED. 1957 Staatsexamen. 1958-61 Ltr. d. Abt. Theater i. Min. f. Kultur. 1961-62 Chefred. d. Zeitschriften „Theater der

Zeit" u. „Theaterdienst". 1963 Chefdramaturg d. Volksbühne i. Ostberlin. Danach stellv. Intendant u. Chefdramaturg d. Deutschen Theaters u. d. Kammerspiele i. Ostberlin. 1963-71 Berliner Vertreter i. d. VK. Seit 1966 Mitgl. d. Vorstandes, seit März 1971 Mitgl. d. Präs. u. Sekr. f. Internationale Arbeit d. Verbandes d. Theaterschaffenden. Mitgl. d. Präsidialrates d. DKB. Seit 1974 Chefred. d. Zeitschrift „Theater d. Zeit".
Ausz.: Orden „Banner d. Arbeit", Stufe II (1981) u. a.

Joho, Wolfgang

Kleinmachnow bei Berlin
Geb. 6. 3. 1908 i. Karlsruhe als Sohn des Redakteurs Karl J.
Ausg. B.: Schriftsteller
Partei: SED
L.: Besuch d. Gymnasiums i. Karlsruhe. 1926 Abitur. Anschl. bis 1931 Studium d. Naturwiss., Geschichte, Staatswissenschaften u. Volkswirtschaft a. d. Uni. Freiburg/Brsg., Heidelberg u. Berlin. 1928-31 Mitgl. d. Roten Studentenbundes a. d. Uni. Heidelberg u. Berlin. 1929 Mitgl. d. KPD. 1931 Promotion zum Dr. phil. a. d. Uni. Heidelberg. 1931-32 Redaktionsvolontär bei d. „Württembergischen Zeitung". 1933-35 Feuilleton-Red. beim „Zentralbüro f. d. deutsche Presse" i. Berlin. Danach bis 1937 freiberufl. Schriftsteller i. Berlin. Ständiger Mitarbeiter d. „Frankfurter Zeitung" u. d. „Kölnischen Zeitung". Juni 1937 Verhaftung. Verurteilung zu 3 Jahren Zuchthaus. Häftling i. Zuchthaus Luckau, im Moorlager 3 i. Brual-Rhede u. im Moorlager Aschendorfer Moor. Anschl. Kriegsdienst i. Strafbtl. 999 (Belgien, Südfrankreich, Sizilien u. Griechenland). Britische Kriegsgef. i. Ägypten. Herausgeber d. Lagerzeitung. 1947-54 Red. d. Wochenzeitung d. Kulturbundes „Sonntag". Seit 1956 Mitgl. d. Vorstandes d. DSV. Zeitweise Vors. d. Schriftstellerverbandes i. Ostberlin. 1960-66 Chefred. d. „Neuen Deutschen Literatur". Jetzt freiberufl. Schriftsteller. Mitgl. d. Präs. d. PEN-Zentrums d. DDR.
Ausz.: Nat.-Preis II. Kl. (1962). VVO i. Gold (1977) u. a.
Veröff.: „Die Hirtenflöte", Aufbau-Verlag, Berlin, 1948. „Aller Gefangenschaft Ende", Reclam-Verlag, Leipzig, 1949. „Jeanne Peyrouton", Aufbau-Verlag, Berlin, 1949/50 usw. „Ein Dutzend und zwei", Aufbau-Verlag, Berlin, 1950. „Der Weg aus der Einsamkeit", Aufbau-Verlag, Berlin, 1953. „Zwischen Bonn und Bodensee", Aufbau-Verlag, Berlin, 1954. „Die Wendemarke", Aufbau-Verlag, Berlin, 1956. „Die Nacht der Erinnerungen", Verlag Neues Leben, Berlin, 1957. „Korea trocknet die Tränen", Aufbau-Verlag, Berlin, 1959. „Es gibt kein Erbarmen", Aufbau-Verlag, Berlin, 1962. „Aufstand der Träumer", Aufbau-Verlag, Berlin, 1966. „Das Klassentreffen", Aufbau-Verlag, Berlin, 1971. „Abschied von Parler", Aufbau-Verlag, Berlin, 1973. „Der Sohn", Aufbau-Verlag, Berlin 1975 u. a.

Jopt, Herbert

Berlin
Geb. 28. 9. 1918 i. Langenbülau, Krs. Reichenbach
Erl. B.: Färber, Diplom-Gesellschaftswissenschaftler
Ausg. B.: Vorsitzender d. Volkssolidarität Berlin
Partei: SED
L.: Färber. Kriegsdienst. Nach 1945 Arbeiter in einer Papierfabrik i. Flöha. 1949 SED. 1 Jahr i. d. Landwirtschaft i. Mecklenburg tätig. Seit 1954 SED-Funktionär i. Berlin. 2. Sekretär SED-KL Lichtenberg. 1960 Besuch d. PHSch d. KPdSU. 1964-71 1. Sekr. d. SED-KL Berlin-Prenzlauer Berg. Mai 1971-Febr. 81 Vors. d. BPKK d. SED Berlin. 1971-76 Kand. d. ZPKK d. SED. Seit 1981 Vors. d. Bezirksausschusses Berlin d. Volkssolidarität.
Ausz.: VVO i. Gold (1981) u. a.

Juch, Heinz

Berlin
Geb. 3. 4. 1920 i. Weißenfels/S.
Erl. B.: Maschinenschlosser, Diplom-Gesellschaftswissenschaftler
Ausg. B.: Mitarbeiter d. ZPKK d. SED
Partei: SED
L.: Maschinenschlosser. Kriegsdienst. Sowj.-Kriegsgef. Antifa-Schüler. 1947 Mitgl. d. SED. Dozent an einer FDGB-Schule. 1950 Besuch der PHSch d. SED. Seit 1951 Mitarbeiter d. ZPKK. SED. 1963-67 Kand., seit 1967 Mitgl. d. ZK d. SED. Seit 1963 Mitgl. d. ZPKK d. SED, seit 1971 deren stellv. Vors.
Ausz.: VVO i. Gold (1973) u. a.

Jünger, Harri

Berlin
Geb. 15. 1. 1926 i. Leipzig
Erl. B.: Slawist, Dr. phil. habil.
Ausg. B.: Hochschullehrer
Partei: SED
L.: 1946 Mitgl. d. SED. Besuch d. Vorstudienanstalt Leipzig. 1948-52 Studium d. Slawistik u. Germanistik Uni. Leipzig. 1953-57 Aspirantur u. d. Uni. Leningrad. Promotion. 1957-62 Oberass. bzw Wahrnehmungsdozent KMU Leipzig. Seit 1962 Lehrtätigkeit Uni. Jena. Prof. f. Geschichte d. russ. u. sowjetischen Literatur. Zeitweise stellv. Vors. d. Nationalkomitees d. Slawisten d. DDR. Jetzt o. Prof. f. russ. u. sowj. Literatur sowie Dir. d. Sektion Slawistik a. d. Humboldt-Uni. Ostberlin. Mitgl. d. ZV d. DSF.
Ausz.: Nat.-Preis III Kl. (Koll.-Ausz., 1975).

Jung, Friedrich

Berlin
Geb. 21. 4.1915 i. Friedrichshafen/Bodensee
Erl. B.: Arzt, Dr. sc. med.
Ausg. B.: Abteilungsleiter
Partei: SED
L.: Besuch d. Realgymnasiums i. Stuttgart. Ab 1934 Studium d. Medizin i. Tübingen, Königs-

berg u. Berlin. Promotion u. Habil. Kriegsdienst. 1944 Dozent i. Berlin. 1946 i. Würzburg. Seit 1947 Lehrtätigkeit a. d. Ostberliner Uni. Prof. m. Lehrstuhl f. Pharmakologie u. Toxikologie. 1963 SED. Febr. 1972-Jan. 81 Dir. d. Zentralinst. f. Molekularbiologie d. DAW. Seitdem Ltr. d. Abt. molekulare Pharmakologie a. Zentralinst. f. Molekularbiologie. Seit März 1980 Vizepräs. d. Rates für mediz. Wiss. beim MfG.
Ausz.: Nat.-Preis III. Kl. (1957). VVO i. Gold (1980) u. a.

Jung, Gerhard

Berlin
Geb. 1929
Erl. B.: Vermessungstechniker, Diplom-Ingenieur, Dr.-Ing.
Ausg. B.: Stellv. Verkehrsminister
Partei: SED
L.: Vermessungstechniker. Dipl.-Ing. u Dr.-Ing. 1947 Mitgl. d. SED. Zeitweise wiss. MA d. Min. f. Verkehrswesen. Juli 1967-April 1970 Stadtrat u. Ltr. d. Abt. Verkehr, Straßenwesen u. Wasserwirtschaft d. Ostberliner Magistrats. Mai 1970-Nov. 1974 stellv. OB v. Ostberlin. Okt. 1976-Nov. 78 erneut Stadtrat f. Verkehrs- u. Nachrichtenwesen d. Ostberliner Magistrats. 1979-80 stellv. Dir. d. Zentralen Forschungsinst. f. Verkehrswesen d. DDR. Seit 1. 11. stellv. Minister f. Verkehrswesen für die Bereiche Kraftverkehr, städt. Nahverkehr u. Straßenwesen. Nachf. v. Horst Schlimper.
Ausz.: VVO i. Bronze (1970).

Jung, Hans-Rudolf

Weimar
Erl. B.: Musikwissenschaftler, Dr.
Ausg. B.: Hochschullehrer
L.: Seit 1951 Lehrtätigkeit a. d. HS f. Musik i. Weimar. Ltr. d. Abt. Schulmusik. 1972-80 Rektor d. HS f. Musik. Nachf. v. J. Cilensek.
Ausz.: VVO i. Bronze (1979).

Jung, Hertha

Berlin
Geb. 6. 5. 1921 i. Gries b. Bozen als Tochter eines Angestellten
Ausg. B.: Sekretär d. DFD-Bundesvorstandes
Partei: CDU
L.: Besuch d. Volks-, Mittel- u. Höheren Handelsschule. 1938-45 Korrespondentin. 1949-52 Chefsekr. d. Staatssekr. f. Verkehr. 1950 Mitgl. d. CDU. 1950-52 Besuch d. Betriebsvolkshochschule der Ministerien i. Ostberlin. 1951 Teilnahme an einem Lehrgang f. innerbetriebl. Schulung i. Kleinmachnow. 1953-55 Referentin u. stellv. Vors. d. Betriebsgruppe d. Gesellschaft f. Deutsch-Sowjetische Freundschaft i. Min. f. Volksbildung. 1954-57 Fernstudium f. Erzieher i. Heimen u. Horten. Staatsexamen. 1954-62 Mitgl. d. StVV Ostberlin. 1955-58 Pers. Referentin d. Präs. d. Länderkammer u. Sekr. d. Interparl. Gruppe. Seit 1956 Mitgl. d. Hauptvorstandes d. CDU.

1958-67 Berliner Vertreter, seit 1967 Abg. d. VK. Seit 1967 stellv. Vors. d. Ausschusses f. Handel u. Versorgung d. VK. Seit 1960 Mitgl. d. Präs., seit 1964 Sekr. d. Bundesvorstandes d. DFD, seit 1979 stellv. Vors. d. BV d. DFD. Seit 1963 stellv. Mitgl. d. Rates d. IDFF. Seit 1970 Vizepräs. d. Liga f. UN d. DDR.
Ausz.: VVO i. Gold (1981) u. a.

Junge, Klaus

Berlin
Geb. 9. 7. 1926 i. Kiel-Gaarden als Sohn eines Ingenieurs
Erl. B.: Diplom-Physiker, Dr. sc. nat.
Ausg. B.: Institutsdirektor
Partei: SED
L.: 1946 KPD/SED. Studium d. Physik a. d. Ostberliner Uni. Diplom-Physiker. Dr. sc. nat. Zeitweise stellv. Dir. VEB Physikal. Werkstätten Berlin-Rahnsdorf. Gegenwärtig Dir. d. Zentralinst. f. Optik u. Spektroskopie d. AdW. Korr. Mitgl. d. AdW.

Junge, Manfred

Halle/S.
Ausg. B.: Vorsitzender d. DTSB i. Bez. Halle
Partei: SED
L.: In den 50er Jahren FDJ-Funktionär. 1. Sekr. d. FDJ-KL Köthen u. Lobenstein. Seit Okt. 1967 Vors. d. DTSB i. Bez. Halle.
Ausz.: VVO i. Bronze (1976) u. a.

Junghähnel, Gerhard

Potsdam-Bornstedt
Geb. 15. 8. 1926 i. Wünschendorf als Sohn eines Eisenbahnarbeiters
Erl. B.: Eisenbahnarbeiter, Diplom-Physiker, Dr. rer. nat. habil.
Ausg. B.: Hochschullehrer
Partei: SED
L.: Arbeiter bei der Reichsbahn. 1946 Besuch d. Pädag. Fachschule Gera. 1946 SED. Absolvent d. ABF Jena. 1947 Abitur. 1947-53 Studium d. Physik a. d. Uni. Jena. 1953 Dipl.-Physiker. 1955 Promotion zum Dr. rer. nat. Ass. bzw. Oberass. i. Jena. 1956 mit der Wahrnehmung einer Professur a. d. HS f. Maschinenbau i. Karl-Marx-Stadt beauftragt. 1957-60 Prorektor f. Studienangelegenheiten. 1959-61 amtierender Rektor. 1962 Prof. m. v. LA für experimentelle Physik a. d. HS f. Maschinenbau. 1959-65 Bezirksvors. d. Gewerkschaft Wissenschaft i. Karl-Marx-Stadt. 1964 Prof. m. Lehrstuhl f. Physik a. d. Pädag. HS Potsdam. 1965-73 Rektor d. Pädag. HS Potsdam. Dir. d. Sektion Mathematik/Physik d. Pädag. HS Potsdam.
Ausz.: VVO i. Bronze (1969) u. a.

Junghans, Bernd

Dresden
Geb. 10. 3. 1941
Erl. B.: Mechaniker, Dr.-Ing.

Ausg. B.: Bereichsleiter
Partei: SED
L.: Mechaniker, Dipl.-Ing. u. Dr.-Ing. Seit 1959 Mitgl. d. SED. Gegenwärtig Bereichsltr. i. VEB Zentrum f. Forschung u. Technologie Mikroelektronik Dresden. Seit 16. 4. 1981 erstmalig Kand. d. ZK d. SED.

Jungmann, Erich
Berlin
Geb. 31. 7. 1907 i. Reichenberg/S.
Erl. B.: Kaufmännischer Angestellter
Arbeiterveteran
Partei: SED
L.: 1914-22 Besuch einer Volksschule. Anschließend bis zum 17. Lebensjahr kaufm. Lehre. Danach kaufm. Angestellter (ab 1929 erwerbslos.). 1928 Mitgl. d. KJV. Verschiedene Funktionen i. KJV. 1931 Reichspionierleiter. 1932 MdR. Nach 1933 leitender Funktionär d. ill. ZK d. KJV i. Deutschland. Emigration. 1933/36 leitender Mitarbeiter d. Abschnittsleitung „West" d. KPD i. Amsterdam. Verantwortl. f. Jugendfragen. Nach Kriegsausbruch interniert. Häftling i. KZ Vernet. 1942 Emigration nach Mexiko. Dort Mitherausgeber d. Zeitschrift „Freies Deutschland" (zus. mit P. Merker u. A. Abusch). 16. 9. 1937 Aberkennung d. dtsch. Staatsbürgerschaft. 1946 Rückkehr nach Deutschland. Funktionär d. KPD i. Westdeutschland. Übersiedlung i. d. DDR. Bis März 1953 Chefred. d. SED-Bezirksorgans „Volkswacht" i. Gera. März 1953 wegen zionistischer Abweichungen abgesetzt. Bewährungsauftrag. 1956 rehabilitiert. 1956-60 stellv. Chefred. d. „Berliner Zeitung". Anschl. erneut Funktionär d. KPD. Kand. d. Politbüros d. ZK d. KPD. 1972-77 Intendant von „Radio Berlin International". „Arbeiterveteran".
Ausz.: VVO i. Gold (1972). Karl-Marx-Orden (1977) u. a.

Junker, Wolfgang
Berlin
Geb. 23. 2. 1929 i. Quedlinburg als Sohn eines Arbeiters und nachmaligen VP-Angehörigen
Erl. B.: Maurer, Ingenieur
Ausg. B.: Minister f. Bauwesen
Partei: SED
L.: In Warnstedt bei Quedlinburg aufgewachsen. Bis 1945 Besuch d. Volks- u. Mittelschule. 1945-48 Maurerlehre u. Tätigkeit als Maurer (u. a. EHW Thale). 1949-52 Besuch d. Ing.-Schule Osterwieck/Blankenburg. 1951 Mitgl. d. SED. 1951 Bau-Ing. 1951-52 Baultr. i. d. damaligen Stalinallee i. Ostberlin. 1953-55 Techn. Ltr. d. Baustabes d. MdI. 1955 Dir. d. VEB Bagger- u. Förderarbeiten i. Ostberlin. 1958-61 Dir. d. VEB Industriebau Brandenburg. 1961-63 stellv. Min. bzw. Staatssekr., seit 7. 2. 1963 Min. f. Bauwesen. Nachf. v. Ernst Scholz. Seit Okt. 1968 Mitgl. d. DBA. 1967-71 Kand., seit Juni 1971 Mitgl. d. ZK d. SED. Seit 1973 Vors. d. Ständ. Kommission Bauwesen i. RGW. Seit Okt. 1976 Abg. d. VK.
Ausz.: VVO i. Gold (1969). Karl-Marx-Orden (1976) u. a.

Jurischka, Günter
Cottbus
Geb. 1923
Erl. B.: Mechaniker, Diplom-Staatswissenschaftler
Ausg. B.: 1. Sekretär d. KB
Partei: SED
L.: Mechaniker. Später Berufsschullehrer u. Berufsschulinspizient. 1956 2. Sekr. d. SED-KL Herzberg. 1958-59 stellv. OB v. Cottbus. 1959-62 Studium DASR i. Potsdam-Babelsberg. Dipl.-Staatswiss. 1962-74 1. Sekr. d. SED-Stadtleitung Cottbus. Mitgl. d. Sekr. d. SED-BL Cottbus. 1973 Studium a. d. PHSch d. KPdSU i. Moskau. Febr. 1974-Febr. 1981 Sekr. f. Wiss., Volksbildung u. Kultur d. SED-BL Cottbus. Nachf. v. Werner Sanden. Seit 1981 1. Sekr. d. KB i. Bez. Cottbus. Abg. d. BT.
Ausz.: VVO i. Silber (1977) u. a.

Jurk, Heinz
Berlin
Geb. 1932
Erl. B.: Diplom-Wirtschaftler u. Gesellschaftswissenschaftler
Ausg. B.: Stellv. Minister
Partei: SED
L.: Diplom-Wirschaftler. Industrietätigkeit. Zeitweise Ltr. d. Abt. Materialwirtschaft i. VEB Gaskombinat „Schwarze Pumpe". Absolvent d. PHSch d. SED. Diplom-Gesellschaftswiss. Anfang d. 70er Jahre AL, seit 1975 stellv. Minister f. Materialwirtschaft.
Ausz.: VVO i. Bronze u. a.

Juri, Georg
Frankfurt/Oder
Geb. 29. 9. 1919
Ausg. B.: Vorsitzender d. BPKK d. SED
Partei: SED
L.: SED-Funktionär. In d. 50er Jahren Ltr. d. Bez.-verw. Frankfurt/O. d. Sozialvers. 1955-64 Vors. d. BRK d. SED Frankfurt/O. Danach 1. Sekr. SED-KL Strausberg. Seit Aug. 1966 Vors. d. BPKK d. SED Frankfurt/O.
Ausz.: VVO i. Bronze (1969) u. a.

Jutzi, Karl
Dresden
Geb. 23. 10. 1917 i. Fischbach, Krs. Kaiserslautern
Ausg. B.: Vorsitzender d. GST i. Bez. Dresden
Partei: SED
L.: Kriegsdienst (Feldwebel) i. einem Sicherungs-Btl.). Seit Anfang d. 50er Jahre GST-Funktionär. Ltr. d. Abt. Gelände- u. Schießsport i. Zentralvorstand d. GST. Zeitweise MA d. SED-BL Dresden. Seit April 1963 Vors. d. GST i. Bez. Dresden.
Ausz.: VVO i. Silber (1977) u. a.

Kämmler, Günter

Berlin
Geb. 23. 10. 1926 i. Dittmannsdorf, Krs. Waldenburg
Ausg. B.: Generaldirektor
Partei: SED
L.: Außenhandelsfunktionär. Zeitweise Generaldirektor i. MAI. 1969-72 Ltr. d. Vertretung d. KfA i. Österreich. Nachfolger v. Fritz Gloth. Gesandter. Danach stellvertretender Generaldirektor. Seit 1975 Generaldirektor AHU Holz - Papier - Export -Import.
Ausz.: VVO i. Silber (1977) u. a.

Kämpf, Siegfried

Berlin
Geb. 9. 12. 1929 i. Lugau
Erl. B.: Pädagoge
Ausg. B.: Botschafter
Partei: SED
L.: Absolvent d. Karl-Marx-Oberschule i. Chemnitz. Abitur. 1948-52 Studium d. Geschichte, Germanistik u. des Sports a. d. Uni. Leipzig u. Halle. Danach Studium d. Außenpolitik. Seit 1960 Angehöriger d. diplomatischen Dienstes d. DDR. 1962-64 amtierender Ltr. d. DDR-Handelsvertretung i. Marokko. 1964-66 Ltr. d. DDR-Handelsvertretung in Guinea. 1966-70 Ltr. d. Abt. Arabische Staaten i. MfAA. Aug. 1970-Juni 1974 Botschafter d. DDR i. d. Demokratischen Volksrepublik Algerien. Danach stellv. AL Westeuropa i. MfAA. Sept. 1979-Dez. 81 Ständ. Delegierter d. DDR b. d. UNESCO i. Paris. Nachf. v. Dieter Heinze. Seit 6. 5. 1982 Botschafter d. DDR i. Portugal. Nachf. v. Frank Bochow.
Ausz.: VVO i. Bronze (1969).

Kahane, Max

Berlin
Geb. 31. 1. 1910 i. Hannover
Ausg. B.: Journalist
Partei: SED
L.: Vor 1933 Mitgl. d. KJV, der komm. Studentenorganisation i. Berlin u. d. KPD. Nach 1933 Emigration. Teilnehmer am spanischen Bürgerkrieg. Danach Angehöriger d. französischen Widerstandsbewegung. Nach 1945 Journalist. 1953-55 Chefredakteur u. stellvertretender Direktor d. ADN. 1955-57 Redakteur d. „Berliner Zeitung". 1957-64 Korrespondent d. ND i. Indien u. Brasilien. 1965-68 Chefkommentator d. ND. Seit Nov. 1968 Chefkommentator d. außenpolitischen Wochenzeitung „horizont".
Ausz.: VVO i. Silber (1959) u. i. Gold (1970). Karl-Marx-Orden (1980) u. a.

Kahlau, Heinz

Berlin
Geb. 6. 2. 1931 i. Drewitz bei Potsdam
Ausg. B.: Schriftsteller
Partei: SED
L.: Bis 1954 als ungelernter Arbeiter tätig. Anschließend Traktorist. FDJ-Funktionär u. freiberuflicher Schriftsteller. Seit 1950 lyrische Veröffentlichungen. Meisterschüler v. Bert Brecht. Zeitweise Chefdramaturg d. Arbeiter- u. Studententheaters i. Ostberlin.
Ausz.: Heine-Preis (1963). Literaturpreis d. FDGB. Lessing-Preis (1972). Becher-Preis (1981) u. a.
Veröff.: „Hoffnung lebt in den Zweigen der Caiba", Verlag Neues Leben, Berlin, 1954. „Probe", Ged., 1956. „Die Maisfibel", Ged., 1960. „Der Fluß der Dinge", Ged., 1965. „Ein Krug mit Oliven", Schauspiel, 1966. u. a.

Kahle, Werner

Jena
Geb. 1935
Erl. B.: Diplom-Philosoph, Dr. sc. phil.
Ausg. B.: Hochschullehrer
Partei: SED
L.: Diplom-Philosoph. Dr. sc. phil. Zeitw. Sektorenltr. i. d. SED-BL Gera u. wiss. MA der Kulturabt. d. ZK d. SED. Gegenwärtig Dozent bzw. Prof. f. Ästhetik a. d. Uni. Jena. Dir. d. Sektion Philosophie. Seit 1974 Vors. d. KB i. Bez. Gera. Mitgl. d. Präsidialrates d. KB. Abg. d. BT Gera.
Ausz.: VVO i. Bronze (1974) u. a.

Kaiser, Hans

Berlin
Geb. 1919
Schulbildung: Volksschule
Erl. B.: Mechaniker, Dr. paed. habil., Prof.
Ausg. B.: Vizepräsident d. APW
Partei: SED
L.: Nach dem Schulbesuch Mechanikerlehre u. Tätigkeit als Mechaniker. Nach 1945 Studium d. Berufspädagogik. Anschl. Ass. a. d. TH Dresden. Promotion zum Dr. paed. 1955-59 mit der Wahrnehmung einer Dozentur f. Berufspädagogik a. d. TH Dresden beauftragt. 1959-61 Direktor d. Deutschen Pädagogischen Zentralinstituts. 1961-70 stellvertretender Minister f. Volksbildung. Seit Sept. 1970 Vizepräs. d. APW.
Ausz.: VVO i. Silber (1969) u. a.

Kaisler, Ernst

Berlin
Geb. 20.8. 1917 i. Korschen, Krs. Rastenburg
Erl. B.: Bankkaufmann, Diplom-Wirtschaftler
Ausg. B.: Generaldirektor, LDP-Funktionär
Partei: LPD
L.: Bankkaufmann. Kriegsdienst (Marine). Nach 1945 LDP.Mitgl., Referent i. MdF u. HV-Ltr. i. Ministerium f. Lebensmittelindustrie. Seit 1958 Generaldirektor VVB Tabakindustrie bzw. d.

VEB Kombinat Tabak Berlin. 1962-76 Vorsitzender d. LDP i. Kreis Berlin-Köpenick. Mitgl. d. ZV d. LDP.
Ausz.: VVO i. Silber (1977) u. a.

Kalauch, Karl
Berlin
Geb. 12. 1. 1930 i. Dresden
Erl. B.: Facharbeiter f. Betriebsdienst d. Post- u. Fernmeldewesen, Diplom - Gesellschaftswissenschaftler
Ausg. B.: Vorsitzender d. IG Transport- u. Nachrichtenwesen
Partei: SED
L.: Postjungbote i. Dresden. Nach d. Krieg Bauhilfsarbeiter. Lehre als Facharbeiter b. d. Post. Betriebsdienst i. Postamt 30 i. Dresden. 1950 BGL-Vorsitzender. 1950 SED. 1951 Besuch d. Gewerkschaftshochschule. 1952 AL, 1953 Sekr., 1954-77 stellvertretender Vorsitzender d. ZV d. Gewerkschaft Transport u. Nachrichtenwesen i. FDGB. Mehrjähriges Studium a. d. PHSch d. SED. Diplom-Gesellschaftswissenschaftler. Seit 17. 4. 1977 Vorsitzender d. IG Transport- u. Nachrichtenwesen i. FDGB. Nachf. v. Karl Iffländer. Seit Mai 1977 Mitgl. d. BV d. FDGB. Seit April 1982 Mitgl. d. Präs. d. BV d. FDGB.
Ausz.: VVO i. Bronze (1971). Fritz-Heckert-Medaille i. Gold (1981) u. a.

Kalb, Hermann
Berlin
Geb. 20. 10. 1924 i. Jena als Sohn eines Angestellten
Erl. B.: Journalist
Ausg. B.: Stellvertretender Staatssekretär
Partei: CDU
L.: Besuch d. Oberrealschule i. Jena u. Frankfurt/M. Kriegsdienst. Ab 1946 Studium d. Rechtswiss. a. d. Uni. Jena. 1946 Mitgl. d. CDU. 1946-49 Sekr. u. Vors. d. Kreisverbandes Meiningen d. CDU. 1948-50 Kreisrat u. 1. stellv. Landrat d. Kreises Meiningen u. Abg. d. Kreistages. 1950-52 Abg. d. Thür. Landtages u. Landessekr. d. CDU. Seit 1950 Abg. d. VK. 1950-54 Mitgl. d. Justizausschusses. 1954-63 Mitgl. d. Ständigen Ausschusses f. Allg. Angelegenheiten d. VK. Seit 1969 Vors. d. Ausschusses f. Eingaben d. Bürger d. VK. 1966-69 Mitgl. d. Präs. d. VK. Seit 1950 Mitgl. d. Hauptvorstandes d. CDU. 1952-61 Vors. d. Bezirksverbandes Erfurt d. CDU. 1961-71 Chefred. d. Zentralorgans d. CDU „Neue Zeit". Juni 1971-Juni 1977 Sekr. d. Hauptvorstandes d. CDU. Seit Juli 1977 stellv. Staatssekr. f. Kirchenfragen. Nachf. v. Fritz Flint.
Ausz.: VVO i. Gold (1977) u. a.

Kallenbach, Eberhard
Stützerbach, Krs. Ilmenau
Geb. 16. 8. 1935 i. Meiningen
Erl. B.: Dr.-Ing.
Ausg. B.: Hochschullehrer
L.: Ab 1953 Studium a. d. HS f. Elektrotechnik i. Ilmenau. Dipl.-Ing. f. Elektrotechnik, Dr.-Ing. Leiter d. Wissenschaftsbereichs Informationsgerätetechnik a. d. TH Ilmenau. Prof. Seit Febr. 1980 Vors. d. Bezirksausschusses Suhl d. Nat. Front. Nachf. v. Helmut Grunow. Seit 1976 Nachfolgekandidat d. VK.
Ausz.: Orden „Bannder d. Arbeit" Stufe II (1979) u. a.

Kalweit, Werner
Berlin
Geb. 27. 7. 1926 i. Madrid als Sohn eines Arbeiters
Erl. B.: Diplom-Wirtschaftler, Dr. oec. habil.
Ausg. B.: Vizepräsident d. AdW
Partei: SED
L.: Oberschule. Abitur. 1946 SED. 1946-49 Praktikant u. Teilstudium. 1949-52 Studium DASR. Diplom-Wirtschaftler. 1952-53 Assistent a. d. DASR. 1953-62 Lehrtätigkeit a. d. HS f. Ökonomie i. Berlin. 1956 Promotion zum Dr. rer. oec. 1962 Habil. u. Prof. 1962-67 Ltr. d. Lehrstuhls f. Polit. Ökonomie. 1967-71 stellv. Dir. d. Inst. f. Gewi. b. ZK d. SED. Seit 1967 Abg. d. VK. 1967-71 u. seit 1976 Mitgl. d. Ausschusses f. Haushalt u. Finanzen. Vors. d. Parl. Freundschaftsgruppe DDR-Afrika. Seit 1976 Mitgl. d. Ausschusses f. Haushalt u. Finanzen d. VK. Seit 1970 Mitgl. d. APW. Seit 1971 Ltr. d. Forschungsbereichs Gewi. b. d. DAW. Mitgl. d. Präs. d. DAW. Seit Aug. 1972 Vizepräs. d. AdW. Seit 1974 Mitgl. d. Präs. d. UNESCO-Kommission d. DDR.
Ausz.: VVO i. Bronze (1969). Nat.-Preis I. Kl. (1970) u. a.

Kalwert, Günter
Berlin
Erl. B.: Offizier d. Justizdienstes, Dr. jur.
Ausg. B.: HA-Leiter, Generalmajor d. Justizdienstes d. NVA
Partei: SED
L.: Offizier d. Justizdienstes d. NVA. Seit Anfang d. 60er Jahre Ltr. d. HA Militärgerichte i. Min. d. Justiz. Seit 20. 2. 1976 Generalmajor
Ausz.: VVO i. Bronze (1981). Medaille f. Verdienste i. d. Rechtspflege i. Gold u. a.

Kalz, Werner
Frankfurt/O.
Geb. 1930
Erl. B.: Diplom-Wirtschaftler
Ausg. B.: Vorsitzender d. Bezirkskomitees Frankfurt/O. ABI.
Partei: SED
L.: Dipl.-Wirtschaftler. 1955-63 Mitarbeiter bzw. Ltr. d. Abt. Wirtschaft d. SED-BL Frankfurt/O. März-Nov. 1963 Ltr. d. Abt. Planung d. RdB Frankfurt/O. Nov. 1963-Nov. 1976 stellv. Vors. d. RdB u. Vors. d. Bezirksplankommission Frankfurt/O. Seit 9. 11. 1976 Vors. d. Bezirkskomitees Frankfurt/O. d. ABI. Nachf. v. Wil-

helm Havel. Mitgl. d. BL d. SED u. Abg. d. BT. Ausz.: VVO i. Silber (1975) u. a.

Kaminsky, Horst
Berlin
Geb. 20. 3. 1927 i. Markranstädt b. Leipzig
Erl. B.: Industriekaufmann, Diplom-Wirtschaftler
Ausg. B.: Präsident d. Staatsbank
Partei: SED
L.: 1944 NSDAP. Industriekfm., Dipl. - Wirtschaftler. Hauptbuchhalter. 1953/54 Werkltr. VEB Askania i. Teltow. Später MA einer VVB, HA-Ltr. i. Min. f. Allg. Maschinenbau, MA d. SPK u. d. VWR. 1964-74 Staatssekr. u. 1. stellv. Min. d. Finanzen. Seit April 1974 Präs. d. Staatsbank d. DDR. Nachf. v. Marg. Wittkowski. Mitgl. d. Ministerrates. Vers. d. Vorstandes d. SDAG Wismut.
Ausz.: VVO i. Gold (1977) u. a.

Kamnitzer, Heinz
Berlin
Geb. 10. 5. 1917 i. Berlin als Sohn eines Drogisten
Ausg. B.: Schriftsteller, Dr. phil
Partei: SED
L.: 1927-33 Besuch d. Askanischen Gymnasiums i. Berlin. Mitgl. d. Sozial. Schülerbundes. Herbst 1933 verhaftet. Emigration nach England. 1933-35 Besuch d. Polytechnikums i. London. 1935-36 Hilfsarbeiter u. Tischlerlehrling i. Palästina. Mitgl. KP. 1936 Rückkehr nach England. MA d. Zeitschrift „Germany Today". 1939-40 Chefred. d. Monatsschrift „Inside Nazi Germany". 1940/41 i. Kanada interniert. 1942-46 Red. d. Wirtschafts-Zeitung „Petroleum Press Service". Studium d. Polit. Wiss. a. d. Uni. London. 1946 Rückkehr nach Berlin. Phil.-Studium a. d. Ostberliner Uni. 1947 Lehrauftrag. 1949-50 Prof. m. LA f. Neue Geschichte a. d. Landeshochschule Brandenburg. 1950 Promotion zum Dr. phil. 1950-54 Prof. f. Geschichte a. d. Humboldt-Uni. Ostberlin. 1952-54 Dir. d. Inst. f. d. Geschichte d. deutschen Volkes. Seit 1955 freischaffender Schriftsteller. Seit April 1970 Präs. d. PEN-Zentrums d. DDR. Nachfolger von Arnold Zweig. Ausz.: VVO i. Silber (1974) u. a.
Veröff.: „Über Literatur u. Geschichte", Petermänken-Verlag, Schwerin, 1955. „Mord an Rathenau" (zus. mit Stenbock-Fermor), Fernsehspiel, Verfasser von Drehbüchern zu Romanen u. Dramen von Arnold Zweig u. a. m.

Kamps, Peter
Berlin
Geb. 2. 2. 1933 i. Leipzig
Erl. B.: Technischer Zeichner, Diplom-Ingenieur
Ausg. B.: Chefkonstrukteur
Partei: SED
L.: Dipl.-Ing. 1954 Mitgl. d. SED. Chefkonstrukteur i. VEB Bergmann-Borsig, Berlin-Wilhelms-

ruh. Seit Jan. 1963 (VI. Parteitag) Kand. d. ZK d. SED.
Ausz.: VVO i. Gold (1981).

Kant, Hermann
Berlin
Geb. 14. 6. 1926 i. Hamburg als Sohn eines Gärtners
Erl. B.: Elektriker, Diplom-Philologe
Ausg. B.: Schriftsteller
Partei: SED
L.: Elektriker. Kriegsdienst. 1945-49 in polnischer Kriegsgef. Gründer d. Antifa.-Komitees i. Arbeitslager Warschau. Lehrer an einer Antifa-Schule. 1949 Mitgl. d. SED. 1949-51 Besuch d. ABF Greifswald. Dozent i. Greifswald. 1952-56 Studium der Germanistik a. d. Humboldt-Uni. i. Ostberlin. Diplom-Philologe. Anschl. wiss. Ass. am German. Inst. d. Humboldt-Uni. 1957-62 Chefred. d. Studentenzeitung „tua res" u. Red. d. Zeitschrift „Neue Deutsche Literatur". Politischer Feuilletonist d. ND. Jetzt freiberufl. Schriftsteller. Mai 1969-Mai 1978 Vizepräs., seit Mai 1978 Präs. d. Schriftstellerverbandes d. DDR. Nachf. v. Anna Seghers. 1974-79 Mitgl. d. BL Berlin d. SED. Seit März 1979 Mitgl. d. Präsidiums d. Nationalrates d. Nat.-Front. Seit Juni 1981 Abg. d. VK.
Ausz.: Heinrich-Heine-Preis (1962). Nat.-Preis I. Kl. (1973). Dr. h. c. phil. Uni Greifswald (1980) u. a.
Veröff.: „Ein bißchen Südsee", 1962. „Die Aula", 1965. „Das Impressum", 1972. „Der Aufenthalt", 1977. „Der dritte Nagel", Erz., 1981. Sämtl. i. Verlag Rütten u. Loening, Berlin.

Kapr, Albert
Leipzig
Geb. 20. 7. 1918 i. Hedelfingen b. Stuttgart als Sohn eines Arbeiters
Erl. B.: Schriftsetzer, Grafiker, Prof.
Ausg. B.: Hochschullehrer
Partei: SED
L.: Volksschule, Schriftsetzerlehre. KJV-Mitglied. Während der NS-Zeit vorübergehend i. KZ-Haft. Nach 1945 Studium u. Ass. a. d. TH Stuttgart. 1949 Übersiedlung i. d. DDR. Seit 1951 Lehrtätigkeit a. d. HS f. Grafik u. Buchkunst i. Leipzig. 1967-73 Rektor d. HS. Ltr. d. Meisterklasse Grafik. O. Prof. u. Ltr. einer Meisterklasse.
Ausz.: Nat.-Preis III. Kl. (1961). VVO i. Gold (1980) u. a.

Karwath, Werner
Warmbad, Krs. Zschopau
Geb. 17. 1. 1927 i. Brüx (CSR) als Sohn eines Angestellten
Erl. B.: Facharzt f. innere Krankheiten, Dr. med.
Ausg. B.: Ärztlicher Direktor d. Bergarbeitersanatoriums d. SDAG Wismut
Partei: CDU
L.: Besuch eines Staatsoberrealgymnasiums. Abitur. Nach 1945 Hilfsarbeiter u. Buchdrucker.

1946 Mitgl. d. CDU. 1947-53 Studium d. Medizin a. d. Uni Leipzig. 1954 Dr. med. 1958 mediz. Staatsexamen. Danach Stationsarzt der Inneren Abt. bzw. lt. Arzt i. Bergbau-Krankenhaus Erlabrunn bzw. Chefarzt d. Bergbaupoliklinik Schwarzenberg. Seit 1970 Ärztl. Dir. d. Bergarbeitersanatoriums d. SDAG Wismut i. Warmbad. Seit 1962 Mitgl. d. Hauptvorstandes, seit 1964 d. Präs. d. Hauptvorstandes d. CDU. Seit 1963 Abg. d. VK u. Mitgl. d. Ausschusses f. Gesundheitswesen. Seit 1976 Vizepräs. d. Freundschaftskomitees DDR-Portugal. Stellv. Vors. d. Arbeitsausschusses d. Berliner Konferenz Kathol. Christen aus europ. Staaten.
Ausz.: VVO i. Bronze (1965) u. a.

Kattner, Eugen
Berlin
Geb. 1928
Ausg. B.: Stellvertretender Minister f. Außenhandel
Partei: SED
L.: Außenhandelsfunktionär. Seit Anfang der 50er Jahre Mitarbeiter d. MAI. Zeitweise 1. Sekr. d. FDJ-Betriebsgruppe, dann Abt.-Ltr. für den Nahen u. Mittleren Osten u. Generaldir. f. afroasiatische Länder i. MAI. Seit 1966 stellv. Min. i. MAI bzw. MfA.
Ausz.: VVO i. Bronze (1965) u. i. Silber (1970).

Katzer, Georg
Berlin
Geb. 1935
Erl. B.: Komponist
Ausg. B.: Komponist
L.: Besuch d. Wendgräbener Internatsschule bei Magdeburg. Studium Theorie, Tonsatz u. Klavier a. d. Musik-HS i. Berlin (Schüler v. Rudolf Wagner-Regeny u. Ruth Zechlin). 1961 Meisterschüler v. Hanns Eisler u. Leo Spies. Seit den 70er Jahren Komponist i. Berlin. Seit Mai 1978 Mitgl. d. AdK. Seit 19. 2. 1982 Vizepräs. d. Verb. d. Komponisten u. Musikwiss.
Ausz.: Kunstpreis d. DDR (1973). Reine-Marie-Jose-Preis (Genf, 1978). Nat. Pr. III. Kl. (1981) u. a.
Werke: „Das Land Bumbum", Kinderoper. „Schwarze Vögel", Ballett u. a.

Kaufmann, Hans
Berlin
Geb. 31. 3. 1926 i. Berlin als Sohn eines Angestellten
Erl. B.: Germanist, Dr. phil. habil.
Ausg. B.: Stellvertretender Institutsdirektor
L.: 1944-45 Kriegsdienst. ABF. Abitur. 1948-52 Studium d. Germanistik a. d. Humboldt-Universität Ostberlin. Danach wissenschaftlicher Assistent. 1956 Promotion zum Dr. phil. (über Heines „Wintermärchen"). Dozent u. 1959-61 mit der Wahrnehmung einer Professur a. d. Humboldt-Universität beauftragt. 1962-69 Prof. f. neuere u. neueste Literaturgeschichte i. Jena. 1963-76

Mitgl. d. Vorstandes d. DSV. Seitdem AL. Bereichsltr. bzw. stellvertretender Direktor d. Zentralinstituts f. Literaturgeschichte d. AdW.
Ausz.: Heine-Preis (1972). Nat.-Preis II. Kl. (1976) u. a.
Veröff.: Herausgeber der Werke Heinrich Heines. Mitglied des Herausgeberkollektivs „Geschichte der deutschen Literatur" u. a.

Kaufmann, Walter
Berlin
Geb. 19. 1. 1924 i. Berlin
Ausg. B.: Schriftsteller
Partei: SED
L.: Bei jüd. Pflegeeltern i. Duisburg aufgewachsen. In der NS-Zeit aus rass. Gründen verfolgt. 1940 Flucht über Holland nach England. Internierung i. Australien. Dort als Farmarbeiter, Straßenfotograf, Hafenarbeiter u. Schiffsheizer tätig. Zeitweise Soldat. Mitarbeiter einer Armeezeitung. Schriftstellerische Betätigung. 1948 Veröff. des ersten Romans. Teilnehmer an den Weltfestspielen in Warschau. Reisen durch Polen, UdSSR u. Japan. 1955 Rückkehr nach Deutschland. Seitdem freiberufl. Schriftsteller.
Ausz.: Fontane-Preis. Heinrich-Mann-Preis (1967).
Veröff.: „Stimmen im Sturm", Roman, 1948. „Wohin der Mensch gehört", Verlag Neues Leben, Berlin, 1957. „Der Fluch von Maralinga", Verlag Neues Leben, Berlin, 1958. „Ruf der Inseln", Verlag Volk u. Welt, Berlin, 1960. „Feuer am Suvastrand", Aufbau-Verlag, Berlin, 1961. „Hoffnung unter Glas", Hinstoff-Verlag, Rostock, 1968. „Das verschwundene Hotel", Verlag Junge Welt, Berlin, 1973. „Am Kai der Hoffnung„, Verlag d. Nation, Berlin, 1974. „Wir lachen, weil wir weinen", Brockhaus-Vlg., Leipzig, 1978. „Drei Reisen ins gelobte Land", 1981 u. a.

Kaulfersch, Rolf
Berlin
Geb. 7. 8. 1919 i. Dönis, Krs. Reichenberg/CSR, als Sohn eines Arbeiters
Ausg. B.: Richter
Partei: NDP
L.: Besuch d. Volks- u. Bürgerschule i. Grottau. 1933-37 Besuch der Handelsakademie. 1940-43 i. d. Postverwaltung tätig. 1947-48 Besuch d. Richterschule i. Halle/S. Volksrichter. 1948 Mitgl. d. NDP. 1948-49 Amtsrichter i. Halberstadt u. stellv. Landesvors. d. NDP i. Sachsen-Anhalt. 1948-55 Vors. d. NDP i. versch. Kreisen Sachsen-Anhalts. 1949-54 Mitgl. d. Vorstandes Sachsen-Anhalt bzw. d. Bezirksvorstandes Halle d. Vereinigung Demokr. Juristen. 1950-52 Abg. d. Landtages Sachsen-Anhalt. 1950-52 Landgerichtspräs. i. Torgau u. Dessau. 1951-54 Fernstudium a. d. Akademie f. Staats- u. Rechtswiss. Jur. Staatsexamen. 1952-54 Abg. d. Bezirkstages Halle/S. 1952-60 Oberrichter u. stellv. Dir. d. Bezirksgerichts Halle/S. Mitgl. d. Kreis- u. Bezirksausschusses d. NDP. 1954-63 Abg. d. VK. Mitgl. d.

Rechtsausschusses d. VK. 1950-72 Mitgl. Hauptausschusses d. NDP. 1963-72 Mitgl. d. Parteikontrollkommission d. NDP. 1960-70 stellv. Justizmin. d. DDR. 1970-71 stellv. Bezirksgerichtsdir. i. Potsdam.
Ausz.: VVO i. Silber (1979). Medaille f. Verdienste i. d. Rechtspflege i. Gold (1969) u. a.

Kaußmann, Bernhard

Rostock
Geb. 2. 2. 1914 i. Oppeln als Sohn eines Prokuristen
Ausg. B.: Hochschullehrer, Dr. rer. nat. habil.
L.: Oberrealschule, Studium d. Botanik, Zoologie, Mineralogie, Physik u. Chemie a. d. Uni Halle. 1939 Promotion zum Dr. rer. nat. 1. 5. 1940 Einberufung zur Wehrmacht. Leutnant d. Reserve. 1945 sowj. Kriegsgef. 1952 Habil. a. d. Uni. Rostock. Anschl. Dozent, 1956-59 Prof. m. LA, seit 1. 9. 52 o. Prof. f. Botanik Uni. Rostock. Zeitweise Vors. d. BL Rostock d. Kulturbundes u. Mitgl. d. Präsidialrates d. DKB.

Kautzleben, Heinz

Potsdam
Geb. 31. 3. 1934 i. Kelbra/Kyffhäuser
Erl. B.: Diplom-Geophysiker, Dr. rer. nat.
Ausg. B.: Institutsdirektor
L.: 1952-57 Studium d. Geophysik KMU Leipzig. Seit 1957 a. d. DAW bzw. AdW tätig. 1962 Promotion. 1966 Habil. KMU Leipzig. 1969 Prof. 1972 stellv. Dir., 1973 Dir. d. Zentralinst. f. Physik d. Erde d. AdW i. Potsdam. Nachf. v. Heinz Stiller. Vors. d. Gew. Wiss. i. Bez. Potsdam. Seit 1976 Abg. d. BT Potsdam. 1979 korr. Mitgl. d. AdW. Stellv. Ltr. d. Forschungsbereichs Geo- u. Kosmoswiss. AdW.
Ausz.: Nat. Pr. III. Kl. (1978)

Kayser, Karl

Leipzig
Geb. 14. 5. 1914 i. Leipzig als Sohn eines Drehers
Erl. B.: Maler, Schauspieler, Prof.
Ausg. B.: Generalintendant d. Städtischen Theater i. Leipzig
Partei: SED
L.: Besuch d. Volks- u. Kunstgewerbeschule i. Leipzig. 1920 Mitgl. d. „Roten Falken". 1928-32 Malerlehre. Bis 1933 Mitgl. d. SAJ. 1932-33 Schauspieleleve i. Leipzig. Anschl. Engagements an versch. deutschen Bühnen. Teilnehmer am 2. Weltkrieg. Kriegsgef. 1946 SED. 1946-50 Schauspieler am Stadttheater Leipzig. 1947-50 Vors. d. Gewerkschaftsleitung d. Städt. Theater Leipzig. 1950-58 Generalintendant. d. Nationaltheaters i. Weimar. 1952 Abg. d. Thür. Landtages. 1952-54 Abg. d. Bezirkstages Erfurt u. Mitgl. d. Rates d. Bez. Seit 1954 Abg. d. VK. 1954-58 u. erneut 1963-81 Mitgl. d. Ausschusses f. Kultur d. VK. Seit 1981 stellv. Vors. d. Ausschusses f. Kultur d. VK. Seit Mai 1958 Generalintendant d. Städt. Bühnen Leipzig. Nachf. v. J. Arpe. Seit Jan. 1963 (VI. Parteitag) Mitgl. d. ZK d. SED. Seit Febr.

1966 Vizepräs., seit Dez. 1975 Präs. d. Zentrums DDR d. Internat. Theater-Inst. Seit Dez. 1966 Vizepräs. d. Verbandes d. Theaterschaffenden d. DDR. Mitgl. d. Präsidialrates d. KB.
Ausz.: Nat.-Preis III. Kl. (1952, 1959 u. 1966). VVO i. Gold (1974). Karl-Marx-Orden (1979) u. a.

Kegel, Gerhard

Berlin
Geb. 16. 11. 1907 i. Preußisch Herby
Botschafter a. D.
Partei: SED
L.: Abitur. Lehrling b. d. Dresdner Bank. 1928-31 Studium der Staats- u. Rechtswiss. a. d. Uni. Breslau. Mitgl. d. Komm. Studentenorganisation. 1931 Mitgl. d. KPD. Staatsexamen. Anschl. Wirtschaftsjournalist u. Außenhandelskorrespondent i. Berlin, Warschau u. Moskau. Zeitweise Mitarbeiter d. „Breslauer Neuesten Nachrichten" i. Warschau. Ab 1. 5. 1934 Mitgl. d. NSDAP (Ortsgr. Sektion Auswärtiger Dienst, Warschau). Wiss. Hilfsarbeiter a. d. Deutschen Botschaft i. Warschau. u. danach stellv. Ltr. d. Handelspolit. Abt. d. dtsch. Botschaft i. Moskau. Ab 1941 Legationssekr. d. AA Berlin. Kriegsdienst. Jan. 1945 zur Roten Armee desertiert. Während d. NS-Zt. Mitarbeiter d. sowjetischen Spionageapperates (GRU). Nach 1945 Mitgl. d. KPD/SED. Stellv. Chefred. u. später Chefred. d. „Berliner Zeitung". Zugleich Geschäftsführer d. Berliner u. Allg. Deutschen Verlages. 1950-51 stellv. Chefred. u. Mitgl. d. Redaktionskollegiums d. „ND". 1951-52 Chefred. d. Wochenzeitung „Die Wirtschaft". 1952-55 Dir. d. Verlages „Die Wirtschaft". Seit 1955 hauptamtl. Mitarbeiter d. ZK d. SED. Seit April 1959 Gesandter. Sprecher d. Regierungsdelegation d. DDR auf der Genfer Außenministerkonferenz. 1967-71 Kand. d. ZK d. SED. Juli 1973-Mai 1976 Botschafter, Ständiger Beobachter d. DDR b. d. UNO i. Genf u. ständiger Vertreter bei anderen internat. Organisationen. Jetzt i. Ruhestand.
Ausz.: VVO i. Silber (1955 u. 1959) u. i. Gold (1967). Karl-Marx-Orden (1977) u. a.

Kegel, Herbert

Leipzig
Geb. 29. 7. 1920 Großzschachwitz b. Dresden als Sohn eines Schlossers
Erl. B.: Musiker, Dirigent, Prof.
Ausg. B.: Generalmusikdirektor
L.: 1933-40 Besuch d. Orchesterschule d. Staatskapelle i. Dresden. Anschl. Kriegsdienst. Verwundung a. d. Hand. Aufgabe d. Pianistenlaufbahn. 1946-49 Chor- u. Theaterdirigent i. Pirna/S. u. Rostock. Ab 1949 Ltr. d. Rundfunkchores Leipzig. Ab 1953 Dirigent d. Großen Rundfunkorchesters Leipzig. 1958 Ernennung zum Generalmusikdir. Seit 1. 1. 1960 Chefdirigent d. Rundfunk-Sinfonie-Orchesters Leipzig. Seit 1975 Honorar-Prof. u. d. Musik-HS Leipzig (Fach: Dirigieren). Seit 1977 Chefdirigent d. Dresdner Philharmonie.

Kehnscherper, Gerhard
Greifswald
Geb. 16. 11. 1903 i. Bromberg als Sohn eines Postbeamten
Erl. B.: Pfarrer, Lic. Dr. phil. habil.
Ausg. B.: Hochschullehrer (em.)
Partei: CDU
L.: Gymnasium i. Deutsch-Eylau u. Danzig. 1920 Mitgl. d. Danziger Einwohnerwehr. 1922 Abitur. Anschl. Studium d. ev. Theologie a. d. Uni. Berlin u. Tübingen. 1926 1. theol., 1928 2. theol. Examen. 1927 Promotion zum Lic. d. Theologie i. Berlin. Danach 1 Jahr Hilfsprediger a. d. auslandsdeutschen Gemeinde i. Rio de Janeiro. Anschl. 5 Jahre i. Gemeindepfarramt i. Dorf Zechlin/Ostprignitz als Wochenendpfarrer tätig. 1933-35 Mitgl. d. NSDAP. 1935 wegen Gefährdung der Disziplin u. Geschlossenheit aus d. NSDAP ausgeschlossen. Ab 1. 2. 1934 Mitgl d. Ev. Diakonievereins i. Berlin-Zehlendorf. Schriftstellerische Betätigung. Mitgl. d. Reichsschrifttumskammer. Kriegsdienst (stellv. Armeepfarrer d. 6. Armee). 1946-51 Pfarrer i. Bad Freienwalde. Danach Hochschulprediger i. Potsdam. 1955 Habil. 1955 CDU. Seit 1958 Prof. f. Angewandte Theologie a. d. Uni Greifswald. 1969 emeritiert. 1958-71 Abg. d. BT Rostock. Mitgl. d. Nationalrates d. NF.
Ausz.: Verdienstmed. d. DDR (1959). VVO i. Bronze (1963).
Veröff.: „Ich bin getauft", Westdeutscher Lutherverlag. „Mythos des Blutes", Stiftungsverlag, Potsdam. „Deutscher Glaube", Stiftungsverlag, Potsdam. „Christ in der Welt", Lehrfilm. „Der Mißbrauch von Christentum und Kirche für die Zwecke des westdeutschen Militarismus", Herausgeber AeO. U. a.

Kehnscherper, Günther
Greifswald
Geb. 23. 5. 1929 als Sohn des nachmaligen Theologie-Prof. Gerhard K.
Erl. B.: Evangelischer Theologe, Dr. theol. habil.
Ausg. B.: Pfarrer, Hochschullehrer
Partei: CDU
L.: Studium d. Evang. Theologie. 1954-56 Pfarrer i. Altenhagen. 1963-67 Abg. d. BT Neubrandenburg. 1966 Doz. f. Praktische Theologie a. d. Humboldt-Uni. Ostberlin. 1970 Prof. f. Praktische Theologie Uni. Greifswald. Mitgl. d. Zentralvorstandes d. DSF, d. Nationalrates d. NF u. d. Präs. d. Friedensrates d. DDR.
Ausz.: Deutsche Friedensmedaille (1964).

Keil, Gerhard
Berlin
Geb. 11. 8. 1926 i. Halle/Saale
Erl. B.: Chemiker, Dr. sc. nat., Dr.-Ing.
Ausg. B.: Leiter eines Forschungsbereiches d. AdW

L.: 1944 NSDAP. Studium d. Chemie, Dr. sc. nat. Dr.-Ing. In den 60er Jahren Dir. d. VVB Mineralöle i. Halle/S. Seit 1969 o. Mitgl. d. DAW (Mitgl. d. Präs.). Ltr. d. Forschungsbereichs Chemie d. AdW. Stellv. Vors. d. Nationalkomitees d. DDR f. Welterdölkongresse. Seit Jan. 1980 Dir. d. neugegründeten Instituts f. chemische Technologie d. AdW. Vors. d. Nationalkomitees f. Chemie d. DDR.
Ausz.: VVO i. Bronze (1976). Orden „Banner d. Arbeit" Stufe I (1981) u. a.

Keilholz, Karl
Berlin
Geb. 11. 8. 1919 i. Salza
Ausg. B.: Hauptabteilungsleiter i. MfA
Partei: SED
L.: Kriegsdienst. Nach 1945 i. Außenhandel d. DDR tätig. 1958-62 Leiter der Vertretung d. KfA i. Österreich. Danach stellv. Ltr. bzw. seit Mai 1978 Ltr. d. HA „Innerdeutscher Handel" bzw. BRD/Westberlin i. MfA. Nachf. von Heinz Behrendt.
Ausz.: VVO i. Silber (1976) u. a.

Keisch, Henryk
Berlin
Geb. 24. 2. 1913 i. Moers/Rhld. als Sohn eines Gewerbetreibenden
Ausg. B.: Schriftsteller, Drehbuchautor
Partei: SED
L.: 1932-33 Studium der Literaturgeschichte u. Theaterwiss. a. d. Uni. Köln. 1933 Emigration nach Frankreich. In Paris Sprachlehrer, Übersetzer u. Chauffeur. Außerdem ständiger Mitarbeiter d. antifasch. Presse. Während d. 2. Weltkrieges Mitgl. d. französischen Widerstandsbewegung. 1944 Verhaftung durch d. Gestapo. Nach der Befreiung bis 1946 Red. i. Paris. Dann bis 1950 Deutschland-Korrespondent komm. französ. Zeitungen („Libération" u. „Le Soir") i. Berlin. 1950-53 Chefred. d. Zeitschrift „Neue Deutsche Literatur". Theaterkritiker d. ND. Verfasser verschiedener Drehbücher („Wer seine Frau lieb hat", „Der Hauptmann von Köln", u. a.). Mitgl. d. Präs. d. Deutsch-Französischen Gesellschaft d. DDR. Seit Febr. 1974 Generalsekr. d. PEN-Zentrums d. DDR. Nachf. v. Werner Ilberg. Mitgl. d. Vorstandes d. Schriftstellerverbandes u. d. Redaktion d. „NDL".
Ausz.: Heinrich-Heine-Preis (1938, Schutzverband Deutscher Schriftsteller, Sektion Paris). VVO i. Silber (1973) u. a.
Veröff.: „Das Leben - kein Traum", Ged., 1970. „Das kommentierte Museum", Eulenspiegel-Vlg., Berlin, 1977 u. a.

Kelbg, Günter
Rostock
Geb. 26. 3. 1922 i. Königsberg
Erl. B.: Diplom-Physiker, Dr. sc. nat.
Ausg. B.: Hochschullehrer
Partei: NDP

L.: Studium d. Naturwiss. a. d. Uni. Königsberg. Kriegsdienst u. Kriegsgef. Fortsetzung d. Studiums i. Rostock. 1954 Promotion zum Dr. rer. nat. 1959 Habil. i. Rostock. Lehrtätigkeit a. d. Uni. Rostock. Prof. f. Theor. Physik. Dir. d. Sektion Physik. Vors. d. Stadtausschusses Rostock d. Nat. Front. Seit 1972 o. Mitgl. d. DAW. Seit April 1977 Mitgl. d. Hauptausschusses d. NDP.
Ausz.: VVO i. Bronze (1969).

Kelch, Karl-Heinz
Berlin
Geb. 12. 9. 1923 i. Berlin
Erl. B.: Arzt, Dr. sc. med., Professor
Ausg. B.: Generalmajor d. VP
Partei: SED
L.: Arzt, Dr. med. Offizier d. Mediz. Dienstes d. NVA bzw. VP. Lehrtätigkeit a. d. Uni. Greifswald. Gegenw. Chef d. Mediz. Dienstes i. MdI. Seit 26. 6. 1975 Generalmajor d. VP. Obermedizinalrat.
Ausz.: VVO i. Bronze (1977) u. a.

Keller, Dietmar
Leipzig
Geb. 1942
Erl. B.: Diplom-Lehrer, Dr. phil.
Ausg. B.: Sekretär d. SED-BL Leipzig
Partei: SED
L.: Diplom-Lehrer f. Marxismus-Leninismus, Dr. phil. 1972 Sekr. f. Wiss. u. Kultur d. SED-KL d. KMU Leipzig. Mitgl. d. Wiss. Rates d. KMU. 12. 12. 1977 i. d. SED-BL Leipzig kooptiert u. z. Sekr. f. Wiss., Volksbildung u. Kultur gewählt. Nachf. v. Werner Martin. Seit Juni 1981 Abg. d. BT.
Ausz.: VVO i. Bronze (1979) u. a.

Kelm, Martin
Berlin
Geb. 19. 10. 1930 i. Neuhof/Insel Poel
Erl. B.: Elektroinstallateur, Diplom-Formgestalter, Dr. phil. Prof.
Ausg. B.: Leiter d. Staatlichen Amtes f. industrielle Formgestaltung, Staatssekretär
Partei: SED
L.: Elektroinstalleur. Ausbildung zum Gestalter a. d. Fachschule f. angewandte Kunst i. Weimar. 1953-58 Studium a. d. HS f. bild. u. angew. Kunst i. Berlin-Weißensee. Dipl.-Formgestalter. Danach Lehr- u. Leitungstätigkeit a. d. HS f. industrielle Formgestaltung i. Halle-Burg Giebichenstein. 1962 Dir. d. Inst. f. angewandte Kunst bzw. Zentralinst. f. Gestaltung. Seit 1965 Vizepräs. d. DAMW. Seit 1. 2. 1972 Staatssekr. u. Ltr. d. Staatl. Amtes f. industrielle Formgestaltung d. DDR. 1969 Promotion zum Dr. phil. 1980 Prof.
Ausz.: VVO i. Gold (1980) u. a.

Kempe, Werner
Berlin
Geb. 6. 7. 1928 i. Dresden
Erl. B.: Diplom-Staatswissenschaftler
Ausg. B.: Botschafter
Partei: SED
L.: Verwaltungsangestellter. 1959 Ltr. d. Abt. Innere Angel. beim RdSt. Dresden. 1962 Studium a. d. DASR. 1966 Diplom-Staatswiss. Seit 1966 Angehöriger d. diplom. Dienstes d. DDR. 1970-73 amt. Ltr. d. DDR-HV i. Kuweit. 1973-76 3. Sekr. i. Kaiserreich Iran. 1976-78 Ltr. d. DDR-Konsulats i. Alexandria. Seit 16. 2. 1980 Botschafter d. DDR i. d. Arab. Rep. Jemen. Nachf. v. Walter Ißleib.

Kerber, Malte
Berlin
Geb. 1936
Erl. B.: Diplom-Pädagoge, Dr. phil.
Ausg. B.: Leiter d. Hauptredaktion, GST-Funktionär
Partei: SED
L.: Diplom-Pädagoge. Dr. phil. Leutnant d. Res. Zeitw. Chefred. d. Ztschr. „konkret". Danach stellv. Ltr., seit 1975 Ltr. d. Hauptred. d. GST-Publikationen. Seit Nov. 1975 Mitgl. d. Sekr. d. ZV d. GST.
Ausz.-: Artur-Becker-Medaille i. Gold (1977) u. a.

Kern, Herbert
Berlin
Geb. 1925 als Sohn eines Textilarbeiters
Erl. B.: Motorenschlosser, Jurist, Dr. jur.
Ausg. B.: Staatssekretär
Partei: SED
L.: Motorenschlosser. 1943 Soldat. Sowj. Kriegsgef. Nach d. Entlassung MA d. Kreisverw. Guben. Volksrichterlehrgang. Staatsanwalt i. Templin u. Potsdam. 1952-73 MA d. Abt. Staats- u. Rechtsfragen i. ZK d. SED, zuletzt Sektorenltr. Jura-Studium. Diplom-Jurist. 1957 Promotion zum Dr. jur. a. d. Humboldt-Uni. Ostberlin. Seit 1974 Staatssekr. i. Min. d. Justiz. Seit April 1980 Vizepräs. d. Verein. d. Juristen d. DDR.
Ausz.: VVO i. Silber (1977) u. a.

Kern, Käthe
Berlin
Geb. 22. 7. 1900 i. Darmstadt als Tochter eines Arbeiters
Erl. B.: Kaufmännische Angestellte
Im Ruhestand
Partei: SED
L.: Besuch d. Mittel- u. Handelsschule i. Darmstadt. 1917-1919 kfm. Ausbildung a. d. Handelsschule i. Darmstadt. 1919 Mitgl. d. SAJ. 1920 Mitgl. d. SPD u. d. ZdA. 1924/25 Besuch d. Akademie d. Arbeit i. Frankfurt/M. 1925-33 ehrenamtl. Mitgl. d. Bezirksvorstandes Berlin d. ZdA. 1928-33 Mitgl. d. Bezirksvorstandes Berlin d. SPD. Ltr. d. Frauensekr. 1933 vorübergehend

inhaftiert. 1945 erneut Mitgl. d. Bezirksvorstandes Berlin d. SPD u. Ltr. des Frauensekr. Mitgl. d. Zentralausschusses d. SPD. Seit 1946 ununterbrochen Mitgl. d. PV bzw. d. ZK d. SED. 1946-49 Ltr. d. Frauensekr. d. SED. Seit 1949 Abg. d. VK. Mitgl. d. Präs. BV d. DFD. Seit 1950 Vors. d. DFD-Fraktion i. d. VK. 1954-58 Vors. d. Ausschusses f. Eingaben d. Bürger. 1958-63 Mitgl. d. d. Verfassungsausschusses, 1967-71 Mitgl., seit 1971 stellv. Vors. d. Ausschusses f. Arbeit u. Sozialpolitik d. VK. 1950-70 Abt.-Ltr. i. Min. f. Gesundheitswesen.
Ausz.: Ehrenspange zum VVO i. Gold (1970). Karl-Marx-Orden (1975) u. a.

Kern, Karl-Heinz

Berlin
Geb. 18. 2. 1930 i. Dresden-Plauen als Sohn eines Angestellten
Erl. B.: Jurist, Diplom-Chemiker
Ausg. B.: Botschafter
Partei: SED
L.: Studium als Chemotechniker. 1949-59 i. örtl. Organen tätig, u. a. AL beim RdB Dresden u. stellv. Vors. d. RdK Sebnitz. Fernstudium. Dipl.-Jurist. Seit 1959 im diplom. Dienst. 1962-66 stellv. Ltr. bzw. Ltr. d. Handelsvertretung d. DDR. i. Ghana. Legationsrat. 1966-71 Ltr. d. Afrika-Abt. i. MfAA. 1971-73 Ltr. d. Handelsvertretung d. DDR (KfA) i. Großbritannien. Seit Febr. 1973 Geschäftsträger. Jan. 1974-März 80 Botschafter i. Großbritannien. Seit 1980 stellv. Ltr. d. Abt. Westeuropa i. MfAA.

Kerndl, Rainer

Berlin-Friedrichfelde
Geb. 27. 11. 1928 i. Bad Frankenhausen
Ausg. B.: Schriftsteller
Partei: SED
L.: Kriegsdienst. Bis 1948 amerik. Kriegsgef. 1948 Abitur. 1949-51 u. 1953-54 Sekr. d. FDJ a. d. Oberschule Wickersdorf. Redaktionsvolontär d. Zeitung „Thüringer Volk" (1949-51) u. seit 1963 Mitarbeiter d. Zeitung „Junge Welt" u. d. ND (freiberufl. Theaterkritiker). Schriftstellerische Betätigung. Seit 1969 Mitgl. d. Vorstandes, seit 1973 d. Präs. u. seit Mai 1978 Vizepräs. d. Schriftstellerverbandes. Vizepräs. d. DDR-Sektion d. Internat. Vereinigung d. Theaterkritiker.
Ausz.: Erich-Weinert-Med. (1959). Kunstpreis d. FDGB. Lessing-Preis. VVO i. Bronze (1975) u. a.
Veröff.: „Blinkzeichen blieben ohne Antwort", Verlag Neues Leben, Berlin, 1953. „Schatten eines Mädchens", Schauspiel, 1961. „Seine Kinder", Schauspiel, 1963. „Wann kommt Ehrlicher?", Schauspiel, 1971. „Nacht mit Kompromissen", Schauspiel, 1976. „Der vierzehnte Sommer", Schauspiel, 1977. „Die seltsame Reise des Alois Fingerlein", Schauspiel (Dialog-Band, Henschel-Vlg.), 1979. „Eine undurchsichtige Affaire", Mitteldtsch. Vlg. Halle-Leipzig, 1981 u. a.

Kerschek, Dieter

Berlin
Geb. 13. 12. 1928
Ausg. B.: Chefredakteur
Partei: SED
L.: FDJ- Funktionär. 1960-66 Chefred. d. FDJ-Zentralorgans „Junge Welt" i. Ostberlin. 1961-67 Mitgl. d. Büros d. Zentralrates d. FDJ. 1966-67 Chefred. d. „Wochenpost". 1968-72 stellv. Chefred., seit Aug. 1972 Chefred. d. „Berliner Zeitung". Nachf. v. Rolf Lehnert. Seit 1974 Mitgl. d. BL Berlin d. SED. Mitgl. d. ZV d. VdJ.
Ausz.: VVO i. Gold (1980) u. a.

Kersten, Rolf

Berlin
Geb. 31. 7. 1935
Erl. B.: Schiffbauer, Ing., Dipl.-Ing. oec.
Ausg. B.: Minister f. Schwermaschinen- u. Anlagenbau
Partei: SED
L.: Schiffbauer. Ingenieur f. Schiffbau. Dipl.-Ing. oec. 1975-79 stellv. Minister. 1979-81 Staatssekretär u. seit 26. 6. 1981 Minister f. Schwermaschinen- u. Anlagenbau d. DDR. Nachf. v. Gerhard Zimmermann.
Ausz.: VVO i. Bronze (1977).

Kertzscher, Günter

Schöneiche b. Berlin
Geb. 16. 11. 1913 i. Leipzig als Sohn eines Bankangestellten
Erl. B.: Oberschullehrer, Dr. phil.
Ausg. B.: Stellvertretender Chefredakteur d. Zentralorgans d. SED „Neues Deutschland"
Partei: SED
L.: Abitur. Studium d. Germanistik u. Geschichte a. d. Uni. Leipzig. Promotion zum Dr. phil. Eintritt i. d. höheren Schuldienst. Mitgl. d. SA u. 1937 d. NSDAP. Militär- u. Kriegsdienst. Geriet i. Juli 1941 i. sowj. Kriegsgef. 1943 Mitgl. d. NKFD. 1945 Rückkehr nach Deutschland. Mitgl. d. KPD/SED. Mitgl. d. Redaktion d. „Berliner Zeitung". 1949-55 Chefred. d. „Berliner Zeitung". Seit 1955 Mitgl. d. Redaktionskollegiums d. „ND". Stellv. Chefred. d. „ND". Mitgl. d. Präs. d. VDP bzw. VDJ. 1954-58 Berliner Vertreter i. d. VK. Seit Juni 1977 stellv. Vors. d. VdJ.
Ausz.: VVO i. Gold (1973) u. a.

Kessel, Werner

Karl-Marx-Stadt
Erl. B.: Diplom-Journalist, Dr. rer. pol.
Ausg. B.: Hochschullehrer
Partei: SED
L.: Journalist d. SED-Presse. 1955-62 stellv. Chefred. bzw. Chefred. d. i. Zwickau erscheinenden Tageszeitung „Freie Presse". Seit 1960 Mitgl. d. SED-BL Karl-Marx-Stadt. 1962-76 Chefred. d. SED-Bezirksorgans „Volksstimme" bzw. „Freie Presse" i. Karl-Marx-Stadt. 1963-77 Vors. d. VDJ i. Bez. Karl-Marx-Stadt. Juni 1965 Promotion

zum Dr. rer. pol. a. d. Fakultät f. Journal. KMU Leipzig. Seit 1976 Dozent f. Journal. Allgemeinbildung a. d. Fakultät f. Journalistik d. KMU Leipzig.
Ausz.: VVO i. Silber (1975) u. a.

Keßler, Heinz
Berlin
Geb. 26. 1. 1920 i. Lauban/Schlesien als Sohn eines Arbeiters
Erl. B.: Maschinenschlosser
Ausg. B.: Generaloberst d. NVA, stellvertretender Minister f. Nationale Verteidigung
Partei: SED
L.: Entstammt einer komm. Arbeiterfamilie. Besuch d. Volksschule i. Chemnitz. 1926-33 Roter Jungpionier. 1934-38 Schlosserlehre. Anschl. bis 1940 Tätigkeit als Maschinenschloser. Danach Kriegsdienst. 1941 a. d. Ostfront zur Roten Armee übergelaufen. Mitbegründer u. Frontbevollmächtigter d. NKFD. 1945 Rückkehr nach Deutschland. Mitgl. d. KPD/SED. 1945-47 Ltr. d. Jugendausschusses Groß-Berlin. 1946 SED-Stadtverordneter i. Berlin. Mitbegründer d. FDJ. Seit 1946 ununterbrochen Mitgl. d. PV bzw. d. ZK d. SED. 1947-60 Mitgl. d. Zentralrates d. FDJ. 1947-48 Vors. d. FDJ i. Berlin. 1948-49 Sekr. f. Arbeit d. Zentralrates d. FDJ. Anschl. Sekr. f. Org. Seit 1949 Abg. d. VK. 1950 Chefinspekteur d. VP i. d. Hauptverwaltung Deutsche Volkspolizei. 1952 Generalmajor d. KVP u. Chef d. KVP-Luft. 1952-53 gleichzeitig stellv. Min. d. Innern. 1956 Generalmajor d. NVA. Seit 1957 stellv. Min. f. Nat. Verteidigung. Okt. 1959 Generalleutnant d. NVA. Seit 1. 3. 1966 Generaloberst. 1956-67 Chef d. Luftstreitkräfte/Luftverteidigung d. NVA. 1967-78 Chef d. Hauptstabes d. NVA. 1976-79 stellv. Oberkommandierender d. Ver. Streitkräfte d. Warschauer Paktes. Seit Jan. 1979 Chef d. PHV d. NVA. Nachf. v. Waldemar Verner. Vors. d. Armeesportverbandes „Vorwärts".
Ausz.: VVO i. Gold (1965). Scharnhorst-Orden (1969). Kampforden „Für die Verdienste um Volk u. Vaterland" i. Gold (1970). Orden d. Vaterl. Krieges 1. Grades (UdSSR, 1970). Karl-Marx-Orden (1979) u. a.

Kessler, Heinz
Jena
Geb. 16. 6. 1923 i. Großbreitenbach als Sohn eines kaufm. Angestellten
Erl. B.: Diplom-Gesellschaftswissenschaftler, Dr. phil.
Ausg. B.: Hochschullehrer
Partei: SED
L.: Kriegsdienst. Sowj. Kriegsgef. Besuch d. Antifa-Schule Krasnogorsk. Dez. 1947 Rückkehr nach Ilmenau. Dez. 1947 Mitgl. d. SED. Studium a. d. Uni. Jena. Diplom-Gesellschaftswiss. Vors. d. Studentenrates. Seit 1950 Stadtverordneter i. Jena. 1950-62 Dir. d. ABF „Fred Oelßner" i. Jena. Juli 1966 Promotion zum Dr. phil. i. Jena. Gegenwärtig 1. Prorektor u. ständ. Vertreter d. Rektors d. Uni. Jena. Zeitweise Mitgl. d. Präs. d.

ZV d. Gewerkschaft Wiss. i. FDGB. Seit 1968 Prof.
Ausz.: Verdienter Lehrer d. Volkes (1960). VVO i. Gold (1979) u. a.

Kettner, Gerhard
Dresden
Geb. 1928 i. Mumsdorf
Erl. B.: Grafiker, Zeichner, Prof.
Ausg. B.: Hochschullehrer
L.: 1949-56 Studium und Aspirantur an den Kunst-HS i. Weimar u. Dresden (bei Max Schwimmer, Hans Grundig u. H. Th. Richter). Seit 1953 a. d. HS f. Bildende Künste i. Dresden tätig. Ltr. einer Meisterklasse f. Grafik u. Malerei. 1970-75 u. seit Juni 1979 Rektor d. HS f. Bildende Künste i. Dresden. Nachf. v. Fritz Eisel. 1974-78 Vizepräs. d. VBK (seit 1978 d. Präs.). Seit Mai 1978 Mitgl. d. AdK.
Ausz.: Nat. Pr. III. Kl. (1972) u. a.

Kiesewetter, Wolfgang
Berlin
Geb. 2. 12. 1924 i. Scheibe-Alsbach (Thüringen) als Sohn eines Angestellten
Ausg. B.: Botschafter, Dr. rer. pol.
Partei: SED
L.: Abitur. Kriegsdienst (Leutnant). 1944-49 sowj. Kriegsgef. Antifa-Schüler. Seit 1950 i. auswärtigen Dienst d. DDR. Referent. 1954-57 Ltr. d. Presseabt., 1957-59 Ltr. d. HA Außereurop. Länder. 1959-61 Generaldir. d. MfAA. Febr. 1961 Außerord. u. Bevollm. Botschafter. März 1961-Dez. 1963 Bevollmächtigter d. Regierung d. DDR. f. d. Arabischen Staaten mit Sitz i. Kairo. Nachf. v. Richard Gyptner. 1963-71 stellv. Min. f. Auswärtige Angelegenheiten. Verantwortlich f. d. afroasiat. Staaten. 1964 Promotion. 1971-72 Besuch PHSch d. SED. 1972-74 stellv. Chefred. d. außenpolit. Wochenzeitung „horizont". Juni 1974-Aug. 82 Botschafter i. Schweden. Nachf. v. Peter Steglich.
Ausz.: VVO i. Silber (1965). Orden „Banner d. Arbeit" Stufe I (1979) u. a.

Kiesler, Bruno
Berlin
Geb. 22. 12. 1925 i. Ebenrode i. Ostpreußen als Sohn eines Telegrafenarbeiters
Erl. B.: Autoschlosser, Diplom-Agrarökonom
Ausg. B.: SED-Funktionär
Partei: SED
L.: Besuch d. Volksschule i. Ebenrode. 1940-42 Schlosserlehre. Anschl. Kriegsdienst. Gef. 1945 Landarbeiter u. Traktorist. 1946 Mitgl. d. SED. „Hennecke d. Landwirtschaft". Wandte als erster Traktorist nach sowj. Vorbild die Methode der Gerätekopplung an. 1950-54 Mitgl. d. Bundesvorstandes d. FDGB u. der Gemeindevertretung Grieben, Krs. Tangerhütte. Bis 1952 Vors. d. Landesverbandes Sachsen-Anhalt d. Gewerkschaft Land u. Forst. Seit 1950 Abg. d. VK. 1950-58 u. 1963-82 Mitgl. d. Ausschusses f. Land- u.

Forstwirtschaft d. VK. 1971-82 1. stellv. Vors. d. Ausschusses f. Land-, Forst- u. Nahrungsgüterwirtschaft d. VK. 1951 Besuch d. Landesparteischule d. SED i. Ballenstedt. 1952-53 Ltr. d. Abt. MTS beim Rat d. Bez. Magdeburg. 1953-Juni 1959 stellv. Vors. des Rates d. Bez. Magdeburg. Abg. d. Bezirkstages. 1953-57 Fernstudium d. Agrarökonomie a. d. DASR i. Potsdam-Babelsberg u. am Inst. f. Agrarökonomie i. Bernburg. Dipl.-Agrarökonom. 1955-59 Mitgl. d. Zentralrates d. FDJ. 1959-81 Ltr. d. Abt. Landwirtschaft i. ZK d. SED. 1967-71 Kand., seit Juni 1971 Mitgl. d. ZK d. SED. 1968 Mitgl. d. DAL (AdL). Ausz.: Nat.-Preis III. Kl. (1950). VVO i. Silber (1963 u. 1965) u. a.

Kiessig, Theo

Leipzig
Geb. 1929
Erl. B.: Diplom-Wirtschaftler, Dr. rer. oec.
Ausg. B.: Hochschullehrer
Partei: SED
L.: Dipl.-Wirtschaftler. Zeitweise wiss. MA a. Inst. f. Industrieökonomik d. KMU Leipzig. Seit 1. 9. 1970 o. Prof. Stellv. Dir. d. Sektion Wirtschaftswiss. a. d. KMU Leipzig. 1971-81 Vors. d. URANIA i. Bez. Leipzig.
Ausz.: Orden „Banner d. Arbeit" Stufe III (1976).

Kilian, Martin

Wernigerode
Geb. 21. 5. 1928 i. Strehlitz, Krs. Namslau
Ausg. B.: Bürgermeister, Sportpräsident
Partei: SED
L.: 1945 Umsiedler i. Nachterstedt. Bergmann. Lehrer. 1948 SED. Direktor d. „W.-Raabe-Oberschule" i. Wernigerode. Seit 1962 Bürgermeister v. Wernigerode. Vizepräs., seit Mai 1978 Präs. d. Dtsch. Schlitten- u. Bobsportverbandes d. DDR. Mitgl. d. BV d. DTSB. Seit März 1979 Mitgl. d. NOK d. DDR.
Ausz.: VVO i. Bronze (1974) u. a.

Killiches, Helmut

Berlin
Erl. B.: Studiendirektor, Dr. paed.
Ausg. B.: Sekretär d. KdT
Partei: SED
L.: Studiendir. Seit den 60er Jahren Sekr. d. Präs. d. KdT. Verantwortlich f. d. Sekretariatsbereich Weiterbildung. Mitgl. d. ZV d. DSF.
Ausz.: VVO i. Bronze (1976) u. a.

Kimmel, Annelis (vorher Scheel)

Berlin
Geb. 7. 7. 1934 i. Hausdorf
Erl. B.: Mechanikerin, Ing., Diplom-Gesellschaftswissenschaftler
Ausg. B.: Vorsitzender d. BV Berlin d. FDGB
Partei: SED
L.: 1949-52 Lehre als Mechaniker. 1952-61 FDJ-Funktionärin. 1954 SED. 1964-66 Studium a. d. Ing.-Schule Bln.-Lichtenberg. Maschinenbau-Ing. 1966-1973 verschiedene Parteifunktionen i. Berlin, u. a. i. Glühlampenwerk Berlin u. 1969-71 Sekr. d. SED-KL Bln.-Treptow. 1973-76 Studium a. d. PHSch d. SED. Diplom-Ges. 1977-79 Parteiorg. d. ZK d. SED i. Komb. VEB NARVA „Rosa Luxemburg". Seit 19. 11. 1979 Vors. d. BV Berlin d. FDGB. Nachf. v. Rudi Höppner. 15. 5. 79 i. d. BV d. FDGB kooptiert u. zum Mitgl. d. Präsidiums gewählt. Mitgl. d. Sekr. d. SED-BL Berlin. Seit Juni 1981 Abg. d. VK u. 1. stellv. Vors. d. Ausschusses f. Handel u. Versorgung
Ausz.: VVO i. Bronze (1979) u. a.

Kimmel, Heinz

Berlin
Geb. 30. 11. 1927 i. Pausitz. Krs. Großenhain/Sa.
Ausg. B.: 1. Sekretär SED-KL Berlin-Friedrichshain
L.: 1945-46 Mitarbeiter d. Antifa-Jugend i. Riesa/S. Danach Stadtleiter d. FDJ i. Riesa. Besuch d. Landesjugendschule d. FDJ. 1946-48 1. Vors. d. Kreisverbandes Löbau d. FDJ. 1948-49 Besuch d. PHSch d. SED. Anschl. Vors. d. Kreisverbandes Dresden d. FDJ. 1951 Pers. Mitarbeiter v. Erich Honecker. 1951-52 Vors. d. Landesverbandes Berlin d. FDJ. 1954-57 1. Sekr. d. FDJ-BL Halle/S. 1957-61 Sekr. d. Zentralrates d. FDJ. 1961-64 Studium. 1964-67 stellv. Ltr. d. Abt. Kultur i. ZK d. SED. 1967 Parteisekr. d. SED i. VEB Elektroprojekt Berlin. 1970 Sekr., seit Dez. 1971 1. Sekr. d. SED-KL Berlin-Friedrichshain. Mitgl. d. SED-BL Berlin.
Ausz.: VVO i. Silber (1977) u. a.

Kind, Friedrich

Wilhelmshorst, Krs. Potsdam
Geb. 20. 12. 1928 i. Leipzig als Sohn eines Ingenieurs
Erl. B.: Mechaniker, Diplom-Lehrer
Ausg. B.: Vorsitzender d. Bezirksverbandes Potsdam d. CDU
Partei: CDU
L.: Besuch d. Volks- u. Mittelschule i. Leipzig u. Limbach/S. Mechanikerlehre u. Tätigkeit als Mechaniker i. Limbach/S. 1946 Mitgl. d. FDJ. 1947-49 Arbeitsgebietsltr. u. Mitgl. d. Kreisvorstandes d. FDJ. 1948 Mitgl. d. CDU. 1949 Kreisaußensekr., 1950 Kreissekr., 1950-52 Landessekr. d. CDU i. Brandenburg. Seit 1952 Vors. d. Bezirksverbandes d. CDU. 1954-58 Abg. d. Bezirkstages Potsdam. Mitgl. d. Länderkammer. Seit 1956 Vors. d. Bezirksverbandes Potsdam d. Gesellschaft f. Deutsch-Sowjetische Freundschaft. 1966-72 Studium a. d. Pädag. HS Potsdam. Diplom. 1952-54 u. seit 1958 Abg. d. VK. Seit Sept. 1960 Mitgl. d. Staatsrates. 1969 Mitgl. d. Präs. d. Hauptvorstandes d. CDU. 1969-71 Mitgl. d. Ausschusses f. Nat. Verteidigung d. VK.
Ausz.: VVO i. Silber (1965). Orden „Banner d. Arbeit" Stufe I (1979) u. a.

Kirchhoff, Werner

Berlin
Geb. 11. 11. 1926 i. Berlin als Sohn eines Angestellten
Erl. B.: Lehrer, Diplom-Historiker
Ausg. B.: Vizepräsident d. Nationalrates d. NF
Partei: SED
L.: 1933-43 Besuch d. Volks- u. Mittelschule. Mittlere Reife. 1943 landw. Lehre. 1943-45 Soldat (Pionier). 1946 KPD/SED. 1946-47 Schulltr. 1947-48 Amtsltr. i. Kreisratsamt Dippoldiswalde. 1949 1. u. 2. Lehrerprüfung. 1949-52 Dir. u. Schulrat. 1953 Besuch d. Zentralschule d. SED i. Erfurt. 1954-62 Abt.-Ltr. i. Ausschuß f. Deutsche Einheit. 1956-60 Fernstudium d. Geschichte a. d. Humboldt-Uni. 1962 Arbeitsgruppenltr., 1964 Mitgl. d. Sekr. d. Nationalrates d. NF. Seit Febr. 1966 Vizepräs. u. Vors. d. Sekr. d. Nationalrates d. NF. Nachf. v. Horst Brasch. Seit April 1967 Kand. d. ZK d. SED. 1972-73 Besuch PHSch KPdSU. Seit Okt. 1976 Abg. d. VK u. Mitgl. d. Verfassungs- u. Rechtsausschusses. Seit 18. 6. 81 Präs. d. DDR-Komitees f. Freundschaft mit d. palästin. Volk.
Ausz.: VVO i. Silber (1970) u. a.

Kirchner, Franz

Weimar
Geb. 20. 4. 1919 i. Mährisch-Trübau/CSR als Sohn eines Angestellten
Erl. B.: Diplom-Wirtschaftler
Ausg. B.: Oberbürgermeister v. Weimar
Partei: CDU
L.: Besuch d. Volks- u. Oberschule i. Mährisch-Trübau. 1939 Abitur. 1939 einsemestr. Studium d. Wirtschaftswiss. a. d. Uni. Prag. Danach Soldat. 1945 Mitgl. d. CDU. 1945-50 Angest. d. Kreisverwaltung Schönberg/Meckl. (Ltr. d. Preisstelle). 1948 Studium a. d. Finanzschule Königs Wusterhausen. 1950-51 Besuch d. Verwaltungsakademie Forst-Zinna. 1951-52 Referent bei d. Landesfinanzdirektion Schwerin. 1952-57 stellv. Vors. d. Rates d. Kreises u. Abg. d. Kreistages Bad Salzungen. Seit 1952 Mitgl. d. Hauptvorstandes d. CDU (seit 1970 d. Präs.). 1954-63 u. seit 1967 Abg. d. VK. Seit 1971 Mitgl. d. Ausschusses f. Auswärtige Angelegenheiten. 1961-70 Vors. d. CDU i. Bez. Erfurt. 1962-71 Abg. d. BT Erfurt. Seit April 1970 OB v. Weimar. Nachf. v. P. Ullmann. Seit 1970 Vizepräs. d. Städte- u. Gemeindetages d. DDR.
Ausz.: VVO i. Silber (1969) u. a.

Kirchner, Peter

Berlin
Geb. 20. 2. 1935 i. Berlin als Sohn eines Drehers
Erl. B.: Arzt, Dr. med.
Ausg. B.: Facharzt, Vorsitzender d. Jüdischen Gemeinde i. Ostberlin
L.: Während d. NS-Zeit verfolgt. Bis 1942 Besuch d. „Jüd. Schule" Berlin. 1943-45 illegaler Aufenthalt. 1954 Abitur. Studium d. Humanmedizin a. d. Humboldt-Uni. Ostberlin. 1961 Promotion zum Dr. med. Facharzt f. Neurologie u. Psychiatrie am Krankenhaus i. Lichtenberg (Herzberge). Seit 1. 6. 1971 Vors. d. Jüd. Gemeinde i. Ostberlin. Nachf. v. Heinz Schenk.

Kirchner, Rudolf

Berlin
Geb. 20. 6. 1919 i. Hirschberg/Schlesien als Sohn eines Lokomotivführers
Erl. B.: Schriftsetzer, Diplom-Gesellschaftswissenschaftler
Ausg. B.: Sekretär d. Gesellschaft f. kulturelle Verbindungen mit dem Ausland
Partei: SED
L.: Besuch d. Volksschule i. Hirschberg. Schriftsetzerlehre. Danach Schriftsetzer i. Hirschberg u. Klagenfurt. RAD u. seit 1939 Soldat (Luftwaffe). 1945 sowj. Kriegsgef. Antifa-Arbeit i. Kriegsgefangenenlagern i. Lettland. Besuch d. Zentralen Antifa-Schule. Mitgl. einer Propagandistengruppe. 1949 Rückkehr nach Deutschland. Eintritt i. FDGB. 1949-50 Abt.-Ltr. beim Bundesvorstand d. FDGB. 1950 3. Bundesvors. d. FDGB. 1950-63 Kand. d. ZK d. SED. 1950-71 Abg. d. VK. zeitweise Vors. d. FDGB-Fraktion u. Vors. d. Ausschusses Sozialpolitik. 1950-59 u. 1963-68 Sekr. d. Bundesvorstandes d. FDGB. 1960-63 Studium a. d. PHSch d. KPdSU. Seit 1969 Sekr. d. Gesellschaft f. kulturelle Verbindungen mit d. Ausland.
Ausz.: VVO i. Silber (1965) u. a.

Kirnich, Walter

Magdeburg
Geb. 1928
Erl. B.: Installateur, Heizungsmonteur, Diplom-Gesellschaftswissenschaftler
Ausg. B.: 2. Sekretär d. SED-BL Magdeburg
Partei: SED
L.: Installateur, Heizungsmonteur. 1956-60 2. Sekr. d. SED-KL Schönebeck. Studium i. d. SU. Anschl. 1. Sekr. d. SED-KL Gardelegen u. danach Halberstadt. Seit Jan. 1971 2. Sekr. d. SED-BL Magdeburg. Nachf. v. Walter Ladebeck. Seit Nov. 1971 Abg. d. BT Magdeburg. Seit April 1981 Mitgl. d. ZRK d. SED.
Ausz.: VVO i. Gold (1978)

Kittler, Wilfried

Berlin
Geb. 14. 5. 1929 i. Lindau, Krs. Senftenberg, als Sohn eines Arbeiters
Ausg. B.: Polit. Mitarbeiter d. ZK d. SED
Partei: SED
L.: Studium a. d. DASR. 1956 Staatsexamen a. d. DASR. Seit 1956 Angehöriger d. diplom. Dienstes d. DDR. Anschl. a. d. DDR-Botschaft i. Nordvietnam (3. Sekr.), als amt. Generalkonsul d. DDR i. Kambodscha, Ltr. d. Sektion Kambodscha i. MfAA u. Botschaftsrat i. Algerien tätig. Juni 1973-Okt. 1977 Botschafter i. Marokko. Dez. 1974-Okt. 77 zusätzlich Botschafter i. Sene-

gal. Seitdem Polit. MA d. Abt. Internat. Verbindungen i. ZK d. SED.
Ausz.: VVO i. Bronze (1979) u. a.

Kitzing, Walter
Halle/Saale
Geb. 1929
Erl. B.: Diplom-Gesellschaftswissenschaftler
Ausg. B.: 2. Sekretär d. SED-BL Halle
Partei: SED
L.: 1947 SED. Hauptamtl. Funktionär. Zeitw. Parteisekr. i. VEB Waggonbau Dessau. 1971-77 1. Sekr. d. SED-KL Zeitz. Jan. 1977-Mai 81 1. Sekr. d. KL d. SED VEB Chem. Werke Buna. Seit 4. 5. 1981 2. Sekr. d. SED-BL Halle. Nachf. v. Hans-Joachim Böhme. Seit Juni 1981 Abg. d. BT Halle.
Ausz.: VVO i. Bronze (1973).

Klabunde, Helmut
Berlin
Geb. 1934
Erl. B.: Stellmacher, Diplom-Gesellschaftswissenschaftler
Ausg. B.: Vorsitzender d. ZV d. Gewerkschaft d. Zivilbeschäftigten d. NVA
Partei: SED
L.: Stellmacher. Politoffizier d. NVA, zeitw. Oberinstrukteur f. Jugendarbeit. Seit 1976 Ltr. d. Abt. Jugend i. d. PHV d. NVA. 1976-81 Mitgl. d. ZR d. FDJ u. seines Büros. Oberst d. NVA. Seit 26. 5. 1981 Vors. d. Gewerkschaft d. Zivilbeschäftigten d. NVA. Nachf. v. Horst Glaeser. Sept. 1981 i. d. BV d. FDGB kooptiert.

Klapproth, Helmut
Halle/Saale
Geb. 9. 3. 1928 i. Dessau
Erl. B.: Maurer, Diplom-Wirtschaftler
Ausg. B.: Vorsitzender d. Rates d. Bezirkes Halle
Partei: SED
L.: Besuch d. Volks- u. Mittelschule. 1945-47 Maurerlehre. 1947-49 ABF Halle. 1947 SED. 1949-53 Studium d. Wirtschaftswiss. Uni. Halle u. HS f. Ökonomie i. Ostberlin. Dipl.-Wirtschafter. 1954-56 Sekr. d. SED-KL Dessau. 1956 Dir. f. Arbeit VEB Wagonbau Dessau. 1958-61 stellv. OB, 1961-63 OB von Dessau. 1963-66 1. stellv. Vors. des Rates des Bez. Halle. Abg. d. Bezirkstages. Seit Mai 1966 Vors. d. Rates des Bez. Halle. Nachf. v. Otto Leopold. Seit 1967 Mitgl. d. Sekr. d. SED-BL Halle. 1974 Studium a. d. PHSch d. KPdSU.
Ausz.: VVO i. Silber (1974). Orden „Banner d. Arbeit" Stufe I (1978) u. a.

Klare, Hermann
Berlin
Geb. 12. 5. 1909 i. Hameln (Weser) als Sohn eines Lehrers
Erl. B.: Chemiker, Dr. phil., Prof.
Ausg. B.: Vizepräsident d. AdW

L.: Abitur. Studium d. Naturwiss. i. Heidelberg u. Kiel. Chemiker. Industrietätigkeit i. Bitterfeld, Berlin u. Landsberg. 1937 NSDAP. 1946 Ltr. d. Perlonfabrikation i. Schwarza. 1947-49 i. d. SU tätig. 1949-53 wiss. Ltr. bzw. Dir. Kunstfaserwerk „W. Pieck" i. Schwarza. 1953-61 Abt.-Ltr., 1961-69 Dir. d. Inst. f. Faserstoff-Forschung d. DAW i. Teltow-Seehof. 1963-68 u. seit Juli 79 Vizepräs., Juli 1968-Juli 79 Präs. d. DAW (AdW). Nachf. v. Werner Hartke. Seit 1966 Mitgl. d. Präs. d. Forschungsrates. Mitgl. d. Ak. d. Naturforscher u. d. Ak. d. Wiss. d. UdSSR.
Ausz.: Nat.-Preis III. Kl. (1951) u. II. Kl. (1963). VVO i. Gold (1973). Dr. h. c. Uni Sofia (1978). Dr. h. c. TU Dresden (1979) u. a.

Klaue, Wolfgang
Berlin
Geb. 6. 8. 1935 i. Oelsnitz
Ausg. B.: Direktor d. Staatlichen Filmarchivs
L.: Bis 1957 Studium d. Philosophie a. d. Humboldt-Uni. Ostberlin. Seit 1958 i. Staatl. Filmarchiv d. DDR tätig, Abt.-Ltr., stellv. Dir. Seit 1969 Dir. d. Staatl. Filmarchivs. Nachf. v. Herbert Volkmann. Seit 1979 Präs. d. Org. d. Internat. Fimarchive.

Kleffel, Harry
Berlin
Ausg. B.: Generalmajor d. NVA
Partei: SED
L.: Offizier d. NVA. Absolvent d. Militärakademie d. NVA u. UdSSR. Seit 2. 11. 1970 Generalmajor. Zeitweise stellv. Chef d. Landstreitkräfte u. Chef d. Rückw. Dienste. Seit 1979 Kdr. einer Sektion a. d. Militärakademie „Friedrich Engels" i. Dresden.
Ausz.: Kampforden f. Verdienste f. Volk u. Vaterland (1975). VVO i. Bronze (1979) u. a.

Kleiber, Günther
Berlin
Geb. 16. 9. 1931 i. Eula, Krs. Borna, als Sohn eines Arbeiters
Erl. B.: Elektriker, Diplom-Ingenieur
Ausg. B.: Stellvertretender Vorsitzender d. Ministerrates
Partei: SED
L.: Volksschule. 1946 FDJ. 1946-49 Elektrikerlehre u. Tätigkeit als Elektriker BKW Witznitz, Krs. Borna. 1949 SED. 1950-52 ABF Dresden. 1953-58 Studium Uni. Rostock u. TH Dresden. Dipl.-Ing. 1958-62 wiss. Ass. TH Dresden. 1962-63 Parteisekr. d. SED Fak. f. Elektrotechnik TH Dresden. 1966-64 Ltr. d. Abt. Elektrotechnik u. Datenverarbeitung SED-BL Dresden. 1966 Dez. 1966-Juni 1971 Staatssekr. f. d. Koord. d. Leitung d. Einsatzes u. d. Nutzung d. elektronischen Datenverarbeitung b. MR. Seit April 1967 Mitgl. d. ZK u. Kand. d. Politbüros d. SED. Seit 1967 Abg. d. VK. Seit 24. 6. 1971 stellv. Vors. d. Ministerrates d. DDR. Seit Sept. 1973 zusätzlich

Min. f. Allg. Maschinen-, Landmaschinen- u. Fahrzeugbau. Ltr. d. DDR-Seite d. Ausschusses (Komitees) f. wirtsch. u. wiss.-techn. Zusammenarbeit mit dem Irak bzw. Syrien.
Ausz.: Orden „Banner d. Arbeit" (1969). Karl-Marx-Orden (1981) u. a.

Kleiber, Hans
Iden-Rohrbeck, Krs. Osterburg/Bez. Magdeburg
Geb. 1920 i. einem Rhöndorf als Sohn eines Maurers
Erl. B.: Agrarwissenschaftler, Dr. agr.
Ausg. B.: Institutsdirektor
Partei: SED
L.: Kriegsdienst. Franz. Gefangenschaft. Danach Studium d. Landwirtschaftswiss. a. d. Uni. Jena. 1954 Promotion. Oberass. a. d. Uni. Jena. Danach Ltr. d. Bezirkstierzuchtinspektion Magdeburg i. Stendal. Seit 1962 Dir. d. Inst. f. Tierzucht u. Tierhaltung (Rinderproduktion) i. Iden-Rohrbeck d. AdL. Mitgl. d. SED-BL Magdeburg.

Klein, Dieter
Berlin
Geb. 15. 10. 1931 i. Berlin
Erl. B.: Diplom-Wirtschaftler, Dr. rer. oec. habil.
Ausg. B.: Hochschullehrer
Partei: SED
L.: Studium d. Wirtschaftswiss. Zeitweise 1. Sekr. d. FDJ-Hochschulgruppenleitung d. Humboldt-Uni. Ostberlin. 1961 Promotion, 1964 Habil. 1962 Dozent, 1965 Prof. f. Polit. Ökonomie a. d. Humboldt-Uni. Gegenwärtig Ltr. d. Lehrstuhls f. Polit. Ökonomie d. Kapitalismus a. d. Sektion Wirtschaftswiss, d, Humboldt-Uni. Prorektor f. Gewi. Mitgl. d. Rates f. Imperialismusforschung d. DDR.
Ausz.: VVO i. Bronze (1969). Nat. Pr. III. (Koll.-Ausz., 1979) u. a.

Klein, Eduard
Berlin
Geb. 25. 7. 1923 i. Wien als Sohn eines Kaufmanns
Erl. B.: Kaufmännischer Angestellter
Ausg. B.: Schriftsteller
Partei: SED
L.: Bis 1938 i. Wien ansässig. 1938-53 Emigrant i. d. CSR u. i. Chile. 1953 Rückkehr nach Europa. Schriftstellerische Betätigung. 1959-61 hauptamtl. Mitarbeiter bzw. Sekr. d. Schriftstellerverbandes. 1967-81 Mitgl. d. StVV Ostberlin. Mitgl. d. Vorstandes d. Schriftstellerverbandes.
Ausz.: E.-Weinert-Med. (1972). Nat.-Preis III. Kl. (1977) u. a.
Veröff.: „Der Sittenrichter v. Santiago", 1954. „Der Indianer", 1958. „Goldtransport", „El Quisco", „Die Straße nach San Carlos", „Die Alchimisten", Verlag Neues Leben, Berlin, 1967. „Salz d. Gerechtigkeit", Verlag Neues Leben, Berlin, 1970. „Nächstes Jahr ist Jerusalem", Vlg. Neues Leben, Berlin 1977. „Land der Kälte", Vlg.

Neues Leben, Berlin, 1977. „Die Last der Berge", Vlg. Neues Leben, Berlin, 1982 u. a.

Klein, Günter
Berlin-Grünau
Geb. 12. 1. 1922 i. Königsheide-Ennepe/Ruhr als Sohn eines Graveurmeisters
Ausg. B.: Stellvertretender Direktor
Partei: SED
L.: Abitur. Kriegsdienst (Baukomp. u. Kampfgeschwader „Hindenburg"). Dez. 1941 sowj. Kriegsgef. Absolvent einer Antifa-Schule. Frontbevollmächtigter d. NKFD. Nov. 1945 Mitgl. d. KPD. 1946 MA von ADN. Jan.-Okt. 1949 Mitgl. d. Red. d. „Berliner Zeitung". 1949-53 Chefred. d. DDR-Wochenschau „Der Augenzeuge". Anschl. Dir. d. DEFA-Studios f. Wochenschau u. Dokumentarfilme. 1964-69 stellv. Intendant d. DFF. 1969-74 stellv. Min. f. Kultur (verantw. f. d. Filmwesen). Seit 1974 stellv. Dir. u. Ltr. d. Bereiches Informationsliteratur bei „Panorama DDR".
Ausz.: VVO i. Silber (1967). Orden „Banner d. Arbeit" (1972) u. a.

Klein, Helmut
Berlin
Geb. 2. 3. 1930 i. Berlin-Lichterfelde
Erl. B.: Rundfunkmechaniker, Pädagoge, Dr. paed. habil.
Ausg. B.: Hochschullehrer
Partei: SED
L.: Oberschule. 1945-46 Rundfunkmechaniker-Anlernling. 1946-47 Besuch d. Vorstudienanstalt Berlin. 1947 Abitur. 1947-50 Studium d. Math., Physik u. Pädag. a. d. Humboldt-Uni. i. Ostberlin. 1952 Promotion z. Dr. paed. Prakt. Tätigkeit als Pädagoge a. Grund- u. Oberschulen. Ass., Oberass. u. Dozent. 1959 Habil. 1961 Prof. Syst. Pädag. 1969 o. Prof. f. Didaktik. 1969 SED. 1969-76 Dir. d. Sektion Pädag. Humboldt-Uni. Seit 1970 o. Mitgl. d. APW (Mitgl. d. Präs.). Seit 1963 Mitgl. d. ZV (1972-77 d. Präs.) d. Gew. Unterricht u. Erz. Seit Febr. 1976 Rektor d. Humboldt-Uni. Ostberlin. Nachf. v. Karl-Heinz Wirzberger (†). Seit Okt. 1976 Abg. d. VK (Berliner Abg.). Mitgl. d. Ausschusses f. Volksbildung.
Ausz.: Verdienter Lehrer d. Volkes (1970) u. a.

Klein, Matthäus
Berlin
Geb. 18. 12. 1911 i. Bettingen/Baden
Erl. B.: Evangelischer Pfarrer, Prof. Arbeiterveteran
Partei: SED
L.: Studium d. evang. Theologie. Später evang. Geistlicher. Geriet Ende Juli 1941 als Uffz. einer Inf.-Div. i. sowj. Gef. Mitgl. d. NKFD u. d. Arbeitskreises f. kirchl. Fragen. 1945 Dir. d. Personalabt. d. kommunistischen Berliner Rundfunks. Anschl. Ass. f. Philosophie a. d. PHSch d. SED. Danach Dozent f. Gesellschaftswiss. a. d. Friedrich-Schiller-Uni. Jena u. stellv. Dir. d. Inst.

f. Gesellschaftswiss. beim ZK d. SED. 1957-60 Chefred. d. „Deutschen Zeitschrift f. Philosophie". Zeitweise Vizepräs. d. Urania. 1956-60 Mitgl. d. Redaktionskoll. d. theor. Zeitschrift d. SED „Einheit". 1965 Abt.-Ltr. f. Geschichte d. Philosophie, 1971 stellv. Dir. d. Zentralinst. f. Philosophie d. DAW/AdW. Jetzt emeritiert.
Ausz.: VVO i. Gold (1965). Dr. h. c. Uni. Jena (1977) u. a.

Kleine, Dorothea, geb. Morawietz

Cottbus
Geb. 6. 3. 1928 i. Krappitz
Erl. B.: Krankenschwester, Journalistin
Ausg. B.: Schriftstellerin
Partei: SED
L.: Neulehrerin, Lehre als Krankenschwester. Besuch eines Redakteurlehrganges. Anschl. i. d. Gewerkschaftspresse u. v. 1948-61 Red. b. versch. Ztg. („Tribüne", „Tägl. Rundschau", „Volksstimme"). Jetzt Roman- u. Fernsehautorin i. Cottbus. Seit 1966 Vors. d. DSV i. Bez. Cottbus.
Ausz.: Carl-Blechen-Preis (1974).
Veröff.: „Annette", Gegenwartsroman, Hinstorff-Vlg., Rostock, 1972. „Eintreffe heute", Hinstorff-Vlg., Rostock, 1979 u. a.

Kleineidam, Horst

Dresden
Geb. 23. 6. 1932 i. Gebhardsdorf i. Isergebirge als Sohn eines Schuhmachers
Erl. B.: Zimmermann
Ausg. B.: Schriftsteller
Partei: SED
L.: Kam 1947 als Umsiedler nach Neugersdorf/Oberlausitz Weber. Zimmermannslehre. 1951-58 als Kohlenhauer, Bauhilfsarbeiter u. Einschaler i. d. Bundesrepublik tätig. Rückkehr i. d. DDR. Zimmermann i. Löbau u. Brigadier. Lehrgang f. Kulturfunktionäre d. FDGB. 1963-65 Studium a. Literatur-Inst. i. Leipzig. Seitdem freischaffender Schriftsteller i. Dresden. Mitgl. d. Vorstandes d. Schriftstellerverbandes
Ausz.: Literaturpreis d. FDGB (1963). Lessing-Preis (1977) u. a.
Veröff.: „Millionenschmidt", Schauspiel, Uraufführung 1962. „Von Riesen und Menschen", Theaterstück, Uraufführung 1967. „Hinter dem Regenbogen", Bauernkriegsdrama, Uraufführung 1975 u. a.

Kleinert, Kurt

Berlin
Geb. 1927 i. Breslau
Erl. B.: Diplom-Wirtschaftler, Dr. rer. oec.
Ausg. B.: Leiter d. Sekretariats d. MR. Staatssekretär
Partei: SED
L.: Diplom-Wirtschaftler. Mitte d. 50er Jahre Prorektor f. Studentenangelegenheiten a. d. TH f. Chemie i. Leuna-Merseburg. Danach Sekr. d. Ständ. Kommission f. ök. u. wiss.-techn. Zusammenarbeit auf d. Gebiet d. chem. Industrie i.
RGW. 1964-65 Abt.-Ltr. u. stellv. Abt.-Ltr. Chemie i. VWR. 1970 stellv. Staatssekr. u. stellv. Ltr. d. Arbeitsgruppe Staats- u. Wirtschaftsführung b. MR 1972-74 stellvertretender Leiter d. Büros d. Ministerrates. Seit 1974 Ltr. d. Sekretariats d. MR. Staatssekretär.
Ausz.: VVO i. Silber (1977) u. a.

Kleinert, Wolfgang

Berlin
Geb. 15. 1. 1919 i. Dresden
Ausg. B.: Direktor
Partei: SED
L.: Teilnehmer am 2. Weltkrieg (Feldw. d. Luftw.). Sowj. Kriegsgef. Nach 1945 Journalist. 1953-68 stellv. Vors. d. Staatl. Rundfunkkomitees. 1956-65 Intendant v. Radio DDR. 1966-68 1. stellv. Intendant DFF. 1969-74 1. stellv. Vors. d. Staatl. Komitees f. Fernsehen. Seit 1. 12. 1974 Dir. d. DEFA-Studios f. Kurzfilme.
Ausz.: VVO i. Gold (1973) u. a.

Kleinpeter, Rosita

Berlin
Geb. 15. 3. 1951 i. Schmiedefeld am Rennsteig
Erl. B.: Unterstufenlehrerin
Ausg. B.: Stellv. Vorsitzende d. Pionierorganisation „Ernst Thälmann"
Partei: SED
L.: Nach dem Schulbesuch Studium a. Inst. f. Lehrerbildung i. Meiningen. Unterstufenlehrerin. 1965 Mitgl. d. FDJ. Seit 1971 hauptamtl. Tätigkeit als Freundschaftspionierleiterin. 1973-74 Studium a. d. HS d. Komsomol. Ab 1974 Vors. d Pionierorg. „Ernst Thälmann" u. Sekr. d. FDJ-BL Suhl. Sept. 1978-Mai 80 1. Sekr. d. FDJ-BL Suhl. Nachf. v. Hans-Dieter Fritschler. Seit 1980 stellv. Vors. d. Pionierorg. „Ernst Thälmann" u. AL d. ZR d. FDJ.
Ausz.: Artur-Becker-Med. i. Silber u. a.

Klemke, Werner

Berlin
Geb. 12. 3. 1917 i. Berlin-Weißensee
Erl. B.: Trickfilmzeichner, Prof.
Ausg. B.: Hochschullehrer
L.: Ausbildung als Zeichenlehrer (nicht beendet). Angestellter einer Zeichentrickwerbefilmfirma. Kriegsdienst. Bis 1946 i. Kriegsgef. Danach Illustrator u. Mitarbeiter d. „Ulenspiegel". 1951 Dozent f. Holzstich u. Buchillustration a. d. Kunst-HS Berlin-Weißensee. 1956 Prof. f. Buchgrafik u. Typographie. 1961 o. Mitgl. d. DAK 1966-74 u. seit Mai 1978 Sekr. d. Sektion Bildende Künste d. AdK. 1973 Ehrenmitgl. d. AdK d. UdSSR.
Ausz.: Nat.-Preis I. Kl. (1977). VVO i. Gold (1982) u. a.

Klemm, Dieter

Rostock
Geb. 8. 6. 1940
Erl. B.: Industrieökonom, Diplom-Staatswissenschaftler
Ausg. B.: Vors. d. BV Rostock d. CDU
Partei: CDU
L.: Lehrausbildung i. Gaststättenwesen. Danach Militärdienst. Instrukteur beim RdK Marienberg, Bürgermeister v. Hohndorf, Krs. Zschopau u. Stadtrat i. Crimmitschau. 1957 Mitglied d. CDU. Seit 1973 Bürgermeister v. Hainichen. Vors. d. KV Hainichen d. CDU. Seit April 1982 Vors. d. BV Rostock d. CDU. Nachf. v. Otto Sadler.
Ausz.: Verdienstmedaille d. DDR u. a.

Klemm, Horst

Berlin
Geb. 30. 6. 1925 i. Bunzlau als Sohn eines Glashüttenarbeiters
Erl. B.: Posthelfer, Diplom-Gesellschaftswissenschaftler, Dr. phil.
Ausg. B.: 1. Sekretär d. SED-KL d. AdW
Partei: SED
L.: Posthelfer. Traktorist. 1947 Mitgl. d. SED. FDJ-Funktionär. 1951 Org.-Sekr. d. FDJ-Landesleitung Mecklenburg. 1952-55 1. Sekr. d. FDJ-BL Rostock. 1956 Studium i. d. SU. Dr. phil. 1958-60 2. Sekr., 1960-66 1. Sekr. d. SED-KL Berlin-Friedrichshain. Seit Mai 1969 1. Sekr. d. SED-KL d. DAW/AdW. Juli 1971-Juli 1975 Kand., seit Juni 1975 Vollmitgl. d. ZK d. SED. Mitgl. d. Präs. d. AdW.
Ausz.: VVO i. Silber (1974) u. a.

Klemm, Volker

Berlin
Geb. 28. 4. 1930 i. Spremberg als Sohn eines Lehrers
Erl. B.: Agrarökonom, Lehrer, Dr. phil u. agr. habil.
Ausg. B.: Hochschullehrer
Partei: NDP
L.: 1949-52 Lehrer f. Math., Chemie, Deutsch. 1951 NDP. 1952-56 Studium d. Geschichte u. Pädag. a. d. Humboldt-Uni. Ostberlin. 1960 Promotion zum Dr. phil. Wiss. MA. 1965 Habil. Seit 1966 Dozent, seit 1972 ao. Prof. a. d. Humboldt-Uni. Ostberlin. Seit 1952 Mitgl. d. KV Berlin-Weißensee d. NDP. Seit Juli 1967 Mitgl. d. STVV Ostberlin. Seit 1976 Abg. d VK. Seit 1977 Präs. d. Freundschaftskomitees DDR-Zypern. Mitgl. d. Präsidiums d. Liga f. Völkerfreundschaft. Seit Juni 1981 Mitgl. d. Ausschusses f. Eingaben d. Bürger d. VK.

Klemm, Werner

Rostock
Geb. 1931
Erl. B.: Landarbeiter, Staatlich geprüfter Landwirt, Diplom-Gesellschaftswissenschaftler
Ausg. B.: 1. stellvertretender Vorsitzender d. RdB Rostock
Partei: SED
L.: Landarbeiter, Traktorist. Studium a. d. DASR u. PHSch d. KPdSU. 1959 stellv. Bevollmächtigter d. Zentralen Kommission f. Staatl. Kontrolle i. Bez. Leipzig. 1965-69 Ltr. d. Bezirksinspektion Rostock d. ABI. Seit Juni 1969 1. stellv. Vors. d. RdB Rostock. Nachf. v. Willi Marlow. Abg. d. BT Rostock. Seit 1969 Mitgl. d. BL Rostock d. SED.
Ausz.: VVO i. Bronze (1972) u. a.

Klenner, Hermann

Berlin
Geb. 5. 1. 1926 i. Erbach/Odenwald
Erl. B.: Jurist, Dr. sc. jur.
Ausg. B.: Hochschullehrer, Arbeitsstellenleiter
Partei: SED
L.: 1946-49 Studium d. Rechtswiss. MLU Halle-Wittenberg. 1952 Promotion zum Dr. jur. In den 50er Jahren Dozent bzw. Prof. m. Lehrauftrag f. Staats- u. Rechtstheorie sowie stellv. Dir. d. gleichnamigen Inst. a. d. Humboldt-Uni. Ostberlin. 1958 Funktionsentzug. 1958-60 Bürgermeister v. Letschin, Krs. Seelow. 1960-66 stellv. Dir., 1965 Dir. d. Inst. f. Staat u. Recht a. d. HS f. Ökonomie i. Ostberlin. Seit 1967 MA d. DAW, Ltr. d. Arbeitsstelle f. Rechtswiss. d. DAW u. MA d. Zentralinst. f. Philosophie d. AdW. Mitgl. d. Präs. d. DDR-Komitees f. Menschenrechte. 1978 korr. Mitgl. d. AdW

Klenner, Nikolaus

Geb. 1923
Erl. B.: Galvanoplastiker u. Druckstockmacher, Dipl. rer. mil.
Ausg. B.: Generalmajor d. NVA
Partei: SED
L.: Galvanoplastiker u. Druckstockmacher. 1938 von d. Kunstschule Dresden verwiesen. Kriegsdienst. Nach 1945 FDJ-Funktionär. Eintritt i. d. VP/KVP. Oberrat. 1966-72 Kommandeur d. 8. MSD i. Schwerin. Seit 1. 3. 1970 Generalmajor d. NVA. Jetzt a. d. Militärak. „Fr. Engels" i. Dresden tätig.
Ausz.: Kampforden „Für Verdienste um Volk u. Vaterland" (1972). VVO i. Bronze (1976) u. a.

Klering, Hans

Berlin
Geb. 8. 11. 1906 i. Berlin
Erl. B.: Kaufmann, Schauspieler
Ausg. B.: Schauspieler
Partei: SED
L.: Kaufm. Lehre i. einer Getreidegroßhandlung. Mitgl. d. Sozialistischen Proletarierjugend. Später Hafenarbeiter i. Hamburg u. Bremen, Schriftmaler u. Plakatzeichner i. Köln. 1926 Mitgl. d. KPD. Mitgl. d. Agitprop-Gruppen „Blaue Blusen" u. „Kolonne links". 1931-45 i. d. Sowjetunion tätig. Studium a. Inst. f. grafische Kunst i. Moskau. Illustrator sowjetischer Roma-

ne u. Filme. An 29 sowj. Filmen beteiligt. Okt. 1945 Rückkehr nach Deutschland. Referent f. Filmwesen i. d. Deutschen Zentralverwaltung f. Volksbildung. 17.5. 1946 Lizenzträger d. DEFA. 1946-51 Vors. d. Verwaltungsrates d. DEFA. Seit 1951 Schauspieler. Wirkte in rund 150 Filmen mit. Stellv. Vors. d. Klubs d. Filmschaffenden. Ausz.: VVO i. Silber (1961) u. i. Gold (1971) u. a.

Kleyer, Hermann

Berlin
Geb. 19. 8. 1911 i. Gelsenkirchen-Horst
Erl. B.: Jurist, Dr. jur., Prof.
Ausg. B.: Leiter d. Amtes f. Rechtsschutz d. Vermögens d. DDR
Partei: SED
L.: Studium d. Rechtswiss. Anschl. Referendar i. Westdeutschland. 1937 NSDAP. Kriegsdienst. Geriet 1943 i. Stalingrad i. sowj. Kriegsgef. Antifa-Schüler. Nach 1945 Lehrtätigkeit a. d. Verwaltungsakademie u. a. d. DASR i. Potsdam-Babelsberg. Zeitweise Rektor d. DASR. 1952-58 Abg. d. Bezirkstages Potsdam. 1958 Ltr. d. Rechtsabt. i. Büro d. Ministerrates. Seit Anfang d. 60er Jahre Ltr. d. Zentralstelle zum Schutze d. Volkseigentums b. MR bzw. d. Amtes f. Rechtsschutz d. Vermögens d. DDR.
Ausz.: VVO i. Gold (1976) u. a.

Kliem, Erich

Suhl
Geb. 1924 als Sohn eines Landwirts
Erl. B.: Landarbeiter, Traktorist, Staatlich geprüfter Landwirt
Ausg. B.: Sekretär d. SED-BL Suhl
Partei: SED
L.: Kriegsdienst. Heimatvertriebener. Nach 1945 Landarbeiter u. Traktorist. 1949 Mitgl. d. SED. Agronom u. danach Dir. d. MTS Schmölln. 1952-57 Sekr., 1957-61 1. Sekr. d. SED-KL Schmölln. 1961-62 Besuch d. PHSch. 1963-65 Ltr. d. Abt. Landwirtschaft d. SED-BL Leipzig. Seit Jan. 1965 Sekr. f. Landwirtschaft d. SED-BL Suhl. Abg. d. BT.
Ausz.: VVO i. Bronze (1969) u. a.

Klingberg, Fritz

Leipzig
Geb. 1931
Erl. B.: Arzt, Dr. med.
Ausg. B.: Hochschullehrer
Partei: SED
L.: Im Ruhrgebiet aufgewachsen. 1949 Mitgl. d. KPD i. Bochum. Seitdem Funktionen i. Partei-, FDJ- u. Gewerkschaftsleitungen. 1950-56 Studium d. Medizin a. d. Universität Jena. Physiologieausbildung i. Jena mit Spezialisierungen i. Pecs, Wien u. Moskau. Seit 1978 Dir. d. Paul-Flechsig-Instituts f. Hirnforschung a. d. KMU. Mitgl. d. Wiss. Beirates f. Medizin d. MfG. Vors. d. Sektion Medizin b. BV Leipzig d. URANIA.

Klinkert, Dieter

Berlin
Geb. 16. 6. 1931 i. Beuthen
Erl. B.: Großhandelskaufmann, Diplom-Staatswissenschaftler
Ausg. B.: Botschafter
Partei: SED
L.: Großhandelskaufmann. Bis 1959 i. Binnenhandel tätig. Studium a. DASR. 1963 Dipl.-Staatswiss. Seit 1963 Angehöriger d. diplom. Dienstes. 1964-65 a. d. DDR-Botschaft i. Bulgarien tätig. 1966-68 Sektionsltr. Ostafrika i. MfAA. 1968-71 stellv. Ltr. d. DDR-Konsulats i. Sansibar. Zweijähriges postgraduales Studium. 1974-77 stellv. Ltr. d. Abt. Ost- u. Zentralafrika i. MfAA. April 1977-Febr. 80 Botschafter i. Äthiopien. Nachf. v. Helmut Gürke. Seidem Sektorenltr. i. MfAA.
Ausz.: VVO i. Bronze (1980)

Klinkmann, Horst

Rostock
Geb. 7. 5. 1935 i. Teterow
Erl. B.: Arzt, Dr. sc. med.
Ausg. B.: Hochschullehrer
Partei: SED
L.: Als Vollwaise i. einem Kinderheim i. Teterow aufgewachsen. Schulbesuch i. Teterow u. Rostock. 1954-59 Studium d. Medizin a. d. Uni. Rostock. 1959 Dr. med. 1969 Habil. 1969 Prof. a. d. Utah-Uni. i. Salt Lake City/USA. Seit 1. 9. 71 o. Prof. f. innere Medizin a. d. Uni Rostock. Seit 1. 1. 74 Dir. d. Klinik f. innere Medizin. d. Präs. d. Ges. Nephrologie d. DDR. Mitgl. d. Präs. d. Europ. Dialyse- u. Transplantationsges. sowie d. Amerik. Ges. f. künstl. innere Organe. Seit Juni 1979 Mitgl. d. Internat. Ges. f. künstl. Organe. Seit 6. 3. 1980 Präs. d. Rates f. mediz. Wiss. b. Min. f. Gesundheitswesen.
Ausz.: Nat. Pr. II. Kl. (1977) u. a.

Klix, Friedhart

Berlin
Geb. 13. 10. 1927 i. Oberfriedersdorf/Löbau als Sohn eines Landwirts
Erl. B.: Psychologe, Dr. sc. rer. nat.
Ausg. B.: Hochschullehrer
L.: Studium d. Naturwiss., Philosophie u. Psychologie. Lehrtätigkeit als Dozent u. Prof. a. d. Uni. Jena u. seit 1962 a. d. Humboldt-Uni. Ostberlin. Prof. m. Lehrstuhl f. Psychologie. Dir. d. Sektion Psychologie. 1965 o. Mitgl. DAW. 1968-75 Vors. d. Gesellschaft f. Psychologie d. DDR. Seit 1970 o. Mitgl. d. APW. Vors. d. Wiss. Rates f. Psychologie. Bereichsltr. a. Zentralinst. f. Kybernetik u. Informationsprozesse. AdW. Seit Juli 1980 Präs. d. Internat. Union f. Psychol. Wiss. (IUPS).
Ausz.: Nat.-Preis III. Kl. (1969).

Klobes, August

Berlin
Geb. 19. 7. 1920 i. Arnsberg
Ausg. B.: Botschafter

Partei: SED
L.: 1940 RAD. Einberufung zur Wehrmacht. 1943-45 sowj. Kriegsgef. MA d. NKFD. Verlagsleiter d. SVZ. Eintritt i. d. diplom. Dienst. Sekr. a. d. Dipl. Mission (Botschaft) i. Bulgarien. Danach Referent u. AL i. MfAA. 1969-81 Ltr. d. Abt. bzw. HA Konsular. Angel. i. MfAA. Botschafter.
Ausz.: VVO i. Gold (1980) u. a.

Klohr, Olof

Warnemünde
Geb. 4. 1. 1927 i. Hamburg als Sohn eines Schriftsetzers
Erl. B.: Kaufmann, Gesellschaftswissenschaftler, Dr. phil. habil.
Ausg. B.: Hochschullehrer
Partei: SED
L.: Kaufm. Lehrling f. Obst u. Südfrüchte. Lehrabschluß i. Lübeck. Kriegsdienst. 1946 Mitgl. d. KPD i. Hamburg. Übersiedlung i. d. SBZ. Besuch d. ABF Halle. 1949-51 Studium d. Gesellschaftswiss. a. d Uni. Leipzig. Dozent f. Marxismus-Leninismus i. Leipzig. 1962 Habil. 1963-68 Ltr. d. Lehrstuhls „Wiss. Atheismus" a. d. Uni. Jena. Seit 1969 Prorektor f. Gesellschaftswiss. IHS f. Seefahrt i. Warnemünde-Wustrow. o. Prof. f. Diamat. Ltr. d. Forschungsgruppe „Wiss. Atheismus" d. DDR.
Ausz.: VVO i. Bronze (1974). Verdienter Hochschullehrer d. DDR (1981) u. a.
Veröff.: „Naturwissenschaft, Religion, Kirche". „Religion und Kirche heute" u. a.

Klopfer, Heinz

Berlin
Geb. 15. 1.. 1919 i. Werdau/Sa.
Erl. B.: Industriekaufmann, Diplom-Wirtschaftler
Ausg. B.: Staatssekretär i. d. SPK
Partei: SED
L.: Industriekfm. Kriegsdienst. 1943 Wachtmeister i. einem Art. Rgt. Nach 1945 kz. volkseig. Industrie tätig, u. a. kfm. Dir. VEB Mähdrescherwerk Weimar. 1948 SED. Studium d. Wirtschaftswiss. 1957 Dipl.-Wirtschaftler. 1963-66 Generaldir. VVB Ausrüstungen f. d. Schwerindustrie u. Getriebebau i. Magdeburg. Seit 1966 stellv. Vors., 1. stellv. Vors. u. seit 1969 Staatssekr. i. d. SPK. Mitgl. d. Ministerrates. Mitgl. d. Kl. d. SED d. SPK. Seit 22. 5. 1976 (IX. Parteitag) Kand. d. ZK d. SED.
Ausz.: Orden „Banner d. Arbeit" (1971). VVO i. Gold (1975) u. a.

Kluck, Hans

Schwerin
Geb. 1928
Erl. B.: Diplom-Gesellschaftswissenschaftler
Ausg. B.: Vorsitzender d. GST i. Bez. Schwerin
Partei: SED
L.: Nach 1945 FDJ- u. GST-Funktionär. Sekto-
renltr. i. d. FDJ-BL Schwerin. Seit 1960 Vors. d. GST i. Bez. Schwerin. Mitgl. d. ZV d. GST.
Ausz.: VVO i. Bronze (1977) u. a.

Kluge, Fritz

Potsdam
Geb. 1936
Erl. B.: Diplom-Wirtschaftler u. -Gesellschaftswissenschaftler
Ausg. B.: Stellv. Vorsitzender d. RdB Potsdam
Partei: SED
L.: Diplom-Wirtschaftler u. -Gesellschaftswiss. Zeitweise kommunal-politisch tätig, u. a. bis 1981 Vors. d. RdK Luckenwalde. Seit Juni 1981 stellv. Vors. d. RdB Potsdam f. bezirksgel. Industrie u. ÖVW. Vors. d. BWR. Nachf. v. Martin Meyer. Abg. d. BT Potsdam.

Kluh, Helmut

Gera
Geb. 23. 4. 1931
Erl. B.: Betriebsschlosser
Ausg. B.: 1. Sekretär d. FDJ-BL Gera
Partei: SED
L.: Lehre als Betriebsschlosser. 1976 Abschluß des Besuchs d. BPS. Danach 1. Sekr. d. FDJ-KL Saalfeld. Besuch d. PHSch. d. SED. 1980 2. Sekr., seit Jan. 1981 1. Sekr. FDJ-BL Gera. Nachf. v. Peter Michel.

Klupak, Roland

Schwerin
Geb. 1932
Erl. B.: Diplom-Jurist, Diplom-Gesellschaftswissenschaftler, Dr. jur.
Ausg. B.: Sekretär d. RdB Schwerin
Partei: SED
L.: Dipl.-Jurist. Zeitweise Staatsanwalt i. Bez. Schwerin. Seit Okt. 1971 Sekretär d. RdB Schwerin. Nachf. v. Karl-Heinz Ewert. Abg. d. BT Schwerin

Knabe, Gerhard

Berlin
Geb. 1924
Erl. B.: Werkzeugmacher
Ausg. B.: 1. Sekretär d. SED-KL d. Zentralen Organe d. Gewerkschaften
Partei: SED
L.: Werkzeugmacher. Nach 1945 FDGB-Funktionär. 1953-54 Vors. d. FDGB i. Bez. Suhl. Anschl. FDGB-Funktionär i. BV, zeitw. Ltr. d. Abt. Organisation/Kader. Seit 1971 1. Sekr. d. SED-KL d. Zentralen Organe d. Gewerkschaften.
Ausz.: VVO i. Silber (1979) u. a.

Knappe, Joachim

Silbach b. Suhl
Geb. 16. 3. 1929 i. Zeitz als Sohn eines Rundfunkmechanikers
Erl. B.: Elektroinstallateur

Ausg. B.: Schriftsteller
Partei: SED
L.: Elektroinstallateur. Später i. Lebensmittelgroßhandel, i. einer Medizinglas-Großhandlung u. als Verkaufsstellenltr. i. Leipzig tätig. Seit 1955 Schriftsteller. 1956-59 Besuch d. Literatur-Inst. Leipzig. Danach Red. d. Betriebszeitung d. Bau-Union Eisenhüttenstadt u. Kulturgruppenltr. i. Reifenwerk Fürstenwalde. 1968-72 Mitgl. d. Präsidialrates d. DKB.
Ausz.: FDGB-Literaturpreis (1966).
Veröff.: „Stine Gruber", 1954. „Bittere Wurzeln", Volksverlag, Weimar, 1961. „Mein namenloses Land", Mitteldeutscher Verlag, Halle, 1965. „Die Birke da oben", Mitteldeutscher Verlag, Halle, 1970. „Frauen ohne Männer", Mitteldeutscher Verlag, Halle, 1975. „Das Glockenhaus", Mitteldtsch. Vlg., Halle-Leipzig, 1976, „Abschied von Maria", Mitteldtsch. Vlg., Halle-Leipzig, 1980 u. a.

Knecht, Paul-Georg
Potsdam
Geb. 1927
Erl. B.: Jurist
Ausg. B.: Bezirksgerichtsdirektor
Partei: SED
L.: Nach 1945 i. Justizdienst i. Halle/S., zuletzt Oberrichter a. BG Halle u. stellv. Bezirksgerichtsdir. Seit Mai 1970 Dir. d. Bezirksgerichts Potsdam. Vors. d. Ver. d. Juristen i. Bez. Potsdam.
Ausz.: VVO i. Bronze (1977) u. a.

Knigge, Wilhelm
Berlin
Geb. 16. 12. 1906 i. Bremen
Erl. B.: Maurer
Ausg. B.: Stellvertretender Abteilungsleiter i. ZK d. SED
Partei: SED
L.: Volksschule. Maurerlehre. 1921 Mitgl. d. Deutschen Baugewerkbundes. 1927 Mitgl. d. KPD. KPD-Funktionär i. Bremen. Nach 1933 Emigration. Aberkennung d. deutschen Staatsbürgerschaft. Mitgl. d. französ. Widerstandsbewegung. Nach 1945 SED-Funktionär, u. a. bis Okt. 1959 1. Sekr. d. SED-Stadtleitung Potsdam. Abg. d. Bezirkstages Potsdam. Mitgl. d. Büros d. SED-BL Potsdam. 1959-63 Sekr. d. Bundesvorstandes d. FDGB. Mitgl. d. Präs. d. Bundesvorstandes d. FDGB. Seit Febr. 1962 Mitgl. d. Präs. d. Deutsch-Französischen Gesellschaft d. DDR. 1966 Kaderltr. i. Staatssekr. f. gesamtdeutsche bzw. westdeutsche Fragen. Seit 1971 stellv. Abt.-Ltr. i. d. ZK d. SED.
Ausz.: Orden „Banner d. Arbeit" (1966). VVO i. Gold (1971). Karl-Marx-Orden (1976), Ehrenspange zum VVO i. Gold (1982) u. a.

Knipping, Franz
Leipzig
Geb. 19. 6. 1931
Erl. B.: Diplom-Journalist, Dr. rer. pol., Prof.
Ausg. B.: Abteilungsleiter i. d. Redaktion d. ND
Partei: SED
L.: Abitur. Zweijähr. journal. Ausbildung b. d. ADN-Landesred. Thüringen. 1951-54 Studium d. Publizistik a. d. Uni. Leipzig. Danach Ass. bzw. Oberass. am Inst. f. Pressegeschichte d. Uni. Leipzig. Okt. 1961 Promotion zum Dr. rer. pol. 1961-67 Mitgl. d. Präs. d. VDJ. 1. 9. 1962 Dozent f. Geschichte d. deutschen Presse im Imperialismus (1900 bis 1945). 1. 9. 1965 Prof. m. LA f. Zeitgeschichte d. deutschen Journalismus a. d. KMU Leipzig. 1965-67 Dekan d. Fakultät f. Journalistik. Jetzt Abt.-Ltr. i. d. Red. d. ND. 1979 ND-Korrespondent i. London.
Ausz.: VVO i. Bronze (1977) u. a.

Knobbe, Heinz
Berlin
Geb. 14. 4. 1932 i. Magdeburg als Sohn eines Arbeiters
Erl. B.: Maurer, Diplom-Staatswissenschaftler
Ausg. B.: Gesandter
Partei: SED
L.: Volks- u. Mittelschule. 1948-50 Maurerlehre. 1949 FDJ. 1950-53 Besuch d. ABF Halle/S. Abitur. 1951 SED. 1953-59 Studium a. Inst. f. Internat. Beziehungen i. Moskau. Dipl.-Staatswiss. 1959-66 MA d. ZK d. SED (Abt. Außenpol./Internat. Verb.). 1964-66 Sekr. d. GO d. Abt. Internat. Verbindungen b. ZK d. SED. 1966-71 Botschaftsrat a. d. DDR-Botschaft i. Ungarn. 1963-71 Mitgl. d. ZV d. DSF. 1971-76 Abg. d. VK u. l. stellv. Vors. d. IPG sowie Mitgl. d. Ausschusses f. Ausw. Angel. Seit 1978 Gesandter a. d. DDR-Botschaft i. Großbritannien/Nordirland.

Knobloch, Günter
Berlin
Geb. 10. 5. 1926 i. Ebersbach/Sa.
Erl. B.: Dipl.-Ing.
Ausg. B.: Stellv. Minister
Partei: SED
L.: 1944 NSDAP. Kriegsdienst (Pz.-Gren.). Dipl.-Ing. Im Verkehrswesen d. DDR tätig. 1956-63 Präs. d. Rbd Dresden. Längeres Studium. 1957 Ltr. d. HV Betrieb u. Verkehr i. MfV. Danach Studium a. d. PHSch d. SED. 1973-75 stellv. Generaldir. DR f. Eisenbahnbetrieb u. Vorhaltung v. Transportmitteln. 1975/76 stellv. Minister f. Verkehrswesen u. 1. stellv. Generaldir. DR. Danach stellv. Generaldir. DR u. seit 20. 2. 1980 erneut stellv. Minister f. Verkehrswesen d. DDR.
Ausz.: VVO i. Bronze (1976) u. a.

Knoch, Hans Georg
Dresden
Geb. 1931 als Sohn eines Arztes
Erl. B.: Facharzt f. Chirurgie, Dr. sc. med.

Ausg. B.: Hochschullehrer
Partei: SED
L.: Studium d. Medizin. Danach am Kreiskrankenhaus Wolgast tätig. Seit 1960 Facharzt f. Chirurgie. Seit 1962 a. d. Mediz. Akademie Dresden tätig. Dir. d. Poliklinik. Seit 15. 6. 1977 Rektor d. Mediz. Akademie. Nachf. v. Heinz Simon.
Ausz.: Hufeland-Medaille i. Gold (1979).

Knöfel, Fritz

Berlin
Geb. 1931 i. Schkeuditz als Sohn eines Arbeiters
Erl. B.: Fernmeldemechaniker, Rb.-Direktor
Ausg. B.: Stellv. Vorsitzender d. ZV d. IG Transport- u. Nachrichtenwesen
Partei: SED
L.: Seit 1947 Eisenbahner. Lehrling i. Reichsbahnfernmeldebau. Später BGL-Vors., Instrukteur d. BV Halle d. IG Eisenbahn u. 1961-77 Vors. d. IG Eisenbahn (Transport- u. Nachrichtenwesen) i. Bez. Halle. Seit April 1977 stellv. Vors. d. ZV d. IG Transport- u. Nachrichtenwesen i. FDGB. Nachf. v. Karl Kalauch.
Ausz.: Verdienter Eisenbahner, VVO i. Bronze (1981) u. a.

Knoener, Rudolf

Dresden
Geb. 1929 i. Leibe, Krs. Jauer, als Sohn eines Landarbeiters
Erl. B.: Traktorist, Diplom-Physiker, Dr. sc. nat.
Ausg. B.: Hochschullehrer
Partei: SED
L.: Nach 1945 Traktorist u. FDJ-Sekr. d. MTS Bannewitz u. d. Stadtgutes Freital. 1949 SED. 1950 ABF Leipzig. 1953-58 Studium d. Physik TH Dresden. 1958 Diplom-Physiker. 1963 Promotion. Lehrtätigkeit a. d. TU Dresden. 1971 Kand., seit 1973 Mitgl. SED-BL Dresden. 1973-79 Dir. d. Sektion Physik TU Dresden. Seit 1970 o. Prof. f. exp. Physik. 1973 Dr. sc. Seit Juni 1980 Rektor d. TU Dresden. Nachf. v. Fritz Liebscher.
Ausz.: Verdienter Techniker d. Volkes (1969) u. a.

Knolle, Rainer

Gera
Geb. 3. 10. 1918
Erl. B.: Schlosser, Staatl. gepr. Landwirt, Agraringenieur
Ausg. B.: 2. Sekretär d. SED-BL Gera
Partei: SED
L.: Maschinenschlosser. 1948 Mitgl. d. SED. Anfang d. 50er Jahre Abt.-Ltr. i. d. SED-KL Gera-Land. Anschl. Besuch d. PHSch d. SED. 1957-59 1. Sekr. d. SED-KL Jena-Land. Seit Aug. 1959 Sekr. f. Organisation u. Kader (2. Sekr.) d. SED-BL Gera. Nachf. v. Gerhard Buschang. Seit dem V. Parteitag (Juli 1958) Mitgl. d. ZK d. SED. Abg. d. BT Gera.
Ausz.: VVO i. Gold (1978) u. a.

Kober, Karl-Max

Leipzig
Geb. 1930 i. Prag
Erl. B.: Kunsthistoriker, Dr. phil. habil.
Ausg. B.: Hochschullehrer
Partei: NDP
L.: Abitur i. Erfurt. Danach bis 1952 Pädag.-Studium a. d. Uni. Greifswald. Anschl. als Ass., Oberass. u. Dozent a. d. KMU Leipzig tätig. 1959 Promotion. 1967-81 Abg. d. BT Leipzig. Seit Sept. 1967 Mitgl. d. HA d. NDP. Sept. 1976 zum Prof. f. Kunstwiss. berufen. Seit 23. 11. 1978 Vizepräs. d. VBK.
Ausz.: VVO i. Bronze (1977) u. a.
Veröff.: „Grafik-Malerei", Verlag Volk u. Wissen, Berlin

Kobs, Alfred

Berlin
Geb. 28. 1. 1931 i. Stettin
Ausg. B.: Redakteur d. ND
Partei: SED
L.: Nach 1945 FDJ-Funktionär. MA d. FDJ-BL Berlin. 1957-62 Red., stellv. Chefred. u. verantwortl. Red. d. Zeitschrift „Junge Generation". Anschl. Red. d. ND. Seit Juli 1969 Mitgl. d. Redaktionskollegiums d. ND.
Ausz.: VVO i. Bronze (1973) u. a.

Koch, Artur

Weimar
Geb. 24. 12. 1914 i. Chemnitz als Sohn eines Eisenbahners
Erl. B.: Maschinensetzer, Lehrer, Dr. paed.
Ausg. B.: Stellvertretender Direktor d. Nationalen Forschungs- u. Gedenkstätten
Partei: SED
L.: Nach dem Schulbesuch Maschinensetzer i. Chemnitz u. Oberlichtenau. 1945 KPD. Neulehrer i. Chemnitz. Später Schulrat. 1952 Studiendir. d. Inst. f. Lehrerbildung i. Dresden. 1953-63 Dir. d. Pädag. Inst. Erfurt. 1954-58 Abg. d. BT Erfurt. Seit Nov. 1963 stellv. Dir. d. Nationalen Forschungs- u. Gedenkstätten d. klassischen deutschen Literatur i. Weimar. Nachf. v. Dr. Hossinger. Stadtverordneter i. Weimar. Vors. d. Kreisausschusses Weimar d. Nat. Front.
Ausz.: Nat.-Preis II. Kl. (1969). VVO i. Silber (1979) u. a.

Koch, Hans

Berlin
Geb. 17. 5. 1927 i. Gera-Liebschwitz
Erl. B.: Dreher, Literaturwissenschaftler, Dr. phil. habil., Prof.
Ausg. B.: Institutsdirektor d. Akademie f. Gesellschaftswissenschaften d. ZK d. SED
Partei: SED
L.: Volks- u. Aufbauschule. 1944-45 Dreher. 1945 KPD. 1946 SED. 1946-49 Sekr. d. FDJ-KL, dann d. FDJ-Landesleitung Thüringen. 1950 PHSch d. SED. 1951-55 Aspirantur, 1956-63 u. seit 1969 Lehrstuhllftr. f. marx. Kultur- u. Kunstwiss. a.

Inst. f. Gewi. b. ZK d. SED. Seit 1961 Mitgl. d. Vorst. d. DSV. Seit 1963 Mitgl. d. Präsidialrates d. KB. 1963-66 1. Sekr. d. DSV. Seit 1963 Abg. d. VK, 1967-71 Mitgl. d. Mandatsprüfungsausschusses, seit 1971 Mitgl. d. Ausschusses f. Kultur. 1966-69 wiss. MA d. Min. f. Kultur. Seit 1969 Mitgl. d. DAK, seit 1970 d. APW. Seit 22. 5. 1976 Kand., seit 16. 4. 1981 Vollmitglied d. ZK d. SED. Seit 1977 Dir. d. Inst. f. marx.-lenin. Kultur- u. Kunstwiss. d. AfG. Vors. d. wiss. Rates f. marx.-lenin. Kunst- u. Kulturwiss. b. MfK.
Ausz.: VVO i. Bronze (1965) u. i. Silber (1971). Nat.-Preis I. Kl. (1974) u. a.

Koch, Rolf Dieter

Magdeburg
Geb. 1933 i. Magdeburg als Sohn eines Handwerksmeisters
Erl. B.: Arzt, Dr. sc. med.
Ausg. B.: Hochschullehrer
Partei: SED
L.: 1951-57 Studium d. Medizin a. d. MLU Halle-Wittenberg. 1958 Mitgl. d. SED. Seit 1957 Stationsarzt, dann ab 1963 als Facharzt f. Nervenheilkunde a. d. Mediz. Akademie Magdeburg tätig. 1958 Promotion, 1968 Habil. 1969 Doz., seit 1976 o. Prof. f. Neurologie u. Psychiatrie a. d. Mediz. Akademie. 1977-79 1. Prorektor, seit Febr. 1979 Rektor d. Mediz. Akademie. Nachf. v. Hansjürgen Matthies.
Ausz.: Hufeland-Medaille i. Silber u. a.

Kochan, Günther

Berlin
Geb. 2. 10. 1930 i. Luckau
Erl. B.: Musiker, Prof.
Ausg. B.: Komponist, Hochschullehrer
Partei: SED
L.: Besuch d. Musischen Gymnasiums i. Leipzig u. d. Oberschule Luckau. 1946-50 Studium a. d. HS f. Musik i. West-Berlin. 1950 Übersiedlung nach Ostberlin u. Fortsetzung des Studiums. Schüler v. Hanns Eisler. Seit 1950 Dozent, seit 1967 o. Prof. f. Tonsatz u. Komposition HS f. Musik i. Ostberlin. Ltr. d. Meisterklasse f. Komposition. 1955-63 Kand. d. ZR d. FDJ. Seit 1953 Mitgl. d.SED. Seit Okt. 1962 Mitgl. d. „Freundschaftskomitees DDR-Japan". 1971-74 Sekr. d. Sektion Musik d. DAK. Mai 1977-Febr. 82 Vizepräs. d. Verbandes d. Komponisten u. Musikwiss.
Ausz.: Kunstpreis d. DDR (1959), FDGB-Kunstpreis (1966), VVO i. Silber (1974), Nat. Pr. I. Kl. (1979) u. a.
Werke: Violinkonzert, „Signale d. Jugend", Lied „Rostocker Hafenlied". „Gruß an Warschau", Lied. „Die Asche von Birkenau", Kantate, 1966. „Karin Lenz", Oper, 1971. „III. Sinfonie", 1973, Oratorium zum 30. Jahrestag d. DDR „Das Friedensfest oder die Teilhabe", 1979 u. a.

Kochan, Wolfgang

Schwerin
Geb. 18. 4. 1930
Erl. B.: St. gepr. Landwirt, Diplom-Wirtschaftler, Dr. agr.
Ausg. B.: Vorsitzender d. DBD i. Bezirk Schwerin
Partei: DBD
L.: Staatl. gepr. Landwirt, Diplom-Wirtschaftler, Dr. agr. 1952 Mitgl. d. DBD. 1964 Vors. d. LPG Neukünkendorf u. Vors. d. KV Angermünde d. DBD. Danach Partei- u. Staatsfunktionen i. Bez. Frankfurt/Oder (Sekr. d. BV d. DBD, Sektorenltr. b. RdB). Seit 14. 9. 1979 Vors. d. BV Schwerin d. DBD. Nachf. v. Hermut Müller. Abg. d. BT Schwerin.
Ausz.: Verdienter Aktivist u. a.

Kochs, Heinz

Rostock
Geb. 11. 8. 1929 i. Röbel a. d. Müritz
Erl. B.: Elektroingenieur, Diplom-Gesellschaftswissenschaftler
Ausg. B.: 1. Sekretär d. SED-StL Rostock
Partei: SED
L.: 1948 Mitgl. d. SED. 1952-54 Besuch d. Ingenieurschulen Wismar u. Mittweida/S. 1954-58 i. VEB Starkstromanlagenbau i. Rostock tätig, zuletzt Techn. Dir. 1959-62 Sekr. f. Wirtschaft d. SED-BL Rostock. Studium a. d. PHSch d. KPdSU. Dipl.-Gewi. 1965-68 Ltr. d. Abt. Wirtschaftspol. d. SED-BL Rostock. 1967-68 Kand., seit 1968 Mitgl. d. SED-BL Rostock. Mai 1968-Mai 1975 OB v. Rostock. Leutnant d. Res. d. NVA. Seit 21. 5. 1975 1. Sekr. d. SED-StL Rostock. Nachf. v. Ernst Timm. Mitgl. d. Sekr. d. SED-BL.
Ausz.: VVO i. Silber (1977) u. a.

Köhler, Günther

Bad Suderode
Geb. 31. 8. 1923 i. Wildfurt/Loben
Erl. B.: Diplom-Landwirt, Dr.
Ausg. B.: Generaldirektor
Partei: SED
L.: Kriegsdienst (Leutnant). Dipl.-Landwirt. Seit den 50er Jahren Hauptdir. bzw. Generaldir. d. VVB Saat- u. Pflanzgut i. Quedlinburg. Seit 1972 o. Mitgl. d. AdL.
Ausz.: VVO i. Bronze (1964) u. i. Silber (1970).

Köhler, Heinz

Leipzig
Geb. 1928
Erl. B.: Bankkaufmann
Ausg. B.: Verlagsleiter
Partei: SED
L.: Besuch d. Vorstudienanstalt. Studium a. d. Uni. Jena. 1951-59 staatl. Funktionen. 1959 Verlagsass., seit 1961 Ltr. d. VEB Bibliograph. Inst. u. VEB Verlag Enzyklopädie i. Leipzig. 1966-71 Vorsteher d. Börsenvereins d. Deutschen Buchhändler zu Leipzig.
Ausz.: Nat.-Preis III. Kl. (1970).

Köhler, Horst
Berlin
Geb. 21. 5. 1924 i. Chemnitz
Erl. B.: Lehrer, Diplom-Historiker
Ausg. B.: Botschafter i. Somalia
Partei: SED
L.: Ausbildung als Lehrer. Kriegsdienst (1945 Obergefr. i. einem Pz. Gren. Rgt.). Nach 1945 i. Schuldienst tätig. Eintritt i. d. diplom. Dienst d. DDR. 1961-65 a. d. DDR-Vertretungen i. Kairo, Sansibar u. Daressalam tätig (3. Sekr./Vizekonsul). Studium a. d. KMU Leipzig. 1970 Dipl.-Hist. Sektorenltr. f. afrik. u. arab. Länder i. d. Abt. Internat. Verbindungen b. BV d. FDGB. Mai 1974-Juli 78 Botschafter i. Somalia. Nachf. v. Werner Herklotz. Seit Mai 1979 Botschafter i. Sambia, seit Nov. 1979 i. Botswana u. Lesotho. Nachf. v. Gerh. Stein.
Ausz.: Verdienstmedaille d. DDR u. a.

Köhler, Johann
Freiberg/S.
Geb. 27. 12. 1920 i. Nikles, Krs. Mähr.-Schönberg/CSR, als Sohn eines Seidenwebers
Erl. B.: Bauschlosser, Dr. oec. habil.
Ausg. B.: Hochschullehrer
Partei: SED
L.: 1931-34 Besuch einer Realschule. 1934-37 Bauschlosser i. Brünn. 1938 Mitgl. d. KPC. Kriegsdienst als Uffz. d. Luftwaffe. Amerikan. Kriegsgef. Umsiedler. Lokschlosser bei d. „Reichsbahn". Besuch einer Vorstudienanstalt. 1948-51 Studium d. Wirtschaftswiss. a. d. Uni. Leipzig. Seit 1951 Lehrtätigkeit a. d. Bergakademie Freiberg. 1955 Promotion, 1959 Habil. i. Freiberg. Gegenwärtig Prof. m. Lehrstuhl f. Politische Ökonomie d. Kapitalismus a. d. Bergakademie Freiberg. 1958-71 Mitgl. d. SED-BL Karl-Marx-Stadt. 1968-71 Rektor d. Bergakademie Freiberg/S.
Ausz.: VVO i. Bronze (1965) u. a.

Köhler, Johannes-Ernst
Weimar
Geb. 24. 6. 1910 i. Meran als Sohn eines Musikers
Erl. B.: Musiker (Organist)
Ausg. B.: Hochschullehrer (em.), Kirchenmusikdirektor, Prof.
Partei: CDU
L.: Nach d. Schulzeit Studium d. Mathematik (1 Sem.) a. d. Uni. Halle u. d. Musik a. d. Akademie f. Kirchen- u. Schulmusik i. Berlin-Charlottenburg. 1933 Examen f. d. Lehramt an höheren Schulen u. f. Kirchenmusiker. Danach Kantor a. d. Pauluskirche i. Berlin-Lichterfelde. Konzerttätigkeit. Seit 1934 Stadtorganist u. Dozent a. d. Musik-HS Weimar. 1937 NSDAP. 1946 CDU. 1950-75 Prof. a. d. HS f. Musik i. Weimar. Ltr. d. Kirchenmusikal. Abt. Seit 1954 Mitgl. d. Hauptvorstandes d. CDU. Mitgl. d. Musikrates d. DDR.
Ausz.: Nat.-Preis III. Kl. (1955), VVO i. Bronze (1975) u. a.

Köhler, Lothar
Klingenthal
Geb. 17. 11. 1925 i. Georgenthal
Erl. B.: Lehrer, Dr.
Ausg. B.: Kreisschulrat, Sportpräsident
Partei: SED
L.: Kriegsdienst. 1944-48 englische Kriegsgefangenschaft. Lehrer. Kreisschulrat i. Klingenthal. Seit April 1974 Präs. d. Dtsch. Skilaufverbandes d. DDR. Mitgl. d. BV d. DTSB.

Köhler, Siegfried
Dresden
Geb. 2. 3. 1927 i. Meißen
Erl. B.: Musikwissenschaftler, Dr. sc. phil.
Ausg. B.: Hochschullehrer
Partei: SED
L.: 1944 NSDAP. 1945-55 Studium d. Musikwiss. a. d. Musikhochschule Dresden u. a. d. Uni. Leipzig. 1955 Promotion zum Dr. phil. i. Leipzig. 1957-63 Ltr. d. Internat. Musikbibliothek i. Ostberlin. Lehrtätigkeit a. d. Humbodt-Uni. i. Ostberlin. 1963-68 Künstl. Ltr. d. VEB Deutsche Schallplatten. Mitgl. d. ZV d. VDK. Mitgl. d. Exekutivkomitees d. Musikrates d. DDR. Seit 1968 Lehrtätigkeit HS f. Musik i. Dresden. O. Prof. f. Komposition, Okt. 1968-Okt. 80 Rektor d. HS. Seit 1966 Mitgl. d. Präs. DKB. Zeitw. Abg. d. BT Dresden u. Bezirksvors. d. VDK. Seit 1978 Mitgl. d. AdK. Seit 19. 2. 82 Präsident d. Verbandes d. Komponisten u. Musikwiss. Nachf. von Ernst Hermann Meyer. Ehrenprof. d. Leningrader Konservatoriums.
Ausz.: Kunstpreis d. DDR (1963), Nat. Pr. III. Kl. (1979), u. a.
Werke: „Der Richter v. Hohenburg", Oper. „Reich der Menschen", Oratorium. „Klavierkonzert", 1972. „Dritte Sinfonie", 1975, u. a.

Köhler, Thomas
Berlin
Geb. 25. 6. 1940 i. Zwickau
Erl. B.: Diplom-Sportlehrer, Dr.
Ausg. B.: Vizepräsident d. DTSB
Partei: SED
L.: Diplom-Sportlehrer. Leistungssportler i. Rennschlittensport. 1964 Olympiasieger i. Einsitzer, 1968 Olympiasieger i. Doppelsitzer. 1962 u. 1967 Weltmeister. Nach Abschluß seiner leistungssportl. Laufbahn Trainer u. AL i. BV d. DTSB. Seit 19. Dez. 1980 Vizepräs. d. DTSB. (seit 1970 Mitgl. d. Präsidiums).
Ausz.: VVO i. Gold (1972) u. a.

Köhlert, Lutz
Potsdam-Babelsberg
Geb. 1927
Erl. B.: Kunstwissenschaftler, Dr. phil.
Ausg. B.: Hochschullehrer
Partei: SED
L.: Studium d. Kunstwiss. Promotion a. d. Humboldt-Uni. Ostberlin. Zeitw. Dozent a. d. HS f. bild. Kunst i. Ostberlin. Regisseur d. DEFA u.

DFF. 1969-73 Rektor d. HS f. Film u. Fernsehen i. Potsdam-Babelsberg. Seit Nov. 1970 Prof. f. Film- u. Fernsehregie.

Köhn, Günter

Rostock
Geb. 1936
Erl. B.: Schiffselektriker, Dipl.-Ing. oec.
Ausg. B.: Sekretär d. SED-BL Rostock
Partei: SED
L.: Schiffselektriker. Dipl.-Ing. oec. SED-Funktionär. Zeitw. Ltr. d. Abt. Wirtschaft d. SED-BL Rostock. Seit 23. 4. 1980 Sekr. f. Wirtschaft d. SED-BL Rostock. Nachf. v. Manfred Scholze. Seit Juni 1981 Abg. d. BT.

Köllner, Eberhard

Geb. 29. 9. 1939 i. Staßfurt b. Magdeburg als Sohn eines Schlossers
Erl. B.: Schlosser, Berufsoffizier
Ausg. B.: Oberst d. NVA
Partei: SED
L.: Besuch d. 8-Klassen-Schule. Schlosserlehre. Danach Stahlbauschlosser i. Karl-Liebknecht-Werk i. Magdeburg tätig. 1958 Eintritt i. d. Luftwaffe. 1959 Mitgl. d. SED. Geschwaderflieger, stellv. Rgt.-Kdr. u. Rgt.-Kdr. d. Luftwaffe. 1966-70 Besuch d. sowj. Fliegerakad. „Juri Gagarin" i. Molino/UdSSR. 1976-78 Ausbildung zum Forschungskosmonauten i. Sternenstädtchen i. d. UdSSR. Double d. DDR-Astronauten Sigmund Jähn. Seit Sept. 1978 Oberst d. NVA.
Ausz.: Verdienter Militärflieger d. DDR. Scharnhorst-Orden (1978) u. a.

König, Gerd

Berlin
Geb. 24. 6. 1930 i. Klettwitz als Sohn eines Arbeiters
Erl. B.: Diplom-Staatswissenschaftler, Chemie-Laborant
Ausg. B.: 1. Sekretär d. SED-KL i. MfAA
Partei: SED
L.: Chemie-Laborant. 1949-52 Besuch einer ABF. 1952 SED. 1952-53 Studium a. d. DASR, 1953-59 a. Inst. f. Internat. Beziehungen i. Moskau. Dipl.-Staatswiss. 1959-62 MA d. MfAA u. Kulturattaché a. d. DDR-Gesandtschaft i. Jugoslawien. 1962-73 MA (stellv. AL) d. Abt. Internationale Verb. i. ZK d. SED. Nov. 1973-Dez. 1980 Botschafter d. DDR i. d. CSSR. Seit 22. 5. 1976 (IX. Parteitag) Kand. d. ZK d. SED. Seit 17. 1. 1981 1. Sekr. d. SED-KL i. MfAA. Nachf. v. Rudi Stern.
Ausz.: VVO i. Bronze (1973) u. a.

König, Günter

Erfurt
Geb. 1929
Erl. B.: Kaufm. Angestellter, Diplom-Wirtschaftler
Ausg. B.: Stellv. Vorsitzender d. RdB
Partei: SED
L.: Kfm. Angestellter, Dipl.-Wirtschaftler. 1967-77 Bezirksdir. d. HO i. Erfurt. Seit Dez. 1977 stellv. Vors. d. RdB Erfurt f. Handel u. Versorgung. Abg. d. BT Erfurt.
Ausz.: VVO i. Bronze (1974).

König, Hartmut

Berlin
Geb. 14. 10. 1947
Erl. B.: Kühlanlagenbauer, Diplom-Journalist, Dr. rer. pol.
Ausg. B.: Sekretär d. Zentralrates d. FDJ
Partei: SED
L.: Kühlanlagenbauer. Studium d. Publizistik. Diplom-Journalist u. Dr. rer. pol. Zeitw. Redakteur d. „Weltstudentennachrichten". Seit 1967 Mitgl. d. SED. Seit 5. 6. 1976 Mitgl. d. ZR, d. Büros d. ZR u. Sekr. d. ZR d. FDJ. Seit Mai 1978 Mitgl. d. ZV d. DSF. Seit 16. 4. 1981 erstmalig Kandidat d. ZK d. SED. Seit 18. 2. 1982 Vizepräs. d. Friedensrats d. DDR.
Ausz.: Med. „Für hervorragende Leistungen bei d. sozial. Erz. i. d. Pionierorg. „Ernst Thälmann" i. Gold (1978) u. a.

König, Otto

Wittenberg-Piesteritz
Geb. 5. 3. 1929 i. Langewiesen, Krs. Ilmenau
Erl. B.: Diplom-Chemiker, Dr. rer. nat.
Ausg. B.: Generaldirektor
Partei: SED
L.: Dipl.-Chemiker. Dr. rer. nat. 1961 Mitgl. d. SED. 1968-71 Forschungsdir. VEB Leuna-Werke „W. Ulbricht". Studium a. d. PHSch d. KPdSU. Seit 1969 korresp. Mitgl. d. DAW. Seit Juni 1971 Kand. d. ZK d. SED. Seit 1973 Dir. bzw. Generaldir. d. Düngemittelkombinats Piesteritz (jetzt VEB Kombinat Agrochemie).
Ausz.: Verdienter Techniker d. Volkes (1977) u. a.

König, Udo

Dresden
Geb. 1931
Erl. B.: Dr.-Ing. Prof.
Ausg. B.: Institutsdirektor
L.: Studium a. d. TU Dresden. Seit 1961 Arbeitsbereichsltr. u. Fachbereichsdir., seit Juni 1974 Dir. d. Inst. f. Leichtbau u. Ökon. Verwendung v. Werkstoffen i. Dresden.
Ausz.: Verdienter Techniker d. Volkes (1978).

König, Wolfgang

Berlin
Ausg. B.: Stellvertretender Minister
Partei: SED
L.: In den 50er Jahren Ltr. d. Abt. Fernstudium a. d. HS f. Finanzwirtschaft. Danach Abt.-Ltr. i. SHF bzw. Ministerium f. Hoch- u. Fachschulwesen (Planung u. Ökonomie). Seit 1971 stellv. Min. f. Hoch- u. Fachschulwesen d. DDR. Mitgl. d. Hoch- u. Fachschulrates d. DDR.
Ausz.: VVO i. Bronze (1975) u. a.

Körber, Erwin

Berlin
Geb. 15. 6. 1921 i. Ratibor als Sohn eines Eisenbahnangestellten
Erl. B.: Staatlich geprüfter Landwirt, Diplom-Philosoph
Ausg. B.: Büroleiter
Partei: DBD
L.: Volks- u. Aufbauschule. 1939 Abitur. Anschl. Kriegsdienst. Sowj. Kriegsgef. 1949 Mitgl. d. DBD. 1950-52 Abg. d. Thür. Landtages (Vizepräs.). 1952-54 Abg. d. Bezirkstages Suhl. 1953 Mitgl. d. Sekr. d. PV d. DBD. Ltr. d. Hauptabt. Schulung u. Aufklärung. Seit 1954 Abg. d. VK (zeitweilig Bln. Abg.). 1955 Ltr. d. Hauptabt. f. Organisation i. PV d. DBD. 1955-72 Mitgl. d. PV d. DBD (1955-68 d. Präs.). 1963-71 Vors. d. DBD i. Ostberlin. 1963-69 Studium a. d. Humboldt-Uni. Ostberlin. Dipl.-Philosoph. Jetzt wiss. MA beim PV d. DBD. Seit 1963 Mitgl. d. StVV Ostberlin. 1971-72 Stadtrat b. Ostberliner Magistrat. 1975-78 stellv. Bezirkssekr. d. Volkssolidarität i. Berlin. Seit 1980 Büroltr. d. Generaldir. d. Zentralen Wirtschaftsver. Obst, Gemüse, Speisekartoffeln Berlin.
Ausz.: VVO i. Silber (1976) u. a.

Kohagen, Bodo

Schwerin
Geb. 1938
Erl. B.: Staatl. gepr. Landwirt
Ausg. B.: Vorsitzender d. BV Schwerin d. CDU
Partei: CDU
L.: Staatl. gepr. Landwirt. CDU-Funktionär. Zeitw. Sekr. bzw. stellv. Vors. d. BV Schwerin d. CDU. Seit Juni 1980 Vors. d. BV Schwerin d. CDU. Nachf. v. Hans Koch. Seit Juni 1981 Abg. d. BT Schwerin.
Ausz.: VVO i. Bronze (1979) u. a.

Kohl, Horstmar

Berlin
Geb. 2. 5. 1927 i. Döbern bei Forst
Ausg. B.: Botschafter
Partei: SED
L.: 1950-60 i. Staatsapp. d. DDR tätig. Studium a. d. DASR. Seit 1964 Angehöriger d. diplom. Dienstes d. DDR. 1966-69 Vizekonsul auf Sansibar. 1972-76 Dir. d. Informationsbüros d. Liga f. Völkerfreundschaft i. Tansania. April 1977-Juli 79 2. Sekr. d. DDR i. Kongo-Brazzaville. Seit 4. 10. 1979 Botschafter d. DDR i. d. VR Kongo. Nachf. v. Werner Dordan.

Kohlhaase, Wolfgang

Berlin
Geb. 13. 3. 1931 i. Berlin als Sohn eines Maschinenschlossers
Ausg. B.: Schriftsteller, Drehbuchautor
L.: Ab 1947 Redaktionsvolontär, Ass. u. Red. d. Jugendztg. „Start" u. „Junge Welt". 1950-52 dramaturgischer Ass. u. Dramaturg bei der DEFA. Seit 1952 freiberufl. Schriftsteller. Seit 1957 Mitgl. d. Vorstandes d. Schriftstellerverbandes. Seit 1972 o. Mitgl. d. AdK. Mitgl. d. Redaktionsbeirates d. Ztschr. „Sinn und Form".
Ausz.: Nat.-Preis I. Kl. (Koll.-Ausz., 1968), Orden „Banner d. Arbeit" Stufe I (1981) u. a.
Veröff.: H. W. Kubsch u. W. Kohlhaase: „Die Störenfriede", Lit. Szenarium f. einen Kinderfilm, Henschelverlag, Berlin, 1953. H. W. Kubsch u. W. Kohlhaase: „Alarm i. Zirkus", Lit. Szenarium zu einem Kriminalfilm, Henschelverlag, Berlin, 1954. „Eine Berliner Romanze", Filmdrehbuch (1956). „Berlin - Ecke Schönhauser Allee", Filmdrehbuch (1957). „Ich war 19", 1968. „Mama, ich lebe", Filmdrehbuch, 1977, „Silvester mit Balzac", Erz., Aufbau-Vlg., 1978 u. a. m.

Kohlmey, Gunther

Berlin
Geb. 27. 7. 1913 i. Berlin als Sohn eines Lehrers
Erl. B.: Wirtschaftswissenschaftler, Dr. rer. pol.
Ausg. B.: Hochschullehrer
Partei: SED
L.: 1919-23 Besuch d. Grundschule. Anschl. bis 1932 Besuch d. Gymnasiums. 1932-36 Studium d. Wirtschaftswiss. a. d. Uni. Berlin u. Freiburg/Brsg. 1937 NSDAP. 1939 Promotion zum Dr. rer. pol. Danach Soldat. Ging 1943 zur Roten Armee über. Besuch einer Antifa-Schule i. d. SU. 1948 Dozent, 1949 Prof. mit Lehrstuhl a. d. Verwaltungsakademie Forst-Zinna. 1953-58 Dir. d. Inst. f. Wirtschaftswiss. d. DAW i. Ostberlin. Seit 1958 nur noch Abt.-Ltr. bzw. wiss. MA i. Zentralinst. f. Wirtschaftswiss. Seit 1. 3. 1961 Prof. mit Lehrstuhl f. Internat. Handels- u. Valutabeziehungen a. d. HS f. Ökonomie i. Ostberlin. Seit 1964 o. Mitgl. d. DAW. Seit Nov. 1967 Vors. d. Wiss. Rates b. Min. f. Außenwirtschaft. Vors. d. Nationalkomitees für Wirtschaftswiss. d. AdW. Ehrenmitgl. d. Ungar. Akademie d. Wiss.
Ausz.: Nat.-Preis III. Kl. (1955), VVO i. Gold (1978) u. a.

Kohrt, Günter

Berlin
Geb. 11. 3. 1912 i. Berlin
Erl. B.: Buchhalter, Diplom-Gesellschaftswissenschaftler
Ausg. B.: Präsident d. Liga für UN
Partei: SED
L.: Seit 1928 politisch organisiert. Während d. NS-Zeit Buchhalter i. Berlin. Kriegsdienst i. einer Sanitätseinheit. Nach 1945 Angestellter d. Berliner Magistrats i. d. Abt. Volksbildung. 1945 KPD, 1946 SED. Seit 1949 im außenpolit. Apparat d. DDR (Abt.-Ltr. u. Mitgl. d. Kollegiums d. MfAA. Mehrjähriges Studium d. Gewi. 1958-64 Mitarbeiter d. Abt. Außenpolitik u. Internat. Verbindungen beim ZK d. SED (zeitw. stellv. Abt.-Ltr.). März 1964-Febr. 1966 Außerord. u. Bevollm. Botschafter d. DDR i. d. VR China. Febr. 1966-März 1973 Staatssekr. u. 1. stellv. Min. f. Ausw. Angelegenheiten. März 1973-Aug. 1974 Botschafter d. DDR i. d. VR

Ungarn. Nachf. v. Herbert Plaschke. Mitgl. d. Kollegiums d. MfAA. Seit Okt. 1980 Präs. d. Liga f. UN. Nachf. v. Peter Alfons Steiniger.
Ausz.: VVO i. Silber (1962) u. i. Gold (1972). Orden „Banner d. Arbeit" (1969) u. a.
Veröff.: „Auf stabilem Kurs", Dietz-Vlg., Berlin, 1980.

Kolbe, Gerhard

Jena
Geb. 1928 als Sohn eines Landwirts
Erl. B.: Agrarwissenschaftler, Dr. agr.
Ausg. B.: Institutsdirektor
Partei: SED
L.: Agrarwissenschaftler. Seit 1973 Dir. d. Inst. f. Pflanzenernährung d. AdL i. Jena. Seit Sept. 1973 Prof. Vors. d. Agrarwiss. Ges. i. Bez. Gera. Mitgl. d. KL Jena-Stadt d. SED.
Ausz.: Nat. Pr. II. Kl. (1975).

Kolditz, Lothar

Berlin
Geb. 30. 9. 1929 i. Albernau, Krs. Aue/Sa.
Erl. B.: Chemiker, Dr. sc. nat.
Ausg. B.: Institutsdirektor, Präsident d. Nationalrates
L.: Studium d. Chemie a. d. Humboldt-Uni. Ostberlin. 1954 Promotion zum Dr. rer. nat. 1957 Habil. 1957-62 Lehrtätigkeit a. d. Humboldt-Uni., THC Leuna-Merseburg u. Uni Jena. 1962-79 o. Prof. f. anorg. Chemie a. d. Humboldt-Uni. Ostberlin. Dir. d. I. Chemischen Instituts. Zeitw. Dir. d. Sektion Chemie. Seit 1972 o. Mitgl. d. AdW. Seit 1980 Dir. d. Zentralinst. f. anorg. Chemie d. AdW. Febr. 1980 stellv. Vors., Sept. 1980 bis Okt. 81 Vors. d. BA Berlin d. NF. Nachf. v. Joseph Stanek.Seit 30. 10. 1981 Präsident d. Nationalrates d. NF. Nachf. von Erich Correns. Seit 2. 7. 1982 Mitgl. d. Staatsrates d. DDR.
Ausz.: Nat. Pr. III. Kl. (1972).

Kolodziej, Horst

Berlin
Geb. 1935
Erl. B.: Zimmermann, Lehrer
Ausg. B.: 1. Sekretär d. VBK, Dr.
Partei: SED
L.: 1955 SED. Lehrer. 1961 stellv. Vors. d. RdK Womirstedt f. Körperkultur u. Sport. Aspirant a. IfG b. ZK d. SED. Promotion. In den 70er Jahren Sektorenltr. i. ZK d .SED. Seit 1977 geschäftsführ. Sekr., seit 23. 11. 1978 1. Sekr. d. VBK d. DDR.
Ausz.: VVO i. Bronze (1979).

Konschel, Wolfgang

Berlin
Geb. 31. 7. 1931
Erl. B.: Buchdrucker
Ausg. B.: Botschafter
Partei: SED
L.: Buchdrucker. Studium a. d. DASR. 1953 Staatsexamen. Seit 1953 Angehöriger d. diplom. Dienstes d. DDR. Referent i. MfAA. 1. Sekr. d. Betriebsgruppe d. FDJ i. MfAA. 1955-57 Angehöriger d. DDR-Botschaft i. Nordkorea. 1960-63 leitender Mitarbeiter d. Handelsvertretung bzw. des Generalkonsulats d. DDR i. Irak. 1964-66 stellv. Ltr. d. Abt. f. Arabische Länder i. MfAA. 1966-69 Generalkonsul bzw. Ltr. d. DDR-Mission i. d. VAR. Geschäftsträger a. d. DDR-Botschaft i. d. VAR. Sept. 1972-Juli 1977 Botschafter d. DDR i. Syrien. Nachf. v. Alfred Marter. 1977-79 Ltr. d. Abt. Naher u. Mittlerer Osten i. MfAA.
Ausz.: VVO i. Bronze (1965) u. a.

Konzok, Willi-Peter

Berlin
Geb. 26. 9. 1902 i. Breslau als Sohn eines Bildhauers
Erl. B.: Buchhändler, Bibliothekar
Ausg. B.: LDP-Funktionär
Partei: LDP
L.: Besuch d. Volksschule i. Berlin u. d. Gymnasiums i. Breslau. Abitur. 1920-22 Buchhändlerlehre. 1920-24 Abendsemester i. Literatur u. Kunstwiss. i. Leipzig. 1924 Bibliotheksprüfung. 1924-26 als Drucker u. Setzer i. grafischen Betrieben tätig. 1924-32 Mitgl. d. DDP. 1930-32 Abg. d. Schles. Provinziallandtages. 1924-32 Mitgl. d. Gewerkschaftsbundes d. Angestellten. Kriegsdienst. 1945 Mitgl. d. LDP. 1948-50 Abg. d. Sächs. Landtages. 1949-50 Stadtrat i. Dresden u. stellv. Landesvors. d. LPD i. Sachsen. 1950-58 stellv. Min. (Staatssekr.) im Min. f. Leichtindustrie. Seit 1950 Abg. d. VK u. des Nat.-Rates d. Nat. Front. Seit 1951 stellv. Vors. d. LDP i. d. DDR. 1958-62 Sektoren- bzw. Abt.-Ltr. i. d. SPK bzw. VWR. Seit 1963 Vizepräs. d. Freundschaftsges. DDR-Afrika. Seit 1963 Generalsekr. d. Vereinigung d. Mitgliedstädte d. DDR i. d. Weltföderation d. Partnerstädte. Seit 1969 Mitgl. d. Präs. d. VK. 1971-81 1. stellv. Vors. d. Ausschusses f. Auswärtige Angel. d. VK.
Ausz.: VVO i. Gold (1967). Ehrenspange zum VVO i. Gold (1970) u. a.

Kopietz, Herbert

Berlin
Geb. 17. 9. 1916
Ausg. B.: Redakteur
Partei: SED
L.: Kriegsdienst. 1946-49 Red. d. „Freiheit" i. Halle/S. 1949-53 stellv. Abt.-Ltr. im Amt f. Information. 1953-56 Mitarbeiter d. ZK d. SED. 1958 vorübergehend stellv. Chefred. d. ND. 1958-69 Chefred. d. „Volksstimme" i. Magdeburg. 1969-72 Chefred. d. Organs d. Staatsrates u. Ministerrates „Sozial. Demokratie". Seit 1973 stellv. Chefred. bzw. Mitgl. d. Red. Koll. d. „Berliner Zeitung". Mitgl. d. ZV d. VdJ.
Ausz.: VVO i. Silber (1969) u. a.

Koplanski, Michael

Neubrandenburg
Geb. 25. 9. 1934 i. Naußlitz, Krs. Kamenz, als Sohn eines Landwirts
Erl. B.: Landwirt, Staatlich geprüfter Landwirt, Diplom-Staatswissenschaftler
Ausg. B.: Sekretär d. Parteivorstandes d. DBD
Partei: DBD
L.: Volksschule. Ausbildung als landw. Facharbeiter. 1951 DBD. 1951 MA b. RdK Kamenz. Seit 1952 hauptamtl. Funktionär d. DBD. MA d. BV Dresden d. DBD. 1959-68 Sekr. u. stellv. Vors., 1968-71 Vors. d. BV Cottbus d. DBD. 1971-76 Vors. d. BV Neubrandenburg d. DBD. 1955-63 Mitgl. d. Büros d. ZR d. FDJ. 1963-68 Kand., seit 1968 Mitgl. d. PV, seit 1972 Mitgl. d. Präs. d. PV d. DBD. Seit Sept. 1976 Sekr. d. PV d. DBD. Seit Okt. 1976 Abg. d. VK u. Vors. d. Ausschusses f. Landw., Forstw. u. Nahrungsgüterw. sowie stellv. Fraktionsvors. d. DBD. Seit 1976 Mitgl. d. Präs. d. Freundschaftsgesellschaft DDR-Italien. Fernstudien a. d. FS f. Landw. Cottbus u. ASR.
Ausz.: VVO i. Silber (1975), Orden „Banner d. Arbeit" Stufe I (1980) u. a.

Koplowitz, Jan

Pseudonym Gulliver
Berlin-Weißensee
Geb. 1. 12. 1909 i. Kudowa/Schles. als Sohn eines Hotelbesitzers
Erl. B.: Lehrer
Ausg. B.: Schriftsteller
Partei: SED
L.: Besuch d. Oberrealschule. Abitur. Lehrerprüfung. 1925 KJV. 1929 KPD. Bis 1933 als Journalist f. d. sozialistische Presse tätig. 1933 Emigration i. d. CSR, Polen, Schweden u. England. 1947 Rückkehr nach Deutschland. Journalist. Kulturarbeit i. d. Maxhütte. Rundfunkarbeit. Zeitw. künstl. Dir. d. Berliner Konzert- u. Gastspieldirektion. Jetzt freischaffender Schriftsteller.
Ausz.: Literaturpreis d. FDGB (1955). VVO i. Gold (1979), Lion-Feuchtwanger-Preis (1980) u. a.
Veröff.: „Unser Kumpel Max der Riese", Verlag Tribüne, Berlin 1954. „Jacke wie Hose", Film-Drehbuch, 1953. „Es geht nicht ohne Liebe", Verlag Neues Leben, Berlin, 1957. „Glück auf, Piddl!", Verlag Neues Leben, Berlin, 1960. „Wenn das Geschäft blüht", Verlag Tribünbe, Berlin, 1961. „Die Taktstraße", 1969. „Die Sumpfhühner", Mitteldeutscher Verlag, Halle, 1977, „Bohemia - mein Schicksal", Mitteldtsch. Vlg., Halle-Leipzig, 1979 (verfilmt 1981).

Koriath, Heinrich

Potsdam
Geb. 8. 10. 1924 i. Radoberg, Krs. Kosten, Wartheland
Erl. B.: Diplom-Landwirt, Dr. sc. agr., Prof.
Ausg. B.: Abteilungsleiter d. AdL
Partei: DBD
L.: Landw. Gehilfe i. Wartheland. Kriegsdienst (Pz.-Schütze). Studium d. Landw. Diplom-Landwirt. Dr. sc. agr. 1950 DBD. Gegenwärtig Ltr. d. Bereichs Potsdam d. Inst. f. Düngungsforschung d. AdL Leipzig. 1972-77 Mitgl. d. Präs. d. PV d. DBD, seit 1977 d. PV. Seit Juni 1972 Kand. d. AdL.
Ausz.: VVO i. Bronze (1973) u. a.

Kormes, Karl

Berlin
Geb. 23. 3. 1915 i. Berlin als Sohn eines Arbeiters
Erl. B.: Schlosser, Diplom-Gesellschaftswissenschaftler
Ausg. B.: Botschafter
Partei: SED
L.: Schlosser. 1933 verhaftet, 18 Monate Gefängnis wegen Vorbereitung z. Hochverrat. 1934 Emigration. Teilnehmer am spanischen Bürgerkrieg. 1937-43 i. Spanien inhaftiert. 1945 KPD. 1946 SED. Im DDR-Handel tätig. Zeitw. Ltr. d. Personalabt. i. Min. f. Handel u. Vers. d. DDR. Studium, 1960 Dipl.-Gewi. 1960-63 Handelsrat d. DDR i. Rumänien. 1963-66 stellv. Ltr. (amt.) d. 3. Europ. Abt. i. MfAA. 1966-68 erneut a. d. DDR-Botschaft i. Rumänien tätig (Botschaftsrat). Jan. 1969-Juli 1973 Botschafter d. DDR i. Jugoslawien. Nachf. v. Eleonore Staimer. 1974-79 Ltr. d. DDR-Delegation i. d. Grenzkommission DDR-Bundesrepublik. Juni 1979-Okt. 1981 Botschafter i. Ekuador. Nachf. v. Helmut Bauermeister.
Ausz.: VVO i. Silber (1969) u. a.

Korn, Klaus

Berlin
Geb. 1930
Erl. B.: Wirtschaftswissenschaftler, Dr. rer. oec.
Ausg. B.: Institutsdirektor
Partei: SED
L.: Studium d. Wirtschaftswiss. a. d. Humboldt-Uni. Ostberlin. 1963 Promotion z. Dr. rer. oec. Wiss. MA, dann AL Wiss. i. Min. f. Volksbildung. Seit 1970 Dir. d. Inst. f. Ökonomie u. Planung d. Volksbildungswesens d. APW. Mitgl. d. Präs. d. APW.

Korn, Roland

Berlin
Geb. 1930 i. Saalfeld
Erl. B.: Maurer, Architekt, Diplom-Ingenieur
Ausg. B.: Chefarchitekt
Partei: SED
L.: Maurer. 1948 SED. 1948-51 Besuch d. FS f. Bauwesen i. Gotha. Architekt. Seit 1951 i. Berlin i. VEB Hochbauprojektierung tätig. Seit 1972 Vizepräs. d. BdA. Seit Juli 1973 Chefarchitekt v. Ostberlin. Nachf. v. Joachim Näther. 1974-79 Kand., 1979-81 Mitgl. BL Berlin d. SED.
Ausz.: Orden „Banner d. Arbeit" (1965), Goethe-Preis I. Kl. (1980) u. a.

Korth, Gerhard

Berlin
Geb. 14. 7. 1929
Erl. B.: Maschinenschlosser, Fachlehrer, Diplom-Staatswissenschaftler
Ausg. B.: Botschafter
Partei: SED
L.: Maschinenschlosser. Ökonomie-Studium. In d. 50er Jahren Referent f. Amerika i. d. KfA. Seit 1958 Angehöriger d. diplom. Dienstes. 1958-61 Sekr. i. Jugoslawien. 1962 Diplom-Staatswiss. 1962-65 u. 1968-71 als Sekr. u. Botschaftsrat i. Kuba tätig. 1972 Ernennung z. Botschafter. 1972-73 Ltr. d. Lateinamerika-Abt. i. MfAA. Sept. 1973-Mai 1977 Botschafter i. Mexiko. Dez. 1973-Mai 1977 zusätzl. Botschafter i. Kostarica. Juli 1977-Nov. 1978 Botschafter i. Spanien. Nachf. v. Peter Lorf. 1979 Geschäftsträger i. NIkaragua. Seit 1980 stellv. Ltr. d. Abt. Lateinamerika i. MfAA.
Ausz.: VVO i. Bronze (1973) u. a.

Kosing, Alfred

Berlin
Geb. 15. 12. 1928 i. Wolsdorf/Ostpr.
Erl. B.: Maurer, Dr. sc. phil.
Ausg. B.: Hochschullehrer
Partei: SED
L.: Maurerlehre. 1946 Mitgl. d. SED. 1947 Besuch einer ABF. Abitur. Studium d. Gesch. u. Philosophie a. d. Uni. Halle u. a. d. Humboldt-Uni. i. Ostberlin. Schüler der Prof. Marko, Hager u. Klaus. 1950 wiss. Ass., 1953 Lehrbeauftragter bzw. Dozent f. Philosophie am Inst. f. Gewi. beim ZK d. SED. Stellv. Ltr. des Lehrstuhls f. Philosophie. Seit 1954 Mitgl. d. Red.-Koll. d. „Zeitschrift f. Philosophie". 1960 Promotion zum Dr. phil. 1964 Habil. 1. 1. 1962 zum Prof. f. Philosophie ernannt. 1964-69 Dir. d. Inst. f. Philosophie a. d. KMU Leipzig. Seit 1969 Ltr. d. Lehrstuhls f. marx.-lenin. Philosophie a. Inst. (Akademie) f. Gewi. b. ZK d. SED. Forschungsbereichsltr. a. Institut f. marx.-lenin. Philosophie a. AfG. Seit 1971 o. Mitgl. d. AdW. Präs. d. Vereinigung d. Philosophischen Institutionen d. DDR.
Ausz.: Nat.-Preis II. Kl. (1975) u. a.
Veröff.: „Marx. Philosopie", Lehrbuch, Hrsg. „Nation i. Gesch. u. Gegenwart — Studie zur historisch-materialistischen Theorie d. Nation", Dietz-Vlg., Berlin, 1976 u. a.

Kossakowski, Adolf

Berlin
Geb. 1928
Erl. B.: Psychologe, Dr. phil. habil.
Ausg. B.: Institutsdirektor
L.: Tätigkeit als Lehrer. 1953-56 Studium d. Psychologie i. Leipzig. 1960 Promotion z. Dr. phil. über Probleme d. Lese- u. Rechtschreibeschwäche. Habil. 1964 Dozent a. Abt. Persönlichkeitspsychologie inst. f. Psychologie KMU. 1966 Prof. Seit 1970 o. Mitgl. APW. Seit 1970 Dir. d. Inst. d.

Pädag. Psychologie d. APW. Seit Sept. 1975 Vors. d. Ges. f. Psychologie d. DDR.
Ausz.: Orden „Banner d. Arbeit" Stufe II (1979).

Koszycki, Gerhard

Suhl
Geb. 1929
Erl. B.: Bergmann, Diplom-Gesellschaftswissenschaftler
Ausg. B.: 2. Sekretär d. SED-BL Suhl
Partei: SED
L.: Bergmann, Meister, Diplom-Gesellschaftswiss. SED-Funktionär. Zeitw. Sekr. d. GO d. SED i. Kalikombinat „E. Thälmann" bzw. Kalikombinat „Werra" i. Merkers, Krs. Bad Salzungen. 1973-81 1. Sekr. d. SED-KL Bad Salzungen. Seit 21. 2. 1981 2. Sekr. d. SED-BL Suhl. Nachf. v. Walter Weiss. 5. Juni 81 Abg. d. BT.
Ausz.: VVO i. Bronze (1969) u. a.

Kowal, Erich

Frankfurt/O.
Geb. 18. 4. 1931 i. Krs. Weißwasser als Sohn eines Landwirts
Erl. B.: Staatlich geprüfter Landwirt, Diplom-Lehrer f. Marxismus-Leninismus
Ausg. B.: Vorsitzender d. Bezirksverbandes Frankfurt/O. d. DBD
Partei: DBD
L.: 1951 Mitgl. d. DBD. MAS-MA. Absolvent einer Landw. Fachschule. Stellv. Vors. d. RdK Lübben b. Frankf. Anschl. Angehöriger d. KVP. Seit 1956 hauptamtl. Funktionär d. DBD, Sekr. d. Bezirksverbandes Frankfurt/O. d. DBD, Ltr. d. Org.-Abt. beim PV d. DBD. 1966-67 stellv. Vors., seit April 1967 Vors. d. Bez.-Verb. Frankfurt/O. d. DBD. Nachf. v. Werner Titel. Seit 1968 Mitgl. d. PV d. DBD. Seit Juli 1967 Abg. d. BT Frankfurt/O.
Ausz.: VVO i. Silber (1976) u. a.

Koziolek, Helmut

Berlin
Geb. 5. 7. 1927 i. Beuthen
Erl. B.: Diplom-Volkswirt, Dr. sc. oec.
Ausg. B.: Institutsdirektor
Partei: SED
L.: Nach 1945 Studium d. Staats- u. Rechtswiss. a. d. Uni. Halle/S. 1946 SED. 1948 Dipl.-Volkswirt. 1948-53 Ass. u. Doz. a. d. Verwaltungsakademie bzw. d. DASR. 1953-56 Prorektor f. Forschung a. d. HS f. Finanzwirtschaft. 1955 Promotion zum Dr. oec. 1961 Habil. Ab 1957 Prof. f. Politökonomie u. stellv. Rektor a. d. HS f. Ökonomie i. Berlin-Karlshorst. 1962-65 Ltr. d. Ökon. Forschungsinst. d. SPK (Mitgl. d. Leitung d. SPK). Seit März 1966 Dir. d. Zentralinst. f. sozialistische Wirtschaftsführung beim ZK d. SED. Seit 1965 Mitgl. d.AW. Seit April 1972 Vors. d. Wiss. Rates f. Wirtschaftswiss. Forschung d. DDR. Mai 1976-April 81 Kand., seit April 1981 Vollmitglied d. ZK d. SED. Seit Sept. 1976 Mitgl. d. Red.-Koll. d. theor. Ztschr. d. SED „Einheit".

Ausz.: Nat.-Preis I. Kl. (1970, Koll.-Ausz.). VVO i. Silber (1974) u. a.
Veröff.: „Einführung i. d. Lehre d. sozial. Wirtschaftsführung" (m. G. Friedrich), 1967 u. a.

Kozyk, Hans-Joachim

Berlin
Geb. 22. 11. 1937 i. Burg b. Magdeburg
Erl. B.: Diplom-Ingenieur, Dr. sc., Prof.
Ausg. B.: Staatssekretär
Partei: SED
L.: Dipl.-Ing. Hochschullehrer. 1966 l. stellv. Generaldir. VVB Chemieanlagen i. Leipzig. Seit 1971 stellv. Min., seit 1977 Staatssekr. f. Chemische Industrie.
Ausz.: VVO i. Bronze (1979).

Kraatz, Helmut

Berlin
Geb. 6. 8. 1902 i. Wittenberg als Sohn eines Bäckers
Erl. B.: Arzt, Dr. sc. med.
Ausg. B.: Hochschullehrer (em.)
L.: Ab 1922 Studium d. Medizin i. Freiburg, Heidelberg, Halle u. Berlin. 1928 Staatsexamen. Danach i. Heidelberg, Hamburg u. ab 1930 a. d. Uni.-Frauenklinik Berlin tätig (Prof. Stackel). 1937 NSDAP. Während d. 2. Weltkrieges zeitw. Marinestabsarzt. 1949-52 Prof. m. Lehrstuhl u. Dir. d. Uni.-Frauenklinik Halle/S. Seit 1952 Prof. m. Lehrstuhl f. Frauenheilkunde u. Dir. d. Uni.-Frauenklinik a. d. Humboldt-Uni. i. Ostberlin. 1962-80 Präs. d. Rates f. Planung u. Koordinierung d. mediz. Wiss. b. Min. f. Gesundheitswesen. Mitgl. d. Akad. d. Naturforscher i. Halle/S. u. d. Sowj. Mediz. Akad. Vors. d. Clubs d. Kulturschaffenden i. Ostberlin. Seit 1972 Mitgl. d. Präs. d. KB. Seit März 1980 Ehrenpräs. d. Rates f. mediz. Wiss. Mitgl. d. Forschungsrates b. MR.
Ausz.: Nat.-Preis II. Kl. (1960). VVO i. Silber (1962) u. i. Gold (1972) u. a.
Veröff.: „Zwischen Klinik und Hörsaal - Ein Frauenarzt sieht sich in seiner Zeit", Verlag d. Nation, Berlin, 1978.

Krabatsch, Ernst

Berlin
Geb. 12. 5. 1940 i. Unterplandles/CSR
Ausg. B.: Hauptabteilungsleiter, Botschafter
Partei: SED
L.: DDR-Diplomat. Zeitw. Mitgl. d. DDR-Delegation auf d. Europäischen Sicherheitskonferenz i. Genf. Botschaftsrat. Stellv. Ltr., seit 1977 Ltr. d. HA Grundsatzfragen u. Planung i. MfAA. Nachf. v. Siegfried Bock. 1977 Ltr. d. DDR-Delegation auf d. Belgrader Nachfolgekonferenz.
Ausz.: VVO i. Bronze (1977).

Krack, Erhard

Berlin
Geb. 9. 1. 1931 i. Danzig
Erl. B.: Rohrlegerhelfer, Dipl.-Wirtschaftler
Ausg. B.: Oberbürgermeister v. Ostberlin
Partei: SED
L.: Oberschule, Abitur. 1945-46 Installateurlehre. 1946 FDJ. FDJ-Funktionär. 1951 SED. 1951-52 MA d. Stadtverw. Stralsund. 1952-56 Studium d. Wirtschaftswiss. a. d. Uni. Rostock. Dipl.-Wirtsch. 1956-63 als Betr.-Ass., AL u. Haupttechnologe i. d. Warnow-Werft Warnemünde tätig. 1952-61 Sekr. d. Zentr. PL d. SED d. Warnow-Werft. 1963-65 Vors. d. BWR Rostock. 1965 stellv. Vors. d. VWR f. Bez.-gel. Ind. u. Lebensmittelind. Dez. 1965-Febr. 74 Min. f. Bez.-gel. Ind. u. Lebensmittelind. Seit Dez. 1965 Mitgl. d. Min.-Rates. Seit 11. 2. 1974 OB v. Ostberlin. Nachf. v. Herbert Fechner. Mai 1976-April 81 Kand., seit 16. 4. 81 Vollmitglied d. ZK d. SED. Seit Okt. 1976 Abg. d. VK u. d. StVV Ostberlin. 1979-80 Studium a. d. AfG beim ZK d. KPdSU i. Moskau.
Ausz.: Orden „Banner d. Arbeit", Stufe I (1974), VVO i. Gold (1978) u. a.

Krämer, Kurt

Berlin
Geb. 1924 als Sohn eines Arbeiters
Erl. B.: Vermessungstechniker, Diplom-Gesellschaftswissenschaftler
Ausg. B.: Stellvertretender Vorsitzender d. GST, Generalmajor d. NVA
Partei: SED
L.: Vermessungstechniker. Nach 1945 FDJ-Funktionär. Seit Anfang d. 50er Jahre Funktionär d. GST, Abt.-Ltr. i. Zentralvorst., Vors. d. Bezirksverb. Magdeburg. Absolv. d. Gewerkschafts-HS. Seit Sept. 1968 stellv. Vors. d. GST f. Organisat. u. Planung. Oberst d. NVA. Seit 2. 10. 1980 Generalmajor d. NVA.
Ausz.: VVO i. Bronze (1972) u. a.

Krätzig, Johannes

Dresden
Geb. 29. 5. 1915 i. Leipzig
Erl. B.: Versicherungsangestellter
Ausg. B.: Vorsitzender d. Bezirksverbandes Dresden d. CDU
Partei: CDU
L.: 1931-34 Lehre. 1934-50 Versicherungsangestellter. 1945 Mitgl. d. CDU. Seit 1950 hauptamtl. Funktionär d. CDU i. Kreis u. Bez. Dresden. Vors. d. Kreisverbandes Dresden-Land d. CDU. 1955-68 stellv. Vors., seit Mai 1968 Vors. d. Bezirksverbandes Dresden d. CDU. Nachf. v. Friedrich Mayer. Seit 1958 Mitg. d. BT Dresden. Seit 1972 Mitgl. d. Hauptvorstandes d. CDU.
Ausz.: VVO i. Silber (1975), Orden „Banner d. Arbeit" Stufe I (1980) u. a.

Krätzschmar, Georg

Gera
Geb. 1920
Erl. B.: Kaufmännischer Angestellter, Diplom-Jurist
Ausg. B.: Stellvertretender Vorsitzender d. RdB Gera
Partei: SED
L.: Kfm. Angestellter. Dipl.-Jurist. SED-Funktionär, zeitw. Sekr. f. Agitprop. d. SED-KL Rudolstadt. 1961-71 Vors. d. RdK Rudolstadt. Seit Nov. 1971 Abg. d. BT Gera. Seit Dez. 1971 stellv. Vors. d. RdB Gera f. Innere Angelegenheiten.
Ausz.: VVO i. Bronze (1969) u. a.

Kraft, Ruth (Bussenius-Kraft)

Zeuthen b. Berlin
Geb. 3. 2. 1920 i. Schildau, Krs. Torgau, als Tochter eines Kaufmanns
Erl. B.: Buchhalterin
Ausg. B.: Schriftstellerin
Partei: LDP
L.: Nach dem Besuch d. Lyzeums Bürotätigkeit. 1938 NSDAP. Während d. 2. Weltkrieges i. Math. Büro d. Versuchsstation f. Raketenwaffen i. Peenemünde tätig. Nach dem Krieg Mitarbeiterin d. Mitteldeutschen Rundfunks i. Leipzig (Jugendfunk). Jetzt freiberufl. Schriftstellerin. Seit Febr. 1963 Mitgl. d. Zentralvorstandes d. LDP. Mitgl. d. Friedensrates u. d. Vorstandes d. Schriftstellerverbandes.
Ausz.: Fontane-Preis (1967). VVO i. Bronze (1969) u. a.
Veröff.: Insel ohne Leuchtfeuer", Verlag d. Nation, Berlin, 1959. „Menschen im Gegenwind", Verlag d. Nation, Berlin, 1965. „Gestundete Liebe", Buchverlag Der Morgen, Berlin, 1970. „Träume im Gepäck", Buchverlag Der Morgen, Berlin, 1972. „Solo für Martina", Buchverlag Der Morgen, Berlin, 1978, „Unruhiger Sommer", Vlg. d. Nation, Berlin, 1980 u. a.

Kraft, Werner

Neustrelitz
Geb. 10. 11. 1922 i. Memel als Sohn eines Bäckers
Erl. B.: Diplom-Pädagoge, Fachlehrer f. Geschichte u. Englisch, Studienrat
Ausg. B.: Vorsitzender d. BV Neubrandenburg der NDP
Partei: NDP
L.: Besuch d. Volks- u. Oberrealschule. 1941 Abitur. Einberufung z. Wehrmacht. Bis 1947 sowj. Kriegsgefangenschaft. 1947-50 Studium d. Päd. a. d. Uni. Rostock. 1950 2. Lehrerprüfung. 1950 Mitgl. d. NDP. Seit 1952 Vors. d. KV Neustrelitz d. NDP. 1952-77 Schuldir. i. Neustrelitz. 1954-63 Abg. d. VK. Seit April 1972 Mitgl. d. PKK d. NDP. Seit März 1977 Vors. d. BV Neubrandenburg d. NDP. Nachf. v. Hans-Heinrich Puls. Seit Okt. 1976 Abg. d. BT Neubrandenburg.
Ausz.: VVO i. Bronze (1974) u. a.

Krahmer, Günter

Schwerin
Geb. 1938
Erl. B.: Diplom-Agrarökonom
Ausg. B.: Stellv. Vorsitzender d. RdB Schwerin
Partei: SED
L.: Diplom-Agrarökonom. DBD. Seit Juni 1981 stellv. Vors. d. RdB Schwerin f. Energie, Verkehrs- u. Nachrichtenwesen. Abg. d. BT.

Krahn, Harry

Rostock
Geb. 1944
Erl. B.: Elektromonteur, Diplom-Ingenieur oec.
Ausg. B.: Student
Partei: SED
L.: Elektromonteur, Dipl.-Ing. oec. FDJ-Funktionär. Zeitw. 1. Sekr. d. FDJ-KL Rügen. 1973-76 2. Sekr., April 1976-Aug. 80 1. Sekr. d. FDJ-BL Rostock. Nachf. v. Karl-Heinz Näcke. 1976-80 Mitgl. d. Sekr. d. SED-BL, Abg. d. BT Rostock. Seit 1980 Studium a. d. PHSch d. SED.
Ausz.: Artur-Becker-Medaille i. Gold (1971) u. a.

Kraja, Norbert

Berlin
Geb. 13. 6. 1930
Erl. B.: Staatlich geprüfter Landwirt, Diplom-Landwirt
Ausg. B.: Sekretär d. Friedensrates
Partei: CDU
L.: 1945-47 Lehrling. 1947-49 Landwirtschaftsgehilfe. 1949 CDU. 1949-54 Studium. 1954-62 Dozent a. d. FS f. Landw. i. Kamenz. Vors. d. Kreisverbandes Kamenz d. CDU. 1962-64 stellv. Vors., 1964-70 Vors. d. Bezirksverbandes Halle d. CDU. Seit Sept. 1970 Sekr. d. Friedensrates d. DDR. Nachf. v. Fritz Rick. Seit 1972 Mitgl. d. Hauptvorstandes d. CDU. Sekretär d. Berliner Konferenz europ. Katholiken.
Ausz.: VVO i. Bronze (1978) u. a.

Kratzke, Jochen

Berlin
Ausg. B.: Staatssekretär, Dr.
Partei: SED
L.: In den 70er Jahren AL i. Min. f. Grundstoffindustrie sowie Sektorenltr. i. ZK d. SED. Seit Juli 1979 Staatssekretär i. Ministerium f. Kohle u. Energie d. DDR. Nachf. v. Wolfgang Mitzinger.
Ausz.: Orden „Banner d. Arbeit" Stufe II (1978) u. a.

Krause, Erich

Frankfurt/Oder
Geb. 1929
Erl. B.: Einzelhandelskaufmann, Diplom-Staatswissenschaftler
Ausg. B.: Sekretär d. RdB
Partei: SED
L.: Einzelhandelskaufmann. 1959 Sekr. d. BPO d. RdB Frankfurt/O. 1961 1. stellv. Vors., 1965-74

Vors. d. RdK Eberswalde. Seit Juli 1974 Sekr. d. RdB Frankfurt/O. Nachf. v. Horst Weimann. Seit Okt. 1976 Abg. d. BT. Vors. d. BK f. Völkerfreundschaft.
Ausz.: Verdienstmedaille d. DDR u. a.

Krause, Friedhilde
Berlin
Geb. 1928 i. Serock/Polen
Erl. B.: Diplom-Slawist, Diplom-Bibliothekar, Dr. phil.
Ausg. B.: Generaldirektor
Partei: SED
L.: Studium d. Slawistik i. Berlin. 1951 Dipl.-Slawist. Hauptreferent i. SHF. Dipl.-Bibliothekar. Seit 1958 MA, 1970-77 stellv. Genraldir., seit 6. 1. 1977 Generaldir. d. Dtsch. Staatsbibliothek i. Ostberlin. Nachf. v. Horst Kunze. Mitgl. d. StVV Ostberlin. Bezirksverordnete i. Berlin-Prenzlauer Berg. Mitgl. d. Vorst. d. Pirkheimer-Ges. u. d. Nat. Komitees d. Slawisten.

Krause, Fritz
Frankfurt/O.
Geb. 13. 4. 1925 i. Frankfurt/O.
Erl. B.: Kaufmännischer Angestellter, Diplom-Gesellschaftswissenschaftler
Ausg. B.: Oberbürgermeister v. Frankfurt/O.
Partei: SED
L.: Kfm. Angestellter. 1947 Mitgl. d. SED. FDJ-Funktionär. Zeitw. 1. Sekr. d. FDJ-KL Frankfurt/O. 1957-59 2. Sekr. d. FDJ-BL Frankfurt/O. Absolvent d. PHSch d. KPdSU. 1965 Diplom-Gesellschaftswiss. Mitarbeiter d. SED-BL Frankfurt/O. Seit Nov. 1965 OB v. Frankfurt/O. Nachf. v. Lucie Hein. Abg. d. BT.
Ausz.: VVO i. Bronze (1969) u. a.

Krause, Siegfried
Leipzig
Geb. 1928
Erl. B.: Industriekaufmann, Diplom-Wirtschaftler, Dr. rer. oec. pol.
Ausg. B.: Stellvertretender Vorsitzender d. RdB Leipzig
Partei: NDP
L.: Industriekfm. Dipl.-Wirtschaftler. Zeitw. als wiss. Oberass. tätig. Seit Nov. 1971 Abg. d. BT Leipzig. Seit Dez. 1971 stellv. Vors. d. RdB Leipzig f. Handel u. Versorgung. Nachf. v. Karl-Heinz Schäfer. Mitgl. d. Bezirksvorstandes Leipzig d. NDP.
Ausz.: VVO i. Bronze (1979) u. a.

Krause, Werner
Berlin
Geb. 14. 9. 1935
Erl. B.: Tischler, Diplom-Staatswissenschaftler
Ausg. B.: Botschafter
Partei: SED
L.: Volksschule. Tischler. Studium. 1963 Dipl.-Staatswiss. Seit 1963 Angehöriger d. diplom. Dienstes d. DDR. 1967-72 Sektorenltr. i. MfAA. 1972-75 stellv. Ltr. d. HV bzw. 1. Sekr. a. d. DDR-Botschaft i. Dänemark. 1975-77 stellv. Ltr. d. Abt. Nordeuropa i. MfAA. Seit 30. 8. 1977 Botschafter i. Norwegen, seit 11. 10. 1977 i. Island. Nachf. v. Peter Hintzmann.

Krausse, Gerhard
Berlin
Geb. 1. 7. 1926 i. Teichwolframsdorf, Krs. Greiz, als Sohn eines Arbeiters
Erl. B.: Verwaltungsangestellter, Diplom-Staatswissenschaftler
Ausg. B.: Botschafter
Partei: SED
L.: Volksschule. 1944 NSDAP. Verwaltungsangestellter. Mitgl. d. SED. Studium. 1962 Diplom-Staatswissenschaftler. Seit 1962 Angehöriger d. diplom. Dienstes d. DDR. Angehöriger d. DDR-Botschaft i. Rumänien u. amt. Ltr. d. Handelsvertretung d. DDR i. Guinea. Nov. 1971-Juni 1975 Botschafter d. DDR i. d. Rep. Tschad. Seitdem Ltr. d. Abt. Informationsdienst u. Presseauswertung i. MfAA.

Krauße, Walter
Berlin
Geb. 1929 als Sohn eines Bergmanns
Erl. B.: Industriekaufmann, Diplom-Wirtschaftler
Ausg. B.: Vizepräsident
Partei: SED
L.: Lehre als Industriekfm. i. d. Maxhütte Unterwellenborn. Ass. d. kfm. Dir. d. Maxhütte. Ab 1952 Studium a. d. DASR u. d. HS f. Finanzwirtschaft. 1955 Diplom. 1955-57 Parteisekr. d. SED a. d. HS f. Finanzwirtschaft. 1957-60 Ass. beim Hauptbuchhalter u. Ltr. d. Abt. Rechnungswesen, 1960-64 Werkdir. d. Maxhütte. Abg. d. BT Gera. 1964-68 stellv. Finanzmin. 1968-71 1. Sekr. d. KL d. Zentralen Finanz- u. Bankorgane d. SED. 1971-74 Mitgl. d. SED-BL Berlin. Seit 1972 Ltr. d. Abt. Wirtschaft i. d. SED-BL Berlin bzw. Vizepräs. d. Deutschen Außenhandelsbank.
Ausz.: VVO i. Bronze (1969) u. a.

Kraze, Hanna-Heide
Berlin
Geb. 22. 9. 1920 i. Berlin
Ausg. B.: Schriftstellerin
Partei: CDU
L.: Nach 1945 i. Schwerin ansässig. Dort in verschiedenen Berufen tätig, u. a. als Sekr., Kindergärtnerin, Mitarbeiterin d. „Meckl. Volksstimme" u. Landes-Ltr. d. Gewerkschaft Kunst u. Schrifttum i. Meckl. 1950 Übersiedlung nach Ostberlin. Mitarbeiterin d. DSV. 1951 Teilnehmerin am 2. Schriftsteller-Lehrgang i. Bad Saarow. 1957 Bezirksverordnete d. CDU i. Berlin-Prenzlauer Berg. Ständige Mitarbeiterin d. Zentralorgans d. Ost-CDU „Neue Zeit". Seit Juni 1964 Mitgl. d. Präs. d. Deutsch-Belgischen Gesellschaft d. DDR. Stellv. Vors. d. Frauenkommission b. Präs. d.

Hauptvorstandes d. CDU. Mitgl. d. Bundesvorstandes d. DFD, d. Nationalrates d. NF u. d. Vorstandes d. Schriftstellerverbandes.
Ausz.: VVO i. Silber (1980) u. a.
Veröff.: „... und suchen Heimat", Hinstorff-Verlag, Rostock, 1949. „Es gibt einen Weg", Petermänken-Verlag, Schwerin, 1950. „Heimliche Briefe", Verlag Neues Leben, Berlin, 1958. „Weiß wird die Welt zur Ernte", Verlag Volk u. Welt, Berlin, 1959. „Des Henkers Bruder", Verlag Neues Leben, Berlin, 1959. „Der du nach Babel gezogen", Union-Verlag, Berlin, 1960. „Üb' immer Treu und Redlichkeit", Union-Verlag, Berlin, 1966. „Wenn die Lüge stirbt", Roman, 1971. „Im Regentropfen spiegelt sich die Welt", Union-Verlag, Berlin, 1975, „Ehe es Ehe ist", Union-Vlg., Berlin, 1981 u. a.

Krenz, Egon

Berlin
Geb. 19. 3. 1937 i. Kolberg als Sohn eines Schneiders
Erl. B.: Lehrer, Diplom-Gesellschaftswissenschaftler
Ausg. B.: 1. Sekretär d. Zentralrates d. FDJ
Partei: SED
L.: Grundschule. Gruppen- u. Freundschaftsratsvors. d. Jungen Pioniere. 1953 FDJ. 1955 SED. 1953-57 Absolvent d. Inst. f. Lehrerbildung i. Putbus. Staatsexamen. 1957-59 Militärdienst i. d. NVA. 1959-60 2. bzw. 1. Sekr. d. FDJ-KL Bergen. 1960-61 1. Sekr. d. FDJ-BL Rostock. 1961-64 Sekr. d. Zentralrates d. FDJ. 1964-67 Besuch d. PHSch d. KPdSU. Dipl.-Gewi. 1967-74 erneut Sekr. d. Zentralrates d. FDJ. 1971-74 Vors. d. Pionierorg. „E. Thälmann". Seit 1969 Mitgl. d. Nationalrates d. NF. 1971-73 Kand., seit 2. 10. 1973 Mitgl. d. ZK d. SED. Seit 1971 Abg. d. VK. 1971-81 Mitgl. d. Präs. d. VK. 1971-76 Vors. d. FDJ-Fraktion i. d. VK. Seit 9. 1. 1974 1. Sekr. d. Zentralrates d. FDJ. Nachf. von Günther Jahn. Seit 22. 5. 1976 Kand. d. Politbüros d. ZK d. SED. Seit 25. 6. 81 Mitgl. d. Staatsrates.
Ausz.: Orden „Banner d. Arbeit", Stufe I (1973) u. a.

Krenz, Gerhard

Berlin
Geb. 6. 6. 1931 i. Berlin
Erl. B.: Architekt, Dr., Prof.
Ausg. B.: Chefredakteur
Partei: SED
L.: Architekt. Zeitw. MA d. Abt. Bauwesen d. ZK d. SED. Chefredakteur d. Ztschr. „Architektur der DDR". Seit 1969 Vizepräs. d. BdA d. DDR.
Ausz.: VVO i. Bronze (1969), Orden „Banner d. Arbeit" Stufe I (1981) u. a.

Kresse, Walter

Leipzig
Geb. 11. 3. 1910 i. Leipzig als Sohn eines Arbeiters
Erl. B.: Handlungsgehilfe u. Bilanzbuchhalter, Diplom-Jurist
Ausg. B.: Präsident d. Komitees d. Städte- u. Gemeindetages d. DDR
Partei: SED
L.: Nach dem Schulbesuch als Handlungsgehilfe u. Bilanzbuchhalter tätig. Mitgl. d. Roten Sportjugend u. d. KJV. 1928 Mitgl. d. KPD. Bis 1933 Landesjugendltr. d. Roten Sportbewegung u. Mitgl. d. BL Sachsen d. KJV. Während d. NS-Zeit 3 J. inhaftiert. Ab 1942 Kriegsdienst i. Strafbtl. 999. Geriet 1943 i. Tunis i. amerik. Kriegsgef. 1946 Rückkehr aus dem USA (Alabama) nach Leipzig. Wirtschaftsfunktionär beim Rat d. Stadt. 1948 Ltr. d. Hauptabt. Industrie i. d. sächs. Landesregierung. 1952 Ltr. d. VVB IKA Leipzig. Danach Ltr. eines Großbetriebes i. Dresden. Ende 1953 Ltr. d. Hauptverwaltung Feinmechanik/Optik i. Min. f. Maschinenbau. 1956-58 stellv. Min. f. Allg. Maschinenbau. März 1958-Dez. 1959 Vors. d. Wirtschaftsrates d. Bez. Leipzig u. stellv. Vors. d. Rates d. Bezirkes. Abg. d. Bezirkstages u. Mitgl. d. SED-BL. Dez. 1959-April 1970 OB v. Leipzig. Seit Okt. 1963 Abg. d. VK. Seit Juni 1964 Präs. d. Komitees d. Städte- u. Gemeindetages. Nachf. v. Friedrich Ebert. 1973-80 Vizepräs. d. Liga f. Völkerfreundschaft. Seit 1974 stellv. Vors. d. Ausschusses f. Auswärtige Angel. d. VK. Seit 1974 Vors. d. Freundschaftsgruppe DDR-Arab. Länder i. d. VK. Seit 1980 Vors. d. Parl. Freundschaftsgruppe DDR-Nationalvers. Frankreich.
Ausz.: Orden „Banner d. Arbeit" (1965), VVO i. Silber (1975), Karl-Marx-Orden (1980) u. a.

Kreter, Horst

Berlin
Geb. 10. 12. 1927 i. Essen als Sohn eines kaufmännischen Angestellten
Erl. B.: Journalist, Diplom-Staatswissenschaftler
Ausg. B.: Sekretär d. HA d. NDP
Partei: NDP
L.: Besuch d. Volks- u. Mittelschule i. Essen. Mittl. Reife. 1944-45 Soldat. Sowj. Kriegsgef. Angehöriger d. Antifa-Bewegung. 1949 Mitgl. d. NDP. Abt.-Ltr. von Hauptabt.-Ltr. i. PV d. NDP. 1951-54 Studium bzw. Fernstudium d. Staatsrechts a. d. DASR. 1952 Polit. Geschäftsführer d. Bezirksverbandes Neubrandenburg d. NDP. 1952-53 Abg. d. Bezirkstages Neubrandenburg. 1953 Vors. d. Bezirksverbandes Halle d. NDP u. Abg. d. Bezirkstages. Seit 1954 Abg. bzw. Berliner Vertreter i. d. VK. Seit 1981 Mitgl. d. Ausschusses f. Auswärtige Angel. Seit 1955 Mitgl. d. PV (Präsidiums) u. d. Sekr. d. Hauptausschusses d. NDP. 1955-63 Mitgl. d. Büros d. ZR d. FDJ. Chefred. d. Funktionärsorgans d. NDP. Seit März 1961 Mitgl. d. Präs. d. Deutsch-Afrikanischen Gesellschaft d. DDR. Sept. 1961-Juni 82 Chefred. d. Zentralorgans d. NDP „National-Zeitung". Seit Juni 1972 Mitgl. d. Präs. d. VdJ. Seit 18. 2. 1982 Mitgl. d. Friedensrates d. DDR. Seit 24. 4. 1982 Sekretär d. HA d. NDP.
Ausz.: VVO i. Silber (1958 u. 1973) u. a.

Kreuter, Horst
Berlin
Geb. 18. 9. 1925
Erl. B.: Fachlehrer, Diplom-Staatswissenschaftler
Ausg. B.: Bezirksbürgermeister v. Berlin-Mitte
Partei: SED
L.: Fachlehrer, Dipl.-Staatswiss. 1968-71 1. stellv. Bezirksbürgermeister, seit 14. 9. 1976 Bezirksbürgermeister v. Berlin-Mitte. Nachf. v. Kurt Goldberg.
Ausz.: VVO i. Bronze (1977) u. a.

Kriener, Arnolf
Berlin
Geb. 17. 7. 1929
Erl. B.: Agrarjournalist, Dr. agr.
Ausg. B.: Chefredakteur
Partei: SED
L.: Landarbeiter. 1947 Landw. Gehilfe i. Lutheran bei Lübz. Agrarjournalist b. d. SED-Presse. Red. d. „Landes-Zeitung" i. Schwerin. 1953-55 stellv. Chefred. d. SED-Bezirksorgans „Freie Erde" i. Neubrandenburg. Danach MA d. ADN u. Abt.-Ltr. Landw. b. ND. Seit Okt. 1960 Chefred. d. Landwirtschaftszeitung d. ZK d. SED „Neue Deutsche Bauern Zeitung". März 1966 Promotion zum Dr. agr. a. d. Humboldt-Uni. Ostberlin. Seit Dez. 1967 Mitgl., 1967-72 Mitgl. d. Präs. d. ZV d. VDJ (VdJ).
Ausz.: VVO i. Silber (1979) u. a.

Kröber, Günter
Berlin
Geb. 12. 2. 1933 i. Meuselwitz als Sohn des nachmaligen Grepo-Offiziers Leander Kr. († 1980)
Ausg. B.: Institutsdirektor, Dr. sc. phil.
Partei: SED
L.: Nach 1945 Studium d. Mathematik i. Jena. 1952-57 Studium d. Philosophie a. d. Uni. Leningrad. 1958 Aspirant i. Leningrad. 1961 Promotion zum Dr. phil. i. Leningrad. Seit 1961 MA d. DAW. Ltr. d. Abt. DIAMAT i. Inst. f. Philosophie d. DAW. 1969 zum Prof. ernannt. Seit 1969 kommissarischer Dir. bzw. Dir. d. Zentralinst. f. Wissenschaftstheorie u. -organisation d. DAW/AdW. Jetzt Dir. d. Inst. f. Theorie, Geschichte u. Organ. d. Wiss. 1976 korr. Mitgl. d. AdW. Vors. d. Nationalkomitees f. Geschichte u. Philosophie d. Wiss. d. AdW.

Kröger, Herbert
Stahnsdorf, Krs. Potsdam
Geb. 15. 7. 1913 i. Dortmund als Sohn des nachmaligen Ministerialrats im Reichswirtschaftsministerium Fritz Kröger
Erl. B.: Jurist (Landgerichtsrat), Dr. jur.
Ausg. B.: Hochschullehrer
Partei: SED
L.: Besuch d. Grundschule u. d. Gymnasiums i. Berlin-Friedenau. 1931 Abitur. Anschl. Studium d. Rechts- u. Staatswiss. a. d. Uni. Berlin u. Jena. 3. 10. 1933-30. 11. 1936 Mitgl. d. SA. 1935 1. jur. Staatsexamen u. Promotion zum Dr. jur. i. Jena. Gerichtsreferendar i. Berlin, Frankfurt/O. u. Neustadt/Orla. 1. 9. 1936-30. 10. 1937 Militärdienst. 1937 Mitgl. d. NSDAP. 31. 7. 1938 Angehöriger d. SS, zuletzt Oberscharführer (i. SD-Hauptamt). 1939 2. jur. Staatsprüfung. Gerichtsassessor i. Wriezen. Ab 1940 Kriegsdienst. 1. 5. 1941 Ernennung zum Landgerichtsrat. 1941 Beförderung zum Leutnant d. Res. Sowj. Kriegsgef. Mitgl. d. NKFD. Besuch einer Antifa-Schule. Dort Ass. u. Personalsachbearbeiter von Zaisser. 1947 Rückkehr nach Deutschland. Seitdem Prof. m. Lehrstuhl f. Staatsrecht a. d. Verwaltungsakademie Forst-Zinna bzw. a. d. DASR i. Potsdam-Babelsberg. 1948 Mitgl. d. SED. 1950-63 Abg. d. VK. Mitgl. d. Verfassungsausschusses d. VK. Nov. 1955-Jan. 1964 Rektor d. DASR. Okt. 1956-1960 Mitgl. d. Redaktionskoll. d. theor. Zeitschrift d. SED „Einheit". Verteidiger d. KPD vor dem Bundesverfassungsgericht i. Karlsruhe. 1964-70 Dir., seit 1970 stellv. Dir. d. Inst. f. Internat. Beziehungen a. d. DASR. Seit Jan. 1965 Vizepräs. d. Gesellschaft f. Völkerrecht d. DDR. Vizepräs. d. Liga f. Menschenrechte d. DDR. Gegenwärtig Ltr. d. Abt. Völkerrecht, Diplomaten- u. Konsularrecht d. Inst. f. Internat. Beziehungen a. d. ASR.
Ausz.: Orden „Banner d. Arbeit" (1968). VVO i. Gold (1973) u. a.

Krohs, Alfred
Jena
Geb. 2. 11. 1912 i. Wien
Erl. B.: Diplom-Physiker, Dr.
Ausg. B.: Abschnittsleiter i. VEB Carl Zeiss, Vorsitzender d. Nationalen Front i. Bez. Gera
L.: Studium i. Wien. 1936 Übersiedlung nach Dresden. 1936 NSDAP. Wiss. Tätigkeit i. Dresden. 1947-52 i. d. SU dienstverpflichtet. Seit 1952 wiss. Abt.-Ltr. bzw. Abschnittsltr. i. VEB Carl Zeiss i. Jena. 1954-63 Abg. d. BT Gera. Seit Febr. 1969 Vors. d. Bezirksausschusses Gera d. Nat. Front.
Ausz.: Verdienter Aktivist (1974) u. a.

Kroker, Herbert
Erfurt
Geb. 24. 8. 1929 i. Groß Merzdorf
Erl. B.: Bauschlosser, Diplom-Wirtschaftler, Dr. rer. oec.
Ausg. B.: Generaldirektor
Partei: SED
L.: Grundschule. 1944-45 kfm. Lehre. 1945-46 Landarbeiter. 1946-49 Lehre als Bauschlosser u. danach bis 1953 i. diesem Beruf tätig. 1954 SED. 1953-55 Facharbeiter, BGL-Vors. i. VEB Starkstromanlagen Karl-Marx-Stadt. 1957-61 BGL-Vors. VEB Industriewerke Karl-Marx-Stadt. 1961-63 Vors. d. BV Karl-Marx-Stadt d. FDGB. 1964-68 Parteiorg. d. ZK d. SED VVB Werkzeugmasch. 1967-68 externes Studium HS f. Ök. Diplom-Wirtschaftler. 1969-70 Werkdir. VEB Pressen- u. Scherenbau Erfurt. Seit 1970 Generaldir. VEB Komb. Umformtechnik „Herbert

Warnke" i. Erfurt. 1979 Promotion zum Dr. rer. oec. PHSch d. SED. Seit 1976 Abg. d. BT Erfurt. Seit Febr. 1981 Mitgl. d. SED-BL Erfurt. Seit Juni 1981 Abg. d. VK. Mitgl. d. Ausschusses f. Ind., Bauwesen u. Verkehr. Ausz.: VVO i. Bronze (1972) u. a.

Kroker, Kurt

Dresden
Erl. B.: Diplom-Wirtschaftler
Ausg. B.: Vorsitzender d. Bezirkskomitees Dresden d. ABI
Partei: SED
L.: Dipl.-Wirtschaftler. Leitende Funktionen b. d. VDK i. Bez. Dresden. 1959 stellv. Ltr. d. Abt. Handel u. Versorgung b. RdB Dresden. 1963 Bevollmächtigter d. Zentralen Kommission f. Staatl. Kontrolle i. Dresden. seit Mai 1963 Vors. d. Bezirksinsp. bzw. d. Bezirkskomitees Dresden d. ABI. Seit 1964 Mitgl. d. SED-BL Dresden. Ausz.: VVO i. Silber (1978) u. a.

Krolikowski, Herbert

Berlin
Geb. 15. 3. 1924 i. Oels/Schlesien als Sohn eines Arbeiters
Erl. B.: Industriekaufmann, Diplom-Staatswissenschaftler, Dr. phil.
Ausg. B.: Staatssekretär u. 1. stellvertretender Minister f. Auswärtige Angelegenheiten
Partei: SED
L.: Industriekfm. 1942 RAD. Kriegsdienst. Bis 1949 i. sowj. Kriegsgef. Funktionär d. DSF, Instrukteur u. Kreissekr. d. DSF, 1952 SED. Pers. Referent d. Generalsekr. d. DSF. 1955-58 Angehöriger d. DDR-Botschaft i. d. UdSSR. 1958-60 Ltr. d. Abt. Skandinavien i. MfAA. 1960 Studium DASR. Dipl.-Staatswiss. 1962-63 Ltr. d. 1. Europ. Abt. (UdSSR) i. MfAA. 1963-69 stellv. Min. f. Auswärtige Angel. 1969 Promotion i. d. UdSSR. Aug. 1969-Okt. 1973 Botschafter d. DDR i. d. ČSSR. Nachf. v. Peter Florin. 1971-76 Kand., seit 22. 5. 1976 Vollmitgl. d. ZK d. SED. 1973-75 stellv. Min., seit Jan. 1975 Staatssekr. u. 1. stellv. Min. f. Auswärtige Angelegenheiten d. DDR. Nachf. v. Oskar Fischer. Bruder v. Werner K. Seit 1978 Mitgl. d. ZV d. DSF.
Ausz.: VVO i. Gold (1977), u. a.

Krolikowski, Werner

Berlin
Geb. 12. 3. 1928 i. Oels/Schlesien als Sohn eines Arbeiters
Erl. B.: Angestellter
Ausg. B.: 1. Stellvertretender Vorsitzender d. Ministerrates
Partei: SED
L.: Besuch d. Volksschule. 1942-44 Lehre. 1945-46 Arbeiter. 1946-50 Mitarbeiter bzw. Abt.-Ltr. d. RdK Malchin. 1946 SED. 1950-52 Ltr. d. Abt. Agitation u. d. Landesleitung Mecklenburg d. SED. Anschl. bis Dez. 1952 1. Sekr. d. SED-KL Ribnitz-Damgarten. Wegen grober Verletzung d. Parteistatuts Dez. 1952 abgesetzt. 1954-58 1. Sekr. d. SED-KL Greifswald. 1958-60 Sekr. f. Agitation u. Propaganda d. SED-BL Rostock. Abg. d. Bezirkstages Rostock. Mai 1960-Okt. 1973 1. Sekr. d. SED-BL Dresden. Nachf. v. Fritz Reuter. Seit Jan. 1963 (VI. Parteitag) Vollmitgl. d. ZK d. SED. Seit Okt. 1963 Abg. d. VK. Seit Juni 1971 (VIII. Parteitag) Mitgl. d. Politbüros d. ZK d. SED. Okt. 1973-Nov. 1976 Sekr. f. Wirtschaft d. ZK d. SED. Nachf. v. Günter Mittag. Seit 1. 11. 1976 1. stellv. Vors. d. MR. Nachf. v. Günter Mittag. Bruder v. Herbert K.
Ausz.: VVO i. Silber (1964). Med. f. Waffenbrüderschaft i. Gold (1970). Karl-Marx-Orden (1978) u. a.

Krubke, Erwin

Burgscheidungen, Bez. Halle/S.
Geb. 6. 5. 1921 i. Alt-Glashütte
Erl. B.: Industriekaufmann, Diplom-Wirtschaftler, Dr. oec.
Ausg. B.: Direktor der Zentralen Schulungsstätte d. CDU
Partei: CDU
L.: Oberschule. Abitur. 1939-42 Lehrling. Industriekfm. 1941 NSDAP. Kriegsdienst. 1946-49 techn. Angestellter u. kfm. Ltr. 1947 CDU. 1949-50 Kreissekr. i. Demmin d. CDU. 1948 Mitgl. d. Landesvorstandes Mecklenburg d. CDU. Ltr. d. Landesparteischule Gravelotte. 1950/51 Ref. f. Schulung i. d. CDU-Parteiltg. 1950-54 Abg. d. VK. 1951-61 stellv. Dir., seit Juni 1961 Dir. d. Zentralen Schulungsstätte d. CDU i. Burgscheidungen. Seit 1972 Mitgl. d. Hauptvorstandes d. CDU. 1976 Promotion zum Dr. oec. a. d. Humboldt-Uni. Ostberlin.
Ausz.: VVO i. Bronze (1967) u. a.

Krüger, Anneliese

Dobitschen, Kreis Schmölln
Geb. 11. 7. 1941
Erl. B.: Diplom-Landwirt
Ausg. B.: Ökonom
Partei: SED
L.: Diplom-Landwirt. Seit 1966 Mitgl. d. SED. In d. LPG Güstrow u. Lumpzig tätig. Seit Febr. 1974 Mitgl. d. SED-BL Leipzig. Ökonom i. d. LPG Pflanzenproduktion „Ernst Thälmann" i. Dobitschen. Seit 16. 4. 1981 erstmalig Mitgl. d. ZK d. SED.

Krüger, Bruno

Schwerin
Geb. 24. 12. 1922 i. Warenberg, Krs. Osterburg
Erl. B.: Finanzwirtschaftler
Ausg. B.: Vorsitzender d. Bezirksverbandes Schwerin d. LDP
Partei: LDP
L.: Finanzangestellter. Militär- u. Kriegsdienst. 1946 Mitbegründer d. LDP i. Wittenberge. Angestellter d. Finanzamtes Perleberg. 1958-61 stellv. Vors. d. RdK Perleburg u. Vors. d. Kreisverban-

des d. LDP. Seit 1961 Vors. d. Bezirksverbandes Schwerin d. LDP. Seit Okt. 1963 Abg. d. BT Schwerin. Seit 1963 Mitgl. d. Zentralvorstandes d. LDP.
Ausz.: VVO i. Silber (1974) u. a.

Krüger, Hans-Dieter

Halle/Saale
Geb. 10. 3. 1930
Erl. B.: Journalist, Dr. rer. pol.
Ausg. B.: Chefredakteur
Partei: SED
L.: Seit Mitte d. 50er Jahre Mitgl. d. Red. d. SED-Bezirkszeitung „Freiheit" i. Halle. Seit 1955 Vors. d. VDP bzw. VDJ (VdJ) i. Bez. Halle. Seit Dez. 1967 Chefred. d. „Freiheit". Nachf. v. Günther Bobach. Seit 1959 Mitgl., 1967-72 u. seit Juni 1982 Mitgl. d. Präs. d. ZV d. VDJ (VdJ). Seit 1969 Mitgl. d. SED-BL Halle.
Ausz.: VVO i. Bronze (1974), Orden „Banner d. Arbeit" Stufe I (1980) u. a.

Krüger, Kurt

Berlin
Geb. 17. 9. 1925 i. Jüterborg als Sohn eines Wehrmachtskantinenpächters
Erl. B.: Diplom-Staatswissenschaftler
Ausg. B.: Botschafter
Partei: SED
L.: Kriegsdienst. 1944 Fahnenjunker-Uffz. Zur Roten Armee übergelaufen. NKFD. In Rumänien Antifa-Schüler. SED-Funktionär. Jan. 1953 Eintritt i. d. VP. 1962-72 Oberst d. VP u. Chef d. BdVP Frankfurt/Oder. 1963-67 Abg. d. BT. 1972 stellv. Generalsekr. d. Afro-Asiat. Solidaritätskomitees, Sept. 1974-März 82 Generalsekr. d. Solidaritätskomitees d. DDR. Seit 25. 7. 1982 Botschafter d. DDR i. Afghanistan. Nachf. von Kraft Bumbel.
Ausz.: VVO i. Silber (1975) u. a.

Krusch, Hans-Joachim

Dresden
Geb. 1. 2. 1950 i. Weißwasser
Erl. B.: Maschinensetzer
Ausg. B.: 1. Sekretär d. FDJ-BL Dresden
Partei: SED
L.: Bis zur 10. Klasse Besuch d. POS. Danach Lehre als Maschinensetzer. 1973 Besuch d. BPS d. SED. 1964 Mitgl. d. FDJ, 1969 d. SED. Seit 1970 Sekr. d. FDJ-GO i. d. Graf. Großbetrieb Dresden. 1974-76 1. Sekr. d. SED-KL Dippoldiswalde. 1976-78 Sekr. f. Arbeiterjugend, seit 30. 8. 1978 1. Sekr. d. FDJ-BL Dresden. Nachf. v. Klaus Beuhne. Mitgl. d. Sekr. d. SED-BL.
Ausz.: Artur-Becker-Med. i. Gold u. a.

Krusche, Günter

Berlin
Geb. 1932 •
Erl. B.: Evang. Theologe
Ausg. B.: Generalsuperintendent

L.: Stammt aus Dresden. Ab 1956 Gemeindepfarrer i. Taucha, dann Studieninspektor am sächs. Predigerseminar Lückendorf, Pfarrer i. Dresden u. Referent i. sächs. Landeskirchenamt. Danach Studiendir. d. Lückendorfer Predigerseminars. Seit 1974 Dozent f. Praktische Theologie am Sprachenkonvikt Berlin. 9. 7. 1982 zum Generalsuperintendenten des Sprengels Berlin d. Evang. Kirche Berlin-Brandenburg berufen. Nachf. v. Hartmut Grünbaum. Dienstantritt für Jahresende 1982 vorgesehen.

Krusche, Werner

Magdeburg
Geb. 28. 11. 1917 i. Lauter/Erzgeb. als Sohn eines Predigers
Erl. B.: Evangelischer Theologe, Dr.
Ausg. B.: Bischof d. Evangelischen Kirche d. Kirchenprovinz Sachsen
L.: 1940-44 Kriegsdienst. Schwere Verwundung. Studium d. Ev. Theol. i. Leipzig. Nach 1945 Studium d. Evang. Theologie i. Bethel, Göttingen, Basel u. Heidelberg. Bis 1954 wiss. Ass. a. d. Uni. Heidelberg. Promotion bei Prof. Schlink („Das Wirken d. Hl. Geistes"). 1954 Ordination u. Pfarrer zu Dresden. 1958 Studiendir. d. sächs. Predigerseminars Lückendorf b. Zittau. Seit 1966 Doz. f. Syst. Theologie a. Kirchl.-theol. Seminar Leipzig. Seit März 1968 (Amtseinf. Okt. 1968) Bischof d. Evang. Kirche d. Kirchenprovinz Sachsen Nachf. v. J. Jänicke. Juni 76-Juni 79 Vors. d. Rates d. EKU. Seit 22. 10. 1977 stellv. Vors., seit 20. 9. 1981 Vors. d. Konferenz d. Evang. Kirchenltg. i. d. DDR. Nachf. v. Albrecht Schönherr.

Krussk, Werner

Karl-Marx-Stadt
Geb. 26. 11. 1923 i. Weißwasser
Erl. B.: Angestellter, Lehrer, Diplom-Pädagoge, Oberstudienrat
Ausg. B.: Bezirksschulrat
Partei: SED
L.: Angestellter. 1941 NSDAP. Kriegsdienst (Uffz.). 1946 SED. Lehrer. Bis 1963 Ltr. d. Abt. Volksbildung b. RdK bzw. Kreisschulrat v. Schwarzenberg/S. 1963-67 Kand. d. ZK d. SED. Seit Nov. 1963 Mitgl. d. RdB Karl-Marx-Stadt (Bezirksschulrat).
Ausz.: VVO i. Silber (1979) u. a.

Krysmann, Walter

Dresden
Geb. 1929 i. Skalong b. Breslau als Sohn eines Sägewerkarbeiters
Erl. B.: Drogist, Dipl. rer. mil.
Ausg. B.: Generalmajor d. NVA
Partei: SED
L.: Dorfschule. Drogistenlehre. Flakhelfer. Nach 1945 Berufskraftfahrer i. Mautitz b. Riesa. Arbeiter i. Stahl- u. Walzwerk Riesa. 1949 Eintritt i. d. VP. 1949 SED. Gruppenführer. 1951 Besuch einer Offiziersschule. Studium a. d. Frunse-Akademie i. Moskau. 1964-66 Oberst u. Komman-

deur d. 1. MSD i. Potsdam. 1966-68 Studium a. d. Generalstabsakademie d. UdSSR. Seit Sept. 1969 Generalmajor d. NVA. Kommandeur d. 9. Panzer-Div. i. Eggesin bzw. Stabschef d. Mil. Bez. Neubrandenburg. Seit 1980 1. stellv. Kdr. d. Militärakademie „Friedrich Engels" i. Dresden. Ausz.: VVO i. Bronze (1973) u. a.

Kubach, Paul
Berlin
Geb. 15. 6. 1918 i. Dresden
Erl. B.: Diplom-Wirtschaftler
Ausg. B.: Generaldirektor d. ZENTRAG
Partei: SED
L.: Kriegsdienst (Uffz., Flak). Seit Anfang d. 50er Jahre MA d. ZENTRAG, zuerst Ltr. d. Abt. Planung u. Statistik, dann Dir. f. Technik, stellv. Generaldir. u. seit 1967 Generaldir. d. ZENTRAG. Nachf. v. Paul Hockarth.
Ausz.: VVO i. Silber (1974) u. a.

Kube, Ernst
Berlin
Geb. 28. 8. 1928 i. Neudamm als Sohn eines Angestellten
Erl. B.: Journalist
Ausg. B.: Botschafter i. Griechenland
Partei: SED
L.: Besuch d. Mittelschule. Landarbeiter. 1947-58 Volontär u. AL b. versch. Presseorganen. Leutnant u. Ltr. d. Abt. Außenpolitik d. Zeitung d. Kampfgruppen „Der Kämpfer". 1958 Eintritt i. d. diplom. Dienst d. DDR. 1958-60 Attaché bzw. 3. Sekr. i. d. CSSR. 1964-68 2. bzw. 1. Sekr. i. Polen. 1968-74 stellv. AL i. MfAA. Seit 20. 9. 1974 Botschafter i. Griechenland.
Ausz.: VVO i. Bronze (1978) u. a.

Kuckhoff, Armin-Gerd
Leipzig
Geb. 13. 3. 1912 i. München als Sohn des Schriftstellers Dr. Adam Kuckhoff
Erl. B.: Lehrer, Dr. phil.
Ausg. B.: Hochschullehrer
Partei: SED
L.: Staatsexamen a. d. Pädag. Akademie Halle/-Saale. Studium a. d. TH Aachen. Danach als Lehrer tätig, u. a. i. Staupitz b. Torgau. 1937 NSDAP. Nach 1945 Referent des Intendanten des Deutschen Theaters i. Ostberlin. Danach Chefdramaturg des Theaters am Schiffbauerdamm i. Ostberlin. Ab 1949 Ltr. d. theaterwiss. Abt. am Theaterinst. Weimar. Danach Ltr. d. theaterwiss. Abt. d. Theater-HS i. Leipzig. 1961-69 Rektor d. Theater-HS. 1959-63 Mitgl. d. BV d. FDGB. Seit 1966 Mitgl. d. Vorstandes d. Verbandes d. Theaterschaffenden. Vorstandsmitglied d. Dtsch. Shakespeare-Ges.
Ausz.: VVO i. Silber (1972) u. a.

Kuczynski, Jürgen
Berlin
Geb. 17. 9. 1904 i. Elberfeld als Sohn des Bankiers Dr. Robert René K.
Erl. B.: Wirtschaftswissenschaftler, Dr. phil.
Ausg. B.: Hochschullehrer (em.)
Partei: SED
L.: Nach dem Schulbesuch (Gymnasium) Studium a. d. Uni. Berlin, Heidelberg u. Erlangen. 1935 Promotion zum Dr. phil. 1925 KPD. 1930-32 Wirtschaftsred. d. „Roten Fahne". 1930-33 Ltr. d. Abt. Information d. RGO. 1933-35 Ltr. d. Abt. Information i. d. Reichsleitung d. KPD. 1934-35 Herausgeber einer konjunkturstatistischen Korrespondenz im westl. Ausland. 1936-45 Emigrant i. England. Nach Rückkehr wiss. tätig. Verfasser wirtschaftshistor., politökon. u. statistischer Bücher. 1946 SED. 1947-50 Präs. d. Gesellschaft zum Studium d. Kultur d. SU bzw. d. Gesellschaft f. Deutsch-Sowjetische Freundschaft. 1950 von Fr. Ebert abgelöst. 1950-58 Abg. d. VK. Zeitw. Vors. d. Fraktion d. KB i. d. VK. 1949-52 Dir. d. Deutschen Wirtschaftsinst. i. Ostberlin. 1955 Mitgl. d. DAW. 1955-68 Dir. d. Inst. f. Geschichte d. Wirtschaftswiss. d. DAW. Prof. mit Lehrstuhl f. Wirtschaftsgeschichte a. d. Humboldt-Uni. i. Ostberlin. 1970 emeritiert. 1965-79 Vors. d. Nationalkomitees d. Wirtschaftshistoriker d. AdW.
Ausz.: Dr. rer. oec. h. c. Humboldt-Uni. (1964). Karl-Marx-Orden (1969). Fr.-Engels-Preis (1970) u. a.
Veröff.: „Die Geschichte der Lage der Arbeiter unter d. Kapitalismus", 40 Bde., Akademie-Verlag, Berlin. „Studien zu einer Geschichte der Gesellschaftswiss.", 10 Bd., Akademie-Verlag, Berlin, 1975-78 u. a.

Küchenmeister, Claus
Berlin
Geb. 7. 9. 1930 i. Berlin als Sohn eines Drehers u. späteren Redakteurs (Mitglied d. „Roten Kapelle", hingerichtet)
Ausg. B.: Hochschullehrer, Film- u. Hörspielautor
Partei: SED
L.: 1949-50 Studium am Deutschen Theaterinst. Weimar. 1950-51 Besuch d. DEFA-Nachwuchsstudios. 1951 Ass. b. DEFA-Studio f. Synchronisation. 1951-55 Meisterschüler b. B. Brecht i. Berliner Ensemble. 1960 Diplom DAK. Dozent u. Fachrichtungsleiter a. d. HS f. Filmkunst. Film- u. Fernsehautor (zusammen mit seiner Ehefrau Wera K.). Mitgl. d. Vorstandes d. Schriftstellerverbandes d. DDR (seit 1968).
Ausz.: VVO i. Bronze (1974). Nat.-Preis I. Kl. (1971) u. a.
Veröff.: „KLK an PTX - die Rote Kapelle", Szenarium, zus. mit Wera K., 1971, u. a.

Küchenmeister, Wera, geb. Skupin
Berlin
Geb. 18. 10. 1929 i. Berlin als Tochter eines Tischlers

Ausg. B.: Schriftstellerin
Partei: SED
L.: Abitur. 1949-50 Studium a. Deutschen Theaterinst. i. Weimar. 1950-54 Meisterschülerin bei B. Brecht. Diplom d. DAK. Dozentin a. d. HS f. Filmkunst. Zeitw. Chefdramaturgin d. Maxim-Gorki-Theaters i. Ostberlin. Sekr. d. Filmbeirates beim Min. f. Kultur. Schriftstellerin, Film- u. Kinderbuchautorin i. Berlin (zus. mit ihrem Mann Claus K.).
Ausz.: Nat.-Preis I. Kl. (1971), VVO i. Silber (1980) u. a.
Veröff.: „Deutsches Wiegenlied", 1949, vertont v. K. Schwaen. „Die Stadt aus Spaß", Kinderbuch, 1966, u. a. m.

Kühl, Gerhard
Neubrandenburg
Geb. 1927
Erl. B.: Diplom-Gesellschaftswissenschaftler u. -Staatswissenschaftler
Ausg. B.: Generalmajor d. VP
Partei: SED
L.: 1947 Volkspolizist i. Löcknitz i. Krs. Randow. Offizierslaufbahn i. d. VP. Seit 1969 Chef d. BdVP Neubrandenburg u. Mitgl. d. SED-BL. Seit 1976 Abg. d. BT. Seit 1. 7. 1978 Generalmajor d. VP.
Ausz.: VVO i. Bronze (1973) u. a.

Kühne, Harald-Dietrich
Halle/Saale
Geb. 10. 3. 1933 i. Breslau als Sohn eines Hauptbuchhalters
Erl. B.: Diplom-Wirtschaftler, Dr. sc. rer. oec.
Ausg. B.: Hochschullehrer
Partei: CDU
L.: 1949 Mitgl. d. CDU. 1951-55 Studium d. Wirtschaftswiss. a. d. Uni. Halle. Promotion zum Dr. rer. oec. Anschl. Wahrnehmungsdozent bzw. Dozent f. Geldumlauf u. Valuta a. d. Uni. Halle. Seit 1954 Mitgl. d. Hauptvorstandes d. CDU. 1966-78 Vors. d. Bezirksausschusses Halle d. Nat. Front. Abg. d. BT Halle. Seit 1968 o. Prof. f. Außenwirtschaft u. Weltwirtschaft MLU Halle-Wittenberg. Seit Okt. 1972 Mitgl. d. Präs. d. Hauptvorstandes d. CDU.
Ausz.: VVO i. Bronze (1969) u. a.

Kühne, Helmut
Erfurt
Geb. 1927
Erl. B.: Werkzeugmacher, Diplom-Gesellschaftswissenschaftler
Ausg. B.: Vors. d. Bezirkskomitees Erfurt d. ABI
Partei: SED
L.: Werkzeugmacher. SED-Funktionär. In d. 60er Jahren 2. Sekr. d. SED-KL Heiligenstadt bzw. 1. Sekr. d. SED-KL Worbis. 1969-78 1. stellv. Vors. d. RdB Erfurt. Seit 17. 5. 1978 Vors. d. Bez.-komitees Erfurt d. ABI. Nachf. v. Josef Hopf. Abg. d. BT u. Mitgl. d. SED-BL Erfurt.
Ausz.: VVO i. Bronze (1969) u. a.

Kühnel, Siegfried
Berlin
Geb. 12. 11. 1923 i. Dresden als Sohn eines Arbeiters
Erl. B.: Diplom-Staatswissenschaftler
Ausg. B.: Botschafter
Partei: SED
L.: Besuch d. Zehnklassenschule. Später Studium. 1959 Dipl.-Staatswiss. Seit 1959 Angehöriger d. diplom. Dienstes d. DDR. 1959-61 Vizekonsul d. DDR f. Presse- u. Informationsarbeit i. Indonesien. Anschl. MA d. Presseabt. i. MfAA u. Vizekonsul i. Burma. 1969-71 Ltr. d. Abt. Auslandsinformation i. MfAA. Nov. 1971-Febr. 1973 Generalkonsul, März 1973-Mai 1977 Botschafter d. DDR i. Burma. Juli 1976-Mai 1977 zusätzlich Botschafter i. Thailand.
Ausz.: VVO i. Bronze (1977) u. a.

Kugler, Franz Xaver
Rostock
Geb. 1. 12. 1922
Ausg. B.: Chefredakteur
Partei: CDU
L.: Bis 1951 stellv. Chefred. bzw. Chefred. d. „Märkischen Union" i. Potsdam. 1951-53 Red. d. Ostberliner Zeitung „Nachtexpreß". Seit 1953 Chefred. d. meckl. CDU-Zeitung „Der Demokrat". Mitgl. d. Bezirksvorstandes Rostock d. CDU.
Ausz.: VVO i. Bronze (1977) u. a.

Kuhirt, Ullrich
Berlin
Geb. 25. 5. 1925 i. Verchau, Krs. Calau
Erl. B.: Kunstwissenschaftler, Dr. sc. phil.
Ausg. B.: Hochschullehrer
Partei: SED
L.: Abitur. Studium d. Gesellschaftswiss. a. d. KMU Leipzig u. a. IfG. 1961 Promotion zum Dr. phil. am IfG. Promotion B. Seit 1972 o. Prof. f. Kunstwiss. a. d. AfG. Präsident d. Nationalen Sektion DDR d. Kunstkritiker (Vizepräs. d. AICA). Mitgl. d. ZV d. Verb. Bildender Künstler. Mitgl. d. Red. Koll. „Bildende Kunst" u. „Kunst u. Literatur".
Ausz.: VVO i. Bronze (1971)
Veröff.: „Geschichte d. Kunst d. DDR", Band I, 1982 u. a. m.

Kuhn, Horst
Berlin
Geb. 1927
Erl. B.: Berufsschullehrer, Dr. paed. Prof.
Ausg. B.: Stellv. Staatssekretär
Partei: SED
L.: 1948 Neulehrer i. Berufsschuldienst. Beteiligt am Aufbau d. Berufsbildungswesens i. Mecklenburg. Seit 1951 i. Min. f. Berufsbildung tätig, stellv. Dir. d. Zentralinst. f. Berufsbildung d. DDR. 1964 Promotion zum Dr. paed. Seit 1971 stellv. Staatssekr. f. Berufsbildung. Seit 1970 Prof. f. Didaktik d. Berufsausbildung a. d. TU

Dresden. Mitgl. d. Hoch- u. Fachschulrates d. DDR.
Ausz.: VVO i. Bronze (1974) u. a.

Kuhny, Helmut
Magdeburg
Geb. 26. 6. 1918 i. Eichen, Krs. Lörrach
Erl. B.: Rb.-Assistent, Ingenieurökonom
Ausg. B.: Vorsitzender d. Bezirksverbandes Magdeburg d. LDP
Partei: LDP
L.: Rb.-Ass. Kriegsdienst. Seit 1949 LDP-Funktionär, Kreissekr. d. LDP i. Klötze/Altmark. Seit 1954 Abg. BT Magdeburg. 1956-58 Kreissekr. d. LDP i. Magdeburg. 1958-60 Bezirkssekr. d. LDP i. Magdeburg. seitdem Vors. d. Bezirksverbandes Magdeburg d. LDP. Nachf. v. E. Rost. Seit 1960 Mitgl. d. Zentralvorstandes d. LDP. Stellv. Vors. d. DSF i. Bez. Magdeburg.
Ausz.: VVO i. Bronze (1964) u. i. Silber (1970) u. a.

Kuhrig, Heinz
Berlin
Geb. 4. 3. 1929 i. Strehla
Erl. B.: Betriebselektriker, Diplom-Landwirt
Ausg. B.: Minister f. Land-, Forst- u. Nahrungsgüterwirtschaft
Partei: SED
L.: Besuch d. Volksschule. 1943-45 Lehre als Betriebselektriker, bis 1946 als Landmaschinenschlosser tätig. 1946 SED. 1946-47 ABF, Abitur. 1947-52 Studium d. Landw. a. d. Leipziger Uni. Dipl.-Landwirt. 1952-61 MA d. Abt. Landw. b. ZK d. SED. 1961-63 Ltr. d. Inst. f. Landtechnik d. DAL i. Potsdam-Bornim. 1963-68 1. stellv. Vors. d. LWR bzw. RLN d. DDR. 1967-68 Studium a. d. PHSch d. KPdSU. 1968-73 Staatssekr. i. RLN bzw. Min. f. Land-, Forst- u. Nahrungsgüterwirtschaft. 1971-76 Mitgl. d. ZRK d. SED. Seit Sept. 1973 Min. f. Land-, Forst- u. Nahrungsgüterwirtschaft d. DDR. Nachf. v. Georg Ewald. Mitgl. d. Präs. d. MR. Seit 1974 Ltr. d. DDR-Delegation i. d. Ständigen Kommission f. Landwirtschaft d. RGW. Seit 22. 5. 1976 Mitgl. d. ZK d. SED. Seit Okt. 1976 Abg. d. VK. Verh. mit Prof. Herta K.
Ausz.: VVO i. Silber (1969) u. a.

Kuhrig, Herta
Berlin
Geb. 5. 9. 1930
Erl. B.: Gesellschaftswissenschaftler, Dr. phil., Prof.
Ausg. B.: Bereichsleiter
Partei: SED
L.: 1946 Übersiedlung nach Grabow/Meckl. Bis 1949 Besuch d. FS f. Wirtschaft u. Verwaltung i. Schwerin. Danach Studium d. Gesellschaftswiss. a. d. Uni. Leipzig. 1951 Heirat mit Heinz K. Ass. f. Marxismus-Lenin. a. d. HS f. Ökonomie i. Berlin. 1964 Promotion („Die Entwicklung sozial. Familienbez. i. d. DDR"). Seit 1964 Sekr. d. Forschungsgruppe „Frau i. d. sozial. Ges.". DAW.

1968 Ltr. d. Forschungsgruppe. Seit 1978 Ltr. d. Bereichs Sozialpol. a. Inst. f. Soziologie u. Sozialpolitik d. AdW. Seit 3. 4. 1981 Vors. d. neugegründeten Wiss. Rates „Die Frau i. d. sozialen Ges." bei d. AdW. Mitgl. d. Frauenkomm. b. Politbüro d. ZK d. SED.
Ausz.: Clara-Zetkin-Medaille u. a.

Kummer, Herbert
Suhl
Geb. 1922 i. Erlau als Sohn eines Arbeiters
Erl. B.: Verwaltungsangestellter, Diplom-Staatswissenschaftler
Ausg. B.: Sekretär d. RdB
Partei: SED
L.: Verwaltungsangestellter. Soldat (1944 Uffz.). 1944-47 norweg. Kriegsgefangenschaft. 1947 Sachbearbeiter. Absolvent der DASR. 1954 stellv. Vors., 1958 1. stellv. Vors., 1961-74 Vors. d. RdK Suhl. Seit Jan. 1974 Sekr. RdB Suhl. Nachf. v. Horst Junghanns. Abg. d. BT Suhl.
Ausz.: VVO i. Bronze (1976) u. a.

Kundler, Peter
Müncheberg
Geb. 19. 6. 1930 i. Leipzig
Erl. B.: Diplom-Forstwirt, Dr. habil., Prof.
Ausg. B.: Hochschullehrer
Partei: SED
L.: Dipl.-Forstwirt. 1964 Vors. d. KLWR Eberswalde. 1966 Dir. d. Inst. f. Chemie i. d. Landwirtschaft (Mineraldüngung) d. DAL i. Leipzig. Seit Dez. 1967 Vors. d. Bodenkundlichen Gesellschaft d. DDR. Seit 1971 Dir. d. Forschungszentrums f. Bodenfruchtbarkeit i. Müncheberg. Seit 1972 o. Mitgl. u. Vors. d. Sektion Ackerbau u. Melioration d. AdL. Mitgl. d. Präs. d. AdL u. d. SED-BL Frankfurt/Oder.
Ausz.: Nat.-Preis II. Kl. (1975) u. a.

Kuntsche, Karl-Heinz
Berlin
Ausg. B.: Leiter d. Amtes f. Techn. Überwachung
Partei: SED
L.: Seit 1963 Mitgl. d. Red. Koll. d. Ztschr. „Neuer Weg". Zeitw. stellv. Ltr. d. AG bzw. Abt. Forschung u Entwicklung b. ZK d. SED. Seit 1981 Ltr. d. Amtes f. Techn. Überwachung b. MR. Nachf. v. Heinz Fritzsche.
Ausz.: VVO i. Silber (1974) u. a.

Kunz, Eberhard
Berlin
Geb. 11. 5. 1937 i. Neuwürschnitz/Erzgeb.
Erl. B.: Bergmann
Ausg. B.: Botschafter
Partei: SED
L.: Bergmann. Absolvent einer ABF. 1957-58 Studium d. Rechtswiss. KMU Leipzig. 1958-64 Studium a. Inst. f. Internat. Bez. Staatsexamen. Seit 1964 Angehöriger d. diplom. Dienstes d. DDR. 1965-68 Vizekonsul i. Sansibar (Tansania).

1970-73 stellv. Ltr. d. Botschaft i. Somalia. 1973-76 Sektorenltr. i. MfAA. 1976-78 stellv. Ltr. d. Botschaft i. Tansania. Juli 1978 bis Mai 81 Botschafter d. DDR i. Somalia. Nachf. v. Horst Köhler.

Kunze, Joachim

Suhl
Geb. 11. 9. 1930
Erl. B.: Diplom-Wirtschaftler
Ausg. B.: Oberbürgermeister v. Suhl
Partei: SED
L.: Seit 1954 i. Staatsapparat tätig. Referent u. AL beim RdB Suhl, Dir. d. MTS Marisfeld, AL Landw. beim RdB Suhl. Sekr. f. Landw. SED-KL Bad Salzungen. 1. stellv. Vors. d. RLN i. Bez. Suhl. 1970-71 Besuch d. ZK-Instituts i. Liebenwalde. Absolvent eines Führungslehrgangs a. d. DASR u. d. HS f. Landw. i. Bernburg. 1973-78 Vors. d. RdK Bad Salzungen. Seit 19. 12. 1978 OB v. Suhl. Nachf. v. Herbert Walther.

Kunze, Max

Stendal
Geb. 1944 i. Berlin
Erl. B.: Archäologe, Dr. phil.
Ausg. B.: Museumsdirektor
L.: 1950-62 Schulbesuch bis zum Abitur. 1963 i. Pergamon-Museum tätig. 1964-69 Studium Archäologie a. d. Humboldt-Uni. Ostberlin. 1969-71 wiss. MA d. Staatl. Museen. Seit 1971 Dir. d. Winckelmann-Museums i. Stendal. 1974 Promotion. Seit Mai 1977 Präs. d. neugegründeten Komitees f. Literatur-Museen d. Internat. Museumsrates (ICOM). Geschäftsführendes Vorstandsmitgl. d. Winckelmann-Gesellschaft.

Kupfer, Harry

Berlin
Geb. 1935 i. Berlin
Erl. B.: Diplom-Theaterwissenschaftler, Professor
Ausg. B.: Operndirektor, Chefregisseur
L.: Abitur. Studium d. Musikwiss. u. Theaterwiss. a. d. Musik-HS Leipzig u. KMU Leipzig. 1957 erstes Engagement i. Halle, dann vierjährige Tätigkeit als Oberspielltr. i. Stralsund. 1962-66 Spielltr. a. Städt. Theater Karl-Marx-Stadt. 1966-72 Operndirektor a. Nationaltheater i. Weimar. Seit 1. 5. 1972 Operndir. u. Chefregisseur d. Staatsoper Dresden. Seit Okt. 1977 Prof. f. d. Fach Regie d. Musiktheaters a. d. HS f. Musik i. Dresden. Seit 1. 2. 1981 Chefregisseur d. Komischen Oper i. Ostberlin.
Ausz.: Nat. Pr. III. Kl. (1975) u. a.

Kupferschmidt, Walter

Berlin
Geb. 15. 3. 1931 i. Einsiedel, Krs. Reichenberg
Erl. B.: Wirtschaftswissenschaftler, Dr. oec., Prof.
Ausg. B.: Hochschullehrer
Partei: SED
L.: 1946 Hilfsarbeiter i. einem Labor d. Filmfabrik Wolfen. 1949 SED. Ab 1950 i. Außenhandel d. DDR tätig. Zeitw. Generaldir. AHU Chemie. Lehrtätigkeit a. d. HS f. Ökonomie i. Berlin-Karlshorst. Sept. 1972-Jan. 1979 Rektor d. HS f. Ökonomie. Nachf. v. Günther Lingott.
Ausz.: VVO i. Silber (1978).

Kuron, Karl

Erfurt
Geb. 4. 5. 1918
Erl. B.: Klempner, Diplom-Wirtschaftler
Ausg. B.: Vorsitzender d. BA d. Volkssolidarität
Partei: SED
L.: Volksschule. Klempner. Mitgl. d. SAJ. Kriegsdienst. Sowj. Kriegsgef. Antifa-Schüler. Nach 1945 Gewerkschaftsfunktionär. 1950 Mitgl. d. SED. Mai 1953-März 82 Vors. d. Bezirksvorstandes Erfurt des FDGB. Abg. d. Bezirkstages u. Mitgl. d. SED-BL Erfurt. 1955-59 Kand., seit 1959 Mitgl., 1972-82 Mitgl. d. Präs. d. Bundesvorstandes d. FDGB. Seit Jan. 1963-April 81 Kand. d. ZK d. SED. Seit Mai 1982 Vors. d. BA d. Volkssolidarität i. Erfurt.
Ausz.: VVO i. Gold (1974), u. a.

Kurzbach, Paul

Karl-Marx-Stadt
Geb. 13. 12. 1902 i. Hohndorf b. Oelsnitz/S.
Erl. B.: Lehrer
Ausg. B.: Komponist
Partei: SED
L.: 1925-28 Studium a. Landeskonservatorium Leipzig. Lehrer i. Chemnitz, Wartheland u. Litzmannstadt. 1939 NSDAP. Kriegsdienst u. Kriegsgef. Komponist u. Chordirigent. Zeitw. Dir. d. Volksmusikschule Karl-Marx-Stadt. 1958-75 Vors. d. Bezirksvrbandes Karl-Marx-Stadt, 1968-77 Vizepräs. d. Verbandes d. Komponisten u. Musikwiss. d. DDR. Ehrenmitglied d. Verbandes (seit Jan. 1982).
Ausz.: VVO i. Gold (1974) u. a.
Werke: „Romeo u. Julia auf dem Lande", Ballett, 1936. „Die geliebte Dornrose", Ballett, 1940. „Thomas Müntzer", Oper, 1955. „Thyl Claas", Oper, 1958 u. a.

Kurze, Heinz

Dresden
Geb. 21. 11. 1918 i. Dittersbach b. Sebnitz/S.
Erl. B.: Schriftsetzer, Neulehrer, Gesellschaftswissenschaftler, Dr. sc. phil.
Ausg. B.: Hochschullehrer
Partei: SED
L.: Schriftsetzer. Ab 1937 Berufssoldat. Marinesignalmeister. 1946 SED. Neulehrer. Schulltr. Seit Anfang der 50er Jahre Dozent u. stellv. Dir. d. PHSch d. SED. Gegenwärtig Prorektor f. Gewi. an d. Päd. HS Dresden. Seit Okt. 1972 Vors. d. Bezirksausschusses Dresden d. Nat. Front. Mitgl. d. Nationalrates.
Ausz.: VVO i. Bronze (1969) u. a.

Kutzschebauch, Günter
Rostock
Geb. 1930
Erl. B.: Landarbeiter
Ausg. B.: Vizeadmiral
Partei: SED
L.: Landarbeiter. 1947 Sekr. d. FDJ-KL Marienberg. 1950 Eintritt i. d. VP-See. Politoffizier. Absolvent sowj. und DDR-Marineschuleinrichtungen. Stellvertreter f. polit. Arbeit d. Kommandanten auf einem Schiff. Ltr. d. Politabt. einer Schnellbootbrigade. Ltr. d. Politabt. einer Flottille. Seit 1. 10. 1974 Konteradmiral, seit 18. 2. 1981 Vizeadmiral. Seit 1974 stellv. Chef d. Volksmarine u. Ltr. d. Polit. Verwaltung. Seit Febr. 1979 Kand. d. SED-BL Rostock. Vors. d. Sportver. d. Volksmarine.
Ausz.: Ernst-Schneller-Medaille i. Gold (1976) u. a.

L

Laabs, Hans-Joachim
Schöneiche
Geb. 1. 4. 1921 i. Regenwalde als Sohn eines Bäckers
Erl. B.: Lehrer, Dr. paed., Prof.
Ausg. B.: Hauptdirektor
Partei: SED
L.: Besuch d. Volks- u. Oberschule. 1939 NSDAP. RAD u. Kriegsdienst. Nach 1945 Neulehrer i. Hornkaten, Krs. Ludwigslust. 1946 Mitgl. d. SED. 1947 Schulltr. i. Grabow/Meckl. 1948 Kreisschulrat i. Ueckermünde. 1949 Stadtschulrat i. Schwerin. 1950 Ltr. d. Hauptabt. Erziehung u. Unterricht i. Min. f. Volksbildung d. Landes Mecklenburg. 1950 Volksbildungsmin. d. Landes Mecklenburg. 1952-58 Staatssekr. u. stellv. Min. f. Volksbildung d. DDR. 1958-63 Bezirksschulrat i. Frankfurt/O. 1963-73 1. stellv. Hauptdir., Juni 1973-März 81 Hauptdir. d. Verlages Volk u. Wissen Ostberlin. 1970 koresp. Mitgl. APW. Seit 1. 4. 1981 Prof.
Ausz.: Verdienter Lehrer d. Volkes (1950). VVO i. Silber (1979)

Labs, Helga
Berlin
Geb. 22. 5. 1940 i. Wenigtreben als Tochter eines Landwirts
Erl. B.: Lehrerin
Ausg. B.: Sekretär d. ZR d. FDJ
Partei: SED
L.: Besuch d. Grundschule Garnsdorf. 1955 FDJ. 1955-59 Besuch d. Lehrerbildungsinst. Rochlitz. Unterstufenlehrerin. 1959 SED. 1960-63 MA, 1963-66 Sekr. d. FDJ-BL Karl-Marx-Stadt. 1966-69 Vors. d. Jungen Pioniere i. Bez. Karl-Marx-Stadt. März 1969-Jan. 1974 1. Sekr. d. FDJ-BL Karl-Marx-Stadt. Seit 1971 Mitgl. d. Büros d. ZR d. FDJ. Seit 9. 1. 1974 Sekr. d. ZR d. FDJ u. Vors. d. Pionierorg. „Ernst Thälmann". Nachf. v. Egon Krenz. Seit 22. 5. 1976 Mitgl. d. ZK d. SED. Seit Okt. 1976 Abg. d. VK. Mitgl. d. Ausschusses f. Nat. Verteidigung. 1976-77 Besuch d. PHSch d. SED.
Ausz.: VVO i. Silber (1978) u. a.

Läbe, Hans
Sangerhausen
Geb. 1931
Erl. B.: Bergmann, Meister
Ausg. B.: Brigadeleiter
Partei: SED
L.: Bergmann. Meister d. volkseig. Industrie. 1947 Mitgl. d. SED. Gegenwärtig Brigadeltr. i. Bernard-Koenen-Schacht d. Mansfeld-Kombinats Sangerhausen. 1971-76 Kand. d. ZK d. SED.

Lammert, Till
Berlin
Geb. 5. 10. 1920 i. Hagen/Westf.
Erl. B.: Dr.-Ingenieur
Ausg. B.: Institutsdirektor
Partei: SED
L.: Studium. Dr.-Ing. Stellv. Dir., dann Dir. d. Inst. f. landw. Bauten d. Bauakad. d. DDR. Seit 1961 Prof.
Ausz.: VVO i. Bronze (1970) u. a.

Lammert, Ule
Berlin
Erl. B.: Dr.-Ingenieur, Prof.
Ausg. B.: Institutsdirektor
L.: Dr.-Ing. Dir. d. Inst. f. Städtebau u. Architektur d. Bauakad. d. DDR. Vizepräs. d. Bauakad. Seit 1980 Korr. Mitgl. d. AdW.
Ausz.: VVO i. Silber (1976). Nat. Pr. II. Kl. (1980) u. a.

Landsberg, Rolf
Berlin
Geb. 28. 2. 1920 i. Berlin als Sohn eines Architekten
Erl. B.: Chemiker, Dr. sc. nat.
Ausg. B.: Hochschullehrer
Partei: SED
L.: 1934 Emigration nach England aus rass. Gründen Besuch eines Internats. Studium d. Chemie i. London. 1940 Internierung i. Kanada. Mitgl. d. KP i. Kanada. 1944-47 Angehöriger d. britischen Armee. 1947 Rückkehr nach Deutschland (SBZ). Dozent i. Greifswald. 1955-64 Lehrtätigkeit a. d. TH f. Chemie i. Leuna-Merseburg. 1962-64 Rektor d. THC. Seit 1. 7. 1964 Prof. m. Lehrstuhl f. Physikalische Chemie a. d. Humboldt-Uni. i. Ostberlin. Mitgl. d. SED-KL d. Humboldt-Uni.
Ausz.: Verdienter Hochschullehrer d. DDR (1980).

Lang, Horst
Erfurt
Geb. 1938
Erl. B.: Maurer, Lehrer, Diplom-Gesellschaftswissenschaftler
Ausg. B.: 1. Stellv. Vorsitzender d. RdB Erfurt
Partei: SED
L.: Maurer, Lehrer, Diplom-Gesellschaftswiss. Seit 27. 2. 1981 1. stellv. Vors. d. RdB Erfurt. Nachf. v. Günter Klaus. Seit Juni 1981 Abg. d. BT.

Lang, Liane
Halle/Saale
Geb. 1935
Erl. B.: Traktoristin, Diplom-Jurist
Ausg. B.: Oberbürgermeister v. Halle-Neustadt
Partei: SED
L.: Mehrere Jahre als Traktoristin tätig. 1953-57

Studium a. d. DASR. Diplom-Jurist. 1957-70 kommunalpolitisch tätig (1964-70 Bürgermeister v. Wolfen). Seit April 1970 Oberbürgermeister v. Halle-Neustadt. Mitgl. d. Sekr. d. SED-KL Halle-Neustadt.
Ausz.: VVO i. Bronze (1980) u. a.

Lange, Erich

Ehrenberg, Krs. Altenburg
Geb. 12. 1. 1919 i. Röderau, Krs. Großenhain, als Sohn eines Streckenarbeiters
Erl. B.: Metallarbeiter, Lehrer, Dr. paed.
Ausg. B.: Schuldirektor
Partei: SED
L.: Nach dem Besuch d. Volksschule als Landarbeiter u. Metallarbeiter i. einem Nähmaschinenwerk tätig Kriegsdienst (Uffz., Flak). 1946 Mitgl. d. SED. Neulehrer. Seit 1948 Dir. d. Oberschule Ehrenberg. 1958-60 Mitgl. d. SED-BL Leipzig. 1958-76 Mitgl. d. ZK d. SED. 1969 Promotion zum Dr. paed. a. d. KMU Leipzig. 1975 Dir. d. Hermann-Matern-Oberschule Altenburg.
Ausz.: VVO i. Bronze (1959) u. a.

Lange, Heinz

Rostock
Geb. 25. 5. 1931
Erl. B.: Tischler, Diplom-Gesellschaftswissenschaftler
Ausg. B.: 2. Sekretär d. SED-BL Rostock
Partei: SED
L.: Tischler, SED-Funktionär, u. a. Abt.-Ltr. i. d. SED-BL Rostock. 1962-66 1. Sekr. d. SED-KL Rostock-Land. Seit 2. 9. 1966 Sekr. f. Org. u. Kaderarbeit bzw. 2. Sekr. d. SED-BL Rostock. Nachf. v. Ernst Timm. Abg. d. BT.
Ausz.: VVO i. Silber (1974) u. a.

Lange, Helmut

Berlin
Geb. 3. 7. 1925 i. Bischofswerda
Ausg. B.: Stellvertretender Vorsitzender d. Staatlichen Komitees f. Fernsehen
Partei: SED
L.: Journalist. Zeitweise Red. u. Korrespondent d. ND. Seit Anfang d. 70er Jahre stellv. Vors. d. Staatl. Komitees f. Fernsehen. Seit Juni 1972 Mitgl. d. Präs. d. ZV d. VdJ.
Ausz.: VVO i. Bronze (1974) u. a.

Lange, Ingeburg, geb. Rosch

Berlin
Geb. 24. 7. 1927 i. Leipzig
Erl. B.: Schneiderin, Diplom-Gesellschaftswissenschaftler
Ausg. B.: Sekretär d. ZK d. SED
Partei: SED
L.: Grundschule. 1943-46 Lehre als Schneiderin. 1945 Mitgl. d. KPD. FDJ-Funktionärin. Zeitweise 2. Sekr. d. FDJ-BL Groß-Berlin u. 1952-61 Sekr, d. ZR d. FDJ. 1952-54 Abg. d. VK. Seit 1961 Mitarbeiterin d. ZK d. SED (Ltr. d. Arbeits-
gruppe/Abt. Frauen beim ZK sowie Vors. d. Frauenkommission beim Politbüro d. ZK d. SED). 1963-64 Kand., seit Dez. 1964 Vollmitgl. d. ZK d. SED. Seit Okt. 1963 erneut Abg. d. VK, seit 1971 1. stellv. Vors. d. Ausschusses f. Arbeit u. Sozialpolitik. Seit 2. 10. 1973 Kand. d. Politbüros u. Sekr. d. ZK d. SED
Ausz.: VVO i. Bronze (1959) u. i. Silber (1964). Karl-Marx-Orden (1977) u. a.

Lange, Kurt

Moskau
Ausg. B.: Generalleutnant d. NVA
Partei: SED
L.: Offizier d. KVP/NVA. Absolvent d. Generalstabsakademie d. UdSSR. 1963 Kommandeur d. 9. Panzer-Div. i. Eggesin. 1. 3. 1966 Generalmajor. 1964-67 stellv. Chef, 1967-72 Chef d. Militärbez. Neubrandenburg d. NVA. Seit 2. 11. 1970 Generalleutnant d. NVA. Zeitweise Ständ. Vertreter . DDR. b. Oberkdo. d. Verein. Streitkräfte d. Warschauer Paktstaaten.
Ausz.: VVO i. Silber (1974) u. a.

Lange, Manfred

Kamenz/Sa.
Geb. 1928
Ausg. B.: Generalmajor d. NVA
Partei: SED
L.: Offizier d. LSK/LV d. NVA. Bis 1971 Besuch d. Generalstabsakad. d. SU. Zeitweise Kommandeur d. Offiziers-HS d. LSK/LV „Franz Mehring" i. Kamenz. Seit 18. 2. 1974 Generalmajor d. NVA.
Ausz.: VVO i. Bronze (1964) u. a.

Lange, Walfried

Berlin
Geb. 14. 9. 1929 i. Rostock
Erl. B.: Diplom-Wirtschaftler
Ausg. B.: Handelsrat
Partei: SED
L.: Handelsfunktionär. Mitgl. d. SED. Bis 1958 Hauptabt.-Ltr. i. MAI. 1958-62 Ltr. d. Handelsvertretung d. DDR. i. d. VAR. 1962-65 stellv. Generaldir. bzw. Generaldir. d. AHU Kulturwaren u. Chemierüstungen. 1965-69 Generaldir. d. AHU Unitechna. 1966-72 Vors. d. Handelskomitees „DDR-Schweden". 1969 HA-Ltr. u. Generaldir. i. MfA. 1972-77 Handelsrat i. Frankreich. 1977-80 stellv. Min. f. Außenhandel. Seit 24. 7. 1980 Handelsrat b. d. Ständigen Vertretung d. DDR i. d. Bundesrep. Deutschland. Nachf. v. Heinz Stahl.
Ausz.: VVO i. Silber (1976) u. a.

Langer, Heinz

Berlin
Geb. 27. 6. 1935 als Sohn eines Arbeiters
Erl. B.: Dreher, Diplom-Staatswissenschaftler
Ausg. B.: Botschafter
Partei: SED

L.: Dreherlehre. Bis 1953 Facharbeiter i. VEB BKW Lauchhammer. 1956 Abitur a. einer ABF. Anschl. Studium bis 1962 a. Inst. f. Internat. Bez. i. Moskau. 1964-65 Attaché d. DDR i. Kuba. Sektorenltr. i. MfAA. 1969-73 stellv. Ltr. bzw. amt. Ltr. d. Vertretung d. DDR i. Brasilien. 1973-75 Sektorenltr. i. d. Abt. Internat. Verbindungen b. ZK d. SED. Seit Mai 1975 Botschafter d. DDR i. Kuba, seit Sept. 1975 i. Guyana u. seit Dez. 1977 i. Jamaika. Juni 1979 abberufen. Seitdem von 1979-81 stellv. Ltr. d. Abt. Lateinamerika i. MfAA.
Ausz.: Verdienstorden d. DDR. u. a.

Langguth, Dieter

Berlin
Erl. B.: Diplom-Journalist, Dr.
Ausg. B.: Chefredakteur, Sekretär d. ZR d. FDJ
Partei: SED
L.: Besuch d. Erw. OS. Militärdienst. Studium d. Journalistik a. d. KMU. Anschl. Redakteur, 1971-73 stellv. Chefred., 1973-77 1. stellv. Chefred. u. seit 15. 9. 1977 Chefred. d. Zentralorgans d. FDJ „Junge Welt". Nachf. v. Klaus Raddatz. 21. 11. 1977 i. d. ZR d. FDJ kooptiert u. z. Sekr. u. Mitgl. d. Büros d. ZR gewählt.
Ausz.: Franz-Mehring-Ehrennadel (1973). VVO i. Bronze (1973) u. a.

Langhoff, Norbert

Berlin
Geb. 28. 10. 1935 i. Lodz
Ausg. B.: Direktor, Dr.-Ing.
L.: Studium. Dipl.-Ing. Dir. d. Akademie-Werkstätten f. Forschungsbedarf i. Berlin-Adlershof (jetzt Zentrum f. wiss. Gerätebau).
Ausz.: Verdienter Techniker des Volkes (1978)

Lanius, Karl

Zeuthen b. Berlin
Geb. 3. 5. 1927 i. Berlin
Erl. B.: Physiker, Dr. rer. nat. habil.
Ausg. B.: Direktor
Partei: SED
L.: Werkzeugmacher. Zeitweise i. einem Arbeitslager d. Gestapo inhaftiert. Nach 1945 Studium d. Maschinenbaus u. danach d. Physik a. d. Humboldt-Uni. Ostberlin. Seit 1952 MA d. Forschungsstelle (Inst.) f. Physik hoher Energien i. Zeuthen. Seit 1962 Dir. d. Inst. f. Hochenergiephysik d. AdW. Lehrtätigkeit (Prof.) a. d. Humboldt-Uni. Ostberlin. Seit 1969 o. Mitgl. d. AdW. 1973-77 Vizedir. d. Vereinigten Kernforschungsinst. Dubna/SU.
Ausz.: VVO i. Bronze (1965). Nat.-Preis III. Kl. (1967) u. a.

Lappe, Lothar

Berlin
Geb. 28. 9. 1936 i. Helmstedt
Erl. B.: Schloser, Lehrer
Ausg. B.: Botschafter

Partei: SED
L.: Maschinenschlosserlehre. 1959-64 Studium a. d. Päedag. HS Potsdam. Anschl. Lehrer a. d. POS Feldberg. 1970-71 Studium a. d. DASR. Seit 1971 Angehöriger d. diplom. Dienstes. MA d. HV d. DDR i. Sambia. 1973-76 stellv. Ltr. d. Botschaft i. Uganda. Seit 15. 7. 1981 Botschafter i. Somalia. Nachfl. v. Eberhard Kunz.

Lappe, Rudolf

Dresden
Geb. 27. 5. 1914 i. Chemnitz
Erl. B.: Dr.-Ing. habil.
Ausg. B.: Hochschullehrer
Partei: SED
L.: Dr.-Ing. 1933-48 Emigrant i. England. Nach d. Rückkehr nach Deutschland Lehrtätigkeit a. d. TH bzw. TU Dresden. 1948 Mitgl. d. SED. Seit 1. 10. 1960 Prof. m. LA, seit 1. 9. 1965 Prof. m. v. LA f. Stromrichter u. Elektrowärme a. d. TU Dresden. 1963-67 Kand. d. ZK d. SED.

Larondelle, Alfred

Dresden
Geb. 8. 8. 1922 i. Köln
Erl. B.: Werkzeugprüfer, Lehrer, Diplom-Kulturwissenschaftler
Ausg. B.: Direktor
Partei: SED
L.: Werkzeugprüfer. 1946 SED. Eintritt i. d. Schuldienst. Zeitweise Dir. einer Oberschule i. Grußenhain/S. 1954 Ltr. d. Abt. Volksb. Rat d. Stadt Dresden. 1955-60 Sekr. f. Kultur u. Volksb. d. SED-Stadtleitung Dresden. 1956 Studium d. Kulturwiss. a. d. KMU Leipzig. 1960-72 Stadtrat, stellv. OB u. 1. stellv. OB v. Dresden. Aug. 1972-Aug. 79 Generalintendant d. Staatstheaters Dresden. Nachf. v. Hans-D. Mäde. Seit Sept. 1979 Dir. d. FS für Klubleiter i. Meißen-Siebeneichen.
Ausz.: VVO i. Bronze (1979).

Lassak, Walter

Weimar
Geb. 31. 12. 1917 i. Ratibor
Erl. B.: Installateur
Ausg. B.: Parteiorganisator d. ZK d. SED i. VEB Weimar-Werk
Partei: SED
L.: Installateur. Kriegsdienst. 1946 Mitgl. d. SED. SED-Funktionär, u. a. bis 1956 Sekr. f. Wirtschaft d. SED-KL Weimar-Stadt. Seit 1959 1. Sekr. d. BPO d. SED i. VEB Mähdrescherwerk Weimar (Weimar-Werk) bzw. Parteiorganisator d. ZK d. SED. 1960-63 Kand. d. Büros d. SED-BL Erfurt. 1963-67 Mitgl. d. ZK d. SED.
Ausz.: VVO i. Bronze (1975) u. a.

Laßner, Gerd

Leipzig
Geb. 19. 8. 1948 i. Waldkirchen/Erzgeb,
Erl. B.: Maschinenbauer, Diplom-Mathematiker,

Dr. sc. nat.
Ausg. B.: Hochschullehrer
Partei: SED
L.: Maschinenbauerlehre i. Karl-Marx-Stadt. Besuch einer ABF. Sonderreifeprüfung. Studium d. Mathematik a. d. KMU Leipzig. Diplom-Mathematiker. 1963-67 Kandidat d. ZR d. FDJ. 1965-67 am Kernforschungsinstitut i. Dubna/SU tätig. Mit 30 Jahren jüngster Prof. d. DDR. Seit 1970 o. Prof. f. Analysis an der Sektion Math. d. KMU Leipzig. Seit 16. 4. 1981 erstmalig Kandidat d. ZK d. SED.
Ausz.: Artur-Becker-Medaille i. Gold (1964).

Laszar, Christine

Bezirk Rostock
Geb. 19. 12. 1931 i. Ostpreußen
Erl. B.: Schauspielerin
Ausg. B.: Schauspielerin
L.: Besuch d. Oberschule u. Schauspielschule. Danach Engagements f. Film u. Theater i. Westdtschl. u. Westberlin („Theater d. Zeit", München, „Stachelschweine", Westberlin etc.). 1958 Übersiedlung i. d. DDR. DEFA-Schauspielerin. („Geschwader Fledermaus", „Weißes Blut" etc.). Moderierte d. Fernsehreihe „Vor Kamera u. Mikrophon". Zeitweise Stadtverordnete i. Teltow. Mitgl. d. Wahlkommission d. DDR. Mitgl. d. ZV d. Gewerkschaft Kunst i. FDGB. Zeitweise mit Karl-Eduard v. Schnitzler verheiratet.

Laube, Walter

Dummerstorf-Rostock
Geb. 23. 3. 1929 i. Grosstschochau, Krs. Aussig/CSR
Erl. B.: Agrarwissenschaftler, Dr. agr. habil.
Ausg. B.: Direktor
Partei: SED
L.: Agrarwissenschaftler, Dipl.-Landwirt, Dr. agr. habil. Zeitw. AL i. Inst. f. landw. Versuchs- u. Untersuchungswesen bzw. Dir. d. Oskar-Kellner-Inst. f. Tierernährung d. DAL i. Rostock sowie Dir. d. Bereichs Tierproduktionsforschung d. AdL. Jan. 1961 z. Prof. ernannt. Mitgl. d. Präs. d. AdL. Gegenwärtig Dir. d. Bereichs Tierernährung d. Forschungszentrums f. Tierproduktion i. Dummerstorf-Rostock.
Ausz.: Nat. Pr. II. Kl. (1976) u. a.

Launicke, Gerhard

Berlin
Geb. 1941 i. Leipzig
Erl. B.: Afrikanist, Dr. phil.
Ausg. B.: Botschafter
Partei: SED
L.: 1960-65 Studium d. Afrikanistik a. d. KMU Leipzig. Danach dort wiss. Ass. 1968 Promotion zum Dr. phil. a. d. KMU. Seit 1969 Angehöriger d. diplom. Dienstes d. DDR. 1975-78 2. Sekr. a. d. Botschaft d. DDR i. Tschad. 1978-80 stellv. Ltr. d. Botschaft d. DDR i. Tansania. Seit 30. 10 1980 Botschafter d. DDR i. Uganda. Nachf. v. Gottfried Lessing. Seit 27. 5. 1981 zusätzlich Botschafter i. Rwanda.

Lauter, Ernst-August

Kühlungsborn
Geb. 1. 12. 1920 i. Rostock
Erl. B.: Metereologe, Physiker, Dr. rer. nat. habil.
Ausg. B.: Hochschullehrer
L.: Studium d. Meteorologie u. Physik a. d. Uni. Berlin u. Rostock. 1950 Promotion zum Dr. rer nat. 1953 Habil. Ab 1951 Dir. d. Observatoriums f. Ionosphärenforschung i. Kühlungsborn. 1953 Dozent, 1957 Prof. a. d. Uni. Rostock. Seit 1964 o. Mitgl. d. DAW. 1965-79 Dir. d. H.-Hertz-Inst. f. solarterrestrische Physik d. DAW i. Berlin-Adlershof. Seit 1964 Vizepräs. d. Nationalkomitees f. Geodäsie. Juli 1968-Aug. 1972 Generalsekr. d. DAW. Von Claus Grote abgelöst. Mitgl. d. Büros d. Komitees f. Weltraumforschung.
Ausz.: VVO i. Silber (1964). Nat.-Preis II. Kl. (1968) u. a.

Lauterbach, Werner

Berlin
Geb. 31. 1. 1913
Parteiveteran, Oberst a. D.
Partei: SED
L.: 1928 Mitgl. d. KPD. Nach 1945 Offizier d. KVP/NVA. Oberst d. NVA. 1956-72 Ltr. d. Deutschen Militärverlages i. Ostberlin. Seit Jan. 1963 Mitgl. d. ZRK d. SED. Parteiveteran. Oberst a. D.
Ausz.: VVO i. Gold (1978) u. a.

Lehfeldt, Horst

Berlin
Erl. B.: Gesellschaftswissenschaftler, Dr. phil.
Ausg. B.: Hochschullehrer
Partei: SED
L.: Ass. bzw. Oberass. IfG. 1. 9. 1970 Berufung z. Prof. a. d. PHSch d. SED. Ltr. d. Lehrstuhls Geschichte d. internat. Arbeiterbew. Seit 1974 Vors. d. Freundschaftskomitees DDR-SAR (Syr. Arab. Rep.).
Ausz.: VVO i. Bronze (1977).

Lehmann, Dieter

Neubrandenburg
Geb. 27. 10. 1929
Erl. B.: Diplom-Landwirt, Fachschullehrer
Ausg. B.: CDU-Funktionär
Partei: CDU
L.: 1945-49 Lehrling. 1948 CDU. 1949-56 Versuchstechniker. 1950 Saatzuchtassistentenprüfung. 1956 u. 1961-66 Abg. d. Kreistages Herzberg, Bez. Cottbus. 1956-59 Studium d. Landwirtschaftswiss. a. d. Humboldt-Uni. i. Ostberlin. Dipl.-Landwirt. 1960-66 Vors. d. Kreisverbandes Herzberg d. CDU. In der Erwachsenenbildung d. Kreises Herzberg tätig. 1960-66 Dir. d. Kreislandwirtschaftsschle Herzberg. Okt. 1966-Feb. 81 Vors. d. Bezirksverbandes Neubrandenburg d.

CDU. Nachf. v. Max Christiansen. Seit 1968 Mitgl. d. Hauptvorstandes d. CDU.

Lehmann, Hans-Georg
Potsdam
Geb. 11. 5. 1928 i. Brandenburg/Havel
Erl. B.: Landwirt, Diplom-Staatswissenschaftler
Ausg. B.: Vorsitzender d. Bezirksverbandes Potsdam d. LDP
Partei: LDP
L.: Besuch d. Volks- u. Mittelschule. 1944 Staatl. gepr. Landwirt. Soldat. 1946 LDP. 1950-52 Bürgermeister v. Stölln, Krs. Rathenow. 1952-57 stellv. Vors. d. RdK Rathenow. Teilnehmer am ersten Lehrgang f. Staatsfunktionäre a. d. Akademie f. Staats- u. Rechtswiss. 1957-59 Bezirkssekr. d. LDP i. Potsdam. Seit Anfang 1959 Vors. d. Bezirksverbandes Potsdam d. LDP. Seit 1958 Abg. d. Bezirkstages Potsdam. Seit 1960 Mitgl. d. Zentralvorstandes d. LDP.
Ausz.: VVO i. Silber (1974) u. a.

Lehmann, Robert
Berlin
Geb. 23. 11. 1910 i. Hannover als Sohn eines Werkzeugmachers
Erl. B.: Maler
Rentner
Partei: SED
L.: Volksschul-Besuch i. Hannover. 1925-28 Malerlehre. Anschl. Maler. 1926 Mitgl. einer Gewerkschaft u. d. SAJ. 1929 Mitgl. d. KJV. Mitgl. d. BL Hannover-Braunschweig d. KJV. 1932 Mitgl. d. KPD. 1933-35 illegale Tätigkeit. Zeitweise Ltr. des ill. KJV i. Leipzig u. Berlin. 1935 Emigration. Mitarbeiter d. illegalen KPD i. Prag u. Paris. Teilnehmer a. d. „Brüsseler Konferenz" (in der Nähe v. Moskau). Mitarbeiter d. „Jungen Garde". Während d. 2. Weltkrieges Widerstandstätigkeit i. Holland. 1945 Rückkehr nach Hannover. Mitgl. d. KPD. 1947-51 Abg. d. KPD im niedersächs. Landtag. Redakteur u. Herausgeber einer komm. Zeitung. 1951 Übersiedlung i. d. DDR. SED-Mitgl. Bis Ende 1957 Ltr. d. Abt. Kultur beim Rat d. Bez. Gera. 1957-64 Vors. d. Pionierorganisation „Ernst Thälmann" i. d. DDR. 1958-67 Mitgl. d. ZK d. SED. 1958-69 Mitgl. d. Präs. d. Nationalrates d. NF. 1958-67 Abg. d. VK. 1964-66 stellv. Min. f. Kultur. Mai 1965 Vors. d. wiss.-künstl. Beirates f. Volkskunst i. Min. f. Kultur. 1967-72 Dir. d. Kulturfonds d. DDR. April 1972-Juni 82 Vors. d. Präs. d. Zentralausschusses d. Volkssolidarität. Nachf. v. Walter Buchheim. Seit 1972 Mitgl. d. Präs. d. Nationalrates d. NF.
Ausz.: VVO i. Gold (1975). Karl-Marx-Orden (1980) u. a.

Lehmann, Rolf
Karl-Marx-Stadt
Geb. 29. 12. 1951
Erl. B.: Elektromonteur

Ausg. B.: 1. Sekretär d. FDJ-Gebietsleitung Wismut
Partei: SED
L.: Besuch d. Schule bis zur 10. Klasse. Lehre als Elektromonteur. 1965 Mitgl. d. FDJ, 1971 d. SED. Seit 1971 hauptamtl. FDJ-Funktionär. Sekr. einer GO d. FDJ. 1975-78 Studium a. d. PHSch d. SED. Seit 30. 8. 1978 1. Sekr. d. FDJ-GL Wismut. Nachf. v. Gotthard Stark. Mitgl. d. Sekr. d. SED-GL. Seit Juni 1981 Mitgl. d. ZR d. FDJ.
Ausz.: Artur-Becker-Med. u. a.

Lehnert, Martin
Berlin
Geb. 20. 6. 1910 i. Berlin
Erl. B.: Philologe, Dr. phil.
Ausg. B.: Hochschullehrer (em.)
L.: Studium d. Anglistik i. Berlin. 1935 Promotion zum Dr. phil. Lehrtätigkeit i. Berlin u. Greifswald. 1951-75 Prof. mit Lehrstuhl f. Englische Philologie a. d. Humboldt-Uni. i. Ostberlin. 1961 Mitgl. d. DAW. Seit 1963 Präs. d. Deutschen Shakespeare-Gesellschaft, Weimar.
Ausz.: Nat.-Preis II. Kl. (1964). VVO i. Gold (1975) u. a.

Leibner, Alfred
Berlin
Geb. 16. 3. 1922 i. Chemnitz als Sohn eines Huckers
Erl. B.: Maurer, Diplom-Jurist
Ausg. B.: Generalleutnant d. JD d. NVA
Partei: SED
L.: Maurer. Kriegsdienst. Sowj. Kriegsgef. Besuch einer ABF, Abitur. Absolvent eines Volksrichterlehrgangs. Seit 1953 Angehöriger d. VP. Untersuchungsführer. Staatsanwalt einer Division. Seit 1960 Militäroberstaatsanwalt d. NVA. Seit 3. 1. 1971 Generalmajor u. stellv. Generalstaatsanwalt d. DDR. Seit 16. 2. 1981 Generalleutnant d. NVA
Ausz.: VVO i. Gold (1982) u. a.

Leibnitz, Eberhard
Eichwalde bei Berlin
Geb. 31. 1. 1910 i. Hannover
Erl. B.: Chemiker, Dr.-Ing.
Ausg. B.: Hochschullehrer
L.: 1928-32 Studium d. Chemie a. d. TH Berlin-Charlottenburg. 1932 Dipl.-Prüfung. 1933 Promotion zum Dr.-Ing. Assistent a. Inst. f. Techn. Chemie i. Berlin u. freiberufl. MA d. Lackindustrie. 1946-48 Techn. Dir. d. VVB Lacke, Farben u. Plaste. Seit 1948 Lehrtätigkeit a. d. Uni. Leipzig. Seit 1951 Prof. m. LA, seit 1. 5. 1962 Prof. m. Lehrstuhl f. Chemische Technologie a. d. KMU Leipzig. 1951 Dir. d. Inst. f. Verfahrenstechn. d. org. Chemie d. DAW. 1953 o. Mitgl. d. DAW. 1955-58 Rektor d. TH f. Chemie i. Leuna-Merseburg. Seit 1957 Mitgl. (seit 1980 Ehrenmitglied) d. Forschungsrates b. MR. 1966-70 Ltr. d. Forschungsbereichs Chemie d. DAW. Seit 18. 12.

1971 Präsident d. Urania. Nachf. v. Prof. Herbert Dallmann. Mitgl. d. Pugwashrates u. Vors. d. DDK-Komitees d. Pugwashbewegung.
Ausz.: Nat.-Preis II. Kl. (1959). VVO i. Gold (1974) u. a.

Leich, Werner
Eisenach
Geb. 27. 1. 1927 i. Mühlhausen/Thür.
Erl. B.: Evangelischer Theologe
Ausg. B.: Bischof
L.: 1947-51 Studium d. Ev. Theologie i. Marburg u. Heidelberg. Nach d. Studium Vikar i. Angelroda. 1951 Ordination. Seit 1954 Pfarrer i. Wurzbach/Thür. Seit 1960 Synodale i. Thür., seit 1970 Vizepräs. d. Synode d. Ev.-Luth. Landeskirche Thür. Seit 1969 Mitgl. d. Generalsynode d. Ver. Luth. Kirchen i. d. DDR. 1969-78 Superintendant i. Lobenstein. Seit Dez. 1977 (Amtsantritt Mai 1978) Bischof d. Ev.-Luth. Kirche i. Thür. Nachf. v. Ingo Braecklein. Seit 1980 Vors. d. Kirchl. Lutherkomitees. Seit Okt. 1980 stellv. Vors. d. Nationalkomitees d. Luth. Weltbundes i. d. DDR.

Leihkauf, Hermann
Berlin
Ausg. B.: Stellv. Vorsitzender d. SPK, Dr.
Partei: SED
L.: Seit Anfang d. 50er Jahre Wirtschaftsfunktionär. Zeitw. AL i. Min. f. Leichtindustrie. Danach AL Leichtindustrie bzw. Internat. Zusammenarbeit i. d. SPK. Seit 1974 stellv. Vors. d. SPK.
Ausz.: VVO i. Silber (1977) u. a.

Leitert, Kurt
Karl-Marx-Stadt
Geb. 1922
Erl. B.: Maschinenschlosser, Diplom-Ingenieurökonom, Dr.-Ing.
Ausg. B.: Hochschullehrer
Partei: SED
L.: Maschinenschlosser. Studium a. d. TH Dresden. 1954-64 Werkltr., Techn. Dir. u. Generaldir. VVB Werkzeugmaschinen. Studium a. d. PHSch d. KPdSU. Seit 1964 Lehrtätigkeit i. d. TH Karl-Marx-Stadt. Promotion zum Dr.-Ing. 1967 Prof. 1968 Ltr. d. Sektion Sozial. Leitungs- u. Organisationswiss. Seit 1970 1. Prorektor d. TH Karl-Marx-Stadt. Dir. d. Inst. f. sozial. Wirtschaftsführung a. d. TH. Seit Nov. 1971 Abg. d. BT Karl-Marx-Stadt.
Ausz.: VVO i. Bronze (1974) u. a.

Lekschas, John
Berlin-Buch
Geb. 10. 10. 1925 i. Memel
Erl. B.: Jurist, Dr. sc. jur.
Ausg. B.: Hochschullehrer
Partei: SED
L.: 1947 Mitgl. d. SED. Von einer Baufirma zum Studium a. d. ABF Halle/Saale delegiert. Studium d. Rechtswiss. a. d. Uni. Halle u. a. d. Humboldt-Uni. i. Ostberlin. 1952 Promotion zum Dr. jur. 1956 Prof. mit LA f. Strafrecht sowie Dekan d. Juristischen Fakultät d. Martin-Luther-Uni. Halle-Wittenberg. Seit 1. 11. 1961 Prof. mit Lehrstuhl f. Strafrecht u. Dir. d. gleichnamigen Inst. a. d. Humboldt-Uni. i. Ostberlin. Zeitweise Dir. d. Sektion Rechtswiss. u. d. Gewi. Fakultät d. Humboldt-Uni. Seit 1973 korr. Mitgl. d. AdW. 1973-78 Vors. d. Freundschaftskomitees DDR-Ägypten. 1978-81 Präs. d. Freundschaftskomitees DDR-Kanada. Mitgl. d. Kollegiums beim Generalstaatsanwalt d. DDR.
Ausz.: VVO i. Bronze (1970) u. a.

Lembke, Herta
Berlin
Geb. 11. 1. 1918
Parteiveteranin
Partei: SED
L.: 1963-81 Vors. d. Revisionskommission d. VDK/VdK. Seit Juni 1971 Kand. d. ZRK d. SED. Im Ruhestand.
Ausz.: VVO i. Silber (1977) u. a.

Lemke, Kurt
Berlin
Geb. 4. 6. 1914 i. Westpreußen
Ausg. B.: Stellv. Minister f. Handel u. Versorgung
Partei: SED
L.: Nach 1945 Mitarbeiter d. Landesregierung Brandenburg (Hauptabt.-Ltr.). 1951-61 Abt.-Ltr. bzw. stellv. Präs. d. VDK. 1961-66 u. seit 1980 stellv. Min. 1966-80 Staatssekr. f. Versorgung i. Min. f. Handel u. Versorgung d. DDR. 1968-72 Mitgl. d. RLN.
Ausz.: VVO i. Gold (1974) u. a.

Lemke, Reinhard
Berlin
Ausg. B.: Stellvertretender Minister
Partei: SED
L.: Stammt aus Hohenbrünzow. 1965-71 stellv. Vors. d. LWR bzw. RLN. Seit 1972 stellv. Min. f. Land-, Forst- u. Nahrungsgüterwirtschaft (zuständig f. Pflanzenbau).
Ausz.: VVO i. Silber (1981) u. a.

Lemmnitz, Alfred
Berlin
Geb. 27. 6. 1905 i. Taucha bei Weißenfels
Erl. B.: Schriftsetzer, Dr. rer. oec.
Ausg. B.: Hochschullehrer (em.), Wissenschaftlicher Mitarbeiter
Partei: SED
L.: Volksschule. Schriftsetzerlehre. Anschl. i. seinem Beruf tätig. Besuch d. Volkshochschule Leipzig. Begabtenprüfung. Danach kurzes Studium d. Volkswirtschaft a. d. Uni. Leipzig (aus finanziellen Gründen abgebrochen). Anfang der 30er Jahre Übersiedlung nach Duisburg. 1927-31 Mitgl. d. SPD. Jugendltr. d. SAJ. 1931 Übertritt

zur KPD (KJV). Jugendltr. d. KJV im Rheinland. 1932-33 Agitprop.-Ltr. d. KPD i. Unterbez. Duisburg. 1. 3. 1933-15. 5. 1933 in „Schutzhaft". Danach illegale Tätigkeit f. d. KJV i. Duisburg. 3. 9. 1933-März 1937 i. „Schutz- u. U-Haft i. KZ Börgermoor u. Esterwegen. 20. 2. 1937 vom OLG Hamm zu 1 Jahr u. 9 Monaten Gefängnis verurteilt. Strafe galt durch die erlittene U-Haft als verbüßt. Nach der Freilasung bis Ostern 1937 i. Leipzig ansässig. Ostern 1937 Emigration nach Holland. Dort Schulungsltr. der illegalen KPD. Mitgl. d. Emigrantenleitung. Nach dem Einmarsch d. deutschen Truppen am 25. 6. 1940 verhaftet. 1941 vom VGH zu 12 Jahren Zuchthaus verurteilt. Häftling i. Zuchthaus Brandenburg-Görden. Nach dem Zusammenbruch Stadtrat f. Volksbildung i. Berlin-Spandau. Mitgl. d. KPD. Danach Wiederaufnahme d. Studiums. 1948 Promotion a. d. Uni. Leipzig. Anschl. bis 1953 Lehrstuhlltr. f. Politökonomie a. d. Uni. Rostock. 1955 Rektor d. HS f. Finanzwirtschaft. 1956-58 Rektor d. HS f. Ökonomie i. Berlin-Karlshorst. 1958 vorübergehend Abt.-Ltr. i. SHF. Dez. 1958-Nov. 1963 Min. f. Volksbildung d. DDR. Nachf. v. Fritz Lange. Seit 1960 Mitgl. d. SED-BL Berlin. 1965-71 stellv. Dir. d. Deutschen Wirtschaftsinst. Ostberlin. Jetzt MA d. Inst. f. Internat. Politik u. Wirtschaft Ostberlin.
Ausz.: VVO i. Gold (1970). Karl-Marx-Orden (1980) u. a.

Lemnitzer, Hans-Joachim

Berlin
Geb. 1. 8. 1931 i. Arnsbach/Saalfeld
Ausg. B.: Handelsrat
Partei: SED
L.: Nach 1945 i. Außenhandelsapparat d. DDR tätig. Absolvent d. Außenhandelsschule Plessow. Zeitweise Dir. d. DIA Holz/Papier, MA d. DDR-Handelsvertretung i. Burma u. Abt.-Ltr. bzw. HV-Ltr. i. MAI. 1964-69 Handelsrat a. d. DDR-Handelsvertretung i. Indien. Seit 1969 Generaldir. Polygraph Export GmbH. bzw. d. AHU LIMEX. Gegenwärtig Handelsrat a. d. DDR-Botschaft i. d. VR Polen.
Ausz.: VVO i. Silber (1981) u. a.

Lenitzki, Günter

Gera
Geb. 23. 9. 1925 i. Bochum
Erl. B.: Dreher, Diplom-Gesellschaftswissenschaftler
Ausg. B.: Vorsitzender d. BPKK Gera d. SED
Partei: SED
L.: Dreher. Seit 1946 SED-Funktionär, u. a. Ltr. d. Abt. Landwirtschaft d. SED-Landesleitung Thüringen. Danach 1. Sekr. d. SED-KL Saalfeld u. Greiz. Absolvent d. PHSch d. SED. Juni 1965-Febr. 1976 1. Sekr. d. SED-KL Gera-Stadt. Mitgl. d. Sekr. d. BL Gera d. SED. Seit 27. 3. 1976 Vors. d. BPKK d. SED i. Gera. Nachf. v. Gerda Holzmacher.
Ausz.: VVO i. Silber (1979) u. a.

Lenski, Arno von

Eichwalde
Geb. 20. 7. 1893 i. Czymochen/Ostpreußen als Sohn eines Gutsbesitzers
Erl. B.: Offizier (ehemaliger Generalmajor d. deutschen Wehrmacht)
Generalmajor a. D.
Partei: NDP
L.: 1909-12 Besuch d. Hauptkadettenanstalt i. Groß-Lichterfelde bei Berlin. Abitur. 1913 Fährich i. Gren.-Rgt. zu Pferde von Derfflinger Nr. 3, Bromberg. Nach 1918 als Leutnant i. d. Reichswehr übernommen (Kav.-Rgt. 16). 1934-38 Kommandeur u. a. des Kav.-Rgt. 6 i. Schwedt/Oder u. i. Darmstadt. 1939-42 Richter (ehrenamtl.) am nationalsoz. VGH i. Berlin. Bis 1942 Kommandeur (Oberst bzw. Generalmajor) d. Schule f. Schnelle Truppen i. Krampnitz bei Potsdam. 1. 6. 1942 Beförderung zum Generalmajor. Geriet am 2. 2. 1943 als Kommandeur d. 24. Pz.-Div. bei Stalingrad i. sowj. Kriegsgef. Mitgl. u. Mitarbeiter d. NKFD. 1949 Rückkehr nach Deutschland. Mitgl. d. NDP. 1949-50 stellv. Vors. d. Landesverbandes Berlin d. NDP. 1949-58 Abg. d. Länderkammer d. DDR (Berliner Vertreter). Seit 1950 Mitgl. d. Hauptausschusses d. NDP. Seit 1952 Mitgl. d. Zentralvorstandes d. Gesellschaft f. Deutsch-Sowjetische Freundschaft. 1952-56 Generalmajor d. KVP. Ltr. d. Fachverwaltung C (Panzerwesen) i. MdI. 1954-58 Stadtverordneter i. Ostberlin. 1956-58 Generalmajor d. NVA. Ltr. d. Fachverwaltung f. Schnelle Truppen i. Min. f. Nat. Verteidigung. Seit Juli 1958 im Ruhestand. 1958-67 Abg. d. VK. Mitgl. d. Ausschusses f. Nationale Verteidigung. 1961-70 Präs. d. Pferdesportverbandes d. DDR. Jetzt Ehrenmitgl. d. Präs. d. Dtsch. Pferdesportverbandes d. DDR. 1964-71 Vors. d. AeO, Nachf. v. Otto Korfes.
Ausz.: Kampforden f. Verdienste f. Volk u. Vaterland i. Gold (1968). VVO i. Gold (1973) u. a.

Lerche, Karl

Erfurt
Geb. 9. 6. 1922 i. Cosel/Schlesien
Erl. B.: Diplom-Staatswissenschaftler
Ausg. B.: Sekretär d. RdB Erfurt
Partei: SED
L.: Kriegsdienst. Nach 1945 Staatsfunktionär, u. a. Abt.-Ltr. beim RdB Erfurt. Seit 1962 Sekr. d. RdB Erfurt. Seit Okt. 1963 Abg. d. BT Erfurt. Seit 1964 Vors. d. Bezirkskomitees Erfurt d. Deutsch-Französischen Gesellschaft d. DDR. Mitgl. d. Präs. d. Gesellschaft DDR-Frankreich.
Ausz.: Orden „Banner d. Arbeit", Stufe II (1974) u. a.

Lesser, Wolfgang

Berlin
Geb. 31. 5. 1923 i. Breslau als Sohn eines Kaufmannes
Erl. B.: Metallarbeiter, Komponist
Ausg. B.: Komponist
Partei: SED

L.: Besuch eines Realgymnasiums. Lehre als Metallarbeiter. 1938 Musik-Studium a. Sternschen Konservatorium Berlin. 1939-47 Emigration (England). 1942 KPD. 1947 Rückkehr nach Deutschland. 1947-49 FDJ-Funktionär. 1949 Besuch einer Landesparteischule d. SED. 1950-54 Studium a. d. HS f. Musik Berlin. 1954-60 Lehrer u. Komponist sowie Mitgl. d. Leitung d. Staatl. Volkskunstensembles d. DDR. 1964-68 2. Sekr. Nov. 1968-Sept. 79 1. Sekr. d. Verbandes Deutscher Komponisten u. Musikwiss. Seit 1968 Generalsekr. d. Musikrates d. DDR. Seit 1971 Mitgl. d. Kulturkommission b. Politbüro d. ZK d. SED. Seit Nov. 1971 Ab. d. VK u. Mitgl. d. Ausschusses f. Volksbildung. Freischaffender Komponist.
Ausz.: VVO i. Gold (1978) u. a.
Werke: „Oktoberkinder", Schuloper. „Wir - die Partei", Kantate, 1971 u. a.

Lessing, Hans
Berlin
Geb. 3. 4. 1934 i. Chemnitz
Erl. B.: Schriftsetzer, Dr. rer. oec.
Ausg. B.: Stellvertretender Minister
Partei: SED
L.: Schriftsetzer. Besuch d. Ing.-Schule f. Polygrafie u. Studium d. Wirtschaftswiss. a. d. KMU Leipzig. 1968-69 Abt.-Ltr. i. Min. f. Leichtindustrie. 1969 Generaldir. VVB Polygrafische Industrie. Seit 1970 stellv. Min. f. Leichtindustrie. Seit 1973 stellv. Min. f. bezirksgel. Ind. u. Lebensmittelind.
Ausz.: VVO i. Bronze (1976) u. a.

Leu, Rudolf
Erfurt
Geb. 1929
Erl. B.: Verwaltungsangestellter, Diplom-Wirtschaftler
Ausg. B.: Stellv. Vorsitzender d. RdB Erfurt
Partei: SED
L.: Verwaltungsangestellter. Diplom-Wirtschaftler. In den 50er Jahren Ltr. d. Abt. Kreisplanung u. Kreisbildung i. d. HA Planung u. Plankontrolle Min. f. Handel u. Versorgung. 1959-61 stellv. OB u. Vors. d. Plankommission v. Weimar. Seit 1962 stellv. Vors. d. RdB Erfurt u. Vors. d. BPK. Mitgl. d. Sekr. d. SED-BL. Abg. d. BT Erfurt.
Ausz.: Orden „Banner d. Arbeit" Stufe I (1974) u. a.

Leube, Heinz
Zeuthen
Geb. 5. 4. 1921 i. Leipzig
Ausg. B.: Generalmajor d. VP
Partei: SED
L.: Kriegsdienst i. d. dtsch. Luftwaffe. Nach 1945 Angehöriger d. VP. Gegenwärtig Sektorenltr. Kampfgruppen i. d. Abt. Sicherheit d. ZK d. SED. Seit 26. 6. 1975 Generalmajor d. VP.
Ausz.: VVO i. Gold (1981) u. a.

Leucht, Günter
Berlin
Geb. 1933
Erl. B.: Wirtschaftsjournalist, Dr.
Ausg. B.: Stellv. Vorsitzender d. Staatlichen Komitees f. Fernsehen
Partei: SED
L.: Journalistische Ausbildung b. d. „Tribüne". Studium d. Wirtschaftswiss. a. d. Humboldt-Uni. Ostberlin. 1960-64 Wirtschaftsred. d. FDGB-Organs „Tribüne". 1965 Promotion. Seit 1965 Wirtschaftsjournalist b. Fernsehfunk d. DDR. MA d. Kommentatorengruppe. Zeitw. 1. stellv. Chefred. d. „Aktuellen Kamera". Seit 1978 stellv. Vors. d. Staatl. Komitees f. Fernsehen d. DDR.
Ausz.: VVO i. Silber (1977) u. a.

Leupold, Harri
Berlin
Geb. 16. 2. 1913 i. Rostock als Sohn eines Angestellten
Erl. B.: Techniker, Architekt
Rentner
Partei: LDP
L.: Besuch d. Volksschule u. d. Gymnasiums i. Ratibor/OS. Abitur. 1931-34 Praktikum als Tischler u. Zimmerer i. Ratibor u. Studium d. Architektur u. d. Hochbaus i. Breslau. 1936-44 techn. Angestellter bei Baudienststellen d. Luftwaffe. Kriegsdienst u. Gef. 1946-49 Architekt u. Hochbaukontrolleur bei d. RdB Cottbus. 1947 Mitgl. d. LDP. 1949-54 Architekt i. Min. f. Verkehrswesen. 1952-53 Vors. d. Kreisverbandes Berlin-Treptow d. LDP. 1953-81 Abg. d. Parlam. (seit 1954 Berliner Vertreter). Vors. d. Parlam. Freundschaftsgruppe DDR-Schweden. 1953-59 Vors. d. Bezirksverbandes Berlin d. LDP. 1954-80 stellv. Dir. d. IHK Berlin. 1958-76 Stadtverordneter i. Ostberlin. Seit 1961 Vizepräs., seit 28. 4. 1975 Präs. d. Gesellschaft DDR-Nordeuropa. Nachf. v. H.-J. Geerdts. Mitgl. d. Präsidiums d. Liga f. Völkerfreundschaft.
Ausz.: VVO i. Silber (1973) u. a.

Leupold, Wolfgang
Berlin
Geb. 6. 11. 1926 i. Chemnitz
Erl. B.: Diplom-Wirtschaftler, Dr. rer. oec.
Ausg. B.: Staatssekretär
Partei: SED
L.: 1948 Mitgl. d. SED. Chemiearbeiter i. Chemnitz. FDJ-Funktionär i. Sachsen. Ltr. d. Bezirksjugendschule Hartenstein. Fernstudium d. Wirtschaftswiss. 1965 Promotion zum Dr. rer. oec. am IfG. 1966 Dir. d. Industrie-Inst. d. TU Dresden. 1968-71 stellv. Min., seit 1971 Staatssekr. i. Min. f. Wiss. u. Technik.
Ausz.: VVO i. Silber (1976) u. a.

Ley, Hermann
Berlin
Geb. 30. 11. 1911 i. Leipzig
Erl. B.: Zahnarzt, Dr. med. dent., Dr. sc. phil.

Ausg. B.: Hochschullehrer (em.)
Partei: SED
L.: 1927 Mitgl. d. Sozialistischen Schülerbewegung. 1930 KPD. Studium d. Zahnmedizin. Ltr. d. Komm. Studentengruppe. Vorstandsmitglied d. Bundes sozialistischer Geistesarbeiter i. Leipzig. Während d. NS-Zeit 2 Jahre u. 10 Monate inhaftiert. Während d. 2. Weltkrieges Sanitätsoffizier u. Mitarbeiter d. NKFD-Kreises i. Leipzig. 1944 erneut verhaftet u. degradiert. Nach 1945 Sekr. d. KPD/SED i. Leipzig. 1947 stellv. Chefred. d. „Leipziger Zeitung". Anschl. Kommentator am Sender Leipzig. 1949 Habil. Lehrtätigkeit a. d. TH Dresden. 1. Januar 1954 Prof. mit Lehrstuhl f. dialekt. u. histor. Materialismus a. d. TH bzw. TU Dresden. 1956-62 Vors. d. Staatl. Rundfunkkomitees d. DDR. Seit 1962 Lehrtätigkeit i. d. Humboldt-Uni. Ostberlin. Bis 1970 Prof. f. philos. Probleme d. modernen Naturwiss. a. d. Sektion marx.-lenin. Philosophie. Ehrenmitgl. d. Präsidialrates d. DKB.
Ausz.: Nat.-Preis III. Kl. (1960). Karl-Marx-Orden (1974) u. a.

Lichner, Georg

Gera
Geb. 1931
Erl. B.: Maurer, Diplom-Gesellschaftswissenschaftler
Ausg. B.: Sekretär d. RdB Gera
Partei: SED
L.: Maurer. 1967-76 Ltr. d. Abt. f. Jugendfragen, Körperkultur u. Sport b. RdB Gera. Seit Nov. 1976 Sekr. d. RdB Gera. Nachf. v. Hedwig Freudenberg. Abg. d. BT.
Ausz.: VVO i. Bronze (1976) u. a.

Liebenberg, Otto

Leipzig
Geb. 7. 7. 1913 i. Magdeburg
Erl. B.: Tierzuchtfachmann, Dr. sc. nat.
Ausg. B.: Hochschullehrer
Partei: SED
L.: Studium a. d. Uni. Halle/S. 1937 NSDAP. 1938 Dipl.-Prüfung. 1938 Promotion. Danach Mitarbeiter d. Inst. f. Tierzuchtforschung i. Dummerstorf. 1946 SED. 1950 Habil. i. Rostock. Lehrtätigkeit a. d. Uni. Rostock. Ab 1957 Prof. mit Lehrstuhl f. Tierzucht a. d. Landw.-Gärtn. Fakultät d. Humboldt-Uni. i. Ostberlin. 1960-78 Präs. d. Agrarwiss. Gesellschaft d. DDR. Prof. mit Lehrstuhl a. d. KMU Leipzig. Ltr. d. Fachgruppe Tierzucht u. -haltung d. Sektion Veterinärmedizin u. Tierproduktion d. KMU Leipzig. Seit 1963 Mitgl. d. LWR bzw. RLN. Mitgl. d. AdL.
Ausz.: VVO i. Bronze (1960) u. a.

Liebermann, Helmut

Berlin
Geb. 31. 10. 1923 i. Niederfrohna als Sohn eines Arbeiters
Ausg. B.: Botschafter
Partei: SED
L.: Studium i. d. VR China. Seit 1954 Angehöriger d. diplom. Dienstes d. DDR. Versch. Auslandseinsätze, u. a. bis 1966 als Botschaftsrat i. China. 1966-76 stellv. AL bzw. AL „Ferner Osten" i. MfAA. Jan. 1976-April 82 Botschafter d. DDR i. d. VR China. Nachf. v. Johann Wittik.
Ausz.: VVO i. Bronze (1969) u. a.

Lieberoth, Immo

Eberswalde
Geb. 16. 10. 1929
Erl. B.: Staatl. geprüfter Landwirt, Diplom-Landwirt, Dr. agrar. habil., Professor
Ausg. B.: Stellv. Direktor
Partei: SED
L.: 1948 CDU. 1949-52 Studium. 1952-62 Ass. bzw. Oberass. Seit 1962 stellv. Dir. u. Wiss. Abtltr. a. Inst. f. Bodenkunde bzw. Forschungszentrum f. Bodenfruchtbarkeit Müncheberg d. AdL, Bereich Bodenkunde Eberswalde. 1970 Vors. d. KV Eberswalde d. DSF. Seit März 1974 Vors. d. DSF i. Bez. Frankfurt/O. Nachf. v. H.-W. von Wachsmann. Seit Okt. 1972 Mitgl. d. HV d. CDU.
Ausz.: VVO i. Bronze (1976) u. a.

Liehmann, Paul

Berlin
Geb. 1931
Erl. B.: Zimmermann, Diplom-Lehrer f. Marxismus-Leninismus, Dr. sc. oec.
Ausg. B.: Stellvertretender Minister
Partei: SED
L.: Zimmermann. FDJ-Funktionär. 1953 1. Sekr. d. FDJ-KL Buna. Anfang d. 60er Jahre 1. Sekr. d. BPO d. SED i. Hydrierwerk Zeitz u. VEB Filmfabrik Wolfen. 1965 Promotion zum Dr. rer. oec. 1968 Habil. 1966-72 stellv. Dir. d. Inst. f. Sozial. Wirtschaftsführung b. ZK d. SED. Seit 1969 Prof. f. Sozial. Wirtschaftsführung. Seit 1973 stellv. Min. f. Leichtindustrie. Mitgl. d. Büros d. Präs. d. KdT u. d. Hoch- u. Fachschulrates d. DDR.
Ausz.: VVO i. Silber (1977) u. a.

Liemen, Waldemar

Merkers, Krs. Bad Salzungen
Geb. 13. 4. 1927 i. Bad Salzungen
Erl. B.: Postfacharbeiter, Diplom-Gesellschaftswissenschaftler
Ausg. B.: Parteisekretär d. SED i. VEB Kalibetrieb Merkers
Partei: SED
L.: Postbote/Postfacharbeiter. 1944 NSDAP. 1945 KPD. 1946 SED. Parteifunktionär i. Kalikombinat „Werra". Mitglied d. GO d. SED d. Kalikombinats „Werra" i. Merkers. 1976-79 Mitgl. d. SED-BL Suhl. Seit 22. 5. 1976 (IX. Parteitag) Kand., seit 16. 4. 1981 Mitgl. d. ZK d. SED. Zeitw. Abg. d. BT.
Ausz.: VVO i. Silber (1980) u. a.

Lietz, Bruno
Berlin
Geb. 22. 11. 1925 i. Wormstedt/Thür.
Erl. B.: Autoschlosser, Diplom-Agrarökonom
Ausg. B.: Abteilungsleiter i. ZK d. SED
Partei: SED
L.: Autoschlosser. 1943 NSDAP. 1949 Mitgl. d. SED. Dipl.-Agrarökonom. In den 50er Jahren Mitarbeiter d. Abt. Landwirtschaft beim ZK d. SED (Sektorenltr.). 1961-72 Sekr. f. Landwirtschaft d. SED-BL Rostock. Jan. 1963-Juni 82 Kand., seit 24. 6. 82 (4. ZK-Plenum) Vollmitglied d. ZK d. SED. 1972-81 stellv. Vors. d. SPK f. Land- u. Nahrungsgüterwirtschaft. Seit 1972 Mitgl. d. RLN. Seit Jan. 1982 AL f. Landwirtschaft i. ZK d. SED. Nachf. v. Bruno Kiesler.
Ausz.: VVO i. Silber (1970) u. a.

Lilie, Helmut
Berlin
Geb. 11. 3. 1923 i. Erfurt
Erl. B.: Diplom-Chemiker, Dr. rer. nat. habil.
Ausg. B.: Präsident d. ASMW
Partei: SED
L.: 1945 Mitgl. d. KPD. Studium d. Chemie a. d. Uni. Jena. 1953 Promotion zum Dr. rer. nat. über die Chemie d. Reineck-Salze. Im Anschluß daran Mitarbeiter d. DAMW. Ltr. eines chemischen Prüflabors. Prüfdienststellenltr., Fachabt.-Ltr. f. Techn. Chemie u. Vizepräs. d. DAMW. 1961-65 Präs. d. DAMW. 1965-72 1. stellv. Vors. bzw. stellv. Vors. d. SPK. Seit 1972 erneut Präs. d. DAMW/ASMW. Mitgl. d. Forschungsrates b. MR.
Ausz.: VVO i. Bronze (1964 u. 1969) u. a.

Lindemann, Bruno
Schwerin
Erl. B.: Diplom-Gesellschaftswissenschaftler
Ausg. B.: Vors. d. ABI i. Bez. Schwerin
Partei: SED
L.: SED-Funktionär. 1958-61 1. Sekr. d. SED-KL Ludwigslust. 1961-64 Besuch d. PHSch d. SED. Dipl.-Gesellschaftswiss. 1965-74 1. Sekr. d. SED-KL Perleberg. Feb. 1974-Febr. 81 2. Sekr. d. SED-BL Schwerin. Nachf. v. Heinz Ziegner. Seit 17. 2. 1981 Vors. d. Bezirkskomitees Schwerin d. ABI. Nachf. v. Kurt Kreft.
Ausz.: Orden „Banner d. Arbeit", Stufe I (1977) u. a.

Lindenhayn, Otto
Berlin
Erl. B.: Diplom-Ingenieur oec., Dr.
Ausg. B.: Vizepräsident d. ASMV
Partei: SED
L.: Anfang der 50er Jahre Hauptreferent bzw. Abt.-Ltr. i. Min. f. Leichtindustrie. 1964-67 Vizepräs., 1967-72 Präs., seit 1972 erneut Vizepräs. d. DAMW/ASMW.
Ausz.: VVO i. Bronze (1969) u. a.

Lindner, Gerhard
Berlin
Geb. 28. 4. 1929 i. Leipzig als Sohn eines Handelsvertreters
Erl. B.: Diplom-Jurist
Ausg. B.: Stellv. Vors. d. LDP
Partei: LDP
L.: Besuch d. Volks- u. Oberschule i. Leipzig. Abitur. 1946 Mitgl. d. LDP. 1947-49 Praktikant i. einem Rechtsanwaltsbüro i. Leipzig. 1949-54 Studium d. Rechtswiss. a. d. Uni. Leipzig. Dipl.-Jurist. 1954-58 Abt.-Ltr. i. Sekr. d. Zentralvorstandes d. LDP. Seit 1954 Mitgl. d. Zentralvorstandes, seit 1959 Mitgl. d. Polit. Ausschusses d. LDP. 1959-69 Mitgl. d. Präs., 1959-66 Mitgl. d. Sekr. d. Nationalrates d. NF. 1958-63 Berliner Vertreter, seit 1963 Abg. d. VK. 1963-69 Vors. d. Ausschusses f. Eingaben d. Bürger, 1969-71 stellv. Vors. d. Ausschusses f. Eingaben d. Bürger, seit 1971 Mitgl., seit 1981 1. stellv. Vors. d. Ausschusses f. Auswärtige Angelegenheiten u. stellv. Vors. d. IPG d. VK. Febr. 1966-April 1982 Sekr. d. ZV d. LDP. 1965-76 Vizepräs. d. Freundschaftsgesellschaft DDR-Lateinamerika. Seit 1970 Vizepräs. d. Liga f. UN. Seit 1973 Mitgl. d. Präs. d. Friedensrates d. DDR, seit 1974 d. Weltfriedensrates, seit 18. 2. 1982 Vizepräsident d. Friedensrates d. DDR. Seit 7. 4. 1982 stellv. Vors. d. LDP. Seit 1976 Mitgl. d. Präs. d. Liga f. Völkerfreundschaft u. Präs. d. Freundschaftsgesellschaft DDR-Großbritannien.
Ausz.: VVO i. Silber (1973) u. a.

Lindner, Gerhard
Berlin
Geb. 26. 2. 1930 i. Thalheim/Erzgeb. als Sohn eines Arbeiters
Erl. B.: Diplom-Jurist, Dr. phil.
Ausg. B.: Botschafter
Partei: SED
L.: 1947-49 Besuch d. Vorstudienanstalt Chemnitz. 1949-56 Studium d. Rechtswiss. i. Leipzig u. Leningrad. Dipl.-Jurist. Seit 1956 Angehöriger d. diplom. Dienstes d. DDR. Zeitw. pers. Referent eines stellv. Min. 1963 Ltr. d. Abt. Nordische Staaten i. MfAA. 1964 Botschaftsrat i. Prag. 1965-68 amt. Ltr. d. HV d. DDR i. Finnland. 1968-71 stellv. Ltr. d. Abt. Nordeuropa i. MfAA. 1971-72 Ltr. d. HV d. DDR i. Dänemark. 1972-76 stellv. Ltr. d. Abt. USA/Japan/Australien inc. i. MfAA. Febr. 1977-März 82 Botschafter i. Australien, Mai 1977-März 82 Botschafter i. Neuseeland. Nachf. v. Hans Richter. Seit April 1982 stellv. Ltr. d. Abt. USA, Kanada, Australien, Japan i. MfAA.
Ausz.: Orden „Banner d. Arbeit" Stufe III (1974) u. a.

Lindner, Heinz
Berlin
Erl. B.: Lehrer, Dr. sc. paed.
Ausg. B.: 1. stellv. Hauptdirektor
Partei: SED
L.: 1948 Neulehrer f. Deutsch u. Geschichte. Stu-

dium. Promotion A u. B. Seit 1961 Leitungsfunktionen i. DPZI u. APW. 1970 o. Prof. 1970 korr. Mitgl., 1975 o. Mitgl. APW. Sekr. d. Präs. d. APW. 1976-81 Vizepräs. d. APW. Seit April 1977 Mitgl. d. Präs. d. ZV d. Gew. Unterricht u. Erz. i. FDGB. Seit März 1981 1. stellv. Hauptdir. d. Verlages Volk u. Wissen i. Berlin.
Ausz.: Artur-Becker-Medaille i. Gold (1978) u. a.

Lindner, Lothar

Berlin
Geb. 13. 1. 1928
Erl. B.: Maurer, Diplom-Gesellschaftswissenschaftler
Ausg. B.: Vorsitzender d. Zentralvorstandes d. IG Bau/Holz
Partei: SED
L.: Maurer. 1947 Mitgl. d. SED. Betriebsrat i. Limbach-Frohna. 1947 Jugendsekr. d. IG Bau i. Land Sachsen. 1949 Vors. d. IG Bau i. Sachsen. 1951-55 stellv. Vors. d. ZV d. IG Bau/Holz. 1955-58 Abt.-Ltr. i. Bundesvorstand d. FDGB. Seit Sept. 1958 Vors. d. ZV d. IG Bau/Holz u. Mitgl. d. Präs. d. Bundesvorstandes d. FDGB. Seit 1960 Präs. d. Internat. Vereinigung d. Gewerkschaft d. Bau-, Holz- u. Baumaterialienarbeiter i. WGB. 1961-63 Mitgl. d. Sekr. d. BV d. FDGB. Seit 22. 5. 1976 Kand., seit 16. 4. 1981 Vollmitglied d. ZK d. SED.
Ausz.: VVO i. Bronze (1964) u. a.

Lindner, Roland

Berlin
Geb. 6. 6. 1937 i. Chemnitz
Ausg. B.: Botschafter
Partei: SED
L.: Ab 1957 Studium d. Außenpolitik. Seit 1963 Angehöriger d. diplom. Dienstes d. DDR. 1967-70 Kulturattaché i. Indien. 1970-72 Ltr. d. Konsulats i. Bombay. 1973-77 stellv. Ltr. d. Abt. Süd- u. Südostasien i. MfAA. Juni 1977-April 80 Botschafter i. Pakistan. Nachf. v. Hans Maretzki.
Ausz.: VVO i. Bronze (1979).

Lindner, Werner

Berlin
Geb. 1929
Erl. B.: Technischer Zeichner, Diplom-Wirtschaftler
Ausg. B.: Staatssekretär
Partei: SED
L.: Techn. Zeichner. 1959-67 MA bzw. stellv. Ltr. d. Abt. Landw. beim ZK d. SED. 1967-73 Sekr. f. Landw. d. SED-BL Halle. Seit Sept. 1973 Staatssekr. i. Min. f. Land-, Forst- u. Nahrungsgüterwirtschaft. Nachf. v. Heinz Kuhrig. Seit 22. 5. 1976 Mitgl. d. ZRK d. SED.
Ausz.: VVO i. Silber (1980) u. a.

Linke, Helmut

Suhl
Geb. 6. 10. 1928
Ausg. B.: Chefredakteur
Partei: SED
L.: Journalist. 1955 Red., 1961-65 stellv. Chefred., seit 1965 Chefred. d. SED-Bezirksorgans „Freies Wort" i .Suhl. Seit 1967 Mitgl. d. SED-BL Suhl. Seit 1967 Mitgl. d. ZV d. VDJ. 1972 Studium i. d. SU. Vors. d. VdJ i. Bez. Suhl.
Ausz.: VVO i. Bronze (1969), Orden „Banner d. Arbeit" Stufe I (1980) u. a.

Linn, Hans-Joachim

Berlin
Geb. 12. 2. 1927 i. Trampe
Erl. B.: Postinspektor, Diplom-Jurist, Dr. jur.
Ausg. B.: NDP-Funktionär, Wiss. Mitarbeiter
Partei: NDP
L.: 1944 Posteleve. 1944 NSDAP. 1947 Amtsvorsteher b. d. Post. 1949 NDP. NDP-Funktionär i. Rostock u. Frankfurt/O. 1958 Staatsexamen a. d. DASR. Diplom-Jurist. 1959-71 Arbeitsgruppenltr. Handwerk bzw. Ltr. d. Abt. Wirtschaft i. PV d. NDP. März 1969 Promotion zum Dr. jur. a. d. Humboldt-Uni. Ostberlin. 1961-63 Mitgl. d. Büros d. ZR d. FDJ. Seit 1963 Mitgl. d. Hauptausschusses d. NDP. 1971-76 stellv. Vors. d. RdB Potsdam f. Verkehr, Straßenwesen u. Wasserwirtschaft. Okt. 1976-Juni 81 stellv. OB f. Wohnungspolitik i. Ostberlin. Nachf. v. Friedrich Kos. Seit 1981 wiss. MA beim Sekr. d. HA d. NDP. Mitgl. d. StVV Ostberlin.
Ausz.: VVO i. Silber (1978) u. a.

Linnemann, Gerhard

Ilmenau/Thür.
Geb. 1930 i. Oschersleben
Erl. B.: Elektromechaniker, Dr.-Ing.
Ausg. B.: Hochschullehrer
Partei: SED
L.: Industrie-Elektromechaniker. 1950-53 Studium a. d. Ing.-Schule f. Schwermaschinenbau i. Magdeburg. 1955-60 Studium d. theor. Elektrotechnik a. d. HS f. Elektrotechnik i. Ilmenau. Danach Assistent, Oberassistent u. Dozent a. d. HS f. Elektrotechnik. Promotion zum Dr.-Ing. 1. 9. 1970 Honorarprof. 1. 10. 1970 Prof. f. d. Fachgebiet Informationstechnik a. d. TH Ilmenau. 1967-71 Techn. Dir. d. VEB Transformatorenwerk „K. Liebknecht" i. Berlin. Seit Aug. 1972 Rektor d. TH Ilmenau. Vors. d. Beirates f. Elektroingenieurwesen b. Min. f. Hoch- u. Fachschulwesen. Seit 1974 Mitgl. d. BL Suhl d. SED. Vors. d. Bezirkskomitees d. Liga f. Völkerfreundschaft Suhl.
Ausz.: Nat.-Preis II. Kl. (1971), VVO i. Bronze (1979) u. a.

Lippitz, Elvira

Brandenburg
Geb. 1928 als Tochter eines Maurers
Erl. B.: Krankenschwester, Lehrerin, Diplom-Gesellschaftswissenschaftler
Ausg. B.: Oberbürgermeister v. Brandenburg
Partei: SED
L.: Vor 1945 Besuch eines Lehrerinnen-Seminars.

Lehrerin an Gewerkschaftsschulen i. Eisleben, Grünheide u. Bernau. Sekr. d. SED i. Stahl- u. Walzwerk Hennigsdorf. MA d. SED-KL Zossen. Ltr. einer Bildungsstätte d. SED i. Wildau. Parteisekr. einer Bezirksnervenklinik. Fernstudium als Krankenschwester. 1962 Lehrberechtigung i. Staatsbürgerkd. u. Geschichte. Absolventin d. PHSch d. SED. Diplom-Gesellschaftswiss. 1965-76 l. stellv. OB, seit 16. 2. 1976 OB v. Brandenburg. Nachf. v. Reinhold Kietz. Abg. d. BT Potsdam.
Ausz.: VVO i. Bronze (1975).

Löffler, Kurt

Berlin
Ausg. B.: Staatssekretär
Partei: SED
L.: Kulturfunktionär. Anfang der 60er Jahre Ltr. d. Abt. Kultur b. RdB Erfurt. Danach MA d. ZK d. SED, zuletzt stellv. Ltr. d. Abt. Kultur. Seit Febr. 1973 Staatssekretär i. Min. f. Kultur. Nachf. v. Dieter Heinze. Seit 1974 Präs. d. Freundschaftsgesellschaft DDR-Indien. Seit 1980 Sekretär d. Martin-Luther-Komitees d. DDR.
Ausz.: VVO i. Bronze (1973) u. a.

Löhn, Heinz

Berlin
Geb. 16. 8. 1934 i. Eberswalde
Erl. B.: Industriekaufmann, Diplom-Wirtschaftler
Ausg. B.: Botschafter
Partei: SED
L.: Ausbildung zum Industriekaufmann. MA d. DDR-Außenhandelsapp. Studium a. d. HS f. Ökonomie i. Berlin-Karlshorst. 1958 Diplom-Wirtschaftler. 1960-64 MA d. HV i. Kolumbien. Ab 1967 Handelsattaché u. Ltr. d. HV d. DDR i. Mexiko. Leitende Funktionen i. Außenhandel d. DDR. Seit 25. 1. 1982 Botschafter d. DDR i. Ekuador. Nachf. v. Karl Kormes.
Ausz.: VVO i. Bronze (1969) u. a.

Löschau, Siegbert

Geb. 13. 12. 1929 i. Weißig bei Freital/S. als Sohn eines Drehers
Erl. B.: Diplom-Chemiker, Dr.-Ing.
Ausg. B.: Chemiker
Partei: SED
L.: Zimmermann. 1946 Mitgl. d. SED. 1948 Abitur. Studium a. d. TH Dresden. 1952 Dipl.-Chemiker. Assistent a. d. TH Dresden. 1952 Mitarbeiter f. Chemie i. d. ZK d. SED. 1954 Forschungsgruppenltr., Haupttechnologe u. 1960 Hüttendir. i. VEB Mansfeld-Kombinat „Wilhelm Pieck" i. Eisleben. Promotion zum Dr.-Ing. a. d. Bergakademie Freiberg. Sept. 1961-Ende 1962 Stellvertreter d. Ltr. f. Produktion u. Technik i. d. Hauptabt. Chemie d. VWR. 1962-65 Mitgl. d. SED-BL Halle. 1963-65 Wahlkdr. i. VEB Leuna-Werke „Walter Ulbricht". Jan. 1963 (VI. Parteitag) Kand. d. ZK d. SED. Dez. 1964-Sept. 1966 Vollmitgl. d. ZK d. SED. Im Sept. 1966 (13.

Plenum) „wegen unwürdigen Verhaltens" aus dem ZK d. SED ausgeschlossen. Dez. 1965-Mai 1966 Min. f. chemische Industrie u. Mitgl. d. Präs. d. Ministerrates. Mai 1966 abgesetzt. Bewährungsauftrag i. d. chemischen Industrie. HA-Ltr. Forschung i. Synthesewerk Schwarzheide.

Lötzke, Helmuth

Potsdam
Geb. 29. 8. 1920 i. Königsberg
Ausg. B.: Direktor d. Deutschen Zentralarchivs Potsdam, Dr. phil.
Partei: SED
L.: Absolvent d. Lehrerbildungsanstalt Danzig. Kriegsdienst (Leutnant i. einem Gren.-Rgt.). Nach 1945 Studium a. d. Uni. Greifswald. Dozent a. d. ABF Greifswald. Seit 1952 i. Deutschen Zentralarchiv Potsdam tätig. Dir. d. Deutschen Zentralarchivs. Lehrtätigkeit a. d. Humboldt-Uni. Ostberlin (Prof. f. Archivwiss.). Dir. d. Inst. f. Archivwiss. d. Humboldt-Uni. Mitgl. d. Sektion Geschichte d. DAW.
Ausz.: Verdienstmed. d. DDR.

Lohaus, Bernd

Berlin
Geb. 16. 12. 1926 i. Ruhrgebiet als Sohn eines Bergmanns
Ausg. B.: Bundessekretär d. KB
Partei: SED
L.: Nach 1945 Mitgl. d. Antifa-Jugend i. Aue/S. Seit 1947 hauptamtl. MA DKB. Zeitw. Sekr. d. DKB i. Bez. Dresden. Seit 1959 Bundessekr. u. 1. Sekr. d. KB i. Berlin. Seit 1978 Mitgl. d. ZV d. DSF.
Ausz.: VVO i. Silber (1975), Orden „Banner d. Arbeit" Stufe I (1980) u. a.

Lohns, Karl-Heinz

Leipzig
Geb. 23. 8. 1929 i. Annaberg/Erzgeb./Sa.
Erl. B.: Chemiker, Dr. rer. nat. habil.
Ausg. B.: Direktor einer Forschungsstelle d. AdW
L.: Studium. Dr. rer. nat. habil. Dir. d. Forschungsstelle f. Chemische Toxikologie d. AdW i. Leipzig. Seit 1972 o. Mitgl. d. AdW. Vors. d. Internat. Abrüstungsausschusses d. Weltföderation d. Wissenschaftler. Mitgl. d. nationalen Pugwash-Gruppe d. DDR u. d. Regierungsrates d. Stockholmer Internat. Friedensforschungsinstituts. Seit 1. 7. 81 Vizepräs. d. Urania.

Lohsse, Klaus

Berlin
Geb. 1937
Erl. B.: Schlosser, Diplom-Staatswissenschaftler
Ausg. B.: Stellv. Minister
Partei: LDP
L.: Werkzeugmaschinenschlosser. Seit 1965 LDP-Funktionär, Kreissekr. u. AL i. BV Karl-Marx-Stadt d. LDP. Direktstudium a. d. DASR. Dipl.-Staatswiss. 1964 stellv. Vors. d. BV Rostock d.

LDP. Seit 1966 Mitgl. d. RdB Rostock. 1967-78 Ltr. d. Abt. ÖVW RdB Rostock. Seit 1976 Mitgl. d. ZV d. LDP. Seit April 1978 stellv. Min. f. bezirksgeleitete Ind. u. Lebensmittelind. Seit April 1982 Mitgl. d. Polit. Ausschusses d. ZV d. LDP.
Ausz.: VVO i. Bronze (1972) u. a.

Lonscher, Erhard
Berlin
Geb. 28. 7. 1925 i. Patschkau/Oberschlesien
Erl. B.: Lehrer, Diplom-Staatswissenschaftler
Ausg. B.: Sekretär d. Hauptausschusses d. NDP
Partei: NDP
L.: 1940-43 Besuch einer Lehrerbildungsanstalt. 1943 NSDAP. Im 2. Weltkrieg Fahnenjunker d. Luftwaffe. Sowj. Kriegsgef. Besuch d. zentralen Antifa-Schule i. d. SU. 1949 Mitgl. d. NDP. 1949-52 Mitgl. d. Landesvorstandes d. NDP i. Ostberlin. Verantwortlich f. d. Arbeitsgebiet Polit. Studium u. Kultur. Seit 1952 hauptamtl. Mitarbeiter des PV d. NDP. Zuerst Ltr. d. Abt. Landesparteischulen i. d. Hauptabt. Polit. Studium, dann Ltr. d. Hauptabt. bzw. Abt. Polit. Studium. 1963 bis 1966 Rektor d. HS f. Nat. Politik i. Waldsieversdorf. Seit 1963 Mitgl. d. PV (Präsidiums) u. d. Hauptausschusses d. NDP. 1966-73 Vors. d. Bezirksverbandes Halle d. NDP. Seit Nov. 1973 Sekr. d. Hauptausschusses d. NDP. Seit 1974 Mitgl. d. ZV d. DSF u. d. Solidaritätskomitees. Seit Okt. 1976 Abg. d. VK u. stellv. Vors. d. Ausschusses f. Industrie, Bauwesen u. Verkehr. Seit 1976 Mitgl. d. Präs. d. Freundschaftskomitees DDR-Syrien (SAR).
Ausz.: VVO i. Bronze (1958) u. i. Silber (1969 u. 1979) u. a.

Lorber, Karl-Heinz
Berlin
Geb. 30. 9. 1916 i. Neustadt/Orla
Ausg. B.: SED-Funktionär
Partei: SED
L.: Kriegsdienst (Flak). Nach 1945 SED-Funktionär. Abt. Kaderltr. i. Min. f. Landw., Erfassung u. Forstw. 1963-67 Kandidat, seit April 1967 Vollmitgl. d. ZRK d. SED. Stellv. Vors. d. ZRK d. SED.
Ausz.: VVO i. Gold (1976) u. a.

Lorenz, Gerhard
Berlin
Geb. 24. 5. 1930 i. Freital/Sa.
Erl. B.: Maurer
Ausg. B.: Generalleutnant
Partei: SED
L.: 1944-47 Maurerlehre. 1948 SED. Eintritt i. die VP. Wachtmstr. i. VPKA Dresden. Politoffizier d. Grepo. Absolvent d. PHSch d. SED u. d. Militärak. „Friedrich Engels". 1968 stellv. Chef d. Grenztruppen u. Ltr. d. Polit. Verw. Seit 26. 2. 1971 Generalmajor. Zeitw. Kommandeur d. Grenzkommandos Süd d. NVA. 1971-74 Mitgl. d. SED-BL Erfurt. Seit 1973 erneut stellv. Chef d. Grenztruppen u. Ltr. d. Polit. Verwaltung. Seit 16. 2. 1981 Generallt. d. NVA.
Ausz.: VVO i. Silber (1976) u. a.

Lorenz, Siegfried
Karl-Marx-Stadt
Geb. 26. 11. 1930 i. Annaberg/S. als Sohn eines Färbers
Erl. B.: Mechaniker, Diplom-Gesellschaftswissenschaftler
Ausg. B.: 1. Sekretär d. SED-BL Karl-Marx-Stadt
Partei: SED
L.: Volksschule. Mechanikerlehre. 1945 SPD. 1946 SED. 1946 FDJ. 1948-51 Besuch d. ABF u. Studium a. d. Uni. Leipzig. Dipl.-Gewi. 1951-53 Ltr. d. Abt. Studentische Jugend i. ZK d. FDJ. 1954-61 Sekr. bzw. 2. Sekr. d. FDJ-BL Berlin. Seit 1961 Mitgl. d. ZR d. FDJ. 1958-67 Kand. bzw. Mitgl. d. SED-BL Berlin. 1961-65 1. Sekr. d. FDJ-BL Berlin. 1963-67 Berliner Vertreter i. d. VK, seit 1967 Abg. d. VK. 1966-76 Vors. d. Jugendausschusses i. VK. 1966-76 Ltr. d. Abt. Jugend i. ZK d. SED. 1967-71 Kand., seit 1971 Vollmitgl. d. ZK d. SED. Seit 27. 3. 1976 1. Sekr. d. SED-BL Karl-Marx-Stadt. Nachf. v. Paul Roscher.
Ausz.: VVO i. Gold (1973) u. a.

Lorenz, Werner
Berlin
Geb. 4. 3. 1925 i. Dittersdorf, Krs. Chemnitz, als Sohn eines Handwerkers
Erl. B.: Industriekaufmann, Lehrer
Ausg. B.: Staatssekretär i. Ministerium f. Volksbildung
Partei: SED
L.: Volksschule. 1939-42 Ausbildung als Industriekfm. Anschl. Kriegsdienst u. Gef. 1947 Neulehrer. Bis 1950 Schulltr. i. Annaberg. 1947 Mitgl. d. SED. 1948 1. u. 2. Lehrerprüfung. 1950 stellv. Kreisschulrat i. Annaberg. 1951-54 Kreisschulrat i. Marienberg. 1954-58 Abg. d. Bezirkstages Karl-Marx-Stadt. 1954 stellv. Vors. d. Rates d. Bez. Karl-Marx-Stadt (Ltr. d. Abt. Volksbildung). 1955-58 Sekr. f. Kultur u. Erziehung. SED-BL Karl-Marx-Stadt. Seit 1. Juni 1958 Staatssekr. u. 1. stellv. Min. im Min. f. Volksbildung. Nachf. v. H.-J. Laabs. Seit 1958 Abg. d. VK. 1967-81 Mitgl. d. Ausschusses f. Auswärtige Angelegenheiten d. VK. Vors. d. Parlam. Freundschaftsgruppe DDR-Österreich/Schweiz. 1967 Besuch d. PHSch d. KPdSU. Seit Juni 1971 Kand. d. ZK d. SED.
Ausz.: VVO i. Gold (1978). Orden „Banner d. Arbeit" (1970) u. a.

Lorf, Peter
Berlin
Geb. 28. 3. 1932 i. Berlin
Erl. B.: Journalist, Diplom-Staatswissenschaftler
Ausg. B.: Botschafter
Partei: SED
L.: 1950 Abitur. Korrektor u. Hilfsred. i. Verlag Kultur u. Fortschritt. 1954-57 Studium a. d.

DASR. Staatsexamen. Wilhelm-Pieck-Stipendiat. 1957-67 Red. d. ND (1962-63 ND-Korrespondent i. Bonn). Zuletzt Ltr. d. Abt. Außenpolitik b. ND. 1967-73 Ltr. d. Bereichs Presse u. Information i. MfAA. Nov. 1973-Sept. 1975 Botschafter d. DDR i. Spanien. Seit 21. 6. 1977 Botschafter i. Mexiko, seit 1. 3. 1978 i. Kostarika u. seit 4. 4. 1978 i. Panama.
Ausz.: VVO i. Silber (1973) u. a.

Luck, Herbert

Rostock
Geb. 8. 6. 1923 i. Suhl als Sohn eines Arbeiters
Erl. B.: Werkzeugmacher, Dr. sc. oec., Prof.
Ausg. B.: Hochschullehrer
Partei: SED
L.: Werkzeugmacherlehre i. Suhl. Ab. 1947 Studium d. Wirtschaftswiss. 1950 Diplom-Prüfung. 1951-54 Prorektor f. das gesellschaftswiss. Grundstudium a. d. Uni. Rostock. Promotion zum Dr. oec. u. Habil. Seit 1. 1. 1956 Prof. mit v. LA f. Polit. Ökonomie a. d. Uni. Rostock. Febr. 1963-Sept. 1966 Sekr. u. Ltr. d. Ideol. Kommission d. SED-BL Rostock. 1966-69 erneut als Hochschullehrer a. d. Uni. Rostock tätig. 1969-74 stellv. Vors. d. RdB u. Vors. d. Bezirksplankommission Rostock. Seit 1974 als Prof. a. d. Sektion Sozial. Betriebswirtschaft Uni. Rostock tätig.
Ausz.: VVO i. Silber (1973), Verdienter Hochschullehrer d. DDR (1980) u. a.

Ludwig, Harald

Berlin
Geb. 1929
Erl. B.: Industriekaufmann
Ausg. B.: Generalleutnant d. NVA
Partei: SED
L.: Industriekaufmann. Seit 1949 Angehöriger d. VP, KVP bzw. NVA. Zeitw. Rgt.-Kdr. u. in verschiedenen Stabsstellungen d. NVA. Febr. 1976 Generalmajor, seit 16. 2. 1981 Generalleutnant d. NVA. Zeitw. stellv. Chef, dann seit 1979 Chef d. Kaderverwaltung d. NVA. Nachf. v. Ottomar Pech.
Ausz.: VVO i. Bronze (1973). Ernst-Schneller-Medaille i. Gold (1980) u. a.

Ludwig, Margit

Erfurt
Geb. 20. 12. 1944
Erl. B.: Verkäuferin, Diplom-Wirtschaftler
Ausg. B.: Sekretär einer GO d. SED
Partei: SED
L.: Verkäuferin, Diplom-Wirtschaftler. Seit 1965 Mitgl. d. SED. Sekr. d. GO d. SED i. VEB Möbelwerk Erfurt. Seit Febr. 1979 Kand., seit Febr. 1981 Mitgl. d. SED-BL Erfurt. Seit 16. 4. 1981 erstmalig Kand. d. ZK d. SED.

Ludwig, Werner

Dresden
Geb. 15. 12. 1914 i. Mülheim/Ruhr
Erl. B.: Militärarzt, Dr. sc. med., Prof.

Ausg. B.: Vizepräsident d. DRK, Hochschullehrer
Partei: SED
L.: Besuch d. Hindenburg-Gymnasiums i. Düsseldorf. Ab 1934 Studium d. Medizin a. d. Militärärztl. Akademie i. Berlin. 1939/40 Staatsexamen. 1942 Oberarzt bei d. San.-Komp. 1/18. Später Stabsarzt bei d. 371. Inf.-Div. Geriet im Jan. 1943 bei Stalingrad i. sowj. Kriegsgef. Antifaschüler. 1948 Rückkehr nach Deutschland. Kreisarzt i. Grimma/S. 1950 Abt.-Ltr. i. Min. f. Gesundheitswesen d. DDR. 1953-81 Präs. d. Deutschen Roten Kreuzes d. DDR. Seit Okt. 81 ehrenamtl. Vizepräs. d. DRK d. DDR. Mitgl. d. Nat. Rates d. Nat. Front. Okt. 1962 Obermedizinalrat. Seit 1. 2. 1965 Prof. mit Lehrstuhl f. Sozialhygiene a. d. Mediz. Akademie Dresden. 1971-76 Präs. d. Nationalkomitees f. Gesundheitserziehung d. DDR. Lehrstuhlinhaber f. Gesundheitserziehung a. d. Akademie f. Ärztl. Fortbildung i. Ostberlin. Seit 1974 Präs. d. Nationalkomitees d. DDR f. d. Zusammenarbeit mit d. UNICEF.
Ausz.: VVO i. Gold (1974) u. a.

Lüdemann, Heinz

Leipzig
Geb. 1. 11. 1928 i. Brandenburg/Havel
Ausg. B.: Institutsdirektor, Dr. sc. nat. Dr. rer. oec.
L.: In den 60er Jahren Abt.-Ltr. i. Ökonomischen Forschungsinst. d. SPK. Gegenwärtig Dir. d. Zentralinst. f. Geographie u. Geoökologie d. AdW i. Leipzig. Ehrenmitgl. d. Geogr. Ges. d. UdSSR. Vors. d. Nationalkomitees d. DDR f. das Wiss. Komitee für Umweltprobleme.

Lützkendorf, Rolf

Berlin
Geb. 1. 12. 1925 i. Braunsdorf/Querfurt/S.
Erl. B.: Werkzeugschlosser
Ausg. B.: Sekretär d. Liga f. Völkerfreundschaft
Partei: SED
L.: Werkzeugschlosser. Kriegsdienst. Besuch einer ABF. Seit 1950 Angehöriger d. diplom. Dienstes. d. DDR. 1950 MA d. Konsularabt. i. MfAA. 1951 Mitgl. d. diplom. Vertretung i. Warschau. 1956 Presseattaché i. Ungarn. 1958-63 stellv. Pressechef d. MfAA. 1963-66 Studium a. d. PHSch d. KPdSU i. Moskau. 1966-69 Sekr. u. stellv. Vors. d. Sekr. d. ZV d. DSF. 1969-73 Gesandter a. d. DDR-Botschaft i. d. UdSSR. Nachf. v. Rudolf Rossmeisl. 1973-75 Ltr. d. HA Presse u. Information i. MfAA. Seit 1975 Sekr. d. Liga f. Völkerfreundschaft.

Lugenheim, Karl-Heinz

Berlin
Geb. 30. 4. 1928 i. Leipzig als Sohn eines Arbeiters
Erl. B.: Maschinenschlosser, Diplom-Volkswirt
Ausg. B.: Botschafter
Partei: SED
L.: Maschinenschlosser. Dipl.-Volkswirt. Seit 1950 Angehöriger d. diplom. Dienstes. d. DDR.

Hauptreferent i. MfAA. 1956-62 2. Sekr. a. d. DDR-Botschaft i. Polen. 1963-66 Konsul bzw. 1. Sekr. a. Generalkonsulat d. DDR i. Irak. Danach stellv. Ltr. bzw. Ltr. d. Abt. Arab. Staaten bzw. Naher u. Mittlerer Osten i. MfAA. Seit 12. 5. 1977 Botschafter d. DDR i. Irak. Nachf. v. Günter Schurath.
Ausz.: VVO i. Bronze (1970) u. a.

Lungershausen, Wolfgang
Berlin
Geb. 27. 11. 1925 i. Weida/Thüringen
Erl. B.: Diplom-Wirtschaftler
Ausg. B.: Generaldirektor
Partei: SED
L.: 1943 NSDAP. Oberschule, Abitur. Nach 1945 Bauhilfsarbeiter u. Weber i. Weida. 1947 SED. 1947 Studium d. Volkswirtschaft i. Jena u. Leipzig. Dipl.-Wirtschaftler. 1950 Assistent d. Werkleiters i. VEB Optima. Danach Hauptbuchhalter u. 1956-60 Dir. d. VEB Optima i. Erfurt. 1960-69 Hauptdir. (Generaldir.) d. VVB Datenverarbeitung u. Büromaschinen i. Erfurt. 1954-69 Mitgl. d.SED-BL Erfurt. Okt. 1963-Juni 81 Abg. d. VK. Seit 1967 Mitgl. d. Ausschusses f. Industrie, Bauwesen u. Verkehr. 1970-72 Dir. i. Kombinat Zentronik Sömmerda. 1972 Generaldir. VVB Bauelemente u. Vakuumtechnik i. Berlin. Gegenwärtig Generaldir. Kombinat Elektronische Bauelemente.
Ausz.: Orden „Banner d. Arbeit" (1963), VVO i. Silber (1974) u. a.

Lutter, Hans-Joachim
Güstrow
Geb. 29. 4. 1928
Erl. B.: Maurer, Lehrer, Diplom-Gesellschaftswissenschaftler, Dr. sc. phil.
Ausg. B.: Hochschullehrer
Partei: SED
L.: Maurer, Lehrer, Diplom-Gesellschaftswiss. Lehrtätigkeit. Zeitw. Dir. d. Pädag. Instituts, dann ab Sept. 1972 Rektor d. Pädag. HS „Lieselotte Herrmann" i. Güstrow. Seit 1972 Mitgl. d. Präsidialrates d. KB. Seit 1971 Abg. d. BT Schwerin.
Ausz.: Verdienter Lehrer d. Volkes (1976).

M

Maaß, Wilfried
Berlin
Ausg. B.: Stellv. Minister für Kultur, Dr. phil.
Partei: SED
L.: Kulturfunktionär d. SED. 1962-66 Sekr. d. SED-BL Frankfurt/Oder (Ideol. Kommission). Seit Jan. 1966 stellv. Min. f. Kultur. Jan.-Nov. 1966 Ltr. d. Hauptverwaltung Film i. Min. f. Kultur. 1968-72 Mitgl. d. Präs.-rates d. DKB. Mitgl. d. Hoch- u. Fachschulrates d. DDR.
Ausz.: VVO i. Silber (1980) u. a.

Maaßen, Hanns
Kleinmachnow
Geb. 26. 12. 1908 i. Lübeck
Erl. B.: Steinbildhauer
Ausg. B.: Schriftsteller
Partei: SED
L.: Im Waisenhaus aufgewachsen. Steinbildhauer. Mitgl. d. KJV u. ab 1928 d. KPD. 1931 Ltr. d. RGO i. Steinarbeiterverband i. Kiel. Anfang d. 30er Jahre Red. d. Kommunistischen „Norddeutschen Zeitung" i. Kiel. Nach d. nationalsozialistischen Machtübernahme verhaftet. Bis 1934 i. KZ Kieslau/Baden. Anschl. Emigration nach Saarbrücken u. von dort nach Paris u. i. d. Schweiz. MA d. Red. d. Internat. Gewerkschaftspressedienstes i. Paris. Ab Nov. 1936 Teilnehmer am spanischen Bürgerkrieg. MA versch. Bataillon- u. Kompanie-Zeitungen. Red. d. deutschsprachigen Zentralzeitung d. Internat. Brigaden „El Volontario". 1939-46 i. Spanien inhaftiert. Rückkehr nach Deutschland. Kommentator a. Sender Leipzig. 1949-50 entlassen („linker Abweichler"). Anschl. Chefred. d. kulturpolitischen Zeitschriften „Volkskunst" u. „Szene". Schriftstellerische Betätigung. Zeitw. Vors. d. DSV i. Bez. Leipzig. Juli 1968-April 1971 stellv. Chefred. d. Wochenzeitung d. DKB „Sonntag". Mitgl. d. Vorstandes d. Schriftstellerverbandes.
Ausz.: Kunstpreis d. Stadt Leipzig (1960). VVO i. Silber (1969). Kunstpreis d. FDGB (1979) u. a.
Veröff.: „Ein Bericht". „Die Messe des Barcelo", Mitteldtsch. Vlg., 1956. „Die Söhne des Tschapajew", Vlg. d. Min. f. Nat. Verteidigung, Berlin 1960. „Die Kreuzerland", Vlg. Tribüne, Berlin 1963. „... in der Stunde der Gefahr", 1971. „Vom Heuberg weht ein scharfer Wind", 1979 u. a.

Maaßen, Martin
Berlin
Geb. 6. 2. 1934 i. Apolda
Erl. B.: Diplom-Wirtschaftler
Ausg. B.: Stellv. Finanzminister
Partei: LDP
L.: 1952-56 Studium d. Finanzökonomie a. d. Uni. Halle-Wittenberg u. Leipzig. Dipl.-Wirtschafter. 1956 Mitgl. d. LDP. 1956-67 MA bzw. Ltr. d. Abt. Finanzen b. RdK Apolda. 1967-72 stellv. Vors. d. RdB Erfurt f. örtl. Versorgungswirtschaft. 1967-72 Abg. d. BT Erfurt. Seit 1972 Mitgl. d. ZV d. LDP. Seit 10. 11. 1972 Mitgl. d. Polit. Ausschusses. Nov. 1972-Dez. 81 Sekr. d. ZV d. LDP. Nachf. v. Hans-Joachim Heusinger. Seit 1974 Mitgl. d. Präs. d. Solidaritätskomitees d. DDR. Seit Okt. 1976 Abg. d. VK u. Mitgl. d. Verfassungs- u. Rechtsausschusses. Seit 1. 2. 1982 stellv. Finanzminster.
Ausz.: VVO i. Silber (1976) u. a.

Machacek, Ernst
Berlin
Geb. 6. 12. 1923 i. Hochenelbe (CSR)
Erl. B.: Lehrer, Dr. phil.
Ausg. B.: Stellv. Minister für Volksbildung
Partei: SED
L.: Kriegsdienst. Nach 1945 Schulltr. i. Rehmsdorf-Zeitz u. Droyßig. Danach Schulrat i. Dessau u. Dir. d. Inst. f. Lehrerbildung i. Weißenfels. 1960-61 Dir. d. Pädag. Inst. Halle-Kröllwitz. Oberstudienrat. Juni 1961-Febr. 1963 Sekr. f. Kultur u. Volksbildung d. SED-BL Halle. Seit Dez. 1963 stellv. Min. f. Volksbildung. 1966 Promotion zum Dr. phil. a. d. Uni. Halle-Wittenberg. Mitgl. d. Hoch- u. Fachschulrates d. DDR.
Ausz.: VVO i. Gold (1977). Humboldt-Medaille i. Gold (1980) u. a.

Macher, Friedrich
Dresden
Geb. 27. 2. 1922 i. Münzesheim/Baden als Sohn eines Kesselschmiedes
Erl. B.: Telegrafenbauarbeiter, Dr. rer. oec.
Ausg. B.: Hochschullehrer
Partei: SED
L.: Telegrafenbauarbeiter b. d. Deutschen Post. Kriegsdienst (Luftnach.). Nach 1945 Gewerkschaftsfunktionär, Landesvors. d. Gew. Post- u. Fernmeldewesen i. Sachsen-Anhalt. 1950-51 Besuch d. PHSch d. SED. 1951 stellv. Vors., 1952-53 Vors. d. IG Post- u. Fernmeldewesen d. DDR. 1953-58 Min. f. Arbeit u. Berufsausbildung. 1958-64 AL i. d. SPK u. i. DDR-Büro f. wirtsch. u. wiss.-techn. Zus. m. d. Ausland. 1964 Promotion z. Dr. rer. oec. KMU Leipzig. Seit 1969 Prof. Dir. d. Sektion Arbeitswiss. bzw. Ltr. d. Wissenschaftsbereichs Theorie u. Methodik Sektion Arbeitswiss. TU Dresden.

Mader, Julius
Berlin
Geb. 7. 10. 1928 i. Radzie/Polen
Erl. B.: Diplom-Wirtschaftler, Dr. sc. jur., Dr. rer. pol.
Ausg. B.: Schriftsteller
Partei: SED
L.: Wirtschaftsoberschule. Kaufm. Lehre. 1958 SED. Studium d. Wirtschaftswiss., Journalistik, Staats- u. Rechtswiss. i. Jena u. Berlin sowie a. d. HS f. Binnenhandel u. DASR. 1955 Diplom-Wirtschaftler. 1965 Promotion zum Dr. rer. pol.

Tätigkeit i. Binnenhandel u. bis 1959 als stellv. Chefred. d. Zeitschrift „Der Handel". Seit 1960 freischaffender Schriftsteller i. Berlin. 1971 Promotion zum Dr. sc. jur.
Ausz.: Friedrich-Engels-Preis u. a.
Veröff.: „Die graue Hand", 1960. „Jagd nach dem Narbengesicht". „Der Banditenschatz", 1965. „Dr. Sorge funkt aus Tokyo", 1966 (zus. mit Horst Pehnert). „Who's who im CIA", 1970. „Hitlers Spionagegenerale sagen aus", Vlg. d. Nation, Berlin 1971. u. a.

Mäde, Hans-Dieter
Berlin
Geb. 29. 1. 1930 i. Krakow am See/Meckl.
Erl. B.: Regisseur, Dramaturg
Ausg. B.: Generaldirektor
Partei: SED
L.: In Mecklenburg (Schwerin) aufgewachsen. 1946 Mitgl. d. SED. Mitbegründer d. FDJ i. Mecklenburg. Ab 1947 Studium d. Gesellschaftswiss., Germanistik, Theaterwiss. u. Schauspielkunst a. d. Uni. Rostock u. a. Dtsch. Theaterinst. i. Weimar. Zeitw. Ass. bzw. Oberass. a. Dtsch. Theaterinst. Weimar. 1953-56 Chefdramaturg bzw. Regisseur d. Städt. Bühnen Erfurt. 1956-61 Regisseur a. Maxim-Gorki-Theater i. Ostberlin. 1961-66 Generalintendant d. Städt. Bühnen Karl-Marx-Stadt. Jan. 1963-April 81 Kand., seit April 1981 Vollmitgl. d. ZK d. SED. Febr. 1966-Aug. 1972 Generalintendant d. Dresdner Staatstheater. 1966-80 Vizepräs. d. Verbandes d. Theaterschaffenden d. DDR. 1972-76 erneut Regisseur a. Maxim-Gorki-Theater Ostberlin. Seit 1974 Mitgl. d. AdK. Seit 17. 12. 1976 Generaldir. d. VEB DEFA-Studios f. Spielfilme. Nachf. v. Albert Wilkening.
Ausz.: Nat. Pr. III. Kl. (1966) u. a.

Mädicke, Horst
Berlin
Geb. 3. 8. 1921
Erl. B.: Lehrer, Dr. phil.
Ausg. B.: 1. Vizepräsident d. URANIA
Partei: SED
L.: 1947 Neulehrer i. Glösa b. Chemnitz. Später Abtltr. i. d. Bundesltg. d. DKB bzw. Sekr. d. Gesellschaft zur Verbreitung wiss. Kenntnisse. Seit 1960 1. Vizepräs. d. URANIA.
Ausz.: VVO i. Gold (1981) u. a.

Mädler, Rudi
Dresden
Geb. 1927 als Sohn eines Elektrikers
Erl. B.: Gießerei- u. Transportarbeiter, Dipl. rer. mil.
Ausg. B.: Generalmajor d. NVA
Partei: SED
L.: Gießerei- u. Transportarbeiter. Jan. 1950 Eintritt i. d. VP. Nov. 1950 SED. Offizierslaufbahn. Absolvent d. Militärakademie „Fr. Engels" i. Dresden. Zeitweise Kdr. d. mot. Schützen-Rgt. „Otto Schlag" i. Weißenfels. Seit 1976 Chef d. WBK Dresden. Mitgl. d. SED-BL Dresden. Seit 2. 10. 1980 Generalmajor d. NVA.
Ausz.: Orden „Banner d. Arbeit" u. a.

Märtin, Bodo
Halle/Saale
Geb. 23. 3. 1928 i. Pößneck als Sohn eines Kleinbauern
Erl. B.: Agrarwissenschaftler, Dr. agr. habil. (Techniker)
Ausg. B.: Hochschullehrer
Partei: DBD
L.: 1947-50 Studium d. Landwirtschaftswiss. a. d. Uni. Jena. 1950 i. Rohrbach bei Weimar i. Feldversuchswesen tätig. Ab 1951 Ass. bzw. Oberass. a. Inst. f. Acker- u. Pflanzenbau d. Uni. Jena. 1955 Promotion zum Dr. bei Prof. Klitsch. 1959 Habil. i. Jena. Seit 1. 1. 1960 Prof. mit Lehrauftrag, seit 1. 2. 1962 Prof. m. Lehrstuhl f. Acker- u. Pflanzenbau a. d. Friedrich-Schiller-Uni. Jena. 1960-72 Mitgl. d. PV d. DBD. Seit 1961 Vizepräs. d. Dtsch-Afrikan. Gesellschaft d. DDR. 1963-71 Abg. d. VK. Seit 1970 Ltr. d. Lehrstuhls f. Pflanzenbau (Ackerfutter) d. Sektion Pflanzenproduktion d. MLU Halle-Wittenberg.
Ausz.: VVO i. Bronze (1961) u. a.

Mäser, Klaus
Berlin
Geb. 22. 8. 1932 i. Leipzig
Erl. B.: Behörden-Angestellter
Ausg. B.: Botschafter
Partei: SED
L.: Behörden-Angestellter. In den 50er Jahren Studium a. d. DASR. Seit 1959 Angehöriger d. diplom. Dienstes d. DDR. 1962-65 Protokoll-Chef a. d. HV d. DDR i. Indien. 1967-71 Konsul bzw. 1. Sekr. a. Generalkonsulat bzw. Botschaft d. DDR i. Ceylon. Danach stellv. Ltr. d. Protokolls i. MfAA (Ltr. d. Sektors „Dipl. Korps"). 1974-78 Generalkonsul i. Bombay. Seit 19. 11. 1980 Botschafter d. DDR. i. Malaysia. Seit 26. 3. 1982 zusätzlich Botschafter i. Burma. Nachf. von Hans Fischer.

Maetzig, Kurt
Berlin
Geb. 25. 1. 1911 als Sohn des nachmaligen Inhabers d. Feka-Film GmbH
Ausg. B.: Filmregisseur, Dr. phil., Prof.
Partei: SED
L.: Studium d. Soziologie, Psych., Jura a. d. Sorbonne i. Paris. 1935 Promotion a. d. TH München zum Dr. phil. Während d. NS-Zeit aus rass. Gründen verfolgt. Bis 1945 kaufm. Angestellter d. Filmentwicklungs- u. Kopieranstalt („FEKA") i. Berlin u. d. Forschungsgesellschaft f. Funk. u. Tonfilm i. Werder/Havel. 2. 5. 1946 Mitbegründer d. sowjetzonalen Filmgesellschaft DEFA. Mitgl. d. SED. 1955-64 Rektor d. Dtsch. HS f. Filmkunst i. Potsdam-Babelsberg. Mitgl. d. Akad. d. Künste i. Ostberlin. 1973 Präs. d. Zentralen Arbeitsgemeinschaft f. Filmklubs beim

Min. f. Kultur. Seit 1979 Ehrenpräs. d. Internat. Filmcluborg. Prominenter DEFA-Regisseur („Ehe im Schatten". „Die Buntkarierten". „Der Rat der Götter". „Ernst Thälmann - Sohn seiner Klasse". „Ernst Thälmann - Führer seiner Klasse". „Schlösser und Katen". „Lied der Matrosen" u. a.)
Ausz.: Viermal Nat. Pr. II. Kl., zuletzt 1959. VVO i. Silber (1961) u. a.

Mager, Rolf

Berlin
Geb. 1923
Ausg. B.: Stellv. Minister der Finanzen
Partei: SED
L.: MA d. MdF d. DDR. Zeitw. Ltr. d. Abt. Valuta. Seit 1965 stellv. Min. d. Finanzen. Stellv. d. Ltr. d. DDR-Delegation i. d. Ständ. Kommission d. RGW f. Valuta- u. Finanzfragen.
Ausz.: VVO i. Silber (1975) u. a.

Mahlow, Bruno

Berlin
Erl. B.: Diplom-Staatswissenschaftler
Ausg. B.: Stellvertretender AL i. ZK d. SED
Partei: SED
L.: Dipl.-Staatswiss. Zeitw. MA d. diplom. Dienstes d. DDR. 1966 l. Sekr. a. d. DDR-Botschaft i. China. Seit Anfang d. 70er Jahre MA bzw. stellv. Ltr. d. Abt. Internat. Verbindungen i. ZK d. SED. Seit Mai 1976 Kand., seit April 1981 Mitgl. d. ZRK d. SED. Mitgl. d. ZV d. DSF.
Ausz.: VVO i. Silber (1976) u. a.

Maier, Lutz

Berlin
Geb. 26. 4. 1929 i. Meuselwitz/Altenburg
Erl. B.: Diplom-Wirtschaftler, Dr. oec. habil.
Ausg. B.: Stellv. Direktor d. IPW
Partei: SED
L.: Diplom-Wirtschaftler. Bis 1965 Dozent bzw. Prof. f. Politökonomie a. Inst. f. Gesellschaftswiss. beim ZK d. SED. 1965-71 Dir. d. Dtsch. Wirtschaftsinst. i. Ostberlin. Seit Juli 1971 stellv. Dir. d. IPW i. Berlin.
Ausz.: VVO i. Silber (1973) u. a.

Makosch, Ulrich

Berlin
Geb. 17. 3. 1933 i. Wittenberge
Erl. B.: Diplom-Journalist
Ausg. B.: Stellv. Chefredakteur
Partei: SED
L.: Mitte der 50er Jahre Studium d. Journalistik a. d. KMU Leipzig. Danach journalistische Betätigung, u. a. Redakteur b. Bln. Rundfunk u. als Korrespondent d. DFF i. Asien. Mitgl. d. Präsidiums d. Dtsch-Südostasiat. In den 70er Jahren stellv. Chefred. f. Außenpolitik b. Fernsehen d. DDR. Jetzt stellv. Chefredakteur d. „Aktuellen Kamera". Seit 1976 Mitgl. d. SED-BL

Berlin. Seit 1978 Präs. d. Freundschaftskomitees DDR-Mocambique.
Ausz.: VVO i. Silber (1979) u. a.

Maleuda, Günther

Halle/Saale
Geb. 20. 1. 1931 i. Altbeelitz
Erl. B.: Staatl. gepr. Landwirt, Diplom-Wirtschaftler, Dr. agr.
Ausg. B.: Vorsitzender d. BV Halle d. DBD
Partei: DBD
L.: Volksschule. 1948-52 Besuch d. Landwirtschaftsschulen i. Henfstedt, Meiningen u. Weimar. Staatl. gepr. Landwirt. 1950 DBD. 1952-55 Studium a. d. DASR. Diplom-Wirtschaftler. 1965-67 Aspir. Humboldt-Uni. Dr. agr. 1955-57 MA beim BV Potsdam d. DBD. 1957-62 stellv. Vors. d. RdK Königs Wusterhausen. 1962-67 stellv. Vors. KLWR Königs-Wusterhausen. 1967-75 stellv. Vors. d. RLN Potsdam. 1975-76 Sektorenltr. RdB Potsdam. Seit März 1977 Vors. d. BV Halle d. DBD. Nachf. v. Georg Böhm. 1972-77 Kand., seit Mai 1977 Mitgl. d. Präs. d. PV d. DBD. Seit 1976 Abg. d. BT Halle. Seit Juni 1981 Abg. d. VK u. Mitgl. d. Ausschusses f. Volksbildung.
Ausz.: VVO i. Bronze (1974) u. a.

Malcherek, Herbert

Berlin
Ausg. B.: Stellvertretender AL i. ZK d. SED
Partei: SED
L.: SED-Funktionär. 1953 stellv. AL i. d. SED-BL Suhl. Seit Anfang d. 60er Jahre MA d. ZK d. SED, stellv. Ltr. d. Abt. Agitation. Mitgl. d. Agitationskommission b. Politbüro. Seit Juli 1974 Kand., seit Mai 1976 Mitgl. d. ZPKK d. SED.
Ausz.: Orden „Banner d. Arbeit", Stufe I (1974).

Malik, Alfons

Berlin
Geb. 24. 10. 1913 i. Haynau/Schlesien
Erl. B.: Jurist
Ausg. B.: Verlagsleiter
Partei: CDU
L.: Jurist. 1937 NSDAP. 1945 CDU. Richter am AG Schönberg/Meckl. Später Verlagsltr. d. „Märkischen Union" i. Potsdam u. stellv. Hauptdir. d. VOB „Union". 1958-77 Verlagsltr. d. Zentralorgans d. CDU „Neue Zeit". Mitgl. d. Bez.-vorstandes Berlin d. CDU. Seit Juni 1964 Mitgl. d. Präs. d. Dtsch.-Belg. Gesellschaft d. DDR. 1964-68 Nachfolgekand. d. Hauptvorstandes d. CDU. Mitgl. d. Red.-koll. d. Zeitschrift „begegnung".
Ausz.: VVO i. Bronze (1970) u. a.

Mallickh, Alexander

Berlin
Geb. 9. 8. 1925 i. Dresden als Sohn eines Postangestellten
Erl. B.: Kaufmännischer Angestellter, Diplom-Jurist

Ausg. B.: Funktionär d. Nationalen Front
Partei: NDP
L.: Besuch d. Volksschule u. d. König-Georg-Schule i. Dresden. 1943 NSDAP. Vor 1945 Jungvolkführer (Fähnleinführer) i. Dresden-Striesen. Nach d. 2. Weltkrieg kaufm. Praktikant i. versch. volkseigenen Unternehmungen. Abtltr. u. Hauptgruppenltr. DHZ-Kohle i. Dresden. 1949 NDP. 1950-52 persönl. Referent d. Min. f. Leichtindustrie d. DDR, Dr. Feldmann. April 1953-Mai 1960 stellv. Vors. d. RdB Potsdam, Abg. d. BT Potsdam. Seit 1958 Mitgl. d. Hauptausschusses d. NDP. Mai 1960-März 1969 Stadtrat u. stellv. OB i. Ostberlin. Seit 1964 Präs. d. Komitees „Demokratisches Berlin-Paris". 1963-71 Mitgl. d. StVV Ostberlin. Seit 22. 3. 1969 Mitgl. d. Präs. u. d. Sekr. d. Nationalrates d. NF. Vors. d. Arbeitsgruppe „Handwerk u. Gewerbetreibende" beim Nationalrat d. NF. Seit April 1972 Mitglied d. Parteivorstandes bzw. d. Präs. d. Hauptausschusses d. NDP. Mitgl. d. Präs. bzw. Vizepräs. d. Freundschaftsgesellschaft DDR-Frankreich.
Ausz.: VVO i.Silber (1970) u. a.

Mally, Heribert

Berlin
Geb. 1929
Erl. B.: Bauarbeiter, Ingenieur, Diplom-Staatswissenschaftler
Ausg. B.: Generalmajor d. VP
Partei: SED
L.: Bauarbeiter aus Schönebeck. Seit 1949 VP. Absolvent d. HS d. VP. Dipl.-Staatswiss. Stellv. Ltr., seit 1972 Ltr. d. HA Verkehrspolizei i. MdI. Seit 1977 Generalmajor d. VP. Vizepräs. d. ADMV (zuständig für Fragen d. Verkehrssicherheit).
Ausz.: VVO i. Bronze (1975) u. a.

Malter, Friedel

Berlin
Geb. 1. 11. 1902 i. Schlesien
Erl. B.: Weberin, Kontoristin
Ausg. B.: Vorsitzende d. DDR-Komitees für Menschenrechte
Partei: SED
L.: Nach d. Schulbesuch Hausangestellte i. Cottbus. Heirat (schl. Bergarbeiter). Umzug nach Wüstegiersdorf/Schlesien. Weberin. 1927 Mitgl. d. KPD. Betriebsrat, Gemeinde- u. Kreistagsabg. 1931-33 Abg. d. Preuß. Landtages. Nach 1933 mehrmals verhaftet (Zuchthaus, KZ Ravensbrück u. Sachsenhausen). 1945 am Aufbau d. Ernährungsamtes Wittenberge beteiligt. Mitgl. d. KPD/SED. Seit 1946 Mitgl. d. Bundesvorstandes d. FDGB. 1950-58 Staatssekr. i. Min. f. Arbeit u. Berufsausbildung. Seit Mai 1959 Vors. d. Komitees zum Schutze d. Menschenrechte, gegen militärische Willkür u. Klassenjustiz i. Westdeutschland (jetzt DDR-Komitees f. Menschenrechte).
Ausz.: VVO i. Gold (1967) u. a.

Manneberg, Werner

Berlin
Geb. 19. 6. 1923 i. Breslau als Sohn eines Gewerbetreibenden
Erl. B.: Handlungsgehilfe
Ausg. B.: Stellv. Generalsekretär
Partei: SED
L.: Nach dem Volksschulbesuch Handlungsgehilfe i. einer Breslauer Textilgroßhandlung. 11. 8. 1943 von d. Gestapo verhaftet. Häftling i. KZ Buchenwald. Nach 1945 versch. Funktionen i. Partei- u. Staatsapparat. 1952-59 Vors. d. RdB Cottbus, Abg. d. BT u. Mitgl. d. Büros d. SED-BL Cottbus. Zeitw. Vors. d. Betr.-verbandes Cottbus d. DSF. 1959-62 Vors. d. RdK Neustrelitz. Seit April 1962 1. Vizepräs. d. Städte- u. Gemeindetages d. DDR. Seit 1974 stellv. Generalsekr. (Sekr.) d. Liga f. Völkerfreundschaft. Seit 1975 Vizepräs. d. Freundschaftsgesellschaft DDR-Portugal. Mitgl. d. Präsidiums d. Liga f. Völkerfreundschaft.
Ausz.: VVO i. Silber (1973) u. a.

Manzei, Dieter

Boxberg, Kreis Weisswasser
Geb. 1936
Erl. B.: Elektromonteur, Diplom-Gewi., Dr. rer. oec.
Ausg. B.: Stellvertretender Hauptingenieur
Partei: SED
L.: Elektromonteur. 1957 SED. Dipl.-Gewi. 1961 Sekr. d. KL TH Dresden. FDJ. 1973 a. Inst. f. Gewi. b. ZK tätig. Gegenwärtig Stellv. d. Haupting i. VEB Kraftwerk Boxberg. Mai 1976-April 81 Kand. d. ZK d. SED.

Maretzki, Hans

Berlin
Geb. 13. 8. 1933 als Sohn eines Angestellten
Erl. B.: Historiker, Dr. phil., Professor
Ausg. B.: Botschafter
Partei: SED
L.: Studium d. Geschichte. 1962 Promotion zum Dr. phil. a. d. Pädag. HS Potsdam. Ass. bzw. Oberass. u. Geschäftsführer d. Inst. f. Geschichte a. d. Pädag. HS Potsdam. Erst Ende d. 60er Jahre Angehöriger d. diplom. Dienstes d. DDR. 1971-73 Botschaftsrat d. DDR i. d. VR Rumänien. März 1973-Mai 1977 Botschafter d. DDR i. Pakistan.

Marhold, Jonny

Berlin
Geb. 11. 2. 1930
Ausg. B.: Chefredakteur
Partei: SED
L.: Volontär b. d. „Täglichen Rundschau". 1958-61 Korrespondent d. Staatl. Rundfunkkomitees i. Moskau. Danach Red.-ltr. beim Deutschlandsender u. Berliner Rundfunk. Seit 1970 Chefred. d. Berliner Rundfunks.
Ausz.: VVO i. Bronze (1974) u. a.

Markow, Walter
Holzhausen bei Leipzig
Geb. 15. 10. 1909 i. Graz als Sohn eines Angestellten
Erl. B.: Historiker, Dr. sc. phil.
Ausg. B.: Hochschullehrer (emeritiert)
L.: 1915-19 Besuch d. Volksschule i. Graz. 1919-27 Besuch d. Gymnasiums i. Ljubljana, Kranj u. Belgrad. Abitur i. Rijeka. 1927-34 Studium d. Geschichte a. d. Uni. Leipzig, Köln, Berlin, Hamburg, u. Bonn. 1933 KPD. 1934 Promotion zum Dr. phil. i. Bonn. 1935 zu 12 Jahren Zuchthaus verurteit. Häftling i. Zuchthaus Siegburg. 1945-47 Oberass. a. d. Uni. Bonn. 1947 Habil. Seit 1947 Lehrtätigkeit a. d. Uni. Leipzig. 1949 Prof. mit Lehrstuhl f. mittelalterliche u. neuere Geschichte. 1951-69 Dir. d. Inst. f. allg. Geschichte a. d. KMU Leipzig. 1946-51 Mitgl. d. SED. 1960-74 Vizepräs. d. Nationalkomitees d. Historiker d. DDR. 1961-69 Vors. d. Dtsch.-Afrikan. Gesellschaft. 1962-63 Gastprof. d. d. Uni. Nsukka/Nigeria. 1974 emeritiert. Ehrensenator d. KMU Leipzig. Mitgl. d. Vorstandes d. Robespierre-Gesellschaft. O. Mitgl. d. AdW u. Sächs. Akademie d. Wiss.
Ausz.: Nat. Pr. II Kl. (1961). VVO i. Gold (1974) u. a.
Veröff.: „Serbien zwischen Österreich und Rußland (1897-1908)", 1934. „Geschichte der Araber", 1949, u. a.

Markowitsch, Erich
Eisenhüttenstadt
Geb. 9. 4. 1913 i. Berlin als Sohn eines Arbeiters
Im Ruhestand
Partei: SED
L.: Nach d. Schulbesuch als Arbeiter tätig. 1929 Mitgl. d. KJV. 1930 Mitgl. d. KPD. 1932-33 komm. Betätigung i. Hamburg. 9. 4. 1933 verhaftet. Verurteilung zu 6 Jahren Zuchthaus. Häftling i. Zuchthaus Fuhlsbüttel. Nach d. Strafverbüßung i. „Schutzhaft" i. KZ Sachsenhausen. 1942-44 Zwangsarbeiter i. IG-Farben-Lager Buna-Monowitz bei Auschwitz. 1944-45 Häftling i. KZ Buchenwald. 1945 Eintritt i. d. VP. Ltr. d. Kriminalamtes Thüringen Ost. Danach Ltr. einer Polizeischule. Anschl. Kaderltr. d. Maxhütte Unterwellenborn u. Aufbaultr. d. Erzgruben West i. Badeleben. 1954-59 Werkdir. d. VEB „Eisenhüttenkombinat J. W. Stalin" i. Stalinstadt. Seit 1956 Mitgl. d. Nationalrates d. NF. 1958-63 Abg. d. VK. Mitgl. d. Haushalts- u. Finanzausschusses d. VK. 1959-61 Ltr. d. Abt. Berg- u. Hüttenwesen i. d. Staatl. Plankommission. 1961-65 stellv. Vors. bzw. 1. stellv. Vors. d. VWR. Mitgl. d. Ministerrates. 1965-67 Ltr. d. Staatl. Amtes f. Berufsausbildung. Seit 1967 Werkdir. d. Eisenhüttenkombinats, 1969-75 Generaldir. d. VE Bandstahlkombinat Eisenhüttenstadt. Seit Juni 1975 Vors. d. Freundschaftskomitees DDR-Portugal. Mitgl. d. Präs. d. Liga f. Völkerfreundschaft u. d. Zentralltg. d. Komitees d. Antifa Widerstandskämpfer.
Ausz.: VVO i. Gold (1973). Karl-Marx-Orden (1975) u. a.

Marks, Helga
Berlin
Geb. 8. 12. 1931
Ausg. B.: Stellv. Chefredakteur
Partei: DBD
L.: Journalistin. Seit Anfang der 60er Jahre Mitgl. d. Red. Koll. d. DBD-Zentralorgans „Bauern-Echo", Gegenwärtig stellv. Chefred. Seit Juni 1977 Mitgl. d. Präs. d. ZV d. VDJ.
Ausz.: VVO i. Bronze (1974) u. a.

Marlow, Willi
Rostock
Geb. 5. 7. 1928 i. Demmin
Erl. B.: Elektriker
Ausg. B.: Vorsitzender d. RdB Rostock
Partei: SED
L.: Elektriker i. Gaswerk Demmin. Okt. 1945 KPD. 1948-49 Sekr. d. KL Demmin. 1950-1951 nacheinander 1. Sekr. d. SED-KL Neustrelitz u. Rostock. 1951-52 Studium PHSch SED. 1952-58 stellv. Ltr. d. Abt. Leitende Organe d. Partei u. Massenorganisationen b. ZK d. SED. 1958-66 1. Sekr. d. SED-KL Greifswald. Aug. 1966-Juni 1969 1. stellv. Vors., seit 3. 6. 1969 Vors. d. RdB Rostock. Nachf. v. Karl Deuscher. Mitglied d. Sekr. d. SED-BL u. Abg. d. BT Rostock.
Ausz.: VVO i. Gold u. a.

Marschner, Hans-Joachim
Berlin
Geb. 1931
Erl. B.: Maschinenschlosser
Ausg. B.: Oberst der NVA
Partei: SED
L.: Maschinenschlosser. Nach 1945 Angehöriger d. KVP/NVA. 1954 Mitgl. d. SED. 1967 Oberst einer Art.-Brigade. 1963-67 Kand. d. ZK d. SED.

Marter, Alfred
Berlin
Geb. 1934 als Sohn eines Bauarbeiters
Ausg. B.: Stellv. Abteilungsleiter im ZK der SED
Partei: SED
L.: Studium d. Außenpolitik. 1956 Staatsexamen. Eintritt i. d. diplom. Dienst d. DDR. MA d. Abt. Arabische Länder i. MfAA. 1959 Vizekonsul i. Kairo. 1962 Sektionsltr. i. d. Kulturabt. i. MfAA. 1964 Vizekonsul, 1965 Konsul i. Syrien. 1967-68 Sektionsltr. i. MfAA. Dez. 1968-Juni 1969 Generalkonsul, Juni 1969-Sept. 1972 Botschafter d. DDR. i. d. Syrisch. Arab. Republik. Seit 1972 stellv. Ltr. d. Abt. Internat. Verbindungen i. ZK d. SED.
Ausz.: VVO i. Silber (1977). Orden „Banner d. Arbeit" Stufe II (1981) u. a.

Marterer, Ernst
Berlin
Geb. 12. 1. 1921 i. Münchhof/CSR
Ausg. B.: Stellvertretender Minister, Generalmajor d. VP

Partei: SED
L.: Mitgl. d. Arbeiterjugend i. d. CSR. Kriegsdienst i. d. dtsch. Wehrmacht (Art.). Nach 1945 Angehöriger d. VP. VP-Kommissar i. Potsdam. Zehn Jahre MA d. ZK d. SED. Oberst. Zeitw. Chefredakt. d. Kampfgruppen-Ztg. „Der Kämpfer". Seit 1. 7. 1970 Generalmajor d. VP u. stellv. Innenmin. d. DDR.
Ausz.: VVO i. Silber (1975) u. a.

Martini, Karlheinz
Berlin
Geb. 1934 als Sohn eines Schlossers
Erl. B.: Ingenieur, Dipom-Wirtschaftler
Ausg. B.: Staatssekretär
Partei: SED
L.: Bauhilfsarbeiter, Maschinenbauing., Dipl.-Wirtschaftler. In d. Bauindustrie tätig, 1966-70 Dir. bzw. Generaldir. d. Bau- u. Montagekombinats Schwedt/Oder (Ost). 1969-70 Mitgl. d. SED-BL Frankfurt/O. Seit Nov. 1970 Staatssekr. i. Min. f. Bauwesen. Seit 1976 Mitgl. d. SED-BL Berlin.
Ausz.: VVO i. Gold (1976) u. a.

Masur, Kurt
Berlin
Geb. 18. 7. 1927 i. Brieg als Sohn eines Ingenieurs
Erl. B.: Dirigent
Ausg. B.: Generalmusikdirektor, Gewandhauskapellmeister
L.: Besuch d. Landesmusikschule Breslau. Kriegsdienst. 1946-48 Studium a. d. Musik-HS Leipzig (Lehrer: Grundeis, Soldan, Bongartz, Langer u. Riedel). Ab 1948 Opernkorrepititor i. Halle/S. 1951 Dirigent d. Erfurter Städt. Bühnen. 1953-55 1. Kapellmeister a. d. Leipziger Oper. 1953-58 2. Dirigent d. Dresdener Philharmonie. 1958-60 Generalmusikdir. d. Schweriner Staatstheaters. 1960-67 Musikalischer Oberltr. d. Komischen Oper Ostberlin. 1967-72 Chefdirigent u. künst. Ltr. Dresdener Philharmonie. Seit Aug. 1970 Gewandhauskapellmeister i. Leipzig. Seit 1974 Mitgl. AdK. Seit 1975 Prof. a. d. Musik-HS Leipzig. Mitgl. d. StVV Leipzig u. d. Ges. Rates d. KMU Leipzig.
Ausz.: Nat. Pr. I. Kl. (1970). A.-Nikisch-Pr. (1972). VVO i. Gold (1977) u. a.

Matthes, Heinz
Berlin
Geb. 7. 6. 1927 i. Oberkunnersdorf/S. als Sohn eines Arbeiters
Erl. B.: Maurer, Hochbauingenieur
Ausg. B.: SED-Funktionär
Partei: SED
L.: 1941-44 Maurerlehre. 1944 NSDAP. Kriegsdienst u. Gefangenschaft. 1947 SED. 1947-49 Besuch Ing. Schule f. Bauwesen Zittau. 1951 Ltr. eines Baubüros i. Krs. Löbau. Hochbauing. MA d. Bez.-bauamtes Dresden. 1960-61 Bezirksbaudir. i. Dresden. Sept. 1961-Febr. 1963 Sekr. f. Wirtschaft d. SED-BL Dresden. Jan. 1963-April 81 Mitgl. d. ZK d. SED. Mai 1963-Dez. 1977 Vors. d. Arbeiter- u. Bauerninspektion d. DDR u. Mitgl. d. Ministerrates. 1963-81 Abg. d. VK. 1973-74 Studium a. d. PHSch d. KPdSU.
Ausz.: VVO i. Gold (1977) u. a.

Matthes, Helmut
Berlin
Geb. 2. 12. 1935
Erl. B.: Wirtschaftswissenschaftler, Dr. sc. oec.
Ausg. B.: Hochschullehrer, Botschafter
Partei: SED
L.: Besuch d. Grund- u. Oberschule. Studium d. Wirtschaftswiss. a. d. KMU Leipzig. 1963 Dr. rer. oec. 1966 Habil. 1970 Dr. sc. oec. 1958-72 Lehrtätigkeit a. d. TH f. Chemie i. Leuna-Merseburg. 1968 Prorektor f. Gesellschaftswiss., seit 1969 o. Prof. f. Politökonomie. Seit 1972 Angehöriger d. diplom. Dienstes d. DDR. April 1973-Aug. 1976 Botschafter d. DDR. i. Tansania. Juni 1974-Aug. 1976 zusätzlich Botschafter i. Madagaskar, Mai 1975-Aug. 1976 i. Mauritius. Mitgl. d. Lektorenkollektivs d. SED-BL Potsdam.
Ausz.: VVO i. Bronze (1975) u. a.

Matthes, Klaus
Berlin
Geb. 20. 1. 1931 i. Berlin
Erl. B.: Mathematiker, Dr. rer. nat. habil.
Ausg. B.: Institutsdirektor
L.: Studium d. Mathematik. Dr. rer. nat. habil. Lehrtätigkeit a. d. HS f. Elektrotechnik i. Ilmenau u. a. d. Uni. Jena. Seit 1966 Prof. mit Lehrstuhl f. Mathematik u. Dekan d. Fakultät f. Mathem.-Naturwiss. 1971 stellv. Ltr. d. Inst.-komplexes Math. d. DAW. Seit 1. 1. 1973 Dir. d. Zentralinst. f. Mathematik u. Mechanik d. AdW i. Berlin (s. Jan. 1981 Inst. f. Mathematik). 1974 korr. Mitgl., seit 1980 o. Mitgl. d. AdW. Vors. d. Nationalkomitees f. Math., Mechanik u. Kybernetik u. Informationsvorbereitung b. d. AdW.
Ausz.: Nat. Pr. III. Kl (1971).

Mattheuer, Wolfgang
Leipzig
Geb. 7. 4. 1927 i. Reichenbach/Vogtl.
Erl. B.: Lithograph, Prof.
Ausg. B.: Maler u. Grafiker
Partei: SED
L.: Besuch d. Grundschule i. Reichenbach. Lehre als Lithograph. 1946-47 Studium a. d. Kunstgewerbeschule i. Leipzig. danach a. d. HS f. Grafik u. Buchkunst. Diplom. Anfang der 50er Jahre MA d. „Täglichen Rundschau" i. Berlin. 1953 Ass., danach Dozent u. seit 1965 Prof. a. d. HS f. Grafik u. Buchkunst i. Leipzig. Seit 1954 beteiligt an allen bedeutenden Ausstellungen d. DDR. Seit 1974 freischaffend i. Leipzig tätig. Seit 1978 Mitgl. d. AdK. Verheiratet mit der Grafikerin Ursula M.-Neustädt.
Ausz.: Kunstpreis d. DDR (1973). Nat.-Preis II. Kl. (19747) u. a.

Matthies, Hansjürgen
Magdeburg
Geb. 6. 5. 1925 i. Stettin als Sohn eines kfm. Angestellten
Erl. B.: Arzt, Dr. med. habil.
Ausg. B.: Hochschullehrer
Partei: SED
L.: 1943 NSDAP. 1946 SED. Studium d. Medizin i. Wien u. Ostberlin. 1951 mediz. Staatsexamen a. d. Humboldt-Uni. i. Ostberlin. 1951-57 wiss. Ass. a. Inst. f. Pharmakologie u. Toxikologie d. Humboldt-Uni. 1953 Promotion zum Dr. med. a. d. Humboldt-Uni., 1955 Ernennung zum Oberarzt a. Inst. f. Pharmakologie d. Humboldt-Uni. 1956 Habil. a. d. Humboldt-Uni. 1957 Dozent u. Dir. d. Inst. f. Pharmakologie a. d. Mediz. Akad. Magdeburg. Seit 1. 3. 1959 Prof. mit Lehrauftrag, seit 1. 1. 1960 Prof. mit vollem Lehrauftrag, seit 1. 7. 1960 Prof. mit Lehrstuhl f. Pharmakologie a. d. Mediz. Akad. Magdeburg. 1958-69 Mitgl. d. SED-BL Magdeburg. Mitgl. d. Ärztekommission d. Politbüros beim ZK d. SED. 1962-67 u. 1973-79 Rektor d. Mediz. Akad. Magdeburg. Seit 1973 o. Mitgl. d. AdW. Mitgl. d. Forschungsrates d. DDR. Seit März 1981 Dir. d. neugegründeten Instituts f. Neurobiologie u. Hirnforschung d. AdW i. Magedeburg.
Ausz.: VVO i. Bronze (1965). Nat. Pr. III. Kl. (1968).

Matthus, Siegfried
Berlin
Geb. 13. 4. 1934 i. Mallenuppen/Darkehnen/- Ostpr. als Sohn eines Landwirts
Erl. B.: Kompnist, Dirigent
Ausg. B.: Komponist
Partei: SED
L.: 1945 Übersiedlung von Ostpreußen nach Nackel bei Friesack. Besuch d. OS i. Rheinsberg. Abitur. 1952 SED. 1952-58 Studium (Dirigieren, Komposition) a. d. HS f. Musik i. Ostberlin. Schüler v. Hanns Eisler. 1960 freischaffend als Komponist i. Berlin tätig. Ab 1964 Komponist u. Dramaturg a. d. Komischen Oper Ostberlin. 1969 Mitgl. d. AdK. Seit April 1974 Sekr. d. Sektion Musik d. AdK.
Ausz.: VVO i. Bronze (1979). Kunstpreis d. FDGB (1980) u. a.
Werke: „Der letzte Schuß", „Ophale", Opern. „Responso", Orchesterkonzert u. a.

Matzke, Horst
Weimar
Geb. 3. 8. 1918 i. Breslau
Ausg. B.: Hochschullehrer, Dr. phil. et rer. nat. habil.
L.: Studium d. Mathematik, Physik, Geologie u. Philosophie i. Breslau, Heidelberg u. Greifswald. 1936 NSDAP. Kriegsdienst. 1947-56 stellv. Ltr. d. Meteorol. Observatoriums Greifswald. Seit 1951 Lehrtätigkeit a. d. HS f. Architektur u. Bauwesen i. Weimar. 1957 Prof. mit Lehrauftrag, 1958 Prof. mit vollem Lehrauftrag, seit 1960 Prof. mit Lehrstuhl f. Mathematik a. d. HS f. Architektur u. Bauwesen. 1963-68 Rektor d. HS f. Architektur u. Bauwesen.
Ausz.: VVO i. Bronze (1978) u. a.

Mauersberger, Günter
Berlin
Geb. 27. 1. 1939 i. Chemnitz
Ausg. B.: Botschafter
Partei: SED
L.: 1957-63 Studium d. Außenpolitik a. Inst. f. Internat. Bez. Seit 1964 Angehöriger d. dipl. Dienstes. 1967-71 stellv. Ltr. d. HV d. DDR i. Marokko. 1973-77 1. Sekr. a. d. Ständ. Vertretung d. DDR b. d. UNO i. New York. 1978 stellv. Ltr. d. Botschaft i. Ägypten. Seit Ende 1978 leitdt. Ltr. d. Botschaft i. Äthiopien. Seit 27. 2. 1980 Botschafter i. Äthiopien. Nachf. v. Dieter Klinkert.

Maul, Arthur
Rostock
Geb. 1935 i. Thüringen
Erl. B.: Kapitän, Diplom-Gesellschaftswissenschaftler
Ausg. B.: Generaldirektor
Partei: SED
L.: Besuch d. Seeoffizierschule d. Volksmarine i. Stralsund u. d. Seefahrtsschule Wustrow. Patent als „Kapitän auf großer Fahrt". 1959-65 Offizier u. Kapitän d. Dtsch. Seereederei. 1965-68 Besuch d. PHSch d. SED. Dipl.-Gesellschaftswiss. 1968-75 Ltr. d. Seefahrtsamtes d. DDR. Seit Febr. 1976 Generaldir. VEB Komb. Seeverkehr u. Hafenwirtschaft - Deutfracht/Seereederei i. Rostock. Nachf. v. Heinz Neukirchen. Mitgl. d. Sekr. d. SED-KL Seeverkehr u. Hafenwirtschaft.
Ausz.: Verdienstmed. d. Seeverkehrswirtschaft i. Gold (1971) u. a.

May, Gisela
Berlin
Geb. 31. 5. 1924 i. Wetzlar als Tochter des Schriftstellers Ferdinand M. († 8. 11. 1977)
Ausg. B.: Schauspielerin, Chansonsängerin
Partei: SED
L.: Besuch d. Grundschule, Höheren Mädchenschule u. Haushaltsschule. Pflichtjahr. 1940-42 Schauspiel-Studium i. Leipzig. Danach Engagements a. Komödienhaus Dresden, Landesbühne Danzig u. Stadttheater Görlitz. Nach 1945 i. Halle/S., ab 1951 a. Dtsch. Theater i. Ostberlin u. 1962 beim Berliner Ensemble tätig. Chansonsängerin. Seit Jan. 1963 Mitgl. d. Präs. d. Dtsch.-Ital. Gesellschaft d. DDR. Seit 1966 Mitgl. d. Vorstandes d. Verbandes d. Theaterschaffenden. Seit 1972 o. Mitgl. d. Akad. d. Künste d. DDR. Dozentin a. d. HS f. Musik i. Ostberlin.
Ausz.: Kunstpreis d. DDR (1959). Nat. Pr. I. Kl. (1973). VVO i. Gold (1980).
Veröff.: „Mit meinen Augen", Buchverlag Der Morgen, Berlin, 1977.

Mebel, Moritz

Berlin
Geb. 23. 2. 1923 i. Erfurt
Erl. B.: Arzt, Dr. sc. med.
Ausg. B.: Chefarzt, Hochschullehrer
Partei: SED
L.: 1933 mit d. Eltern i. d. SU emigriert. Besuch d. Karl-Liebknecht-Schule i. Moskau. Studium a. 1. Mediz. Inst. Moskau. 1941 Kriegsfreiwilliger i. d. Roten Armee. 1943 Mitgl. d. KPD. 1945 Offizier d. SMAD (Gardeoberleutnant) i. Halle/S. u. Merseburg. 1947 Fortsetzung d. mediz. Studiums i. Moskau. 1951 Examen. 1951-53 Chefarzt u. Chirurg a. einem Krankenhaus i. Estland. Danach Aspirant a. Zentralinst. f. Ärztl. Fortbildung i. Moskau (Lehrstuhl f. Urologie). Kand. d. Mediz. Wiss. 1958 Rückkehr nach Deutschland. MA d. Urol. Klinik Charité. 1960 1. Oberarzt Urol. Klinik Berlin-Buch, seit 1961 Dir. u. Chefarzt d. Urol. Klinik d. Städt. Krankenhauses Berlin-Friedrichshain. Seit 1970 o. Prof. f. Urologie a. d. Charité (Humboldt-Uni.). Seit Juni 1971 Kand. d. ZK d. SED. 1967-71 Mitgl. d. StVV Ostberlin. Seit 1975 o. Mitgl. AdW. Seit März 1980 Vizepräs. d. Rates f. mediz. Wiss. beim MfG.
Ausz.: VVO i. Gold (1970).

Mecklenburg, Ernst

Berlin
Geb. 3. 6. 1927 i. Blöcken als Sohn eines Landarbeiters
Erl. B.: Diplom-Agrarökonom, Dr. agr.
Ausg. B.: Vorsitzender d. DBD
Partei: DBD
L.: Volksschule. 1943 Lehrerbildungsanstalt i. Mecklenburg. 1944 NSDAP. Kriegsdienst u. Gefangenschaft. Landw. Gehilfe u. Neubauer i. Torisdorf. 1950 DBD. 1950-52 Bürgermeister v. Rehna. 1952-63 DBD-Funktionär i. Bez. Schwerin u. Rostock. Sekr. u. stellv. Bez.-vors. 1963-67 Vors. d. BV Rostock d. DBD. 1954-67 Abg. d. BT Rostock. 1953-58 Fernstudium DASR u. HS f. Land- u. Nahrungsgüterwirtschaft Bernburg. Dipl.-Agrarökonom. 1967 Dr. agr. 1967-74 Sekr. d. Parteivorstandes d. DBD (Mitgl. d. Präs.). Seit 1967 Mitgl. d. ZV d. DSF. Seit 1971 Abg. d. VK u. von 1971-81 Mitgl. d. Ausschusses f. Volksb. Juni 1981 bis Juli 82 Mitgl. d. Präsidiums d. VK. Juli 1974-Mai 82 stellv. Vors., seit 7. 5. 1982 Vors. d. DBD i. d. DDR. Nachf. von Ernst Goldenbaum. Seit 2. 7. 1982 stellv. Vors. d. Staatsrates d. DDR. Ebenfalls als Nachf. von Ernst Goldenbaum.
Ausz.: VVO i. Gold (1977) u. a.

Mecklinger, Ludwig

Berlin
Geb. 14. 11. 1919 i. Buchdorf/Krs. Donauwörth
Erl. B.: Facharzt f. Sozialhygiene, Diplom-Jurist, Dr. sc. med.
Ausg. B.: Minister f. Gesundheitswesen
Partei: SED
L.: Besuch d. Gymnasiums. 1939-45 Studium d. Medizin i. Leipzig, Hamburg u. Berlin. 1945 Dr. med. 1938 RAD. Ab April 1939 Soldat (Luftwaffe). Fahnenjunker bei einer Sanitätsoffiziersnachwuchskompanie. 1945 SPD. Facharzt f. Sozialhygiene u. Dipl.-Jurist. Zeitw. Ltr. d. Personalabt. d. Min. f. Gesundheitswesen d. Landes Sachsen-Anhalt. 1952-55 stellv. Vors. d. DRK i. d. DDR. 1955-57 stellv. Ltr. d. Gesundheitswesens i. d. KVP u. NVA. 1958-64 Oberst d. NVA u. Kdr. d. militärmediz. Sektion d. Uni. Greifswald. Seit 1. 1. 1964 Prof. mit Lehrauftrag f. Sozialhygiene a. d. Uni. Greifswald. 1964-69 stellv. Min., 1969-71 Staatssekr., seit 29. 11. 1971 Min. f. Gesundheitswesen d. DDR. Nachf. v. Max Sefrin. Seit 22. 5. 1976 Kand. d. ZK d. SED. Seit Juni 1981 Abg. d. VK.
Ausz.: VVO i. Gold (1972) u. a.

Mehlitz, Heide-Linde

Berlin
Ausg. B.: Sekretär d. BV d. DFD
Partei: SED
L.: DFD-Funktionärin. Zeitw. AL f. Internat. Verbindungen i. BV d. DFD. Seit 18. 2. 1982 Vizepräs. d. Friedensrates d. DDR. Seit 6. 3. 1982 Sekretär u. Mitgl. d. Präsidiums d. BV d. DFD.

Mehnert, Gerhard

Berlin
Geb. 14. 12. 1914 i. Leipzig-Möckern
Ausg. B.: Hochschullehrer, Dr. oec.
Partei: SED
L.: 1930 KPD. Während d. NS-Zeit illegal f. d. KPD i. Leipzig tätig. Studium d. Zeitungswiss. u. Japanologie. Zeitw. inhaftiert. Nach 1945 Chefred. d. Mitteldtsch. Rundfunks Leipzig u. Lehrtätigkeit a. d. Uni. Leipzig. 1951 Ltr. d. Presseabt. i. SHF. 1953-61 Chefred. d. Zeitschrift „Das Hochschulwesen". Lehrtätigkeit a. d. Humboldt-Uni. i. Ostberlin. seit 1. 9. 1965 Prof. mit Lehrstuhl f. Japanologie. 1962-75 Vors. d. Freundschaftskomitees DDR-Japan.
Ausz.: VVO i. Bronze (1965).

Meier, Bernd

Frankfurt/Oder
Geb. 1945
Erl. B.: Isolierklempner, Diplom-Gesellschaftswissenschaftler
Ausg. B.: 1. Sekretär d. FDJ-BL
Partei: SED
L.: Isolierklempner. FDJ-Funktionär. 1968 Sekr. d. FDJ-KL Angermünde, danach FDJ-KL Schwedt. Studium a. d. PHSch d. SED. 1974-79 2. Sekr., seit 23. 1. 1979 1. Sekr. d. FDJ-BL Frankfurt/Oder. Nachf. v. Hans Andreas. Mitgl. d. ZR d. FDJ u. d. Sekr. d. SED-BL. Abg. d. BT.
Ausz.: Artur-Becker-Medaille i. Gold u. a.

Meier, Edgar

Dresden
Geb. 17. 9. 1927
Erl. B.: Rb.-Angestellter, Dr.-Ing.

Ausg. B.: Hochschullehrer
Partei: SED
L.: Kfm. Lehrling. Ab 1947 Studium d. Bauingenieurwesens, dann Verkehrstechnik a. d. TH Dresden. Dipl.-Ing. Anschl. MA i. Reichsbahnamt Zwickau (Betriebsltr.). 1956 wiss. Ass. HfV i. Dresden. 1960 Promotion z. Dr.-Ing. auf dem Gebiet d. Eisenbahnbetriebstechnik a. d. HfV. Danach Verwaltungsltr. d. Betriebs- u. Verkehrsdienstes, Vizepräs. u. Präs. d. Rbd Dresden. 1966-71 Dir. d. Inst. f. Sozial. Wirtschaftsführung i. Verkehrswesen i. Finsterwalde. 1971-73 stellv. Generaldir. d. Dtsch. Reichsbahn f. Eisenbahnbetrieb u. Vorhaltung v. Betriebsmitteln. Seit 1973 o. Prof. u. Rektor d. HfV i. Dresden. Nachf. v. Hermann Wagener. Seit Nov. 1977 Vors. d. Stadtausschusses Dresden d. Nat. Front. Mitgl. d. SED-StL Dresden.
Ausz.: Orden „Banner d. Arbeit", III. Stufe (1975) u. a.

Meier, Felix
Berlin
Geb. 20. 8. 1936 i. Lieskau, Saalkreis
Erl. B.: Diplom-Ingenieur
Ausg. B.: Sekretär d. SED-BL Berlin
Partei: SED
L.: Oberschule. Abitur. 1954-60 Studium a. d. TU Dresden. Dipl.-Ing. f. Schwachstromtechnik. 1960-62 Entwicklungs-Ing. VEB Funkmechanik Leipzig. 1962-67 MA, Dir. f. Technik, Dir. f. Plandurchführung i. d. VVB Nachrichten- u. Meßtechnik Leipzig. 1963 SED. 1967-78 Werkdir. VEB Funkwerk Köpenick. 1978-79 Sekr. d. SED-KL Berlin-Lichtenberg. Seit 11. 2. 1979 Sekr. f. Wirtschaftspolitik d. SED-BL Berlin. Nachf. v. Karl-Heinz Nadler. Seit Juni 1981 Mitgl. d. StVV u. d. VK Mitgl. d. Ausschusses f. Ind., Bauwesen u. Verkehr.
Ausz.: VVO i. Bronze (1977) u. a.

Meier, Heinrich
Berlin
Geb. 9. 12. 1916 i. Detmold als Sohn eines Maurers
Erl. B.: Maurer, Diplom-Wirtschaftler
Ausg. B.: Stellv. Minister
Partei: NDP
L.: Volks- u. Baufachschule i. Detmold. 1931-35 Maurerlehre. Anschl. als Maurer tätig. 1938 Maurermeister. Anschl. Militär- u. Kriegsdienst. Geriet als Hauptmann d. dtsch. Wehrmacht 1943 bei Stalingrad i. sowj. Kriegsgefangenschaft. Dort Angehöriger d. antifaschistischen Bewegung. 1950 NDP. 1949 Hauptreferent i. Min. f. Aufbau. 1950 hauptamtl. MA d. Parteivorstandes d. NDP (Hauptabt. Personalpolitik). Seit 1950 Mitgl. d. Hauptausschusses, seit 1951 d. Parteivorstandes (Präs.) d. NDP. 1950-54 Fernstudium a. d. Akad. f. Staats- u. Rechtswiss. Dipl.-Wirtschaftler (seit 1954). 1952-63 Polit. Geschäftsführer bzw. Sekr. d. Hauptausschusses d. NDP. Seit 1953 Abg. d. VK. 1954-58 Mitgl. d. Verfassungsausschusses. 1958-63 Mitgl. d. Ständigen Wirtschaftsausschusses. 1963-76 stellv. Vors. d. Ausschusses f. Industrie, Bauwesen u. Verkehr. 1958 Mitgl. d. Vorstandes d. AeO. Seit Dez. 1961 Vizepräs. d. Freundschaftsges. DDR-Südostasien 1964-65 Abtltr., 1965-72 stellv. Vors. d. SPK f. d. Bereich Wohnungsbau, kommunale Wirtschaft, Kultur u. Gesundheitswesen. Seit 1. 3. 1972 stellv. Min. f. Glas- u. Keramikindustrie.
Ausz.: VVO i. Gold (1976) u. a.

Meier, Heinz
Berlin
Geb. 5. 2. 1914 i. Leipzig
Erl. B.: Mechaniker, Ingenieur
Ausg. B.: FDGB-Funktionär
Partei: SED
L.: Mechaniker, Ingenieur. 1947 Mitgl. d. SED. Gewerkschaftsfunktionär, u. a. bis 1952 Landesvors. d. IG Metall i. Sachsen-Anhalt. 1954 Instrukteur d. Zentralvorstandes d. IG Metall. Danach bis 1977 Sekr. d. Zentralvorstandes d. IG Metall bzw. d. Bezirksvorstandes Berlin d. IG FDGB. 1963-71 Kand. d. ZK d. SED.
Ausz.: VVO i. Bronze (1972).

Meier, Kurt
Berlin
Geb. 4. 6. 1930 i. Torgelow
Ausg. B.: Botschafter
Partei: SED
L.: Nach 1945 i. örtl. Verwaltungsorganen tätig. 1951 Eintritt i. d. diplom. Dienst. Studium d. Außenpol. u. Wirtschaftswiss. 1968-70 Presseattaché i. Österreich. Danach Sektorenltr. i. MfAA. 1975-78 Botschaftsrat i. Griechenland. 1978-80 Botschaftsrat i. Finnland. Seit 10. 6. 80 Botschafter d. DDR i. Pakistan. Nachf. v. Roland Lindner.
Ausz.: Verdienstmedaille d. DDR u. a.

Meilick, Werner
Frankfurt/Oder
Geb. 19. 6. 1924 i. Zinna
Erl. B.: Fleischer, Diplom-Gesellschaftswissenschaftler
Ausg. B.: Sekretär d. SED-BL Frankfurt/O.
Partei: SED
L.: Fleischer. SED-Funktionär. 1959-69 Ltr. d. Abt. Wirtschaft d. SED-BL Frankfurt/O. Am 15. 12. 1972 i. d. SED-BL kooptiert u. zum Sekr. f. Wirtschaftspolitik d. SED-BL Frankfurt/O. gewählt. Nachf. v. R. Leppin. Abg. d. BT.
Ausz.: VVO i. Bronze (1969) u. a.

Meinhardt, Frido
Berlin
Geb. 1926 i. Rudolstadt als Sohn eines Porzellanmalers
Erl. B.: Autoschlosser, Dr. rer. oec.
Ausg. B.: Abteilungsleiter
Partei: SED
L.: Autoschlosser. Im 2. Weltkrieg Soldat. 1945 Holzfäller. 1946 Mitgl. d. SED. Später Schmelzer

i. d. Maxhütte i. Unterwellenborn. Seit d. Gründung Schmelzer i. Eisenhüttenkombinat Ost. 1953 acht Monate Studienaufenthalt i. sowj. Eisenhüttenkombinat Shdanow. Seit 1953 Ofenmeister i. Eisenhüttenkombinat Ost. 1954-67 Mitgl. d. ZK d. SED. Sekr. d. BPO d. SED i. Eisenhüttenkombinat Ost. 1963-65 1. Sekr. d. Parteiorganisation d. SED i. VWR. 1966 Gruppenltr. f. sozial. Wirtschaftsführung i. Min. f. Erzbergbau u. Metallurgie. Seit 1973 Abtltr. i. Min. f. Glas- u. Keramikindustrie. Mitgl. d. Hoch- u. Fachschulrates d. DDR.
Ausz.: VVO i. Silber (1965).

Meiser, Hugo
Berlin
Geb. 25. 7. 1921
Ausg. B.: Stellv. Minister
Partei: SED
L.: Kriegsdienst (Luftwaffe). Nach 1945 MA d. sächs. Landesregierung (Materialwirtschaft). 1950-56 stellv. Staatssekr. f. Materialversorgung. 1956-58 stellv. Vors. d. SPK. 1958-59 Sekr. d. Staatl. Plankommission. 1959 stellv., 1960 1. stellv. Vors. d. Staatl. Plankommission f. d. Koordinierung d. Perspektivpläne u. Jahresvolkswirtschaftspläne. Juli 1960-Juli 1961 Mitgl. d. Ministerrates d. DDR. 1961-69 erneut stellv. Vors. d. SPK. Seit 1971 stellv. Min. f. Erzbergbau, Metallurgie u. Kali.
Ausz.: Orden „Banner der Arbeit" (1969), VVO i. Gold (1981) u. a.

Meisner, Joachim
Berlin
Geb. 25. 12. 1933 i. Breslau-Lissa
Erl. B.: Kathol. Priester, Dr. theol.
Ausg. B.: Bischof v. Berlin
L.: Fünfjährige Lehre als Bankkaufmann. Ab 1953 weiterführende Schulen. Studium i. Erfurt u. pastorale Ausbildung a. Priesterseminar Neuzelle. Dez. 1962 Priesterweihe i. Erfurt. 1963-66 Kaplan a. St. Aegidien i. Heiligenstadt u. St. Crucis i. Erfurt. 1966-75 Rektor d. Erfurter Diözesancaritas. 1974 Promotion zum Dr. theol. Seit März 1975 Titularbischof v. Vina u. Weihbischof d. Apostol. Administrators i. Erfurt u. Meiningen. Seit 25. 4. 1980 als Nachfolger v. Alfred Bengsch kathol. Bischof v. Berlin. Seit Mai 80 Stellv. Vors. d. Berliner Bischofskonferenz.

Meissner, Franz
Zwickau
Geb. 1927
Erl. B.: Mechaniker, Dr.-Ing.
Ausg. B.: Hochschullehrer
Partei: SED
L.: Mechaniker. 1948 SED. Studium a. d. TH Dresden. 1960 Promotion zum Dr.-Ing. Seit 1969 Prof. a. d. Ing. HS Zwickau. Dir. d. Sektion Kfz.-Techn. Seit Sept. 1978 Rektor d. Ing. HS. Nachf. v. Hubert Günther.
Ausz.: Verdienter Techniker d. Volkes u. a.

Meissner, Herbert
Berlin
Geb. 16. 5. 1927 i. Dresden
Erl. B.: Diplom-Wirtschaftler, Dr. rer. oec. habil.
Ausg. B.: Stellvertretender Institutsdirektor
Partei: SED
L.: Absolvent d. Vorstudienanstalt Leipzig. Bis 1951 Studium d. Wirtschaftswiss. a. d. Uni. Leipzig. Dipl.-Wirtsch. 1951 AL f. d. gesellschaftswiss. Grundstudium SHF. Studium i. Leningrad. Dozent a. d. HS f. Ökonomie, AL u. stellv. Dir. a. Zentralinst. f. Wirtschaftswiss. d. AdW Ostberlin. Seit Jan. 1976 Vors. d. URANIA i. Ostberlin. Mitgl. d. Red.-Koll. d. Ztschr. „Wirtschaftswissenschaft". 1975 korr. Mitgl., 1981 o. Mitgl. AdW.
Ausz.: VVO i. Bronze (1974), Nat. Pr. III. Kl. (1979) u. a.

Melis, Ernst
Berlin
Geb. 5. 3. 1909 i. Kassel
Erl. B.: Dreher
Ausg. B.: Stellv. Chefredakteur d. Zeitschrift „Einheit"
Partei: SED
L.: Besuch d. Volksschule. Dreher. In d. Weimarer Republik Funktionär d. KJV u. Bezirkskassierer d. KPD i. Bez. Hessen-Waldeck. 1928 Besuch d. Rosa-Luxemburg-Schule i. Dresden. Ab 1932 flüchtig (Ermittlungsverfahren wegen Hochverrats). Emigration i. d. CSR u. nach Frankreich. MA d. „Deutschen Volkszeitung". Teilnehmer d. span. Bürgerkrieg. Nach 1945 Lehrer a. d. PHSch d. SED. 1950 hauptamtl. Parteisekr. d. PHSch. Seit 1951 Red.-sekr. bzw. stellv. Chefred. d. theoretischen Organs d. SED „Einheit". 1954-58 Kand., seit 1958 Mitgl. d. ZRK d. SED.
Ausz.: VVO i. Gold (1969), Karl-Marx-Orden (1979) u. a.

Mellentin, Franz
Halle/Saale
Geb. 12. 11. 1919 i. Stralendorf bei Parchim (Meckl.) als Sohn eines Landwirts
Erl. B.: Landwirt. Ingenieur f. Landtechnik
Ausg. B.: Direktor
Partei: SED
L.: Nach 1945 Kreissekr. d. VdgB i. Parchim. Mitgl. d. Landesltg. Mecklenburg d. VdgB. Anfang d. 50er Jahre Studium i. d. SU. 1953-55 Sekr. f. Landwirtschaft d. SED-BL Halle. 1955-58 Ltr. d. Abt. Landwirtschaft i. ZK d. SED. 1958-67 erneut Sekr. f. Landwirtschaft d. SED-BL Halle. Abg. d. BT Halle. 1958-76 Mitgl. d. Red.-Koll. d. theoretischen Zeitschrift d. SED „Einheit". Gegenw. Dir. d. Fachschule f. Agrochemie u. Pflanzenschutz i. Halle/S. Oberstudiendir.
Ausz.: VVO i. Bronze (1959).

Mensch, Hannelore, geb. Alter
Berlin
Geb. 1937 i. Neu Zachun, Krs. Hagenow, als Tochter eines Landwirts
Erl. B.: Landwirt, Diplom-Gesellschaftswissenschaftler
Ausg. B.: 1. stellv. Oberbürgermeister v. Ostberlin
Partei: SED
L.: Volksschule, Landw. Fachschule. Planer MTS Brüsewitz. FDJ-Sekr. Stellv. Ltr. d. Abt. Landwirtschaft d. RdK Schwerin-Land. 1962 MA d. Abt. Landwirtschaft b. Magistrat v. Ostberlin. Danach MA u. AL Landwirtschaft SED-BL Berlin. Fernstudium PHSch d. SED. Juni 1973-Juni 1978 Stadtrat u. Sekr. d. Magistrats v. Ostberlin. Seit Okt. 1976 Mitgl. d. StVV. Seit Juli 1981 l. stellv. Oberbürgermeister v. Ostberlin. Seit Febr. 81 Mitgl. d. SED-BL Berlin.
Ausz.: VVO i. Silber (1981) u. a.

Menzel, Robert
Berlin
Geb. 12. 10. 1911 i. Gräfenort, Krs. Oppeln
Erl. B.: Orthopädiemechaniker
Ausg. B.: Stellv. Minister f. Verkehrswesen
Partei: SED
L.: Nach dem Schulbesuch Ausbildung als Orthopädiemechaniker. 1922 Mitgl. d. Arbeitersportbewegung. 1928 Mitgl. d. KJV i. Oppeln. 1933 verhaftet. 1934 wegen Vorbereitung zum Hochverrat zu 12 Jahren Zuchthaus verurteilt. 1945 Angehöriger eines Strafbataillons. Sowj. Kriegsgefangenschaft. Anschl. FDJ-Funktionär i. Berlin u. Halle. Provinzjugendltr. u. danach bis 1950 Vors. d. FDJ i. Land Sachsen-Anhalt. 1947 Abg. d. Landtages Sachsen-Anhalt. 1947-55 Mitgl. d. Zentralrates d. FDJ. 1950 Vors. d. FDJ i. Berlin. 1951-53 Besuch d. PHSch d. SED. Seit 1953 stellv. Min. f. Verkehrswesen. Ltr. d. Politverwaltung d. „Reichsbahn". Mitgl. d. Bundesvorstandes d. DTSB u. ehrenamtl. Präsident d. Sportvereinigung Lokomotive. Seit Juni 1971 Mitgl. d. ZK d. SED.
Ausz.: VVO i. Gold (1969). Karl-Marx-Orden (1976) u. a.

Merke, Else
Schenkenberg, Krs. Delitzsch
Geb. 15. 6. 1920 i. Stargard/Po. als Tochter eines Landarbeiters u. Kleinbauern
Erl. B.: Meister der Rinderzucht, Agraringenieur
Ausg. B.: Genossenschaftsbäuerin i. Schenkenberg, Krs. Delitzsch
Partei: DBD
L.: Volksschule. 1935-39 landw. Lehre. Landarbeiterin u. Bäuerin. 1948 DBD. Seit 1950 Mitgl. d. Bundesvorstandes d. DFD. 1952 Mitbegründerin d. LPG „7. 10." i. Schenkenberg. Seit 1953 Abg. d. VK. 1963-71 Mitgl. d. Staatsrates. 1963-82 Mitgl. d. Präs. d. Parteivorstandes d. DBD. Gegenwärtig nur noch Mitgl. d. PV d. DBD. Seit 1964 stellv. Vors. d. Bundesvorstandes d. DFD. 1966-72 Meisterin f. Rinderzucht, seit 1972 Abtltr. f. Kultur i. d. LPG Tierproduktion „7. Oktober" i. Schenkenberg. Seit 1974 Mitgl. d. Präs. d. Friedensrates d. DDR. Ehefrau d. DBD-Funktionärs Helmut M.
Ausz.: VVO i. Silber (1965) u. a.

Merke, Helmut
Schenkenberg/Krs. Delitzsch
Geb. 7. 10. 1919 i. Groß-Schönwalde, Krs. Graudenz
Erl. B.: Landwirt, Diplom-Landwirt, Dr. agr.
Ausg. B.: LPG-Vorsitzender, DBD-Funktionär
Partei: DBD
L.: Kriegsdienst. Uffz. Landwirtschaftsgehilfe. Sowj. Kriegsgefangenschaft. 1948 Mitgl. d. DBD. DBD-Funktionär i. Halle. Seit 1951 Neubauer bzw. Genossenschaftsbauer i. Schenkenberg, Krs. Delitzsch. Vors. d. LPG Tierproduktion „7. Oktober" i. Schenkenberg. 1961-72 Vors., seit 1972 stellv. Vors. d. DBD i. Bez. Leipzig. Mitgl. d. Parteivorstandes d. DBD. Abg. d. BT Leipzig. Ehemann von Else M.
Ausz.: VVO i. Silber (1977) u. a.

Merkel, Curt-Heinz
Berlin
Geb. 1919
Erl. B.: Verkäufer, Diplom-Wirtschaftler
Ausg. B.: Bezirksdirektor d. HO Ostberlin
Partei: SED
L.: Verkäufer. 1945-48 beim Konsumgenossenschaftsverband Zeitz u. Querfurt tätig. Verkaufsstellenltr. u. Ltr. d. Genossenschaftsschule Zeitz. Absolvent d. Verwaltungsakad. Forst-Zinna. Danach stellv. Generaldir. DIA Nahrung u. HA-Ltr. i. MAI. 1955-59 stellv. Min. i. MAI. 1959 Staatssekr. u. von Juli 1959-Okt. 1963 Min. f. Handel u. Versorgung. Hochschul-Studium. Seit April 1969 Bez.-dir. d. HO i. Ostberlin.
Ausz.: Orden „Banner der Arbeit", Stufe II (1977), VVO i. Silber (1980) u. a.

Merkel, Kurt
Berlin
Geb. 10. 3. 1934 i. Leipzig als Sohn eines Angestellten
Erl. B.: Lehrer, Dr. phil.
Ausg. B.: Botschafter
Partei: SED
L.: 1952 Abitur. Danach bis 1955 Studium d. Germanistik u. Pädagogik a. d. KMU Leipzig. 1955-58 Lehrer. 1958-62 Ass. a. d. Pädag. HS i. Potsdam. Promotion zum Dr. phil. 1962-64 Lektor f. dtsch. Sprache a. d. Uni. Djakarta/Indonesien. 1964-66 wiss. MA f. Literaturwiss. Pädag. HS Potsdam. Seit 1966 Angehöriger d. diplom. Dienstes d. DDR. 1966-70 Ltr. d. Kulturabt. i. MfAA. Juni 1970-Dez. 1972 Ltr. d. Handelsvertretung d. DDR i. Zypern. Febr. 1973-Febr. 1975 Botschafter i. Zypern. 1976-81 Ltr. d. Abt. Kulturelle Auslandsbeziehungen i. MfAA. Seit 28. Sept. 1981 Botschafter auf d. Philippinen. Nachf. v. Eberhard Feister.
Ausz.: VVO i. Bronze (1974) u. a.

Merkel, Manfred
Berlin
Geb. 1929
Erl. B.: Diplom-Wirtschaftler
Ausg. B.: Stellv. Minister f. Handel u. Versorgung
Partei: SED
L.: Nach 1945 Wirtschaftsfunktionär. 1964-66 Dir. d. Bez.-direktion Karl-Marx-Stadt d. HO. Seit 1966 stellv. Min. f. Handel u. Versorgung sowie Hauptdir. d. HO.
Ausz.: VVO i. Silber (1979) u. a.

Mertink, Gerhard
Berlin
Geb. 8. 12. 1925 i. Meißen als Sohn eines Markthelfers
Erl. B.: Werkzeugmacher, Diplom-Gesellschaftswissenschaftler, Dr.
Ausg. B.: Bundessekretär des Kulturbundes
Partei: SED
L.: Besuch der Volksschule i. Meißen. Ab 1940 Werkzeugmacherlehre i. d. Vereinigten Graba- u. Schregerwerken. 1943 NSDAP. 1943-45 Kriegsdienst i. d. Waffen-SS (SS-Sturmmann). 1952-66 1. Sekretär d. BL Karl-Marx-Stadt d. KB. 1963 Abg. d. BT Karl-Marx-Stadt. Seit 1966 2. Bundessekr. d. KB. Juli 1971 Promotion a. d. KMU Leipzig. Mitgl. d. Hoch- u. Fachschulrates d. DDR u. d. Präs. d. Friendensrates.
Ausz.: VVO i. Silber (1975), Orden „Banner d. Arbeit" Stufe I (1980) u. a.

Meske, Erich
Berlin
Geb. 18. 9. 1932 als Sohn eines Arbeiters
Ausg. B.: Botschafter
Partei: SED
L.: Abitur, 1956-60 Studium a. d. DASR. Diplomat, Botschaftsrat i. Syrien. 1975-76 Botschaftsrat i. Iran. Juli 1976-März 1978 Botschafter d. DDR i. Tunesien. Seit 6. 9. 80 Botschafter i. Mali, seit 27. 9. 80 i. Mauretanien u. seit 28. 2. 1981 i. Niger. Nachf. von Manfred Thiede.

Meurer, Gerhard
Magdeburg
Geb. 2. 9. 1921
Erl. B.: Maler, Tapezierer, Diplom-Gesellschaftswissenschaftler
Ausg. B.: Vors. d. BRK Magdeburg d. SED
Partei: SED
L.: Maler, Tapezierer. 1945 KPD. 1946 SED. 1949 Sekr. d. Landesltg. Sachsen-Anhalt d. FDJ. Ab 1950 MA bzw. Abtltr. Lt. Organe d. SED-BL Berlin. Später Sektorenltr. i. d. Abt. Parteiorgane beim ZK d SED. Nov. 71-Jan. 79 1. Sekr. d. SED-Stadtltg. Magdeburg. Nachf. v. Helmut Hackenberg. Mitgl. d. Sekr. d. SED-BL Magdeburg. Seit 11. 2. 1979 Vors. d. BRK Magdeburg d. SED. Nachf. v. Otto Werner.
Ausz.: VVO i. Bronze (1968).

Meusel, Gerhard
Leipzig
Geb. 17. 7. 1913 i. Aue/Sa. als Sohn eines Pfarrers
Erl. B.: Arzt, Dr. med.
Ausg. B.: Kreistuberkulosearzt i. Leipzig
Partei: CDU
L.: Studium d. Medizin. 1937 NSDAP. 1939 mediz. Staatsexamen. 1942 Dr. med. Kriegsdienst. 1946 Angestellter d. Stadt Leipzig. 1947 CDU. 1951 Chefarzt d. Fachambulanz f. Tbc Leipzig. Kreistuberkulosearzt i. Leipzig. Seit 1957 Vors. d. Bez.-ausschusses Leipzig d. NF. Seit 1958 Abg. d. BT Leipzig. Obermedizinalrat.
Ausz.: VVO i. Silber (1973) u. a.

Mewes, Wolfgang
Potsdam
Geb. 1930
Erl. B.: St. gepr. Landwirt, Diplom-Gesellschaftswissenschaftler
Ausg. B.: Stellv. Vorsitzender d. RdB Potsdam
Partei: SED
L.: Staatlich gepr. Landwirt. Diplom-Gesellschaftswiss. Landwirtschaftsfunktionär, zuletzt Ltr. d. Abt. Land- u. Nahrungsgüterw. b. RdB Potsdam. Seit Juni 1981 stellv. Vors. d. RdB Potsdam f. Land-, Forst- u. Nahrungsgüterw. Nachf. v. Harri Schindler. Abg. d. BT.
Ausz.: VVO i. Bronze (1974).

Mewis, Karl
Berlin
Geb. 22. 11. 1907 i. Hann.-Münden als Sohn eines Arbeiters
Erl. B.: Schlosser
Im Ruhestand
Partei: SED
L.: 1921-24 Schlosserlehre. Anschl. Schlosser. 1923 Mitgl. d. SAJ u. d. KJV. 1923 Gewerkschaftsvertrauensmann d. Jungarbeiter i. d. Eisenbahn-Werkstätten Kassel. 1924 Mitgl. d. KPD. 1925 zu 1/2 Jahr Festung verurteilt. Später hauptamtl. Funktionär d. KPD i. Kassel, Magdeburg u. Hessen-Waldeck. Red. d. komm. Presse. Nach 1933 lt. Funktionär d. illegalen KPD i. In- u. Ausland. 1936-39 Teilnehmer a. span. Bürgerkrieg. Danach Ltr. d. Abschnittsltg. „Zentrum" d. KPD i. Stockholm (bis 1940, Deckname: Fritz Arndt). 1942-43 i. Schweden interniert. 1945 KPD-Funktionär i. Mecklenburg. 1946-49 Sekr. d. Landesltg. Berlin (Ost) d. SED. 1949-63 Abg. d. VK. 1954 Mitgl. d. Ständigen Ausschusses f. Ausw. Angelegenheiten. 1949 2. Sekr., 1951-52 1. Sekr. d. SED-Landesltg. Mecklenburg. 1950-52 Kand., 1952-81 Mitgl. d. ZK d. SED. 1952-61 1. Sekr. d. SED-BL Rostock. Mitgl. d. Büros d. SED-BL u. Abg. d. BT. 1958-63 Kand. d. Politbüros d. ZK d. SED. 1960-63 Mitgl. d. Staatsrates d. DDR. Juli 1961-Jan. 1963 Min. u. Vors. d. Staatl. Plankommission. Auf d. 18. Plenum d. ZK d. SED abgesetzt. April 1963-Nov. 1968 Außerord. u. Bevollm. Botschafter d. DDR i. Polen. Nachf. v. Richard Gyptner. „Parteiveteran".

Ausz.: VVO i. Gold (1960). Karl-Marx-Orden (1967). Ehrenspange z. VVO i. Gold (1970). Ehrenbürger v. Rostock (1978) u. a. Veröff.: „Im Auftrage der Partei", Dietz-Vlg., Berlin 1971.

Mey, Bruno
Berlin
Geb. 2. 5. 1932
Erl. B.: Diplom-Staatswissenschaftler
Ausg. B.: Botschafter
Partei: SED
L.: Besuch d. Oberschule. Studium d. Staatswiss. 1956 Dipl.-Staatswiss. Seit 1956 Angeh. d. diplom. Dienstes d. DDR. 1959-63 Vizekonsul d. DDR i. Burma. 1964-67 Ltr. d. Presseabt. d. DDR-Handelsvertretung i. Indien. Anschl. Sektorenltr. i. MfAA. 1970-73 Konsul bzw. Generalkonsul i. Kalkutta. 1973-75 Botschaftsrat i. Bangladesh. 1975-76 MA d. MfAA. Nov. 1977-Sept. 81 Botschafter d. DDR i. Sri Lanka. Nachf. v. Kraft Bumbel. Jan. 1978-Sept. 81 zusätzl. Botschafter i. d. Republik d. Malediven.

Meyer, Ernst Hermann
Berlin
Geb. 8. 12. 1905 i. Berlin als Sohn eines Arztes
Erl. B.: Musikwissenschaftler, Dr. phil.
Ausg. B.: Komponist
Partei: SED
L.: Besuch des Prinz Heinrich-Gymnasiums i. Berlin. Lehrling, Telefonist u. Beamter in einer Bank. Ab 1927 Studium d. Musikwiss. a. d. Uni. Berlin u. Heidelberg u. a. d. Musik-HS Berlin (Lehrer: Sachs, Schering, Hornbostel, Besseler u. Hanns Eisler). 1930 Promotion zum Dr. phil. i. Heidelberg. 1930 Mitgl. d. KPD. 1930 Chefred. d. „Kampfmusik". Mitgl. d. Reichsltg. d. Kampfgemeinschaft d. Arbeitersänger. 1933 Emigration nach England. Komponist. Herbst 1948 Rückkehr nach Deutschland. Seitdem Lehrtätigkeit a. d. Humboldt-Uni. i. Ostberlin. Prof. mit Lehrstuhl f. Musiksoziologie (jetzt i. Ruhestand). Seit 1950 Mitgl. d. Akad. d. Künste i. Ostberlin. 1963-71 Kand., seit Juni 1971 Mitgl. d. ZK d. SED. Juni 1965-April 1974 Vizepräs. d. Akad. d. Künste i. Ostberlin. 1965-71 Präs. d. Musikrates d. DDR. Seit 1967 Präs. d. Händel-Ges. d. DDR. Nov. 1968-Febr. 1982 Präs. d. Verb. d. Komponisten u. Musikwissenschaftler d. DDR. Seitdem Ehrenpräsident.
Ausz.: VVO i. Gold (1971). Nat. Pr. I. Kl. (1963 u. 75). Dr. h. c. MLU Halle (1965), Karl-Marx-Orden (1980) u. a.
Werke: „Mansfelder Oratorium", 1950, „Des Sieges Gewißheit", „Reiter der Nacht", Oper u. a. m.

Meyer, Gerhard
Berlin
Geb. 1931
Ausg. B.: Sektorenleiter, Dr. rer. oec.
Partei: SED
L.: Studium d. Politökonomie a. d. Humboldt-Uni. Ostberlin. Promotion z. Dr. rer. oec. Danach MA d. ZK d. SED u. stellv. Ltr. d. Presseamtes beim Vors. d. MR. 1972-75 Ltr. d. Abt. Journal. Beziehungen i. MfAA. Seit 1975 Sektorenltr. bzw. stellv. Ltr. d. Abt. Internat. ökon. Organisationen i. MfAA.
Ausz.: VVO i. Bronze (1969).

Meyer, Gerhard
Karl-Marx-Stadt
Geb. 29. 12. 1915 i. Chemnitz
Erl. B.: Schauspieler
Ausg. B.: Generalintendant
Partei: SED
L.: Besuch d. Gymnasiums i. Chemnitz. Bis 1938 Schauspieler i. Chemnitz. Militär- u. Kriegsdienst (1941 Leutnant i. einem Panzer-Rgt.). Nach 1945 Regisseur i. Freiberg/Sa. 1949-51 a. Leipziger Schauspielhaus, 1951-54 a. Dtsch. Theater i. Berlin tätig. 1954-56 stellv. Dir. d. Neuen Theaters i. d. Wiener Scala. 1956 SED. 1957-66 Intendant d. Hans-Otto-Theaters i. Potsdam. Seit März 1966 Generalintendant d. städt. Bühnen Karl-Marx-Stadt. Vors. d. Bezirkssorg. Karl-Marx-Stadt d. Verb. d. Theaterschaffenden.
Ausz.: VVO i. Bronze (1977), Nat.-Pr. III. Kl. (1980) u. a.

Meyer, Heinz
Berlin
Ausg. B.: Abteilungsleiter i. d. SPK
Partei: SED
L.: 1971 stellv. Abtltr. Grundstoffindustrie i. d. SPK. 1981 Ltr. d. Ztr. Staatl. Inspektion f. Investitionen bei der SPK. Seit Juni 1971 Kand., seit Mai 1976 Mitgl. d. ZRK d. SED.
Ausz.: VVO i. Bronze (1973) u. a.

Meyer, Herbert
Berlin
Geb. 1930 als Sohn eines Bergarbeiters
Erl. B.: Kfm. Gehilfe, Dipl.-Wirtschaftler
Ausg. B.: Stellvertretender Oberbürgermeister v. Ostberlin
Partei: SED
L.: Kfm. Gehilfe. Seit 1951 i. sozial. Handel tätig. Bis 1955 Hauptbuchhalter i. einem Betrieb d. HO Wismut. Ltr. d. Abt. Planung u. Finanzen HV HO Wismut. 1961-62 lt. MA i. Büro d. MR auf d. Gebiet d.Binnenhandels. Danach Bereichsltr. u. 1966-76 stellv. Min. f. Handel u. Versorgung. Seit 25. 10. 1976 stellv. OB v. Ostberlin f. Handel u. Versorgung. Mitgl. d. StVV.
Ausz.: VVO i. Bronze (1975) u. a.

Meyer, Wolfgang
Berlin
Geb. 26. 7. 1934 i. Berlin
Ausg. B.: Hauptabtltr. i. MfAA, Botschafter
Partei: SED
L.: Journalist. ADN-Korrespondent i. verschiedenen Ländern. 1962 SED. Seit 1975 Ltr. d. HA

Presse u. Information i. MfAA.
Ausz.: VVO i. Bronze (1976), Orden „Banner d. Arbeit" Stufe I (1980) u. a.

Michaelis, Paul

Dresden
Geb. 13. 12. 1914 i. Weimar
Erl. B.: Gebrauchsgrafiker, Schaufensterdekorateur
Ausg. B.: Hochschullehrer, Professor
Partei: SED
L.: Gebrauchsgrafiker u. Schaufensterdekorateur (3 Jahre Lehre). Ab 1934 Studium a. d. Kunstschule Weimar. 1938 Meisterschüler. 1940-45 Soldat (Unteroffizier, Pz.-Gren.-Rgt.). 1946 Rückkehr nach Weimar. Mitgl. d. Stadtltg. u. Landesltg. d. KB. 1948 Werkvertrag mit d. Kunstfaserwerk „Wilhelm Pieck" i. Schwarza. 1952 a. d. HS f. Bildende Künste i. Dresden berufen. 1955 Prorektor f. Studienangelegenheiten. 1959-64 Rektor d. HS f. Bildende Künste i. Dresden. Ltr. einer Meisterklasse. 1958-71 Abg. d. BT Dresden. 1972-74 Vors. d. Verbandes Bildender Künstler i. Bez. Dresden. Stellv. Vors. d. KB i. Bez. Dresden.
Ausz.: VVO i. Bronze (1966) u. a.

Michalski, Helmut

Leipzig
Geb. 1932
Erl. B.: Bautischler, Diplom-Staatswissenschaftler
Ausg. B.: Generalmajor d. VP
Partei: SED
L.: Bautischler, Dipl.-Staatswiss. VP-Offizier. Seit Mai 1972 Chef d. BdVP Leipzig. Seit 20. 6. 1977 Generalmajor d. VP. Mitgl. d. SED-BL u. Abg. d. BT.
Ausz.: VVO i. Gold (1981) u. a.

Michel, Paul

Weimar
Geb. 8. 10. 1918 i. Greiz als Sohn eines Webers
Erl. B.: Lehrer, Dr. phil. habil.
Ausg. B.: Hochschullehrer
Partei: SED
L.: Vor 1945 Lehrer i. Greiz. 1937 NSDAP. Kriegsdienst. Nach 1945 Schullrr. Kreisreferent f. Lehrerbildung u. Schulrat i. Greiz. 1946 SED. MA d. Dtsch. Päd. Zentralinst. i. Ostberlin. Studium d. Musikwiss. Seit 1951 Lehrtätigkeit a. d. HS f. Musik Weimar. 1954-58 Abg. d. BT Erfurt. Gegenw. Dir. für Forschung u. o. Prof. f. Musikerziehung a. d. HS f. Musik. 1958-66 Vors. d. KB i. Bez. Erfurt. 1958-63 Mitgl. d. Präsidialrates d. KB. Präs. d. Nat. Zentrums f. Musikerziehung d. DDR. DDR-Vertreter i. Direktorium d. Internat. Gesellschaft f. Musikerziehung.
Ausz.: VVO i. Silber (1978) u. a.

Michel, Peter

Stadtroda
Geb. 1944
Erl. B.: Lehrer, Diplom-Gesellschaftswissenschaftler
Ausg. B.: 1. Sekretär
Partei: SED
L.: 1957 FDJ. Lehrer. Bis 1967 Studium a. d. Sonderschule d. ZK. Fernstudium a. d. PHSch. Sekr. einer FDJ-GO. 1971 1. Sekr. d. FDJ-KL Zeulenroda. Seit 20. 3. 1973 2. Sekr., Jan. 1974-Jan. 81 1. Sekr. d. FDJ-BL Gera. Nachf. v. Kurt Zahn. 1974-81 Mitgl. d. ZR d. FDJ (1974-76 d. Büros). Seit Mai 1976 Abg. d. BT. Seit 1981 1. Sekr. d. SED-KL Stadtroda.
Ausz.: VVO i. Bronze (1976) u. a.

Michel, Rainer

Dresden
Geb. 1930
Erl. B.: Werkzeugmacher
Ausg. B.: 1. Sekretär d. SED-StL Dresden
Partei: SED
L.: 1946 SED. 1948 VP-Angehöriger i. d. Ernst-Thälmann-Bereitschaft Großenhain. 1951 1. Sekr. d. FDJ-KL Riesa. Danach 1. Sekr. d. FDJ-KL Zittau u. Sekr. d. BPO VEB Robur-Werke Zittau. 1960-61 2. Sekr. d. SED-KL Freital. 1961-65 1. Sekr. d. SED-KL Großenhain. 1967-81 1. Sekr. d. SED-KL Freital. Seit 24. 1. 1981 1. Sekr. d. SED-StL Dresden. Nachf. v. Hans Hübner. Mitgl. d. Sekr. d. SED-BL Dresden.
Ausz.: VVO i. Bronze (1972) u. a.

Micke, Werner

Berlin
Geb. 29. 7. 1930
Erl. B.: Journalist
Ausg. B.: Stellv. Chefredakteur
Partei: SED
L.: 1946 SED. Partei-Funktionär i. Döbeln. Später Redakteur d. FDJ-Zentralorgans „Junge Welt". 1964-68 Redakteur bzw. stellv. Chefred. d. „Berliner-Zeitung". Danach MA d. ZK d. SED. Seit Okt. 1971 stellv. Chefred. d. Zentralorgans d. SED „Neues Deutschland". Nachf. v. H. Czepuck. Seit 11. 6. 1982 Mitgl. d. Präs. d. VdJ.
Ausz.: VVO i. Silber (1975) u. a.

Mielke, Erich

Berlin
Geb. 28. 12. 1907 i. Berlin als Sohn eines Stellmachers
Erl. B.: Expedient
Ausg. B.: Minister f. Staatssicherheit, Armeegeneral
Partei: SED
L.: Besuch d. Volksschule u. d. Gymnasiums (ohne Abschluß). Lehre als Speditionskfm. 1921 Mitgl. d. KJV. 1925 Mitgl. d. KPD. Verschiedene Funktionen i. Parteiapparat. Expedient d. Fa. automat. Fernsprech-Bau-GmbH, Bln. 1928-31 Reporter d. „Roten Fahne". Aug. 1931 a. d.

Ermordung d. Polizeihauptleute Anlauf u. Lenk a. d. Bülowplatz i. Berlin beteiligt. Anschl. Flucht ins Ausland. Aufenthalt i. d. SU. 1934/35 Besuch d. Lenin-Schule i. Moskau. 1936-39 Teilnehmer a. span. Bürgerkrieg. Anschl. i. d. SU. 1945 Rückkehr nach Deutschland. Ab Juli 1946 Vizepräs. d. Zentralverwaltung f. Inneres i. Berlin-Wilhelmsruh. Organisierte zusammen mit Wilhelm Zaisser die politische Polizei. 1950-53 Staatssekr. i. Min. f. Staatssicherheit. Seit 1950 Mitgl. d. ZK d. SED. 1953-55 stellv. Staatssekretär f. Staatssicherheit i. Min. d. Innern. 1955-57 erneut Staatssekr. i. Min. f. Staatssicherheit. Seit Nov. 1957 Minister f. Staatssicherheit. Nachf. v. Wollweber. Seit 16. 11. 1958 Abg. d. VK. Bis Okt. 1959 Generalleutnant, seit Okt. 1959 Generaloberst. 1. Vors. d. Sportvereinigung „Dynamo". Seit Juni 1971 (VIII. Parteitag) Kand., seit Mai 1976 (IX. Parteitag) Vollmitgl. d. Politbüros d. ZK d. SED. Seit 1. 2. 1980 Armeegeneral.
Ausz.: VVO i. Gold (1954). Karl-Marx-Orden (1957 u. 1977). Ehrenspange z. VVO i. Gold (1969). Verdienter Mitarbeiter d. Staatssicherheitsdienstes (1970). Kampforden f. Verdienste um Volk und Vaterland (1971), Held d. DDR (1975) u. a.

Mielke, Heinz

Eichwalde
Geb. 6. 4. 1923 i. Berlin
Ausg. B.: Wissenschaftspublizist.
L.: Studium d. Astronomie, Physik u. Math. Kriegsdienst. Bis 1949 i. sowj. Kriegsgefangenschaft. Danach Fortsetzung d. Studiums. Ass. bzw. Wiss. MA d. Sternwarte Treptow. Wiss. Ltr. d. Astronautischen Studios Berlin-Adlershof. 1961 Mitbegründer, 1978 Vizepräs. d. Astronaut. Ges. d. DDR. Mitgl. d. Präsidiums d. Ges. f. Weltraumforschung u. Raumfahrt d. DDR. Wissenschaftspublizist (Raketentechnik u. Raumfahrt).
Veröff.: „Der Weg ins All", Verlag Neues Leben, 1956 u. a. m.

Mikolajczak, Werner

Cottbus
Geb. 19. 5. 1939
Erl. B.: Betriebs- u. Verkehrseisenbahner, Dipl.-Ing. oec., Dipl.-Wirtschaftler
Ausg. B.: Stellv. Vorsitzender d. RdB Cottbus
Partei: SED
L.: Betriebs- u. Verkehrseisenbahner. Diplom-Wirtschaftler u. Dipl.-Ing. oec. Seit 1960 MA d. RdB Cottbus. Stellv. Ltr. d. Abt. ÖVW b. RdB u. 1. stellv. Vors. d. BWR Cottbus. Seit 1. 1. 1979 stellv. Vors. d. RdB Cottbus f. bezirksgel. Industrie u. Lebensmittelind. Vors. d. BWR. Nachf. v. Ernst Schmitt. Abg. d. BT. Seit Febr. 1979 Mitgl. d. SED-BL Cottbus.
Ausz.: Verdienstmedaille der DDR.

Milke, Günther

Berlin
Geb. 1935
Erl. B.: Maschinenschlosser, Diplom-Gesellschaftswissenschaftler
Ausg. B.: Bezirksbürgermeister v. Berlin-Lichtenberg
Partei: SED
L.: 1950-65 Maschinenschlosser, zuletzt Lehrobermstr. i. VEB Elektrokohle Ostberlin. 1965-76 Stadtbezirksrat, seit 25. 3. 1976 Bez.-Bürgermstr. v. Berlin-Lichtenberg. Nachf. v. Heinz Müller.
Ausz.: VVO i. Bronze (1979) u. a.

Milke, Harry

Berlin
Geb. 1929
Erl. B.: Wirtschaftswissenschaftler, Dr. rer. oec. habil.
Ausg. B.: Hochschullehrer
Partei: SED
L.: Transportarbeiter. FDJ- u. SED-Funktionär. Studium a. IfG. Seit 1958 Lehrtätigkeit a. d. PHSch d. SED. Ltr. d. Wissenschaftsbereichs f. Lehre u. Forschung Polit. Ökonomie u. Wirtschaftsentwicklung d. PHSch. Ltr. d. Lehrstuhls f. Politökonomie d. Sozialismus. Mitgl. d. Präs. d. URANIA.
Ausz.: Orden „Banner der Arbeit" u. a.

Minetti, Hans-Peter

Berlin
Geb. 21. 4. 1926 i. Berlin als Sohn des Schauspielers Bernhard M.
Erl. B.: Schauspieler, Diplom-Philosoph
Ausg. B.: Schauspieler, Rektor
Partei: SED
L.: Volks- u. Oberschule. Kriegsdienst. 1945 Mitgl. d. KPD. Nach Kriegsende Studium d. Philosophie u. Kunstgeschichte a. d. Uni. Kiel, Hamburg u. Berlin. Angehöriger d. Studentenbühne d. Humboldt-Uni. Diplom-Philosoph. Ab 1949 Schauspielschüler a. Dtsch. Theaterinst. Weimar. 1952 erstes Engagement a. Maxim-Gorki-Theater i. Ostberlin. Seit 1956 a. Dtsch. Theater i. Ostberlin tätig. Filmschauspieler („Ernst Thälmann" usw.). 1958-63 Mitgl. d. Zentralrates d. FDJ. Seit dem V. Parteitag d. SED (Juli 1958) Kand. d. ZK d. SED. Okt. 1966-Dez. 1974 Vors. d. Zentralvorstandes d. Gewerkschaft Kunst. Seit 9. 4. 1975 Dir. d. Schauspielschule Berlin. Nachf. v. Rudi Penka. Seit Juni 1980 Vizepräs. d. Verbandes d. Theaterschaffenden. Seit 1980 Prof. Seit 21. 9. 81 Rektor d. HS f. Schauspielkunst i. Ostberlin. Mitgl. d. Präs. d. Friedensrates d. DDR u. d. Weltfriedensrates. Präs. d. Ges. „Neue Heimat".
Ausz.: VVO i. Silber (1959), Goethe-Preis I. Kl. (1978), Nat. Pr. II. Kl. (1979) u. a.

Misgeld, Gerhard
Berlin
Geb. 25. 12. 1913 i. Recklinghausen
Erl. B.: Arzt, Dr. sc. med.
Ausg. B.: Hochschullehrer
Partei: SED
L.: Studium d. Medizin. 1937 NSDAP. 1941 Promotion. Volontärarzt i. Recklinghausen u. Assistenz-Arzt i. Berlin. Nach 1945 stellv. Dir. d. Polizeikrankenhauses i. Ostberlin, Sektorenltr. i. SHF u. HA-Ltr. i. Min. f. Gesundheitswesen. Seit 1959 Dozent, dann o. Prof. für Geschichte d. Medizin a. d. Humboldt-Uni. Ostberlin. Gegenw. Dir. d. Inst. f. Geschichte d. Medizin u. Naturwiss. d. Humboldt-Uni. Zeitw. Sekr. d. Rates f. Koordinierung u. Planung d. mediz. Wiss. beim Min. f. Gesundheitswesen. Chefred. d. Zeitschrift „Deine Gesundheit". Obermedizinalrat. Mitgl. d. Forschungsrates.
Ausz.: Hufeland-Med. i. Gold (1975) u. a.

Mitdank, Joachim
Berlin
Geb. 27. 6. 1931 i. Leipzig
Erl. B.: Diplom-Staatswissenschaftler, Dr.
Ausg. B.: Botschafter
Partei: SED
L.: Studium d. Außenpolitik. 1956 Diplom-Staatswiss. Seit 1956 Angehöriger d. diplom. Dienstes d. DDR. Ende d. 50er Jahre pers. Referent v. Peter Florin. 1962-64 Botschaftsrat u. amt. Ltr. d. Handelsvertretung d. DDR i. Finnland. 1968 Promotion. 1968-78 Ltr. d. Abt. Westberlin i. MfAA. Beauftragter d. Regierung d. DDR entsprechend Art. 8 d. „Vereinbarung zwischen der Regierung d. DDR u. d. Senat über Erleichterungen u. Verbesserungen d. Reise- u. Besucherverkehrs". Seit 1. 9. 1978 Botschafter d. DDR i. Finnland. Nachf. v. Hermann Schwiesau.
Ausz.: VVO i. Bronze (1972) u. a.

Mittag, Günter
Berlin
Geb. 8. 10. 1926 i. Stettin-Scheune
Erl. B.: Eisenbahner, Diplom-Wirtschaftler, Dr. rer. oec.
Ausg. B.: Sekretär d. ZK d. SED
Partei: SED
L.: Besuch einer Volks- u. Mittelschule. 1943 Luftwaffen-Helfer i. Flak-Rgt. 44. Eisenbahner (nichttechn. Reichsbahn-Inspektor). 1946 Mitgl. d. SED. Lt. Funktionen der IG Eisenbahn. 1951 MA d. ZK d. SED. 1953-58 Ltr. d. Abt. Verkehr u. Verbindungswesen beim ZK d. SED. 1958 Promotion a. d. HS f. Verkehrsw. Dresden. 1958-61 Sekr. d. Wirtschaftskommission Politbüro d. ZK d. SED. 1958-62 Kand., seit 1962 Vollmitgl. d. ZK d SED. 1961-62 stellv. Vors. u. Sekr. d. VWR d. DDR. Juni 1962-Okt. 1973 u. seit 1. 11. 1976 Sekr. f. Wirtschaft d. ZK d. SED. Nachf. v. W. Krolikowski. Okt. 1973-Nov. 1976 1. stellv. Vors. d. MR d. DDR. Jan. 1963-Sept. 1966 Kand. d. Politbüros, seit Sept. 1966 Vollmitgl. d. Politbüros beim ZK d. SED. Seit Okt. 1963 Abg. d. VK. 1963-71 u. seit 1979 Mitgl. d. Staatsrates. Seit 1963 Vors. d. Ausschusses f. Industrie, Bauwesen u. Verkehr d. VK. 1963-72 Mitgl. d. Bundesvorstandes d. FDGB. Mitgl. d. Präs. d. Forschungsrates.
Ausz.: VVO i. Gold (1964). Karl-Marx-Orden (1976) u. a.
Veröff.: „Die Polit. Ökonomie d. Sozialismus u. ihre Anwendung i. d. DDR" (Ltr. d. Autorenkollektivs), 1969 u. a. m.

Mittenzwei, Ingrid
Berlin
Geb. 14. 5. 1929 i. Bochum
Erl. B.: Historikerin, Dr. sc. phil.
Ausg. B.: Abteilungsleiter bei der AdL
Partei: SED
L.: 1951-56 Studium d. Geschichte a. d. Uni. Leningrad. Danach Ass. a. IfG beim ZK d. SED. Gegenwärtig Ltr. d. Abt. deutsche Geschichte von 1648-1789 an der AdW. Seit 1. 9. 1980 Prof. Verh. mit Werner M.
Ausz.: Verdienstmedaille d. DDR (1979).
Veröff.: „Friedrich II.", Biogr., Verlag d. Wiss., 1979 (Pahl-Rugenstein, Köln, 1980) u. a.

Mittenzwei, Werner
Berlin
Geb. 7. 8. 1927 i. Limbach als Sohn eines Textilhändlers
Erl. B.: Lehrer, Dr. phil. habil.
Ausg. B.: Forschungsgruppenleiter
Partei: SED
L.: 1944 RAD u. Soldat. Sowj. Gefangenschaft. Danach Neulehrer a. d. Oberschule Burgstädt. Studium d. Pädagogik u. Germanistik. Ass. f. Literatur u. Gesellschaftswiss. HS f. Musik Ostberlin. Danach Dozent u. Prof. IfG. 1960 Promotion über Brecht. 1964 Habil. 1967 Ltr. d. Arbeitsstelle f. Literaturtheorie DAW. 1969-73 Dir. d. Zentralinst. f. Literaturgeschichte d. AdW. Seit 1972 Mitgl. d. AdW. Seit 1973 Forschungsgruppenltr. i. Bereich I d. Zentralinst. f. Literaturgeschichte. Mitgl. d. PEN-Zentrums (Präs.) d. DDR.
Ausz.: Nat. Pr. III. Kl. (1973), VVO i. Silber (1979) u. a.
Veröff.: „Brechts Verhältnis zur Tradition", Akademie-Vlg., Berlin 1972 u. a.

Mittig, Rudi
Berlin
Geb. 26. 1. 1925 i. Reichenbach
Erl. B.: Maurer, Ing., Diplom-Jurist
Ausg. B.: Stellvertretender Minister, Generalleutnant
Partei: SED
L.: Maurer. Kriegsdienst. Seit 1950 Offizier d. SSD. 1952 SED. Studium. Dipl.-Jurist. 1956-64 Ltr. d. BV Potsdam d. MfS. Seit 26. 9. 1969 Generalmajor d. SSD. Stellv. Min. f. Staatssicherheit. Seit 1980 Generalleutnant. Seit 16. 4. 1981 erstmalig Kandidat d. ZK d. SED.

Mitzenheim, Hartmut

Gera
Geb. 9. 6. 1921 i. Saalfeld als Sohn des nachmaligen Landesbischofs Moritz M. († 1977)
Erl. B.: Jurist
Ausg. B.: Oberkirchenrat
Partei: CDU
L.: Gymnasium. Abitur. Kriegsdienst. 1939-41 u. 1946-48 Studium d. Rechtswiss. i. Berlin, Tübingen, Leipzig u. Jena. 1947 CDU. 1948 1. jur. Staatsexamen i. Jena. 1949-52 Referendar i. d. Thür. Justizverwaltung. 1952 2. jur. Staatsexamen. 1953-73 Ltr. d. kirchl. Verwaltung f. Ostthüringen (Kreiskirchenrat). 1973 Oberkirchenrat. Seit 1976 stellv. Vors. d. Landeskirchenrates d. Evang.-Luth. Kirche Thüringen. Ltr. d. Rechtsabt. Nachf. v. Dr. Lotz. Seit 1969 Mitgl. d. Synoden d. DDR-Kirchenbundes u. d. VELK. Seit 1970 stellv. Vors. d. Regionalausschusses DDR d. CFK. Seit Okt. 1976 Abg. d. VK u. Mitgl. d. Geschäftsordnungsausschusses.
Ausz.: Verdienstmed. d. DDR u. a.

Mitzinger, Wolfgang

Berlin
Geb. 18. 2. 1932 i. Lichtenstein/Erzgeb.
Erl. B.: Elektriker, Dipl.-Ing., oec.
Ausg. B.: Minister
Partei: SED
L.: 1946-49 Elektrikerlehrling i. Espenhain. Dreijähriger Besuch d. Bergingenieur-Schule Zwickau. Elektroing. i. Geiseltal. Hauptenergetiker. 1960 MA d. SPK. 1962-64 stellv. Ltr. d. Abt. Kohleindustrie i. VWR. 1964-68 Generaldir. VVB Kraftwerke. 1967 Abg. d. BT Cottbus. 1968-79 Staatssekr. u. 1. stellv. Min. f. Grundstoffindustrie (Kohle u. Energie). 1971-72 Studium a. d. PHSch d. SED. Seit 28. 6. 1979 Minister f. Kohle u. Energie. Nachf. v. Klaus Siebold.
Ausz.: VVO i. Bronze (1970), Orden „Banner d. Arbeit" Stufe I (1982) u. a.

Mitzscherling, Werner

Dresden
Geb. 14. 5. 1930
Erl. B.: Diplom-Landwirt
Ausg. B.: Vorsitzender d. Bezirksverbandes Dresden d. DBD
Partei: DBD
L.: Landwirtschaftsgehilfe. Staatl. gepr. Landwirt, Diplom-Landwirt. 1949 Mitgl. d. DBD. DBD-Funktionär i. Bez. Dresden. 1954-63 u. seit 1971 Abg. d. BT Dresden. 1960-63 stellv. Vors. d. RdB Dresden f. Land- u. Forstw. Danach MA i. Parteivorstand d. DBD. 1968 amt. Vors., seit 8. 8. 1969 Vors. d. Bez.-verbandes Dresden d. DBD. Nachf. v. W. Schröder. Seit 1972 Mitgl. d. Parteivorstandes d. DBD.
Ausz.: VVO i. Silber (1976) u. a.

Mode, Heinz

Halle/Saale
Geb. 15. 8. 1913 i. Berlin
Ausg. B.: Hochschullehrer, Dr. phil. habil.
Partei: SED
L.: Studium a. d. Uni. Berlin u. Colombo, d. Tagore-Uni. von Bengalen u. a. d. Uni. Basel. 1941 Promotion zum Dr. phil. i. Basel. 1944 Habil. i. Basel. 1945 Mitbegründer d. KPD i. Bayern. Seit 1948 Lehrtätigkeit a. d. MLU Halle-Wittenberg. Zeitw. Parteisekr. d. SED a. d. MLU. Seit 1962 Prof. mit Lehrstuhl f. Orientalische Archäologie. Seit 1966 Mitgl. d. Präs. d. Dtsch.-Südostasiat. Gesellschaft d. DDR. Dir. d. Sektion Orient- u. Altertumswiss. MLU Halle-Wittenberg. Ltr. d. Buddhistischen Zentrums d. DDR.
Ausz.: VVO i. Bronze (1973), Nat. Pr. III. Kl. (1978) u. a.

Modrow, Hans

Dresden
Geb. 27. 1. 1928 i. Jasenitz, Krs. Ueckermünde, als Sohn eines Arbeiters
Erl. B.: Maschinenschlosser, Diplom-Gesellschaftswissenschaftler, Diplom-Wirtschaftler, Dr. rer. oec.
Ausg. B.: 1. Sekretär d. SED-BL Dresden
Partei: SED
L.: 1942-45 Schlosserlehre, Kriegsdienst u. Gefangenschaft. Seit 1949 Mitgl. d. SED u. FDJ. 1953-61 1. Sekr. d. FDJ-BL Berlin. 1953-71 Mitgl. d. StVV Ostberlin. 1954-57 Fernstudent d. PHSch d. SED. Dipl.-Gesellschaftswiss. 1958-67 Kand., seit 1967 Mitgl. d. ZK d. SED. Seit 1958 Berliner Vertreter bzw. Abg. d. VK. 1961-67 1. Sekr. d. SED-KL Berlin-Köpenick. Juni 1966 Promotion a. d. Humboldt-Uni. i. Ostberlin (zusammen mit Rainer Völkel). 1967-71 Sekr. f. Agitation u. Propaganda d. SED-BL Berlin. 1971-73 Ltr. d. Abt. Agitation i. ZK d. SED. Nachf. v. W. Lamberz. Seit Okt. 1972 Vors. d. Freundschaftsgruppe DDR-Japan. d. VK. 3. 10. 1973 i. d. SED-BL Dresden kooptiert u. zum 1. Sekr. gewählt. Nachf. v. Werner Krolikowski.
Ausz.: VVO i. Gold (1975). Karl-Marx-Orden (1978) u. a.

Möbis, Harry

Berlin
Erl. B.: Wirtschaftswissenschaftler, Dr. rer. oec.
Ausg. B.: Leiter einer Arbeitsgruppe, Staatssekretär
Partei: SED
L.: Metallarbeiter. Studium a. d. HS f. Ökonomie i. Berlin-Karlshorst. Parteisekr. d. HS f. Ökonomie. Anfang d. 60er Jahre Ltr. d. Inspektion d. VWR. Seit Okt. 1967 Staatssekr. u. Ltr. d. Arbeitsgruppe f. Staats- u. Wirtschaftsführung beim MR. Seit 1973 Staatssekr. u. Ltr. d. Arbeitsgruppe Organisation u. Inspektion beim Vors. d. MR.
Ausz.: Orden „Banner der Arbeit" Stufe I (1974), VVO i. Gold (1980) u. a.

Moeck, Eckard
Rostock
Geb. 23. 6. 1934 i. Bütow
Erl. B.: Dr.-Ingenieur
Ausg. B.: Hochschullehrer
Partei: SED
L.: 1953 Abitur i. Bad Doberan. 1954-59 Studium d. Schiffsmaschinenbaus a. d. Uni. Rostock. 1959 Dipl.-Ing. Wiss. Ass. a. d. Uni. Rostock. 1960 Mitgl. d. SED. 1964 Promotion zum Dr.-Ing. MA d. Warnowwerft, zuletzt Dir. f. Erzeugnisentwicklung. Seit 1967 Mitgl. d. SED-BL Rostock. Seit 1. 8. 1972 o. Prof. f. Schiffsmaschinenanlagen a. d. Sektion Schiffsbetriebstechnik d. IHS f. Seefahrt Warnemünde-Wustrow. Seit 13. 9. 1972 Rektor d. IHS. 1973-81 Vors. d. DSF i. Bez. Rostock.
Ausz.: Verdienstmedaille d. Seeverkehrswirtschaft i. Gold (1978) u. a.

Möckel, Gerald
Berlin
Geb. 17. 9. 1935 i. Chemnitz als Sohn eines Drehers
Erl. B.: Diplom-Staatswissenschaftler
Ausg. B.: Botschafter
Partei: SED
L.: 1954-60 Studium a. Inst. f. Internat. Bez. i. Moskau. Diplom-Staatswiss. Seit 1960 Angehöriger d. diplom. Dienstes d. DDR. 1967-68 diplom. MA i. Kuba. 1970-73 stellv. Ltr. d. HV, dann der Botschaft der DDR i. Uruguay. Anschl. MA d. Abt. Internat. Verb. d. ZK d .SED. Seit 3. 1. 1980 Botschafter d. DDR i. Nicaragua.

Möller, Edmund
Rostock
Geb. 1926
Erl. B.: Diplom-Staatswissenschaftler
Ausg. B.: Sekretär d. RdB Rostock
Partei: SED
L.: Diplom-Staatswiss. Bis 1969 Sekr. d. GO d. SED beim RdB Rostock. Seit März 1969 Sekr. d. RdB Rostock. Abg. d. BT.

Möller, Hans
Frankfurt/Oder
Geb. 1927
Erl. B.: Fotograf, Diplom-Wirtschaftler
Ausg. B.: Vorsitzender des Bezirksverbandes Frankfurt/Oder d. NDP
Partei: NDP
L.: Besuch eines Gymnasiums. Fotograf. 1944 Kriegsfreiwilliger. 1948 Mitgl. d. NDP. Funktionär. Versch. Funktionen i. d. Bez. Schwerin u. Cottbus. Seit 1965 Vors. d. Bezirksverbandes Frankfurt/Oder d. NDP. Nachf. v. Heinz Lassen. Seit 1967 Mitgl. d. Hauptausschusses d. NDP.
Ausz.: VVO i. Silber (1976) u. a.

Mönkemeyer, Gerd
Berlin
Geb. 25. 5. 1927 i. Leipzig
Erl. B.: Diplom-Wirtschaftler, Dr. rer. oec.
Ausg. B.: Vizepräsident d. KfA
Partei: CDU
L.: 1941-44 Lehrling. Kriegsdienst. 1946-50 Studium. Diplom-Wirtschaftler. 1946 CDU. 1950-53 Sachbearbeiter u. AL. 1953-60 Hauptbuchhalter i. AHU. 1960-68 Lehrer a. d. FS f. Außenhandel. 1958-71 Mitgl. d. StVV Ostberlin. Nov. 1968-Okt. 1977 stellv. Min. f. Außenhandel. Seit Okt. 1977 Vizepräs. d. KfA. 1968-72 Kand., seit 1972 Mitgl. d. Hauptvorstandes d. CDU. Präsident d. gemeinsamen Handelskammer DDR-Jugoslawien.
Ausz.: VVO i. Bronze (1974) u. a.

Mohr, Arno
Berlin
Geb. 29. 7. 1910 i. Posen als Sohn eines Unteroffiziers
Erl. B.: Schildermaler, Professor
Ausg. B.: Kunstmaler, Hochschullehrer
Partei: SED
L.: Nach d. Schulbesuch Lehre bei einem Schildermalermeister. Anschl. Besuch d. Kunstgewerbeschule (1 Sem.) u. d. Kunstakad. i. Berlin. Danach kunstgewerbl. Maler bei d. Firma Oskar Falbe i. Berlin. Im 2. Weltkrieg zeitw. Soldat (Nachrichtenersatzkomp.). Nach 1945 als Kunstmaler tätig. Seit 1946 Lehrtätigkeit a. d. HS. für bild. u. angew. Kunst i. Berlin-Weißensee. Ltr. d. Werkstatt f. Druckgrafik. Seit 1972 o. Mitgl. d. DAK. Präsident d. Komitees d. „Intergrafik". 1974-78 Mitgl. des VBK i. Berlin.
Ausz.: Goethe-Preis von Ostberlin (1962). Nat. Pr. I. Kl. (1980) u. a.
Werke: Auschwitz-Triptychon, 1970 u. a.

Mohr, Siegfried
Berlin
Geb. 5. 11. 1927 i. Neudorf, Krs. Annaberg, als Sohn eines Arbeiters
Erl. B.: Industriekaufmann, Diplom-Gesellschaftswissenschaftler
Partei: SED
L.: Volksschule. 1942-44 u. 1945 bis 1946 kfm. Lehre. 1944 NSDAP. 1944 bis 1945 Soldat. Kriegsgefangenschaft. 1945 SPD. 1946 SED. 1946 Mitgl. d. Antifa-Jugendausschusses. 1946-49 kfm. Angestellter, Treuhänder u. Betriebsltr. 1949 stellv. Schachtltr. SDAG Wismut. 1950-62 SED-Funktionär SDAG/Gebietsltg. Wismut. 1954-56 1. Sekr. KL Wismut-Gera. 1956-62 Sekretär f. Agitprop. SED-Gebietsltg. Wismut. 1962-66 Sekr. f. Agitprop. SED-BL Erfurt. Seit Febr. 1966 Mitgl. d. Sekr., 1969-75 Vizepräs. d. Nationalrates d. NF. 1967-71 Nachfolgekand., 1971-76 Abg. d. VK. Mitgl. d. Verfassungs- u. Rechtsausschusses d. VK.
Ausz.: VVO i. Silber (1969) u. a.

Moldt, Ewald

Berlin
Geb. 22. 4. 1927 i. Greifswald als Sohn eines Zimmermanns
Erl. B.: Eisenbahner, Diplom-Staatswissenschaftler
Ausg. B.: Ständiger Vertreter d. DDR
Partei: SED
L.: 1933-43 Besuch d. Volks- u. Mittelschule. 1943 Mittelschulabschluß. 1943-44 Anwärter i. Hauptzollamt Stralsund. 1945-47 Eisenbahner i. d. Rbd Greifswald. 1945 KPD. 1947-50 Jugendamtleiter d. Kreis- u. Stadtverwaltung Greifswald. 1950-52 Studium a. d. Verwaltungsakad. Forst-Zinna. Staatsexamen. Seit 1952 Angehöriger d. dipl. Dienstes d. DDR. Pers. Referent v. Dr. Lothar Bolz. 1958-59 1. Sekr. a. d. DDR-Botschaft i. Rumänien. 1959-63 Botschaftsrat i. Polen. 1963-65 Ltr. d. Presseabt. i. MfAA. April 1965-Aug. 1970 Botschafter d. DDR i. Rumänien. Nachf. v. Anton Ruh. Abgelöst v. Hans Voss. Sept. 1970-Aug. 1978 stellv. Min. f. Auswärtige Angel. d. DDR. 1973-75 Vors. d. UNESCO-Kommission d. DDR. Seit 28. 9. 1978 Ständiger Vertreter d. DDR i. d. Bundesrepublik Deutschland. Nachf. v. Michael Kohl. Seit 16. 4. 1981 Kandidat d. ZK d. SED.
Ausz.: VVO i. Silber (1965). VAR-Verdienstorden I. Kl. mit Band u. a.

Mollenschott, Elvira, geb. Dombreski

Berlin
Geb. 26. 2. 1926 i. Berlin
Ausg. B.: Redakteur d. ND
Partei: SED
L.: Seit 1953 Mitgl. d. Red., seit 19. 6. 1976 Mitgl. d. Red.-Koll. d. ND. AL d. ND.
Ausz.: VVO i. Silber (1981) u. a.

Montag, Gerhard

Nevenhagen
Geb. 21. 7. 1929 i. Mühlhausen
Erl. B.: Elektromaschinenbauer, Dr.-Ing.
Ausg. B.: Stellvertretender Minister
Partei: SED
L.: Elektromaschinenbauer. 1946 SED. Studium. Dr.-Ing. Lehrtätigkeit a. d. TH Magdeburg. Zeitw. Dir. d. Sektion Technologie d. verarbeitenden Industrie. Seit 1970 o. Mitgl. d. DAW. Zeitw. MA d. Arbeitsgruppe Prognose bei einem Stellvertreter d. Vors. d. MR. Seit 1975 stellv. Minister f. Wiss. u. Technik.
Ausz.: VVO i. Silber (1981) u. a.

Morche, Helmut

Halle/Saale
Geb. 25. 2. 1930
Erl. B.: Lokomotivschlosser, Ingenieur
Ausg. B.: Sekretär d. SED-BL Halle
Partei: SED
L.: Lokomotivschlosser, Ing. FDJ-Funktionär.
1956-61 1. Sekr. d. FDJ-StL Halle. Danach AL bzw. 2. Sekr. d. SED-StL Halle. 1966-69 Studium a. d. PHSch d. SED. 1969-80 1. Sekr. SED-KL Bitterfeld. Seit 12. 6. 1980 Sekr. f. Landw. SED-BL Halle. Nachf. v. Günter Sattler. Abg. d. BT.
Ausz.: VVO i. Bronze (1973) u. a.

Morét, Herbert

Eberswalde
Geb. 9. 7. 1920 als Sohn eines baptistischen Predigers
Erl. B.: Prediger
Ausg. B.: Prediger, Präsident
L.: In Berlin aufgewachsen. Theologie-Studium a. einem evang.-freikirchl. Predigerseminar. 1950-59 Prediger i. Neubukow bei Wismar. 1958-68 Prediger d. evang.-freikirchl. Gemeinde i. Eberswalde. Seit Juni 1968 Präs. d. Bundes Evang.-Freikirchl. Gemeinde i. d. DDR. Nachf. v. Herbert Weist. 1973-76 Präs. d. Vereinigung Evang.-Freikirchl. Gemeinden (seitdem Mitgl. d. Präsidiums).

Moreth, Peter

Cottbus
Geb. 1941
Erl. B.: Maurer, Diplom-Wirtschaftler, Dr. oec.
Ausg. B.: Vorsitzender d. BV Cottbus d. LDP
Partei: LDP
L.: Maurer. Fachverkäufer. Einzelhändler i. Mittweida/Sa. MA d. BV Karl-Marx-Stadt d. LDP. 1970 stellv. Vors. d. RdSt Karl-Marx-Stadt u. Ltr. d. Abt. Handel u. Versorgung. Seit Okt. 1971 Vors. d. BV Cottbus d. LDP. Nachf. v. Karl-Heinz Krug. Seit 1971 Abg. d. BT Cottbus. Febr. 1972 Mitgl. d. ZV, seit März 1977 d. Polit. Ausschusses d. ZV d. LDP. Mai 1977 Promotion a. d. KMU Leipzig zum Dr. oec.
Ausz.: VVO i. Bronze (1975) u. a.

Morge, Günter

Eberswalde-Finow
Geb. 13. 8. 1925 i. Leipzig
Erl. B.: Förster, Diplom-Forsting., Oberforstmeister, Dr. rer. silv. habil.
Ausg. B.: Wiss. Abteilungsleiter
Partei: LDP
L.: Oberrealschule. Abitur. 1943 NSDAP. 1945 LDP. 1945-51 Forstgehilfe u. Förster. 1946-47 Besuch d. FS f. Forstw. i. Schwarzburg. 1951-55 Studium a. d. Humboldt-Uni. Ostberlin. Diplom-Forsting. 1955-58 Aspir. 1959 Dr. rer. silv. Seit 1963 wiss. AL a. Inst. f. Pflanzenschutzforschung d. AdL, Ber. Eberswalde. 1963 Habil. 1970 Oberforstmeister. 1974 Prof. 1976-80 Vors. d. KV Eberswalde d. LDP. Seit 1967 Abg. d. VK.
Ausz.: VVO i. Bronze u. a.

Morgenstern, Harry

Berlin
Erl. B.: Diplom-Gesellschaftswissenschaftler
Ausg. B.: Stellv. Abteilungsleiter i. ZK d. SED
Partei: SED
L.: FDJ-Funktionär. 1957-63 Sekr. d. FDJ-BL Neubrandenburg u. Vors. d. Pionierorganisation. Studium. Seit Mitte d. 60er Jahre MA bzw. stellv. Abtltr. Jugend i. ZK d. SED.
Ausz.: VVO i. Silber (1979) u. a.

Morgner, Irmtraud

Berlin
Geb. 22. 8. 1933 i. Chemnitz als Tochter eines Lokomotivführers
Ausg. B.: Schriftstellerin
Partei: SED
L.: Abitur. 1951 Mitgl. d. SED. 1952-56 Studium d. Germanistik a. d. KMU Leipzig. 1956-58 Redaktionsass. d. NDL. Seit 1958 freischaffende Schriftstellerin i. Berlin. Seit Mai 1978 Mitgl. d. Präs. d. Schriftstellerverbandes d. DDR. Witwe von Paul Wiens.
Ausz.: Nat. Pr. III. Kl. (1977) u. a.
Veröff.: „Ein Haus am Rand der Stadt", Roman, 1962. „Hochzeit in Konstantinopel", Roman, 1968. „Leben und Abenteuer der Trobadora Beatriz nach Zeugnissen ihrer Spielfrau Laura", Aufbau-Vlg., Berlin 1975, u. a. m.

Moritz, Hans

Markkleeberg-Großstädteln
Geb. 15. 5. 1926 i. Markkleeberg-Großstädteln
Erl. B.: Evang. Theologe, Dr. theol.
Ausg. B.: Hochschullehrer
Partei: CDU
L.: Kriegsdienst. 1946 Mitgl. d. CDU. Neulehrer. 1950-1955 Studium d. Evang. Theologie a. d. Leipziger Uni., Schüler v. Prof. Emil Fuchs. Nach Beendigung d. Studiums wiss. Aspirant bzw. wiss. Oberass. a. Inst. f. Religionssoziologie d. KMU Leipzig. 1959-63 Mitgl. d. Büros d. Zentralrates d. FDJ. Seit 1. 1. 1961 Dozent bzw. Prof. f. Religionssoziologie u. systematische Theologie a. d. KMU. Seit 1969 Dekan u. Dir. d. Sektion Theologie d. KMU. o. Prof. Seit 1968 Mitgl. d. Hauptvorstandes d. CDU. Mitgl. d. Friedensrates d. DDR.
Ausz.: VVO i. Bronze (1975) u. a.

Moritz, Lothar

Schwerin
Geb. 24. 5. 1943
Erl. B.: Diplom-Landwirt, Dr. agr.
Ausg. B.: Vorsitzender d. BV Schwerin d. CDU
Partei: CDU
L.: Lehre i. volkseigenen Gestüt Graditz. Studium d. Landwirtschaft a. d. Univers. Jena u. Halle. 1967 Diplom-Landwirt. 1970 Mitglied d. CDU. Wiss. Aspirant a. Institut f. Acker- u. Pflanzenbau d. AdL i. Müncheberg. Militärdienst i. d. NVA. Wiss. MA a. Forschungszentrum f. Bodenfruchtbarkeit i. Müncheberg. 1973 Fach-

ing. f. sozial. Betriebswirtschaft. 1974 Promotion zum Dr. agr. Ab. 1971 Abg. d. BT Frankfurt/Oder. 1976-82 Ltr. d. Abt. Wirtschaft i. Bezirkssekr. Frankfurt/Oder d. CDU. Seit 27. 4. 1982 Vors. d. BV Schwerin d. CDU. Nachf. v. Bodo Kohagen.
Ausz.: Hervorragender Genossenschaftler u. a.

Mothes, Kurt

Halle/Saale
Geb. 3. 11. 1900 i. Plauen als Sohn eines Beamten
Ausg. B.: Hochschullehrer (emeritiert), Dr. phil.
L.: 1921-25 Studium d. Pharmazie, Botanik u. Chemie a. d. Uni. Leipzig. 1925 Promotion zum Dr. phil. 1928 Habil. 1933 NSDAP. 1929-1935 Privatdozent a. d. Uni. Halle. 1935-1940 o. Prof. f. Botanik u. Pharmakognosie a. d. Uni. Königsberg. 1949-1958 Abtltr. a. Inst. f. Kulturpflanzenforschung i. Gatersleben. 1950-65 Prof. mit Lehrstuhl f. Botanik u. Pharmakognosie (Biochemie) a. d. MLU Halle-Wittenberg. 1954-74 Präs. d. Dtsch. Akad. d. Naturforscher „Leopoldina" i. Halle/Saale. Mitgl. d. DAW i. Ostberlin u. d. Sächs. Akad. d. Wiss. i. Leipzig u. seit 1971 d. Akad. d. Wiss. d. UdSSR. Dr. phil. h. c., Dr. med. h. c., Dr. agr. h. c., Dr. rer. nat. h. c. Seit 1965 Emeritus.
Ausz.: Nat.-Preis II. Kl. (1953). VVO i. Silber (1959, 1960). Dr. h. c. Uni. Wien (1965) u. a.

Mothes, Walter

Halle/Saale
Geb. 13. 5. 1920
Erl. B.: Diplom-Gesellschaftswissenschaftler
Ausg. B.: Vorsitzender d. BPKK d. SED Halle
Partei: SED
L.: SED-Funktionär. 1954-55 1. Sekr. d. SED-KL d. Mansfeldkombinats. Besuch d. PHSch. 1958-69 1. Sekr. d. SED-Stadtltg. Halle. Seit 8. 6. 1969 Vors. d. BPKK d. SED Halle. Nachf. v. F. Menzel. Seit 1971 Kand. d. ZPKK d. SED.
Ausz.: VVO i. Gold (1974) u. a.

Mrusek, Hans-Joachim

Halle/Saale
Geb. 7. 6. 1920 i. Meißen/Sa.
Erl. B.: Bäcker, Kunsthistoriker, Dr.-Ing., Dr. phil. habil.
Ausg. B.: Hochschullehrer
L.: Bäckerlehre. Anschl. zur See gefahren. 1946 Schloßverwalter i. Pillnitz b. Dresden. Studium d. Kunstgeschichte, Klass. Archäologie u. Geschichte a. d. Uni. Leipzig u. Halle. 1953 Promotion. 1958 Habil. Dozent, seit 1963 Lehrstuhlleiter f. Kunstgeschichte a. d. MLU Halle-Wittenberg. Vors. d. DDR-Burgenkommission. Vertreter d. DDR i. Internationalen Burgeninst. i. Paris. Mitgl. d. Rates f. Denkmalpflege.

Mucke-Wittbrodt, Helga, geb. Nydahl
Berlin
Geb. 11. 9. 1910 i. Hamburg-Altona als Tochter eines Lehrers
Erl. B.: Ärztin, Dr. med.
Ausg. B.: Ärztl. Direktor des Regierungskrankenhauses der DDR
Partei: SED
L.: Oberlyzeum i. Berlin. Abitur. 1929-36 Studium d. Medizin i. Berlin. 1928 SAJ, 1930 SPD. 1936 mediz. Staatsexamen u. Promotion zum Dr. med. Danach Ärztin a. Urban-Krankenhaus i. Berlin. 1946 KPD/SED. 1946-48 Stadtverordnete i. Berlin. 1945-48 Chefärztin u. Dir. des Städt. Krankenhauses Berlin-Tempelhof. 1948 entlassen. Übersiedlung nach Ostberlin. Internistin a. d. Ostberliner Charité. Seit 1949 Ärztl. Direktor des Regierungskrankenhauses d. DDR. Seit 1950 Abg. d. VK. Mitgl. d. Ausschusses f. Gesundheitswesen. Mai 1959 zum Prof. ernannt.
Ausz.: VVO i. Gold (1970). Karl-Marx-Orden (1975) u. a.

Mückenberger, Erich
Berlin
Geb. 8. 6. 1910 i. Chemnitz als Sohn eines Arbeiters
Erl. B.: Schlosser
Ausg. B.: Vorsitzender d. ZPKK d. SED
Partei: SED
L.: Volksschule. 1924-1927 Schlosserlehre. Anschl. als Schlosser tätig. 1924 Mitgl. d. SAJ. 1925 Mitgl. d. Reichsbanners. 1927 Mitgl. d. SPD. In d. NS-Zeit mehrmals inhaftiert. Kriegsdienst. 1945 erneut Mitgl. d. SPD. 1946 bis 1948 Kreissekr. d. SED u. Stadtverordneter i. Chemnitz. Besuch d. PHSch d. SED. 1948-49 2. Sekretär d. SED-Landesltg. Sachsen. 1949-52 1. Sekr. d. SED-Landesltg. Thüringen. Seit 1949 Abg. d. VK. 1958-63 Mitgl. d. Ausschusses f. Land- u. Forstwirtschaft d. VK. Seit 1950 Mitgl. d. ZK d. SED. 1950-58 Kand. d. Politbüros d. ZK d. SED. 1952-53 1. Sekr. d. SED-BL Erfurt: 1952-54 Abg. d. BT Erfurt. Juli 1953 bis 1960 Sekr. f. Landwirtschaft d. ZK d. SED. Seit Juli 1958 (V. Parteitag) Vollmitgl. d. Politbüros d. ZK d. SED. Aug. 1961 bis Mai 1971 1. Sekr. d. SED-BL Frankfurt/Oder. Seit März 1963 Mitgl. d. Präs. d. Zentralvorstandes d. DSF. Seit Juni 1971 Vors. d. ZPKK d. SED. Nachf. v. Hermann Matern. Seit Juni 71 Mitgl. d. Präsidiums d. VK. Seit 20. 5. 78 Präs. d. DSF. Nachf. v. Lothar Bolz. Seit März 1979 Mitgl. d. Präsidiums d. Nationalrates d. NF. Seit Juni 1980 Vors. d. SED-Fraktion i. d. VK. Nachf. v. Friedrich Ebert.
Ausz.: VVO i. Gold (1957). Ehrenspange zum VVO i. Gold (1969). Karl-Marx-Orden (1970). Medaille d. Waffenbrüderschaft i. Gold (1970) u. a.

Mückenberger, Joachim
Potsdam
Geb. 11. 8. 1926 i. Chemnitz als Sohn eines Bäckers
Ausg. B.: Generaldirektor
Partei: SED
L.: Bruder von Erich Mückenberger. In Chemnitz aufgewachsen. Reichsbahninspektor. 1944 NSDAP. 1947-50 Studium d. Gewi. u. Kulturpolitik Uni. Leipzig. 1947 SED. 1950-1961 leitender MA d. ZK d. SED (Abt. Kultur). 1961-1966 Dir. d. DEFA-Spielfilmstudios i. Ptosdam-Babelsberg. 1966 Sekr. d. Komitees d. DDR f. d. zentralen Veranstaltungen anläßlich d. 450. Jahrestages d. Reformation. Seit Dez. 1967 Generaldir. d. Staatl. Schlösser u. Gärten i. Potsdam. Seit 1970 Vors. d. Gewerkschaft Kunst i. Bez. Potsdam. Seit April 1976 Vors. d. Rates f. Museumswesen b. Min. f. Kultur. Stadtverordneter i. Potsdam.
Ausz.: VVO i. Silber (1979) u. a.

Mühlberger, Fritz
Berlin
Geb. 1922 i. Mark-Lissa/Schlesien
Ausg. B.: Oberrichter am Obersten Gericht d. DDR
Partei: SED
L.: Heimatvertriebener. Nach 1945 i. Bautzen ansässig. 1946 SED. Bis 1949 Ltr. d. Kartenabrechnungsstelle Bautzen. Seit 1949 i. Justizdienst d. DDR. Besuch d. Volksrichterschule Bad Schandau. Vors. d. 1. Strafkammer a. Landgericht Bautzen. 1953-57 Bezirksgerichtsdir. i. Karl-Marx-Stadt. Berufung a. d. Oberste Gericht d. DDR. Seit 1960 Oberrichter a. Obersten Gericht. Mitgl. d. Präs. d. Obersten Gerichts. Vors. d. 1. Strafsenats d. OG. M. wirkte u. a. im „Oberländer-Prozeß" u. im „Globke-Prozeß" mit.
Ausz.: VVO i. Bronze (1967), Verdienter Jurist d. DDR (1980) u. a.

Mühlmann, Manfred
Böhlitz-Ehrenberg
Geb. 26. 12. 1931 i. Leipzig
Erl. B.: Jurist, Dr. sc. jur.
Ausg. B.: Hochschullehrer. Vizepräsident d. Nationalrates d. NF
Partei: NDP
L.: Abitur. 1950-54 Studium d. Rechtswissenschaften an der Uni. Leipzig. Diplom-Jurist. Danach wiss. Ass., Oberass. u. Dozent a. d. KMU Leipzig. 1961 Dr. jur. 1950 Mitgl. d. NDP. 1966 Habil. Seit 1968 o. Prof. f. Sozial. Zivil- u. Zivilprozeßrecht a. d. KMU Leipzig. 1969-75 stellv. Dir. f. Forschung d. Sektion Rechtswiss. Seit 1958 Mitgl. d. Bezirksausschusses Leipzig d. NDP. 1965-71 Vors. d. NDP i. Leipzig. Seit 1967 Mitgl. d. Hauptausschusses d. NDP. Seit 12. 1. 1970 Vizepräs. d. NDP. Mitgl. d. Präs. d. Nationalrates d. NF. Nachf. v. Otto Rühle. Seit Okt. 1976 Abg. d. VK. Mitgl. d. Verfassungs- u. Rechtsausschusses. Seit April 1982 Mitgl. d. Präs. d. HA d. NDP.
Ausz.: VVO i. Silber (1979) u. a.

Veröff.: „Sozial. Lebensweise u. pers. Eigentum", Mai 1978 u. a.

Mühlstädt, Wolfgang

Berlin
Ausg. B.: Stellv. Abteilungsleiter i. ZK d. SED
Partei: SED
L.: In d. 50er Jahren Abtltr. i. Min. f. Land- u. Forstwirtschaft d. DDR. Seit Anfang d. 60er Jahre MA bzw. stellv. Ltr. d. Abt. Landwirtschaft i. ZK d. SED. Zeitw. Mitgl. d. Präs. d. ZV d. Gewerkschaft Land u. Forst i. FDGB.
Ausz.: VVO i. Silber (1971 u. 1976) u. a.

Müller, Armin

Weimar
Geb. 25. 10. 1928 i. Schweidnitz/Schlesien als Sohn eines Arbeiters (Schlosser)
Ausg. B.: Schriftsteller
Partei: SED
L.: Besuch d. Volks- u. Oberschule. 1944 Angehöriger d. „Volkssturms". Kurze Kriegsgefangenschaft. Seit 1945 i. Thüringen ansässig. MA d. Informationsstelle d. Thüring. Landesregierung u. Red. 1946 SED. 1947 Mitgl. d. Arbeitskreises Junger Autoren i. Thüringen. 1950-52 Mitgl. d. Thür. Landtages. 1952-1953 Mitgl. d. Zentralrates d. FDJ. 1953-57 Mitgl. d. Rates d. WBDJ. Freiberufl. Schriftsteller u. 1957-62 Rundfunkredakteur i. Weimar. Freischaffender Schriftsteller i. Weimar. Verfasser zahlreicher Jugend- u. Massenlieder sowie Fernseh- u. Hörspiele.
Ausz.: Literatur- u. Kunstpreis d. Stadt Weimar (1960). Nat. Pr. II. Kl. (Koll.-Ausz., 1969) u. a.
Veröff.: „Der Pirol und das Mädchen", Thüringer Volksverlag, Weimar 1958. „Du wirst dir den Hals brechen", Verlag Neues Leben, Berlin 1961. „Der Maler u. d. Mädchen", Novelle, 1966. „Franziska Lesser", Schauspiel, 1971. „Der goldene Vogel", Schauspiel, 1975, „Meine verschiedenen Leben", Greifenvlg., 1978, „Der Magdalenenbaum", Greifenvlg., Rudolstadt, 1980, „Taube aus Papier", Greifenvlg., Rudolstadt, 1981 u. a.

Müller, Bruno

Potsdam
Geb. 22. 11. 1927
Erl. B.: Landwirtschaftshilfe, Diplom-Landwirt
Ausg. B.: Vorsitzender d. Bezirksverbandes Potsdam d. DBD
Partei: DBD
L.: Diplom-Landwirt. 1950 Mitgl. d. DBD. In d. 50er Jahren Red. f. Wirtschaft d. Zentralorgans d. DBD „Bauern-Echo". 1959-61 Mitgl. d. ZV d. VDJ. Anschl. Ltr. d. Abt. Parteiorgane i. Parteivorstand d. DBD. Seit April 1972 Vors. d. Bezirksverbandes Potsdam d. DBD. Nachf. v. Willi Beer. 1968-72 Kand., seit 1972 Mitgl. d. Parteivorstandes d. DBD.
Ausz.: VVO i. Silber (1974) u. a.

Müller, Dieter

Neubrandenburg
Geb. 1930
Erl. B.: Diplom-Gesellschaftswissenschaftler
Ausg. B.: 1. Sekretär SED-KL Neubrandenburg
Partei: SED
L.: 1946 SED. SED-Funktionär. 1947 Ortssekr. d. SED i. Guben. 1949 Org.-Sekr. SED-KL Guben. Seit 1951 MA d. ZK d. sED. Seit 1961 Sekr. f. Agitprop., seit Jan. 1974 1. Sekr. d. SED-KL Neubrandenburg. Mitgl. d. Sekr. d. SED-BL.
Ausz.: VVO i. Silber (1976) u. a.

Müller, Dieter

Berlin
Geb. 6. 1. 1941
Erl. B.: Hauer
Ausg. B.: 1. Sekr. d. SED-KL Bauwesen
Partei: SED
L.: Hauer. Danach Sekr. d. FDJ-KL Oelsnitz u. Sekr. d. FDJ-BL Karl-Marx-Stadt. 1959 Mitgl. d. SED. Nov. 1966-März 1969 1. Sekr. d. FDJ-BL Karl-Marx-Stadt. Von Helga Labs abgelöst. 1967 Abg. d. BT Karl-Marx-Stadt. Mai 1971-Dez. 1980 Sekr. d. Zentralrates d. FDJ. Seit Juni 1972 Mitgl. d. Bundesvorstandes d. FDGB. Seit 22. 5. 76 Kand. d. ZK d. SED. Seit Jan. 1981 1. Sekr. d. SED-KL Bauwesen. Seit Febr. 81 Mitgl. d. SED-BL Berlin.
Ausz.: VVO i. Bronze (1973) u. a.

Müller, Erhard

Cottbus
Geb. 1926
Erl. B.: Maschinenschlosser, Diplom-Staatswissenschaftler
Ausg. B.: Oberbürgermeister v. Cottbus
Partei: SED
L.: Maschinenschlosser. Dipl.-Staatswiss. 1967-74 Vors. d. RdK Senftenberg. Seit 18. 6. 1974 Oberbürgermeister v. Cottbus. Nachf. v. Heinz Kluge. Abg. d. BT Cottbus.
Ausz.: VVO i. Bronze (1973) u. a.

Müller, Erich

Halle/Saale
Geb. 4. 10. 1921 i. Massanei b. Döbeln/Sa.
Erl. B.: Schlosser, Diplom-Gesellschaftswissenschaftler
Ausg. B.: Generaldirektor
Partei: SED
L.: Volksschule. Maschinenschlosser. Kriegsdienst (Flieger). 1949 SED. SED- u. Wirtschaftsfunktionär. 1957-58 stellv. Vors. d. SPK. Zeitw. Abg. BT Halle. 1958-63 Sekr. f. Chemische Industrie der SED-BL Halle. 1963-68 Vors. d. BWR Halle u. stellv. Vors. d. RdB. Seit Nov. 1968 Generaldir. VEB Leuna-Werke „Walter Ulbricht". Seit Juni 1971 Kand., seit Mai 1976 Vollmitgl. d. ZK d. SED.
Ausz.: VVO i. Gold (1974), Karl-Marx-Orden (1981) u. a.

Müller, Fred
Berlin
Geb. 8. 7. 1913 in St. Petersburg/Rußland
Erl. B.: Orthopädieschuhmacher, Dr. phil. habil, Dr. rer. oec.
Ausg. B.: Hochschullehrer
Partei: SED
L.: Volks- u. Oberschule, Orthopädieschuhmacher. 1932 Mitgl. d. KPD. Nach 1933 illegale Tätigkeit f. d. KPD. 1935-36 inhaftiert. Teilnehmer am span. Bürgerkrieg. Danach i. Frankreich interniert. KZ-Haft i. Deutschland. Nach 1945 Ltr. d. Landesjugendschule Mecklenburg. 1946-48 Landesvors. d. FDJ i. Mecklenburg. Anschl. Inspekteur d. VP. 1951-52 Ltr. d. Dtsch. Sportausschusses. Danach bis 1957 1. Sekr. d. BPO d. SED i. VEB „Horch" i. Zwickau. 1957-60 Oberstleutnant d. Grenzpolizei u. stellv. Chef d. Politverwaltung. Studium a. Inst. f. Gesellschaftswiss. beim ZK d. SED. Promotion zum Dr. phil. 1961 Prof. Gegenwärtig o. Prof. f. Dial. u. histor. Materialismus a. d. Humboldt-Uni. i. Ostberlin. 1964-65 Berater i. Kuba. 1961-69 Präs. d. Dtsch. Sportverbandes Moderner Fünfkampf i. DTSB.
Ausz.: VVO i. Silber (1965) u. a.

Müller, Fritz
Berlin
Geb. 3. 12. 1920 i. Forst
Erl. B.: Großhandelskaufmann
Ausg. B.: Abteilungsleiter i. ZK d. SED
Partei: SED
L.: Kriegsdienst (Uffz.). Großhandelskaufmann. 1948 Mitgl. d. SED. Seit Anfang d. 50er Jahre MA d. ZK d. SED. Seit 1960 Ltr. d. Abt. Planung u. Finanzen bzw. Ltr. d. Kaderabt. i. ZK d. SED. 1963-1967 Kand., seit April 1967 (VII. Parteitag) Vollmitgl. d. ZK d. SED.
Ausz.: VVO i. Silber (1964) u. i. Gold (1970) u. a.

Müller, Fritz
Berlin
Geb. 7. 1. 1919 i. Ostpreußen als Sohn eines Landarbeiters
Erl. B.: Landarbeiter, Diplom-Gesellschaftswissenschaftler
Ausg. B.: Vorsitzender d. Zentralvorstandes d. Gewerkschaft Land, Nahrungsgüter u. Forst
Partei: SED
L.: Volksschule. Landarbeiter. Kriegsdienst. Nach 1945 E-Schweißer. 1946 SED. Später Schulltr. d. MAS-Landesschule u. Ltr. d. VVEG-Thüringen. 1952-55 u. 1958-62 Sekr. f. Landw. SED-BL Erfurt. 1955-58 Besuch PHSch d. SED. Diplom-Gewi. 1958-62 Abg. BT Erfurt. Seit Okt. 1962 Vors. d. Zentralvorstandes d. Gewerkschaft Land u. Forst (Land, Nahrungsgüter u. Forst). Jan. 1963-April 1981 Kand. d. ZK d. SED. 1962-77 Mitgl. d. Präs. d. Bundesvorstandes d. FDGB. Mitgl. d. RLN.
Ausz.: VVO i. Silber (1969) u. a.

Müller, Georg
Halle/Saale
Geb. 13. 10. 1917 i. Budaörs bei Budapest
Erl. B.: Agrarwissenschaftler, Dr. sc. agr.
Ausg. B.: Hochschullehrer
Partei: SED
L.: 1938 Studium d. Landwirtschaftswiss. i. Budapest. Anschl. bis 1947 Pflanzenschutzinspektor i. Ungarn. Übersiedlung i. d. SBZ. 1947 Mitgl. d. SED. Erfassungsinspektor u. Abtltr. d. Kreisverwaltung Großenhain/Sa. 1950 Ltr. d. Abt. Kartoffelzüchtung a. Inst. f. Acker- u. Pflanzenbau i. Müncheberg bei Berlin. 1953 Promotion, 1955 Habil. i. Berlin. Lehrtätigkeit a. d. KMU Leipzig. 1958 Prof. mit Lehrauftrag, 1960 Prof. mit vollem Lehrauftrag, 1961 Prof. mit Lehrstuhl f. Bodenkunde u. Mikrobiologie a. d. KMU Leipzig. Seit 1963 Mitgl. d. DAL. 1963-67 Rektor d. KMU Leipzig. 1964-69 Mitgl. SED-BL Leipzig. Seit Anfang d. 70er Jahre Lehrtätigkeit a. d. Uni. Halle-Wittenberg. Seit 1974 Dekan d. Landw. Fakultät, o. Prof. a. d. Sektion Pflanzenprod. MLU Halle-Wittenberg.
Ausz.: Nat. Pr. III. Kl. (1967), Verdienter Hochschullehrer d. DDR (1980) u. a.

Müller, Gerhard
Erfurt
Geb. 4. 2. 1928 i. Chemnitz
Erl. B.: Staatlich geprüfter Landwirt. Fachlehrer f. Staatsbürgerkunde, Diplom-Gesellschaftswissenschaftler
Ausg. B.: 1. Sekretär d. SED-BL Erfurt
Partei: SED
L.: Volksschule, Handelsschule. 1942-45 Besuch d. Lehrerbildungsanstalt i. Auerbach. 1945-46 Landarbeiter u. Tiefbauarbeiter. 1946 SPD/SED. 1946-48 Neulehrer i. Breitenfeld/Vogtl. 1948 1., 1950 2. Lehrerprfg. 1948-50 Schulltr. i. Breitenfeld. 1950-53 stv. Kreisschulrat bzw. Kreisschulrat i. Oelsnitz. 1953-55 Besuch d. PHSch d. SED. Diplom-Gesellschaftswiss. 1955-63 Sekr. f. Kultur u. Erziehung d. SED-BL Neubrandenburg. Danach Ltr. d. Abt. Schulen, Fach- u. Hochschulen d. SED-BL Neubrandenburg. 1965-74 1. Sekr. d. SED-KL Neubrandenburg. Mitgl. d. Sekr. d. SED-BL u. Abg. d. BT Neubrandenburg. 1974-April 80 2. Sekr. d. SED-BL Neubrandenburg. Seit 11. 4. 1980 1. Sekr. d. SED-BL Erfurt. Nachf. v. Alois Bräutigam. Seit 16. 4. 81 Mitgl. d. ZK d. SED. Seit 14. 6. 81 Abg. d. VK.
Ausz.: VVO i. Silber (1969) u. a.

Müller, Gerhard
Frankfurt/Oder
Geb. 1926
Erl. B.: Lehrer, Diplom-Historiker
Ausg. B.: Stellv. Vorsitzender d. RdB Frankfurt/Oder
Partei: SED
L.: Volksschule. Nach 1945 Neulehrer. 1946 SED. Lehrer a. d. Landesparteischule Schmerwitz d. SED. Danach bis 1952 pers. Referent d. Volksbil-

dungsmin. d. Landes Brandenburg. 1952-1954, 1958-63 u. seit 1965 stellv. Vors. d. RdB Frankfurt/ Oder (1965-69 1. stellv. Vors.). Seit 1969 f. Innere Angel. verantwortlich. 1963-65 Vors. d. RdK Bernau. Abg. d. BT Frankfurt/Oder.
Ausz.: VVO i. Bronze (1969) u. a.

Müller, Günter

Gera
Geb. 17. 5. 1927 i. Pößneck
Erl. B.: Stellmacher, Karosseriebauer, Diplom-Gesellschaftswissenschaftler
Ausg. B.: Vorsitzender d. FDGB i. Bez. Gera
Partei: SED
L.: Volksschule. 1942-44 Lehre als Stellmacher u. Karosseriebauer. Bis 1947 i. diesem Beruf tätig. 1948-53 Hochöfner i. d. Maxhütte i. Unterwellenborn. Vertrauensmann d. Gewerkschaft i. Hochofenbetrieb. 1953 AGL-Vors. 1959-62 Besuch d. HS d. Gewerkschaften. 1956 SED. 1963-65 Vors. d. FDGB i. Krs. Saalfeld. 1963-66 Vors. d. Gewerkschaftskomitees d. VVB Eisenerz u. Roheisen u. Parteiorganisator d. ZK. Seit Sept. 1966 Vors. d. BV Gera d. FDGB. Nachf. v. Georg Bogk. Seit 1968 Mitgl. d. BV d. FDGB. Mitgl. d. Sekr. d. SED-BL. Seit 1971 Abg. d. BT Gera. Seit Juni 1981 Abg. d. VK Mitgl. d. Ausschusses f. Ind., Bauwesen u. Verkehr. Seit 24. 4. 1982 Mitgl. d. Präs. d. BV d. FDGB.
Ausz.: VVO i. Silber (1974) u. a.

Müller, Hanfried

Berlin
Geb. 4. 11. 1925 i. Celle
Erl. B.: Evang. Theologe, Dr. theol.
Ausg. B.: Hochschullehrer
L.: Studium d. evang. Theologie. 1959-1964 Dozent, 1964 Prof. mit Lehrauftrag, seit 1. 2. 1966 Prof. mit vollem Lehrauftrag f. Systematische Theologie a. d. Humboldt-Uni. i. Ostberlin. Mitgl. d. Friedensrates d. DDR u. d. Synode d. Evang. Kirche Berlin-Brandenburg.
Ausz.: VVO i. Bronze (1969).

Müller, Heiner

Berlin
Geb. 9. 1. 1929 i. Eppendorf/Sa.
Ausg. B.: Dramatiker, Schriftsteller
Partei: SED
L.: 1945 RAD-Angehöriger. Nach 1945 Angestellter i. Landratsamt Waren/Meckl. Anschl. Journalist. 1954-1955 wiss. MA d. Schriftstellerverbandes. 1958 a. Maxim-Gorki-Theater i. Ostberlin tätig. Seit 1959 freischaffender Schriftsteller.
Ausz.: Heinrich-Mann-Preis (1959), zus. m. Ehefrau, Lessing-Preis (1975), Dramatikerpreis d. Stadt Mülheim (1979).
Veröff.: „Die Korrektur" (1958/1959) u. „Der Lohndrücker", Schauspiele (zus. m. Ehefrau), „Horatier", 1969, „Philoktet", DDR-Uraufführung 1977, „Germania Tod in Berlin", 1978, „Leben Gundlings...", 1980, „Der Bau", 1980 u. a.

Müller, Heinz

Berlin
Geb. 12. 6. 1919 i. Zeitz als Sohn eines Bergmanns
Erl. B.: Angestellter, Diplom-Staatswissenschaftler
Ausg. B.: Vorsitzender d. Handwerkskammer
Partei: SED
L.: Volksschule. 1932 „Rote Falken". 1933-36 kfm. Lehre. Kriegsdienst. 1947 SED. 1947-50 VP-Angehöriger. 1950 bis 1951 Schulungsltr. d. HO i. Berlin. 1952-53 Kfm. Dir. Schlachthof Berlin. 1953-55 Werkltr. Schultheiss-Brauerei Ostberlin. 1955-60 1. stellv. Bez.-Bürgermstr. Berlin-Prenzlauer Berg. 1960-61 stellv. Vors. d. BWR Berlin. 1961-63 Stadtrat f. kommunale Versorgung d. Ostberliner Magistrats. Nov. 1963-April 1970 stellv. OB u. Vors. d. BWR Ostberlin. 1963-76 Mitgl. d. StVV Ostberlin. 1963-71 Berliner Vertreter i. d. VK. 1967-70 Mitgl. d. Sekr. d. SED-BL Berlin. April 1970-März 1976 Bez.-Bürgermstr. v. Berlin-Lichtenberg. Seit April 1976 Vors. d. Handwerkskammer i. Ostberlin.
Ausz.: VVO i. Silber (1979) u. a.

Müller, Heinz

Berlin
Geb. 1928 i. Halle/Saale
Erl. B.: Chemiker, Dr. Prof.
Ausg. B.: Staatssekretär
Partei: SED
L.: 1945-47 Besuch d. Chemiefachschule i. Halle/S. Abitur. 1949-53 Studium d. Chemie a. d. MLU Halle-Wittenberg. 1953 Diplom. 1953-57 wiss. Ass. a. d. MLU. 1957 Promotion. Seit 1957 i. d. Leuna-Werken tätig, 1958-61 techn. Ass. d. Werkdir., 1961-64 Ltr. d. Ammoniakfabrik, 1965-66 stellv. Ltr. d. Org.-Abt. Febr. 1966-Nov. 1968 Generaldir. d. Leuna-Werke „W. Ulbricht". Seit 1973 Staatssekr. i. Min. f. Glas- u. Keramikind. Nachf. v. Werner Greiner-Petter.
Ausz.: VVO i. Bronze (1975).

Müller, Helmut

Berlin
Geb. 12. 6. 1930 i. Reichenberg/CSR als Sohn eines Arbeiters
Erl. B.: Drogist, Diplom-Lehrer f. Marxismus-Leninismus
Ausg. B.: 2. Sekretär d. SED-BL Berlin
Partei: SED
L.: Besuch d. Volks- u. Hauptschule i. Kratzau/CSR. 1944-1946 Drogistenlehre i. Reichenberg. 1946 Mitgl. d. FDJ. 1946-1948 Bauarbeiter i. Merkers/Thür. 1947 Mitgl. d. SED. 1948 bis 1949 Sekr. f. Junge Pioniere i. FDJ-Kreisltg. Eisenach. 1949-1950 stellv. Abtlfr. f. Junge Pioniere i. Landesvorstand Thüringen. 1950-1951 Sekr. d. FDJ-Landesltg. Thüringen. 1951-52 Besuch d. Komsomol-HS. 1952-1955 1. Sekr. d. FDJ-BL Gera u. Abg. d. BT. 1955-1966 Sekr. d. Zentralrates d. FDJ. 1960-62 Fernstudium KMU Leipzig. 1958-67 Abg. d. VK. 1971-76 Berliner Vertreter i. d. VK u. Mitgl. d. Jugendausschusses. 1966-71 Ltr. d. Abt. Parteiorgane i. d. SED-BL

Berlin. Seit 16. 5. 1971 2. Sekr. SED-BL Berlin. Nachf. v. Konrad Naumann. Seit 1967 Mitgl. StVV Ostberlin. Seit 22. 5. 76 (IX. Parteitag) Mitgl. d. ZK d. SED. Ausz.: VVO i. Gold (1978) u. a.

Müller, Hermut
Berlin
Geb. 11. 6. 1926
Erl. B.: Landwirt, Diplom-Agrarökonom
Ausg. B.: Redaktionsleiter
Partei: DBD
L.: Landwirtschaftsgehilfe. 1950 DBD. DBD-Funktionär. MA d. Parteivorstandes d. DBD. Zeitw. Ltr. d. Red. d. Funktionärsorgans „Der Pflüger". 1971 stellv. Vors., Okt. 1971-Sept. 79 Vors. d. Bez.-verbandes Schwerin d. DBD. Nachf. v. Hans-J. Friedländer. Seit 1971 Abg. d. BT Schwerin. Seit 1972 Mitgl. d. Parteivorstandes d. DBD. Seit 1979 Ltr. d. Redaktion d. Funktionärsorgans „Der Pflüger".
Ausz.: VVO i. Bronze (1971).

Müller, Karl-Heinz
Leipzig
Geb. 24. 10. 1918 i. Dresden
Erl. B.: Handlungsgehilfe, Diplom-Jurist, Dr. rer. oec.
Ausg. B.: Oberbürgermeister v. Leipzig
Partei: SED
L.: Handlungsgehilfe. Kriegsdienst. Studium. 1958-65 Abtltr. b. BWR Leipzig. 1965 Promotion zum Dr. rer. oec. 1965-70 Vors. d. BWR Leipzig. Seit 16. 4. 1970 OB v. Leipzig. Nachf. v. W. Kresse. Seit 1967 Abg. d. BT u. Mitgl. d. SED-BL Leipzig. Mitgl. d. Ges. Rates d. KMU Leipzig.
Ausz.: VVO i. Gold (1979) u. a.

Müller, Kurt
Karl-Marx-Stadt
Geb. 7. 12. 1924 i. Schönheide
Erl. B.: Angestellter, Diplom-Staatswissenschaftler
Ausg. B.: Oberbürgermeister von Karl-Marx-Stadt
Partei: SED
L.: Angestellter. 1949 Mitgl. d. SED. 1950 Bürgermeister v. Stützengrün, Kreis Aue. 1953-55 Bürgermstr. v. Aue. Danach Vors. d. RdK Aue. 1955-61 1. Sekr. d. SED-KL Aue u. Freiberg/Sa. Seit Sept. 1961 OB v. Karl-Marx-Stadt. Mitgl. d. Präs. d. Städte- u. Gemeindetages d. DDR.
Ausz.: VVO i. Bronze (1968) u. a.

Müller, Margarete, geb. Knietsch
Berlin
Geb. 10. 2. 1921 i. Petershain, Krs. Calau, als Tochter eines Glasmachers
Erl. B.: Diplom-Gesellschaftswissenschaftler
Ausg. B.: Vizepräsident d. Friedensrates d. DDR
Partei: SED
L.: Volksschule. 1935-45 i. d. Landw., als Hausangestellte u. Köchin tätig. 1945-49 Metallarbeiterin. 1945 KPD. 1946 SED. 1947 FDGB. 1949-50 Sachbearbeiterin u. Abtltr. b. Arbeitsamt Freiberg/Sa. 1950-51 Referentin b. Landesvorstand Sachsen d. DFD. 1952-54 Abtltr. i. d. SED-BL Dresden. 1954-57 Instrukteur f. Frauen SED-BL Berlin. 1957-60 Studium PHSch d. SED. Diplom-Gewi. 1960-64 Parteisekr. d. SED i. VEB Berliner Glühlampenwerk. 1962-64 Mitgl. d. SED-BL Berlin. 1964-81 Sekr. d. Bundesvorstandes d. FDGB. 1964-69 Sekr. d. Parteiltg. d. Ztr. Organe d. Gewerkschaften. 1965 bis 1969 Mitgl. d. Generalrates d. WGB. 1967-81 Abg. d. VK. 1967-76 Mitgl. d. Präs. d. VK. Juni 1981 aus dem Berufsleben ausgeschieden. Seit Dez. 1977 Vizepräs. d. Friedensrates d. DDR. Mitgl. d. Weltfriedensrates.
Ausz.: VVO i. Gold (1981) u. a.

Müller, Margarete
Kotelow, Kreis Neubrandenburg
Geb. 18. 2. 1931 i. Neustadt (Oberschlesien)
Erl. B.: Traktoristin, Diplom-Agronomin
Ausg. B.: Leiterin
Partei: SED
L.: Kam 1945 als Umsiedlerin nach Mecklenburg. Friseuse. Teilnehmerin an einem Traktoristenlehrgang. Traktoristin. 1951 Mitgl. d. SED. 1950-53 Besuch d. Landwirtschaftsschulen Demmin u. Güstrow-Schabernack. 1953-1958 Studium d. Landwirtschaftswiss. a. d. Uni. Leningrad. Diplom-Agronomin. Danach i. d. LPG Friedrichshof tätig. 1960-76 Vors. d. LPG, KAP bzw. LPG Pflanzenproduktion i. Kotelow, Krs. Neubrandenburg. 1960-62 Kand., 1962-63 Mitgl. d. Büros d. SED-BL Neubrandenburg. Seit Jan. 1963 Mitgl. d. ZK d. SED u. Kand. d. Politbüros (VI. Parteitag). Seit Okt. 1963 Abg. d. VK. Seit Nov. 1971 Mitgl. d. Staatsrates. Seit 1972 Mitgl. d. RLN. Seit 1976 Ltr. d. Agrar-Industrie-Vereinigung Pflanzenproduktion Friedland.
Ausz.: Karl-Marx-Orden (1974), VVO i. Gold (1981) u. a.

Müller, Richard
Berlin
Erl. B.: Diplom-Wirtschaftler
Ausg. B.: Stellv. Vorsitzender d. SPK
Partei: SED
L.: Bis 1962 MA d. SED-BL Potsdam. 1962-63 Vors. d. Bezirksplankommission Potsdam. 1964-68 Abtltr., seit 1968 stellv. Vors. d. SPK (f. territoriale Planung u. Bauwesen).
Ausz.: VVO i. Silber (1975) u. a.

Müller, Sonja, geb. Neubauer
Berlin
Geb. 1923 i. Weimar als Tochter eines Lehrers (Dr. Theodor N, MdR, hingerichtet)
Erl. B.: Lehrerin, Dr. paed.
Ausg. B.: Sekretär d. Zentralausschusses f. Jugendweihe
Partei: SED

L.: 11. 11. 45 Mitgl. d. KPD. Besuch d. Vorstudienanstalt u. Studium a. d. Uni. Jena. Seit 1956 MA d. ZK d. SED. Zuerst Ltr. d. Sektors Vorschulerziehung u. Kindergärten, dann stellv. Ltr. d. Abt. Volksbildung i. ZK d. SED. 1966 Promotion zum Dr. paed. i. Jena. Seit Jan. 1963 Mitgl. d. ZRK d. SED. Seit 1972 Sekr. (Vors.) d. Zentralausschusses f. Jugendweihe. Oberstudienrätin. Ausz.: VVO i. Silber (1979) u. a.

Müller, Walter
Potsdam
Geb. 1925
Erl. B.: Techn. Zeichner, Diplom-Wirtschaftler
Ausg. B.: Stellv. Vorsitzender d. RdB Potsdam
Partei: CDU
L.: Techn. Zeichner. Diplom-Wirtschaftler. CDU Seit Dez. 1971 stellv. Vors. d. RdB Potsdam f. Handel u. Versorgung. Abg. d. BT.
Ausz.: VVO i. Bronze (1978).

Müller, Walter
Berlin
Erl. B.: Jurist, Dr.
Ausg. B.: Diplomat
Partei: SED
L.: Studium d. Rechtswiss. Oberass. f. Völkerrecht a. d. DASR. 1972-78 stellv. Ltr., seit Juli 1978 Ltr. d. Abt. Westberlin i. MfAA. Nachf. v. Joachim Mitdank. Botschafter.
Ausz.: VVO i. Bronze (1973), Orden „Banner d. Arbeit" Stufe I (1979) u. a.

Müller, Werner
Magdeburg
Geb. 18. 2. 1927
Erl. B.: Staatlich geprüfter Landwirt, Diplom-Landwirt
Ausg. B.: Vorsitzender d. BV d. DBD
Partei: DBD
L.: Landwirtschaftsgehilfe. Staatl. gepr. Landwirt, Dipl.-Landwirt. 1950 Mitgl. d. DBD, 1958-59 u. 1962-63 stellv. Vors. d. RdB Magdeburg f. Landw. Danach stellv. Vors. d. BLWR bzw. RLN Magdeburg. Stellv. Vors. d. BV Magdeburg d. DBD. Seit April 1975 Vors. d. BV Magdeburg d. DBD. Nachf. v. Fritz Weisshaupt. Seit Mai 1977 Mitgl. d. PV d. DBD. Abg. d. BT Magdeburg. Abg. d. BT.
Ausz.: VVO i. Bronze (1974).

Müller-Nilsson, Diethelm
Weimar
Geb. 20. 10. 1929 i. Ueckermünde als Sohn eines Lehrers
Erl. B.: Pianist, Dr. phil.
Ausg. B.: Hochschullehrer
Partei: SED
L.: 1947 Studium a. d. Musik-HS Berlin. Schüler v. Julius Dahlke u. Rud. Schmidt. Ab 1953 Dozent f. Klavier. Pianist der Kammermusikvereinigung d. Dtsch. Staatsoper Ostberlin. Zahlreiche Konzertreisen mit diesem Klangkörper u. d. Klavierduos Annemarie u. Diethelm Müller-N. Seit 1964 Prorektor f. Lehre u. Forschung sowie Dozent f. Klavier u. Klaviermethodik a. d. HS f. Musik i. Ostberlin. 1969 Promotion zum Dr. phil. über „Die Kategorie d. motorischen Grundformen d. Klavierspiels" a. d. Humboldt-Uni. Ostberlin. seit 1. 11. 1980 Rektor d. HS f. Musik i. Weimar. Nachf. v. Hans-Rudolf Jung.

Münch, Siegfried
Berlin
Geb. 4. 7. 1928 i. Chemnitz
Erl. B.: Diplom-Wirtschaftler, Dr. sc. agr., Prof.
Ausg. B.: Hochschullehrer
Partei: SED
L.: 1949-51 Studium d. Wirtschaftswiss. Diplom-Wirtschaftler, Dr. agr. Lehrtätigkeit auf dem Gebiet d. Agrarökonomie a. d. Uni. Halle-Wittenberg u. Leipzig. Dozent f. Ökonomik d. trop. u. subtrop. Landw. a. d. KMU Leipzig. 1963-66 Gastdozent a. d. Uni. Havanna. Dez. 1971-Nov. 1975 Botschafter d. DDR i. Äquatorial-Guinea. Seitdem Ltr. d. Bereichs „Ausländische Landwirtschaft u. Agrargeschichte" a. d. Humboldt-Uni. Ostbln.

Münchow, Heinz
Berlin
Geb. 1920
Erl. B.: Töpfer.
Ausg. B.: Generalmajor d. VP
Partei: SED
L.: Töpfer. Nach 1945 Offizier d. VP. 1952-55 Chef d. BdVP Neubrandenburg. 1955-70 Chef d. BdVP Potsdam. 1960-70 Mitgl. d. SED-BL, 1963-71 Abg. d. BT Potsdam. Seit 1. 7. 1969 Generalmajor d. VP. Zeitw. Ltr. d. HA Schutzpolizei i. MdI.
Ausz.: VVO i. Bronze (1956) u. a.

Musiol, Gerhard
Dresden
Geb. 26. 11. 1930 i. Deutzen/Borna als Sohn eines Bergarbeiters
Erl. B.: Physiker, Dipl.-Ing. Dr. sc. nat.
Ausg. B.: Hochschullehrer
Partei: SED
L.: Elektrikerlehre i. BKW Deutzen. 5. 5. 1949 SED-Mitglied. 1949 ABF. Ab 1952 Physik-Studium. Parteisekr. 1955 Diplom-Prüfung. a. d. TH Dresden. 1955-59 MA d. ZfK i. Rossendorf. Danach i. Dubna/SU tätig. Seit 1969 Prof. a. d. TU Dresden. Prorektor f. Wissenschaftsentw. Ltr. d. Wissenschaftsbereichs Angewandte Kernphysik. Sektion Physik d. TU. Mitgl. d. Gelehrtenrates d. Ver. Kernforschungsinstituts Dubna u. d. wiss. Beirates f. Physik b. Min. f. Hoch- u. Fachschulwesen. Seit Aug. 1979 Vors. d. DSF i. Bez. Dresden.

N

Nadler, Karl-Heinz
Berlin
Geb. 24. 1. 1929 i. Berlin als Sohn eines Arbeiters
Erl. B.: Schlosser, Ingenieur, Diplom-Gesellschaftswissenschaftler
Ausg. B.: Vizepräsident
Partei: SED
L.: Volksschule. 1943-47 Lehre als Maschinenschlosser. Danach bis 1950 i. erlernten Beruf tätig. 1950 SED. 1946-55 FDJ-Sekr. einer GO. 1950-51 Betriebsass. i. VEB Schleifmaschinenwerk Berlin. 1951-53 Studium a. d. Ing.-Schule f. Werkzeugmaschinenbau i. Chemnitz. Ing. f. Werkzeugmaschinenbau. 1954-55 Ass., Produktionsltr. i. VEB Werkzeugmaschinenkomb. „7. 10." i. Berlin. 1955-58 Studium a. d. PHSch d. SED. 1958-71 polit. MA bzw. AL Wirtschaft d. SED-BL Berlin. Mai 1971-Febr. 79 Sekr. f. Wirtschaftspolitik SED-BL Berlin. Nachf. v. Hans Wagner. Okt. 1976-Juni 81 Abg. d. VK u. Mitgl. d. Ausschusses f. Arbeit u. Sozialpolitik. Seit 1979 Vizepräs. d. Amtes f. Standardisierung, Meßwesen u. Warenprüfung.
Ausz.: VVO i. Gold (1979) u. a.

Näcke, Karl-Heinz
Berlin
Geb. 1941
Erl. B.: Lehrer
Ausg. B.: FDJ-Funktionär
Partei: SED
L.: 1959-63 Studium als Lehrer f. Georgr. u. Körpererz. 1963-65 Lehrer i. Wolgast. 1965-66 Sekr., 1966-70 1. Sekr. d. FDJ-KL Wolgast. Sept. 1970 bis April 1971 2. Sekr., 1971-76 1. Sekr. d. FDJ-BL Rostock. Nachf. v. Horst Niedorff. Juni 1976-Juni 81 Vors. d. ZRK d. FDJ. Nachf. v. Hans Sattler.
Ausz.: VVO i. Silber (1981) u. a.

Namokel, Karl
Rostock
Geb. 9. 8. 1927 i. Demmin als Sohn eines Arbeiters
Erl. B.: Schiffbauer, Ingenieur
Ausg. B.: Abteilungsleiter i. d. VVB Schiffbau
Partei: SED
L.: Besuch d. Volksschule i. Demmin. 1942-45 Schiffbauerlehre i. Stettin. Anschl. Kriegsdienst. 1945 Mitgl. d. KPD. Gelegenheitsarbeiter. 1946 Mitgl. d. SED u. FDJ. 1947-1948 1. Sekr. d. Kreisltg. Demmin d. FDJ. 1949 bis 1950 Sekr. d. FDJ i. d. Volkswerft Stralsund. 1950-1951 1. Sekr. d. BPO d. SED i. d. Volkswerft Stralsund. 1951 bis 1952 Besuch d. PHSch d. SED. 1952 bis 1955 Sekr. f. Wirtschaft d. SED-BL Rostock. 1954-1955 Abg. d. BT Rostock. 1955-1959 1. Sekr. d. Zentralrates d. FDJ. Mai 1959 auf d. VI. Parlament d. FDJ von Horst Schumann abgelöst. 1958-1963 Mitgl. d. ZK d. SED. 1958-63 Abg. d. VK. Ab 1959 Studium a. d. Schiffbau-Ing.-Schule Rostock-Warnemünde. Ing. Anschl. Berufsschulinspektor bzw. Abtltr. Berufsausbildung i. d. VVB Schiffbau Rostock.
Ausz.: VVO i. Bronze (1970) u. a.

Napel, Rolf
Berlin
Erl. B.: Diplom-Wirtschaftler
Ausg. B.: Staatssekretär
Partei: SED
L.: Diplom-Wirtschaftler. In den 50er Jahren Sachgebietsltr. i. Min. f. Lebensmittelind. 1964-67 Generaldir. VVB Süß- u. Dauerbackwarenind. i. Halle/Saale. Anschl. Ltr. d. Abt. Wiss. u. Technik, 1973-80 stellv. Minister u. seit 1980 Staatssekr. i. Min. f. Bezirksgel. Ind. u. Lebensmittelind. Mitgl. d. Hoch- u. Fachschulrates d. DDR.
Ausz.: Verdienter Werktätiger d. Leicht-, Lebensmittel- u. Nahrungsgüterind. (1978).

Natho, Eberhard
Dessau
Geb. 24. 6. 1932
Erl. B.: Evang. Theologe
Ausg. B.: Kirchenpräsident
L.: Studium d. Evang. Theologie. Pfarrer i. Güsten. 1961 bis 1971 Stadtverordneter i. Güsten. Seit 14. 11. 1970 Kirchenpräs. d. Evang. Landeskirche Anhalt. Nachf. v. Martin Müller. Seit Juni 1979 Vors. d. Rates d. EKU. i. d. DDR. Nachf. v. Werner Krusche. Vors. d. Arbeitsgemeinschaft Christl. Kirchen i. d. DDR.
Ausz.: Verdienstmed. d. DDR (1971).

Natschinski, Gerd
Berlin
Geb. 23. 8. 1928 i. Chemnitz als Sohn eines Angestellten
Erl. B.: Kapellmeister
Ausg. B.: Komponist
Partei: LDP
L.: Oberschule. 1945-46 Studium a. d. HS f. Musik i. Dresden. 1946 Musiklehrer i. Claussnitz. Ab 1948 Chefarrangeur u. Dir. d. Rundfunkorchesters Leipzig. 1952-54 Chefdirigent d. Berliner Rundfunks. Seit 1954 freischaffender Dirigent u. Komponist. 1969 Mitgl. d. LDP. Seit 1964 Mitgl. d. Präs. d. ZV d. Verbandes Dtsch. Komponisten u. Musikwiss. Seit 1969 Mitgl. d. Nationalrates d. NF. Nov. 1971-Juni 81 Berliner Vertreter (Abg.) i. d. VK. Seit 12. 5. 77 Vizepräs. d. Verbandes d. Komponisten u. Musikwiss. Jan. 1978-Jan. 1981 Intendant d. Berliner Metropol-Theaters. Nachf. v. Hans Pitra.
Ausz.: Nat. Pr. III Kl. (1961). VVO i. Bronze (1972) u. a.
Werke: „Servus Peter", musikal. Lustspiel, 1961. „Mein Freund Bunbury", Musical, 1964 u. a.

Naue, Gert
Leuna-Merseburg
Geb. 21. 7. 1934 i. Leipzig als Sohn eines Arbeiters (KPD-Mitglied)
Erl. B.: Dr.-Ing. habil.
Ausg. B.: Hochschullehrer
Partei: SED
L.: 1952 SED. 1953 Abitur m. Ausz. 1953-58 Studium d. Luftfahrttechnik TH Dresden. 1958 Diplom. 1962 Dr.-Ing. Prakt. Tätigkeit i. Dresden u. Pirna. Ltr. d. Abt. Thermodynamik WTZ Kraftwerksanlagen. 1966 Habil. TU Dresden. 1968 o. Prof. THC Leuna-Merseburg. Prorektor f. Wissenschaftsentw. 15 Monate i. Nowosibirsk f. AdW UdSSR tätig. Sept. 1975-Dez. 81 Rektor d. THC Leuna-Merseburg. Nachf. v. Hans-Heinz Emons. 1976-81 Mitgl. d. SED-BL Halle.
Ausz.: Held d. Arbeit (1974) u. a.

Naumann, Harald
Berlin
Geb. 3. 1. 1923 i. Dresden als Sohn eines Eisenbahners
Erl. B.: Zollangestellter, Diplom-Wirtschaftler, Dr. rer. oec.
Ausg. B.: Stellv. Minister
Partei: CDU
L.: Besuch d. Volks-, Wirtschaftsoberschule u. Finanzschule. 1943 apl. Zollinspektor. Kriegsdienst (Luftnachr.). Bis 1950 i. Zolldienst, zuletzt als Regierungsrat u. Hauptzollamtsleiter. 1949 CDU. 1950-54 Oberreferent i. d. Abgabenverw. 1950-59 Studium a. d. DASR u. HS f. Ökonomie i. Berlin. Diplom-Wirtschaftler. Okt. 1966 Promotion zum Dr. rer. oec. Seit 1954 hauptamtl. CDU-Funktionär. Haupreferent, dann Ltr. d. Abt. Wirtschaftspolitik i. Sekr. d. Hauptvorstandes d. CDU. Mai 1966-Sept. 77 Sekr. d. Hauptvorstandes d. CDU. Seit 1967 Abg. d. VK, 1971-81 stellv. Vors. d. Ausschusses f. Industrie, Bauwesen u. Verkehr. Seit 1981 stellv. Vors. d. Ausschusses f. Haushalt u. Finanzen. Seit 1972 Mitgl. d. Präs. d. Hauptvorstandes d. CDU. Seit Sept. 1977 stellv. Min. f. Handel u. Versorgung.
Ausz.: VVO i. Silber (1972) u. a.

Naumann, Herbert
Berlin
Geb. 11. 9. 1929
Ausg. B.: Stellv. Chefredakteur
Partei: SED
L.: Journalist. 1960-63 ND-Korrespondent i. Prag. Seit Jan. 1966 Mitgl. d. Red.-koll., seit Nov. 1967 stellv. Chefred. d. „Neuen Deutschland".
Ausz.: VVO i. Silber (1974) u. a.

Naumann, Joachim
Berlin
Ausg. B.: Botschafter, Dr.
Partei: SED
L.: Absolvent d. Verwaltungsakad. Forst-Zinna. Seit Mitte d. 50er Jahre Angehöriger d. dipl. Dienstes d. DDR. Zeitw. pers. Referent d. Staatssekretärs i. MfAA (Handke), 2. Sekr. a. d. DDR-Botschaft i. d. VR China, amt. Ltr. d. Handelsvertretung d. DDR i. Guinea u. Vertreter d DDR i. Laos. 1964-67 Ltr. d. Lateinamerika-Abt. i. MfAA. Juli 1967-Febr. 1973 Botschafter d. DDR i. Kuba. Nachf. v. Fritz Johne. Seitdem erneut AL Lateinamerika i. MfAA.
Ausz.: VVO i. Silber (1976) u. a.

Naumann, Konrad
Berlin
Geb. 25. 11. 1928 i. Leipzig als Sohn eines Angestellten
Erl. B.: Landarbeiter, Diplom-Lehrer f. Marx.-Leninismus
Ausg. B.: 1. Sekretär d. SED-BL Berlin
Partei: SED
L.: Besuch d. Mittel- u. Aufbauschule. 1945 KPD. 1946 SED. 1945-46 Landarbeiter, Bauhilfsarbeiter. 1946 FDJ. 1946-47 Abtltr. i. Kreisvorst. Leipzig u. 1. Landesvorstand Sachsen d. FDJ (Landjugend). 1947-49 Vors. d. FDJ i. Leipzig. 1948-49 Instrukteur d. Zentralrats d. FDJ. 1949-51 Sekr. f. Arbeit u. Soziales Landesvorstand Meckl. d. FDJ. 1950-51 Abg. d. Landtages Meckl. 1951-52 Studium HS Komsomol Moskau. 1952-57 1. Sekr. d. FDJ-BL Frankfurt/Oder. Abg. d. BT u. Mitgl. d. SED-BL. 1952-67 Mitgl. d. Zentralrats d. FDJ. 1957-64 Sekr. d. Zentralrats d. FDJ (2. Sekr.). 1963-66 Kand., seit Sept. 1966 Vollmitgl. d. ZK d. SED. 1964-67 Sekr. u. Ltr. d. Abt. Parteiorgane, 1967-71 2. Sekr. u. seit 16. 5. 1971 1. Sekr. d. SED-BL Berlin. Nachf. v. Paul Verner. Seit 1967 Mitgl. d. StVV Ostberlin. Seit 1967 Berliner Vertreter bzw. Abg. i. d. VK. 1967-71 Mitgl. d. Jugendausschusses. Seit 2. 10. 73 Kand., seit 22. 5. 76 Vollmitgl. d. Politbüros d. ZK d .SED.
Ausz.: VVO i. Gold (1974), Karl-Marx-Orden (1978) u. a.

Naumann, Manfred
Berlin
Geb. 4. 10. 1925 i. Chemnitz
Erl. B.: Romanist, Dr. sc. phil.
Ausg. B.: Institutsdirektor
L.: Studium d. Romanistik. Lehrtätigkeit als Dozent bzw. Prof. f. Romanische Philologie a. d. Univers. Leipzig, Jena u. Rostock. Seit Anfang d. 70er Jahre Bereichsltr., stellv. Dir. u. seit 1981 Dir. d. Zentralinstituts f. Literaturgeschichte d. AdW i. Berlin. Nachf. v. Gerhard Ziegengeist. 1975 korr. Mitgl., seit 1978 o. Mitgl. d. AdW.
Ausz.: Lessing-Preis (1979).

Nebrig, Joachim
Berlin
Geb. 1919
Ausg. B.: Generalmajor d. NVA
Partei: SED
L.: Kriegsdienst. Nach 1945 Offizier d. VP, KVP, NVA. Mitte d. 60er Jahre Oberst d. NVA u. 1. Sekr. d. SED-KL a. d. Militärakademie „Fr. Engels" i. Dresden. 1968-71 Ltr. d. Politverw. i.

Militärbez. Leipzig. Sept. 1969 zum Generalmajor d. NVA befördert. 1971 stellv. Stadtkommandant v. Berlin. 1974 Ltr. eines Dienstbereiches i. Min. f. Nat. Verteidigung (Polit. Verw.). Ausz.: VVO i. Gold (1979) u. a.

Nedwig, Helmut
Berlin
Geb. 11. 8. 1927 i. Bautzen
Erl. B.: Vulkaniseur, Diplom-Kriminalist
Ausg. B.: Generalmajor d. VP
Partei: SED
L.: Vulkaniseur-Lehre i. Bautzen. 1944 NSDAP. 1945 KPD, 1946 SED. Bis 1947 FDJ-Funktionär. Ortsltr. d. FDJ i. Bautzen u. MA d. FDJ-LL Brandenburg. Seit 1948 Angehöriger d. VP. Bis 1960 Offizier d. Kripo. 1960-67 1. stellv. Chef d. Trapo. Absolvent d. PHSch d. SED, d. HS d. Miliz i. Moskau u. d. Humboldt-Uni. Ostberlin. 1964 Dipl.-Kriminalist d. Humboldt-Uni. Ostberlin. 1967 Chef d. Trapo. 1972 Ltr. d. HA Kripo i. MdI. Seit 1. 10. 1974 Generalmajor d. VP. Ausz.: Th.-Körner-Preis (1974) u. a.

Neheimer, Kurt
Berlin
Geb. 14. 5. 1924
Erl. B.: Gärtner, Journalist
Ausg. B.: Chefredakteur
Partei: SED
L.: Journalist. 1956-60 Red. bzw. stellv. Chefred. d. „Märk. Volksstimme" i. Potsdam. 1960-67 Chefred. d. „Schweriner Volkszeitung". Mitgl. d. SED-BL Schwerin. Seit 1967 Chefred. d. „Wochenpost". Nachf. v. Dieter Kerschek.
Ausz.: VVO i. Silber (1974) u. a.

Neiber, Gerhard
Berlin
Erl. B.: Jurist, Dr. jur.
Ausg. B.: Stellv. Minister, Generalmajor
Partei: SED
L.: Nach 1945 SED-Funktionär i. Schwerin, zuletzt MA d. SED-BL. 1953-61 Abtltr. i. d. Bezirksverw. Schwerin d. MfS. 1961-80 Ltr. d. Bez.-verwaltung Frankfurt/Oder d. MfS. Mitgl. d. SED-BL. Seit Febr. 1970 Generalmajor d. SSD. 1971 Promotion. Seit 1980 stellv. Minister f. Staatssicherheit.
Ausz.: VVO i. Bronze (1964).

Neidhardt, Wolfgang
Berlin
Geb. 1930
Erl. B.: Maschinenschlosser, Dipl.-Ing.
Ausg. B.: Generalleutnant d. NVA
Partei: SED
L.: 1947-48 Lehrling i. RAW Chemnitz. 1948 Eintritt i. d. VP. Offizierslaufbahn i. d. KVP/NVA. Absolvent d. Militärakad. „Friedr. Engels" u. d. Frunse-Akad. i. d. UdSSR. Dipl.-Ing. Seit 18. 2. 1974 Generalmajor d. NVA. Stellv. d. Chefs d. Technik u. Bewaffung. Seit 25. 9. 1979 Generalleutnant d. NVA.
Ausz.: Artur-Becker-Med. i. Gold, VVO i. Bronze (1981) u. a.

Neitzke, Ingrid
Woeten, Krs. Parchim
Geb. 19. 2. 1940 i. Krs. Graz
Erl. B.: Diplom-Agrarökonom, Dr. agr.
Ausg. B.: Direktor
Partei: SED
L.: In Quetzin b. Plau aufgewachsen. Facharbeiterin f. Landw. Promotion a. d. HS f. Land- u. Nahrungsgüterw. Bernburg. 1969 stellv. Ltr., seit 1971 Ltr. d. KAP Woeten bzw. Dir. d. VEG Pflanzenproduktion Woeten. 1960 SED. 1974-76 Mitgl. d. SED-BL Schwerin. Seit Mai 1976 Kand. d. ZK d. SED.
Ausz.: Held der Arbeit.

Nendel, Karl
Berlin
Ausg. B.: Staatssekretär
Partei: SED
L.: Wirtschaftsfunktionär. 1965 Ltr. d. Abt. Elektronik i. VWR. 1965-67 stellv. Min., seit Juli 1967 Staatssekr. i. Min. f. Elektrotechnik u. Elektronik. Seit 1976 Mitgl. d. SED-BL Berlin.
Ausz.: VVO i. Bronze (1969) u. a.

Nennstiel, Gerhard
Erfurt
Geb. 1946
Erl. B.: Dipl.-Ing. oec., Diplom-Gesellschaftswissenschaftler
Ausg. B.: Vors. d. BV Erfurt d. FDGB
Partei: SED
L.: Lehre als Zerspanungsfacharbeiter i. Automobilwerk Eisenach. Studium a. d. THC Merseburg u. AfG beim ZK d. KPdSU. Dipl.-Ing. oec. Diplom-Gesellschaftswiss. Zeitw. Polit. MA d. KL Eisenach u. d. SED-BL Erfurt. Mai 1981-März 82 stellv. Vors., seit 14. 3. 82 Vors. d. BV Erfurt d. FDGB. Nachf. v. Karl Kuron. Seit Juni 1981 Abg. d. BT Erfurt. Mitgl. d. Sekr. d. SED-BL Erfurt.

Netzmann, Eckhard
Berlin
Geb. 1938
Ausg. B.: Staatssekretär
Partei: SED
L.: 1963-67 Mitgl. d. ZR d. FDJ. Stellv. Werkdir. VEB Schwermaschinenbau Magdeburg. 1974 Werkdir. VEB Zementanlagenbau Dessau. 1977-79 Generaldir. VEB Schwermaschinenbau „Ernst Thälmann" i. Magdeburg. 1979-81 stellv. Minister, seit 1981 Staatssekr. f. Schwermaschinen- u. Anlagenbau.
Ausz.: Artur-Becker-Medaille i. Gold (1966).

Neu, Erwin
Berlin
Geb. 1921
Ausg. B.: Stellv. Minister, Dr. agr.
Partei: SED
L.: Nach 1945 MA d. Landesregierung Sachsen-Anhalt. AL i. Min. f. Land- u. Forstw. Sachsen-Anhalt. 1952 Sekr. d. SED-BL Halle. 1953-58 HA-Ltr. i. Min. f. Land- u. Forstwirtschaft (zeitw. stellv. Min.). 1958-60 Ltr. d. Abt. Landw. b. RdB Suhl. 1960-68 Berater i. RGW. 1968-71 stellv. Vors. d. RLN (zuständig f. Außenwirtschaft). Seit 1972 stellv. Min. f. Land-, Forst- u. Nahrungsgüterwirtschaft.
Ausz.: VVO i. Silber (1980) u. a.

Neubauer, Horst
Berlin
Geb. 6. 7. 1936 i. Rockau
Erl. B.: Fachverkäufer, Diplom-Staatswissenschaftler
Ausg. B.: Botschafter
Partei: SED
L.: Lehre als Fachverkäufer. Besuch d. ABF Dresden. Studium a. d. DASR. 1960 Diplom-Staatswiss. Seit 1960 Angehöriger d. diplom. Korps d. DDR. 1966-70 2. Sekr. a. d. DDR-Botschaft i. d. UdSSR. 1970-80 Mitarbeiter bzw. Sektorenltr. Polen i. d. Abt. Internat. Verbindungen d. ZK d. SED. Seit 11. 12. 80 Botschafter d. DDR i. Polen. Nachf. v. Günter Sieber. Seit 16. 4. 1981 erstmalig Kandidat d. ZK d. SED.
Ausz.: Orden „Banner d. Arbeit" Stufe III (1976) u. a.

Neubert, Siegfried
Dresden
Geb. 1936
Erl. B.: Facharbeiter f. Landw., Diplom-Agrarökonom
Ausg. B.: Sekretär d. BL Dresden d. SED
Partei: SED
L.: Landwirtschaftsfunktionär. 1963 Vors. d. LWR i. Krs. Görlitz. 1965 bis 1970 1. stellv. Vors. d. LWR bzw. RLN i. Bez. Dresden. 1970-72 Ltr. d. Abt. Landw. d. SED-BL Dresden. Seit 1. 1. 1973 Vors. d. RLN i. Bez. Dresden. Nachf. v. Benno Ziesch. Okt. 1974-März 1980 stellv. Vors. d. RdB Dresden f. Land-, Forst- u. Nahrungsgüterwirtschaft. Seit 20. 3. 80 Sekr. f. Landw. d. SED-BL Dresden. Nachf. v. Hans Krone. Abg. d. BT.
Ausz.: VVO i. Bronze (1974) u. a.

Neubert, Werner
Berlin
Geb. 1929 i. Wilsdruff, Krs. Meißen/Sa.
Ausg. B.: Hochschullehrer, Dr. sc. phil.
Partei: SED
L.: 1945 KPD. Seit 1948 Redakteur u. Journalist. 1951-53 Red. d. Ztschr. „Neuer Weg". MA d. ZK d. SED. 1966-74 Chefred. d. Zeitschrift „Neue Deutsche Literatur". Nachf. v. Wolfgang Joho. 1969-78 Sekr. d. DSV bzw. Mitgl. d. Präs. Dozent f. Kunst u. Literatur a. d. ASR. Seit 1975 Ltr. d. Lehrstuhls Kulturpolitik/Ästhetik a. d. ASR. Prof.
Ausz.: VVO i. Silber (1979) u. a.

Neue, Willi
Potsdam
Geb. 15. 10. 1921
Erl. B.: Schlosser
Ausg. B.: Vors. d. BRK Potsdam d. SED
Partei: SED
L.: Schlosser, SED-Funktionär. 1954-56 1. Sekr. d. SED-KL Luckenwalde. 1960-64 2. Sekr. d. SED-KL Potsdam. Danach AL Parteiorgane d. SED-BL Potsdam. Seit Febr. 1981 Vors. d. BRK d. SED Potsdam.
Ausz.: VVO i. Gold (1981) u. a.

Neugebauer, Bernhard
Berlin
Geb. 29. 1. 1932 i. Glatz
Ausg. B.: Stellv. Außenminister, Dr.
Partei: SED
L.: Seit d. 50er Jahren Angehöriger d. diplom. Dienstes d. DDR, u. a. 2. Sekr. a. d. DDR-Botschaft i. d. CSSR. 1969 Ltr. d. Abt. Internat. Organisationen i. MfAA. 1973-77 Gesandter u. stellv. Ltr. d. Ständigen Vertretung d. DDR b. d. UNO i. New York. 1977-78 Ltr. d. Abt. Internat. ökon. Organ. i. MfAA. Seit Sommer 1978 stellv. Min. f. Auswärtige Angelegenheiten d. DDR. Seit 1978 Präs. d. UNESCO-Kommission d. DDR.
Ausz.: VVO i. Silber (1979) u. a.

Neugebauer, Werner
Berlin
Geb. 27. 8. 1922
Erl. B.: Schriftsetzer, Lehrer
Ausg. B.: Abteilungsleiter i. d. SED-BL Berlin
Partei: SED
L.: Schriftsetzer. 1946 SED. Neulehrer. Später Kreisschulrat. Danach bis 1955 Sekr. f. Kultur u. Erziehung d. SED-BL Karl-Marx-Stadt. 1955-1963 hauptamtl. MA d. ZK d. SED. Ltr. d. Abt. Volksbildung i. SED. 1954-81 Mitgl. d. ZK d. SED. Seit 1963 stellvertretender Ltr. d. Ideologischen Kommission bzw. Ltr. d. Abteilung Volksbildung u. Wissenschaften d. SED-BL Berlin.
Ausz.: VVO i. Gold (1981) u. a.

Neuhaus, Rudolf
Dresden
Geb. 3. 1. 1914 i. Köln als Sohn eines Juristen (Syndikus)
Erl. B.: Dirigent
Ausg. B.: Generalmusikdirektor
Partei: CDU
L.: 1933-35 Studium a. d. Musik-HS i. Köln. Schüler v. Prof. Hermann Abendroth. 1937

NSDAP. 1934-1945 2. bzw. 1. Kapellmeister a. Landestheater Neustrelitz. 1945-1953 Dirigent (musikal. Oberltr., 1951 Generalmusikdir.) a. Staatstheater Schwerin. Seit 1953 Generalmusikdir. i. Dresden. Prof. a. d. HS f. Musik i. Dresden. 1963 Mitgl. d. Zentralen Wahlkommission d. DDR. Ltr. d. Dresdner Staatskapelle. 1971 CDU. Seit Okt. 1972 Mitgl. d. Hauptvorstandes d. CDU. Ausz.: Kunstpreis d. DDR (1964), VVO i. Bronze (1974) u. a.

Neumann, Alfred

Berlin
Geb. 15. 12. 1909 i. Berlin als Sohn eines Arbeiters
Erl. B.: Tischler
Ausg. B.: 1. stellv. Vorsitzender des Ministerrates
Partei: SED
L.: Besuch d. Volksschule i. Berlin. 1919 Mitgl. d. Arbeiter-Turnvereines „Fichte". Tischlerlehre. Anschl. als Tischler tätig. 1929 Mitgl. d. KPD. Sportwart d. Kampfgemeinschaft f. rote Sporteinheit. Nach 1933 illegale Tätigkeit f. diese Kampfgemeinschaft. Anfang 1934 Mitgl. d. Landesltg. Berlin-Brandenburg d. Kampfgemeinschaft f. rote Sporteinheit (enge Zusammenarbeit mit Karl Maron). Ende 1934 Emigration über Kopenhagen. Schweden u. Finnland i. d. SU. Dort als Sportlehrer tätig. 1938-1939 Teilnehmer a. span. Bürgerkrieg. Zweimal verwundet. 1939-1940 i. Frankfreich i. d. Lagern Guers u. Vernet (Straflager) inhaftiert. 23. 4. 1941 Rückkehr nach Deutschland. Verhaftung. 26. 2. 1942 vom VGH zu 8 Jahren Zuchthaus verurteilt. Häftling i. Zuchthaus Brandenburg. 1945 Mitgl. d. KPD. 1946 Sekr. d. SED-Kreisltg. Berlin-Neukölln. 1950 Referent f. Kommunalpolitik b. d. SED-Landesltg. Berlin. 1951 bis 1953 stellv. OB v. Ostberlin. 1953-1957 1. Sekr. d. SED-BL Berlin. Seit 1954 Mitgl. d. ZK d. SED u. Abg. d. VK. 1954-1958 Kand., seit 1958 Mitgl. d. Politbüros d. ZK d. SED. 1957-1961 Sekr. d. ZK d. SED. Juli 1961 bis Dez. 1965 Min. u. Vors. d. Volkswirtschaftsrates d. DDR. Seit 4. 7. 1962 Mitgl. d. Präs. d. Ministerrates. März 1965-Juni 1968 stellv. Vors., seit Juni 1968 1. stellv. Vors. d. Ministerrates. Dez. 1965-Juni 1968 Min. f. Materialwirtschaft. Ausz.: VVO i. Gold (1956 u. 1964). Karl-Marx-Orden (1974) u. a.

Neumann, Alfred Bruno

Berlin
Geb. 10. 4. 1927 in Berlin
Ausg. B.: Generalsekretär i. MfAA
Partei: SED
L.: 1952-1960 Abtltr. u. stellv. Vors. d. Staatl. Komitees f. Körperkultur u. Sport. 1960-68 Staatssekr. u. Vors. d. Staatl. Komitees f. Körperkultur u. Sport. Nachf. v. Manfred Ewald. Zeitw. Präs. d. Rudersport-Verbandes i. DTSB. Seit 1968 Generalsekr. i. MfAA. Ausz.: VVO i. Gold (1968). Ehrenspange zum VVO i. Gold (1970) u. a.

Neumann, Anni

Rostock
Geb. 13. 11. 1926 i. Stettin als Tochter eines Arbeiters
Erl. B.: Stahlschiffbauer, Dipl.-Ing. oec. Rentnerin
Partei: SED
L.: Volksschul-Besuch i. Stettin. 1941-1945 i. d. Landwirtschaft tätig. 1946-1949 Landarbeiterin a. d. VEG Christinenfeld. 1947-1949 Mitgl. d. Betriebsrates u. Sekr. d. Jugendgruppe d. FDJ. 1949-1951 Abtltr. bei d. Kreisltg. Grevesmühlen d. FDJ. Mitgl. d. Landesltg. Mecklenburg u. 1. Sekr. d. Kreisltg. Güstrow d. FDJ. 1949 Mitgl. d. SED. 1949-1952 Mitgl. d. Zentralrates d. FDJ. 1952 Kreisschulungsbeauftragte beim RdK Rostock. Anschl. bis 1953 Sekr. d. BL Rostock d. GST. 1953 Arbeiterin a. d. Neptunwerft i. Rostock. Seit 1954 Abg. d. VK. Seit 1976 Mitgl. d. Verfassungs- u. Rechtsausschusses d. VK. 1955 Facharbeiterprüfung als Stahlschiffbauer. Seit 1955 Schiffsbautechnologin bzw. Ass. d. Werkltr. auf d. Neptunwerft i. Rostock. 1958 Prüfung als Schiffbaumeister. 1959-1961 Studium am Industrie-Inst. d. Uni. Rostock. Dipl.-Ing. oec. 1964-71 Hauptabtltr. f. Arbeitsökonomie, 1971-81 Dir. f. Kader u. Schulung i. VEB Schiffswerft „Neptun". 1964-71 Mitgl. d. Staatsrates. Rentnerin.
Ausz.: VVO i. Bronze (1976) u. a.

Neumann, Hans

Berlin
Geb. 1927 als Sohn eines Bergmanns
Erl. B.: Jurist, Dr.
Ausg. B.: Oberrichter am OG
Partei: SED
L.: Ab 1947 Studium d. Rechtswiss. a. d. MLU Halle-Wittenberg. Seit 1951 i. Justizdienst d. DDR, u. a. Instrukteur u. Oberrichter d. BG Chemnitz sowie Hauptinstrukteur d. Min. d. Justiz. Seit Aug. 1963 Oberrichter am OG. Zeitw. Ltr. d. Inspektionsgruppe. Vors. d. Senats f. Verkehrsstrafrechtssachen.
Ausz.: VVO i. Bronze (1980).

Neumann, Hildegard

Dresden
Geb. 1934
Erl. B.: Diplom-Lehrer f. Marxismus-Leninismus, Dr. sc. phil. Prof.
Ausg. B.: Sekretär d. SED-BL Dresden
Partei: SED
L.: Bis 1977 als Hochschullehrerin a. d. TU Dresden tätig. (Inst. f. Marxismus-Leninismus). o. Prof. Seit Sept. 1977 Sekr. f. Agitation u. Propaganda d. SED-BL Dresden. Nachf. v. Hans Hübner. Seit Juni 1981 Abg. d. BT Dresden.

Neumann, Reiner

Berlin
Geb. 15. 3. 1939 i. Olbersdorf/Zittau/Sa.
Erl. B.: Diplom-Wirtschaftler
Ausg. B.: Botschafter
Partei: SED
L.: Ab 1958 Studium a. d. HS f. Ökonomie i.
Berlin-Karlshorst. 1962 Diplom-Wirtschaftler.
Anschl. MA örtl. Organe. 1965-67 Studium a. d.
DASR. Seit 1968 Angehöriger d. diplom. Dienstes d. DDR. 1969-71 1. Sekr. d. DDR i. Sudan.
Danach Sektorltr. i. MfAA. 1973-78 Botschaftsrat u. Geschäftsträger i. Ägypten. Seit 12. 10. 1981
Botschafter i. d. VDR Jemen. Nachf. v. Ernst-P.
Rabenhorst.

Neuner, Gerhart

Berlin
Geb. 18. 6. 1929 i. Pschoblik/CSR als Sohn eines
Zimmermanns
Erl. B.: Lehrer, Dr. sc. paed.
Ausg. B.: Präsident d. APW
Partei: SED
L.: 1945-46 Landarbeiter. 1946 bis 1949 Neulehrer i. Rheinsberg/Mark u. Beetzendorf/Altmark.
1949 SED. 1949-52 Studium a. d. MLU Halle-Wittenberg (Chemie, Biol.). Ass. 1952-57 wiss.
MA DPZI. 1953-56 Aspirant Pädag. Inst. „A. J.
Herzen" i. Leningrad. 1957-61 Chefred. d. Ztschr.
„Pädagogik". 1961 Prof. 1961-70 Dir. d. DPZI i.
Ostberlin. Seit Jan. 1963 Kand., seit 22. 5. 76
Vollmitgl. d. ZK d. SED. Seit 15. 9. 1970 Präs. d.
APW. Seit 1972 Mitgl. d. DAW (AdW).
Ausz.: VVO i. Gold (1980) u. a.

Neutsch, Erik

Halle/Saale
Geb. 21. 6. 1931 i. Schönebeck/Elbe als Sohn
eines Formers
Erl. B.: Diplom-Journalist
Ausg. B.: Schriftsteller
Partei: SED
L.: Oberschule. Abitur. 1949 Mitgl. d. SED.
Kurze Zeit Mitgl. d. Ensembles „Theater der
Jugend". 1950-53 Studium d. Gesellschaftswiss.
u. Publizistik d. Uni. Leipzig. 1953 Diplom-Journalist. Danach bis 1960 Reporter bzw. Red.
d. SED-Bez.-zeitung „Freiheit" i. Halle/Saale.
Seit 1960 freiberufl. Schriftsteller. 1963-1965
Vors. d. DSV i. Bezirk Halle/Saale. Seit 1964
Mitgl. d. SED-BL Halle. Seit 1974 Mitgl. d. AdK.
Mitgl. d. Vorstandes d. Schriftstellerverbandes.
Ausz.: Nat.-Preis III. Kl. (1964), Heinrich-Mann-Preis (1971), Literaturpreis d. FDGB, Nat.-preis
II. Kl. (1981) u. a.
Veröff.: „Die Regengeschichte", Erz. „Die Spur
der Steine", Mitteldtsch. Verlag, Halle/S. 1964.
„Die anderen und ich", Mitteldtsch. Verlag, Halle
1970. „Auf der Suche nach Gatt", (verfilmt), Mitteldtsch. Verlag, Halle 1973, „Friede im Osten",
Romanwerk 1974 u. 78, „Zwei leere Stühle", 1979,
„Forster in Paris", Mitteldtsch. Vlg., Halle-Leipzig, 1981 u. a.

Nick, Harry

Berlin
Geb. 1932
Erl. B.: Diplom-Wirtschaftler, Dr. rer. oec. habil.
Ausg. B.: Forschungsbereichsleiter
Partei: SED
L.: Studium a. d. HS f. Ök. i. Bln.-Karlshorst.
1959 Promotion. Seit 1962 a. IfG bzw. AfG b. ZK
d. SED tätig. 1965 Habil. Seit 1967 Prof. f. Politök. d. Sozial. Ltr. d. Forschungsbereichs „Wiss.-techn. Fortschritt" a. d. AfG.
Ausz.: VVO i. Bronze (1969) u. a.

Niemann, Joachim

Berlin
Geb. 1932
Erl. B.: Modelltischler, Diplom-Wirtschaftler,
Dr.
Ausg. B.: Staatssekretär
Partei: SED
L.: Modelltischler, 1969 1. stellv. Generaldir.,
1970 Dir. f. Ökonomie VEB Mansfeld Kombinat
Eisleben. 1970 Promotion. Seit Dez. 1970 Vors. d.
BWR Halle. Nachf. v. Heinz Block. Jan. 1975-Jan. 1979 stellv. Vors. d. RdB Halle f. bezirksgeleitete Industrie, Lebensmittelindustrie u. ÖVW.
Seit Jan. 1979 Staatssekretär i. Min. f. Bezirksgeleitete u. Lebensmittelindustrie.
Ausz.: VVO i. Bronze (1973) u. a.

Nier, Kurt

Berlin
Geb. 23. 7. 1927 i. Antoniwald/CSR
Ausg. B.: Stellv. Minister
Partei: SED
L.: 1944 NSDAP. Seit Anfang d. 50er Jahre
Angehöriger d. dipl. Dienstes d. DDR. Hauptreferent i. MfAA. 1956-59 i. Ungarn u. Indien tätig.
1960-62 Generalkonsul d. DDR i. Indonesien.
1968-73 Ltr. d. Abt. Nordeuropa i. MfAA. Botschafter. Seit 1973 stellv. Min. f. Auswärtige
Angel. d. DDR (zuletzt zuständig f. Westeuropa,
Bundesrepublik, Westberlin, USA, Kanada, Australien u. Japan).
Ausz.: VVO i. Silber (1977) u. a.

Nieswand, Hans

Potsdam
Geb. 1924
Erl. B.: Sparkassen-Angestellter, Agraringenieur,
Diplom-Gesellschaftswissenschaftler
Ausg. B.: Sekretär d. SED-BL Potsdam
Partei: SED
L.: Sparkassenangestellter. Nach 1945 versch.
Funktionen i. SED-Parteiapparat, u. a. Politltr.
b. d. MAS, Bez. Potsdam. 1952-55 Besuch d.
PHSch d. SED. 1956-1961 1. Sekr. d. SED-KL
Gransee. Aug. 1961 bis Febr. 1963 2. Sekr. d.
SED-BL Potsdam. Seit Febr. 1963 Sekr. f. Landwirtschaft d. SED-BL Potsdam. Abg. d. BT
Potsdam.
Ausz.: VVO i. Silber (1974) u. a.

Niggemeier, Adolf

Berlin
Geb. 21. 5. 1931 i. Riesa/Sa. als Sohn eines Arbeiters
Erl. B.: Diplom-Jurist
Ausg. B.: Sekretär d. Hauptvorstandes d. CDU
Partei: CDU
L.: Oberschule. Abitur. 1948 CDU. 1949-50 Justiz-Praktikant b. AG Riesa. 1950-54 Studium d. Rechtswiss. KMU Leipzig. Diplom-Jurist. Seit Mitte d. 50er Jahre hauptamtl. MA i. Sekr. d. Hauptvorstandes d. CDU. Ltr. d. Abt. Politik, Westdeutschland u. Internat. Verbindungen. 1966-77 Mitgl. d. Arbeitsausschusses d. Berliner Konferenz kathol. Christen aus europ. Staaten. Seit 1967 Berliner Vertreter bzw. Abg. d. VK. Seit Juni 1977 Mitgl. d. Präs. d. Hauptvorstandes d. CDU u. Sekr. f. Agitation. Nachf. v. Hermann Kalb. Seit Juni 1981 Mitgl. d. Verfassungs- u. Rechtsausschusses d. VK.
Ausz.: VVO i. Silber (1980) u. a.

Niklarz, Wolfgang

Frankfurt/Oder
Geb. 1931
Erl. B.: Maschinenschlosser, Diplom-Wirtschaftler, Dr. rer. oec.
Ausg. B.: Stellvertretender Vorsitzender d. RdB Frankfurt/Oder
Partei: SED
L.: Maschinenschlosser. FDJ- u. GST-Funktionär. Zeitw. Vors. d. Kreisvorstandes Stalinstadt GST. 1956-60 Kand. d. Zentralvorstandes d. GST. Studium. 1962 Diplom-Wirtschaftler. 1964 Promotion zum Dr. rer. oec. Danach Sektorenltr. i. d. Abt. Wirtschaft bzw. Abtltr. Wirtschaft d. SED-BL Frankfurt/Oder. Seit 1. 7. 1972 Vors. d. BWR Frankfurt/Oder. Nachf. v. Günther Fickel. Seit 1974 stellv. Vors. d. RdB Frankfurt/Oder f. bezirksgeleitete Industrie, Lebensmittelindustrie u. ÖVW.
Ausz.: Orden „Banner d. Arbeit" Stufe II (1979) u. a.

Nissen, Udo

Erfurt
Geb. 1921 i. Leipzig
Erl. B.: Kapellmeister
Ausg. B.: Generalmusikdirektor
L.: Studium a. d. HS f. Musik i. Leipzig. 1949 Kapellmeister-Examen. 1949/51 Repetitor u. Ltr. d. Schauspielmusik i. Leipzig. Danach Kapellmeister i. Nordhausen bzw. 2. u. 1. Kapellmeister a. Nationaltheater i. Weimar. 1957 als musikal. Oberleiter a. d. Städt. Bühnen Erfurt berufen. 1958 Musikdir., seit 1959 Generalmusikdirektor. 1960-65 u. seit 1980 Dozent a. d. Musik-HS i. Weimar. Zeitw. Mitgl. d. Präs. d. Verbandes d. Theaterschaffenden.
Ausz.: Kunstpreis d. DDR (1973) u. a.

Nitzschke, Gerhard

Berlin
Ausg. B.: 1. Sekretär d. SED-KL Außenhandel
Partei: SED
L.: Außenhandelsfunktionär. Zeitw. Generaldir. i. MfA. 1970-81 stellv. Min. f. Außenwirtschaft bzw. Außenhandel. Seit 24. 1. 1981 1. Sekr. d. SED-KL Außenhandel. Nachf. v. Otto Weitkus.
Ausz.: VVO i. Gold (1980) u. a.

Nöhring, Lothar

Iden-Rohrbeck, Kreis Osterburg
Geb. 22. 9. 1928 i. Altenburg als Sohn eines Arbeiters
Erl. B.: Diplom-Landwirt, Dr. agr.
Ausg. B.: Abteilungsleiter
Partei: DBD
L.: 1935 bis 1945 Besuch der Volksschule und des Gymnasiums. 1945-47 Lehrling auf dem Volkseigenen Gut Priefel, Kreis Altenburg. 1947 bis 1948 Besuch der Landwirtschaftsschule Altenburg. 1948 bis 1949 Wirtschaftsgehilfe. 1949 DBD. 1949-51 Besuch d. Fachschule f. Landw. Eisenach. Staatl. gepr. Landwirt. 1951-54 Studium d. Landw. a. d. MLU Halle-Wittenberg. Diplom-Landwirt. 1954 bis 1962 wiss. Ass. a. Inst. f. Tierhaltung i. Knau. 1961 Promotion zum Dr. agr. 1962-66 Ltr. d. Tierprod. LPG „Völkerfreundschaft" i. Schmachtenhagen, Krs. Oranienburg. Seit 1966 Abtltr. i. Inst. f. Tierzucht u. Tierhaltung i. AdL i. Iden-Rohrbeck, Krs. Osterburg. 1969-78 Vizepräsident u. Mitgl. d. Präsidiums d. Nationalrates d. NF.

Nössig, Manfred

Berlin
Geb. 10. 4. 1930 in Leipzig
Erl. B.: Theaterwissenschaftler, Dr. sc. phil.
Ausg. B.: Bereichsleiter
Partei: SED
L.: Studium d. Gewi. a. d. Uni. Leipzig. Besuch Theater-HS Weimar. 1954 Diplom. Ass. Theater-HS Leipzig. 1960 Chefdramaturg d. Staatstheaters Schwerin. 1961 Chefred. d. Zeitschrift „Theaterdienst". 1963-74 Chefred. d. Zeitschrift „Theater d. Zeit". Mitgl. d. Vorstandes d. Verbandes d. Theaterschaffenden, 1971-80 d. Präs. u. d. Sekr. d. Verbandes. Bereichsltr. a. Zentralinst. f. Literaturgeschichte d. AdW. 1980 Promotion B.

Noll, Dieter

Ziegenhals b. Königswusterhausen
Geb. 31. 12. 1927 i. Riesa als Sohn eines Apothekers
Ausg. B.: Schriftsteller
Partei: SED
L.: Während d. Nazizeit wegen „nichtarischer Abstammung" verfolgt. Besuch d. Oberschule. Kriegsdienst. Amerik. Gefangenschaft. 1946 Mitgl. d. KPD. 1947 Abitur. Studium d. Kunstgeschichte, Germanistik u. Philosophie a. d. Uni. Jena. Hilfsheizer i. RAW Chemnitz. 1950-56 Red.

d. kulturpolit. Zeitschrift „Aufbau". MA d. „ND".
Jetzt freiberufl. Schriftsteller i. Ziegenhals. 1963-66 stellv. Vors. d. DSV i. Ostberlin. 1964 bis 1967 Mitgl. d. SED-BL Berlin. Seit 1969 Mitgl. d. AdK. Mitgl. d. Vorstandes d. Schriftstellerverbandes. Ausz.: Nat.-Preis II. Kl. (1963 u. 1979) u. a. Veröff.: „Neues vom lieben närrischen Nest", Reclam-Verlag, Leipzig 1952. „Die Dame Perlon und andere Reportagen", Aufbau-Verlag. Berlin 1953. „Sonne über den Seen", Aufbau-Verlag, Berlin 1954. „Mutter der Tauben", Aufbau-Verlag, Berlin 1955. „Kischkalender" 1955 (hg. mit Franz Carl Weiskopf). „Alter Kahn und junge Liebe", 1957 (Film mit Frank Vogel). „Die Abenteuer des Werner Holt, Roman einer Jugend", Aufbau-Verlag, Berlin 1960/1964 (2 Bände), „Kippenberg", Aufbau-Vlg., Berlin, 1979 (verfilmt).

Nordalm, Wolfgang

Berlin
Geb. 31. 3. 1929
Ausg. B.: Chefredakteur
Partei: SED
L.: Ab. 1949 Volontär u. Red. bei d. SED-Bezirksztg. „Freiheit" i. Halle/Saale. 1956 Red. d. Bezirksorgans „Neuer Tag" i. Frankfurt/Oder. 1960-67 stellv. Chefred. d. „Leipziger Volkszeitung". Vors. d. VDJ i. Bez. Leipzig. Seit Aug. 1967 Chefred. d. „Neuen Berliner Illustrierten". 1967-72 Mitgl. d. Präs. d. ZV d. VDJ (seitdem nur noch Mitgl. d. ZV).
Ausz.: VVO i. Silber (1978) u. a.

Nordin, Wilhelm

Stralsund
Erl. B.: Militärwissenschaftler, Dr., Prof.
Ausg. B.: Vizeadmiral
Partei: SED
L.: Kriegsdienst i. d. dtsch. Kriegsmarine. Nach 1945 maßgeblich a. Aufbau d. KVP-See beteiligt. Zeitw. Kommandeur d. Offiziersschule Stralsund d. KVP-See. 1956 Übernahme i. d. NVA. Chef. d. Stabes d. Volksmarine. Seit 1963 Chef d. Marinefakultät d. Militärakad. „Fr. Engels" i. Dresden. 1. 3. 1966 Konteradmiral. Seit Sept. 1970 Prof. f. Militärwiss. Seit 1977 Kommandeur d. Offiziers-HS „Karl-Liebknecht" d. Volksmarine i. Stralsund. Nachf. v. Heinz Irmscher. Abg. d. BT. Seit 5. 10. 1978 Vizeadmiral.
Ausz.: VVO i. Bronze (1961), Verdienter Angehöriger d. NVA (1981) u. a.

Nossek, Helga

Dresden
Geb. 1940
Erl. B.: Diplom-Wirtschaftler
Ausg. B.: Stellv. Vorsitzender d. RdB Dresden
Partei: SED
L.: Diplom-Wirtschaftler. Seit 1977 stellv. Vors. d. RdB Dresden f. Handel u. Versorgung. Nachf. v. Kurt Butziger. Abg. d. BT.

Noth, Werner

Eisenach
Geb. 6. 11. 1921 i. Jena als Sohn eines Handwerkers
Erl. B.: Maler, Diplom-Historiker
Ausg. B.: Direktor der Wartburg-Stiftung
Partei: SED
L.: 1936-1939 Malerlehre. Kriegsdienst. Obergefreiter i. einer Luftwaffen-Betriebskomp. Kriegsgefangenschaft. 1950 bis 1953 Besuch d. ABF Jena. 1953-1957 Studium d. Kunstgeschichte a. d. Humboldt-Uni. i. Ostberlin. 1958 wiss. MA d. Dtsch. Akad. d. Künste i. Ostberlin. 1959-1961 Dir. d. Heidecksburg bei Rudolstadt. Seit 1961 Dir. d. Wartburg-Stiftung i. Eisenach. 1963-67 Abg. d. VK. Mitgl. d. Ausschusses f. Eingaben d. Bürger d. VK. Bezirksvors. d. Ges. f. Denkmalspflege i. KB i. Erfurt.

Nowak, Siegfried

Berlin
Geb. 17. 4. 1930 i. Wählitz b. Hohenmölsen als Sohn eines Ziegelbrenners
Erl. B.: Industriekaufmann, Chemiker, Dr. sc. nat.
Ausg. B.: Institutsdirektor
Partei: SED
L.: Lehre als Industriekfm. FDJ. 1948 SED. Besuch einer ABF. Ab Nov. 1951 Studium d. Chemie i. Moskau. 1956 Diplom i. Moskau. 1956 Rückkehr. In d. Waschmittelforschung tätig. 1959 Promotion z. Dr. rer. nat. Gruppenltr., AL, stellv. Institutsdir. i. Leipzig. Seit 1970 Dir. d. Zentralinst. f. Organ. Chemie d. AdW i. Berlin-Adlershof. 1970 Prof. Seit 1973 korresp. Mitgl., seit 1978 o. Mitgl. d. AdW.
Ausz.: Orden „Banner d. Arbeit, VVO i. Bronze (1980) u. a.

Nowka, Dieter

Weimar
Geb. 7. 7. 1924 in Madlow b. Cottbus
Ausg. B.: Komponist
Partei: SED
L.: Nach dem Krieg Korrepetitor u. Kapellmeister i. Cottbus, Stendal u. seit 1950 i. Schwerin. 1954-74 freischaffender Komponist i. Schwerin. 1952-54 Meisterschüler v. Hanns Eisler u. Max Butting a. d. AdK. 1959 Vors. d. Arbeitskreises Mecklenburg d. Verbandes Dtsch. Komponisten u. Musikwissenschaftler. 1960-63 Vors. d. Bez.-friedensrates Schwerin. Nachf. von Edgar Bennert. Seit 1974 Dozent f. Komposition u. Musiktheorie a. d. HS f. Musik „Franz Liszt" i. Weimar.
Werke: „Bauernlegende", Oper. „Die Erbschaft", Oper, Urauff. Schwerin 1960.

Nowojski, Walter

Berlin
Geb. 1931 i. d. Niederlausitz als Sohn eines Bergarbeiters
Ausg. B.: Chefredakteur
Partei: SED

L.: 1949 Besuch einer ABF. Anschl. Germanistik-Studium a. d. Humboldt-Uni. Ostberlin. Lektor i. Vlg. Neues Leben. 1959-66 Ltr. d. literarischen u. kulturpolitischen Redaktion v. Radio DDR. 1966-75 Chefdramaturg d. Staatl. Rundfunkkomitees. Seit 1. 1. 1975 Chefred. d. NDL u. Mitgl. d. Präs. d. Schriftstellerverbandes d. DDR. Nachf. v. Werner Neubert.
Ausz.: VVO i. Bronze (1979) u. a.

Nowotny, Joachim

Leipzig
Geb. 16. 6. 1933 i. Rietschen/Oberlausitz als Sohn eines Arbeiters
Erl. B.: Zimmermann
Ausg. B.: Schriftsteller
Partei: SED

L.: Lehre als Zimmermann. Ab 1951 Besuch d. ABF Leipzig, 1954 Abitur. Danach bis 1958 Studium d. Germanistik a. d. KMU Leipzig. Staatsexamen. Kurze Zeit i. techn. Verlagswesen tätig. 1962 freischaffender Schriftsteller. Seit 1967 a. Literatur-Inst. i. Leipzig tätig. Ltr. d. schöpf. Seminars Prosa. Vors. d. Aktivs Kinder- u. Jugendliteratur b. DSV. Mitgl. d. Vorstandes bzw. Präs. d. Schriftstellerverbandes d. DDR. Seit Mai 1978 Vizepräs. d. Schriftstellerverbandes d. DDR.
Ausz.: Heinrich-Mann-Preis (1977) u. a.
Veröff.: „Hochwasser im Dorf", 1963. „Labyrinth ohne Schrecken", 1967. „Der Riese im Paradies", 1969. „Sonntag unter Leuten", 1972. „Ein gewisser Robel", Mitteldtsch. Vlg., Halle 1976, „Ein seltener Fall von Liebe", Mitteldtsch. Vlg., Halle, 1979 u. a.

O

Oberück, Lothar
Gera
Geb. 3. 6. 1927 i. Leipzig
Ausg. B.: Chefredakteur
Partei: SED
L.: 1945 Soldat (Kav. Ers. Abt.) Gefangenschaft. Nach 1945 Kreisred. d. SED-Presse i. Mühlhausen, Heiligenstadt u. Saalfeld. 1960-64 stellv. Chefred., seit Juni 1964 Chefred. d. SED-Bez.-zeitung „Volkswacht" i. Gera. Nachf. v. R. Lehnert. Seit 1964 Mitgl. d. SED-BL Gera. Seit 1967 Mitgl. d. ZV d. VDJ. Vors. VDJ i. Bez. Gera.
Ausz.: VVO i. Silber (1979) u. a.

Oder, Helmut
Schwerin
Geb. 1940
Erl. B.: Schlosser, Dipl.-Ing. oec.
Ausg. B.: Stellvertretender Vorsitzender d. RdB
Partei: SED
L.: Schlosser, Dipl.-Ing. oec. Zeitw. Dir. d. Großbaustelle Schwerin-Süd u. VEB INEX Berlin. Seit Juli 1977 stellv. Vors. d. RdB Schwerin f. bezirksgel. Ind. u. Lebensmittelind. Nachf. v. Walter Resch. Seit Juni 1981 Abg. d. BT.
Ausz.: Orden „Banner d. Arbeit" Stufe I (1977) u. a.

Oecknick, Gerhard
Cottbus
Geb. 31. 10. 1927 i. Annaburg, Kreis Jessen, als Sohn eines Arbeiters
Erl. B.: Kaufmännischer Angestellter, Verwaltungsangestellter, Dr. rer. oec.
Ausg. B.: Sekretär der SED-BL Cottbus
Partei: SED
L.: Kfm. Angestellter, Verwaltungsangestellter. Funktionär d. FDJ i. Kreis Torgau. Versch. andere Funktionen i. d. Jugend- u. Sportbewegung. Seit 1952 hauptamtl. Funktionär d. SED. Seit 1953 Sekr. f. Wirtschaft d. SED-BL Cottbus. Seit 1954 Abg. d. BT Cottbus.
Ausz.: VVO i. Silber (1974) u. a.

Oehlwein, Wolfgang
Magdeburg
Geb. 5. 12. 1924 i. Halle/Saale
Erl. B.: Former, Ingenieur
Ausg. B.: Stellv. Vorsitzender d. RdB
Partei: SED
L.: Former, Maschinenbau-Ing. Kriegsdienst (Flieger, Uffz.). 1944 NSDAP. Nach 1945 Wirtschaftsfunktionär, zeitw. 1. stellv. Vors. d. BWR Halle/Saale. Seit 1964 stellv. Vors. d. RdB u. Vors. d. BWR Magdeburg. 1974-76 stellv. Vors. d. RdB Magdeburg f. bezirksgel. Industrie, Lebensmittelindustrie u. ÖVW. seit Juli 1976 stellv. Vors. d. RdB Magdeburg f. d. territoriale Koordinierung d. Aufbaus d. Kernkraftwerkes III (Stendal). Abg. d. BT.
Ausz.: VVO i. Bronze (1969).

Oehme, Peter
Berlin
Geb. 5. 6. 1937
Erl. B.: Arzt, Dr. med. habil.
Ausg. B.: Institutsdirektor
L.: Studium d. Medizin a. d. Humboldt-Uni. Ostberlin. Wiss. Tätigkeit. 1970 Prof. Bereichsdir. Wirkstoffforschung d. Zentralinst. f. Molekularbiol. d. AdW. Seit 1975 Dir. d. Inst. f. Wirkstoffforschung d. AdW.
Ausz.: Leibniz-Med. u. a.

Oelschlegel, Vera
Berlin
Geb. i. Leipzig als Tochter der späteren Kulturfunktionärin Ruth O.
Erl. B.: Schauspielerin, Sängerin
Ausg. B.: Intendantin
Partei: SED
L.: In Leipzig aufgewachsen. Besuch d. Thomas-Schule Leipzig. Schauspielerische Ausbildung. Studium a. d. HS f. Film u. Fernsehen. Dort FDJ-Sekr. Engagements i. Putbus u. Stralsund. 1961 b. DFF. 1966 Gründerin d. „Ensembles 66". Interpretin d. Lieder Weills, Dessaus, Eislers. Seit Mai 1976 Intendantin d. „Theaters i. Palast" (TIP). Mitgl. d. Friedensrates d. DDR. In erster Ehe m. Hermann Kant, i. zweiter Ehe m. Konrad Naumann verh.
Ausz.: Goethe-Preis von Ostberlin (1981) u. a.

Oelzner, Heinz
Berlin
Geb. 4. 7. 1921
Erl. B.: Bergmann, Diplom-Gesellschaftswissenschaftler
Ausg. B.: Botschafter
Partei: SED
L.: Bergmann. Nach 1945 Grubensteiger u. Betriebsleiter. 1947 SED. Fachschul-Besuch. 1955 Leiter d. Hauptverwaltung Steinkohle im Ministerium für Schwerindustrie. 1955-58 Studium i. d. UdSSR. 1958 Diplom-Gewi. 1958-1962 Vors. d. BWR u. stellv. Vors. d. RdB Erfurt. Übernahme i. d. diplom. Dienst. Botschaftsrat i. d. CSSR. April 1967-Jan. 1973 Ltr. d. Handelsvertretung d. DDR i. Finnland. Nachf. v. Wilhelm Thiele. 1967 Gesandter, 1972 Botschafter. Jan. 1973-Jan. 1976 Botschafter d. DDR i. Finnland. 1976/77 Polit. MA i. MfAA. Seit 14. 6. 1977 Botschafter i. Dänemark. Nachf. v. Otto Heilmann.
Ausz.: VVO i. Silber (1977), Stern d. Völkerfreundschaft i. Silber (1981) u. a.

Oertel, Heinz-Florian
Berlin
Geb. 11. 12. 1927 i. Cottbus
Ausg. B.: Sportredakteur, Dr. rer. pol.
Partei: SED
L.: Kriegsdienst. Nach 1945 Sportlehrer a. einer Oberschule u. Schauspieler a. Stadttheater Cottbus. 1946 SED. Ab 1952 freier MA d. Landessenders Potsdam, dann Sportreporter d. Fernsehfunks d. DDR. Moderator verschiedener Fernsehsendungen („Feuerzangenbowle", „Porträt per Telefon"). Jan. 1982 Promotion zum Dr. rer. pol. a. d. KMU Leipzig.
Ausz.: VVO i. Gold (1980) u. a.

Oertelt, Werner
Halle/Saale
Geb. 1929
Erl. B.: Maurer, Diplom-Gesellschaftswissenschaftler
Ausg. B.: Vorsitzender d. BV Halle d. FDGB
Partei: SED
L.: Maurer. 1945-49 Betriebsrat, BGL-Mitgl. 1949 SED. Seit 1950 hauptamtl. FDGB-Funktionär. Besuch d. PHSch d. SED. 1959 Vors. d. IG Chemie i. Bez. Halle. 1960-62 Mitgl. d. SED-BL Halle. 1965 stellv. Vors., Juni 1967-Dez. 1980 Vors. d. ZV d. IG Chemie, Glas u. Keramik i. FDGB. Seit 1968 Mitgl. d. BV, seit Juni 1972 d. Präs. d. BV d. FDGB. Seit Mai 1971 Vizepräs. d. Internat. Vereinigung d. Gewerkschaftler d. chemischen, Erdöl- u. artverwandten Industrie i. WGB. Seit 22. 12. 80 Vors. d. BV Halle d. FDGB. Nachf. v. Richard Pieper. Mitgl. d. Sekr. d. SED-BL Halle. Seit Juni 81 Abg. d. BT Halle.
Ausz.: VVO i. Bronze (1972) u. a.

Oerter, Wolfgang
Berlin
Geb. 19. 11. 1920 i. Berlin
Erl. B.: Arzt, Dr. med., Obermedizinalrat
Ausg. B.: Chefarzt
Partei: SED
L.: Absolvent d. Militärärztl. Akad. Berlin. Dr. med. Kriegsdienst (Unterarzt, Pz.-Jäger). 1951 Mitgl. d. SED. Ltr. d. Abt. Gesundheitswesen beim RdB Leipzig. Danach Oberstleutnant i. Mediz. Dienst d. KVP/NVA. 1960-62 Bezirksarzt i. Leipzig. Sektorenltr. i. Min. f. Gesundheitswesen. Mitgl. d. Präs. d. Deutschen Friedensrates. 1963-67 Kand. d. ZK d. SED. 1966 Ltr. d. Zentralen Arbeitsgruppe „Probleme d. Schwesternberufes" i. Min. f. Gesundheitswesen. 1967-70 Bezirksarzt u. Ltr. d. Abt. Gesundheitswesen b. RdB Dresden. Danach MA d. Min. f. Gesundheitsw. u. seit März 1975 Chefarzt d. Poliklinik Grünberger Str. i. Ostberlin.
Ausz.: Verdienter Arzt d. Volkes (1962).

Oeser, Edith, geb. Arenz
Berlin
Geb. 10. 4. 1930 i. Gera
Erl. B.: Jurist, Dr. jur. habil.
Ausg. B.: Stellv. Minister
Partei: SED
L.: Abitur. Studium d. Rechtswiss. a. d. Uni. Leipzig. 1954 Staatsexamen. 1955 Aspirantur f. Völkerrecht. 1962-64 Mitgl. d. SED-BL Berlin. 1963 Habil. a. d. Humboldt-Uni. Ostberlin. Zweijähriger Auslandsaufenthalt. Prof. f. Völkerrecht a. d. Humboldt-Uni. Ltr. d. Bereichs Völkerrecht a. d. Sektion Rechtswiss. 1969 stellv. Min. f. Hoch- u. Fachschulwesen. Mitgl. d. Präs. d. Friedensrates d. DDR. Vizepräs. d. Freundschaftsges. DDR-Südostasien sowie d. Ges. f. Völkerrecht d. DDR. Vors. d. Sektion Völkerrecht u. Internat. Wirtschaftsrecht d. Ver. d. Juristen d. DDR.

Oeser, Ingo
Berlin
Geb. 1. 4. 1930 i. Hamburg
Erl. B.: Diplom-Jurist, Dr. jur.
Ausg. B.: Botschafter
Partei: SED
L.: Seit 1954 Angehöriger d. auswärtigen Dienstes d. DDR. Zeitw. Sekr. d. wiss. Beirates d. MfAA. 1965-67 Ltr. d. Handelsvertretung d. DDR auf Zypern. 1967-75 Ltr. d. Westeuropa-Abt. (5. Europ. Abt.) i. MfAA. Botschafter. Zeitw. Ltr. d. DDR-Delegation bei d. Verhandlungen über d. Reduzierung v. Streitkräften u. Rüstungen i. Mitteleuropa i. Wien bzw. d. DDR-Delegation zur Vorbereitung d. Madrider Treffens d. Unterzeichnerstaaten d. Helsinkier Schlußakte.
Ausz.: VVO i. Silber (1980) u. a.

Ohde, Hans-Joachim
Rostock
Geb. 1927
Erl. B.: Verwaltungsangestellter, Dipl.-Ing. oec.
Ausg. B.: Stellv. Vorsitzender d. RdB Rostock
Partei: SED
L.: Studium a. Industrie-Inst. d. Uni. Rostock. Dipl.-Ing. oec. Wirtschaftsfunktionär. Zeitw. kfm. Dir. VEB Starkstromanlagenbau u. Werkltr. i. VEB RFT Rostock. 1965-71 Vors. d. BWR Rostock. Seit Dez. 1971 stellv. Vors. d. RdB Rostock f. bezirksgeleitete Industrie, Lebensmittelindustrie u. ÖVW. Abg. d. BT u. Mitgl. d. SED-BL.
Ausz.: Verdienstmedaille d. Seeverkehrswirtschaft i. Silber (1971) u. a.

Oldenburg, Günter
Neubrandenburg
Ausg. B.: Generalmajor d. NVA
Partei: SED
L.: Offizier d. LSK/LV. Seit 1. 10. 1974 Generalmajor d. NVA. Kdr. d. III. Luftverteidigungs-Div. i. Bez. Neubrandenburg. 1979-81 Mitgl. d. SED-BL Neubrandenburg.
Ausz.: VVO i. Gold (1979) u. a.

Olivier, Kurt

Berlin
Geb. 20. 1. 1923 i. Elbing
Ausg. B.: Chefredakteur
Partei: SED
L.: Kriegsdienst (Pz.-Rgt.). Nach 1945 MA d. Sowj. Nachrichtenbüros. 1946 bis 1949 Ltr. d. Außenstelle Halle/S. d. ADN. 1949-53 MA d. Amtes f. Information. Seitdem leitender MA d. ADN. 1963-68 u. seit 1979 ADN-Korrespondent b. d. UNO. 1968 stellv. Generaldir. u. Chefred. d. ADN. 2. Stellvertreter d. Präs. d. Liga f. UN d. DDR.
Ausz.: VVO i. Bronze (1969) u. a.

Onasch, Konrad

Halle/Saale
Geb. 4. 8. 1916 i. Danzig
Erl. B.: Evang. Theologe, Dr. theol. habil.
Ausg. B.: Hochschulleiter
Partei: CDU
L.: Ab 1936 Studium d. Evang. Theologie i. Königsberg u. ab 1938 i. Berlin. Schüler v. Prof. Iwand. Ostkirchenspezialist. Nach 1945 i. kirchl. Dienst. Vikar u. Pfarrer. 1950 Promotion zum Dr. theol. i. Berlin. Seit 1950 Lehrtätigkeit a. d. MLU Halle-Wittenberg. 1953 Habil. O. Prof. Fachbereichsltr. f. Konfessionskunde d. Orthodoxie u. für christl. Archäologie u. Kunst a. d. Sektion Theologie d. MLU. Dekan d. theol. Fakultät.
Veröff.: „Ikonen-Buch", Union-Verlag, Berlin, 1961. „Ikonenmalerei", Verlag Koehler & Amelang, u. a.

Opitz, Rolf

Leipzig
Geb. 3. 8. 1929 i. Weißig bei Freital/Sa.
Erl. B.: Verwaltungsangestellter, Diplom-Jurist
Ausg. B.: Vorsitzender d. RdB Leipzig
Partei: SED
L.: 1945 KPD. FDJ-Funktionär. 1949-51 Pressereferent i. Min. f. Volksbildung. 1952-55 Studium a. d. Akad. f. Staats- u. Rechtswiss. 1955 stellv. Vors. d. RdK Görlitz. 1958 1. stellv. Vors. d. RdK Riesa. 1959-62 Vors. d. RdK Freital. 1962-1969 1. stellv. Vors. d. RdB Dresden. Abg. d. BT Dresden. 1969-71 stellv. Min. f. d. Anleitung u. Kontrolle d. Bezirks- u. Kreisräte. 1972-74 stellv. Ltr. d. Instrukteurabt. beim Vors. d. MR. Seit 11. 2. 74 Vors. d. RdB Leipzig. Nachf. v. Erich Grützner. Abg. d. BT u. Mitgl. d. Sekr. d. SED-BL Leipzig.
Ausz.: VVO i. Silber (1975) u. a.

Oppermann, Lothar

Berlin
Geb. 1930 i. Glogau als Sohn eines Arbeiters
Erl. B.: Lehrer, Dr. paed.
Ausg. B.: Abteilungsleiter im ZK d. SED
Partei: SED
L.: Heimatvertriebener. Besuch d. Oberschule Grimma. 1949 Abitur. 1950 SED. Studium d. Mathematik u. Physik. Danach Lehrer f. Physik an einer Oberschule. Anschl. Ass. a. Inst. f. Pädagogik u. Lehrbeauftragter f. Schulpraktische Übungen u. polytechn. Ausbildung a. d. KMU Leipzig. 1962-63 stellv. Dir. d. Dtsch. Pädag. Zentralinst. Promotion über polytechn. Bildung. Seit Febr. 1963 Ltr. d. Abt. Volksbildung b. ZK d. SED. Nachf. v. Werner Neugebauer. Oberstudienrat. Seit 1970 o. Mitgl. d. APW.
Ausz.: VVO i. Silber (1970) u. a.

Ordnung, Carl

Berlin
Geb. 18. 10. 1927 i. Lengenfeld/Vogtl.
Ausg. B.: CDU-Funktionär, Sekretär des Regionalausschusses der CFK
Partei: CDU
L.: Hauptamtl. CDU-Funktionär. Zeitw. Kulturred. d. „Neuen Zeit" i. Ostberlin u. Ltr. d. Abt. Kultur u. Kirchenfragen i. Sekr. d. Hauptvorstandes d. CDU. Seit 1964 Sekr. d. Regionalausschusses d. CFK. Wiss. MA beim Sekr. d. Hauptvorstandes d. CDU. Laienprediger d. Methodistenkirche i. Ostberlin. Mitgl. d. Friedensrates d. DDR. Mitherausgeber u. Mitgl. d. Redaktion d. Ztschr. „Standpunkt".
Ausz.: VVO i. Bronze (1969) u. a.

Oriwol, Günter

Gera
Geb. 1930
Erl. B.: Elektro-Installateur, Diplom-Staatswissenschaftler
Ausg. B.: Oberst d. VP
Partei: SED
L.: Elektro-Installateur-Lehre i. d. Maxhütte i. Unterwellenborn. Seit 1949 Angehöriger d. VP. Offizierslaufbahn, zuletzt stellv. Chef d. BdVP Gera. Seit 29. 1. 1979 Chef d. BdVP Gera. Nachf. v. Heinz Schiffel. Seit Febr. 1979 Mitgl. d. SED-BL, seit Juni 1981 Abg. d. BT Gera.
Ausz.: VVO i. Bronze (1978) u. a.

Orschekowski, Walter

Leipzig
Geb. 1926
Erl. B.: Jurist, Dr. jur. habil.
Ausg. B.: Hochschullehrer
Partei: SED
L.: 1947-1950 Studium d. Rechtswiss. a. d. Uni. Leipzig. 1950-1952 Referendar. Seit 1952 Ass., seit 1954 Dir. d. Inst. f. Strafrecht a. d. KMU Leipzig. 1956 Promotion u. 1963 Habil. i. Leipzig. Seit 1963 Prof. f. Strafrecht a. d. KMU Leipzig. 1964-68 1. Stellv. d. Rektors d. KMU Leipzig. Seit Juni 1972 Vors. d. Stadtausschusses Leipzig d. Nat. Front.
Ausz.: VVO i. Bronze (1975).

Orzechowski, Bernhard

Berlin
Geb. 19. 8. 1925 i. Oberhausen (Rheinland)
Ausg. B.: Vizepräsident des DTSB

Partei: SED
L.: Nach 1945 Sportfunktionär. Zeitw. Offizier (Oberstltn.) d. NVA u. Vors. d. Armeesportverbandes. 1958 bis 1961 stellv. Vors. d. Staatl. Komitees f. Körperkultur u. Sport Seit 1961 Sekr., seit Juni 1966 Vizepräs. für Leistungssport d. DTSB.
Ausz.: VVO i. Gold (1968), Stern d. Völkerfreundschaft i. Gold (1980), u. a.

Ostmann, Christoph
Berlin
Ausg. B.: Stellvertretender Minister
Partei: SED
L.: Landwirtschaftsfunktionär. Zeitw. stellv. Ltr. d. Abt. Landwirtsch. i. ZK d. SED. 1964-76 Mitgl. d. Red. Koll. d. Ztschr. „Neuer Weg". Seit 1976 stellv. Min. f. Land-, Forst- u. Nahrungsgüterwirtsch.
Ausz.: VVO i. Silber (1977) u. a.

Oswald, Horst
Berlin
Geb. 6. 2. 1928 i. Berlin-Wedding als Sohn eines Rohrlegers
Erl. B.: Schlosser, Diplom-Gewissenschaftler, Dr. phil.
Ausg. B.: Sekretär d. SED-BL Berlin
Partei: SED
L.: Maschinenschlosser. 1947 FDJ-Funktionär i. Berlin-Wedding. 1948 SED. Funktionär d. FDGB-Bez.-vorstandes Berlin d. FDGB. Absolvent d. PHSch d. SED u. d. Inst. f. Gewi. b. ZK d. SED. Juli 1967-Juni 78 Stadtrat u. Ltr. d. Abt. Kultur b. Ostberliner Magistrat. Seit 1967 Mitgl. d. StVV Ostberlin. Jan. 1968 Promotion zum Dr. phil. a. Inst. f. Gewi. b. ZK d. SED. Mitgl. d. Präs. d. Komitees Berlin-Paris. Seit 1976 Mitgl. d. SED-BL Berlin. Seit 12. 6. 78 Sekr. f. Volksbildung, Wiss. u. Kultur d. SED-BL Berlin. Nachf. v. Roland Bauer.
Ausz.: VVO i. Gold (1979) u. a.

Ott, Harry
Berlin
Geb. 15. 10. 1933
Erl. B.: Diplom-Staatswissenschaftler
Ausg. B.: Botschafter
Partei: SED
L.: Oberschule. Abitur. 1952 Mitgl. d. SED. 1952-53 Studium d. Wirtschaftswiss. KMU Leipzig. 1953-59 Studium a. Inst. f. Internat. Bez. i. Moskau. Diplom-Staatswiss. Seitdem i. diplom. Dienst tätig. 1966-74 stellv. Ltr. d. Abt. Internat. Verb. i. ZK d. SED. 1971-76 Mitgl. d. ZRK d. SED, seit 22. 5. 76 Mitgl. d. ZK d. SED. März 1974-Dez. 1980 Botschafter d. DDR i. d. UdSSR. Nachf. v. Horst Bittner. Seit 1. 2. 1982 stellv. Außenminister u. Ständiger Vertreter d. DDR b. d. UNO i. New York. Nachf. v. Peter Florin.
Ausz.: VVO i. Silber (1973) u. a.

Ott, Heinz
Rostock
Geb. 1933
Erl. B.: Dreher, Diplom-Gesellschaftswissenschaftler
Ausg. B.: Sekretär d. SED-BL Rostock
Partei: SED
L.: Dreher. 1955 Mitgl. d. SED. FDJ-Funktionär. 1960-63 1. Sekr. d. FDJ-KL Grevesmühlen. 1963-76 2. Sekr., seit 1976 1. Sekr. d. SED-KL Grevesmühlen. Seit 1979 Mitgl. d. SED-BL Rostock. Seit 30. 3. 1982 Sekr. f. Landw. d. SED-BL Rostock. Nachf. v. Karl-Friedrich Gebhardt.
Ausz.: VVO i. Bronze (1975) u. a.

Otto, Herbert
Kleinmachnow bei Berlin
Geb. 15. 3. 1925 i. Breslau als Sohn einer Näherin
Erl. B.: Kaufmann
Ausg. B.: Schriftsteller
L.: Kaufmann i. Breslau. 1943 NSDAP. Kriegsdienst. 1944-49 sowj. Kriegsgefangenschaft. Nach d. Entlassung Funktionär d. DSF u. Verlagslektor i. Verlag Kultur u. Fortschritt. Freiberufl. Schriftsteller. Vors. d. DSV i. Bez. Potsdam. Mitgl. d. Vorstandes d. Schriftstellerverbandes.
Ausz.: Heinrich-Mann-Preis (1971), VVO i. Bronze (1977), Nat. Pr. II. Kl. (1978) u. a.
Veröff.: „Die Lüge", Verlag Kultur u. Fortschritt, Berlin 1956. „Stundenholz und Minarett" und „Minarett und Mangobaum" - Eine Entdeckungsfahrt ins Morgenland in 2 Teilen (zus. mit K. Schmidt). „Septemberliebe", Filmdrehbuch, Urauff. des Films Jan. 1961. „Republik der Leidenschaften". „Griechische Hochzeit", Erz., 1964. „Zeit der Störche", 1966 (verfilmt). „Zum Beispiel Josef", Aufbau-Verlag, Berlin 1970, „Die Sache mit Maria", Aufbau-Vlg., Berlin 1976 u. a. m.

Otto, Herta
Berlin
Geb. 14. 9. 1928
Erl. B.: Lehrerin, Diplom-Pädagogin
Ausg. B.: Bezirksschulrat v. Ostberlin
Partei: SED
L.: Lehrerin, Diplom-Pädagogin. Versch. Funktionen i. Schuldienst u. Gewerkschaft Unterricht u. Erziehung i. FDGB. Mitgl. d. Präs. d. Gewerkschaft Unterricht u. Erziehung. Bis Juli 1973 1. stellv. Bezirksschulrat, seit Juli 1973 Bezirksschulrat u. Stadtrat d. Ostberliner Magistrats. Nachf v. Gisbert Müller.
Ausz.: VVO i. Silber (1978) u. a.

P

Paczulla, August (Gustl)
Gera
Geb. 29. 10. 1926
Erl. B.: Lehrer, Dipl.-Gesellschaftswissenschaftler
Ausg. B.: Sekretär d. SED-BL Gera
Partei: SED
L.: Fachlehrer f. Geschichte, Dipl.-Gewi. 19. 1. 1967 i. d. SED-BL Gera kooptiert u. z. Sekr. f. Wiss., Volksbild. u Kultur gew. Abg. d. BT Gera.
Ausz.: VVO i. Bronze (1972) u. i. Silber (1976) u. a.

Paff, Werner
Berlin
Geb. 24. 5. 1927 i. Berlin als Sohn eines Arbeiters
Erl. B.: Verlagskaufmann, Dr. phil., Prof.
Ausg. B.: Hochschullehrer
Partei: SED
L.: Verlagskaufmann. 1944/45 Kriegsdienst (Marine u. Heer). 1947 SED. Versch. Funktionen i. Parteiapparat. Seit 1951 Lehrer a. d. HS d. Gewerkschaften. Aspirantur a. IfG. 1961 Promotion zum Dr. phil. a. IfG. Lehrtätigkeit a. IfG. Gegenwärtig Prof. u. Dir. d. Institutes f. Imperialismusforschung a. d. AfG. Mitgl. d. Wiss. Rates f. Imperialismusforschung.
Ausz.: VVO i. Silber (1978). Nat. Pr. III. Kl. (1979, Koll.-Ausz.) u. a.
Veröff.: „Der Imperialismus der BRD", Mitautor u. a.

Pahnke, Martin
Berlin
Geb. 1935
Ausg. B.: Generalleutnant d. NVA
Partei: SED
L.: Offizier d. Luftstreitkräfte. 1958-60 Mitgl. d. SED-BL Cottbus. Zeitweise Ltr. d. Polit. Verwaltung u. stellv. Chef d. LSK/LV d. NVA. Seit Sept. 1969 Generalmajor. Seit 15. 12. 1973 Kand. d. ZPKK d. SED. Seit 16. 9. 1981 Generalltn. d. NVA. Vors. d. PKK d. SED i. d. PHV d. NVA.
Ausz.: VVO i. Gold (1976) u. a.

Palucca, Gret
Dresden
Geb. 8. 1. 1902 in München als Tochter eines Apothekers
Erl. B.: Tänzerin, Prof.
Ausg. B.: Leiterin der Fachschule für künstl. Tanz in Dresden
L.: In Kalifornien (USA) u. i. Dresden aufgewachsen. Schulbesuch i. Dresden. Danach Tanzausbildung i. Ballettmeister Kröller a. d. Staatsoper München u. v. 1918-23 b. Mary Wigman. 1923 Abschlußprüfung. 1925 Gründung einer eigenen Tanzschule i. Dresden (1939 geschlossen, 1945 wieder eröff.). 1950 Gründungsmitgl. d. Akad. d. Künste i. Ostberlin. 1962 zum Prof. ernannt. 1965-74 Vizepräs. d. Akad. d. Künste i. Ostberlin.
Ausz.: VVO i. Gold (1972). Stern d. Völkerfreundschaft i. Gold (1980). Nat. Pr. I. Kl. (1981) u. a.

Panitz, Eberhard
Berlin
Geb. 16. 4. 1932 i. Dresden als Sohn eines Straßenbahnschaffners
Ausg. B.: Schriftsteller
Partei: SED
L.: Oberschule. Abitur. Mitgl. einer Jugendbrigade b. Bau d. Cranzahl-Talsperre. Studium d. Pädagogik a. d. KMU. Danach Red. i. Verlag Neues Leben. 1955 KVP. MA d. Verlages d. MdI. Seit 1959 freiberufl. Schriftsteller u. Lektor i. Berlin. Zeitweise Mitgl. d. Vorstandes d. Schriftstellerverbandes. Stellv. Vors. d. Bln. Schriftstellerverb.
Ausz.: Literaturpreis d. DFD (1973). Nat. Pr. II. Kl. (1977) u. a.
Veröff.: „Der siebente Sommer", Mitteldtsch. Verlag, 1967. „Die sieben Affären d. Dona Juanita", Mitteldtsch. Verlag, Halle/S., 1972. „Der Weg zum Rio Grande", 1973. „Die unheilige Sophia", Mitteldtsch. Verlag, Halle 1974 (verfilmt). „Unerlaubte Entfernung", Verlag Neues Leben, Berlin 1977. „Absage an Viktoria", Fernsehfilm, 1977. „Meines Vaters Straßenbahn", 1979. „Ein königliches Leben", Mitteldtsch. Vlg., Halle, 1982 u. a.

Panke, Günter
Schwerin
Geb. 29. 1. 1929
Erl. B.: Kfm. Angest., Dipl.-Staatswiss.
Ausg. B.: Vors. d. Bez.-Verb. Schwerin d. NDP
Partei: NDP
L.: Kfm. Angest. Dipl.-Staatswiss. Zeitw. stellv. Vors. d. RdK Hagenow u. Perleberg. Seit Jan. 1971 Vors. d. Bez.-Verb. Schwerin d. NDP. Nachf. v. Günter Schwarz. Seit 1972 Mitgl. d. Hauptausschusses d. NDP. Seit 1971 Abg. d. BT Schwerin.
Ausz.: VVO i. Bronze (1973 u. 1978) u. a.

Pannhausen, Gerhard
Potsdam
Geb. 1929
Erl. B.: Schlosser, Diplom-Gesellschaftswissenschaftler
Ausg. B.: 1. Sekretär d. SED-KL Potsdam
Partei: SED
L.: Maschinenschlosser. SED-Funktionär. AL, Sekr. u. 1964-76 1. Sekr. d. SED-KL Brandenburg. Seit Jan. 1976 1. Sekr. d. SED-KL Potsdam. Nachf. v. Ulli Schlaak. Mitgl. d. Sekr. d. SED-BL.
Ausz.: VVO i. Silber (1974) u. a.

Pappe, Christel

Sömmerda, Bez. Erfurt
Geb. 4. 5. 1935 in Berlin als Tochter eines Drehers
Erl. B.: Laborantin, Chemie-Ingenieur
Ausg. B.: Direktor i. Büromaschinenwerk Sömmerda
Partei: SED
L.: Währ. d. 2. Weltkrieges v. Berlin nach Sömmerda überges. Besuch d. Oberschule. Lehre i. Büromasch.-Werk Sömmerda. Laborantin. Fernstudium a. d. Fachsch. f. Chemie i. Köthen. 1961 SED. 1961 Chemie-Ing. Gegenwärtig Dir. f. Kader u. Ausbildung i. Büromasch.-Werk Sömmerda. 1963-65 Nachfolgekand., 1965-67 Abg. d. VK. 1963-67 Mitgl. d. Staatsrates.

Pappenheim, Günther

Potsdam
Geb. 3. 8. 1925 i. Schmalkalden
Erl. B.: Schlosser, Diplom-Wirtschaftler, Diplom-Gesellschaftswissenschaftler
Ausg. B.: SED-Funktionär
Partei: SED
L.: Schlosser. 1943-45 KZ-Häftling i. Buchenwald. Nach 1945 versch. Funktionen i. Staats- u. Parteiapparat. 1957-60 Studium a. d. PHSch d. KPdSU i. Moskau. Diplom-Gesellschaftswiss. 1960-64 1. Sekr. d. SED-KL Schmalkalden. Kand. bzw. Mitgl. d. SED-BL Suhl. 1966-71 1. Sekr. d. SED-KL Luckenwalde. Studium a. d. HS f. Ökonomie. Dipl.-Wirtschaftler. Juni 1971-Febr. 74 Vors. d. RdB Potsdam. Nachf. v. Herbert Puchert. Seit 5. 7. 74 Mitgl. d. ZPKK d. SED.
Ausz.: VVO i. Silber (1979) u. a.

Parchmann, Ernst

Schwerin
Geb. 13. 3. 1930
Erl. B.: Lehrer, Journalist, Diplom-Gesellschaftswissenschaftler
Ausg. B.: Direktor
Partei: SED
L.: Lehrer. Journalist. Seit Mitte d. 50er Jahre Red. d. „Schweriner Volkszeitung". Aug. 1967-März 1971 Chefred. d. „Schweriner Volkszeitung". 1967-71 Mitgl. d. ZV d. VDJ u. Vors. d. VDJ i. Bez. Schwerin. April 1971-März 1973 Sekr. f. Kultur, Volksbildung u. Wiss. d. SED-BL Schwerin. Seit Nov. 1971 Abg. d. BT Schwerin. März 1973-Jan. 74 Mitgl. d. Redaktionskollegiums d. ND, Red. f. Kultur. Febr. 1974-Febr. 1979 erneut Sekr. f. Wissenschaft, Volksbildung u. Kultur d. SED-BL Schwerin. Seitdem Direktor von Radio DDR i. Schwerin.
Ausz.: VVO i. Bronze (1974) u. a.

Paris, Ronald

Berlin
Geb. 12. 8. 1933 i. Sondershausen
Erl. B.: Glasmaler, Grafiker
Ausg. B.: Maler u. Grafiker
L.: 1948-50 Glasmalerlehre i. Weimar. Besuch d. ABF Jena u. eines Restauratorenlehrgangs am Museum Gotha. 1953-58 Studium a. d. Kunst-HS Bln.-Weißensee. Danach freischaffend i. Berlin tätig. 1963-66 Meisterschüler Otto Nagels a. d. AdK. Jetzt erneut freischaffend i. Berlin tätig.
Seit Nov. 1978 Mitgl. d. Präs. d. VBK.
Ausz.: Nat. Pr. II. Kl. (1976) u. a.
Werke: 6 Tafeln zu Kinderliedern u. Dramen Brechts. „Jugend i. Sozialismus" Monumentalbild, Karl-Marx-Stadt, 1973 etc.

Parr, Rudolf

Berlin
Geb. 1933
Erl. B.: Lehrer, Oberstudienrat
Ausg. B.: Stellv. Minister
Partei: SED
L.: Nach 1945 als Lehrer tätig, u. a. Dir. d. Mittelschule Jarmen. Anschl. SED-Funktionär a. Kreis- u. Bezirksebene. 1962-68 Bezirksschulrat v. Neubrandenburg. Abg. d. BT. Seit 1970 stellv. Min. f. Volksbildung.
Ausz.: VVO i. Bronze (1977) u. a.

Patzer, Helmut

Erfurt
Geb. 30. 5. 1919 i. Jena
Erl. B.: Arzt, Dr. sc. med.
Ausg. B.: Hochschullehrer
Partei: CDU
L.: Studium d. Med. a. d. Uni. Jena. Militär- u. Kriegsdienst. 1945 CDU. Oberarzt a. d. Kinderklinik d. Uni. Jena. 1952 Habil. i. Jena. 1957 Prof. m. Lehrauftrag a. d. Uni. Jena. Seit 1959 Lehrtätigkeit a. d. Mediz. Akad. Erfurt. Dir. d. Kinderklinik. 1961-64 Prorektor d. Mediz. Akad. Erfurt. 1970-73 Rektor d. Mediz. Akademie Erfurt. Obermedizinalrat.
Ausz.: VVO i. Gold (1976) u. a.

Patzig, Harry

Welzow
Geb. 23. 3. 1938
Erl. B.: Hauer, Dipl.-Ing.
Ausg. B.: Hauptingenieur
Partei: SED
L.: Hauer, Dipl.-Ing. 1960 Mitgl. d. SED. Gegenwärtig Haupting. i. VEB BKW Welzow. Seit 16. 4. 1981 erstmalig Kandidat d. ZK d. SED.

Pehnert, Horst

Berlin
Geb. 1932
Erl. B.: Buchdrucker, Diplom-Journalist
Ausg. B.: Stellv. Minister f. Kultur
Partei: SED
L.: Buchdruckerlehre, 1950-54 Journalist bei d. „Jungen Welt". 1954-57 Studium d. Journalistik a. d. KMU Leipzig. 1956 Red., 1962-1966 stellv. Chefred., Jan. 1966-Juni 1971 Chefred. d. Zentralorgans d. FDJ „Junge Welt". 1965-71 Mitgl. d. Büros d. Zentralrates d. FDJ. 1967-72 Mitgl. d. ZV d. VDJ. 1971-76 stellv. Vors. d. Staatl.

Komitees f. Fernsehen. Seit 1. 12. 76 stellv. Min. f. Kultur u. Ltr. d. HV Film. Nachf. v. Hans Starke. Seit 1978 Mitgl. d. Präs. d. Film- u. Fernsehrates d. DDR
Ausz.: VVO i. Silber (1968) u. a.

Penndorf, Lothar

Berlin
Geb. i. Gera/Thür.
Erl. B.: Jurist
Ausg. B.: Vizepräsident d. Obersten Gerichts, Oberst d. Justizdienstes d. NVA
Partei: SED
L.: Jurist. 1953 Hauptreferent i. MdJ. 1954 Staatsanwalt b. Generalstaatsanwalt Berlin. Übertritt i. d. milit. Justizdienst. 1965 AL b. Militäroberstaatsanwalt. Seit 29. 11. 1971 Militärrichter b. OG, seit 21. 12. 1977 Vizepräs. d. OB. Vors. d. Militärkollegiums d. OG. Oberst d. JD d. NVA.
Ausz.: VVO i. Bronze (1981) u. a.

Perten, Hanns Anselm

Rostock
Geb. 12. 8. 1917 in Hamburg
Erl. B.: Schriftsetzer, Schauspieler, Prof.
Ausg. B.: Generalintendant d. Volkstheaters Rostock
Partei: SED
L.: Nach d. Besuch d. Volks- u. Oberschule Schriftsetzerlehre. Abendkurse f. bild. Kunst. Gasthörer f. Kunst- u. Literaturgeschichte a. d. Uni. Hamburg. 1938 wegen Verstoßes gegen d. Heimtückegesetz fristlos aus seiner Arbeitsstelle entlassen. 3 Wochen i. KZ Fuhlsbüttel inhaftiert. Danach Angehöriger d. RAD u. Kriegsdienst. Nach einer Verwundung Einsatz i. milit. Verwaltungsdienst. Schauspielunterricht. 1944 Schauspieler i. Neustrelitz. 1945 erneut Soldat. Kurze Kriegsgefangenschaft. 1945-1946 Schauspieler u. a. Regisseur u. a. Komödie Hamburg-Altona u. a. Hamburger Volkstheater. Gründer d. Kollektivs „Laternenanzünder" i. Hamburg. Vertr. d. KPD i. einem Ausschuß d. Zonenbeirats d. Brit. Militärreg. Ende 1946 Übersiedlung i. d. SBZ. 1946-48 künstl. Ltr. d. Landessenders Mecklenburg. Dir. d. Maxim-Gorki-Hauses. Gründer u. stellv. Intendant d. Maxim-Gorki-Bühne. Landesvors. d. Meckl. Volksbühne. 1948-1950 Chefintendant d. Meckl. Landestheaters. 1950 bis 1952 Intendant i. Wismar. Seit 1952 Intendant, 1958-70 Generalintendant d. Volkstheaters Rostock. 1953-59 Vors. d. Bezirksfriedensrates Rostock. 1967 zum Prof. ernannt. Jan. 1970-Juni 1972 Intendant d. Dtsch. Theaters u. d. Kammerspiele i. Ostberlin. Nachf. v. Wolfg. Heinz. Seit Juni 1972 erneut Generalintendant d. Volkstheaters Rostock. 1958-70 u. seit 1972 Mitgl. d. BL Rostock d. SED.
Ausz.: VVO i. Silber (1964 u. 75), Nat. Pr. I. Kl. (1980) u. a.

Peter, Fritz

Berlin
Geb. 28. 12. 1927 i. Bralitz, Bez. Frankfurt/Oder als Sohn eines Landwirts
Ausg. B.: Generalleutnant d. NVA
Partei: SED
L.: Nach d. Schule i. d. Landwirtschaft tätig. 1948 Eintritt i. d. VP. 1948 SED. Offizierslaufbahn i. d. KVP/NVA. Absolvent d. sowj. Generalstabsakad. 1970 ständiger Vertr. d. DDR b. Oberkommando d. Warschauer Paktstaten. Generalmajor. Seit 18. 2. 1974 Generallt. d. NVA. Chef d. Stabes d. Landstreitkräfte. Seit 1977 Ltr. d. Zivilverteidigung d. DDR. Nachf. v. Friedrich Dickel.
Ausz.: VVO i. Silber (1978). Scharnhorst-Orden (1981) u. a.

Peters, Werner

Berlin
Geb. 9. 2. 1939 i. Stralendorf, Krs. Schwerin
Erl. B.: Diplom-Staatswissenschaftler
Ausg. B.: Botschafter
Partei: SED
L.: Studium a. Inst. f. Internat. Beziehungen i. Moskau. Diplom-Staatswiss. Seit 1965 Angehöriger d. diplom. Dienstes d. DDR. Zeitw. Vizekonsul a. DDR-Generalkonsulat i. Indonesien sowie Sektionsltr. gesamtasiat. Fragen i. MfAA. 1973-76 Geschäftsträger a. i. i. Malaysia. 1979-82 erneut Sektionsltr. i. MfAA. Seit 10. 4. 1982 Botschafter i. Indonesien. Nachf. v. Eberhard Feister.
Ausz.: Verdienstmedaille d. DDR u. a.

Petzold, Armin

Freiberg
Geb. 8. 12. 1923 i. Paitzdorf/Gera
Ausg. B.: Hochschullehrer, Dr. rer. nat.
L.: Wiss. Oberassistent a. d. Bergakad. Freiberg. Lehrtätigkeit a. d. HS f. Architektur u. Bauwesen Weimar. Prof. f. Bindemittel. 1968-70 Rektor d. HS f. Architektur u. Bauwesen. Mitgl. d. Forschungsrates d. DDR. Jetzt o. Prof. a. d. Bergakad. Freiberg.
Ausz.: Orden „Banner d. Arbeit" Stufe III. (1974) u. a.

Petzold, Hans-Günter

Berlin
Geb. 28. 9. 1931 i. Zwickau/Sa. als Sohn eines Lehrers
Erl. B.: Diplom-Biologe, Dr. rer. nat.
Ausg. B.: Stellv. Dir. d. Tierparks Berlin-Friedrichsfelde
Partei: CDU
L.: Besuch d. Käthe-Kollwitz-OS i. Zwickau. 1950 Abitur. 1949 CDU. 1950-55 Studium d. Biologie a. d. Uni. Leipzig u. Greifswald. Diplom-Biologe. 1955 wiss. Ass. 1956 wiss. Oberass. 1960-65 Dir.-Ass. u. seit 1965 stellv. Dir. d. Tierparks Berlin-Friedrichsfelde. 1960 Promotion zum Dr. rer. nat. 1963-81 Berliner Vertr. i. d. VK. Mitgl. d.

Ausschusses f. Kultur. Seit Juni 1981 Mitgl. d. StVV Ostberlin.
Ausz.: VVO i. Silber (1974) u. a.

Peukert, Alfred
Berlin
Geb. 1. 8. 1925
Erl. B.: Lehrer, Dr. phil.
Ausg. B.: Botschafter
Partei: SED
L.: 1946 Lehrerausbildung. 1947-53 Lehrer, Schuldir. sowie stellv. Bez.-schulrat i. Erfurt. 1953-59 Dozent a. Pädag. Inst. Erfurt. Parteisekr. d. SED. 1959-64 Studium d. Gesellschaftswiss. i. Berlin. 1964-69 erneut Doz. a. Pädag. Institut Erfurt. 1967 Promotion zum Dr. phil. Seit 1970 Angehöriger d. Auswärtigen Dienstes d. DDR. 1971-75 I. Sekr. bzw. Botschaftsrat i. Algerien. Sept. 1975-Sept. 1977 Botschafter i. Mali, Dez. 1975-Dez. 1977 Botschafter i. Niger. Mai 1978-März 79 Botschafter i. Tunesien. Nachf. v. Erich Meske.

Pfab, Gerhard
Berlin
Geb. 9. 6. 1927 i. Plaue/Thür.
Erl. B.: Kaufmann, Journalist
Ausg. B.: Chefredakteur
Partei: SED
L.: Kaufmann. 1944 NSDAP. Nach 1945 Journalist. Zeitw. Red. d. „Volksstimme" i. Magdeburg, MA d. BL Magdeburg d. SED, stellv. Chefred. d. Ztschr. „Junge Generation" u. MA d. Arbeitsgruppe Jugendfragen b. ZK d. SED. 1962-69 stellv. Chefred. d. Wochenztg. „Für Dich". Seit Sept. 1969 Chefred. d. Programmillustrierten „FF Dabei".
Ausz.: VVO i. Silber (1974) u. a.

Pfaffenbach, Friedrich
Berlin
Geb. 31. 7. 1921 in Hofgeismar als Sohn eines Beamten
Erl. B.: Diplom-Staatswissenschaftler
Ausg. B.: Vorsitzender d. Bezirksverbandes Berlin d. NDP
Partei: NDP
L.: Besuch d. Volks- u. Oberrealschule. Abitur. 1939 NSDAP. Teiln. a. 2. Weltkrieg. Geriet 1944 als Hauptmann d. dtsch. Wehrmacht i. sowj. Kriegsgefangenschaft. MA d. NKFD. 1949 Mitgl. d. NDP.-Red. 1950-1951 Hauptabtltr. i. Parteivorstand d. NDP. 1950-67 u. seit 1971 Bln. Vertr. bzw. Abg. i. d. VK. Seit 1973 Vors. d. Mandatsprüfungsausschusses d. VK. 1951-1952 Polit. Geschäftsführer d. NDP i. Ostberlin. 1952-1953 Vors. d. Bezirksverbandes Halle d. NDP u. Abg. d. Bezirkstages Halle. Seit 1950 Mitgl. d. Parteivorstandes (Präsidiums) d. NDP. Seit 1953 Vors. d. Bezirksverbandes Berlin (Ost) d. NDP. 1954 jur. Staatsexamen a. d. Akad. f. Staats- u. Rechtswiss. i. Potsdam-Babelsberg. Seit 1958 Mitgl. d. StVV Ostberlin. Seit Sept. 1966 Vize-

präs. d. „Freundschaftskomitees DDR-Japan".
Ausz.: VVO i. Silber (1964) u. a.

Pfannschmidt, Werner
Suhl
Geb. 1937
Erl. B.: Diplom-Jurist
Ausg. B.: Stellv. Vorsitzender d. RdB Suhl
Partei: SED
L.: Diplom-Jurist. Zeitweise Justitiar bzw. AL u. 1. Stellv. Vors. d. BWR Suhl. Seit 1. 1. 1980 stellv. Vors. d. RdB Suhl f. bezirksgel. Ind., Lebensmittelind. u. ÖVW sowie Vors. d. BWR. Nachf. v. Paul Leipold. Abg. d. BT Suhl.
Ausz.: Verdienter Aktivist (1977).

Pfeffer, Christfried
Karow
Geb. 1928 als Sohn eines Landwirts i. d. Magdeburger Börde
Erl. B.: Agrarwissenschaftler, Dr. sc. agr.
Ausg. B.: Leiter einer Versuchsstation
Partei: SED
L.: 1947 Abitur. 1951 SED. Bis 1951 Studium d. Landw. a. d. Uni. Rostock. 1954 Dr. agr. 1968 Habil. Lehrauftrag a. d. MLU Halle-Wittenberg. Seit 1955 Ltr. d. Versuchsstation Karow d. Inst. f. Kartoffelforschung Groß Lüsewitz d. AdL. Seit 1976 Vors. d. URANIA i. Bez. Schwerin.

Pfeffer, Kurt
Cottbus
Geb. 1930
Erl. B.: Müller, Feldbaumeister, Diplom-Agrarökonom
Ausg. B.: Sekretär d. SED-BL Cottbus
Partei: SED
L.: Müller, Dipl.-Agrarök. FDJ-Funktionär. 1955-59 1. Sekr. d. FDJ-KL Jena-Land, 1959-61 Greiz. Danach Sektorenltr. bzw. Al Landw. SED-BL Cottbus. Seit 27. 3. 1976 Sekr. f. Landw. d. SED-BL Cottbus. Nachf. v. Heinrich Schwarzbach. Seit Okt. 1976 Abg. d. BT.
Ausz.: VVO i. Bronze (1972) u. a.

Pfeiffer, Ludwig
Freiberg/Sa.
Geb. 10. 2. 1928 i. Halle/S. als Sohn eines Arztes
Erl. B.: Bergmann, Diplom-Mineraloge, Dr. rer. nat.
Ausg. B.: Hochschullehrer
Partei: NDP
L.: Oberschule. 1947 Abitur. 1949 NDP. 1949-54 Studium a. d. Bergakad. Freiberg. Dipl.-Mineraloge. 1954-63 Ass. u. Lehrbeauftragter Bergakad. Freiberg. 1963-65 Objektbearb. u. Fachgebietsltr. VEB Geol. Erkundung Süd. 1965-77 wiss. Oberass. u. Lehrbeauftragter a. d. Bergakad. Freiberg. 1963 Promotion zum Dr. rer. nat. Seit 1977 ao. Prof. a. d. Bergakademie. Seit 1963 Abg. d. VK. Mitgl. d. Verfassungs- u. Rechtsausschusses. Seit 1969 Vors. d. Parl. Freundschaftsgruppe DDR-

Dänemark. Seit 1976 Mitgl. d. Präs. d. Freundschaftsges. DDR-Nordeuropa.
Ausz.: VVO i. Bronze (1974) u. a.

Pfeiffer, Otto

Berlin
Geb. 2. 5. 1937
Erl. B.: Diplom-Staatswissenschaftler
Ausg. B.: Botschafter
Partei: SED
L.: Oberschule. Studium a. Inst. f. Internat. Bez. DASR. 1959 Dipl.-Staatswiss. Seit 1959 Angeh. d. ausw. Dienstes d. DDR. 1961-62 Attaché i. Prag. 1963-67 Pressereferent i. MfAA. 1967-71 Presseattaché bzw. 2. Sekr. 1. Kuba. 1971-73 Dir. i. d. Presseabt. MfAA. 1973-75 1. Sekr. bzw. Geschäftsträger d. DDR-Botschaft i. Spanien. 1975-77 Ltr. d. Presseabt. b. Ministerpräs. d. DDR. Dez. 1977-Nov. 81 Botschafter d. DDR. i. Venezuela. Febr. 80-Okt. 81 Botschafter i. Guyana.

Pflüger, Hans

Halle/Saale
Geb. 23. 5. 1921 in Halle/Saale als Sohn eines Arbeiters
Erl. B.: Schlosser, Diplom-Staatswissenschaftler
Ausg. B.: Oberbürgermeister der Stadt Halle/Saale
Partei: SED
L.: Nach Schulbesuch als Bote tätig. Danach Schlosserlehrling bzw. Schlosser i. heutigen VEB Pumpenwerk i. Halle. Teiln. a. 2. Weltkrieg (Marine). Nach 1945 Motorenschlosser, später Werkltr. i. d. Karosseriewerke Halle/Saale. 1950-54 Ltr. d. VEB Melsa i. Wittenberg. 1954-1957 Sekr. f. Wirtschaft d. SED-Stadtltg. Halle/Saale. Seit 5. 7. 1957 OB u. Vors. d. Rates d. Stadt Halle/Saale. Mitgl. d. Präs. d. Städte- u. Gemeindetages. Mitgl. des Präs. u. Sekr. d. Bezirksgruppe Halle/Saale d. Deutsch-Arabischen Ges. d. DDR. Abg. d. BT Halle.
Ausz.: VVO i. Bronze, Orden „Banner d. Arbeit" Stufe I (1981) u. a.

Pfütze, Gerhard

Berlin
Ausg. B.: Stellv. Leiter d. Amtes f. Preise
Partei: SED
L.: Nach 1945 versch. Staats- u. Parteifunktionen. Hauptref. i. MdF u. MA d. ZK d. SED. Seit 1967 stellv. Ltr. bzw. 1. stellv. Ltr. d. Amtes f. Preise b. MR.
Ausz.: VVO i. Silber (1979) u. a.

Pfützner, Klaus

Berlin
Erl. B.: Theaterwissenschaftler, Dr. phil.
Ausg. B.: 1. Sekretär
Partei: SED
L.: 6 Jahre i. einem Leipziger Betrieb als Chemiearbeiter tätig. Ltr. einer Theatergruppe. ABF. Studium d. Theaterwiss. 5 Jahre Dramaturg a. Dtsch. Theater i. Ostberlin. Seit 1971 Sekr., seit 5. 11. 1973 1. Sekr. d. Verbandes d. Theaterschaffenden d. DDR. Nachf. v. Walter Vogt.
Ausz.: VVO i. Bronze (1974).

Philipp, Burkart

Teltow-Seehof
Geb. 8. 2. 1925 i. Pirna/Sa.
Erl. B.: Diplom-Chemiker, Dr. rer. nat. habil.
Ausg. B.: Wiss. Mitarbeiter
L.: Studium d. Chemie a. d. TH Dresden. 1950 Diplom-Chemiker. 1952 Promotion. Seit 1953 MA d. Inst. f. Faserstoff-Forschung Teltow d. DAW. 1956 Habil. Nba. Prof. TH Magdeburg. 1969-81 Dir. d. Inst. f. Faserstoff-Forschung (jetzt Polymerenchemie). Nachf. v. Prof. E. Correns. Seit 1971 o. Mitgl. d. AdW. Mitgl. d. Präs. d. KdT. Seit Okt. 1972 Mitgl. d. Präsidialrates, seit Sept. 1977 Mitgl. d. Präs., seit Juni 82 Vizepräs. d. KB. Seit Febr. 1981 Vors. d. Chemischen Ges. d. DDR.
Ausz.: Nat. Pr. III. Kl. (1973) u. a.

Philipp, Dieter

Berlin
Geb. 22. 1. 1938 i. Ligau-Augustusbad
Erl. B.: Diplom-Staatswissenschaftler
Ausg. B.: Botschafter
L.: Studium d. Außenpolitik. Diplom-Staatswiss. Seit 1964 Angehöriger d. diplom. Dienstes d. DDR. Diplomat i. Jugoslawien, Burma, Indien u. Bangladesh. 1975-78 Sektorltr. i. MfAA. Danach Botschaftsrat i. Libyen. Seit 21. 9. 1981 Botschafter i. Sri Lanka. Nachf. v. Bruno Mey. Seit 7. 1. 1982 zusätzlich Botschafter auf d. Malediven.

Pietsch, Horst

Schwerin
Geb. 7. 6. 1934
Erl. B.: Diplom-Wirtschaftler
Ausg. B.: l. Sekretär d. SED-KL Schwerin-Stadt
Partei: SED
L.: Seit 1951 Partei- u. Staatsfunktionär. 1953 Mitgl. d. SED. 1960-68 Abtltr. Finanzen, Vors. d. Kreisplankommission u. stellv. Vors. d. RdK Gadebusch. 1968-71 MA d. RdB Schwerin. Absolvent d. Finanzschule Königs Wusterhausen, d. Bezirksparteischule Güstrow u. d. Uni. Rostock. April 1971-77 OB i. Schwerin. Nachf. v. Franz Schönbeck. Seit 15. 4. 1977 1. Sekr. d. SED-KL Schwerin-Stadt. Nachf. v. Horst Weigt. Mitgl. d. Sekr. d. SED-BL.
Ausz.: VVO i. Bronze (1974) u. a.

Pietsch, Johannes

Berlin
Geb. 3. 12. 1911
Ausg. B.: Mitarbeiter d. ZRK d. SED
Partei: SED
L.: Kriegsdienst. Sowjetische Kriegsgefangen-

schaft. Lehrer an einer Antifa-Schule. 1949 Rückkehr nach Deutschland. In den 50er Jahren Abtltr. i. Min. f. Maschinenbau bzw. f. Schwermaschinenbau. 1963 Ltr. d. Abt. Finanzökonomie u. Preise i. VWR. 1967 Abtltr. i. MdF. 1963-67 Kand., seit 1967 Mitgl. d. ZRK d. SED. Seit 1967 hauptamtlicher MA d. ZRK d. SED.
Ausz.: VVO i. Gold (1976) u. a.

Pietschmann, Albert
Berlin
Ausg. B.: Leiter einer Sonderschule d. ZK d. SED, Dr. phil. Prof.
Partei: SED
L.: 1954-73 Sektorenltr. i. d. Abt. Propaganda d. ZK d. SED. Seit Febr. 1973 Ltr. d. Sonderschule „Karl Liebknecht" d. ZK d. SED i. Kleinmachnow.
Ausz.: VVO i. Silber (1975) u. a.

Pilz, Waldemar
Berlin
Geb. 15. 2. 1922 i. Alt-Tschau
Erl. B.: Kaufm. Angestellter, Diplom-Staatswissenschaftler
Ausg. B.: Abteilungsleiter i. ZK d. SED
Partei: SED
L.: Volksschule. Kfm. Lehre. Kfm. Angestellter. Kriegsdienst. Gefr. in einem Inf. Rgt. Sowj. Kriegsgef. Ltr. eines Antifa-Lagerkomitees. 1948 SED. 1948-50 politischer Betreuer i. Durchgangslager Heiligenstadt. 1949-50 Sekr. d. Ortsltg. Heiligenstadt d. SED. 1951-52 Referatsltr. i. MdI d. Landes Thüringen. Seit 1952 pol. MA, Sektorenltr., AG-Ltr. i. ZK d. SED (Abt. Staatl. Verwaltung bzw. Staats- u. Rechtsfragen). Seit 1970 Ltr. d. Abt. Befreundete Parteien i. ZK d. SED. 1956-60 Fernstudium a. d. DASR. Diplom-Staatswiss. Seit Juni 1981 Abg. d. VK u. Mitgl. d. Verfassungs- u. Rechtsausschusses.
Ausz.: VVO i. Gold (1982) u. a.

Pinnow, Waltraud
Berlin
Geb. 1930
Erl. B.: Industriekaufmann, Mechaniker, Diplom-Wirtschaftler
Ausg. B.: Vorsitzende d. DFD i. Berlin
Partei: SED
L.: Industriekaufmann, Mechaniker u. Diplom-Wirtschaftler. Zeitw. kommunalpolitisch tätig als Vors. d. Kreisplankommission Berlin-Treptow. Seit 1979 Vors. d. DFD i. Berlin. Nachf. v. Annelies Glaner. Seit Febr. 1979 Kand. d. SED-BL Berlin. Seit Juni 1981 Mitgl. d. StVV. Seit März 1982 Mitgl. d. Präs. u. d. Sekr. d. BV d. DFD.
Ausz.: VVO i. Bronze (1979).

Pischner, Hans
Berlin
Geb. 20. 2. 1914 i. Breslau als Sohn eines Instrumentenbauers
Erl. B.: Musiker (Cembalist)
Ausg. B.: Intendant d. Deutschen Staatsoper i. Ostberlin. Präsident d. KB
Partei: SED
L.: Klavierunterricht b. d. Pianistin Bronislawa Pozniak. Musikwiss. Studien a. d. Uni. Breslau. Mit 19 Jahren erstes öffentl. Auftreten als Cembalist. Später Cembalist i. „Berliner Kammertrio". Teiln. a. 2. Weltkrieg. 1943 Ltn. i. Feldersatzbt. 3/35. 1946 Rückkehr a. d. Kriegsgefangenschaft. Anschl. Lehrer f. Klavier u. Theorie a. d. Musikhochschule i. Weimar. 1947 stellv. Dir. d. Musikhochschule Weimar. 1949 zum Prof. ernannt. 1950 Ltr. d. Hauptabt. Musik b. Berliner Rundfunk. 1954 Ltr. der Hauptabt. Musik i. Min. f. Kultur. 1956-62 stellv. Min. f. Kultur. Seit Jan. 1963 Intendant d. Staatsoper i. Ostberlin. 1963-77 Vors. d. Kulturbundes i. Ostberlin. Mitgl. d. Präsidialrates d. Kulturbundes. 1972-78 Vizepräs. d. DAK. Seit 24. 9. 77 Präs. d. Kulturbundes d. DDR. Nachf. v. Max Burghardt. Seit 16. 4. 1981 Mitgl. d. ZK d. SED.
Ausz.: Nat.-Preis III. Kl. (1961). VVO i. Gold (1973) u. a.

Pisko, Hans
Karl-Marx-Stadt
Geb. 2. 2. 1938
Erl. B.: Former, Meister
Ausg. B.: Brigadeleiter
Partei: SED
L.: Former, Meister d. volkseigenen Industrie. 1954 SED. Gegenwärtig Brigadeltr. i. VEB Gießerei „Rudolf Harlaß" i. Karl-Marx-Stadt. Seit 16. 4. 1981 erstmalig Kandidat, seit 24. 6. 1982 Vollmitgl. d. ZK d. SED.

Pisnik, Alois
Magdeburg
Geb. 8. 9. 1911 i. Leoben/Steiermark
Erl. B.: Maschinen- u. Elektroschlosser, Ingenieur
Ausg. B.: Mitglied d. Staatsrates
Partei: SED
L.: Besuch d. Volks- u. Mittelschule. 1926-1929 Maschinen- u. Elektroschlosserlehre i. Knittelfeld (Steiermark). Mitgl. d. sozialistischen Kinder- u. Jugendorg. Österreichs. 1926 Mitgl. d. sozialistischen Sportbewegung u. d. Freien gewerkschaftl. Metallarbeiterorg. Österreichs. 1928 Mitgl. d. SPÖ. 1930 bis 1933 Fernstudium a. Rustinschen Lehrinst. i. Potsdam. 1933 Mitgl. d. KPÖ. Pol.-Ltr. i. Bez. Obersteiermark. 1934 Ltr. d. Abt. Politik d. obersteirischen Landesltg. d. KPÖ. 1935 wegen Hochverrats zu 7 Jahren schweren Kerkers verurteilt. 1936 amnestiert. 1936-1937 i. U-Haft. 1937-1940 illegale kommun. Betätigung i. d. Obersteiermark. 1940 zu 10 Jahren Zuchthaus verurteilt. Häftling i. Zuchthaus Halle/Saale. 1945 Mitgl. d. KPD. 1945-1946 Org.-Sekr. d. BL Halle-Merseburg d. KPD. 1946-1949 Org.-Sekr. d. SED-Landesltg. Sachsen-Anhalt. 1949-1952 2. Sekr. d. SED-Landesltg. Sachsen-Anhalt. Seit 1950 Mitgl. d. ZK d. SED.

1952-Febr. 79 1. Sekr. d. SED-BL Magdeburg. Seit 1952 Abg. d. Bezirkstages Magdeburg. 1958 bis 1963 Kand. d. Politbüros d. ZK d .SED. Seit 16. 11. 1958 Abg. d. VK. Seit Juli 1980 Mitgl. d. Staatsrates d. DDR.
Ausz.: VVO i. Gold (1969). Ehrenspange zum VVO i. Gold (1971). Ehrenbürger v. Magdeburg (1971). Karl-Marx-Orden (1974) u. a.

Pitschel, Rolf

Berlin
Geb. 1932
Erl. B.: Verkäufer, Diplom-Historiker
Ausg. B.: Stellv. Vorsitzender d. GST, Oberst d. NVA
Partei: SED
L.: Verkäufer. 1949 FDJ. 1952 SED. Offizier d. NVA. Zeitw. Mitgl. d. Redaktionskollegiums d. Ztschr. „Junge Generation". MA d. Zentralrats d. FDJ. 1964-71 Ltr. d. Abt. „Bewaffnete Kräfte" i. Zentralrat d. FDJ. Seit Okt. 1971 stellv. Vors. d. GST f. Wehrsport und Spezialaufbahnausbildung bzw. Agitation u. Propaganda. Oberst d. NVA. seit 1972 Mitgl. d. Nationalrates d. NF. Seit Juni 1981 Mitgl. d. ZR d. FDJ. Präs. d. Freundschaftskomitees DDR-Guinea-Bissau.
Ausz.: VVO i. Bronze (1977), Kampforden f. Verdienste um Volk u. Vaterland i. Gold (1981) u. a.

Plaschke, Herbert

Berlin
Geb. 5. 10. 1929 i. Riegersdorf/CSR
Ausg. B.: Botschafter, Dr.
Partei: SED
L.: Studium d. Wirtschaftswiss. i. Jena. Anfang d. 50er Jahre Lektor d. Parteikabinetts d. SED-BL Berlin (Ost). Seit 1955 Angehöriger d. dipl. Dienstes d. DDR. 1957-62 3. Sekr. a. d. DDR-Botschaft i. Rumänien. Anschl. Hauptreferent u. 1962-1967 Ltr. d. Westeuropa-Abt. (5. Europ. Abt.) i. MfAA. Febr. 1967-Febr. 1973 Botschafter d. DDR i. d. Volksrepublik Ungarn. Nachf. v. Wilhelm Meißner. 1973-75 AL Parlam. u. kommunale Auslandbeziehungen u. seit 1975 AL Westeuropa i. MfAA. Mitgl. d. Kollegiums d. MfAA.
Ausz.: VVO i. Silber (1979) u. a.

Plenzdorf, Ulrich

Berlin
Geb. 6. 10. 1934 i. Berlin-Kreuzberg
Ausg. B.: Schriftsteller
L.: 1954 Abitur. Danach Studium d. Marxismus-Leninismus a. Franz-Mehring-Inst. Leipzig. 1955-58 Bühnenarbeiter, 1958-59 Militärdienst. 1958-63 Studium a. d. HS. f. Film- u. Fernsehen i. Potsdam-Babelsberg. 1964 Diplom. Schriftsteller u. Dramaturg.
Ausz.: Heinrich-Mann-Preis (1973).
Veröff.: „Kennen Sie Urban?", Szenarium. „Die Leiden des jungen W.", Theaterstück, Hinstoff-Verlag, 1973. „Die Legende von Paul und Paula", Film, Uraufführung, 1973, „Legende vom Glück ohne Ende", Suhrkamp-Vlg., Frankfurt/Main, 1979 u. VEB Hinstorff-Vlg., Rostock, 1980 u. a.

Plettner, Helmut

Berlin
Geb. 15. 11. 1929
Erl. B.: Diplom-Staatswissenschaftler
Ausg. B.: Botschafter
Partei: SED
L.: Bis 1960 i. Staatsapparat tätig. Studium a. d. DASR. Dipl.-Staatswiss. Seit 1964 Angeh. d. diplom. Dienstes. 1966-69 3. Sekr. i. Mali. Zusatzstudium d. Ökonomie a. d. Humboldt-Uni. Ostberlin. 1971-73 Sektorenltr. i. MfAA. 1973-75 Botschaftsrat u. Geschäftsträger i. Zaire. Feb. 1976-Okt. 79 Botschafter i. d. Republik Tschad. Nachf. v. Gerhard Krauße. Seit April 1982 Botschafter i. Guinea. Nachf. v. Manfred Thiede.
Ausz.: VVO i. Bronze (1978) u. a.

Plöger, Heinz

Frankfurt/Oder
Geb. 17. 9. 1929 als Sohn eines Landarbeiters
Erl. B.: Diplom-Gesellschaftswissenschaftler
Ausg. B.: Sekretär d. SED-BL Frankfurt/Oder
Partei: SED
L.: 1945 Mitgl. d. Antifa-Jugend i. Krs. Pasewalk. 1946/47 Kindergruppenltr. i. Züsedom. 1948 SED. 1949 Kreisvors. d. FDJ i. Prenzlau. Anfang d. 50er Jahre Ltr. d. Abt. Kultur i. d. SED-BL Frankfurt/Oder. 1955-59 Mitgl. d. Zentralrats d. FDJ. 1955-57 Sekr. d. Zentralrats d. FDJ. 1957-63 Sekr. d. Zentralltg. d. Pionierorg. „Ernst Thälmann". 1965 1. Bezirkssekr. d. DKB i. Bez. Frankfurt/Oder. 1967-68 Sekr. f. Agitprop. SED-KL Frankfurt/Oder. 1968 bis 1969 Ltr. d. Abt. Agitprop. SED-BL Frankfurt/Oder. Seit Febr. 1969 Sekr. f. Wissenschaft, Kultur u. Volksbildung d. SED-BL Frankfurt/Oder. Nachf. v. J. Hertwig.
Ausz.: VVO i. Silber (1979) u. a.

Pöhner, Theo

Halle/Saale
Geb. 1. 4. 1929
Erl. B.: Drogist, Kaufmann, Diplom-Staatswissenschaftler
Ausg. B.: Stellvertretender Vorsitzender d. RdB Halle
Partei: SED
L.: Drogist, Kaufmann, Diplom-Staatswiss. Seit Sept. 1976 stellv. Vors. d. RdB Halle f. Inneres. Nachf. v. Kurt Wolf. Seit Juni 1981 Abg. d. BT.
Ausz.: Orden „Banner d. Arbeit" Stufe II (1979).

Pöschel, Hermann

Berlin
Geb. 29. 9. 1919
Erl. B.: Schlosser, Ingenieur
Ausg. B.: Abtltr. i. ZK d. SED
Partei: SED

L.: Schlosser. 1945 Mitgl. d. KPD. Versch. Funktionen. 1957 stellv. Ltr. d. Abt. Maschinenbau b. ZK d. SED. Seit 1961 Ltr. d. Arbeitsgr. Forschung, techn. Entw. u. Investitionspolitik bzw. d. Abt. Forschung u. techn. Entw. b. ZK d. SED. 1963-67 Kand., seit April 1967 (VII. Parteitag) Vollmitgl. d. ZK d. SED.
Ausz.: VVO i. Gold (1975) u. a.

Pötschke, Günther
Berlin
Geb. 28. 7. 1929 in Halle/Saale
Erl. B.: Journalist, Diplom-Gesellschaftswissenschaftler
Ausg. B.: Generaldirektor d. ADN
Partei: SED
L.: Nach 1945 Ltr. d. Zweigst. Halle/Saale d. ADN. Später stellv. Abtltr., Abtltr. u. Chefred. i. d. ADN-Zentrale i. Ostberlin. 1954 Mitgl. d. SED. Auslandskorrespondent. 1965-68 stellv. Generaldir. d. ADN. 1968-77 stellv. Ltr. d. Abt. Agitation i. ZK d. SED. Seit 8. 9. 77 Generaldir. d. ADN. Nachf. v. Deba Wieland. Seit 16. 4. 1981 Kandidat d. ZK d. SED.
Ausz.: VVO i. Gold (1979) u. a.

Pohl, Herbert
Berlin
Geb. 1933
Erl. B.: Gärtner, Diplom-Staatswissenschaftler
Ausg. B.: Generalmajor d. VP
Partei: SED
L.: Gärtnerlehre i. Kreis Langensalza. Seit 1951 Angehöriger d. bewaffneten Organe. 1953 SED. 1966-70 Hochschulstudium. Diplom-Staatswiss. Seit 1977 Ltr. d. HA Feuerwehr i. MdI. Seit 1. 7. 1981 Generalmajor d. VP.

Pohl, Horst
Gera
Geb. 1923
Erl. B.: Industriekaufmann, Diplom-Gesellschaftswissenschaftler
Ausg. B.: Oberbürgermeister v. Gera
Partei: SED
L.: Industriekaufmann. 1949 Ziegeleiangestellter i. Eisenberg. 1949 SED. Ltr. einer Ziegelei. Abg. u. Stadtverordnetenvorsteher. 1953 Bürgermeister v. Eisenberg. 1955-59 Vors. d. Rates d. Krs. Rudolstadt. 1959-1962 Besuch d. Parteihochschule d. SED. Seit Nov. 1962 OB von Gera. Mitgl. d. Präs. d. Hauptausschusses d. Städte- u. Gemeindetages d. DDR sowie d. Sekretariats u. d. Präs. d. Dtsch.-Französ. Ges. d. DDR.
Ausz.: VVO i. Bronze (1972) u. a.

Polze, Werner
Berlin
Geb. 26. 3. 1931 i. Altenburg
Ausg. B.: Präsident d. Deutschen Außenhandelsbank
Partei: SED

L.: Bis 1978 Dir. bzw. Vizepräs., seit 1978 Präs. d. Dtsch. Außenhandelsbank (AG).
Ausz.: VVO i. Bronze (1973 u. 1981).

Pommerenke, Arthur
Rostock
Geb. 29. 10. 1925 in Köslin (Pommern)
Erl. B.: Lehrer, Diplom-Staatswissenschaftler, Dr.
Ausg. B.: Vors. d. Bezirksverbandes Rostock d. NDP
Partei: NDP
L.: 1943-45 Kriegsdienst. SS-Oberscharführer i. SS-Panzer-Gren.-Rgt. 35 u. i. d. 16. SS-Division „Reichsführer SS". Nach d. Zusammenbruch Küchengehilfe i. einem Hamburger Restaurant. Übersiedlung i. d. SBZ. Lehrer, dann NDP-Funktionär. 1951 u. 1952 Abtltr. i. Landesvorstand Meckl. d. NDP (Polit. Studium u. Kultur- sowie Personalpolitik). Anschl. Polit. Geschäftsführer d. Bezirksverbandes Rostock d. NDP. Seit 1953 Vors. d. Bezirksverbandes Rostock d. NDP. Abg. d. Bezirkstages Rostock. Seit 1955 Mitgl. d. Hauptausschusses d. NDP. 1963-72 Mitgl. d. Parteivorstandes d. NDP.
Ausz.: VVO i. Silber (1974) u. a.

Pommert, Joachim
Leipzig
Geb. 26. 1. 1929 in Klostermansfeld, Kreis Eisleben
Erl. B.: Dreher, Journalist, Diplom-Gesellschaftswissenschaftler
Ausg. B.: Sekretär d. SED-BL Leipzig
Partei: SED
L.: Dreher. Seit 1949 als Journalist tätig. Zuerst Betriebszeitungsred., dann MA (Chefred.) d. „Notizbuches d. Agitators" b. ZK d. SED. 1957-1963 Chefred. d. „Märkischen Volksstimme" i. Potsdam. 1961 bis 1972 Mitgl. d. Präs. d. Zentralvorstandes d. VDJ. 1963-69 Chefred. d. „Leipziger Volkszeitung". Seit 8. 6. 1969 Sekr. f. Agitation u. Prop. d. SED-BL Leipzig. Nachf. v. Hans-J. Hoffmann. Seit Nov. 1971 Abg. BT Leipzig.
Ausz.: VVO i. Silber (1974) u. a.

Poppe, Eberhard
Leipzig
Geb. 12. 9. 1931 i. Wiesenburg, Krs. Zwickau/Sa. als Sohn eines Angestellten
Erl. B.: Diplom-Jurist, Dr. sc. jur.
Ausg. B.: Hochschullehrer
Partei: SED
L.: Besuch d. Volks- u. Wirtschaftsschule sowie Fachschule f. Wirtschaft u. Verwaltung. Abitur. 1950 FDJ. 1950-54 Studium d. Rechtswiss. a. d. Uni. Leipzig. Diplom-Jurist. 1952 SED. 1956 bis 1959 Assistent/Oberassistent a. d. KMU Leipzig bzw. MLU Halle-Wittenberg. 1959 Dozent, 1965 Prof., 1965-70 Prorektor d. MLU Halle-Wittenberg. 1958 Promotion zum Dr. jur. („Volkssouveränität u. Abgeordneten-Stellung"). 1963 Ha-

bil. 1967-68 Mitgl. d. Kommission zur Ausarbeitung d. Verfassung d. DDR. 1971 Dr. sc. jur. 1971-77 Rektor d. MLU Halle-Wittenberg. O. Prof. f. Verfassungstheorie u. Strafrecht a. d. MLU. Seit Nov. 1971 Abg. d. VK. Seit 1971 Mitgl. d. Verfassungs- u. Rechtsausschusses d. VK. Seit 1976 stellv. Vors. d. IPG. Seit 1975 o. Mitgl. AdW.
Ausz.: VVO i. Silber (1974) u. a.

Poppe, Lothar

Leipzig
Geb. 1924
Erl. B.: Former, Gießerei-Ingenieur, Diplom-Gesellschaftswissenschaftler
Ausg. B.: Stellv. Vorsitzender d. RdB Leipzig
Partei: SED
L.: Former, Gießerei-Ing., Diplom-Gesellschaftswiss. Verschiedene staatl. Funktionen, u. a. 1962 Sektorenltr. i. d. Abt. Gießereien d. VWR. u. danach Dir. f. Produktion u. Kooperation VVB Gießereien. 1969-79 Dir. VEB GISAG Leipzig. Seit März 1979 stellv. Vors. d. RdB u. Vors. d. BPK Leipzig. Verh. v. Roland Wötzel. Mitgl. d. Sekr. d. SED-BL u. Abg. d. BT.
Ausz.: VVO i. Bronze (1977) u. a.

Poppe, Siegfried

Rostock
Geb. 1930 i. Dresden als Sohn eines Autoschlossers
Erl. B.: Agrarwissenschaftler, Dr. sc. agr.
Ausg. B.: Hochschullehrer
Partei: SED
L.: 1945 nach Damerow/Meckl. evakuiert. Traktorist. Landw. Lehrling. 1948 SED. Besuch d. Landw.-Schule Röbel u. d. FS f. Landw. i. Rostock. ABF Rostock. 1949-52 Studium d. Landw. a. d. Uni. Rostock. 1952-55 2. Sekr. d. FDJ-Hochschulgruppe i. Berlin u. Instrukteur f. Landw. d. FDJ-Zentralrates. 1955-58 Aspirant d. Moskauer Timirjasew-Akad. 1958 Promotion. 1959 Kand. d. Landw. d. UdSSR. Rückkehr nach Rostock. 1963 Habil. 1965 Prof. f. Tierernährung. 1969-72 1. Prorektor d. Uni. Rostock. Seit 1972 Dir. d. Sektion Tierproduktion. 1960-81 Mitgl. d. SED-BL Rostock. Seit 1972 o. Mitgl. d. AdL.
Ausz.: Nat. Pr. II. Kl. (1976) u. a.

Poredda, Elma

Potsdam
Geb. 1921
Erl. B.: Verkäuferin, Diplom-Gesellschaftswissenschaftler
Ausg. B.: Vorsitzende d. DFD i. Bez. Potsdam
Partei: SED
L.: Verkäuferin. Hauptamtl. Funktionärin d. DFD. Zeitw. Ltr. d. Bundesschule d. DFD. Danach Sekr. u. seit 6. 4. 1970 Vors. d. DFD i. Bez. Potsdam. Nachf. v. Erika Hauptmann. Seit 1971 Mitgl. d. SED-BL Potsdam u. Abg. d. BT.
Ausz.: VVO i. Bronze (1974) u. a.

Poser, Gerhard

Berlin
Geb. 1929
Erl. B.: Maurer, Diplom-Ingenieur
Ausg. B.: Sekretär d. SED-BL Berlin
Partei: SED
L.: Maurer. Bau-Ing. Dipl.-Ing. Versch. Funktionen i. Bauwesen d. DDR, u. a. stellv. Bezirksbaudir. u. Generaldir. BMK Erfurt. 1964-67 Mitgl. d. SED-BL Erfurt. 1966-76 stellv. Min. f. Bauwesen. 25. 10. 1976 i. d. SED-BL Berlin kooptiert u. z. Sekr. f. Bauwesen u. Invest. gewählt. Seit Okt. 1976 Mitgl. d. StVV Ostberlin.
Ausz.: VVO i. Bronze (1970) u. a.

Poßner, Wilfried

Berlin
Geb. 13. 9. 1949
Erl. B.: Maurer, Diplom-Lehrer
Ausg. B.: Sekretär d. ZR d. FDJ
Partei: SED
L.: Maurer-Lehre. Diplom-Lehrer f. Deutsch-Geschichte. Aspirantur a. d. AfG beim ZK d. KPdSU. Verschiedene Funktionen i. d. FDJ. In den 70er Jahren 1. Sekr. d. Hochschultg. d. FDJ a. d. Päd. HS Potsdam. 1979/80 Ltr. d. Abt. Studenten i. FDJ-Zentralrat. 19. 12. 1980 i. d. ZR d. FDJ kooptiert u. zum Mitgl. d. Büros u. Sekretär d. ZR d. FDJ gewählt.

Postler, Erich

Schwerin
Geb. 25. 11. 1940
Erl. B.: Staatl. gepr. Landwirt, Agrar-Ingenieur
Ausg. B.: 2. Sekretär d. SED-BL Schwerin
Partei: SED
L.: Besuch d. Fachschule f. Landw. i. Stadtroda. 1959 landw. Lehrl. i. d. elterlichen Landwirtschaft i. Rheinsdorf, Bez. Gera. Seit 1959 Mitgl. Zentralrats d. FDJ. 1961 Mitgl. d. SED. 1962 Übersiedlung nach Meckl. Agraring. i. d. LPG „Komsomol" Fürstenwerder, Krs. Prenzlau. Studium i. Moskau. 1963-65 Sekr. f. Landjugend, 1965-69 1. Sekr. d. FDJ-BL Schwerin. 1969-76 Sekr. f. Landjugend, Juni 1976-Dez. 80 2. Sekr. d. Zentralrates d. FDJ. Nachf. v. Wolfgang Herger. Seit 22. 5. 76 Mitgl. d. ZK d. SED. Seit 15. 2. 81 2. Sekr. d. SED-BL Schwerin. Nachf. v. Bruno Lindemann.
Ausz.: Orden „Banner d. Arbeit" Stufe I (1977), VVO i. Gold (1979) u. a.

Potthast, Hannes

Berlin
Ausg. B.: Intendant
Partei: SED
L.: Als Journalist b. einer Dorfzeitung, dann a. Sender Schwerin tätig. 1964 Wirtschaftsred. v. Radio DDR. 1977 Chefred. v. Radio DDR. Seit Sept. 1977 Intendant d. Berliner Rundfunks. Nachf. v. Hans Frenzel. Seit Febr. 1979 Mitgl. d. SED-BL Berlin.
Ausz.: VVO i. Bronze (1974) u. a.

Prässler, Heinz

Cottbus
Geb. 1923
Erl. B.: Maurer, Hochbauingenieur, Dr.-Ing., Prof.
Ausg. B.: Hochschullehrer
Partei: SED
L.: Maurer. Kriegsdienst 1945-50 Baultr. u. Architekt. Ab 1950 MA d. DBA. Pers. Ref. d. Präsidenten u. 1. Sekr. d. BPO d. SED DBA. Zeitw. Dir. d. Inst. f. Hochbau DBA. 1962-63 Bezirksbaudir. i. Cottbus. Nov. 1963 bis Febr. 1966 stellv. OB u. Stadtrat f. Bauwesen i. Ostberlin. 1966 bis 1969 Dir. d. Wiss.-techn. Zentrums b. Min. f. Bauwesen. Seit 1969 Rektor d. HS f. Bauwesen i. Cottbus. Seit 1971 Mitgl. d. SED-BL Cottbus. Seit Mai 1972 Vors. d. DSF i. Bez. Cottbus.
Ausz.: Orden „Banner d. Arbeit" Stufe I (1974) u. a.

Prasse, Joachim

Halle/Saale
Geb. Okt. 1927
Erl. B.: Bodenzoologe, Agrarökologe, Dr. agr. et rer. nat.
Ausg. B.: Hochschullehrer
Partei: CDU
L.: Studium d. Landwirtschaftswiss. MLU Halle-Wittenberg. Danach Ass. a. Inst. f. landw. Zoologie u. Haustierkunde. 1960-61 Zusatzstudium a. d. Moskauer Uni. 1949 CDU. 1963 Lehrtätigkeit a. d. MLU Halle-W., jetzt o. Prof. d. Sektion Pflanzenproduktion. Seit 4. 4. 1978 Vors. d. BA Halle d. Nat. Front. Nachf. v. Harald-Dietrich Kühne. Seit Juni 1981 Abg. d. BT Halle.
Ausz.: VVO i. Bronze (1979).

Preißler, Helmut

Bad Saarow, Krs. Fürstenwalde
Geb. 16. 12. 1925 in Cottbus als Sohn eines Spinnmeisters
Erl. B.: Straßen- u. Tiefbauer
Ausg. B.: Schriftsteller (Lyriker)
Partei: SED
L.: Nach d. Schulzeit Straßen- u. Tiefbaulehre. Studium d. Wasserwirtschaft. Kriegsdienst. 1945-47 belg. Kriegsgefangenschaft. 1948 Rückkehr nach Dtschl. 1948-55 Lehrer i. Cottbus. 1955-57 Studium a. Literaturinst. i. Leipzig. Seit 1958 kulturpolit. Tätigkeit i. Eisenhüttenkombinat Ost, Eisenhüttenstadt sowie Kleist-Theater Frankfurt/Oder. Mitgl. d. Vorstandes d. DSV. Zeitw. Abg. d. BT Frankfurt/Oder. 1967-76 Mitgl. d. Red.-Koll. NDL. Seit 1974 Mitgl. d. SED-BL Frankfurt/Oder.
Ausz.: Literatur-Preis d. FDGB (1961) u. a.
Veröff.: „Stimmen der Toten", 1957. „Wege u. Begegnungen", Gedichte, 1967. „Kinder werden Leute", Revue, 1969. „Gedichte 1957-72", Verlag Neues Leben, Ostberlin, 1972, „Erträumte Ufer", Ged., Vlg. Neues Leben, Berlin, 1980 u. a.

Presber, Wolfgang

Berlin
Geb. 16. 10. 1919 i. Berlin-Wilmersdorf
Erl. B.: Arzt, Dr. sc. med.
Ausg. B.: Direktor, Hochschullehrer
L.: Arzt, Dr. med. Kriegsdienst i. einer Sanitätseinheit. Seit mehreren Jahren Chefarzt bzw. Dir. d. Zentrums f. Rehabilitation d. Städt. Klinikums Berlin-Buch. Seit 1972 Honorarprof. d. Akademie f. ärztl. Fortbildung. Seit 1970 Präs. d. Dtsch. Verbandes f. Versehrtensport d. DDR. Mitgl. d. BV d. DTSB. Zeitw. stellv. Vors. bzw. Vors. d. Ges. f. Rehabilitation d. DDR.
Ausz.: Verdienter Arzt d. Volkes (1963)

Preuss, Hans-Joachim

Eisenhüttenstadt
Geb. 10. 3. 1935
Erl. B.: Hochöfner, Walzwerker
Ausg. B.: Walzwerkmeister
Partei: SED
L.: Hochöfner, Walzwerker. 1959 Mitgl. d. SED. Gegenw. Walzwerkmeister i. VEB Bandstahlkombinat Eisenhüttenstadt-Kaltwalzwerk. Seit Juni 1971 Kand. d. ZK d. SED.

Preuss, Heinrich

Wismar
Geb. 1936
Erl. B.: Fernmeldemonteur, Dr. sc. techn.
Ausg. B.: Hochschullehrer
Partei: SED
L.: Fernmeldemonteur. Im Entstördienst beim Fernmeldeamt Leipzig tätig. Abitur a. d. Abend-Oberschule. Studium a. d. TU Dresden. Wiss. MA a. verschiedenen Instituten d. Nachrichtentechnik TU Dresden. 1966 Dr.-Ing. MA am Institut f. Nachrichtentechnik Berlin u. Forschungsdirektor VEB Fernmeldewerk Arnstadt. Seit 1970 Lehrtätigkeit a. d. IHS Wismar. Dozent, seit 1. 9. 74 o. Prof. u. Ltr. d. Sektion Technologie d. Elektrotechnik/Elektronik. Seit Juli 1979 Rektor d. IHS Wismar. Nachf. v. Hans-Ludwig Heuer.

Prey, Günter

Berlin
Geb. 1930
Erl. B.: Chemotechniker, Chemie-Ingenieur, Dipl.-Ing. oec.
Ausg. B.: Stellv. Minister
Partei: SED
L.: Studium d. Chemie u. Ingenieurökonomie. Chemotechn. Dipl.-Ing. oec. 1953 SED. Anf. d. 60er Jahre Dir. d. Chemiefaserkomb. Guben. 1960-62 Kand., 1962-64 Mitgl. SED-BL Cottbus. 1963-64 Kand. 1964-71 Mitgl. d. ZK d. SED. 1966-67 stellv. Min. f. Chemische Industrie. Juli 1967-Febr. 1974 Min. f. Wiss. u. Technik d. DDR. Nachf. v. H. Weiz. Stellv. Vors. d. Forschungsrates d. DDR. Seit Febr. 1974 erneut stellv. Min. f. Chemische Industrie.
Ausz.: VVO i. Bronze (1965) u. i. Silber (1970) u. a.

Primpke, Erwin
Berlin
Ausg. B.: Generalmajor d. VP
Partei: SED
L.: Offizier d. VP. Seit 1969 1. Sekr. d. PO bzw. d. KL d. SED i. Min. d. Innern. Seit 1. 7. 1978 Generalmajor d. VP.
Ausz.: VVO i. Silber (1980) u. a.

Probst, Reinhardt
Magdeburg
Geb. 30. 5. 1934 i. Benndorf
Erl. B.: Diplom-Metallurge, Dr. sc. techn.
Ausg. B.: Hochschullehrer
Partei: SED
L.: Gymnasium. Studium d. Metallkunde a. d. Bergakad. Freiberg. Ingenieur. Diplom-Metallurge. 1954 SED. Seit 1957 Lehrtätigkeit a. d. TH Magdeburg. 1963 Promotion. Zeitw. wiss. Oberass. a. Inst. f. Schweißtechnik. 1963-71 Abg. BT Magdeburg u. Mitgl. RdB. O. Prof. Zeitw. Dir. d. Sektion Technologie d. metallverarbeitenden Industrie. Seit April 1976 Mitgl. d. SED-BL Magdeburg. Seit Aug. 1976 Rektor d. TH Magdeburg. Nachf. v. Hans-Erich Weinschenk. Seit Juli 1979 Mitgl. d. Forschungsrates beim MR. Seit 16. 4. 1981 erstmalig Kandidat d. ZK d. SED.
Ausz.: Verdienter Techniker d. Volkes (1973) u. a.

Prokop, Otto
Berlin
Geb. 29. 9. 1921 i. St. Pölten/Österreich als Sohn eines Zahnarztes
Erl. B.: Mediziner, Dr. sc. med.
Ausg. B.: Hochschullehrer
L.: Ab 1940 Studium d. Medizin i. Wien. Sanitätssoldat. Franz. Kriegsgefangenschaft. Fortsetzung d. Studiums i. Bonn. 1948 Promotion, 1953 Habil. i. Bonn. Seit 1956 o. Prof. f. gerichtl. Medizin a. d. Humboldt-Uni. Ostberlin. Dir. d. gleichnamigen Inst. d. Charité. Seit 1964 o. Mitgl. d. AdW. Mitgl. d. Rates f. mediz. Wiss. beim MfG. Ehrenmitglied 15 ausländischer Ges. f. gerichtl. Medizin.
Ausz.: Nat. Pr. II. Kl. (1961), VVO i. Gold (1975), Nat. Pr. I. Kl. (1981) u. a.

Pruss, Helmut
Berlin
Geb. 16. 5. 1920 i. Neu-Tschoepeln
Ausg. B.: Mitglied d. ZPKK d. SED
Partei: SED
L.: Kriegsdienst. Seit 1945 i. verantw. Funktionen d. FDJ u. d. Parteiapp. d. SED. Vors. d. KPKK d. SED Eisenhüttenstadt. 1960-67 Mitgl. d. SED-BL Frankfurt/Oder u. Mitgl. d. BPKK. Seit April 1967 Mitgl. d. ZPKK d. SED.
Ausz.: VVO i. Gold (1980) u. a.

Przybilski, Peter
Berlin
Geb. 1935 als Sohn eines Autoschlossers
Erl. B.: Jurist, Dr. jur.
Ausg. B.: Abteilungsleiter, Staatsanwalt
Partei: SED
L.: Abitur a. d. Max-Planck-Oberschule i. Riesa. 1 Jahr Schmelzer i. Stahl- u. Walzwerk Gröditz. Anschl. Studium d. Rechtswiss. a. d. KMU Leipzig. Eintritt i. d. Justizdienst. Staatsanwalt i. Zerbst u. dreijährige Tätigkeit bei d. Zeitschrift „Neue Justiz". Seit 1958 Staatsanwalt b. Generalstaatsanwalt d. DDR. Seit 1964 Abtlr. Öffentlichkeitsarbeit. Zeitw. Sekr. d. Arbeitsgruppe zur Ahndung direkter u. indirekter Aggressionsakte gegen die DDR. Seit 1965 Mitgl. d. Kollektivs d. Sendereihe d. DDR-Fernsehens „Der Staatsanwalt hat das Wort".
Ausz.: Orden „Banner der Arbeit" Stufe I (Koll.-Ausz., 1976).

Puls, Gerd
Rostock
Geb. 1927 i. Neukloster/Meckl.
Erl. B.: Dirigent
Ausg. B.: Generalmusikdirektor
L.: 1946-49 Studium a. d. HS f. Musik i. Rostock (Dirigieren u. Klavier). 1 Jahr Chordir. Kapellmstr. a. Stadttheater Rostock. 1952 1. Kapellmstr. i. Gera. 1954 1. Kapellmstr. i. Altenburg. 1956 Ltr. d. Kurorchesters Rostock. Seit 1957 Musikal. Oberltr., seit 1963 Generalmusikdir. d. Volkstheaters Rostock. Jan. 1970-Juli 1972 Generalintendant d. Volkstheaters Rostock. Juli 1972 v. H.-A. Perten abgelöst.
Ausz.: VVO i .Bronze (1970) u. a.

Q

Quaas, Guido
Berlin
Geb. 30. 8. 1927 i. Pirna
Erl. B.: Diplom-Wirtschaftler
Ausg. B.: Staatssekretär
Partei: SED
L.: 1946 MA d. Rates d. Stadt Pirna. 1951 Dir. d. DHZ Steine/Erden i. Zwickau. 1953 kfm. Dir. Kunstseidenwerk Pirna. Seit 1959 i. Guben tätig, Aufbaultr., Produktionsdir. u. 1966-73 Werkdir. VEB Chemiefaserwerk Guben. Seit Juni 1973 stellv. Min., seit 1975 Staatssekr. f. chem. Industrie.
Ausz.: VVO i. Bronze (1977) u. a.

Quandt, Bernhard
Schwerin
Geb. 14. 4. 1903 in Rostock als Sohn eines Arbeiters
Erl. B.: Eisendreher
Ausg. B.: SED-Funktionär
Partei: SED
L.: Besuch d. Volksschule i. Wismar u. Gielow. 1917-1920 Eisendreher-Lehre. Anschl. Eisendreher i. Waren/Müritz u. Hamburg. 1920 Mitgl. d. SAJ u. SPD. 1923 Mitgl. d. KPD. 1927 Mitgl. d. Gemeindeversamml. Gielow u. d. Amtsversamml. Malchin. 1932-33 Abg. d. Landtages Meckl. 1933 zu 3 Jahren Gef. verurteilt. 1937 abermals verhaftet. 1937-39 b. versch. Firmen tätig. Sept. 39-April 45 Häftling i. d. KZ Sachsenhausen u. Dachau. April 1945 v. d. Franzosen befreit (i. Österreich). Danach 1. Kreissekr. d. KPD i. Güstrow. Aug. 1945 Landrat d. Krs. Güstrow. Danach 2.Sekr. d. Landeslitg. Meckl. d. KPD. 1946 bis 1952 Abg. d. Landtages Meckl. Org.-Sekr. d. SED-Landeslitg. Meckl. 1948-1951 Landwirtschaftsmin., 1951 bis 1952 Ministerpräs. d. Landes Meckl. 1952-Febr. 74 1. Sekr. d. SED-BL Schwerin Abg. d. Bezirkstages. Seit d. V. Parteitag d. SED (Juli 1958) Mitgl. d. ZK d. SED. Seit 16. 11. 1958 Abg. d. VK. Seit 3. 10. 73 Mitgl. d. Staatsrates. Seit 1974 Vors. d. Bezirkskomitees Schwerin d. Antifa. Widerstandskämpfer.
Ausz.: VVO i. Gold (1963). Karl-Marx-Orden (1973) u. a.

Queck, Gisela
Neubrandenburg
Geb. 1932 i. Berlin
Erl. B.: Diplom-Wirtschaftler (Binnenhandelsökonom)
Ausg. B.: Mitglied d. RdB Neubrandenburg
Partei: NDP
L.: 1949 Mitgl. d. NDP. 1951 Abitur. Studium d. Wirtschaftswiss. a. d. Humboldt-Uni. i. Ostberlin. Danach als Handelsltr. u. Betriebsass. i. d. Großhandelskontoren Altenburg u. Halle/Saale tätig. 1959 bis 1963 Ass. a. d. Martin-Luther-Uni. Halle-Wittenberg. .Seit 1963 Mitgl. d. Hauptausschusses d. NDP. Seit Okt. 1963 Abg. d. BT Neubrandenburg. 1963-75 stellv. Vors. d. RdB Neubrandenburg f. Handel u. Versorgung. Seit 12. 11. 75 Mitgl. d. RdB Neubrandenburg f. ÖVW, seit Juli 1981 f. Erholungswesen. Seit Juni 1969 stellv. Vors. d. BV d. DFD. Mitgl. d. Sekr. d. IDFF.
Ausz.: VVO i. Bronze (1969) u. a.

Quermann, Heinz
Berlin
Geb. 10. 2. 1921 in Hannover als Sohn eines Bäckers
Erl. B.: Schauspieler
Ausg. B.: Redakteur, Conférencier
Partei: LDP
L.: Schulbesuch bis zur mittl. Reife. 3 Jahre Bäckerlehre. April 1939 bis April 1941 schauspiel. Ausbildung b. H. Teschendorf (Städt. Bühnen Hannover). August 1942 Abschlußprüf. i. Berlin. Danach Schauspieler a. Stadttheater Köthen/Anhalt. Nach 1945 Intendant d. Theaters i. Köthen. 1946 Mitgl. d. LDP. Red. f. Unterhaltung a. Landessender Halle/Saale. Gegenw. Red. u. Conférencier b. Staatl. Komitee f. Fernsehen. Mitgl. d. Präs. d. ZV d. Gewerkschaft Kunst.
Ausz.: VVO i. Bronze (1969), Nat. Pr. II. Kl. (1977), Kunstpreis d. FDGB (1980) u. a.

R

Raab, Karl
Berlin
Geb. 3. 5. 1906
Erl. B.: Bank-Angestellter
Ausg. B.: Abteilungsleiter i. ZK d. SED
Partei: SED
L.: Bank-Angest. 1927 Mitgl. d. KPD. Funktionär d. KPD-Betriebszelle d. Dresdner Bank. Herausgeber d. "Roten Bilanz" (KPD-Betriebszeitung). Instrukteur d. KPD-Unterbezirksltg. Berlin. Zeitw. auch ehrenamtl. Red. d. RGO-Zeitung "Kampfstimme" u. "Angestellten-Kampf". 1932 MA d. "Roten Fahne" u. d. Internat. Arbeiterverlages. Nach 1933 Emigration i. d. Sowjetunion. Dort MA einer deutschsprachigen Redaktion. 1945-50 Chefred. d. "Volkszeitung", d. "Schweriner Volkszeitung" u. d. "Deutschen Finanzwirtschaft". Seit 1950 Ltr. d. Abt. Parteifinanzen b. ZK d. SED.
Ausz.: VVO i. Gold (1966) Ehrenspange zum VVO i. Gold (1971), Stern d. Völkerfreundschaft i. Gold (1981) u. a.

Rabenhorst, Peter-Ernst
Berlin
Geb. 14. 12. 1940 i. Greifenberg
Erl. B.: Diplom-Philosoph
Ausg. B.: Botschafter
Partei: SED
L.: Besuch d. Oberschule, Abitur. Ab 1958 Studium d. Arabistik a. d. MLU Halle-Wittenberg. 1963 Diplom-Philosoph. 1963-69 Hochschullehrer u. MA d. Min. f. Hoch- u. Fachschulwesen. 1970-73 a. d. DDR-Botschaft i. Irak tätig. Danach MA d. Abt. Internat. Verb. i. ZK d. SED. Seit 23. 5. 1978 Botschafter d. DDR i. d. Volksdemokr. Republik Jemen. Nachf. v. Günter Scharfenberg.

Raberger, Werner
Halle/Saale
Geb. 1927
Erl. B.: Eisenbahner, Diplom-Wirtschaftler
Ausg. B.: Vorsitzender d. Bezirkskomitees d. ABI
Partei: SED
L.: Eisenbahner. Nach 1945 versch. Verwaltungsfunktionen. 1958 stellv. Vors. d. RdK u. Vors. d. Kreisplankommission Wittenberg. 1968 1. stellv. Vors. d. Bezirksplankommission Halle. 1971 Ltr. d. Abt. Wohnungspolitik (Hauptplanträger komplexer Wohnungsbau) b. RdB Halle. Seit Mai 1971 Kand. d. SED-BL Halle. Dez. 1971-Juli 80 1. stellv. Vors. d. RdB Halle. Nachf. v. Fred Stempel. Abg. d. BT Halle. Seit Juli 1980 Vors. d. Bezirkskomitees Halle d. ABI. Nachf. von Karl-Heinz Breddemann. Seit Febr. 1981 Mitgl. d. SED-BL Halle.
Ausz.: VVO i. Bronze (1973) u. a.

Rackwitz, Werner
Berlin
Geb. 3. 12. 1929 i. Breslau
Erl. B.: Musikwissenschaftler, Dr. sc. phil.
Ausg. B.: Intendant
Partei: SED
L.: Studium d. Musikwiss. a. d. MLU Halle-Wittenberg. 1957 Ass. bzw. Oberass. MLU. 1963 Promotion zum Dr. phil.über hallische Händelrenaissance. 1978 Promotion B. Zeitw. Oberass. a. Inst. f. Musikerz. d. MLU Halle-Wittenberg. 1963-69 Ltr. d. Abt. Musik i. Min. f. Kultur; 1969-81 stellv. Min. f. Kultur. Mitgl. d. Vorstandes d. Verbandes d. Theaterschaffenden d. DDR u. d. Exekutive d. Internat. Musikrates. Seit Jan. 1981 Intendant d. Komischen Oper i. Ostberlin. Nachf. v. Joachim Herz. Seit Juni 1981 Mitgl. StVV Ostberlin. Mitgl. d. Präs. d. Verb. d. Komponisten v. Musikwiss. Honorarprof. d. MLU Halle-Wittenberg f. Musikwiss.
Ausz.: VVO i. Bronze (1971) u. a.

Raddatz, Klaus
Berlin
Ausg. B.: Stellv. Abteilungsleiter i. ZK d. SED
Partei: SED
L.: FDJ-Funktionär. 1959 Redakteur, 1965-71 stellv. Chefredakteur., Juni 1971-Sept. 77 Chefred. d. Zentralorgans d. FDJ "Junge Welt". Nachf. v. Horst Pehnert. 1971-77 Mitgl. d. Büros d. Zentralrates d. FDJ. Seit 1977 stellv. Ltr. d. Abt. Agitation i. ZK d. SED. Seit Juni 1982 Mitgl. d. Präs. d. ZV d. VdJ.
Ausz.: VVO i. Bronze (1969), Orden "Banner d. Arbeit", Stufe I (1981) u. a.

Radde, Hans-Joachim
Berlin
Geb. 10. 3. 1927 in Landsberg/Warthe als Sohn eines Kaufmanns
Ausg. B.: Wiss. Mitarbeiter, Dr. rer. pol.
Partei: SED
L.: Besuch d. Oberschule i. Landsberg. Abitur. Ab 1948 SED-Funktionär. Ltr. d. SED-Landesparteischule Brandenburg u. d. SED-Bezirksparteischule Magdeburg. 1958-60 Sekr. f. Agitprop. SED-KL Aschersleben. Seit 1962 Angehöriger d. ausw. Dienstes d. DDR. Zeitw. Geschäftsträger d. DDR-Botschaft i. China. Nov. 1963 bis Aug. 1968 Generalkonsul i. Burma. 1968-73 Ltr. d. Abt. Südostasien i. MfAA. 1969 Promotion zum Dr. rer. pol. a. d. PHSch d. SED. April 1973-Sept. 77 Botschafter d. DDR i. d. Arab. Rep. Ägypten. Nachf. v. M. Bierbach. Seitdem MA d. Instituts f. Internat. Arbeiterbewegung d. AfG.
Ausz.: Verdienstmedaille d. DDR (1959), VVO i. Bronze (1969).

Radecker, Joachim
Erfurt
Geb. 16. 6. 1928 als Sohn eines Handwerkers
Erl. B.: Lehrer, Dr.
Ausg. B.: Hochschullehrer

Partei: LDP
L.: 1946 LDP. In d. 50er Jahren Vors. d. Ortsgr. Zella-Mehlis d. LDP. Zeitw. a. d. Sportschule Zella-Mehlis tätig. 1955-60 stellv. Vors. d. Bezirksverbandes Suhl d. LDP. 1958-63 Abg. d. BT Suhl. Seit 1962 Lehrtätigkeit a. Pädag. Inst. bzw. Pädag. HS Erfurt-Mühlhausen. Stellv. Sektionsltr. u. Wiss. Oberassistent. Seit Dez. 1972 Vors. d. Bezirksausschusses Erfurt d. Nat. Front. Mitgl. d. Nationalrates d. Nat. Front.
Ausz.: VVO i. Bronze (1976) u. a.

Rademacher, Horst

Berlin
Geb. 1923
Erl. B.: Diplom-Wirtschaftler
Ausg. B.: Stellv. Staatssekretär
Partei: SED
L.: In d. 50er Jahren Hauptreferent, Abt.- u. Sektorenltr. i. Min. f. Schwermaschinenbau, Allg. Maschinenbau u. SPK. Danach Abtltr. u. 1967-77 Ltr. d. Staatl. Amtes (s. Aug. 1972 Staatssekretariat) f. Arbeit u. Löhne. Nachf. v. Hellmut Geyer. 1968-82 Mitgl. d. BV d. FDGB. Seit 28. 4. 77 1. Stellv. d. Staatssekretärs f. Arbeit u. Löhne.
Ausz.: VVO i. Silber (1977) u. a.

Radmann, Martin

Berlin
Geb. 6. 4. 1931 i. Magdeburg
Erl. B.: Journalist
Ausg. B.: Intendant
Partei: SED
L.: 1949 Abitur i. Magdeburg. Anschl. journalistisch tätig. Seit 1955 Mitarbeiter d. Deutschlandsenders bzw. d. „Stimme d. DDR". Reporter, Kommentator, Redaktionsltr. „Zeitfunk". 1972-77 Chefred. „Stimme d. DDR". Seit Jan. 1978 Intendant d. „Stimme d. DDR". Nachf. v. Kurt Goldberg. Mitgl. d. ZV d. VdJ.
Ausz.: Journalistenpreis (1975), VVO i. Silber (1981) u. a.

Radtke, Erhard

Babelsberg
Geb. 2. 5. 1929
Erl. B.: Maschinenschlosser, Meister
Ausg. B.: Meister
Partei: SED
L.: Maschinenschlosser, Mstr. 1960 SED. Gegenw. Mstr. i. VEB Maschinenbau „Karl Marx" i. Babelsberg. Seit 22. 5. 1976 erstmalig Kand. d. ZK d. SED.

Raedsch, Horst

Neubrandenburg
Geb. 3. 3. 1926 i. Berlin
Erl. B.: Finanzwirtschaftler, Diplom-Staatswissenschaftler
Ausg. B.: Vorsitzender d. LDP i. Bez. Neubrandenburg
Partei: LDP

L.: 1944 NSDAP. Verwaltungsangestellter. Finanzwirtschaftler. Seit 1961 hauptamtl. LDP-Funktionär. Zeitw. Vors. d. Kreisverbandes Waren d. LDP. 1960-61 stellv. Vors. d. RdK Neubrandenburg. 1962-69 stellv. Vors., seit 1969 Vors. d. Bezirksverbandes Neubrandenburg d. LDP. Nachf. v. M. Eissner. Seit 1954 mit Unterbrechungen Abg. d. BT Neubrandenburg. Seit 1955 mit Unterbrechungen Kand. bzw. Mitgl. d. Zentralvorstandes d. LDP.
Ausz.: VVO i. Bronze (1972) u. a.

Räschki, Karl-Heinz

Berlin
Geb. 14. 3. 1936
Ausg. B.: Botschafter
Partei: SED
L.: Studium a. d. DASR. Seit 1964 Angehöriger d. diplom. Dienstes d. DDR. 1967-70 Presse- u. Kulturattaché i. Libanon. 1973-75 stellv. Ltr. d. DDR-Botschaft i. Marokko. 1975-77 Sektorenltr. i. MfAA. 1977-79 Fernstudium. Seit 11. 10. 1979 Botschafter d. DDR i. Zaire. Nachf. v. Ronald Weidemann. Seit Jan. 1980 Botschafter i. Burundi.

Rätz, Kurt

Berlin
Geb. 14. 11. 1924 i. Greifswald
Erl. B.: Reichsbahn-Inspektor
Ausg. B.: Stellv. AL i. ZK d. SED
Partei: SED
L.: Vor 1945 Reichsbahninspektor. Nach 1945 Personalleiter d. Uni. Greifswald. Seit den 50er Jahren MA d. ZK d. SED. Stellv. Ltr. d. Abt. Wissenschaft i. ZK. Seit 1968 Vizepräs. d. Dtsch. Fußballverbandes d. DDR.
Ausz.: VVO i. Gold (1979) u. a.

Rätsch, Margit T.

Merseburg
Geb. 13. 9. 1934 i. Teplitz als Tochter eines Bergarbeiters
Erl. B.: Physiker, Dr. rer. nat. habil.
Ausg. B.: Hochschullehrer
Partei: SED
L.: Ab 1952 Studium d. Physik a. d. KMU Leipzig. Danach 1 Jahr Dozentin a. d. ABF Leipzig u. 1 1/2 Jahre i. Patentwesen b. VEB RFT Leipzig tätig. 1959 Ass. u. Pers. Referentin d. Prorektors f. Forschung a. d. THC. 1964 Promotion zum Dr. rer. nat. 1968 Habil. 1969 o. Prof. f. Chemische Thermodynamik THC Leuna-Merseburg. Prorektor f. Naturwiss. d. THC. 1979 Kand., seit Febr. 1981 Mitgl. d. SED-BL Halle. Seit 1980 o. Mitgl. d. AdW. Seit Dez. 1981 Rektor d. THC Merseburg. Nachf. v. Gert Naue.
Ausz.: VVO i. Gold.

Rätzsch, Manfred

Dresden
Geb. 30. 6. 1933 i. Leipzig
Erl. B.: Diplom-Chemiker, Dr. habil.

Ausg. B.: Institutsdirektor
Partei: SED
L.: Ab 1952 Studium d. Chemie i. Greifswald u. KMU Leipzig. Diplom-Chemiker. 1961 Promotion. Polymerenwissenschaftler. Viele Jahre Ltr. d. Forschungsabt. Hochpolymere d. Leuna-Werke. Prof. f. techn. Chemie f. Hochpolymere d. TH d. Chemie Leuna-Merseburg. Vors. d. Chemischen Ges. d. DDR. Seit Jan. 1981 Dir. d. Instituts f. Technologie d. Fasern d. AdW. Nachf. v. Wolfgang Bobeth. Korr. Mitgl. d. AdW.
Ausz.: Verdienter Techniker d. Volkes u. a.

Ragwitz, Erhard

Berlin
Geb. 1933 i. Königsberg
Erl. B.: Musikwissenschaftler, Prof.
Ausg. B.: Hochschullehrer
Partei: SED
L.: Abitur. Studium a. d. Musik-HS i. Halle u. Leipzig u. am Institut f. Musikerz. MLU. Schüler v. Fritz Reuter u. Ottmar Gerster. 1964 Ass., 1968 Doz. a. d. Musik-HS Leipzig. Zeitw. Prorektor f. Lehre, Forschung u. Weiterbildung. 1971-74 Kand. d. SED-BL Leipzig. Seit 1973 Lehrtätigkeit a. d. HS f. Musik i. Ostberlin. Zuerst Dir. d. Spezialschule, dann 1. Prorektor. Seit 1978 Prof. f. Komposition, seit 1981 Ltr. d. Abt. Komposition u. Tonsatz. Mitgl. d. ZV d. Verb. d. Komponisten u. Musikwiss.
Werke: 1. Sinfonie (zu Ehren des X. Parteitages d. SED 1981, Uraufführung i. Weimar) u. a.

Ragwitz, Ursula

Berlin
Geb. 15. 2. 1928 i. Cottbus
Erl. B.: Musiklehrerin, Diplom-Musikwissenschaftler
Ausg. B.: AL i. ZK d. SED
Partei: SED
L.: Besuch eines Lehrerbildungs-Inst. (nicht beendet). 1945 Lehramtsanwärterin i. einer Dorfschule d. Spreewaldes. 1946 Mitgl. d. SED. Fachlehrerin f. Musik. 1953 Gründerin u. Dir. d. Musikschule Cottbus. AL Kultur d. RdB Cottbus. Danach Ass., Oberass. u. Doz. HS f. Musik i. Dresden. Anschl. bis 1963 Dir. d. Musikschule Hoyerswerda. Seit 1963 stellv. Vors. d. RdB Cottbus. 1969 MA, 1973 stellv. Ltr. u. seit 1976 Ltr. d. Abt. Kultur d. ZK d. SED. Nachf. v. Peter Heldt. Seit 16. 4. 1981 Mitgl. d. ZK d. SED.
Ausz.: VVO i. Silber (1978), Orden „Banner d. Arbeit" Stufe I (1980) u. a.

Rambusch, Karl

Berlin
Geb. 15. 1. 1918 in Jena als Sohn eines Mechanikers
Erl. B.: Mechaniker, Diplom-Physiker, Prof.
Ausg. B.: Direktor
Partei: SED
L.: Besuch d. Volksschule. 1932 bis 1936 Mechanikerlehrling. 1936-1938 Mechanikergeselle bei Carl Zeiss, Jena. Ab 1938 Studium d. Maschinenbaus an d. HTS Hildburghausen. Später Kriegsdienst (1944 Uffz. i. Gren.-Rgt. 512). 1945 Mitgl. d. KPD. Besuch d. ABF. 1946-1952 Studium d. Physik a. d. Uni. Jena. 1952 Dipl.-Physiker. 1953 Ltr. d. Nautisch-hydrogr. Inst. i. Berlin-Friedrichshagen. 1955-1961 Ltr. d. Amtes f. Kernforschung u. Kerntechnik d. DDR. Anschl. Dir. d. VEB Entwicklung u. Projektierung kerntechn. Anlagen. Generaldir. d. VEB Komb. f. Kernenergetik i. Ostberlin. Dir. d. Atomkraftwerkes Rheinsberg u. Ltr. d. Staatl. Inbetriebnahmekommission bzw. Direktor f. Technik i. VEB Komb. Kraftwerkanlagenbau Berlin. Seit 1975 korr. Mitgl. AdW.
Ausz.: Orden „Banner der Arbeit" (1966), VVO i. Silber (1974) u. a.

Ramonat, Erwin

Gera
Geb. 1931
Erl. B.: Großhandelskaufmann, Diplom-Wirtschaftler
Ausg. B.: Stellv. Vorsitzender d. RdB Gera
Partei: SED
L.: Großhandelskaufmann, Dipl.-Wirtschaftler. 1971 Vors. d. VDK i. Bez. Gera. Seit 12. 11. 1976 stellv. Vors. d. RdB Gera f. Handel u. Versorgung. Nachf. v. Herbert Müller. Seit 1971 Abg. d. BT Gera.
Ausz.: VVO i. Bronze (1981).

Ranke, Hans

Berlin
Geb. 17. 5. 1905
Erl. B.: Jurist, Rechtsanwalt, Dr. jur.
Ausg. B.: Staatssekretär
Partei: SED
L.: Vor 1945 als Rechtsanw. tätig. Kriegsdienst. Sowj. Kriegsgefangenschaft. Nach 1945 als Richter a. d. Amtsgerichten Berlin-Köpenick u. Berlin-Mitte tätig. Nach d. Spaltung Berlins Landgerichtsrat b. LG i. Ostberlin. 1949-1950 Landgerichtsdir. u. Präs. d. LG i. Ostberlin. 1950-57 Präs. d. Kammergerichts i. Ostberlin. 1954-65 Mitgl. d. Stadtverordnetenversammlung i. Ostberlin Seit 1957 stellv. Min., seit 1965 Staatssekr. i. Min. d. Justiz.
Ausz.: VVO i. Gold (1975), Verdienter Jurist d. DDR (1980) u. a.

Ranke, Kurt

Magdeburg
Geb. 28. 7. 1920 i. Mansfeldischen als Sohn eines Schmiedes
Erl. B.: Angestellter
Ausg. B.: Vorsitzender des Rates des Bezirkes Magdeburg
Partei: SED
L.: Angestellter. Kriegsdienst. Bis 1947 i. sowj. Kriegsgefangenschaft. MA d. RdK Hettstedt. 1948 Mitgl. d. SED. Ab 1953 Vors. d. Rates d. Krs. Hettstedt. Anschl. Studium i. d. SU. Seit Juli

1960 Vors. d. Rates d. Bez. Magdeburg. Nachf. v. Paul Hentschel. 1962-72 Vors. d. DSF i. Bez. Magdeburg. Seit 1963 Abg. d. BT Magdeburg. Mitgl. d. Sekr. d. SED-BL.
Ausz.: VVO i. Gold (1974), Karl-Marx-Orden (1980) u. a.

Rapoport, Mitja Samuel

Berlin
Geb. 27. 11. 1912 i. Woloczysk/Ukraine
Erl. B.: Arzt, Dr. sc. med., Dr. phil.
Ausg. B.: Hochschullehrer (em.)
Partei: SED
L.: Studium d. Medizin i. Wien. 1934 Mitgl. d. KPÖ. 1936-50 Emigration i. d. USA. Dort als Kinderarzt u. in d. Forschung tätig (Cincinnati). 1950 Rückkehr über d. Schweiz u. Österreich nach Dtschl. Seit 1952 Prof. mit Lehrstuhl f. Physiol. Chemie. Dir. d. Inst. f. Physik u. Biol. Chemie d. Humboldt-Uni. Jetzt Emeritus. Mitgl. d. Forschungsrates b. MR. Seit 1969 o. Mitgl. AdW. 1978-82 Vors. d. Biochem. Ges. d. DDR. Vors. d. Koordinierungsrates d. mediz.-wiss. Ges. d. DDR. Präs. d. Ges. f. experimentelle Medizin.

Raspe, Hans-Dieter

Rostock
Geb. 28. 12. 1937
Erl. B.: Journalist, Diplom-Jurist
Ausg. B.: Vorsitzender d. BV Rostock d. LDP
Partei: LDP
L.: Abitur. Danach journalistisch bei der „Norddeutschen Zeitung" tätig. Fernstudium mit Fachschulabschluß als Journalist. Fünfjähriges Fernstudium d. Rechtswiss. a. d. Humboldt-Uni. Ostberlin. Diplom-Jurist. Polit. MA, seit 1966 hauptamtl. stellv. Vors., seit Mai 1982 Vors. d. BV Rostock d. LDP. Nachf. v. Erich Uschner. Seit 1971 Abg. d. BT Rostock. Seit April 1982 Mitgl. d. ZV d. LDP.
Ausz.: VVO i. Bronze (1979) u. a.

Rathke, Heinrich

Schwerin
Geb. 12. 12. 1928 i. Mölln, Krs. Malchin, als Sohn eines Pastors
Erl. B.: Evang. Theologe, Dr. theol.
Ausg. B.: Landesbischof
L.: Studium d. Evang. Theologie. 1953 Besuch d. Predigerseminars i. Blücher. 18. 4. 1954 ordiniert. 1955 2. theol. Examen. Vikar i. Bad Doberan. Pastor i. Warnkenhagen. 1962 Pastor d. St. Andreas-Gem. i. Rostock u. Rostock-Südstadt. Ab 1. 7. 1970 Landespastor f. Gemeindedienst mit Dienstsitz i. Güstrow. Seit 28. 11. 1970 Landesbischof d. Evang.-Luth. Kirche Mecklenburg (Amtseinführung 27. 3. 1971). Nachf. v. Niklot Beste. Sept. 1977-Okt. 81 Leitender Bischof d. Verein. Evang.-Luth. Kirchen in d. DDR. Nachf. v. Ingo Braecklein. 1978-80 Vors. d. Nationalkomitees d. Luth. Weltbundes i. d. DDR.

Rathmann, Lothar

Leipzig
Geb. 16. 2. 1927 in Werdau/Sa. als Sohn eines Schlossers
Erl. B.: Kaufmann, Historiker, Dr. sc. phil.
Ausg. B.: Hochschullehrer
Partei: SED
L.: Vor 1945 Kaufmann i. Werdau. 1944 NSDAP. Flakschütze. Poln. Kriegsgefangensch. Danach Neulehrer i. Neumark b. Reichenbach. Ab 1948 Pädag.-Studium a. d. Uni. Leipzig. 1956 Promotion, 1961 Habil. a. d. KMU Leipzig. O. Prof. f. Geschichte d. arab. Länder Dir. d. Sektion Afrika-Nahost-Wiss. KMU Leipzig. Herausg. d. Ztschr. „Asien, Afrika, Lateinamerika". 1965 1. Sekr. a. d. Vertretung d. DDR i. d. VAR. 1972 Vors. d. Zentralen Rates f. Asien-, Afrika- u. Lateinamerikawiss. d. DDR. Seit Nov. 1975 Rektor d. KMU Leipzig. Nachf. v. Gerh. Winkler. 1976-81 Abg. d. BT Leipzig. Mitgl. d. Sekr. d. SED-KL d. KMU Leipzig. Mitgl. d. Präs. d. Solidaritätskomitees u. d. Freundschaftsges. DDR-Arab. Länd. sowie d. Friedensrates d. DDR.
Ausz.: Nat. Pr. III. Kl. (1972), VVO i. Bronze (1978) u. a.

Rau, Erich

Halle/Saale
Geb. 2. 4. 1931 i. Zwickau
Erl. B.: Maschinensteiger, Diplom-Gewi.
Ausg. B.: Sekretär d. BL Halle d. SED
Partei: SED
L.: Maschinensteiger. Hauptamtl. FDJ-Funktionär. 1958-1961 1. Sekr. d. FDJ-Gebietsltg. Wismut. 1963-74 Sekr. d. Zentralrates d. FDJ. Seit 10. 2. 74 Sekr. f. Agitprop. d. SED-BL Halle. Nachf. v. Hans-Joach. Böhme. Seit Okt. 76 Abg. d. BT Halle.
Ausz.: VVO i. Gold (1973).

Raubach, Rudolf

Dresden
Geb. 31. 12. 1919 i. Oschatz
Erl. B.: Maler, Berufsoffizier
Ausg. B.: Generalmajor d. NVA
Partei: SED
L.: Maler. Kriegsdienst. Kriegsgef. 1945 KPD. 1. Sekr. FDJ-KL Oschatz. 1949 Ltr. d. Politarbeit an einer VP-Schule. Offizierslaufbahn i. d. KVP/NVA. Politoffizier. 1958 Berufung a. d. damalige HS f. Offiziere i. Dresden. 1. Sekr. d. PO d. SED. 1958-63 Abg. d. BT Dresden. In den 60er Jahren Ltr. d. Politverw. d. Militärbezirks Leipzig u. 1. Sekr. d. SED-KL d. Min. f. Nat. Verteidigung. Ab 1970 1. Sekr. d. SED-KL a. d. Militärakademie „Friedrich Engels" i. Dresden. bzw. stellv. Kommandeur d. Militärakademie sowie Ltr. d. Politabt. Seit 20. 2. 1976 Generalmajor d. NVA. Seit Febr. 1981 Mitgl. d. SED-BL Dresden.
Ausz.: VVO i. Silber (1980) u. a.

Rauchfuß, Wolfgang
Berlin
Geb. 27. 11. 1931 in Grüna/Sa. als Sohn eines Arbeiters
Erl. B.: Mechaniker, Diplom-Wirtschaftler
Ausg. B.: Stellv. Vorsitzender des Ministerrates
Partei: SED
L.: Volksschule. 1946 FDJ. 1946 bis 1949 Mechanikerlehre u. Tätigkeit als Mechaniker. 1949/50 hauptamtl. FDJ-Funktionär i. Berlin. Seit 1950 Außenhandelsfunktionär. 1951 SED. 1952 Besuch d. Fachschule f. Außenhandel. In d. 50er Jahren Verkaufsltr. d. DIA Feinmechanik-Optik u. Generaldir. v. Polygraph-Export sowie Bereichsltr. i. MAI. 1961-65 stellv. Min. bzw. Staatssekr. i. MAI. Seit 22. 12. 1965 stellv. Vors. d. Min.-Rates u. Mitgl. d. Präsidiums d. Min.-Rates. Seit April 1967 (VII. Parteitag) Mitgl. d. ZK d. SED. Seit 1976 Abg. d. VK. Seit 14. 2. 74 zusätzlich Min. f. Materialwirtsch. Ltr. d. Zentralen Energiekommission beim MR. Nachf. v. Manfred Flegel. Vors. d. DDR-Sektion i. Wirtschaftsausschuß DDR-Ungar. Volksrepublik, DDR-Indien, DDR-Iran u. DDR-Angola.
Ausz.: VVO i. Gold (1979) u. a.

Rauhe, Kurt
Halle/Saale
Geb. 14. 12. 1922 i. Essen
Erl. B.: Agrarwissenschaftler, Dr. sc. agr.
Ausg. B.: Hochschullehrer
Partei: DBD
L.: Landwirtschaftslehre im elterlichen Betrieb in Ralow auf Rügen. Militär- u. Kriegsdienst. 1943 Unteroffizier i. einem Kradschützen-Btl. Geriet i. Mai 1943 i. Nordafrika i. amerik. Kriegsgefangenschaft. 1947-1948 Besuch d. Höheren Landbauschule Rostock. 1948-1951 Studium d. Landwirtschaftswiss. a. d. Uni. Rostock. Dipl.-Landwirt. 1951-1962 Ltr. d. Abt. Ackerbau d. Inst. f. Acker- u. Pflanzenbau d. DAL i. Müncheberg. 1954 Promotion zum Dr. agr. i. Rostock. 1960 Habil. i. Ostberlin. 1962 Prof. m. LA f. Acker- u. Pflanzenbau a. d. KMU Leipzig. 1971 Prof. u. Ltr. d. Lehrstuhls Ackerbau a. d. MLU Halle-Wittenberg. 1963-72 Mitgl. d. Parteivorstandes d. DBD.
Ausz.: VVO i. Bronze (1962) u. a.

Raupach, Manfred
Karl-Marx-Stadt
Geb. 1926
Erl. B.: Flachwirker, Diplom-Militärwissenschaftler
Ausg. B.: Generalmajor d. NVA
Partei: SED
L.: Flachwirker. Offizier d. NVA. Zuerst Chef d. Kreis-Kdo, dann ab 1962 Chef d. WBK Karl-Marx-Stadt d. NVA. Seit 1963 Abg. d. BT. Mitgl. d. BL d. SED. Seit 5. 10. 1977 Generalmajor d. NVA.
Ausz.: VVO i. Bronze (1976) u. a.

Raupach, Rudolf
Berlin
Geb. 15. 10. 1923 i. Neu-Salzbrunn/Schlesien
Erl. B.: Diplom-Gesellschaftswissenschaftler
Ausg. B.: Stellv. Abteilungsleiter i. ZK d. SED
Partei: SED
L.: Kriegsdienst (Gren.). Nach 1945 FDJ-Funktionär. Zeitw. stellv. Ltr. bzw. Ltr. d. Abt. Kultur i. Zentralrat d. FDJ. 1960-63 Dir. d. Zentralhauses f. Volkskunst i. Leipzig. Seitdem MA d. Abt. Kultur i. ZK d. SED, stellv. Abtltr.
Ausz.: VVO i. Silber (1973).

Raurin-Kutzner, Ursula
Berlin
Geb. 21. 5. 1927 i. Habelschwerdt i. Schlesien als Tochter eines Lehrers
Erl. B.: Krankenpflegerin
Ausg. B.: Direktor
Partei: CDU
L.: Besuch d. Volks-, Mittel- u. Frauenfachschule. 1944 NSDAP. 1945 Mitgl. d. CDU. CDU-Funktionärin i. Krs. Wittenberg. 1954-56 stellv. Vors. d. CDU i. Bez. Gera. 1956-59 Mitarbeiterin d. Abt. Gesundheitswesen beim Rat d. Bez. Gera. Staatsexamen f. große Krankenpflege. Seit 1959 FDGB-Funktionärin. 1959-72 Mitgl. d. BV d. FDGB. 1959-62 Vors. d. CDU i. Krs. Berlin-Mitte. Seit 1960 Mitgl. d. Präs. d. Hauptvorstandes d. CDU. Seit Okt. 1963 Abg. d. VK. Vors. d. Frauenkommission beim Präs. d. Hauptvorstandes d. CDU. Seit 1971 1. stellv. Vors. d. Ausschusses f. Gesundheitswesen d. VK. 1976-78 Vors. d. Neuereraktivs d. ZV d. Gewerkschaft Gesundheitswesen. Dez. 1978-Febr. 81 Vors. d. CDU i. Ostberlin. Nachf. v. Heinz-Rudolf Hoffmann. Seitdem Dir. f. Sozialfragen i. d. VOB Union, Berlin.
Ausz.: VVO i. Silber (1978) u. a.

Raus, Otto
Berlin
Geb. 1927
Erl. B.: Diplom-Wirtschafter, Dr. rer. oec., Prof.
Ausg. B.: Stellv. Direktor d. PHSch d. SED
Partei: SED
L.: Seit Mitte d. 50er Jahre Lehrtätigkeit a. d. PHSch d. SED, seit 1968 stellv. Dir. Ltr. d. HA Fernstudium.
Ausz.: VVO i. Bronze (1972).

Rebling, Eberhard
Ziegenhals, Krs. Königs Wusterhausen
Geb. 4. 12. 1911 in Berlin-Mariendorf als Sohn eines Offiziers
Erl. B.: Musikwissenschaftler, Pianist, Dr. phil. Prof.
Ausg. B.: Pianist, Musikwissenschaftler
Partei: SED
L.: Realgymnasium. Abitur. 1930 bis 1934 Studium d. Musikwiss. (bei Schering, Sachs, Hornbostel) a. d. Friedrich-Wilhelm-Uni. zu Berlin.

1934 Promotion zum Dr. phil. 1936 Emigration i. d. Niederlande. Dort 1944 v. d. Gestapo verhaftet. Zum Tode verurteilt. Flucht. 1946 Mitgl. d. KP d. Niederlande. 1949-1952 Generalsekr. d. Vereinigung Niederlande-UdSSR. 1952 Rückkehr nach Deutschl. 1952-1959 Chefred. d. Zeitschrift „Musik u. Gesellschaft". 1959-71 Rektor d. Hochschule f. Musik i. Ostberlin (Nachf. v. Georg Knepler). 1959-76 Prof. f. Klavierspiel a. d. HS f. Musik. 1976 emeritiert. Seitdem freischaffender Pianist u. Musikwiss. 1960 Mitgl. d. SED. Seit 1963 Bln. Vertr. bzw. Abg. i. d. VK. Seit 1971 Mitgl. d. Geschäftsordnungsausschusses d. VK. Vors. d. Forschungsrates f. musikal. Berufsausbildung b. Min. f. Kultur. Seit 1970 Mitgl. d. AdK. Mitgl. d. Friedensrates u. d. Präsidialrates d. KB. Verheiratet m. d. Künstlerin Lin Jaldati.
Ausz.: VVO i. Gold (1972) u. a.
Veröff.: „Ballett von A-Z", „Die Tanzkunst Indiens" u. a. m.

Rech, Johannes
Berlin
Geb. 24. 4. 1936 i. Taura, Krs. Rochlitz, als Sohn eines Arbeiters
Ausg. B.: Vizepräsident d. DTSB
Partei: SED
L.: Volksschule. 1950 FDJ. 1950 bis 1953 Maurerlehre. 1955 SED. 1955-58 Soldat (Luftw.). 1960-61 stellv. Vors. Kreisplank. Bautzen. 1961-1963 1. Sekr. d. FDJ-Kreisltg. Bautzen. 1963-1964 Besuch d. Komsomol-HS i. d. UdSSR. 1964-1966 1. Sekr. d. FDJ-BL Dresden. Mitgl. d SED-BL Dresden. Okt. 1966-Okt. 73 Sekr. d. Zentralrates d. FDJ. 1967-71 Abg. d. VK. Seit 1967 Mitgl. d. Präs. d. BV d. DTSB. Seit 20. 9. 73 Vizepräs. d. DTSB.
Ausz.: VVO i. Bronze (1976) u. a.

Redlin, Hermann
Schwerin
Geb. 1. 3. 1931
Erl. B.: Diplom-Gesellschaftswissenschaftler
Ausg. B.: Vorsitzender d. BPKK d. SED i. Schwerin
Partei: SED
L.: 1950 SED. FDJ-Funktionär. 1954 2. Sekr. d. FDJ-BL Schwerin. Studium a. d. PHSch d. SED. Dipl.-Gesellschaftswiss. 1958-63 Sekr. f. Agitprop. SED-StL Schwerin. 1970-72 1. Sekr. d. SED-KL Ludwigslust. 1972-74 AL d. SED-BL Schwerin. Seit 17. 2. 1974 Vors. d. BPKK d. SED Schwerin. Nachf. v. Eva Naujoks.
Ausz.: VVO i. Bronze (1973) u. a.

Rehbein, Gerhard
Dresden
Geb. 19. 5. 1926 in Osterfeld/Thür. als Sohn eines Zimmermanns
Erl. B.: Wirtschaftswissenschaftler, Dr. sc. oec.
Ausg. B.: Hochschullehrer
Partei: SED
L.: Im prakt. Postdienst tätig. Studium d. Wirtschaftswiss. a. d. Uni. Leipzig. Seit 1952 Lehrtätigkeit a. d. Hochschule f. Verkehrswesen i. Dresden. Seit 1. 9. 1962 Prof. m. Lehrstuhl f. Organisation, Planung u. Finanzen d. Post- u. Fernmeldewesens a. d. Hochschule f. Verkehrswesen. 1960-1964 Rektor d. Hochschule f. Verkehrswesen. 1969 Prorektor f. Gewi. Seit Juli 1965 Vors. d. „Freundschaftskomitees DDR-Ungarn". Mitgl. d. Forschungsrates b. MR.
Ausz.: VVO i. Bronze (1962) u. a.

Rehboldt, Bodo
Berlin
Geb. 28. 5. 1931
Erl. B.: Diplom-Journalist
Ausg. B.: Redakteur
Partei: NDP
L.: 1952-60 Red. bzw. stellv. Chefred., 1968-72 Chefred. d. „Mitteldeutschen Neuesten Nachrichten" i. Leipzig. Seit Juli 1972 verantw. Funktion b. d. zentralen Parteipresse i. Berlin. Chefred. d. Berliner Büros d. Regionalpresse d. NDP bzw. Chefreporter d. NDP-Pressedienstes.
Ausz.: VVO i. Bronze (1979) u. a.

Rehmann, Eva, geb. Hahn
Berlin
Geb. 17. 5. 1944 i. Gera als Tochter eines Bankangestellten
Erl. B.: Lehrerin, Diplom-Gesellschaftswissenschaftlerin
Ausg. B.: Sekretär d. BV d. DFD
Partei: SED
L.: Oberschule. 1960-63 Studium a. Inst. f. Lehrerbildung Gera. Lehrerin. 1963 SED. 1962-65 Lehrerin, Hortnerin u. Hortltr. 6 POS Gera. 1965-66 stellv. Vors. d. Jungen Pioniere Gera-Stadt. 1964-70 Mitgl. d. Zentralltg. d. Pionierorg. 1967-70 Ltr. d. Kommission Jugend u. Sport KL Gera-Stadt SED. 1969 DFD. 1970-73 Besuch PHSch d. SED. Diplom-Gesellschaftswiss. 1973-82 AL, seit März 1982 Sekretär d. BV d. DFD. Seit Juni 1981 Abg. d. VK u. Mitgl. d. Ausschusses f. Gesundheitswesen.
Ausz.: Orden „Banner d. Arbeit" Stufe II.

Rehtanz, Horst
Dresden
Geb. 25. 10. 1927 i. Petriroda, Krs. Gotha, als Sohn eines Angestellten
Erl. B.: Diplom-Wirtschaftler, Dr.-Ing.
Ausg. B.: Institutsdirektor
Partei: SED
L.: Besuch d. Oberschule. Abitur. 1948 SED. 1947-50 Studium Uni. Leipzig. Dipl.-Wirtsch. 1950-54 MA u. Abtltr. SPK. 1955-57 Werkdir. VEB Rohr- u. Kaltwalzwerk Karl-Marx-Stadt. 1957-59 Werkdir. VEB Edelstahlwerk „8. 5. 45" i. Freital. 1960-70 Werkdir. VEB Walzwerk Burg. 1968-71 Mitgl. d. Präs. d. DKB. 1967-70 apl. Aspirantur Bergak. Freiberg. Dr.-Ing. Seit 1971 Dir. d. Zentralinst. f. Arbeitsschutz b. Staatssekretariat f. Arbeit u. Löhne. Seit Nov. 1971 Abg.

d. VK. Mitgl. d. Ausschusses f. Arbeit u. Sozialpolitik. 1972-75 Vors. d. KB i. Bez. Dresden. 1972-77 Mitgl. d. BV d. FDGB. Seit 1979 Prof. Ausz.: VVO i. Bronze (1974) u. a.

Rehwald, Gerhard
Berlin
Erl. B.: Militärarzt, Dr. sc. med., Prof.
Ausg. B.: Generalleutnant d. NVA
Partei: SED
L.: Militärarzt. Absolvent d. Sowj. Militärmediz. Kirow-Akademie. 1967 Habil. a. d. Kirow-Akademie. Seit 1967 Chef. d. Mediz. Dienstes d. NVA. Seit Mai 1969 Prof. a. d. Militärmediz. Sektion d. Uni Greifswald. Seit 1. 3. 1971 Generalmajor, seit 5. 10. 1978 Generalleutnant d. NVA. Obermedizinalrat.
Ausz.: Orden „Banner d. Arbeit" Stufe II. (1974) u. a.

Reichardt, Achim
Berlin
Geb. 15. 6. 1929 i. Korbußen
Erl. B.: Kaufmännischer Angestellter, Diplom-Staatswissenschaftler
Ausg. B.: Generalsekretär
Partei: SED
L.: Besuch d. Volksschule. Kfm. Angestellter. 1950 Besuch d. ABF Jena. Danach Studium a. d. DASR. 1956 Dipl.-Staatswiss. Seit 1956 Angehöriger d. diplom. Dienstes. 1958-61 stellv. Ltr. d. HV d. DDR i. Sudan. 1965-68 Beauftragter d. Regierung d. DDR f. Wirtschafts- u. Handelsfragen i. Libyen. 1970-72 Botschaftsrat i. Sudan. Anschl. lt. MA d. MfAA. Febr. 1978-Aug. 81 Botschafter d. DDR i. Libanon. Nachf. v. Bruno Sedlaczek. Seit 4. 3. 1982 Generalsekr. d. Solidaritätskomitees d. DDR. Nachf. von Kurt Krieger.

Reichardt, Helmut
Cottbus
Geb. 1928 i. Kreis Bitterfeld als Sohn eines Arbeiters
Ausg. B.: Direktor, Vorsitzender d. Nationalen Front i. Bez. Cottbus, Dr.
Partei: SED
L.: 1946 SED. Studium a. d. KMU Leipzig u. a. Inst. f. Gewi. b. ZK d. SED. Gegenw. Dir. f. Wissenschaftsorganisation i. VEB Rationalisierung Großräschen d. VVB Braunkohle. Seit 8. 11. 1972 Vors. d. Bezirksausschusses Cottbus d. Nat. Front. Nachf. v. Dr. Johann Gottfried Neumann.

Reichelt, Hans
Berlin
Geb. 30. 3. 1925 in Proskau, Krs. Oppeln (Oberschlesien)
Erl. B.: Diplom-Wirtschaftler, Dr. rer. oec.
Ausg. B.: Stellv. Vors. d. Ministerrates, Minister
Partei: DBD
L.: Besuch d. Volksschule i. Proskau u. Oberschule i. Oppeln. 1943 NSDAP. Kriegsdienst.

1944 sowj. Kriegsgefangenschaft. Besuch einer Antifaschule i. d. SU. 1949 Mitgl. d. DBD. Ltr. d. Abt. Organisation u. Schulung i. Parteivorstand d. DBD. Seit 1951 Mitgl. d. Parteivorstandes, seit 1953 Mitgl. d. Sekr. d. Parteivorstandes, seit 1955 Mitgl. d. Präs. d. Parteivorstandes d. DBD. Seit 1950 Abg. d. VK. 1971-76 stellv. Vors. d. Geschäftsordnungsausschusses. 1953-55 zunächst kurze Zeit Min., dann Staatssekr. i. Min. f. Land- u. Forstwirtschaft. 1954 Besuch d. Zentralschule f. Landwirtschaft. d. ZK d. SED. März 1955 bis Febr. 1963 erneut Min. f. Land- u. Forstwirtschaft d. DDR. 1956-1963 stellv. Vors. d. Beirats f. LPG b. Min.-rat d. DDR. 1963-71 stellv. Vors. d. LWR bzw. RLN. 1966-72 Vors. d. Staatl. Komitees f. Meliorationen. 1971/72 stellv. Min. f. Land-, Forst- u. Nahrungsgüterwirtschaft. Seit 9. 3. 1972 Stellv. d. Vors. d. MR u. Min. f. Umweltschutz u. Wasserwirtschaft. Nachf. v. W. Titel (†). Vors. d. DDR-Sektion d. Wirtschaftsausschusses DDR/MVR. seit Okt. 1972 Vizepräs. d. KB d. DDR. 1972 Promotion zum Dr. oec.
Ausz.: VVO i. Bronze (1957), i. Silber (1964) u. i. Gold (1972) u. a.

Reichert, Rudi
Warnemünde
Geb. 17. 11. 1922 in Güstin/Rügen als Sohn eines Arbeiters
Erl. B.: Metallarbeiter, Flugzeugbauer
Ausg. B.: Direktor
Partei: SED
L.: Besuch d. Volksschule. 1937 bis 1941 Metallarbeiter- u. Flugzeugbaulehre i. Leipzig u. Lübeck. Anschl. Soldat. 1944 Unteroffizier b. Kampfgeschwader 40. 1945 Mitgl. d. KPD. 1946 Mitgl. d. SED. 1946-48 Vors. d. FDJ i. Krs. Neustrelitz u. Referent f. Org. u. Kader i. d. Landesltg. Meckl. d. FDJ. 1948-1950 Vors. d. Landessportausschusses Meckl.. 1950-52 Sekr. d. Sportausschusses d. DDR. 1950-57 Präs. d. Sektion Segeln. 1952 bis 1957 Ltr. d. Sportausschusses d. DDR. Seit 1952 Mitgl. d. Staatl. Komitees f. Körperkultur u. Sport. 1955 bis 1963 Mitgl. d. Zentralrates d. FDJ. 1957 Mitgl. d. Präs. d. Nat. Rates d. Nat. Front. April 1957 bis Mai 1961 Präsident d. Dtsch. Turn- u. Sportbundes d. DDR. 1958-1963 Mitgl. d. ZK d. SED. 1958-1963 Abg. d. VK. 1961 bis 1966 Vizepräs. d. DTSB. 1966-74 Vors. d. DTSB i. Bez. Karl-Marx-Stadt. Seit 1970 Vizepräs. f. Eisschnellauf d. Eislaufverbandes. Seit 1974 Dir. d. Sportschule Warnemünde.
Ausz.: VVO i. Bronze (1956) u. i. Silber (1960) u. a.

Reinert, Gerhard
Berlin
Geb. 24. 1. 1928
Erl. B.: Reichsbahn-Angestellter, Diplom-Staatswissenschaftler
Ausg. B.: Botschafter
Partei: SED
L.: Reichsbahn-Angest. Jugendltr. i. RAW Magdeburg. FDJ-Funktionär i. Magdeburg. 1950-55

MA d. Abt. Agitprop. d. FDJ-Zentralrates. Seit 1955 Diplomat. Fernstudium DASR. Dipl.-Staatswiss. (1960). 1958-62 2. Sekr. i. Ungarn. 1962 Sektionschef Ungar. VR i. MfAA. 1965-67 Studium a. d. Diplomaten-HS Moskau. 1967-69 stellv. Ltr. d. Abt. Benachbarte Länder i. MfAA. 1970-74 Botschaftsrat i. d. CSSR. Sept. 1974-Juni 79 Botschafter i. Ungarn. Nachf. v. Günter Kohrt. 1979-81 Ltr. d. AG RGW/Warschauer Pakt i. MfAA. Seit 22. 5. 81 Botschafter d. DDR i. Bulgarien. Nachf. von Manfred Schmidt. Ausz.: VVO i. Bronze (1973) u. a.

Reinhold, Günter

Gera
Geb. 10. 10. 1938
Erl. B.: Keramikgießer, Ingenieur
Ausg. B.: Technologe
Partei: SED
L.: Keramikgießer u. Ing. 1962 SED. Gegenwärtig Technologe i. VEB Gera d. VEB Komb. Elektronische Bauelemente Teltow. Seit 22. 5. 1976 Kand. d. ZK d. SED.

Reinhold, Otto

Berlin
Geb. 8. 12. 1925 in Altrohlau/CSR als Sohn eines Porzellanmalers
Erl. B.: Schreibmaschinenmechaniker, Diplom-Wirtschaftler, Dr. rer. oec.
Ausg. B.: Direktor d. Akademie f. Gesellschaftswissenschaften b. ZK d. SED
Partei: SED
L.: Schreibmaschinenmechaniker. 1945 KPD. 1946 SED. Studium i. Jena u. Ostberlin. Oberass. a. d. Wirtschaftswiss. Fakultät d. Humboldt-Uni. 1950-53 Red. d. theor. Ztschr. d. SED „Einheit". 1954/55 Ltr. d. Lehrstuhls f. Polit. Ökonomie a. d. PHSch d. SED. Seit 1954 Mitgl. d. Präs. d. Ges. zur Verbreitung wiss. Kenntnisse („Urania"). 1956-61 stellv. Abtltr. i. ZK d. SED (Agitation u. Propaganda). Anschl. stellv. Dir., seit 1962 Dir. d. Inst. f. Gesellschaftswiss. (jetzt Akademie) b. ZK d. SED (Ltr. d. Lehrstuhls Politökonomie). Seit 1. 5. 1966 Prof. m. Lehrstuhl f. Politökonomie a. Institut f. Gesellschaftswiss. b. ZK d. SED. Seit Mai 1967 (VII. Parteitag) Mitgl. d. ZK d. SED. Seit 1969 o. Mitgl. d. DAW. Seit Sept. 76 Mitgl. d. Red.-Koll. d. theor. Ztschr. „Einheit". Mitgl. d. Akad. d. Wiss. d. UdSSR.
Ausz.: VVO i. Gold (1974) u. a.

Reinhold, Wolfgang

Berlin
Geb. 16. 4. 1923 i. Friedrichshagen b. Berlin
Erl. B.: Dreher, Dipl.-rer. mil.
Ausg. B.: Stellv. Minister, Generaloberst d. NVA
Partei: SED
L.: Kfm. Lehre. Verkäufer. 1941 Einberufung zur Wehrmacht. Angehöriger d. dtsch. Luftwaffe (Uffz. i. einem Schlachtgeschwader). Bis 1948 i. sowj. Kriegsgef. 1949 Dreher i. VEB Pentacon i. Dresden. FDJ-Funktionär. Zeitw. Lehrer a. einer Pionierltr.-Schule. Schulltr. u. Sektorenltr. i. Zentralrat d. FDJ. 1950 Mitglied d. SED. Seit 1952 Angehöriger d. KVP-Luft bzw. d. Luftstreitkräfte d. NVA. Ltr. d. Aeroklubs i. Drewitz. Später Kommandeur d. III. Luftwaffen-Div. i. Drewitz. Jagdflieger-Ausb. i. d. SU. Absolvent d. Militärakademie d. Luftstreitkräfte „Juri Gagarin" d. SU. Seit April 1972 Chef d. LSK/LV. Nachf. v. Herbert Scheibe. Seit Ende 1972 stellv. Min. f. Nat. Verteidigung. Seit 18. 2. 1974 Generalleutnant, seit 25. 9. 1979 Generaloberst d. NVA. Seit 16. 4. 1981 Kandidat. ZK d. SED.
Ausz.: VVO i Bronze (1960), Scharnhorst-Orden (1981) u. a.

Reinisch, Gerhard

Berlin
Geb. 23. 9. 1930 i. Schaiba/CSR
Erl. B.: Diplom-Chemiker, Dr. sc. nat. Prof.
Ausg. B.: Institutsdirektor
Partei: CDU
L.: Diplom-Chemiker. Dr. sc. nat. Zeitw. AL a. Institut f. Polymerenchemie DAW. 1972-77 Mitgl. d. HV d. CDU. 1975 korr. Mitgl. d. AdW. Stellv. Ltr. d. Forschungsbereichs Chemie d. AdW. Seit Febr. 1981 Dir. d. Instituts Polymerenchemie. Teltow-Seehof. Nachf. v. Burghart Philipp.

Reinowski, Werner

Rottleberode b. Nordhausen (Harz)
Geb. 13. 10. 1908 in Bernburg als Sohn eines Arbeiters
Erl. B.: Tischler
Ausg. B.: Schriftsteller
Partei: SED
L.: In Braunschweig aufgewachsen. Besuch d. Volksschule. Mitgl. d. SAJ. Nach Schulbesuch Tischlerlehre. Mitgl. d. Holzarbeiterverbandes. Nach d. Lehre Gießereihilfsarbeiter i. Blankenburg i. Harz. 1927 Mitgl. d. SPD. 1932 Mitgl. d. KPD. In d. NS-Zeit i. einer Gießerei i. Blankenburg u. Wernigerode tätig. Nach 1945 hauptamtl. Kreissekr. d. SED. 1950 Berufung i. d. Landesltg. Sachsen-Anhalt d. SED. Danach MA d. Kulturabt. d. Landesverbandes Sachsen-Anhalt d. VdgB. 1945-64 Mitgl. d. Landesltg. Sachsen-Anhalt bzw. BL Halle d. SED. 1956-63 Mitgl. d. Vorstandes DSV. Schriftstellerische Betätigung. Jetzt freiberufl. Schriftsteller u. LPG-Mitgl.
Ausz.: VVO i. Gold (1978) u. a.
Veröff.: „Der kleine Kopf", Mitteldtsch. Verlag, Halle, 1952. „Vom Weizen fällt die Spreu", Mitteldtsch. Verlag, Halle, 1952. „Zwei Brüder", Verlag Tribüne, Berlin, 1959. „Der Ungeduldige", Mitteldtsch. Verlag, Halle, 1960. „Unbequeme Freundin", Roman, 1973, „Die Guldenwiese", 1975 u. a.

Reintanz, Gerhard

Halle/Saale
Geb. 1. 3. 1914 in Cuxhaven als Sohn eines Beamten

Erl. B.: Jurist, Dr. sc. jur.
Ausg. B.: Hochschullehrer
Partei: CDU
L.: Besuch d. Oberrealschule Stolp. Abitur. 1940 NSDAP. Studium d. Rechtswiss. i. Greifswald. 1942 1. jur. Staatsexamen. 1944 2. jur. Staatsexamen. Kriegsdienst (Zahlmstr. bzw. Oberzahlmstr.) Sowj. Kriegsgefangenschaft. 1947 Mitgl. d. CDU. Stadtkämmerer v. Güstrow. 1949 Promotion z. Dr. jur. Uni. Rostock. 1950-53 Hauptabtltr. i. MfAA d. DDR. Anschl. Dozent, seit Sept. 1958 Prof. f. Völkerrecht a. d. Martin-Luther-Uni. Halle-Wittenberg. Mai 1958 bis Juni 1961 außerdem Dir. d. Zentralen Schulungsstätte d. CDU i. Burgscheidungen. Jan. 1963-April 75 Präs. d. „Deutsch-Italienischen Ges." d. DDR. Zeitw. Mitgl. d. Hauptvorstandes d. CDU. 1956-1966 Vors. d. Bezirksausschusses Halle d. Nat. Front. Seit 1972 Vizepräs. d. Ges. f. Seerecht d. DDR. Schiedsrichter d. KfA. Mitgl. d. Büros d. Internat. Instituts f. Weltraumrecht u. d. Präs. d. Liga f. Völkerfreundschaft.
Ausz.: VVO i. Silber (1964) u. a.

Reisch, Günter
Berlin
Geb. 24. 11. 1927 i. Berlin
Ausg. B.: Regisseur
Partei: SED
L.: Besuch einer Oberschule. 1944 bis 1945 Kriegsdienst. Nach 1945 Forts. d. Schulbesuchs u. Abitur. Absolvent d. Schauspielschule i. Ostberlin .Danach 8 Jahre erster Regieass. v. Prof. Kurt Maetzig u. Reg. d. DEFA. 1956 SED. Mitgl. d. Parteiltg. d. Defa-Spielfilmstudios. Seit 1967 Vizepräs. d. Verbandes d. Film- u. Fernsehschaffenden.
Ausz.: Nat.-Preis I. Kl. (1961, Koll. u. 1980, Koll.), Kunstpreis d. FDGB (1972) u. a.
Werke: „Spur in die Nacht", „Trotz alledem", „Die Verlobte" u. a. m.

Renckwitz, Fritz
Berlin
Geb. 25. 3. 1921 i. Sautschen, Krs. Zeitz
Ausg. B.: Generalmajor d. SSD
Partei: SED
L.: Kriegsdienst (Flak.). Seit 1950 Offizier d. SSD, seit 1955 MA d. Abt. Sicherheit d. ZK d. SED. Gegenwärtig stellv. Ltr. d. Abt. Sicherheit d. ZK d. SED. Generalmajor.
Ausz.: VVO i. Bronze (1966) u. a.

Renker, Ursula-Renate
Halle/Saale
Geb. 2. 7. 1928 i. Stettin-Wedelshöhe
Erl. B.: Ärztin, Dr. sc. med.
Ausg. B.: Hochschullehrerin
Partei: SED
L.: Ab 1947 Studium d. Medizin a. d. Uni. Greifswald. 1953 Staatsexamen Danach i. Betriebsgesundheitswesen i. Stralsund u. Arbeitssanitätsinspektion Berlin tätig. Seit 1958 Lehrtätigkeit a. d. MLU Halle-Wittenberg. 1963 Habil. Seit Juli 1967 Nachfolgekand. d. VK. O. Prof. f. Arbeitshygiene a. d. MLU. Seit 1971 Mitgl. d. Exekutivkomitees d. Internat. Ges. f. Rehabilitation. 1967-74 Mitgl. d. SED-BL Halle.

Rentner, Heinz
Berlin
Erl. B.: Dipl.-Ing. oec., Dr. rer. oec.
Ausg. B.: Stellv. Minister
Partei: SED
L.: Nach 1945 in der Binnenschiffahrt tätig. Seit 1954 verantw. Funktionen i. Staatssekr. f. Schiffahrt. Ltr. d. Abt. Seeschiffahrt u. Häfen. Fernstudium d. HfV. 1963 Dipl.-Ing. oec. 1967 Dr. rer. oec. 1963-67 Gruppenltr. Schiffahrt i. d. Abt. Transport i. Sekr. d. RGW. Seit Dez. 1967 Ltr. d. HV Seeverkehr u. Hafenwirtschaft i. MfV. Seit Sept. 1973 stellv. Minister f. Verkehrswesen u. Ltr. d. HV Seeverkehr.
Ausz.: VVO i. Bronze (1981) u. a.

Resch, Walter
Schwerin
Geb. 1937
Erl. B.: Schnittebauer, Diplom-Wirtschaftler
Ausg. B.: Vorsitzender d. Bezirksverbandes Schwerin d. FDGB
Partei: SED
L.: Grundschule. Bis 1954 Schnittebauer-Lehre u. Tätigkeit als Mechaniker i. einem Industriebetrieb i. Sonneberg. Besuch d. ABF Jena. Abitur. Vierjähriges Direktstudium KMU Leipzig. Dipl.-Wirtschaftler. Zusatzstudium i. Leningrad u. Moskau. 1962 SED. Seit 1963 i. ltd. Funktionen b. RdB Schwerin tätig. AL u. stellv. Vors. d. BWR Schwerin. 1971-73 AL d. ÖVW beim RdB Schwerin. 1974-77 stellv. Vors. d. RdB Schwerin f. bezirksgeleitete Industrie, Lebensmittelindustrie u. ÖVW. Vors. d. BWR. Seit 26. 3. 1977 Vors. d. Bez.-vorstandes Schwerin d. FDGB. Nachf. v. Kurt Meier. Seit Mai 1977 Mitgl. d. BV d. FDGB. Mitgl. d. Sekr. d. SED-BL Schwerin. Abg. d. BT Schwerin.
Ausz.: Verdienstmed. d. DDR u. a.

Rettner, Günter
Berlin
Ausg. B.: Sekretär d. ZR d. FDJ
Partei: SED
L.: FDJ-Funktionär. 21. 1. 1975 i. d. ZR d. FDJ kooptiert u. z. Mitgl. d. Büros sowie Sekr. gewählt. Seit Jan. 1975 Mitgl. d. Präs. d. Friedensrates d. DDR.
Ausz.: VVO i. Bronze (1977) u. a.

Reuter, Fritz
Berlin
Geb. 4. 7. 1911 in Berlin als Sohn eines Arbeiters
Erl. B.: Maurer
Ausg. B.: Stellv. leitender Sekretär d. Komitees d. Antifa-Widerstandskämpfer

Partei: SED
L.: Volksschule. 1925-28 Maurerlehre. Anschl. als Maurer tätig. 1927 Mitgl. d. KJV. Gruppen- u. Orgltr. d. KJV i. Unterbez. Berlin-Wedding. Danach MA d. BL Berlin d. KJV u. Bezirksltr. d. KJV i. Leipzig. 1930 Mitgl. d. KPD u. d. ZK d. KJV. Nach d. nationalsozial. Machtübernahme Ltr. d. ill. KJV i. Düsseldorf. Ende 1933 verhaftet. Dez. 1934 v. OLG Hamm zu 2 Jahren u. 6 Mon. Zuchthaus verurteilt. Strafverbüßung. 1938 a. d. KZ Sachsenhausen entl. 1938-39 ill. Tätigkeit f. d. KPD i. Berlin. 16. 12. 1939 erneut vehraftet. Juni 1940 v. VGH zu 3 Jahren u. 6 Mon. Zuchthaus verurteilt. 1945 KPD. 1946 SED. 1946 Stadtverordneter v. Gesamt-Berlin. FDGB-Funktionär u. Sekr. d. SED-Landes- bzw. BL Groß-Berlin. 1953 kurze Zeit Vors. d. Stadtbez. Berlin-Friedrichshain. 1954-57 2. Sekr., 1957-60 1. Sekr. d. SED-BL Dresden. 1954-1958 Mitgl. d. ZRK d. SED. 1954-58 Abg. d. Bezirkstages Dresden. 1958-63 Mitgl. d. ZK d. SED. 1958-1963 Abg. d. VK. Okt. 1960 bis Okt. 1966 1. stellv. Vors. d. Rates d. Bez. Erfurt. 1967-1972 Vors. d. BRK d. SED Erfurt. Seit Mai 1972 stellv. leitender Sekr. d. Komitees d. Antifa Widerstandskämpfer d. DDR.
Ausz.: VVO i. Gold (1969). Karl-Marx-Orden (1976) u. a.

Reuter, Rolf
Berlin
Geb. 7. 10. 1926 i. Leipzig als Sohn des Musikwiss. Fritz R.
Erl. B.: Kapellmeister, Prof.
Ausg. B.: Chefdirigent, Generalmusikdirektor
L.: Besuch d. Kreuzschule i. Dresden. Abitur. 1948-51 Studium a. d. Akademie f. Musik u. Theater i. Dresden. 1951 Solorepetitor bzw. Kapellmstr. i. Eisenach. 1955-61 1. Kapellmstr. u. Musikdir. i. Meiningen. 1961-78 Chefdir. u. musikal. Oberltr. d. Oper Leipzig. Generalmusikdir. 1979-81 musikal. Oberltr. d. Weimarischen Staatskapelle. Prof. a. d. Musik-HS i. Weimar. Seit 1. 2. 1981 Chefdir. u. musikal. Oberltr. d. Komischen Oper i. Ostberlin.
Ausz.: Nat. Pr. III. Kl. (1980).

Reuther, Werner
Berlin
Geb. 16. 2. 1925
Erl. B.: Techn.-Zeichner, Diplom-Jurist
Ausg. B.: Generalleutnant d. VP
Partei: SED
L.: Techn.-Zeichner. 1945 KPD. 1946 SED. FDJ-Funktionär. Zeitw. AL i. Zentralrat d. FDJ. VP-Offizier. Studium. Diplom-Jurist. Zeitw. Ltr. d. HA Pass- u. Meldewesen i. MdI. Beauftr. f. d. Durchführung d. Passierscheinabkommens. Seit 1971 stellv. Chef d. VP. Seit 26. 6. 1973 Generalmajor d. VP. Seit 1974 Chef d. Polit. Verw. u. stellv. Min. d. Innern. Seit 22. 5. 76 Kand. d. ZK d. SED. Mitgl. d. Präs. d. Zentr. Ltg. SV Dynamo. Seit 1. 7. 78 Generalltn. d. VP.
Ausz.: VVO i. Silber (1975).

Reutter, Max
Berlin
Geb. 24. 8. 1920 in Berlin
Erl. B.: Dreher, Maschinenbau-Ing.
Ausg. B.: CDU-Funktionär
Partei: CDU
L.: Nach d. Besuch d. Volksschule als Dreher, Spitzendreher, Meister, Ingenieur u. Betriebsltr. tätig. Arbeitsstudien-Ing. b. Magistrat v. Ostberlin. 1950-52 Magistratsdir. u. Ltr. d. Abt. Wohnungs- u. Sozialwesen i. Ostberlin. 1952-55 Vors. d. Bezirksverbandes Berlin d. CDU. Seit 1953 Stadtverordneter i. Ostberlin. 1954-58 Abg. d. Länderkammer. 1955-58 Bezirksrat i. Berlin-Prenzlauer Berg. 1958-81 stellv. OB u. Stadtrat i. Ostberlin f. internat. Verbindungen a. kommunalen Gebiet. Mitgl. d. Präs. d. Liga f. Völkerfreundschaft.
Ausz.: VVO i. Silber (1964) u. a.

Richter, Herbert
Hoyerswerda
Geb. 20. 4. 1933 i. Klettwitz als Sohn eines Bergarbeiters
Erl. B.: Chemielaborant, Diplom-Chemiker, Dr. rer. nat.
Ausg. B.: Generaldirektor
Partei: SED
L.: 1947 Chemielaborant i. Schwarzheide. Studium ABF Potsdam. 1953 Abitur. 1955 SED. Chemie-Studium a. d. Uni. Jena u. THC Leuna-Merseburg. 1959 Ltr. d. Forschungsgruppe Chemie i. d. Großkokerei Lauchhammer. 1963 Promotion zum Dr. rer. nat. Seit Juli 1966 Dir. bzw. Generaldir. VEB Gaskombinat „Schwarze Pumpe" i. Hoyerswerda. Mitgl. d. Sekr. d. KL 1963 Ltr. d. Abt. Geologie i. d. SED-BL Cottbus. Seit 1967 Mitgl. d. SED-BL Cottbus. Seit 16. 4. 1981 erstmalig Mitgl. d. ZK d. SED. Abg. d. BT.
Ausz.: Orden „Banner d. Arbeit" Stufe I (1980) u. a.

Richter, Manfred
Berlin
Geb. 21. 11. 1934 i. Halle/Saale
Erl. B.: Maschinenschlosser
Ausg. B.: Botschafter
Partei: SED
L.: Maschinenschlosser. Studium d. Staatswiss. Seit 1960 Angehöriger d. diplom. Dienstes i. DDR. 1962-65 Ltr. d. DDR-Handelsvertretung i. Mali. Danach stellv. Ltr. d. Afrika-Abt. i. MfAA 1968 bis 1970 erneut Ltr. d. Wirtschafts- u. Handelsmission d. DDR i. Mali. 1970-73 Gesandter d. DDR i. Mali. (s. März 1973 Botschafter) d. DDR i. VR Kongo-Brazzaville. 1974-80 stellv. Ltr. d. Abt. Nord- u. Westafrika i. MfAA. Juni 1980-Okt. 81 Botschafter auf Madagaskar. Nachf. v. Hans-Jürgen Weitz.
Ausz.: Orden „Banner d. Arbeit" Stufe III (1977) u. a.

Richter, Walter
Berlin
Ausg. B.: Stellvertretender Minister, Dr. rer. oec.
Partei: SED
L.: Nach 1945 Kreissekr. d. VdgB i. Dresden u. Meißen sowie Sekr. d. ZV d. VdgB. 1968-72 stellv. Vors. d. RLN f. Kader, Aus- u. Weiterbildung. Seit 1972 stellv. Min. f. Land-, Forst- u. Nahrungsgüterwirtschaft, zuständig f. Aus- u. Weiterbildung. Mitgl. d. Hoch- u. Fachschulrates d. DDR.
Ausz.: VVO i. Silber (1977) u. a.

Riedel, Sigfried
Berlin
Geb. 3. 9. 1918 in Schwarzenberg/Erzgeb.
Ausg. B.: Staatssekretär, HV-Leiter
Partei: SED
L.: Arbeiter. 1929 SAJ. Teiln. a. 2. Weltkrieg. 1945 Mitgl. d. KPD. Seit 1947 Angehöriger d. VP, KVP u. NVA. In d. fünfziger Jahren Chef einer mot. Schützendiv. i. Prenzlau. 1959 z. Generalmajor, 1963 z. Generalleutnant befördert. Zeitw. stellv. Min. f. Nat. Verteidigung u. Chef d. Hauptstabes d. Landstreitkräfte d. NVA. Seit 1968 Staatssekr. u. Ltr. d. HV b. Vors. d. MR.
Ausz.: VVO i. Gold (1976), Scharnhorst-Orden (1978) u. a.

Riege, Gerhard
Jena
Geb. 1930
Erl. B.: Postjungbote, Diplom-Jurist, Dr. jur. habil.
Ausg. B.: Hochschullehrer
Partei: SED
L.: Postjungbote. Studium d. Rechtswiss. Lehrtätigkeit a. d. Uni. Jena. 1954 Dozent, seit 1958 Dir. d. Inst. f. Staatsrecht. 1964 Habil. Gegenwärtig Lehrstuhlltr. f. Staatsrecht. Dekan der Gesellschaftswiss. Fakultät. Seit 1971 Abg. d. BT Gera.
Ausz.: VVO i. Bronze (1970).

Rieke, Karl
Rogäsen, Kreis Brandenburg
Geb. 10. 3. 1929 in Brandenburg (Havel) als Sohn eines Arbeiters
Erl. B.: Landwirt
Ausg. B.: Vorsitzender der LPG „Einigkeit" in Rogäsen
Partei: SED
L.: Erlernte d. Ber. eines Landwirts. Bes. d. Fachschule f. Landwirtsch. 1948 Mitgl. d. SED. 1949-1952 Wirtschafts- bzw. Betriebsltr. volkseigener Güter. Seit 1953 Vors. d. LPG Rogäsen. Seit 1957 Abg. d. Kreistages. 1958-1960 Kand. d. Büros d. SED-BL Potsdam. 1958-67 Mitgl. d. SED-BL Potsdam. 1960-71 Mitgl. d. Staatsrates d. DDR. 1961/63 Vors. d. LPG-Beirates b. Ministerrat. 1963-71 Mitgl. d. ZK d. SED. 1963-1968 Mitgl. d. LWR b. Ministerrat. 1963-71 Abg. d. VK.
Ausz.: VVO i. Bronze (1965) u. a.

Rietz, Hans
Berlin
Geb. 26. 4. 1914 in Könnern, Krs. Bernburg, als Sohn einer Arbeiterin
Erl. B.: Schlosser
Ausg. B.: DBD-Funktionär
Partei: DBD
L.: Bes. d. Volks- u. Mittelschule i. Bitterfeld. 1928-1932 Schlosserlehre. 1928 Mitgl. d. KJV. 1932-1939 Schlosser b. IG Farben i. Wolfen. Militär- u. Kriegsdienst. Sowj. Kriegsgefangenschaft. Angehöriger eines antifaschistischen Lageraktivs. Mehrmals als Bestarbeiter ausgez. 1949 Mitgl. d. DBD. Seit 1951 Mitgl. d. Parteivorstandes d. DBD. 1949-1951 Ltr. d. Parteischule d. DBD i. Borkheide. Danach versch. andere Funktionen i. Parteivorstand d. DBD. Seit 1954 Abg. d. VK. Seit 1955 Mitgl. d. Präs. d. Parteivorstandes d. DBD. Seit 1963 stellv. Vors. d. Ausschusses f. Nationale Verteidigung d. VK. 1960-76 stellv. Vors. d. Staatsrats d. DDR. Seit Jan. 1963 Mitgl. d. Präs. d. Freundschaftsges. DDR-Italien. Mai 1963-Mai 82 stellv. Vors. d. DBD i. d. DDR. 1976-81 Mitgl. d. Präs. d. VK. 1977-82 Vors. d. Parteischiedsgerichts d. DBD. Nachf. v. Stefan Zagrodnik. Seit 1980 Mitgl. d. Zentralaussch. u. d. Präs. d. Volkssolidarität.
Ausz.: VVO i. Gold (1964), Ehrenspange z. VVO i. Gold (1970) u. a.

Ringpfeil, Manfred
Leipzig
Geb. 12. 7. 1932 i. Wermsdorf
Erl. B.: Chemiker, Dr. sc. nat.
Ausg. B.: Hochschullehrer, Institutsdirektor
Partei: SED
L.: Studium. Dr. rer. nat. Lehrtätigkeit als Lehrbeauftr. a. d. TH Magdeburg (Techn. Mikrobiologie). Seit 1969 Dir. d. Inst. f. Techn. Chemie d. AdW i. Leipzig. Seit 1970 Prof. Seit 1975 korr. Mitgl., seit 1981 o. Mitgl. d. AdW. Kand. d. AdL. Mitgl. d. StL Leipzig d. SED.
Ausz.: Held d. Arbeit (1979).

Rinke, Rolf
Berlin
Geb. 1928
Erl. B.: Industriekaufmann. Diplom-Wirtschaftler, Dr. oec.
Ausg. B.: Vors. d. ZV d. Gewerkschaft Wissenschaft i. FDGB
Partei: SED
L.: Industriekaufmann. Diplom-Wirtschaftler. Seit 1948 hauptamtlicher FDGB-Funktionär. 20 Jahre MA d. BV d. FDGB. Instrukteur d. Abt. Schulung d. BV d. FDGB, dann Ltr. d. Abt. Agitprop. Aspirantur u. Promotion. A. IfG. Seit 1971 Lehrtätigkeit a. HS d. Gewerkschaften i. Bernau. Ltr. d. Sektion Grundlagen d. Marxismus-Leninismus. Stellv. Dir. d. Gewerkschafts-HS. Seit 6. 1. 1982 Vors. d. Gewerkschaft Wissenschaft i. FDGB. Nachf. v. Horst Sander. Seit 24. 4. 1982 Mitgl. d. Präs. d. BV d. FDGB.
Ausz.: VVO i. Bronze (1977).

Riss, Rudolf
Berlin
Geb. 2. 7. 1923 i. Leipzig
Erl. B.: Kfm. Angestellter, Dipl. rer. mil.
Ausg. B.: Generalleutnant d. VP
Partei: SED
L.: Kfm. Angestellter. Kriegsdienst i. d. Luftwaffe. Nach 1945 VP. Zeitw. Ltr. d. VPKA Görlitz-Stadt. 1. 7. 1970 Generalmajor, 26. 6. 1975 Generalleutnant d. VP. Seit Anfang d. 70er Jahre stellv. Innenminister u. Chef d. Stabes d. VP. Seit 1977 1. stellv. Innenminister d. DDR. Seit 16. 4. 1981 erstmalig Kandidat d. ZK d. SED. Ausz.: VVO i. Silber (1973) u. a.

Ritter, Bärbel
Berlin
Geb. 1945
Erl. B.: Werkstoffprüfer, Diplom-Gesellschaftswissenschaftler
Ausg. B.: Sekretär d. BV d. FDGB
Partei: SED
L.: Werkstoffprüfer. Absolventin d. PHSch. Diplom-Gewi. 1968 Sekr. f. Landjugend d. FDJ-BL Erfurt. 1980-81 Sekr. u. Vors. d. Frauenkommission d. BV Dresden d. FDGB. Seit 22. 4. 1981 Mitgl. d. Präsidiums u. Sekr. d. BV d. FDGB. Nachf. v. Margarete Müller.

Rodenberg, Ilse
(früher Ilse Weintraut-Rinka), geb. Haupt
Berlin
Geb. 3. 11. 1906 in Düsseldorf
Erl. B.: Stenotypistin, Schauspielerin
Ausg. B.: Präsident d. Internat. Vereinigung d. Kinder- u. Jugendtheaters
Partei: NDP
L.: Bes. d. Lyzeums u. d. Handelsschule i. Düsseldorf. 1925-38 Stenotypistin u. Sekretärin i. Hamburg. 1926 bis 1928 schauspielerische Ausb. 1931-1933 Mitgl. d. Kollektivs „Hamburger Schauspieler". 1931-33 Mitgl. d. KPD u. RGO. 2. 3. bis 11. 3. 1933 u. 8. 5. 1933 bis 26. 11. 1934 i. Untersuchungs- u. KZ-Haft weg. Herstellung antinationalsoz. Flugblätter u. Druckschriften. 1943 bis 1944 Kriegseinsatz i. d. Heimmütterschule i. Oberbach/Rhön. 1945 erneut Mitgl. d. KPD. Ab Sommer 1946 Ltr. d. Kollektiv-Studios (KPD-Kabarett) „Die Laternenanzünder" i. Hamburg. Danach Übersiedlung i. d. SBZ. 1948 Intendant a. Theater Ludwigslust. Gründete i. Auftr. d. SED i. Ludwigslust d. NDP. 1949-50 Intendant d. Volksbühne Neustrelitz. Seit 1950 Abg. d. VK (ab 1958 Bln. Vertr.). Seit 1950 Mitgl. d. Hauptausschusses d. NDP. 1950-58 Mitgl. d. Gnadenausschusses d. VK. 1950-57 Intendant d. Hans-Otto-Theaters i. Potsdam. 1959-73 Intendant d. „Theaters d. Freundschaft" i. Ostberlin. Seit 1963 Mitgl. d. Präsidialrates d. DKB u. d. Parteivorstandes (Präsidiums) d. NDP. Diente. Vors. d. PKK d. NDP. 1970-78 Vizepräs., seit 15. 6. 78 Präsident d. Internat. Vereinigung d. Kinder- u. Jugendtheaters. Seit 1974 Dir. d. Büros f. internat. Fragen d. Kinder- u. Jugendtheaters d.

DDR. Mitgl. d. Präs. d. Vorstandes d. Verbandes d. Theaterschaffenden d. DDR. Witwe v. Hans R.
Ausz.: VVO i. Gold (1971) u. a.

Rödel, Fritz
Berlin
Geb. 1930
Erl. B.: Bergarbeiter, Literaturwissenschaftler, Dr. phil.
Ausg. B.: Intendant
Partei: SED
L.: Bergarbeiter. ABF. Studium d. Germanistik, Theaterwiss. i. Jena. Danach MA i. Henschel-Verlag u. Sektorenltr. Theater i. MfK. 1962-65 Dramaturg u. Parteisekr. Maxim-Gorki-Theater u. Chefdramaturg d. Volksbühne. Promotion a. IFG über die Entwicklung d. DDR-Schauspieltheaters. 1970 Chefdramaturg u. stellv. Intendant d. Maxim-Gorki-Theaters. Seit April 1978 Intendant d. Volksbühne Berlin. Nachf. v. Benno Besson. 1971-80 Vors. d. Bezirkskollegiums Berlin d. Verb. d. Theaterschaffenden. Mitgl. d. Präs. d. Verb. d. Theaterschaffenden.

Röder, Edgar
Berlin
Geb. 25. 2. 1936
Ausg. B.: Botschafter
Partei: SED
L.: Studium a. d. DASR. Seit 1964 Angehöriger d. diplom. Dienstes d. DDR. 1967 Angehöriger d. DDR-Botschaft i. Polen. 1968-70 stellv. Ltr. d. DDR-HV i. Mali. 1971-79 Ltr. d. Abt. Afrika bzw. Ost- u. Zentralafrika i. MfAA. Seit 27. 6. 1979 Botschafter d. DDR i. Algerien. Nachf. v. Karl-Heinz Vesper.
Ausz.: VVO i. Bronze (1976) u. a.

Rödiger, Kurt
Suhl
Geb. 26. 11. 1920 in Suhl
Erl. B.: Kaufm. Angestellter, Diplom-Wirtschaftler, Dr. rer. oec.
Ausg. B.: Stellv. Vorsitzender d. RdB Suhl
Partei: SED
L.: Kfm. Angestellter. Teiln. a. 2. Weltkrieg (Oberfunkmaat). Dipl.-Wirtschaftler. 1945 Mitgl. d. KPD. Mitte d. 50er Jahre Ltr. d. kaufm. Abt. d. Hauptverwaltung Kali i. Min. f. Schwerindustrie. 1957 Ltr. d. Hauptverwaltung Kali i. Min. f. Berg- u. Hüttenwesen. 1958-69 Hauptdir. Berg. d. VVB Kali i. Erfurt. Seit Jan. 1963 (VI. Parteitag) Mitgl. d. ZK d. SED. 1971-73 Ltr. d. Handelspolit. Abt. a. d. DDR-Botschaft i. Ungarn. 1974-76 Vors. d. BWR u. stellv. Vors. d. RdB Suhl f. bezirksgel. Ind., Lebensmittelind. u. ÖVW. Seit 13. 4. 76 stellv. Vors. d. RdB Suhl u. Vors. d. BPK. Mitgl. d. Sekr. d. SED-BL.
Ausz.: Orden „Banner d. Arbeit" (1962), VVO i. Silber (1980) u. a.

Rögner, Heinz
Berlin
Geb. 16. 1. 1929 i. Leipzig als Sohn eines Musikers
Erl. B.: Dirigent
Ausg. B.: Generalmusikdirektor, Prof.
L.: Ab 1947 Musik-Studium. 1951 Solorepetitor u. Kapellmeister d. Dtsch. Nationaltheaters Weimar. 1954 Dozent f. Dirigieren a. d. HS f. Musik i. Leipzig. 1958-62 Chefdirigent d. Großen Rundfunkorchesters Leipzig. Seit 1962 Generalmusikdir. d. Dtsch. Staatsoper i. Ostberlin. Seit 1973 Chefdirigent d. Rundfunksinfonieorchesters u. seit 1974 d. Runfunkchors. 1981 Prof.
Ausz.: Gerhart-Eisler-Plakette (1979).

Röhl, Ulrich
Berlin
Erl. B.: Jurist, Dr. jur.
Ausg. B.: Generalsekretär
Partei: SED
L.: Jurist. 1960 Richter a. KG Annaberg. 1964-76 Richter bzw. Oberrichter a. OG. Vors. d. 5. Strafsenats. Seit 24. 3. 76 Generalsekr. d. Ver. d. Juristen d. DDR. Nachf. v. Walter Baur.
Ausz.: VVO i. Bronze (1979) u. a.

Röhrer, Rudolf
Leipzig
Geb. 7. 1. 1930
Erl. B.: Glasbläser, Diplom-Journalist
Ausg. B.: Chefredakteur
Partei: SED
L.: Glasbläser. Volkskorrespondent. Fünfjähriges Fernstudium d. Journalistik a. d. KMU Leipzig. Dreijähriger Besuch d. PHSch d. SED. 1956-59 Chefred. d. „Zeit i. Bild". 1962 Redaktionssekr., 1965-67 Chefred. d. „Neuen Berliner Illustrierten". 1967-78 stellv. Chefred., seit Sept. 1978 Chefred. d. „Leipziger Volkszeitung". Nachf. v. Werner Stiehler. Seit 1979 Mitgl. d. SED-BL Leipzig u. d. ZV d. VdJ.
Ausz.: VVO i. Bronze (1976) u. a.

Römhild, Arnd
Leipzig
Geb. 23. 10. 1914 i. Saalfeld
Erl. B.: Diplom-Journalist, Dr. rer. pol.
Ausg. B.: Hochschullehrer
Partei: NDP
L.: 1934 Abitur. Volontariat i. einem Fachzeitschriftenverlag. 1939-45 Kriegsdienst (Oberltn.). Sowj. Kriegsgefangenschaft. 1951 Mitgl. d. NDP. 1950 Red. d. „Thüringer Neuesten Nachrichten". 1953-68 Chefred. d. „Mitteldtsch. Neuesten Nachrichten" i. Leipzig. 1956-62 Fernstudium a. d. KMU. Diplom-Journalist. Danach Dozent a. d. Sektion Journalistik KMU Leipzig. 1969 Promotion z. Dr. rer. pol. a. d. Fak. f. Journ. KMU. Seit 5. 9. 75 ao. Prof. a. d. Sektion Journ. (Wissenschaftsbereich Journalistik-Arbeitsprozeß).

Rös, Franz
Halle/Saale
Geb. 27. 12. 1920 i. Hersfeld
Ausg. B.: Generalmajor d. NVA
Partei: SED
L.: Kriegsdienst. 1944 Uffz. i. einer Flakabt. Sowj. Kriegsgef. Nach 1945 Angehöriger d. KVP/ NVA. Zeitw. Kdr. 7. Pz.-Div. i. Dresden. Seit 1975 Chef d. WBK Halle. Seit März 1976 Mitgl. d. SED-BL Halle. Seit 5. 10. 1978 Generalmajor d. NVA.

Rösel, Fritz
Berlin
Geb. 25. 3. 1926 in Heidenau bei Dresden
Erl. B.: Schuhfacharbeiter, Diplom-Gesellschaftswissenschaftler, Dr. rer. oec.
Ausg. B.: Sekretär d. BV d. FDGB
Partei: SED
L.: Volksschule. 1940-42 Lehre als Schuhfacharbeiter. Danach bis 1947 als Schuhfacharbeiter tätig. 1945 KPD. 1946 SED. 1945-47 Jugendbetriebsrat. 1947-51 Jugendsekr. b. Landesvorst. IG Leder i. Sachsen. MA u. Sekr. d. ZV d. IG Textil-Bekleidung-Leder. 1952-56 Studium a. Inst. f. Gewi. b. ZK d. SED. Dipl.-Gewi. 1960 Dr. rer. oec. 1956-59 lt. MA d. BV d. FDGB. Ltr. d. Abt. Schulung bzw. Agitprop. 1959-62 stellv. Vors. d. ZV d. IG Textil-Bekleidung-Leder. Seit 1962 Sekr. u. Mitgl. d. Präs. d. BV d. FDGB (verantw. f. Sozialvers., Feriendienst, Arbeiterversorgung, gewerksch. Betreuung). Seit 1967 Abg. d. VK u. Vors. d. Ausschusses f. Arbeit u. Sozialpolitik.
Ausz.: VVO i. Silber (1970) u. a.

Rösser, Wolfgang
Berlin
Geb. 16. 3. 1914 in Berlin als Sohn eines Klavierlehrers
Erl. B.: Versicherungskaufmann, Diplom-Staatswissenschaftler
Ausg. B.: Mitgl. d. Sekr. d. Hauptausschusses d. NDP
Partei: NDP
L.: Bes. d. Reformrealgymn. i. Berlin. 1934-1937 Ausbildung z. Versicherungskaufmann. 1937-1945 Militär- u. Kriegsdienst. 1944 Major. Sowj. Kriegsgefangenschaft. 1950 Mitgl. d. NDP. Hauptamtl. Funktionär d. NDP m. wechs. Aufg. i. Parteivorstand. Zeitw. Rektor d. HS f. Nat. Politik i. Waldsieversdorf. Seit 1950 Abg. d. VK. Seit 1952 Mitgl. d. Hauptausschusses u. d. Parteivorstandes (Präsidiums) d. NDP. 1954-58 stellv. Vors., 1958-67 Vors. d. NDP-Fraktion i. VK. 1963-67 stellv. Vors. d. IPG d. DDR. Mai 1963-April 82 Sekr. d. Hauptausschusses d. NDP. Seit Juni 1961 Vizepräs. d. Freundschaftsges. DDR-Lateinamerika. Seit 1967 Vors. d. Ausschusses f. Haushalt u. Finanzen i. Mitgl. d. Präs. d. VK. Vors. d. Parlam. Freundschaftsgruppe DDR-Lateinamerika. Länder. Seit April 1982 Mitgl. d. Sekr. d. Hauptausschusses d. NDP sowie Vors. d. PKK d. NDP.
Ausz.: VVO i. Gold (1974) u. a.

Rötzsch, Helmut

Leipzig
Geb. 17. 12. 1923 in Leipzig als Sohn eines Eisenbahnarbeiters
Erl. B.: Buchhändler, Diplom-Gesellschaftswissenschaftler, Dr., Prof.
Ausg. B.: Generaldirektor der Deutschen Bücherei in Leipzig
Partei: SED
L.: Buchhändlerlehre i. Leipzig. Buchhandlungsgeh. 1941 NSDAP. Kriegsdienst, Kriegsgefangenschaft. Danach Transportpolizist. 1946 Mitgl. d. SED. 1948-50 Studium d. Gesellschaftswiss. a. d. Uni. Leipzig. 1950-53 Verwaltungsdir. u. Kaderltr., 1953 bis 1961 stellv. Hauptdir., seit 1. 7. 1961 Hauptdir. (Generaldir.) d. Deutschen Bücherei i. Leipzig. Nachf. v. Prof. Fleischhack. Seit 1961 Stadtverordneter i. Leipzig. Zeitw. Präs. d. Dtsch. Bibliotheksverbandes. Honorarprof. KMU Leipzig. Vors. d. Wiss. Beirates f. Bibliothekswesen u. wiss. Information b. Min. f. Hoch- u. Fachschulwesen. Mitgl. d. Hoch- u. Fachschulrates d. DDR. Oberbibliotheksrat.
Ausz.: VVO i. Silber (1980) u. a.

Roger, Gerhard

Rostock
Geb. 11. 7. 1929 i. Marienburg
Erl. B.: Pädagoge, Dr. sc. paed.
Ausg. B.: Hochschullehrer
Partei: SED
L.: Absolvent d. ABF Rostock. Ab 1950 Studium d. Pädagogik a. d. Uni. Rostock. BGL-Vors. d. Uni. Seit 1957 Lehrtätigkeit a. d. Uni. Rostock. 1957-61 Prorektor f. Studienangel. 1966 Prof. Gegenw. o. Prof. f. Hochschulpädagogik u. Ltr. d. Fachbereichs Hochschulpädag. d. Sektion Pädag. u. Psychologie d. Uni. Rostock. 1966-70 1. Sekr. d. Universitätsparteiltg. d. SED. 1974-81 Prorektor f. Gesellschaftswiss.
Ausz.: VVO i. Bronze (1969) u. a.

Rohde, Alfred

Karl-Marx-Stadt
Geb. 21. 4. 1921 i. Dresden als Sohn eines Arbeiters
Erl. B.: Maschinenschlosser, Diplom-Gesellschaftswissenschaftler
Ausg. B.: 1. Sekretär d. SED-Gebietsltg. Wismut
Partei: SED
L.: Volksschule. 1935-39 Lehre als Maschinenschlosser. 1939-42 u. 1945 bis 1950 als Maschinenschlosser tätig. 1942-45 Soldat (Flieger). 1946 SPD/SED. 1946-50 BGL-Vors. 1951-52 Abtltr. i. d. SED-KL Dresden. 1952-53 Abtltr. i. d. SED-KL Dresden-Land. 1953-55 Studium PHSch d. SED. Diplom-Gewi. 1953-55 Parteigruppenorganisator. 1955-66 MA d. ZK d. SED. 1966-71 Sekr. f. Org./Kader (2. Sekr.), seit 5. 2. 1971 1. Sekr. d. SED-Gebietsltg. Wismut. Nachf. v. Kurt Kiess. Seit Juni 1971 Mitgl. d. ZK d. SED. Seit Nov. 1971 Abg. d. VK.
Ausz.: VVO i. Bronze (1968), Karl-Marx-Orden (1981) u. a.

Rohde, Gerhard

Berlin
Ausg. B.: Abteilungsleiter
Partei: SED
L.: 1971 Student d. PHSch d. SED. 1971-76 Kand., seit 22. 5. 76 Mitgl. d. ZRK d. SED. 1976 Polit. MA i. d. ZRK d. SED. Gegenwärtig AL i. MdF (Staatl. Finanzrevision).
Ausz.: VVO i. Bronze (1981).

Rohmer, Rolf

Leipzig
Geb. 21. 2. 1930 i. Leipzig
Erl. B.: Theaterwissenschaftler, Dr. phil. habil., Prof.
Ausg. B.: Intendant
Partei: SED
L.: Theaterwissenschaftler. Dr. phil. habil. Zeitw. Dozent f. Dtsch. Literatur u. Gesch. sowie Prorektor f. Forschung u. Apsirantur a. d. Theaterhochschule Leipzig. Seit Febr. 1969 Rektor d. Theater-HS. Nachf. v. A.-G. Kuckhoff. Mitgl. d. Vorstandes d. Goethe-Ges. Seit März 1971 Mitgl. d. Vorstandes u. d. Präs., seit Dez. 1975 Vizepräs. d. Verbandes d. Theaterschaffenden. Seit Aug. 79 Präs. d. Internat. Ges. f. Theaterforschung. Vizepräs. d. Zentrums DDR d. Internat. Theaterinstituts. Seit 1. 9. 1982 Intendant d. Deutschen Theaters i. Ostberlin. Nachf. v. Gerhard Wolfram.
Ausz.: Lessing-Preis (1979).

Rommel, Egon

Berlin
Geb. 13. 9. 1930 als Sohn eines Arbeiters
Erl. B.: Diplom-Staatswissenschaftler
Ausg. B.: Botschafter
Partei: SED
L.: 1950-56 Studium a. d. Uni. Jena u. DASR. Dipl.-Staatswiss. Seit 1956 Angehöriger d. dipl. Dienstes d. DDR. Attaché, 2. Sekr. u. Geschäftsträger i. d. Mongolischen Volksrepublik. 1972-73 Besuch d. PHSch d. SED. 1973-76 stellv. Ltr. d. Abt. Ferner Osten i. MfAA. Aug. 1976-Juli 81 Botschafter i. d. Mongolischen Volksrepublik. Nachf. v. Berthold Handwerker.
Ausz.: VVO i. Bronze (1973) u. a.

Rompe, Robert

Berlin
Geb. 10. 9. 1905 in St. Petersburg/Rußland
Erl. B.: Physiker, Dr. phil.
Ausg. B.: Hochschullehrer (em.)
Partei: SED
L.: Studium d. Physik a. d. Uni. Berlin. 1930 Promotion zum Dr. phil. 1932 Mitgl. d. KPD. Anschl. i. d. Industrie (Osram) tätig. 1942 Habil. a. d. Uni. Bonn. 1945-49 Ltr. d. Abt. Hochschulen u. Wissenschaft i. d. Zentralverwaltung f. Volksbildung d. SBZ. 1946-71 Prof. m. Lehrstuhl f. Physik u. Dir. d. II. Physik. Inst. d. Humboldt-Uni. 1946-50 Mitgl. d. Parteivorstandes d. SED. 1949-1958 Dir. d. Inst. f. Strahlungsquellen d.

DAW. Seit 1953 Mitgl. d. DAW. Zeitw. Dir. d. Physikal.-Techn. Inst. d. Forschungsgem. d. DAW u. Dir. d. Zentralinst. f. Elektronenphysik d. DAW. Jetzt emeritiert. Seit dem V. Parteitag (Juli 1958) Mitgl. d. ZK d. SED. Vors. d. Physikal. Ges. d. DDR.
Ausz.: Nat. Preis II. Kl. (1951). VVO Gold (1970). Dr. h. c. d. Humboldt-Uni (1975), Karl-Marx-Orden (1980) u. a.

Roscher, Paul
Karl-Marx-Stadt
Geb. 17. 9. 1913 in Pockau (Erzgebirge) als Sohn des kommunist. Spitzenfunktionärs Max R.
Erl. B.: Maschinenschlosser
Parteiveteran
Partei: SED
L.: Volksschule. 1928 KJV. Mitgl. d. Dtsch. Metallarb.-Verbandes. 1932 Mitgl. d. KPD. Nach 1933 zu 2 1/2 Jahren Zuchthaus verurteilt. Häftling i. KZ-Lager Emsländer Moor. Kriegsdienst i. Strafbtl. 999. Bis 1947 franz. Kriegsgefangenschaft. Seit 1947 hauptamtl. Funktionär d. SED. u. a. i. Krs. Marienberg u. 1949-52 Abtltr. Landesltg. Sachsen d. SED. 1952-54 Sekr. f. Landwirtschaft. d. SED-BL Leipzig. 1954-55 Besuch PHSch. 1955-58 Sekr. f. Landwirtschaft. 1958-59 2. Sekr. d. SED-BL Erfurt. Aug. 1959-Febr. 1963 1. Sekr. d. SED-BL Gera. Febr. 1963-März 1976 1. Sekr. d. SED-BL Karl-Marx-Stadt. Seit d. VI. Parteitag (Jan. 1963) Mitgl. d. ZK d. SED. Okt. 1963-Juni 81 Abg. d. VK, Abg. d. BT Karl-Marx-Stadt. „Parteiveteran".
Ausz.: VVO i. Gold (1969), Karl-Marx-Orden (1973) u. a.

Rose, Harald
Berlin
Geb. 4. 5. 1927 i. Dannheim b. Arnstadt/Thür.
Erl. B.: Jurist, Dr. jur.
Ausg. B.: Abteilungsleiter i. MfAA, Botschafter
Partei: SED
L.: Jurist. Dr. jur. Seit d. 50er Jahren Angehöriger d. diplom. Dienstes d. DDR. 1965-68 Ständ. Beobachter d. DDR b. d. ECE i. Genf. Anschl. wiss. MA i. MfAA, 1971 Ltr. d. Abt. Internat. Org. u. seit 1974 Ltr. d. Abt. UNO i. DDR-Außenmin. Botschafter.
Ausz.: VVO i. Silber (1977) u. a.

Rossmeisl, Rudolf
Berlin
Geb. 5. 8. 1923 i. Rothau/CSR als Sohn eines Arbeiters
Erl. B.: Schlosser
Ausg. B.: Botschafter
Partei: SED
L.: Schlosserlehre i. d. CSR. 1937 Mitgl. d. KJV d. CSR. Kriegsdienst. Nach 1945 SED-Funktionär i. Land Sachsen. Seit 1950 Angehöriger d. dipl. Dienstes d. DDR. Botschaftsrat i. Warschau u. Peking. 1956-60 Botschaftsrat i. Moskau. 1960-63 Ltr. d. Presseabt. i. MfAA. 1964 bis 1968 Gesandter a. d. DDR-Botschaft i. d. UdSSR. Dez. 1968-Juli 1973 Botschafter d. DDR i. d. VR Polen. Nachf. v. Karl Mewis. 1973-79 Ltr. d. Abt. Benachbarte Länder i. MfAA. Seit 22. 6. 1979 Botschafter i. d. VR Ungarn. Nachf. v. Gerh. Reinert.
Ausz.: VVO i. Silber (1969) u. a.

Rossow, Gerd
Berlin
Erl. B.: Diplom-Gesellschaftswissenschaftler
Ausg. B.: Leiter einer Sonderschule d. ZK d. SED
Partei: SED
L.: 1952-60 Ltr. d. Abt. Kultur i. d. SED-BL Schwerin. Danach MA d. Abt. Kultur i. ZK d. SED (Sektorenltr., stellv. Abtltr.). Seit März 1973 Ltr. d. Sonderschule d. ZK d. SED f. Aus- u. Weiterbildung leitender Kulturkader „Hans Marchwitza" i. Woltersdorf.
Ausz.: VVO i. Bronze (1969) u. a.

Rost, Erich
Berlin
Geb. 19. 4. 1919 in Kirchworbis (Eichsfeld) als Sohn eines Arbeiters
Erl. B.: Diplom-Wirtschaftler
Ausg. B.: Funktionär d. Nat. Front
Partei: LDP
L.: Besuch d. Mittelschule i. Worbis u. d. Gymn. i. Duderstadt. Kriegsdienst. 1946 LDP. Studium. Sachbearbeiter u. Referent i. d. Finanzverwaltung Mühlhausen/Thür. Mitgl. d. LDP. Danach Referent u. stellv. Ltr. d. Landesfinanzdir. Thüringen. 1952 Ltr. d. Unterabt. Abgaben b. Rat d. Bez. Erfurt. 1954-55 stellv. Vors. RdB Halle. 1954 Diplom-Wirtschaftler (DASR). 1955-1960 stellv. Vors. d. Rates d. Bez. Magdeburg u. Vors. d. Bezirksverbandes Magdeburg d. LDP. Abg. d. Bezirkstages Magdeburg. 1959-1961 Sekr. d. Zentralvorstandes d. LDP. 1959-61 Vors. d. Bezirksverbandes Berlin d. LDP. 1961-72 stellv. Finanzmin. d. DDR. 1960-63 Berliner Vertr. i. d. VK. Seit 1960 Mitgl. d. ZV u. d. Polit. Ausschusses d. ZV d. LDP. Seit Nov. 1972 Mitgl. d Sekretariats u. d. Präs. d. Nationalrates d. Nat. Front.
Ausz.: VVO i. Silber (1969) u. a.

Rost, Harald
Berlin
Geb. 26. 11. 1933 i. Posen als Sohn eines Landwirts
Erl. B.: Diplom-Wirtschaftler
Ausg. B.: Stellv. Vorsitzender
Partei: SED
L.: Oberschule. Abitur. 1952-56 Studium a. d. MLU Halle-Wittenberg. Diplom-Wirtschaftler. 1956-57 wiss. Ass. a. d. MLU. Seit 1957 i. VEB Leuna-Werke tätig (Ass., stellv. kfm. Dir., Ökon. Dir.). Seit 1958 Mitgl. d. SED. 1971-80 1. stellv. Generaldir. d. VEB Leuna-Werke. Seit 1967 Abg. d. VK. Mitgl. d. Ausschusses f. Industrie, Bauwesen u. Verkehr. Seit 1980 Mitgl. d. SPK.
Ausz.: Verdienter Mitarbeiter d. Planungsorgane (1979) u. a.

Roth, Kurt

Berlin
Geb. 10. 11. 1931
Erl. B.: Schuhfacharbeiter, Diplom-Staatswissenschaftler
Ausg. B.: Sekretär, Botschafter
Partei: SED
L.: Bis 1949 Lehre als Schuhfacharbeiter. 1950-60 FDJ- u. SED-Funktionär (SED-BL Suhl). 1960-64 Studium a. Inst. f. Internat. Beziehungen d. DASR. Dipl.-Staatswiss. Seit 1964 Angehöriger d. diplom. Dienstes d. DDR. 1966 Botschaftssekr. i. Algerien. 1967-71 amt. Ltr. d. DDR-Handelsvertretung i. Tunesien. 1971-75 Sektorenltr. i. MfAA. Seit 3. 6. 1975 Botschafter i. Guinea-Bissau, seit 29. 11. 1975 Botschafter i. d. Republik d. Kapverden. Juli 1978 abgelöst. Seitdem Sekr. d. Solidaritätskomitees d. DDR.
Ausz.: Verdienstmed. d. DDR, Orden „Banner d. Arbeit" Stufe III (1978) u. a.

Rothe, Karl

Dummerstorf-Rostock
Geb. 5. 2. 1930 i. Aussig, Krs. Torgau, als Sohn eines Landwirts
Erl. B.: Veterinärmediziner, Dr. sc. med. vet.
Ausg. B.: Direktor eines Forschungszentrums
Partei: SED
L.: 1947 SED. 1949 ABF Halle. 1952 Abitur. Studium d. Veterinärmed. a. d. Humboldt-Uni. Ostberlin. 1958 Promotion zum Dr. med. vet. Wiss. Ass. a. d. Tierklinik f. Geburtshilfe u. Fortpflanzungsstörungen i. Berlin. 1963 Habil. Lehrtätigkeit a. d. Humboldt-Uni., 1965 Prof. Uni. Jena. 1968 Prof. Uni. Leipzig. Seit 1. 1. 73 Dir. d. Forschungszentrums f. Tierproduktion d. AdL i. Dummerstorf. Ltr. d. Koordinierungszentrums i. RGW „Ausarbeitung d. wichtigsten biol. Grundlagen d. Tierprod.". 1965-68 Präs. d. Wiss. Ges. f. Veterinärmed. d. DDR.
Ausz.: Verdienter Tierarzt u. a.

Rothe, Rudi

Berlin
Geb. 26. 12. 1928 i. Dittersbach, Krs. Löbau.
Erl. B.: Staatl. gepr. Landwirt, Diplom-Wirtschaftler
Ausg. B.: Sekretär d. PV d. DBD
Partei: DBD
L.: Volksschule. 1943-45 Handelsschule. 1946-50 Lehrling u. Kfm. i. d. Landw. Dorfgen. Dittersbach. 1949 DBD. 1950-52 Besuch d. Verwaltungsak. Forst-Zinna. Diplom-Wirtschaftler. Seit 1952 polit. MA d. PV d. DBD. Seit 1953 ununterbrochen Ltr. d. Büros d. Parteivors. d. DBD. Seit 1959 Mitgl. d. Friedensrates d. DDR. 1963-68 Kand., seit 1968 Mitgl. d. PV d. DBD. Seit Juni 1981 Abg. d. VK u. Mitgl. d. Ausschusses f. Auswärtige Angel. Seit Mai 1982 Mitgl. d. Präs. u. Sekretär d. PV d. DBD. Seit 2. 7. 1982 Mitgl. d. Präsidiums d. VK.
Ausz.: Orden „Banner d. Arbeit" Stufe I (1977) u. a.

Rothe, Werner

Berlin
Geb. 1929
Ausg. B.: Generalleutnant d. NVA
Partei: SED
L.: Seit 1948 Angehöriger d. bewaffneten Organe. 1948 SED. Politoffizier d. Luftstreitkräfte. Zeitw. Ltr. d. Polit. Verwaltung i. Kommando d. LSK/LV. Seit 1. 3. 1967 Generalmajor d. NVA. Seit 20. 2. 76 Generalleutnant d. NVA. Stellv. Chef d. Landstreitkräfte u. Chef d. Polit. Verw. (zugleich stellv. Chef d. PHV).
Ausz.: VVO i. Silber (1974), Kampforden f. Verdienste um Volk und Vaterland i. Gold (1978) u. a.

Rotter, Dietrich

Freiberg/Sa.
Erl. B.: Elektriker, Dr. sc. techn.
Ausg. B.: Hochschullehrer
Partei: SED
L.: Elektriker u. Bauhilfsarbeiter. Bes. einer ABF. 1946 SED. Studium (3 Semester) a. d. Bergakad. Freiberg. 1951-56 Studium a. Bergbau-Inst. Moskau. Danach Industrietätigkeit als Werkltr. VEB Steinkohlenwerk Freital u. Dir. f. Arbeit i. Steinkohlenwerk Zwickau. MA d. DAW. Seit 1970 o. Prof. f. Geomechanik. 1970-76 Rektor d. Bergakad. Freiberg. 1972-78 Vors. d. DSF i. Bez. Karl-Marx-Stadt.
Ausz.: VVO i. Bronze (1976) u. a.

Rotzsch, Hans-Joachim

Leipzig
Geb. 25. 4. 1929 i. Leipzig
Erl. B.: Kirchenmusiker, Prof.
Ausg. B.: Thomaskantor
Partei: CDU
L.: Nach 1945 Tiefbauhilfsarbeiter i. Kombinat Espenhain. 3 Jahre Kraftfahrzeugschlosser. Danach Studium a. d. HS f. Musik i. Leipzig. A-Kirchenmusiker-Examen. Stimmbildner b. d. Thomanern. Seit 1962 Lehrtätigkeit a. d. HS f. Musik i. Leipzig. Seit 1972 Prof. Seit Mai 1972 Thomaskantor i. Leipzig. Nachf. v. Prof. Erhard Mauersberger. 1977 Mitgl. d. CDU. Stadtverordneter i. Leipzig.
Ausz.: Kunstpreis d. DDR (1967). Nat. Pr. II. Kl. (1976), VVO i. Bronze (1980) u. a.

Routschek, Helmut

Cottbus
Geb. 25. 9. 1934
Erl. B.: Markscheider, Dr.-Ing.
Ausg. B.: Stellv. Vorsitzender d. RdB Cottbus
Partei: NDP
L.: Markscheider. Dr.-Ing. In den 70er Jahren AL f. Rationalisierung u. Automatisierungvorbereitung i. VE Gaskombinat Schwarze Pumpe i. Hoyerswerda. Seit 1972 Mitgl. d. HA d. NDP. Vors. d. Kreisausschusses d. NF u. Abg. d. KT. Seit Juli 1981 stellv. Vors. d. RdB Cottbus f.

Wohnungspolitik. Nachf. v. Günter Batke. Abg. d. BT Cottbus.
Ausz.: VVO i. Bronze (1980) u. a.

Rowohl, Norbert

Rostock
Geb. 25. 2. 1951
Erl. B.: Betriebsschlosser
Ausg. B.: 1. Sekretär FDJ-BL Rostock
Partei: SED
L.: Betriebsschlosser. FDJ-Funktionär. 1971 Sekr. d. FDJ-KL Ribnitz-Damgarten. 1974 2. Sekr., 1975-77 1. Sekr. FDJ-KL Ribnitz-Damgarten. 1977-80 Studium a. d. PHSch d. SED. Seit 29. 8. 1980 1. Sekr. d. FDJ-BL Rostock. Nachf. v. Harry Krahn.
Ausz.: Artur-Becker-Medaille i. Silber u. a.

Ruddigkeit, Günther

Gera
Geb. 1. 2. 1931
Erl. B.: Bankkaufmann, Diplom-Wirtkschaftler
Ausg. B.: Vorsitzender d. Bezirksverbandes Gera d. NDP
Partei: NDP
L.: Bankkaufmann, Diplom-Staatswiss. u. Diplom-Wirtschaftler. 1950 NDP. Gemeindevertreter i. Heringsdorf. 1954-58 u. 1963-67 Abg. d. BT Rostock. Kreissekr. d. NDP i. Greifswald u. Sekr. d. BV Rostock d. NDP. 1970 bis 1972 Ltr. d. Abt. Personalpolitik i. Sekr. d. Hauptausschusses d. NDP. Seit Sept. 1972 Vors. d. Bezirksverbandes Gera d. NDP. Nachf. v. Edgar Neupert. Seit 1977 Mitgl. d. Hauptausschusses d. NDP. Abg. d. BT.
Ausz.: VVO i. Silber (1979) u. a.

Rudelt, Walter

Berlin
Geb. 1930 als Sohn eines Textilarbeiters
Erl. B.: Bäcker, Diplom-Jurist
Ausg. B.: Oberrichter am OG
Partei: SED
L.: Bäcker. 1946 Betriebsratsvors. Jugendfunktionär d. IG Handel, Nahrung, Genuß i. FDGB. 1950 Ltr. d. Abt. Arbeit u. Sozialpolitik d. ZV d. Gewerkschaft Handel, Nahrung, Genuß. 1953 Ltr. d. Sektors Betriebskollektivverträge d. Bundesvorstandes d. FDGB. 1954 Studium a. d. DASR. Diplom-Jurist. 1958 Ltr. d. Sektors Arbeitsrecht i. Bundesvorstand d. FDGB. 1960 maßgebl. a. d. Ausarbeitung d. „Gesetzbuches d. Arbeit" beteiligt. Seit Juli 1961 Richter bzw. Oberrichter a. OG. Vors. d. Senats f. Arbeitsrechtssachen. Seit 1972 Mitgl. d. BV d. FDGB.
Ausz.: VVO i. Bronze (1977), Fritz-Heckert-Medaille i. Gold (1980) u. a.

Rudnick, Erwin

Karl-Marx-Stadt
Geb. 3. 5. 1920 i. Groß-Peterkau, Krs. Schneidemühl
Erl. B.: Landarbeiter, Diplom-Jurist
Ausg. B.: Generalmajor d. VP
Partei: SED
L.: Landarbeiter. Kriegsdienst (Uffz.). Seit 1947 Angehöriger d. VP. Offizier d. VP. 1960-65 Chef d. BdVP Schwerin. Seit 1. 4. 1965 Chef d. BdVP Karl-Marx-Stadt. Seit 1967 Mitgl. d. SED-BL u. Abg. d. BT. Seit 1. 7. 1969 Generalmajor d. VP.
Ausz.: VVO i. Bronze (1964) u. a.

Rübensam, Erich

Berlin
Geb. 18. 5. 1922 in Jaasde, Kreis Kolberg, als Sohn eines Landwirts
Erl. B.: Agrarwissenschaftler, Dr. sc. agr.
Ausg. B.: Präsident d. AdL
Partei: SED
L.: Nach Schulbesuch i. d. Landwirtschaft tätig. Besuch d. Landwirtschaftsschule i. Kolberg. 1940 NSDAP. 1941-45 Kriegsdienst. 1944 Uffz. i. Gren.-Rgt. 94. Sept. 1944 schwer verwundet. Sowj. Kriegsgefangenschaft. Okt. 1946 Begabtenexamen a. d. Uni. Rostock. Studium d. Landwirtschaftswiss. a. d. Uni. Rostock. 1949 Dipl.-Landwirt. 1950 Promotion zum Dr. agr. 1951 Dir. d. Inst. f. Acker- u. Pflanzenbau d. DAL i. Müncheberg. 1951 Mitgl. d. SED. 1954 bis 1959 stellv. Min. f. Land- u. Forstwirtschaft. 1954-1963 Kand. d. ZK d. SED. Seit 15. 5. 1959 Prof. m. v. LA f. Acker- u. Pflanzenbau a. d. Humboldt-Uni. i. Ostberlin. 1960 stellv. Ltr. d. Abt. Landwirtschaft d. ZK d. SED. Seit Jan. 1963 Vollmitgl. d. ZK d. SED. 1963/66 stellv. Ltr. d. Büros f. Landwirtschaft b. Politbüro d. ZK d. SED. 1963-68 Vizepräs. bzw. 1. Vizepräs., seit 31. 5. 1968 Präs. d. DAL (AdL). Nachf. v. Prof. Stubbe. Seit 1967 korr. Mitgl. d. Akad. d. Landwirtschaftswiss. UdSSR. Seit 1972 Mitgl. d. RLN. Seit 17. 1. 74 Vors. d. Freundschaftskomitees DDR-Algerien.
Ausz.: VVO i. Gold (1976). Nat. Pr. III. Kl. (1963, Koll.) u. a.

Rüffler, Rudolf

Eberswalde
Geb. 1927
Erl. B.: Forstfacharbeiter, Forstwissenschaftler, Dr., Prof.
Ausg. B.: Institutsdirektor
Partei: SED
L.: Forstfacharbeiter. 1949 Mitgl. d. SED. 1951-56 Studium i. Ostberlin u. Leningrad. 1956-61 Ass. u. Betriebsltr. i. Staatl. Forstwirtschaftsbetrieben. MA i. Min. f. Land- u. Forstwirtschaft. 1962-66 wiss. MA i. Sekr. d. RGW. 1966-72 1. stellv. Vors. d. Staatl. Komitees f. Forstwirtschaft d. DDR. Oberlandforstmeister. Seit 1972 Hauptdir. d. Inst. f. Forstwiss. i. Eberswalde.
Ausz.: VVO i. Bronze (1976) u. a.

Rümpel, Werner

Berlin
Geb. 1930
Erl. B.: Angestellter
Ausg. B.: Generalsekretär d. Friedensrates d. DDR

Partei: SED
L.: 1946-1965 Funktionär d. FDJ. Absolvent d. HS d. Komsomol. 1954-57 1. Sekr. FDJ-KL Berlin-Köpenick. 1959 bis 1965 Ltr. d. Abt. Internat. Verbindungen b. Zentralrat d. FDJ. Seit Jan. 1966 Generalsekr. d. Dtsch. Friedensrates. Nachf. v. Heinz Willmann. Mitgl. d. Präs. d. Weltfriedensrates. Seit Febr. 1982 zusätzlich 1. Vizepräs. d. Friedensrates d. DDR.
Ausz.: VVO i. Silber (1974) u. a.

Rüscher, Hans-Joachim
Berlin
Ausg. B.: Abteilungsleiter i. ZK d. SED
Partei: SED
L.: Seit Anfang d. 60er Jahre MA d. ZK d. SED. Mitgl. d. Büros f. Industrie/Bauwesen b. Politbüro d. ZK d. SED. 1965 Ltr. d. Arbeitsgruppe Bezirkswirtschaftsräte i. ZK d. SED. 1966-72 stellv. Ltr., seit Nov. 1972 Ltr. d. Abt. Leicht-, Lebensmittel- u. bezirksgeleitete Industrie i. ZK d. SED. Nachf. v. Gerhard Briksa.
Ausz.: VVO i. Silber (1974) u. a.

Rüthnick, Rudolf
Berlin
Ausg. B.: Stellvertretender Minister, Generalforstmeister
Partei: SED
L.: 1957 Ltr. d. Unterabt. Forstw. RdB Potsdam. 1960 Vors. d. RdK Nauen. 1964-72 Generaldir. VVB Forstw. i. Potsdam. 1972 stellv. Vors. d. Staatl. Komitees f. Forstw. Seit 1975 stellv. Min. f. Land-, Forst- u. Nahrungsgüterw., zuständig f. Forstw. Generalforstmeister.
Ausz.: VVO i. Bronze (1972) u. a.

Rudolph, Wolfgang
Berlin
Geb. 1939
Erl. B.: Diplom-Chemiker, Dr. phil.
Ausg. B.: Direktor
Partei: SED
L.: Dipl.-Chemiker, Dr. phil. 1965-70 Sekr. f. Studentenfragen FDJ-BL Dresden. Danach Ltr. d. Abt. Verbandsorgane i. FDJ-ZR. 1971-80 Mitgl. d. Büros d. ZR d. FDJ. Juni 1976-Dez. 1980 Sekr. f. Landjugend d. ZR d. FDJ. Dir. d. Zentralinst. f. Berufsbildung.
Ausz.: VVO i. Bronze (1973) u. a.

Ruhig, Paul
Berlin
Geb. 1. 7. 1922 in Hohenleipisch bei Elsterwerda/Sa.
Erl. B.: Handlungsgehilfe, Diplom-Pädagoge, Lehrer
Ausg. B.: Vorsitzender d. Zentralvorstandes d. Gew. Unterricht u. Erziehung i. FDGB
Partei: SED
L.: Handlungsgehilfe. 1940 NSDAP. Nach 1945 Neulehrer f. Gesch. u. Physik i. Grünewald/Sachsen-Anhalt. Später 2. Vors. d. Gewerksch. i. Bad Liebenwerda. 1952 Sekr. f. Sozialpolitik d. Landesverbandes Sachsen-Anhalt d. Gewerksch. Unterricht u. Erziehung. 1952-1953 Besuch d. HS d. Gewerksch. 1954-1964 Sekr. f. Schulpolitik u. Pädagogik, seit 1. 12. 1964 Vors. d. Zentralvorstandes d. Gewerksch. Unterricht u. Erziehung d. FDGB. Nachf. v. Alfred Wilke. Seit 1965 Mitgl. d. BV d. FDGB. Oberstudienrat.
Ausz.: VVO i. Bronze (1972) u. a.

Rundnagel, Kurt
Erfurt
Geb. 1930
Ausg. B.: 2. Sekretär d. SED-BL Erfurt
Partei: SED
L.: Besuch d. Volks- u. Oberschule. Abitur. 1946 FDJ, 1948 SED. Seit 1949 hauptamtl. FDJ-Funktionär. Zeitw. 1. Sekr. d. FDJ-KL Saalfeld. 1958 Sekr. f. Studenten bzw. Agitprop., 1961-64 2. Sekr., Okt. 1964-Mai 65 1. Sekr. d. FDJ-BL Gera. Danach 2. Sekr. d. SED-KL Rudolstadt bzw. polit. MA d. ZK d. SED. Seit 15. 2. 1981 2. Sekr. d. SED-BL Erfurt. Nachf. v. Adolf Wicklein.
Ausz.: Verdienstmedaille d. DDR (1959) u. a.

Rusch, Horst
Neubrandenburg
Geb. 21. 5. 1939
Erl. B.: Schlosser, Diplom-Gesellschaftswissenschaftler
Ausg. B.: Vorsitzender d. FDGB i. Bez. Neubrandenburg
Partei: SED
L.: Kfz.-Schlosser. Seit 1958 hauptamtl. FDJ-Funktionär. 1. Sekr. d. FDJ-Kreisltg. Röbel (Mecklbg.). Besuch d. Komsomol-HS i. Moskau. Danach stellv. Abtltr. u. Sekr. d. FDJ-BL Neubrandenburg. 1965-74 1. Sekr. d. FDJ-BL Neubrandenburg. Mitgl. d. FDJ-Zentralrats u. d. Sekr. d. SED-BL Neubrandenburg. 1974-77 Studium a. d. PHSch d. KPdSU. Seit März 1977 Vors. d. BV Neubrandenburg d. FDGB. Nachf. v. Kurt Schernau. Seit Mai 1977 Mitgl. d. BV d. FDGB.
Ausz.: VVO i. Bronze (1969) u. a.

Rydz, Franz
Berlin
Geb. 27. 5. 1927 in Salsitz, Kreis Zeitz
Ausg. B.: Vizepräsident des DTSB
Partei: SED
L.: Nach 1945 Sportfunktionär, u. a. bis 1952 Vors. d. Landessportausschusses Sachsen-Anhalt. Besuch d. PHSch d. SED. Anschl. Sektorenltr. f. Körperkultur u. Sport i. ZK d. SED. 1959-1966 Sekr., seit Juni 1966 Vizepräs. d. DTSB. Seit 1970 Schatzmeister d. NOK d. DDR.
Ausz.: VVO i. Gold (1977) u. a.

S

Sachse, Rosemarie
Bernburg
Geb. 1926 i. Riesengebirge als Tochter eines Kellners
Erl. B.: Diplom-Wirtschaftler, Dr. rer. oec. et rer. pol. habil.
Ausg. B.: Hochschullehrerin, Direktor
Partei: SED
L.: In Schlesien aufgewachsen. Besuch einer Handelsschule. . Landwirtschaftl. Lehre auf einem Gut i. Schlesien. Heimatvertriebene. 1946 Staatsexamen f. landw. Haushaltskunde. 1947 Lehrerinnen-Examen. Lehrerin a. Fachschulen. MA v. Edwin Hoernle. 1950 Besuch d. DASR. 1954 Dipl.-Wirtschaftler. 1954-57 Studium a. d. Moskauer Tirmirjasew-Akad. 1957 Promotion. 1962 Habilitation. Danach Dir. d. Inst. f. Landw. d. BLWR Potsdam i. Genshagen b. Berlin. 1966-73 Rektor d. HS f. Landw. (Land- u. Nahrungsgüterwirtschaft) i. Bernburg. Nachf. v. Prof. Fritz Oberdorf. 1967-74 Mitgl. d. SED-BL Halle, 1968 Kand., s. 1972 o. Mitgl. d. DAL/AdL. Seit Sept. 1973 Mitgl. d. Präs. d. AdL u. 1973-79 Dir. f. Planung u. Ökonomie.
Ausz.: Clara-Zetkin-Medaille (1975) u. a.

Sälzler, Anneliese
Berlin
Geb. 15. 5. 1927 i. Berlin als Tochter eines Buchdruckers
Erl. B.: Industriekaufmann, Ärztin, Dr. sc. med.
Ausg. B.: Hochschullehrerin, Institutsdirektorin
Partei: SED
L.: Mittelschule. Kfm. Lehre. Industriekfm. 1945 KPD. 1946 SED. 1947-48 ABF. 1948-55 Studium d. Humanmedizin a. d. Humboldt-Uni. Ostberlin. 1957 Dr. med. 1957-64 Ärztin, Oberärztin a. Hygiene-Inst. Humboldt-Uni. 1964 Habil. 1964-74 Prof. u. Dir. d. Inst. f. Sozialhygiene d. Mediz. Akad. Magdeburg. 1971-74 1. Prorektor d. Mediz. Akad. Magdeburg. Seit 1971 Abg. d. VK u. Mitgl. d. Ausschusses f. Auswärtige Angel. d. VK. Seit Okt. 1972 Mitgl. d. Präs. d. KB. Seit 1975 Dir. d. Inst. f. Hygiene d. Kindes- u. Jugendalters Berlin u. Prof. a. Inst. f. Sozialhygiene d. Humboldt-Uni. i. Ostberlin.
Ausz.: VVO i. Silber (1977).

Sakowski, Helmut
Neustrelitz
Geb. 1. 6. 1924 in Jüterbog als Sohn eines Angestellten
Erl. B.: Förster
Ausg. B.: Schriftsteller
Partei: SED
L.: Besuch d. Mittelschule Gera. Danach bis 1943 Forstlehre. 1942 NSDAP. Soldat. Hilfsförster. 1947 SED. 1947-1949 Besuch d. Fachschule f. Forstwirtsch. i. Stollberg. 1949-1951 MA d. Min. f. Land- u. Forstwirtsch. 1952-1963 Forstamtsltr. i. Krs. Salzwedel. Ab 1954 Mitgl. d. Arbeitsgemeinsch. junger Autoren i. Bezirk Magdeburg. Abg. d. Kreistages Salzwedel u. Vors. d. KB i. Kreis Salzwedel. Seit 1961 Mitgl. d. geschäftsführenden Vorstands d. DSV. Seit Jan. 1963 (VI. Parteitag) Kand. d. ZK d. SED, seit 2. 10. 73 Vollmitgl. d. ZK d. SED. Seit 1963 freiberufl. Schriftsteller i. Neustrelitz. Seit 1968 Vizepräs. d. KB. Seit 1969 Mitgl. d. Präs. d. Schriftstellerverbandes. 1971-74 Vizepräs. d. AdK.
Ausz.: Nat. Preis I. Kl. (1968, Koll.-Ausz.). DFD-Literaturpreis (1969). Kunstpreis d. FDGB (1969) u. a.
Veröff.: „Die Entscheidung der Lene Mattke", Fernsehfilm, 1958. „Wege übers Land", Frnsehfilm, 1968. „Die Verschworenen", Fernsehfilm, 1971, „Daniel Druskat", Roman, Verlag Neues Leben, Berlin 1976, „Verflucht und geliebt", Vlg. Neues Leben, Berlin, 1981 u. a.

Sandberg, Eberhard
Gera
Geb. 28. 1. 1926 i. Schwerin als Sohn eines Ingenieurs
Erl. B.: Lehrer
Ausg. B.: Vorsitzender d. BV Gera d. CDU
Partei: CDU
L.: Besuch d. Volks- u. Oberschule. Soldat. 1944 NSDAP. Nach 1945 Neulehrer-Ausbildung i. Schwerin. 1948 CDU. 1948-56 Lehrer a. d. Zentralschule Warin. Ab 1956 Lehrer a. d. Fritz-Reuter-Schule Ludwigslust. 1970 aus d. Schuldienst ausgeschieden. 1954-70 Abg. d. BT Schwerin. Seit 1954 Mitgl. d. Hauptvorstandes d. CDU. Zeitw. u. d. Kreisverb. Ludwigslust d. CDU. Seit Nov. 1970 Vors. d. Bezirksverbandes Gera d. CDU. Seit Nov. 1971 Abg. d. BT Gera.
Ausz.: VVO i. Bronze (1977) u. a.

Sander, Horst
Berlin
Geb. 1929
Erl. B.: Kfm. Gehilfe, Diplom-Wirtschaftler
Ausg. B.: Direktor
Partei: SED
L.: Kfm. Gehilfe. 1951-54 Studium d. Wirtschaftswiss. a. d. MLU Halle-Wittenberg. 1954-64 stellv. Vors. d. Bezirksvorstandes Halle d. Gewerksch. Wissenschaft. Danach stellv. Vors. bzw. Vors. d. UGL MLU Halle-Wittenberg. 1968-72 stellv. Vors., Mai 1972-Jan. 82 Vors. d. Gewerkschaft Wissenschaft i. FDGB. Nachf. v. G. Junghähnel. 1968-82 Mitgl. d. Bundesvorstandes, 1972-82 Mitgl. d. Präs. d. BV d. FDGB. Mitgl. d. Hoch- u. Fachschulrates d. DDR. Seit 1982 Dir. f. Internat. Beziehungen i. Zentralinstitut f. Hochschulbildung.
Ausz.: VVO i. Bronze (1974) u. a.

Sanderling, Kurt
Berlin
Geb. 19. 9. 1912 in Arys/Ostpreußen als Sohn eines Sägemühlenverwalters
Erl. B.: Dirigent, Musiker
Ausg. B.: Generalmusikdirektor
L.: Zweijährige musikal. Ausbildung b. Kapellmstr. Kurt Bendix, Berlin. Danach Korrepetitor, Konzertmstr. u. Dirigier-Ass. a. d. Städt. Oper i. Berlin. 1933 Berufsverbot a. rassischen Gründen. 1935 Emigration i. d. Schweiz. 1936-1960 Aufenthalt i. d. UdSSR. Zuerst Konzertmstr. u. Dirigier-Ass. a. Moskauer Rundfunk, dann ab 1941 ständ. Dirigent d. Leningrader Philharmonie. Mehrere Auslandstourneen. 1960-77 Chefdirigent d. Städt. Berliner Sinfonieorchesters. 1964 bis 1967 außerd. Chefdirigent d. Dresdener Staatskapelle. Gastdirigent in- u. ausländischer Orchester.
Ausz.: Nat.-Preis I. Kl. (1974). Goethepreis v. Berlin (1975) u. a.

Sandig, Helmut
Berlin
Geb. 26. 4. 1919 in Chemnitz
Ausg. B.: Stellv. Minister der Finanzen
Partei: SED
L.: Teilnehmer a. 2. Weltkrieg (1943 Uffz. i. Gren.-Btl. 102). Nach 1945 Studium a. d. ABF d. Uni. Leipzig. Anfang d. 50er Jahre Abtltr. i. Min. d. Finanzen d. DDR (Besteuerung d. Privatwirtsch.). Anschl. bis 1958 MA d. ZK d. SED (Abt. Finanzen). 1958-1964 1. stellv. Min. d. Finanzen. Seit 1964 nur noch stellv. Min. d. Finanzen. 1958-1963 Kand., seit 1963 Mitgl. d. ZRK d. SED. Mitgl. d. Hoch- u. Fachschulrates d. DDR.
Ausz.: VVO i. Gold (1979) u. a.

Sandner, Ingo
Dresden
Geb. 1941
Erl. B.: Diplom-Restaurateur u. Maler, Dr. phil.
Ausg. B.: Hochschullehrer
L.: Diplom-Restaurateur u. Maler. Dr. phil. Seit 1974 Ltr. d. Abt. Restaurierung, seit Sept. 1981 o. Prof. f. Gemälderestaurierung a. d. HS f. Bildende Künste i. Dresden. Seit Febr. 1982 Rektor d. HS f. Bildende Künste Dresden. Nachf. v. Gerhard Kettner. Seit Juni 1981 Abg. d. BT Dresden.

Sarge, Günter
Berlin
Geb. 1930 i. Ostpreußen
Erl. B.: Jurist, Dr. jur.
Ausg. B.: Vizepräsident d. Obersten Gerichts
Partei: SED
L.: Besuch d. Volks- u. Mittelschule. Nach 1945 Landarbeiter. 1949 Eintritt i. d. VP. Politoffizier, dann Militärjurist. Studium a. d. DASR u. PHSch d. SED. Militärstaatsanwalt. 1961 Promotion zum Dr. jur. a. d. Humboldt-Uni. Ostberlin. Seit April 1963 Richter bzw. Oberrichter a. d. OG. Vors. d. Kollegiums f. Militärstrafsachen. Seit Nov. 1971 Vizepräs. d. OG (1. Vizepräs.), seit 18. 2. 1974 Generalmajor d. Justizdienstes. 1977 aus d. NVA ausgeschieden.
Ausz.: Medaille f. Verdienste i. d. Rechtspflege i. Gold (1974), VVO i. Silber (1980) u. a.
Veröff.: „Holzpantinen und Arabesken", Militär-Vlg., Berlin, 1979.

Sasse, Gertrud, geb. Wottke
Halle/Saale
Geb. 24. 9. 1902 in Berlin als Tochter eines Oberpostinspektors
Erl. B.: Lehrerin, Oberstudienrätin, Professor
Ausg. B.: Wissenschaftl. Mitarbeiterin
Partei: LDP
L.: Besuch eines Lyzeums u. Oberlyzeums i. Berlin. 1921 Abitur. 1922-1923 Bes. d. Höh. Lehrerinnenseminars. 1924-1925 Lehrerin a. d. Realschule Belzig. 1925-1933 Privatsprachlehrerin i. Wernigerode. Nach 1933 Berufsverbot. 1945 Mitgl. d. LDP. 1946-1949 Lehrerin, zuletzt stellv. Dir. d. Gerhart-Hauptmann-Oberschule i. Wernigerode. 1950-1952 Abg. d. Landtages Sachsen-Anhalt. 1950-1958 Dir. d. Adolf-Reichwein-Oberschule i. Halle/Saale. Seit 1950 Abg. d. VK. Mitgl. d. Ausschusses f. Kultur d. VK. Seit 1950 Vizepräs. d. KB. 1950-1952 stellv. Vors. d. Landesverbandes Sachsen-Anhalt d. LDP. 1952-1961 Vors. d. Bezirksverbandes Halle d. LDP (seit 1959 hauptamtl.). 1952-1954 Abg. d. Bezirkstages Halle. 1952-82 Vors. d. BL Halle d. Kulturbundes. Seit 1961 MA d. Sektion Erziehungswiss. d. Martin-Luther-Uni. Halle-Wittenberg. Seit 1961 Mitgl. d. Polit. Ausschusses d. ZV d. LDP. 1962 Prof. Seit Febr. 1962 Vizepräs. d. Freundschaftsges. DDR-Frankreich. Oberstudienrätin.
Ausz.: VVO i. Gold (1970). Ehrenspange z. VVO i. Gold (1972) u. a.

Sattler, Günter
Halle/Saale
Geb. 9. 10. 1928
Erl. B.: Schriftsetzer, Diplom-Gesellschaftswissenschaftler
Ausg. B.: Sekretär d. RdB Halle
Partei: SED
L.: Schriftsetzer. Hauptamtl. SED-Funktionär. Abtltr. i. d. SED-KL Hettstedt, 2. Sekr. d. SED-KL Nebra u. 1. Sekr. d. SED-KL Rosslau. 1969-73 1. stellv. Vors. bzw. Vors. d. RLN i. Bez. Halle. Seit Nov. 1971 Abg. d. BT Halle. Okt. 1973-Juni 80 Sekr. f. Landw. d. SED-BL Halle. Nachf. v. Werner Lindner. Seit Juli 1980 Sekr. d. RdB Halle. Nachf. v. Irmgard Klemm.
Ausz.: VVO i. Silber (1974) u. a.

Sattler, Hans-Ulrich
Berlin
Geb. 15. 10. 1935
Erl. B.: Industriekaufmann, Staatl. gepr. Landwirt, Agrarökonom
Ausg. B.: Leiter d. Amtes f. Jugendfragen

Partei: SED
L.: Dreijährige Ausbildung als Industriekaufmann. Anschl. FDJ-Funktionär i. Pößneck. 1961 1. Sekr. d. FDJ-Kreisltg. Gera-Land u. danach Org.-Sekr. d. FDJ-BL Gera. 1965-69 1. Sekr. d. FDJ-BL Gera. 1969-76 Vors. d. ZRK d. Zentralrats d. FDJ. Seit 22. 5. 76 Kand., seit 16. 4. 81 Mitgl. d. ZRK d. SED. 1976-77 Studium a. d. PHSch d. SED. Nov. 1977-Juni 81 Sekr. d. Zentralrates d. FDJ. Seit 26. 6. 81 Mitgl. d. Ministerrates u. Ltr. d. Amtes f. Jugendfragen. Nachf. von Hans Jagenow.
Ausz.: VVO i. Silber (1975) u. a.

Sauer, Gerhard

Suhl
Geb. 1930
Erl. B.: Diplom-Volkswirt
Partei: SED
L.: Diplom-Volkswirt. Zeitw. Parteisekr. d. SED i. VEB Fahrzeugbau u. Jagdwaffenwerk Suhl, i. VEB Walzkörperfabrik Bad Liebenstein u. VEB Energieversorgung Meiningen. Sekr. einer SED-KL. 1964-71 1. Sekr. d. SED-KL Meiningen. 1971-75 AL Parteiorgane der SED-BL Suhl. Dez. 75-Juni 82 1. stellv. Vors. d. RdB Suhl. Nachf. v. Gerhard Jung. Mitgl. d. SED-BL Suhl u. Abg. d. BT.
Ausz.: VVO i. Bronze (1973).

Schablinski, Rolf

Berlin
Geb. 5. 12. 1932
Ausg. B.: Stellv. Generaldirektor
Partei: SED
L.: Journalist. 1960-65 Chefred. d. SED-Bez.-zeitung „Das Volk" i. Erfurt. Mitgl. d. SED-BL Erfurt. Anschl. ADN-Korrespondent i. Bonn u. Moskau. Seit 1978 stellv. Generaldir. d. ADN.
Ausz.: VVO i. Silber (1978) u. a.

Schabowski, Günter

Berlin
Geb. 4. 1. 1929 i. Anklam
Erl. B.: Diplom-Journalist
Ausg. B.: Chefredakteur
Partei: SED
L.: Oberschule. Abitur. Nach 1945 Volontär u. Hilfsred. d. „Freien Gewerkschaft". 1950 FDJ. 1952 SED. 1948-67 MA d. Zentralorgans d. FDGB „Tribüne", zuletzt 1953-67 stellv. Chefred. 1962 Diplom-Journalist KMU Leipzig. 1967-68 Besuch d. PHSch d. KPdSU i. Moskau. Sept. 1968-März 78 stellv. Chefred. bzw. 1. stellv. Chefred., seit März 1978 Chefred. d. Zentralorgans d. SED „Neues Deutschland". Nachf. v. Joachim Herrmann. Seit Juni 1978 Mitgl. d. ZV d. VdJ. Seit 16. 4. 1981 Mitgl. d. ZK d. SED u. Kandidat d. Politbüros. Seit Juni 1981 Abg. d. VK.
Ausz.: VVO i. Gold (1977).

Schäfer, Helmut

Erfurt
Geb. 22. 7. 1918 in Gießen als Sohn eines Forstbeamten
Erl. B.: Diplom-Staatswissenschaftler
Ausg. B.: Sekretär d. ZV d. DSF
Partei: NDP
L.: Kriegsdienst. Geriet als Hauptmann eines Panzer-Grenadier-Regiments 1944 i. sowj. Kriegsgefangenschaft. Mitgl. d. NKFD. 1949 Mitgl. d. NDP. Pers. Referent d. Parteivors. d. NDP, Dr. Bolz. 1951-1954 Abtltr. i. Parteivorstand d. NDP. 1954-1965 Vors. d. Bezirksverbandes Erfurt d. NDP. Seit 1955 Mitgl. d. Hauptausschusses d. NDP. Seit 1966 Sekr. d. Zentralvorstandes d. DSF.
Ausz.: VVO i. Silber (1978) u. a.

Schaefer, Klaus

Magdeburg
Geb. 1932 als Sohn eines Lehrers
Erl. B.: Lehrer, Dr. sc. phil.
Ausg. B.: Hochschullehrer
Partei: SED
L.: Studium d. Germanistik a. d. Humboldt-Uni. i. Ostberlin. Danach Lehrer i. Bad Doberan u. Ass. a. d. Pädag. HS Potsdam. 1960 Promotion A., 1970 Promotion B. 2 Jahre am Aufbau d. Instituts f. deutsche Sprache u. Literatur i. Djakarta beteiligt. Seit 1965 Lehrtätigkeit a. d. Pädag. HS Magdeburg. Seit 1971 o. Prof. f. deutsche Literatur. Zeitw. Prorektor f. Wissenschaftsentw. Dir. d. Sektion Germanistik/Slawistik. Seit Juni 1976 Rektor d. Pädag. HS. Nachf. v. Heinz Schuffenhauer. Seit 1976 Mitgl. d. SED-BL Magdeburg. Mitgl. d. Präsidialrates d. KB u. d. Wiss. Rates f. Kultur- u. Kunsterbe d. AfG.
Ausz.: Verdienter Lehrer d. Volkes (1980) u. a.

Schäfer, Paul

Magdeburg
Geb. 1925
Erl. B.: Diplom-Lehrer f. Marxismus-Leninismus
Ausg. B.: Vorsitzender d. GST i. Bez. Magdeburg
Partei: SED
L.: Seit 1952 GST-Funktionär. Kreisvors. d. GST i. Merseburg. 1953 Abtltr. i. Bezirksvorstand Halle d. GST. 1954-67 stellv. Vors. d. GST i. Bez. Halle f. Ausbildung. 5 Jahre Fernstudium a. d. MLU Halle-Wittenberg. Dipl.-Lehrer f. Marxismus-Leninismus. Mitgl. seit 1. 4. 1967 Vors. d. GST i. Bez. Magdeburg. Seit Juni 1970 zusätzl. Mitgl. d. Sekr. d. ZV d. GST. Präs. d. Schiffsmodellsportklubs d. DDR.
Ausz.: VVO i. Bronze (1972) u. a.

Schaffran, Gerhard

Dresden
Geb. 4. 7. 1912 i. Leschnitz/Oberschlesien
Erl. B.: Kathol. Priester
Ausg. B.: Bischof v. Dresden-Meißen
L.: 2. 8. 1937 Priesterweihe. Kaplan St. Nikolai i.

Breslau. 1940 Wehrmachtsgeistl. Bis 1950 i. sowj. Kriegsgefangenschaft. 1952 Rektor d. Katechetischen Seminars Görlitz. 1959 Dozent f. Homiletik a. Priesterseminar Neuzelle. 1963-70 Kapitelsvikar d. Erzbischöfl. Amtes Görlitz, Titularbischof v. Semnea u. Weihbischof i. Görlitz. Seit Sept. 1970 Bischof v. Meißen (jetzt Dresden-Meißen). Nachf. v. Otto Spülbeck. Seit Mai 1980 Vors. d. Berliner Bischofskonferenz. Nachf. v. Alfred Bengsch.

Schalck-Golodkowski, Alexander
Berlin
Geb. 3. 7. 1932 i. Berlin
Erl. B.: Diplom-Wirtschaftler
Ausg. B.: Staatssekretär
Partei: SED
L.: Diplom-Wirtschaftler. Seit den 50er Jahren i. Außenhandelsapparat d. DDR tätig, u. a. als Ltr. d. HV Schwermaschinenbau i. MAI, als 1. Sekr. d. PO d. SED i. Außenhandel u. als Generaldir. AHU Maschinen-Export. 1967-75 stellv. Minister, seit 1975 Staatssekretär i. Ministerium f. Außenwirtschaft bzw. Außenhandel. Nachf. v. Dieter Albrecht.
Ausz.: VVO i. Gold (1969). Karl-Marx-Orden (1982) u. a.

Scharfenberg, Günther
Berlin
Geb. 11. 11. 1930 als Sohn eines Arbeiters
Erl. B.: Sattler
Ausg. B.: Botschafter
Partei: SED
L.: Sattler. Bes. einer ABF. 1956 Staatsexamen a. d. DASR. 1967-69 Ökonomie-Zusatzstudium. Seit 1956 Angehöriger d. dipl. Dienstes d. DDR. Dipl. Vertr. i. d. Syr. Arab. Republik u. Algerien. 1967-72 Ltr. d. Sektors naher u. mittlerer Osten i. MfAA. Seit Sept. 1972-April 1978 Botschafter d. DDR i. d. VDR Jemen. 1978-81 stellv. Ltr. d. Abt. Ost- u. Zentralafrika i. MfAA.
Ausz.: Orden „Banner d. Arbeit" Stufe III (1977) u. a.

Scharfenstein, Fritz
Berlin
Geb. 14. 6. 1925 i. Aue als Sohn eines Werkzeugschleifers
Erl. B.: Kfm. Angestellter, Diplom-Wirtschaftler
Ausg. B.: Abteilungsleiter, Staatssekretär
Partei: SED
L.: 1931-38 Besuch d. Volksschule. 1938-41 Besuch d. Handelsschule Aue. 1941-43 kfm. Lehre i. Zwickau. 1943-45 Kriegsdienst. 1945 Bauhilfsarbeiter i. Zwickau. Kfm. Angestellter i. Zwickau. 1945 KPD. 1946 SED. 1945-48 kfm. Angetellter i. Wilkau-Hasslau. Betriebsrat. 1948-52 Sekr. d. Kreisvorstandes Zwickau d. FDGB. 1950 Besuch d. Landesparteis- u. Gewerkschaftsschule. 1950-52 Mitgl. d. Landesvorstandes Sachsen d. FDGB. 1952-60 Studium d. Binnenhandelsök. HS f. Ökonomie Berlin. 1958-62 stellv. Vors. d. BWR-Dresden. 1962-63 komm. Vors. d. BPK Dresden. 1963-65 stellv. Vors. d. SPK f. d. Bereich territoriale Planung. Dez. 1965-Nov. 1971 Min. f. d. Anltg. u. Kontrolle d. Bezirks- u. Kreisräte. Jetzt Ltr. d. Instrukteurabt. b. 1. stellv. Vors. d. MR d. DDR.
Ausz.: VVO i. Silber (1970) u. a.

Scharn, Gert
Hennigsdorf
Geb. 18. 2. 1935 i. Berlin
Erl. B.: Stahlwerker
Ausg. B.: Stahlwerker, Sportpräsident
L.: Stahlwerker i. Stahlwerk Hennigsdorf. Seit April 1978 Präsident d. Deutschen Rugby-Sportverbandes d. DDR. Mitgl. d. BV d. DTSB.

Schaufuss, Gerd
Leipzig
Geb. 1943
Erl. B.: Diplom-Gesellschaftswissenschaftler
Ausg. B.: Vorsitzender d. GST i. Bez. Leipzig
Partei: SED
L.: 1971-79 1. Sekr. d. FDJ-StBL Leipzig-Nordost. Anschl. MA der SED-BL Leipzig. Seit 24. 9. 1981 Vors. d. GST i. Bez. Leipzig. Nachf. v. Heinz Vogelsang.
Ausz.: Artur-Becker-Medaille i. Gold.

Schedlich, Werner
Berlin
Geb. 28. 12. 1928 i. Rodewisch/Sa.
Erl. B.: Diplom-Staatswissenschaftler, Diplom-Gesellschaftswissenschaftler
Ausg. B.: Botschafter
Partei: SED
L.: Besuch einer Oberschule. 1952-55 Studium a. d. DASR. Dipl.-Staatswiss. Seit 1955 Diplomat. 1967-69 Ltr. d. HV i. Sambia. 1969-73 Studium a. d. PHSch d. SED. Dipl.-Gesellschaftswiss. 1973-75 stellv. Ltr. d. Abt. Nord- u. Westafrika i. MfAA. Aug. 1975-Aug. 1978 Botschafter i. Ghana u. Liberia. Seit 10. 3. 81 Botschafter i. Tansania. Nachf. v. Hans-Jürgen Weitz. Seit 16. 6. 81 zusätzlich auf d. Seychellen u. seit 21. 9. 81 i. Mauritius.
Ausz.: Verdienstmed. d. DDR.

Scheel, Heinrich
Berlin
Geb. 11. 12. 1915 i. Berlin
Erl. B.: Historiker, Dr. phil. habil.
Ausg. B.: Hochschullehrer, Direktor
Partei: SED
L.: 1932 KJV-Mitgl. Bis 1940 Studium a. d. Berliner Uni. 1941 Soldat (Wetterflugdienststelle Rangsdorf). Angehöriger d. Roten Kapelle. Sept. 1942 verhaftet. Vom Reichskriegsgericht zu 5 Jahren Haft verurteilt. Häftling i. KZ Aschendorfer Moor. Soldat i. einer Bewährungseinheit. Amerik. Kriegsgef. 1946-49 Ltr. d. Schule Insel Scharfenberg (Westbln.). Ab 1949 Dir. d. Hauses

d. Kinder i. Ostbln., Fachschulrat f. Geschichte b. Hauptschulamt u. Doz. a. d. Päd ag. HS Bln. Seit 1956 MA d. DAW. AL u. stellv. Dir. d. Inst. f. Geschichte. Sekr. d. SED-Parteiltg. d. AdW. 1956 Promotion zum Dr. phil. Prof. f. Gesch. d. Neuzeit a. d. Humboldt-Uni. Ostberlin. 1969 o. Mitgl. d. DAW. Seit Aug. 1972 Vizepräs. f. Plenum u. problemgebundene Klassen d. AdW. Seit April 1980 Präs. d. Historiker-Ges. d. DDR. Nachf. v. Joachim Streisand. Auswärtiges Mitgl. Poln. Akademie d. Wiss.
Ausz: VVO i. Gold (1975), Karl-Marx-Orden (1980) u. a.

Scheel, Sieglinde

Neubrandenburg
Geb. 15. 1. 1949 i. Siedenbrünzow, Kreis Demmin
Erl. B.: Motorenbauer, Diplom-Gesellschaftswissenschaftler
Ausg. B.: Vors. d. DFD i. Bez. Neubrandenburg
Partei: SED
L.: Abitur. Motorenbauer. 1967-70 Studium a. d. Ingenieur-Schule f. Textiltechnik i. Cottbus. 1970 polit. MA beim DFD-BV Neubrandenburg. 1973-74 Vors. d. DFD Neustrelitz. 1975-78 Besuch d. PHSch d. SED. Diplom-Gesellschaftswiss. 1978 Sekr., seit 14. 2. 1982 Vors. d. DFD i. Bez. Neubrandenburg. Seit Juni 1981 Abg. d. BT.

Scheibe, Herbert

Berlin
Geb. 28. 11. 1914 i. Hohenmölsen, Krs. Weißenfels als Sohn eines Arbeiters
Erl. B.: Schriftsetzer, Dipl. rer. mil.
Ausg. B.: Abteilungsleiter i. ZK d. SED, Generaloberst d. NVA
Partei: SED
L.: Schriftsetzerlehre i. Leipzig-Gohlis. 1929 KJV i. Leipzig. Verhaftung u. Verurteilung. 1937-45 Häftling i. KZ Buchenwald. 1945 KPD. Am Aufbau d. Antifa-Jugend i. Erfurt beteiligt. Eintritt i. d. VP. 1947 Besuch d. Höh. Polizeischule Königs Wusterhausen. Danach Ltr. d. Kriminalamtes Görlitz. 1949 milit. Sonderlehrgang i. d. SU. 1950 Politstellvertr. einer KVP-Bereitsch. Danach als Oberstltn. bzw. Oberst Ltr. d. Verw. Aufklärung i. Stab d. KVP/NVA. 1957-59 Besuch d. Generalstabsakad. d. SU. Danach Chef d. Stabes d. LSK/LV. 1. 3. 1963 Generalmajor, 1. 3. 1966 Generallt., 1. 3. 1972 Generaloberst. 1967-75 Kand. d. ZK d. SED. 1967-72 Chef d. LSK/LV. Seit 1972 Ltr. d. Abt. Sicherheit i. ZK d. SED. Nachf. v. Walter Borning. Seit 5. 6. 75 Mitgl. d. ZK d. SED.
Ausz.: VVO i. Gold (1979), Karl-Marx-Orden (1974), Scharnhorst-Orden (1979) u. a.

Scheidler, Kurt

Berlin
Geb. 22. 6. 1914 i. Berlin
Erl. B.: Arzt, Dr. med. habil.
Ausg. B.: Chefarzt, Hochschullehrer
L.: Arzt, Dr. med. In den 50er Jahren Ltr. d. Abt. Gesundheitswesen b. Ostberliner Magistrat. Mitgl. d. HA d. Städte- u. Gemeindetages d. DDR. Seit 1961 Prof. f. Sozialhygiene a. d. Humboldt-Uni. Ostberlin. Chefarzt d. Krankenhauses Berlin-Friedrichshain. Stellv. Vors. d. Komitees f. WHO-Arbeit d. DDR. Seit 1978 Präsident d. Freundschaftskomitees DDR-Angola.
Ausz.: VVO i. Gold (1975) u. a.

Scheinpflug, Heinz

Erfurt
Geb. 1924
Erl. B.: Werkzeugmacher, Diplom-Staatswissenschaftler
Ausg. B.: Oberbürgermeister v. Erfurt
Partei: SED
L.: Volksschule. Werkzeugmacherlehre Rheinmetall Sömmerda. Nach 1945 Bürgermstr. v. Weißensee, Krs. Sömmerda. Danach Bürgermstr. v. Sömmerda. Sekr. d. RdK u. Vors. d. RdK Sömmerda. 1957-58 Studium i. Moskau. 1958 bis 1961 stellv. Vors. d. RdB bzw. Sekr. d. RdB Erfurt. 1961-64 Vors. d. RdK Worbis. 1964-69 1. Sekr. d. SED-KL Nordhausen. Seit Jan. 1969 OB von Erfurt. Nachf. v. Rolf-Dieter Nottrodt. Mitgl. d. Präs. d. Städte- u. Gemeindetages d. DDR.
Ausz.: VVO i. Silber (1974), Orden „Banner d. Arbeit" Stufe I (1979) u. a.

Scheler, Manfred

Dresden
Geb. 20. 3. 1929 in Gablentz, Kreis Weißwasser, als Sohn eines Bergmanns
Erl. B.: Schlosser, Diplom-Staatswissenschaftler
Partei: SED
L.: Schlosser. 1945 Mitgl. d. Antifa-Jugend. Später FDJ-Kreissekr. i. Niesky u. Sekr. d. Stadtltg. Dresden d. FDJ. 1952-1954 MA, 1954 bis 1959 1. Sekr. d. FDJ-BL Dresden. 1959-1961 1. Sekr. d. SED-Kreisltg. Sebnitz. 1962-1963 Sekr. f. Landwirtsch. d. SED-BL Dresden. Juni 1963-Juli 82 Vors. d. RdB Dresden. Nachf. v. G. Witteck. Mitgl. d. Sekr. d. SED-BL u. Abg. d. BT Dresden.
Ausz.: VVO i. Bronze (1968) u. i. Silber (1970) u. a.

Scheler, Werner

Berlin
Geb. 12. 9. 1923 i. Coburg als Sohn eines Schlossermeisters
Ausg. B.: Präsident d. AdW
Partei: SED
L.: 1941 NSDAP. Teiln. a. 2. Weltkrieg (Flak-Soldat). 1945-46 Außenkassierer d. Sozialversicherung. Besuch d. Vorstudienanstalt Jena. Abitur. 1946-1951 Studium d. Medizin a. d. Uni. Jena. 1945 KPD. 1946 Mitgl. d. SED. 1951-1954 Ass. a. Pharmakol. Inst. Berlin. 1954 bis 1959 Oberass. bzw. wiss. MA a. Inst. f. mediz. Biologie d. DAW i. Berlin-Buch. 1959 Berufung zum Prof. m. LA a. d. Humboldt-Uni. Ostbln. Seit 1962 Prof. m. Lehrstuhl f. Pharmakologie a. d. Ernst-Moritz-Arndt-Uni. Greifswald. 1961-63 Prorek-

tor f. d. wiss. Nachwuchs. 1963-67 Abg. d. VK. 1966-70 Rektor d. Greifswalder Uni. Seit 1968 Mitgl. d. Präsidialrates d. KB. Seit 1971 MA d. DAW, 1971-79 Dir. d. Forschungszentrums f. Molekularbiologie u. Medizin d. DAW/AdW. Seit 1973 o. Mitgl. d. DAW/AdW. 22. 5. 76 Kand., seit 25. 5. 78 Mitgl. d. ZK d. SED. Seit 6. 7. 1979 Präs. d. AdW. Nachf. v. Hermann Klare. Seit Juni 1981 erneut Abg. d. VK. Seit April 1982 Mitgl. d. AdW d. UdSSR.
Ausz.: VVO i. Bronze (1969). Nat. Pr. II. Kl. (1970), Dr. h. c. Uni. Greifswald (1981) u. a.

Scheumann, Gerhard

Berlin
Geb. 25. 12. 1930 in Ortelsburg/Ostpr.
Ausg. B.: Fernseh- u. Filmautor
Partei: SED
L.: 1949 Abitur in Nordhausen. Anschl. Kreisred. i. Thüringen, Rundfunkreporter u. Dozent a. d. Fachschule f. Rundfunk i. Weimar. Chefreporter d. Deutschlandsenders. Seit 1962 Mitarbeiter d. DFF. Zeitw. Redaktionsltr. Seit Jan. 1967 Mitgl. d. Präs. d. Verbandes d. Film- u. Fernsehschaffenden. Seit 1972 o. Mitgl. d. DAK. April 1974-Mai 78 Sekr. d. Sektion Darstellende Kunst d. AdK.
Ausz.: Nat. Pr. II. Kl. (1969, Koll.), VVO i. Gold (1974), Nat. Pr. I. Kl. (1980, Koll.) u. a.

Schiedewitz, Gerhard

Neubrandenburg
Geb. 15. 3. 1925 in Köthen
Ausg. B.: Chefredakteur
Partei: SED
L.: Reichsbahn-Gehilfe. Kriegsdienst. 1947 Volontär b. d. „Freiheit" i. Halle/Saale. Besuch d. Parteihochschule d. SED. Red. d. „Volksstimme" i. Magdeburg. Seit 1964 Chefred. d. SED-Bezirkszeitung „Freie Erde" i. Neubrandenburg. Seit 1964 Mitgl. d. SED-BL Neubrandenburg. Seit 1972 Mitgl. d. ZV d. VdJ. Vors. d. VdJ i. Bez. Neubrandenburg.
Ausz.: VVO i. Bronze (1969) u. a.

Schilfert, Gerhard

Berlin
Geb. 23. 9. 1917 in Königsberg
Erl. B.: Historiker, Dr. phil. habil.
Ausg. B.: Hochschullehrer
Partei: SED
L.: Kriegsdienst. 1942 Gefr. i. einem Inf. Ers. Btl. Nach 1945 Studium d. Gesch. a. d. Uni. Halle/S. 1948 Promotion zum Dr. phil. 1951 Habil. i. Halle/S. 1951-52 Lehrtätigkeit a. d. Uni. Rostock. 1952 Prof. Seit 1952 Lehrtätigkeit a. d. Humboldt-Uni. i. Ostberlin. Seit 1956 Prof. m. Lehrstuhl f. Neuere Gesch. a. d. Humboldt-Uni. i. Ostberlin. 1965 bis 1968 Präsident d. Historiker-Ges. d. DDR. Mitgl. d. Präs. d. „Urania".
Ausz.: Verdienstmedaille d. DDR (1962).

Schill, Gerhard

Dresden
Geb. 23. 3. 1925 in Chemnitz als Sohn eines Schlossers
Erl. B.: Kfm. Angestellter, Diplom-Wirtschaftler
Ausg. B.: Oberbürgermeister der Stadt Dresden
Partei: SED
L.: Kfm. Angestellter. 1943 NSDAP. Kriegsdienst. Nach 1945 Bauarbeiter u. Volkspolizist. 1946 SED. Seit 1950 i. Staatsapparat d. DDR tätig, u. a. als Vors. d. Plankommission b. Rat d. Bez. Dresden. 1958-1961 Sekr. f. Wirtsch. d. SED-BL Dresden. Seit Juni 1961 OB der Stadt Dresden. Nachf. v. Prof. Gute. Mitgl. d. SED-BL Dresden u. Abg. d. BT.
Ausz.: Orden „Banner d. Arbeit" Stufe I (1980).

Schimmank, Willfried

Borkheide, Krs. Belzig
Geb. 30. 5. 1936
Erl. B.: Facharbeiter f. Landw., Diplom-Landwirt, Dr. agr.
Ausg. B.: Direktor
Partei: DBD
L.: Facharbeiter f. Landw., Diplom-Landwirt u. Dr. agr. 1952 Mitgl. d. DBD. DBD-Funktionär. Seit 1975 Dir. d. Zentralen Bildungsstätte d. DBD i. Borkheide. Seit 1977 Mitgl. d. PV d. DBD. Mitgl. d. Präs. d. DDR-Komitees f. Menschenrechte.
Ausz.: VVO i. Bronze (1979) u. a.

Schindler, Bärbel, geb. Saefkow

Berlin
Geb. 3. 3. 1943 i. Berlin als Tochter d. KPD-Funktionärs Anton Saefkow (1944 hingerichtet)
Erl. B.: Lehrerin, Diplom-Gesellschaftswissenschaftler
Ausg. B.: Wiss. Mitarbeiterin
Partei: SED
L.: Studium a. d. Pädag. HS Potsdam. Zeitw. Lehrerin a. d. 14. Oberschule Bln.-Friedrichshain. 1963 Mitgl. d. SED. 1963-76 Mitgl. d. Zentralrates, 1965-76 Mitgl. d. Büros d. Zentralrates d. FDJ. 1968-71 stellv. Vors. d. Pionierorg. „Ernst Thälmann". 1971 Sekr. d. Rates d. Freunde d. Pionierorg. „Ernst Thälmann" i. Berlin. Seit Mai 1972 Mitgl. d. Präs. d. Antifa Widerstandskämpfer. Seit 1973 wiss. MA a. IML. Seit 1974 Mitgl. d. Weltfriedensrates.

Schindler, Harry

Potsdam
Geb. 1. 12. 1928
Erl. B.: Diplom-Wirtschaftler
Ausg. B.: 1. stellv. Vorsitzender d. RdB Potsdam
Partei: SED
L.: Kaufmann, Diplom-Wirtschaftler. In d. 50er Jahren MA d. ZK d. SED. Danach Dir. d. VVEAB Potsdam. Seit 1967 Abg. d. BT Potsdam. 1968-76 Vors. d. LWR bzw. RLN d. Bez. Potsdam. 1976-81 stellv. Vors. d. RdB Potsdam f. Land-, Forst- u. Nahrungsgüterwirtschaft. Seit

29. 6. 81 1. stellv. Vors. d. RdB Potsdam. Nachf. v. Wilhelm Bastian.
Ausz.: VVO i. Silber (1978) u. a.

Schindler, Walter
Berlin
Geb. 1922
Erl. B.: Bankkaufmann, Diplom-Wirtschaftler
Ausg. B.: Stellv. Minister
Partei: SED
L.: Bankkaufmann. 1949-1971 MA d. Min. d. Finanzen (Abtltr., zuletzt stellv. Min.). 1971-76 1. Sekr. d. SED-KL Zentrale Finanz- u. Bankorgane. Seit 1976 erneut stellv. Finanzmin. d. DDR.
Ausz.: VVO i. Silber (1976) u. a.

Schinkel, Gerhard
Erfurt
Geb. 1926
Erl. B.: Angestellter, Diplom-Wirtschaftler
Ausg. B.: Sekretär d. SED-BL Erfurt
Partei: SED
L.: Angestellter, Diplom-Wirtschaftler. Mitbegründer d. FDJ. i. Heiligenstadt. Anfang d. 50er Jahre 1. Sekr. d. SED-KL Worbis. Besuch d. PHSch d. SED. 1956-60 1. Sekr. d. SED-KL Nordhausen. 1960-65 1. Sekr. d. SED-Stadtltg. Erfurt. Studium a. d. HS f. Ökonomie i. Berlin-Karlshorst. Seit März 1967 Sekr. f. Wissensch., Volksbildung u. Kultur d. SED-BL Erfurt.
Ausz.: VVO i. Gold (1979) u. a.

Schirdewan, Karl
Potsdam
Geb. 14. 5. 1907 in Königsberg/Ostpr. als Sohn eines Arbeiters
Im Ruhestand
Partei: SED
L.: Nach d. Besuch d. Volks- u. Mittelschule Transportarbeiter. 1923 Mitgl. d. KJV. 1925 Mitgl. d. KPD. 1927-1928 Sekr. d. KJV i. Ostpreußen. 1928 Mitgl. d. ZK d. KJV. Nach 1933 ill. Tätigkeit f. d. KPD u. d. KJV. 1934 verhaftet u. 1935 wegen Vorbereitung z. Hochverrat zu 3 Jahren Zuchthaus verurteilt. Nach Strafverbüßung Häftling i. d. KZ Sachsenhausen, Mauthausen u. Flossenbürg. 1945 Mitgl. d. KPD. 1946 i. SED-Parteivorstand m. d. Überprüfung d. Tätigkeit d. SED-Mitgl. i. d. NS-Zeit beauftragt. Febr. 1947 Ltr. d. Westkommission b. SED-Parteivorstand. März 1952 1. Sekr. d. SED-Landesltg. Sachsen. Nachf. v. Ernst Lohagen. Okt. 1952 1. Sekr. d. SED-BL Leipzig. Dez. 1952 i. d. ZK d .SED zurückberufen u. als Sekr. mit d. Aufbau u. d. Kontrolle d. Abt. „Leitende Organe d. Partei u. Massenorganisationen" beauftragt. Juli 1953 bis Febr. 1958 Mitgl. d. Politbüros d. ZK d. SED. 1952-1958 Abg. d. VK. 6. 2. 1958 zusammen m. Wollweber wegen „Fraktionstätigkeit" u. Opposition gegen Ulbricht sämtl. Parteifunktionen enthoben u. m. einer „strengen Rüge" bestraft. 1958-1965 Ltr. d. Staatl. Archivverwaltung d. DDR i. Potsdam. 15. 4. 1959 Selbstkritik geübt u.

Abweichungen widerrufen. Jetzt i. Ruhestand. Vors. d. Kreiskomitees Potsdam d. Antifa Widerstandskämpfer.
Ausz.: VVO i. Gold (1955 u. 1982). Ehrenspange zum VVO i. Gold (1977).

Schirmer, Gregor
Berlin
Geb. 1. 4. 1932 in Nürnberg als Sohn des kommunistischen Funktionärs Hermann Sch. († 1981)
Erl. B.: Jurist, Dr. sc. jur.
Ausg. B.: Stellv. Abteilungsleiter i. ZK d. SED
Partei: SED
L.: Besuch d. Volks- u. Oberschule. 1949 Mitgl. d. westdtsch. KPD. 1950 Übersiedlung i. d. DDR. 1950 SED. 1951-1955 Studium d. Rechtswiss. a. d. Uni. Leipzig. 1955-1959 Ass. u. Aspirant a. d. DASR u. Humboldt-Uni. i. Ostberlin. 1959 Promotion zum Dr. jur. 1960-62 Sekr. d. Uni.-Parteiltg. d. SED d. Humboldt-Uni. i. Ostberlin. 1962-1965 Dozent, seit 1. 5. 1965 Prof. m. LA f. Völkerrecht a. d. Uni. Jena. Seit 1962 Mitgl. d. Präs. d. Liga f. UN. Seit 1963 Mitgl. d. Präsidialrates d. KB. Seit Okt. 1963 Abg. d. VK. Mitgl. d. Ausschusses f. Auswärtige Angelegenheiten. 1965-76 stellv. Staatssekr. bzw. stellv. Min. f. Hoch- u. Fachschulwesen. Seit Jan. 1965 Vizepräs. d. Ges. f. Völkerrecht. Seit 1977 stellv. Ltr. d. Abt. Wissenschaften i. ZK d. SED.
Ausz.: VVO i. Silber (1976), Orden „Banner d. Arbeit" Stufe I (1982) u. a.

Schirmer, Karl-Heinz
Halle/Saale
Geb. 3. 7. 1935
Erl. B.: Maschinenschlosser, Diplom-Gesellschaftswissenschaftler
Ausg. B.: 1. stellv. Vorsitzender d. RdB Halle
Partei: SED
L.: Maschinenschlosser. Diplom-Gesellschaftswiss. Zeitw. FDJ-Funktionär. 1969-71 2. Sekr. d. FDJ-BL Halle. Danach 2. Sekr. d. SED-KL Merseburg. Seit Juli 1980 1. stellv. Vors. d. RdB Halle. Nachf. v. Werner Raberger. Seit Juni 1981 Abg. d. BT Halle.

Schirmer, Wolfgang
Berlin
Geb. 3. 3. 1920 in Berlin als Sohn eines Kaufmanns
Erl. B.: Chemiker, Dr. rer. nat. habil.
Ausg. B.: Institutsdirektor
Partei: SED
L.: 1939-1945 Studium d. Chemie, Physik u. Allg. Naturwiss. a. d. Friedr.-Wilh.-Uni. u. a. d. TH Berlin. MA i. einem Forschungslabor d. Firma C. Lorenz AG, Bln.-Schönefeld. Zeitw. Soldat. Nach 1945 wiss. MA. 1949 Promotion a. d. TH Berlin. 1952 SED. 1952/53 Ltr. d. Stickstoffwerkes Piesteritz. 1953-1962 Werkltr. d. VEB Leuna-Werke „Walter Ulbricht". Seit 1961 o. Mitgl. d. DAW. 1963-1966 stellv. Ltr. d. Forschungsrates d. DDR, Seit 1963 stellv. Dir. bzw. Dir. d. Zentralinst. f.

physikal. Chemie d. DAW. 1954-1967 Kand. d. ZK d. SED. Zeitw. Prof. m. LA f. Physikalische Chemie a. d. Techn. HS f. Chemie i. Leuna-Merseburg. Seit 1. Febr. 1963 Prof. m. Lehrstuhl f. Technologie a. d. Humboldt-Uni. i. Ostberlin. Ausz.: VVO i. Gold (1960). Nat. Pr. II. Kl. (1972, Koll. Ausz.) u. a.

Schirmer-Pröscher, Wilhelmine
Berlin
Geb. 9. 7. 1889 in Gießen als Tochter eines Angestellten
Erl. B.: Lehrerin, Drogistin
Ausg. B.: LDP-Funktionärin
Partei: LDP
L.: Besuch d. Höh. Töchterschule i. Gießen. 1905-1911 Berufsausbildung als Drogistin u. Besuch eines Lehrerinnenseminars. 1911-1919 Lehrerin. 1918-1933 Mitgl. d. DDP bzw. d. Dtsch. Staatspartei. 1919-1948 Drogistin i. Bln.-Mariendorf. 1945 Mitgl. d. LDP. Seitdem Mitgl. d. Polit. Ausschusses d. ZV d. LDP. 1947 Mitbegründerin d. DFD. Seit 1948 stellv. Bundesvors. d. DFD. 1948-1963 Stadtrat i. Ostberlin (zeitw. stellv. Oberbürgermstr.). Seit 1949 Abg. d. VK. 1950-1954 Beisitzer, 1954-1963 stellv. Präs., seit 1963 Mitgl. d. Präsidiums d. VK. Seit 1950 Mitgl. d. Präs. d. Friedensrates, s. 1954 Mitgl. d. Präs. d. Liga f. UN, s. 1959 Mitgl. d. Präs. d. Komitees z. Schutze d. Menschenrechte.
Ausz.: VVO i. Gold (1959). Ehrenspange zum VVO i. Gold (1969) u. a.

Schlaak, Ulrich
Potsdam
Geb. 1. 11. 1932 i. Schartowstal, Krs. Ost-Sternberg, als Sohn eines Landwirts
Erl. B.: Meliorationsfacharbeiter, Dipl.-Ing. oec.
Ausg. B.: 2. Sekr. SED-BL Potsdam
Partei: SED
L.: Meliorationsfacharbeiter. 1951 Mitgl. d. SED. Instrukteur u. Sekr. d. FDJ-KL Neuruppin. FDJ-Sekr. i. Traktorenwerk Brandenburg. 1955-61 1. Sekr. d. FDJ-KL Brandenburg. 1961-65 1. Sekretär d. FDJ-BL Potsdam. Anschl. Studium d. Ingenieurökonomie a. d. Uni. Rostock. 1968-70 1. Sekr. d. SED-KL Rathenow. April 1970-Jan. 76 1. Sekr. d. SED-KL Potsdam. Seit 1963 Abg. d. BT Potsdam. Seit 23. 1. 76 2. Sekr. d. SED-BL Potsdam. Nachf. v. Günther Jahn.
Ausz.: VVO i. Silber (1974), Orden „Banner d. Arbeit" Stufe I (1978) u. a.

Schladitz, Ernst
Magdeburg
Geb. 27. 1. 1935
Erl. B.: Maschinenschlosser, Meister, Ingenieur-Ökonom, Diplom-Gesellschaftswissenschaftler
Ausg. B.: Vorsitzender d. FDGB i. Bez. Magdeburg
Partei: SED
L.: Maschinenschlosser. Meister. Ingenieur-Ökonom. 1958 Mitgl. d. SED. Vors. d. BGL i. Schwermaschinenbaukombinat „Ernst Thälmann" i. Magdeburg. Seit 1963 Kand. d. BV, seit 1972 Mitgl. d. BV u. d. Präs. d. BV d. FDGB. Seit 16. 4. 81 erstmalig Kandidat d. ZK d. SED. Seit 13. 3. 1982 Vors. d. BV Magdeburg d. FDGB. Nachf. v. Heinz Kühnau. Mitgl. d. Sekr. d. SED-BL.
Ausz.: Fritz-Heckert-Medaille i. Gold (1978) u. a.

Schlegel, Joachim
Berlin
Geb. 1930
Erl. B.: Vermessungstechniker, Diplom-Jurist, Dr. jur.
Ausg. B.: Oberrichter am OG
Partei: SED
L.: Vermessungstechniker. 1951 bis 1953 hauptamtl. Funktionär d. FDJ i. Krs. Rochlitz u. Zentralrat d. FDJ. Studium d. Rechtswiss. a. d. DASR. 1960 Diplom-Jurist. 1954-58 Mitgl. d. Volksvertretung v. Ostberlin. Dir. d. Stadtbezirksgerichts Berlin-Köpenick u. Berlin-Pankow. Seit 1959 Richter bzw. Oberrichter am OG. Vors. d. Kollegiums f. Strafsachen. Mitgl. d. Präs. d. OG. Promotion zum Dr. jur.
Ausz.: VVO i. Gold (1974). Verdienter Jurist d. DDR (1981) u. a.

Schleicher, Rolf
Berlin
Geb. 14. 8. 1930
Ausg. B.: Oberst d. NVA, Chefredakteur
Partei: SED
L.: Offizier d. NVA, seit 1956 Redakteur, dann von 1971-80 stellv. Chefred., und seit Aug. 1980 Chefredakteur d. Wochenzeitung „Die Volksarmee". Oberst d. NVA.

Schleiff, Henning
Rostock
Geb. 2. 11. 1937 i. Malchow
Erl. B.: Diplom-Ingenieur oec.
Ausg. B.: Oberbürgermeister v. Rostock
Partei: SED
L.: Besuch d. Oberschule. Abitur. Studium a. d. Uni Rostock. 1960 Dipl.-Ing. oec. Sekr. d. Hochschulgruppe d. FDJ. 1959 SED. 1963-69 1. Sekr. d. FDJ-StL Rostock. 1963-71 Mitgl. d. ZR d. FDJ. 1970-74 Aspirant a. IfG. Juni 1974-Mai 1975 1. stellv. OB. seit 21. 5. 1975 OB v. Rostock. Nachf. v. Heinz Kochs. Mitgl. d. Sekr. d. SED-KL. 1976-81 Kandidat, seit Febr. 81 Mitgl. d. SED-BL Rostock.
Ausz.: VVO i. Bronze (1978) u. a.

Schlette, Friedrich
Halle/Saale
Geb. 18. 10. 1915 in Königsberg als Sohn eines Beamten
Ausg. B.: Hochschullehrer, Dr. phil. habil.
Partei: NDP
L.: Gymnasium. Abitur. 1934 bis 1939 Studium d.

Vorgeschichte i. Breslau u. München. 1935 NSDAP. Kriegsdienst. 1946-1948 Forts. d. Studiums i. Göttingen u. Halle. 1948 Promotion. 1955 Habilitation i. Halle. 1950 NDP. o. Prof. f. Ur- u. Frühgeschichte a. d. Uni. Halle. 1963-67 Abg. d. VK. Stellv. Vors. d. KB i. Bez. Halle. Ausz.: VVO i. Silber (1980) u. a.

Schlicht, Hans

Bernburg
Geb. 1932 i. Sückau, Krs. Hagenow, als Sohn eines Landwirts
Erl. B.: Diplom-Landwirt, Dr. agr.
Ausg. B.: Hochschullehrer
Partei: SED
L.: Studium d. Landwirtschaftswiss. a. d. Uni Rostock. Diplom-Landwirt. Wiss. MA d. Inst. f. Acker- u. Pflanzenbau d. DAL. Dez. 1961-Febr. 1963 Sekr. f. Landw. d. SED-BL Schwerin. Danach Dir. d. Bereichs Neetzow d. Inst. f. Agrarökonomik b. Min. f. Land-, Forst- u. Nahrungsgüterwirtsch. 1967-73 Mitgl. d. SED-BL Neubrandenburg. 1968-72 Kand., seit 1972 o. Mitgl. d. AdL. 1968-72 Mitgl. d. RLN. Seit 1968 Kand. d. DBA. Seit Juli 1972 Vors. d. Sektion Ökonomik d. Pflanzen- u. Tierprod. d. AdL. Sept. 1973-Sept. 80 Rektor d. HS f. Landw. u. Nahrungsgüterw. i. Bernburg. 1974-81 Mitgl. d. SED-BL Halle. Seit 1981 stellv. Dir. d. Instituts f. Ökonomik d. Land- u. Nahrungsgüterwirtschaft i. Berlin.
Ausz.: VVO i. Silber (1982) u. a.

Schliffke, Karl-Heinz

Berlin
Geb. 24. 12. 1923 i. Berlin-Charlottenburg
Ausg. B.: Sekretär d. ZV d. VDJ
Partei: SED
L.: Kriegsdienst (Flieger). Journalist. In d. 50er Jahren Red. d. ND. Danach Sekr. d. VDJ i. Ostberlin u. seit Jan. 1970 Sekr. d. ZV d. VDJ.
Ausz.: VVO i. Bronze (1973) u. a.

Schmahl, Gustav

Leipzig
Geb. 1930
Erl. B.: Geiger, Prof. f. Violine
Ausg. B.: Hochschullehrer
Partei: SED
L.: Musik-Studium i. Detmold bei Max Strub, a. d. Musik-HS i. Berlin bei Hanns Eisler u. Konservatorium Moskau bei David Oistrach. 1953 erstes Konzert. 1. Konzertmeister d. Berliner Rundfunkorchesters. 1970 Hochschullehrer a. d. Musik-HS Dresden, seit 1973 Musik-HS Leipzig. 1971 zum Prof. ernannt. Ltr. d. Meisterklasse f. Violine i. Leipzig z. Dresden. Seit Okt. 1973 Rektor d. HS f. Musik i. Leipzig. Nachf. v. Rudolf Fischer.
Ausz.: VVO i. Bronze (1979) u. a.

Schmahl, Wolfgang

Berlin
Geb. 1943
Erl. B.: Diplom-Mathematiker, Dr.-Ing.
Ausg. B.: Stellv. Oberbürgermeister v. Ostberlin
Partei: CDU
L.: Diplom-Mathematiker. Dr.-Ing. Zeitw. Fachdir. f. Org. u. Datenverarbeitung b. d. Interflug. Seit 1977 Vors. d. KV Berlin-Treptow d. CDU. Seit Juni 1981 Mitgl. d. StVV u. stellv. OB f. Internat. Verbindungen auf kommunalem Gebiet i. Ostberlin. Nachf. v. Max Reutter.

Schmaler, Fritz

Berlin
Geb. 1928
Erl. B.: Schlosser, Ingenieur
Ausg. B.: Stellv. Oberbürgermeister v. Ostberlin
Partei: SED
L.: Schlosser, Ingenieur. Industrietätigkeit. Zeitweise Dir. f. Produktion i. VEB Kühlautomat i. Ostberlin. Seit 30. 10. 1980 stellv. OB v. Ostberlin f. bezirksgeleitete Ind., Lebensmittelind. u. ÖVW. Nachf. v. Walter Scholz. Seit Febr. 1981 Kand. d. SED-BL. Seit Juni 1981 Mitgl. d. StVV Ostberlin.

Schmandke, Horst

Bergholz-Rehbrücke
Geb. 7. 3. 1935
Erl. B.: Dr. rer. nat. habil.
Ausg. B.: Institutsdirektor
L.: Studium d. Org. Chemie. Promotion über Kohlenhydratederivate. Habil. über Biochemie d. Vitamins B. Seit 1962 MA, dann stellv. Dir. u. seit 1. 1. 1982 Dir. d. Zentralinstituts f. Ernährung d. AdW i. Potsdam-Rehbrücke. Nachf. v. Helmut Hänel. Seit Sept. 1974 Prof. d. AdW. Mitgl. d. Rates f. mediz. Wiss. b. Min. f. Gesundheitswesen. Lehrbeauftragter f. Lebensmitteltechnologie TU Dresden.

Schmid, Eleonora

Berlin
Geb. 11. 10. 1939
Erl. B.: Diplom-Philologin
Ausg. B.: Botschafter
Partei: SED
L.: 1958 Abitur. 1958-59 Studium d. Phil. a. d. Humboldt-Uni., 1959-64 Studium a. d. Uni. Moskau. Dipl.-Phil. i. Moskau. 1965-67 u. DDR-Vertretung i. Kairo tätig. 1967-69 MA d. MfAA. 1969-72 3. Sekr. i. Guinea. 1972-74 Sektorenltr. i. MfAA. Seit 18. 11. 1974 Botschafter i. Guinea, seit 12. 12. 1974 Botschafter i. Sierra Leone, seit 31. 1. 1975 Botschafter i. Gambia, Juni 1978 abgelöst. Nov. 1974-Juni 1975 Botschafter i. Guinea-Bissau. 1978-79 postgraduales Studium. 1979-81 erneut i. MfAA tätig. Seit 9. Juni 1981 Botschafter i. Marokko. Nachf. von Hans Scharf. Seit Mai 1982 zusätzlich Botschafter i. Senegal u. seit Juni Republik Kapverden.

Ausz.: Orden „Banner d. Arbeit" Stufe III. (1978) u. a.

Schmidt, Gerhard

Dahlenwarsleben, Kreis Wolmirstedt
Geb. 19. 4. 1935 in Erdmannshain, Kreis Grimma, als Sohn eines Landwirts
Erl. B.: Staatl. gepr. Landwirt, Diplom-Landwirt
Ausg. B.: LPG-Vorsitzender
Partei: DBD
L.: Grundschule. 1949-52 Lehre als Landwirt. 1952-1955 Besuch der Landw. FS Wurzen, Elbisbach u. Döbeln. Staatl. gepr. Landwirt. 1954 DBD. 1955-58 Agronom MTS Gutenswegen. 1958-62 Agronom, seit 1962 Vors. d. LPG „Solidarität" i. Dahlenswarsleben. 1958-63 Fernstudium MLU. Diplom-Landwirt. 1963-70 Mitgl., seit 1970-75 Vors. d. KV Wolmirstedt der DBD. Seit 1965 Abg. d. KT. Seit 1971 Abg. d. VK. Seit 1976 Mitgl. d. Ausschusses f. Auswärtige Angel. Seit 1972 Mitgl. d. PV, seit Mai 1977 Mitgl. d. Präsidiums des PV der DBD.
Ausz.: Hervorragender Genossenschafter, VVO i. Bronze u. a.

Schmidt, Günter

Cottbus
Geb. 1924
Erl. B.: Dipl. rer. mil.
Ausg. B.: Generalmajor d. NVA
Partei: SED
L.: 1945 Mitgl. d. KPD. Eintritt i. d. KVP-Luft. Offizier d. Luftstreitkräfte/Luftverteidigung. Zeitweise Kdr. d. 1. Luftverteidigungs-Div. i. Cottbus. Seit 3. 10. 1968 Generalmajor d. NVA.
Ausz.: VVO i. Bronze (1966) u. a.

Schmidt, Günther

Berlin
Ausg. B.: Präsident d. Bank f. Landwirtschaft u. Nahrungsgüterwirtschaft
Partei: SED
L.: Nach 1945 Betriebsprüfer i. Dresden. Revisor u. Abtltr. d. Abgabenverwaltung i. Dresden. Danach stellv. Abtltr. bzw. Abtltr. i. MdF. Seit 1961 Präs. d. Dtsch. Bauernbank bzw. d. Bank f. Landw. u. Nahrungsgüterwirtschaft. Seit 1963 Mitgl. d. LWR bzw. d. RLN.
Ausz.: VVO i. Silber (1975) u. a.

Schmidt, Hans-Dieter

Leipzig
Geb. 8. 5. 1926 i. Wurzen/Sa.
Erl. B.: Schauspieler, Regisseur
Ausg. B.: Direktor
Partei: SED
L.: Kriegsdienst, Kriegsgefangenschaft. 1945 Neulehrer. 1946 Medizin-Studium. Studium (Schauspiel, Regie) HS f. Musik u. Theater i. Halle. Seit 1949 Engagements i. Leipzig, Erfurt u. Berlin. 1957 SED. 1959 Dir. d. „Theaters d. Jungen Welt" i. Leipzig. 1977-79 Intendant d. Theaters

d. Jungen Garde i. Halle. Seit Dez. 1979 Intendant d. Kabaretts „Leipziger Pfeffermühle". Präsidiumsmitg. d. nat. Zentrums DDR d. Internat. Vereinigung d. Kinder- u. Jugendtheater.
Ausz.: Zwölffacher Aktivist, Nat. Pr. (1966). VVO i. Bronze (1976) u. a.

Schmidt, Heinz

Berlin
Geb. 1929
Erl. B.: Maschinenschlosser, Dr.-Ing.
Ausg. B.: Staatssekretär
Partei: SED
L.: Lehre als Maschinenschlosser bei der DR. Lokführer. Studium a. d. HfV i. Dresden. Wiss. Ass. a. d. HfV. Dr.-Ing. 1967-69 Vizepräs. d. Rbd Erfurt. 1969-71 stellv. Generaldir. d. DR u. seit 1971 1. stellv. Generaldir. d. DR sowie stellv. Min f. Verkehrswesen. 1975-76 Studium a. d. PHSch d. KPdSU. Seit 20. 2. 1980 Staatssekr. u. 1. stellv. Generaldir. DR. Nachf. von Volkmar Winkler.
Ausz.: Verdienter Eisenbahner d. DDR (1972). VVO i. Bronze (1979) u. a.

Schmidt, Herbert

Nauendorf-Priester, Saalkreis
Ausg. B.: LPG-Vorsitzender
Partei: SED
L.: Landwirt. Vors. d. LPG Pflanzenproduktion „Friedenshort" i. Nauendorf-Priester. Seit 1960 mit einigen Unterbrechungen Mitgl. d. SED-BL Halle. Seit 1964 Vors. d. VdgB i. Bez. Halle. 1. stellv. Vors. d. Zentralvorstandes d. VdgB i. d. DDR.
Ausz.: Orden „Banner d. Arbeit" (1964) u. a.

Schmidt, Karl

Berlin
Geb. 10. 7. 1924 i. Liebengrün/Thür.
Erl. B.: Maschinenschlosser, Geologe, Dr. rer. nat.
Ausg. B.: Institutsdirektor
Partei: SED
L.: Maschinenschlosser. Besuch einer Vorstudienanstalt. Studium d. Geologie a. d. Uni. Jena. 1954-55 Dir. d. FS f. Geologie i. Freiberg. Dozent a. d. Bergingenieur-Schule Zwickau. Auslandstätigkeit. Hauptgeologe i. Thür. Seit 1963 Dir. d. Ztr. Geol. Instituts Berlin. Mitgl. d. Forschungsrates d. DDR. Seit 1973 korr. Mitgl. d. DAW. Honorarprof. a. d. Bergakademie Freiberg. Vors. d. Nationalkomitees d. DDR f. d. Internat. Geol. Korrelationsprogramm d. UNESCO.
Ausz.: VVO i. Bronze (1972). Orden „Banner d. Arbeit" Stufe II. (1981) u. a.

Schmidt, Manfred

Berlin
Geb. 8. 12. 1930 i. Erfurt als Sohn eines Angestellten
Erl. B.: Betriebswirtschaftler, Diplom-Staatswissenschaftler

Ausg. B.: Botschafter
Partei: SED
L.: Betriebswirtschafter. Seit 1950 Diplomat. MA d. Sektion Polen i. MfAA. 1954-58 Kulturattaché i. Polen. 1958-64 Sektorenltr. i. d. Protokoll-Abt. d. MfAA. 1964-69 Chef d. Protokolls i. MfAA. 1970-75 Geschäftsträger i. Polen. Sept. 1975- Mai 81 Botschafter i. Bulgarien. Nachf. v. Werner Wenning.
Ausz.: VVO i. Bronze (1965). Orden „Banner d. Arbeit" Stufe II (1981) u. a.

Schmidt, Max

Gera
Geb. 17. 2. 1918 i. Weißenborn
Erl. B.: Metalldreher, Lehrer
Ausg. B.: Sekretär d. SED-BL Gera
Partei: SED
L.: Metalldreher. Kriegsdienst. 1945 KPD. Neulehrer. Schuldir. Seit 1951 hauptamtl. Funktionär d. SED, u. a. MA d. SED-Landesltg. Thüringen, Sekr. f. Kultur u. Volksbildung d. SED-Stadtltg. Gera u. Abtltr. d. SED-BL Gera. Seit 1966 Sekr. f. Agitation u. Propaganda d. SED-BL Gera. Nachf. v. Günter Fischer. Seit 1976 Abg. BT Gera.
Ausz.: VVO i. Gold (1978) u. a.

Schmidt, Max

Berlin
Geb. 6. 1. 1932 i. Mühlhausen
Erl. B.: Diplom-Jurist, Dr. phil., Prof.
Ausg. B.: Direktor d. IPW
Partei: SED
L.: Nach 1945 Lehrer a. d. Verwaltungsschule „Edwin Hörnle" i. Weimar. Studium d. Rechtswiss. Dipl.-Jurist. Wiss. Tätigkeit a. d. DASR. Promotion z. Dr. phil. a. IfG. Seit Anfang d. 60er Jahre MA d. ZK d. SED, Sektorenltr. bzw. stellv. AL West d. ZK d. SED. Seit Nov. 1973 Dir. d. IPW. Nachf. v. Herbert Häber. Seit 1974 Mitgl. d. Weltfriedensrates u. o. Prof. a. IfG. Seit Okt. 1976 Mitgl. d. Red.-Koll. d. theoret. Zeitschrift d. SED „Einheit". Vors. d. Wiss. Rates für Imperialismusforschung d. DDR. Vors. d. Abrüstungskomitees d. Friedensrates d. DDR. Seit 18. 2. 1982 Vizepräs. d. Friedensrates d. DDR.
Ausz.: VVO i. Silber (1974) u. a.

Schmidt, Peter

Berlin
Geb. 13. 9. 1936 i. Leipzig
Erl. B.: Diplom-Wirtschaftler
Ausg. B.: Stellv. Minister
Partei: SED
L.: Exportkaufmann. Diplom-Wirtschaftler. Zeitweise Dir. bzw. Generaldir. AHB Bergbau-Handel. Mitgl. d. Wirtschaftsausschusses DDR-USA. 1979 Handelsrat d. DDR i. Düsseldorf. Seit 1980 stellv. Minister f. Außenhandel.
Ausz.: Orden „Banner d. Arbeit" Stufe II (1978).

Schmidt, Rolf

Berlin
Geb. 9. 1. 1924 Dresden
Ausg. B.: Intendant v. Radio DDR
Partei: SED
L.: Drogist, Kriegsdienst (1944 Oberfunker). Seit 1948 i. Rundfunkwesen d. SBZ/DDR tätig. MA d. Sender Dresden, Leipzig u. Berlin. 1960-66 Chefred., seit 1966 Intendant v. Radio DDR. Zeitw. stellv. Vors. d. Staatl. Rundfunkkomitees d. DDR. Seit 1967 Mitgl. d. ZV d. VDJ.
Ausz.: VVO i. Silber (1974) u. a.

Schmidt, Walter

Berlin
Geb. 13. 10. 1929 i. Dresden
Erl. B.: Maurer
Ausg. B.: Botschafter
Partei: SED
L.: Maurer. 1945-51 leitende Funktionen i. d. IG Bau/Holz i. FDGB. Studium d. Wirtschaftswiss. Eintritt i. d. diplom-Dienst. 1966-68 Geschäftsträger d. DDR i. China. MA d. ZK d. SED. Ltr. d. Sektion Bangladesh i. MfAA. 1973-76 Geschäftsträger d. DDR i. Pakistan. Seit 19. 12. 1980 Botschafter i. Nepal. Nachf. v. Karl Gadow.
Ausz.: Verdienstmedaille d. DDR u. a.

Schmidt, Walter

Berlin
Geb. 1930 i. Weide bei Breslau
Erl. B.: Historiker, Dr. phil. habil.
Ausg. B.: Insitutsdirektor
Partei: SED
L.: Besuch d. Grund- u. Oberschule. Abitur. 1949-53 Studium d. Geschichte, Slawistik u. Pädagogik a. Uni. Jena. FDJ- u. Parteisekr. 1950 Kandidat, 1952 Mitgl. d. SED. Seit 1953 Ass., Dozent, Lehrstuhlltr. u. seit 1964 Dir. d. Inst. f. Geschichte d. dtsch. Arbeiterbewegung a. d. AfG b. ZK d. SED. 1965 Prof. Vizepräs. d. Historikerges. d. DDR.
Ausz.: Nat. Pr. III. Kl. (1974) u. a.

Schmidt, Werner

Dresden
Geb. 1933 i. Rodewisch
Erl. B.: Weber, Biologe, Dr. paed. Dr. sc. phil.
Ausg. B.: Generaldirektor
Partei: SED
L.: Weberlehre. Besuch d. ABF Leipzig, Abitur. 1952-55 Studium d. Biologie i. Leipzig u. Potsdam. Anschl. Lehrer an einer EOS u. für die Erziehung v. Biologielehrern a. Uni. Greifswald tätig. Ab 1961 Ass. bzw. Oberass. a. Hygiene-Inst. d. Uni. Greifswald. 1963 Promotion zum Dr. paed. i. Greifswald. 1978 Dr. sc. phil. 1972 Dir. d. Instituts f. Gesundheitserz. Dtsch. Hygiene-Museums Dresden. Seit Dez. 1980 Generaldir. d. Dtsch. Hygiene-Museums. Seit 1. 5. 1981 Generalsekr. d. Komitees f. Gesundheitserz. d. DDR.

Schmiechen, Karl
Berlin
Geb. 1928
Erl. B.: Zimmerer, Dipl.-Ing., Dr. rer. oec.
Ausg. B.: Staatssekretär
Partei: SED
L.: Zimmerer, Bauführer. 1951 bis 1958 Fernstudium TH Dresden. Dipl.-Ing. 1956 Techn. Dir. VEB-Bagger- u. Förderbau Dresden. 1957-62 Ltr. d. Großbaustelle Kraftwerk Lübbenau. 1962/63 Generaldir. d. VVB Industrie- u. Spezialbau. Seit 1963 1. stellv. Min. u. Staatssekr. i. Min. f. Bauwesen. 1963-67 Mitgl. d. StVV Ostberlin. Juli 1969 Promotion zum Dr. rer. oec. a. Zentralinst. f. sozial. Wirtschaftsführung b. Zk d. SED.
Ausz.: VVO i. Silber (1964) u. a.

Schmieder, Werner
Berlin
Geb. 11. 11. 1926 i. Possendorf, Krs. Freital/Sa.
Erl. B.: Diplom-Wirtschafter, Dr. rer. oec.
Ausg. B.: Finanzökonom
Partei: SED
L.: 1944 NSDAP. Finanzökonom. Kriegsdienst u. Gefangenschaft. Volkspolizist. 1949-1955 Prüfer d. Dtsch. Investbank Dresden. 1953 Absolvent d. Fachschule f. Finanzwirtsch. i. Gotha. 1955-1962 Dir. d. Investbank Cottbus. 1959 Diplom-Wirtschaftler d. HS f. Ökonomie. 1962-1967 Vors. d. Bezirksplankommission Cottbus. Mitgl. d. SED-BL Cottbus. 1967-74 stellv. Min., 1974-80 Staatssekr. u. von Juni 1980-Juni 81 Minister d. Finanzen d. DDR. Nachf. von Siegfried Böhm. Bis 1966 Fernstudium a. d. Ing.-Schule f. Bau- u. Straßenw. Ingenieur-Ökonom. 1967 Promotion zum Dr. rer. oec. a. Zentralinst. f. sozial. Wirtschaftsführung b. ZK d. SED.
Ausz.: VVO i. Silber (1969) u. a.

Schmincke, Werner
Dresden
Geb. 19. 12. 1920 i. Bad Elster
Erl. B.: Arzt, Dr. sc. med.
Ausg. B.: Hochschullehrer
Partei: SED
L.: Studium d. Medizin. 1948-56 Kreisarzt i. Freiberg, Zittau u. Löbau sowie Bezirksarzt v. Karl-Marx-Stadt u. Dresden. Seit 1956 Lehrtätigkeit a. d. Mediz. Akad. Dresden. 1960 Habilitation. 1961 Prof. 1967 Prorektor f. d. wiss. Nachwuchs. Seit 1964 Prof. m. Lehrstuhl f. Sozialhygiene a. d. Mediz. Akad. 1964 Lehrstuhllr. f. Planung u. Organ. d. Gesundheitsschutzes a. d. Akad. f. Ärztl. Fortbildung. 1968-74 Rektor d. Mediz. Akad. Dresden. Nachf. v. H. Simon. Vizepräs. d. Dtsch. Ges. f. Hygiene. Vors. d. Ges. f. Krankenhauswesen d. DDR. u. Vizepräs. d. Internat. Krankenhausföderation.
Ausz.: VVO i. Bronze (1969) u. a.

Schmitt, Ernst
Cottbus
Geb. 17. 11. 1927
Erl. B.: Hutmacher, Ingenieur
Ausg. B.: Stellv. Vorsitzender d. RdB
Partei: SED
L.: Hutmacher, Textil-Ingenieur. Wirtschaftsfunktionär u. a. Werkdirektor. Bis 1965 stellv. Vors., seit 1965 Vors. d. BWR Cottbus. Seit Okt. 1965 Vors. d. KdT i. Bez. Cottbus. 1967-76 Mitgl. d. Sekr. d. SED-BL. Abg. d. BT. 1971-72 Studium a. d. PHSch d. KPdSU. 1975-79 stellv. Vors. d. RdB Cottbus f. bezirksgeleitete Industrie, Lebensmittelindustrie u. ÖVW. Seit Febr. 1979 stellv. Vors. d. RdB Cottbus u. Vors. d. BPK. Nachf. von Georg Weiner. Erneut Mitgl. d. Sekr. d. SED-BL.
Ausz.: VVO i. Bronze (1969) u. a.

Schmolinksy, Siegfried
Frankfurt/Oder
Geb. 1931
Erl. B.: Gärtner, Gartenbau-Ingenieur, Diplom-Agrarökonom, Dr. agr.
Ausg. B.: Sekretär d. SED-BL Frankfurt/O.
Partei: SED
L.: Gärtner, Gartenbau-Ing., Dipl.-Agrarökonom. In d. 50er Jahren Ltr. d. Unterabt. LPG bzw. d. Abt. Land- u. Forstw. b. RdB Frankfurt/O. Danach 1. stellv. Vors. d. BLWR u. von 1968-72 Vors. d. RLN d. Bez. Frankfurt/O. Ab 1972 Studium. Promotion z. Dr. agr. Seit 17. 2. 1974 Sekr. f. Landw. d. SED-BL Frankfurt/O. Nachf. v. Heinz Zech.
Ausz.: VVO i. Bronze (1971) u. a.

Schnabel, Heinz
Berlin
Geb. 1. 12. 1927 i. Greifswald
Erl. B.: Theaterwissenschaftler, Diplom-Gesellschaftswissenschaftler
Ausg. B.: Generaldirektor d. Akademie d. Künste
Partei: SED
L.: Theaterwissenschaftler. 1950 stellv. Vors. d. DKB i. Land Meckl. Danach bis 1953 Sekr. f. Laienkunst b. Zentralvorstand d. Volksbühne. Anschl. FDGB-Funktionär. 1955-58 Besuch d. PHSch d. SED. 1959-71 stellv. Vors. bzw. 1. stellv. Vors. d. ZV d. Gewerkschaft Kunst i. FDGB. Seit 1966 Mitgl. d. Vorstandes d. Verbandes d. Theaterschaffenden. Seit Sept. 1971 Dir. (Generaldirektor) u. Mitgl. d. Präsidiums d. DAK. Nachf. v. Karl Hossinger. Seit 1978 Mitgl. d. ZV d. DSF.
Ausz.: VVO i. Gold (1980) u. a.

Schneeweiss, Reinhardt
Michendorf-West
Geb. 2. 11. 1927 i. Königshütte als Sohn eines Hüttenarbeiters
Erl. B.: Ingenieur, Diplom-Landwirt, Dr. agr.
Ausg. B.: Insitutsdirektor
L.: Nach 1945 Bes. d. Dtsch. Müllerschule.

Danach Labor- u. Produktionsltr. Ingenieur f. Getreideverarbeitung. Fernstudium d. Landw. a. d. Humboldt-Uni. Ostberlin. Dir. d. Inst. f. Getreideverarbeitung i. Bergholz-Rehbrücke. 1960-62 u. seit 1968 Präs. d. Internat. Ges. f. Getreidechemie. 1968-72 Mitgl. d. RLN. Seit Sept. 1974 Honorarprof. a. d. Humboldt-Uni. Ostberlin.
Ausz.: Nat. Pr. III. Kl. (1974, Koll.-Ausz.).

Schneider, Albin

Magdeburg
Geb. 1925
Erl. B.: Dreher, Diplom-Gesellschaftswissenschaftler
Ausg. B.: Generalmajor d. VP
Partei: SED
L.: Dreher u. Gelbgießer. Nach 1945 VP-Offizier. Zeitw. Stabschef i. VP-Präs. Ostberlin. 1966 1. stellv. Chef, seit 1974 Chef d. BdVP Magdeburg. Seit 1. 10. 1974 Generalmajor d. VP. Abg. d. BT u. Mitgl. d. SED-BL Magdeburg.
Ausz.: VVO i. Bronze (1961) u. a.

Schneider, Günter

Blankenfelde, Krs. Zossen
Geb. 9. 9. 1923 in Leipzig als Sohn eines Angestellten
Erl. B.: Lehrer, Diplom-Jurist, Dr. paed., Dr. sc. pol.
Ausg. B.: Hochschullehrer
Partei: LDP
L.: Besuch d. Volks- u. Oberschule i. Leipzig. Abitur. Teiln. a. 2. Weltkrieg. Sowj. Kriegsgefangenschaft. 1946 Mitgl. d. LDP. 1946-1947 Teilnahme a. einem Ausbildungslehrgang f. Geschichtslehrer i. Leipzig. 1948 1. Lehrerprüfung. 1949 stellv. Schulltr. 1950 Schulltr. i. Leipzig. 1950 2. Lehrerprüfung. 1950-1952 Stadtverordneter u. stellv. Stadtverordnetenvorsteher i. Leipzig. 1951-1953 Schulrat i. Leipzig. 1952-1954 Abg. d. Bezirkstages u. Mitgl. d. Rates d. Bez. Leipzig. 1953-1959 Dir. d. Sonderschuleinrichtung f. Körperbehinderte (Krankenhausschule) i. Leipzig. 1954-1962 Vors. d. Bezirksverbandes Leipzig d. LDP. 1954-1963 Abg. d. VK (stellv. Vors. d. LDP-Fraktion). Studium u. Dez. 1965 Promotion a. d. Pädag. HS Potsdam. 1966-72 Dir. d. Zentralen Parteischule d. LDP i. Bantikow. Seit 1967 Mitgl. d. Polit. Ausschusses d. ZV d. LDP. Juli 1972 Promotion zum Dr. sc. pol. a. d. DASR. Wiss. MA a. d. DASR (Dozent bzw. seit 1978 Prof. f. Staatsrecht).
Ausz.: VVO i. Silber (1969). Orden „Banner d. Arbeit" Stufe I (1982) u. a.

Schneider, Günter

Zwickau
Geb. 3. 7. 1924 i. Planitz
Erl. B.: Industrie-Ökonom
Ausg. B.: Sportfunktionär
Partei: SED
L.: Industrie-Ökonom. Zeitw. Vertriebsltr. VEB Sachsenring i. Zwickau. Aktiver Fußballer. Zweifacher Meister (1948 SG Planitz, 1949/50 ZSG Horch Zwickau). 1961-68 Vizepräs., 1968-76 Generalsekr. u. seit 14. 5. 1976 Präs. d. Dtsch. Fußballbundes. Nachf. v. Helmut Riedel. Seit April 1981 Mitgl. d. Präs. d. NOK d. DDR. Mitgl. d. BV d. DTSB.
Ausz.: VVO i. Bronze (1976) u. a.

Schneider, Horst

Berlin
Geb. 1934
Erl. B.: Schloser, Dr. oec., Prof.
Ausg. B.: Direktor d. Gewerkschaftshochschule
Partei: SED
L.: Betriebsschlosser. Abitur a. einer ABF. Studium d. Wirtschaftswiss. a. d. Humboldt-Uni. Ostberlin. Propagandist a. d. Gewerkschafts-HS. 1970-73 wiss. MA i. Staatsapp. 1973-78 Ltr. d. Lehrstuhls Wirtschaftspol. a. d. ASR. Seit 1. 9. 1978 Dir. d. Gewerkschafts-HS i. Bernau. Nachf. v. Herbert Felgentreu.
Ausz.: VVO i. Bronze (1981).

Schneider, Max

Berlin
Geb. 23. 1. 1915 in Röthenbach/Pegnitz
Erl. B.: Bankkaufmann, Diplom-Staatswissenschaftler
Ausg. B.: NDP-Funktionär
Partei: NDP
L.: Teiln. a. 2. Weltkrieg. Geriet als Oberltn. b. Stalingrad i. sowj. Kriegsgefangenschaft. Mitgl. d. NKFD. 1945-48 Lehrer. 1948 Mitbegründer d. NDP. Versch. hauptamtl. Parteifunktionen (Verlagsdir. d. „National-Zeitung", Dir. d. NDP-Parteischule i. Buckow usw.). 1950-1960 Bürgermstr. bzw. stellvertr. Oberbürgermstr. i. Ostberlin. Seit 1951 Mitgl. d. Hauptausschusses d. NDP (s. 1963 d. PKK). 1954 bis 1958 Bln. Vertr. i. d. VK. 1960 bis 1966 Vors. d. Bezirksverbandes Halle d. NDP. 1967 Lehrstuhlltr. a. d. Zentralen Parteischule d. NDP. Mitgl. d. Präs. d. Zentralausschusses d. Volkssolidarität u. d. Komitees Antifa Widerstandskämpfer.
Ausz.: VVO i. Gold (1970) u. a.

Schnieber, Bernhard

Suhl
Geb. 28. 8. 1933 i. Breslau als Sohn eines Gärtners
Erl. B.: Lehrer f. Germanistik/Slawistik
Ausg. B.: Vors. d. Bezirksverbandes Suhl d. CDU
Partei: CDU
L.: Oberschule. 1949 CDU. 1950 bis 1951 Besuch d. Inst. f. Lehrerbildung Zwickau. 1952 1. Lehrerprüfung. 1953 2. Lehrerprüfung. 1951-56 als Lehrer tätig. 1954-57 Fernstudium DPZI. 1959-65 Fernstudium Pädag. HS Potsdam. Oberstufenlehrer. Fachschullehrer a. d. Fachschule f. Binnenhandel, Schulteil Görlitz. 1965-70 Vors. d. CDU i. Görlitz-Stadt u. Land. 1967-71 Abg. d. VK. Seit 14. 11. 1970 Vors. d. Bezirksverbandes Suhl d. CDU. Nachf. v. Heinz Büttner. Seit 1972

Mitgl. d. Hauptvorstandes d. CDU. Seit 1971 Abg. BT Suhl.
Ausz.: VVO i. Silber (1980) u.a.

Schnirpel, Heinz
Berlin
Geb. 1931
Erl. B.: Zimmerer, Diplom-Wirtschaftler
Ausg. B.: Stellv. Vors. d. ZV d. Gewerkschaft Gesundheitswesen
Partei: SED
L.: Zimmerer, Diplom-Wirtschaftler. Gewerkschaftsfunktionär. Zeitweise Vors. d. IG Bau-Holz i. Bez. Halle bzw. Sekr. f. Arbeit u. Löhne u. Sozialpol. d. BV Halle d. FDGB. Abg. d. BT Halle. 1975-81 stellv. AL i. BV d. FDGB. Seit 29. 9. 1981 stellv. Vors. d. ZV d. Gewerkschaft Gesundheitsw. Nachf. v. Horst Staudenmeir.
Ausz.: Orden „Banner d. Arbeit" Stufe II (1981) u. a.

Schnitzler, Karl-Eduard von
Berlin
Geb. 28. 4. 1918 in Berlin-Dahlem als Sohn des kgl. preuß. Legationsrates Julius Eduard v. Schnitzler
Ausg. B.: Chefkommentator
Partei: SED
L.: Entstammt einer rhein. Bankiers- u. Industriellen-Familie. In Köln aufgewachsen. Besuch eines Internats i. Bad Godesberg. Abitur. Mitgl. d. SAJ. Kurzes Studium i. Freiburg/Br. Teilnehmer am 2. Weltkrieg (Art. Rgt. 146 u. Pz. Art. Rgt. 155). Geriet i. Juni 1944 i. brit. Gefangenschaft (Lager Ascot). 1945 bevorzugt entlassen. 1. 1. 1946 Mitbegründer d. NWDR Köln. Bis 30. 6. 1947 Ltr. d. polit. Abt. u. stellv. Intendant d. NWDR Köln. 1947 entlassen. Übersiedlung i. d. SBZ. 1948 MA d. Berliner Rundfunks. Mitgl. d. SED. Besuch d. PHSch d. SED. Chefkommentator d. Staatl. Komitees f. Fernsehen. Autor d. Sendung „Der schwarze Kanal". Seit 1967 Mitgl. d. ZV d. VDJ. Seit 1978 Mitgl d. ZV d. DSP. Vors. d. Gesellschaftl. Rates d. HS f. Film u. Fernsehen i. Potsdam-Babelsberg.
Ausz.: VVO i. Gold (1978) u. a.

Schnürpel, Hans
Rötha bei Leipzig
Geb. 14. 2. 1927
Erl. B.: Diplom-Pädagoge, Dr. paed.
Ausg. B.: Hochschullehrer, Sportfunktionär
Partei: SED
L.: Nach 1945 Studium d. Pädagogik a. d. Uni. Leipzig (bis 1950). Ltr. einer Grundschule. Seit 1953 Lehrtätigkeit a. d. DHfK i. Leipzig. Zeitw. Prorektor f. Studienangelegenheiten u. 1. stellv. Rektor sowie Leiter d. Abt. Organisationswiss. a. d. DHfK Leipzig. 1966-74 Vors. d. Bezirksverbandes Leipzig d. DTSB. 1963-74 Mitgl. d. Präs. d. Bundesvorstandes des DTSB. Ltr. d. Wissenschaftsbereiches „Leitung u. Planung d. Körperkultur" sowie 1. Prorektor d. DHfK. Stadtverordneter i. Leipzig.

Schober, Rita, geb. Tomaschek
Berlin-Niederschönhausen
Geb. 13. 6. 1918 i. Rumburg (Böhmen)
Ausg. B.: Hochschullehrerin, Dr. sc. phil.
Partei: SED
L.: Studium d. klass. Philologie u. Romanistik a. d. Uni. Prag. Promotion zum Dr. phil. mit einem sprachwiss. Thema a. d. Uni. Prag. 1946-1948 wiss. Ass. 1949 Studentendekan a. d. Martin-Luther-Uni. Halle-Wittenberg. 1951 Berufung nach Ostberlin. Doz. a. Humboldt-Uni. 1951-1952 Hauptreferent f. alte Sprachen, mit Ausn. d. germanischen u. slawischen, i. Staatssektr. f. Hochschulwesen. 1954 Habil. b. Prof. Klemperer a. d. Humboldt-Uni. (Thema: „Zolas Romantheorie u. das Problem d. Realismus"). Seit 1957 Prof. mit Lehrstuhl f. Romanische Philologie u. Dir. d. gleichnamigen Inst. a. d. Humboldt-Uni. i. Ostberlin. Seit 1969 o. Mitgl. d. DAW/AdW. Seit 1974 Mitgl. d. Exekutivrates d. UNESCO. Seit Juni 1975 Vors. d. Nationalkomitees f. Literaturwiss. d. AdW. Mitgl. d. Präs. d. PEN-Zentrums d. DDR.
Ausz.: VVO i. Gold (1978) u. a.

Schöche, Johannes
Berlin
Geb. 19. 12. 1937 i. Leipzig
Erl. B.: Diplom-Gesellschaftswissenschaftler
Ausg. B.: Botschafter
Partei: SED
L.: Besuch d. Oberschule. 1956-60 Studium a. d. DASR. Dipl.-Staatswiss. Seit 1960 Diplomat. 1962-63 Attaché i. Mali. 1966 stellv. Ltr., 1970-73 Ltr. d. Wirtschafts- u. Handelsmission i. Mali. 1968-70 Studium a. d. Diplomaten-HS i. Moskau. 1973/74-75 Botschafter i. Mali, Obervolta u. Togo. 1975-78 Sektorenltr. i. MfAA. 1978-80 Generaldir. d. SPK. Seit 3. 1. 1981 Botschafter i. Angola. Nachf. v. Horst Schön. Seit 18. 3. 1981 Botschafter i. Sao Tomé u. Principe.

Schön, Horst
Berlin
Geb. 22. 9. 1931
Erl. B.: Diplom-Jurist
Ausg. B.: Botschafter
Partei: SED
L.: Nach d. Besuch d. Oberschule als Bergmann tätig. Ab 1951 Studium d. Rechtswiss. a. d. Uni. Jena. 1955 Dipl.-Jurist 1955 Angehöriger d. diplom. Dienstes. MA d. Rechts-Abt. d. MfAA. 1964-70 Botschaftsrat i. Polen. Anschl. Ltr. d. Abt. „Benachbarte Länder" bzw. Südosteuropa i. MfAA. Jan. 1978-Jan. 1981 Botschafter i. d. VR Angola sowie von März 79-Jan. 81 i. Sao Tomé u. Principe.
Ausz.: Orden „Banner d. Arbeit", Stufe III (1974) u. a.

Schöne, Hans-Ullrich

Dresden
Geb. 1932
Erl. B.: Tischler, Ing. f. Holztechnik
Ausg. B.: Stellv. Vorsitzender d. RdB Dresden
Partei: SED
L.: Tischler, Ingenieur f. Holztechnik. Industrieu. Außenhandelstätigkeit. Zeitweise Dir. VEB ROBOTRON Dresden. Seit Febr. 1981 Mitgl. d. SED-BL Dresden. Seit 1981 stellv. Vors. d. RdB Dresden f. bezirksgel. Ind., Lebensmittelind. u. ÖVW. Vors. d. BWR. Nachf. v. Karl Böhm. Abg. d. BT.

Schönfeld, Herbert

Berlin
Geb. 29. 7. 1919 i. Oschatz
Ausg. B.: Sekretär d. Liga f. Völkerfreundschaft
Partei: SED
L.: Kriegsdienst (1945 Uffz.). Nach 1945 Journalist. Zeitw. stellv. Chefred. d. „Sächsischen Zeitung". Danach stellv. Generalsekr. d. Ges. f. kulturelle Verbindungen m. d. Ausland. 1961-75 Generalsekr., seit 1975 Sekr. d. Liga f. Völkerfreundschaft d. DDR. Seit 1962 Vizepräs. d. Dtsch.-Französ. Ges. d. DDR.
Ausz.: VVO i. Bronze (1964) u. i. Silber (1972).

Schönfelder, Gerd

Dresden
Geb. 1936
Erl. B.: Musikwissenschaftler, Dr. sc. phil.
Ausg. B.: Hochschullehrer
Partei: SED
L.: Grundschule i. Dohna, Oberschule i. Pirna. Studium i. d. VR China. 1968 Sektionsltr. Kulturwiss. a. d. KMU Leipzig. 1972 Prorektor, seit 22. 10. 1980 Rektor d. HS f. Musik i. Dresden. Nachf. v. Siegfried Köhler. Mitgl. d. Präsidiums d. VBK.
Ausz.: Orden „Banner d. Arbeit" Stufe III (1979) u. a.

Schönfelder, Heinz

Hagenwerder, Krs. Görlitz
Geb. 1934
Erl. B.: Zimmerer, Ingenieurökonom
Ausg. B.: Parteisekretär
Partei: SED
L.: Zimmerer. 1960 Mitgl. d. SED. 1967 Parteisekr. d. SED i. Kraftwerk Vetschau, 1971 d. Großbaustelle Kraftwerk Hagenwerder. 1967-76 Kand. d. ZK d. SED.

Schönherr, Albrecht

Eberswalde
Geb. 11. 9. 1911 in Katscher, Kreis Leobschütz (O/S), als Sohn eines Katasteramtsdirektors
Erl. B.: Evang. Theologe, D.
Im Ruhestand
L.: 1918-29 Besuch d. Gymnasiums i. Neuruppin.

1929-33 Studium d. Evang. Theologie i. Tübingen u. Berlin. 1933 Vikar i. Potsdam. 1934 Angehöriger d. „Bekennenden Kirche". 1936 i. Berlin-Dahlem ordiniert. 1937 Pfarrer i. Brüssow. 1940 Soldat. Brit. Gefangensch. Lagerpfarrer i. Tarent/Italien. 1946 Superintendent des Kirchenkrs. Brandenburg. 1958 Mitbegründer des „Weißenseer Arbeitskreises". 1951-62 Dir. d. Predigerseminars Brandenburg. Seit 28. 11. 1962 Generalsuperintendent d. Krichenkrs. III (Eberswalde) d. Evang. Kirche Berlin-Brandenburg. 1964/65 kommissarischer Ltr. d. Regionalausschusses „DDR" d. CFK. Jan. 1967 bis Nov. 1972 Verwalter d. Bischofamtes i. Bereich d. Regionalsynode Ost d. Evang. Kirche Berlin-Brandenburg. 1969-81 Vors. d. Bundes d. Evang. Kirchen d. DDR. Febr. 1970 pers. Titel Bischof verliehen. Nov. 1972-Sept. 81 Bischof d. Evang. Kirche Berlin-Brandenburg.

Scholwin, Christian

Berlin
Geb. 3. 12. 1930 i. Frankenthal, Krs. Bautzen/Sa.
Erl. B.: Werkzeugmacher, Dr. rer. oec.
Ausg. B.: Stellv. Minister
Partei: SED
L.: Werkzeugmacherlehre. Besuch d. Ingenieur-Schule f. Fördertechnik i. Bautzen. In verschiedenen Industriebetrieben tätig, u. a. als Werklтr. VEB Fortschritt i. Neustadt/Sa. u. als Werkdir. bzw. Generaldir. VEB Weimarkombinat Landmaschinen. Seit 1979 stellv. Min. f. Allg. Maschinen-, Landmaschinen- u. Fahrzeugbau.
Ausz.: VVO i. Bronze (1980) u. a.

Scholz, Ernst

Berlin
Geb. 19. 7. 1913 in Berlin als Sohn eines Angestellten
Erl. B.: Architekt, Diplom-Wirtschaftler, Dr. rer. oec.
Ausg. B.: Botschafter
Partei: SED
L.: Besuch d. Volksschule u. d. Realgymn. i. Berlin. 1932-1933 Studium an d. TH u. am Bauhaus Berlin sowie a. d. Uni. Rostock. Architekt i. Berlin. 1934 KPD-Mitgl. Emigration. 1937-1939 Teilnehmer a. span. Bürgerkrieg. 1939-1945 Angehöriger d. franz. Widerstandsbewegung. 1945 Mitgl. d. KPD. Abtltr. f. Bodenreform i. d. Provinzverwaltung Brandenburg. Danach Ltr. d. Hauptabteilungen Land- u. Forstwirtsch. sowie Wirtschaftsplanung i. Min. f. Wirtschaftsplanung Landes Brandenburg. Anschl. Ltr. d. Hauptverwaltung Bauindustrie, Ltr. d. Abt. Wirtschaftspolitik b. ZK d. SED u. Ltr. d. Bau-Union i. Rostock. 1954 Mitgl. d. Zentralvorstandes d. IG Bau-Holz i. FDGB. 1954-56 Studium a. d. Uni Rostock. Diplom-Wirtschaftler. 1956-1958 Bevollm. d. Reg. d. DDR f. d. Arabischen Staaten. 1. 8. 1958 bis 7. 2. 1963 Min. f. Bauwesen. 1958-1964 Vors. d. Dtsch.-Arabischen Ges. i. d. DDR. 1958-1963 Abg. d. VK. Dez. 1963-Okt. 1968 erneut Bevollm. d. DDR f. d. Arabischen Staaten i.

Kairo. Dez. 1968-Febr. 74 stellv. Min. f. Auswärtige Angel. d. DDR. März 1974-Juli 76 Botschafter d. DDR i. Frankreich. Seit 1978 Präs. d. Freundschaftsges. DDR-Frankreich.
Ausz.: VVO i. Gold (1973). Karl-Marx-Orden (1976) u. a.

Scholz, Horst

Cottbus
Geb. 21. 8. 1931
Erl. B.: Kraftfahrzeugschlosser, Diplom-Gesellschaftswiss.
Ausg. B.: Sekretär d. SED-BL Cottbus
Partei: SED
L.: Kfz.-Schlosser. FDJ-Funktionär. Zeitw. 1. Sekr. d. FDJ-KL Bad Liebenwerda, Sekr. d. BL Cottbus u. 1. Sekr. d. FDJ-KL Senftenberg. 1964-77 1. Sekr. d. SED-KL Senftenberg. Seit 29. 9. 1977 Sekr. f. Agitprop. d. SED-BL Cottbus. Nachf. v. Harry Klemke.
Ausz.: VVO i. Silber (1975) u. a.

Scholz, Paul

Zeuthen, Krs. Königs-Wusterhausen
Geb. 2. 10. 1902 in Braunau/Schlesien als Sohn eines Landwirts
Ausg. B.: Stellv. Vorsitzender d. DBD
Partei: DBD
L.: Volksschule. Land- u. Fabrikarbeiter. 1923 Mitgl. d. KPD. Versch. Funktionen. 1933-1945 mehrmals inhaftiert (Gebietsberater d. illegalen KPD i. Berlin usw.). 1945 erneut Mitgl. d. KPD. Stellv. Chefred. d. VdgB-Zeitung „Der freie Bauer". 1948 i. Auftrag d. SED Mitbegründer d. DBD. Hauptgeschäftsführer d. DBD. Seit 1949 stellv. Vors. d. DBD i. d. DDR. Seit 1949 Abg. d. VK. 1950-1952 Min. f. Land- u. Forstwirtsch. Seit 1950 Mitgl. d. Nationalrates d. NF (s. 1968 Präs.). 1952-53 Ltr. d. Koordinierungs- u. Kontrollstelle f. Land-, Forst- u. Wasserwirtsch. 1952-67 Stellv. d. Vors. d. Ministerrates. 1953-1955 abermals Min. f. Land- u. Forstwirtsch. 1956-1961 Vors. d. Zentralen Beirats f. LPG b. Ministerrat. Seit Dez. 1963 Vizepräs. d. Dtsch.-Afrik. Ges. d. DDR. Seit 1964 Präs. d. Dtsch.-Arab. Ges. d. DDR u. Vizepräs. d. Liga f. Völkerfreundschaft. Seit 1964 Mitgl. d. Präs. d. Friedensrates. 1971-81 stellv. Vors. d. Ausschusses f. Ausw. Angel. d. VK. Vors. d. Parlam. Freundschaftsgruppe DDR-Finnland.
Ausz.: VVO i. Gold (1954). Ehrenspange z. VVO i. Gold (1967 u. 1972). Stern d. Völkerfreundschaft i. Gold (1969) u. a.

Scholz, Walter

Berlin
Geb. 21. 1. 1929 i. Niedereinsiedel als Sohn eines Angestellten
Erl. B.: Werkzeugmacher, Ingenieur
Ausg. B.: Stellv. Oberbürgermeister v. Ostberlin
Partei: SED
L.: Grundschule. 1943-45 Lehre als Werkzeugmacher. 1945-50 als Werkzeugmacher u. Schlosser tätig. 1948 SED. 1950-55 Partei- u. Staatsfunktionär. 1955-58 Offizier d. NVA. 1958-61 1. Sekr. d. BPO d. SED i. VEB Kühlautomat Berlin. Studium a. d. Ing.-Schule f. Schwermaschinenbau u. Elektrotechn. i. Bln.-Lichtenberg. 1963 Ing. 1962-70 Dir. versch. Betr. i. Ostberlin. Stellv. Werkdir. VEB Werkzeugmaschinenkomb. „7. Oktober" Bln.-Weißensee, 1970-75 Dir. d. VEB Kühlautomat Berlin. Dez. 1975-Okt. 80 stellv. OB v. Ostberlin f. bezirksgel. Ind. u. Lebensmittelind. Seit 30. 10. 1980 stellv. OB v. Ostberlin u. Vors. d. BPK. Nachf. v. Eberhard Ahrens. Seit 1976 Mitgl. d. SED-BL Berlin, Mitgl. d. StVV u. Abg. d. VK. Mitgl. d. Sekr. d. SED-BL.
Ausz.: Orden „Banner d. Arbeit" Stufe II (1979).

Scholz, Werner

Potsdam
Geb. 1929
Erl. B.: Lehrer, Dr. phil.
Ausg. B.: Sekretär d. SED-BL Potsdam
Partei: SED
L.: Lehrer, Diplom-Gesellschaftswiss., Dr. phil. Seit Anfang d. 50er Jahre hauptamtl. Funktionär d. SED. 1. Sekr. d. SED-KL Luckenwalde. 1954-71 Abtltr. i. d. SED-BL Potsdam (Lt. Organe u. Agitprop.). Seit 1963 Abg. d. BT Potsdam. Seit 23. 5. 1971 Sekr. f. Agitation u. Propaganda d. SED-BL Potsdam. Nachf. v. Gerhard Blum.
Ausz.: VVO i. Silber (1974) u. a.

Scholz, Werner

Berlin
Ausg. B.: Chefredakteur, Dr.
Partei: SED
L.: 1967-73 Sektorenltr. u. Mitgl. d. Red.-Koll., seit Dez. 1973 Chefred. d. Ztschr. „Neuer Weg" sowie AL i. ZK d. SED. Nachf. v. Rudolf Wettengel. Seit 16. 4. 1981 Mitgl. ZRK d. SED.
Ausz.: VVO i. Gold (1980) u. a.

Scholze, Rudolf

Rostock
Geb. 15. 2. 1919 i. Wolfstal/Sudetenland
Erl. B.: Landwirt, Diplom-Wirtschaftler, Dr. agr.
Ausg. B.: Wiss. MA, Vorsitzender d. Nat. Front i. Bez. Rostock
Partei: DBD
L.: Besuch d. Volks- u. Mittelschule u. d. Landesackerbauschule. Kriegsdienst. Arbeit i. d. Landwirtsch. 1946 Gemeindesekr. u. Hauptreferent. Mitgl. d. DBD. Seit 1952 mit einigen Unterbrechungen Abg. d. BT Rostock. Ltr. d. Unterabt. tier. Produktion RdB Rostock. 1954-62 stellv. Vors. d. RdB Rostock f. Landw. Danach stellv. Dir. bzw. Ltr. d. Abt. Information/Dokumentation d. Forschungszentrums f. Tierzuchtforschung i. Dummerstorf. Seit 1969 Vors. d. Bezirksausschusses Rostock d. Nat. Front. Nachf. v. Otto Möller.
Ausz.: VVO i. Silber (1975) u. a.

Schomann, Kurt

Boizenburg, Kreis Hagenow
Geb. 1925
Erl. B.: Maschinenschlosser, Elektroschweißer
Ausg. B.: Schweißmeister
Partei: SED
L.: Maschinenschlosser. Elektroschweißer. Seit 1961 Mitgl. d. SED. Gegenwärtig Schweißermstr. i. VEB Elbewerft Boizenburg. 1971-76 Kand. d. ZK d. SED.

Schramm, Gerhard

Berlin
Geb. 5. 3. 1923 i. Zschopau/Sa.
Erl. B.: Diplom-Wirtschaftler
Ausg. B.: Botschafter
Partei: SED
L.: Teilnehmer a. 2. Weltkrieg (1943 Gefr. i. einem Stuka-Geschwader). Kriegsgefangenschaft. Seit Anfang d. 50er Jahre i. Außenhandelsapparat d. DDR tätig. Kontorltr. b. DIA Kompensation. 1957-62 stellv. Ltr., 1962-65 Ltr. d. Vertretung d. KfA i. Belgien. Danach Generaldir. i. MAI. 1967-73 Ltr. d. Vertretung d. KfA bzw. d. Amtes f. Außenwirtschaftsbeziehungen i. Frankreich. Gesandter. 1973-74 Geschäftsträger a. i. a. d. DDR-Botschaft i. Frankreich. 1974-76 stellv. Ltr. d. Abt. Westeuropa i. MfAA. Seit 29. 3. 76 Botschafter d. DDR i. Österreich. Nachf. v. Werner Fleck.
Ausz.: VVO i. Silber (1973) u. a.

Schreiber, Klaus

Halle/Saale
Geb. 25. 1. 1927 i. Lübeck
Erl. B.: Biochemiker, Dr. rer. nat. habil.
Ausg. B.: Institutsdirektor
L.: Studium a. d. Uni. Rostock u. Jena. Seit 1968 Dir. d. Inst. f. Biochemie d. Pflanzen d. Forschungszentrums f. Molekularbiologie u. Medizin d. AdW i. Halle. Seit 1971 Mitgl. d. AdW u. d. Akad. d. Naturforscher. Mitgl. d. AdL.
Ausz.: Nat.-Pr. III. Kl. (1967), VVO i. Bronze (1977) u. a.

Schreier, Peter

Dresden-Loschwitz
Geb. 1935 i. Meißen als Sohn eines Lehrers u. Kantors
Erl. B.: Opernsänger (Tenor), Prof.
Ausg. B.: Opernsänger
L.: Ab 1943 Kruzianer i. Dresden. Später Altsolist u. Chorpräfekt. 1955 privates Gesangsstudium bei Fritz Polster. 1956 Studium a. d. HS f. Musik i. Dresden (Gesang u. Dirigieren). 1959 Staatsexamen als Sänger u. Dirigent. Danach Opernsänger a. d. Staatsoper Dresden u. seit 1963 a. d. Dtsch. Staatsoper Ostberlin. Seit 1966 vertragliche Bindung u. a. Wiener Staatsoper, seit 1967 Mitwirkung bei d. Salzburger Festspielen. Kammersänger. Internat. gefeierter Mozart-Tenor u. Oratoriensänger. Mitgl. d. AdK. Seit Sept. 1981 Honorarprof. f. Gesang a. d. HS f. Musik i. Dresden.
Ausz.: Nat. Pr. (zweimal, u. a. 1972 I. Kl.), VVO i. Silber u. a.

Schreyer, Wolfgang

Magdeburg
Geb. 20. 11. 1927 in Magdeburg als Sohn eines Kaufmanns
Erl. B.: Drogist
Ausg. B.: Schriftsteller
L.: Kriegsdienst u. Gefangenschaft. 1944 NSDAP. 1947-1949 Ausbildung als Drogist. Danach Geschäftsführer u. kultureller Betreuer i. einigen Privatbetrieben. Seit 1952 freiberufl. Schriftsteller.
Ausz.: Heinrich-Mann-Preis (1956).
Veröff.: „Unternehmen Thunderstorm", Verlag Das Neue Berlin, Berlin 1954. „Die Banknote", Verlag Das Neue Berlin, Berlin 1955. „Das grüne Ungeheuer", Verlag Das Neue Berlin, Berlin, 2. Aufl. 1960. „Tempel des Satans", Verlag des Min. f. Nat. Verteidigung, Berlin 1960. „Fremder i. Paradies", Komödie, 1967. „Adjutant", Roman (Fernsehfilm), „Schwarzer Dezember", Mitteldtsch. Verlag, Halle 1978, „Die Suche oder Die Abenteuer des Uwe Reuss", Vlg. Das Neue Berlin, 1982 u. a.

Schröter, Rolf

Erfurt
Geb. 1932
Erl. B.: Großhandelskaufmann, Diplom-Agrarökonom
Ausg. B.: Stellv. Vorsitzender d. RdB Erfurt
Partei: SED
L.: Großhandelskaufmann, Diplom-Agrarökonom. Landwirtschaftsfunktionär. Zeitw. Vors. d. LWR Sömmerda u. 1. stellv. Vors. d. RLN Erfurt. 1973-74 Vors. d. RLN Erfurt, seit Sept. 1974 stellv. Vors. d. RdB Erfurt f. Land-, Forst- u. Nahrungsgüterwirtschaft. Abg. d. BT Erfurt.
Ausz.: VVO i. Bronze (1974).

Schroot, Günter

Riesa
Geb. 1943
Erl. B.: Hauer, Diplom-Gesellschaftswissenschaftler
Ausg. B.: BGL-Vorsitzender
Partei: SED
L.: Hauer, Diplom-Gesellschaftswissenschaftler. Gegenwärtig Vors. d. ZBGL i. VEB Rohrkombinat, Stahl- u. Walzwerk Riesa. Seit 24. 4. 1982 Mitgl. d. Präs. d. BV d. FDGB.

Schubarth, Manfred

Berlin
Geb. 29. 1. 1934 i. Meiningen
Erl. B.: Techn. Zeichner, Lehrer
Ausg. B.: Botschafter

Partei: SED
L.: Erlernte den Beruf eines Techn. Zeichners. Pädagogik-Fernstudium a. d. Humboldt-Uni. Ostberlin. 1956-70 Lehrer a. Institut f. Lehrerbildung Altenburg. Anschließend Eintritt i. d. diplom. Dienst. 1971-73 a. d. DDR-Botschaften i. Mali u. Guinea tätig. 1973-76 i. MfAA tätig. 1978-81 stellv. Ltr. d. DDR-Botschaft i. Marokko. Seit 16. 1. 1982 Botschafter d. DDR i. Madagaskar.

Schubert, Heinz

Berlin
Geb. 15. 3. 1927
Ausg. B.: Stellv. Hauptverwaltungsltr. i. MfV, Präsident d. Aero-Klubs
Partei: SED
L.: Nach 1945 VP-Offizier. Hauptmann d. KVP-Luft. Seit 1953 hauptamtl. MA d. GST. Zeitw. Ltr. d. Abt. Flugsport i. ZV d. GST. Seit 1962 Präs. d. Aero-Klubs d. DDR. Vizepräs. d. Internat. Flugsportföderation. Hauptberufl. MA d. Min. f. Verkehrswesen; stellv. Ltr. d. HV Zivile Luftfahrt. Mitgl. d. ZV d. GST.
Ausz.: Verdienstmedaille d. DDR (1959) u. a.

Schubert, Manfred

Dresden
Geb. 30. 3. 1930 i Reichenstein als Sohn eines Arbeiters
Erl. B.: Schlosser, Dipl.-Ing., Dr.-Ing. habil.
Ausg. B.: Hochschullehrer
Partei: SED
L.: Oberschule. Abitur. 1946 FDJ. 1948-9 Schlosserumschüler i. VEB Görlitzer Maschinenbau. 1949-55 Studium TH Dresden. Dipl.-Ing. f. Verfahrenstechnik. 1955-60 wiss. MA u. Ltr. einer techn. Versuchsanlage i. Sondershausen u. Stassfurt. Seit 1960 wiss. Tätigkeit a. d. TU Dresden. 1963 Dr.-Ing. 1967 Habil. 1967-68 Dir. d. Inst. f. Verfahrenstechnik. 1968-71 Dir. d. Sektion Verarbeitungs- u. Verfahrenstechnik. O. Prof. a. d. TU Dresden. Prof. f. Verfahrenstechnik. 1966 SED. Seit 1967 Abg. d. VK u. Mitgl. d. Ausschusses f. Industrie, Bauwesen u. Verkehr. 1971-74 Vizepräs., seit 17. 5. 74 Präs. d. KdT. Nachf. v. H. Peschel. Seit 1976 Mitgl. d. Präs. d. Freundschaftsges. DDR-Italien. Seit 1979 korr. Mitgl. d. AdW.
Ausz.: Orden „Banner d. Arbeit" (1966), VVO i. Silber (1980) u. a.

Schubert, Werner

Weimar
Geb. 9. 2. 1925 i. Meißen/Sa.
Erl. B.: Germanist, Dr. phil.
Ausg. B.: Generaldirektor
L.: Kriegsdienst. Gefr. i. einem Jäger-Rgt. Germanist. Seit Anfang d. 50er Jahre Lehrtätigkeit a. d. KMU Leipzig. Seit 1971 o. Prof. 1961-65 Ltr. d. Abt. Dtsch. Sprache u. Literatur a. Inst. f. Fremdsprachen d. Uni. Bagdad. 1971-75 Gastprof. i. Kairo, 1980-81 a. d. Karls-Uni. i. Prag. Seit 19. 3. 1982 Generaldir. d. Nat. Forschungs- u. Gedenkstätten d. klass. dtsch. Literatur i. Weimar. Nachf. v. Walter Dietze.

Schuchardt, Jürgen

Berlin
Geb. 1936 i. Berlin
Erl. B.: Diplom-Wirtschaftler, Dr. rer. oec.
Ausg. B.: Stadtrat d. Ostberliner Magistrats
Partei: SED
L.: 1955 Abitur a. d. Klement-Gottwald-Schule i. Berlin-Treptow. Danach bis 1960 Studium d. Wirtschaftswiss. a. d. Humboldt-Uni. Ostberlin. 1960 Staatsexamen. Ass. a. Inst. f. Wirtschaftsgeschichte d. Humboldt-Uni. 1965 Promotion z. Dr. rer. oec. FDJ-Sekr. d. Wirtschaftswiss. Fakultät. Ab 1965 1. Sekr. d. FDJ-KL Uni. Berlin. Jan. 1974-Dez. 1976 1. Sekr. d. SED-KL d. Humboldt-Uni. Seit Juni 1978 Stadtrat u. Ltr. d. Abt. Kultur d. Magistrats v. Ostberlin. Nachf. v. Horst Oswald. Mitgl. d. SED-BL Berlin.
Ausz.: VVO i. Bronze (1973) u. a.

Schuder, Rosemarie

Berlin-Friedrichshagen
Geb. 24. 7. 1928 in Jena als Tochter eines Professors
Ausg. B.: Journalistin, Schriftstellerin
Partei: CDU
L.: 1947 Abitur. Seitdem freie MA d. Zeitungen „Neue Zeit" u. „Tägliche Rundschau". 1951 CDU. Seit 1958 Mitgl. d. Hauptvorstandes d. CDU. Mitgl. d. Vorstandes DSV, d. Nationalrates d. NF u. d. Präsidialrates d. KB u. d. PEN-Zentrums d. DDR. Freiberufl. Schriftstellerin i. Berlin.
Ausz.: VVO i. Bronze (1964). Nat. Preis II. Kl. (1978) u. a.
Veröff.: „Der Ketzer von Naumburg", Verlag Neues Leben, Berlin, 1955. „Meine Sichel ist scharf", Verlag Rütten & Loening, Berlin, 1955. „Der Sohn der Hexe", Verlag Rütten & Loening, Berlin, 1957. „Der Tag von Rocca di Campo", Union-Verlag, Berlin, 1960. „Der Gefesselte", Verlag Rütten & Loening, Berlin. „Die zerschlagene Madonna", Verlag Rütten & Loening, Berlin. „Tartuffe 63", Verlag Rütten & Loening, Berlin, 1965. „Die Erleuchteten", Union Verlag, Berlin. „Paracelsus und der Garten der Lüste", 1972, „Agrippa und das Schiff des Zufriedenen", 1977 u. a. m.

Schückel, Rudolf

Berlin
Geb. 4. 9. 1926 i. Dresden
Erl. B.: Karosseriebauer, Diplom-Gesellschaftswissenschaftler
Ausg. B.: Vorsitzender d. GST i. Berlin
Partei: SED
L.: Karosseriebauer. 1946 Mitgl. d. Antifa-Jugend i. Dresden. 1946 SED. Sekr. d. FDJ-KL Dresden. Abtltr. i. d. Landesltg. Sachsen d. FDJ. 1952 Mitbegründer d. GST i. Leipzig. Vors. d. GST i. Bez. Rostock. 1955-59 Mitgl. d. Zentralrats d. FDJ. 1956-68 stellv. Vors. d. ZV d. GST. 1968-71

Studium a. d. PHSch d. SED. Seit Juni 1971 Vors. d. GST i. Ostberlin. Nachf. v. Fritz Dolling. Seit 1972 Mitgl. d. Sekr. d. ZV d. GST. Reserveoffizier d. NVA.
Ausz.: VVO i. Silber (1977) u. a.

Schürer, Gerhard
Berlin
Geb. 14. 4. 1921 i. Zwickau/Sa. als Sohn eines Arbeiters
Erl. B.: Maschinenschlosser, Diplom-Gesellschaftswissenschaftler
Ausg. B.: Stellv. Vorsitzender d. MR, Vorsitzender d. SPK
Partei: SED
L.: Volksschule. 1936-39 Maschinenschlosserlehre. Kriegsdienst. 1942 Uffz. Flugzeugführerschule Pilsen. 1945 bis 1947 als Schlosser, Kraftfahrer u. Sachbearbeiter tätig. 1947-51 i. d. sächs. Landesregierung tätig, zuletzt HA-Ltr. 1948 SED. 1951 Abtltr. i. d. SPK. 1952 Besuch d. Landesparteischule Meckl. 1953-62 MA d. ZK d. SED (Sektorenltr., 1960-62 Ltr. d. Abt. Planung u. Finanzen). 1955-58 Studium a. d. PHSch. d. KPdSU. Diplom-Gewi. 1960-62 Mitgl. d. Wirtschaftskommission b. Politbüro d. ZK d. SED. 1962 bis 1963 stellv. Vors., 1963-65 1. stellv. Vors., seit 22. 12. 1965 Vors. d. SPK u. Mitgl. d. Präs. d. MR. Nachf. v. Apel. Seit 1963 Mitgl. d. ZK d. SED. Seit 13. 7. 1967 stellv. Vors. d. MR. Seit Juli 1967 Abg. d. VK. Vors. d. Parit. Regierungskomm. f. wirtsch. u. wiss.-techn. Zusammenarbeit DDR-UdSSR. Seit 2. 10. 1973 Kand. d. Politbüros d. ZK d. SED.
Ausz.: VVO i. Silber (1964). VVO i. Gold (1969 u. 1971), Karl-Marx-Orden (1981) u. a.

Schüßler, Gerhard
Potsdam-Babelsberg
Geb. 13. 11. 1928 i. Rochsburg als Sohn eines Arbeiters
Erl. B.: Jurist, Dr. jur.
Ausg. B.: Hochschullehrer
Partei: SED
L.: Volksschule. Arbeiter i. d. Landwirtschaft u. Papierindustrie. Nach 1945 Verwaltungsangestellter d. Kreisverw. Rochlitz/Sa. 1947 Mitgl. d. SED. Studium a. d. Verwaltungsakad. Lehrtätigkeit a. d. DASR. Parteisekr. d. BPO d. SED. 1958-63 Abg. d. BT Potsdam. 1963-69 Ltr. d. Rechtsabt. i. Büro d. MR. 1969-72 stellv. Ltr. d. Büros d. MR. Seit 1. 3. 1972 Rektor d. DASR u. Vors. d. Rates f. Staats- u. rechtswiss. Forschung d. DDR. Nachf. v. R. Arlt. 1972 Prof. Vizepräs. d. Vereinigung d. Juristen d. DDR.
Ausz.: VVO i. Silber (1979) u. a.

Schüssler, Wolfgang
Berlin
Ausg. B.: Botschafter
Partei: SED
L.: Seit d. 50er Jahren Angehöriger d. diplom. Dienstes d. DDR. Referent i. MfAA. 1968-74

stellv. AL Internat. Verbindungen i. ZK d. SED. Juli 1974-Dez. 1977 Botschafter i. Indien. Nachf. v. Herbert Fischer. Sept. 1974-März 1975 Botschafter i. Nepal. Seitdem Ltr. d. Abt. Naher u. Mittlerer Osten i. MfAA.
Ausz.: VVO i. Bronze (1973) u. a.

Schüttauf, Rudolf
Berlin
Geb. 19. 10. 1922 in Berlin-Charlottenburg
Erl. B.: Dipl.-Ing., Prof.
Ausg. B.: Vizepräsident d. Bauakademie d. DDR
Partei: SED
L.: Dipl.-Ing. In versch. Funktionen b. d. Bauakad. d. DDR tätig. 1975 Dir. d. Inst. f. Technologie u. Mechanisierung d. Bauakad. Vizepräs. d. Bauakad. d. DDR.
Ausz.: VVO i. Bronze (1975) u. a.

Schütz, Rudi
Berlin
Ausg. B.: Generalmajor d. NVA
Partei: SED
L.: Offizier d. Grenztruppen d. NVA. 1970-71 1. stellv. Stadtkommandant v. Ostberlin. Seit 1. 3. 1971 Generalmajor d. NVA. Stellv. Chef d. Grenztruppen bzw. seit 1978 d. Zivilverteidigung. Chef d. Stabes d. ZV.
Ausz.: VVO i. Silber (1976) u. a.

Schütze, Horst
Berlin
Geb. 1927
Erl. B.: Verwaltungsangestellter, Diplom-Gesellschaftswissenschaftler
Ausg. B.: Stellv. AL i. ZK d. SED
Partei: SED
L.: Verwaltungsangestellter. Funktionär d. Nat. Front i. Bez. Rostock. 1958 bis 1963 Mitgl. d. BT Rostock. 1963-69 Sekr. d. Bezirksausschusses Neubrandenburg d. Nat. Front. 1963-69 Abg. d. BT Neubrandenburg. 1969-73 Mitgl. d. Sekr. u. d. Präsidiums d. Nationalrates d. NF. Seit 1973 stellv. Ltr. d. Abt. „Befreundete Parteien" i. ZK d. SED.
Ausz.: VVO i. Silber (1977) u. a.

Schuffenhauer, Heinz
Magdeburg
Geb. 10. 8. 1928 i. Dresden
Erl. B.: Lehrer, Dr. paed. habil.
Ausg. B.: Hochschullehrer
Partei: SED
L.: Lehrer. Zeitw. Dozent f. Gesch. d. Erziehung u. Lehrstuhlltr. a. Päd. Institut Erfurt. Seit 1967 Dir. d. Päd. Inst. 1972-76 Rektor d. Päd. HS „Erich Weinert" i. Magdeburg. O. Prof.
Ausz.: Nat.-Preis III. Kl. (1974) u. a.

Schuhmann, Helmut

Magdeburg
Geb. 4. 6. 1930 i. Berlin als Sohn eines Konsum-Angestellten
Erl. B.: Werkzeugmacher, Diplom-Chemiker, Dr. rer. nat. habil.
Ausg. B.: Hochschullehrer
L.: Mittelschule. Werkzeugmacher. Abitur i. Nordhausen. Ab 1948 Studium d. Chemie a. d. MLU Halle-Wittenberg. FDJ-Funktionär. 1954 Diplom-Chemiker. 1957 Promotion zum Dr. rer. nat. Seit 1964 Prof. (f. physikal. Chemie). Ass., Oberass., Dozent u. jetzt Prof. a. d. TH Magdeburg. Seit Mai 1965 Vors. d. Bezirksausschusses Magdeburg d. Nat. Front. Mitgl. d. Präs. d. Nat. Rates d. NF.

Schuldt, Ewald

Schwerin
Geb. 3. 1. 1914 i. Mechelsdorf/Krs. Bad Doberau als Sohn eines Landarbeiters
Erl. B.: Gärtner, Dr. phil.
Museumsdirektor a. D.
Partei: SED
L.: Gärtnerlehre u. Besuch d. Gartenbauschule i. Rostock. 1935 Gartenmeister i. Wendisch-Priborn. Ehrenamtl. MA d. Meckl. Landesamtes f. Denkmalpflege. Kriegsdienst (1942 Oberltn.) Nach 1945 Ltr. d. Abt. Vorgeschichte a. Staatl. Museum Schwerin. 1946 SED. 1952-55 Vors. d. KB i. Bez. Schwerin. 1954-81 Dir. d. Museums f. Vor- u. Frühgeschichte i. Schwerin. 1952 Promotion z. Dr. phil. a. d. Humboldt-Uni. Ostberlin. 1964 z. Prof. ernannt. Seit 23. 11. 1976 Vors. d. Bezirksausschusses Schwerin d. NF. Nachf. v. Walter König.
Ausz.: VVO i. Bronze (1973), Nat.-Pr. III. Kl. (1979) u. a.

Schuldt, Herbert

Rostock
Geb. 28. 11. 1931
Erl. B.: Verwaltungsangestellter, Diplom-Wirtschaftler
Ausg. B.: Stellv. Vorsitzender d. RdB
Partei: SED
L.: Verwaltungsangestellter, Dipl.-Wirtschaftler. 1957-58 Stadtrat u. Vors. d. Plankommission v. Rostock. 1961-65 stellv. OB v. Rostock u. erneut Vors. d. Plankommission. ab 1965 Studium. 1968-74 AL Wirtschaftspol. d. SED-BL Rostock. Seit 7. 2. 1974 stellv. Vors. d. RdB Rostock u. Vors. d. Bezirksplankommission. Mitgl. d. Sekr. d. SED-BL u. Abg. d. BT.
Ausz.: VVO i. Silber (1981) u. a.

Schulmeister, Karl-Heinz

Berlin
Geb. 6. 5. 1925 i. Bützow als Sohn eines Lehrers
Erl. B.: Diplom-Historiker, Dr. phil.
Ausg. B.: 1. Bundessekretär d. KB
Partei: SED
L.: Volks- u. Oberschule. Abitur. Kriegsdienst. 1946 SED. 1946 Referent i. d. Informationsabt. Landesreg. Meckl. 1946-48 Orts- u. Kreissekr. d. DKB i. Schwerin. 1948-52 Landessekretär d. DKB i. Mecklenburg. 1950-52 MdL Mecklenburg. 1952-54 Bezirkssekretär d. DKB i. Rostock. Abg. d. BT. 1954-55 Besuch d. Zentralschule d. ZK d. SED i. Erfurt. 1955-57 Bundessekr., seit Mai 1957 1. Bundessekr. d. DKB. Seit 1958 Mitgl. d. Nationalrates, seit 1969 Mitgl. d. Präs. d. Nationalrates d. NF. Seit 1958 Abg. d. VK. 1959-65 Fernstudium a. d. Humboldt-Uni. Ostberlin. Diplom-Historiker. Seit Dez. 1965 Vors. d. DKB-Fraktion i. d. VK. Seit 1963 Vors. d. Ausschusses f. Kultur d. VK. Seit Mai 1969 Mitgl. d. Präs. d. VK. 1974 Promotion zum Dr. phil. Seit 30. 4. 81 Präs. d. Kuratoriums DDR-Japan d. Ver. f. kult. u. wiss. Zusammenarbeit.
Ausz.: VVO i. Gold (1974) u. a.

Schulz, Gerd

Berlin
Geb. 5. 6. 1947
Erl. B.: Industriekaufmann, Dipl.-Ing.
Ausg. B.: Sekretär d. Zentralrates d. FDJ
Partei: SED
L.: Lehre als Industriekfm. Studium a. d. THC Merseburg. Dipl.-Ing. FDJ-Sekretär a. d. THC Merseburg. 1974-79 1. Sekretär d. FDJ-KL Buna. 1979-80 Ltr. d. Abt. Arbeiterjugend i. FDJ-ZR. 19. 12. 1980 i. d. ZR d. FDJ kooptiert u. zum Mitgl. d. Büros u. Sekr. d. ZR gewählt.

Schulz, Heinz

Berlin
Geb. 29. 5. 1933 i. Gera
Erl. B.: Dipl.-Ing.
Ausg. B.: Botschafter
Partei: SED
L.: Lehre. Studium a. d. HS f. Maschinenbau i. Karl-Marx-Stadt. Dipl.-Ing. 1959-71 i. d. volkseigenen Industrie leitend tätig. Werkdir. VEB BLEMA u. WMW Kombinat Union i. Gera. Seit 1971 Angehöriger d. diplom. Dienstes d. DDR. 1973-77 Botschaftsrat a. d. DDR-Botschaft i. Wien. 1977-79 MA d. MfAA. Seit 26. 6. 1979 Botschafter d. DDR i. d. Türkei. Nachf. v. Norbert Jäschke.

Schulz, Kurt

Schwerin
Geb. 28. 5. 1928 i. Berlin
Erl. B.: Sportlehrer
Ausg. B.: Vorsitzender d. DTSB i. Bez. Schwerin
Partei: SED
L.: Sportlehrer. Seit 1948 Sportfunktionär. Seit 1960 MA, seit 1964 hauptamtl. Funktionär, seit 4. 10. 1973 Vors. d. DTSB i. Bez. Schwerin. Nachf. v. Werner Kopatz. Seit 1978 Mitgl. d BV d. DTSB.
Ausz.: VVO i. Bronze (1978) u. a.

Schulz, Max Walter

Leipzig
Geb. 31. 10. 1921 in Scheibenberg/Erzgeb. als Sohn eines Angestellten
Ausg. B.: Schriftsteller, Direktor
Partei: SED
L.: Mittlere Reife. Kriegsdienst (Obergefr. i. einem Flak-Rgt.). Amerik. Kriegsgefangenschaft. Nach 1945 Hilfsarbeiter u. Neulehrer. 1946-49 Studium d. Pädagogik a. d. Uni. Leipzig. Danach 7 Jahre Lehrer a. d. Mittelschule Holzhausen b. Leipzig. 1957 freiberufl. Schriftsteller. 1957-59 Studium a. Literatur-Inst. Leipzig. 1962-63 Sekr. d. DSV. Seit Aug. 1964 Dir. d. Literatur-Inst. „J.-R.-Becher" Leipzig. Seit 1969 Vizepräs. d. DSV. Seit 1969 Mitgl. d. AdK. 1967-69 Kand., 1969-71 Mitgl. SED-BL Leipzig. Seit 1969 Prof.
Ausz.: Nat. Pr. II Kl. (1980), VVO i. Gold (1978), FDGB-Literaturpreis u. a.
Veröff.: „Wir sind nicht Staub im Wind", Mitteldtsch. Verlag, Halle/S. 1962, „Tröpfchen mit sieben Brücken", Mitteldtsch. Vlg., 1974, „Stegreif und Sätze — Anmerkungen zur Literatur und zum Tage", 1976. „Pinocchio und kein Ende", 1978, „Der Soldat und die Frau", Mitteldtsch. Vlg., 1979, „Die Fliegerin oder Aufhebung einer stummen Legende", Mitteldtsch. Vlg., 1981.

Schulz, Robert

Leipzig
Geb. 25. 1. 1914 in Bötzingen, Kreis Freiburg/Br.
Erl. B.: Verwaltungsangestellter (Regierungsinsp.)
Ausg. B.: Hochschullehrer, Dr. phil.
Partei: SED
L.: Nach Schulbesuch Verwaltungsangestellter. Regierungsinsp. i. Mannheim. 1940 NSDAP. Teilnehmer a. 2. Weltkrieg (Flak-Rgt. 49). Geriet i. Jan. 1943 i. Stalingrad i. sowj. Kriegsgefangenschaft. Antifaschüler. 1946 Rückkehr nach Dtschl. 1946 SED. Studium d. Gesellschaftswiss. an d. Uni Leipzig. 1949 Staatsexamen. Zeitw. Ass. b. Prof. Harig. Später Oberass. 1951 Prof. m. LA f. Diamat a. d. Uni. Leipzig. Ende 1951 Prorektor u. stellv. Rektor a. d. Uni. Leipzig. 1952 Promotion zum Dr. phil. a. d. Uni. Leipzig. Danach Prof. f. Diamat a. d. Leipziger Uni. bzw. HS f. Bauwesen i. Leipzig. 1950-58 kommissar. Dir. d. Franz-Mehring-Inst. d. KMU Leipzig. Seit 1969 Prof. mit Lehrstuhl f. Soziologie a. d. KMU Leipzig. Seit Jan. 1965 Ltr. d. Abt. Soziologie a. d. KMU Leipzig. Vors. d. BV Leipzig d. Gewerkschaft Wissenschaft.
Ausz.: VVO i. Bronze (1974) u. a.

Schulze, Dieter

Niesky
Geb. 3. 12. 1934
Erl. B.: Facharbeiter für Landwirtschaft, Diplom-Landwirt, Dr. agr.
Ausg. B.: LPG-Vorsitzender
Partei: SED
L.: Facharbeiter f. Landwirtschaft, Dipl.-Landwirt, Dr. agr. 1976 Vors. d. LPG Pflanzenproduktion Reichenbach. 1981 Ltr. d Agrar-Industrie-Vereinigung Pflanzenproduktion Oberlausitz, Niesky. 1954 SED. 1974-76 Kand. d. BL Dresden d. SED. Seit 22. 5. 1976 erstm. Kand. d. ZK d. SED.

Schulze, Gerhard

Potsdam
Geb. 26. 1. 1926 in Massanei, Kreis Döbeln/Sa.
Erl. B.: Verwaltungsangestellter, Dr. sc. jur.
Ausg. B.: Hochschullehrer
Partei: SED
L.: Teilnehmer am 2. Weltkrieg. Besuch einer Heeres-Unteroffiziersschule. Nach 1945 Studium. Seit 1953 Lehrtätigkeit a. d. DASR. Zeitw. Abtltr. i. Büro d. Präs. d. Ministerrates. Jetzt o. Prof. a. d. Sektion Staatsrecht u. 1. stellv. Dir. d. Sektion Staatsrecht u. staatl. Leitung d. ASR. 1. Prorektor d. ASR. 1963-67 Mitgl. d. RdB Potsdam. Mitgl. d. Redaktionskollegiums d. Zeitschrift „Staat und Recht".
Ausz.: VVO i. Bronze (1979) u. a.

Schulze, Gotthelf

Berlin
Geb. 23. 11. 1938
Ausg. B.: Botschafter
Partei: SED
L.: Studium d. Außenpolitik i. d. SU. Seit 1963 Angehöriger d. diplom. Dienstes d. DDR. 1964-66 u. 1970-74 i. Ghana tätig. 1974-78 Sektorenltr. i. MfAA. Seit 30. 9. 1978 Botschafter i. Guinea-Bissau, seit 18. 12. 1978 auf d. Kapverden. Nachf. v. Kurt Roth.

Schulze, Peter

Erfurt
Geb. 1940
Erl. B.: Dipl.-Ing.
Ausg. B.: Stellv. Vorsitzender d. RdB Erfurt
Partei: CDU
L.: Dipl.-Ing. Bei der Post tätig, zuletzt AL i. Fernmeldeamt Erfurt. Seit Juni 1981 stellv. Vors. d. RdB Erfurt f. Energie, Verkehrs- u. Nachrichtenwesen. Nachf. v. Gerhard Hanf. Abg. d. BT Erfurt.

Schulze, Rudolph

Berlin
Geb. 18. 11. 1918 in Chemnitz als Sohn eines Apothekers
Erl. B.: Drogist
Ausg. B.: Minister für Post- u. Fernmeldewesen
Partei: CDU
L.: Besuch d. Volksschule u. d. Staatsgymn. i. Chemnitz. 1934-1939 Drogistenlehre u. Drogist i. Chemnitz. Anschl. Soldat. 1945-1948 sowj. Kriegsgefangenschaft. 1948 Mitgl. d. CDU. Verwaltungsangestellter i. Schwarzenberg/Sa. 1949 Besuch d. Verwaltungsschule Südwest-Sachsen i. Bermsgrün, Kreis Schwarzenberg. 1950 Bürger-

mstr. v. Schwarzenberg u. Kreisrat i. Aue. Abg. d. Kreistages Aue. 1950-1951 Abg. d. Sächs. Landtages u. Min. f. Handel u. Versorgung d. Landes Sachsen. 1951 „wegen fahrlässiger Gefährdung d. Versorgung d. Bevölkerung m. Kartoffeln" entlassen. 1952-55 stellv. Vors. d. Rates d. Bez. Leipzig. Abg. d. Bezirkstages Leipzig u. Mitgl. d. Bezirksvorstandes d. CDU. Seit 1952 Mitgl. d. Hauptvorstandes, seit 1954 Mitgl. d. Präs. d. Hauptvorstandes d. CDU. 1955 bis 1958 Präs. d. IHK Berlin (Ost). 1956-1958 Mitgl. d. Nat.-Rates. 1958 bis 1963 Generaldir. d. Dtsch. Waren-Abnahmegesellschaft i. Ostberlin bzw. d. „Intercontrol". Seit 1958 Abg. d. VK. Seit Nov. 1963 Min. f. Post- u. Fernmeldewesen. Nachf. v. F. Burmeister. Seit Dez. 1969 Präs. d. Freundschaftsges. DDR-Afrika. Nachf. v. Prof. Markov. Seit 29. 11. 1971 zusätzl. stellv. d. Vors. d. MR u. Mitgl. d. Präsidiums. Mitgl. d. Präs. d. Liga f. Völkerfreundschaft.
Ausz.: VVO i. Gold (1974) u. a.

Schumacher, Ernst

Berlin
Geb. 12. 9. 1921 in Urspring/Oberbayern
Erl. B.: Literaturwissenschaftler, Dr. phil. habil.
Ausg. B.: Hochschullehrer, Schriftsteller
L.: Gymnasium. Teilnehmer a. 2. Weltkrieg (Gebirgsjäger). Nach 1945 Studium d. Philosophie, Gesch. u. Literaturwiss. a. d. Uni. München u. Leipzig. 1953 Promotion, 1965 Habil. i. Leipzig. Seit April 1966 Prof. f. Theorie d. darstellenden Künste a. d. Humboldt-Uni. Ostberlin. Mitgl. d. Vorstandes d. PEN-Zentrums d. DDR. Theaterkritiker d. Ostberliner „BZ". Seit 1966 Mitgl. d. Vorstandes d. Verbandes d. Theaterschaffenden. Seit 1972 o. Mitgl. DAK. Präs. d. DDR-Sektion u. Vizepräs. d. Internat. Vereinigung d. Theaterkritiker (AICT).
Ausz.: VVO i. Silber (1981). Lessingpreis (1976) u. a.

Schumann, Horst

Leipzig
Geb. 6. 2. 1924 in Berlin als Sohn des Werkzeugschlossers u. kommunistischen Spitzenfunktionärs Georg Sch. (geb. 28. 11. 1886, hingerichtet 11. 1. 1945)
Erl. B.: Klavierbauer, Diplom-Gesellschaftswissenschaftler
Ausg. B.: 1. Sekretär der SED-BL Leipzig
Partei: SED
L.: Besuch d. Volksschule i. Berlin u. Leipzig. 1938-41 Klavierbauerlehre. Angehöriger d. komm. Widerstandsgruppe Georg Schumann i. Leipzig. 1945 Mitgl. d. KPD. Ltr. d. Antifa-Jugendausschüsse i. Leipzig. 1947-48 1. Kreissekr. d. FDJ i. Leipzig. 1949-50 Sekr. f. Pionierfragen i. FDJ-Landesverband Sachsen. 1950-52 1. Sekr. d. Landesverbandes Sachsen d. FDJ. 1952-53 1. Sekr. d. BL Leipzig d. FDJ. 1952 bis 1967 Mitgl. d. Zentralrates d. FDJ. 1954-59 Mitarbeiter d. ZK d. SED (Ltr. d. Sektors Jugend u. Sport i. d. Abt. Leitende Organe). 1956-59 Besuch PHSch d. KPdSU. Diplom-Gewi. Juli 1958 bis Mai 1959 Kand., seit 1959 Mitgl. d. ZK d. SED. Mai 1959-Mai 1967 1. Sekretär d. Zentralrates d. FDJ. Nachf. v. Karl Namokel. Abgelöst durch Dr. G. Jahn. 1960-71 Mitgl. d. Staatsrates. S. 1963 Abg. d. VK. Juni 1969-Nov. 1970 2. Sekr., seit 21. 11. 1970 1. Sekr. d. SED-BL Leipzig. Nachf. v. Paul Fröhlich.
Ausz.: VVO i. Bronze (1959) u. i. Gold (1964) u. a.

Schumann, Kurt

Berlin
Geb. 29. 4. 1908 in Eisenach als Sohn eines Postbeamten
Erl. B.: Jurist, Prof.
Ausg. B.: Hochschullehrer (em.)
Partei: NDP
L.: Besuch d. Oberrealschule Neustadt/Orla. Abitur. 1927-31 Studium d. Rechtswiss. a. d. Uni. Jena u. Göttingen. 1931 1. jur. Staatsexamen, 1935 2. jur. Staatsexamen. Ab 1935 i. Heeresjustizdienst. 1937 NSDAP. Kriegsgerichtsrat. Geriet b. Stalingrad i. sowj. Kriegsgefangenschaft. Mitgl. d. NKFD u. d. „Bundes Dtsch. Offiziere" i. d. SU. Sept. 1948 Rückkehr nach Dtschl. Mitgl. d. NDP. Maßgebl. a. Aufbau d. Kreisverbandes Altenburg d. NDP beteiligt. Seit 1950 Mitgl. d. Hauptausschusses d. NDP. 1948 Landgerichtsrat, dann Landgerichtsdir. i. Altenburg. 1949 Vors. d. Großen Strafkammer d. LG Erfurt. Dez. 1949 bis April 1960 Präs. d. Obersten Gerichts d. DDR. April 1960 von Dr. Heinrich Toeplitz abgelöst. Danach Prof. a. d. DASR i. Potsdam-Babelsberg. Seit Dez. 1963 Prof. m. Lehrstuhl f. Zivilrecht u. Zivilprozeßordnung a. d. Humboldt-Uni. i. Ostberlin. Jetzt emeritiert. Seit 1963 Mitgl. d. PKK d. NDP. Mitgl. d. ZV d. Verbandes d. Juristen d. DDR. Vizepräs. d. Freundschaftsges. DDR-Indien.
Ausz.: VVO i. Silber (1954). Dr. jur. h. c. d. Martin-Luther-Uni. Halle-Wittenberg (1955) u. a.

Schunke, Wolf

Berlin
Geb. 1940
Erl. B.: Romanist, Dr. phil.
Ausg. B.: Botschafter
Partei: SED
L.: 1960-1964 Studium a. d. MLU Halle-Wittenberg. Danach wiss. MA a. Roman. Seminar u. Lehrbeauftragter a. d. MLU Halle-Wittenberg. 1971 Promotion zum Dr. phil. Anschl. Angehöriger d. diplom. Dienstes d. DDR. 1971-1974 3. Sekretär a. d. DDR-Botschaft i. Tschad. 1974-77 stellv. Ltr. d. DDR-Botschaft i. Guinea. 1978-79 postgraduales Studium. Seit 19. 8. 80 Botschafter d. DDR i. Nigeria, seit 21. 10. 80 i. Benin, seit Juni 1981 i. Äquatorial-Guinea.

Schur, Gustav-Adolf
(genannt: „Täve")
Heyrothsberge, Krs. Burg
Geb. 23. 2. 1931 i. Heyrothsberge bei Magdeburg als Sohn eines Heizers
Erl. B.: Maschinenmechaniker, Diplom-Sportlehrer
Ausg. B.: Sportfunktionär, ehem. Radrennweltmeister
Partei: SED
L.: Volksschule. 1945-1948 Maschinenmechanikerlehre i. Körbelitz, Krs. Burg. 1948-1952 Maschinenmechaniker i. Körbelitz sowie i. RAW u. VEB Bau-Union i. Magdeburg. 1952-1953 techn. Zeichner i. Mansfeld-Kombinat „Wilhelm Pieck". 1953-1955 techn. Sachbearbeiter i. VEB Spezialbau, Magdeburg. 1955-63 Trainer-Studium a. d. HS f. Körperkultur i. Leipzig. 1963-70 wiss. MA u. Trainer a. d. DHfK. 1955-1963 Mitgl. d. Zentralrates d. FDJ. Seit 1957 Mitgl. d. Bundesvorstandes d. DTSB. Seit 1958 Mitgl. d. Präs. d. BV d. DTSB. 1958 Mitgl. d. SED. Seit 16. 11. 1958 Abg. d. VK. Mitgl. d. Jugendausschusses d. VK. Populärer Radsportler („Täve Schur"). Weltmstr. i. Straßenradrennen d. Amateure. Aug. 1964 a. d. aktiven Sport ausgeschieden. 1971-73 wiss. MA a. d. Bezirksvorstandes Magdeburg d. DTSB. Seit 1974 stellv. Vors. f. Kultur u. Bildung d. DTSB i. Bez. Magdeburg.
Ausz.: Ehrenspange zum VVO i. Gold (1969) u. a.

Schurath, Günter
Berlin
Geb. 3. 1. 1929
Erl. B.: Diplom-Staatswissenschaftler
Ausg. B.: Botschafter
Partei: SED
L.: Nach d. Schulentlassung i. d. Landw. u. i. örtl. u. zentralen Staatsorganen tätig. 1959-63 Studium a. d. DASR. Diplom-Staatswiss. Seit Jan. 1963 Angehöriger d. diplom. Dienstes d. DDR. MA d. DDR-Auslandsvertretungen i. Moskau u. Bagdad. Amt. Generalkonsul i. Irak u. Ltr. d. Sektors Irak i. MfAA. AL Arab. Länder i. MfAA. Sept. 1973-Mai 1977 Botschafter d. DDR i. Irak. Jan. 1974-Sept. 75 zusätzlich Botschafter i. Kuweit. Danach stellv. Ltr. d. Abt. Naher u. Mittlerer Osten i. MfAA. Seit 2. 12. 1980 Botschafter i. Zypern. Nachf. v. Karl Wildau.
Ausz.: VVO i. Bronze (1976) u. a.

Schuster, Hans
Leipzig
Geb. 4. 1. 1928 in Freital b. Dresden
Erl. B.: Sportpädagoge, Dr. paed.
Ausg. B.: Hochschullehrer
Partei: SED
L.: 1946 Lehrer. Bis 1951 Studium d. Körpererz. u. Gesch. a. d. Uni. Leipzig. 1956 Promotion zum Dr. paed. In d. 50er Jahren stellv. Vors. d. Staatl. Komitees f. Körperkultur u. Sport. Seit 1960 Dir. d. Forschungsinst. f. Körperkultur u. Sport i. Leipzig. 1974-76 Kand., seit 1976 Mitgl. d. BL Leipzig d. SED. Seit 1. 7. 1965 Prof. m. LA f. Theorie d. Leistungssports a. d. DHfK. 1965-67 Rektor d. DHfK. Zeitw. Mitgl. d. Präs. d. BV DTSB. Korr. Mitgl. d. APW.
Ausz.: Nat.-Pr. I. Kl. (1976), VVO i. Gold (1980) u. a.

Schuster, Kurt
Frankfurt/Oder
Geb. 16. 11. 1919 als Sohn eines Kaufmannsgehilfen
Erl. B.: Dr. med., Arzt
Ausg. B.: Ärztlicher Direktor
Partei: SED
L.: Studium d. Human-Medizin. 1947 SED. 1949-60 Arzt b. d. VP. 1961 Chefarzt i. Stalinstadt. Kreisvors. NF Stalinstadt. Gegenw. Ärztl. Dir. d. Bez.-krankenhauses Frankfurt/O. Seit Febr. 1969 Vors. d. Bez.-ausschusses d. NF. Nachf. v. Dr. Gereke. Mitgl. d. Nationalrates d. NF.
Ausz.: Verdienstmed. d. DDR (1969) u. a.

Schwab, Osmund
Berlin
Geb. 11. 10. 1923 in Berlin
Ausg. B.: Chefredakteur
Partei: SED
L.: Teilnehmer am 2. Weltkrieg (Uffz.). Nach 1945 Angehöriger d. VP. 1951-1965 Red. bzw. stellv. Chefred. d. „BZ am Abend" i. Ostberlin. 1965-67 Chefred. d. „Abendzeitung" i. Leipzig. 1967-70 stellv. Generalsekr., Juni 1970-Juni 1972 Generalsekr. d. VDJ. 1972-75 stellv. Vors. d. VdJ u. Mitgl. d. Sekr. Seit 1. 9. 75 Chefred. d. Wochenztg. „FF Dabei". Nachf. v. Gerh. Pfab.
Ausz.: VVO i. Silber (1978), u. a.

Schwabe, Ernst-Otto
Berlin
Geb. 2. 6. 1929 i. Berlin
Ausg. B.: Chefredakteur
Partei: SED
L.: Anfang d. 60er Jahre Sektorenltr. i. d. Abt. Internat. Verbindungen i. ZK d. SED. 1965-68 Ltr. d. Presseabt. i. MfAA. Seit Nov. 1968 Chefred. d. Wochenztg. f. internat. Politik u. Wirtschaft „horizont". Seit 1973 Vors. d. VdJ i. Berlin. Seit Juni 1977 Mitgl. d. Präsidiums d. ZV d. VdJ. Vizepräs. d. Freundschaftskomitees DDR-Portugal.
Ausz.: VVO i. Silber (1974), Franz-Mehring-Ehrennadel (1981) u. a.

Schwabe, Kurt
Dresden
Geb. 29. 5. 1905 in Reichenbach/Vogtland
Erl. B.: Ingenieur, Dr.-Ing. habil.
Ausg. B.: Hochschullehrer (em.)
L.: 1924-1928 Studium. 1928 Promotion zum Dr.-Ing. 1928-1933 Ass. Seit 1933 Lehrtätigkeit a. d. TH Dresden. 1940 NSDAP. 1949-70 Prof. m.

Lehrstuhl f. Physikalische Chemie u. Elektrochemie a. d. TH Dresden. Seit 1953 Mitgl. DAW. Sept. 1961 bis Okt. 1965 Rektor d. TH bzw. TU Dresden. Okt. 1965-Nov. 80 Präs. d. Sächs. Akad. d. Wiss. Nachf. v. Prof. Frings. Dir. d. Zentralstelle f. Korrosionsschutz d. DDR i. Rossendorf. Aug. 1972-Nov. 80 Vizepräs. d. AdW. Mitgl. d. Akad. d. Naturforscher i. Halle/S. u. d. Forschungsrates d. DDR. Vors. d. Wiss.-Techn. Rates i. RGW zu Problemen d. Erarbeitung von Maßnahmen zum Korrosionsschutz von Metallen.
Ausz.: Nat.-Preis I. Kl. (1961). Dr. rer. nat. h. c. TH Karl-Marx-Stadt (1963). VVO i. Gold (1975), Karl-Marx-Orden (1980) u. a.

Schwabe, Willi

Berlin-Altglienicke
Geb. 21. 3. 1915 in Berlin-Wilmersdorf als Sohn eines Opernsängers
Ausg. B.: Schauspieler
L.: Ausbildung als Bühnenbildner. Besuch d. Kunstgewerbeschule in Berlin. Danach Schauspielunterricht. 1938 Eleve a. Dtsch. Theater Berlin. Erstes Engagement a. Landestheater d. Mark Brandenburg i. Luckenwalde. Nach d. 2. Weltkrieg Schauspieler a. Stadttheater Berlin-Schöneberg, am Schloßparktheater i. Berlin-Steglitz u. a. „Theater d. Jugend" Berlin. Seit 1950 Mitgl. d. „Berliner Ensemble" i. Ostberlin. Seit 1955 Gestalter d. Fernsehsendung „Rumpelkammer". Wirkte i. zahlreichen DEFA-Filmen mit („Die Unbesiegbaren", „Leuchtfeuer", „Lissy" u. a.).
Ausz.: Kunstpreis d. DDR (1972).

Schwaen, Kurt

Berlin
Geb. 21. 6. 1909 in Kattowitz/Oberschlesien als Sohn eines Kolonialwarenhändlers
Erl. B.: Musiker (Musiklehrer)
Ausg. B.: Komponist
Partei: SED
L.: 1929-33 Studium d. Musikwiss. u. Germanistik a. d. Uni. Berlin u. Breslau. 1932 Mitgl. d. KPD. Mitgl. d. Roten Studentengruppe a. d. Berliner Uni. Nach 1933 Klavierlehrer. Illegale Tätigkeit f. d. KPD. 8. 7. 1935 wegen Verdachts d. Vorbereitung zum Hochverrat festgenommen. 11. 1. 1936 vom Kammergericht zu 3 Jahren Zuchthaus verurteilt. Häftling i. Zuchthaus Luckau. Nach Strafverbüßung unter Polizeiaufsicht. Begleiter künstl. Tanzgruppen (u. a. Mary Wigman). 1943-45 Kriegsdienst i. einem Strafbtl. Nach 1945 erneut als Musiklehrer tätig. Maßgebl. a. Aufbau versch. Volksmusikschulen beteiligt. 1948-53 Musikreferent d. Dtsch. Volksbühne. Seit 1953 freiberufl. Komponist. Mitgl. d. Zentralvorstandes d. Verbandes Dtsch. Komponisten u. Musikwiss. Seit 1961 Mitgl. d. Akad. d. Künste i. Ostberlin. Seit 1962 Präs. d. Nationalkomitees f. Volksmusik d. DDR. 1965-71 Sekr. d. Sektion Musik d. Akad. d. Künste.
Ausz.: Nat.-Preis II. Kl. (1977), VVO i. Gold (1974) u. a.

Werke: „Die Horatier und die Kuriatier", Schuloper, Text v. Bert Brecht. „Karl und Rosa oder Lob der Partei", Kantate. „Sieger - das Leben", Chorwerk, Text von H. Rusch. „Unser Reichtum - unser Leben", Kantate. „König Midas", Kinderkantate, „Stufen und Intervalle", Erinnerungen, Vlg. Neue Musik, Berlin, 1976, u. a.

Schwalbe, Konrad

Potsdam-Babelsberg
Geb. 15. 12. 1927 i. Kahla/Thür.
Erl. B.: Filmwissenschaftler, Dr. phil. habil.
Ausg. B.: Hochschullehrer
Partei: SED
L.: 1944 NSDAP. Mitbegründer d. Antifa Jugend i. Thüringen. Hochschulsekr. d. FDGB u. Chefred. d. Uni.-Ztg. i. Jena. Studium a. Inst. f. Gesellschaftswiss. b. ZK d. SED. 1956 Promotion zum Dr. phil. („Die Gestalt d. Arbeiters i. Film"). Ass. d. Chefdramaturgen d. DEFA. 1958-1960 Chefdramaturg d. DEFA. Seit 1960 Lehrtätigkeit a. d. HS f. Filmkunst i. Potsdam-Babelsberg. 1964-69 und Okt. 1980 erneut Rektor dieser HS. Dez. 1964 zum Prof. f. Filmdramaturgie u. Filmwissenschaft ernannt.
Ausz.: Orden „Banner d. Arbeit" Stufe III (1974).

Schwarz, Heinz

Halle/Saale
Geb. 7. 5. 1921 i. Zeitz als Sohn eines Bergarbeiters
Erl. B.: Diplom-Wirtschaftler, Dipl.-Ing. oec.
Ausg. B.: Generaldirektor
Partei: SED
L.: Kfm. Angestellter. Diplom-Wirtschaftler. 1949 Mitgl. d. SED. MA d. Elektrochemischen Kombinats Bitterfeld. 1953 bis 1956 Parteisekr. d. SED i. d. Leuna-Werken „Walter Ulbricht". 1960 bis 1963 Vors. d. Bezirkswirtschaftsrates Halle/-Saale. u. Mitgl. d. Büros d. SED-BL. 1963-71 Kand. d. ZK d. SED. 1963-71 Sekr. f. Wirtschaft SED-BL Halle. Seit Juni 1971 Generaldir. VEB Chemiekombinat Bitterfeld.
Ausz.: VVO i. Gold (1981) u. a.

Schwermer, Harry

Berlin
Geb. 1924
Ausg. B.: Stellv. Vorsitzender d. ABI
Partei: SED
L.: In d. 50er Jahren leitender MA d. Zentralen Kommission f. Staatl. Kontrolle, Abtltr. f. Landwirtsch. b. Rat d. Bez. Halle/Saale u. 1961-63 Bevollm. d. Zentralen Kommission f. Staatl. Kontrolle i. Bez. Neubrandenburg. Seit Mai 1963 stellv. Vors. d. Komitees d. ABI, verantwortl. f. den Bereich Landwirtsch., Erfassung u. Forstwirtsch.
Ausz.: VVO i. Bronze (1965).

Schwidtmann, Heinz

Leipzig-Markkleeberg
Geb. 15. 10. 1926 i. Brandenburg/Havel als Sohn eines Schlossers
Erl. B.: Werkzeugmacher, Lehrer, Dr. paed.
Ausg. B.: Hochschullehrer
Partei: SED
L.: Werkzeugmacherlehre, Kriegsdienst (Kriegsmarine). Nach 1945 Lehrer, 1949 SED. Zeitw. Ltr. d. Rudolf-Hildebrandt-Oberschule i. Markkleeberg. 1952 Kreisschulrat Leipzig-Land. 1954 Stadtschulrat i. Leipzig. Seit 1958 Lehrtätigkeit a. d. HS. f. Körperkultur i. Leipzig (wiss. Oberass.). 1960 Promotion. Seit 1962 Dozent d. allg. Pädagogik a. d. DHfK. Jetzt o. Prof. f. Sportpädagogik. Okt. 1963 bis Okt. 1965 Rektor d. DHfK. Seit 1974 Präs. d. Dtsch. Boxverbandes d. DDR. Mitgl. d. NOK d. DDR u. d. BV d. DTSB.
Ausz.: Nat. Pr. III. Kl. (1972, Koll.-Ausz.), VVO i. Bronze (1976) u. a.

Schwiegershausen, Edmund

Berlin
Erl. B.: Diplom-Wirtschaftler, Dr. Prof.
Ausg. B.: Stellv. Minister
Partei: SED
L.: Diplom-Wirtschaftler. In den 50er Jahren Dozent a. d. HS f. Finanzwirtschaft. Danach AL, HA-Ltr. bzw. stellv. Minister i. Staatssekr. bzw. Min. f. Hoch- u. Fachschulwesen. 1972 zum Honorarprof. a. d. HS f. Ök. berufen. Seit Juni 1981 Vizepräs. d. Urania.
Ausz.: VVO i. Bronze (1977) u. a.

Schwierz, Eduard

Berlin
Geb. 7. 10. 1932 i. Oppeln
Ausg. B.: Stellv. Minister, Dr.
Partei: SED
L.: Außenhandelsfunktionär. Zeitw. Generaldir. AHU Transportmaschinen u. v. 1967-70 Generaldir. AHU WMW Export. Seit 1968 Vors. d. Komitees zur Förderung d. ökon. Beziehungen zwischen d. DDR u. Japan. Seit 1970 stellv. Min. f. Außenwirtschaft/Außenhandel.
Ausz.: VVO i. Bronze (1969) u. a.

Schwiesau, Hermann

Berlin
Geb. 25. 8. 1937 i. Ballenstedt
Erl. B.: Diplom-Staatswissenschaftler, Dr. rer. pol.
Ausg. B.: Botschafter
Partei: SED
L.: Seit 1959 Angehöriger d. diplom. Dienstes. 1959 SED. 1960-62 Diplomat i. Prag. 1962-66 Studium a. d. DASR. 1966 Dipl.-Staatswiss. 1969-72 stellv. AL, 1972-75 AL i. d. HA Grundsatzfragen i. MfAA. 1975 Promotion z. Dr. rer. pol. a. d. ASR. 1975-76 stellv. Ltr. d. HA Grundsatzfragen i. MfAA. Febr. 1976-Juni 1978 Botschafter i. Finnland. Aug. 1978-Nov. 1979 Bot-

schafter i. Afghanistan. Seit 3. 2. 1981 Botschafter i. Nordkorea. Nachf. v. Dietrich Jarck.
Ausz.: VVO i. Bronze (1973).

Schwoerke, Fred

Schwerin
Geb. 1934
Erl. B.: Bäcker, Diplom-Staatswissenschaftler
Ausg. B.: Stellv. Vorsitzender d. RdB Schwerin
Partei: SED
L.: Bäcker, Diplom-Staatswiss. VP-Offizier. 1978-80 Oberstltn. d. VP u. Ltr. d. VPKA Schwerin. Seit Sept. 1980 stellv. Vors. d. RdB Schwerin f. Inneres. Nachf. v. Moritz Klemt. Seit Juni 1981 Abg. d. BT.

Sedlaczek, Bruno

Berlin
Geb. 5. 1. 1928 i. Zabelkow/Ruderswald als Sohn eines Arbeiters
Erl. B.: Diplom-Staatswissenschaftler
Ausg. B.: Botschafter
Partei: SED
L.: Oberschule. Kriegsdienst. Sowj. Kriegsgefangenschaft. 1949 Besuch d. Zentralen Antifa-Schule i. d. SU. FDJ-Funktionär, u. a. Sekr. d. FDJ-KL Haldensleben. 1951 Eintritt i. d. diplom. Dienst. Fernstudium a. d. DASR. 1961 Dipl.-Staatswiss. 1961-64 1. Sekr. a. d. DDR-Botschaft i. d. UdSSR. 1964-66 Studium a. d. Diplomaten-HS d. SU. Anschl. amt. Ltr. d. Abt. Arab. Staaten i. MfAA. 1969-71 Ltr. d. HV d. DDR bzw. Botschaftsrat i. Algerien. 1971-73 Ltr. d. Abt. Arab. Länder i. MfAA. Dez. 1973-Dez. 1977 Botschafter d. DDR i. Libanon. 1977-81 Sektorenltr. i. d. Abt. Internat. Verbindungen i. ZK d. SED. Seit 11. 11. 81 erneut Botschafter i. Libanon. Nachf. v. Achim Reichardt.
Ausz.: VVO i. Bronze u. a.

Seebach, Kurt

Erfurt
Geb. 15. 6. 1928
Ausg. B.: Vorsitzender d. BPKK d. SED i. Erfurt
Partei: SED
L.: Hauptamtl. SED-Funktionär. 1962 Mitgl., seit März 1968 Vors. d. BPKK d. SED Erfurt. Nachf. v. Hermann Fischer. Seit Juni 1971 Kand. d. ZPKK d. SED.
Ausz.: VVO i. Silber (1978) u. a.

Seefeldt, Artur

Neubrandenburg
Geb. 1930
Erl. B.: Tischler
Ausg. B.: Generalmajor d. NVA
Partei: SED
L.: Tischler. Eintritt i. d. KVP. Offizierslaufbahn. 1978-80 Kdr. d. 4. MSD i. Erfurt. Seit 18. 2. 1974 Generalmajor d. NVA. Seit 1980 stellv. Chef d. Militärbezirks Neubrandenburg d. NVA.
Ausz.: VVO i. Bronze (1976) u. a.

Seeger, Bernhard

Stücken b. Beelitz
Geb. 6. 10. 1927 in Dessau-Roßlau als Sohn eines Schlossers
Erl. B.: Lehrer
Ausg. B.: Schriftsteller
Partei: SED
L.: Besuch einer Lehrerbildungsanstalt. 1944 NSDAP. Kriegsdienst. Sowj. Kriegsgefangenschaft. 1946 Mitgl. d. SED. Danach Neulehrer i. Beelitz (Mark) u. Volkskorrespondent d. „Märk. Volksstimme". Seit 1952 freiberufl. Schriftsteller i. Potsdam. Seit 1964 Mitgl. d. SED-BL Potsdam. Seit April 1967 (VII. Parteitag) Mitgl. d. ZK d. SED. Mitgl. d. Vorstandes d. Schriftstellerverbandes d. DDR.
Ausz.: Nat. Preis III. Kl. (1963) u. a.
Veröff.: „Wo der Habicht schießt", 1957. „Millionenreich und Hellerstück", 1956. „Sturm aus Bambushütten", Reportage, 1956. „Wo die Nebel weichen", Hörspiel, 1957. „Herbstrauch", Roman, Mitteldtsch. Verlag, Halle 1961. „Das Vorwerk", Hörspiel, 1967. „Fünfzig Nelken", Hörspiel, 1967. „Vater Batti singt wieder", Mitteldtsch. Verlag, Halle 1972. „Menschenwege", Mitteldtsch. Verlag, Halle, 1974, „Die Erben des Manifests", Fernsehspiel. „Der Harmonikaspieler", Mitteldtsch. Vlg., Halle-Leipzig, 1981, u. a. m.

Seeger, Horst

Dresden
Geb. 6. 11. 1926 in Erkner als Sohn eines Apothekers
Erl. B.: Musikwissenschaftler, Dr. phil.
Ausg. B.: Generalintendant
Partei: SED
L.: Soldat. 1946 Abitur. Danach bis 1950 Neulehrer i. Erkner u. Frankfurt/O. 1950-54 Studium d. Musikwiss. a. d. Humboldt-Uni. Ostberlin. Schüler v. Ernst H. Meyer u. Walter Vetter. Wiss. Aspirant a. Musikwiss. Inst. d. Humboldt-Uni. 1958 Promotion zum Dr. phil. („Komponist u. Folklore i. d. Musik d. 20. Jahrh."). Musikkritiker d. ND. 1959-60 Chefred. d. Ztschr. „Musik u. Gesellschaft". 1960-73 Chefdramaturg d. Komischen Oper i. Ostberlin. Seit Dez. 1966 Mitgl. d. Vorstandes d. Verb. d. Theaterschaffenden. 1973-79 stellv. Generalintendant u. Ltr. d. Staatsoper Dresden, seit Aug. 79 Generalintendant d. Dresdener Staatstheater. Nachf. v. Alfred Larondelle. 1974-76 Kand., seit 1976 Mitgl. d. SED-BL Dresden. Seit 1. 12. 75 Vizepräs. d. Verbandes d. Theaterschaffenden d. DDR. Vors. d. Bezirkskollegiums Dresden d. Verbandes d. Theaterschaffenden.
Ausz.: Lessing-Preis (1972), VVO i. Silber (1979) u. a.
Veröff.: „Musik-Lexikon" 2 Bd., 1966 u. a.

Seeländer, Joachim

Berlin
Geb. 2. 9. 1924 in Zarrentin, Kreis Hagenow, als Sohn eines Gärtners
Erl. B.: Sparkassenangestellter, Diplom-Staatswissenschaftler, Dr. rer. pol.
Ausg. B.: Stellv. Generaldirektor
Partei: LDP
L.: Vor 1945 Sparkassenangestellter i. Zerbst. 1944 NSDAP. Soldat. 1952 bis 1953 stellv. Ltr. Stadt- u. Kreissparkasse Weimar. 1953-54 stellv. Vors. d. Rates d. Kreises Weimar-Land. 1954-1958 Sekr. d. Bezirksverbandes Magdeburg d. LPD. Abg. d. Länderkammer. 1958 Abtltr. d. LPD-Zentralvorstandes. 1962-69 stellv. Vors. bzw. Vors. d. Bezirksverbandes Leipzig d. LDP. 1963-72 Mitgl. d. ZV d. LDP. Seit 1969 stellv. Generaldir. VOB „Aufwärts". 1973 Promotion zum Dr. rer. pol. a. d. DASR.
Ausz.: VVO i. Silber (1975) u. a.

Seemann, Hans-Joachim

Berlin
Geb. etwa 1928
Erl. B.: Diplom-Landwirt, Dr. agr.
Ausg. B.: Landwirtschaftsfunktionär
Partei: SED
L.: Studium d. Landwirtschaftswiss. Diplom-Landwirt. Ass. a. d. Uni. Rostock. 1957/58 Lehrbeauftragter f. Spezielle Betriebsökon. d. LPG a. d. Uni. Rostock. 1960 bis 1963 stellv. Min. f. Landwirtsch., Erfassung u. Forstwirtsch. 1963 bis 1971 stellv. Vors. d. LWR bzw. RLN. Zuständig f. d. Bereich Wissenschaft u. Technik. 1964-75 Vors. d. Staatl. Komitees f. Landtechnik u. materiell-techn. Versorgung d. Landw. Seit 1972-75 zusätzl. stellv. Min. f. Land-, Forst- u. Nahrungsgüterwirtschaft.

Seemann, Horst

Berlin
Geb. 1937 als Sohn eines Schmieds
Erl. B.: Regisseur
Ausg. B.: DEFA-Regisseur
L.: 1956 Abitur i. Greiz/Thür. 1958-63 Studium d. Fachrichtung Regie a. d. HS f. Film u. Fernsehen i. Potsdam-Babelsberg. Zweijähriger Militärdienst i. d. NVA. Seitdem DEFA-Regisseur. Mitgl. d. Komitees f. Filmkunst b. MfK. Werke: „Zeit zum Leben", 1969, Film zum 20. Jahrestag d. DDR. „Hotel Polan und seine Gäste", 1982 u. a. m.

Sefrin, Max

Berlin
Geb. 21. 11. 1913 in Stambach/Pfalz als Sohn eines Zementarbeiters
Erl. B.: Kaufmann
Ausg. B.: Stellv. Vorsitzender d. CDU
Partei: CDU
L.: Besuch d. Volks- u. Oberrealschule i. Pirmasens. 1930-32 kfm. Lehre. Danach Flugzeugführer. Später Militär- u. Kriegsdienst (Luftwaffe/Nachtjäger). Gefangenschaft. 1946 Mitgl. d. CDU. Betriebsltr. u. ehrenamtl. Stadtrat f. Handel u. Versorgung i. Jüterbog. 1949 kaufm. Dir. d. KWU Jüterbog. 1950 Kreisrat b. Rat d. Kreises

Luckenwalde. 1951 Besuch d. Verwaltungsakad. Forst-Zinna. 1951 Abtltr. i. d. Parteiltg. d. CDU. 1952-58 stellv. Generalsekr. d. CDU. Seit 1952 Mitgl. d. Hauptvorstandes, seit 1956 Mitgl. d. Präs. d. Hauptvorstandes d. CDU. Seit 1952 Abg. d. VK. 1952-58 Vors. d. CDU-Fraktion i. d. VK. Seit 1954 Mitgl. d. Nationalrates. Febr. 1958 bis Nov. 1971 stellv. Vors. d. Ministerrates d. DDR. Nachf. Otto Nuschkes. Dez. 1958-Nov. 1971 zusätzl. Min. f. Gesundheitswesen. Nachf. v. Luitpold Steidle. Seit Dez. 1961 Präs. d. Freundschaftsges. DDR-Südostasien. Seit Dez. 1961 Vizepräs. d. Liga f. Völkerfreundschaft. Seit 1965 Vors. d. Vietnam-Ausschusses b. Afro-Asiat. Solidaritätskomitee. Seit Mai 1966 stellv. Vors. d. CDU i. d. DDR. Seit 1971 stellv. Vors. d. Ausschusses f. Nat. Verteidigung d. VK. Seit 1976 Vors. d. Parlam. Freundschaftsgruppe DDR-Asiat. Länder.
Ausz.: VVO i. Gold (1964 u. 1978). Ehrenspange zum VVO i. Gold (1969) u. a.

Seghers, Anna
(Pseudonym für Netty Radvanyi, geb. Reiling)
Berlin
Geb. 19. 11. 1900 in Mainz als Tochter eines Antiquitätenhändlers
Ausg. B.: Schriftstellerin, Dr. phil.
Partei: SED
L.: 1919-24 Studium d. Philosophie, Geschichte u. Kunstgeschichte a. d. Uni. Köln u. Heidelberg. 1924 Promotion zum Dr. phil. 1925 Heirat mit dem ungarischen Schriftsteller und Soziologen László Radvanyi. 1928 Mitgl. d. KPD. Schriftstellerische Betätigung. 1933-1947 Emigrantin i. Frankreich u. Mexiko. 1947 Rückkehr nach Dtschl. Mitgl. d. SED. 1952-1978 Vors. d. Schriftstellerverbandes d. DDR. Seit Mai 1978 Ehrenpräs. d. Schriftstellerverbandes. Ehrenpräs. d. Weltfriedensrates. Mitgl. d. Präs. d. Weltfriedensrates.
Ausz.: Kleist-Preis (1928). Nat. Preis I. Kl. (1951, 1959 u. 1971). Lenin-Friedenspreis (1951). VVO i. Gold (1960). Dr. h. c. d. Uni. Jena (1959). Karl-Marx-Orden (1965, 1969 u. 1974). Stern d. Völkerfreundschaft i. Gold (1970). Ehrenbürgerin d. Uni. Mainz (1977), Ehrenbürgerin d. Stadt Mainz (1981) u. a.
Veröff.: „Der Aufstand d. Fischer v. St. Barbara", 1928 (Kiepenheuer, Weimar, 1947). „Die Gefährten", 1932 (Aufbau-Verlag, Berlin, 1949). „Der Kopflohn", 1933 (Aufbau-Verlag, Berlin, 1951). „Die Rettung", 1937 (Aufbau-Verlag, Berlin, 1947). „Transit", 1943 (Aufbau-Verlag, Berlin, 1951). „Das siebte Kreuz", 1942 (Aufbau-Verlag, Berlin, 1946). „Die Hochzeit auf Haiti", Aufbau-Verlag, Berlin, 1949. „Die Toten bleiben jung", Aufbau-Verlag, Berlin, 1949. „Die Linie", Aufbau-Verlag, Berlin, 1950. „Crisanta", Insel-Verlag, Leipzig, 1951. „Die Kinder", Aufbau-Verlag, Berlin, 1951. „Erzählungen", Aufbau-Verlag, Berlin, 1952. „Der Mann und sein Name", Aufbau-Verlag, Berlin, 1952. „Der Prozeß d. Jeanne d'Arc zu Rouen i. Jahre 1431", Bühnenmanuskript, Henschelverlag, Berlin, 1952. „Der Bienenstock", Aufbau-Verlag, Berlin, 1953. „Der erste Schritt", Aufbau-Verlag, Berlin, 1953. „Frieden der Welt", Aufbau-Verlag, Berlin, 1953. „Brot und Salz", Aufbau-Verlag, Berlin. „Die Entscheidung", Aufbau-Verlag, Berlin, 1959. „Der Weg durch den Februar", Verlag des Min. f. Nat. Verteidigung, Berlin 1959. „Die Kraft der Schwachen", Aufbau-Verlag, Berlin, 1968. „Überfahrt", Aufbau-Verlag, Berlin, 1971. „Sonderbare Begegnungen", Erz., Luchterhand-Verlag, Neuwied/Darmstadt (Aufbau-Verlag, Berlin), 1973/74 u. a. m.

Seibt, Kurt
Potsdam-Babelsberg
Geb. 13. 2. 1908 in Berlin als Sohn eines Arbeiters
Erl. B.: Metalldrücker, Theatermeister
Ausg. B.: Vorsitzender d. ZRK d. SED
Partei: SED
L.: Besuch d. Volksschule u. Höh. Techn. Lehranstalt f. Hoch- u. Tiefbau. 1922-1926 Metalldrückerlehre. Anschl. als Tiefbauarbeiter, Steinsetzer, Bühnenarbeiter u. Theatermstr. tätig (Dtsch. Theater, Bln.). 1922 Mitgl. d. SAJ. 1924 Mitgl. d. KJV. 1931 Mitgl. d. KPD. Während d. NS-Zeit illegal f. d. KPD tätig. 18. 12. 1939 verhaftet. Febr. 1941 vom VGH zu lebensglängl. Zuchthaus verurteilt (Ehefrau 15 Jahre Z.). Bis 1945 Häftling i. Zuchthaus Brandenburg-Görden. 1945-1952 Mitgl. d. Landesvorstandes Brandenburg d. KPD bzw. SED. 1946 bis 1952 Sekr. d. SED-Landesltg. Brandenburg. 1950-54 Kand. d. ZK d. SED. 1952-64 1. Sekr. d. SED-BL Potsdam (1956-1957 zur Schulung i. d. SU). 1953-67 Abg. d. VK. 1954-1963 Vors. d. Wahlprüfungsausschusses d. VK. 1954-1967 Mitgl. d. ZK d. SED. Juni 1964-Dez. 1965 Min. f. Anleitg. u. Kontrolle d. Bezirks- u. Kreisräte sowie Mitgl. d. Präs. d. Min.-Rates. Seit April 1967 (VII. Parteitag) Vors. d. ZRK d. SED; Nachf. v. Fritz Gäbler. Seit 19. 2. 76 Präs. d. Solidaritätskomitees d. DDR. Nachf. v. Heinz Schmidt.
Ausz.: VVO i. Gold (1965), Karl-Marx-Orden (1968), Stern d. Völkerfreundschaft i. Gold (1978) u. a.

Seidel, Egon
Berlin
Geb. 1929 i. Berlin
Erl. B.: Diplom-Gärtner, Dr. agr.
Ausg. B.: Hochschullehrer
Partei: SED
L.: Gärtner. 1947-50 Studium a. d. Landw.-Gärtn. Fakultät d. Humboldt-Uni. Ostberlin. Danach Agronom, wiss. MA d. DAL u. Dozent a. d. HS f. Landw. Bernburg. 1960 Promotion zum Dr. agr. a. d. Humboldt-Uni. 1962-65 Sekr. f. Landw. d. SED-BL Frankfurt/Oder. Seitdem Lehrtätigkeit a. d. Humboldt-Uni. Ostberlin. Prof. d. Fachbereichs Gärtn. Betriebsökonomik d. Sektion Gartenbau. Dir. d. Sektion Gartenbau. Seit 1968 o. Mitgl. d. DAL. Seit Juli 1972 Vors. d. Sektion Mathem. Methoden u. EDV d. AdL d. DDR.
Ausz.: VVO i. Bronze (1968) u. a.

Seidel, Freimut
Berlin
Geb. 31. 1. 1934 i. Klein-Neundorf, Krs. Görlitz
Erl. B.: Diplom-Staatswissenschaftler
Ausg. B.: Botschafter
Partei: SED
L.: Besuch d. Oberschule. 1952 Abitur. Anschl. Studium a. d. Uni. Jena u. 1954-60 a. Inst. f. Internat. Bez. i. Moskau. Dipl.-Staatswiss. Seit 1961 Diplomat. 1964-67 Vizekonsul bzw. Konsul i. d. VAR. 1967-73 MA d. Abt. Internat. Verbindungen i. ZK d. SED. 1973-75 Geschäftsträger i. Iran. Sept. 1975-Nov. 1981 Botschafter i. Libyen. Nachf. v. Ronald Böttcher.
Ausz.: VVO i. Bronze (1979) u. a.

Seidel, Karl
Berlin
Geb. 15. 2. 1930
Ausg. B.: Abteilungsleiter i. MfAA, Botschafter
Partei: SED
L.: Angehöriger d. diplom. Dienstes d. DDR. 1967-71 Botschaftsrat u. Ltr. d. Polit. Abt. a. d. DDR-Botschaft i. d. UdSSR. Seit 1971 Ltr. d. Abt. BRD i. MfAA. Nachf. v. Hans Voss. Botschafter.
Ausz.: VVO i. Silber (1979) u. a.

Seidel, Karl
Berlin
Geb. 18. 12. 1930 i. Nürnberg
Erl. B.: Arzt, Dr. sc. med., Prof.
Ausg. B.: Abteilungsleiter i. ZK d. SED
Partei: SED
L.: Studium d. Medizin a. d. KMU Leipzig. Danach Assistententätigkeit a. d. KMU. Seit 1963 Oberarzt a. d. Mediz. Akad. Dresden. Prorektor. Seit 1. 1. 1971 Dir. d. Nervenklinik d. Charité. O. Prof. f. Psychiatrie u. Neurologie a. d. Humboldt-Uni. Ostberlin. Seit 1977 o. Mitgl. d. AdW. 1978-81 stellv. Ltr., seit 1981 Ltr. d. Abt. Gesundheitspolitik i. ZK d. SED. Nachf. v. Werner Hering.
Ausz.: VVO i. Gold. Nat. Pr. III. Kl. (1978) u. a.

Seidel, Karl-Theo
Gera
Geb. 22. 9. 1926 i. Friessnitz, Kreis Gera
Erl. B.: Jutefacharbeiter, Arbeitsökonom
Ausg. B.: 1. stellv. Vorsitzender d. RdB Gera
Partei: SED
L.: Kriegsdienst u. bis 1948 i. Kriegsgefangenschaft. Danach Jutefacharbeiter i. d. Thür. Jutewerken i. Weida. 1949 SED. Arbeitsdir. d. Thür. Jutewerke. 1958 Vors. d. Kreisplankommission u. danach Vors. d. RdK Greiz. 1962-75 stellv. Vors. d. RdB Gera u. Vors. d. BWR. 1975-79 stellv. Minister f. bezirksgel. Ind. u. Lebensmittelind. Seit 21. 3. 1979 1. stellv. Vors. d. RdB Gera. Nachf. v. Joachim Mittasch. Abg. d. BT.
Ausz.: Orden „Banner d. Arbeit" Stufe II (1979) u. a.

Seidel, Otto
Berlin
Geb. 18. 12. 1923 i. Berlin
Erl. B.: Fleischer, Diplom-Gesellschaftswissenschaftler, Dipl.-Ing. oec.
Ausg. B.: Vorsitzender d. BPKK d. SED Berlin
Partei: SED
L.: Fleischer. Kriegsdienst. Sowj. Kriegsgef. 1949 SED. Studium d. Gesellschaftswiss. u. am Industrie-Institut TU Dresden. Dipl.-Ing. oec. SED-Funktionär. Zeitw. MA d. Abt. Agitprop. d. ZK d. SED, Ltr. d. Abt. Org./Kader d. SED-BL Berlin. 1966-67 1. Sekr. d. SED-KL Berlin-Lichtenberg, 1967-81 1. Sekr. d. SED-KL Berlin-Köpenick. Seit 14. 2. 1981 Vors. d. BPKK d. SED i. Berlin. Nachf. v. Herbert Jopt. Seit Juni 1981 Mitgl. d. StVV.
Ausz.: VVO i. Gold (1973) u. a.

Seidler, Walter
Erfurt
Geb. 11. 2. 1921 i. Chemnitz
Erl. B.: Werkzeugschlosser, Oberstufenlehrer
Ausg. B.: Vorsitzender d. GST i. Bezirk Erfurt
Partei: SED
L.: Werkzeugschlosser. Kriegsdienst u. Kriegsgefangenschaft. Oberstufenlehrer (Fernstudium Lehrer-Inst. Dresden). 1952-57 Vors. d. GST i. Bez. Karl-Marx-Stadt, seit 1957 Vors. d. GST i. Bez. Erfurt. Mitgl. d. ZV d. GST.
Ausz.: VVO i. Bronze (1969) u. a.

Seifert, Siegfried
Leipzig
Geb. 21. 9. 1922 i. Rodewisch/Sa.
Erl. B.: Lehrer, Diplom-Pädagoge u. Biologe
Ausg. B.: Direktor d. Zoologischen Gartens Leipzig
Partei: CDU
L.: Nach 1945 Lehrer, u. a. bis 1953 Fachlehrer für Biologie u. stellv. Schuldir. in Auerbach/Sa. Leiter d. Kreisheimatzoos i. Auerbach. 1956 Dir. d. Zoologischen Gartens Rostock, seit 1964 d. Leipziger Zoos. Mitgl. d. Arbeitsgemeinschaft f. Kulturpolitik b. Hauptvorstand d. CDU. Mitgl. d. StVV Leipzig.
Ausz.: Kulturpreis d. Stadt Rostock (1958) u. a.

Seifert, Werner
Karl-Marx-Stadt
Geb. 18. 5. 1920 in Plauen
Erl. B.: Gärtner, staatl. gepr. Landwirt
Ausg. B.: Vorsitzender des Bezirksverbandes Karl-Marx-Stadt der DBD
Partei: DBD
L.: Volksschule. 1934-37 Gärtnerlehre. 1937-54 Gehilfe u. selbst. Gärtner. Kriegsdienst (Wachtmstr., Art.). 1948 DBD. Zeitw. Abtltr. bzw. stellv. Vors. d. Bezirksverbandes Karl-Marx-Stadt. DBD. 1958-71 Abg. d. BT Karl-Marx-Stadt. Seit Febr. 1965 Vors. d. Bezirksverbandes Karl-Marx-Stadt d. DBD. Seit 1968 Mitgl. d. Parteivorstan-

des d. DBD. Seit Nov. 1971 Abg. d. VK. 1971-76
Mitgl. d. Ausschusses f. Ausw. Angel. 1976-81
stellv. Vors. d. Geschäftsordnungsausschusses d.
VK. Seit 1981 stellv. Vors. d. Ausschusses f. Auswärtige Angel. d. VK. Seit 28. 6. 1979 Mitgl. d.
Staatsrates d. DDR. Seit 1980 Mitgl. d. Präs. d.
Parteivorstandes d. DBD.
Ausz.: VVO i. Gold (1980) u. a.

Seifert, Willi

Berlin
Geb. 1. 10. 1915
Erl. B.: Maurer
Ausg. B.: Stellv. Innenminister, Generalleutnant d. VP
Partei: SED
L.: Maurer. 1931 KPD. Während d. NS-Zeit zeitw. i. KZ Buchenwald inhaftiert. Nach 1945 Angehöriger d. VP. 1946-1948 stellv. Präs. d. Zentralverwaltung f. Inneres. Chefinspekteur d. VP. Seit 1957 stellv. Min. d. Innern. 1957-1962 Generalmajor, seit Juni 1962 Generalleutnant d. VP. Gegenw. Ltr. d. Hauptinspektion i. MdI.
Ausz.: Karl-Marx-Orden (1975) u. a.

Seiffert, Fritz

Leipzig
Geb. 1932
Erl. B.: Maurer, Diplom-Gesellschaftswissenschaftler
Ausg. B.: Vorsitzender d. BV Leipzig d. FDGB
Partei: SED
L.: Maurer. FDGB-Funktionär. AL, 1964-77 stellv. Vors. d. ZV d. IG Bau-Holz i. FDGB. Seit 26. 3. 1977 Vors. d. BV Leipzig d. FDGB. Nachf. v. Willi Hugler. April 1977 i. d. SED-BL Leipzig u. z. Mitgl. d. Sekr. gewählt. Seit Mai 1977 Mitgl. d. BV d. FDGB. Abg. d. BT.
Ausz.: VVO i. Bronze (1973) u. a.

Sela, Christa

Leipzig
Geb. 1933
Erl. B.: Industriekaufmann, Diplom-Wirtschaftler
Ausg. B.: Stellv. Vorsitzende d. RdB Leipzig
Partei: SED
L.: Industriekaufmann. Wirtschaftsfunktionär. Seit 1970 Vors. d. BWR Leipzig. Seit Nov. 1971 Abg. d. BT Leipzig. Seit 17. 6. 1974 stellv. Vors. d. RdB Leipzig f. bezirksgeleitete Industrie, Lebensmittelindustrie u. ÖVW.
Ausz.: VVO i. Bronze (1972).

Selber, Martin

(richtiger Name: Merbt)
Domersleben, Kreis Wanzleben
Geb. 27. 2. 1924 in Dresden als Sohn eines Angestellten
Erl. B.: Buchhalter
Ausg. B.: Schriftsteller
Partei: LDP

L.: Buchhalter i. Dresden. Kriegsdienst (Funker d. Luftwaffe). Sowj. Kriegsgefangenschaft (Donezbecken). Nach Entl. a. d. Kriegsgefangenschaft Landarbeiter i. Domersleben. Mitgl. d. Antifa-Jugend u. Funktionär d. FDJ. Tanzmusiker. Seit 1956 Vors. d. Kreisausschusses Wanzleben d. Nat. Front. Seit 1954 freiberufl. Schriftsteller. Seit 1971 Vors. d. DSV i. Bez. Magdeburg.
Ausz.: VVO i. Gold (1960), Literaturpreis d. Min. f. Kultur (1960).
Veröff.: „. . . und das Eis bleibt stumm", Verlag Das Neue Berlin, 1955. „Knechtschronik", „Deine Augen, liebes Kind". „Salz u. Brot u. gute Laune", 1978 (1980 vom DDR-Fernsehen verfilmt), „Die Grashütte" u. a. m.

Selbmann, Erich

Berlin
Geb. 3. 9. 1926 in Lauterbach/Hessen als Sohn d. KPD-Funktionärs Fritz S.
Ausg. B.: Stellv. Vorsitzender
Partei: SED
L.: Nach 1945 Journalist. Anfang d. 50er Jahre MA d. Mitteldtsch. Rundfunks Leipzig u. danach d. Staatl. Rundfunkkomitees sowie d. Deutschlandsenders. 1955-1958 Studium i. d. UdSSR. Anschl. Intendant d. Ostberliner Rundfunks. Febr. 1959 i. d. BL Berlin d. SED kooptiert. 1959-1963 Sekr. f. Agitprop. d. BL, 1963-64 Sekr. u. Ltr. d. Ideol. Kommission d. SED-BL Berlin. 1963-67 Mitgl. d. Stadtverordneten-Versammlung v. Ostberlin. 1964-66 Korrespondent d. „Berliner Zeitung" i. Moskau. 1967-79 Chefred. d. „Aktuellen Kamera" b. DFF. 1967-72 Mitgl. d. ZV d. VDJ. Stellv. Vors. d. Staatl. Komitees f. Fernsehen (Ltr. d. HA Dramatische Kunst).
Ausz.: VVO i. Silber (1969). Orden „Banner d. Arbeit" Stufe I (1976) u. a.

Selinger, Manfred

Potsdam
Geb. 1931
Erl. B.: Elektriker, Diplom-Jurist
Ausg. B.: Stellv. Vorsitzender d. RdB
Partei: SED
L.: Elektriker, Diplom-Jurist. Zeitw. AL f. Innere Angelegenheiten d. RdB. Seit Nov. 1976 stellv. Vors. d. RdB Potsdam f. Inneres. Nachf. v. Kurt Wenzel. Seit Okt. 1976 Abg. d. BT.
Ausz.: VVO i. Bronze (1981).

Semler, Hans-Joachim

Berlin
Geb. 1933
Erl. B.: Jurist, Dr.
Ausg. B.: Abteilungsleiter
Partei: SED
L.: 1952-56 Studium d. Rechtswiss. a. d. Humboldt-Uni. Ostberlin. MA d. ZR d. FDJ. Seit 1960 MA d. Kanzlei bzw. Dienststelle d. Staatsrates d. DDR. Ltr. d. Abt. Staats- u. Rechtsfragen. März 1971 Promotion a. d. DASR. Mehrmals Sekr. d. Wahlkommission d. DDR.

Ausz.: Orden „Banner d. Arbeit" Stufe I (1981) u. a.

Senkpiel, Gerhard
Rostock
Geb. 7. 5. 1930
Erl. B.: Facharbeiter f. Landw., Staatl. gepr. Landwirt, Diplom-Staatswiss.
Ausg. B.: Vorsitzender d. BV Rostock d. DBD
Partei: DBD
L.: 1945-49 Landarbeiter. Qualifizierte sich zum Ackerbauberater d. VdgB/BGH. 1950 Mitgl. d. DBD. Ab 1952 Kreisinstrukteur d. DBD. Seminar- u. Schulltr. verschiedener Bildungsstätten d. DBD. 1963-77 Sekr., 1977-82 stellv. Vors., seit Mai 1982 Vors. d. BV Rostock d. DBD. Nachf. v. Erwin Binder. Seit 1963 Abg. d. BT Rostock. Seit Mai 1982 Mitgl. d. PV d. DBD.
Ausz.: VVO i. Bronze (1973) u. a.

Seufzer, Werner
(bei Geburt: Viererbe)
Berlin
Geb. 18. 3. 1929 i. Harthau b. Chemnitz/Sa.
Erl. B.: Diplom-Wirtschaftler
Ausg. B.: Sportfunktionär
L.: Dipl.-Wirtschaftler. MA d. Zentralltg. SV Dynamo. Präs. d. Dtsch. Federballverbandes d. DDR. Mitgl. d. BV d. DTSB.

Severin, Günter
Berlin
Geb. 19. 6. 1928 als Sohn eines Arbeiters
Erl. B.: Diplom-Wirtschaftler
Ausg. B.: Botschafter
Partei: SED
L.: Besuch einer Mittelschule. Studium a. d. HS f. Binnenhandel i. Leipzig. 1960 Dipl.-Wirtsch. Staatsfunktionär. Seit 1972 Angeh. d. diplom. Dienstes. Seit 10. 12. 1973 Botschafter i. Brasilien. Seit 19. 4. 79 Botschafter i. Surinam.
Ausz.: Orden „Banner d. Arbeit" Stufe III (1978) u. a.

Seydewitz, Max
Dresden
Geb. 19. 12. 1892 in Forst/L. als Sohn eines Arbeiters
Erl. B.: Buchdrucker
Ausg. B.: Schriftsteller
Partei: SED
L.: Besuch d. Volksschule i. Forst. 1907-1911 Buchdruckerlehre in Forst. Anschl. Buchdrucker i. Glogau, Pößneck, Mühlhausen, Reichenbach/-Vogtl. u. Leipzig. 1907 Mitgl. d. Arbeiterjugend. 1910-1931 Mitgl. d. SPD. 1911 Mitgl. d. Verbandes d. dtsch. Buchdrucker. 1918-1920 Red. d. „Volksstimme", Halle/Saale. 1920/1931 Chefred. d. „Sächsischen Volksblattes". Zwickau. 1923 Mitgl. d. Parteiausschusses d. SPD. 1924-33 MdR. Ab 1927 Herausg. u. Chefred. d. Ztschr. „Der Klassenkampf" u. „Marxistische Büchergemeinde". 1931 Mitbegründer u. Vors. d. SAP. 1933-1945 Emigrant i. d. CSR, i. Norwegen u. Schweden. Anhänger d. Aktionseinheit v. SPD u. KPD. In Schweden zeitw. interniert u. inhaftiert. 1945 Mitgl. d. KPD. 1946-47 Intendant d. Berliner Rundfunks. 1946 Chefred. d. theor. Ztschr. d. SED „Einheit". 1947-1949 Mitgl. d. Parteivorstandes d. SED. 1947-1952 Ministerpräsident d. Landes Sachsen. Mitgl. d. SED-Landesltg. Sachsen u. 1. Vors. d. Ges. f. Dtsch.-Sowj. Freundschaft i. Sachsen. 1948-1949 Mitgl. d. Plenums d. DWK. Seit 1949 Abg. d. VK. 1953-1963 Vors. d. Haushalts- u. Finanzausschusses d. VK. Seit 1955 Mitgl. d. Präs. d. Dtsch. Friedensrates. 1955-68 Generaldir. d. Staatl. Kunstsammlungen i. Dresden. Schriftstellerische Betätigung (zus. m. Ruth Seydewitz). Okt. 1960 zum Prof. ernannt. Seit Sept. 1966 Vors. d. Parlam. Freundschaftsgruppe „DDR-Italien".
Ausz.: VVO i. Gold (1962). Ehrenspange zum VVO i. Gold (1968), Karl-Marx-Orden (1972) u. a.
Veröff.: zusammen m. Ruth Seydewitz: „Die Dresdener Kunstschätze", Verlag d. Kunst, Dresden, 1960. „Das Dresdener Galeriebuch", Verlag d. Kunst, Dresden, 1960. „Es hat sich gelohnt zu leben", Autobiographie, 1. Bd. 1976, 2. Bd. 1978, u. a. m.

Seyfarth, Wolfgang
Berlin
Geb. 10. 1. 1937
Erl. B.: Diplom-Staatswissenschaftler
Ausg. B.: Botschafter
Partei: SED
L.: Besuch einer Oberschule. 1955-59 Studium a. d. DASR. Eintritt i. d. diplom. Dienst. Zeitw. Botschaftsrat i. Tansania. 1974-76 postgraduales Studium. Seit Dez. 1976 Botschafter i. Nigeria, seit März 1977 Botschafter i. Benin. Nachf. v. Gerhard Künzel. Seit Juni 1977 zus. Botschafter i. Äquatorial-Guinea. Juli 1980 abgelöst.
Ausz.: Verdienstmed. d. DDR u. a.

Sickert, Irmgard
Berlin
Geb. 2. 11. 1922 als Tochter eines Drehers
Erl. B.: Lehrerin
Ausg. B.: Diplomatin
Partei: SED
L.: Nach 1933 Emigration mit d. Eltern i. d. CSR u. UdSSR. Ausbildung als Lehrerin. 1946 Red. b. Leipziger Rundfunk. Studium d. Gewi. Uni. Leipzig. Seit 1951 Angehörige d. ausw. Dienstes d. DDR. Versch. Funktionen (Presseattaché i. Prag, Abtltr. f. Presse, Ltr. d. Amerika-Abt. i. MfAA). 2. Sekr. a. d. DDR-Botschaft i. Peking usw.). Okt. 1966-Aug. 1973 Generalkonsul d. DDR i. Kiew. Seitdem Ltr. d. Arbeitsgruppe „Parlam. u. kommunale Auslandbeziehungen" i. MfAA
Ausz.: VVO i. Silber (1982) u. a.

Sieber, Günther

Berlin
Geb. 11. 3. 1930 i. Ilmenau als Sohn eines Maschinenschlossers
Erl. B.: Waldfacharbeiter
Ausg. B.: Abteilungsleiter i. ZK d. SED
Partei: SED
L.: Volksschule. Lehre als Waldfacharbeiter. 1944-47 Waldarbeiter Forstamt Ilmenau. 1946-48 BGL-Vors. Ab 1947 Jugendsekr. d. FDGB-Landesvorstandes Thüringen. 1947-48 Forstanwärter i. Ilmenau. 1948-49 Hauptsachbearb. i. d. DWK. 1948 SED. 1949-51 Referent i. Min. f. Planung. 1949-50 Bes. d. Verwaltungsakad. Forst-Zinna. 1951-52 Hauptref. i. d. SPK. 1953 Bes. d. PHSch d. SED. 1954-62 1. Sekr. d. Parteiorg./KL d. SED i. d. SPK. 1962-63 stellv. Vors. d. Zentr. Kommission f. Staatl. Kontrolle. 1963-67 Mitgl. d. ZRK d. SED. 1963-65 1. stellv. Vors. d. Komitees d. ABI. März 1965-Nov. 1972 Min. f. Handel u. Versorgung. Nachf. v. G. Lucht. 1967 Studium a. Zentralinst. f. sozial. Wirtschaftsführung b. ZK d. SED. Juli 1973-Dez. 80 Botschafter d. DDR i. d. VR Polen. Nachf. v. Rudolf Rossmeisl. Seit Dez. 1980 Ltr. d. Abt. Internat. Verbindungen i. ZK d. SED. Nachf. v. Egon Winkelmann. 1976-81 Kand., seit April 1981 Mitgl. d. ZK d. SED. Seit Juni 1981 Abg. d. VK. Mitgl. d. Ausschusses f. Auswärtige Angel.
Ausz.: VVO i. Gold (1979), Orden „Banner d. Arbeit", Stufe I (1981).

Sieber, Rolf

Berlin
Geb. 10. 10. 1929 i. Lunzenau, Krs. Rochlitz, als Sohn eines Arbeiters
Erl. B.: Kfm. Angestellter, Dr. sc. oec.
Ausg. B.: Hochschullehrer
Partei: SED
L.: Volksschule. 1944-47 kfm. Lehre. 1945 KPD. 1946 SED. 1948-50 Besuch d. ABF Leipzig. 1950-51 Studium a. d. HS f. Ökonomie. 1951-56 Studium a. Staatl. Ökon. Inst. u. a. d. Lomonossow-Uni. Moskau. Dipl.-Wirtschaftler. Seit 1956 Lehrtätigkeit a. d. HS f. Ökonomie. Seit 1969 o. Prof. f. Politök. 1959 Dr. rer. oec. 1963 Habil. 1970 Dr. sc. oec. 1963 bis 1967 Berliner Vertreter i. d. VK, 1967-76 Abg. d. VK. Vors. d. IPG u. Mitgl. d. Ausschusses f. Ausw. Angel. Dez. 1974-Aug. 1978 Botschafter d. DDR i. d. USA. Febr. 1977-Aug. 1978 zusätzl. Botschafter i. Kanada. Seitdem erneut Hochschultätigkeit a. d. HS f. Ökonomie. Seit 1979 Mitgl. d. SED-BL Berlin. Seit 12. 1. 1979 Rektor d. HS f. Ökonomie. Nachf. v. W. Kupferschmidt.
Ausz.: VVO i. Silber (1980) u. a.

Siebold, Klaus

Berlin
Geb. 12. 9. 1930 in Laubusch, Kreis Hoyerswerda
Erl. B.: Bergmann, Berg-Ingenieur
Ausg. B.:
Partei: SED
L.: Bergmann. Studium a. einer Bergingenieur-Schule. Seit 1952 SED-Funktionär i. örtl., später zentralen Organen d. SED. Studium a. d. PHSch. 1957 bis 1959 Werkleiter eines Braunkohlenwerkes. 1959-1963 Ltr. d. Kohleindustrie i. SPK/ VWR. 1963-1965 stellv. Vors. d. VWR f. d. Bereich Kohle u. Energie. Dez. 1965-Juni 1979 Min. f. Grundstoffindustrie (seit 1971 Kohle u. Energie).
Ausz.: VVO i. Gold (1974) u. a.

Siegert, Walter

Berlin
Ausg. B.: Staatssekretär
Partei: SED
L.: Studium u. Promotion. In den 50er Jahren MA d. Instituts f. Staatshaushalt a. d. HS f. Ökonomie. Danach MA d. Büros d. Regierungskommission f. d. Umbewertung d. Grundmittel. 1972-74 stellv. Ltr., 1974-80 Ltr. d. Staatl. Finanzrevision d. DDR. Seit 1980 Staatssekretär i. Min. d. Finanzen. Nachf. v. W. Schmieder. Mitgl. d. Red. Koll. „Sozial. Finanzwirtschaft".
Ausz.: VVO i. Bronze (1978) u. a.

Siegmund-Schultze, Dorothea

Halle/Saale
Geb. 4. 7. 1926 i. Delitzsch
Erl. B.: Lehrerin, Anglistin, Dr. sc. phil.
Ausg. B.: Hochschullehrerin
Partei: SED
L.: Lehrerin. Studium d. Anglistik. 1952 Promotion zum Dr. phil. 1961 Habil. O. Prof. f. Anglistik a. d. MLU Halle-Wittenberg. 1967-76 Nachfolgekand. d. VK.

Siegmund-Schultze, Walther

Halle/Saale
Geb. 6. 7. 1916 in Schweinitz an der Schwarzen Elster
Erl. B.: Musikwissenschaftler, Dr. sc. phil.
Ausg. B.: Hochschullehrer
Partei: SED
L.: Besuch d. Oberschule i. Magdeburg u. Liegnitz. 1935-39 Studium d. Musikwiss. Germanistik, d. Lateinischen u. Griechischen a. d. Uni. Breslau. 1937 NSDAP. 1940 Promotion zum Dr. phil. a. d. Uni. Breslau über Mozart. 1948 Mitgl. d. SED. 1946 bis 1948 Lehrer d. Franckeschen Stiftung i. Halle/Saale. Ab 1949 Referent f. Hochschulwesen u. Musik i. Min. f. Volksbildung d. Landes Sachsen-Anhalt. 1951 Habil. a. d. Uni. Halle (Thema: Brahms). Seit 1954 Prof. m. Lehrstuhl f. Musikwissenschaften a. d. Martin-Luther-Uni. Halle-Wittenberg. 1954-63 Abg. d. Bezirkstages Halle. Seit 1955 wiss. Sekr. d. Internat. Georg-Friedrich-Händel-Gesellschaft. Vors. d. Verbandes d. Komponisten u. Musikwiss. i. Bezirk Halle. Seit Nov. 1968 Vizepräs. d. Verbandes d. Komponisten u. Musikwiss. i. d. DDR.
Ausz.: VVO i. Gold (1981) u. a.

Siemon, Gustav

Cottbus
Geb. 20. 6. 1918 in Lippoldsberg, Kreis Hofgeismar, als Sohn eines Arbeiters
Erl. B.: Buchhändler, Diplom-Staatswissenschaftler
Ausg. B.: Vorsitzender d. NDP i. Bez. Cottbus
Partei: NDP
L.: Volksschule. 1932-35 Buchhändlerlehre. Anschl. bis 1936 als Buchhändler tätig. Danach Militär- u. Kriegsdienst. Geriet 1942 als Oberltn. einer Fernaufklärergruppe i. sowj. Kriegsgefangenschaft. Angehöriger d. Antifa-Bewegung. Mitgl. d. NKFD. Nach d. Entlassung a. Gefangenschaft MA d. Min. f. Volksbildung d. Landes Meckl. 1948 Mitbegründer d. NDP i. Meckl. Seitdem Mitgl. d. Hauptausschusses d. NDP. 1948 Vizepräs., 1950-51 Präs. d. IHK Meckl. 1949-1958 Mitgl. d. Nat. Rates. 1950-58 u. 1967-71 Abg. d. VK; 1958-67 u. seit 1971-73 Berliner Vertr. i. d. VK. 1951 bis 1954 Fernstudium DASR. Diplom-Staatswiss. 1950-51 Vors., 1951-1952 stellv. Vors. d. Landesverb. Meckl. d. NDP. 1952-1953 NDP-Funktionär i. Bez. Suhl. 1953-1955 Vors. d. Bezirksverb. Gera d. NDP. 1955 bis 1961 Chefred. d. Zentralorgans d. NDP „National-Zeitung". 1961-63 Ltr. d. Abt. Gesamtdtsch. Arbeit i. Parteivorstand d. NDP. 1964-72 Sekr. d. Hauptausschusses d. NDP. Seit März 1972 Vors. d. Bezirksverbandes Cottbus d. NDP. Nachf. v. Rupprecht Weidle. Mitgl. d. Präs. d. Hauptausschusses d. NDP.
Ausz.: VVO i. Silber (1965) u. a.

Siemund, Günter

Berlin
Geb. 11. 11. 1927
Ausg. B.: Stellv. Chefredakteur
Partei: SED
L.: Journalist. MA. d. ADN. Zeitw. Chefred. d. ADN u. ADN-Korrespondent i. Moskau. 1963 Mitgl. d. Agitationskommission b. Politbüro d. ZK d. SED. 1965-69 stellv. Ltr. d. Abt. Propaganda i. ZK d. SED. 1970-74 stellv. Generaldir. d. ADN. Seit 1975 stellv. Chefred. d. Wochenztg. „horizont".
Ausz.: VVO i. Silber (1968). Orden „Banner d. Arbeit" Stufe I (1981) u. a.

Simkowski, Heinz

Neubrandenburg
Geb. 13. 3. 1931
Erl. B.: Gärtner, Staatlich geprüfter Landwirt, Diplom-Gesellschaftswissenschaftler
Ausg. B.: Vorsitzender d. RdB Neubrandenburg
Partei: SED
L.: Gärtner, staatl. gepr. Landwirt. SED-Funktionär. 1959-68 Sekr. f. Agitprop. d. SED-KL Neustrelitz. 1968-71 Besuch d. PHSch d. KPdSU. 1971-77 1. Sekr. d. SED-KL Altentreptow. Seit Okt. 1976 Abg. d. BT. Seit 16. 11. 1977 Vors. d. RdB Neubrandenburg. Nachf. v. Gottfried Sperling. Mitgl. d. Sekr. d. SED-BL.
Ausz.: VVO i. Gold (1981) u. a.

Simon, Dieter

Berlin
Geb. 1935
Erl. B.: Diplom-Jurist u. Gesellschaftswissenschaftler, Dr. jur.
Ausg. B.: Generalstaatsanwalt
Partei: SED
L.: Studium d. Rechtswiss. Seit 1957 i. d. Rechtspflege tätig. Staatsanwalt b. Generalstaatsanwalt d. DDR. Seit 1. 1. 1973 Generalstaatsanwalt v. Ostberlin. Nachf. v. Martin Teuber. Vors. d. Bezirksgruppe Berlin d. Ver. d. Juristen d. DDR. Seit Febr. 1979 Kand. SED-BL Berlin. Seit Juni 1981 Mitgl. d. StVV Berlin. Mitgl. d. Sekr. d. ZV d. Vereinigung d. Juristen d. DDR.
Ausz.: VVO i. Bronze (1976), Verdienter Jurist d. DDR (1982) u. a.

Simon, Günter

Berlin
Geb. 6. 5. 1933 i. Großbaudis
Ausg. B.: Chefredakteur
Partei: SED
L.: Journalist. Zuerst Mitgl. d. Red. Koll., dann von 1967-75 stellv. Chefred. d. FDGB-Zentralorgans „Tribüne". 1975 Korrespondent d. „Tribüne" i. Bonn. Anschl. erneut stellv. Chefred. d. „Tribüne" bzw. Chefred. d. Ztschr. „Gewerkschaftsleben". Seit 15. 9. 1981 Chefred. d. „Tribüne". Nachf. v. Claus Friedrich. 23. 9. 1981 i. d. BV d. FDGB kooptiert u. zum Mitgl. d. Präsidiums gewählt.
Ausz.: VVO i. Silber (1977) u. a.

Simon, Hans-Heinrich

Quedlinburg
Geb. 27. 3. 1931 i. Quedlinburg als Sohn eines Handwerkers
Erl. B.: Tischlermeister, Bauingenieur
Ausg. B.: Direktor
Partei: NDP
L.: Oberschule. 1945-48 Tischlerlehre. 1948-58 i. seinem Beruf tätig. 1951 NDP. 1951-52 Besuch d. Fachschule f. angewandte Kunst u. d. Meisterschule Magdeburg. Werkmstr. 1955-59 Fernstudium a. d. Ing.-Schule f. Bauwesen Magdeburg. Bau-Ing. 1958-63 Abtltr., techn. Ltr. u. 1963-72 Vors. d. PGH Holzverarbeitung Quedlinburg. 1963-67 Abg. d. BT Halle. Seit Juli 1967 Abg. d. VK. 1967-71 Mitgl. d. Staatsrates d. DDR. Seit 1967 Mitgl. d. Hauptausschusses d. NDP. 1972 Dir. für Absatz d. VEB Möbelkombinat Quedlinburg (seit 1979 stellv. Generaldir.). Seit 1976 stellv. Vors. d. Ausschusses f. Handel u. Versorgung d. VK.
Ausz.: VVO i. Bronze (1970) u. a.

Simon, Heinz

Dresden
Geb. 18. 1. 1922 in Gleiwitz
Erl. B.: Arzt, Dr. med. habil.
Ausg. B.: Hochschullehrer

L.: Abitur. 1940 NSDAP. Teilnehmer a. 2. Weltkrieg (Flieger). Studium d. Medizin. 1951 Promotion zum Dr. med. 1958 Habil. Dozent f. allgemeine u. spezielle Pathologie a. d. Humboldt-Uni. i. Ostberlin. 1961 zum Prof. ernannt u. a. d. Mediz. Akad. Dresden berufen. Seit 1. 9. 1964 Prof. m. Lehrstuhl f. pathologische Anatomie u. allgem. Pathologie a. d. Mediz. Akad. Dresden. 1964-68 u. von 1974-78 Rektor d. Mediz. Akad. Dresden. Jetzt Dir. d. Pathol. Instituts d. Humboldt-Uni. Ostberlin.
Ausz.: Verdienter Arzt d. Volkes (1966), Nat. Pr. III Kl. (1977), VVO i. Silber (1979) u. a.

Simon, Kurt
Suhl
Geb. 1931
Erl. B.: Diplom-Gesellschaftswissenschaftler
Ausg. B.: Vors. d. GST i. Bezirk Suhl
Partei: SED
L.: GST-Funktionär. Stellv. Vors. d. GST f. Ausbildung i. Bez. Suhl. Dreijähriges Studium. Seit 1971 Vors. d. GST i. Bez. Suhl. Mitgl. d. ZV d. GST. Oberstltn. d. NVA.
Ausz.: VVO i. Bronze (1979).

Simon, Manfred
Berlin
Geb. 1931 i. Frankfurt/Oder
Erl. B.: Tischler, Diplom-Staatswissenschaftler
Ausg. B.: Generalmajor d. VP
Partei: SED
L.: Tischler. Seit 1949 Angehöriger d. Transportpolizei. Offizierslaufbahn. 1960-64 Besuch d. HS d. VP. Dipl.-Staatswiss. Seit 1970 Ltr. d. Hauptabt. Transportpolizei i. MdI. Seit 1. 7. 1978 Generalmajor d. VP.
Ausz.: VVO i. Silber (1981) u. a.

Sindermann, Horst
Berlin
Geb. 5. 9. 1915 in Dresden als Sohn eines Angestellten (MdR, SPD)
Ausg. B.: Präsident d. Volkskammer
Partei: SED
L.: Realgymn. i. Dresden. 1929 KJV. 1932-33 Unterbezirkslt. d. KJV i. Dresden. 1934-45 inhaftiert, u. a. i. Zuchthaus Waldheim, KZ Sachsenhausen u. Mauthausen. 1945 KPD. 1945-46 Chefred. „Sächs. Volkszeitung" i. Dresden. 1946-47 Chefred. d. „Volksstimme" i. Chemnitz. 1947-49 1. Kreissekr. d. SED i. Chemnitz u. Leipzig. 1950-53 Chefred. d. „Freiheit" i. Halle/Saale. 1953-63 MA d. ZK d. SED. Ltr. d. Abt. Agitprop. 1958-63 Kand., seit 1963 Mitgl. d. ZK d. SED. 1963-67 Kand., seit 1967 Vollmitgl. d. Politbüros b. ZK d. SED. Seit 1963 Abg. d. VK. 1963-71 1. Sekr. d. SED-BL Halle. Nachf. v. B. Koenen. Mai 1971-Okt. 1973 1. stellv. Vors. d. Ministerrates u. Mitgl. d. Präs. Okt. 1973-Okt. 1976 Vors. d. Ministerrates. Nachf. v. Willi Stoph. Seit 29. 10. 76 Präs. d.Volkskammer u. stellv. Vors. d. Staatsrates d. DDR. Als Präs. d. VK Nachf. v. Gerald Götting.

Ausz.: VVO i. Gold (1965). Ehrenspange z. VVO i. Gold (1969). Karl-Marx-Orden (1975) u. a.

Singhuber, Kurt
Berlin
Geb. 20. 4. 1932 i. Wien als Sohn eines Arbeiters (KPD-Mitglied)
Erl. B.: Maschinenschlosser. Dipl.-Ing., Dr.-Ing., Diplom-Wirtschaftler u. Gesellschaftswissenschaftler
Ausg. B.: Minister f. Erzbergbau, Metallurgie u. Kali
Partei: SED
L.: Besuch d. Volksschule u. v. 1942-50 d. Oberschule. Abitur. 1949-51 Vors. d. FDJ-Ortsgruppe Wildau. 1950 bis 1951 Praktikant (Maschinenschlosser) i. VEB ABUS Wildau. 1951 SED. 1951-52 Studium a. d. TH Dresden. 1952-57 Studium a. Metallurgischen Inst. Dnjepropetrowsk. Dipl.-Ing. 1957-61 i. VEB Schwermaschinenbau „H. Rau" i. Wildau tätig (Konstrukteur, Techn. Dir.). Fernstudium d. Industrieökonomik a. d. HS f. Ökonomie i. Berlin. Diplom-Wirtschaftler. 1961-1964 apl. Apsirant u. Lehrbeauftr. TH Magdeburg. 1967 Promotion zum Dr.-Ing. 1961-65 zusätzl. Techn. Dir. bzw. Werkdir. VEB Schwarzmetallurgieprojektierung Berlin. 1966-67 stellv. Min., seit Juli 1967 Min. f. Erzbergbau, Metallurgie u. Kali. Seit Sept. 1966 ao. Mitgl. d. Forschungsrates. Vors. d. Montanwiss. Ges. d. DDR. Vizepräs. d. KdT.
Ausz.: Orden „Banner d. Arbeit" (1968), VVO i. Gold (1974) u. a.

Sitte, Willi
Halle/Saale
Geb. 28. 2. 1921 i. Kratzau/CSR
Erl. B.: Maler u. Grafiker, Prof.
Ausg. B.: Hochschullehrer
Partei: SED
L.: Volks- u. Bürgerschule. 1936-40 Ausbildung a. Kunstschulen i. Reichenberg u. Kronenburg. Kriegsdienst. 1944 zu d. ital. Partisanen übergelaufen. Mitgl. d. Komitees zur nationalen Befreiung Italiens. 1946 i. Mailand ansässig. Seit 1947 i. Halle künstlerisch tätig. 1947 SED. Seit 1951 Lehrtätigkeit a. d. HS f. industrielle Formgestaltung Burg Giebichenstein. Seit 1973 o. Prof. Dir. d. Sektion Bildende u. Angewandte Kunst. 1970-74 Vizepräsident, seit 30. 5. 1974 Präs. d. Verbandes Bild. Künstler. Mitgl. d. Akad. d. Künste. Seit Okt. 1976 Abg. d. VK.
Ausz.: Nat. Pr. II. Kl. (1979), Karl-Marx-Orden (1974), VVO i. Gold (1981) u. a.
Werke: „Leuna 1921", „Leuna 1969", „Höllensturz i. Vietnam", 1967, Bilder, Tafelbild „Im LMW".

Sitzlack, Georg
Berlin
Geb. 17. 11. 1923 i. Berlin
Erl. B.: Arzt, Dr. med. habil., Prof.
Ausg. B.: Präsident d. Staatl. Amtes f. Atomsi-

cherheit u. Strahlenschutz, Staatssekretär
Partei: SED
L.: Kriegsdienst. Medizin-Studium. Seit 1964 Ltr.
d. Staatl. Zentrale f. Strahlenschutz d. DDR. Seit
Aug. 1973 Präs. d. Staatl. Amtes f. Atomsicherheit u. Strahlenschutz d. DDR. Staatssekretär.
Lehrtätigkeit a. d. Humboldt-Uni. Ostberlin.
Medizinalrat. Stellv. Vors. d. Gouverneursrates
d. Internat. Atomenergiekommission.
Ausz.: VVO i. Gold (1982) u. a.

Skerra, Horst

Leipzig
Geb. 1930 i. Ostpreußen als Sohn eines Landarbeiters
Erl. B.: Bergarbeiter, Offizier
Ausg. B.: Generalleutnant d. NVA
Partei: SED
L.: Volksschule. Flakhelfer. Nach 1945 Traktorist i. Gebiet v. Kaliningrad. Umsiedlung i. d.
SBZ. Bergarbeiter i. Geiseltal. FDJ-Jugendvertreter i. d. AGL BKW Mücheln II. Seit 1949
VP-Angehöriger. Kursant d. VP-Schule Naumburg. 1951 SED. 1950 VP-Kommissar. Vierjähriger Besuch d. Frunse-Akad. 1961 Chef d. operativen Verwaltung d. Hauptstabes b. d. Planung u.
Durchführung d. „13. August 1961". 1964 Besuch
d. sowj. Generalstabsakademie. 1. 3. 1967 Generalmajor. 1967-70 Kommandeur d. 1. MSD. 1971
Chef d. Stabes eines Militärbezirkes d. NVA. Seit
1977 Chef d. Militärbezirkes Leipzig d. NVA. Seit
1978 Generalleutnant d. NVA.
Ausz.: VVO i. Silber (1976), Verdienter Angehöriger d. NVA (1981) u. a.

Skibinski, Willi

Magdeburg
Geb. 12. 8. 1929 als Sohn eines Landarbeiters
Erl. B.: Diplom-Agronom
Ausg. B.: Sekretär d. SED-BL Magdeburg
Partei: SED
L.: Facharbeiter f. Landwirtsch. Studium a. d. HS
f. LPG Meißen. Diplom-Agronom. 1955 Mitgl. d.
SED. 1953-69 Vors. d. LPG „Geschwister Scholl"
i. Ohrsleben, Krs. Oschersleben. Seit Jan. 1963
(VI. Parteitag) Kand. d. ZK d. SED. Seit Juni
1969 Sekr. f. Landw. d. SED-BL Magdeburg.
Nachf. v. Heinz Ziegner. Abg. d. BT Magdeburg.
Ausz.: VVO i. Bronze (1970) u. a.

Skoda, Rudolf

Leipzig
Geb. 26. 9. 1931 i. Leipzig als Sohn eines Malers u.
Grafikers
Erl. B.: Architekt, Dr.-Ing.
Ausg. B.: Hochschullehrer
L.: VS, Besuch d. Humboldt-Oberschule. 1950
Abitur. Anschl. Maurer-Umschüler u. MA d.
Konstruktionsbüros BMK-Süd. 1952-57 Studium
a. d. HS f. Arch. u. Bauw. i. Weimar u. Cottbus.
Wiss. MA u. Ass. i. Weimar u. Cottbus. Seit 1960
als Architekt i. Leipziger Bauwesen tätig. Seit
1979 Honorardozent, seit 1. 9. 1981 o. Prof. f.

Wohn- u. Gesellschaftsbau a. d. TH Leipzig.
Architekt d. neuen Gewandhauses Leipzig (Okt.
1981 eingeweiht).
Ausz.: Kunstpreis d. Stadt Leipzig, Nat. Pr. (Koll-Ausz.) u. a.

Smettan, Harry

Berlin
Erl. B.: Buchdrucker
Ausg. B.: 1. Sekretär
Partei: SED
L.: Buchdrucker. Seit 1952 hauptamtl. Funktionär d. FDJ. 1. Sekr. d. FDJ-KL Berlin-Köpenick,
2. Sekr. d. FDJ-Berlin u. Ltr. d. Jugendkommission b. d. SED-BL Berlin. Sept. 1972-März 75 1.
Sekr. d. FDJ-BL Berlin. Nachf. v. Uwe Tomczak.
1972-75 Mitgl. d. Zentralrates u. d. Büros d. Zentralrates d. FDJ. Seit 1975 2. Sekr. SED-KL
Berlin-Lichtenberg bzw. seit 1978 1. Sekr. d.
SED-KL d. Humboldt-Uni. Ostberlin.
Ausz.: VVO i. Silber (1973) u. a.

Sölle, Horst

Berlin
Geb. 3. 6. 1924 in Leipzig als Sohn eines Stellmachers
Erl. B.: Industriekaufmann, Diplom-Wirtschaftler
Ausg. B.: Minister für Außenhandel
Partei: SED
L.: Volksschule. 1940-42 kfm. Lehre. 1942-45
Soldat. 1944 Uffz. i. einem Gren. Rgt. Sowj.
Kriegsgef. 1945 SPD. 1946 SED. 1945-46 Gepäckarbeiter Hauptbahnhof Leipzig. 1946 Vorbereitungslehrgang f. d. Hochschulstudium. 1947-50 Studium d. Wirtschaftswiss. Uni. Leipzig.
Dipl.-Wirtschaftler. 1950-52 Org.-Instrukteur i.
MfV. 1952-62 Instrukteur, Sektorenltr. Außenhandel u. Abtltr. Handel, Versorgung u. Außenhandel i. ZK d. SED. 1962-65 Staatssekr. u. 1.
stellv. Min., seit März 1965 Min. f. Außenhandel
u. Innerdtsch. Handel (s. Juli 1967 f. Außenwirtschaft). 1967 Studium a. Zentralinst. f. sozial.
Wirtschaftsführung b. ZK d. SED. 1963-76
Kand., seit 22. 5. 76 Vollmitgl. d. ZK d. SED. Seit
3. 11. 76 Mitgl. d. Präs. d. Ministerrates.
Ausz.: VVO i. Gold (1974) u. a.

Sommer, Gerhard

Suhl
Geb. 1928
Erl. B.: Schmied, Diplom-Staatswissenschaftler
Ausg. B.: Stellv. Vorsitzender d. RdB Suhl
Partei: SED
L.: Schmied. 1948 Eintritt i. d. VP. 1968-71 Ltr. d.
Volkspolizei-Kreisamtes Suhl. Seit Dez. 1971
stellv. Vors. d. RdB Suhl f. Innere Angel. Nachf.
v. Lothar Sauerbrei.
Ausz.: VVO i. Bronze (1977) u. a.

Sommer, Reinhard
Berlin
Geb. 13. 7. 1921 in Köppelsdorf bei Sonneberg (Thür.)
Erl. B.: Maschinenschlosser, Techniker, Diplom-Wirtschaftler
Ausg. B.: Vorsitzender d. Zentralvorstandes d. IG Metall
Partei: SED
L.: Volksschule. 1936-39 Lehre als Bau- u. Maschinenschlosser. 1939-41 als Mechaniker u. Einrichter tätig. Kriegsdienst (Luftw.). 1945 SPD. 1946 SED. 1945-47 Werkzeugmacher u. Werkmstr. 1947-48 Ltr. d. Gebietsvorstandes Sonneberg IG Metall. 1948-49 Vors. d. FDGB i. Krs. Sonneberg. 1949-50 Besuch PHSch d. SED. Danach Instrukteur, stellv. Vors. d. IG Metallurgie u. Abtltr. i BV d. FDGB. 1959-61 Vors. d. IG Metall i. Ostberlin. Seit Febr. 1961 Vors. d. Zentralvorstandes d. IG Metall i. FDGB. 1961-1963 außerdem Sekr. d. Bundesvorstandes d. FDGB. Mitgl. d. Präs. d. Bundesvorstandes d. FDGB. Seit 1924 Vizepräs. d. Internat. Vereinigung d. Metallarb. i. WGB. Seit Okt. 1976 Abg. d. VK u. Mitgl. d. Ausschusses f. Industrie, Bauwesen u. Verkehr. Seit Juni 1981 stellv. Fraktionsvors. d. FDGB.
Ausz.: VVO i. Gold (1981) u. a.

Sommer, Siegfried
Frankfurt/Oder
Geb. 25. 10. 1925 i. Möhrenbach/Ilmenau
Erl. B.: Feinmechaniker, Berufsschullehrer, Diplom-Gesellschaftswissenschaftler
Ausg. B.: Vorsitzender d. RdB Frankfurt/Oder
Partei: SED
L.: Feinmechaniker. Nach 1945 Berufsschullehrer i. Saalfeld. Dir. d. Betriebsberufsschule d. Maxhütte Unterwellenborn. 1952 Ltr. d. Betriebsberufsschule, 1954 1. Sekr. d. BPO Eisenhüttenkomb. Stalinstadt. 1956-58 Sekr. d. SED-KL, 1958-60 2. Sekr. d. SED-KL Stalinstadt. 1960-62 1. Sekr. d. SED-KL Frankfurt/O. 1962-65 Studium d. PHSch d. KPdSU. Okt. 1965-Mai 1969 OB v. Eisenhüttenstadt. Seit 10. 6. 1969 Vors. d. RdB Frankfurt/O. Nachf. v. Harry Mönch. Seit 1969 Mitgl. d. Sekr. SED-BL Frankfurt/O. Abg. d. BT.
Ausz.: VVO i. Gold (1979) u. a.

Sonntag, Hannelore
Berlin
Erl. B.: Dipl.-Ing. oec.
Ausg. B.: Mitarbeiter d. ZRK d. SED
Partei: SED
L.: Dipl.-Ing. oec. Sektorenltr. d. Abt. Planung u. Finanzen i. ZK d. SED. Seit Juni 1971 Kand., seit 1974 Mitgl. d. ZRK d. SED. Politischer MA d. ZRK d. SED.
Ausz.: VVO i. Silber (1977) u. a.

Sorgenicht, Klaus
Berlin
Geb. 24. 8. 1923 in Wuppertal als Sohn eines Musikers
Erl. B.: Kfm. Angestellter, Diplom-Staatswissenschaftler, Dr. rer. pol.
Ausg. B.: Abtltr. i. ZK d. SED
Partei: SED
L.: Nach Schulbesuch kfm. Lehre. Kriegsdienst (1944 Obergefr. i. einem Pi. Btl.) u. sowj. Gefangenschaft. Mitgl. d. NKFD, 1945 d. KPD. 1945 bis 1946 Bürgermstr. bzw. OB von Güstrow. 1946-1949 Landrat d. Krs. Güstrow. 1949-1951 Hauptabtltr. d. Min. d. Innern d. Landes Mecklenburg. 1951-52 Hauptabtltr. i. MdI d. DDR. 1952-54 Hauptabtltr. i. d. Koordinierungs- u. Kontrollstelle f. d. Arbeit d. Verwaltungsorgane d. DDR. Seit 1954 hauptamtl. MA d. ZK d. SED. Ltr. d. Abt. Staats- u. Rechtsfragen i. ZK d. SED. 1955-59 Fernstudium DASR. Diplom-Staatswiss. Seit 16. 11. 1958 Abg. d. VK. Seit Nov. 1963 Mitgl. d. Staatsrates. Seit 1967 stellv. Fraktionsvors. d. SED i. d. VK. 1968 Promotion zum Dr. rer. pol.
Ausz.: VVO i. Gold (1973), Verdienter Jurist d. DDR (1980) u. a.

Spaar, Dieter
Berlin
Geb. 1934 i. Thüringen als Sohn eines Arbeiters
Erl. B.: Agrarwissenschaftler, Dr.
Ausg. B.: Direktor
Partei: SED
L.: Oberschule. Studium a. d. Timirjasew-Akad. i. Moskau. Dort Promotion. MA d. Inst. f. Pflanzenzucht i. Groß-Lüsewitz. 1961 Sektorenltr. i. SHF, 1967 HA-Ltr. Landw., Biowiss. i. Min. f. Hoch- u. Fachschulwesen. 1968 Prof. Dir. d. Inst. f. Phytopathologie d. DAL i. Aschersleben. 1972 Mitgl. d. AdL u. d. Präs. Zeitw. Dir. f. Pflanzenproduktionsforschung d. AdL. Seit 10. 11. 1977 Vizepräs. d. AdL. Auswärtiges Mitgl. d. Unions-Akademie d. Landw. d. UdSSR.
Ausz.: VVO i. Bronze (1974) u. a.

Speckin, Rudolf
Rostock
Geb. 10. 6. 1922 i. Demmin
Erl. B.: Maler, Dipl.-Ing. oec.
Ausg. B.: Direktor
Partei: SED
L.: Maler. 1940 NSDAP. 1946 SED. Vors. d. Kreisvorst. Demmin d. FDGB. 1949-50 Vors. d. FDGB i. Krs. Schwerin. 1950-51 2. Vors., 1951-52 Vors. d. FDGB i. Meckl. 1952-63 Vors. d. FDGB-Bezirksvorstandes Rostock. 1951-54 Fernstudium a. d. PHSch d. SED. 1958-59 Studium a. d. PHSch d. KPdSU. 1961-75 Vors. d. Ständ. Komitees d. Nordeurop. Arbeiterkonferenz d. Ostseeländer, Norwegens u. Island. Seitdem Vors. d. Internat. Klubs d. Seeleute i. Rostock/Stralsund.
Ausz.: VVO i. Bronze (1971) u. a.

Sperling, Gottfried

Neubrandenburg
Geb. 1921 als Sohn eines Bergarbeiters
Erl. B.: Maschinenschlosser
Ausg. B.: Vors. d. Handwerkskammer
Partei: SED
L.: Maschinenschlosser. Kriegsdienst. 1946 Mitgl. d. SED. Bis 1949 als Schlosser u. Dreher tätig. 1949-1951 Techn. Ltr. d. MTS Philadelphia, Krs. Beeskow. Später MTS-Dir. 1951 1. Kreissekr. d. VdgB i. Teltow. Anschl. bis 1952 1. Landessekr. d. VdgB i. Land Brandenburg. 1952-1957 Sekr. f. Landwirtsch. d. SED-BL Potsdam. 1957-70 kommissar. Sekr. bzw. 1. Sekr. d. Zentralvorstandes d. VdgB. Oktober 1970-April 1972 Vors. d. RLN i. Bez. Neubrandenburg. April 1972-Nov. 77 Vors. d. RdB Neubrandenburg. Nachf. v. Adolf Garling. Seit 1978 Vors. d. Handwerkskammer d. Bez. Neubrandenburg. Abg. d. BT.
Ausz.: VVO i. Bronze (1965) u. i. Silber (1968).

Spies, Konstantin

Berlin
Geb. 14. 5. 1922 i. Dresden als Sohn des Komponisten Leo Sp.
Erl. B.: Arzt, Dr. sc. med.
Ausg. B.: Stellv. Minister
Partei: SED
L.: 1940 NSDAP. Kriegsdienst (Feldwebel i. einem Gren. Rgt.). Nach 1945 Studium d. Medizin a. d. Humboldt-Uni. Ostberlin. Dr. med. MA d. SHF. 1957 Oberass. a. d. Abt. Virologie d. Charité. Danach Prof. u. Dir. d. Inst. f. mediz. u. allg. Mikrobiologie d. Charité. Jetzt Inhaber d. Lehrstuhl f. Virologie a. d. Humboldt-Uni. Ostberlin. Mitgl. d. Hoch- u. Fachschulrates d. DDR. Seit 1968 stellv. Min. f. Gesundheitswesen. Mitgl. d. Exekutivrates d. WHO.
Ausz.: VVO i. Silber (1982) u. a.

Spindler, Harry

Berlin
Geb. 9. 4. 1931 als Sohn eines Arbeiters
Erl. B.: Bäcker, Konditor, Diplom-Staatswissenschaftler, Dr.
Ausg. B.: Botschafter
Partei: SED
L.: Bäcker u. Konditor. 1950-52 FDJ-Funktionär i. Sachsen. Studium d. Außenpolitik i. Moskau. 1959-64 MA d. Abt. Internationale Verbindungen i. ZK d. SED. Seit 1964 Angehöriger d. dipl. Dienstes d. DDR i. Chile. April 1971-Juli 1973 Botschafter d. DDR i. Chile. Danach stellv. Ltr. d. Abt. Lateinamerika i. MfAA. Seit 23. 8. 79 Botschafter i. Kuba, seit 19. 6. 80 i. Jamaika. seit 10. 3. 81 i. Grenada. In Kuba u. Jamaika Nachf. v. Heinz Langer.
Ausz.: VVO i. Bronze (1972) u. a.

Spitzbardt, Harry

Jena
Geb. 9. 1. 1926 i. Greiz-Dölau als Sohn eines Schlossers
Erl. B.: Linguist, Dr. phil. habil.
Ausg. B.: Hochschullehrer
Partei: SED
L.: Studium d. Sprachen (Englisch, Deutsch, Russisch) a. d. Uni. Jena. Sprachlehre a. d. ABF Jena. Seit 1964 Prof. m. LA f. allg. Sprachwiss. Dir. d. Sektion Sprachwiss. Uni. Jena. Mitgl. d. Präs. d. Dtsch.-Südostasiat. Ges. d. DDR.

Springer, Günter

Leipzig
Geb. 15. 4. 1922 als Sohn eines Schmiedes
Erl. B.: Buchdrucker, Dr., Prof.
Ausg. B.: Direktor des Instituts für Verwaltungsorg. u. Bürotechnik
Partei: SED
L.: Buchdrucker. 1945 KPD. Sachbearbeiter b. Landratsamt Beeskow. Landrat i. Beeskow. 1950 Landrat d. Krs. Senftenberg. Danach Ltr. d. Hauptabt. Erfassung u. Aufkauf landwirtsch. Erzeugnisse i. d. Landesregierung Brandenburg 1952-55 Sekr. d. Rates d. Bez. Frankfurt/Oder. 1956-1960 Vors. d. Rates d. Bez. Frankfurt/Oder u. Abg. d. Bezirkstages. Seit 1961 Dir. d. Inst. f. Verwaltungsorganisation u. Bürotechnik d. ASR i. Leipzig. 1968 Promotion.
Ausz.: VVO i. Silber (1980) u. a.

Staegemann, Gerd

Dresden
Geb. 15. 1. 1927 i. Stettin als Sohn eines Zahnarztes
Erl. B.: Zahnarzt, Dr. sc. med.
Ausg. B.: Hochschullehrer
Partei: NDP
L.: Oberschule. Abitur. 1944 NSDAP. 1946-49 Studium d. Zahnmedizin a. d. Uni. Greifswald. Mediz. Staatsexamen. 1950 Dr. med. 1950 NDP. 1949 bis 1961 Ass., Oberarzt u. Dozent a. d. Uni. Greifswald. 1959 Habil. 1. 9. 1961 Berufung als Prof. a. d. Mediz. Akad. Dresden. Seit 1964 Prof. m. Lehrstuhl u. Dir. d. Klinik u. Poliklinik f. Stomatologie. 1963-66 Nachfolgekand., seit 1966 Abg. d. VK., Mitgl. d. Ausschusses f. Gesundheitswesen d. VK. 1967-73 Präs. d. Ges. f. Stomatologie d. DDR.
Ausz.: Verdienter Arzt d. Volkes (1974) u. a.

Staimer, Richard

Berlin
Geb. 25. 1. 1907 in München als Sohn eines Bauarbeiters
Erl. B.: Fliesenleger
Generalmajor a. D.
Partei: SED
L.: 1919 Mitgl. einer Komm. Kindergruppe. 1924 Mitgl. d. KPD. Partei- u. Gewerkschaftsfunktionär. 1930 Vors. d. Dtsch. Bauarbeiterverbandes. 1931 Bes. d. Internat. Militärschule i. Moskau. Nach Rückkehr Ltr. d. RFB i. Nordbayern (wohnhaft i. Nürnberg). Nach 1933 Emigration. 1936-1939 Teiln. a. span. Bürgerkrieg. Zeitw. Kommandeur d. „Thälmann-Bataillons" u. als „Ge-

neral Hoffmann" d. XI. Internat. Brigade. 1939-40 i. Frankreich interniert. Nach 1945 Ltr. d. Polizeiinspektion Berlin-Prenzlauer Berg. Ab Mai 1946 Chef d. Polizei i. Land Brandenburg. 1949 Teilnahme a. einem Lehrgang f. VP-Offiziere i. d. SU. 1950 VP-Kommandeur i. Leipzig. 1952 stellv. Generaldir. d. „Reichsbahn". Mai 1953 bis Dez. 1954 stellvertr. Min. f. Verkehrswesen. 1955-1963 Vors. d. GST i. d. DDR. Generalmajor d. NVA. Juli 1963 Mitgl. d. Komitees f. d. Solidarität m. d. span. Volk. 1966 Ltr. d. militär. Hauptabt. i. SHF. Jetzt i. Ruhestand.
Ausz.: VVO i. Gold (1967). Karl-Marx-Orden (1977) u. a.

Staimer, Eleonore, geb. Pieck

Berlin
Geb. 14. 4. 1906 in Bremen als Tochter d. SPD/KPD-Funktionärs Wilhelm Pieck
Arbeiterveteranin
Partei: SED
L.: 1920 KJV u. KPD. 1923-1930 Sekr. i. ZK d. KPD u. d. KPD-Fraktion i. Preuß. Landtag. 1930-1932 Bürolrt. d. sowjetrussischen Handelsvertr. i. Berlin. Emigration. Danach bis 1934 MA d. Volkskommissariats f. Außenhandel i. d. SU. Später MA d. Internat. Roten Hilfe u. d. Senders d. NKFD. Nach 1945 i. ZK d. KPD bzw. i. Zentralsekr. d. SED tätig. 1948-1955 verheiratet m. Richard Staimer. 1949 Hauptabtlrn., 1953 bis 1957 stellv. Min. i. MAI. Seit Febr. 1958 Gesandte, Okt. 1966-Jan. 1969 Botschafter d. DDR i. Jugoslawien. Danach stellv. Generaldir. Dtsch. Reisebüros (verantwortl. f. internat. Fremdenverkehrsbez.). Jetzt i. Ruhestand.
Ausz.: VVO i. Gold (1966), Ehrenspange z. VVO i. Gold (1971), Karl-Marx-Orden (1981) u. a.

Stammnitz, Lothar

Dresden
Geb. 1. 11. 1927 i. Görlitz
Erl. B.: Feinoptiker, Diplom-Gesellschaftswissenschaftler
Ausg. B.: 2. Sekretär d. SED-BL Dresden
Partei: SED
L.: Feinoptiker. Kriegsdienst (Kriegsmarine u. Luftw. Inf. Rgt. 316). 1946 SED. FDJ-Funktionär i. Görlitz. Ltr. d. Kaderabt. i. d. SED-KL Görlitz. 1953-56 1. Sekr. d. BPO d. SED i. VEB LOWA Görlitz. Danach Sekr. f. Wirtschaft d. SED-KL Görlitz. 1959-61 Ltr. d. Abt. Wirtschaft SED-BL Dresden. 1961-64 1. Sekr. d. SED-KL Dresden-Land. Seit März 1964 Sekr. f. Org./Kader bzw. 2. Sekr. d. SED-BL Dresden. Nachfolger v. W. Eidner. Seit Juli 1967 Abg. d. BT Dresden. Seit 16. 4. 1981 Mitgl. d. ZK d. SED.
Ausz.: VVO i. Gold (1977) u. a.

Stange, Siegfried

Erfurt
Geb. 1933
Erl. B.: Elektromaschinenbauer, Ing.-Ök., Diplom-Gesellschaftswissenschaftler
Ausg. B.: Sekretär d. SED-BL Erfurt
Partei: SED
L.: Elektromaschinenbauer. SED-Funktionär. 1971-72 Mitgl. d. SED-BL Frankfurt/Oder. 30. 3. 1972 i. d. SED-BL Erfurt kooptiert u. zum Sekr. f. Wirtschaftspolitik gewählt. Nachf. v. Fritz Schellhorn. Abg. d. BT.
Ausz.: VVO i. Bronze (1974) u. a.

Stangneth, Ruth

Rostock
Geb. 1930
Erl. B.: Diplom-Staatswissenschaftler
Ausg. B.: Vorsitzender d. BRK d. SED Rostock
Partei: SED
L.: Nach 1945 versch. Funktionen i. d. SED, DKB, u. RdSt Rostock (Stadträtin). 1968 Vors. d. Frauenkommission d. SED-BL Rostock. Seit 16. 5. 1971 Vors. d. BRK d. SED Rostock. Nachf. v. W. Bergs.
Ausz.: VVO i. Silber (1981) u. a.

Starauschek, Helmut

Berlin
Geb. 17. 10. 1931
Erl. B.: Diplom-Journalist
Ausg. B.: Stellv. Chefredakteur
Partei: NDP
L.: Journalist (NDP-Presse). MA d. „Thür. N. Nachrichten" u. „Mitteldtsch. N. Nachrichten". 1964-68 Chefred. d. „Brandenburgischen Neuesten Nachrichten" i. Potsdam. 1968-75 Chefred. d. „Norddeutschen Neuesten Nachrichten" i. Rostock. Seit 1975 stellv. Chefred. d. Zentralorgans d. NDP „National-Zeitung" i. Ostberlin. Mitgl. d. BV Berlin d. NDP.
Ausz.: VVO i. Bronze (1977) u. a.

Stark, Otto

Berlin
Geb. 2. 4. 1922 i. Wien
Erl. B.: Hutmacher, Schauspieler
Ausg. B.: Direktor
Partei: SED
L.: Hutmacher. 1938 von Wien nach England emigriert. Dort als Bäcker, Kellner u. i. d. Landw. tätig. Mitglied d. Kleinkunst-Emigrantenbühne „Laterndl". 1946 Rückkehr nach Wien. Schauspielunterricht. 1949 Übersiedlung i. d. DDR. Schauspieler i. Dresden u. Berlin. Gründer d. „Herkuleskeule" i. Dresden. 1952 SED. Seit Okt. 1968 Direktor d. Ostberliner Kabaretts „Distel". Mitgl. d. Präsidiums d. Verbandes d. Theaterschaffenden.
Ausz.: Nat. Pr. I. Kl. (1981) u. a.

Stein, Horst

Cottbus
Geb. 11. 9. 1933
Erl. B.: Friseur, Diplom-Gesellschaftswissenschaftler
Ausg. B.: Stellv. Vorsitzender d. RdB Cottbus

Partei: SED
L.: Friseur. Facharbeiter f. Schweinezucht, St. gepr. Landwirt, Diplom-Gesellschaftswiss. SED-Funktionär. In den 60er Jahren Sekr. f. Landw. SED-KL Cottbus-Land. 1972-74 1. Sekr. d. SED-KL Cottbus-Land. Seit Febr. 1974 stellv. Vors. d. RdB Cottbus f. Land-, Forst- u. Nahrungsgüterwirtschaft. Mitgl. d. SED-BL u. Abg. d. BT.
Ausz.: VVO i. Bronze (1974).

Stauch, Gerhard

Berlin
Geb. 1925
Ausg. B.: Leiter d. Zollverwaltung, Chefzollinspekteur
Partei: SED
L.: Nach 1945 Mitgl. d. ersten Sekr. d. FDJ-Stadtleitung Halle. 1. Sekr. d. Stadtltg. Halle d. FDJ. Danach Offizier d. Trapo. Stellv. Ltr. d. Trapo Berlin u. HA-Ltr. i. Amt f. Kontrolle d. Zoll- u. Warenverkehrs. 1961 1. stellv. Ltr., seit 1963 Ltr. d. Zollverwaltung d. DDR. Chefzollinspekteur.
Ausz.: VVO i. Gold (1977) u. a.

Stechbarth, Horst

Berlin
Geb. 13. 4. 1925 i. Eichenrode, Krs. Sorau, als Sohn eines Landwirts
Erl. B.: Landwirt, Berufsoffizier, Dipl. rer. mil.
Ausg. B.: Stellv. Minister, Generaloberst d. NVA
Partei: SED
L.: Landwirt. 1943 RAD. 1943 NSDAP. Kriegsdienst. 1945-49 sowj. Kriegsgefangenschaft. An d. Aufbauarbeiten i. Stalingrad beteiligt. Antifa-Schüler. 1949 Rückkehr in Dtsch. Seit 1. 3. 1949 Angehöriger d. Grepo,,KVP bzw. NVA. Besuch d. Grepo-Schule Biesenthal. 1951 Mitgl. d. SED. 1959 Absolvent d. sowj. Generalstabsakad. Zeitw. Kommandeur d. 1. mot. Schützendivision i. Potsdam. 1. 3. 1964 Generalmajor d. NVA. 1964-67 Chef d. Militärbez. V (Nord) d. NVA i. Neubrandenburg. 1967 Ltr. d. Verwaltung Ausbildung i. Min. f. Nat. Verteidigung. 2. 11. 1970 Generalleutnant d. NVA. Seit 1972 stellv. Min. f. Nat. Verteidigung. Chef d. Landstreitkräfte. Seit 20. 2. 1976 Generaloberst d. NVA. Mai 1976-Mai 78 Kand., seit 25. 5. 78 Vollmitgl. d. ZK d. SED.
Ausz.: VVO i. Gold (1976) u. a.

Steeger, Horst

Berlin
Geb. 1932
Erl. B.: Diplom-Wirtschaftler, Dr. oec. habil.
Ausg. B.: Institutsdirektor
Partei: SED
L.: 1946 Lehrling i. d. Maxhütte i. Unterwellenborn. Mitgl. d. FDJ-Leitung. Studium d. Finanzwesens, Rechnungswesens, Statistik u. Volkswirtschaftsplanung a. d. DASR u. HS f. Ökonomie. 6 Jahre Ltr. d. DDR-Delegation i. d. Ständ. Kommission f. ökon. Fragen i. RGW. 1965 stellv. Dir., seit 1967 Dir. d. Ökon. For-

schungsinst. b. d. SPK. Nachf. v. H. Koziolek. Seit 1972 Vors. d. Wiss. Rates f. d. Vervollkommnung d. Systems d. Planung u. d. wirtsch. Rechnungsführung. Mitgl. d. Forschungsrates b. MR.
Ausz.: VVO i. Bronze (1974) u. a.

Steger, Otfried

Berlin
Geb. 25. 9. 1926 in Wechselburg (Sachsen) als Sohn eines Angestellten
Erl. B.: Schlosser, Elektro-Ingenieur
Ausg. B.: Minister für Elektrotechnik und Elektronik
Partei: SED
L.: Besuch d. Volksschule Wechselburg. 1941-43 Schlosserlehre u. Tätigkeit i. RAW Chemnitz. 1944 NSDAP. 1944/45 Soldat. 1945-48 Bau- u. Betonarbeiter i. Wechselburg sowie Schlosser i. Leipzig. 1948-52 Fördermann, Geophyse u. Revierltr. b. d. SAG Wismut. 1950 Mitgl. d. SED. 1953-56 Arbeitsnormer, Gruppenltr. u. Hauptdispatcher, 1956-1959 Werksdir. d. VEB Starkstrom-Anlagenbau Karl-Marx-Stadt. 1959 bis 1963 Generaldir. d. VVB Elektroprojektierung u. Anlagenbau. 1963-1965 Ltr. d. Elektrotechnischen Industrie i. VWR. Seit 22. 12. 1965 Min. f. Elektrotechnik u. Elektronik. 1967-71 Kand., seit Juni 1971 Mitgl. d. ZK d. SED. 1968 Studium a. Zentralinst. f. sozial. Wirtschaftsführung b. ZK d. SED. Seit Okt. 1976 Abg. d. VK.
Ausz.: VVO i. Gold (1969) u. a.

Steglich, Peter

Berlin
Geb. 24. 2. 1936 i. Dresden
Ausg. B.: Botschafter
Partei: SED
L.: Abitur. 1954-61 Studium a. d. Humboldt-Uni. u. Inst. f. Internat. Beziehungen. Staatsexamen. Seit 1961 Angehöriger d. diplom. Dienstes d. DDR. Stellv. Ltr. d. Abt. Nordeuropa MfAA. 1968-71 Botschaftsrat d. DDR-Handelsvertretung i. Finnland. Seit 1971 Ltr. d. Vertretung d. KfA i. Schweden. Nachf. v. G. Nobel. Febr. 1973-Mai 74 Botschafter d. DDR i. Schweden. 1974-77 Ltr. d. Abt. Nordeuropa, seit 1977 stellv. Ltr. d. HA Grundsatzfragen u. Planung sowie AL i. MfAA.
Ausz.: VVO i. Bronze (1973) u. a.

Steidl, Josef

Berlin
Geb. 1918
Ausg. B.: Abteilungsleiter i. ZK d. SED
Partei: SED
L.: 1949-1952 Vors. d. IG Transport i. Bez. Potsdam. Ltr. d. Abt. Nationale Gewerkschaftsarbeit i. Bundesvorstand d. FDGB. 1962-1965 Ltr. d. Abt. Gewerkschaften u. Sozialpolitik b. ZK d. SED. Abtltr. i. ZK d. SED („Verkehr").
Ausz.: Karl-Marx-Orden (1979), VVO i. Gold (1972) u. a.

Steidle, Luitpold

Weimar
Geb. 12. 3. 1898 in Ulm als Sohn eines Oberkriegsgerichtsrates
Erl. B.: Landwirt, Offizier
Rentner
Partei: CDU
L.: 1914 Kriegsfreiwilliger i. bayer. Schneeschuhkorps. 1918 als Ltn. d. Res. a. d. Heer ausgeschieden. 1919 Studium d. Landwirtschaftswiss. a. d. Uni. München (1 Sem.). 1919-1921 landw. Lehre. 1920-1926 Landwirt i. Loibersdorf/Oberbayern. 1926-1928 Inspektor a. d. Blücher-von-Wahlstattschen Gutsverwaltung i. Kampehl, Krs. Kyritz. 1928-1933 Insp. (Ass.) a. d. preuß. Hauptgestüt Beberbeck, Krs. Hofgeismar. 1933 NSDAP. 1934-1945 Berufsoffizier d. dtsch. Wehrmacht. Geriet als Oberst u. Kommandeur d. Gren.-Rgt. 767 a. 29. 1. 1943 i. Stalingrad i. sowj. Kriegsgefangenschaft. Mitgl. d. NKFD u. ab Herbst 1943 Vizepräs. d. Bundes Dtsch. Offiziere i. d. SU. 1943-1945 Frontbevollm. d. NKFD. 1945-1948 Vizepräs. d. Dtsch. Verwaltung f. Land- u. Forstwirtsch. 1945 Mitgl. d. CDU. 1948-1949 stellv. Vors. d. DWK. Nach d. erzwungenen Ausscheiden Jakob Kaisers i. Vorstand d. Ost-CDU. 1949 Min. f. Arbeit u. Gesundheitsw. 1949-71 Abg. d. VK. 1950-1958 Min. f. Gesundheitswesen d. DDR. Seit 1954 Mitgl. d. Präs. d. Hauptvorstandes d. CDU. Seit 1958 1. stellv. Vors. d. AeO. 1959/60 MA i. Min. d. Innern (zuständig f. Luftschutz). März 1960 bis Febr. 1969 OB der Stadt Weimar. Seit März 1961 Mitgl. d. Präs. d. Deutsch-Afrikan. Ges. d. DDR. 1964-70 Vizepräs. d. Städte- u. Gemeindetages. 1968-72 Vizepräs. d. DKB. Seit 1972 Ehrenmitgl. d. Präsidialrates d. KB d. DDR. Seit 1969 Rentner.
Ausz.: VVO i. Gold (1965). Ehrenspange zum VVO i. Gold (1968) u. a.
Veröff.: „Entscheidung a. d. Wolga", Union-Verlag, Berlin, 1969.

Steiger, Eduard

Leipzig
Geb. 27. 8. 1909 in Schwindraßheim/Elsaß als Sohn eines Pfarrers
Erl. B.: Architekt, Dipl.-Ing., Dr.-Ing.
Ausg. B.: Hochschullehrer (em.)
Partei: SED
L.: Volksschule u. Gymnasium. 1929-1934 Studium a. d. Techn. Hochschulen Karlsruhe u. Stuttgart. Dipl.-Ing. Danach Bauführer, Baultr. u. Architekt. 1933 NSDAP. 1946 Mitgl. d. SED. 1946 bei d. Reichsbahn i. Magdeburg u. als Doz. a. d. Ing.-Schule Magdeburg tätig. Ab 1953 MA d. Min. f. Aufbau. 1954-1962 Rektor d. HS f. Bauwesen i. Leipzig. Prof. m. Lehrstuhl f. Konstruktionselementen, Baugestaltung u. Industriebau. Sektionsltr. a. d. HS f. Bauwesen Leipzig. 1974 emeritiert. 1955-82 Vors. d. BL Leipzig d. Kulturbundes. Seit Juni 1963 Vizepräs. d. Kulturbundes.
Ausz.: VVO i. Gold (1979) u. a.

Steiger, Georg

Berlin
Geb. 1921
Ausg. B.: Generalleutnant
Partei: SED
L.: Nach 1945 VP-Angehöriger i. d. 4. VP-Bereitschaft „E. Thälmann". Zeitw. VP-Kommandeur u. Ltr. d. Abt. Feuerwehr i. d. BdVP Magdeburg. Seit Anfang d. 60er Jahre stellv. Ltr. bzw. Ltr. d. HA Feuerwehr i. MdI. Seit 2. 11. 1970 Generalmajor d. VP. Jetzt stellv. Chef d. Rückwärtigen Dienste d. NVA. Seit 25. 9. 1979 Generalleutnant d. NVA.
Ausz.: VVO i. Bronze (1974) u. a.

Steigleder, Günter

Suhl
Geb. 16. 6. 1925 in Heidersbach/Thür.
Erl. B.: Systemmacher
Ausg. B.: Voristzender d. BPKK der SED in Suhl
Partei: SED
L.: Systemmacher. Kriegsdienst. Bis 1947 i. brit. Kriegsgefangenschaft. Danach Mechaniker u. Parteisekr. d. SED i. VEB Feinmeß, VEB Simson u. VEB Ernst-Thälmann-Werk in Suhl. 1956 bis 1960 1. Sekr. d. SED-Kreisltg. Schmalkalden. Anschl. MA d. SED-BL Suhl. Seit März 1967 Vors. d. BPKK d. SED i. Suhl.
Ausz.: VVO i. Silber (1975) u. a.

Stein, Gerhard

Berlin
Geb. 28. 11. 1922 i. Oelsnitz/Erzgeb.
Erl. B.: Lehrer
Ausg. B.: Botschafter
Partei: SED
L.: 1941 Einberufung z. Wehrmacht (1943 Obergefr. i. einer Nachr. Einheit). 1946-60 Lehrer u. Dir. einer Erweiterten Polytechn. OS. Seit 1960 Diplomat. In Kairo, Sansibar, Daressalam u. Conakry tätig. Seit 14. 5. 1974 Botschafter i. Sambia, seit 5. 5. 1977 Botschafter i. Lesotho, seit 20. 10. 1977 Botschafter i. Botswana. Nov. 1979 verabschiedet.
Ausz.: VVO i. Bronze (1976) u. a.

Stein, Helmut

Berlin
Geb. 10. 8. 1914 i. Danzig
Erl. B.: Schriftsetzer
Ausg. B.: Sportpräsident
Partei: SED
L.: Schriftsetzerlehre. 1944 Soldat. Nach 1945 Ltr. d. Kartenstelle i. Oranienburg. Bei der „Märk. Volksstimme" tätig u. bis 1963 i. Werbung u. Vertrieb d. SED-Presse. Zeitw. stellv. Ltr. d. Berliner Verlages. Seit 1959 Präs. d. Dtsch. Angler-Verbandes d. DDR. Mitgl. d. BV d. DTSB.
Ausz.: VVO i .Silber (1979) u. a.

Steinbach, Fritz
Magdeburg
Geb. 1925
Erl. B.: Feintäschner, Diplom-Staatswissenschaftler
Ausg. B.: Stellv. Vorsitzender d. RdB Magdeburg
Partei: SED
L.: Feintäschner. Nach 1945 SED-Funktionär.
1954-1956 1. Sekr. d. SED-Kreisltg. Halberstadt.
1956-1960 Abtltr. d. SED-BL Magdeburg. Seit 1960 stellv. Vors. d. RdB Magdeburg (für Inneres). Abg. d. BT Magdeburg.
Ausz.: VVO i. Bronze (1964) u. a.

Steinberg, Werner
Dessau
Geb. 18. 4. 1913 in Neurode/Schlesien
Erl. B.: Lehrer
Ausg. B.: Schriftsteller
L.: 1933 Abitur a. d. Aufbauschule Breslau. Danach a. d. Marxistischen Arbeiterschule tätig. Bes. d. Hochschulen f. Lehrerbildung i. Elbing u. Hirschberg. Nach 1933 illegale polit. Betätigung. 1934 i. Breslau verhaftet. Verurteilung zu 3 Jahren Gef. Häftl. i. einem Breslauer Gefängnis. Nach Strafverbüßung Kontorist u. Verlagsbuchhändler. Schriftstellerische Betätigung. Nach 1945 i. Tübingen ansässig. Mitherausgeber d. „Schwäbischen Tageblattes" u. 1946-48 d. Jugendzeitschrift „Die Zukunft". Herausg. d. „Weltpresse" (von d. franz. Besatzungsbehörden verboten). Ab 1950 freier Wirtschaftsjournalist, MA d. „Deutschen Woche" i. München. 1956 Übersiedlung v. Düsseldorf nach Leipzig. Seit 1961 freischaffender Schriftsteller i. Dessau.
Ausz.: Kunstpreis d. FDGB (1966), VVO i. Silber (1978).
Veröff.: „Musik in der Nacht", 1943. „Die Vollendung", 1943. „Maskentanz", Novelle, Verlag Neues Leben, 1948. „Der Tag ist in die Nacht verliebt". Mitteldtsch. Verlag, Halle. „Als die Uhren stehen blieben", Mitteldtsch. Verlag, Halle. „Der Tod des Tizian", Mitteldtsch. Verlag, Halle. „Einzug der Gladiatoren", Mitteldtsch. Verlag, Halle, „Wechsel auf die Zukunft", Mitteldtsch. Verlag, Halle, 1958. „Hinter dem Weltende", Verlag der Nation, Berlin, 1961. „Wasser aus trockenen Brunnen", Mitteldtsch. Verlag, Halle/Saale. 1963. „Ohne Pauken und Trompeten", Mitteldtsch. Verlag, Halle/Saale. 1965. „Ikebana", Verlag Neues Leben, Berlin, 1970. „Die Eseltreiberin", Erz., Mitteldtsch. Verlag, Halle, 1972. „Pferdewechsel", Mitteldtsch. Verlag, Halle, 1974, u. a.

Steineckert, Gisela
Berlin
Geb. 13. 5. 1931 i. Berlin als Tochter eines Arbeiters
Ausg. B.: Schriftstellerin
L.: Volksschule. Sozialhelferin i. Kindertagesstätten, kaufm. Lehrling, Kulturred. beim „Eulenspiegel". Schriftstellerin i. Berlin. Mitgl. d. Vorstandes d. Schriftstellerverbandes d. DDR.
Ausz.: Nat. Pr. III. Kl. (1979, Koll.-Ausz.), Heinrich-Mann-Preis (1977) u. a.
Veröff.: „Brevier für Verliebte", Vlg. Neues Leben, Berlin 1973. „Auf der Sonnenseite", „Leben zu zweit", Filmdrehbücher. „Gesichter in meinem Spiegel", Vlg. Neues Leben, Berlin 1978, „Lieber September", Ged., Vlg. Neues Leben, Berlin, 1981 u. a.

Steinfeldt, Diedrich
Schwerin
Geb. 25. 5. 1932
Erl. B.: Diplom-Wirtschaftler
Ausg. B.: Sekretär d. SED-BL Schwerin
Partei: SED
L.: Diplom-Wirtschaftler. Im Staatsapparat tätig. Zeitw. Ltr. d. Abt. Finanzen b. RdK Perleberg. 1967-75 stellv. Vors. d. RdB u. Vors. d. Bezirksplankommission Schwerin. Nachf. v. Ernst Müller. Abg. d. BT u. Mitgl. d. Sekr. d. SED-BL. Seit 16. 1. 1975 Sekr. f. Wirtschaftspolitik d. SED-BL Schwerin. Nachf. v. Rudi Gröbel.
Ausz.: VVO i .Silber (1979) u. a.

Steinhöfel, Günter
Frankfurt/Oder
Geb. 7. 4. 1928 i. Dannenberg, Krs. Bad Freienwalde, als Sohn eines Landwirts
Erl. B.: Schlosser, Finanzwirtschaftler
Ausg. B.: Vors. d. Bezirksverbandes Frankfurt/ Oder der LDP
Partei: LDP
L.: Schlosser. Nach 1945 i. Finanzwesen d. Krs. Beeskow tätig. 1952-56 Finanzwirtschaftler b. RdK Beeskow. Vors. d. Kreisverbandes Beeskow d. LDP. 1956-1959 Bezirkssekr., seit 1959 Vors. d. Bezirksverbandes Frankfurt/Oder d. LDP. Abg. d. Bezirkstages. Seit 1957 Mitgl. d. Zentralvorstandes d. LDP.
Ausz.: VVO i. Silber (1974) u. a.

Steininger, Herbert
Berlin
Geb. 24. 8. 1927 i. Schmardt, Krs. Kreuzburg/OS
Erl. B.: Lehrer, Gesellschaftswissenschaftler, Dr. phil.
Ausg. B.: Hochschullehrer
Partei: SED
L.: Lehrer. 1947 SED. Kreis- u. Bezirksschulrat. 1954-61 stellv. Vors. d. RdB Frankfurt/Oder. Aspirantur u. Promotion zum Dr. phil. IfG. Seit 1964 Lehrtätigkeit a. d. Humboldt-Uni. Ostberlin. Zeitw. Dir. d. Inst. f. Marxismus-Leninismus u. Prorektor f. Gesellschaftswiss. Seit 1973 Ltr. d. Bereichs Philos. Probleme d. Gesellschaftswiss. d. Sektion marx.-lenin. Philosophie d. Humboldt-Uni. O. Prof. 1964-79 Mitgl. d. SED-BL Berlin. Mitgl. d. Hoch- u. Fachschulrates d. DDR u. Vors. d. Wiss. Beirates f. Marxismus-Leninismus b. Min. f. Hoch- u. Fachschulwesen. 1972-77 Mitgl. d. Präs. d. KB.
Ausz.: VVO i. Silber (1976) u. a.

Steinmann, Hans-Jürgen

Halle-Neustadt
Geb. 4. 9. 1929 i. Sagan als Sohn eines Diplom-Ingenieurs
Ausg. B.: Schriftsteller
L.: In Breslau aufgewachsen. Besuch einer Oberschule. Geriet 1945 als Luftwaffenhelfer i. sowjetische Kriegsgefangenschaft. 1947 aus der Kriegsgefangenschaft entl. Danach Hilfsarbeiter i. d. Leuna-Werken, Volontär, Red. u. Verlagsdisponent. 1958-1961 Student a. Literaturinst. i. Leipzig. Seit 1961 freiberufl. Schriftsteller i. Halle/S. bzw. Halle-Neustadt. 1965 bis 1969 u. seit 1971 Vors. d. DSV i. Bez. Halle.
Ausz.: Literaturpreis des FDGB (1960) u. a.
Veröff.: „Brücke ins Leben", Verlag Kultur und Fortschritt, Berlin, 1953. „Die Fremde", Roman. „Die größere Liebe", Verlag Kultur und Fortschritt, Berlin, 1959. „Analyse H, Weg eines Chemikers", Verlag d. Nation, Berlin, 1969. „Träume u. Tage", Mitteldtsch. Verlag, Halle/S., 1970. „Zwei Schritte vor dem Glück", Mitteldtsch. Vlg., Halle, 1978 u. a.

Steinmüller, Christian

Dresden
Geb. 23. 10. 1927 i. Dresden als Sohn eines selbst. Gewerbetreibenden
Erl. B.: Industriekaufmann, Diplom-Wirtschaftler, Dr. oec.
Ausg. B.: Betriebsleiter
Partei: NDP
L.: Industriekaufmann. Kriegsdienst. Seit 1951 Inh. d. Fa. H. C. Steinmüller i. Dresden (1959-72 m. staatl. Beteiligung, seit 1972 VEB). 1951 Mitgl. d. NDP. Seit 1961 Mitgl. d. Kreisausschusses Dresden d. NDP. 1963-67 Abg. d. VK u. Mitgl. d. Staatsrates. 1964-77 Mitgl. d. Hauptausschusses d. NDP. Sept. 1966 Promotion z. Dr. oec. a. d. HS f. Ökonomie i. Berlin-Karlshorst. Seit 1971 Abg. BT Dresden.
Ausz.: VVO i. Bronze (1965).

Sterba, Günther

Markkleeberg-Mitte
Geb. 20. 5. 1922 in Brüx/ČSR
Erl. B.: Zoologe, Dr. sc. nat.
Ausg. B.: Hochschullehrer
L.: Studium d. Medizin u. anschl. d. Biologie a. d. Uni. Prag u. Jena. 1949 Promotion zum Dr. rer. nat. 1952-1957 Dozent u. seit 1958 Prof. a. d. Uni. Jena. Seit 1959 Lehrtätigkeit a. d. KMU Leipzig. Prof. m. Lehrstuhl f. Zoologie u. Dir. d. gleichnamigen Inst. a. d. KMU Leipzig. 1963 Präs. d. Biol. Ges. d. DDR. Seit 1967 o. Mitgl. d. DAW. Mitgl. d. Dtsch. Akademie d. Naturforscher Leopoldina.
Ausz.: Dr. h. c. (holl. Reichsuni. Utrecht, 1971).

Stern, Jeanne

Berlin
Geb. 20. 8. 1907 in Bedous/Südfrankreich
Ausg. B.: Schriftstellerin
Partei: SED
L.: Abitur. 1926-31 Studium d. Germanistik i. Berlin. 1933 Rückkehr nach Frankreich. 1934 Mitgl. d. KPF. Übersetzerin. Bei der republikanisch-spanischen Presseagentur „Agence d'Espagne" Redakteurin i. deren Pariser Büro, dann Korrespondentin i. Valencia u. Barcelona. 1940-42 Lehrerin a. d. höh. Schule i. Saint-Aignan-sur-Cher. 1942-1946 Emigrantin i. Mexiko. MA d. Bewegung „Freies Deutschland". 1946/47 i. Frankreich tätig. 1947 Übersiedlung i. d. SBZ. Übersetzerin. 1950/51 Lehrbeauftragte f. französ. Literatur a. d. Humboldt-Uni. i. Ostberlin. Jetzt Drehbuchautorin (zus. m. ihrem Ehemann Kurt St.). Zeitw. Mitgl. d. Präs. d. PEN-Zentrums d. DDR.
Ausz.: Nat.-Preis (1952 u. 1955, Koll.). Weltfriedenspreis (1953).
Veröff.: zusammen m. Kurt Stern „Das verurteilte Dorf", Film-Drehbuch, 1952. „Stärker als die Nacht", 1954, u. „Das Leben beginnt", 1959 (Film-Drehb.).

Stern, Kurt

Berlin
Geb. 18. 9. 1907 in Berlin
Ausg. B.: Schriftsteller
Partei: SED
L.: 1913-26 Gymnasial-Besuch i. Berlin. Abitur. 1927-33 Studium d. Gesch., Philosophie u. Literatur i. Berlin u. Paris. 1927 Mitgl. d. KPD. 1930 bis 1931 Reichsltr. d. Kommunistischen Studentenfraktion. 1933 Emigration nach Paris. Dort Red. d. Monatszeitschrift „Unsere Zeit". 1936-1938 Teilnehmer (Politkommissar) a. span. Bürgerkrieg. 1939-1940 i. Frankreich interniert. 1942-1946 Aufenthalt i. Mexiko. Red. d. Zeitschrift „Freies Deutschland". 1946/47 Rückkehr nach Dtschl. Längere Erkrankung. Danach erneut schriftstellerisch tätig (zus. m. seiner Ehefrau Jeanne St.). Seit 1956 Mitgl. d. PEN-Zentrums Ost-West bzw. d. DDR u. d. Vorstandes d. DSV.
Ausz.: Nat.-Preis (1952 u. 1955, Koll.). Weltfriedenspreis (1953). VVO i. Silber (1972) u. a.
Veröff.: zusammen m. Jeanne Stern: „Das verurteilte Dorf", Filmdrehbuch, 1952. „Stärker als Nacht, Filmszenarium, Aufbau-Verlag, Berlin, 1954. „Das Leben beginnt", Filmerzählung, Aufbau-Verlag, Berlin, 1959. „Unbändiges Spanien", Dokumentarfilm, u. a.

Stern, Rudi

Berlin
Geb. 12. 8. 1922 i. Schippkau/Krs. Calau
Erl. B.: Schlosser, Diplom-Gesellschaftswissenschaftler
Ausg. B.: Diplomat
Partei: SED
L.: Maschinenschlosser, Kriegsdienst (Oberkraftfahrer). Nach 1945 SED-Funktionär. 1954 AL Agitprop., 1954-55 Sekr. f. Agitprop. SED-BL Cottbus. Studium a. d. PHSch d. KPdSU. 1962-64 1. Sekr. d. SED-KL Hoyerswerda. Eintritt i. d. diplom. Dienst. Botschaftsrat d. DDR-Botschaft

i. d. UdSSR. Seit 1972 Parteiorganisator, Febr. 1976-Jan. 81 1. Sekr. d. neugebildeten KL d. SED i. MfAA.
Ausz.: VVO i. Gold (1980) u. a.

Sternberg, Frieda

Bennewitz, Kreis Wurzen
Geb. 3. 3. 1920 i. Ostpreußen als Tochter eines Landarbeiters (KPD-Mitgl.)
Erl. B.: Landarbeiterin, Staatl. gepr. Landwirt
Ausg. B.: Vorsitzende der LPG „Ernst Thälmann" in Bennewitz
Partei: SED
L.: Dorfschule. Magd, Landarbeiterin u. Köchin i. Ostpreußen. Kam 1945 als Umsiedlerin nach Sachsen. 1946 KPD/SED. 1952 Mitbegründerin, seit 1953 Vors. d. LPG „Ernst Thälmann" i. Bennewitz. 1954-1958 u. seit Jan. 1963 (VI. Parteitag) Kand. d. ZK d. SED. Absolventin d. LPG-HS i. Meißen. 1960 Staatl. gepr. Landwirt. Seit 1968 Mitgl. d. RLN. Mitgl. d. Frauenkommission b. Politbüro d. ZK d. SED.
Ausz.: Karl-Marx-Orden (1968) u. a.

Stief, Albert

Cottbus
Geb. 19. 3. 1920 i. St. Ingbert (Saar) als Sohn eines Arbeiters
Erl. B.: Maschinenbauer, Dr. rer. oec.
Ausg. B.: Vorsitzender d. Komitees d. ABI, Minister
Partei: SED
L.: Volksschule. 1934-38 Maschinenbauerlehre. Kriegsdienst (Obergefr.). Ab 1943 sowj. Kriegsgefangenschaft. Mitgl. d. NKFD. 1945 Mitgl. d. KPD. Nach 1945 Abtltr. i. d. Landesregierung Sachsen. 1949-52 Sekr. d. SED-KL Hoyerswerda u. Kreisrat f. Wirtschaft bzw. Inneres b. RdK Hoyerswerda. 1951-1953 Studium i. d. SU. Aug. 1953-Juni 1969 1. Sekr. d. SED-BL Cottbus. Abg. d. Bezirkstages Cottbus (zeitw. auch d. Länderkammer). Juli 1960 als Kand. i. d. ZK d. SED kooptiert. Seit Jan. 1963 Mitgl. d. ZK d. SED. Seit Okt. 1963 Abg. d. VK. 1962-65 Fernstudium HS f. Ökonomie i. Berlin. Promotion zum Dr. rer. oec. 1970-71 stellv. Min. f. d. Anleitung u. Kontrolle d. Bezirks- u. Kreisräte. Seit 1971 Mitgl. d. Ausschusses f. Nat. Verteidigung d. VK. Jan. 1972-Dez. 77 Staatssekr. d. Komitees d. ABI, seit 21. 12. 1977 Vors. d. Komitees d. ABI u. Mitgl. d. Ministerrates. Nachf. v. Heinz Matthes.
Ausz.: VVO i. Gold (1959 u. 1969) u. a.

Stiehler, Günter

Leipzig
Geb. 22. 7. 1925 i. Leipzig
Erl. B.: Werkzeugschlosser, Lehrer, Sportswissenschaftler, Dr. paed.
Ausg. B.: Hochschullehrer
Partei: SED
L.: Werkzeugschlosser. Kriegsdienst. 1946 SED. Neulehrer. 1948-1950 Schulltr. i. Deuben b. Wurzen. 1947-50 Kreisreferent d. SED i. d. Kreisen Grimma u. Wurzen. 1950 Hauptabtltr. Sportstätten i. Dtsch. Sportausschuß. 1953-55 Rektor d. DHfK i. Leipzig. Dozent, später Prof. f. Theorie d. Körpererz. DHfK. 1959 Promotion. 1959-61 Dir. d. Inst. f. Körpererz. MLU Halle-Wittenberg. 1972-78 erneut Rektor d. DHfK i. Leipzig. Ltr. d. Wissenschaftsbereichs Sportspiele a. d. DHfK. Seit 1972 Mitgl. d. Präs. d. BV d. DTSB.
Ausz.: VVO i. Bronze (1975) u. a.

Stiemerling, Karl-Heinz

Berlin
Geb. 6. 1. 1930 i. Schwanebeck, Kreis Halberstadt
Erl. B.: Bankkaufmann, Dr. sc. oec., Prof.
Ausg. B.: Stellv. Direktor
Partei: SED
L.: Volksschul-Besuch. Lehre i. d. Sparkasse Oschersleben. 1951/52 Besuch d. Finanzschule Radebeul/Sa. Anschl. Ltr. d. Abt. Kredit Berliner Stadtkontor u. MA d. MdF. 1958 Diplom-Wirtschaftler. Mitte d. 60er Jahre MA d. Abt. Planung u. Finanzen b. ZK d. SED. 1960 Aspirantur a. IfG. 1964 Promotion zum Dr. oec. 1. 9. 1970 Berufung zum Prof. a. Inst. f. Gewi. b. ZK d. SED. Seit 1971 stellv. Dir. a. Inst. f. Gewi. (jetzt Akad. f. Gesellschaftswiss.) b. ZK d. SED (Direktor f. Forschung). Mitgl. d. Wiss. Rates b. Internat. Institut f. ökon. Probleme d. sozial. Weltsystems b. RGW. Mitgl. d. Red. Koll. d. Ztschr. „Wirtschaftswissenschaft".
Ausz.: VVO i. Silber (1975) u. a.

Stier, Hartwig

Dresden
Geb. 1941
Erl. B.: Facharbeiter, Diplom-Gärtner, Dr. agr.
Ausg. B.: Stellv. Vorsitzender d. RdB Dresden
Partei: SED
L.: Facharbeiter f. Land- u. Feldw., Gärtnerei u. Obstbau. Diplom-Gärtner, Dr. agr. Bis 1980 Dir. d. VEG Obstproduktion Borthen. Seit 13. 11. 1980 stellv. Vors. d. RdB Dresden f. Land-, Forst- u. Nahrungsgüterw. Nachf. v. Siegfried Neubert. Seit Febr. 1981 Mitgl. d. SED-BL, seit Juni 1981 Abg. d. BT Dresden.

Stiller, Heinz

Potsdam
Geb. 1. 11. 1932 in Brieske-Ost
Erl. B.: Geophysiker, Dr. rer. nat. habil.
Ausg. B.: Institutsdirektor
L.: Studium d. Physik a. d. Humboldt-Uni. Ostberlin. Dr. rer. nat. habil. Zeitw. Dir. d. Inst. f. Geodynamik d. Erde i. Jena. 1971 stellv. Generalsekr. d. DAW. 1972 Dir. d. Zentralinst. f. Physik d. Erde d. AdW i. Potsdam. Seit 1973 Ltr. d. Forschungsbereichs Kosmische Physik d. AdW (Geo- u. Kosmoswiss.). Vertr. d. DDR i. Rat d. Internat. Seismologischen Zentrums i. Edinburgh. Seit 1974 o. Mitgl. d. AdW. Vors. d. Wiss. Beirats Interkosmos.
Ausz.: Nat. Pr. III. Kl. (1975), VVO i. Bronze (1981) u. a.

Stingl, Helmut
Berlin
Geb. 1928
Erl. B.: Dipl.-Ing., Dr.-Ing.
Ausg. B.: Architekt
L.: Studium a. d. TU Dresden. Dipl.-Ing. Mitarbeiter a. Institut f. Städtebau d. TU. Seit 1962 i. Projektierungsbetrieb d. WBK Berlin tätig. Seit 1975 Vors. d. Bezirksgruppe Berlin. d. BdA. Seit 7. 5. 1982 Vizepräs. d. BdA.

Stockmann, Peter
Berlin
Ausg. B.: Botschafter
Partei: SED
L.: 1962-64 amt. Ltr. bzw. Ltr. d. DDR-Handelsvertretung i. Ceylon. 1969-72 Generalkonsul, März-Juli 1973 Botschafter d. DDR i. Indonesien. Seitdem Mitarbeiter der Abteilung Internationale Verbindungen des ZK d. SED bzw. stellv. Ltr. d. Abt. Süd- u. Südostasien i. MfAA.
Ausz.: VVO i. Bronze (1980).

Stöhr, Gerd
Berlin
Geb. 4. 3. 1929
Erl. B.: Lehrer, Dr.
Ausg. B.: Vizepräsident d. APW
Partei: SED
L.: Neulehrer. Später Sektoren- und Abteilungsleiter i. Ministerium f. Volksbildung d. DDR. Mitglied d. Präsidiums d. APW. 1975-80 Generalsekretär d. APW. Nachfolger v. Hans-Georg Hofmann. Seit 1. 10. 1980 Vizepräs. d. APW.
Ausz.: Verdienter Lehrer d. Volkes (1964), Orden „Banner d. Arbeit" Stufe I (1979) u. a.

Stößlein, Herbert
Berlin
Geb. 18. 6. 1909 in Innsbruck
Erl. B.: Dipl.-Ing.
Ausg. B.: Stellv. Chefredakteur der „National-Zeitung" i. Ostberlin
Partei: NDP
L.: Studium a. einer Techn. HS. Dipl.-Ing. Später Regierungsbaurat i. Kolberg u. Enns. 1937 NSDAP. Teilnehmer a. 2. Weltkrieg. Geriet als Major d. 4. Inf.-Div. i. sowj. Kriegsgefangenschaft. Mitgl. d. NKFD. Seit Entlassung u. Gefangenschaft Mitgl. u. Funktionär d. NDP. Zeitw. hauptamtl. MA d. Parteivorstandes d. NDP. Seit 1953 stellv. Chefred. d. Zentralorgans d. NDP „National-Zeitung". 1956-72 stellv. Vors. d. VDP bzw. VDJ. 1958-71 Mitgl. d. Vorstandes d. AeO. Mitgl. d. Präs. d. Liga f. UN.
Ausz.: VVO i. Gold (1974) u. a.

Stollberg, Dieter
Erfurt
Geb. 16. 1. 1940 i. Erfurt
Erl. B.: Konditormeister, Finanzökonom
Ausg. B.: PGH-Vorsitzender
Partei: LDP
L.: Konditormeister, Finanzökonom. Vors. d. PGH „Erfurter Backwaren". Stellv. Vors. d. LDP i. Erfurt-Stadt. Seit März 1977 Mitgl. d. ZV u. d. Polit. Ausschusses d. ZV d. LDP. Seit 14. 6. 1981 NFK d. VK.
Ausz.: Wilhelm-Külz-Ehrennadel (1982).

Stolpe, Manfred
Berlin
Geb. 1936
Ausg. B.: Oberkonsistorialrat
L.: Bis 1969 juristischer Oberkonsistorialrat i. Konsistorium Berlin-Brandenburg. 1969-82 Ltr. d. Sekr. d. Bundes Evang. Kirchen i. d. DDR. Seit 1. 1. 1982 Konsistorialpräsident d. Konsistoriums Berlin-Brandenburg d. Evang. Kirche. Nachf. v. Willi Kupas.

Stolz, Helmut
Berlin
Geb. 21. 6. 1930 als Sohn eines Maurers
Erl. B.: Tischler, Lehrer, Dr. paed. habil.
Ausg. B.: Institutsdirektor
Partei: SED
L.: 1946 Tischlerlehrling i. Calbe. 1947 Jugendsekr. d. FDGB i. Calbe. 1948 Besuch d. ABF Halle. 1949-52 Studium d. Pädag. MLU Halle-Wittenberg. 1952-55 Aspirant. 21. 12. 1955 Promotion KMU Leipzig. 1956-60 MA d. Abt. Volksbildung b. ZK d. SED. 1960-72 Dir. d. Pädag. Inst. bzw. Pädag. HS Erfurt-Mühlhausen. 1962 Habil. Seit 1970 o. Mitgl. d. APW. Jetzt Dir. d. Inst. f. Theorie u. Methodik d. sozial. Erz. d. APW.
Ausz.: Verdienter Lehrer d. Volkes (1969) u. a.

Stoph, Willi
Berlin
Geb. 9. 7. 1914 in Berlin als Sohn eines Arbeiters
Erl. B.: Maurer
Ausg. B.: Vorsitzender des Ministerrates
Partei: SED
L.: Volksschule. 1928-1931 Maurerlehre i. Berlin. Anschl. als Maurer, Maurerpolier u. Baultr. i. Berlin tätig. 1928 Mitgl. d. KJV. 1931 Mitgl. d. KPD. 1935-1937 Militärdienst (Art.-Rgt. 59 i. Brandenburg/Havel, zuletzt Oberkanonier). Während d. 2. Weltkrieges erneut Soldat i. verschied. Art.-Rgt. (zuletzt Stabsgefr. d. dtsch. Wehrmacht). 1945 erneut Mitgl. d. KPD. 1945-1947 Ltr. d. Abt. Baustoffindustrie u. Bauwirtschaft, 1947-1948 Ltr. d. Hauptabt. Grundstoffindustrie d. Zentralverwaltg. Industrie. 1948-1950 Ltr. d. Abt. Wirtschaftspolitik b. Parteivorstand bzw. ZK d. SED. Seit 1950 Abg. d. VK. 1950 Mitgl. d. ZK d. SED. 1950-1953 Mitgl. d. Sekr. d. ZK d. SED. 1951 bis 1952 Ltr. d. Büros f. Wirtschaftsfragen b. Ministerpräs. d. DDR. 1952 bis 1955 Min. d. Innern. 1953 Mitgl. d. Politbüros d. ZK d. SED. Seit 1954 Stellvertr. d. Vors. d. Ministerrates. Jan. 1956 bis Juli 1960 Min. f. Nationale Verteidigung d. DDR. 1956-1959 Ge-

neraloberst, seit 1. 10. 1959 Armeegeneral. Im Juli 1960 m. d. Koordinierung u. Kontrolle d. Durchführung v. Beschl. d. ZK d. SED u. d. Ministerrates beauftragt. 1962-64 1. stellv. Vors., Sept. 1964-Okt. 1973 Vors. d. Ministerrates sowie stellv. Vors. d. Staatsrates (Mitgl. Okt. 1963 bis Sept. 1964). Nachf. v. Otto Grotewohl. 3. 10. 73-Okt. 76 Vors. d. Staatsrates d. DDR. Nachf. v. Walter Ulbricht. Seit 29. 10. 76 erneut Vors. d. Ministerrates sowie stellv. Vors. d. Staatsrates. Nachf. v. Horst Sindermann.
Ausz.: VVO i. Gold (1954). Ehrenspange zum VVO i. Gold (1965). Karl-Marx-Orden (1969) u. a.

Stoschus, Norbert

Berlin
Geb. 1941
Erl. B.: Schlosser, Diplom-Gesellschaftswissenschaftler
Ausg. B.: Stellv. Leiter d. Amtes f. Jugendfragen
Partei: SED
L.: Besuch d. Grund- u. Mittelschule i. Kyritz. 1956 FDJ. Danach Landmaschinen- u. Traktorenschlosserlehrling i. Jüterbog. NVA-Militärdienst. Schlosser i. d. LPG Rehfeld. 1964-70 1. Sekr. d. FDJ-KL Kyritz. 1970-73 Besuch d. PHSch d. SED. Diplom-Gesellschaftswiss. Sept. 1973-Jan. 78 1. Sekr. d. FDJ-BL Potsdam. Nachf. v. Günter Böhme. Abg. d. BT Potsdam u. Mitgl. d. Sekr. d. SED-BL. Seit 1976 Mitgl. d. ZR d. FDJ. Seit 1978 stellv. Ltr. bzw. 1. stellv. Ltr. d. Amtes f. Jugendfragen b. MR.
Ausz.: VVO i. Bronze (1977) u. a.

Strahl, Rudi

Berlin
Geb. 14. 9. 1931 i. Stettin als Sohn eines Schlossers
Ausg. B.: Schriftsteller
Partei: SED
L.: Nach d. Krieg zunächst i. Polen ansässig, dann Übersiedlung i. d. DDR. Besuch d. Oberschule. 1950 Eintritt i. d.VP. Besuch einer Offiziersschule. Offizier d. KVP/NVA, zuletzt Hauptmann u. Stabschef eines mot. Schützen-Btl. 1958 aus d. NVA ausgeschieden. Studium a. Literatur-Inst. i. Leipzig. Red. d. „Eulenspiegels". Seit 1961 freischaffender Schriftsteller i. Berlin. Seit 1973 Mitgl. d. Vorstandes, seit Mai 1978 Mitgl. d. Präs. d. Schriftstellerverbandes d. DDR. Seit 1980 Mitgl. d. PEN-Zentrums d. DDR.
Ausz.: Goethepreis d. DDR (1977), Nat. Pr. III. Kl. (1980) u. a.
Veröff.: „Souvenirs, Souvenirs", Eulenspiegel-Vlg., 1961. „Urlaub mit Sybille", Eulenspiegel-Vlg. „In Sachen Adam und Eva", Komödie, 1969. „Der Reserveheld", Drehbuch, 1965, „Ein irrer Duft von frischem Heu", Defa-Film, „Die Flüsterparty", Theaterstück u. a. m.

Stranz, Horst

Berlin
Geb. 28. 3. 1924 in Rathenow/Havel als Sohn eines Eisenbahners
Erl. B.: Diplom-Wirtschaftler
Ausg. B.: Bezirksbürgermeister von Berlin-Köpenick
Partei: SED
L.: Volks- u. Mittelschule. Kriegsdienst (Deutsch-Arab. Lehrabt.). Bis 1947 i. britischer Kriegsgefangenschaft. 1947 Mitgl. d. SED. Angestellter i. Landratsamt Rathenow. 1949-51 Studium DASR. Seit 1951 b. Magistrat v. Ostberlin tätig. Ltr. versch. Handelsbetriebe. 1954-1956 stellv. Ltr. d. Abt. Handel u. Versorgung d. Magistrats. 1956-59 MA d. SED-BL Berlin. 1959-1965 Ltr. d. Abt. Handel u. Versorgung d. Ostberliner Magistrates. 1965-67 Bezirksbürgermstr. v. Berlin-Treptow, seit Juli 1967 Bezirksbürgermstr. v. Berlin-Köpenick. Nachf. v. H. Fechner. 1971-76 Mitgl. d. StVV Ostberlin.
Ausz.: VVO i. Silber (1974) u. a.

Strasberg, Werner

Berlin
Geb. 1928
Erl. B.: Jurist, Dr. jur.
Ausg. B.: Vizepräsident d. OG
Partei: SED
L.: Studium d. Rechtswiss. 1957 Richter a. Kreisgericht Perleberg. 1960 Kreisgerichtsdir. i. Lübz. 1963 Oberrichter a. BG Schwerin. 1964 Inspekteur d. OG. Seit März 1966 Richter bzw. Oberrichter a. OG. Vors. d. Kollegiums f. Zivil-, Familien- u. Arbeitsrechtssachen. 1965 Promotion zum Dr. jur. auf d. Gebiet d. LPG-Rechts a. d. DASR. Seit 19. 12. 74 Vizepräs. d. OG. Nachf. v. Peter-Paul Siegert.
Ausz.: VVO i. Silber (1981) u. a.

Straube, Werner

Karl-Marx-Stadt
Geb. 1926
Erl. B.: Maschinenschlosser, Diplom-Wirtschaftler, Diplom-Gewi.
Ausg. B.: Vorsitzender d. Bezirksplankommission Karl-Marx-Stadt
Partei: SED
L.: Maschinenschlosser. Nach 1945 i. Staatsapparat tätig, u. a. 1. stellv. OB v. Plauen. 1961-65 1. stellv. Vors. d. RdB Karl-Marx-Stadt. Studium. Seit 1963 Abg. d. BT Karl-Marx-Stadt. Seit Jan. 1968 stellv. Vors. d. RdB u. Vors. d. Bezirksplankommission Karl-Marx-Stadt. Mitgl. d. Sekr. d. SED-BL.
Ausz.: VVO i. Bronze (1969) u. a.

Strauß, Paul

Rostock
Geb. 27. 4. 1923 in Vipernitz, Kreis Güstrow, als Sohn eines Arbeiters
Erl. B.: Zimmerer

Ausg. B.: Bauleiter i. VEB Wohnungsbaukombinat Rostock
Partei: SED
L.: Volksschule. 1937-39 Zimmerlehre. Tätigkeit als Zimmermann. Kriegsdienst (Kriegsmarine). 1954 Mitgl. d. SED. Seit 1953 Brigadier, Zimmerer, Meister u. Bauleiter i. VEB Wohnungsbaukombinat Rostock. 1954-1958 Abg. d. Bezirkstages Rostock. Mitgl. d. SED-BL Rostock. 1959-72 Mitgl. d. Präs. d. Bundesvorstandes d. FDGB. 1963 bis 1967 Kand., seit April 1967 (VII. Parteitag) Mitgl. d. ZK d. SED. Seit Okt. 1963 Abg. d. VK. Seit Nov. 1963 Mitgl. d. Staatsrates.
Ausz.: VVO i. Silber (1979) u. a.

Strauzenberg, Ernest
Dresden
Geb. 25. 11. 1914 i. London
Erl. B.: Arzt, Dr. sc. med.
Ausg. B.: Hochschullehrer
L.: In Dresden aufgewachsen. Studium d. Humanmedizin a. d. Univers. Halle u. Leipzig. 1937 NSDAP. 1942 Promotion. Unterarzt d. Wehrmacht. 1945-55 Landarzt i. Erzgebirge. 1955 MA d. Bezirkskrankenhauses Dresden-Friedrichstadt. Seit 1959 Lehrtätigkeit a. d. Mediz. Akademie Dresden. 1961 Habil. 1966 Prof. f. Innere Medizin. Seit 1967 Inhaber d. Lehrstuhls f. Sportmedizin a. d. Akademie f. ärztl. Fortbildung Ostberlin. 1967-78 Dir. d. Zentralinst. f. Sportmediz. Dienstes i. Kreischa. Gründungsmitgl. u. Ges. f. Sportmedizin. Zeitw. Vizepräs. bzw. Präs. dieser Ges. Ltr. d. Wissenschaftskommission u. Mitgl. d. Exekutive d. Internat. Föd. f. Sportmedizin. Seit Dez. 1981 Präs. d. Komitees f. Gesundheitserz. d. DDR.
Ausz.: VVO i. Bronze (1980) u. a.

Streipert, Werner
Dresden
Geb. 1938
Erl. B.: Hochöfner, Techniker, Ing., Diplom-Gesellschaftswissenschaftler
Ausg. B.: Sekretär d. SED-BL Dresden
Partei: SED
L.: Hochöfner, Techniker, Ingenieur u. Diplom-Gesellschaftswiss. SED-Funktionär. Zeitw. MA, dann AL Wirtschaft, Bauwesen, ÖVW d. SED-BL Dresden. Seit 4. 6. 1980 Sekr. f. Wirtschaft d. SED-BL Dresden. Nachf. v. Hans Barthel. Seit Juni 1981 Abg. d. BT Dresden.
Ausz.: Medaille f. hervorragende Leistungen i. Bauwesen i. Gold (1980) u. a.

Streit, Josef
Berlin
Geb. 9. 6. 1911 in Friedrichswald in Nordböhmen
Erl. B.: Buchdrucker, Dr. jur.
Ausg. B.: Generalstaatsanwalt der DDR
Partei: SED
L.: In d. CSR aufgewachsen. Buchdrucker. 1925 Mitgl. d. KJV. 1930 Eintritt i. d. KPC. 1938-1945 Häftling i. d. KZ Mauthausen u. Dachau. 1945 Kreisjugendltr. i. Schönberg/Meckl. 1946 Teilnehmer a. einem Volksrichterlehrgang. Volksrichter i. Schönberg/Meckl. 1949 Hauptref. i. Min. d. Justiz. 1951-1953 Staatsanwalt b. Generalstaatsanwalt d. DDR. 1953-1962 MA d. ZK d. SED, zeitw. Ltr. d. Sektors Justiz i. d. Abt. Staats- u. Rechtsfragen b. ZK d. SED. Seit Jan. 1962 Generalstaatsanwalt d. DDR. Nachf. v. Ernst Melsheimer. Seit Jan. 1963 (VI. Parteitag) Mitgl. d. ZK d. SED.
Ausz.: VVO i. Silber u. i. Gold (1971), Karl-Marx-Orden (1975). Dr. jur. h. c. Uni Jena (1977) u. a.

Streletz, Fritz
Berlin
Geb. 28. 9. 1926 i. Friedrichsgrätz, Krs. Oppeln
Erl. B.: Offizier, Dipl. rer. mil.
Ausg. B.: Chef d. Hauptstabes d. NVA, Generaloberst d. NVA
Partei: SED
L.: Teilnehmer am 2. Weltkrieg. Absolvent einer Heeres-Uffz.-Schule. Sowj. Kriegsgef. Okt. 1948 Eintritt i. d. VP. 1948 SED. Offizierslaufbahn i. d. VP/KVP/NVA. Absolvent d. sowj. Generalstabsakademie. 1964-79 stellv.Chef, seit Jan. 1979 Chef d. Hauptstabes d. NVA. Nachf. v. Heinz Kessler. Seit 1971 zusätzlich Sekretär d. Nat. Verteidigungsrates. Nachf. v. Erich Honecker. Seit 1979 stellv. Minister f. Nationale Verteidigung. Seit 1. 3. 1964 Generalmajor, seit 26. 9. 1969 Generalleutnant, seit 25. 9. 1979 Generaloberst d. NVA. Seit 16. 4. 1981 Mitgl. d. ZK d. SED.
Ausz.: VVO i. Gold (1976) u. a.

Strelow, Käthe
Berlin
Geb. 1929
Erl. B.: Diplom-Gesellschaftswissenschaftler
Ausg. B.: Sekretär d. Magistrats v. Ostberlin
Partei: SED
L.: SED-Funktionärin, zeitw. stellv. AL i. d. SED-BL Berlin. Seit 4. 1. 1980 Sekr. d. Magistrats v. Ostberlin. Nachf. v. Rolf Zienert. Mitgl. d. StVV.
Ausz.: VVO i. Bronze (1977).

Strey, Joachim
Suhl
Geb. 1928
Erl. B.: Lehrer, Diplom-Gesellschaftswissenschaftler, Dr. phil.
Ausg. B.: Sekretär d. SED-BL Suhl
Partei: SED
L.: Lehrer. Seit 8. 6. 1969 Sekr. f. Wissensch., Volksbildung u. Kultur d. SED-BL Suhl. Nachf. v. Kurt Engelhardt. Seit Nov. 1971 Abg. d. BT Suhl. Oberstudienrat.
Ausz.: VVO i. Silber (1978) u. a.

Strienitz, Herbert
Karl-Marx-Stadt
Geb. 18. 2. 1921
Erl. B.: Kfm. Angestellter, Diplom-Wirtschaftler

Ausg. B.: Vorsitzender des Zentralvorstandes der IG Wismut
Partei: SED
L.: Kfm. Angestellter. Seit 1948 MA d. Zentralvorstandes d. IG Wismut, bis 1966 stellv. Vors., seit Nov. 1966 Vors. d. Zentralvorstandes d. IG Wismut. Nachf. v. Heinz Schönfeld. Seit 1958 Abg. BT Karl-Marx-Stadt. Seit 1968 Mitgl. d. BV d. FDGB.
Ausz.: VVO i. Bronze (1969) u. a.

Strittmatter, Erwin

Dollgow, Kreis Gransee
Geb. 14. 8. 1912 in Spremberg als Sohn eines Bäckers
Erl. B.: Bäcker
Ausg. B.: Schriftsteller
Partei: SED
L.: Aufgewachsen i. einem Heidedorf d. Niederlausitz. Volksschule. Bäckerlehre. Später als Landarbeiter, Pelztierfarmer, Tierwärter, Kellner u. Hilfsarbeiter tätig. Kriegsdienst. Nach 1945 erneut als Bäcker u. Landarbeiter tätig. 1947 Mitgl. d. SED. Besuch einer Kreisparteischule d. SED. Anschl. Amtsvorsteher u. Standesbeamter. Gleichz. Volkskorrespondent d. SED-Presse. Danach mehrere Jahre Lokalred. d. „Märkischen Volksstimme". Seit 1953 freiberufl. Schriftsteller. 1958 Mitgl. d. LPG Dollgow, Kreis Gransee. 1959-1961 1. Sekr. d. Schriftstellerverbandes. Nachf. v. Max Zimmering. Seit 1959 Mitgl. d. Akad. d. Künste i. Ostberlin. 1961-78 stellv. Vors. d. Schriftstellerverbandes d. DDR.
Ausz.: Lessing-Preis (1961). Karl-Marx-Orden (1974). Nat. Preis I. Kl. (1976) u. a.
Veröff.: „Ochsenkutscher", Märk. Druck- u. Verlagsgesellschaft, Potsdam 1950. „Eine Mauer fällt", Aufbau-Verlag, Berlin, 1953. „Katzgraben", Aufbau-Verlag, Berlin, 1954. „Tinko", Aufbau-Verlag, Berlin, 1954. „Paul und die Dame Daniel", Aufbau-Verlag Berlin, 1956. „Der Wundertäter", Roman, Aufbau-Verlag, Berlin, 1958 (3 Bände, 1958, 1974 u. 1980). „Pony Pedro", Kinderbuchverlag, Berlin, 1959 (2. Aufl.). „Ole Bienkopp", Aufbau-Verlag, Berlin, 1963. „Schulzendorfer Kramkalender", Aufbau-Verlag, Berlin, 1966. „Ein Dienstag im September", Erz., 1969. „3/4 hundert Kleingeschichten", 1971. „Die blaue Nachtigall oder Der Anfang von etwas", Aufbau-Verlag, Berlin, 1972. „Meine Freundin Tina Babe", Aufbau-Verlag, Berlin, 1977. „Wahre Geschichten aller Ard(t)", Aufbau-Verlag, Berlin, 1982 u. a. m.

Strittmatter, Eva, geb. Braun

Dollgow, Kreis Gransee
Geb. 8. 2. 1930 i. Neuruppin als Tochter eines Angestellten
Ausg. B.: Schriftstellerin
Partei: SED
L.: 1947-51 Studium d. Germanistik a. d. Humboldt-Uni. Ostberlin. 1951-53 wiss. MA beim DSV. 1953-54 Lektorin i. Kinderbuchverlag. 1953-60 Mitgl. d. Red.-beirates bzw. Red. NDL.

Schriftstellerin. Mitgl. d. Vorstandes d. Schriftstellerverbandes d. DDR. Ehefrau v. Erwin St.
Ausz.: VVO i. Bronze (1977) u. a.
Veröff.: „Ich mach ein Lied aus Stille", Aufbau-Vlg., Berlin 1973. „Die eine Rose überwältigt alles", Aufbau-Vlg., Berlin 1977, „Brief aus Schulzenhof", Aufbau-Vlg, Berlin 1977 u. a. m.

Strohmeyer, Wolfgang

Berlin
Geb. 7. 4. 1930 i. Nordhausen
Ausg. B.: Botschafter, Dr.
Partei: SED
L.: 1948-60 versch. Funktionen i. staatl. Organen der DDR. 1960-64 Studium a. d. DASR. Seit 1964 Angehöriger d. diplom. Dienstes d. DDR. 1966-69 Kulturattaché bzw. 3. Sekr. a. d. DDR-Botschaft i. Rumänien. Danach Sektionsltr. i. MfAA. 1972 stellv. Ltr. d. HV d. DDR, 1973-77 Rat an der DDR-Botschaft i. d. Schweiz. 1978-82 stellv. Ltr. d. Abt. Westeuropa i. MfAA. Seit 2. 6. 1982 Botschafter i. Königreich d. Niederlande. Nachf. v. Willy Hoffmann.
Ausz.: VVO i. Bronze (1980) u. a.

Strzodka, Klaus

Freiberg
Geb. 28. 8. 1927 i. Kattowitz/O. S.
Erl. B.: Diplom-Bergingenieur, Dr.-Ing. habil.
Ausg. B.: Hochschullehrer
Partei: SED
L.: Bergmann. 1947 Besuch d. Vorstudienanstalt Freiberg. Anschl. Studium d. Bergbaus a. d. Bergakad. Freiberg. Danach bis 1954 Ass. a. d. Bergakad. Zwölf Jahre i. versch. Leitungsfunktionen d. Braunkohlenind. Werkltr. i. BKW „Friedenswacht", Bereichsltr. Bergbau i. Komb. „Schwarze Pumpe" i. Hoyerswerda. Vors. f. Fachverbandes Bergbau i. d. KdT. 1966 o. Prof. f. Tagebautechnik u. bergbaul. Wasserwirtschaft a. d. Bergakad. Freiberg. Seit 29. 6. 1976 Rektor d. Bergakad. Nachf. v. Dietrich Rotter. Seit 1976 Mitgl. SED-BL Karl-Marx-Stadt. Mitgl. d. Forschungsrates d. DDR.
Ausz.: Verdienter Bergmann d. DDR (1977) u. a.

Stubbe, Hans

Gatersleben
Geb. 7. 3. 1902 in Berlin als Sohn eines Schulrates
Erl. B.: Landwirt, Biologe, Dr. agr.
Ausg. B.: Hochschullehrer (em.)
L.: Realgymnasium. Abitur. 1919 bis 1921 landw. Lehre. 1921-28 Studium d. Landwirtschaftswiss. u. Biologie a. d. Uni. Berlin u. Göttingen. 1929 Dr. agr. 1929 Abtltr. i. KWI f. Züchtungsforschung i. Müncheberg i. d. Mark. 1936 wiss. MA d. KWI f. Biologie i. Berlin. 1943 Dir. d. KWI f. Kulturpflanzenforschung i. Wien. 1943 Habilitation. 1946-67 Prof. m. Lehrstuhl f. allg. u. spezielle Genetik a. d. Martin-Luther-Uni. Halle-Wittenberg. 1945-68 Dir. d. Inst. f. Kulturpflanzenforschung i. Gatersleben, Krs. Aschersleben. 1968 emeritiert. 1951-68 Präs. d. DAL i. Ostber-

lin. Seit 1968 Ehrenpräs. d. DAL. 1949 o. Mitgl. d. DAW i. Ostberlin. Mitgl. d. Akad. d. Naturforscher („Leopoldina") i. Halle/Saale u. d. Sächs. Akad. d. Wiss. i. Leipzig. Korrespondierendes Mitgl. d. Allunions-Lenin-Akad. d. Landwirtschaftswissensch. i. Moskau. 1963-72 Mitgl. d. LWR/RLN b. Ministerrat. Seit 1963 Abg. d. VK. 1964-68 Mitgl. d. Vorstandes d. Forschungsrates. Ausz.: Nat. Preis I. Kl. (1960), VVO i. Gold (1961), Dr. h. c. Uni. Krakau (1964), Dr. h. c. MLU Halle-Wittenberg (1982) u. a.

Stubenrauch, Klaus

Berlin
Geb. 29. 11. 1930 i. Leipzig
Erl. B.: Dipl.-Ing., Dr. rer. oec.
Ausg. B.: Staatssekretär
Partei: SED
L.: Dipl.-Ing. Studium a. d. TH „Baumann" i. Moskau (Technologie d. Maschinenbaus). Dipl.-Ing. 1967 Dr. rer. oec. 1961/62 MA d. ZK d. SED. 1963 HA-Ltr., 1966 stellv. Staatssekr. f. Forschung u. Technik. Seit 1967 stellv. Min., seit 1969 Staatssekr. i. Min. f. Wiss. u. Technik. Bevollm. d. Regierung d. DDR f. d. Vereinigte Kernforschungsinst. Dubna u. f. d. Zusammenarbeit i. Rahmen v. Interkosmos. Mitgl. ZV DSF.
Ausz.: VVO i. Silber (1974) u. a.

Stübchen, Manfred

Gera
Geb. 18. 5. 1928
Erl. B.: Klempner, Installateur, Staatl. gepr. Landwirt
Ausg. B.: Vorsitzender d. Bezirksverbandes Gera d. DBD
Partei: DBD
L.: Klempner, Installateur, Pflanzenschutztechniker. Staatl. gepr. Landwirt. Seit 1948 Mitgl. d. DBD. DBD-Funktionär. Zeitw. Vors. d. Kreisverbandes Arnstadt d. DBD, Bezirkssekr. d. DBD i. Erfurt u. Gera. Seit 1968 Vors. d. DBD i. Bezirk Gera. Seit 1968 Mitgl. d. PV d. DBD. Seit 1971 Abg. d. BT Gera.
Ausz.: VVO i. Bronze (1969) u. a.

Sturm, Karl-Heinz

Halle/Saale
Geb. 28. 2. 1924 i. Delitzsch
Erl. B.: Diplom-Sportlehrer
Ausg. B.: Wiss. Mitarbeiter, Sportpräsident
Partei: SED
L.: Seit 1938 aktiver Tennisspieler. Kriegsdienst. 1944-46 Kriegsgefangenschaft. Sportlehrerstudium a. d. MLU Halle-Wittenberg. 28 DDR-Meistertitel i. Tennis-Sport. Seit 1953 wiss. MA bzw. Ltr. d. Studienabt. MLU Halle-Wittenberg. 1966-74 Vizepräs., seit April 1974 Präs. d. Dtsch. Tennis-Verbandes i. DDR. Mitgl. d. BV d. DTSB.
Ausz.: Ehrenzeichen f. Körperkultur und Sport (1981).

Süss, Herbert

Berlin
Geb. 23. 10. 1931 i. Neudek/CSR
Erl. B.: Jurist, Dr. jur. Prof.
Ausg. B.: Abteilungsleiter i. MfAA, Botschafter
Partei: SED
L.: Studium d. Rechtswiss. Zeitw. Dozent a. Inst. f. Völkerrecht d. DASR. Seit 1964 Ltr. d. Rechtsu. Vertragsabt. i. MfAA. Nachf. v. Dr. Michael Kohl. Botschafter.
Ausz.: VVO i. Silber (1973) u. a.

Süss, Wolfgang

Halle/Saale
Geb. 2. 4. 1934
Erl. B.: Dipl.-Ing., Dr. oec.
Ausg. B.: Stellv. Vorsitzender d. RdB Halle
Partei: SED
L.: Dipl.-Ing. Dr. oec. Zeitw. stellv. Vors. d. RdK Schleiz. Seit 25. 9. 1980 stellv. Vors. d. RdB Halle f. bezirksgel. Ind., Lebensmittelind. u. ÖVW. Nachf. v. Wilfried Deumer. Seit Juni 1981. Abg. d. BT.

Suitner, Otmar

Berlin
Geb. 16. 5. 1922 in Innsbruck
Erl. B.: Musiker
Ausg. B.: Generalmusikdirektor
L.: 1941-1943 Besuch d. (Musik-)Reichshochschule „Mozarteum" i. Salzburg. 1942-45 Kapellmstr. i. Landestheater Innsbruck. Danach Kapellmstr. i. Dortmund, 1952-57 Musikdir. i. Remscheid u. 1957-60 Chefdirigent d. Pfalzorchesters Ludwigshafen. 1961-64 Generalmusikdir. a. Dresdner Staatstheater. 1964-71 u. seit 1. 1. 1975 Generalmusikdir. Staatsoper (Staatskapelle) Berlin. Okt. 1965 von seiten d. DDR zum Prof. ernannt. 1968 vom österr. Bundespräs. Professorentitel zuerkannt. Commendatore-Titel von Papst Paul VI. Lehrtätigkeit a. d. Akademie d. musischen Künste i. Wien.
Ausz.: Nat. Preis III. Kl. (1963).

Supranowitz, Stephan

Berlin
Geb. 1933
Erl. B.: Jurist, Dr. sc. jur. Prof.
Ausg. B.: Stellv. Leiter
Partei: SED
L.: Jurist. 1964 stellv. Ltr. d. Staatl. Vertragsgerichts Berlin. 1966 Vertragsoberrichter u. Ltr. d. Abt. Industrie b. Zentralen Staatl. Vertragsgericht. 1967-70 stellv. Staatssekr., 1970-72 Staatssekr. f. Staats- u. Wirtschaftsrecht b. MR. 1972-81 stellv. Min. d. Justiz (Rechtsfragen d. RGW). Seit 1981 stellv. Leiter d. Amtes f. Rechtsschutz d. Vermögens d. DDR.
Ausz.: VVO i. Bronze (1974) u. a.

Sylla, Horst
Eggesin
Erl. B.: Elektromaschinenbauer
Ausg. B.: Generalmajor d. NVA
Partei: SED
L.: Elektromaschinenbauer i. VEB Starkstromanlagenbau i. Dresden. 1953 Eintritt i. d. KVP. Zugführer. Offizierslaufbahn. Absolvent d. Militärakademie „Fr. Engels" i. Dresden u. d. Generalstabsakademie d. UdSSR. Zeitw. Kdr. d. August-Bebel-Rgt. i. Gotha u. stellv. Kdr. d. 4. MSD i. Erfurt. Seit 25. 9. 1979 Generalmajor d. NVA. Kdr. d. 9. Pz. Division i. Eggesin.
Ausz.: Verdienstmedaille d. NVA i. Gold (1968) u. a.

Syrbe, Horst
Dresden
Erl. B.: Gesellschaftswissenschaftler, Dr. Prof.
Ausg. B.: Generalmajor d. NVA
Partei: SED
L.: Wiss. Aspirantur u. Promotion a. IfG. Seit d. 60er Jahren Dozent, seit Sept. 1970 Prof. f. Militärgeschichte u. Militärpolitik d. Militärakademie „Friedrich Engels" i. Dresden. Ltr. bzw. Dir. d. Sektion (Fakultät) Gesellschaftswiss. a. d. Militärakademie. Seit 2. 10. 1980 Generalmajor d. NVA.

T

Tamm, Erich
Berlin
Geb. 8. 3. 1911 i. Berlin
Parteiveteran
Partei: SED
L.: 1925 Mitgl. d. KJV. MA d. Internat. Arbeiterhilfe u. i. sozial. Lieteraturvertrieb. Während d. NS-Zeit zeitw. inhaftiert. Kriegsdienst i. Strafbtl. 999. Kriegsgefangenschaft. 1954 bis zur Pensionierung Ltr. d. Berliner Buchhandelsges. u. d. Karl-Marx-Buchhandlung. 1958-63 Kand., seit 1963 Mitgl. d. ZRK d. SED.
Ausz.: VVO i. Gold (1976) u. a.

Tamme, Irene
Neudorf, Kreis Annaberg
Geb. 19. 1. 1927
Erl. B.: Montiererin
Ausg. B.: Meisterin
Partei: SED
L.: 1945 KPD, 1946 SED. Gegenw. Montiererin bzw. Meisterin i. VEB WIBA-Kombinat Karl-Marx-Stadt, Betrieb Spindel- u. Spinnflügelfabrik Neudorf. Juni 1971-Mai 78 Kand., seit 25. 5. 78 Mitgl. d. ZK d. SED

Tanneberger, Stephan
Berlin
Geb. 27. 12. 1935 i. Chemnitz
Erl. B.: Chemiker u. Mediziner, Dr. rer. nat. u. Dr. med. habil.
Ausg. B.: Institutsdirektor
L.: Ab 1954 Chemie-Studium a. d. KMU Leipzig. 1961 Promotion zum Dr. rer. nat. Zweitstudium (Medizin). 1964 Promotion z. Dr. med. 1969 Facharzt f. innere Medizin. Assistenzarzt, Oberarzt, Chefarzt. 11. 9. 1974 z. Prof. d. AdW ernannt. Seit 1. 11. 1974 Dir. d. Krebsforschungsinstituts d. AdW i. Berlin-Buch. Nachf. v. Prof. Arnold Graffi. Bevollm. d. DDR f. RGW-Komplexprogramm u. berufener WHO-Konsultant f. Onkologie. Korr. Mitgl. d. AdW.

Tannhäuser, Siegried
Halle-Neustadt
Geb. 23. 7. 1926 i. Haynau als Sohn eines Arbeiters
Erl. B.: Angestellter, Diplom-Wirtschaftler, Dr. sc. oec.
Ausg. B.: Hochschullehrer
Partei: SED
L.: Volksschule. 1941-43 Verwaltungslehre. 1943-47 Angestellter. 1947 SED. Zimmermannsumschüler. Bes. d. ABF Halle/S. Danach bis 1952 Studium a. d. Uni. Halle u. Leipzig. Diplom-Wirtschaftler. 1952-54 Planungsltr. i. d. SAG-Abt. Filmfabrik Wolfen. 1954 Ass., 1955 Ober-

ass. a. Inst. f. Industrieökon. KMU Leipzig. 1957 Promotion u. Dr. rer. oec. 1957-68 Lehrtätigkeit a. d. TH f. Chemie Leuna-Merseburg. 1963 Habil. 1968-71 stellv. Generaldir. d. Leuna-Werke. 1967-81 Abg. d. VK. Mitgl. d. Ausschusses f. Industrie, Bauw. u. Verkehr. Seit 1971 o. Prof. f. Betriebswirtschaftslehre TH f. Chemie i. Leuna-Merseburg. 1967-69 Mitgl. d. SED-BL Halle. 1963-69 Mitgl. d. Forschungsrates d. DDR. Vors. d. wiss. Rates f. sozial. Betriebswirtschaft b. d. AdW.
Ausz.: Orden „Banner der Arbeit" (1968). VVO i. Bronze (1976) u. a.

Tappert, Heinz
Berlin
Ausg. B.: Generalleutnant d. NVA, Dr.
Partei: SED
L.: Offizier d. NVA. Chef d. Verwaltung Finanzen i. Min. f. Nat. Verteidigung. Seit 1. 3. 1967 Generalmajor, seit 1979 Generalleutnant d. NVA
Ausz.: VVO i. Bronze (1969) u. a.

Taubeneck, Udo
Jena
Geb. 12. 5. 1928 als Sohn eines Metallarbeiters
Erl. B.: Biologe, Dr. rer. nat. habil.
Ausg. B.: Institutsdirektor
Partei: SED
L.: 1946 Hilfslaborant am Mikrobiol. Labor d. Jenaer Glaswerkes Schott & Gen. 1953 Ass., dann Ltr. d. Abt. Allg. Mikrobiol. u. d. Bereichs Molekularbiol. a. Zentralinst. f. Mikrobiol. u. experimentelle Therapie d. AdW Jena. 1961 Habil. 1968 nba. Prof. f. Mikrobiol. Jena. 1975 am Inst. f. Biochemie u. Physiologie d. Mikroorganismen i. Puschtschino/UdSSR tätig. Seit 1976 Dir. d. Zentralinst. f. Mikrobiol. u. experimentelle Therapie i. Jena. Nachf. v. Prof. Hans Knöll. Seit Nov. 1976 Mitgl. d. Forschungsrates b. MR u. Ltr. d. Gruppe „Biologie". Seit Juli 1977 o. Mitgl. d. AdW.
Ausz.: Orden „Banner d. Arbeit" Stufe II (1979).

Taut, Hans
Berlin
Geb. 1925
Erl. B.: Diplom-Wirtschaftler
Ausg. B.: Vizepräsident d. Staatsbank
Partei: SED
L.: Seit 1949 MA d. DIB. 1952-55 Filialdir. d. DIB i. Cottbus. 1955 bis 1964 Dir. f. d. Bereich Bauwirtschaft d. DIB. 1964-68 Präs. d. DIB. 1968-69 Vizepräs., 1969-74 Präs. d. Industrie- u. Handelsbank d. DDR. Nachf. v. Karl Kaiser. Seit 1974 Vizepräs. d. Staatsbank d. DDR.
Ausz.: VVO i. Silber (1974) u. a.

Tautenhahn, Gerhard
Berlin
Geb. 2. 12. 1929
Erl. B.: Techn. Zeichner, Ingenieur

Ausg. B.: Abteilungsleiter im ZK d. SED
Partei: SED
L.: Techn. Zeichner, Ingenieur. 1945 KPD. Zeitw.
MA d. Wirtschaftskommission b. Politbüro. Seit
1964 Ltr. d. Abt. Maschinenbau b. ZK d. SED.
Seit 16. 4. 1981 Mitgl. d. ZK d. SED.
Ausz.: VVO i. Gold (1980) u. a.

Teichmann, Werner

Leipzig
Geb. 1936
Ausg. B.: Vorsitzender d. DTSB i. Bez. Leipzig
Partei: SED
L.: 1958 Vors. d. JP i. Krs. Leipzig-Südwest.
1965-74 Sekr. d. BL Leipzig d. FDJ u. Vors. d.
Pionierorg. Seit April 1974 Vors. d. DTSB i. Bez.
Leipzig. Mitgl. d. BV d. DTSB.

Tensierowski, Horst

Riesa
Geb. 14. 4. 1932
Erl. B.: Profilwalzer, Meister
Ausg. B.: Meister
Partei: SED
L.: Landwirtschaftsgehilfe. Profilwalzer, Meister.
1958 SED. Gegenw. Meister i. VEB Rohrkomb.
Riesa. Seit 22. 5. 1976 erstm. Kand. d. ZK d. SED.

Tenzler, Wolfgang

Berlin
Geb. 22. 11. 1930
Erl. B.: Diplom-Philosoph, Dr. phil.
Ausg. B.: Verlagsleiter
Partei: LDP
L.: Nach 1945 Hauer i. Erzgebirge. Studium d.
Philosophie u. Kunstgeschichte a. d. Univers.
Jena u. Halle. 1957 Staatsexamen i. Jena. 1967
Promotion zum Dr. phil. MLU Halle-Wittenberg. Danach MA d. „Thür. Landeszeitung" u. d.
Sekr. d. ZV d. LDP (Arbeitsgruppenltr. Kunst u.
Lit. sowie Ltr. d. Presseabt.). 1968-72 Mitgl. d.
Präsidialrates d. KB. Seit Aug. 1968 Dir. d. Buchverlages „Der Morgen". Nachf. v. F. Greuner.
Mitgl. d. ZV d. DSF.
Ausz.: VVO i. Bronze (1975) u. a.

Tesch, Joachim

Leipzig
Geb. 1933
Erl. B.: Diplom-Wirtschaftler, Dr. rer. oec.
Ausg. B.: 1. stellv. Präsident
Partei: SED
L.: 1952-56 Studium d. Wirtschaftswiss. a. d.
Humboldt-Uni. Ostberlin. 1961 Promotion zum
Dr. rer. oec. Bis 1963 Hauptbuchhalter i. Berliner
Baubetrieben. 1964-66 Abtltr. i. Min. f. Bauwesen. 1966-71 stellv. Min. f. Bauwesen. Seit Sept.
1972 Dir. d. 4. Sektion (Sozial. Betriebswirtschaft) a. d. HS f. Bauwesen i. Leipzig (TH Leipzig). Seit 1977 1. Stellvertreter d. Präs. u. wiss.
Dir. d. Bauakademie d. DDR.
Ausz.: Orden „Banner d. Arbeit" Stufe II (1981)

Theek, Peter

Berlin
Geb. 28. 10. 1924 in Berlin
Ausg. B.: Chefredakteur
Partei: SED
L.: 1942 NSDAP. Teilnehmer a. 2. Weltkrieg.
Nach Entlassung a. d. Kriegsgefangenschaft antifasch. Jugendarbeit. Ab 1946 Studium d. Rechtswiss. u. Philosophie. 1949-55 Red. u. Reporter, u.
a. b. d. „Täglichen Rundschau". 1955/56 stellv.
Chefred. d. (Ostberliner) „BZ am Abend".
Danach MA d. Ausschusses f. Dtsch. Einheit u.
stellv. Chefred. d. SED-Zeitung „Die Wahrheit"
(Organ der „SED-Westberlin"). Seit Sept. 1971
Chefred. d. Ztschr. „Weltbühne". Nachf. v. H.
Budzislawski. Schriftstellerische Betätigung.
Ausz.: VVO i. Silber (1979) u. a.
Veröff.: „Die große Fahrt", Kinderbuchverlag,
Berlin, 1954. „Der Flug zu den Karpaten", Kinderbuchverlag, Berlin, 1959. „Willi u. die Nachtgespenster", Kinderbuchverlag, Berlin, 1963 u. a.

Theissing, Heinrich

Schwerin
Geb. 11. 12. 1917 i. Neiße/OS. als Sohn eines
Rechtsanwalts
Erl. B.: Kathol. Priester
Ausg. B.: Bischof
L.: 1941 Priesterweihe i. Breslau. 1941-45 Kaplan
i. Glogau u. Görlitz. 1946 bis 1955 Diözesan-Jugendseelsorger i. Görlitz. 1959 Vize-Offizial zu
Berlin. Mai 1963 zum Titularbischof v. Mina u.
Weihbischof v. Berlin ernannt. 1967-70 Generalvikar f. d. Ostteil d. Bistums Berlin. März 1970
Adjutor-Bischof d. bischöfl. Kommissars v.
Meckl. Danach Bischof u. Commissarius f. Mecklenburg. Nachf. v. Bernhard Schrader. Seit Juli
1973 apostol. Administrator i. Schwerin.

Theuerkorn, Rolf

Leipzig
Erl. B.: Diplom-Wirtschaftler
Ausg. B.: Vorsitzender d. Bezirkskomitees Leipzig d. ABI
Partei: SED
L.: Diplom-Wirtschaftler. Anfang d. 60er Jahre
stellv. Vors. d. RdK u. Vors. d. Kreisplankommission Torgau. Seit 1964 Ltr. d. Bezirksinspektion bzw. vors. d. Bezirkskomitees Leipzig d.
ABI. 1967 bis 1971 Kand., seit 1971 Mitgl. d.
SED-BL Leipzig.
Ausz.: VVO i. Bronze (1972).

Theuss, Siegfried

Erfurt
Geb. 1931
Erl. B.: Fachlehrer, Studiuenrat, Dr.
Ausg. B.: Vorsitzender d. BV Gera d. NDP
Partei: NDP
L.: Fachlehrer. Zeitw. Abschnittsltr. i. d. Direktion Kader u. Bildung. i. VEB Carl Zeiss i. Jena.
1972 Vors. d. KV Jena d. NDP. Seit 1972 Mitgl. d.

Hauptausschusses u. d. PKK d. NDP. 1977-79 Sekr. d. BV Gera d. NDP. 1979-81 stellv. Vors., seit 29. 6. 1981 Vors. d. BV Erfurt d. NDP. Nachf. v. Bernhard Bendt.

Thiede, Manfred
Berlin
Geb. 8. 7. 1936 i. Chemnitz
Erl. B.: Fernmeldefacharbeiter, Diplom-Staatswissenschaftler
Ausg. B.: Botschafter
Partei: SED
L.: ABF. Abitur. Fernmeldefacharbeiter. Studium a. d. DASR. 1960 Diplom-Staatswiss. Seit 1960 Angehöriger d. diplom. Dienstes d. DDR. Attaché bzw. 3. Sekr. i. Rumänien. 1968-71 1. Sekr. i. Polen. 1971-76 AL Kulturelle Auslandsbez. i. MfAA. Okt. 1977-Juli 80 Botschafter i. Mali u. von 1977 bzw. 1978-80 i. Niger. Mauretanien u. Obervolta. Juli 80-April 82 Botschafter i. Guinea u. März 81-März 82 i. Sierra Leone. Nachf. von Gerhard Haida.

Thiele, Ilse, geb. Neukranz
Berlin
Geb. 4. 11. 1920 in Berlin als Tochter eines Arbeiters
Erl. B.: Stenotypistin
Ausg. B.: Vorsitzende des DFD
Partei: SED
L.: Besuch d. Volks- u. Mittelschule i. Berlin. 1930 Mitgl. d. Arbeitersportvereins „Fichte". 1937-1945 als Stenotypistin tätig. 1945 Mitgl. d. KPD. Stenotypistin beim Antifa-Ausschuß Berlin-Lichtenberg. 1947 Besuch d. Landesparteischule i. SED. 1948 Mitbegründerin d. DFD i. Berlin-Lichtenberg. 2. Bezirksvors. d. DFD i. Berlin-Lichtenberg. 1948-1950 Bezirksrat f. Sozialwesen i. Berlin-Lichtenberg. 1950 Mitgl. d. Sekr. d. DFD-Landesvorstandes Berlin. 1951-1952 Bes. d. PHSch d. SED. 1952-1953 Vors. d. DFD i. Berlin. Anfang 1953 stellv. Vors., seit 11. 9. 1953 Vors. d. DFD i. d. DDR. Nachf. v. Elli Schmidt. Seit 1954 Abg. d. VK, Mitgl. d. ZK d. SED u. d. Rates d. IDFF. Seit 1964 Vizepräs. d. IDFF. Seit Nov. 1971 Mitgl. d. Staatsrates d. DDR. Ausz.: VVO i. Gold (1965). Orden „Banner d. Arbeit" (1969) u. a.

Thiele, Ilse
Dresden
Geb. 9. 1. 1926
Erl. B.: Kontoristin, Diplom-Wirtschaftler
Ausg. B.: Vorsitzender d. Bezirksplankommission Dresden
Partei: SED
L.: Kontoristin. Abtltr. f. Handel u. Versorgung b. RdB Karl-Marx-Stadt u. Dresden. 1964-69 stellv. Vors. d. RdB Dresden f. Handel u. Versorgung. Seit 1. 2. 1969 stellv. Vors. d. RdB Dresden u. Vors. d. Bezirksplankommission. 1964 bis 1969 Kand. d. SED-BL, seit 1969 Mitgl. d. Sekr. d.

SED-BL Dresden. Seit Juli 1967 Abg. d. BT Dresden.
Ausz.: VVO i. Bronze (1969) u. a.

Thieme, Herbert
Frankfurt/Oder
Ausg. B.: Chefredakteur
Partei: SED
L.: Nach 1945 FDJ-Funktionär. Zeitw. Sekr. d. FDJ-BL Suhl u. Vors. d. Pionierorg. „Ernst Thälmann". 1963-67 Chefred. d. Ztschr. „Der Pionierleiter". Seit 1971 stellv. Chefred., seit Jan. 1972 Chefred. d. SED-Bezirksztg. „Neuer Tag", Frankfurt/O. Nachf. v. Theo Fettin. Seit April 1972 Vors. d. VdJ i. Bez. Frankfurt/O.
Ausz.: VVO i. Silber (1979) u. a.

Thieme, Kurt
Berlin
Geb. 6. 8. 1922 i. Berlin als Sohn eines Arbeiters (Maurer)
Erl. B.: Maurer
Ausg. B.: Generalsekretär d. DSF
Partei: SED
L.: Volksschule. 1937-39 Maurerlehre u. Tätigkeit als Maurer. Kriegsdienst. 1950 SED. 1950-51 Vors. d. IG Bau-Holz i. Krs. Berlin-Lichtenberg. 1952-63 hauptamtl. SED-Funktionär, 1. Sekr. d. SED-KL Berlin-Lichtenberg, Köpenik, Friedrichshain u. Mitte. 1952-69 Mitgl. d. SED-BL Berlin. 1953-54 Studium a. d. PHSch d. KPdSU. 1958 Kand. d. ZK d. SED. Seit 1963 Berliner Vertr. bzw. Abg. d. VK. Seit 1971 Mitgl. d. Ausschusses f. Ausw. Angel. 1963-67 ständiger stellv. Oberbürgermstr. v. Ostberlin. Seit Okt. 1967 Vors. d. Sekr. bzw. Generalsekr. d. DSF.
Ausz.: VVO i. Gold (1979). Orden „Banner d. Arbeit" (1969) u. a.

Thießen, Klaus
Berlin
Geb. 27. 7. 1927 i. Göttingen als Sohn von Peter-Adolf Th.
Erl. B.: Physiker, Dr. habil.
Ausg. B.: Forschungsleiter, Hochschullehrer
L.: Physiker. Spezialist auf d. Gebiet d. Opto-Elektronik. Nach 1945 zeitweilig in der SU tätig. Mitte der 50er Jahre Rückkehr nach Deutschland. AL a. d. Physikal.-Techn. Inst. AdW u. Forschungsltr. i. VEB Werk f. Fernsehelektronik Berlin. Dozent bzw. Prof. a. d. TH Karl-Marx-Stadt. Mitgl. d. Forschungsrates d. DDR u. d. ZV d. DSF.
Ausz.: Nat. Pr. II. Kl. (1980, Koll.-Ausz.)

Thießen, Peter Adolf
Berlin-Karlshorst
Geb. 6. 4. 1899 in Schweidnitz/Schlesien
Erl. B.: Chemiker, Dr. phil. habil.
Ausg. B.: Hochschullehrer (em.), Ehrenvorsitzender des Forschungsrates beim Ministerrat der DDR

L.: Studium d. Chemie a. d. Uni. Breslau, Freiburg/Br., Greifswald u. Göttingen. Promotion zum Dr. phil. i. Göttingen. 1925-28 u. 1933-45 Mitgl. d. NSDAP. 1926 Habil. i. Göttingen. 1929 ao. Prof. a. d. Uni. Göttingen. Danach Lehrtätigkeit a. d. Uni. Frankfurt/M. u. Münster. 1935-1945 Dir. d. Inst. f. Physikal. Chemie u. Elektrochemie d. Kaiser-Wilhelm-Ges. i. Berlin-Dahlem. Außerdem Ltr. d. Fachsparte Allg. u. anorg. Chemie i. Reichsforschungsrat. 1945-1956 wiss. Tätigkeit i. d. UdSSR. An der Entwicklung d. sowj. Atombombe beteiligt. 1956 Rückkehr nach Dtschl. 1957-64 Dir. d. Inst. f. Physikal. Chemie d. Forschungsgemeinschaft d. DAW. Aug. 1957 bis Dez. 1965 Vors. d. Forschungsrates b. Ministerrat d. DDR. 1960 bis 1963 Mitgl. d. Staatsrats d. DDR. Seit Dez. 1965 Ehrenvors. d. Forschungsrats. Mitgl. d. DAW i. Ostberlin u. d. Akad. d. Wissenschaften d. UdSSR. Prof. m. Lehrstuhl f. Physikal. Chemie a. d. Humboldt-Uni i. Ostberlin (em.).
Ausz.: Nat. Preis I. Kl. (1958). VVO i. Gold (1959). Dr. h. c. der Ernst-Moritz-Arndt-Universität Greifswald (1959). Ehrenspange zum VVO i. Gold (1969). Dr. h. c. Humboldt-Uni (1973) u. a.

Thoma, Karl
Berlstedt, Kreis Weimar
Geb. 1923
Erl. B.: Fleischer, Diplom-Agraringenieur-Ökonom
Ausg. B.: LPG-Vorsitzender
Partei: SED
L.: Fleischer. 1946 Mitgl. d. SED. Genossenschaftsbauer. Gegenw. Vors. d. LPG „Vorwärts" i. Berlstedt. 1958-1967 Kand., 1967-81 Vollmitgl. d. ZK d. SED. Seit 1968 Mitgl. d. RLN.

Thomas, Manfred
Suhl
Geb. 1940
Erl. B.: Elektromonteur, Ingenieur
Ausg. B.: Stellv. Vorsitzender d. RdB Suhl
Partei: NDP
L.: Elektromonteur, Elektro-Ingenieur, Ingenieur-Ökonom. NDP-Mitglied. Zeitw. Vors. d. NDP i. Kr. Hildburghausen. Seit Juni 1979 stellv. Vors. d. RdB Suhl f. Energie, Verkehrs- u. Nachrichtenwesen. Abg. d. BT Suhl.

Thomas, Werner
Dresden
Geb. 15. 7. 1922 i. Sebnitz/Sa.
Erl. B.: Bäcker u. Konditor, Diplom-Staatswissenschaftler
Ausg. B.: Sekretär d. RdB Dresden
Partei: SED
L.: Bäcker u. Konditor. 1940 NSDAP. Kriegsdienst. Antifa-Schüler. 1949 Rückkehr, SED. In verantw. Funktionen d. Konsumgenossenschaften sowie d. Staats- u. Parteiapparates. 1955-60 Vors. d. RdK Sebnitz. Sonderlehrgang d. ZK d. SED. 1961-64 1. stellv. Oberbürgermstr. v. Dresden. 1964-67 2. Sekr. d. SED-StL Dresden. Seit Juli 1967 Sekr. d. RdB Dresden u. Abg. d. BT.
Ausz.: VVO i. Silber (1979) u. a.

Thomasius, Harald
Tharandt/Sa.
Geb. 1929
Erl. B.: Forstwissenschaftler, Dr. habil.
Ausg. B.: Hochschullehrer
Partei: SED
L.: Waldarbeiterlehrling, Revierförster. Studium d. Forstwiss. a. d. TU Dresden. Ass. 1962 Promotion. 1966 Doz., 1968 Prof. Dir. d. Sektion Forstwiss. d. TU Dresden i. Tharandt. Seit März 1980 Vors. d. Ges. f. Natur u. Umwelt b. KB.

Thoms, Guido
Berlin
Geb. 3. 7. 1924 i. Schmiedefeld, Krs. Ilmenau
Erl. B.: Diplom-Wirtschaftler, Ingenieur
Ausg. B.: Stellv. Minister
Partei: SED
L.: Mittelschule. Baupraktikant. Besuch d. Ingenieurschule f. Wasserwirtsch. i. Schleusingen. 1950 SED. 1949-58 Baultr., Oberbaultr. u. Betriebsltr. i. d. Wasserwirtschaft d. Bez. Schwerin u. Magdeburg. 1958-62 Dir. d. Wasserwirtsdir. Magdeburg. 1962-68 Dir. d. Wasserwirtschaftsdir. Küste-Warnow-Peene i. Stralsund. 1968-71 1. stellv. Leiter d. Amtes f. Wasserwirtschaft b. MR. Seit 1971 stellv. Minister f. Umweltschutz u. Wasserwirtschaft. 1968-73 Nachfolgekand. d. VK., 1973-81 Abg. d. VK. Mitgl. d. Ausschusses f. Landw., Forstw. u. Nahrungsgüterwirtschaft.
Ausz.: VVO i. Bronze (1974) u. a.

Thoms-Heinrich, Lieselotte, geb. Lehmann
Berlin
Geb. 29. 9. 1920 in Berlin als Tochter eines Angestellten
Erl. B.: Angestellte, Journalistin
Ausg. B.: Mitarbeiterin d. IML
Partei: SED
L.: Mittelschule. 1937-39 kfm. Lehre. Danach als Stenotypistin u. Sekr. tätig. 1946-47 Redaktionsvolontärin, 1947-49 Red. d. Wochenztg. d. KB „Sonntag", 1947 SED. 1949-68 Mitgl. d. Redaktion d. ND. Zeitw. Mitgl. d. Redaktionskollegiums u. Chefreporterin. 1954-55 Studium a. d. DASR. Seit 1956 Mitgl. d. ZV d. VDJ. Seit 1963 Berliner Vertr. bzw. Abg. d. VK. Seit 1971 Mitgl. d. Ausschusses f. Ausw. Angel. Seit 1968 Mitgl. d. Frauenkommission b. Politbüro b. ZK d. SED. 1968-81 Chefred. d. Wochenztg „Für Dich". 1969-82 Mitgl. d. BV u. d. Präs. d. BV d. DFD. Seit 1981 Mitarbeiterin d. IML b. ZK d. SED.
Ausz.: VVO i. Gold (1980) u. a.

Thorndike, Anneliese, geb. Kunigk

Potsdam-Babelsberg
Geb. 17. 4. 1925 in Klützow als Tochter eines Schlossers
Erl. B.: Lehrerin
Ausg. B.: Dramaturgin u. Regisseurin
Partei: SED
L.: Volksschule u. höh. Schule. Besuch d. Pädag. HS Hannover. 1944 1. Lehrerprüfung. 1947 2. Lehrerprüfung. 1946 SED. 1945-48 Lehrerin. 1949-50 Schulltr. i. Penzlin, Krs. Waren. 1951-52 Red. Verlag Volk u. Wissen. Seit 1953 b. d. DEFA tätig. Witwe d. DEFA-Regisseurs Andrew Thorndike. Mitautorin d. DEFA-Dokumentarfilme „Unternehmen Teutonenschwert" u. „Das russische Wunder". 1963-71 Abg. d. VK. Präs. d. Komitees Internat. Dokumentar- u. Kurzfilmwochen f. Kino u. Fernsehen. Mitgl. d. Präs. d. Verbandes d. Film- u. Fernsehschaffenden.
Ausz.: Lenin-Preis (1963). Nat. Pr. I. Kl. (1963). VVO i. Bronze (1969) u. a.

Thude, Günther

Berlin
Geb. 16. 5. 1926 i. Jüterborg
Erl. B.: Kfm. Gehilfe, Diplom-Gesellschaftswissenschaftler
Ausg. B.: Direktor d. Verwaltung Sozialversicherung
Partei: SED
L.: Kfm. Gehilfe. Kriegsdienst (Fallschirmjäger). Seit 1949 hauptamtl. Gewerkschaftsfunktionär. Bis 1951 AL i. BV Berlin d. IG Eisenbahn. 1951-52 Besuch d. Gewerkschafts-HS. Danach bis 1963 pers. Referent b. BV d. FDGB. Seit 1967 Dir. d. Verwaltung Sozialversicherung b. Bundesvorstand d. FDGB. Seit 1968 Mitgl. d. BV d. FDGB.
Ausz.: VVO i. Silber (1982) u. a.

Thürk, Harry

Weimar
Geb. 8. 3. 1927 in Zülz/Oberschlesien als Sohn eines Angestellten
Ausg. B.: Schriftsteller
Partei: SED
L.: 1944/45 Soldat. Seit 1945 i. Weimar ansässig. Mitgl. u. hauptamtl. Funktionär d. FDJ. Danach Red. einer Betriebszeitung u. Bildreporter. Später Pressechef i. d. Landesltg. Thüringen d. HO. Mitgl. d. „Arbeitsgemeinschaft junger Autoren" i. Thüringen. 1957-1958 Red. in Peking. Jetzt freiberufl. Schriftsteller. Seit 1964 Mitgl. d. SED-BL Erfurt. Vors. d. DSV i. d. Bezirken Erfurt u. Gera.
Ausz.: Kunst- u. Literaturpreis d. Stadt Weimar (1962). Nat. Pr. II. Kl. (1977). VVO i. Gold (1979) u. a.
Veröff.: „Die Stunde der toten Augen". Verlag Das Neue Berlin, 1957, „Das Tal der sieben Monde", Verlag Das Neue Berlin, 1960 (verfilmt). „Aufstand am Gelben Meer", Verlag des Min. f. Nat. Verteidigung, Berlin, 1960. „For eyes only", Film (zus. m. Janos Veiczi). „Gefrorene Blitze", Film (zus. m Janos Veiczi). „Der Tod und der Regen", Verlag Das Neue Berlin, 1968. „Rendesvous mit Unbekannt", Fernsehfolge, 1969. „Amok", Roman, Verlag Das Neue Berlin, 1975. „Der Gaukler", Verlag Das Neue Berlin, 1979 u. a.

Thun, Ferdinand

(richtiger Name Ferdinand Graf v. Thun und Hohenstein)
Berlin
Geb. 26. 8. 1921 Tetschen/CSR als Sohn des Fürsten Franz-Anton v. Thun-Hohenstein
Erl. B.: Diplom-Staatswissenschaftler
Ausg. B.: Botschafter
Partei: NDP
L.: Vor 1945 in Eulau über Bodenbach a. d. Elbe ansässig. Teilnehmer a. 2. Weltkrieg, zuletzt Ltn. 1943 sowj. Kriegsgefangenschaft. Antifa-Schüler. 1948 NDP. Studium i. Leipzig u. DASR. Seit 1950 Mitgl. d. Hauptausschusses d. NDP. 1949-1956 Chef d. Protokolls i. Min. f. Ausw. Angel. d. DDR. 1954 Dipl.-Staatswiss. 1956-1961 Botschaftsrat (Ltr. d. Polit. Abt.) a. d. DDR-Botschaft i. Moskau. 1961-68 Ltr. d. Abt. f. Internat. Organisationen i. MfAA. Seit Okt. 1966 Mitgl. d. Präs. d. Liga für UN. 1964-68 Vors. d. Kreisverb. Berlin-Pankow d. NDP. 1969-73 erneut Botschaftsrat i. Moskau. April 1973-Jan. 76 Botschafter d. DDR i. Iran. Nov. 1973-Juni 76 Botschafter i. Afghanistan. Seit 1976 wiss. MA i. MfAA. 1980/81 DDR-Vertreter i. Genf. Ausschuß d. Genfer Konferenz zur Überprfg. d. Wirksamkeit d. Vertrages über die Nichtweiterverbreitung von Kernwaffen. Seit Feb. 1982 Ständiger Vertreter d. DDR bei d. UNESCO i. Paris. Nachf. v. Siegfried Kämpf.
Ausz.: VVO i. Gold (1981) u. a.

Tichter, Günter

Fürstenwalde
Geb. 1. 1. 1935
Erl. B.: Schneider, Ingenieur, Diplom-Gesellschaftswissenschaftler
Ausg. B.: Parteiorganisator
Partei: SED
L.: Schneider. Absolvent d. PHSch. Seit 1955 SED. Parteiorganisator d. ZK d. SED i. VEB Reifenkomb. Fürstenwalde. 1976-79 Mitgl. d. BL Frankfurt/O. d. SED. Seit 22. 5. 1976 erstm. Kand. d. ZK d. SED.

Tiedke, Kurt

Magdeburg
Geb. 30. 5. 1924 i. Krebsfelde
Erl. B.: Vermessungstechniker, Diplom-Gewi.
Ausg. B.: 1. Sekr. d. SED-BL Magdeburg
Partei: SED
L.: Volksschule. 1938-40 Landarbeiter. Kriegsdienst (Pionier). 1940-42 Lehre als Vermessungstechniker u. danach i. seinem Beruf tätig. 1948 SED. 1948-50 Instrukteur, AL u. 2. Sekr. d. SED-KL Seelow. 1950-51 Besuch d. PHSch. d. SED. 1951-60 Lehrer, stellv. Lehrstuhlltr. u. Lehrstuhl-

ltr. a. d. PHSch d. SED. 1954-57 Studium a. d. PHSch d. ZK d. KPdSU. Diplom-Gewi. 1961 stellv. Ltr., 1961-79 Ltr. d. Abt. Propaganda b. ZK d. SED. 1963-67 Kand., seit April 1967 Mitgl. d. ZK d. SED. Seit 11. 2. 1979 1. Sekr. d. SED-BL Magdeburg. Nachf. v. Alois Pisnik. Seit Juni 1981 Abg. d. VK.
Ausz.: VVO i. Gold (1974) u. a.

Tietze, Manfred

Berlin
Geb. 18. 6. 1926 i. Siegmar
Erl. B.: Diplom-Wirtschaftler, Dr. rer. oec.
Ausg. B.: Stellv. Minister
Partei: SED
L.: Diplom-Wirtschaftler. Industrie- u. Verwaltungstätigkeit. Zeitw. Werkdir. VEB Funkwerk Dresden. 1963-64 stellv. Ltr. d. Büros f. Industrie u. Bauwesen d. SED-BL Dresden. Seit 1965 Generaldir. VVB Nachrichten- u. Meßtechnik Leipzig. Seit 1978 stellv. Minister f. Elektrotechnik u. Elektronik.
Ausz.: VVO i. Bronze (1973) u. a.

Tillmann, Heinz

Halle/Saale
Geb. 22. 6. 1917 in Bergkamen/Westfalen
Erl. B.: Historiker, Dr. rer. pol.
Ausg. B.: Hochschullehrer
Partei: SED
L.: Teilnehmer a. 2. Weltkrieg. Uffz. 1943 sowj. Kriegsgefangenschaft. MA d. NKFD. 1946 Rückkehr nach Dtschl. Neulehrer i. Gera. Dozent f. Lehrerbildung. Dir. a. Inst. f. Völkerrecht d. Verwaltungsakad. Forst-Zinna. 1955 Promotion a. d. DASR. Seit 1956 Lehrtätigkeit i. Halle/-Saale. Seit 1956 Dir. d. Inst. f. allgem. Gesch. a. d. Martin-Luther-Uni. Halle-Wittenberg. Seit 1. 2. 1966 Prof. m. Lehrstuhl f. allgem. Gesch. d. neueren u. neuesten Zeit. Vors. d. Freundschaftsges. DDR-Afrika i. Bezirk Halle/Saale.

Timm, Ernst

Rostock
Geb. 16. 10. 1926 i. Brandenburg/Havel
Erl. B.: Metallflugzeugbauer, Diplom-Gesellschaftswissenschaftler
Ausg. B.: 1. Sekretär d. SED-BL Rostock
Partei: SED
L.: Volksschule. 1941-44 Metallflugzeugbauerlehre. 1950 SED. 1952-59 AL i. Zentralrat d. FDJ. 1953-55 1. Sekr. d. Stadtltg. Rostock d. FDJ. 1955-58 Besuch d. PHSch d. SED. 1958 bis 1960 Sekr. f. Agitation u. Propaganda d. SED-Stadtltg. Rostock. 1960-61 Abtltr. i. d. SED-BL u. Sekr. f. Agitation u. Propaganda d. SED-BL Rostock. 1961-1966 Sekr. f. Org. u. Kader (2. Sekr.) d. SED-BL Rostock. 1966-67 erneut Sekr. f. Agitation u. Propaganda d. SED-BL Rostock. Dez. 1967-April 75 1. Sekr. d. SED-Stadtltg. Rostock. Seit 1963 Abg. d. BT Rostock. Seit 28. 4. 1975 1. Sekr. d. SED-BL Rostock. Nachf. v.

Harry Tisch. Seit 22. 5. 1976 Mitgl. d. ZK d. SED. Seit Okt. 1976 Abg. d. VK.
Ausz.: VVO i. Gold (1976) u. a.

Timm, Helmut

Neubrandenburg
Geb. 4. 11. 1948 i. Zarrenthin als Sohn eines Landwirts
Erl. B.: Agrotechniker, Diplom-Gesellschaftswissenschaftler
Ausg. B.: 1. Sekretär d. FDJ-BL Neubrandenburg
Partei: SED
L.: Besuch d. Polytechn. OS b. z. 10. Klasse. Lehre als Agrotechniker. 1964 FDJ. Seit 1966 hauptamtl. Funktionär d. FDJ i. Demmin. 1968 SED. 1966-69 Militärdienst. Danach Sekr. d. KL Demmin d. FDJ. Besuch d. BPS d. SED. 1. Sekr. d. FDJ-KL Demmin. 1974-77 Studium a. d. PHSch d. SED. Anschl. Sekr. f. Arbeiterjugend d. FDJ-KL Neubrandenburg. Seit 16. 1. 1978 1. Sekr. d. FDJ-BL Neubrandenburg. Nachf. v. Gerd Rademacher. Mitgl. d. Sekr. d. SED-BL.

Tirian, Philipp

Bernburg
Erl. B.: St. gepr. Landwirt, Diplom-Gesellschaftswissenschaftler, Dr. agr.
Ausg. B.: Hochschullehrer
Partei: SED
L.: 1945-50 Lehrling, Gehilfe, Wirtschaftsltr. auf d. VEG Endorf. St. gepr. Landwirt. Studium a. d. PHSch. d. SED. Diplom-Ges. Verschiedene Parteifunktionen i. d. SED, u. a. Ltr. d. Abt. Landw. SED-BL Magdeburg u. 1967-74 1. Sekr. SED-KL Gardelegen. Danach AG-Ltr. a. Inst. d. ZK zur Ausbildung v. Funktionären d. sozial. Landw. i. Liebenwalde. 1976 Promotion zum Dr. agr. a. d. HS f. Landw. i. Bernburg. Seit 1. 9. 1980 o. Prof. f. Agrarökonomie. Sept. 1980-April 82 Rektor d. HS f. Landw. u. Nahrungsgüterw. i. Bernburg. Nachf. v. Hans Schlicht.
Ausz.: VVO i. Bronze (1978) u. a.

Tisch, Harry

Berlin
Geb. 28. 3. 1927 i. Heinrichswalde, Krs. Ueckermünde, als Sohn eines Arbeiters
Erl. B.: Bauschlosser, Diplom-Gesellschaftswissenschaftler
Ausg. B.: Vors. d. Bundesvorstandes d. FDGB
Partei: SED
L.: Volksschule. 1941-43 Lehre als Bauschlosser. Bis 1948 als Schlosser tätig. 1945 KPD. 1946 SED. 1948-53 hauptamtl. Gewerkschaftsfunktionär. Vors. d. IG Metall i. Land Meckl. 1950-52 MdL Meckl. 1953 bis 1955 Besuch d. PHSch d. SED. Diplom-Gewi. 1955-59 Sekr. f. Wirtschaft d. SED-BL Rostock. 1959-61 Vors. d. RdB Rostock. Nachf. v. Karl Mewis. Seit Jan. 1963 Mitgl. d. ZK d. SED. Seit Okt. 1963 Abg. d. VK. Juni 1971-Juni 1975 Kand., seit 5. 6. 1975 Voll-

mitgl. d. Politbüros d. ZK d. SED. 28. 4. 75 i. d.
Bundesvorstand d. FDGB kooptiert u. zum Vors.
gewählt. Nachf. v. Herbert Warnke. Seit 19. 6. 75
Mitgl. d. Staatsrates. Seit 1975 Mitgl. d. Präs. d.
Nationalrates d. NF. Seit Okt. 1975 Mitgl. d.
Generalrates u. d. Büros d. WGB.
Ausz.: VVO i. Gold (1970). Karl-Marx-Orden
u. a.

Tischmeyer, Siegfried
Halle/Saale
Geb. 4. 7. 1934
Erl. B.: Kfz. Schlosser, Ingenieur
Ausg. B.: Stellv. Vorsitzender d. RdB Halle
Partei: SED
L.: Kfz.-Schlosser, Ing. f. Schwermaschinenbau
u. Elektrotechnik. Seit Jan. 1975 Mitgl. d. RdB
Halle, seit 1979 stellv. Vors. f. Energie, Verkehrsu. Nachrichtenwesen. Seit Okt. 1976 Abg. d. BT.
Ausz.: VVO i. Bronze (1979).

Tittel, Kurt
Leipzig
Geb. 19. 7. 1920 i. Lübeck
Erl. B.: Facharzt f. Anatomie u. Sportmedizin,
Dr. med. habil.
Ausg. B.: Hochschullehrer
Partei: SED
L.: Studium d. Medizin. Facharzt f. Anatomie u.
Sportmedizin. Nach 1945 zeitw. Chefarzt d.
Krankenhauses Markranstädt. Lehrtätigkeit a. d.
DHfK u. zeitw. a. d. MLU Halle-Wittenberg. Dir.
d. Inst. f. Sportmedizin a. d. DHfK i. Leipzig. Seit
Nov. 1973 Präs. d. Gesellschaft f. Sportmedizin d.
DDR.
Ausz.: Verdienter Meister d. Sports (1961) u. a.

Tittelbach, Rudolf
Berlin
Ausg. B.: Generalmajor d. VP
Partei: SED
L.: Seit d. Nachkriegszeit VP-Angehöriger.
Zuerst i. d. VP-Sachsen-Anhalt, dann BdVP
Halle tätig. Später zentrale Funktionen. Ltr. d.
Abt. Finanzen bzw. d. Versorgungsdienste i.
MdI. Seit 1. 7. 1969 Generalmajor d. VP. Seit
1981 stellv. Innenminister d. DDR.
Ausz.: VVO i. Gold (1979) u. a.

Toedtmann, Anneliese
Berlin
Erl. B.: Ärztin, Dr. med.
Ausg. B.: Stellv. Minister
Partei: SED
L.: Studium d. Medizin. Dr. med. Facharzt f.
Gynäkologie u. Geburtshilfe. Mehrere Jahre Stationsärztin. Oberarzt, dann 1964 bis 1972 Ärztl.
Dir. d. Kreiskrankenhauses Greiz u. Abg. d. KT.
1967-72 Mitgl. d. SED-BL Gera. Seit 3. 5. 1972
stellv. Min. f. Gesundheitswesen.
Ausz.: VVO i. Silber (1978) u. a.

Töpfer, Edelhard
Freiberg/Sa.
Geb. 4. 12. 1931 i. Schmiedefeld als Sohn eines
Bergarbeiters
Erl. B.: Bergarbeiter, Dr. sc. techn.
Ausg. B.: Institutsdirektor
L.: Bergarbeiter i. Schmiedefeld, Steinach u. i.
BKW Deutzen u.Steinkohlenwerk Zwickau. Studium a. d. Bergakademie Freiberg. Wiss. MA a.
d. Bergakademie. Seit 1972 Prof. Dir. d. Forschungsinst. f. Aufbereitung i. Freiberg d. AdW.
Seit 1977 korr. Mitgl. AdW.
Ausz.: Nat. Preis II. Kl. (1977) u. a.

Töpfer, Johanna
Berlin
Geb. 3. 4. 1929 i. Schneidemühl
Erl. B.: Diplom-Wirtschaftler, Dr. rer. oec.
Ausg. B.: Stellv. Vorsitzender d. BV d. FDGB
Partei: SED
L.: Volks- u. Handelsschule. 1941 bis 1951 b. d.
Reichsbahn tätig (Wagenputzerin, Lohnbuchhalterin u. BGL-Mitgl.). 1952-54 stellv. Dir. FDGB-Zentralschule Beesenstedt. 1956-59 MA u. Sektorenltr. i. FDGB-BV. 1959-64 Studium a. IfG.
1964 Promotion zum Dr. rer. oec. a. IfG. 1965-70
stellv. Dir. d. HS d. Gewerkschaften, seit Sept.
1968 Prof. f. Politikök. d. Kapitalismus. Seit Mai
1968 stellv. Vors. d. BV d. FDGB. Seit Juni 1971
Mitgl. d. ZK d. SED. Mitgl. d. Redaktionskollegiums d. Ztschr. „Die Arbeit". 1973-77 Vizepräs.
d. Friedensrates d. DDR. Seit Okt. 1976 Abg. d.
VK. 1976-81 Mitgl. d. Präsidiums. Seit 25. 6. 81
Mitgl. d. Staatsrates d. DDR.
Ausz.: VVO i. Gold (1979) u. a.

Toeplitz, Heinrich
Berlin
Geb. 5. 6. 1914 in Berlin als Sohn eines Juristen
Erl. B.: Jurist, Dr. jur.
Ausg. B.: Präsident des Obersten Gerichts der
DDR
Partei: CDU
L.: Volksschule. 1923-1932 Besuch d. König-Wilhelm-Gymnasiums i. Breslau. 1932 Abitur.
1932/1935 Studium d. Rechtswiss. a. d. Uni.
Leipzig u. Breslau. 1934/35 Freiwilliger b. d.
Wehrmacht. 1936 1. jur. Staatsprüfung. 1937
Promotion zum Dr. jur. i. Breslau. Anschl. i. d.
Wirtschaft u. i. Ausland tätig. Danach Militärdienst. 1940 entlassen. Aus rass. Gründen verfolgt. Angehöriger d. Organisation Todt. 1944-45 Zwangsarbeit i. Frankreich u. i. d. Niederlanden. Gefangenschaft. 1945-47 Referendar u.
Hilfsrichter i. Berliner Justizwesen. 1947 2. jur.
Staatsprüfung. 1947-1950 jur. Hauptreferent b.
Magistrat v. Ostberlin. 1949 Mitgl. d. CDU. 1950
vorübergehend Ltr. d. Hauptabt. Politik i. Parteivorstand d. CDU. Herbst 1950 bis April 1960
Staatssekr. i. Min. d. Justiz d. DDR. Seit 1951
Abg. d. VK. Seit 1954 Mitgl. d. Verfassungs- u.
Rechtsausschusses d. VK. Seit 1953 Mitgl. d.
Präs. d. Komitees d. Antifasch. Widerstands-

kämpfer. Seit April 1960 Präs. d. Obersten Gerichts d. DDR. Nachf. v. Dr. h. c. Kurt Schumann. Seit 1954 Mitgl. d. Präs. d. Hauptvorstandes d. CDU. Seit Dez. 1961 Mitgl. d. Präs. d. Liga f. Völkerfreundschaft. Seit Okt. 1962 Präs. d. Vereinigung d. Juristen d. DDR. Seit 3. 5. 1966 stellv. Vors. d. CDU i. d. DDR. Seit 1971 Mitgl. d. ZV d. DSF. Seit April 1975 Vors. d. Freundschaftsges. DDR-Italien. Nachf. v. Gerh. Reintanz. Seit 1975 Vizepräs. d. Liga f. Völkerfreundschaft.
Ausz.: Orden „Banner d. Arbeit" (1964). VVO i. Gold (1970), Dr. jur. h. c. KMU Leipzig (1979) u. a.

Tomuschat, Manfred
Berlin
Geb. 3. 7. 1925 in Gumbinnen/Ostpr. als Sohn eines Postangestellten
Erl. B.: Diplom-Jurist
Ausg. B.: Direktor des Staatsverlages
Partei: SED
L.: Kriegsdienst. Kriegsversehrter. 1946 KPD u. FDJ. FDJ-Funktionär. 1952/53 Sekr. d. Zentralrates d. FDJ (f. Sport verantwortl.). 1953-1954 1. Sekr. d. FDJ-BL Dresden. 1955-1957 stellv. Vors. d. Rates d. Stadt Dresden. Jura-Studium. 1961-1965 stellv. Vors. d. Rates d. Bezirkes Dresden. Abg. d. Bezirkstages. Seit Mai 1965 Dir. d. Staatsverlages.
Ausz.: VVO i. Silber (1969) u. a.

Tränkner, Roland
Berlin
Geb. 18. 7. 1933 i. Schönerstadt bei Flöha/Sa. als Sohn eines Handwerkers
Erl. B.: Handwerker, Diplom-Staatswissenschaftler
Ausg. B.: Stellv. Oberbürgermeister v. Ostberlin
Partei: LDP
L.: Bes. d. Volks- u. Oberschule i. Flöha. 1950 LDP. 1952 Abitur. Handwerker. 1952-1956 MA d. Bezirkssekr. d. LDP i. Karl-Marx-Stadt. 1956-57 stellv. Vors. d. RdK Glauchau. Seit 1958 MA d. Sekr. d. Zentralvorstandes d. LDP. Ltr. d. Büros d. Sekr. Seit 1958 Mitgl. d. StVV Ostberlin. 1959-61 Mitgl. d. Zentralrates d. FDJ. 1961-71 Abtltr. i. Sekr. d. Bezirksvorstandes Ostberlin d. LDP. Seit 24. 11. 71 stellv. OB von Ostberlin. Ltr. d. Abt. Fremdenverkehr, Touristik, Berlin-Werbung. Mitgl. d. Präs. d. Friedensrates d. DDR.
Ausz.: VVO i. Bronze (1969) u. a.

Tramposch, Christine
Meiningen
Geb. 4. 2. 1952 i. Hermannsfeld als Tochter eines Landwirts
Erl. B.: Diplom-Agraringenieur
Ausg. B.: Bereichsleiter
Partei: DBD
L.: Diplom-Agraringenieur. 1970 Mitgl. d. DBD. Stellv. Leiter u. Bereichsltr. Versorgung d. Bevölkerung d. Bäuerl. Handelsgenossenschaft Meiningen. Seit 7. 5. 1982 Mitgl. d. PV u. d. Präs. d. PV d. DBD. Abg. d. KT Meiningen.

Trappen, Friedel
Berlin
Ausg. B.: Stellv. Abteilungsleiter i. ZK d. SED, Dr. phil.
Partei: SED
L.: 1964-73 MA (Sektorenltr.) d. Abt. Internat. Verbindungen d. ZK d. SED. Aug.-Sept. 1973 Botschafter d. DDR i. Chile. Nachf. v. H. Spindler. Seitdem stellv. Ltr. d. Abt. Internat. Verbindungen i. ZK d. SED.
Ausz.: VVO i. Silber (1977) u. a.

Trebs, Herbert
Berlin
Geb. 16. 7. 1925 in Halle/Saale als Sohn eines Kaufmanns
Erl. B.: Theologe, Dr. theol. habil.
Ausg. B.: Hochschullehrer
Partei: CDU
L.: Oberschule. Abitur. Kriegsdienst. 1947 CDU. 1947-51 Studium d. Evang. Theologie a. d. MLU Halle-Wittenberg. Theol. Staatsexamen. 1951-54 u. 1960-63 wiss. Aspirantur KMU Leipzig. 1957 Diplom-Red. 1954 Hauptreferent i. d. Parteiltg. d. CDU. 1954-60 Abtltr. f. Kultur- u. Kirchenpolitik i. d. Redaktion d. Zentralorgans d. CDU „Neue Zeit". Seit 1958 Mitgl. d. Friedensrates, seit 1965 Mitgl. d. Präs. d. Friedensrates d. DDR. Seit 1962 Mitgl. d. Präs., seit Dez. 1966 Vizepräs. d. Dtsch.-Französ. Ges. d. DDR. 1963 Promotion (b. Prof. Emil Fuchs) zum Dr. theol. 1966 Habil. Seit 1. 11. 1967 Prof. a. d. Humboldt-Uni. Ostberlin. O. Prof. f. ökumenische Theologie. 1963-67 Berliner Vertr. i. d. VK. 1967-76 Abg. d. VK, Mitgl. d. Ausschusses f. Ausw. Angel.
Ausz.: VVO i. Bronze (1971) u. a.

Treder, Hans-Jürgen
Berlin
Geb. 4. 9. 1928 i. Berlin
Erl. B.: Physiker, Dr. rer. nat. habil.
Ausg. B.: Institutsdirektor
L.: 1946-55 Studium d. Physik, Math. u. Astronomie a. d. Humboldt-Uni. Ostberlin. O. Prof. zum Dr. rer. nat. 1946 KPD/SED. Lehrtätigkeit a. d. Humboldt-Uni. Ostberlin. O. Prof. f. Theor. Physik. 1963-66 Dir. d. Inst. f. reine Mathematik d. DAW. Seit 1966 o. Mitgl. d. DAW. 1966-68 Dir. d. Sternwarte Babelsberg. Seit 1969 Mitgl. d. Präs. d. DAW/AdW. Ltr. d. Forschungsbereiches Kosmische Physik d. DAW. Seit 1969 Dir. d. Zentralinst. f. Astrophysik d. AdW. Auswärtiges Mitgl. d. Akademie d. Wiss. d. CSSR.
Ausz.: VVO i. Silber (1978), Nat. Pr. I. Kl. (1971), Böttger-Medaille d. Stadt Schleiz u. a.

Treek, Winfried van
Dresden
Geb. 16. 1. 1932 i. Essen
Erl. B.: Diplom-Philosoph, Dr.
Ausg. B.: Vizepräsident d. DRK
Partei: SED
L.: Besuch d. Volks- u. Oberschule. 1948 KPD. 1949 Lehre i. einer Papiergroßhandlung. 1949 Übersiedlung i. d. DDR. ABF. Bis 1957 Studium d. Philosophie a. d. KMU Leipzig. Diplom-Philosoph. Ass., Oberass. a. Inst. f. Marxismus-Leninismus. 1960-65 Parteisekr. d. SED a. d. Mediz. Akad. Dresden. Seit Sept. 1965 Vizepräs. d. DRK d. DDR.
Ausz.: VVO i. Bronze (1979) u. a.

Treffkorn, Hans
Berlin
Geb. 27. 8. 1928 i. Sebnitz/Sa.
Ausg. B.: Institutsleiter, Dr.
Partei: SED
L.: Journalist. In d. 50er Jahren Red. d. LVZ. 1965-67 Dir. d. „Schule d. Solidarität" d. VdJ i. Friedrichshagen. Anschl. Aspirantur a. d. Journalisten-Fakultät d. KMU Leipzig. Promotion. Seit 1972 Mitgl. d. ZV d. VdJ. Ltr. d. Abt. Internat. Verbindungen i. Sekr. d. VdJ. Jan. 1977-Dez. 1981 Sekr. d. IOJ i. Prag. Seit 1. 12. 1981 Ltr. d. Internat. Instituts f. Journalistik „Werner Lamberz" i. Berlin. Nachf. von Sonja Brie.
Ausz.: VVO i. Bronze (1978) u. a.

Trescher, Wilfried
Leipzig
Geb. 4. 5. 1928
Erl. B.: Lehrer, Diplom-Pädagoge, Oberstudienrat
Ausg. B.: Bezirksschulrat
Partei: SED
L.: Lehrer, Diplom-Pädagoge. Stellv. Bezirksschulrat, dann von 1967-74 Bezirksschulrat i. Gera. Seit Mai 1974 Bezirksschulrat i. Leipzig. Seit 1976 Abg. d. BT.
Ausz.: Verdienter Lehrer d. Volkes (1977) u. a.

Tröger, Hilmar
Leipzig
Ausg. B.: Leiter d. Obersten Bergbehörde
Partei: SED
L.: Nach 1945 SED-Funktionär i. Bez. Chemnitz. Mitgl. d. SED-BL Karl-Marx-Stadt. 1956-1958 Ltr. d. Hauptverwaltung Steinkohle i. Min. f. Kohle u. Energie. Anschl. MA d. SPK bzw. d. ZK d. SED. 1965-69 Ltr. d. Abt. Grundstoffindustrie b. ZK d. SED. Seitdem Ltr. d. Obersten Bergbehörde b. MR d. DDR. Nachf. von Heinz Dörfler.
Ausz.: VVO i. Bronze (1979) u. a.

Troelitzsch, Gerhard
Berlin
Geb. 2. 3. 1926 i. Oberfrohna
Erl. B.: Maurer, Dipl.-Ing., Diplom-Gesellschaftswissenschaftler
Ausg. B.: Abteilungsleiter im ZK d. SED
Partei: SED
L.: Maurer. Kriegsdienst. Fallschirmjäger. Dipl.-Ing. 1946 Mitgl. d. SED. Anfang d. 50er Jahre MA d. Dtsch. Bauakad. i. Ostberlin als persönl. Referent v. Prof. Kurt Liebknecht. Anschl. MA d. ZK d. SED. Seit 1960 Ltr. d. Abt. Bauwesen i. ZK d. SED. Mitgl. d. Redaktionskollegiums d. Ztschr. „Neuer Weg", d. Zentralvorstandes d. IG Bau/Holz i. FDGB u. d. DBA. Seit 22. 5. 76 Kand., seit 16. 4. 81 Vollmitgl. d. ZK d. SED.
Ausz.: VVO i. Gold (1974) u. a.

Trötschel, Günter
Dresden
Geb. 5. 10. 1931 i. Leipzig
Ausg. B.: Sportpräsident
L.: Mitgl. BSG Lokomotive i. Dresden. Seit Anfang d. 60er Jahre Präs. d. Dtsch. Volleyball-Verbandes d. DDR. Mitgl. d. BV d. DTSB.
Ausz.: Fr.-Ludwig-Jahn-Medaille (1981) u. a.

Trötscher, Otto
Berlin
Geb. 1. 9. 1918 i. Reichenberg
Ausg. B.: Chefredakteur, Sektorenleiter i. ZK d. SED
L.: Mitgl. d. KPC. Kriegsdienst. 1941 zur Roten Armee desertiert. Nach 1945 Parteijournalist. Zeitw. Chefred. d. Zeitung „Der Grenzpolizist". Seit 1957 Chefredakteur d. Zeitung „Der Kämpfer". Mitarbeiter bzw. Sektorenltr. d. Abt. Sicherheit d. ZK d. SED.
Ausz.: VVO i. Silber (1968) u. a.

Trostel, Uwe
Magdeburg
Geb. 1941
Erl. B.: Industriekaufmann, Diplom-Wirtschaftler
Ausg. B.: Stellv. Vorsitzender RdB Magdeburg
Partei: SED
L.: Industriekaufmann, Diplom-Wirtschaftler. Bis 1979 1. stellv. Vors. d. BPK, seit Febr. 1979 stellv. Vors. d. RdB Magdeburg u. Vors. d. BPK. Nachf. v. Erich Bieber. Seit Febr. 1979 Mitgl. d. Sekr. d. SED-BL. Seit Juni 1981 Abg. d. BT Magdeburg.

Trümper, Hans-Jürgen
Eisleben
Geb. 29. 7. 1945
Erl. B.: Hauer
Ausg. B.: Brigadier
Partei: SED

L.: 1960-63 Ausbildung als Bergmann. 1963-66 NVA, Uffz. Bis 1970 als Hauer, seit 1971 Jugendbrigadier i. VEB Mansfeld - Komb. Eisleben, Schachtanlage „B. Koenen". Seit 22. 5. 1976 Kand., seit 25. 5. 78 Vollmitgl. d. ZK.
Ausz.: Verdienter Bergmann u. a.

Trumpold, Harry
Karl-Marx-Stadt
Geb. 23. 7. 1928 i. Chemnitz
Erl. B.: Ingenieur, Dr.-Ing. habil.
Ausg. B.: Hochschullehrer
Partei: LDP
L.: Oberschüler in Dresden. 1948 Mitgl. d. LDP. 1948-1952 Studium a. d. TH Dresden. Dipl.-Ing. Danach Ass. bzw. Oberass. a. Inst. f. Meßtechnik d. TH Dresden. 1957 Promotion zum Dr.-Ing. Seit 1957 Lehrtätigkeit a. d. HS f. Maschinenbau bzw. TH Karl-Marx-Stadt. 1964 Habilitation. Seit 1964 o. Prof. m. Lehrstuhl f. Meßtechnik u. Austauschbau. Ltr. d. Lehrbereichs Fertigungsmeßtechnik a. d. TH Karl-Marx-Stadt. Seit Okt. 1963 Abg. d. VK. Seit 1969 Vors. d. Bezirksausschusses Karl-Marx-Stadt d. Nat. Front.
Ausz.: VVO i. Silber (1975) u. a.

Tschanter, Horst
Berlin
Erl. B.: Diplom-Wirtschaftler
Ausg. B.: AG-Leiter
Partei: SED
L.: 1974 Sektorenltr., seit 1975 Ltr. d. AG RGW i. ZK d. SED.
Ausz.: VVO i. Silber (1979) u. a.

Tschersich, Hermann
Berlin
Geb. 9. 10. 1920
Erl. B.: Schlosser, Lehrer, Diplom-Gesellschaftswissenschaftler
Ausg. B.: Staatssekretär
Partei: SED
L.: Schlosser. Nach 1945 Lehrer u. Kreisschulrat. 1955-1960 MA bzw. Sektorenltr. d. Abt. Wissenschaft i. ZK d. SED. 1960-72 stellv. Staatssekr. bzw. stellv. Min. f. Hoch- u. Fachschulwesen. Seit März 1972 Staatssekr. i. Min. f. Gesundheitswesen. Nachf. v. L. Mecklinger.
Ausz.: VVO i. Gold (1980) u. a.

Tschoep, Rudolf
Berlin
Ausg. B.: Leiter d. Staatl. Verwaltung f. Staatsreserve
Partei: SED
L.: Nach 1945 Offizier d. VP/NVA. Seit 2. 10. 1970 Generalmajor d. NVA. Seit 1979 Ltr. d. Staatl. Verw. f. Staatsreserve. Nachf. v. Kurt Stoph.
Ausz.: VVO i. Bronze (1976).

Tübke, Werner
Leipzig
Geb. 30. 7. 1929 i. Schönebeck/Elbe
Erl. B.: Maler, Prof.
Ausg. B.: Kunstmaler, Hochschullehrer
Partei: SED
L.: 1945-47 Malerlehre. 1948 Abitur. Anschl. Studium a. d. Meisterschule f. dtsch. Handwerk i. Magdeburg, HS f. Grafik u. Buchkunst i. Leipzig u. Uni. Greifswald (Kunstgesch. u. Psychologie). Danach wiss. MA d. Zentralhauses f. Volkskunst u. Dozent a. d. HS f. Grafik u. Buchkunst i. Leipzig. 1957-63 freischaffend tätig. Ab 1963 erneut Dozent bzw. Prof. f. Malerei (1972) a. d. HS f. Grafik u. Buchkunst Leipzig. März 1973-Juni 1976 Rektor d. HS. Nachf. v. Albert Kapr. Zeitw. Vors. d. VBK i. Bez. Leipzig.
Ausz.: Nat. Preis II. Kl. (1974) u. a.
Werke: „Lebenserinnerungen d. Dr. jur. Schulze", Zyklus, Tempera, 1967. „Bildnis eines sizilianischen Großgrundbesitzers mit Marionetten", Öl, 1972, „Die Vision kommunistischen Lebens" (Palast d. Republik), 1975/76 u. a. m.

Tzschoppe, Herbert
Potsdam
Geb. 2. 7. 1927 i. Teupitz
Erl. B.: Verwaltungsangestellter, Agraringenieur, Diplom-Gesellschaftswissenschaftler, Diplom-Staatswissenschaftler
Ausg. B.: Vorsitzender d. RdB Potsdam
Partei: SED
L.: Verwaltungsangestellter. 1946 SED. 1952 bis 1953 1. Sekr. SED-KL Königs Wusterhs. 1953-63 Vors. d. RdK Potsdam-Land. 1963-71 Ltr. d. Abt. Landwirtschaft d. SED-BL Potsdam. Seit 1964 Mitgl. d. SED-BL Potsdam. Absolvent d. Fachschule f. Landw. i. Oranienburg. 1966 Staatl. gepr. Landwirt. Seit 1963 Abg. d. BT Potsdam. 1971-77 1. stellv. Vors., seit 20. 6. 77 Vors. d. RdB Potsdam. Nachf. v. Werner Eidner. Mitgl. d. Sekr. d. SED-BL. 1980 Studium i. d. UdSSR. (AfG i. Moskau).
Ausz.: VVO i. Silber (1974) u. a.

Uhlendahl, Herbert
Berlin
Geb. 1921
Erl. B.: Ing. oec.
Ausg. B.: Vorsitzender d. VKSK
Partei: SED
L.: Ingenieur-Ökonom. Seit 1963 Mitgl. d. ZV, seit 1970 Vors. d. VKSK i. d. DDR.
Ausz.: VVO i. Silber (1980) u. a.

Uhlich, Erich
Dresden
Geb. 13. 12. 1915 in Rabenstein, Kreis Chemnitz, als Sohn eines Arbeiters
Erl. B.: Buchdrucker, Diplom-Wirtschaftler
Ausg. B.: Institutsdirektor
Partei: SED
L.: Besuch d. Volks- u. Berufsschule i. Rabenstein u. Chemnitz. 1930 bis 1934 Buchdruckerlehre. 1930 Mitgl. d. SAJ. Teilnehmer a. 2. Weltkrieg. 1945 erneut Buchdrucker i. Chemnitz. 1946 Mitgl. d. SED. 1948-51 1. Sekr. d. SED-Kreisltg. Chemnitz. 1948 bis 1952 Mitgl. d. SED-Landesltg. Sachsen. 1950-51 Stadtverordneter i. Chemnitz. 1951-59 OB der Stadt Leipzig u. als solcher 1952-1960 Mitgl. d. SED-BL Leipzig. 1952-1954 Abg. d. Bezirkstages Leipzig. 1954-1968 Abg. d. VK. Mitgl. d. Rechtsausschusses d. VK. Jetzt Dir. d. Inst. f. Kommunalwirtschaft i. Dresden.
Ausz.: VVO i. Bronze (1966) u. a.

Uhlig, Gerd
Berlin
Ausg. B.: Stellv. Minister, Generalmajor d. VP
Partei: SED
L.: Nach 1945 VP-Offizier. 1959 bis 1967 Chef d. BdVP Dresden. 1967-72 stellv. Innenmin. d. DDR. Stellv. Chef d. VP. Seit Juli 1967 Generalmajor d. VP. Zeitw. stellv. Ltr. d. Polit. Verwaltung d. MdI.
Ausz.: VVO i. Silber (1975) u. a.

Uhlitzsch, Joachim
Dresden
Geb. 3. 4. 1919 i. Hoyerswerda
Erl. B.: Kunsthistoriker
Ausg. B.: Direktor
Partei: SED
L.: 1939 Abitur i. Cottbus. Studium i. Würzburg. 1946-47 1. Sekr. d. SED-KL Hoyerswerda. 1947-50 AL Kultur i. Landesvorstand Sachsen d. SED. Danach 8 Jahre Dozent u. stellv. Dir. d. HS f. Grafik u. Buchkunst i. Leipzig. Zeitw. Vors. d. KB i. Bez. Leipzig. Mitgl. d. Präs. d. VBK. Seit 1963 Direktor d. Dresdener Gemäldegalerie bzw. Galerie Neue Meister d. Staatl. Kunstsammlun-gen. Stellv. Vors. d. Stadtausschusses Dresden d. Nat. Front.
Ausz.: VVO i. Bronze (1979) u. a.

Uhlmann, Armin
Leipzig
Geb. 19. 2. 1930 in Chemnitz als Sohn eines Angestellten
Erl. B.: Diplom-Mathematiker, Dr. sc. rer. nat.
Ausg. B.: Hochschullehrer
Partei: SED
L.: FDJ-Funktionär in Chemnitz. 1949-1954 Studium d. Mathematik i. Leipzig. 1957 Promotion (Dr. rer. nat., 1960 Dr. habil.). 1962 Prof. i. Leipzig. Arbeitsgruppenltr. Quantenfeldtheorie d. Sektion Physik d. KMU Leipzig. 1963-81 Nachfolgekand. d. VK. Seit 1972 o. Mitgl. d. AdW. O. Prof. f. Theor. Physik a. d. KMU.
Ausz.: Nat. Pr. III. Kl. (1973) u. a.

Uhlmann, Bernd
Berlin
Geb. 1940
Erl. B.: Diplom-Journalist, Dr. rer. pol.
Ausg. B.: Abteilungsleiter
Partei: NDP
L.: Diplom-Journalist. MA d. NDP-Presse. 1966 Mitgl. d. Redaktionskollegiums d. „Mitteldeutschen Neuesten Nachrichten". Seit 1966 polit. MA, seit 1973 AL „Internat. Verbindungen" i. Sekr. d. Hauptausschusses d. NDP. 1967-76 Mitgl. d. Büros d. Zentralrates d. FDJ. Seit Sept. 1967 Mitgl. d. Hauptausschusses d. NDP. Vizepräs. d. Freundschaftsges. DDR-Finnland u. Mitgl. d. Präs. d. Freundschaftsges. DDR-Großbritannien.
Ausz.: VVO i. Silber (1977) u. a.

Ulbrich, Erich
Schwerin
Geb. 6. 4. 1926 als Sohn eines Landarbeiters
Erl. B.: Landarbeiter, Traktorist, Diplom-Gesellschaftswissenschaftler
Ausg. B.: Sekretär der SED-BL Schwerin
Partei: SED
L.: 1945-1952 als Landarbeiter u. Traktorist tätig. 1948 Mitgl. d. SED. 1952-1954 MA d. Min. f. Land- u. Forstwirtsch. 1954-1963 MA d. ZK d. SED, zuletzt stellv. Ltr. d. Abt. Landwirtsch. Absolvent d. Parteihochschule d. SED. Seit Febr. 1963 Sekr. f. Landwirtschaft d. SED-BL Schwerin. Seit 1971 Abg. BT.
Ausz.: VVO i. Silber (1974) u. a.

Ulbrich, Peter
Potsdam-Babelsberg
Geb. 7. 2. 1933 i. Dresden als Sohn eines Maurers
Erl. B.: Schauspieler, Filmschaffender
Ausg. B.: Hochschullehrer, 1. Sekretär
Partei: SED
L.: 1951 Abitur. MA i. Dresdner Filmwerk u. DEFA-Studio. Ab 1953 Regisseur d. DEFA-

Studio f. populärwiss. Filme i. Potsdam. 1962 SED. Seit 1970 Lehrtätigkeit a. d. HS f. Film u. Fernsehen i. Potsdam-Babelsberg. Dozent f. Montage. Dir. d. Sektion Gestaltung. 1973-80 Rektor d. HS f. Film u. Fernsehen. Nachf. v. Lutz Köhler. Seit Mai 1977 Vizepräs. d. Verbandes d. Film- u. Fernsehschaffenden. Mehrmals Präs. d. Leipziger Dokumentar- u. Kurzfilmwoche. Seit 18. 11. 1980 1. Sekr. d. Verbandes d. Film- u. Fernsehschaffenden d. DDR. Nachf. v. Hermann Herlinghaus.
Ausz.: Kunstpreis d. DDR (1966). Heinrich-Greif-Preis (1973) u. a.
Werke: „In den Bergen Nordvietnams". „Die Fischer von Vinh Moc", Filme u. a. m.

Ulbricht, Lotte, geb. Kühn

Berlin
Geb. 19. 4. 1903 in Rixdorf bei Berlin (heute: Berlin-Neukölln) als Tochter eines Arbeiters
Erl. B.: Kontoristin, Diplom-Gesellschaftswissenschaftler
Im Ruhestand
Partei: SED
L.: Nach dem Besuch d. Volks- u. Mittelschule als Kontoristin tätig. 1919 Mitgl. d. Fr. Sozialistischen Jugend, später d. KJV. Herbst 1921 Bezirkssekr. d. KJV i. Bez. Rheinland-Westfalen-Nord. 1921 Mitgl. d. KPD. 1922-1923 MA d. Komm. Jugendinternationale i. Moskau. 1923 Mitgl. d. Zentralvorstandes d. KJV u. Funktionärin d. KJV i. Unterbezirk Berlin-Neukölln. Später Agit-Prop-Ltr. d. Betriebszelle Aschinger d. KPD. Instrukteur d. KPD u. Bezirksverordnete i. Berlin-Friedrichshain. Nach 1933 Emigration i. d. SU. Lebens-, später Ehegemeinschaft m. Walter Ulbricht. Nach 1945 vorübergehend Mitgl. d. Redaktionskollegiums d. theor. Ztschr. d. SED „Einheit" u. MA d. Funktionärsorgans „Neuer Weg". 1958 Dipl.-Gewi. Mitgl. d. Frauenkommission b. Politbüro d. ZK d. SED. Zeitw. Wissenschaftl. Mitarb. i. Inst. f. Marxismus-Leninismus. Jetzt i. Ruhestand.
Ausz.: VVO i. Gold (1963). Karl-Marx-Orden (1969) u. a.

Ullmann, Gottfried

Dresden
Geb. 1926
Erl. B.: Elektriker, Dipl.-Ing. oec., Diplom-Gesellschaftswissenschaftler
Ausg. B.: Stellv. Vorsitzender d. RdB
Partei: SED
L.: Elektriker. Dipl.-Ing. oec. Anfang d. 50er Jahre Vors. d. RdK Freital. 1956-59 Besuch d. PHSch d. SED. 1959-74 Vors. d. RdK Pirna bzw. Bautzen. Seit 1. 2. 1974 stellv. Vors. d. RdB Dresden f. Inneres. Nachf. v. Herbert Riedel. Abg. d. BT Dresden.
Ausz.: VVO i. Bronze (1969), Orden „Banner d. Arbeit" Stufe I (1981) u. a.

Ullmann, Hans

Cottbus
Geb. 28. 7. 1913 i. Kostenthal, Krs. Cosel/OS
Ausg. B.: Generalmajor d. SSD
Partei: SED
L.: Teilnehmer am 2. Weltkrieg. Geriet im Jan. 1943 als Uffz. einer Pi.-Einheit bei Stalingrad i. sowj. Kriegsgef. Seit 1950 Angehöriger d. SSD. 1951-57 Ltr. d. Kreisdienststelle Senftenberg d. SSD. Seit 1957 Ltr. d. Bezirksverwaltung Cottbus d. MfS. Mitgl. d. SED-BL Cottbus. Oberst, seit 1978 Generalmajor d. SSD.
Ausz.: VVO i. Bronze (1961) u. a.

Ullmann, Paul

Halle-Neustadt
Geb. 28. 7. 1921 i. Hartenstein, Krs. Zwickau, als Sohn eines Lokführers
Erl. B.: Kaufmann, Lehrer, Diplom-Psychologe, Dr. phil. habil., Prof.
Ausg. B.: Hochschullehrer
Partei: CDU
L.: Volks- u. Handelsschule. 1936-39 kfm. Lehre. 1940 NSDAP. Handlungsgehilfe i. Aue. 1945-47 Neulehrer. 1946 CDU. 1947-51 Studium d. Pädag., Psychologie u. Sonderpädagogik a. d. Uni. Leipzig. Diplom-Psychologe. 1951 Lehrerprüfung. 1953 Promotion zum Dr. phil. 1951-69 stellv. Dir., dann Dir. d. Sonderschule a. d. Städt. Orthop. Klinik „Dr. Georg Sacke" i. Leipzig. 1956-69 Stadtverordneter i. Leipzig. 1964 Habil. 1967-1971 Abg. d. VK u. Mitgl. d. Ausschusses f. Eingaben d. Bürger. Febr. 1969-März 70 Oberbürgermeister von Weimar. März 1970-74 Vors. d. BV Halle d. CDU. Nachf. v. N. Kraja. Seit Okt. 1972 Mitgl. d. Hauptvorstandes d. CDU. Seit 1974 Prof. a. d. MLU Halle-Wittenberg.
Ausz.: VVO i. Bronze (1971) u. a.

Ullrich, Günther

Berlin
Geb. 7. 9. 1930
Erl. B.: Elektromechaniker, Diplom-Jurist
Ausg. B.: Botschafter
Partei: SED
L.: Elektromechaniker. Besuch d. ABF. Studium a. d. Humboldt-Uni. Ostberlin. 1959 Diplom-Jurist. Eintritt i. d. diplom. Dienst d. DDR. Stellv. Abtltr. i. MfAA. Nov.-Dez. 1972 Ltr. d. Handelsvertretung d. DDR i. d. Schweiz. Gesandter. März 1973-Sept. 76 Botschafter d. DDR i. d. Schweiz. Danach MA d. Rechtsabt. MfAA. Ltr. verschiedener DDR-Delegationen.
Ausz.: Verdienstmedaille d. DDR u. a.

Ullrich, Werner

Gera
Geb. 24. 3. 1928
Erl. B.: Industriekaufmann, Diplom-Staatswissenschaftler
Ausg. B.: Vorsitzender d. Bezirksplankommission Gera
Partei: SED

L.: Industriekaufmann. 1949 Mitgl. d. SED. Fernstudium. Diplom-Staatswiss. Seit 1957 MA d. Bezirksplankommission Gera. Seit Nov. 1965 Vors. d. Bezirksplankommission Gera u. stellv. Vors. d. RdB. Mitgl. d. Sekr. d. SED-BL u. Abg. d. BT.
Ausz.: VVO i. Bronze (1973), Orden „Banner d. Arbeit" Stufe I (1979) u. a.

Ullrich, Willi

Suhl
Geb. 9. 10. 1921 i. Hessles/Thür.
Erl. B.: Werkzeugmacher, Staatl. gepr. Landwirt, Diplom-Staatswissenschaftler
Ausg. B.: Vorsitzender d. Bezirksverbandes Suhl d. DBD
Partei: DBD
L.: Werkzeugmacher. 1940 NSDAP. 1949 DBD. DBD-Funktionär. Zeitw. Sekr. u. stellv. Vors. d. Bezirksverbandes Suhl d. DBD. Seit 1958 Abg. d. BT Suhl. Seit 1968 Vors. d. Bezirksverbandes Suhl d. DBD u. Mitgl. d. Parteivorstandes d. DBD.
Ausz.: VVO i. Silber (1972) u. a.

Ulrich, Gerhard

Groß Lüsewitz
Geb. 8. 9. 1927 i. Siegen/Westfalen
Erl. B.: Agrarwissenschaftler, Dr. sc. agr.
Ausg. B.: Institutsdirektor
Partei: SED
L.: Volks- u. Mittelschule. Landw. Lehre bei Mühlhausen. Kriegsdienst u. Gef. 1946 SED. 1948 Besuch d. Landw. Fachschule i. Eisenach. Anschl. Studium d. Agrarwiss. a. d. Uni. Jena. 1952 Diplom-Landwirt. 1956 Promotion zum Dr. agr. i. Jena. 1956 Agronom auf einer MTS. 1957 Ass. i. Groß Lüsewitz. 1961 einjähriges Zusatzstudium i. d. SU (Odessa). 1963 Habil. a. d. Humboldt-Uni. Danach Prof. a. d. Humboldt-Uni. Ostberlin. 1968-70 stellv. Dir., seit 1970 Dir. d. Inst. f. Kartoffelforschung i. Groß Lüsewitz. Seit 1972 o. Mitgl. AdL.
Ausz.: Orden „Banner d. Arbeit" Stufe I (1979) u. a.

Umann, Joachim

Berlin
Geb. 13. 7. 1922 i. Dresden
Erl. B.: Diplom-Journalist
Ausg. B.: Chefredakteur
Partei: SED
L.: In Dresden aufgewachsen. 1940 NSDAP. Kriegsdienst (1944 Oberltn.). Nach 1945 i. Edelstahlwerk Freital tätig. Kreissekr. d. DSF i. Bautzen. Seit 1952 als Journalist tätig. Red. d. „Täglichen Rundschau". Seit 1955 Red., 1959-71 stellv. Chefred. u. seit März 1971 Chefred. d. Wochenzeitung „Freie Welt". Nachf. v. Sepp Horlamus. Seit 1966 Präs. d. Fotosektion d. IOJ. Seit Juni 1972 Mitgl. d. Präs. d. VdJ.
Ausz.: VVO i. Silber (1982) u. a.

Unangst, Dietrich

Jena
Geb. 8. 9. 1931 i. Meiningen als Sohn eines Angestellten
Erl. B.: Dipl.-Physiker, Dr. rer. nat. habil.
Ausg. B.: Hochschullehrer
Partei: NDP
L.: Oberschule. Abitur. 1949 NDP. 1950-56 Studium d. Physik a. d. Uni. Jena. Diplom-Physiker. 1956-58 Ass., Oberass. u. Dozent a. d. Uni. Jena. 1959 Promotion zum Dr. rer. nat. 1965 Habil. Seit 1968 o. Prof. a. d. Sektion Physik d. Uni. Jena. 1972-75 Prorektor f. Wissenschaftsentw., seit 1975 Prorektor f. Naturwiss. u. Technik. Seit 1971 Abg. d. VK.
Ausz.: VVO i. Bronze (1978) u. a.

Unger, Rolf

Karl-Marx-Stadt
Geb. 21. 12. 1919 in Schkeuditz bei Leipzig als Sohn eines Drogisten
Erl. B.: Kaufmann
Ausg. B.: Vorsitzender d. Bezirksverbandes Karl-Marx-Stadt d. LDP
Partei: LDP
L.: Besuch d. Volks- u. Handelsschule. 1934-37 kfm. Lehre. 1937-39 kfm. Angestellter. Kriegsdienst. Kriegsgefangenschaft. Danach i. Geschäft d. Vaters tätig. 1946 Mitgl. d. LDP. 1950-55 Verwaltungsltr. d. Krankenhauses Kirchberg. 1954-1958 u. 1963-67 Ersatzkand. d. VK. 1956-1958 Bezirkssekr. d. LDP i. Karl-Marx-Stadt. 1958-1959 Ltr. d. Abt. Innerparteiliche Arbeit i. d. Parteiltg. LDP. Seit 1959 Vors. d. Bezirksverbandes Karl-Marx-Stadt d. LDP. Nachf. v. Helmut Müller. Seit 1960 Mitgl. d. ZV, seit 1963 Mitgl. d. Polit. Ausschusses d. ZV d. LDP. 1963-67 Abg. d. BT Karl-Marx-Stadt. Seit Juli 1967 Abg. d. VK, seit 1976 1. stellv. Vors. d. Mandatsprüfungsausschusses.
Ausz.: VVO i. Gold (1979) u. a.

Unger, Werner

Berlin
Geb. 1927
Erl. B.: Industriekaufmann, Diplom-Wirtschaftler
Ausg. B.: Vorsitzender d. Bezirkskomitees Berlin d. ABI
Partei: SED
L.: Industriekaufmann. Nach 1945 MA d. Landeskommission f. Staatl. Kontrolle i. Sachsen. Bevollmächtigter d. Zentralen Komm. f. Staatl. Kontrolle Halle/S. u. MA d. ABI. Seit 1970 Vors. d. Bezirkskomitees Berlin d. ABI. 1971-76 Mitgl. d. SED-BL Berlin. Mitgl. d. StVV.
Ausz.: VVO i. Bronze (1970).

Unruh, Konrad v.

Weimar
Geb. 1. 8. 1920
Erl. B.: Lehrer, Diplom-Staatswissenschaftler
Ausg. B.: Journalist

Partei: NDP
L.: Lehrer. 1948 Mitgl. d. NDP. Maßgebl. a. Aufbau d. NDP i. Krs. Gotha beteiligt. Ab 1948 Mitgl. d. Landesvorstandes Thüringen d. NDP. 1950-1952 Polit. Geschäftsführer d. Landesverbandes Sachsen d. NDP. 1949-1952 Mitgl. d. Zentralrates d. FDJ. 1952-55 Vors. d. Bezirksverbandes Suhl d. NDP. Vors. d. Bezirksverbandes Suhl d. DSF, stellv. Vors. d. Bezirksausschusses d. Nat. Front u. Abg. d. Bezirkstages Suhl. Zeitw. Mitgl. d. Hauptausschusses d. NDP. 1958-82 Chefred. d. „Thüringischen Neuesten Nachrichten". Seit 1961 Mitgl. d. ZV d. VDJ. Seit Okt. 1966 Mitgl. d. Präs. d. Liga f. d. Vereinten Nationen.
Ausz.: VVO i. Silber (1974) u. a.

Unverricht, Siegfried

Rostock
Geb. 25. 2. 1928
Erl. B.: Chemigraph, Diplom-Journalist
Ausg. B.: Sekretär d. SED-BL Rostock
Partei: SED
L.: Chemigraph. In d. 50er Jahren Redakteur bzw. stellv. Chefred. d. „Sächsischen Zeitung" i. Dresden. 1959 bis 1961 stellv. Chefred., 1961-67 Chefred. d. SED-Bezirksorgans „Ostsee-Zeitung" i. Rostock. Seit 4. 12. 1967 Sekr. f. Agitation u. Propaganda d. SED-BL Rostock. Nachf. v. Ernst Timm. Seit Nov. 1971 Abg. d. BT Rostock.
Ausz.: VVO i. Gold (1978) u. a.

Urban, Klaus

Berlin
Geb. 1934 i. Weißwasser als Sohn eines Fleischermeisters
Erl. B.: Schauspieler
Ausg. B.: Intendant
Partei: NDP
L.: Besuch d. Grund- u. Oberschule. Abitur. 1951 Mitgl. d. NDP. Absolvent d. Theater-HS Leipzig. Danach Engagements als Schauspieler am Friedrich-Wolf-Theater i. Neustrelitz und ab 1960 am Theater d. Freundschaft i. Ostberlin. 1959 Kandidat, 1963-67 Mitgl. d. ZR d. FDJ. 1969 Dir. d. Kinder- u. Jugendtheaters Magdeburg. 1972 stellv. Intendant, seit Nov. 1973 Intendant d. Theaters d. Freundschaft i. Ostberlin. Nachf. v. Ilse Rosenberg. Mitgl. d. BV Berlin d. NDP.
Ausz.: VVO i. Bronze (1978) u. a.

Urbanski, Wolfgang

Wismar
Geb. 14. 11. 1928 i. Lößnitz/Erzgeb.
Erl. B.: Maurer, Architekt, Dr.-Ingenieur
Ausg. B.: Hochschullehrer, Vizepräs. d. BdA
Partei: SED
L.: Volks- u. Mittelschule. Maurerlehre. 1945-46 als Maurer tätig. 1946 SED. 1948 Abitur a. einer ABF. Ab 1948 Studium a. d. TH Dresden. 1954 Dipl.-Ing. Architekt. Prakt. Tätigkeit als Projektant f. Stadt- u. Gesellschaftsbauten. 1955 Übersiedlung nach Rostock. Dort Ltr. d. Büros f. Stadtplanung, Chefprojektant f. Lütten Klein. 1961 Promotion zum Dr.-Ing. 1961-63 Sekr. f. Bauwesen d. SED-StL o. Chefarchitekt d. Stadt Rostock. Seit 1. 9. 1972 o. Prof. f. Funktion u. Konstruktion d. Bauwerke d. IHS Wismar. 1974 o. Mitgl. d.Bauakad. u. Ltr. d. Sektion Städtebau u. Architektur d. Plenums. Nov. 1975-Mai 80 Präs., seit Mai 1982 Vizepräs. d. BdA. Nachf. v. Prof. Edmund Collein.
Ausz.: Nat. Pr. II. Kl. (1973), VVO i. Bronze (1979) u. a.

Uschkamp, Irma

Cottbus
Geb. 3. 6. 1929 in Treuburg/Ostpr. als Tochter eines Gärtners
Erl. B.: Diplom-Industrie-Ökonom
Ausg. B.: Vorsitzende d. RdB Cottbus
Partei: SED
L.: Besuch d. Volks- u. Mittelschule i. Treuburg u. d. Mittelschule Oschatz. 1947-1952 Arbeiterin. Angestellte u. Betriebsass. i. Mügeln. Colditz u. Meißen. 1947 Mitgl. d. SED. 1953-1963 Werkltr. d. VEB Steingutwerk Elsterwerda. 1953-58 Fernstudium KMU Leipzig. 1954-1963 Abg. d. VK. 1964/66 Sektorenltr. i. d. SED-BL Cottbus. 1967 bis 1971 Vors. d. Bezirksplankommission Cottbus. Mitgl. d. Sekr. d. SED-BL Cottbus. 1971 Studium a. d. PHSch d. KPdSU. Seit 12. 5. 1971 Vors. d. RdB Cottbus. Nachf. v. Hans Schmidt.
Ausz.: VVO i. Gold (1979) u. a.

Uszkoreit, Hans-Georg

Berlin
Geb. 17. 3. 1926 in Ragnit an der Memel (Ostpreußen)
Erl. B.: Musikwissenschaftler, Dr. phil., Prof.
Ausg. B.: Abteilungsleiter
Partei: SED
L.: Heimatvertriebener. Musikwissenschaftler. Dr. phil. Anfang der 50er Jahre Hauptreferent i. Staatl. Komitee f. Kunstangel. 1954-1963 MA d. Min. f. Kultur d. DDR. Zeitw. Ltr. d. Hauptabt. Musik. 1963-68 Rektor d. HS f. Musik „Carl Maria von Weber" in Dresden. 1965 Prof. Gegenw. Ltr. d. Abt. Wissenschaft i. VEB Dtsch. Schallplatten.

V

Venus, Ludwig

Berlin
Geb. 6. 5. 1930
Ausg. B.: Generaldirketor
Partei: LDP
L.: 1946 Mitgl. d. LDP. Zeitweise Werkltr. Gutenberg-Druckerei i. Weimar u. stellv. Vors d. KV Weimar d. LDP. Seit 1965 Dir. f. Produktion, Absatz. Technik sowie stellv. Generaldir., seit 14. 5. 1980 Generaldir. VOB „Aufwärts" d. LDP. Nachf. v. Walter Thierfelder. 1976-80 Vors. d. KV Berlin-Köpenick d. LDP.
Ausz.: VVO i. Bronze (1977) u. a.

Verner, Irma

Berlin
Geb. 7. 5. 1905
Ausg. B.: Stellv. Chefredakteur
Partei: SED
L.: Altkommunistin. Nach 1945 hauptamtliche SED-Funktionärin. Stellv. Chefred. d. Ztschr. „Neuer Weg" u. stellv. Abtltr. i. ZK d. SED. Seit Juni 1971 Mitgl. d. ZRK d. SED. Ehefrau v. Paul V.
Ausz.: VVO i. Gold (1970). Karl-Marx-Orden (1975) u. a.

Verner, Paul

Berlin
Geb. 26. 4. 1911 in Chemnitz als Sohn eines Metallarbeiters
Erl. B.: Metallarbeiter (Dreher)
Ausg. B.: Sekretär d. ZK d. SED
Partei: SED
L.: Nach Schulbesuch (Oberrealschule) als Metallarbeiter u. Red. d. komm. Presse tätig. 1925 Mitgl. d. KJV. Funktionär d. KJV. 1929 Mitgl. d. KPD. Nach 1933 Chefred. d. illegalen Ztschr. „Junge Garde". Emigration i. d. westl. Ausland. 1936-1939 Teilnehmer a. span. Bürgerkrieg. 1939 bis 1943 i. Schweden inhaftiert. 1943-1945 Schlosser u. Dreher i. e. schwedischen Gemeinde. 1945 Rückkehr nach Dtschl. Jugendarbeit. 1946 Mitbegründer d. FDJ. Mitgl. d. Organisationskomitees u. danach d. prov. Ltg. d. FDJ. 1946-1949 Mitgl. d. Sekr. d. I. u. II. Zentralrates d. FDJ. Außerden Ltr. d. Abt. Jugend i. Parteivorstand d. SED. 1949 Ltr. d. Org.-Instrukteurabt. i. Parteivorstand d. SED. Seit 1950 Mitgl. d. ZK d. SED. 1950-1953 Mitgl. d. Sekr. d. ZK d. SED. Danach Ltr. d. Abt. f. Gesamtdtsch. Fragen i. ZK d. SED. Seit Febr. 1958 wiederum Mitgl. d. Sekr. d. ZK d. SED. 1958-63 Kand., seit 1963 Mitgl. d. Politbüros b. ZK d. SED. Seit 1958 Abg. d. VK. März 1959-Mai 1971 1. Sekr. d. SED-BL Berlin. Seit Juli 1963 Mitgl. d. Komitees f. d. Solidarität m. d. span. Volk. Seit 1969 Mitgl. d. Präs. d. Nationalrates d. NF. Seit Mai 1971 Sekr. f. Sicherheit d. ZK d. SED. Nachf. v. E. Honecker. 1971-81 Mitgl., seit 25. 6. 81 stellv. Vors. d. Staatsrates. Seit 1971 Vors. d. Ausschusses f. Nationale Verteidigung d. VK.
Ausz.: VVO i. Gold (1961). Karl-Marx-Orden (1969) u. a.

Vesper, Karlheinz

Berlin
Geb. 24. 4. 1931 i. Berlin als Sohn d. komm. Spitzenfunktionär Walter V. († 1978)
Erl. B.: Historiker, Dr. phil.
Ausg. B.: Botschafter
Partei: SED
L.: 1952 Abitur i. Düsseldorf. Übersiedlung i. d. DDR. Studium a. d. Uni. Leningrad. 1957 Diplom. Seit 1957 Angehöriger d. diplom. Dienstes d. DDR. 1958-59 stellv. Ltr. d. HV i. Indonesien. 1959-62 Sektionsltr. i. MfAA. 1962-66 stellv. Ltr. d. HV i. Indien. 1967 Promotion zum Dr. phil. a. d. Humboldt-Uni. 1966-68 AL Südostasien i. MfAA. 1968-71 Generalkonsul i. Burma. 1971-72 MA d. MfAA. 1972-73 Gesandter i. Frankreich. 1973-74 Sektionsltr. i. MfAA. April 1974-Juni 79 Botschafter d. DDR i. Algerien. Nachf. v. Siegfried Kämpfer.
Ausz.: VVO i. Bronze (1978) u. a.

Vielhauer, Irmgard

Neustrelitz
Geb. 1. 9. 1928 als Tochter eines Landarbeiters
Erl. B.: Staatl. gepr. Landwirt, Diplom-Agrarökonom
Ausg. B.: Vorsitzende d. BPKK der SED im Bez. Neubrandenburg
Partei: SED
L.: Nach Schulbesuch Landwirtschaftslehre. Landw. Facharbeiter. Staatl. geprüfter Landwirt. 1949 Mitgl. d. SED. Seit 1951 Parteifunktionärin. 1953/54 MA d. Abt. Landwirtsch. d. SED-BL Neubrandenburg. 1955-1963 Sekr. f. Landwirtschaft d. SED-BL Neubrandenburg. 1958 bis 1963 Kand. d. ZK d. SED. Seit Febr. 1963 Vors. d. BPKK d. SED Neubrandenburg. Seit Juni 1971 Kand. d. ZPKK d. SED.
Ausz.: VVO i. Silber (1973) u. a.

Vierling, Helmuth

Suhl
Geb. 17. 4. 1945
Erl. B.: Elektromonteur, Diplom-Wirtschaftler
Ausg. B.: 1. stellv. Vorsitzender d. RdB Suhl
Partei: SED
L.: Erlernte d. Beruf eines Elektromonteurs u. qualifizierte sich zum Diplom-Wirtschaftler. Seit 1965 kommunalpolitisch tätig. 1974-76 u. 1980-82 1. stellv. Vors. d. BPK Suhl. 1976-80 stellv. OB von Suhl u. Vors. d. Stadtplankommission. Seit 16. 6. 1982 1. stellv. Vors. d. RdB Suhl. Nachf. v. Gerhard Sauer.

Vietze, Heinz
Potsdam
Geb. 19. 9. 1947 i. Zeitz
Erl. B.: Dreher, Diplom-Gesellschaftswissenschaftler
Ausg. B.: 1. Sekretär d. FDJ-BL Potsdam
Partei: SED
L.: Dreherlehre. 1961 FDJ. 1966 SED. Seit 1967 FDJ-Funktionär. 2. bzw. 1. Sekr. d. FDJ-KL Potsdam. 1977 Besuch d. PHSch d. SED. Danach 2. Sekr., seit 9. 1. 1978 1. Sekr. d. FDJ-BL Potsdam. Nachf. v. Norbert Stoschek. Mitgl. d. Sekr. d. SED-BL Potsdam. Seit Juni 1978 Mitgl. d. ZR d. FDJ. Seit Juni 1981 Abg. d. BT.

Völz, Horst
Berlin
Geb. 3. 5. 1930 i. Bad Polzin/Po.
Erl. B.: Diplom-Physiker, Dr. rer. nat. habil.
Ausg. B.: Institutsdirektor
L.: Studium d. Physik. 1958 Promotion zum Dr. rer. nat. Seit 1960 MA d. DAW. 1961 Ltr. d. Arbeitsgruppe f. magnet. Signalspeicher d. DAW. Seit 1961 Lehrtätigkeit a. d. Humboldt-Uni. Ostberlin. Ende d. 60er Jahre Dir. d. Inst. f. Optik u. Spektroskopie d. DAW Ostberlin. 1972-78 Dir. d. Zentralinst. f. Kybernetik u. Informationsprozesse i. Berlin-Adlershof.

Vogel, Alfred
Berlin
Ausg. B.: Generalleutnant d. NVA
Partei: SED
L.: Rangierarbeiter bei der Dtsch. Reichsbahn. Eintritt i. d. KVP/NVA. Offizierslaufbahn. Politoffizier. Seit 2. 11. 1970 Generalmajor, seit 25. 9. 1979 Generalleutnant d. NVA. Stellv. Chef d. LSK/LV u. Ltr. d. Politverw.
Ausz.: VVO i. Silber (1982) u. a.

Vogel, Georg
Berlin
Geb. 1934
Erl. B.: Gärtner, Gartenbau-Ing., Dr. sc. agr.
Ausg. B.: Direktor
Partei: SED
L.: Gärtnerlehre. Fachschulstudium als Gartenbauing. a. Inst. f. Gemüseprod. Großbeeren d. DAL. 1957 SED. 1958 Diplom-Gärtner. 1962 Promotion zum Dr. agr., 1967 Promotion B. 1967-69 AL, danach bis 1975 Dir. d. Inst. f. Gemüseproduktion i. Großbeeren d. AdL. Seitdem amt. Dir. bzw. Dir. d. Inst. f. Pflanzenproduktionsforschung d. AdL (Mitgl. d. Präs. d. AdL).
Ausz.: VVO i. Bronze (1975) u. a.

Vogel, Günter
Berlin
Ausg. B.: Stellv. Vorsitzender d. Komitees d. ABI
Partei: SED
L.: Seit 1965 stellv. Vors. d. Komitees d. ABI

1967-71 Kand., seit Juni 1971 Vollmitgl. d. ZRK d. SED.
Ausz.: VVO i. Silber (1975) u. a.

Vogel, Johannes
Berlin
Geb. 25. 2. 1928 als Sohn eines Arbeiters
Erl. B.: Diplom-Staats- u. Rechtswissenschaftler
Ausg. B.: Botschafter
Partei: SED
L.: Besuch d. Grund- u. Handelsschule. 1950-52 Studium a. d. Verwaltungsakad. Forst-Zinna. 1957-63 stellv. Vors., 1963-65 Vors. d. RdK Pirna. 1965 bis 1967 Zusatzstudium d. Territorialökonomie a. d. Humboldt-Uni. Ostberlin. 1968 Eintritt i. d. diplom. Dienst. 1971-72 Ltr. d. Handelsvertretung d. DDR i. Ghana. April 1973-Juni 75 Botschafter i. Ghana. Mai 1974-Dez. 75 Botschafter i. Liberia. 1978-81 Sektorenltr. i. MfAA. Juni 1975-Sept. 78 u. seit 30. 3. 81 Botschafter i. Mocambique. Nachf. v. Julian Hollender.
Ausz.: Orden „Banner d. Arbeit" Stufe III (1977) u. a.

Vogel, Lothar
Rostock
Geb. 1928
Erl. B.: Schiffbauer, Ingenieur, Diplom-Staatswissenschaftler
Ausg. B.: Stellv. Vorsitzender d. RdB Rostock
Partei: NDP
L.: Schiffbauer, Ing. f. Maschinenbau. Diplom-Staatswiss. NDP. Dez. 1971-März 79 Ltr. d. Abt. Verkehr- u. Nachrichtenwesen, seit März 1979 stellv. Vors. d. RdB Rostock f. Energie, Verkehrsu. Nachrichtenwesen. Abg. d. BT Rostock.

Vogl, Hansjochen
Berlin
Geb. 1938
Ausg. B.: Hauptabteilungsleiter i. MfAA.
Partei: SED
L.: Bäcker. Angehöriger d. Grepo. Studium d. Rechtswiss. a. d. DASR. Eintritt i. d. diplom. Dienst d. DDR. Nacheinander Konsul a. Generalkonsulat d. DDR i. Kiew, stellv. Ltr. d. Abt. Konsular. Angel., Botschaftsrat i. d. UdSSR. 1979-80 Ltr. d. Abt. Konsularrecht u. Interessenwahrnehmung i. MfAA. Seit 1980 Ltr. d. HA Konsular. Angel. i. MfAA. Nachf. v. August Klobes.
Ausz.: Orden „Banner d. Arbeit" Stufe III (1978) u. a.

Voigt, Fritz-Georg
Berlin
Geb. 21. 11. 1925 in Magdeburg
Erl. B.: Romanist, Dr. phil.
Ausg. B.: Verlagsleiter
Partei: SED
L.: 1943 NSDAP. Studium u. Promotion. Seit 1952 MA d. Aufbau-Verlages i. Ostberlin (Lek-

tor, Lektoratsltr. f. Auslandsliteratur). 1963-1966 Cheflektor d. Aufbau-Verlages u. d. Verlages Ruetten & Loening (Ost). Seit Jan. 1966 Ltr. d. Aufbau-Verlages u. d. Verlages Rütten & Loening. Nachf. v. Klaus Gysi. Seit 1967 Mitgl. d. Präs. d. Präsidialrates d. Kulturbundes. Seiut März 1966 Vors. d. Literarischen Beirates b. Präsidialrat d. Kulturbundes.
Ausz.: VVO i. Bronze (1975) u. a.

Voigt, Gerhard
Halle/Saale
Geb. 7. 3. 1926 i. Halle/Saale
Erl. B.: Gebrauchsgrafiker, Diplom-Grafiker, Prof.
Ausg. B.: Grafiker, Hochschullehrer
Partei: NDP
L.: 1944 Abitur i. Berlin. 1944 NSDAP. Kriegsdienst. 1946-49 Studium a. d. Kunst-HS Burg Giebichenstein. 1948 NDP. 1949-52 Ltr. d. Graf. Ateliers d. Verkehrs- u. Werbebüros Halle. 1952-77 freischaffender Gebrauchsgrafiker i. Halle. 1968 Diplom-Grafiker. Seit März 1968 Vizepräs. d. VBK. Sept. 1978 zum Prof. f. Gebrauchsgrafik a. d. HS f. industrielle Formgestaltung i. Halle ernannt.
Ausz.: VVO i. Bronze (1976) u. a.

Voigt, Horst
Berlin
Geb. 1. 7. 1921 i. Großbreitenbach/Thür.
Erl. B.: Diplom-Wirtschaftler
Ausg. B.: Stellv. Generaldirektor
Partei: SED
L.: Kaufmann. Ab 1946 Studium a. d. Uni. Jena (Vorstudienanstalt, Wirtschaftswiss.). 1951 Diplom-Wirtschaftler. Danach Red. bzw. Chefred. d. Wochenztg. „Die Wirtschaft" (bis 1956). 1956-1961 Ltr. d. Abt. Wirtschaftspolitik d. „Berliner Zeitung". 1961-67 1. Sekr. d. VDJ. Seit 1968 stellv. Generaldir. für Verlage d. ZENTRAG. Mitgl. d. ZV d. VDJ/VdJ.
Ausz.: VVO i. Silber (1978) u. a.

Voigt, Klaus
Warnemünde
Geb. 1. 5. 1934 i. Plauen/Sa.
Ausg. B.: Institutsdirektor, Dr. rer. nat.
L.: Studium. Dr. rer. nat. Dir. d. Instituts f. Meereskunde i. Rostock-Warnemünde d. AdW. Seit 1975 o. Prof. d. AdW. 1980 korr. Mitgl. d. AdW.

Voigt, Otto
Leipzig
Geb. 1932
Erl. B.: Dreher, St. gepr. Landwirt, Diplom-Agraringenieurökonom
Ausg. B.: Stellv. Vorsitzender d. RdB Leipzig
Partei: SED
L.: Dreher, Staatl. gepr. Landwirt, Diplom-Agraringenieurökonom. In den 50er Jahren FDJ-Funktionär, u. a. 1. Sekr. d. FDJ-KL Wurzen.

1970 Vors. d. RLN Wurzen. Danach 1. stellv. Vors. d. RLN d. Bez. Leipzig u. Ltr. d. Abt. Landw. d. RdB Leipzig. Seit Sept. 1980 stellv. Vors. d. RdB Leipzig f. Land-, Forst- u. Nahrungsgüterw. Nachf. v. Helmut Lindau. Abg. d. BT.
Ausz.: VVO i. Bronze (1975) u. a.

Voigt, Volker
Cottbus
Geb. 1949
Erl. B.: Rinderzüchter, Diplom-Fachlehrer
Ausg. B.: 1. Sekretär d. FDJ-BL Cottbus
Partei: SED
L.: Rinderzüchter, Diplom-Fachlehrer. 1973 Sekr. d. FDJ-GO Inst. f. Lehrerbildung i. Cottbus. 1975-80 1. Sekr. FDJ-KL Cottbus-Stadt. Seit 26. 8. 1980 1. Sekr. d. FDJ-BL Cottbus. Nachf. v. Albrecht Schauerhammer.
Ausz.: Artur-Becker-Medaille i. Gold u. a.

Voigtberger, Dietrich
Berlin
Geb. 4. 4. 1941 i. Gera als Sohn eines Angestellten
Erl. B.: Diplom-Wirtschafter, Dr. sc. oec.
Ausg. B.: Vorsitzender d. BV d. CDU
Partei: CDU
L.: Abitur. 1959-62 Militärdienst i. d. NVA. 1962-67 Studium a. d. HS f. Ökonomie. 1967-69 Ass. 1969 Promotion zum Dr. oec. 1966 Mitgl. d. CDU. 1970-73 Ltr. d. Abt. Wissenschaftsorgan. i. Institut f. Regelungstechnik Berlin. Seit 1973 Oberass., seit Febr. 1980 Dozent an der HS f. Ökonomie. 1979 Dr. sc. oec. 1970-81 Vors. d. KV Berlin-Lichtenberg d. CDU. Seit 9. 2. 1981 Vors. d. BV Berlin d. CDU. Nachf. v. Ursula Raurin-Kutzner. Seit 1981 Abg. d. VK.
Ausz.: Verdienstmedaille d. DDR u. a.

Vonend, Dieter
Karl-Marx-Stadt
Erl. B.: Ofensetzer
Ausg. B.: Vorsitzender d. BPKK d. SED Karl-Marx-Stadt
Partei: SED
L.: Seit 1949 hauptamtl. Parteifunktionär. 1955-60 1. Sekr. d. SED-KL Karl-Marx-Stadt III. 1960-68 2. Sekr. bzw. 1. Sekr. d. SED-StL Karl-Marx-Stadt. 1968-76 1. Sekr. d. SED-KL Glauchau. Seit 28. 3. 1976 Vors. d. BPKK d. SED Karl-Marx-Stadt. Nachf. v. Anton Fischer. Mitgl. d. Sekr. d. SED-BL.
Ausz.: VVO i. Bronze (1969) u. a.

Vorholzer, Jörg
Berlin
Geb. 8. 2. 1930 i. Erfurt
Erl. B.: Gesellschaftswissenschaftler, Dr. phil. habil. Prof.
Ausg. B.: Stellv. Chefredakteur
Partei: SED
L.: 1945 Mitgl. d. Antifa-Komitees i. Erfurt. 1947

Stadtteilltr. d. FDJ i. Erfurt. 1949 SED. 1948 Abitur. Studium d. Gesellschaftswiss. a. d. Uni. Jena. 1951 Abschluß-Examen. 1951 Sekr. d. OB v. Erfurt, Georg Book. Seit 1951 MA, seit 1960 Mitgl. d. Red.-Koll., seit 1974 stellv. Chefred. (stellv. AL i. ZK) d. theor. Ztschr. d. SED „Einheit". 1958 Promotion z. Dr. phil. a. d. Humboldt-Uni. Ostberlin. Seit 28. 9. 1977 Vors. d. Freundschaftskomitees DDR-Libyscher Sozial. Volksstaat.
Ausz.: VVO i. Gold (1980) u. a.

Voss, Gerhard
Berlin
Geb. 18. 12. 1923 i. Pasewalk
Erl. B.: Diplom-Wirtschaftler
Ausg. B.: Abteilungsleiter
Partei: SED
L.: Kriegsdienst. 1948-50 Sekr. d. DSA i. Mecklenburg. 1950-53 Präs. d. Sektion Boxen i. DSA. Danach MA d. Staatl. Komitees bzw. d. Staatssekr. f. Körperkultur u. Sport (AL). Seit März 1969 Präs. d. Radsportverbandes. Mitgl. d. BV d. DTSB.
Ausz.: VVO i. Bronze (1972) u. a.

Voss, Heinz
Berlin
Geb. 31. 1. 1931 i. Demmin als Sohn eines Arbeiters
Erl. B.: Verwaltungsangestellter, Jurist, Dr. jur.
Ausg. B.: Botschafter
Partei: SED
L.: 1946-48 Lehrling. Verwaltungsangestellter b. RdK Demmin. Seit 1953 Angehöriger d. diplom. Dienstes d. DDR. Oberreferent bzw. Abtltr. (Dtsch. Fragen) i. MfAA. 1956 Studium a. d. DASR. Okt. 1960-Okt. 1963 Generalkonsul i. Burma. März 1962-Sept. 1962 zusätzl. Generalkonsul d. DDR i. Kambodscha. Danach bis 1970 Ltr. d. 6. Europ. Abt. (BRD) i. MfAA. 1967 Promotion zum Dr. jur. 1967/68 Mitglied. Verfassungskommission d. VK. August 1970-April 77 Botschafter d. DDR i. d. VR Rumänien. Seit 25. 9. 1978. Botschafter d. DDR i. Italien. Nachf. v. Klaus Gysi. Seit 7. 6. 1979 zusätzlich Botschafter i. Malta.
Ausz.: VVO i. Silber (1976) u. a.

Voßke, Heinz
Berlin
Geb. 1929 in Anklam
Erl. B.: Historiker, Dr. sc. phil.
Ausg. B.: Abteilungsleiter, Leiter d. Zentralen Parteiarchivs
Partei: SED
L.: 1951-52 Lehrer a. d. Landesparteischule d. SED i. Mecklenburg. 1953-56 Lehrer u. Lehrstuhllt. a. d. Zentralschule d. ZK d. SED i. Schwerin. 1965 Promotion A („Vereinigung v. KPD u. SPD i. Meckl.-Vorpommern) a. d. PHSch d. SED. 1970 Promotion B a. IML. Seit Anfang d. 60er Jahre komm. Ltr. bzw. Ltr. d. Zentralen Parteiarchivs a. IML. Seit 1971 o. Prof. f. Geschichte d. dtsch. Arbeiterbewegung.
Ausz.: VVO i. Bronze (1969) u. a.
Veröff.: „Wilhelm Pieck", Biogr., Dietz-Verlag, Ostberlin, 1975 u. a. m.

Wabersich, Rudolf
Bernburg-Strenzfeld
Geb. 13. 1. 1927 i. Puletschnei als Sohn eines Landwirts
Erl. B.: Staatl. gepr. Landwirt, Diplom-Landwirt, Dr. sc. agr.
Ausg. B.: Hochschullehrer
Partei: DBD
L.: Oberschule. 1948-49 Besuch d. FS f. Landw. i. Eisenach. Staatl. gepr. Landwirt. 1949 DBD. 1949-54 Agronom u. Fachlehrer zur Ausbildung v. Agronomen. 1954-61 Ass. bzw. Oberass. a. Inst. f. Agrarök. Potsdam u. Bernburg. 1953-58 Fernstudium KMU. Diplom-Landwirt. 1961 Dr. agr. 1965 Habil. 1974 Dr. sc. agr. Seit 1961 Oberass., Doz., 1970 ao. Prof. u. 1979 o. Prof. a. d. HS f. Landw. u. Nahrungsgüterw. Bernburg. Seit 1970 Ltr. d. Wissenschaftsber. Technologie d. Produktion u. Verarb. landw. Erzeugnisse u. sozial. Betriebswirtschaft. Seit Mai 1972 Mitgl. d. PV d. DBD. Seit Nov. 1971 Abg. d. VK. Seit 1981 Mitgl. d. Ausschusses f. Ind., Bauwesen u. Verkehr.
Ausz.: VVO i. Bronze (1973) u. a.

Wagener, Hermann
Dresden
Geb. 4. 5. 1921 i. Hannover
Erl. B.: Kupferschmied, Diplom-Wirtschaftler, Ing., Dr. rer. oec. habil.
Ausg. B.: Hochschullehrer
Partei: SED
L.: 1928-36 Volksschule. Kupferschmied i. Thüringen. 1939 NSDAP. Kriegsdienst. Sowj. Kriegsgefangenschaft. Studium a. d. DASR. 1952 Diplom-Wirtschaftler. Seit 1953 Lehrtätigkeit a. d. HS f. Verkehrswesen i. Dresden. 1954 Promotion. 1959 Habilitation. Seit 1962 Prof. m. Lehrstuhl für Ökonomik d. Arbeit i. Transportwesen. Aug. 1968 bis Juni 1973 Rektor d. HS f. Verkehrswesen. Mitgl. d. Forschungsrates b. MR. Mitgl. d. Hochschulparteiltg. d. SED. Jetzt Dir. d. Industrie-Inst. f. HS f. Verkehrswesen.
Ausz.: VVO i. Bronze (1976). Dr. h. c. Polytechn. HS Stettin (Szezcin) (1971) u. a.

Wagner, Horst
Berlin
Geb. 1. 11.1921
Ausg. B.: Stellv. Abteilungsleiter i. ZK d. SED
Partei: SED
L.: Seit 1951 MA d. ZK d. SED, gegenwärtig stellv. Ltr. d. Kaderabt. Seit Okt. 1976 Mitgl. d. Redaktionskollegiums d. Ztschr. „Neuer Weg".
Ausz.: VVO i. Silber (1971 u. 1981) u. a.

Wagner, Siegfried
Berlin
Geb. 3. 3. 1925 in Hildesheim
Ausg. B.: Stellv. Minister für Kultur
Partei: SED
L.: 1943 Abitur. Kriegsdienst (Sanitätssoldat). Nach 1945 Bauhilfsarbeiter. 1946 1. Sekr. d. FDJ-Kreisltg. Greiz. 1947-1949 Studium d. Gesellschaftswiss. u. Parteisekr. a. d. Uni. Leipzig. Ab 1950 MA d. ZK d. SED. 1952-1958 Sekr. f. Kultur u. Volksbildung d. SED-BL Leipzig. Abg. d. Bezirkstages Leipzig. 1958-1966 Ltr. d. Abt. Kultur b. ZK d. SED. Seit 1958 Mitgl. d. Präsidialrates d. Kulturbundes. Seit Nov. 1966 stellv. Min. f. Kultur. Mitgl. d. Jugendkommission b. Politbüro d. ZK d. SED u. d. Rates d. Freunde d. Pionierorg. „E. Thälmann".
Ausz.: VVO i. Silber (1979) u. a.

Wahrmann, Siegfried
Wismar
Geb. 2. 8. 1918 i. Wismar
Erl. B.: Kaufmann
Ausg. B.: Kaufmann, Präses
L.: Kriegsdienst (Fahnenjunker-Feldwebel). Textilkaufmann i. Wismar. Präses d. Landessynode d. Ev. Kirche Mecklenburg. Seit Okt. 1973 stellv. Präses, seit Okt. 1977 Präses d. Bundessynode d. Bundes Ev. Kirchen i. d. DDR. Nachf. v. Otto Schröder.

Walde, Werner
Cottbus
Geb. 12. 2. 1926 i. Döbeln/Sa. als Sohn eines Arbeiters
Erl. B.: Verwaltungsangestellter, Diplom-Gewi., Diplom-Wirtschaftler
Ausg. B.: 1. Sekretär d. SED-BL Cottbus
Partei: SED
L.: Volksschule. 1940-43 Lehre als Verwaltungsangestellter. 1946 SPD/SED. 1948 FDJ. 1945-50 Angestellter d. SVK Döbeln. 1951-53 Ass., Lehrer u. Parteisekr. a. d. Landesparteischule d. SED i. Meißen. 1953-55 Ltr. bzw. stellv. Ltr. d. BPS Cottbus. 1954-60 Fernstudium PHSch d. SED. 1955-61 MA bzw. Ltr. d. Abt. Org./Kader d. SED-BL Cottbus. 1961-64 1. Sekr. d. SED-KL Senftenberg. 1964-66 Studium a. d. HS f. Ökonomie i. Berlin-Karlshorst. Diplom-Wirtschaftler. April 1966-Juni 1969 2. Sekr., seit 1. 6. 1969 1. Sekr. d. SED-BL Cottbus. Nachf. v. A. Stief. Seit Juni 1971 Mitgl. d. ZK d. SED. Seit Nov. 1971 Abg. d. VK. Abg. d. BT Cottbus. Seit 22. 5. 76 Kand. d. Politbüros d. ZK d. SED.
Ausz.: VVO i. Gold (1974). Karl-Marx-Orden (1976) u. a.

Waldmann, Hans
Hoyerswerda
Geb. 31. 10. 1928 i. Schilda, Krs. Finsterwalde
Erl. B.: Landarbeiter, Bergarbeiter, Dipl.-Bergingenieur.
Ausg. B.: Generaldirektor

Partei: SED
L.: Landarbeiter, Bergarbeiter. 1949-51 Besuch d. ABF. 1951-56 Studium a. d. Bergakad. Freiberg. Diplom-Bergingenieur. Tagebaultr. i. Burghammer u. Welzow. Wirtschaftssekr. b. d. SED-Industriekreisltg. „Schwarze Pumpe" bzw. Technischer Ltr. i. Tagebau Spreetal. 1962-66 Techn. Dir. d. VVB Braunkohle Cottbus, dann Studium a. d. PHSch d. KPdSU i. Moskau. 1967-73 Dir. f. Plandurchführung u. 1. stellv. Generaldir. i. Gaskombinat „Schwarze Pumpe", Hoyerswerda. 1973-80 Generaldir. d. VVB Braunkohle Senftenberg. Seit 1980 Generaldir. VEB Braunkohlenkomb. Senftenberg. Nachf. v. Hans-Joachim Tomczak. 1971-75 NFK d. VK, seit Dez. 1975 Abg. d. VK. Mitgl. d. Ausschusses f. Industrie, Bauwesen u. Verkehr.
Ausz.: Orden „Banner d. Arbeit" Stufe I (1981) u. a.

Walk, Dietrich
Rostock
Geb. 1936
Erl. B.: Stahlschiffbauer, Ingenieur
Ausg. B.: Generaldirektor
Partei: SED
L.: 1950-51 Lehre als Stahlschiffbauer i. VEB Roßlauer Schiffswerft. Facharbeiter. 1952-55 Studium a. d. Ingenieur-Schule f. Schiffstechnik i. Warnemünde. Ingenieur. 1955-58 Obermstr. i. VEB Volkswerft Stralsund. 1958-63 Werkltr. VEB Schiffswerft Oderberg. 1963-66 Werkltr. VEB Schiffswerft Magdeburg. 1966-72 Dir. VEB Peenewerft Wolgast. 1972-73 Dir. VEB Volkswerft Stralsund. Seit 22. 3. 1973 Generaldir. VVB (s. 1979 Kombinat) Schiffbau i. Rostock. Nachf. v. A. Dudszus. Seit 1979 Mitgl. d. SED-BL Rostock.
Ausz.: Orden „Banner d. Arbeit" (1970) u. a.

Walkowski, Ernst
Berlin
Geb. 22. 3. 1931 i. Teuchern
Erl. B.: Schlosser, Diplom-Staatswiss.
Ausg. B.: Botschafter
Partei: SED
L.: Kfz.-Schlosser. 1949-59 i. Staatsapp. tätig. Studium a. d. DASR. 1965 Diplom-Staatswiss. 1963-70 MA d. ZK d. SED. 1971-76 DDR-Geschäftsträger a. d. Handelsvertretung bzw. Botschaft d. DDR i. Frankreich. 1976-78 Sektorenltr. i. MfAA. Dez. 1978-Mai 82 Botschafter d. DDR i. Spanien. Nachf. v. Gerhard Korth.
Ausz.: VVO i. Bronze (1974) u. a.

Wallis, Gerhard
Halle/Saale
Geb. 14. 1. 1925
Erl. B.: Evangelischer Theologe, Dr. theol., Dr. phil.
Ausg. B.: Hochschullehrer
L.: Ev. Theologe. 1959 Dozent Humboldt-Uni. Ostberlin u. Prof. MLU Halle-Wittenberg. Ltr. d. Wissenschaftsbereichs Altes Testament. 1966-72 u. seit 1978 Dekan bzw. Dir. d. Sektion Ev. Theol. d. MLU. Oberkirchenrat.

Walter, Gerhard
Berlin
Erl. B.: Jurist, Dr. jur. Prof.
Ausg. B.: 1. stellv. Vorsitzender d. Zentralen Staatl. Vertragsgericht
Partei: SED
L.: Jurist. Seit 1959 b. Zentralen Staatl. Vertragsgericht tätig. Zuerst pers. Referent d. Vors., dann AL, stellv. Vors. u. 1. stellv. Vors., 1967-74 Vors. u. seit Febr. 1974 erneut 1. stellv. Vors. d. Staatl. Vertragsgericht. Seit Sept. 1973 Honorarprof. a. d. KMU Leipzig.
Ausz.: VVO i. Bronze (1971). Verdienster Jurist d. DDR (1981) u. a.

Walther, Elisabeth, geb. Pohl
Auerbauch/Erzgeb.
Geb. 9. 7. 1926 in Breslau als Tochter eines Geschäftsinhabers
Erl. B.: Textiltechniker, Diplom-Wirtschaftler
Ausg. B.: Generaldirektor
Partei: SED
L.: Bürogehilfinnen-Lehre i. einer techn. Großhandlung i. Breslau. 1944 NSDAP. RAD. Kriegshilfsdienst i. Dresden (Reichsbahn). Seit 1945 i. Auerbach ansässig. Repassiererin. 1946 SED. 1947 Sekr. i. d. SED-Parteischule Thalheim. Später MA d. Landesvorstandes Sachsen d. IG Textil. Bekleidung, Leder. Seit 1952 i. d. ESDA-Strumpfwerken tätig, von 1962 an als Werkltr. 1965-80 Werkltr. d. Vereinigten Feinstrumpfwerke Thalheim/Sa. (Generaldir. Strumpfkombinat ESDA). 1962-64 Mitgl. d. SED-BL Karl-Marx-Stadt 1962/63 Kand. d. Büros). 1963- bis 1971 Kand., 1971-81 Mitgl. d. ZK d. SED.
Ausz.: Orden „Banner d. Arbeit" Stufe I (1974) u. a.

Walther, Rosel, geb. Fischer
Berlin
Geb. 12. 1. 1928 in Landsberg/Warthe
Erl. B.: Lehrerin, Diplom-Staatswissenschaftler
Ausg. B.: Sekretär d. Hauptausschusses d. NDP
Partei: NDP
L.: Volksschule. 1942-45 Besuch d. Lehrerbildungsanstalt. 1945-50 i. Schuldienst (Gransee). 1949 NDP. NDP-Funktionärin. 1950-52 Ass. u. Lehrerin a. Parteischulen d. NDP. 1950-58 Abg. d. VK. 1952-53 Mitgl. d. Landesvorstandes Brandenburg bzw. d. Bezirksvorstandes Potsdam d. NDP. 1951-55 Fernstudium DASR. Diplom-Staatswiss. 1953-61 MA d. Parteivorstandes NDP, Abtltr. 1961 bis 1964 Lehrstuhlltr. a. d. HS f. Nat. Politik. 1959-65 stellv. Vors. d. Zentralausschusses d. Volkssolidarität. 1964-69 Mitgl. d. DFD. 1964-66 Ltr. d. Abt. Polit. Studium i. Sekr. d. Hauptausschusses d. NDP. 1964-66 Vors. d. Frauenkommission d. NDP. Seit 1963 Mitgl. d.

Hauptausschusses, seit 1967 Mitgl. d. Parteivorstandes (Präs.). d. NDP. 1966-72 Dir. d. HS f. Nat. Politik/Zentrale Parteischule d. NDP i. Waldsieversdorf. Seit 1966 Mitgl. d. Präs. d. Friedensrates d. DDR. Seit 1967 erneut Abg. d. VK. Seit 1971 1. stellv. Vors. d. Verfassungs- u. Rechtsausschusses d. VK, seit Nov. 1971 Mitgl. d. Staatsrates d. DDR. Seit April 1972 Sekr. d. Hauptausschusses d. NDP. Seit Febr. 1974 Mitgl. d. Weltfriedensrates. Seit 1976 stellv. Fraktionsvors. d. NDP i. d. VK.
Ausz.: VVO i. Silber u. a.

Walther, Rosemarie
Berlin
Geb. 1929 i. Chemnitz
Erl. B.: Pädagogin, Dr. paed.
Ausg. B.: Hochschullehrerin, DFD-Funktionärin
Partei: SED
L.: Studium d. Pädagogik a. d. Humboldt-Uni. Ostberlin. 1950 SED. Danach Ass. a. d. Humboldt-Uni. u. Dozentin a. d. ABF. 1957 Promotion zum Dr. paed. 1974 Prof. Stellv. Dir. f. Forschung a. d. Sektion Pädagogik. Seit 1960 stellv. Vors. d. Bundesvorstandes d. DFD.
Ausz.: VVO i. Silber (1979) u. a.

Wambutt, Horst
Berlin
Geb. 6. 2. 1932 i. Kriescht
Erl. B.: Schmied, Diplom-Wirtschaftler, Dr. rer. oec.
Ausg. B.: Abteilungsleiter i. ZK d. SED
Partei: SED
L.: Volksschule. 1946-50 Lehre als Schmied. Tätigkeit i. seinem Beruf. 1950-51 Instrukteur u. AL d. KL Bad Freienwalde d. FDJ. 1951-52 Lehrer a. d. Landesjugendschule Bärenklau. 1953 SED. 1952-54 Mitgl. u. AL BL Cottbus FDJ. 1956-61 Lehrstuhlltr. Politökonomie a. d. Jugend-HS. 1961-64 Aspirantur IfG. Diplom-Wirtschaftler. 1964 Promotion zum Dr. rer. oec. 1964-69 Polit. MA, Sektorenltr. Schwermaschinenbau, seit 1969 Ltr. d. Abt. Grundstoffind. ZK d. SED. Seit Juni 1981 Abg. d. VK u. Mitgl. d. Ausschusses f. Ind., Bauwesen u. Verkehr.
Ausz.: VVO i. Gold (1982) u. a.

Wandel, Paul
Berlin
Geb. 16. 2. 1905 in Mannheim als Sohn eines Arbeiters
Erl. B.: Maschinentechniker
Ausg. B.: Vizepräsident der Liga der Völkerfreundschaft
Partei: SED
L.: Volksschule. Maschinentechniker. 1919 Mitgl. SAJ. 1923 Mitgl. d. KPD. Bezirkssekr. d. KPD i. Baden u. Vors. d. KPD-Stadtverordnetenfraktion i. Mannheim. Febr. 1933 Emigration i. d. SU. Mitgl. d. KPdSU. Studium a. Marx-Engels-Lenin-Inst. Mitarbeiter d. Komintern. 1941-43 Ltr. d. Deutschen Sektion u. Lehrer a. d. Kominternschule i. Kuschnarenkowo (Deckname: Klassner). Polit. Sekr. v. Wilhelm Pieck i. d. SU. 1945 Chefred. d. damaligen KPD-Zentralorgans „Deutsche Volkszeitung". 1945-1949 Präs. d. Zentralverwaltung f. Volksbildung. 1949-52 Minister f. Volksbildung d. DDR. 1946 bis 1958 Mitgl. d. Parteivorstandes bzw. d. ZK d. SED. 1949-1958 Abg. d. VK. 1952-53 Ltr. d. Koordinierungs- u. Kontrollstelle f. Unterricht, Wissenschaft u. Kunst. Juli 1953-Okt. 1957 Sekr. f. Kultur u. Erziehung i. ZK d. SED. Okt. 1957 v. d. Funktion als Sekr. d. ZK „wegen ungenügender Härte bei der Durchsetzung der kulturpolitischen Linie der SED-Führung" entbunden. April 1958-Febr. 1961 Außerord. u. Bevollm. Botschafter d. DDR i. China. 1961-1964 stellv. Ltr. d. Ausw. Angel. Jan. 1964-Nov. 1976 Präs., seit 1. 11. 1976 Vizepräs. d. Liga f. Völkerfreundschaft. Seit 1978 Mitgl. d. ZV d. DSF.
Ausz.: VVO i. Gold (1955). Orden d. Vaterl. Krieges 2. Grades (UdSSR, 1970). Karl-Marx-Orden (1975) u. a.

Wandt, Hans-Joachim
Schwerin
Geb. 15. 12. 1928
Erl. B.: Diplom-Gesellschaftswissenschaftler
Ausg. B.: Sekretär der SED-BL Schwerin
Partei: SED
L.: 1946 Mitgl. d. SED. Ab 1947 FDJ-Funktionär. Ltr. d. Büros f. Jugendfragen bei Pers. Referent d. Ministerpräs. d. Landes Meckl. Seit 1952 hauptamtl. Funktionär d. SED. Ltr. d. Abt. Agitation u. Propaganda i. d. SED-BL Schwerin. 1958-1961 Besuch d. Parteihochschule d. SED. Seit 1962 Sekr. f. Agitation u. Propaganda. SED-BL Schwerin. Abg. d. BT.
Ausz.: VVO i. Gold (1978) u. a.

Wange, Udo-Dieter
Berlin
Geb. 31. 10. 1928
Erl. B.: Verwaltungsangestellter. Diplom-Wirtschaftler, Dr. jur.
Ausg. B.: Minister f. bezirksgel. Industrie u. Lebensmittelindustrie
Partei: SED
L.: Verwaltungsangestellter. 1945 KPD. 1953-1954 Staatssekr. f. d. Verwaltung d. Staatsreserve. 1955 bis 1965 Gruppenltr. bzw. stellv. Vors. d. Staatl. Vertragsgericht d. DDR. 1965 Ltr. d. Hauptabt. Materialwirtschaft u. Außenhandel i. VWR. 1966-67 stellv. Min., 1967-71 Staatssekr. i. Min. f. bezirksgeleitete Industrie u. Lebensmittelindustrie. 1972-74 stellv. Vors. d. SPK. Seit 14. 2. 74 Min. f. bezirksgel. Industrie u. Lebensmittelindustrie. Nachf. v. Erhard Krack.
Ausz.: VVO i. Gold (1977) u. a.

Wangenheim, Inge v., geb. Franke
Weimar
Geb. 1. 7. 1912 in Berlin als Tochter einer Konfektionsarbeiterin

Erl. B.: Schauspielerin
Ausg. B.: Schriftstellerin
Partei: SED
L.: Besuch eines Lyzeums bis zur Obersekunda. Schausp. Ausbildung. Danach Schauspielerin a. Theater a. Schiffbauerdamm i. Berlin, b. d. „Gruppe Junger Schauspieler", i. Kollektiv Erwin Piscators u. schließl. b. d. „Truppe 1931" Gustav v. Wangenheims. Eheschließung m. Gustav v. Wangenheim. 1930 Mitgl. d. KPD. 1933-1945 Emigration i. d. SU. 1941-1943 i. Taschkent ansässig. 1943 Rückkehr nach Moskau. Red. d. Bewegung „Freies Deutschland". Nach 1945 Schauspielerin a. Dtsch. Theater i. Berlin. Seit 1949 schriftstellerische Betätigung i. Rudolstadt u. Weimar (1974). Mitgl. d. Vorstandes d. Schriftstellerverbandes.
Ausz.: Medaille „Für hervorragende Dienste im Großen Vaterländischen Krieg" (1945, UdSSR). Nat. Pr. II. Kl. (1977), VVO i. Gold (1982) u. a.
Veröff.: „Mein Haus Vaterland", Henschel-Verlag, Berlin, 1950. „Auf weitem Feld", Henschel-Verlag, Berlin, 1954. „Einer Mutter Sohn", Verlag Tribüne, Berlin. 1958. „Am Morgen ist der Tag ein Kind", Roman. „Professor Hudebraach", Mitteldtsch. Verlag, Halle, 1961. „Das Zimmer mit den offenen Augen", Mitteldtsch. Verlag, Halle/S., 1965. „Kalkutta liegt nicht am Ganges", Greifenverlag, Rudolstadt, 1971. „Die Probe", Roman, 1973, „Von Zeit zu Zeit", Essaybd., Mitteldtsch. Vlg., 1975, „Hamburgische Elegie", Mitteldtsch. Vlg., 1977, „Spaal", Roman, 1979 u. a. m.

Wanke, Joachim
Erfurt
Geb. 4. 8. 1941 i. Breslau
Erl. B.: Kathol. Priester, Dr. theol., Prof.
Ausg. B.: Weihbischof
L.: Abitur i. Ilmenau. Sprachenkurs i. Halle. Studium i. Erfurt. 1966 Priesterweihe i. Erfurt. 1966-69 Kaplan in Digelstädt u. anschließend Präfekt u. Ass. a. Regionalpriesterseminar i. Erfurt. 1974 Lehrauftrag f. Exegese d. Neuen Testaments, 1975 Dozent u. ab 1. 8. 1980 Prof. f. neutestamentliche Exegese a. Priesterseminar Erfurt. 1975 Dr. theol. a. d. Gregoriana i. Rom. Okt. 1980 zum Weihbischof d. Apost. Administrators i. Erfurt/Meiningen ernannt. Nachf. v. Joachim Meisner. Seit Nov. 1980 Bischof-Koadjutor v. Erfurt-Meiningen.

Wappler, Albert
Karl-Marx-Stadt
Geb. 11. 10. 1927 i. Lichtenau als Sohn eines Streckenarbeiters
Erl. B.: Industriekaufmann, Diplom-Gesellschaftswissenschaftler
Ausg. B.: Vors. d. BV Karl-Marx-Stadt d. FDGB
Partei: SED
L.: Volksschule. 1942-44 kfm. Lehre. 1945 SPD. 1946 SED. 1945-47 als Industriekfm. tätig. 1948-50 BGL-Vors. i. d. Konsum-Bürstenfabrik Stützengrün, Krs.-Aue. 1950-53 Krssekr. d. Nat. Fr. i.

Aue. 1954-55 Besuch d. BPS. 1955-59 1. Sekr. d. SED-KL Freiberg. 1956-62 Fernstudium a. d. PHSch d. SED. Diplom-Gesellschaftswiss. 1959-67 Sekr. f. Agitprop. SED-BL Karl-Marx-Stadt. Seit 1960 Abg. d. BT. Seit Nov. 1967 Vors. d. FDGB i. Bez. Karl-Marx-Stadt. Seit Nov. 1968 Mitgl. d. BV, seit 1972 Mitgl. d. Präs. d. BV d. FDGB. Seit Okt. 1976 Abg. d. VK u. Mitgl. d. Ausschusses f. Arbeit u. Sozialpolitik.
Ausz.: VVO i. Silber (1969) u. a.

Warneke, Lothar
Berlin
Ausg. B.: Regisseur
L.: Fünfjähriges Studium d. Evang. Theologie a. d. KMU Leipzig. Austritt aus d. Kirche. Arbeiter i. d. Baumwollspinnerei Leipzig-Plagwitz. 1960-64 Studium a. d. HS f. Film- u. Fernsehen i. Potsdam-Babelsberg. Danach Ass. bei Joachim Kunert u. Kurt Maetzig. Regisseur i. VEB DEFA-Studio f. Spielfilme. Seit Mai 1977 Mitgl. d. Präsidiums, seit Nov. 1980 Vizepräs. d. Verbandes d. Film- u. Fernsehschaffenden.
Ausz.: Nat. Pr. III. Kl. (1977).
Werke: „Mit mir reden, Madame", Film. „Dr. med. Sommer II", Film u. a. m.

Waschewski, Gerhard
Berlin
Geb. 12. 1. 1929 i. Königsberg als Sohn eines Arbeiters
Erl. B.: Diplomat
Ausg. B.: Botschafter
Partei: SED
L.: Studium a. d. Uni. Rostock. 1950-52 Absolvent d. Verwaltungsakad. (Außenpolitik). Seit 1952 Angehöriger d. diplom. Dienstes d. DDR. 1954-57 Kulturattaché i. Prag. 1957-61 MA i. MfAA. 1961-66 2. bzw. 1. Sekr. i. Jugoslawien. 1966-67 Ltr. d. Ministerbüros i. MfAA. 1967-71 stellv. Ltr. d. HV d. DDR i. Österreich. 1971-75 Sektionschef bzw. stellv. AL Westeuropa i. MfAA. Dez. 1975-Mai 81 Botschafter i. d. Niederlanden. Nachf. v. Klaus Wolf.
Ausz.: VVO i.Bronze (1978) u. a.

Watzek, Hans
Hohenzieritz, Kreis Neustrelitz
Geb. 10. 10. 1932 in Niemes (Nordböhmen) als Sohn eines Landwirts
Erl. B.: Staatlich geprüfter Landwirt, Diplom-Wirtschaftler, Dr. rer. pol.
Ausg. B.: Direktor
Partei: DBD
L.: 1946-1949 landw. Lehre. 1949 bis 1952 Besuch d. Landw. Fachschulen i. Halle/S. u. Hohenerxleben. Staatl. gepr. Landw. 1950 Mitgl. d. DBD. 1952-1955 Studium a. d. DASR u. a. Inst. f. Agrarökonomie i. Potsdam. Dipl.-Wirtschafter. Ass. a. d. MTS Ivenack u. wiss. MA a. d. HS f. Landwirtschaft i. Bernburg. 1962 Promotion zum Dr. rer. pol. 1962-1965 Vors. d. LPG „12. Juli" i. Brietzig, Krs. Pasewalk. Seit 1963

Mitgl. d. Parteivorstandes d. DBD. Seit Okt. 1963 Abg. d. VK. Stellv. Vors. d. Verfassungs- u. Rechtsausschusses d. VK. Vors. d. Parlam. Freundschaftsgruppe DDR-Belgien i. d. VK. 1965-69 Vors. d. „Urania" i. Bez. Neubrandenburg. Seit 1965 Dir. d. Inst. f. Landwirtschaft (Wiss. Zentrum f. Land- u. Nahrungsgüterwirtschaft d. Bez. Neubrandenburg) i. Hohenzieritz. Seit 1966 Mitgl. d. Präs. d. Urania. Seit 1969 Mitgl. d. Nationalrates u. Vors. d. Bezirksausschusses Neubrandenburg d. NF.
Ausz.: VVO i. Bronze (1974) u. a.

Weber, Edith

Halle/Saale
Geb. 1. 11. 1941
Erl. B.: Chemielaborantin, Ing., Diplom-Gesellschaftswissenschaftler
Ausg. B.: Vorsitzende d. IG Chemie, Glas- u. Keramik i. FDGB
Partei: SED
L.: Chemielaborantin, Ingenieur. Studium a. d. PHSch. Diplom-Gesellschaftswiss. Seit 1967 Mitgl. d. SED. 1972 Sekr., 1978-80 stellv. Vors., seit 22. 12. 1980 Vors. d. ZV d. IG Chemie, Glas u. Keramik i. FDGB. Nachf. v. Werner Oertelt. Seit 16. 4. 1981 Kandidat, seit 24. 6. 1982 Vollmitgl. d. ZK d. SED.

Weber, Hans

Eisenhüttenstadt
Geb. 14. 7. 1937 i. Crossen a. d. Oder als Sohn eines Malers
Erl. B.: Lehrer
Ausg. B.: Schriftsteller
Partei: SED
L.: In Spremberg aufgewachsen. 1953-57 Unterstufenlehrer-Ausbildung a. Lehrerbildungsinst. Neuzelle. Danach Lehrer i. Haidemühl u. Finkenheerd. 1963-65 Besuch d. Literatur-Inst. i. Leipzig. Päd. MA a. Haus d. Lehrers i. Frankfurt/O. Seit 1968 freischaffender Schriftsteller i. Eisenhüttenstadt. Seit 1966 Vors. d. Schriftstellerverbandes i. Bez. Frankfurt/O. Seit Mai 1978 Mitgl. d. Präs. d. Schriftstellerverbandes d. DDR.
Ausz.: Erich-Weinert-Medaille (1969), Kunstpreis d. FDGB (1980) u. a.
Veröff.: „Meine Schwester Tilli", Vlg. Neues Leben, Berlin 1972. „Bin ich Moses?", Vlg. Neues Leben, Berlin 1976 (verfilmt), „Einzug ins Paradies", Vlg. Neues Leben, Berlin, 1979 u. a.

Weber, Harri

Berlin
Geb. 1932
Erl. B.: Kaufmann, Diplom-Wirtschaftler
Ausg. B.: Abteilungsleiter
Partei: SED
L.: Kaufmann, Diplom-Wirtschaftler. Seit Mitte der 50er Jahre stellv. Ltr. d. Abt. Bundesfinanzen i. BV d. FDGB. Seit 1968 Mitgl. d. BV, seit 24. 4. 1982 Mitgl. d. Präs. d. BV d. FDGB.
Ausz.: VVO i. Silber (1980) u. a.

Weber, Lothar

Karl-Marx-Stadt
Geb. 29. 4. 1926 i. Hockenheim/Krs. Schwetzingen
Erl. B.: Landwirtschaftsgehilfe, Diplom-Wirtschaftler
Ausg. B.: 2. Sekr. d. SED-BL Karl-Marx-Stadt
Partei: SED
L.: Landwirtschaftsgehilfe. 1946 SED. Hauptamtl. Funktionär, seit 1951. 1. Sekr. d. SED-KL Zeulenroda. 1958-60 1. Sekr. d. SED-KL Lobenstein. 1960-66 1. Sekr. d. SED-KL Jena-Stadt. Studium a. d. HS f. Ökonomie i. Ostberlin. 1968 Dipl.-Wirtschaftler. 1969-77 1. Sekr. d. SED-KL Zwickau-Stadt. Seit Ende 1977 2. Sekr. d. SED-BL Karl-Marx-Stadt. Nachf. v. Rudi Scharrer.
Ausz.: VVO i. Gold (1979) u. a.

Weber, Walter

Berlin
Geb. 24. 7. 1934 i. Schwerin/Radelübbe
Erl. B.: Diplom-Agronom, Diplom-Gesellschaftswissenschaftler
Ausg. B.: Botschafter
Partei: SED
L.: 1951-55 Besuch d. Landw. Fachschulen i. Lübtheen u. Ludwigslust. 1957-59 Studium a. Inst. f. Ökonomie i. Neugattersleben. Diplom-Agronom. Tätigkeit i. d. Landwirtschaft u. i. Staatsapparat. 1964-67 Uni-Studium d. Gewi. Diplom-Gewi. 1972 Absolvent d. DASR. Seit 1973 Angehöriger d. diplom. Dienstes d. DDR. Wiss. MA d. MfAA. Juni 1973-März 80 Botschafter d. DDR i. Kolumbien.

Webersinke, Amadeus

Dresden
Geb. 1. 11. 1920 in Braunau (Sudetenland) als Sohn eines Studienrats
Erl. B.: Organist, Pianist, Professor
Ausg. B.: Hochschullehrer
L.: 1926-1938 Besuch d. Volksschule, Realschule und d. Realgymnasiums Freiwaldau/CSR. 1938 Abitur. Ab 1938 Studium a. Konservatorium Leipzig. 1940 Prüfung als hauptamtl. Kirchenmusiker. 1940-45 Soldat (Obergefr.). Nach 1945 Dozent a. Leipziger Konservatorium. Organist u. Dir. HS f. Musik i. Leipzig. Seit 1953 Lehrstuhlinhaber f. Klavier a. d. HS f. Musik i. Leipzig. Seit 1972 Ltr. d. Meisterklasse f. Kammermusik a. d. HS f. Musik i. Dresden. (o. Prof.).
Ausz.: Nat. Pr. III. Kl. (1950), Verdienter Hochschullehrer d. DDR (1980) u. a.

Wedler, Heinz

Erfurt
Geb. 9. 5. 1927 i. Tilsit
Erl. B.: Feinmechaniker, Ingenieur, Diplom-Wirtschaftler, Dr. sc. oec.
Ausg. B.: Generaldirektor
Partei: SED
L.: Kriegsdienst. Schwere Verwundung. Feinme-

chanikerlehre. 1949-52 Ingenieur-Studium i. Jena. 1953-56 Haupttechnologe i. VEB Massindustrie i. Werdau. 1956-59 Techn. Dir. i. VEB Werkstoffprüfmaschinen Leipzig. 1959-62 Ltr. d. Forschung u. Entwicklung VVB Mechanik Leipzig. Studium a. Industrie-Inst. d. KMU Leipzig. Diplom-Wirtsch. Dr. rer. oec. Ab 1963 Werkdir., 1967 Generaldir. VEB Uhrenkombinat Ruhla. Seit 1978 Generaldir. Kombinat Mikroelektronik Erfurt. Seit 1967 Mitgl. d. SED-BL Erfurt.
Ausz.: Orden „Banner der Arbeit" Stufe II (1977) u. a.

Wegner, Rudolf

Rostock
Geb. 1924
Ausg. B.: Konteradmiral
Partei: SED
L.: Nach 1945 FDJ-Funktionär. Zeitw. 1. Sekr. d. FDJ-KL Stralsund. 1950 Eintritt i. d. VP-See. 1958-64 Mitgl. d. SED-BL Rostock. Zeitw. Ltr. d. Politverwaltung d. Seestreitkräfte/Volksmarine. Seit 3. 10. 1968 Konteradmiral. Kdr. d. Flottenschule „Walter Steffens", Stralsund.
Ausz.: VVO i. Silber (1974) u. a.

Weichelt, Wolfgang

Potsdam-Babelsberg
Geb. 9. 4. 1929 i. Chemnitz als Sohn eines Arbeiters
Erl. B.: Verwaltungsangestellterr Jurist, Diplom-Staatswissenschaftler, Dr. jur.
Ausg. B.: Institutsdirektor
Partei: SED
L.: Besuch d. Volks- u. Mittelschule. 1945 Landarbeiter. 1946-50 Verwaltungslehrling, Sachbearb. u. Hauptsachbearb. b. Rat d. Stadt Chemnitz. 1946 Mitgl. d. SED. 1950-53 Studium a. d. DASR. Diplom-Staatswiss. Ass. 1953-56 Aspirant a. d. Lomonossow-Uni. Moskau. Dr. jur. 1956-59 wiss. MA a. Inst. f. Rechtswiss. 1959-63 wiss. MA d. ZK d. SED (Abt. Staats- u. Rechtsfragen). 1964-66 Dir. d. Inst. f. staats- u. rechtswiss. Forschung DASR. 1964-72 Prof. m. Lehrauftrag f. Staats- u. Rechtstheorie u. Staatsrecht a. d. DASR. Seit 1966 erneut MA d. Abt. Staats- u. Rechtsfragen b. ZK d. SED. 1963-67 Mitgl. d. Verfassungs- u. Rechtsausschusses d. VK. Seit Juli 1967 Abg. d. VK u. Vors. d. Verfassungs- u. Rechtsausschusses. Seit 31. 10. 1972 Dir. d. neugegründeten Inst. f. Theorie d. Staates u. d. Rechts a. d. AdW d. DDR. Seit März 1973 stellv. Vors. d. Rates f. staats- u. rechtswiss. Forschung b. d. AdW. Stellv. Vors. d. IPU-Ausschusses f. parl., juristische u. Menschenrechtsfragen. Seit 1977 korr. Mitgl. d. AdW.
Ausz.: VVO i. Silber (1974) u. a.
Veröff.: Koautor d. Kommentars d. Verfassung d. DDR v. 1968, Staatsverlag, Ostberlin 1968.

Weichenhain, Klaus-Peter

Berlin
Geb. 8. 2. 1941 i. Frankfurt/Oder
Erl. B.: Lehrer, Diplom-Staatswissenschaftler
Ausg. B.: Sekretär d. ZV d. LDP
Partei: LDP
L.: Studium a. d. Pädag. HS Potsdam. Lehrer. 1963 LDP. 1967 Polit. MA d. BV Frankfurt/O. d. LDP. 1971-73 Studium a. d. DASR. Dipl.-Staatswiss. 1973 stellv. Vors., Febr. 75-Dez. 81 Vors. d. BV Suhl d. LDP. Nachf. v. Johannes Türschmann. Aug. 1975 i. d. ZV d. LDP kooptiert. Seit Okt. 1976 Abg. d. BT Suhl. Seit 11. 12. 1981 Sekretär d. ZV d. LDP. Seit April 1982 Mitgl. d. Polit. Ausschusses d. ZV d. LDP.
Ausz.: VVO i. Bronze (1980) u. a.

Weidemann, Bodo

Berlin
Geb. 1930
Erl. B.: Drahtzieher, Diplom-Wirtschaftler
Ausg. B.: Staatssekretär f. Berufsbildung
Partei: SED
L.: Facharbeiterbrief als Drahtzieher. Diplom-Wirtschaftler. Verwaltungsangestellter u. 10 Jahre lang stellv. Gen. Dir. einer VVB. Studium a. d. PHSch d. KPdSU. 1968-70 Ltr. d. Staatl. Amtes f. Berufsausbildung b. MR. Seit 1970 Staatssekretär f. Berufsbildung b. MR. Mitgl. d. ZV d. Gew. Unterricht u. Erziehung.
Ausz.: VVO i. Silber (1980) u. a.

Weidemann, Ronald

Berlin
Geb. 9. 11. 1931 i. Bilzingsleben als Sohn eines Arbeiters
Erl. B.: Bautischler
Ausg. B.: Botschafter
Partei: SED
L.: Volksschule. Bautischler. 1953-59 Studium a. Inst. f. Internat. Bez. i. Moskau. 1959 Eintritt i. d. diplom. Dienst. 1965-68 Ltr. d. Wirtschafts- u. Handelsmission d. DDR i. Mali. 1968-72 Ltr. d. Afrika-Abt. i. MfAA. Juni 1973-Juli 79 Botschafter i. Zaire. Jan. 1974-Juli 79 zusätzlich Botschafter i. Burundi.
Ausz.: Verdienstmedaille d. DDR u. a.

Weider, Wolfgang

Berlin
Geb. 29. 10. 1932 i. Berlin-Karlshorst
Erl. B.: Kathol. Priester
Ausg. B.: Weihbischof
L.: Studium d. kathol. Theologie i. Fulda, Erfurt u. Neuzelle. 21. 12. 1957 Priesterweihe i. Berlin. Danach Priester i. Berlin-Buch u. Herz Jesu i. Berlin-Prenzlauer Berg. Danach i. Berlin-Treptow u. Michendorf tätig (Kuratus). Gleichzeitig auch Hausgeistlicher u. Religionslehrer i. kirchl. Kindergärtnerinnenseminar. Seit 1976 Ordinariatsrat i. bischöfl. Ordinariat Berlin. 1981 Domkapitular. Seit 13. 2. 1982 Titularbischof v. Uzita u. Weihbischof d. Bischofs v. Berlin.

Weidig, Rudi

Berlin
Geb. 1931 i. Schnellroda, Krs. Querfurt, als Sohn eines Landarbeiters
Erl. B.: Schlosser, Schweißer, Soziologe, Dr. sc. phil.
Ausg. B.: Hochschullehrer
Partei: SED
L.: Besuch d. Einklassenschule i. Schnellroda. Schlosserlehre. Autogenschweißer i. Mineralölwerk Lützkendorf. Besuch einer Gewerkschaftsschule. Danach Ass., Schullltr. u. Lehrstuhllltr. f. Philosophie, Aspirant a. IfG. 1964 Promotion zum Dr. phil. Danach Dozent, seit 1970 Prof. a. IfG. Ltr. d. Lehrstuhls marx.-lenin. Soziologie bzw. Dir. d. Instituts f. marx.-lenin. Soziologie a. d. AfG. Seit 1971 Vors. d. Wiss. Rates f. soziol. Forschung d. DDR.
Ausz.: VVO i. Bronze (1972) u. a.

Weidner, Edgar

Leipzig
Ausg. B.: Hochschullehrer, Dr. paed.
Partei: SED
L.: Sportwissenschaftler, Dr. paed. Zeitw. stellv. Dir. bzw. Dir. d. Zentralschule d. DSTB i. Bad Blankenburg. Gegenwärtig Prorektor f. Gesellschaftswiss. u. Prof. f. Zeitgeschichte/Sportpolitik a. d. DHfK i. Leipzig. 1969-78 Vizepräs., seit April 1978 Präs. d. Gewichtheberverb. d. DDR. Nachf. v. Siegfr. Geilsdorf. Seit 1977 Vizepräs. d. Europ. Gewichtheber-Föd. Mitgl. d. Präsidiums d. NOK d. DDR.

Weigand, Manfred

Berlin
Geb. 12. 4. 1927 i. Magdeburg
Erl. B.: Angestellter
Ausg. B.: Sekretär d. IOJ
Partei: SED
L.: Angestellter. Nach 1945 FDJ-Funktionär. AL i. Zentralrat d. FDJ. 1953 1. Sekr. d. FDJ-BL Dresden. Danach Ltr. d. Abt. Unterhaltung u. Leserbriefe i. d. Redaktion d. „Jungen Welt". 1960-81 Programmltr. i. Staatl. Komitee f. Fernsehen. 1979 Promotion a. d. AfG. Seit Dez. 1981 Sekretär d. IOJ i. Prag. Nachf. v. Hans Treffkorn.
Ausz.: VVO i. Bronze (1977) u. a.

Weigl, Johann

Magdeburg
Geb. 1924
Erl. B.: Diplom-Wirtschaftler
Ausg. B.: Stellv. Minister f. Umweltschutz u. Wasserwirtschaft
Partei: SED
L.: Nach 1945 Wirtschaftsfunktionär. Studium a. d. HS f. Ökonomie i. Berlin-Karlshorst. Diplom-Wirtschaftler. Danach Hauptbuchhalter i. VEB Meßgeräte- u. Armaturenwerk „Karl Marx" i. Magdeburg u. Abtltr. i. d. Bezirksplankommission Magdeburg. März 1963 bis September 1973 Vors. d. Bezirksplankommission u. stellv. Vors. d. RdB Magdeburg. Abg. d. BT Magdeburg u. Mitgl. d. Sekr. d. SED-BL. Danach AL u. seit 1975 stellv. Min .f. Umweltschutz u. Wasserwirtschaft.
Ausz.: VVO i. Bronze (1969).

Weihs, Rolf

Erfurt
Geb. 19. 3. 1920 in Goldlauter, Kreis Suhl
Erl. B.: Metallformer
Ausg. B.: SED-Funktionär
Partei: SED
L.: Volksschule. Metallformer. Vor 1933 Mitgl. d. „Jungen Pioniere". Teilnehmer a. 2. Weltkrieg (Gefr.). Nach 1945 hauptamtl. Funktionär d. SED. 1954-1958 2. Sekr., 1958-60 1. Sekr. d. SED-Gebietsltg. Wismut. 1958 bis 1960 Kand., 1960-63 Mitgl. d. ZK d. SED. März 1960 bis Febr. 1963 1. Sekr. d. SED-BL Karl-Marx-Stadt. April 1963 bis April 1970 1. Sekr. d. SED-Krsltg. Potsdam. 1963-71 Abg. d. BT Potsdam. Seit 1970 stellv. Vors. d. BPKK d. SED Erfurt.
Ausz.: VVO i. Gold (1980) u. a.

Weikert, Martin

Erfurt
Geb. 29. 7. 1914
Ausg. B.: Generalleutnant d. SSD
Partei: SED
L.: Während d. 2. Weltkrieges Partisan i. d. CSR. Seit 1950 Angehöriger d. SSD. Leitende Funktionen i. Halle u. Berlin. Seit 1957 Ltr. d. Bezirksverwaltung Erfurt d. MfS. Mitgl. d. SED-BL Erfurt. Generalmajor, seit 1976 Generalleutnant d. SSD.
Ausz.: VVO i. Silber (1964) u. a.

Weimann, Robert

Berlin
Geb. 18. 11. 1928 i. Magdeburg
Erl. B.: Literaturhistoriker, Dr. phil. habil.
Ausg. B.: Hochschullehrer
Partei: SED
L.: Literaturhistoriker. Lehrtätigkeit a. d. Pädag. HS Potsdam u. a. d. Humboldt-Uni. Ostberlin. Prof. f. Literaturtheorie u. engl. Literaturgesch. Forschungsgruppenltr. a. Zentralinst. f. Literaturgesch. d. AdW. Mitgl. d. Red.-Beirates d. Ztschr. „Sinn u. Form". Seit 10. 5. 1978 1. Vizepräs. d. AdK.
Ausz.: Nat. Pr. II. Kl. (1964), Lessing-Preis (1981) u. a.

Weingart, Edith

Arnstadt/Thür.
Geb. 15. 3. 1922
Erl. B.: Kfm. Angestellte
Ausg. B.: 1. Sekretär d. SED-Kreisltg. Arnstadt
Partei: SED
L.: Kfm. Angestellte. 1948 Mitgl. d. SED. DFD-Funktionärin, u. a. Schulungsltr. a. d. Landesschule Thüringen d. DFD u. Ltr. d. Abt. Schu-

lung i. Bezirksvorstand Erfurt d. DFD. Später hauptamtl. SED-Funktionärin, u. a. Parteisekr. d. SED i. VEB Thür. Bekleidungswerk Erfurt u. Sekr. f. Agitprop. SED-Stadtltg. Erfurt. Seit 1962 1. Sekr. d. SED-Kreisltg. Arnstadt. 1967-76 Kand., seit 22. 5. 76 Vollmitgl. d. ZK d. SED. Ausz.: VVO i. Gold (1969) u. a.

Weinhauer, Marianne

Cottbus
Geb. 25. 5. 1938
Erl. B.: Ingenieur
Ausg. B.: Abteilungsleiter
Partei: SED
L.: Ingenieur. 1959 SED. Gegenw. Abtltr. i. VEB-Textilkomb. Cottbus. Seit 22. 5. 1976 Kand., seit 24. 6. 1982 Vollmitgl. d. ZK d. SED.

Weinhold, Georg

Bautzen
Geb. 28. 11. 1934 i. Zittau
Erl. B.: Kathol. Priester
Ausg. B.: Weihbischof v. Meißen
L.: Studium i. Erfurt u. Neuzelle. 1959 Priesterweihe i. Bautzen. 1960-71 Kaplan bzw. Pfarrer i. Kamenz, Leipzig u. Dippoldiswalde. 1971 Personalreferent d. Diözese Meißen. Seit 5. Juli 1973 Titularbischof v. Idicra u. Weihbischof v. Meißen.

Weinitschke, Hugo

Halle/Saale
Erl. B.: Diplom-Biologe, Dr. sc. nat.
Ausg. B.: Institutsdirektor
L.: Dipl.-Biologe, Dr. rer. nat. habil. MA, stellv. Dir. u. seit 1974 Dir. d. Inst. f. Landesforschung u. Naturschutz d. AdL i. Halle. Seit Febr. 1975 Prof. d. AdL. Stellv. Vors. d. KB i. Bez. Halle. Seit 1963 Mitgl. d. Präsidialrates, seit 1976 Mitgl. d. Präs. d. KB. Vors. d. Zentralen Kommission Natur u. Heimat.
Ausz.: VVO i. Bronze (1969).

Weinreich, Gerhard

Neubrandenburg
Geb. 1935
Erl. B.: St. gepr. Landwirt, Diplom-Landwirt
Ausg. B.: Stellv. Vorsitzender d. RdB Neubrandenburg
Partei: SED
L.: Landw. Facharbeiter, Staatl. gepr. Landwirt, Diplom-Landwirt. Zeitw. Vors. d. LPG Grapzow, Krs. Altentreptow. 1967-69 Kand., seit 1969 Mitgl. d. SED-BL Neubrandenburg. AL f. Land- u. Nahrungsgüterw. RdB Neubrandenb. Seit Juni 1981 stellv. Vors. d. RdB Neubrandenburg f. Land-, Forst- u. Nahrungsgüterw. Nachf. v. Helmut Trojan. Abg. d. BT.

Weinschenk, Hans-Erich

Magdeburg
Ausg. B.: Hochschullehrer, Dr. rer. nat.
Partei: SED
L.: Studium. Dr. rer. nat. Seit 1956 a. d. TH Magdeburg (HS f. Schwermaschinenbau) tätig. 1963 Prof. m. Lehrauftrag. 1966 Prof. m. v. Lehrauftrag f. Elektrotechnik a. d. TH Magdeburg. 1969 1. Prorektor. 1970-76 Rektor d. TH Magdeburg. Nachf. v. Manfred Beckert. 1971-76 Mitgl. d. SED-BL Magdeburg.
Ausz.: Verdienter Techniker d. Volkes (1963).

Weiskopf, Joachim

Leipzig
Geb. 5. 11. 1927 i. Leipzig
Erl. B.: Zahnarzt, Dr. sc. med. dent. et med.
Ausg. B.: Hochschullehrer, Sportfunktionär
L.: 1948-50 Studium d. Medizin u. Zahnmedizin. Promotion zum Dr. med. dent u. Dr. med. Prof. f. Prothetische u. Orthopäd. Stomatologie a. d. KMU Leipzig. Dir. d. Poliklinik f. Prothetische u. Orthopäd. Stomatologie. Sportfunktionär. 1950-58 Nationalspieler (Hockey). Zeitw. Vizepräs. d. Hockey-Verbandes. Seit April 1970 Präs. d. Kanusportverbandes. Mitgl. d. Präs. d. NOK u. d. BV d. DTSB.
Ausz.: Verdienter Arzt d. Volkes (1981).

Weiß, Gerhard

Berlin
Geb. 30. 7. 1919 in Erfurt als Sohn eines Angestellten
Erl. B.: Kfm. Angestellter, Diplom-Wirtschaftler, Dr. rer. oec.
Ausg. B.: Stellv. Vorsitzender des Ministerrates
Partei: SED
L.: Besuch einer Oberrealschule. 1935-37 kfm. Lehre. Anschl. bis 1939 Angestellter i. d. Exportabt. eines Papierverarbietungs-Großbetriebes. Kriegsdienst (Uffz., Gren. Rgt.). 1943 sowj. Kriegsgefangenschaft. Antifa-Schüler. 1949-51 HA-Ltr. i. Min. f. Wirtschaft d. Landes Thüringen. 1948 Mitgl. d. SED. Seit 1951 Hauptabteilungsltr. u. v. 1954-1965 stellv. Min. i. Min. f. Außenhandel u. Innerdtsch. Handel. 1950-54 Fernstudium DASR. Diplom-Wirtschaftler. Seit 1958 Vizepräs. d. Dtsch.-Arab. Ges. d. DDR. Seit März 1965 stellv. Vors. d. Ministerrates. Dez. 1965 Promotion a. d. Humboldt-Uni. i. Ostberlin (Dr. rer. oec.). 1967-76 Kand., seit 22. 5. 76 Vollmitgl. d. ZK d. SED. Seit 1967 Ständiger Vertreter d. DDR i. RGW. Seit Juli 1967 Abg. d. VK.
Ausz.: VVO i. Gold (1976) u. a.

Weiß, Hilmar

Berlin
Geb. 1928
Erl. B.: Kaufmann, Diplom-Wirtschaftler, Dr.
Ausg. B.: Abteilungsleiter im ZK der SED
Partei: SED
L.: Volks- u. Handelsschule. 1944 bis 1946 kfm.

Lehre. Ab 1946 kfm. Angestellter VDK i. Suhl.
Hauptbuchhalter VDK Suhl. 1954-58 Vors. d.
VDK i. Bez. Suhl. 1954-58 Mitgl. d. RdB Suhl.
1959-1963 Vors. d. ZRK d. VDK u. stellv. Präs.
d. VDK. 1963-1967 Präs. d. VDK. Seit 1967 Ltr.
d. Abt. Handel, Versorgung und Außenhandel i.
ZK d. SED. Seit 16. 4. 1981 Kand. d. ZRK d.
SED.
Ausz.: VVO i. Gold (1978) u. a.

Weißbach, Rolf
Berlin
Geb. 6. 9. 1923 i .Chemnitz
Erl. B.: Diplom-Wirtschaftler
Ausg. B.: Stellv. Vorsitzender d. Staatl. Komitees
f. Rundfunk
Partei: SED
L.: 1941 NSDAP. Kriegsdienst (Gefr.). Nach
1945 FDJ-Funktionär. 1955 bis 1959 Vors. d.
ZRK d. FDJ. 1959-62 Sekr. d. WBDJ. Danach
stellv. Chefred. bzw. Chefred. v. „Radio Berlin
International". Seit 1970 stellv. Vors. d. Staatl.
Komitees f. Rundfunk. Seit Juni 1972 Mitgl. d.
Präs. d. VdJ., seit Juni 1977 stellv. Vors. d. ZV d.
VdJ.
Ausz.: VVO i. Silber (1973) u. a.

Weissbach-Rieger, Anita
Berlin
Geb. 1934
Erl. B.: Ärztin, Dr. sc. med.
Ausg. B.: Hochschullehrerin
L.: Ärztin, Dr. sc. med. O. Prof. f. Gynäkologie u.
Geburtenhilfe a. d. Humboldt-Uni. Ostberlin.
Ltr. d. Fachbereichs Soziale Gynäkologie d.
Frauenklinik d. Charité. Seit 17. 2. 1982 Vors. d.
BA Berlin d. Nat. Front. Nachf. v. Prof. Lothar
Kolditz. Mitgl. d. Wiss. Rates „Frau i. Sozialismus" d. AdW.

Weißgärber, Wilhelm
Berlin
Geb. 5. 8. 1925 i. Brigidau/Wartheland als Sohn
eines Landwirts
Erl. B.: Kaufmann, Staatl. gepr. Landwirt
Ausg. B.: Sekretär d. Parteivorstandes d. DBD
Partei: DBD
L.: Volksschule. 1939-41 kfm. Lehre. 1943
NSDAP. 1946-51 i. elterlichen Betrieb tätig. 1949
Mitgl. d. DBD. 1949-50 Vors. d. DBD i. Schönhausen/Elbe. 1951 Stadtrat f. Landw. i. Genthin.
1951-52 MA d. Landesregierung Sachsen-Anhalt.
1952-68 Abg. d. BT Magdeburg. 1952-1959 Sekr.
d. Bezirksverbandes Magdeburg d. DBD. 1959-
62 stellv. Vors. d. RdB Magdeburg f. Landw.
1962-63 Besuch d. Landwirtschaftsinst. b. ZK d.
SED i. Schwerin. Staatl. gepr. Landwirt. 1963-68
1. stellv. Vors. d. LWR/RLN d. Bez. Magdeburg.
Seit Mai 1968 Mitgl. d. Parteivorstandes, d. Präs.
u. Sekr. d. PV d. DBD. Seit 1969 Mitgl. d. Nationalrates d. NF. Seit Sept. 1971 Vors. d. Bezirksverb. d. DBD i. Ostberlin. Seit Nov. 1971 Berl.
Vertr. bzw. Abg. i. d. VK, seit 1980 1. stellv. Vors.
d. Ausschusses f. Eingaben d. Bürger. Seit 7. 5.
1982 Vors. d. Parteischiedsgerichts d. DBD.
Mitgl. d. StVV Ostberlin.
Ausz.: VVO i. Gold (1979) u. a.

Weißig, Roland
Berlin
Geb. 21. 7. 1918 in Chemnitz als Sohn eines Teppichwebers
Erl. B.: Werkzeugschlosser
Ausg. B.: Stellv. Direktor
Partei: SED
L.: Werkzeugschlosser. Nach 1945 Sportfunktionär. 1949-50 Ltr. d. Sportschule Leipzig. 1950-52
Sekr. d. Dtsch. Sportausschusses. 1952-57 stellv.
Vors. bzw. Abtltr. (Bereichsltr.) i. Staatl. Komitee
f. Körperkultur u .Sport d. DDR. 1957-1961
Vizepräs. bzw. Sekr. d. DTSB. 1962-1966 Vors. d.
Bezirksverbandes Karl-Marx-Stadt d. DTSB.
1966-68 erneut Vizepräs. d. DTSB. Seit April
1968 Vors. d. Staatl. Komitees f. Körperkultur u
.Sport. Juli 1970-März 74 Staatssekr. f. Körperkultur u. Sport. Nachf. v. Alfred B. Neumann.
Seit Mai 1970 zusätzl. Präs. d. Handball-Verbandes d. DDR. Seit 1976 stellv. Dir. d. Palastes d.
Republik i. Ostberlin für Kader, Bildung, Arbeitsökonomie u. Sozialpolitik.
Ausz.: VVO i. Gold (1972) u. a.

Weißmantel, Christian
Karl-Marx-Stadt
Geb. 9. 12. 1931 in Kamenz/Sachsen als Sohn
eines Lehrers
Erl. B.: Physiker, Dr. re.r nat. habil.
Ausg. B.: Hochschullehrer
Partei: SED
L.: Lessing-Oberschule i. Kamenz. Abitur. 1950-
55 Studium d. Physik a. d. TH Dresden. Diplom.
1958 Promotion zum Dr. rer. nat. 1963 Habil. i.
Dresden. 1963 Berufung als Dozent a. d. HS f.
Maschinenbau (TH) Karl-Marx-Stadt. 1963 Prof.
m. LA. 1965 Prof. m. vollem LA, 1968 Prof. m.
Lehrstuhl f. Festkörperphysik. Wissenschaftsbereichsltr. experim. Physik. 1965-69 Prorektor f.
Forschung bzw. Prognose. 1969-73 Rektor d. TH
Karl-Marx-Stadt. O. Mitgl. d. Forschungsrates b.
MR. Ehrenamtl. Vizepräs. d. Urania. 1968 Mitgl.
d. SED. Seit 1969 Mitgl. d. SED-BL Karl-Marx-
Stadt. 1976 o. Mitgl. d. AdW.
Ausz.: Nat. Pr. III. Kl. (1970), VVO i. Silber
(1980) u. a.

Weitbrecht, Wolfgang
Berlin
Geb. 17. 6. 1920 i. Stuttgart
Erl. B.: Arzt, Dr. med.
Ausg. B.: Chefredakteur
Partei: SED
L.: Volks- u. Oberschule. 1939 Abitur. Medizin-Studium i. Tübingen. Kriegsdienst. 1945 KPD i.
Stuttgart. FDJ. 1947 mediz. Staatsexamen. Dr.
med. Anschl. bis 1950 als VolontärArzt i. Bundesgebiet tätig. 1951 Übersiedlung nach Ostber-

lin. 1953 Amtsarzt u. Abtltr. f. Gesundheitswesen b. Rat d. Stadtbez. Berlin-Köpenick. 1957 Vors. d. DRK i. Ostberlin. 1958-74 1. Vizepräs. d. DRK d. DDR. 1958-63 Abg. BT Dresden. Obermedizinalrat. Seit 1974 Chefredakteur d. Wochenztg. „humanitas".
Ausz.: Verdienter Arzt d. Volkes (1970), VVO i. Bronze (1980) u. a.

Weitkus, Otto

Berlin
Geb. 30. 8. 1932 i. Arendsee
Erl. B.: Großhandelskaufmann, Diplom-Wirtschaftler, Dr. rer. oec.
Ausg. B.: Präsident d. Kammer für Außenhandel
Partei: SED
L.: Großhandelskaufmann. Diplom-Wirtschaftler u. Dr. rer. oec. Außenhandelsfunktionär. 1965-67 Ltr. d. HV d. DDR i. Ceylon. Danach MA d. IfG beim ZK d .SED. 1973 Sekretär, Jan. 1974 bis Jan. 1981 1. Sekr. d. KL Außenhandel d. SED. Seit 25. 2. 1981 Präs. d. KfA. Nachf. v. Rudolf Murgott.
Ausz.: VVO i. Bronze (1978) u. a.

Weitz, Hans-Jürgen

Berlin
Geb. 11. 8. 1923 i. Nürnberg als Sohn eines Angestellten
Erl. B.: Finanzangestellter, Diplom-Historiker
Ausg. B.: Botschafter
Partei: SED
L.: Finanzangestellter. Kriegsdienst i. d. Waffen-SS. Nach 1945 Ltr. d. Finanzamtes Heiligenstadt u. Sekr. d. Rates d. Krs. Heiligenstadt. Studium a. d. DASR. 1955-1961 Sekr. d. Rates d. Stadt Weimar bzw. 1. stellv. Oberbürgermstr. v. Weimar. Seit 1961 Angehöriger d. diplom. Dienstes d. DDR. Sept. 1962 bis Mai 1966 Generalkonsul d. DDR i. d. VAR, 1964-66 außerdem i. d. Republik Jemen. 1966-68 Studium a. d. KMU Leipzig. Diplom-Historiker. Juni 1968-Juni 1969 Generalkonsul, Juni 1969-Aug. 1973 Botschafter d. DDR i. Irak. Mai-Juli 1973 zusätzl. Botschafter d. DDR i. Kuweit. 1973-76 stellv. AL Naher u. Mittlerer Osten i. MfAA. Nov. 1976-Febr. 81 Botschafter d. DDR i. Tansania, seit 14. 12. 76 i. Madagaskar, seit 18. 1. 77 i. Mauritius, seit 21. 6. 77 i. d. Rep. d. Komoren u. seit 31. 10. 77 auf d. Seychellen. Seit 12. 4. 1981 Botschafter i. Ägypten. Nachf. v. Otto Becker.
Ausz.: VVO i. Silber (1969) u. a.

Weiz, Herbert

Berlin
Geb. 27. 6. 1924 in Cumbach bei Ernstroda über Gotha
Erl. B.: Kfm. Angestellter, Diplom-Wirtschaftler, Ing.-Ökonom, Dr. rer. oec.
Ausg. B.: Stellv. Vorsitzender d. Ministerrates
Partei: SED
L.: Volksschule. 1938-1941 kfm. Lehre. 1942 NSDAP. Kriegsdienst u. Gefangenschaft. 1946- 1951 Studium d. Wirtschaftswiss. a. d. Uni. Jena. 1945 KPD. 1946 SED. Wirtschaftsfunktionär. 1952-54 Werkleiter i. VEB „Optima" Büromaschinenwerk Erfurt. 1951-55 Fernstudium TH Dresden. Ing.-Ökonom. 1954 Ltr. d. Hauptverwaltung Leichtmaschinenbau i. Min. f. Maschinenbau. 1955-1962 1. stellv. Werkltr. i. VEB Carl Zeiss i. Jena. Seit 1958 Mitgl. d. ZK d. SED. Mai 1962 Promotion zum Dr. rer. oec. (Mitrofanow-Methode) a. Inst. f. Gesellschaftswiss. b. ZK d. SED. 1962-67 Staatssekr. f. Forschung u. Technik d. DDR. Verantwortlicher d. Regierung d. DDR f. d. Forschungsrat. Seit Mai 1963 Mitgl. d. Forschungsrates. Seit Okt. 1963 Abg. d. VK. Seit 13. 7. 1967 stellv. Vors. d. Ministerrates. Seit 14. 2. 74 zusätzl. Min. f. Wiss. u. Technik. Nachf. v. Günter Prey. Stellv. Vors. d. DDR-Teils d. Regierungskommission f. ökon. u. wiss.-techn. Zusammenarbeit DDR-UdSSR. Vors. d. DDR-Sektion d. Wirtschaftsausschusses DDR-Bulgarien.
Ausz.: VVO i. Gold (1976) u. a.

Wekker, Rudi

Berlin
Geb. 1927
Erl. B.: Diplom-Ingenieur
Ausg. B.: Sonderbeauftragter
Partei: SED
L.: 1946 Mitgl. d. SED. Vorsem. a. d. Uni. Halle. Studium a. d. TH Dresden. 1953 Dipl.-Ing. f. Schwachstromtechnik. Entwicklungsdir. i. VEB Funkwerk Berlin-Köpenick. 1959 MA d. SPK. 1962/63 Ltr. d. Sektors Technik u. stellv. Ltr. d. Abt. Elektrotechnik i. VWR. 1964-1965 stellv. Vors. d. VWR. 1963-1971 Kand. d. ZK d. SED. Seit 1966 Abteilungsltr., seit 1969 stellv. Min. f. Elektrotechnik u. Elektronik (verantwortl. f. außenwirtsch. Beziehn.). 1978 Sonderbeauftragter d. Regierung d. DDR i. Libyen.
Ausz.: VVO i. Bronze (1981) u. a.

Wekwerth, Manfred

Berlin
Geb. 3. 12. 1929 in Köthen
Ausg. B.: Intendant, Dr. phil.
Partei: SED
L.: Oberschule. Abitur. Neulehrer. Seit 1951 Brecht-Schüler u. Regisseur b. „Berliner Ensemble". 1960-69 Chefregisseur d. Berliner Ensembles. 1970 Regisseur am Deutschen Theater Ostberlin. 1965-74 Sekretär d. Sektion Darstellende Kunst d. Akad. d. Künste i. Ostberlin. 1970 Promotion a. d. Humboldt-Uni. Ostberlin. Mitgl. d. Präs. d. Verbandes d. Theaterschaffenden u. d. Präs. d. DAK. April 1974-Juli 82 Vizepräs. d. AdK. Sept. 1974-Dez. 77 Dir. d. Inst. f. Schauspielregie i. Ostberlin, seit 1977 nur noch künstl. Ltr., ebda. Sept. 1975 Prof. Seit April 1977 Intendant d. Berliner Ensembles. Nachf. v. Ruth Berghaus. Seit 7. 7. 1982 Präsident d. AdK. Nachf. von Konrad Wolf.
Ausz.: Nat.-Preis II. Kl. (1961, Koll.). VVO i. Gold (1979) u. a.

Welm, Charlotte, geb. Meyhöfer
Berlin
Geb. 25. 10. 1923 in Nowawes bei Potsdam
Erl. B.: Buchhalterin, Diplom-Wirtschaftler
Ausg. B.: Vorsitzende d. ZV d. Gewerkschaft Handel, Nahrung u. Genuß
Partei: SED
L.: Volksschule. 1938-41 kfm. Lehre. Bis 1946 Buchhalterin. Nach 1945 Betriebsratsvors. i. d. Märk. Knäckebrotfabrik. 1945 SPD. 1946 SED. 1946-52 Mitgl. u. Vors. d. Landesvorst. Brandenburg IG Nahrung, Genuß, Gaststätten. 1952-53 Besuch d. HS d. Gewerkschaften. 1953-54 Sekr., seit 1954 Vors. d. Gewerkschaft Handel-Genuß-Gaststätten, seit 1958 Vors. d. Gewerkschaft Handel-Nahrung-Genuß i. FDGB. Seit 1954 m. einigen Unterbrechungen Mitgl. d. Präs. d. BV d. FDGB. 1965-67 Studium a. d. HS f. Ökonomie i. Berlin-Karlshorst. Diplom-Wirtschaftler. 1971-81 Abg. d. VK u. Mitgl. d. Ausschusses f. Handel u. Versorgung.
Ausz.: VVO i. Silber (1974) u. a.

Wend, Diethard
Berlin
Geb. 10. 12. 1931
Erl. B.: Diplom-Journalist
Ausg. B.: Chefredakteur
Partei: NDP
L.: Diplom-Journalist. Für die NDP-Presse tätig, zuerst als Bezirkskorrespondent d. „National-Zeitung" i. Leipzig, dann als Redakteur u. 1972-82 stellv. Chefred. d. „National-Zeitung". Seit 11. 6. 1982 Chefredakteur d. Zentralorgans d. NDP „National-Zeitung". Nachf. v. Horst Kreter. Seit 24. 4. 1982 Mitgl. d. HA d. NDP. Seit 11. 6. 1982 Mitgl. d. ZV d. VdJ.
Ausz.: VVO i. Silber (1981). Franz-Mehring-Ehrennadel (1982) u. a.

Wendelborn, Gert
Rostock
Geb. 13. 7. 1935 i. Rostock als Sohn eines Arbeiters
Erl. B.: Evang. Theol., Dr. sc. theol.
Ausg. B.: Hochschullehrer
Partei: CDU
L.: Besuch d. Grund- u. Oberschule. 1953-58 Studium d. Ev. Theologie a. d. Uni. Rostock. 1958-59 Forschungsbeauftragter, 1959-64 wiss. Ass., 1964-69 wiss. Aspirant, seit 1969 Dozent, seit Sept. 1977 ao. Prof. f. Ökumenik u. Kirchengeschichte d. Uni. Rostock. Stellv. Dir. d. Sektion Theologie. 1962 Mitgl. d. CDU. Stellv. Vors. d. Bez.-ausschusses d. NF. Seit 1966 Mitgl. d. Friedensrates. Seit 1967 Abg. d. BT Rostock. Seit Okt. 1976 Abg. d. VK. Seit 1981 Mitgl. d. Ausschusses f. Auswärtige Angel. Seit 18. 2. 1982 Vizepräs. d. Friedensrates d. DDR.
Ausz.: VVO i. Bronze (1979) u. a.

Wendt, Otto
Cottbus
Geb. 1. 12. 1926 in Übigau
Erl. B.: Schuhmacher, Diplom-Gesellschaftswissenschaftler, Dr. pol. rer.
Ausg. B.: 1. stellv. Vorsitzender d. RdB Cottbus
Partei: SED
L.: Schuhmacher. 1944 NSDAP. Nach 1945 SED. Staatsfunktionär. Zeitw. Ltr. d. Abt. Kultur b. RdB Cottbus, Vors. d. RdK Jessen u. Hoyerswerda. Seit Nov. 1975 1. stellv. Vors. d. RdB Cottbus. Seit 1976 Abg. d. BT.
Ausz.: VVO i. Silber (1978) u. a.

Wenning, Werner
Berlin
Geb. 16. 7. 1914 in Berlin als Sohn eines Arbeiters
Erl. B.: Schlosser, Diplom-Staatswissenschaftler
Ausg. B.: Sekretär
Partei: SED
L.: Schlosser. Nach 1945 Angestellter d. Berliner Magistrats. 1947-49 Studium d. Gewi. a. d. Uni. Leipzig. Seit 1950 Angehöriger d. diplom. Dienstes d. DDR. Stellv. Abtltr. u. Abtltr. i. MfAA. 1958-63 Fernstudium DASR. 1959 bis 1962 Botschaftsrat a. d. DDR-Botschaft i. China. 1963-70 Ltr. d. 3. Europ. Abt. (Südosteuropa) i. MfAA. Okt. 1970-Juli 75 Botschafter d. DDR i. d. VR Bulgarien. Nachf. v. H. Keusch. 1976 Sekr. d. Komitees f. d. Kampfdekade gegen Rassismus u. Rassendiskriminierung.
Ausz.: VVO i. Silber (1974) u. a.

Wenzel, Lothar
Berlin
Geb. 30. 1. 1924 i. Ohlau
Erl. B.: Verwaltungsangestellter, Diplom-Wirtschaftler
Ausg. B.: Botschafter
Partei: SED
L.: Verwaltungsangestellter. Kriegsdienst (Gefr.). Nach 1945 Studium. MA d. Außenhandelsapparates. Ltr. d. Protokollabt. i. MAI. Seit 1961 Angehöriger d. diplom. Dienstes d. DDR. 1962-63 Konsul u. amt. Ltr. d. Handelsvertretung d. DDR auf Ceylon. 1964-66 MA d. DDR-Botschaft i. d. VR China. Danach Sektionsltr. i. MfAA. 1968-72 stellv. Ltr. d. Handelsvertretung bzw. Botschaftsrat (Geschäftsträger) i. Indien. Febr. 1972-Jan. 1975 Botschafter d. DDR i. Bangladesh.
Ausz.: VVO i. Bronze (1974) u. a.

Werbs, Norbert
Schwerin
Geb. 20. 5. 1940 i. Rostock-Warnemünde als Sohn eines Ingenieurs
Erl. B.: Kathol. Priester, Lit. theol.
Ausg. B.: Weihbischof
L.: Abitur i. Rostock. Studium d. kathol. Theologie i. Erfurt u. auf d. Huysburg b. Halberstadt. 1. 7. 1964 Priesterweihe i. Rostock. 1964-66 Kaplan i. Neubrandenburg. 1966-71 wiss. Ass. u. später

Präfekt a. Priesterseminar Erfurt. 1971 Kaplan, 1972-75 Pfarrer i. Parchim. 1975-81 Pfarrer i. Neubrandenburg. 21. 1. 1981 Titularbischof v. Amarua u. Weihbischof d. Apost. Administrators i Schwerin (Bischofsweihe am 25. 3. 81 i. Rostock).

Werner, Ernst

Leipzig
Geb. 20. 11. 1920 in Thyssa/CSR als Sohn eines kaufm. Angestellten
Erl. B.: Historiker, Dr. phil. habil.
Ausg. B.: Hochschullehrer
Partei: SED
L.: Besuch einer Wirtschaftsoberschule. Abitur. Kriegsdienst. Nach 1945 Neulehrer b. Dresden. Ab 1949 Studium d. Pädagogik und Geschichte a. d. Uni. Leipzig. 1952 Promotion (Dr. phil.). 1955 Habil. i. Leipzig. 1957 Prof. Gegenw. Prof. m. Lehrstuhl f. Allgem. Gesch. d. Feudalismus bis 1500 a. d. KMU Leipzig. Vors. d. Nationalkomitees f. Balkanistik. 1967-69 Rektor d. KMU Leipzig. 1971 korresp. Mitgl. DAW, 1973 o. Mitgl. d. AdW.
Ausz.: Nat. Pr. III. Kl. (1966). VVO i. Bronze (1975) u. a.

Werner, Hans-Georg

Halle/Saale
Geb. 1931 i. Schlesien
Erl. B.: Literaturwissenschaftler, Dr. phil. habil.
Ausg. B.: Hochschullehrer
L.: Studium d. Germanistik, Philosophie u. Geschichte a. d. MLU Halle-Wittenberg. 1955-58 Lektor f. dtsch. Literatur a. d. Uni. Bukarest. Promotion u. Habil. Gegenwärtig o. Prof. u. Dir. d. Sektion Germanistik u. Kunstwiss. a. d. MLU Halle-Wittenberg. Seit März 1982 Vors. d. KB i. Bezirk Halle. Nachf. v. Gertrud Sasse.
Ausz.: Lessing-Preis (1977) u. a.
Veröff.: „E. T. A. Hoffmann. Darstellung u. Deutung i. dichterischen Werk", u. a.

Werner, Horst

Berlin
Erl. B.: Diplom-Wirtschaftler
Ausg. B.: Staatssekretär
Partei: SED
L.: 1955-58 Hauptbuchhalter d. Min. f. Leichtindustrie. 1962-65 Sektorenltr. Konsumgüterproduktion i. VWR. 1966-70 Abtlr., 1970-72 stellv. Min., seit 1972 Staatssekr. i. Min. f. Leichtindustrie.
Ausz.: VVO i. Silber (1974) u. a.

Werner, Rolf

Berlin
Geb. 12. 11. 1926 i .Wolfen/Bitterfeld
Erl. B.: Chemielaborant, Dipl.-Ing. oec.
Ausg. B.: 1. Sekretär u. Vizepräsident d. KdT
Partei: SED
L.: Chemielaborant. 1953 1. Sekr. d. SED-KL Aschersleben. Besuch d. PHSch. 1956-58 1. Sekr. d. SED-KL Köthen. 1958-63 1. Sekr. d. SED-KL Leuna-Werke „W. Ulbricht". Studium. Seit 1967 1. Sekr. u. Vizepräs. d. KdT. Seit 1968 Mitgl. d. Bundesvorst. d. FDGB (1968-72 d. Präs.).
Ausz.: VVO i. Silber (1974) u. a.

Werner, Ruth, geb. Kuczynski

(verheiratete Hamburger u. Beurton)
Berlin
Geb. 15. 5. 1907 i. Berlin als Tochter d. Wirtschaftswiss. René Kuczynski
Erl. B.: Buchhändlerin
Ausg. B.: Schriftstellerin
Partei: SED
L.: Buchhändlerlehre. 1924 KJV, 1926 KPD. 1930-35 Aufenthalt i. China. Dort u. danach i. Polen, i. d. Schweiz u. i. England nachrichtendienstlich als „Kundschafterin" für d. SU tätig (u. a. mit Richard Sorge). Oberst d. Roten Armee. 1950 Rückkehr nach Deutschland. Abtlr. i. Amt f. Information u. KfA, dann schriftstellerische Betätigung.
Ausz.: Rotbannerorden d. UdSSR (1936 u. 1969). Karl-Marx-Orden (1977). Nat. Pr. I. Kl. (1978), VVO i. Gold (1982) u. a.
Veröff.: „Ein ungewöhnliches Mädchen", Vlg. Neues Leben, Berlin 1958. „Olga Benario", Verlag Neues Leben, Berlin 1961. „Sonjas Rapport", Verlag Neues Leben, Berlin 1977 (verfilmt) u. a. m.

Werthmann, Harald

Berlin
Geb. 24. 11. 1924 in Tilsit als Sohn eines Landwirts
Erl. B.: Finanzangestellter
Ausg. B.: Sekretär d. ZV d. LDP
Partei: LDP
L.: Mittelschule i. Potsdam. 1941-1942 Besuch d. Fachschule u. Tätigkeit i. Finanzwesen. Anschl. Soldat. 1945 bis 1949 Angestellter d. Finanzamtes Beeskow. 1947 Mitgl. d. LDP. 1949-1950 Pers. Referent d. Finanzmin. d. Landes Brandenburg. 1950-1952 Abg. d. Landtages Brandenburg. 1951-1956 Pers. Referent d. Stellv. d. Vors. d. Ministerrates u. Vors. d. LDP, Dr. Hans Loch. 1953-1958 u. seit 1963 Bln. Vertr. i. d. VK. 1958-1963 u. seit 1981 Abg. d. VK. 1957-1963 stellv. Vors. d. Ständigen Ausschusses f. d. örtl. Volksvertretungen d. VK. Seit 1971 Mitgl. d. Ausschusses f. Nat. Verteidigung d. VK. Seit 1956 Mitgl. d. Zentralvorstandes d. LDP. Seit 1961 Sekr. d. ZV d. LDP, Mitgl. d. Polit. Ausschusses d. LDP u. Vors. d. Bezirksverbandes Ostberlin d. LDP. Seit 1963 Mitgl. d. StVV Ostberlin.
Ausz.: VVO i. Silber (1969) u. a.

Werzlau, Joachim

Berlin
Geb. 5. 8. 1913 in Leipzig als Sohn eines Orchestermusikers
Erl. B.: Klavierbauer

Ausg. B.: Komponist
Partei: SED
L.: Klavierbauerlehre b. d. Fa. Blüthner i. Leipzig. Später Ballettbegleiter u. Akkordeon-Solist b. Deutschen Veranstaltungsdienst. Kriegsdienst. Verwundung. Nach 1945 musikal. MA d. Ballettschule Mary Wigman u. Schauspielkapellmstr. i. Leipzig. Musikal. Ltr. u. Dir. d. Kabaretts „Die Rampe". 1949 Ltr. d. Redaktion „Unser Lied" b. Berliner Rundfunk. Jetzt freiberufl. Komponist. Zeitw. Vors. d. Verb. Dtsch. Komponisten u. Musikwiss. i. Ostberlin. Mitgl. d. StVV Ostberlin. O. Mitgl. d. DAK.
Ausz.: Nat. Pr. III. Kl. (1967), VVO i. Gold (1974) u. a.
Werke: „Meister Röckle", Oper, 1975 u. a. m.

Wessel, Harald

Berlin
Geb. 12. 2. 1930 in Wuppertal als Sohn eines Arbeiters
Ausg. B.: Redakteur, Dr. phil.
Partei: SED
L.: 1946-1947 FDJ-Funktionär i. einem thür. Dorf. 1948 Mitgl. d. SED. Ab 1948/49 Studium d. Biologie a. d. Uni. Jena. Danach MA d. Min. f. Volksbildung d. DDR. 1955-1958 Aspirantur b. Prof. Georg Klaus i. Berlin. Promotion (Dr. phil.). Seit Aug. 1963 Mitgl. d. Redaktionskollegiums d. ND. AL Propaganda/Wissenschaft i. d. Redaktion d. ND. Mitgl. d. Jugendkommission b. Politbüro d. ZK d. SED.
Ausz.: VVO i. Silber (1978) u. a.
Veröff.: „Viren, Wunder, Widersprüche", Dietz-Verlag, Berlin 1961.

Wettengel, Rudi

Berlin
Geb. 16. 1. 1924 i. Asch/CSR
Ausg. B.: Wiss. Mitarbeiter
L.: Kriegsdienst. Nach 1945 Parteijournalist, u. a. beim ND. 1960-73 Chefred. d. Ztschr. „Neuer Weg". Zugleich AL i. ZK d. SED. Danach Vertreter d. SED i. Red. Koll. d. Ztschr. „Probleme d. Friedens u. d. Sozialismus". Seit April 1981 Kandidat d. ZRK d. SED. Wiss. MA d. ZRK d. SED.
Ausz.: VVO i. Silber (1973) u. a.

Wetzel, Hans

Cottbus
Geb. 3. 3. 1920
Erl. B.: Schriftsetzer
Ausg. B.: 2. Sekretär d. SED-BL Cottbus
Partei: SED
L.: Nach 1945 im Braunkohlenbergbau i. Espenhain tätig. Mitgl. d. BGL. Danach hauptamtl. Gewerkschaftsfunktionär, u. a. Ltr. d. Bundesschule f. FDGB u. stellv. Dir. d. HS d. Gewerkschaften. Ab 1953 1. Sekretär d. SED-Krsltg Döbeln/Sa. 1955-1962 Sekr. f. Agitation u. Propaganda d. SED-BL Leipzig. 1962-69 Sekr. f. Org. u. Kader (2. Sekr.) d. SED-BL Leipzig. Seit 1. 6. 1969 2. Sekr. d. SED-BL Cottbus. Nachf. v. W. Walde. Mitgl. d. Redaktionskoll. d. theor. Ztschr. „Einheit". Abg. d. BT Cottbus.
Ausz.: VVO i. Gold (1977) u. a.

Wetzel, Klaus

Leipzig
Geb. 1932
Erl. B.: Physiker, Dr. sc. nat.
Ausg. B.: Institutsdirektor
Partei: SED
L.: 1950-54 Studium a. d. KMU Leipzig. Seit 1957 Ass., Abtltr. u. stellv. Dir. d. Inst. f. stabile Isotope d. DAW. Seit 1971 Dir. d. Zentralinst. f. Isotopen- u. Strahlenforschung. AdW i. Leipzig. Seit 1977 Vors. d. KdT i. Bez. Leipzig. Seit Febr. 1979 Mitgl. d. SED-BL Leipzig. 1980 Promotion B.
Ausz.: Nat. Preis.

Wetzel, Rolf

Berlin
Geb. 5. 1. 1921 in Chemnitz
Ausg. B.: Generaldirektor
Partei: SED
L.: Versicherungskaufmann. 1939 NSDAP. 1950 Ltr. d. Versicherungsanstalt i. Dresden. Ab 1950 Ltr. d. Dtsch. Aufsichtsamtes f. d. Versicherungswesen. 1952 Hauptdir. d. Dtsch. Versicherungsanstalt d. DDR. 1953-1957 MA d. ZK d. SED (Abt. Planung u. Finanzen). 1957-1961 Hauptabtltr. i. Min. d. Finanzen. 1961 stellv. Finanzmin. Nov. 1961-Juni 1964 Präs. d. Dtsch. Notenbank d. DDR. 1962-1964 Mitgl. d. Ministerrates. Seit 1964 Generaldir. d. Auslands-Rückvers.-AG i. Ostberlin.
Ausz.: VVO i. Silber (1979) u. a.

Wiecisk, Georg

Berlin
Geb. 20. 7. 1922 in Gleiwitz
Erl. B.: Sporterzieher, Dr. paed.
Ausg. B.: Hochschullehrer
Partei: SED
L.: Nach 1945 Studium u. Promotion zum Dr. paed. Sportfunktionär. In d. 50er Jahren Abtltr. i. Staatl. Komitee f. Körperkultur u. Sport. Zeitw. Ltr. d. wiss. Rates d. Staatl. Komitees f. Körperkultur u. Sport. Seit 1959 Präs. d. Leichtathletik-Verb. i. DTSB. Gegenw. Prof. f. Theorie u. Geschichte d. Körperkultur a. d. Humboldt-Uni. i. Ostberlin. Mitgl. d. Präs. d. NOK u. d. Exekutive d. Europ. Leichtathletik-Föderation sowie Präs. d. BV d. DTSB.
Ausz.: VVO i. Silber (1968 u. 1972) u. a.

Wieland, Deba

Berlin
Geb. 25. 3. 1916 in Moskau
Ausg. B.: Vizepräsident d. Friedensrates
Partei: SED
L.: Schulbesuch i. Riga. Studium d. Kunst i.

Straßburg u. Brüssel. 1933 Mitgl. d. KPD. 1933-1934 MA d. deutschsprachigen Zeitung „Frau als Kämpfer" i. Straßburg. Während d. NS-Zeit i. d. UdSSR tätig. 1946-1949 Red. bzw. Chefred. d. Sowj. Nachrichtenbüros i. d. SBZ. 1949-1952 1. stellv. Ltr. d. Amtes f. Information d. DDR. Jan. 1953-Sept. 77 Dir. bzw. Generaldir. d. ADN. Mitgl. d. Präs. d. VDJ (1956-72 stellv. Vors.). Seit 8. 12. 77 Vizepräs. d. Friedensrates d. DDR u. Mitgl. d. Weltfriedensrates.
Ausz.: VVO i. Gold (1970) u. a.

Wienke, Christel

Magdeburg
Geb. 1927
Erl. B.: Diplom-Gesellschaftswissenschaftler
Ausg. B.: Vorsitzende d. BPKK d. SED i. Magdeburg
Partei: SED
L.: Diplom-Gesellschaftswiss. SED-Funktionärin, zeitw. Sekr. f. Agitprop. SED-KL Osterburg. Seit 15. 1. 1981 Vors. d. BPKK d. SED i. Magdeburg. Nachf. v. Rolf Herschelmann. Seit Juni 1981 Abg. d. BT.
Ausz.: VVO i. Silber (1977) u. a.

Wiese, Heinz

Magdeburg
Erl. B.: Journalist
Ausg. B.: Chefredakteur
Partei: SED
L.: Journalist. Seit 1958 Mitgl. d. Red. Koll. d. SED-Bezirksztg. i. Magdeburg „Volksstimme". 1964-69 stellv. Chefred., seit Mai 1969 Chefred. d. „Volksstimme". Nachf. v. Herbert Kopietz. Seit 1969 Mitgl. d. SED-BL Magdeburg. Seit Juni 1972 Mitgl. d. Präs. d. VdJ. Bezirksvors. d. VdJ i. Magdeburg.
Ausz.: VVO i. Silber (1977) u. a.

Wiesner, Hans-Joachim

Dresden
Geb. 10. 9. 1925 in Görlitz als Sohn eines Zimmermanns
Erl. B.: Zimmermann, Diplom-Militärwissenschaftler, Prof.
Ausg. B.: Generalleutnant d. NVA
Partei: SED
L.: Mittelschule. 1941-42 Lehre als Zimmermann. Kriegsdienst. Geriet im Sommer 1944 bei Mogilew als Kanonier d. Art. Rgt. 18 i. sowj. Kriegsgefangenschaft. Besuch d. Antifa-Zentralschule. 1950 Mitgl. d. SED. Seit 1950 Angehöriger d. VP, KVP bzw. NVA. 1960 bis 1962 Studium a. d. Militärakad. 1963-64 Ltr. d. Politverw. d. Militärbez. III i. Leipzig. Seit Okt. 1963 Abg. d. VK. Seit 1971 Mitgl. d. Ausschusses f. Nat. Verteidigung d. VK. Seit 1964 Generalmajor d. NVA u. Kommandeur d. Militärakad. „Friedrich Engels" i. Dresden. Nachf. v. Generalmajor Heitsch. Prof. 1. 3. 1973 Generalleutnant d. NVA.
Ausz.: VVO i. Silber (1979) u. a.

Wieynk, Christine, geb. Wedegärtner

Berlin
Geb. 24. 7. 1942 i. Aue als Tochter eines Kaufmanns
Erl. B.: Journalistin, Diplom-Philosophin
Ausg. B.: Sekretär d. Friedensrates
Partei: CDU
L.: Oberschule, Abitur. 1956 FDJ. 1961 CDU. 1957-61 FDJ-Gruppensekr. a. d. Kreuzschule Dresden. 1963-74 Mitgl. d. FDJ-BL Dresden. 1971-75 als Journalistin b. d. Tageszeitung „Die Union" i. Dresden tätig. 1975-79 Mitgl. d. Red.-Koll. d. CDU-Zentralorgans „Neue Zeit" i. Ostberlin. 1965-70 Fernstudium a. d. Humboldt-Uni. Ostberlin. Diplom-Philosophin. 1974-81 Mitgl. d. Büros d. Zentralrates d. FDJ. Seit 1967 Abg. d. VK. Seit 1976 Mitgl. d. Jugendausschusses. Seit April 1979 Mitgl. d. Präs. u. Sekr. d. Friedensrates d. DDR.
Ausz.: Artur-Becker-Med. i. Gold (1973), VVO i. Bronze (1979) u. a.

Wildau, Karl

Berlin
Geb. 30. 3. 1928 i. Zieckau, Krs. Luckau
Erl. B.: Tischler, Diplom-Staatswissenschaftler
Ausg. B.: Botschafter
Partei: SED
L.: Volksschule. Tischlerlehre. Bis 1948 als Tischler tätig. Danach MA d. RdK Luckau. 1952 Angehöriger d. VP. 1959 Studium a. d. DASR. 1962 Diplom-Staatswiss. Danach MA d. Abt. arabische Staaten i. MfAA. 1965-67 stellv. (amtier.) Ltr. d. Handelsvertretung d. DDR i. Sudan. 1967-68 erneut MA d. MfAA. Aug. 1968 bis Juli 1969 Generalkonsul, Juli 1969 bis Sept. 1972 Botschafter d. DDR i. d. VR Südjemen. Sept. 1972 v. Günter Scharfenberg abgelöst. Febr. 1975-Dez. 80 Botschafter i. Zypern. Nachf. v. Kurt Merkel. Seitdem MA d. MfAA.

Wildner, Erwin

Rostock
Geb. 1927
Erl. B.: Kaufm. Angestellter, Diplom-Wirtschaftler
Ausg. B.: Stellv. Vorsitzender d. RdB Rostock
Partei: SED
L.: Kaufm. Angestellter. Diplom-Wirtschaftler. Bis 1952 HA-Ltr. i. Min. f. Handel u. Vers. d. Landes Mecklenburg. Danach Ltr. d. Abt. Handel u. Vers. b. RdB, seit Nov. 1963 stellv. Vors. d. RdB Rostock f. Handel u. Vers.
Ausz.: VVO i. Silber (1976).

Wilhelm, Karl

Berlin
Geb. 22. 4. 1922
Ausg. B.: Generalmajor d. NVA
Partei: SED
L.: Seit Mitte d. 50er Jahre stellv. Chef f. Rück-

wärtige Dienste d. Grenzpolizei bzw. d. Grenztruppen d. NVA. Seit 26. 2. 1971 Generalmajor d. NVA.
Ausz.: VVO i. Gold (1982) u. a.

Wilhelm, Richard

Magdeburg
Geb. 7. 2. 1932 i. Bautzen/Sa. als Sohn eines Glasers
Erl. B.: Glaser, Glasgestalter
Ausg. B.: Vorsitzender d. Kollegiums bildender Künstler Glasgestaltung
Partei: LDP
L.: Volksschule. 1947 LDP. 1947 bis 1950 Glaserlehre u. anschl. Tätigkeit als Bauglaser. 1952-54 Studium a. d. Fachschule f. angewandte Kunst i. Magdeburg. 1954-56 freischaffender Glasgestalter. 1956 Mitbegründer u. Vors. d. PGH Werkgenossenschaft d. Kunsthandwerks. Seit 1972 Vors. d. Kollegiums bild. Künstler Glasgestalter Magdeburg. 1972 Diplom-Glasgestalter d. Kunst-HS Bln. 1958-60 Nachfolgekand., seit 1960 Abg. d. VK. Seit 1981 Mitgl. d. Ausschusses f. Kultur d. VK. Seit 1960 Mitgl. d. Zentralvorstandes, seit Febr. 1972 d. Polit. Ausschusses d. ZV d. LDP.
Ausz.: VVO i. Bronze (1973) u. a.

Wilke, Alfred

Berlin
Geb. 23. 3. 1921 in Werder (Havel) als Sohn eines Angestellten
Erl. B.: Metallflugzeugbauer, Berufsschullehrer, Diplom-Gesellschaftswissenschaftler
Ausg. B.: FDGB-Funktionär
Partei: SED
L.: Besuch einer Mittelschule. Metallflugzeugbauer. Nach 1945 Berufsschullehrer u. Dir. einer Berufsschule. Seit 1949 Gewerkschaftsfunktionär. Bis 1952 Vors. d. Gewerkschaft Unterricht u. Erziehung i. Land Brandenburg. 1952-1955 Besuch d. Parteihochschule d. SED. 1955-1964 Vors. d. Zentralvorstandes d. Gewerkschaft Unterricht u. Erziehung i. FDGB. 1965-1973 Vizepräs. d. Dtsch. Friedensrates. 1961 bis 1972 Mitgl. d. Präsidiums d. BV d. FDGB. 1968-72 Sekr. d. BV d. FDGB. 1972 Sekr. d. Weltfriedensrates. Seit 31. 10. 75 Vors. d. Revisionskommission d. FDGB. Nachf. v. Hans Hünich.
Ausz.: VVO i. Silber (1976) u. a.

Wilkening, Albert

Stahnsdorf
Geb. 5. 2. 1909 in Wittenberg
Erl. B.: Dipl.-Ing., Dr. jur., Prof.
Ausg. B.: Präsident d. Film- u. Fernsehrates
Partei: SED
L.: Studium u. Promotion. Dipl.-Ing. f. Elektrotechnik. Dr. jur. u. Patentanwalt. Vor 1945 bei d. AEG i. Berlin tätig. Mitwirkend 2. Weltkrieges Gruppenltr. i. Reichsministerium f. Rüstung u. Kriegsproduktion. 1945 Oberstaatsanwalt i. Treptow. Seit 1946 bei d. DEFA tätig. 1946 SED. Techn. Ltr. d. DEFA-Studios f. populärwiss. Filme. 1956-1961 Hauptdir. d. DEFA-Studios f. Spielfilme. 1961-73 Dir. f. Produktion u. Technik i. DEFA-Spielfilmstudio i. Potsdam-Babelsberg. 1973-76 Hauptdir. d. DEFA-Studios f. Spielfilme. Leiter d. Fakultät Kamera a. d. HS f. Filmkunst u. Fernsehen. Seit 1966 Vors. d. DKB/KB i. Bez. Potsdam. Zeitw. Mitgl. d. Präsidialrates d. DKB. Seit 23. 3. 78 Präs. d. Film- u. Fernsehrates d. DDR. Vizepräs. d. Internat. Org. d. Filmtechniker.
Ausz.: VVO i. Gold (1974) u. a.

Willerding, Hans-Joachim

Berlin
Geb. 19. 4. 1952 i. Berlin als Sohn des nachmaligen stellv. Außenministers Klaus W.
Erl. B.: Diplom-Staatswissenschaftler
Ausg. B.: Sekretär d. ZR d. FDJ
Partei: SED
L.: Besuch d. Oberschule. Abitur. 1966 FDJ. 1971 SED. 1971-72 Instrukteur d. ZR d. FDJ. 1972-77 Studium a. Institut f. Internat. Beziehungen i. Moskau. Diplom-Staatswiss. 1977-78 stellv. Ltr. d. Abt. Internat. Verb. i. ZR d. FDJ. 1978 Vertreter d. FDJ i. Sekr. d. Internat. Studentenbundes i. Prag. 15. 1. 1979 i. d. ZR d. FDJ kooptiert u. zum Sekr. gewählt. Seit Juni 1981 Abg. d. VK u. Mitgl. d. Ausschusses f. Auswärtige Angel. Seit Juni 1981 stellv. Fraktionsvors. d. FDJ i. d. VK.
Ausz.: Verdienstmedaille d. DDR u. a.

Willerding, Klaus

Berlin
Geb. 24. 11. 1923 in Berlin-Schöneberg
Ausg. B.: Stellv. Minister, Dr.
Partei: SED
L.: Kriegsdienst. Sowj. Kriegsgefangenschaft. 1949 SED. 1949-58 DSF-Funktionär. Landessekr. d. DSF i. Meckl. u. bis Ende 1958 Sekr. d. Zentralvorstandes d. Ges. f. Dtsch.-Sowj. Freundschaft (Westarbeit; Kunst u. Wissenschaft). 1958 Eintritt i. d. diplom. Dienst d. DDR. 1959-1964 Chef d. Protokolls i. Min. f. Ausw. Angelegenheiten. 1964-68 Botschafter d. DDR i. d. Mongolischen Volksrepublik. Jan. 1969-Juli 1971 Botschafter d. DDR i. d. Demokr. Rep. Vietnam. Seit 1972 stellv. Min. f. Ausw. Angel.
Ausz.: VVO i. Silber (1972) u. a.

Wilms, Günter

Berlin
Erl. B.: Pädagoge, Dr. paed. habil, Prof.
Ausg. B.: Institutsdirektor
Partei: SED
L.: Pädagoge. Dr. paed. 1958 Prorektor f. Studienangel. a. d. Ernst-Moritz-Arndt-Uni. Greifswald. Anschl. Sektoren- bzw. Abtltr. i. Min. f. Volksbildung u. Prof. m. LA a. d. Pädag. HS Potsdam. 1970-80 Vizepräs. d. APW. Seitdem Dir. d. Instituts f. Leitung u. Organisation d. Volksbildungswesens d. APW.
Ausz.: VVO i. Bronze (1966) u. a.

Wilpert, Paul
Berlin
Geb. 1924
Erl. B.: Dipl.-Ing. oec.
Ausg. B.: Direktor
Partei: SED
L.: Teilnehmer a. 2. Weltkrieg (Luftwaffe). Sowj. Kriegsgefangenschaft. MA d. Zentralrates d. FDJ. 1951-1960 Angehöriger d. Luftstreitkräfte (KVP-Luft, NVA). Zeitw. Ltr. d. Aeroklubs Bautzen. Kommandeur d. 1. Jagdfliegerdivision i. Cottbus u. stellv. Chef d. LSK/LV. Zuletzt Oberst d. NVA. 1960 bis 1965 stellv. Ltr., 1965-75 Ltr. d. Hauptverwaltung Zivile Luftfahrt i. Min. f. Verkehrswesen. 1965-75 stellv. Min. f. Verkehrswesen. Nachf. v. Arthur-Pleck. Seit 1975 Dir. f. Verkehrsflug b. d. Interflug.
Ausz.: VVO i. Silber (1959) u. a.

Wimmer, Walter
Berlin
Geb. 1930
Erl. B.: Historiker, Dr. phil.
Ausg. B.: Stellv. Direktor
Partei: SED
L.: Seit Anfang d. 50er Jahre MA d. Marx-Engels-Lenin-Stalin-Inst. bzw. d. Inst. f. Marxismus-Leninismus beim ZK d. SED, gegenwärtig stellv. Dir. d. Inst. Zeitw. stellv. Chefred. bzw. Chefred. d. „Beiträge zur Geschichte der Arbeiterbewegung". 1962 Promotion zum Dr. phil. Mitgl. d. Lektorengruppe d. ZK d. SED. Mitverfasser d. „Ernst-Thälmann-Biographie".
Ausz.: VVO i. Silber (1966), Nat. Pr. I. Kl. (1979, Koll.-Ausz.).

Winde, Bertram
Berlin
Geb. 1. 2. 1926 in Bautzen
Ausg. B.: Institutsdirektor, Dr. rer. nat.
Partei: SED
L.: Studium. Dr. rer. nat. MA d. Inst. f. Strahlungsquellen d. DAW. 1956 stellv. Ltr. 1961-1964 komm. Ltr. bzw. Ltr. d. Amtes f. Kernforschung d. DDR. 1964 Ltr. d. Abt. Forschung u. Technik i. d. SPK. Seit 1968 Dir. d. Zentralinst. f. Information u. Dokumentation i. Berlin. Ständiger Vertr. d. DDR i. Komitee d. Internat. Zentrums f. wiss. u. techn. Information i. Moskau.
Ausz.: VVO i. Bronze (1965).

Winkelmann, Egon
Berlin
Geb. 1. 1. 1928 i. Lichtenstein-Callnberg
Erl. B.: Diplom-Historiker, Dr. oec.
Ausg. B.: Botschafter
Partei: SED
L.: Studium a. d. Humboldt-Uni. Ostberlin. Diplom-Historiker. Lektor i. Dietz-Verlag Ostberlin. 1947 Mitgl. d. SED. 1962-64 1. Sekr. a. d. DDR-Botschaft i. Nordkorea. Postgraduales Studium a. d. Diplomaten-HS Moskau. Seit 1967 Sektorenltr., stellv. AL u. von März 1978-Dez. 80 Ltr. d. Abt. Internat. Verbindungen i. ZK d. SED. 1972 Promotion zum Dr. oec. Inst. f. Internat. Bez. i. Moskau. 1976-81 Mitgl. d. ZRK d. SED. Dez. 1978-Juni 81 Abg. d. VK. Seit 22. 1. 1981 Botschafter d. DDR i. d. UdSSR. Nachf. v. Harry Ott. Seit 16. 4. 1981 Mitgl. d. ZK d. SED.
Ausz.: VVO i. Silber (1976) u. a.

Winkler, Gerhard
Leipzig
Geb. 16. 6. 1924 i. Leipzig
Erl. B.: Diplom-Landwirt, Dr. sc. agr.
Ausg. B.: Hochschullehrer
Partei: SED
L.: 1945 KPD. Ab 1946 Studium a. d. Uni. Leipzig. 1949 Diplom. Ass. a. d. Agrarpolit. Fak. Verwaltungsakad. Forst-Zinna. Lehrtätigkeit a. d. KMU Leipzig. 1954 Promotion. 1961 Habil. 1961 Prof. m. LA., 1964 Prof. m. v. Lehrauftrag. 1966 Prof. m. Lehrstuhl f. Agrarökonomie. 1963-67 Dekan d. Landw. Fakultät. 1964-74 Mitgl. d. SED-BL Leipzig. 1968 Dir. d. Sektion Tierproduktion/Veterinärmed. 1969 Prorektor, 1969-75 Rektor d. KMU Leipzig. Nachf. v. Ernst Werner. 1971 Dr. sc.
Ausz.: Dr. h. c. d. Uni. San Marcos, Lima (1970), VVO i. Bronze (1974) u. a.

Winkler, Gunnar
Berlin
Geb. 1931 i. Leipzig als Sohn eines Arbeiters
Erl. B.: Hauer, Diplom-Wirtschaftler, Dr. sc. oec.
Ausg. B.: Institutsdirektor
Partei: SED
L.: Hauerlehre. 1946 SED u. FDJ. 1951 hauptamtl. FDJ-Funktionär. 1952-56 Studium a. d. Uni. Halle-Wittenberg u. Leipzig. Dipl.-Wirtschaftler. 1956 Berufung a. d. HS d. Gewerkschaften. 1967 Promotion z. Dr. oec. 1970 o. Prof. f. sozial. Betriebswirtschaft d. HS d. Gewerkschaften. Ltr. d. Sektion Wirtschafts- u. Sozialpolitik. Seit Febr. 1974 Vors. d. Wiss. Rates f. Sozialpolitik u. Demographie b. d. AdW. Seit 5. 1. 1978 Dir. d. neugegründeten Inst. f. Soziologie u. Sozialpolitik d. AdW.
Ausz.: Orden „Banner d. Arbeit" Stufe III (1977).

Winkler, Hans-Joachim
Halle/Saale
Geb./17. 5. 1928 in Weißenfels/Saale als Sohn eines Werkmeisters
Erl. B.: Elektromonteur, Diplom-Gesellschaftswissenschaftler
Ausg. B.: Wiss. Mitarbeiter
Partei: SED
L.: Volksschule. 1942-1944 Elektromonteurlehre. 1944-1945 Soldat. Kriegsgefangenschaft. 1946-1948 Monteur f. elektr. Kompressoren i. Krane i. d. Leunawerken. 1946 Mitgl. d. SED. Absolvent d. Landesjugendschule d. FDJ i. Düben, d. Landesgewerkschaftsschule u. Jan. bis Mai 1949 d. Landesparteischule d. SED. 1950 Besuch d. Par-

teihochschule d. SED. Seit 1950 Mitgl. d. SED-Kreisltg. d. Leunawerke. 1950 bis 1963 Abg. d. VK. Seit 1951 BGL-Vors. i. VEB Leuna-Werke „Walter Ulbricht", Leuna-Merseburg. 1953-72 Mitgl. d. Bundesvorstandes, 1959-63 u. 1968-72 Mitgl. d. Präs. d. BV d. FDGB. Sept. 1965 bis Juni 1967 Vors. d. Zentralvorstandes d. IG Chemie. Juni 1967-Mai 1971 Vors. d. Bezirksvorstandes Halle d. FDGB. Mai 1971-Sept. 80 Sekr. f. Wirtschaft d. SED-BL Halle. Nachf. v. Heinz Schwarz. Abg. d. BT Halle. Seitdem wiss. MA a. d. THC. (Inst. f. sozial. Wirtschaftsführung). Ausz.: VVO i. Silber (1974) u. a.

Winkler, Heiner

Eichwalde bei Berlin
Geb. 12. 5. 1917 i. Magdeburg
Ausg. B.: Stellv. Chefredakteur, Dr. rer. oec.
Partei: SED
L.: Teilnehmer a. 2. Weltkrieg. 1943 Hauptmann i. einem mot. Art.-Rgt. Studium d. Wirtschaftswiss. 1952-68 Mitgl. d. Redaktionskollegiums d. Wochenztg. „Die Wirtschaft", Ltr. d. Auslandsabt. bzw. d. Abt. Weltwirtschaft. Seit Dez. 1961 Mitgl. d. Präs. u. d. Sekr. d. Deutsch-Südostasiatischen Ges. d. DDR. Seit Nov. 1968 stellv. Chefred. d. Wochenztg. „horizont".
Ausz.: VVO i. Bronze (1970), Orden „Banner d. Arbeit" Stufe I (1982) u. a.
Veröff.: „Kautschuk - Zinn -Erdöl", 1958. „Aufstand im Orient", 1959. „Kontinente im Umbruch" u. a. m.

Winkler, Horst

Dresden
Geb. 12. 7. 1922 in Bautzen als Sohn eines Fabrikanten
Erl. B.: Finanzbeamter, Dipl.-Journalist
Ausg. B.: Vorsitzender des Bezirksverbandes Dresden der NDP
Partei: NDP
L.: Mittlere Reife. Berufsausbildung i. d. Reichsfinanzverwaltung. 1940 NSDAP. RAD. Soldat (Luftwaffe). 1945 Angestellter i. Finanzamt Freital. Betriebsratsvors. 1949 Mitbegründer d. NDP i. Freital. MA d. Sächs. Finanzmin. 1950-52 MdL Sachsen. Seit 1951 hauptamtl. Funktionär d. NDP i. Sachsen. Kaufm. Geschäftsführer d. Landesverb. Sachsen d. NDP, anschl. Polit. Geschäftsführer d. Bezirksverb. Dresden d. NDP. 1954-1959 Mitgl. d. Büros d. Nationalrates d. Nat. Front. Seit 1955 Mitgl. d. Hauptausschusses d. NDP. Seit Sept. 1960 Vors. d. Bezirksverb. Dresden d. NDP. Nachf. v. Kurt Hähling. Abg. d. BT Dresden.
Ausz.: VVO i. Silber (1969) u. a.

Winnig, Helmut

Magdeburg
Geb. 10. 8. 1925 i. Westerhausen
Erl. B.: Elektriker, Lehrer, Dr. phil.
Ausg. B.: Sekretär der SED-BL Magdeburg
Partei: SED
L.: Elektriker. Kriegsdienst. Nach 1945 Lehrer. 1958-62 Dir. d. Inst. f. Lehrerbildung i. Magdeburg. 1962-1967 Dir. d. Pädag. Inst. Magdeburg. Seit März 1967 Sekr. f. Wissensch., Volksbildung u. Kultur d. SED-BL Magdeburg. Seit 1967 Abg. d. BT Magdeburg.
Ausz.: VVO i. Bronze (1969) u. a.

Winter, Heinz-Dieter

Berlin
Geb. 23. 11. 1934 i. Wittenberge, Krs. Perleberg, als Sohn eines Arbeiters
Erl. B.: Diplom-Historiker, Dr. phil.
Ausg. B.: Botschafter
Partei: SED
L.: Obrschule. 1953 Abitur m .Auszeichnung. 1952 Kand. d. SED. Studium a. Inst. f. Marxismus-Leninismus i. Moskau u. d. Gesch. a. d. MLU Halle-Wittenberg. Diplom. Ass. a. d. MLU Halle-Wittenberg. Seit 1960 Angehöriger d. diplom. Dienstes d. DDR. Referent i. MfAA. 1961-62 Attaché i. d. DR Vietnam. 1962-66 MA d. MfAA. 1965 Promotion zum Dr. phil. 1966-67 stellv. Ltr. d. Handelsvertr. d. DDR i. Algerien. Mai 1968-Mai 1969 Ltr. d. DDR-Repräsentation, Mai 1969-71 Botschafter d. DDR i. Kambodscha. 1972 MA d. Abt. Intern. Verbindungen i. ZK d. SED. März 1973-Mai 76 Botschafter d. DDR i. Tunesien. Seit 22. 5. 77 Botschafter i. d. Syrischen Arab. Rep., seit 21. 7. 77 zusätzl. Botschafter i. Jordanien. Nachf. v. Wolfgang Konschel. Juli 1981 verabschiedet. Seitdem stellv. AL Naher u. Mittlerer Osten i. MfAA.
Ausz.: Orden „Banner d. Arbeit" Stufe III (1976).

Winter, Klaus

Berlin
Geb. 1930
Erl. B.: Maschinenschlosser, Diplom-Militärwissenschaftler
Ausg. B.: Generalleutnant d. NVA
Partei: SED
L.: Maschinenschlosser. Offizier d. NVA. Zeitw. Kommandeur d. 1. MSD i. Potsdam. Nach d. sowj. Generalstabsakad. seit 19. 2. 1972 Generalmajor, seit 16. 2. 1981 Generalleutnant d. NVA. Stellv. Chef d. Landstreitkräfte d. NVA.
Ausz.: Orden d. Roten Sterns (CSSR, 1972), VVO i. Bronze (1974) u. a.

Winter, Klaus

Leipzig
Geb. 1941
Erl. B.: Spitzendreher, Diplom-Gesellschaftswissenschaftler
Ausg. B.: Sekretär d. RdB Leipzig
Partei: SED
L.: Spitzendreher. Ökonom. Diplom-Gesellschaftswiss. In den 70er Jahren Stadtrat f. Planung u. Bilanzierung Rat d. Stadtbez. Leipzig-Südost u. stellv. Vors. d. BPK Leipzig. Seit 15. 6. 1978 Sekr. d. RdB Leipzig. Nachf. v. Hans Häberlin. Seit Juni 1981 Abg. d. BT.

Winter, Kurt

Cottbus
Geb. 5. 2. 1931
Ausg. B.: Vorsitzender d. BPKK d. SED Cottbus
Partei: SED
L.: SED-Funktionär. Seit Dez. 1969 Vors. d. BPKK d. SED i. Cottbus. Mitgl. d. Sekr. d. SED-BL. Nachf. v. Heinrich Mosler.
Ausz.: VVO i. Silber (1978) u. a.

Winter, Rudolf

Karl-Marx-Stadt
Geb. 26. 3. 1927 i. Siegmar-Schönau
Erl. B.: Mechaniker, Dipl.-Ing., Dr. rer. oec.
Ausg. B.: Generaldirektor
Partei: SED
L.: Schlosserlehre i. d. ehemaligen Wandererwerken i. Chemnitz. 1944 NSDAP. 1947 SED. 1947 Besuch d. Vorstudienanstalt. Studium a. d. TH Dresden. Dipl.-Ing. Seit 1953 als AL u. Produktionsdir. i. d. Zittauer Roburwerken tätig. Danach bis 1961 Techn. Dir. Motorradwerk Zschopau. Anschl. Sektorenltr. Technik i. VWR, AL sowie stellv. Minister f. Verarbeitungsmaschinen u. Fahrzeugbau. 1968-70 Generaldir. VVB WMW. Seit 1970 Generaldir. Werkzeugmaschinenkombinat „Fritz Heckert" i. Karl-Marx-Stadt. Seit 16. 4. 1981 erstmalig Mitglied d. ZK d. SED.
Ausz.: VVO i. Bronze (1972), Held d. Arbeit (1980) u. a.

Winter, Werner

Löbau/Sa.
Geb. 1923 als Sohn eines Bauarbeiters
Erl. B.: Landarbeiter
Ausg. B.: Generalleutnant d. NVA
Partei: SED
L.: Landarbeiter. Teilnehmer a. 2. Weltkrieg. 1945-49 sowj. Kriegsgefangenschaft. Antifa-Schüler. Seit 1949 Angeh. d. VP. KVP bzw. NVA. 1950 Mitgl. d. SED. 1962 Absolvent d. sowj. Generalstabsakad. Rgt.-Kdr. u. 1. stellv. Kdr. einer Pz.-Div. 1965-72 Kommandeur d. 7. Panzerdivis. i. Dresden. März 1966 Generalmajor. 1977 Generalleutnant d. NVA. 1976 stellv. Chef d. Landstreitkräfte. Seit 1977 Kdr. d. Offiziers-HS d. Landstreitkräfte „Ernst Thälmann" i. Löbau-Zittau. Mitgl. d. SED-KL.
Ausz.: VVO i. Silber (1979) u. a.

Wirth, Günther

Berlin
Geb. 7. 12. 1929
Erl. B.: Diplom-Philologe, Dr. phil.
Ausg. B.: Chefredakteur
Partei: CDU
L.: 1940-48 Besuch d. Oberschule Freiberg. Abitur. 1947 CDU u. FDJ. 1948 Lt. d. Kulturredaktion d. „Märkischen Union". 1950 Jugendreferent d. Parteiltg. d. CDU. Danach versch. andere Funktionen i. d. Parteiltg. d. CDU. 1951-54 Studium d. Germanistik a. d. Humboldt-Uni. i. Ostberlin. Diplom-Philologe. Seit 1954 Mitgl. d. Hauptvorstandes d. CDU. 1954-58 Sekr. d. Hauptvorstandes d. CDU. Seit 1958 Mitgl. d. Deutschen Friedensrates. 1961-63 stellv. Chefred. d. Zentralorgans d. CDU „Neue Zeit". 1964-70 Cheflektor f. Polit. Literatur i. Union-Verlag. Seit 1967 Mitgl. d. StVV Ostberlin. 1970 bis 1972 Chefred. d. „Evang. Pfarrerblattes", seit Jan. 1973 Chefred. d. Ztschr. „Standpunkt". Seit Okt. 1972 Mitgl. d. Präs. d. Hauptvorstandes d. CDU u. Vizepräs. d. KB d. DDR. Febr. 1977 Promotion zum Dr. phil. a. d. Sektion Germanistik d. Humboldt-Uni. Ostberlin („Heinrich Böll"). Mitgl. d. Präs. d. Freundschaftsges. DDR-Italien u. d. Fortsetzungsausschusses d. CFK.
Ausz.: VVO i. Silber (1973) u. a.

Witt, Günter

Berlin
Geb. 19. 12. 1925 in Stralsund
Erl. B.: Lehrer, Diplom-Gesellschaftswissenschaftler, Dr. phil.
Ausg. B.: Direktor d. Berlin-Werbung Berolina
Partei: SED
L.: Nach 1945 Lehrer u. Jugendfunktionär i. Stralsund. 1945 KPD. 1946 SED. Seit 1950 hauptamtl. Funktionär d. SED. Dreijähriges Studium a. d. Parteihochschule d. SED. 1955-60 Sekr. f. Kultur u. Volksbildung d. SED-BL Potsdam. Ab 1957 Mitgl. d. Kulturkommission b. Politbüro d. ZK d. SED. Aug. 1960 bis Dez. 1965 stellv. Min. f. Kultur. 1964-65 Ltr. d. Hauptverwaltung Film. 1965 Promotion zum Dr. phil. a. d. KMU Leipzig. Seit 1967 Dir. d. Berlin-Werbung Berolina (Berlin-Information). 1963-72 Mitgl. d. StVV Ostberlin. Mitgl. d. Präs. d. NOK (Kunstwart).

Witt, Lothar

Berlin
Geb. 26. 8. 1935 i. Rummelsburg als Sohn eines Arbeiters
Erl. B.: Lehrer, Diplom-Gesellschaftswissenschaftler
Ausg. B.: SED-Funktionär
Partei: SED
L.: Grund- u. Oberschule. 1950 FDJ. 1951-54 Besuch d. Inst. f. Lehrerbildung Berlin, Unterstufenlehrer. 1955 SED. 1958-60 2. Sekr. d. FDJ-KL Berlin-Köpenick. 1960-61 Besuch d. Komsomol-HS. 1961-63 1. Sekr. d. FDJ-KL Berlin-Köpenick. 1963-65 Sekr., Mai 1965-März 1971 1. Sekr. d. FDJ-BL Berlin. 1965-71 Mitgl. d. Büros d. Zentralrates d. FDJ. 1965-71 Mitgl. d. SED-BL Berlin. 1967-71 Berliner Vertreter i. d. VK. 1971 Student d. Gewi. i. Moskau. 1967-71 Mitgl. d. StVV Ostberlin. 1975-81 1. Sekr. d. SED-KL Berlin-Mitte. Nachf. v. Horst Palm. Mitgl. d. Sekr. d. SED-BL Berlin. Seit 24. 1. 1981 1. Sekr. SED-KL Berlin-Köpenick. Nachf. v. Otto Seidel. Seit 16. 4. 1981 Kand. d. ZK d. SED.
Ausz.: VVO i. Silber (1979) u. a.

Witteck, Günter
Dresden
Geb. 5. 4. 1928 i. Dresden
Erl. B.: Elektromaschinenbauer
Ausg. B.: Vorsitzender d. RdB Dresden
Partei: SED
L.: 1945 KPD. Elektromaschinenbauerlehre i. Dresden. 1947-49 FDJ- u. SED-Funktionär i. Krs. Dippoldiswalde. Danach Referent u. Parteisekr. d. Landesltg. Sachsen SED. Danach u. a. bis 1960 Abtltr. i. d. SED-BL Dresden. 1960-1963 amt. Vors., 1. stellv. Vors. bzw. Vors. d. RdB Dresden. 1963-1966 Studium a. d. Parteihochschule d. KPdSU. 1967-69 stellv. Min. f. d. Anleitung u. Kontrolle d. Bezirks- u. Kreisräte. 1969-82 stellv. Ltr. d. Abt. Staats- u. Rechtsfragen b. ZK d. SED. Seit 27. 7. 1982 erneut Vors. d. RdB Dresden. Nachf. von Manfred Scheler.
Ausz.: VVO i Bronze (1970) u. a.

Wittek, Heinz
Berlin
Geb. 1932
Erl. B.: Diplom-Philosoph
Ausg. B.: Stellv. Vors. d. ZV d. GST, Oberst d. NVA
Partei: SED
L.: Lehre, Jugendfunktionär. 1949 Mitgl. d. FDJ. Eintritt i. d. NVA. Jugendoffizier. 1963-76 Mitgl. d. ZR d. FDJ, 1969-76 Mitgl. d. Büros d. ZR d. FDJ. Ltr. d. Unterabt. Jugend i. Mil. Bez. Leipzig, dann Ltr. d. Abt. Jugend i. d. PHV d. NVA. Ende d. 70er Jahre stellv .Chef d. Komitees d. Armeesportvereinigung „Vorwärts". Seit 1. 10. 1981 stellv. Vors. d. ZV d. GST für allg. vormilit. Ausbildung. Nachf. v. Willi Baumgardt. Oberst d. NVA.
Ausz.: VVO i. Bronze (1973) u. a.

Witten, Gerhard
Berlin
Geb. 12. 1. 1933 i. Neubrandenburg
Erl. B.: Diplom-Staatswissenschaftler
Ausg. B.: Botschafter
Partei: SED
L.: Abitur. 1954-57 Studium a. d. DASR. Dipl.-Staatswiss. Seit 1957 Angehöriger d. diplom. Dienstes d. DDR. 1958-59 Attaché i. China. 1959-64 Sektorenltr. i. MfAA. 1965-69 2. Sekr. i. Kuba. Studium a. d. Diplomaten-HS i. Moskau. 1971-74 Botschaftsrat i. Kuba. Seit 17. 9. 1975 Botschafter i. Peru, seit 16. 12. 1976 Botschafter i. Bolivien. Nov. 1980 verabschiedet.
Ausz.: Orden „Banner d. Arbeit" Stufe III (1980) u. a.

Wittenbeck, Siegfried
Berlin
Geb. 1931
Erl. B.: Jurist, Dr. jur.
Ausg. B.: Oberrichter am OG
Partei: SED
L.: Jurist, Dr. jur. 1960 Richter a. KG Stollberg. Seit Jan. 1964 Richter bzw. Oberrichter a. OG. Mitgl. d. Präs. d. OG. Vors. d. Strafsenats 2a.
Ausz.: VVO i. Bronze (1975) u. a.

Wittig, Gerhard
Erfurt
Geb. 1930
Erl. B.: Landwirtschaftsgehilfe, Diplom-Jurist
Ausg. B.: Generalmajor d. VP
Partei: SED
L.: Landwirtschaftsgehilfe. Dipl.-Jurist. Seit 1948 Angehöriger d. VP. Seit 1968 Chef d. BdVP Erfurt. Seit 26. 6. 1975 Generalmajor d. VP. Mitgl. d. SED-BL Erfurt u. Abg. d. BT.
Ausz.: VVO i. Bronze (1969) u. a.

Wittig, Heinz
Gera
Geb. 2. 3. 1921 i. Kauern, Krs. Gera-Land
Erl. B.: Maurer, Staatl. gepr. Landwirt, Agrar-Ing.
Ausg. B.: Stellv. Vorsitzender d. RdB Gera
Partei: SED
L.: Maurer. Kriegsdienst (Obergefr.). Nach 1945 Neubauer u. Bürgermstr. v. Kauern. 1946 SED. 1952-1963 Vors. d. LPG „Wilhelm Pieck" i. Kauern. 1956-60 Kand., 1960-62 Mitgl. d. Büros d. SED-BL Gera. 1958 bis 1959 Kand., seit 1959 Vollmitgl. d. ZK d. SED. Seit März 1963 Vors. d. Landwirtschaftsrates, 1968-75 d. RLN d. Bez. Gera. Mitgl. d. RLN d. DDR. Seit 8. 1. 75 stellv. Vors. d. RdB Gera f. Land-, Forst- u. Nahrungsgüterwirtschaft.
Ausz.: Karl-Marx-Orden (1972), VVO i. Gold (1981) u. a.

Wittik, Johann
Berlin
Geb. 9. 8. 1923 i. Reichenberg/CSR als Sohn eines Bäckergehilfen
Erl. B.: Weber, Ingenieur
Ausg. B.: Generaldirektor
Partei: SED
L.: Besuch d. Volks- u. Bürgerschule i. Reichenberg. Weberlehre. 1931 bis 1938 Mitgl. d. Arbeiterturn- u. Sportvereins, d. Pionierorg., Roten Falken u. KJV. 1942-45 Soldat u. Kriegsgef. 1946 bis 1947 Webereiltr. 1947 SED. 1947-48 Spinnereipraktikant u. Techniker i. VEB Textilwerke Zittau. 1949 Besuch d. Textilingenieur-Schule Zittau. Ing. 1950 Besuch d. Verwaltungsakad. Forst-Zinna. 1949-51 Ltr. d. Instrukteurgruppe u. Betriebsass. b. Hauptdir. VVB Webereien. 1951-52 Produktionsltr., stellv. Techn. Ltr. d. VVB Wolle u. Seidenwebereien. 1952-54 Ltr. d. Abt. Webereien i. d. HV Textil, 1954-56 Ltr. d. HA Technik i. Min. f. Leichtindustrie. 1956-58 stellv. Min. f. Leichtindustrie. 1954 Patentrichter a. OG. 1958-61 Vors. d. BWR Gera u. Mitgl. d. Büros d. SED-BL. 1961-63 Stellvertr., 1963-65 1. Stellvertr. d. Vors. d. VWR. 1963-64 Kand., 1964-76 Mitgl. d. ZK d. SED. Dez. 1965-Nov. 1972

Min. f. Leichtindustrie d. DDR. Von Karl Bettin abgelöst. 1967 Studium a. Zentralinst. f. sozial. Wirtschaftsführung b. ZK d. SED. Juni 1973-Jan. 76 Botschafter d. DDR i. d. VR China. Nachf. v. G. Hertzfeldt. Seit 1976 Generaldir. VEB Minol. Berlin.
Ausz.: VVO i. Silber (1964), Orden „Banner d. Arbeit" (1969) u. a.

Wittkugel, Klaus

Berlin
Geb. 17. 10. 1910 in Kiel
Erl. B.: Kaufmann, Grafiker
Ausg. B.: Hochschullehrer
L.: Nach Schulbesuch (Reformrealgymn. u. Realschule) kaufm. Lehre i. Hamburg. Besuch d. Abendschule d. Hamburger Kunstschule. Kaufm. Angest. i. Hamburg u. Essen. Besuch d. Folkwangschule i. Essen. Anschl. Angestellter d. Entwurfbüros Striegler (Karstadt AG) u. b. Unternehmen Werbekraft i. Berlin. Später freiberufl. Grafiker. 1945 Dozent, 1952 Prof. f. Gebrauchsgrafik a. d. HS f. Angewandte Kunst i. Ostberlin. Ehrenmitgl. d. Verb. Bildender Künstler i. d. DDR. 1968-71 Vizepräs. d. DAK. Mitgl. d. Präs. d. Internat. Vereinigung d. Gebrauchsgrafiker.
Ausz.: VVO i. Gold (1969) u. a.

Witz, Johanna

Berlin
Ausg. B.: Mitarbeiter d. ZRK d. SED
Partei: SED
L.: 1965 Hauptreferentin i. Min. f. Kultur, Hauptverw. Verlage u. Buchhandel. 1971 MA d. ZRK d. SED. Seit Juni 1971 Mitgl. d. ZRK d. SED.
Ausz.: VVO i. Bronze (1977) u. a.

Wöllner, Erich

Berlin
Geb. 1931 i. Thüringen als Sohn eines Zimmermanns
Erl. B.: Schuhmacher, Diplom-Militärwissenschaftler
Ausg. B.: Generalmajor d. NVA
Partei: SED
L.: Schuhmacherlehre. Eintritt i. d. VP. Offizierslaufbahn. 1953 Mitgl. d. SED. Absolvent d. Frunse-Akademie u. d. Generalstabsakademie d. UdSSR. In den 70er Jahren zeitw. Kdr. d. Uffz.-Schule „Paul Fröhlich" i. Zwickau. Seit 20. 2. 1976 Generalmajor d. NVA. Seit 1979 Kdr. d. Grenzkdo. Mitte d. NVA. Nachf. v. Bernhard Geier.
Ausz.: VVO i. Bronze (1981) u. a.

Wöstenfeld, Dieter

Berlin
Geb. 1930 i. Dresden als Sohn eines Lokführers
Erl. B.: Schlosser, Rb.-Oberdirektor
Ausg. B.: Stellv. Minister
Partei: SED
L.: 1944 Schlosserlehre b. d. RB. MA d. Lokinstandhaltung Bw Dresden. Besuch einer ABF. Studium a. d. HS f. Verkehrswesen. Haupttechnologe i. RAW Dresden. Seit 1959 MA HV RAW, AL Triebfahrzeuge, Haupting. 1965-71 Ltr. d. HV RAW i. MfV. 1971-77 Präs. d. Rbd Ausbesserungswerke. 1 Jahr stellv. Generaldir. DR. Absolvent d. PHSch d. SED. Seit 1. 7. 1977 stellv. Min. f. Verkehrswesen f. d. Bereich Wissenschaft, Technik u. Investitionen.
Ausz.: VVO i. Bronze (1980) u. a.

Wötzel, Roland

Leipzig
Geb. 1938
Erl. B.: Diplom-Jurist, Diplom-Wirtschaftler
Ausg. B.: 1. Sekretär d. SED-StL Leipzig
Partei: SED
L.: 1959 SED. Bis 1960 Studium. Wirtschaftsfunktionär, u. a. bis 1971 1. stellv. Vors. d. Bezirksplankommission Leipzig. 1971-77 Vors. d. Bezirksplankommission Leipzig u. stellv. Vors. d. RdB. Nachf. v. Helmut Bauermeister. Seit 1971 Mitgl. d. Sekr. d. SED-BL u. Abg. d. BT. 1977-78 Studium a. d. PHSch d. KPdSU. Seit Nov. 1978 1. Sekr. d. SED-StL Leipzig. Nachf. v. Kurt Knobloch.
Ausz.: VVO i. Silber (1979) u. a.

Wogatzki, Benito

Berlin
Geb. 31. 8. 1932 i. Berlin
Erl. B.: Weber, Diplom-Journalist
Ausg. B.: Schriftsteller
Partei: SED
L.: Weber. Zeitw. i. VEB Feintuch tätig. 1950 Besuch d. ABF Potsdam. Anschl. Journalistik-Studium a. d. KMU Leipzig. Danach als Journalist tätig, u. a. als Reporter u. stellv. Chefred. d. Studentenztg. „Forum". Seit 1966 freischaffend als Schriftsteller u. Fernsehautor tätig. Seit 1968 Mitgl. d. Präsidialrates d. KB. O. Mitgl. d. DAK u. Präs. d. Verbandes d. Film- u. Fernsehschaffenden. Mitgl. d. Vorstandes d. Schriftstellverbandes d. DDR.
Ausz.: Lessing-Preis (1967) u. a.
Werke: „Zwischen der Ersten", „Zeit ist Glück", „Die Geduld der Kühnen", „Broddi", Fernsehspiele, „Preis des Mädchens", 1971. „Romanze mit Anelie", Claasen Verlag, Düsseldorf, Verlag Neues Leben, Berlin 1977 u. a. m.

Wohllebe, Gert

Grimma/Sa.
Geb. 24. 3. 1931 als Sohn eines Steinbrucharbeiters
Erl. B.: Kupferschmied, Ing.
Ausg. B.: Generaldirektor
Partei: SED
L.: Kupferschmied, Monteur i. Lauchhammer, Dresden, Leuna u. Böhlen. Abendstudium i. Leipzig. Ingenieur. Kupferschmiedemeister. Seit 1958 Mitgl. d. SED. 1963-79 Dir. f. Technik bzw. Kombinatsdir. VEB Maschinen- u. Apparatebau

Grimma. 1962-79 Mitgl. d. SED-BL Leipzig. Seit Juni 1971 Kand. d. ZK d. SED. Seit 1. 1. 1979 Generaldir. d. Chemieanlagenkomb. Grimma. Ausz.: Verdienter Techniker d. Volkes (1977) u. a.

Wojahn, Eberhard

Paulinenaue/Nauen
Geb. 31. 10. 1922 i. Jaasde/Kolberg
Erl. B.: Diplom-Landwirt, Dr. agr. habil.
Ausg. B.: Institutsdirektor
Partei: SED
L.: 1940 NSDAP. Kriegsdienst (Flakart.). Studium d. Landwirtschaftswiss. a. d. Uni. Rostock. Diplom-Landwirt. Dr. agr. Danach wiss. Ass. u. Abtltr. i. Inst. f. Acker- u. Pflanzenbau d. DAL i. Müncheberg. Seit 1959 Dir. d. Inst. f. Grünland- u. Moorforschung bzw. d. Inst. f. Futterproduktion d. DAL i. Paulinenaue. 1962 Habil. 1962 Kand., 1963 Mitgl. d. DAL. Seit 1963 Vors. d. DAG i. Bez. Potsdam. 1968-77 1. Vizepräs. d. DAL/AdL. Mitgl. d. Kollegiums d. Ministeriums f. Land-, Forst- u. Nahrungsgüterwirtschaft.
Ausz.: VVO i. Silber (1970) u. a.

Wolf, Christa

Kleinmachnow bei Berlin
Geb. 18. 3. 1929 in Landsberg/Warthe
Erl. B.: Diplom-Germanist
Ausg. B.: Schriftstellerin
Partei: SED
L.: Kam 1945 als Heimatvertriebene nach Gammelin (Meckl.). 1949 Abitur i. Bad Frankenhausen. 1949 Mitgl. d. SED. 1949-53 Studium d. Germanistik a. d. Uni. Jena u. Leipzig. Diplom. 1954 wiss. MA bzw. Ltr. d. Abt. Literatur i. Vorstand d. DSV i. Ostberlin. Danach Red. d. „Neuen Deutschen Literatur", Cheflektor d. Verlages Neues Leben u. Außenlektor d. Mitteldtsch. Verlages Halle/Saale. Bis 1962 i. Halle/S. ansässig, dort zeitw. auch Parteisekr. d. SED i. DSV. 1962 Übersiedlung nach Kleinmachnow. Freiberufl. Schriftstellerin. 1963-1967 Kand. d. ZK d. SED. Mitgl. d. Präs. d. PEN-Zentrums d. DDR u. d. AdK. Verheiratet m. Gerhard W.
Ausz.: Heinrich-Mann-Preis (1963). Nat. Preis III. Kl. (1964), Bremer Literaturpreis (1977), Georg-Büchner-Preis (1980, Bundesrep. D.)
Veröff.: „Moskauer Novelle", 1961. „Der geteilte Himmel". Mitteldtsch. Verlag, Halle/S., 1963. „Nachdenken über Christa T.", Mitteldtsch. Verlag, Halle/S., 1968. „Lesen und Schreiben", Aufbau-Verlag, Berlin, „Kindheitsmuster", Aufbau-Vlg., Berlin, 1977, „Kein Ort, Nirgends", Aufbau-Vlg., Berlin, 1979, „Gesammelte Erzählungen", Luchterhand-Vlg., Darmstadt-Neuwied, 1980. „Lesen und Schreiben, Neue Sammlung" ebda.

Wolf, Friedrich

Leipzig
Geb. 9. 2. 1920 in Leipzig als Sohn eines Beamten
Erl. B.: Chemiker, Dr. sc. nat.
Ausg. B.: Hochschullehrer

Partei: SED
L.: Besuch d. Herder-Oberrealschule i. Leipzig. 1938 Abitur. RAD u. Kriegsdienst. Obergefr. i. einer Flak-Einheit. 1943-44 Studium d. Chemie u. Physik a. d. Uni. Leipzig. 1946 bis 1949 Fortsetzung u. Beendigung d. Studiums a. d. Uni. Halle/S. 1949 Diplom. 1. 10. 1950 Eintritt i. d.Farbenfabrik Wolfen. 1953 Promotion zum Dr. rer. nat. 1955 Ltr. d. anorg. Forschungsgruppe. 1958 Ltr. d. anorg. wiss. Labors u. stellv. Dir. f. Forschung, seit 1963 Dir. f. Forschung d. Farbenfabrik Wolfen. 1961 Habil. i. Halle. 1961 Dozent. 1963 Prof. m. v. LA, 1965 Prof. m. Lehrstuhl f. Techn. Chemie a. d. Uni. Halle. 1963-70 Vors. d. Chemischen Ges. d. DDR. 1965-71 Rektor d. MLU Halle-Wittenberg. Seit Juli 1971 korr. Mitgl. d. DAW. O. Mitgl. d. Sächs. Akademie d. Wiss.
Ausz.: Orden „Banner d. Arbeit", Dr. h. c. d. Uni. Posen.

Wolf, Gerhard

Kleinmachnow
Geb. 16. 10. 1928 i. Bad Frankenhausen
Erl. B.: Germanist
Ausg. B.: Schriftsteller
L.: Besuch d. OS. Luftwaffenhelfer. 1946-48 Oberschullehrer. 1948-52 Studium d. Germanistik u. Geschichte i. Jena u. Berlin. Danach bis 1957 Ltr. d. Kulturred. d. Deutschlandsenders. Seitdem freischaffend als Schriftsteller tätig. Seit 1972 Mitgl. d. PEN-Zentrums d. DDR. Westl. Quellen zufolge i. Dez. 1976 wegen seines Protestes gegen die Biermann-Ausweisung aus d. SED ausgeschlossen. Verh. mit Christa W.
Veröff.: „Der arme Hölderlin", Union-Vlg., Berlin 1972. Hrsg. v. Fürnberg „Deutsche Lyrik nach 1945" u. a.

Wolf, Günther

Halle/Saale
Geb. 23. 8. 1942 i. Jacobsthal, Krs. Oschatz/Sa.
Erl. B.: Walzwerker, Diplom-Gesellschaftswissenschaftler
Ausg. B.: Vors. d. ZV d. IG Bergbau-Energie i. FDGB
Partei: SED
L.: Grund- u. Oberschule. 1959-62 Studium a. Institut f. Lehrerbildung Radebeul. 1963-66 Lehre als Walzwerker u. Tätigkeit i. diesem Beruf i. Edelstahlwerk „8. Mai" i. Freital. FDJ-Sekretär d. Walzwerkes. 1962 SED. 1963-76 Abg. d. VK. Zeitw. Mitgl. d. Jugendausschusses. 1972 Kandidat, seit 1977 Mitgl. d. BV d. FDGB. 1977-82 Vors. d. KV Freital d. FDGB. Seit 28. 1. 1982 Vors. d. ZV d. IG Bergbau-Energie i. FDGB. Nachf. v. Erhard Ullrich. Seit 24. 4. 1982 Mitgl. d. Präs. d. BV d. FDGB.
Ausz.: Aktivist u. a.

Wolf, Hanna
Berlin
Geb. 4. 2. 1908
Erl. B.: Historiker, Prof.
Ausg. B.: Direktor d. Parteihochschule „Karl-Marx" der SED
Partei: SED
L.: Bürgerlicher Herkunft. Lehrerin. 1930 Mitgl. d. KPD. Nach 1933 i. d. SU emigriert. Während d. 2. Weltkrieges Lehrerin a. d. Zentralschule Krasnogorsk. Nach 1945 Persön. Referentin d. damaligen Ltrs. d. Deutschen Zentralverwaltung f. Volksbildung, Paul Wandel. 1949 Ltr. d. Konsultationsbüros f. Geschichte d. KPdSU i. d. Abt. Parteischulung d. ZK d. SED. Seit Mitte 1950 Dir. d. Parteihochschule „Karl Marx" d. SED. 1954-1958 Kand., seit d. V. Parteitag d. SED (Juli 1958) Mitgl. d. ZK d. SED. Mitgl. d. Redaktionskoll. d. theor. Ztschr. d. SED „Einheit".
Ausz.: Karl-Marx-Orden (1964 u. 1978). Orden d. Vaterl. Krieges 1. Grades (UdSSR, 1970). Dr. phil. h. c. KMU Leipzig (1978) u. a.

Wolf, Herbert
Berlin
Geb. 1925
Erl. B.: Schleifscheibenformer, Diplom-Wirtschaftler, Dr. rer. oec.
Ausg. B.: Hochschullehrer
Partei: SED
L.: Schleifscheibenformer. 1945 Mitgl. d. KPD. Sonderreifeprüfung. Studium d. Gesellschaftswiss. 1949-1952 Ass. a. d. HS f. Finanzwirtschaft. 1952 Promotion zum Dr. rer. oec. 1952-1953 Aspirant i. Moskau. 1953-1956 Prof. a. d. HS f. Finanzwirtschaft. 1956 Prof. m. LA f. Politökonomie a. d. KMU Leipzig. Danach stellv. Dir. d. Ökon. Forschungsinstituts d. SPK. 1966-72 stellv. Vors. d. SPK. Vors. d. Beirates f. ökon. Forschung b. d. SPK. Jetzt o. Prof. f. polit. Ök. d. Sozialismus a. d. Sektion Marx.-Leninismus HS f. Ökonomie Berlin-Karlshorst. Vors. d. Wiss. Beirates f. Wirtschaftswiss. MHF.
Ausz.: Orden „Banner d. Arbeit" u. a.

Wolf, Klaus
Berlin
Geb. 17. 11. 1934 i. Leipzig
Ausg. B.: Botschafter
Partei: SED
L.: Oberschule. Abitur. 1953 bis 1959 Studium d. Außenpolitik a. Inst. f. Internat. Bez. i. Moskau. Staatsexamen. Seit 1959 Angehöriger d. diplom. Dienstes d. DDR. 1963-67 stellv. Ltr. d. Wirtschafts- u. Handelsmission d. DDR i. Ghana. 1967-73 Ltr. d. Ministerbüros i. MfAA. April 1973-Dez. 75 Botschafter d. DDR i. Königreich Niederlande. Jan. 1976-Aug. 79 Botschafter d. DDR i. Iran, Juni 1976-Aug. 1978 zusätzl. Botschafter i. Afghanistan, Nachf. v. Ferdinand Thun. Gegenwärtig HA-Ltr. Information i. MfAA.
Ausz.: VVO i. Bronze (1973) u. a.

Wolf, Markus Johannes (Mischa)
Berlin
Geb. 19. 1. 1923 in Hechingen als Sohn des kommunistischen Schriftstellers Dr. med. Friedrich Wolf
Ausg. B.: Stellv. Minister, Generaloberst des SSD
Partei: SED
L.: In Stuttgart aufgewachsen. 1933 mit den Eltern i. d. Schweiz u. nach Frankreich emigriert. 1934-1945 Emigrant i. d. SU. In Moskau Besuch d. Karl-Liebknecht-Schule. Während d. 2. Weltkrieges Besuch d. Kominternschule i. Kuschnarenkowo. 1945 Rückkehr nach Dtschl. MA d. Berliner Rundfunks. 1949-1951 1. Rat bei d. DDR-Mission i. Moskau. Später i. Inst. f. „Wirtschaftswissenschaftl. Forschung" (Spionage), i. Min. f. Staatssicherheit u. seit 1958 als Ltr. d. „Hauptverwaltung Aufklärung" tätig. Stellv. Min. f. Staatssicherheit. 1955 Generalmajor, 1966 Generalleutnant, 1980 Generaloberst d. SSD.
Ausz.: VVO i. Gold (1969). Orden d. Vaterländischen Krieges 2. Grades (UdSSR, 1970) u. a.

Wolff, Fritz
Berlin
Geb. 22. 8. 1926 in Grünberg/Schlesien als Sohn eines Spinnereiarbeiters
Erl. B.: Glasermeister
Ausg. B.: LDP-Funktionär
Partei: LDP
L.: Volksschule. 1931-1934 Glaserlehre. Danach als Glaser tätig. Militär- u. Kriegsdienst. Kriegsgefangenschaft. 1945 Mitgl. d. LDP. Stellv. Vors. bzw. 1. Vors. d. Ortsgruppe Themar (Kreis Hildburghausen) d. LDP. 1946-1948 Mitgl. d. Gemeindevertretung Themar. 1948 Glasermeister. 1948-1952 Abg. d. Kreistages Hildburghausen 1949-1952 Vors. d. Kreisverbandes Hildburghausen d. LDP. 1950-1952 Kreisrat i. Hildburghausen u. Abg. d. Landtages Thüringen. 1952-1956 stellv. Vors. d. Rates d. Bez. Suhl. Abg. d. Bezirkstages u. Vors. d. Bezirksverbandes Suhl d. LDP. 1952-1967 Mitgl. d. Zentralvorstandes d. LDP. 1953-1963 Abg. d. VK. 1958 Vors. d. Verfassungsausschusses d. VK. 1956 Vizepräs. d. IHK d. DDR. 1956-1958 Staatssekr. u. 1. stellv. Min. f. Lebensmittelindustrie. 1958 Gruppenltr. i. d. Staatl. Plankommission. 1958-76 Mitgl. d. StVV Ostberlin. 1958-71 stellv. Oberbürgermstr. v. Ostberlin. Ltr. d. Abt. Fremdenverkehr, Touristik u. Berlin-Werbung b. Ostberliner Magistrat (Stadtrat f. Naherholung). Seit 1967 Vors. d. ZRK d. LDP. 1971 Dir. f. Planung u. Koord. Krankenhaus Berlin-Friedrichshain.
Ausz.: VVO i. Gold (1981) u. a.

Wolff, Joachim
Berlin
Geb. 3. 5. 1932
Erl. B.: Diplom-Staatswissenschaftler
Ausg. B.: Stellv. Abteilungsleiter i. ZK d. SED
Partei: SED
L.: Nach 1945 Parteijournalist. Zeitw. Chefrepor-

ter der „Märkischen Volksstimme" i. Potsdam. Seit Anfang d. 60er Jahre MA d. ZK d. SED. Stellv. AL d. ZK d. SED. Mitgl. d.Agitationskommission b. Politbüro.
Ausz.: VVO i. Gold (1982) u. a.

Wolfram, Gerhard

Berlin
Geb. 15. 6. 1922 in Naumburg/Saale als Sohn eines Zollsekretärs
Erl. B.: Schauspieler
Ausg. B.: Intendant
Partei: SED
L.: Besuch d. Realgymnasiums Naumburg u. d. Dreikönigsschule Dresden. 1941 Abitur. 1940 NSDAP. Künstl. Ausbildung b. G. Kiesau a. Staatstheater Dresden. Kriegsdienst (Luftwaffe). Nach 1945 Dramaturg a. versch. mitteldtsch. Bühnen (Köthen, Halle/S., Leipzig). Zeitw. Ltr. d. Abt. Theater u. Film b. Berliner Rundfunk u. Chefred. d. Ztschr. „Deutsche Filmkunst". 1953 Mitgl. d. SED. Ab 1953 Chefdramaturg d. Maxim-Gorki-Theaters i. Ostberlin. 1966-72 Intendant d. Landestheaters Halle. 1967-69 Kand., 1971-72 Mitgl. d. SED-BL Halle. 1971-76 Kand. d. ZK d. SED. Juni 1972-Sept. 82 Intendant d. Dtsch. Theaters i. Ostberlin. Nachf. v. Hans-Anselm Perten. Seit März 1977 Vizepräs. d. Verbandes d. Theaterschaffenden.
Ausz.: Nat. Pr. II. Kl. (1969 Koll.-Ausz.). Orden „Banner d. Arbeit" (1972) u. a.

Wollstadt, Hanns-Joachim

Görlitz
Geb. 6. 2. 1929 i. Mollwitz, Krs. Brieg/OS, als Sohn eines Pfarrers
Erl. B.: Evang. Theologe, Dr. theol.
Ausg. B.: Bischof d. Görlitzer Kirchengebietes
L.: Kindheit i. Görlitz. Ab 1947 Studium d. evang. Theologie kirchl. HS i. Berlin, Bethel u. Heidelberg. Okt. 1952 1. theol. Examen. Febr. 1955 Ordination i. Görlitz. 1956 Pfarrer i. Jänkendorf-Ullersdorf. 1960-65 Provinzialpfarrer f. Innere Mission u. Hilfswerk d. Evang. Kirche d. Görlitzer Kirchengebietes. 31. 8. 1965 Promotion zum Dr. theol. a. d. KMU Leipzig. 1965-79 Vorsteher d. Brüder- u. Pflegehauses Martinshof i. Rothenburg. Seit 13. 10. 1979 Bischof d. Görlitzer Kirchengebietes d. Evang. Kirche. Nachf. v. Hans-J. Fränkel. Mitglied d. Synode d. Bundes Evang. Kirchen u. d. EKU. (1970-76 Vizepräses).

Womacka, Walter

Berlin
Geb. 22. 12. 1925 in Obergeorgenthal/CSR als Sohn eines Gärtners
Partei: SED
Erl. B.: Dekorationsmaler
Ausg. B.: Dozent, Vizepräs. d. Verbandes Bildender Künstler
L.: Mittl. Reife. Dekorationsmaler. Kriegsdienst. Nach 1945 Landarbeiter b. Braunschweig. 1946-48 Besuch d. Werkkunstschule i. Braunschweig.

1949-51 Student a. d. HS f. Architektur u. Bauwesen i. Weimar. 1951-52 Student a. d. HS f. bild. Künste i. Dresden. 1952 Diplom. 1952 Mitgl. d. SED. Ab 1953 Ass., Dozent u. seit 1965 Prof. a. d. HS f. bild. Kunst i. Berlin-Weißensee. Seit 1959 Vizepräs. d. Verbandes Bildender Künstler d. DDR. Seit 1968 Rektor d. HS f. bild. Kunst. Nachf. v. Fritz Dähn. 1969-74 Mitgl. d. SED-BL Berlin. O. Mitgl. d. DAK.
Ausz.: VVO i. Gold (1965). Nat.-Pr. II. Kl. (1968). Goethepreis (1977) u. a.

Wonneberger, Günther

Leipzig
Geb. bei Dresden
Erl. B.: Sportwissenschaftler, Dr. phil.
Ausg. B.: Hochschullehrer
Partei: SED
L.: Volksschule. Kriegsdienst. Nach 1945 Mitgl. d. Antifa-Jugend. 1946 SED. Leistungssportler. ABF, 1947-49 Studium d. Gewi. a. d. Uni. Leipzig. Seit 1950 Lehrtätigkeit a. d. DHfK i. Leipzig. 1956 Promotion zum Dr. phil. 1967 Prof. m. LA f. d. Geschichte d. Körperkultur d. neuesten Zeit a. d. DHfK. Proerktor f. Forschung u. 1. Stellvertr. d. Rektors. 1967-1972 Rektor d. DHfK. Seit 1966 Mitgl. d. Bundesvorstandes d. DTSB (1967-92 Mitgl. d. Präs.). Vizepräs. d. Forschungskomitees f. d. Geschichte d. Körperkultur b. Weltrat d. Sportes u. d. Körperkultur d. UNESCO.
Ausz.: Verdienstmedaille d. DDR (1962) u. a.

Wonsack, Friedrich

Leipzig
Geb. 29. 1. 1927 i. Gandenitz, Krs. Templin
Erl. B.: Postschaffner, Diplom-Wirtschaftler
Ausg. B.: Generaldirektor
Partei: SED
L.: Vor 1945 Hilfspostschaffner. 1944 NSDAP. Nach 1945 i. Außenhandelsapparat d. DDR tätig. MA d. MAI, stellv. Generaldir. d. DIA Nahrung. Mai 1966-April 1971 Ltr. d. Vertretung d. KfA i. Dänemark. 1971-81 Generaldir. d. Leipziger Messeamtes. Nachf. v. K. Schmeisser. 1971-81 Mitgl. d. SED-BL Leipzig. 1972 Vizepräs. d. Union d. internat. Messevereinigung. Seit 1981 Generaldir. d. AHB Verpackung u. Bürobedarf i. Leipzig.
Ausz.: VVO i. Bronze (1974) u. a.

Wünsche, Harry

Potsdam-Babelsberg
Geb. 8. 5. 1929 in Plauen
Erl. B.: Jurist, dr. jur. habil.
Ausg. B.: Hochschullehrer
Partei: SED
L.: Besuch d. Karl-Marx-Schule i. Chemnitz. Mitbegründer d. FDJ i. Chemnitz. Studium d. Rechtswiss. a. d. Uni. Halle. Seit 1954 Lehrtätigkeit a. d. DASR. 1954 Vizepräs. d. Liga f. d. Vereinten Nationen. 1962-1963 Botschaftsrat a. d. DDR-Botschaft i. d. UdSSR. Seit Jan. 1965 Generalsekr. d. Ges. f. Völkerrecht d. DDR. Jetzt

o. Prof. f. Völkerrecht u. Recht d. internat. Organisation a. Inst. f. Internat. Beziehungen d. DASR. 1968/69 Ltr. d. Abt. außenpolit. Planung i. MfAA. Präs. d. Ges. f. Völkerrecht d. DDR. Ausz.: VVO i. Bronze (1968).

Wünsche, Kurt

Berlin
Geb. 14. 12. 1929 in Obernigk, Kreis Trebnitz/-Schlesien, als Sohn eines Chemikers
Erl. B.: Diplom-Jurist, Dr. jur.
Ausg. B.: Hochschullehrer
Partei: LDP
L.: Besuch d. Volks- u. Oberschule (u. a. i. Dresden). Abitur. 1946 Mitgl. d. LDP. 1948-49 Geschäftsführer einer Stadtgruppe d. Kreisverbandes Dresden-Stadt d. LDP. 1949-1950 Abtltr. i. Kreisverband Dresden-Stadt d. LDP. 1950-1951 Abtltr. (Nat. Front) beim Landesverb. Sachsen d. LDP. 1951-1954 Hauptabtltr. i. d. Parteiltg. d. LDP (Organisation). 1953/54 vorübergehend v. SSD verhaftet. 1954-59 Fernstudium a. d. DASR, Diplom-Jurist. Seit 1954 Mitgl. d. ZV d. LDP. 1954-72 Mitgl. d. Polit. Ausschusses d. ZV d. LPD. 1954-66 Sekr. bzw. stellv. Generalsekr. d. LDP. 1954-1976 Abg. d. VK. 1957-1958 Mitgl. d. Jugendausschusses. 1958-63 Mitgl. d. Justizausschusses d. VK. 1961-71 Mitgl. d. Präs. d. Liga f. Völkerfreundschaft. Dez. 1964 Promotion zum Dr. jur. a. d. DASR. Dez. 1965-Okt. 1972 stellv. Vors. d. Ministerrates. Juli 1967-Okt. 1972 Min. d. Justiz d. DDR. Nachf. v. Hilde Benjamin. Abgelöst v. H.-J. Heusinger. Nov. 1967-Nov. 1972 stellv. Vors. d. LDP i. d. DDR. Seit Okt. 1972 o. Prof. d. Gerichtsverfassungsrecht a. d. Humboldt-Uni. Ostberlin.
Ausz.: VVO i. Silber (1965), Orden „Banner d. Arbeit" (1969) u. a.

Wünschmann, Werner

Berlin
Geb. 31. 10. 1930 i. Leipzig als Sohn eines Angestellten
Erl. B.: Lehrer, Diplom-Historiker
Ausg. B.: Sekretär d. Hauptvorstandes d. CDU
Partei: CDU
L.: Oberschule. Abitur. 1948 CDU. 1949-59 als Lehrer tätig (u. a. i. Leisnig). Stellv. Bürgermstr. v. Großweitzschen, Krs. Döbeln. 1951 I. Lehrerprüfung, 1953 2. Lehrerprüfung. 1957 Staatsexamen als Fachlehrer f. Deutsch. 1960-65 Studium d. Geschichte a. d. Humboldt-Uni. Ostberlin. Diplom-Historiker. 1959-60 Dozent a. d. Zentralen Schulungsstätte d. CDU i. Burgscheidungen. Seit 1951 Ltr. d. Abt. Schulung i. Hauptvorstand d. CDU. Seit 1965 Sekr. f. Schulung d. Hauptvorstandes d. CDU. Seit Juli 1967 Abg. d. VK, seit 1971 stellv. Vors. d. Ausschusses f. Kultur. Seit 1968 Mitgl. d. Hauptvorstandes, seit Okt. 1972 Mitgl. d. Präs. d. Hauptvorstandes d. CDU. Studienrat.
Ausz.: VVO i. Silber (1974) u. a.

Wüstneck, Klaus Dieter

Berlin
Geb. 1932 i. Weimar als Sohn eiens Schuhmachers
Erl. B.: Diplom-Philosoph, Dr. phil.
Ausg. B.: Stellv. Direktor
Partei: SED
L.: 1950 Abitur. FDJ-Funktionär. Studium d. Philosophie a. d. Uni. Jena. FDJ-Sekr. d. Fachrichtung Philosophie. 1956 Mitgl. d. SED. Lehrbeauftragter f. Diamat u. Methodologie d. Wiss. a. d. TH Ilmenau. Seit 1965 wiss. MA d. Inst. f. Philosophie d. DAW i. Berlin. Ltr. d. Arbeitsgruppe Philosophie u. Kybernetik. 1973-78 stellv. Dir. d. Inst. f. Wissenschaftstheorie- u. Organisation (jetzt Inst. f. Theorie, Geschichte u. Wiss.) d. AdW. 1967-71 Kand. d. ZK d. SED u. Mitgl. d. StVV Ostberlin.

Wunderlich, Heinz

Potsdam
Geb. 1926
Erl. B.: Maschinenschlosser, Ingenieur
Ausg. B.: Sekretär d. BL Potsdam d. SED
Partei: SED
L.: Maschinenschlosser. Wirtschaftsfunktionär. Mitte d. 50er Jahre Ltr. d. Hauptverwaltung Landmaschinen- u. Traktorenbau i. Min. f. Allg. Maschinenbau. Danach Hauptdir. d. VVB Landmaschinen- u. Traktorenwerke sowie Werkltr. d. Traktorenwerke Brandenburg. 1962-76 stellv. Vors. d. RdB Potsdam (Vors. d. BWR). Seit 18. 11. 76 Sekr. f. Wirtschaft SED-BL Potsdam. Nachf. v. Hans Wagner. Abg. d. BT.
Ausz.: VVO i. Silber (1974) u. a.

Wunderlich, Helmut

Berlin
Geb. 3. 12. 1919 i. Draisdorf, Krs. Chemnitz, als Sohn eines Arbeiters
Erl. B.: Dreher, Ingenieur, Dr. Prof.
Ausg. B.: Gruppenleiter d. Zentralinstituts f. sozial. Wirtschaftsführung
Partei: SED
L.: Volksschule. 1934-35 Dreherlehre, danach als Dreher tätig. 1938-40 Besuch d. Staatl. Ing.-Schule Chemnitz. Ing. f. Maschinenbau. 1949-50 TAN-Sachbearbeiter VVB Werkzeugmaschinen. 1950 Besuch d. Verwaltungsakademie Forst-Zinna. 1951 wiss. Ass. 1951 Mitgl. d. SED. 1951-53 Dir. VEB NOBAS Nordhausen. 1953-58 Min. f. Allg. Maschinenbau (zeitw. auch Staatssekr. u. stellv. Min.). 1958-59 Abtltr. f. Maschinenbau SPK. 1959-60 stellv. Vors. d. SPK. 1961 bis 1963 stellv. Vors. d. VWR. 1963-67 Werkdir. VEB Elektrokohle Berlin-Lichtenberg. 1967-71 Werkdir. VEB Transformatorenwerk Berlin-Oberschöneweide. 1967-71 Mitgl. d. SED-BL Berlin. Seit 1966 Mitgl. d. Präs. d. Urania. Seit 1970 Mitgl. d. Präs. d. KdT. 1971-75 Generaldir. VEB „Carl Zeiss" i. Jena. 1971-76 Kand. d. ZK d. SED u. Mitgl. 1976-81 Mitgl. ZRK d. SED. Seit 1976 MA bzw. Gruppenltr. beim Zentralinst. f. sozial. Wirtschaftsführung b. ZK d. SED.

Ausz.: VVO i. Gold (1980), Orden „Banner der Arbeit" (zweimal) u. a.

Wunderlich, Werner
Berlin
Geb. 1925
Erl. B.: Maler, Diplom-Wirtschaftler, Diplom-Militärhistoriker, Dr. phil., Prof.
Ausg. B.: Generalmajor d. NVA
Partei: SED
L.: Maler. 1946 SED. Hauptamtl. SED-Funktionär. Seit 1952 Angehöriger d. KVP (Seestreitkräfte). 21. 2. 1966 Promotion a. d. KMU Leipzig z. Dr. phil. Kapitän z. See, MA d. Polit. HV d. NVA. Sektionsltr. b. wiss. Rat f. sozial. Landesverteidigung. Seit 18. 2. 1974 Generalmajor d. NVA, stellv. Chef d. Polit. HV d. NVA. Seit 1977 Kommandeur d. Militärpolit. HS „W. Pieck" i. Berlin-Grünau. Nachf. v. Hans Beckmann. 1978 zum Prof. ernannt.
Ausz.: Friedrich-Engels-Preis (1973) u. a.

Wurdak, Wilhelm
Berlin
Geb. 18. 8. 1932
Ausg. B.: Stellv. Generaldirektor
Partei: SED
L.: Journalist. Zeitweise ADN-Auslandskorrespondent i. Moskau, Warschau u. bei der UNO i. New York. 1979 Chefredakteur, seit 1982 stellv. Generaldir. v. ADN.
Ausz.: VVO i. Silber (1982) u. a.

Wurdinger, Ernst
Dresden
Geb. 1928
Erl. B.: Kfm. Angestellter, Diplom-Wirtschaftler
Ausg. B.: Generaldirektor
Partei: SED
L.: Uni.-Studium i. Jena u. Leipzig. 1951 Diplom-Wirtschaftler. Anschl. Wirtschaftsfunktionär, u. a. i. Min. f. Leichtindustrie u. bis 1963 stellv. Generaldir. d. VVB Zellstoff, Papier u. Pappe i. Heidenau. 1963-1975 stellv. Vors. d. RdB Dresden (Vors. d. BWR). Seit 1975 Generaldir. VVB Zellstoff, Papier, Pappe bzw. VEB Komb-Zellstoff u. Papier i. Heidenau.

Wutschke, Eberhard
Neubrandenburg
Geb. 1936
Erl. B.: Einzelhandelskaufmann, Handelswirtschaftler, Diplom-Gesellschaftswissenschaftler
Ausg. B.: 1. stellv. Vorsitzender d. RdB
Partei: SED
L.: Einzelhandelskaufmann, Handelswirtschaftler u. Ökonom f. Betriebswirtschaft. Kommunalpolit. Betätigung. 1972-76 Stadtrat bzw. stellv. OB f. Handel u. Versorgung v. Neubrandenburg. Seit 9. 11. 1976 1. stellv. Vors. d. RdB Neubrandenburg. Nachf. v. Willi Ragutzki. Abg. d. BT.
Ausz.: VVO i. Bronze (1978) u. a.

Wutzler, Günter
Berlin
Geb. 15. 4. 1925 i. Stenn, Krs. Zwickau, als Sohn eines Arbeiters
Erl. B.: Industriekaufmann, Lehrer, Dr. paed.
Ausg. B.: Hochschullehrer
Partei: SED
L.: Besuch d. Volks- u. Handelsschule. 1939-42 kfm. Lehre, danach als Kaufmann i. Stenn tätig. 1943 NSDAP. Kriegsdienst (Matrose). 1946 SED. 1946 Neulehrer. 1946-49 Pädagogik-Studium a. d. Uni. Leipzig. Staatsexamen. 1950-51 Lehrer. 1951-60 wiss. Ass., Oberass. u. Wahrnehmungsdozent a. d. KMU Leipzig. 1958 Dr. paed. 1960-62 Sekr. d. Wiss. Rates u. Fachgebietsltr., 1967 Abtltr. i. Min. f. Volksbildung. 1967-71 Abg. d. VK u. Mitgl. d. Ausschusses f. Volksbildung. 1970-73 stellv. Min. f. Hoch- u. Fachschulwesen d. DDR. Seitdem o. Prof. a. Inst. f. Hochschulbildung d. Humboldt-Uni. Ostberlin. Ltr. d. Forschungsstelle kommunistische Erziehung d. Studenten. Korr. Mitgl. d. APW. Oberstudienrat.
Ausz.: VVO i. Bronze (1970) u. a.

Wyschofsky, Günter
Berlin
Geb. 8. 5. 1929 in Bischofswerda/Sa.
Erl. B.: Chemiefacharbeiter, Diplom-Chemiker
Ausg. B.: Minister für Chemische Industrie
Partei: SED
L.: 1945 Mitgl. d. KPD. Chemiefacharbeiter. Besuch einer ABF. Abitur m. Auszeichnung. Bis 1953 Studium d. Chemie a. d. TH Dresden u. Uni. Leipzig. 1953 Diplom-Chemiker a. d. Uni. Leipzig. Danach Forschungslaborltr. u. Betriebsltr. i. Chemiebetrieben. MA d. ZK d. SED. Zeitw. Ltr. d. Sektors Chemie b. ZK d SED. 1960-1962 Ltr. d. Abt. Grundstoffindustrie b. ZK d. SED. 1962-1965 stellv. Vors. d. SPK. Dez. 1965 bis Mai 1966 Ltr. d. Abt. Planung d. Chemie i. d. SPK. Jan. 1963 bis Dez. 1964 Kand., seit Dez. 1964 Vollmitgl. d. ZK d. SED. seit Mai 1966 Min. f. Chemische Industrie. Nachf. v. Siegbert Löschau. Vors. d. Kommission f. d. Chemische Industrie i. RGW.
Ausz.: VVO i. Gold (1979) u. a.

Z

Zabelt, Siegfried
Potsdam
Geb. 1932 i. Chemnitz
Erl. B.: Bergarbeiter, Diplom-Militärwissenschaftler
Ausg. B.: Generalmajor d. NVA
Partei: SED
L.: Bis 1946 Besuch d. Volksschule. Danach Berglehrling i. Steinkohlenwerk „Deutschland" i. Oelsnitz. Knappe. 1947 FDJ. 1950 Eintritt i. d. VP/KVP. Offizierslaufbahn. Bis 1971 externes Studium a. d. Militärakad. „Fr. Engels" i. Dresden. 1975-77 Besuch d. Generalstabsakademie d. UdSSR. Seitdem Kdr. d. 1. MSD i. Potsdam. Seit 2. 10. 1980 Generalmajor d. NVA.

Zacharias, Heinz
Meißen/Sa.
Geb. 19. 5. 1931
Erl. B.: Wirtschaftskaufmann, Dr. sc. rer. oec.
Ausg. B.: Hochschullehrer
Partei: SED
L.: Nach 1945 Lehre als Wirtschaftskaufmann u. Studium a. d. DASR. 1955 Diplom. 1957 Dr. rer. oec. 1961 Habil. Seit 1959 Lehrtätigkeit a. d. HS f. LPG i. Meißen. 1962 z. Prof. berufen. 1963-64 Studium a. d. PHSch d. KPdSU. 1971-76 Prorektor f. Prognose u. Wissenschaftsentwicklung. Seit Juli 1976 Rektor d. LPG-HS. Nachf. v. Hans Friedrich. Seit 1967 Mitgl. d. SED-BL Dresden. Seit 1972 o. Mitgl. d. AdL.
Ausz.: VVO i. Bronze (1967) u. a.
Veröff.: „Buchführung u. Kontrolle i. LPG", u. a.

Zachmann, Siegfried
Berlin
Geb. 13. 4. 1928 i. Dresden als Sohn eines Eisenbahners
Erl. B.: Reichsbahnhelfer, Diplom-Staatswissenschaftler, Dr. jur.
Ausg. B.: Botschafter
Partei: SED
L.: Reichsbahnhelfer. Von d. Rb-Dir. Dresden zum Studium delegiert. 1953 Diplom-Staatswiss. a. d. DASR. Seit 1953 Angehöriger d. diplom. Dienstes d. DDR. Bis 1959 MA u. Ltr. d. Abt. Internat. Organisationen i. MfAA. 1959-63 stellv. Ltr. d. DDR-Deleg. b. d. Europ. Wirtschaftskomm. d. UNO i. Genf. Danach wiss. MA d. MfAA. 1968 Promotion zum Dr. jur. Seit März 1968 ständiger Beobachter d. DDR b. d. Europ. Wirtschaftskomm. d. UNO i. Genf. 1969 Gesandter. Nov. 1972-Juli 1973 ständiger Beobachter d. DDR a. Sitz d. UNO i. Genf sowie ständiger Vertreter d. DDR b. anderen internat. Organisationen. Botschafter. DDR-Vertreter i. Wirtschaftsausschuß d. UNO-Vollvers. 1973-77 Ltr. d. Abt. Internat. ökon. Organisationen i. MfAA. Seit 1977 stellv. Ständiger Vertreter d. DDR b. d. UNO i. New York. Nachf. v. Bernhard Neugebauer.

Zänker, Heimo
Erfurt
Geb. 3. 12. 1936 i. Leipzig
Erl. B.: Dipl.-Ing.
Ausg. B.: Stellv. Vorsitzender d. RdB Erfurt
Partei: LDP
L.: Besuch d. Oberschule i. Bitterfeld. Abitur. Studium d. Technologie a. d. TH Karl-Marx-Stadt. Dipl.-Ing. 1961-72 Ass., Technologe u. Ltr. d. Bereichs Automatisierung i. VEB Uhren- u. Maschinenkombinat Ruhla. Seit Nov. 1971 Abg. d. BT Erfurt. Seit Dez. 1972 stellv. Vors. d. RdB Erfurt f. örtl. Versorgungswirtschaft, seit Sept. 1974 f. Umweltschutz u. Wasserwirtschaft.
Ausz.: VVO i. Bronze (1979) u. a.

Zahn, Kurt
Gera
Geb. 3. 10. 1940 als Sohn eines Handwerkers
Erl. B.: Industriekaufmann, Außenhandelsökonom
Ausg. B.: Sekretär d. BV d. FDGB
Partei: SED
L.: 1955 kfm. Lehrling i. VEB Carl Zeiss i. Jena. 1955 FDJ. 1960 Kand. d. SED. Außenhandels-Fernstudium. 1963 2. Sekr., 1964-65 1. Sekr. d. FDJ-Grundorg. i. VEB Carl Zeiss. Fernstudium d. Gewi. 1965-69 Sekr. f. Arbeiterjugend, 1969-74 1. Sekr. d. FDJ-BL Gera. 1971-77 Mitgl. d. Büros d. Zentralrates d. FDJ. Jan. 1974-Juli 77 Sekr. d. Zentralrates d. FDJ. Seit 19. 5. 77 Sekr. d. BV d. FDGB. Seit Sept. 1977 Mitgl. d. Präs. d. BV d. DTSB.
Ausz.: VVO i. Silber (1979) u. a.

Zander, Horst
Potsdam
Geb. 1928 i. Mecklenburg als Sohn eines Landarbeiters
Ausg. B.: Generalleutnant d. NVA
Partei: SED
L.: 1944-45 Besuch d. Lehrerbildungsanstalt Güstrow. Nach 1945 Molkereifacharbeiter. 1949 Eintritt i. d. VP. Offiziers-Laufbahn. 1968-71 Absolvent d. Generalstabsakad. d. UdSSR i. Moskau. 1971 Diplom. Danach Kdr. eines Pz.-Rgt. u. stellv. Div.-Kdr. 1974-79 Kdr. d. 1. MSD i. Potsdam. Seit 6. 10. 1977 Generalmajor, seit 16. 2. 1981 Generalleutnant d. NVA. Stellv. Chef d. Landstreitkräfte d. NVA.
Ausz.: Kampforden f. „Verdienste um Volk u. Vaterland" (1973) u. a.

Zechlin, Dieter
Berlin
Geb. 30. 10. 1926 in Goslar als Sohn eines Arztes
Erl. B.: Musiker (Pianist), Prof.
Ausg. B.: Hochschullehrer

L.: 1943-1945 Kriegsdienst. Nach 1945 musikal. Ausbildung i. Erfurt u. Weimar. Anschl. Dozent f. Klavier a. d. Musikhochschule Weimar. Seit 1951 Dozent f. Klavier a. d. HS f. Musik i. Ostberlin. Seit 1958 Prof. Z. Zt. Ltr. d. Meisterklasse f. Klavier. 1964 o. Mitgl. AdK. Seit Sept. 1971 Rektor d. HS f. Musik i. Ostberlin (Nachf. v. Prof. E. Rebling) u. Präs. d. Musikrates d. DDR. 1974-78 Vizepräs. d. AdK. Präs. d. Robert-Schumann-Ges. Mitgl. d. Hoch- u. Fachschulrates d. DDR. Betreut d. DDR-Fernsehsendung „Besuch i. Studio".
Ausz.: Nat. Pr. II. Kl. (1961), VVO i. Silber (1971) u. a.

Zechlin, Ruth, geb. Oschatz

Berlin
Geb. 22. 6. 1926 i. Großhartmannsdorf b. Freiberg/Sa.
Ausg. B.: Komponistin, Dozentin
Partei: NDP
L.: 1943-49 Studium a. d. HS f. Musik i. Leipzig. 1949 Staatsexamen. 1949-50 Musikdozentin i. Leipzig. Seit 1950 Dozentin bzw. o. Prof. f. Komposition, Kontrapunkt, Harmonielehre u. Cembalo a. d. HS f. Musik i. Ostberlin. Zahlreiche Kompositionen. Seit 1972 o. Mitgl. AdK. Mitgl. d. Friedensrates u. d. Musikrates d. DDR. Stellv. Sekr. f. Musik a. d. AdK. Verheiratet m. Dieter Z.
Ausz.: Goethe-Preis (Ostberlin, 1962), Nat. Pr. III. Kl. (1975) u. a.
Werke: Lidice-Kantate f. Bariton, Chor u. Orchester, Text v. F. Fühmann, Urauff. Berlin 1958. „Wenn der Wacholder blüht", Oratorium, Uraufführung, 1961, „3. Sinfonie", 1972, Hörspielmusik zu „Adam u. Eva" von Peter Hacks, u. a.

Zeh, Manfred

Halle/Saale
Geb. 1933 i. Hohen Demzin als Sohn eines Tischlers
Erl. B.: Landarbeiter
Ausg. B.: Generalmajor d. NVA
Partei: SED
L.: Nach dem Schulbesuch 5 Jahre als Landarbeiter i. seiner Heimatgemeinde tätig. Eintritt i. d. VP. Offizierslaufbahn. 2 Jahre Besuch d. HS f. Offiziere u. 4 Jahre d. Militärakademie. Absolvent d. Generalstabsakademie d. UdSSR. Zeitw. Kdr. d. Rgt. „Arthur Ladwig". Seit 1979 Kdr. d. 11. MSD i. Halle. Seit 1979 Generalmajor d. NVA.

Zeiler, Friedrich

Berlin
Geb. 9. 9. 1920
Ausg. B.: Stellv. Vors. d. SPK, Generalleutnant d. NVA
Partei: SED
L.: 1945 KPD. MA d. BL Halle. 1950-1962 MA d. ZK d. SED (Ltr. d. Abt. Technik bzw. Maschinenbau). Seit 1964 stellv. Vors. d. SPK. Seit 1969 Generalmajor, seit 25. 9. 1979 Generalleutnant d. NVA.
Ausz.: VVO i .Silber (1970).

Zein, Margarete

Bralitz/Neuenhagen, Kreis Bad Freienwalde
Geb. 21. 5. 1931 i. Berlin
Erl. B.: Zootechnikerin, Staatl. gepr. Landwirt
Ausg. B.: LPG-Vorsitzende
Partei: DBD
L.: Volksschule. Tätigkeit i. d. Landwirtsch. Besuch einer Landw. Fachschule. 1952 Mitgl. d. DBD. 1954-1963 Abg. d. BT Frankfurt/Oder. Seit 1963 Mitgl. d. Parteivorstandes, seit 1972 Mitgl. d. Präs. d. Parteivorstandes d. DBD. 1969-72 stellv. Vors. d. Bezirksverbandes Frankfurt/ Oder d. DBD. Vors. d. LPG Tierproduktion i. Bralitz/Neuenhagen. Vors. d. Kreisvorstandes Bad Freienwalde d. DBD. Mitgl. d. RLN d. Kreises.
Ausz.: Verdienstmedaille d. DDR (1959) u. a.

Zeissig, Siegfried

Berlin
Ausg. B.: Stellv. Minister
Partei: SED
L.: In den 50er u. 60er Jahren zeitw. Ltr. d. Finanzabt. i. Min. f. Kohle u. Energie sowie i. d. Abt. Kohle d. VWR. 1968-74 Ltr. d. Staatl. Finanzrevision d. DDR. Seit 1974 stellv. Minister d. Finanzen.
Ausz.: VVO i. Silber (1978) u. a.

Zellmer, Christa

Frankfurt/Oder
Geb. 5. 11. 1930 i. Cottbus
Erl. B.: Einzelhandelskaufmann, Diplom-Gesellschaftswissenschaftler
Ausg. B.: Sekretär d. SED-BL Frankfurt/Oder
Partei: SED
L.: Einzelhandelskaufmann. 1947 SED. 1950 Ltr. einer Jugendverkaufsstelle i. Cottbus. 1952-1965 Sekr. d. Bezirksverbandes Frankfurt/Oder d. DFD. Dez. 1965 bis Febr. 1966 Sekr. d. RdB Frankfurt/Oder. Seit Febr. 1966 Sekr. f. Agitation u. Propaganda d. SED-BL Frankfurt/Oder. Seit Juni 1971 Kand. d. ZK d. SED, seit 5. 6. 75 Mitgl. d. ZK d. SED.
Ausz.: VVO i. Silber (1976) u. a.

Zenker, Eberhard

Berlin
Geb. 1930
Erl. B.: Diplom-Wirtschaftler, Diplom-Gesellschaftswissenschaftler
Ausg. B.: Stellv. Vorsitzender d. ZV d. GST
Partei: SED
L.: FDJ-Funktionär. 1954 Instrukteur. 1962 Abtltr. d. Zentralrats d. FDJ. 1963-67 Mitgl. d. Zentralrates d. FDJ. 1964 Ltr. d. Büros d. Sekr. d. Zentralrats d. FDJ. Seit 1968 Ltr. d. HA-Versorgung/Wirtschaft i. Sekr. d. ZV d. GST.

Seit Juni 1970 stellv. Vors. d. ZV d. GST f. Versorgung u. Wirtschaft.
Ausz.: VVO i. Bronze (1973) u. a.

Zettler, Gerhard
Neubrandenburg
Geb. 18. 6. 1920 i. Kloster Vesska
Erl. B.: Fleischer, Diplom-Wirtschaftler, Diplom-Gesellschaftswissenschaftler
Ausg. B.: Vorsitzender d. BRK d. SED Neubrandenburg
Partei: SED
L.: Fleischer. Kriegsdienst (Obergefr.). Sowj. Kriegsgefangenschaft. Besuch einer Antifa-Schule. 1951-64 MA d. ZK d. SED. Besuch d. PHSch b. ZK d. KPdSU. 1964-74 2. Sekr. d. SED-BL Neubrandenburg. Seit 17. 2. 74 Vors. d. BRK d. SED Neubrandenburg. Nachf. v. Hermann Göck.
Ausz.: VVO i. Gold (1980) u. a.

Zeuner, Fritz
Berlin
Geb. 30. 1. 1921 i. Dölzig
Erl. B.: Schlosser, Diplom-Wirtschaftler
Ausg. B.: 1. Sekretär d. ZV d. VdgB
Partei: SED
L.: Kriegsdienst. Schlosser, Diplom-Wirtschaftler. Zeitweilig LPG-Vors. Seit 1971 1. Sekr. d. ZV d. VdgB.

Zibolka, Ernst
Magdeburg
Geb. 1930
Erl. B.: Staatl. gepr. Landwirt, Diplom-Landwirt, Dr. agr.
Ausg. B.: Stellv. Vorsitzender d. RdB Magdeburg
Partei: SED
L.: Traktorist. Besuch d. Landw. Fachschule Neugattersleben. Staatl. gepr. Landwirt. Danach Agronom d. MTS Warmsdorf, Dir. d. MTS Schneidlingen u. d. VEG Hohenerxleben. 1957-62 Studium a. d. HS f. Landw. i. Bernburg. Diplom-Landwirt. 1962 stellv. Vors. f. Landw. d. RdK Stassfurt. Seit 1963 Abg. d. BT Magdeburg. Seit April 1963 Vors. d. LWR bzw. RLN d. Bez. Magdeburg. Seit Sept. 1974 stellv. Vors. d. RdB Magdeburg f. Land-, Forst- u. Nahrungsgüterw.
Ausz.: VVO i. Bronze (1969) u. a.

Zick, Werner
Suhl
Geb. 1926
Erl. B.: Verkäufer, Diplom-Wirtschaftler
Ausg. B.: Stellv. Vorsitzender d. RdB Suhl
Partei: SED
L.: Verkäufer, Diplom-Wirtschaftler. Bis 1981 AL beim RdB, seit Juni 1981 stellv. Vors. d. RdB Suhl f. Handel u. Versorgung. Nachf. v. Manfred Becker. Abg. d. BT Suhl.

Ziebart, Helmut
Berlin
Geb. 4. 5. 1929 als Sohn eines Landwirts
Erl. B.: Diplom-Staatswissenschaftler
Ausg. B.: Botschafter
Partei: SED
L.: Mittelschule, 1945-50 als Landarbeiter u. i. Bergbau tätig. 1950-53 Besuch d. ABF Greifswald. Danach Studium a. d. DASR. 1956 Dipl.-Staatswiss. Seit 1956 Angehöriger d. diplom. Dienstes d. DDR. Abtltr. i. MfAA. 1961-65 1. Sekr. a. d. DDR-Botschaft i. d. UdSSR. 1965-68 stellv. Ltr. d. Abt. SU, 1968-73 Ltr. d. Abt. Südosteuropa i. MfAA. Sept. 1973-Febr. 1977 Botschafter i. Jugoslawien. 1977-81 Ltr. d. Abt. UdSSR i. MfAA. Seit 7. 1. 1981 Botschafter d. DDR i. d. CSSR. Nachf. v. Gerd König.
Ausz.: VVO i. Bronze (1971) u. a.

Ziegenhahn, Herbert
Gera
Geb. 27. 10. 1921 in Dankerode, Mansfelder Seekreis, als Sohn eines Landwirts
Erl. B.: Maurer, Diplom-Gesellschaftswissenschaftler
Ausg. B.: 1. Sekretär der SED-BL Gera
Partei: SED
L.: Volksschule. 1936-41 Landarbeiter. Maurer. Kriegsdienst (Kanonier, Schallbeobachtungsabt.). Sowj. Kriegsgefangensch. Ass. a. einer Antifa-Zentralschule. 1948 Mitgl. d. SED. Bürgermstr. v. Dankerode u. Harzgerode. 1952-1959 1. Kreissekr. d. SED i. Quedlinburg. 1954-60 Fernstudium a. d. PHSch d. SED. Diplom-Gewi. 1959-1963 1. Sekr. d. SED-Kreisltg. Dessau. Jan. 1963-Sept. 1966 Kand., seit Sept. 1966 Vollmitgl. d. ZK d. SED. Seit Febr. 1963 1. Sekr. d. SED-BL Gera. Nachf. v. Paul Roscher. Seit Okt. 1963 Abg. d. VK. Seit 1967 Mitgl. d. Mandatsprüfungsausschusses d. VK. Abg. d. BT Gera.
Ausz.: VVO i. Silber u. i. Gold (1971), Karl-Marx-Orden (1981) u. a.

Ziegler, Günter
Halle/Saale
Geb. 21. 4. 1927
Erl. B.: Betonbauer, Diplom-Wirtschaftler, Dr. rer. oec.
Ausg. B.: Vorsitzender der Bezirksplankommission Halle
Partei: SED
L.: Betonbauer. Diplom-Wirtschaftler. 1954 Sekr. f. Agitprop. SED-KL d. Leuna-Werke. MA d. SPK. Promotion (Dr. rer. oec.). Seit 1962 Vors. d. Bezirksplankommission u. stellv. Vors. d. RdB Halle. Mitgl. d. Sekr. d. SED-BL u. Abg. d. BT Halle.
Ausz.: VVO i. Silber (1974) u. a.

Ziegner, Heinz
Schwerin
Geb. 13. 7. 1928 i. Annarode, Krs. Eisleben, als Sohn eines Arbeiters

Erl. B.: Verwaltungsangestellter, Agraringenieur
Ausg. B.: 1. Sekretär d. SED-BL Schwerin
Partei: SED
L.: Mittelschule. 1945 SPD. 1946 SED. 1945-49 Angestellter d. RdK Hettstedt (Mansfeld). Ltr. d. Statistischen Kreisamtes. 1949-50 Abtltr. SED-KL Hettstedt. 1950-53 Abtltr., Sekr., 2. Sekr. u. 1. Sekr. d. SED-KL Salzwedel. 1954 1. Sekr. d. SED-KL Schönebeck. 1954-69 Abg. d. BT Magdeburg. 1954-60 1. Sekr. d. FDJ-BL Magdeburg. 1955-60 Mitgl. d. Zentralrates. 1957-60 Mitgl. d. Büros d. Zentralrates d. FDJ. 1960-69 Sekr. f. Landw. SED-BL Magdeburg. 1967-71 Kandidat, seit Juni 1971 Mitgl. d. ZK d. SED. Juni 1969-Febr. 74 2. Sekr., seit 17. 2. 74 1. Sekr. SED-BL Schwerin. Nachf. v. Bernhard Quandt. Seit 1971 Abg. d. VK. 1976-82 Mitgl. d. Ausschusses f. Auswärtige Angel., seit März 1982 Mitgl. d. Ausschusses f. Land- Forst- u. Nahrungsgüterw. d. VK. Seit 1971 Abg. d. BT Schwerin.
Ausz.: VVO i. Bronze (1960), Karl-Marx-Orden (1978) u. a.

Ziergiebel, Heinz
Berlin
Erl. B.: Diplom-Wirtschaftler
Ausg. B.: Staatssekretär
Partei: SED
L.: Nach 1945 Wirtschaftsfunktionär. In d. 50er Jahren leitender MA d. Min. f. Schwerindustrie u. Kohle u. Energie. 1958-1965 leitender MA d. SPK bzw. d. VWR (zeitw. stellv. Vors. d. SPK u. d. VWR, verantwortl. f. Energiewirtschaft). 1966-79 stellv. Min. f. Grundstoffindustrie (Kohle u. Energie). Sekr. d. Regierungskommission f. Energiewirtschaft. Seit 1979 Staatssekr. u. Ltr. d. AG rationelle Energieanwendung b. MR.
Ausz.: VVO i. Bronze (1974) u. a.

Zierold, Rolf
Berlin
Geb. 1928
Erl. B.: Diplom-Landwirt, Dr. sc. agr.
Ausg. B.: Hochschullehrer
Partei: SED
L.: Studium d. Landwirtschaftswiss. i. Jena. 1952 Diplom-Landwirt. Promoviert. Abtltr. i. Inst. f. Agrarökonomie d. DAL. 1963-72 stellv. Vors. d. SPK. 1963-72 Mitgl. d. LWR bzw. RLN. Stellv. Vors. d. DDR-Sektion d. Wirtschaftsausschusses DDR-Demokr. Rep. Vietnam. 1972 HA-Ltr. Landw. u. Nahrungsgüterw. SPK. Anschließend Lehrstuhllltr. Ökonomie d. sozial. Land- u. Nahrungsgüterw. a. d. Sektion Technologie d. Instandsetzung d. Ing.-HS Berlin-Wartenberg. 1. Prorektor d. HS. Seit 26. 4. 1982 Rektor d. HS f. Landw. u. Nahrungsgüterw. Bernburg. Nachf. v. Philipp Tirian.
Ausz.: VVO i. Bronze (1980) u. a.

Ziesche, Feodor
Berlin
Geb. 14. 7. 1927 i. Witkowitz/CSR
Erl. B.: Jurist
Ausg. B.: Generaldirektor
Partei: SED
L.: Jurist. Außenhandelsfunktionär. Zeitw. stellv. Generaldir. d. Intrac-Handelsges. u. d. Transinter AHU. Gegenw. Generaldir. d. Dtsch. Handelsbank AG.
Ausz.: VVO i. Bronze (1977) u. a.

Zillig, Johannes
Berlin
Geb. 19. 6. 1934 i. Köln als Sohn eines kfm. Angestellten
Erl. B.: Journalist, Diplom-Wirtschaftler, Diplom-Philsoph, Dr. phil.
Ausg. B.: Sekretär d. Hauptvorstandes d. CDU
Partei: CDU
L.: Oberschule. Abitur. 1952 Mitgl. d. CDU. 1954-58 Studium a. d. HS f. Ökonomie Bln. Diplom-Wirtsch. 1964-68 Fernstudium KMU Leipzig. 1969 Dr. phil. CDU-Journalist. 1958-71 Red., Juli 1971-Juli 1973 Chefred. d. CDU-Zeitungen „Die Union" u. „Märkische Union". 1962 Vors. d. Kreisverbandes Dresden-Ost. 1971 Vors. d. Kreisverbandes Dresden-Stadt d. CDU. Seit Okt. 1972 Mitgl. d. Hauptvorstandes d. CDU. Juli 1973-Okt. 77 Chefred. d. CDU-Zentralorgans „Neue Zeit". Nachf. v. Karl-Friedrich Fuchs. Seit Okt. 1973 Mitgl. d. Sekr. d. Hauptvorstandes d. CDU. Seit 14. 10. 77 Sekr. d. Hauptvorstandes d. CDU. Nachf. v. Harald Naumann. Seit Juni 1977 Mitgl. d. Präs. d. ZV d. VdJ. Seit Jan. 1979 Abg. d. VK, seit 1981 stellv. Vors. d. Ausschusses f. Industrie, Bauwesen u. Verkehr d. VK.
Ausz.: VVO i. Bronze (1976) u. a.

Zillmann, Christel
Potsdam
Geb. 30. 7. 1941 i. Albrechts, Krs. Suhl
Erl. B.: Fachverkäuferin, Lehrausbilderin, Diplom-Gesellschaftswissenschaftler
Ausg. B.: Sekretär d. SED-BL Potsdam
Partei: SED
L.: Grundschule. 1955 FDJ. 1955-57 Lehre als Fachverkäuferin. 1958-60 Lehrausbilderin i. Konsumkreisverband Suhl. 1960-62 Oberref. i. VDK Bez. Suhl. 1961 SED. 1961-63 Mitgl. d. Sekr. BL Suhl FDJ. 1962-63 Besuch d. Komsomol-HS i. Moskau. 1963-64 Sekr., 1964-68 1. Sekr. KL Suhl FDJ. 1968-71 Studium a. d. PHSch d. SED. Seit 1967 Mitgl. d. ZR u. d. Büros d. ZR d. FDJ. Mai 1971-Jan. 1979 Sekr. d. ZR d. FDJ. 1976-81 Abg. d. VK u. Mitgl. d. Ausschusses f. Kultur. Seit 18. 2. 79 Sekr. f. Wiss., Volksb. u. Kultur SED-BL Potsdam. Nachf. v. Erwin Skeib.
Ausz.: VVO i. Silber (1973) u. a.

Zillmann, Günter
Berlin
Geb. 18. 5. 1932 i. Weinböhla/Sa.
Erl. B.: Diplom-Forstingenieur
Ausg. B.: Stellv. Minister
Partei: SED
L.: Diplom-Forstingenieur. 1969 AL, seit 1971 stellv. Min. f. Wiss. u. Technik. Stellv. Vorsitzender d. Kommission f. UNESCO-Arbeit d. DDR. Mitgl. d. Präs. d. KdT.
Ausz.: VVO i. Silber (1982) u. a.

Zimmermann, Arnold
Suhl
Geb. 2. 10. 1922 i. Altendambach/Thür. als Sohn eines Waldarbeiters
Erl. B.: Verwaltungsangestellter, Dipl.-Jurist, Dipl.-Ing. oec.
Ausg. B.: Vorsitzender d. RdB Suhl
Partei: SED
L.: Verwaltungsangestellter i. Thüringen. 1940 NSDAP. 1946 SED. 1947 Ltr. d. Personalabt., 1952-1956 Sekr. d. RdK, 1956-1961 Vors. d. RdK Suhl. 1961-1963 Sekr. d. RdB Suhl. 1963-1965 erneut Vors. d. RdK Suhl. Jura-Studium a. d. DASR. Diplom-Jurist. 1961-65 Sonderstudium d. Ingenieurökonomie a. d. TH Ilmenau. Dipl.-Ing. oec. Sept. 1965-Juli 1967 1. stellv. Vors., seit Juli 1967 Vors. d. RdB Suhl. Nachf. v. W. Behnke. Seit Juni 1971 Kand. d. ZK d. SED. Mitgl. d. Sekr. d. SED-BL Suhl.
Ausz.: VVO i. Bronze (1969) u. i. Silber (1972) u. a.

Zimmermann, Gerhard
Berlin
Geb. 31. 5. 1927 in Ahlbeck-Ueckermünde als Sohn eines Arbeiters
Erl. B.: Bootsbauer, Ingenieur
Ausg. B.: Minister a. D.
Partei: SED
L.: Volksschule. 1941-44 Lehre als Bootsbauer i. Ueckermünde. 1944-45 RAD. Sowj. Kriegsgefangenschaft. 1945 bis 1946 Arbeitsunfähigkeit infolge Verwundung. 1946-48 Bootsbauer i. Eggesin u. Altwarp. 1949 SED. 1948-49 Besuch d. Techn. Lehranstalt f. Schiffbau i. Stralsund. Meister. 1949-50 Meister i. d. Boddenwerft Ribnitz-Damgarten. 1952 bis 1953 Ltr. d. Lehrkombinats d. Warnowwerft. 1953-57 Abtltr. i. d. SED-BL Rostock. 1957-1963 Dir. d. Warnowwerft Warnemünde. 1963-1965 Generaldir. d. VVB Schiffbau i. Rostock. 1963 Schiffbau-Ing. d. Ing.-Schule Warnemünde. Dez. 1965-Juni 81 Min. f. Schwermaschinen- u. Anlagenbau sowie zeitweilig Mitgl. d. Präs. d. Ministerrates d. DDR.
Ausz.: VVO i. Silber (1974) u. a.

Zimmermann, Günter
Neubrandenburg
Geb. 1928
Erl. B.: Bäcker, Diplom-Zootechniker
Ausg. B.: Stellv. Vorsitzender d. RdB Neubrandenburg
Partei: SED
L.: Bäcker, landw. Facharbeiter, Diplom-Zootechniker. Früher Vors. d. Bezirksvereinigung f. Milchwirtschaft u. Referatsltr. b. RdB Neubrandenburg. Seit Nov. 1975 stellv. Vors. d. RdB Neubrandenburg f. Handel u. Versorgung. Nachf. v. Gisela Queck. Abg. d. BT.

Zimmermann, Hans-Joachim
Berlin
Geb. 10. 3. 1926 i. Dresden
Erl. B.: Kaufmännischer Angestellter, Dr.
Ausg. B.: Redakteur
Partei: SED
L.: Kfm. Angestellter i. Dresden. Kriegsdienst. Nach 1945 SED-Funktionär u. Partei-Journalist. Zeitw. Parteisekr. i. Trafo- u. Röntgen-Werk Dresden u. stellv. Chefred. d. „Sächs. Zeitung". 1961-65 Mitgl. d. Red.-Koll. „Berliner Zeitung". Aspirant a. IfG. Seit Okt. 1968 Mitgl. d. Red.-Koll. „Neues Deutschland".
Ausz.: VVO i. Silber (1973) u. a.

Zimmermann, Ingo
Leipzig
Geb. 1940 i. Dresden
Erl. B.: Evang. Theologe, Dr. theol.
Ausg. B.: Hochschullehrer, Textautor
Partei: CDU
L.: Kreuzschüler. 1959 Abitur. 1959-64 Studium d. Evang. Theologie KMU Leipzig. 1965 Promotion. 1966-67 journalistische u. publizistische Tätigkeit. 1967 wiss. Oberass. theol. Fakultät KMU Leipzig. Librettist d. Opern „Die Weisse Rose" etc. Bruder v. Udo Z. Buchveröff. über Reinhold Schneider u. Rudolf Mauersberger.

Zimmermann, Karl
Leipzig
Geb. 17. 1. 1932 als Sohn eines Arbeiters
Erl. B.: Wollstoffmacher, Diplom-Gesellschaftswissenschaftler
Ausg. B.: 1. stellv. Vorsitzender d. RdB Leipzig
Partei: SED
L.: Bis 1949 Lehre als Wollstoffmacher. Danach als Weber tätig. 3 Jahre Angehöriger d. KVP/NVA, Leutnant. Anschl. Parteifunktionen i. d. SED. MA d. SED-KL Döbeln. 1961-64 1. stellv. Vors. d. RdK, 1964-70 Vors. d. RdK Döbeln. 1970-73 Studium a. d. PHSch d. SED. Diplom-Gesellschaftswiss. 1973-74 Ltr. d. AG Staat u. Recht b. d. BL Leipzig d. SED. Seit 11. 2. 1974 1. stellv. Vors. d. RdB Leipzig, Nachf. v. Günther Skibba. Abg. d. BT Leipzig.
Ausz.: VVO i. Silber (1977) u. a.

Zimmermann, Udo
Dresden
Geb. 1943 i. Dresden
Ausg. B.: Komponist, Hochschullehrer, Prof.

L.: 1953-61 Kreuzschüler (Mitgl. d. Kreuzchors). 1962 Abitur. 1962-68 Studium a. d. HS f. Musik i. Dresden (Komposition, Gesang, Dirigieren). 1968 Meisterschüler d. AdK (Prof. Kochan). Felix-Mendelssohn-Stipendiat. Seit 1970 MA d. Musikdramaturgie Staatsoper Dresden. Komponist. Seit 1974 Ltr. d. Studios „Neue Musik" d. Staatsoper Dresden. 1976 Lehrauftrag, 1982 o. Prof. f. Komposition HS f. Musik Dresden. Bruder v. Ingo Z.
Ausz.: Nat. Pr. III. Kl. (1975) u. a.
Werke: „Die Weiße Rose", Oper, 1967. „Die zweite Entscheidung", Oper, 1970. „Levins Mühle", Oper, 1973. „Der Schuhu und die fliegende Prinzessin", Oper, 1977. „Ode an das Leben", chorsinfonisches Werk, 1975 u. a. m.

Zinner, Hedda

Berlin
Geb. 20. 5. 1907 in Wien als Tochter eines Beamten
Erl. B.: Schauspielerin
Ausg. B.: Schriftstellerin
Partei: SED
L.: Nach Schulbesuch schauspiel. Ausbildung i. Wien (Schauspiel-Akademie) u. Tätigkeit als Schauspielerin i. Stuttgart, Baden-Baden, Breslau u. Zwickau. Korrespondentin d. „Roten Fahne" i. Berlin. Mitgl. d. KPD. 1933 Emigration nach Wien u. Prag. 1934 Gründerin d. linksgerichteten Kabaretts „Studio 1934" i. Prag. 1935-1945 Aufenthalt i. d. UdSSR. 1945 Rückkehr nach Dtschl. Schriftstellerische Betätigung. Zeitw. Vors. d. Dtsch. Frauenrates. Seit 1959 Vizepräs. d. Ges. f. kult. Verbindungen m. d. Ausland. Ehefrau v. Fritz Erpenbeck († 1975). Ehrenmitgl. d. Schriftstellerverb.
Ausz.: Lessing-Preis (1960), VVO i. Gold (1975), Karl-Marx-Orden (1980) u. a.
Veröff.: „Unter den Dächern", Ged., 1936 (SU). „Das ist geschehen", Ged., SU. „Caféhaus Payer", Schauspiel, Aufbau-Bühnen-Vertrieb, Berlin, 1945. „Fern und Nah", Verlag Kiepenheuer Weimar, 1947. „Alltag eines alltäglichen Landes", Verlag Kultur u. Fortschritt, Berlin, 1950. „Nur eine Frau", Roman, Henschelverlag, Berlin, 1954, General Landt", Schauspiel, Urauff. Rostock, 1957. „Das Urteil", Kantate, Musik K. Forest, Urauff. Juli 1958 (V. Parteitag der SED). „Was wäre, wenn - ?", Komödie, Henschelverlag, Berlin, 1959. „Ravensbrücker Ballade", Henschelverlag, Berlin, 1961. „Elisabeth Trowe", Fernsehspiel, 1967. „Ahnen u. Erben", Romantrilogie, 1968-73, „Auf dem roten Teppich", 1978, Vlg. Der Morgen, „Katja", Roman, Vlg. Der Morgen Bln, 1980, „Die Lösung", Vlg. Der Morgen, 1982 u. a.

Zippel, Hartmut

Berlin
Geb. 1938 i. Gera als Sohn eines Lehrmeisters
Erl. B.: Arzt, Dr. sc. med.
Ausg. B.: Hochschullehrer
Partei: LDP

L.: Oberschule. Ab 1956 Studium d. Medizin i. Leipzig u. Erfurt .Anschl. 4 Jahre i. Arnstadt u. 5 Jahre a. d. Orthopäd. Klinik d. KMU Leipzig tätig. Danach Oberarzt, Dozent u. 1977 Prof. i. Greifswald. Seit 1979 o. Prof. f. Orthopädie u. d. Orthopäd. Klinik a. d. Humboldt-Uni. Ostberlin. Seit März 1977 Nachfolgekandidat d. ZV d. LDP. 1971-79 Vors. d. KV Greifswald d. LDP.

Zirkenbach, Günther

Frankfurt/Oder
Geb. 1931
Erl. B.: Diplom-Staatswissenschaftler
Ausg. B.: Generalmajor d. VP
Partei: SED
L.: Offizier d. VP. Zeitw. stellv. Chef d. BdVP Halle. 1972-82 Chef d. BdVP Frankfurt/Oder. 1974-82 Mitgl. d. SED-BL. Abg. d. BT. Seit 1. 7. 1980 Generalmajor d. VP.
Ausz.: VVO i. Bronze (1973) u. a.

Zobel, Hans-Jürgen

Greifswald
Geb. 24. 5. 1928
Erl. B.: Evang. Theologe, Dr. theol. habil.
Ausg. B.: Hochschullehrer
Partei: CDU
L.: Studium d. Evang. Theologie. Lehrtätigkeit a. d. Uni. Halle-Wittenberg. Seit 1972 Lehrtätigkeit a. d. Uni. Greifwald. 7. 9. 73 zum Prof. berufen. Seit März 1980 Dir. d. Sektion Theologie d. Uni. Greifswald.

Zorn, Heinz

Berlin
Geb. 28. 4. 1912 in Berlin
Generalmajor d. NVA a. D.
Partei: SED
L.: Vor 1945 Offizier d. dtsch. Luftwaffe. 1942 Major i .Generalstab d. Luftwaffe i. Norwegen. Sowj. Kriegsgefangenschaft. Lehrer a. d. Zentralen Antifa-Schule. Nach d. Rückkehr in d. SU Chefinspekteur d. VP. Zeitw. Chef d. Stabes d. KVP-Luft. Ab 1956 Generalmajor d. NVA (Luftstreitkräfte). 1963 Stellv. Kommandeur d. Militärakad. „Friedrich Engels" i. Dresden u. Ltr. d. Fakultät f. Luftverteidigung u. Luftstreitkräfte. 1972 MA d. Militärgeschichtl. Inst. Potsdam. Jetzt i. Ruhestand. Vizepräs. d. Freundschaftsges. DDR-Frankreich. Aug. 1980-Juni 82 wegen erwiesener nachrichtendienstlicher Tätigkeit i. Frankreich i. Haft.
Ausz.: VVO i. Gold (1977) u. a.

Zorn, Klaus

Geb. 1. 8. 1934 i. Rostock
Erl. B.: Industriekaufmann, Diplom-Staatswissenschaftler. Gesellschaftswissenschaftler
Ausg. B.: Botschafter
Partei: SED
L.: Industriekaufmann. In örtlichen Staatsorganen tätig. Studium. 1966 Dipl.-Staatswiss. Seit

1959 Angehöriger d. diplom. Dienstes d. DDR. Zeitw. Botschaftsangehöriger i. Nordvietnam. 1976-78 stellv. Ltr. d. Abt. Ferner Osten i. MfAA. Seit 18. 5. 1978 Botschafter d. DDR i. Vietnam. Nachf. v. Dieter Doering.

Zorowka, Georg

Halle/Saale
Geb. 10. 2. 1927 in Breslau als Sohn eines Bäckermeisters
Erl. B.: Jurist, Dr. jur.
Ausg. B.: Hochschullehrer, Sportfunktionär
Partei: SED
L.: Umsiedler, Studium d. Rechtswiss. a. d. MLU Halle-Wittenberg. Danach Lehrtätigkeit i. Halle, jetzt Ltr. d. Lehrgruppe Recht d. sozial. Wirtschaft a. d. Sektion Wirtschaftswiss. MLU Halle-Wittenberg. Ao. Prof. 1962 Vizepräs., seit Mai 1966 Präs. d. Schwimmsportverbandes d. DDR. Mitgl. d. Präs. d. NOK d. DDR. Vizepräs. d. FINA.
Ausz.: VVO i. Silber (1970) u. a.

Zschau, Ursula

Flöha/Sa.
Geb. 4. 10. 1922
Erl. B.: Industrieökonom
Ausg. B.: Parteisekretär
Partei: SED
L.: 1946 Mitgl. d. SED. Direktrice, Industrieökonom. 1955-62 2. Sekr. d. SED-KL Zschopau. 1961 Mitgl. d. Frauenkommission d. SED-BL Karl-Marx-Stadt. Seit 1962 Parteisekr. d. BPO d. SED i. VEB Vereinigte Baumwollspinnereien u. Zwirnereien i. Flöha/Sa. 1967-73 Kand., seit Okt. 1973 Vollmitgl. d. ZK d. SED. Mitgl. d. Frauenkommission d. Politbüros.
Ausz.: VVO i. Gold (1974) u. a.

Zscherpe, Gerhard

Mittweida/Sa.
Geb. 1936
Erl. B.: Geophysiker, Dr. rer. nat.
Ausg. B.: Hochschullehrer
Partei: SED
L.: Studium a. d. Bergakademie Freiberg. Danach MA VEB Bohrlochmessungen Gommern, VEB Geophysik Leipzig u. a. Brennstoffinstitut d. Bergakademie Freiberg. Seit 1970 Lehrtätigkeit a. d. IHS Mittweida. Prof. u. Ltr. d. Lehrstuhls Physik. Seit 11. 9. 1981 Rektor d. IHS Mittweida. Nachf. v. Reingard Göttner.

Zylla, Udo

Berlin
Geb. 1929
Erl. B.: Diplom-Lehrer f. Marxismus-Leninismus, Dr.
Ausg. B.: Büroleiter
Partei: NDP
L.: Diplom-Lehrer f. Marxismus-Leninismus. NDP-Funktionär. Anfang d. 50er Jahre Vors. d. KV Dippoldiswalde d. NDP u. Lehrer a. d. NDP-Landesparteischule Bärenstein. Danach MA d. Parteivorstandes d. NDP. Gegenwärtig Ltr. d. Büros d. Parteivors. d. NDP. Seit 1973 Mitgl. d. HA, seit 24. 4. 1982 Mitgl. d. Sekr. d. HA d. NDP.
Ausz.: VVO i. Silber (1974) u. a.

Nekrolog

Abusch, Alexander

Geb. 14. 2. 1902 i. Krakau als Sohn eines Kutschers
Gest. 27. 1. 1982
L.: Aufgewachsen i. Nürnberg. 1916-19 Lehre u. Tätigkeit als kaufm. Angestellter. 1918 Mitgl. d. Fr. sozial. Jugend. 1918 Eintritt i. d. KPD. 1918-23 Teilnahme a. komm. Umsturzversuchen i. Bayern u. Thüringen. Zweimal wegen Hochverrats angeklagt. 1924-25 politisch i. Thüringen tätig. Chefred. d. „Neuen Zeitung" i. Jena. Danach MA d. Pressedienstes d. KPD u. d. Red. d. „Roten Fahne". 1928-33 Chefred. d. „Ruhr-Echos" i. Essen. Mai 1933 Emigration nach Frankreich bzw. ins Saargebiet. 1934-35 Chefred. d. Saarländischen „Arbeiterzeitung". Anschl. bis 1939 Chefred. d. „Roten Fahne" i. Prag. Mitherausgeber d. Braunbuches über d. Reichstagsbrand 1933. 1939-40 i. Frankreich interniert. 9. 7. 1940 dtsch. Staatsangehörigkeit aberkannt. 1941 Emigration nach Mexiko. Dort ab Nov. 1941 Chefred. d. Ztschr. „Freies Deutschland". 1946 Rückkehr nach Deutschland. 1946-53 Funktionär d. Kulturbundes (Abtltr., Vizepräs., Bundessekr.). Mitgl. d. Präs.-Rates d. KB. 1948 Mitgl. d. DWK. 1949-50 Mitgl. d. Prov. VK. Vors. d. KB-Fraktion. Zeitw. hauptamtl. MA d. ZK d. SED. August 1950 im Zusammenhang m. d. Merker-Affäre zeitw. aus allen Funktionen zurückgezogen. Seit 1952 Mitgl. d. Vorstandes d. Dt. Schriftstellerverbandes u. d. Akad. d. Künste i. DDR. 1954-58 1. stellv. Min. u. Staatssekr. im Min. f. Kultur. Anläßlich d. 30. ZK-Tagung (1. 2. 1957) i. d. ZK d. SED kooptiert. Seit 16. 11. 1958 Abg. d. VK. Dez. 1958-Febr. 1961 Min. f. Kultur. Febr. 1961-Nov. 1971 stellv. Vors. d. Ministerrates f. Kultur u. Erziehung. Seit 1971 Mitgl. d. Ausschusses f. Kultur d. VK. Mitgl. d. Red.-Koll. d. theor. Ztschr. d. SED „Einheit". Seit Okt. 1972 Vizepräs. KB. Seit Okt. 1975 Ehrenpräs. d. KB.
Ausz.: Nat. Pr. I. Kl. (1971) u. a.
Veröff.: (sämtlich im Aufbau-Vlg., Berlin): „Der Irrweg einer Nation", 1947/49/51. „Stalin und die Schicksalsfrage der deutschen Nation", 1949/52. „Literatur und Wirtlichkeit", 1952/53. „Johannes R. Becher", 1953. „Nationalliteratur der Gegenwart", 1953. „Von der Wissenschaft und der Kunst der Sowjetunion schöpferisch lernen", 1953. „Restauration oder Renaissance?", 1954. „Humanismus und Realismus in der Literatur", 5. Aufl. 1972. „Entscheidung unseres Jahrhunderts", 1977. „Der Deckname", Memoiren, Dietz-Vlg., Berlin, 1982 u. a.

Ackermann, Anton

(Richtiger Name: Hanisch, Eugen)
Geb. 25. 11. 1905 i. Thalheim/Erzgeb.
Gest. 4. 5. 1973
L.: Volksschule, Strumpfwirker. 1919 Mitgl. d. Fr. Sozial. Jugend. 1926 Eintritt i. d. KPD. Bezirksltr. d. KPD f. d. Erzgeb. u. Vogtland. 1928 Absolvent d. Leninschule i. Moskau. 1932 MA d. Deutschland-Abt. d. Komintern. Nach 1933 MA d. illegalen KPD i. Groß-Berlin. 1935 Mitgl. d. ZK u. d. Politbüros d. KPD. 1936-37 Teilnehmer a. span. Bürgerkrieg. Anschl. i. d. SU. Nach 1943 Mitgl. d. NKFD u. Ltr. d. Moskauer Senders „Freies Deutschland". 1945 Rückkehr nach Deutschland. Polit. Betätigung i. Sachsen. Mitgl. d. Sekr. d. ZK d. KPD. 1946 Abg. d. Sächs. Landtags. Veröffentlichte im Febr. 1946 i. Auftrag d. ZK d. KPD d. Theorie vom besonderen deutschen Weg zum Sozialismus, die er i. Septr. 1948 widerrufen mußte. Ab 22. 4. 1946 Mitgl. d. Zentralsekr. d. SED. Okt. 1949-Okt. 1953 Staatssekr. i. Min. f. Ausw. Angelegenheiten. Okt. 1950-Jan. 1954 Mitgl. d. ZK d. SED. Okt. 1950-Juli 1953 Kand. d. Politbüros d. ZK d. SED. 1950-54 Abg. d. VK. 1953 vorübergehend Dir. d. Marx-Engels-Lenin-Stalin-Inst. Wegen Unterstützung d. gegen W. Ulbricht gerichteten „parteifeindlichen Fraktion" Zaisser u. Herrnstadt i. Juli 1953 nach und nach seiner Parteiämter enthoben. 23. 1. 1954 strenge Parteirüge und Ausschluß aus dem ZK d. SED. Durch Beschluß des ZK der SED vom 29. 7. 1956 i. Zuge d. Entstalinisierung rehabilitiert. 1954 bis Anfang 1958 Ltr. d. Hauptverwaltung Film i. Min. f. Kultur. Seit Febr. 1958 Mitgl. u. Ltr. d. Abt. Kultur, Volksbildung, Gesundheit i. d. Staatl. Plankommission d. DDR. Stellv. Vors. d. SPK. Mitgl. d. Kulturkommission beim Politbüro d. ZK d. SED. Seit 1962 i. Ruhestand.
Ausz.: VVO i. Gold (1965) u. a.

Apel, Erich

Geb. 3. 10. 1917 i. Judenbach, Krs. Sonneberg, als Sohn eines Arbeiters
Gest. 3. 12. 1965 durch Selbstmord
L.: Besuch d. Volks- u. Oberschule. 1932-35 Werkzeugmacherlehre. 1937-39 Studium a. d. Ing.-Schule Ilmenau. 1939 Maschinenbau-Ing. Kriegsdienst. 1946-52 als Obering. i. d. SU (Seliger-See) tätig. Nach d. Rückkehr techn. Ltr. d. Hauptverwaltung Elektro- u. Kraftmaschinenbau i. Min. f. Maschinenbau. 1953-55 Min. f. Maschinenbau. 1955-58 Minister für Schwermaschinenbau. Seit 6. 2. 1958 Ltr. d. Wirtschaftskommission beim Politbüro d. ZK d. SED. 1958-60 Kand. d. ZK d. SED. Seit Juli 1960 Mitgl. d. ZK d. SED. Seit 16. 11. 1958 Abg. d. VK. 1958-63 Vors. d. Staatl. Ausschusses f. Wirtschafts- u. Finanzfragen u. Vors. d. Wirtschaftsausschusses d. VK. 4. Juni 1960 Promotion zum Dr. oec. Seit Juli 1961 (13. Plenum) Kand. d. Politbüros. Juli 1961-Juni 1962 Sekr. d. ZK d. SED. Juli 1962 zum Min. ernannt. Jan. 1963-Dez. 1965 Vors. d. Staatl. Plankommission u. stellv. Vors. d. Ministerrates. Nachf. v. K. Mewis.
Ausz.: Med. „Für ausgezeichnete Leistungen" (1954/55). VVO i. Silber (1959).

Bach, August

Geb. 30. 8. 1897 i. Rheydt/Rheinland als Sohn eines Baurates
Gest. 24. 3. 1966
L.: Gymnasium i. Rheydt. Kriegsdienst u. franz. Gefangenschaft i. 1. Weltkrieg. 1919 bis 1922 Studium d. Germanistik u. Geschichte a. d. Uni. Bern, Frankfurt/M. u. Berlin. Danach Mitarbeiter i. einem Verlag. Später Mitarbeiter d. Quader-Verlags GmbH Berlin. Hrsg. d. „Berliner Monatshefte". 1943 Übersiedlung nach Weimar. 1945 Mitbegründer d. CDU i. Thüringen. Ab Mai 1946 Verlagsleiter u. Chefred. d. CDU-Zeitung „Thüringer Tageblatt". 1949-52 Mitgl. u. 1. Vizepräs. d. Thüringer Landtages. Seit 7. 10. 1949 Abg. d. VK. Zeitweise Vors. d. CDU-Fraktion i. d. VK. Juni 1950-Sept. 1952 Vors. d. Landesverbandes Thüringen d. CDU. Seit Okt. 1952 Mitgl. d. Präs. d. Hauptvorstandes d. CDU. 1955-58 Abg. u. Präsident d. Länderkammer. Seit 18. 3. 1958 kommiss. Vors. u. später Vors. d. Ost-CDU. Nachf. v. Otto Nuschke.
Ausz.: Vaterländischer Verdienstorden i. Gold (1957) u. a.

Balkow, Julius

Geb. 26. 8. 1909 i. Berlin
Gest. 19. 7. 1973
L.: Maschinenschlosserlehre u. Tätigkeit als Maschinenschlosser. 1931 Examen als Ing. f. allg. Maschinenbau. Mitgl. d. SAJ u. d. Arbeiter-Turn- u. Sportbundes. 1931 Mitgl. d. SPD bzw. SAP. Nach 1933 Widerstandstätigkeit i. d. Anton-Saefkow-Gruppe i. Berlin. Als Ing. bei Siemens tätig. 1944 verhaftet u. zu 7 Jahren Zuchthaus verurteilt. Nach 1945 Bezirks-Bürgermeister i. Berlin. 1946 Kreisvors. d. SED. 1946/49 Studium a. d. Uni. Leipzig. 1949 Staatsexamen. Seit 1951 Mitarbeiter d. MAI. Zeitweise Ltr. d. Hauptabt. Handelspolitik m. d. soz. Ländern. 1956-61 stellv. Min. i. MAI. 1961-65 Min. f. Außenhandel u. Innerdeutschen Handel. Seit dem VI. Parteitag (Jan. 1963) Mitgl. d. ZK d. SED. Seit Okt. 1963 Abg. d. VK. März 1965 bis Nov. 1967 stellv. Vors. d. Ministerrates d. DDR. Präs. d. Deutsch-Belgischen Gesellschaft u. Vizepräs. d. Liga f. Völkerfreundschaft.

Bartel, Kurt (genannt Kuba)

Geb. 8. 6. 1914 i. Garnsdorf, Krs. Chemnitz, als Sohn eines Eisenbahnarbeiters
Gest. 12. 11. 1967
L.: Volksschule. 1928-32 Lehre als Dekorationsmaler. 1931 SAJ. 1933 SPD. Nach 1933 Emigration (Prag, Wien, Zagreb). In Prag Mitarbeiter d. Red. d. „Illustrierten Arbeiterzeitung". 1938 Flucht über Polen nach England. Bau- und Landarbeiter. Bei Kriegsausbruch zeitweise i. Huyton-Camp interniert. 1946 Rückkehr nach Deutschland. Mitgl. d. SED. Ab d. Dietz-Verlages i. Ostberlin. Mitbegründer d. FDJ. 1948-49 Kulturltr. d. Maxhütte i. Unterwellenborn. Ab 1949 freischaff. Schriftsteller i. Berlin u. seit 1956 i. Warnemünde. 1950-54 Kand. d. ZK d. SED. 1950-58 Abg. d. VK. Mai 1952 bis März 1954 Generalsekr. d. Deutschen Schriftstellerverbandes. Seit 1954 ununterbrochen Mitgl. d. ZK d. SED. Mitgl. d. Präs. d. Deutschen Schriftstellerverbandes.
Ausz.: Nat.-Preis II. Klasse (1964). Dr. hc. d. Uni. Rostock (1960).
Veröff.: „Gedicht vom Menschen", Verlag Volk u. Welt, Berlin, 1948. „Gedanken im Fluge", Verlag Volk u. Welt, Berlin, 1949/50. „Kantate auf Stalin", Musik v. J. K. Forest, Verlag Peters, Leipzig, 1949. „Gedichte", Verlag Volk u. Welt, Berlin, 1952. „Osten erglüht", Verlag Neues Leben, Berlin, 1954. „Klaus Störtebecker", Dram. Ballade, Verlag Friedr. Hofmeister, Leipzig, 1959. „Schlösser u. Katen", Filmdrehbuch, 1957, u. a.

Baumann, Edith

Geb. 1. 8. 1909 i. Berlin-Prenzlauer Berg als Tochter eines Maurers
Gest. 7. 4. 1973
L.: Besuch d. Volks-, Mittel- u. Höheren Handelsschule i. Berlin. Stenotypistin. 1925 Mitgl. d. SAJ. Mitgl. d. Zentralverbandes d. Angestellten. 1927-31 SPD, 1931-33 SAP. 1930 Mitgl. d. Hauptvorstandes d. SAJ. 1933 verhaftet u. wegen Vorbereitung z. Hochverrat zu 3 Jahren Gefängnis verurteilt. Bis 1936 Strafverbüßung. 1945 SPD, 1946 SED. Seit 1946 Mitgl. d. PV bzw. d. ZK d. SED. 1946-49 stellv. Vors. d. FDJ. Kurze Zeit mit E. Honecker verheiratet. 1949-53 Sekr. i. Kleinen Sekr. d. Politbüros bzw. i. Sekr. d. ZK. Aug. 1953 Sekr. f. Landwirtschaft d. SED-Bezirksleitung Groß-Berlin. 1955/60 Ltr. d. Abt. „Frauen" i. ZK d. SED. 1958-63 Kand. d. Politbüros d. ZK d. SED. Seit Nov. 1961-Jan. 1963 Sekr. d. ZK d. SED. Seit 20. 3. 1963 Sekr. d. Magistrats v. Ost-Berlin. Berlin Vertr. i. d. VK. Mitgl. d. Bundesvorst. d. DFD u. d. Rates d. IDFF.
Ausz.: VVO i. Gold (1965) u. a.

Becher, Johannes R.

Geb. 22. 5. 1891 i. München als Sohn eines Oberlandesgerichtspräsidenten
Gest. 11. 10. 1958 i. Berlin
L.: Gymnasium. Studium d. Medizin u. Philosophie a. d. Universitäten Jena, Berlin u. München. Expressionistischer Dichter. Im 1. Weltkrieg Pazifist. 1917 USPD. 1918 Mitglied d. Spartakusbundes. 1919 Mitglied d. KPD. 1928-33 Sekr. d. „Bundes prolet.-revol. Schriftsteller". 1933-45 Emigrant i. d. CSR, Frankreich u. SU. In d. SU Hrsg. d. „Internat. Literatur-Dtsch. Blätter". 1945 Rückkehr nach Deutschland. 1945-58 Präs. d. Kulturbundes. 1950-52 Vizepräs., 1952-56 Präs. d. Akademie d. Künste i. Ost-Berlin. Ab 1949 Abg. d. VK. 1946/47 Mitgl. d. SED-Parteivorstandes. 1950-58 Mitgl. d. ZK d. SED. 1954-58 Min. f. Kultur.
Ausz.: Stalin-Friedenspreis (1952).
Veröff.: „Verfall u. Triumpf", 1914. „Der Leich-

nam auf dem Thron", 1925. „Levisite oder Der einzig gerechte Krieg", 1926. „Abschied. Einer deutschen Tragödie erster Teil", Roman, 1940. „Heimkehr", Gedichte, 1946. „Nationalhymne d. DDR, Musik von Hanns Eisler", 1949 u. a.

Bengsch, Alfred

Geb. 10. 9. 1921 i. Berlin-Schöneberg als Sohn eines Postangestellten
Gest. 13. 12. 1979
L.: Kathol. Gymnasium Berlin, Abitur. Ab 1940 Studium d. Philosophie u. Theologie i. Fulda. Kriegsdienst, bis 1946 amerikan. Kriegsgef. Danach erneutes Studium in Fulda u. Neuzelle, Krs. Fürstenberg/O. 2. 4. 1950 Priesterweihe i. Berlin. 1950-54 Seelsorger i. Berlin (Pfarrei Herz Jesu). 1954 Promotion zum Dr. theol. i. München. 1954-59 Ass., Doz. u. 1959 Regens a. Priesterseminar Erfurt sowie a. Priesterkollegium Bernhardinum i. Neuzelle, Doz. f. Dogmatik u. Homiletik. Mai 1959 Titularbischof v. Tubia u. Weihbischof v. Berlin. Seit Aug. 1961 Bischof d. Diözese Berlin. Nachf. v. Julius Kardinal Dr. Döpfner. Seit 1961 Vors. d. Ostdeutschen Ordinarienkonferenz bzw. Bischofskonferenz. 1962 Ernennung zum Erzbischof (persönl. Titel). Seit 1967 Kardinal.

Böhm, Siegfried

Geb. 20. 8. 1928 i. Plauen
Gest. 5. 5. 1980
L.: 1945-48 kfm. Lehre. Kfm. Angest. 1948 SED. 1948-53 hauptamtl. FDJ-Funktionär i. Plauen, LV Sachsen u. Braunkohlenkombinat Espenhain b. Borna, Bez. Leipzig. Bis 1954 Brikettpresser u. Brigadier i. Braunkohlenkomb. Espenhain. 1954-58 Studium d. Wirtschaftswiss. a. d. Uni. Leipzig. Dipl.-Wirtschaftler. Ab 1959 Mitarbeiter d. ZK d. SED. Mitarbeiter d. Wirtschaftskommission b. Politbüro. 1962-66 Ltr. d. Abt. Planung u. Finanzen i. ZK d. SED. Seit Dez. 1966 Min. d. Finanzen (Nachf. v. Willy Rumpf) u. Mitgl. d. Präs. d. MR. Seit April 1967 Mitgl. d. ZK d. SED. Seit 1967 Abg. d. VK.
Ausz.: VVO i. Gold (1974) u. a.

Brecht, Bertolt

Geb. 10. 2. 1898 i. Augsburg als Sohn eines Fabrikdirektors
Gest. 14. 8. 1956 i. Berlin
L.: Gymnasium. Studium d. Medizin u. Naturwiss. i. München. Teilnehmer am 1. Weltkrieg. 1918 Mitgl. d. Soldatenrates i. Augsburg. Nach d. Krieg Fortsetzung d. Studiums, dann Dramaturg u. Regisseur i. München. 1924 Übersiedlung nach Berlin. Dramaturg am Deutschen Theater (Max Reinhardt). 1933 Emigration über Österreich, Schweiz, Frankreich, Dänemark, Schweden, Finnland i. d. USA. 1947 Rückkehr nach Europa. 1948-56 als Schriftsteller i. Ost-Berlin ansässig. Mitbegründer d. „Berlin Ensembles". Verheiratet m. Helene Weigel. Mitgl. d. DAK u. Präs. d. PEN-Zentrums Ost u. West.

Ausz.: Kleist-Preis (1922). Nat.-Preis I. Klasse (1951). Stalin-Friedenspreis (1954).
Veröff.: „Trommeln i. d. Nacht", 1922. „Dreigroschenoper", 1928. „Die Maßnahme", 1930. „Mutter Courage u. ihre Kinder", 1941. „Der kaukasische Kreidekreis", 1948. „Das Verhör d. Lukullus", 1951, i. Ost-Berlin verboten, u. a.

Bredel, Willi

Geb. 3. 5. 1901 i. Hamburg als Sohn eines Zigarrenarbeiters
Gest. 27. 10. 1964 i. Berlin
L.: Eisen- u. Metalldreher. Metalldreher bei Blohm & Voß u. i. Metallbetrieben i. Bochum u. Kronach. Später zur See gefahren. 1916 SAJ. 1917 Spartakusbund. 1919 KPD. Nach d. Hamburger Oktoberaufstand zu 2 Jahren Gefängnis verurteilt. Reisen nach Spanien, Italien u. Nordafrika. Ab 1928 Red. komm. Zeitungen i. Hamburg („Hamburger Volkszeitung") u. i. Essen. 1930-32 Festungshaft. 1933-34 Häftling i. KZ Fuhlsbüttel b. Hamburg. Ab 1934 Emigration i. d. CSR u. von dort i. d. Sowjetunion. 1937-39 Teilnehmer a. spanischen Bürgerkrieg. Kommissar d. Thälmann-Bataillons. Danach wieder i. d. SU. Red. d. Zeitschrift „Das Wort". 1943 Mitbegründer u. Präs. d. NKFD, Moskau. Mai 1945 Rückkehr nach Deutschland. Mitbegründer u. Landesltr. d. KB i. Mecklenburg. 1946 Abg. d. Meckl. Landtages. Vizepräs. d. Zentralverw. f. Volksbildung. Später kulturpolitische Tätigkeit i. Ost-Berlin (Chefredakteur „Neue Deutsche Literatur" etc.). Seit 1954 Mitglied d. ZK d. SED. 1956-62 Vizepräsident, seit Juni 1962 Präsident d. Akademie d. Künste i. Ostberlin. Nachf. v. Prof. Nagel. Schriftstellerische Betätigung. Seit Okt. 1963 Abg. d. VK.
Ausz.: Nat.-Preis I. Klasse (1954). Vaterl. Verdienstorden i. Silber (1955). Dr. h. c. d. Uni. Rostock. Vaterl. Verdienstorden i. Gold (1961).
Veröff.: „Maschinenfabrik N & K.", Roman, 1930. „Rosenhofstr.", Roman, 1931. „Der Eigentumsparagraph", Roman, 1933. „Die Prüfung", Prag, 1935, u. Aufbau-Verlag, Berlin, 1946. „Das schweigende Dorf u. andere Erzählungen", Hinstorff-Verlag, Rostock, 1949. „Verwandte u. Bekannte", Trilogie („Die Väter", 1941. „Die Söhne", 1949 und „Die Enkel"). W. Bredel u. M. Tschesno-Hell: „Ernst Thälmann - Sohn seiner Klasse", Lit. Szen., Henschelverlag, Berlin, 1953. W. Bredel u. M. Tschesno-Hell: „Ernst Thälmann - Führer seiner Klasse", Lit. Szen., Henschel-Verlag, Berlin, 1955. „Ein neues Kapital", Romantrilogie, 1961-64, u. a.

Buchwitz, Otto

Geb. 27. 4. 1879 i. Breslau als Sohn eines Schlossers
Gest. 9. 7. 1964 i. Dresden
L.: 1893-96 Metalldrücker-Lehre. 1898 Mitgl. d. SPD. 1907-14 Angestellter d. Textilarbeiterverb. i. Jahnsdorf/Erzgeb. 1914-18 Kriegsteilnehmer (Ostpreußen, Polen, Serbien, Rumänien u. Frankreich). 1919-33 Sekr. d. Bez. Niederschle-

sien d. SPD i. Görlitz. Abg. d. Schles. Provinziallandtages. 1921-24 Abg. d. Preuß. Landtages. 1924-33 Mitgl. d. Reichstages. Juli 1933 Emigration nach Dänemark. Mitgl. d. dän. SP. 16. 9. 1937 deutsche Staatsbürgerschaft aberkannt. Nach d. Einmarsch d. deutschen Truppen i. Dänemark am 17. 4. 1940 verhaftet. Am 25. 3. 1941 v. 2. Senat d. VGH wegen Vorbereitung zum Hochverrat zu 8 Jahren Zuchthaus verurteilt. 1945 v. d. Roten Armee aus dem Zuchthaus Brandenburg befreit. 1945 Vors. d. Landesverbandes Sachsen d. SPD. Seit 1946 ununterbrochen Mitgl. d. PV bzw. d. ZK d. SED. 1946 Landesvors. d. SED i. Sachsen. 1946-52 Abg. u. Präs. d. Sächs. Landtages. Seit 1949 Abg. u. Alterpräs. d. VK. 1949-50 Vors. d. ZPKK d. SED. Seit 1953 Ehrenpräs. d. DRK. Seit 1957 Ehrensenator d. TH bzw. TU Dresden. Ehrenbürger d. Stadt Dresden. Ausz.: Karl-Marx-Orden (1953). Vaterl. Verdienstorden i. Gold (1955) u. a.
Veröff.: „50 Jahre Funktionär d. deutschen Arbeiterbewegung", Dietz-Verlag, Berlin, 1958. „Bürger in eins nun die Hände", Dietz-Verlag, Berlin, 1958, u. a.

Busch, Ernst

Geb. 22. 1. 1900 i. Kiel als Sohn eines Maurers
Gest. 8. 6. 1980
L.: 1910 SAJ. Schlosserlehre auf d. Germania-Werft i. Kiel. 1917 Distriktltr. d. SAJ i. Kiel. 1918 Teinehmer am Kieler Matrosenaufstand. Nach d. 1. Weltkrieg Schauspieler am Stadttheater Kiel, Stadttheater Frankfurt/O. u. i. Berlin. Propagandist u. Sänger f. d. KPD. wirkte u. a. mit Kortner u. Albers i. d. Piscator-Inszenierung d. „Rivalen" (1928), i. d. Uraufführung d. „Dreigroschenoper", i. d. ersten Tucholsky-Matinee (1929) u. i. „Kabarett d. Komiker" mit. 8. 3. 1933 Emigration nach Holland u. i. d. Sowjetunion. Tätigkeit bei Radio Moskau. 1937-39 Teilnehmer am spanischen Bürgerkrieg. Danach i. d. Niederlanden, Belgien u. Frankreich ansässig. 15. 1. 1943 vom Vichy-Regime an d. Gestapo ausgeliefert. Zu lebenslangem Zuchthaus verurteilt. Nach 1945 erneut als Schauspieler u. „Arbeitersänger" tätig. (Dtsch. Theater, Berlin u. a.). Beteiligt am Aufbau d. Schallplattenverlages „Lied der Zeit".
Ausz.: VVO i. Gold (1965). Nat. Pr. I. Kl. (1966). Karl-Marx-Orden (1970). Lenin-Friedenspreis (1972) u. a.

Correns, Erich

Geb. 12. 5. 1896 i. Tübingen als Sohn d. Geh. Regierungsrates Prof. Dr. Karl Erich Correns (Dir. d. KWI f. Biologie i. Berlin-Dahlem)
Gest. 18. 5. 1981
L.: Besuch d. Gymnasiums i. Leipzig u. Münster. Teilnehmer am 1. Weltkrieg. 1928-22 Studium d. Chemie, Physik u. Botanik a. d. Uni. Berlin u. Tübingen. 1922 Promotion z. Dr. phil. a. d. Friedrich-Wilhelm-Uni. Berlin. 1922-24 Ass. am KWI f. Chemie u. Lederforschung. 1925-37 bei IG Farbenindustrie (Werke Elberfeld u. Dormagen) tätig. Danach Ltr. d. Zellwolle- u. Kunstseide GmbH Schwarza/Thür. Von den NS-Behörden gemaßregelt. 1. Ehefrau a. d. Transport i. ein KZ gestorben. Bis Kriegsende wissenschaftlich i. d. Nähe von Dresden tätig. 1946 Werkdir. d. VEB Zellstoff- u. Papierfabrik Rosenthal i. Blankenstein/Thür. Danach Ltr. d. Kunstfaserwerks „Wilhelm Pieck" i. Schwarza. Seit 1950 ununterbrochen Präs. d. Nat. Rates d. Nat. Front. 1951-62 Dir. d. Instituts f. Faserforschung i. Teltow-Seehof. 1951 o. Mitgl. d. DAW i. Ostberlin. Seit 1954 Mitgl. d. Präs. d. Zentralvorstandes d. DSF. Seit 1954 Abg. d. VK. Seit 1957 Mitgl. d. Forschungsrates d. DDR. Seit Sept. 1960 Mitgl. d. Staatsrates d. DDR.
Ausz.: VVO i. Gold (1954). Dr. jur. h. c. der Humboldt-Uni. i. Ostberlin (1956). Karl-Marx-Orden (1971) u. a.

Dahlem, Franz

Geb. 14. 1. 1892 i. Rohrbach/Lothringen als Sohn eines Weichenstellers
Gest. 17. 12. 1981
L.: 1899-1908 Schulbesuch. 1908 kaufm. Lehrling i. Saarbrücken. 1910 Mitgl. d. Jungsozialistischen Bewegung. Kaufm. Angestellter. 1913 Mitgl. d. SPD. 1914-18 Kriegsteilnehmer. 1917 Mitgl. d. USPD. 1918 Red. d. USPD-Zeitung „Sozialistische Republik". Funktionär d. USPD. 1919 Vors. d. USPD i. Bez. Mittelrhein. 1920 Übertritt zur KPD. Parteisekr. u. Red. d. KPD i. Köln. KPD-Stadtverordneter. Abg. d. Preuß. Landtages. 1923 Polit. Oberbezirksltr. d. KPD i. Rheinland. 1923 von d. Interall. Kommission wegen Störung d. Ruhe u. Ordnung aus d. Rheinland ausgewiesen. KPD-Funktionär i. Hannover. 1924 Red. d. „Roten Fahne" i. Berlin. Hrsg. d. Inprekor (Intern. Pressekorrespondenz, deutschsprachiges Organ d. Komintern). 1928-33 MdR. Seit 1928 Mitgl. d. ZK d. KPD. Ltr. d. Abt. Gewerkschaftspolitik i. ZK d. KPD. Später Verbindungsmann z. Presse-Attaché d. sowj. Botschaft i. Berlin. 1933 bis Sommer 1934 illegale Arbeit f. d. KPD i. Berlin. Danach Emigration über Prag nach Paris. Dort Mitgl. d. Auslandkomitees d. KPD. 1937-38 Politltr. d. Internat. Brigade i. Spanien (zusammen mit André Marty u. L. Longo). 1938 Flucht nach Frankreich. 1939 i. KZ Vernet interniert. 1942 i. d. KZ Mauthausen übergeführt. Mitgl. d. internat. Parteikomitees i. KZ. Nach 1945 Spitzenfunktionär d. KPD u. SED. Seit 1946 Mitgl. d. Parteivorstandes (ZK) d. SED. 1950-53 Mitgl. d. Politbüros, d. Sekr. u. d. ZK d. SED. 1949-54 u. 1963-76 Abg. d. VK. Wurde auf Beschluß d. ZK d. SED am 14./15. 5. 1953 „wegen politischer Blindheit gegenüber der Tätigkeit imperialistischer Agenten und wegen nichtparteimäßigen Verhaltens zu seinen Fehlern" aller Funktionen enthoben u. damit aus d. ZK, Politbüro u. Sekr. ausgeschlossen. 1954 strenge Rüge. Seit März 1955 Hauptabtltr. (Lehre u. Forschung) i. Staatssekr. f. Hochschulwesen bzw. stellv. Staatssekr. i. SHF. Seit 1967 stellv. Min. f. Hoch- u. Fachschulwesen. 29. 7. 1956 vom 28. Plenum d. ZK d. SED rehabilitiert. Ende Jan. 1957 i. d. ZK kooptiert. Seit 16. 7. 1963 Präs. d. Komitees f. d. Soli-

darität mit d. spanischen Volk. 1964-77 Präs. d. Deutsch-Französischen Gesellschaft d. DDR. Mitgl. d. Präs. d. Komitees d. Antifasch. Widerstandskämpfer.
Ausz.: VVO i. Gold (1964). Ehrenspange z. VVO i. Gold (1967). Stern d. Völkerfreundschaft i. Gold (1970) u. a.
Veröff.: „Am Vorabend des 2. Weltkrieges", Dietz-Verlag, Berlin, 1977.

Dertinger, Georg

Geb. 25. 12. i. Berlin als Sohn eines kaufmännischen Angestellten
Gest. 21. 1. 1968 i. Leipzig
L.: Besuch d. Kadettenanstalt u. d. Realgymnasiums i. Berlin-Lichterfelde. 1922 Abitur. Anschl. Studium d. Rechtswiss. u. Volkswirtschaft. Journal. Betätigung. Red. d. Bundeszeitung. „Stahlhelm" i. Magdeburg. Nach 1933 Berliner Vertreter versch. Provinzzeitungen u. Mitarbeiter d. Korrespondenz „Dienst aus Deutschland". 1945 Mitbegründer d. CDU i. d. SBZ. Pressereferent d. CDU i. Ostberlin. 1946-49 Generalsekr. d. Ost-CDU. 12. 10. 1949-Jan. 1953 Min. f. Auswärtige Angelegenheiten. Am 15. 1. 1953 als „Spion" u. „Verräter" v. SSD verhaftet u. aus d. CDU ausgeschlossen. Juni 1954 vom OG d. DDR wegen „Spionage u. Zusammenarbeit mit westlichen Geheimdiensten" zu 15 Jahren Zuchthaus verurteilt. 26. 5. 1964 begnadigt. Lektor i. St. Benno-Verlag, Leipzig.
Ausz.: Orden „Polonia restituta" (1953, Polen).

Dessau, Paul

Geb. 19. 12. 1894 i. Hamburg
Gest. 28. 6. 1979
L.: Ab 1910 Studium d. Musik am Klindworth-Scharwenka-Konservatorium i. Berlin. Schüler v. Florian Zojic u. Eduard Behm. 1913 Korrepetitor am Hamburger Stadttheater. Teilnehmer am 1. Weltkrieg. 1919-23 Konzertmeister am Opernhaus Köln. 1923-24 1. Kapellmeister i. Mainz. Kompositionen f. Bühne u. Film sowie f. d. Arbeiter-Sängerbund. Nach 1933 Emigration (Frankreich u. USA). Zusammenarbeit mit Bert Brecht (Paris). 1948 Rückkehr nach Deutschland. 1957-62 Vizepräs. d. DAK Ostberlin. 1965-68 Mitgl. d. Akad. d. Künste i. West-Berlin. Komponist i. Zeuthen bei Berlin. Verh. m. Ruth Berghaus.
Ausz.: VVO i. Gold (1965). Nat. Pr. I. Kl. (1965). Karl-Marx-Orden (1969). Dr. h. c. d. KMU Leipzig (1974) u. a.
Werke: Concertino f. Solovioline mit Flöte, Klarinette u. Horn, 1925. Schauspielmusiken zu „Mutter Courage" u. „Der Kaukasische Kreidekreis". „Das Verhör des Lukulls, Oper. „Lilo Hermann", melodramatische Kantate. „Trauermarsch für Helmut Just". „Aufbaulied der FDJ", 1949 (zusammen mit Brecht). Musik zu d. Film „Unternehmen Teutonenschwert". „Lanzelot", Oper. „Meer der Stürme", Orchestermusik. „Einstein", Oper, 1974 u. a.

Dieckmann, Johannes

Geb. 19. 1. 1893 i. Fischerhude b. Bremen als Sohn eines Pfarrers u. Schulinspektors
Gest. 22. 2. 1969
L.: Besuch d. Volks- u. Mittelschule sowie d. Realgymnasiums. 1913-14 Besuch d. Handelshochschule Berlin. Teilnehmer am 1. Weltkrieg. Studium d. Volkswirtschaft u. Philologie a. d. Uni. Berlin, Gießen, Göttingen u. Freiburg/Br. 1919-33 Red., Parteisekr. u. später Generalsekr. d. DVP f. d. Bez. Niederrhein, Hannover u. Sachsen. 1930 bis 1933 Abg. d. Sächs. Landtages. 1933-45 Geschäftsführer mehrerer kohlenwirtsch. Verbände i. Sachsen. 1945 Mitbegründer d. LDP. Mitgl. d. Landesvorst. Sachsen, d. Zonenvorst. u. d. Reichsleitung d. LDP. 1946-52 Abg. d. Sächs. Landtages. 1948-50 Justizmin. u. stellv. Ministerpräs. d. Landes Sachsen. 1948-49 Mitgl. d. DWK. Seit 7. 10. 1949 Abg. u. Präs. d. VK. Seit 1949 stellv. Vors. d. LDP. Seit Sept. 1960 stellv. Vors. d. Staatsrates. Jan. 1963 zum Prof. ernannt. 1963-68 Präs. d. Gesellschaft f. Deutsch-Sowjetische Freundschaft.
Ausz.: VVO i. Gold (1954). Dr. jur. h. c. d. Karl-Marx-Uni. Leipzig (1953).

Ebert, Friedrich

Geb. 12. 9. 1894 i. Bremen als Sohn des nachmaligen ersten dtsch. Reichspräsidenten Friedrich E.
Gest. 4. 12. 1979
L.: Nach dem Schulbesuch (Volks- u. Mittelschule) 4jährige Buchdruckerlehre. 1910 Mitgl. d. SAJ. 1913 Eintritt i. d. SPD u. i. d. Verband Dtsch. Buchdrucker. 1915-18 Kriegsdienst. 1919-25 Redakteur b. „Vorwärts" u. Mitarbeiter d. „Sozialdemokratischen Pressedienstes". Ab 1925 Chefred. d. „Brandenburgischen Zeitung". Verschiedene Funktionen i. SPD-Bez. Brandenburg. 1927-33 Stadtverordnetenvorsteher i. Brandenburg. 1928-33 MdR. 1933 8 Monate inhaftiert (Oranienburg, Börgermoor u. Lichtenburg). Danach bis 1945 Unter Polizeiaufsicht. Tankstellenbesitzer i. Berlin-Johannisthal. 1939 Wehrdienst. Nach d. Entlassung 1940 i. Reichverlagsamt tätig. 1945 erneut Mitgl. d. SPD. Sekr. d. SPD-Bezirksverbandes Brandenburg-Land. Mitglied d. Zentralausschusses d. SPD. 1946 2. Sekr. d. SED-Landesltg. Brandenburg. Präsident d. Landtages Brandenburg. Seit 1946 bzw. 1947 ununterbrochen Mitgl. d. PV bzw. ZK sowie d. Zentralkomm. bzw. Politbüros d. SED. Nov. 1948-Juli 1967 OB v. Ostberlin. Seit 1949 Abg. d. VK. 1950-58 Präs. d. Gesellschaft f. Deutsch- u. Sowj. Freundschaft. 1957-64 Präs. d. Städte- u. Gemeindetages. 1960-70 1971 Mitgl. u. seit Nov. 1971 stellv. Vors. d. Staatsrates. 1950-63 u. seit Juni 1971 stellv. Präs. d. VK. Seit 1971 Vors. d. SED-Fraktion i. d. VK.
Ausz.: Ehrenbürger v. Ostberlin (1967). Karl-Marx-Orden (1969) u. a.

Eggerath, Werner

Geb. 16. 3. 1900 i. Wuppertal-Elberfeld als Sohn eines Stukkateurs
Gest. 16. 6. 1977
L.: Nach d. Schulbesuch als Schlosser, Heizer u. Bergmann tätig. 1919 Mitgl. d. Gewerkschaft, 1924 Mitgl. d. KPD. Versch. Funktionen i. d. KPD. Arbeiterkorrespondent. 1934 Vertreter d. RGO i. d. Landesltg. d. illegalen KPD. 1935 verhaftet. Vom 1. Senat d. VGH zu 15 Jahren Zuchthaus verurteilt. 1945 Mitgl. d. KPD. Redakteur, Landrat d. Mansfelder Seekreises u. Bezirksltr. d. KPD i. Thüringen. 1946 Mitgl. d. SED. 1947-52 Ministerpräs. d. Landes Thüringen. 1952-54 im Range eines Staatssekr. Ltr. d. Koordinierungs- u. Kontrollstelle f. d. Arbeit d. Verwaltungsorgane d. DDR. 1954-57 Botschafter d. DDR i. Rumänien. 1957-60 Staatssekr. f. Kirchenfragen. Schriftstellerische Betätigung.
Ausz.: VVO i. Gold (1965) u. a.
Veröff.: „Nur ein Mensch", Thür. Volksverlag, Weimar, 1947. „Die Stadt im Tal", Dietz-Verlag, Berlin, 1952. „Die Entscheidung des Dr. Ringler u. andere Skizzen", Dietz-Verlag, Berlin, 1959. „Kein Tropfen ist umsonst vergossen", Verlag Tribüne, Berlin, 1959. „Wassereinbruch", Dietz-Verlag, Berlin, 1960. „Quo vadis, Germania?", 1965, u. a.

Eisler, Gerhart

Geb. 20. 2. 1897 i. Leipzig als Sohn des Philosophieprofessors Rudolf Eisler
Gest. 21. 3. 1968
L.: Ab 1901 i. Wien ansässig. Besuch d. k. u. k. Staatsgymnasiums Nr. 2. 1914-18 österreichischer Offizier. Nach dem Krieg komm. Betätigung i. Österreich u. Deutschland. Zeitweise Red. d. „Roten Fahne". 1928 maßgebl. a. d. vorübergehenden Absetzung Thälmanns beteiligt (Wittdorf-Affäre). Entfernung aus d. deutschen Parteiapparat. Funktionär d. KP i. China u. danach i. d. USA. Zusammenarbeit mit P. Merker u. Earl Browder. Danach führender Funktionär d. KPD-Auslandsleitung i. Prag u. Paris. Mitarbeiter d. „Deutschen Volkszeitung". 1939/40 i. Frankreich interniert. Anschl. i. Mexiko u. d. USA ansässig. Wegen ill. Arbeit mehrmals verurteilt. 1949 Flucht aus d. USA. Rückkehr auf d. poln. Dampfer „Batory" über London nach Berlin. 1949-1. 1. 1953 Ltr. d. Amtes f. Information. 1954 Ltr. d. Amtes f. Demoskopie i. Min. f. Kultur. 1956-62 stellv. Vors., seit März 1962 Vors. d. Staatl. Rundfunkkomitees. Nachf. v. Prof. H. Ley. Seit 1967 Mitgl. d. ZK d. SED u. stellv. Vors. d. VDJ.
Bruder v. Hanns Eisler.

Eisler, Hanns

Geb. 6. 7. 1898 i. Leipzig als Sohn d. Philosophieprofessors Rudolf Eisler
Gest. 6. 9. 1962
L.: Gymnasium i. Wien. Während d. 1. Weltkrieges Soldat. Nach d. Krieg Kompositionslehre bei Arnold Schönberg. 1924 Übersiedlung nach Berlin. Kompositionen f. d. Arbeitersängerbewegung u. d. Truppe „Das rote Sprachrohr". 1925 Lehrer a. Klindw.-Scharwenka-Konserv. i. Berlin. 1926 Mitgl. d. KPD. 1933 Emigration nach Österreich, Holland, Belgien, Frankreich, Dänemark, Sowjetunion (1935, Vors. d. Internat. Musikbüros i. Moskau), England, Spanien u. v. 1938-48 USA. In d. USA Dozent a. d. Uni. of Southern California. Filmkomp. i. Hollywood. 1947 wegen unamerik. Tätigkeit verhaftet. Ausweisung. Übersiedlung nach Wien u. von dort 1950 nach Berlin. Prof. a. d. HS f. Musik i. Ost-Berlin. Präs. d. Musikrates d. DDR. Mitgl. d. Akademie d. Künste. Komponist d. Nationalhymne d. DDR (Text J. R. Becher).
Ausz.: Nat.-Preis I. Klasse (1950 u. 58).
Werke: Filmmusiken zu „Kuhle Wampe", „Unser täglich Brot", „Rat der Götter", „Die Hexen v. Salem" etc. „Einheitsfront-Lied", „Lied des 5. Regiments", „Zuchthauskantate", „Die Teppichweber v. Kujan Bulak", „Gegen den Krieg", Oratorium, u. a. m.

Ewald, Georg

Geb. 30. 10. 1926 i. Buchholz, Krs. Stralsund, als Sohn eines Landwirts
Gest. 14. 9. 1973 (Verkehrsunfall b. Gotha).
L.: Nach d. Schulbesuch i. d. elterlichen Wirtschaft tätig. 1946 Mitgl. d. SED. 1949 bis 1950 Bürgermeister v. Buchholz. 1950-53 Kreisrat f. Landwirtschaft i. Stralsund. 1953/54 Besuch d. PHSch d. SED. 1954-55 1. Sekr. d. SED-KL Doberan. 1955-60 1. Sekr. d. SED-KL Rügen. Mitgl. d. SED-BL Rostock. 1960-63 1. Sekr. d. SED-BL Neubrandenburg. Seit Jan. 1963 (VI. Parteitag) Kand. d. Politbüros d. ZK d. SED. Seit 13. 2. 1963 Vors. d. Landwirtschaftsrates b. Ministerrat u. Mitgl. d. Präs. d. Ministerrats. 1971-73 Min. f. Land- u. Forstwirtschaft u. Nahrungsgüterwirtschaft. Nachf. v. Prof. Karl-Heinz Bartsch. Seit Okt. 1963 Abg. d. VK.

Fechner, Max

Geb. 27. 7. 1892 i. Rixdorf b. Berlin
Gest. 19. 9. 1973
L.: Volksschule, Werkzeugmacher. 1910 Mitgl. d. SPD. 1917 USPD. Danach wieder SPD. Funktionär d. USPD u. SPD. 1924 Abg. d. Preuß. Landtages. Red. d. kommunalpol. SPD-Zeitung „Die Gemeinde". Nach 1933 mehrmals verhaftet. 1945 Vors. d. Zentralausschusses d. SPD. 1946 2. Vors. d. SED. 1948-49 Präs. d. Deutschen Zentralverwaltung f. Justiz. 1949 bis 1953 Min. d. Justiz. 15. 7. 1953 abgesetzt, verhaftet u. als „Feind d. Staates u. d. Partei" a. 26. 7. 1953 aus d. SED ausgeschlossen, weil er nach d. 17 Juni öffentlich für d. Streikrecht eingetreten war. 26. 4. 1956 amnestiert u. aus d. Haft entlassen. Juni 1958 wieder i. d. SED aufgenommen.
Ausz.: Karl-Marx-Orden (1972).

Felsenstein, Walter

Geb. 30. 5. 1901 i. Wien
Gest. 8. 10. 1975
L.: Realgymnasium. Studium a. d. TH Graz. Schauspiel-Studium i. Wien (bei Prof. Arndt). Ab 1923 als Schauspieler, Spielleiter u. Dramaturg i. Lübeck (1923/24), Mannheim (1925), Beuthen - Gleiwitz - Hindenburg (1925/26), Basel (1927/29), Freiburg, Köln (1933/35), Frankfurt/M. (1935/37), Zürich u. Berlin (Schillerth.) tätig. Nach 1945 Regisseur a. Hebbeltheater i. Berlin. Seit 1947 Intendant u .Regisseur a. d. Komischen Oper i. Ost-Berlin. Seit 1956 Vizepräs. d. Akademie d. Künste i. Ost-Berlin. Mai 1959 Ernennung z. Prof. Seit 1966 Vizepräs. d. Verbandes d. Theaterschaffenden.
Ausz.: Karl-Marx-Orden (1969) u. a.

Friedrich, Walter

Geb. 25. 12. 1883 i. Magdeburg als Sohn eines Ingenieurs
Gest. 16. 10. 1968
L.: Gymnasium. Studium d. Physik a. d. Uni. Genf u. München. 1911 Dr. phil. 1912-14 Ass. a. Inst. f. theor. Physik i. München. 1914 Ltr. d. physikal. Labor. d. Uni. Frauenklinik Freiburg/Br. 1917 Privatdozent i. Freiburg/Br. 1921 a.o. Prof. a. d. Uni. Freiburg. 1923 Ordinarius f. mediz. Physik a. d. Berliner Uni. Begründer u. Ltr. d. Inst. f. Strahlenforschung i. Berlin. 1928 Präs. d. Deutschen Röntgengesellschaft. seit 1947 Dir. d. Inst. f. Medizin u. Biologie d. Deutschen Akademie d. Wissenschaften i. Berlin-Buch. Prof. m. Lehrstuhl u. Dir. d. Inst. f. Strahlenforschung d. Humboldt-Uni. Ost-Berlin. 1949-52 Rektor d. Humboldt-Uni. April 1951-Dez. 1955 Präs. d. Deutschen Akademie d. Wissenschaften i. Ost-Berlin. Seit 1950 Präs. d. Deutschen Friedensrates. Vizepräs. d. Weltfriedensrates.

Fuchs, Emil

Geb. 13. 5. 1874 i. Beerfelden als Sohn eines evangelischen Pfarrers
Gest. 13. 6. 1971
L.: Gymnasium i. Darmstadt. Ab Ostern 1894 Studium d. ev. Theologie a. d. Uni. Gießen. 1. theolog. Examen. Militärdienst i. Leibgarde-Rgt. i. Darmstadt. 1898-99 Besuch d. Predigerseminars i. Friedberg. 2. theolog. Examen. Anschl. Vikar i. Brauerschwend. 1900 Lic. theol. Danach Pfarrass. i. Lampertheim. 1902-03 Vikar a. d. dtsch. Gem. Manchester. 1903 Repetent i. Gießen. 1904 Vikar i. Arheiligen. Ab 1905 Pfarrer i. Rüsselsheim. Betätigung f. d. Volksbildungsbewegung. Ab 1918 Pfarrer i. Eisenach/Thür. 1921 Mitgl. d. SPD. Führ. Mitgl. d. Bundes relig. Sozialisten u. d. Volkshochschulbewegung. Mitgl. d. Reichsbanners. 1930-33 Prof. f. Religionswiss. a. d. Päadag. Akademie Kiel. 1933 aus polit. Gründen entlassen. 1933 kurze Zeit i. U-Haft. 1935 u. Weimar wegen Beleidigung d. Reichsreg. u. wegen „Verbreitung v. Greuelmärchen" zu 1 Monat Gefängnis verurteilt. Während d. NS-Zeit i. Berlin u. Vorarlberg ansässig. Tätigkeit f. d. Quäker. Nach 1945 erneut Mitgl. d. SPD. Zeitweise i. Frankfurt/M. ansässig. Zahlr. Auslandsreisen. 1950-58 Prof. f. Religionssoziologie u. systematische Theol. a. d. Uni. Leipzig. Ehrenmitgl. d. Ost-CDU. Vater d. „Atomspions" Klaus F.
Ausz.: VVO i. Gold (1959) u. a.
Veröff.: „Marxismus u. Christentum". „Mein Leben", 2. Bd. Verlag Koehler & Amelang, Leipzig, 1958/59.

Grotewohl, Otto

Geb. 11. 3. 1894 i. Braunschweig als Sohn eines Schneidermeisters
Gest. 21. 9. 1964 i. Berlin
L.: Volksschule. 1908-12 Buchdruckerlehre i. Braunschweig. 1910 Vors. d. SAJ i. Braunschweig. 1912 Mitgl. d. SPD. 1918 Krankenkassenangestellter i. Braunschweig. Besuch d. Leibniz-Akademie i. Hannover u. später d. HS f. Politik i. Berlin. 1920-25 Landtagsabg. i. Braunschweig. 1921 Innen- u. Volksbildungsmin., 1923 Justizmin. d. Landes Braunschweig. 1925-33 Präs. d. Landesversicherungsanstalt Braunschweig. Mitgl. d. Reichstages u. Vors. d. Landesverbandes Braunschweig d. SPD. Nach 1933 Inhaber eines Lebensmittelgeschäftes u. Grudeherdvertriebes i. Hamburg. 1937/38 Übersiedlung nach Berlin. Dort als Bevollmächtigter i. d. Fa. Gniffke (Grudeherdvertrieb) tätig. 18. 8. 1938 wegen Verbrechens gegen d. Gesetz gegen d. Neubildung v. Parteien in Haft genommen (Sondergericht Braunschweig). 7 Monate Haft. 1945 Vors. d. Zentralausschusses d. SPD i. Berlin. Maßgeblich a. d. Fusion d. SPD u. KPD zur SED beteiligt. April 1946-April 1954 Mitvors. d. SED. Seit April 1946 Mitgl. d. Zentralsekr. bzw. Politbüros d. SED. 1946-50 Abg. d. Sächs. Landtages. Mitgl. d. Präs. d. Deutschen Volksrates. Seit 1949 Abg. d. VK. Seit 7. 10. 1949 Ministerpräs. d. DDR. Seit Sept. 1960 stellv. Vors. d. Staatsrates.
Ausz.: Karl-Marx-Orden (1953). Vaterl. Verdienstorden i. Gold (1954) u. a.

Grüneberg, Gerhard

Geb. 29. 8. 1921 i. Lehnin, Krs. Brandenburg, als Sohn eines Arbeiters
Gest. 10. 4. 1981
L.: 1928-33 Volksschule. Mitgl. d. Roten Jung-Pioniere. 1936-39 Maurerlehre. Anschl. bis 1941 Maurergeselle. Kriegsdienst u. Gefangenschaft. 1945-46 erneut als Maurergeselle tätig. Mitgl. d. KPD. 1946 SED. 1946-47 Org.-Ltr. i. d. Ortsltg. Oranienburg d. SED. 1947 Abtlr. 1947-48 1. Sekr. d. SED-Kreisltg. Guben. 1949-52 Sekr. u. Mitgl. d. SED-Landesltg. Brandenburg. 1952-58 1. Sekr. d. SED-BL Frankfurt/O. Abg. d. BT u. Mitgl. d. Bez.-ausschusses Frankfurt/O. d. Nat. Front. Seit Febr. 1958 (35. Plenum d. ZK d. SED) Sekr. d. ZK d. SED. Febr.-Juli 1958 Kand. d. ZK d. SED. Seit d. V. Parteitag d. SED (1958) Vollmitgl. d. ZK d. SED. Seit 16. 11. 1958 Abg. d. VK. Dez. 1959-Sept. 1966 Kand. d. Politbüros d.

ZK d. SED. Seit 1960 Sekr. f. Landwirtschaft d. ZK d. SED. 4. 7. 1962-7. 2. 1963 Min. u. Mitgl. d. Präs. d. MR. Seit Sept. 1966 Vollmitgl. d. Politbüros d. ZK d. SED. Seit Sept. 1966 Mitgl. d. Präs. d. Forschungsrates. Mitgl. d. LWR bzw. RLN.
Ausz.: VVO i. Gold (1964). Ehrenspange zum VVO i. Gold (1971) u. a.

Hamann, Karl

Geb. 4. 3. 1903 i. Hildesheim
Gest. 16. 6. 1973 i. München
L.: Gymnasium. Studium a. d. Landw. HS i. München u. Hohenheim. Dipl.-Landwirt. Dr. phil. Ab 1926 Betätigung als Arbeitsamtltr. i. Schwerte, Hörde u. Dortmund. 1931 Ltr. einer Siedlungsgenossenschaft. Während d. NS-Zeit selbständiger Landwirt i. Thüringen. 1945 Ltr. d. Landwirtschaftsamtes Hildburghausen. 1945 LDP. Mitgl. d. Beratenden Landesvers. Thüringen. Herbst 1948 geschäftsführ. Vorstandsmitgl. d. LDP i. d. SBZ. Febr. 1949-Dez. 1952 Mitvors. d. LDP (mit Kastner, dann Loch zusammen). Okt. 1949 bis Dez. 1952 Min. f. Handel u. Versorgung d. DDR. 9. 12. 1952 Amtsenthebung. 14. 12. 1952 Enthebung von dem Amt als Mitvors. d. LDP, Ausschluß aus d. LDP u. Aberkennung d. VK-Mandats. 15. 12. 1952 verhaftet u. i. Juli 1954 v. OG zu 10 Jahren Zuchthaus verurteilt („planmäßige Versorgung d. Bevölkerung sabotiert, verbrecherische Beziehungen zu imperial. Agenturen unterhalten" usw.). Okt. 1956 begnadigt. Juni 1957 Übersiedlung i. d. Bundesrepublik.

Havemann, Robert

Geb. 11. 3. 1910 i. München als Sohn eines Lehrers
Gest. 9. 4. 1982
L.: Realgymnasium u. Oberrealschule. 1929-33 Studium d. Chemie a. d. Uni. München u. Berlin. 1932 Mitgl. d. KPD. 1932 MA i. KWI f. physik. Chemie u. Elektrochemie. Stipendiat d. Dtsch. Forschungsgemeinschaft. Wissenschaftl. Ausbildung i. d. IV. Mediz. Uni.-klinik i. Robert-Koch-Krankenhaus. 1935 Promotion z. Dr. phil. a. d. Uni. Berlin (physik. Chemie). 1937-43 wiss. Ass. a. Pharmakol. Inst. d. Uni. Berlin. 1943 Habil. Mitbegründer d. Widerstandsgruppe „Europäische Union" (zusammen mit Dr. med. Georg Großcurth, Paul Rentsch u. d. Architekten Richter). Enge Zusammenarbeit mit franz. u. sowj. Zwangsarbeitern (K. Zadkevicz, Jean Cochon). 16. 12. 1943 vom VGH zum Tode verurteilt. 1944-45 zweimaliger Vollstreckungsaufschub (Heereswaffenamt). Kriegswichtige Forschungsaufgaben i. Zuchthaus Brandenburg. Frühjahr 1945 von d. Roten Armee befreit. 1945-50 Ltr. (bis 1948) u. MA d. Kaiser-Wilhelms-Inst. i. Berlin-Dahlem. 1946-64 Lehrtätigkeit a. d. Humboldt-Uni. i. Ostberlin. Prof. mit Lehrstuhl f. physikal. Chemie. 1946 SED. 1950-64 Dir. d. Physikal.-Chemischen Inst. d. Humboldt-Uni. Mitbegründer d. Kulturbundes. 1945-48 Mitgl. d. Präs.-Rates. KB. 1949 Mitgl. d. Präs. d. Dtsch. Friedensrates. 1950-63 Abg. d. VK. 1945-58 Mitgl. d. Geschäftsordnungsausschusses d. VK. Zeitw. Vors. d. Berliner Friedensrates. März 1964 aus d. SED u. d. Lehrkörper d. Humboldt-Uni. ausgeschlossen („wegen fortgesetzten parteischädigenden und parteifeindlichen Verhaltens"). 1964-65 Ltr. d. Arbeitsstelle f. Fotochemie i. Berlin-Adlershof. Dez. 1965 wegen seiner politischen Einstellung fristlos entlassen. 1. 4. 1966 aus d. DAW ausgeschlossen. Lebte seitdem von seiner OdF-Rente i. Ostberlin und war dort wegen seiner regimekritischen Aktivitäten Repressalien ausgesetzt.
Ausz.: VVO i. Silber (1954). Med. f. Kämpfer gegen den Faschismus 1933-1945 (1958). Nat. Preis II. Kl. (1959).
Veröff.: „Dialektik ohne Dogma? Naturwissenschaft und Weltanschauung", rororo aktuell, Nr. 683, Reinbek, 1964. „Fragen - Antworten - Fragen", R. Piper Verlag, München, 1970. „Ein deutscher Kommunist, Rückblick und Perspektiven aus der Isolation", Rowohlt Verlag, Reinbek, 1978, u. a. m.

Heartfield, John

(richtiger Name: Helmut Herzfelde)
Geb. 19. 6. 1891 i. Berlin als Sohn d. Schriftstellers Franz Herzfeld (Franz Held)
Gest. 26. 4. 1968
L.: In Salzburg aufgewachsen. 1905 Übersiedlung nach Wiesbaden. Buchhändlerlehre. Anschl. Studium d. Malerei i. München u. Berlin. Zeichner i. d. Werbeabt. einer Papierverarbeitungsfabrik. Ab 1914 Kriegsdienst i. einem Garde-Regiment. Gründete mit seinem Bruder Wieland H. i. 1. Weltkrieg d. Zeitschrift „Neue Jugend" u. d. „Malik-Verlag". Danach beim Film tätig. Ausstatter, Regisseur naturwiss. Filme, Hersteller v. Trickfilme. Fotomonteur. Künstl. Ausstattungsltr. d. Reinhardt-Bühnen. Während d. Weimarer Republik Hrsg. versch. satirischer Blätter (zusammen mit seinem Bruder Wieland H. u. G. Grosz). Red. d. Zeitung „Der Knüppel". 1918 Mitgl. d. KPD. Mitarbeiter d. „Arbeiter-Illustrierten" u. später i. Prager Exil d. „Volksillustrierten". 1930/31 Aufenthalt i. d. SU. 1933-38 Emigrant i. Prag. 1938-50 Aufenthalt i. England. 1950 Rückkehr nach Deutschland. 1955 Ehrenmitgl. d. Verbandes Bild. Künstler u. d. Künstlerverbandes d. CSR. Seit 1956 Mitgl. d. Akademie d. Künste i. Ost-Berlin.
Ausz.: Karl-Marx-Orden (1967) u. a.

Hennecke, Adolf

Geb. 25. 3. 1905 i. Meggen, Krs. Olpe/Westf., als Sohn eines Bergarbeiters
Gest. 22. 2. 1975
L.: Volksschule. 1919-23 kfm. Lehre. Lohnbuchhalter. Arbeitslosigkeit. 1924-28 Hauer i. versch. Bergwerken. Seit 1926 i. sächs. Bergbau tätig. Funktionär d. RGO. 1946 Mitgl. d. SED. 1947 Besuch d. SED-Parteischule i. Meerane. Initiator d. überzonalen Aktivistenbewegung. Förderte am 13. 10. 1948 nach sorgfältiger techn. Vorbereitung u. auf Veranlassung v. Oberst Tulpanow

(SMAD) i. einem f. d. Abbau besonders günstigen Stollen d. Grube „Karl Liebknecht" i. Oelsnitz mit 24,4 m³ Steinkohle 387 vH. des bis dahin üblichen Tagessolls v. 6,4 m³. 1950 Besuch d. Bergakademie Freiberg/Sa. Seit 1949 Abg. d. VK. Mitgl. d. Wirtschaftsausschusses. Ab 1951 Abt.-Ltr. i. Min. f. Schwerindustrie u. i. Min. f. Kohle u. Energie sowie MA d. SPK, VWR u. erneut d. Min. f. Kohle u. Energie. Seit 1945 Mitgl. d. ZK d. SED.
Ausz.: Nat.-Preis I. Klasse (1949) u. a.

Herrnstadt, Rudolf

Geb. 18. 3. 1903 i. Gleiwitz als Sohn eines Rechtsanwalts (i. Auschwitz ermordet)
Gest. 28. 8. 1966 i. Halle/Sa.
L.: 1924 Mitgl. d. KPD. Warschauer u. Moskauer Korrespondent d. „Berliner Tageblattes". Nach 1933 i. Moskau Referent f. Deutschland i. d. Westeuropa-Abt. d. Geheimen Nachrichtendienstes d. Roten Armee. Sowj. Staatsbürger. 1943 Mitbegründer d. NKFD Moskau. Chefred. d. Zeitung „Freies Deutschland". 1945 Rückkehr nach Deutschland. Chefred. d. „Berliner Zeitung". 1949-53 Chefred. d. Zentralorgans d. SED „Neues Deutschland". 1950-53 Mitgl. d. ZK u. Kand. d. Politbüros d. ZK d. SED. Am 26. 7. 1953 wegen „parteifeindlicher Fraktionsbildung" aus d. ZK u. Politbüro ausgeschl. u. seiner Funkt. enthoben. 23. 1. 1954 Ausschl. aus d. SED. Seit Frühjahr 1954 Mitarb. i. Dtsch. Zentralarchiv, Zweigst. Merseburg.
Veröff.: „Die erste Verschwörung gegen das internationale Proletariat", Verlag Rütten & Loening, Berlin, 1958, u. a.

Kaiser, Jakob

Geb. 18. 2. 1888 i. Hammelburg
Gest. 7. 5. 1961 i. Berlin
L.: Volks- u. Fortbildungsschule. Buchbinderlehre. Ab 1912 i. d. Christl. Gewerkschaftsbewegung tätig. 1918 Geschäftsführer d. Gesamtverbandes d. Christl. Gewerkschaften i. Köln. 1925-33 Landesgeschäftsführer d. Christl. Gewerkschaften Rheinland-Westfalen. 1933 MdR (Zentrum). Nach 1933 v. NS-Regime verfolgt, zeitweise inhaftiert u. illegal tätig. Ab 20. 7. 1945 verborgen gehalten. 1945 Mitbegründer d. CDU i. d. SBZ. Dez. 1945-47 Vors. d. CDU i. d. SBZ. 1947 v. d. sowj. Besatzungsmacht abges., weil er sich u. a. gegen d. „Blockpolitik" u. d. Teilnahme d. Ost-CDU am „Volkskongreß" aussprach. Übersiedl. n. Westberlin. Stadtverordneter i. Westberlin. Mitgl. d. Bundestages. Vors. d. Exil-CDU. 1949-57 Min. f. gesamtdeutsche Fragen d. Bundesrepublik Deutschland.

Kastner, Hermann

Geb. 25. 10. 1886 i. Berlin als Sohn eines Lehrers
Gest. 4. 9. 1957 i. München
L.: Besuch d. Gymnasiums „Zum grauen Kloster" i. Berlin. Studium d. Rechtswiss. u. Volksw. a. d. Uni. Berlin. 1908 Referendar u. Dr. jur. 1912 2. jur. Staatsexamen. Juristischer Hilfsarbeiter i. d. Stadtverwaltung Berlin-Lichtenberg u. Magistrats-Assessor i. Berlin-Neukölln. 1917 Prof. d. Leopold-Akademie Lippe-Detmold. 1919 Übersiedlung nach Dresden. Dort als Anwalt u. führend i. sächs. Wirtschaftsverband tätig. 1919 Mitgl. d. DDP, Vors. v. Ostsachsen. 1922-33 Abg. d. Sächs. Landtages. Während d. NS-Zeit Anwalt i. Dresden. Juni 1945 Präs. d. Anwalt- u. Notarkammer i. Sachsen. Gleichzeitig Gründer u. Vors. d. LDP (bis 1947) i. Sachsen. 1946-48 Sächs. Justizmin. u. stellv. Ministerpräs. 1948 Vizepräs. d. DWK (Finanzen, Post- u. Fernmeldewesen). 1948-50 Vors. d. LDP i. d. SBZ/DDR (ab 1949 zus. mit Karl Hamann). Juli 1950 sämtl. Ämter i. d. Partei enthoben u. aus d. LDP ausgeschlossen. Okt. 1949-50 stellv. Ministerpräs. d. DDR. 1951-56 Vors. d. Förderungsausschusses f. d. Intelligenz b. Vors. d. MR. Sept. 1956 Übersiedlung i. d. Bundesrepublik. Zuletzt i. Bad Heilbrunn ansässig.

Kaul, Friedrich Karl

Geb. 21. 2. 1906 in Posen als Sohn eines Kaufmanns
Gest. 16. 4. 1981
L.: Besuch d. Fr.-Wilh.-Gymnasium in Posen u. d. Gymnasiums i. Berlin. 1925 Abitur. Anschl. Studium d. Rechtswiss. a. d. Uni. Berlin u. Heidelberg. 1929 Referendarexamen i. Berlin. Ass. a. d. Jurist. Fakultät d. Berliner Uni. 1931 Promotion zum Dr. jur. a. d. Uni. Berlin. 1931-32 im Anwaltsbüro Justizrat Pinner i. Berlin tätig. 1933 aus dem Justizdienst entlassen. Danach Versicherungsvertreter u. Rechtskonsulent. 1935-36 Häftling i. d. KZ Lichtenburg u. Dachau. 1937 Emigration nach Columbien, Mittel- u. Nordamerika. 23. 2. 1939 deutsche Staatsbürgerschaft aberkannt. Während des 2. Weltkrieges in einem nordamerikanischen Antinazi-Camp (Camp Kennedy/Texas) interniert. Sept. 1945 Rückkehr nach Berlin. 1946 Referendar i. Berlin. Hilfsrichter beim LG Berlin. Juli 1946 Justitiar beim Berliner Rundfunk. Juli 1947 Justitiar der Deutschen Verwaltung f. Volksbildung. Nov. 1947 Assessorexamen i. Berlin. Mai 1948 vorläufige, Juni 1949 endgültige Zulassung als Rechtsanwalt i. Ost- u. West-Berlin. Verteidiger d. KPD im Prozeß vor dem Bundesgericht i. Karlsruhe. Mai 1960 zum Prof. ernannt. Seit Okt. 1962 Vizepräs. d. Vereinigung Demokr. Juristen (d. Juristen d. DDR). Seit Dez. 1965 nebenaml. Prof. m. v. LA u. Dir. d. neugegründeten Inst. f. zeitgenössische Rechtsgeschichte a. d. Humboldt-Uni. i. Ostberlin. Schriftstellerische u. journalistische Betätigung. Chefjustitiar d. Staatl. Komitees f. Rundfunk u. d. Staatl. Komitees f. Fernsehen. Stellv. Vors. d. Internat. Chile-Kommission.
Ausz.: Nat.-Preis III. Kl. (1960). VVO i. Silber (1956 u. 1969) u. i. Gold (1971). Karl-Marx-Orden (1981).
Veröff.: „Ankläger auf der Anklagebank", Dietz-Verlag, Berlin, 1952/1953. „Mord im Grunewald", Kriminalroman, Verlag Das Neue Berlin, 1953. „Das Pitaval der Weimarer Republik", Ver-

lag Das Neue Berlin, 1953/54. „Der Ring", Krimi, Verlag Das Neue Berlin, 1954. „Der Weg ins Nichts", Roman, Verlag Das Neue Berlin, 1955. „Der blaue Aktendeckel", Roman, Verlag Das Neue Berlin, 1957. „Es wird Zeit, daß du nach Hause kommst", Roman, 1959. „Ich fordere Freispruch", Dietz-Verlag, Berlin, 1960 (2. Aufl.). „Mordkomplott ohne Komplizen?", Eichmann-Prozeß, Dietz-Verlag, Berlin, 1962. „Der Fall des Herschel Grynszpan", Akademie-Verlag, Berlin, 1965. „Ich klage an", Konkret Buchverlag, Hamburg, 1971. „In Robe u. Krawatte", Verlag Das Neue Berlin, Berlin 1972. „Watergate", Ein Menetekel für die USA, Verlag Das Neue Berlin, Berlin, 1976, u. a. m.

Kohl, Michael

Geb. 28. 9. 1929 i. Sondershausen als Sohn eines Rechtsanwalts u. Notars
Gest. 4. 7. 1981
L.: 1948-52 Studium d. Rechtswiss. i. Jena. 1948 SED. 1956 Promotion zum Dr. jur. i. Jena. Ab 1956 mit d. Wahrnehmung einer Dozentur f. Völker- u. Staatsrecht a. d. Friedrich-Schiller-Uni. i. Jena beauftragt. 1958-63 Abg. d. Bezirkstages Gera. Mitgl. d. BL Gera d. Kulturbundes. 1961-63 Ltr. d. Rechts-Abt., 1964-65 Ltr. d. Abt. Grundsatzfragen i. MfAA. Mitgl. d. Kollegiums d. MfAA. Mai 1965-Nov. 1973 Staatssekr. beim Ministerrat. 1971-76 Kand. d. ZRK d. SED. Verhandlungsführer d. DDR i. d. Passierscheingesprächen m. d. Westberliner Senat (1965) u. i. d. innerdeutschen Verhandlungen (Transitabkommen, Verkehrs- u. Grundvertrag DDR-Bundesrepublik). 7. 11. 1973 zum Min. u. Bevollm. Botschafter ernannt. Juni 1974-Aug. 1978 Ltr. d. Ständ. Vertretung d. DDR i. d. Bundesrepublik Deutschland (20. 6. 1974 akkreditiert). Seit 22. 5. 1976 Kand. d. ZK d. SED. Seit Sept. 1978 stellv. Min. f. Auswärtige Angel.
Ausz.: VVO i. Bronze (1964), i. Silber (1970) u. i. Gold (1972).

Korfes, Otto

Geb. 23. 11. 1889 i. Wenzen, Krs. Gandersheim
Gest. 24. 8. 1964 i. Potsdam
L.: Entstammt einem prot. Pfarrhaus. 17. 3. 1909 Fahnenjunker i. Inf.-Rgt. 66. 22. 8. 1910 Beförderung zum Leutnant. Teilnehmer am 1. Weltkrieg. 22. 2. 1915 Oberleutnant. 18. 12. 1917 Hauptmann. 15. 9. 1919 Tätigkeit b. Gr. Generalstab. 9. 4. 1920 verabschiedet. Danach lt. Mitarbeiter d. Reichsarchivs. 3jähriges Studium a. d. Friedrich-Wilhelm-Uni. Berlin. Promotion zum Dr. rer. pol. Mitarbeit a. d. Geschichtsschreibung d. 1. Weltkrieges. Vorlesungen a. d. Berliner Uni. u. Kriegsakademie. 1. 4. 1935 Mitarbeiter d. kriegsgeschichtl. Forschungsanstalt d. Heeres. 1. 3. 1937 Major. 1. 2. 1938 Oberstleutnant. 10. 11. 1938 Kommandeur d. Inf.-Rgt. 66. 6. 2. 1940 Kommandeur d. Inf.-Rgt. 518. 1. 1. 1941 Oberst. 16. 11. 1942 m. d. Führung d. 295. Inf.-Div. beauftragt. 1. 1. 1943 Beförderung zum Generalmajor u. Kommandeur d. 295. Inf.-Div. 21. 1.

1943 sowj. Gefangenschaft b. Stalingrad. Mitgl. d. NKFD u. d. Vorstandes d. Bundes deutscher Offiziere i. d. SU. Frontbevollmächtigter d. NKFD a. d. 1. Ukrain. Front. 23. 11. 1944 aus d. deutschen Wehrmacht ausgeschlossen. Sept. 1948 Rückkehr nach Deutschland. Ltr. d. Hauptverwaltung Archivwesen i. MdI. 1952-56 Generalmajor d. KVP. 1956 nicht i. d. NVA übernommen. Vors. d. Bezirksausschusses Potsdam d. Nat. Front. Seit Jan. 1958 Vors. d. Arbeitsgemeinschaft ehemaliger Offiziere.
Ausz.: Spange zum EK I u. II. Deutsches Kreuz i. Gold (1942). Ritterkreuz. VVO i. Silber (1959) u. a.

Koenen, Bernard

Geb. 17. 2. 1889 i. Hamburg als Sohn eines Tischlers
Gest. 30. 4. 1964
L.: Volksschule. 1903-07 Maschinenschlosser- u. Dreherlehre i. Hamburg. 1906 Mitgl. d. Gewerkschaft. Anschl. auf Wanderschaft. Aufenthalt i. Lausanne, dann Brüssel, Lille u. Tunis. Gründer d. Ortsgruppe Bizerta d. Sozial. Partei Frankreichs. 1907 Mitgl. d. SPD. 1910 Militärdienst. Ab 1914 Kriegsdienst (Frankreich). Ab 1916 Facharbeiter i. Leuna-Werk. 1917 Mitgl. d. USPD. 1920 Mitgl. d. KPD. Organisator zahlr. Streiks. 1921 maßgeblich an d. Märzaktion d. KPD i. Mitteldeutschland beteiligt. 1919-33 Stadtverordneter i. Merseburg. Hauptberufl. Red. d. „Klassenkampfes". Danach Ltr. d. Volksbuchhandlung u. d. Konsumvereins Merseburg. 1922-33 Abg. d. Sächs. Provinziallandtages. 1924-29 Mitgl. d. Preuß. Staatsrates 1931 Sekr. d. Unterbezirkslgt. d. KPD i. Mansfelder See- u. Gebirgskreis. 12. 2. 1933 v. d. SS i. Eisleben schwer verletzt. Verlust eines Auges. Emigration i. d. SU. Dort Mitarbeiter d. Roten Hilfe. 1936 2mal verhaftet. Während d. 2. Weltkrieges zeitw. Dozent a. d. Kominternschule. 1945 Rückkehr nach Deutschland. 1945-52 1. Sekr. d. KPD- bzw. SED-Landeslgt. Sachsen-Anhalt. Seit 1946 ununterbrochen Mitgl. d. Parteivorstandes bzw. ZK d. SED. 1946 MdL von Sachsen-Anhalt. Mitgl. d. DWK u. d. Deutschen Volksrates. 1949-54 Abg. d. VK. 1953-58 Chef d. Dipl. Mission bzw. Botschafter i. d. CSR. April 1958-Febr. 1963 1. Sekr. d. SED-BL Halle. Seit 16. 11. 1958 erneut Abg. d. VK. Seit Sept. 1960 Mitgl. d. Staatsrates.
Ausz.: Karl-Marx-Orden (1959). VVO i. Gold (1964) u. a.

Krummacher, Friedrich-Wilhelm

Geb. 3. 8. 1901 i. Berlin-Wilmersdorf als Sohn des Pfarrers u. Hofpredigers d. Kaiser-Wilhelm-Gedächtniskirche Theodor K.
Gest. 19. 6. 1974
L.: Studium d. ev. Theologie a. d. Uni. Berlin, Tübingen, Greifswald. 1927 Promotion i. Tübingen. Danach Pfarrer i. Essen-Werden u. 1933-39 Oberkonsistorialrat i. Kirchl. Außenamt. 1933 NSDAP. Kriegsdienst. Divisions-Pfarrer. Sowj. Gefangenschaft. Mitgl. d. NKFD. Nach 1945

Pfarrer i. Berlin-Weißensee, Oberkonsistorialrat i. d. Kirchenkanzlei d. Ev. Kirche u. seit 1. 1. 1946 Generalsuperintendent v. Berlin. Seit 15. 4. 1955 Bischof d. Pommerschen Evang. Kirche i. Greifswald. 1960-68 Vors. d. Kirchl. Ostkonferenz bzw. d. Konferenz Evang. Kirchenltg. i d. DDR.

Külz, Wilhelm

Geb. 18. 2. 1875 i. Borna als Sohn eines Pfarrers Gest. 10. 4. 1948 i. Berlin
L.: Besuch d. Fürstenschule Grimma. Studium d. Rechts- u. Staatswiss. Dr. sc. pol. Danach i. Kommunaldienst. 1904-12 OB v. Bückeburg. MdL u. Präs. d. Landtages. 1907-08 Sonderkommissar f. Deutsch-Südwestafrika. Ab 1912 OB v. Zittau. 1914-18 Kriegsteilnehmer. Major d. Res. 1923-26 Bürgermeister v. Dresden. 1926-27 Reichsinnenmin. 1920-32 MdR. Mitgl. d. DDP bzw. Staatspartei. 1930 bis 1933 OB v. Dresden. 14. 3. 1933 v. den Nazis seines Amtes i. Dresden enthoben. Später mehrmals verhaftet. 5. 7. 1945 Mitbegründer u. Vors. d. LDP i. d. SBZ. Präs. d. Deutschen Volksrates.

Kuckhoff, Greta, geb. Lorke

Geb. 14. 12. 1902 i. Frankfurt/O.
Gest. 11. 11. 1981
L.: Besuch d. Lyzeums u. Oberlyzeums i. Frankfurt/O. 1924-29 Studium d. Volkswirtschaft i. Berlin, Würzburg u. Madison/USA. Dipl.-Volkswirt. Anschl. Ass. eines Züricher Rechtsanwalts. Lehrerin f. amerikanisches Wirtschaftsrecht i. Berlin u. wiss. Ass. a. d. Uni. Frankfurt. Kurze Zeit verheiratet mit dem Schriftsteller Adam Kuckhoff. Aktive Mitarbeit i. d. „Roten Kapelle". 12. 9. 1942 verhaftet. Zum Tode verurteilt. Später zu 10 Jahren Zuchthaus begnadigt. 1945 von der Roten Armee aus dem Zuchthaus Waldheim befreit. Mitgl. d. KPD. Bis 1946 stellv. Ltr. des Ernährungsamtes i. Berlin. 1948 Mitgl. d. Sekr. d. DWK. 1949 Hauptabt.-Ltr. i. Min. f. Auswärtige Angelegenheiten. 1. 12. 1950-April 1958 Präs. d. Deutschen Notenbank mit Sitz u. Stimme i. Ministerrat d. DDR. 1949-58 Abg. d. VK. Seit 20. 4. 1958 Vizepräs. des Friedensrates d. DDR. 1963-75 Präs. d. Deutsch-Britischen Gesellschaft d. DDR. Mitgl. d. Weltfriedensrates.
Ausz.: VVO i. Gold (1965). Karl-Marx-Orden (1977) u. a.

Kurella, Alfred

Geb. 2. 5. 1895 i. Brieg als Sohn eines Arztes Gest. 12. 6. 1975
L.: Gymnasium. Angehöriger d. Wandervogelbewegung. Teilnehmer am 1. Weltkrieg. 1918 Mitgl. d. KPD u. d. KJV. Vors. d. KJV i. München. 1919/20 mehrmals i. U-Haft (Wien, Schaffhausen u. Kopenhagen). 1919 erster Aufenthalt i. d. SU. 1919-24 Mitgl. u. Sekr. d. Exekutivkomitees d. Kommunistischen Jugendinternationale. 1924-26 Dir. d. Parteischule d. ZK d. KP Frankreichs. 1927-32 Mitarbeiter d. Komintern (Zusammenarbeit mit Georgi Dimitroff). In Deutschland Propagandist d. „Bundes d. Freunde d. SU". Ltr. d. sowj. Abt. d. „Illustrierte Arbeiterzeitung". 1932-34 Sekr. d. Internat. Komitees zum Kampf gegen Krieg u. Faschismus i. Paris. 1934-54 Aufenthalt i. d. SU. Zeitweise lt. Mitarbeiter d. bibliogr. Abt. d. Moskauer Staatsbibliothek f. Auslandsliteratur. Schriftst. Betätigung. Während d. 2. Weltkrieges stellv. Chefred. d. Organs d. NKFD „Freies Deutschland". Nach d .Krieg i. Kaukasus ansässig. 1954 Rückkehr nach Deutschland. 1954-57 Dir. d. Inst. f. Literatur i. Leipzig. 1957-63 Ltr. d. Kommission f. kulturelle Fragen b. Politbüro d. ZK d .SED. 1958-63 Kand. d. Politbüros d. ZK d. SED. Seit Jan. 1963 nur noch Mitgl. d. ZK d. SED. Seit 16. 11. 1958 Abg. d. VK. Stellv. Vors. d. Ausschusses f. Kultur d. VK. 1963-65 Sekr. f. Dichtkunst u. Sprachpflege d. Deutschen Akademie d. Künste i. Ost-Berlin. 1968 Promotion zum Dr. phil. i. Jena. 1965-74 Vizepräs. d. DAK.
Ausz.: Med. „Sieg über d. Faschismus" (UdSSR). Med. f. „Hervorragende Leistungen i. Gr. Vaterl. Krieg" (UdSSR, 1945). Karl-Marx-Orden (1960) u. a.
Veröff.: „Mussolini ohne Maske". „Lenins Briefe an seine Familie" (zus. mit H. Barbusse). „Dimitroffs Briefe u. Aufzeichnungen" (zus. mit Dimitroff). „Ich lebe in Moskau", Verlag Volk u. Welt, Berlin, 1947. „Ost und/oder West", Verlag Volk u. Welt, Berlin, 1948. „Urlaubsreise i. d. Kaukasus", Verlag „Tägl. Rundschau", Berlin, 1949. „Der schöne Kaukasus", Verlag Kultur u. Fortschritt, Berlin, 1958. „Der Mensch als Schöpfer seiner selbst", Aufbau-Verlag, Berlin, 1958. „Zwischendurch", Aufbau-Verlag, Berlin, 1961. „Kleiner Stein i. großen Spiel", Aufbau-Verlag, Berlin, 1961. „Unterwegs zu Lenin" (verfilmt), Verlag Neues Leben Berlin, 1968. „Wofür haben wir gekämpft?", Aufbau-Verlag, Berlin, 1975, u. a. m.

Lamberz, Werner

Geb. 14. 4. 1929 i. Mayen/Rheinland als Sohn eines KPD-Funktionärs (Peter L.)
Gest. 6. 3. 1978 (tödlich verunglückt bei einem Hubschrauberabsturz i. Libyen)
L.: Volksschule. 1945-47 Lehre als Heizungsbauer, bis 1948 als Heizungsmonteur tätig. 1947 SED. Jugendfunktionär m. IG Metall i. Luckenwalde. 1948-49 Vors. d. FDJ i. Kreis Luckenwalde. 1949-50 Sekr. d. Landessportausschusses Brandenburg. 1950-51 Assistent u. Parteisekr. a. d. Landesparteischule Schmerwitz d .SED. 1951-52 Sekr. f. FDJ-Landesltg. Brandenburg. 1952-53 Besuch d. HS d. Komsomol i. Moskau. 1953-63 Mitgl. u. Sekr. d. Zentralrats d. FDJ. 1955-59 Vertreter d. FDJ i. Sekr. d. WBDJ. Seit 1961 Vizepräs. d. Deutsch-Afrikanischen Gesellschaft d. DDR. 1963-67 Kand., seit 1967 Mitgl. d. ZK d. SED. 1963-66 Ltr. d. Abt. Auslandsinformation, 1966-71 Ltr. d. Abt. Agitation b. ZK d. SED. Seit 1967 Abg. d. VK. Seit 1969 Mitgl. d. Präs. d. Nat. Rates d. NF. Dezt. 1970-Juni 1971 Kand., seit Juni 1971 (VIII. Parteitag) Vollmitgl. d. Politbüros d. ZK d. SED.
Ausz.: VVO i. Gold (1969) u. a.

Langhoff, Wolfgang

Geb. 6. 10. 1901 i. Berlin als Sohn eines Kaufmanns
Gest. 25. 8. 1966
L.: Aufgewachsen i. Freiburg/Br. Mit 15 1/2 Jahren zur See gefahren. Später Schauspieler. 1919-33 Engagements i. Königsberg, Hamburg, Wiesbaden u. Düsseldorf. 1928 Mitgl. d. KPD. Gründer d. Agitprop.-Gruppe „Nordwestran" i. Düsseldorf. 1933/34 KZ-Haft. 1934-45 Emigrant i. d. Schweiz. Schauspieler u. Regisseur a. Züricher Schauspielhaus. 1935 Veröff. d. „Moorsoldaten". 1936 Veröff. von „Eine Fuhre Holz". 1945 Rückkehr nach Deutschland. Generalintendant d. Städt. Bühnen i. Düsseldorf. 1946-63 Intendant d. Deutschen Theaters i. Ost-Berlin. Seit Okt. 1963 Oberspielleiter u. Mitgl. d. künstler. Vorstände des „Deutschen Theaters" u. d. „Staatsoper" i. Ost-Berlin. 24. 8. 1950 wegen Zusammenarbeit m. d. „Klassenfeind" (Noel H. Field) vorübergehend sämtl. Parteifunktionen enthoben (2. Tagung d. ZK d. SED). Später rehabilitiert. Seit 1958 Mitgl. d. Vorstandes d. Goethe-Gesellschaft, seit 1959 Vors. d. Zentrums DDR d. Internationalen Theaterinst. Seit 1962 Vizepräs. d. Akademie d. Künste i. Ost-Berlin.
Ausz.: Nat.-Preis (1949/1951) u. a.
Veröff.: „Moorsoldaten, 13 Monate Konzentrationslager", Aufbau-Verlag, Berlin, 1947, u. a. m.

Leuschner, Bruno

Geb. 12. 8. 1910 i. Berlin als Sohn eines Schuhmachers
Gest. 10. 2. 1965 i. Berlin
L.: Besuch d. Volks- u. Mittelschule. 1925 bis 1928 kfm. Lehre. Abendkurse a. d. Humboldt- u. Lessinghochschule i. Berlin. Kfm. Angestellter. Mitgl. d. Arbeitersportbewegung. 1931 Mitgl. d. KPD. Nach 1933 ill. Tätigkeit f. d. KPD. 1936-45 i. versch. Zuchthäusern u. i. d. KZ Sachsenhausen u. Mauthausen inhaftiert. 1945 erneut Mitgl. d. KPD. Ltr. d. Abt. Wirtschaft i. ZK d. KPD bzw. i. PV d. SED. 1947 Ltr. d. Abt. Planung i. d. DWK. 1948 Ltr. d. Hauptverwaltung Planung i. d. Zentralverwaltung f. Wirtschaft u. stellv. Vors. d. DWK. 1949 Staatssekr. im Min. f. Planung. Seit 1949 Abg. d. VK. Seit 1950 Mitgl. d. ZK d. SED. 1950-52 stellv. Vors., 1952-61 Vors. d. Staatl. Plankommission d. DDR. 1953-58 Kand. d. Politbüros d. ZK d. SED. Seit 1955 stellv. Vors. d. Ministerrates d. DDR. Seit d. V. Parteitag (Juli 1958) Vollmitgl. d. Politbüros d. ZK d SED. Sept. 1960-Nov. 1963 Mitgl. d. Staatsrates d. DDR. Seit Juli 1961 i. seiner Funktion als Stellv. d. Vors. d. Ministerrates m. d. Koordinierung d. wirtschaftlichen Grundaufgaben i. Präs. d. Ministerrates beauftragt. Vertreter d. DDR i. Exekutivkomitee d. RGW.
Ausz.: VVO i. Gold (1955).

Loch, Hans

Geb. 2. 11. 1898 i. Köln als Sohn eines Schlossers
Gest. 13. 7. 1960
L.: Besuch d. Gymnasiums i. Köln. Teilnehmer am 1. Weltkrieg. 1918-1923 Studium d. Rechtswiss. a. d. Uni. Bonn u. Köln. 1923 Promotion zum Dr. jur. i. Köln. 1919-24 Mitgl. d. DDP. Bis 1925 Tätigkeit an verschiedenen Gerichten. 1926-33 Verbands- u. Steuersyndikus i. Berlin. Nach 1933 vorübergehende Emigration nach Holland, anschl. wieder Syndikus versch. Wirtschaftsunternehmen i. Deutschland. Kriegsdienst. 1945 Mitbegründer d. LDP i. Thüringen. 1946-48 OB d. Stadt Gotha. 1948-49 Justizmin. d. Landes Thüringen. Mitgl. d. DWK. 1949-55 Finanzmin. d. DDR. Seit 1949 Abg. d. VK. Seit 1949 Mitgl. d. Präs. d. Deutschen Friedensrates. Seit 1950 stellv. Vors. d. Ministerrates d. DDR. 1951-52 zus. mit Dr. Hamann Vors. d. LDP, seit 1952 (Verhaftung Hamanns) Alleinvors. d. LDP d. DDR. Seit 1954 Vors. d. Ausschusses f. Deutsche Einheit u. Mitgl. d. Präs. d. Nationalrates d. Nat. Front.
Ausz.: VVO i. Gold (1954) u. a.

Maron, Karl

Geb. 27. 4. 1903 i. Berlin als Sohn eines Kutschers
Gest. 2. 2. 1975
L.: Volksschule. Maschinenschlosser. Ab 1919 Mitgl. d. Arbeitersportbewegung. 1926 Mitgl. d. KPD. 1932 1. Vors. d. Arbeitersportvereins „Fichte". Nach 1933 lt. Funktionär d. Kampfgemeinschaft f. rote Sporteinheit i. Berlin. 1934 Emigration nach Dänemark. Dort Mitarbeiter d. Roten Sportinternationale. 1935-45 Aufenthalt i. d. SU. 1943 Mitbegründer d. NKFD. Stellv. Chefred. d. Zeitung „Freies Deutschland". April 1945 Rückkehr nach Deutschand mit d. Gruppe Ulbricht. 1945-46 1. stellv. Oberbürgermeister v. Berlin. 1946-48 Stadtverordneter i. Berlin. Vors. d. SED-Fraktion. 1948-49 Stadtrat f. Wirtschaft b. Ost-Berliner Magistrat. Nov. 1949 stellv. Chefred. d. Zentralorgans d. SED „Neues Deutschland". Ab Aug. 1950 Generalinspekteur d. VP u. Chef d. Hauptverwaltung Deutsche Volkspolizei. Seit 1954 Mitgl. d. ZK d. SED. Juni 1955 bis Nov. 1963 Innenmin. d. DDR. Nachf. v. W. Stoph. 1958-67 Abg. d. VK. Generaltn. d. VP. Seit Juli 1962 Generaloberst. 1964-74 Ltr. d. Inst. f. Meinungsforsch. b. ZK d. SED.
Ausz.: VVO i. Gold (1955). Karl-Marx-Orden (1963) u. a.

Matern, Hermann

Geb. 17. 6. 1893 i. Burg b. Magdeburg als Sohn eines Arbeiters
Gest. 24. 1. 1971
L.: Volksschule. 1907-11 Gerberlehre. Anschl. bis 1926 als Gerber tätig. 1907 Mitgl. d. SAJ. 1910 Mitgl. d. Lederarbeiterverbandes. 1911 Mitgl. d. SPD (1914 aus Protest gegen die Bewilligung d. Kriegskredite ausgetreten). 1918 Mitgl. d. USPD. 1919 Mitgl. d. KPD. Mitbegründer d. Ortsgruppe Burg d. KPD. 1928 Polit. Sekr. d. KPD i. Bez.

Magdeburg-Anhalt. Mitte 1932-April 1933 Parteisekr. d. KPD i. Ostpreußen. April 1933-Juli 1933 Parteisekr. d. KPD i. Pommern (Stettin). 14. 7. 1933 verhaftet. U-Haft i. Stettin. 19. 9. 1934 Flucht aus dem Gefängnis Altdamm. Anschl. ill. Aufenthalt i. Berlin. Nov. 1934 Emigration i. d. CSR, Schweiz, Österreich, Frankreich, Holland, Dänemark, Norwegen u. Schweden. 1940 i. Norwegen. Flucht v. d. deutschen Truppen nach Schweden. Mai 1941 Übersiedlung nach Moskau. Mitgl. u. Mitarbeiter d. NKFD. Ab 1944 Ltr. einer polit. Schule f. kriegsgefangene Kommunisten, Sozialdemokraten u. Gewerkschaftler. Anfang Mai 1945 Rückkehr nach Deutschland (Dresden). Stadtrat f. Personalpolitik i. Dresden. Landesvors. d. KPD i. Sachsen. Ab April 1946 Vors. d. SED-Landesltg. Berlin. Seit April 1946 ununterbrochen Mitgl. d. Zentralsekr. bzw. d. Politbüros d. SED. Seit 24. 1. 1949 Vors. d. ZPKK d. SED. Seit 1949 Abg. d. VK. 1950 bis 1954 Vizepräs. d. VK. Seit 1954 1. Stellvertreter d. Präs. d. VK. 1957-63 Vors. d. St. Ausschusses f. d. örtl. Volksvertretungen.
Ausz.: Karl-Marx-Orden (1953). VVO i. Gold (1955) u. a.

Melsheimer, Ernst

Geb. 9. 4. 1897 i. Neunkirchen/Saar als Sohn eines Direktors
Gest. 25. 3. 1960
L.: Studium d. Rechtswiss. i. Marburg u. Bonn. Promotion zum Dr. jur. 1918 Referendar. 1922 Assessor. 1924 Landgerichtsrat i. Berlin. 1928-32 Mitgl. d. SPD. Oberjustizrat i. preuß. Justizmin. Nach 1933 Landgerichtsdir. u. Kammergerichtsrat. 1944 zum Reichsgerichtsrat vorgeschlagen. Rechtsberater d. NSV. 1945 Mitgl. d. KPD. Staatsanwalt i. Berlin-Friedenau. 1946-49 Vizepräs. d. Deutschen Zentralverwaltung f. Justiz. Seit 1949 Generalstaatsanwalt u. oberster Ankläger d. DDR. Seit 1952 Mitgl. d. Akademie d. Wiss. i. Ostberlin.
Ausz.: VVO i. Silber (1955 u. 1959).

Merker, Paul

Geb. 1. 2. 1894 i. Oberlößnitz b. Dresden als Sohn eines Arbeiters
Gest. 13. 5. 1969
L.: Kellner. Während d. 1. Weltkrieges Luftschiffer. 1918 USPD. 1920 Mitgl. d. KPD. 1926-46 Mitgl. d. ZK d. KPD (zeitweise auch i. Politbüros). Gewerkschaftsfunktionär. 1930 wegen „Sektiererischer Abweichung" i. Ungnade gefallen. Nach 1933 Mitgl. d. Landesltg. d. illegalen KPD i. Berlin. Emigration nach Frankreich u. Mexiko. 1942 i. Mexiko Gründer d. Bewegung „Freies Deutschland" u. Hrsg. einer Zeitung gleichen Namens. Juli 1946 Rückkehr nach Deutschland. 1946-50 Mitgl. d. PV bzw. ZK sowie d. Zentralsekr. bzw. d. Politbüros d. SED. 1949-50 außerdem Staatssekr. i. Min. f. Land- u. Forstwirtschaft. 24. 8. 1950 als „Werkzeug d. Klassenfeindes" u. wegen Verbindung zu dem „amerik. Agenten" Noel H. Field aus d. SED ausgeschlossen. 20. 12. 1952 als „feindl. Agent" u. „Subjekt d. USA-Finanzoligarchie" verhaftet. 1956 aus d. Haft entlassen. Parteioffiziell nicht rehabilitiert. 1950-52 Ltr. einer HO-Gaststätte i. Luckenwalde. 1957 Lektor i. Verlag „Volk u. Welt" i. Ostberlin. Vors. d. DSF i. Krs. Königs-Wusterhausen.
Ausz.: VVO i. Gold (1969) u. a.

Müller, Vincenz

Geb. 5. 11. 1894 i. Aichach/Bayern als Sohn eines Gerbermeisters
Gest. 12. 5. 1961
L.: 1. 10. 1913 Eintritt i. d. bayer. Armee. 30. 9. 1914 Beförderung z. Leutnant. 1918 Oberleutnant. 1919 i. d. Reichswehr übernommen. 1927 Hauptmann. 1933 Major. 1936 Oberstleutnant. 1939 Oberst. 20. 12. 1940 Chef d. Generalstabes d. 17. Armee. Febr. 1942 Beförderung zum Generalmajor. 1. 3. 1943 Beförderung zum Generalleutnant. 1. 9. 1943 Kommandeur d. 56. Inf.-Div. 15. 11. 1943 m. d. Führung d. Korpsabt. D beauftragt. 1. 2. 1944 Kommandeur d. Korps-Abt. D. 4. 6. 1944 m. d. ständ. Führung d. XII. Armeekorps beauftragt. Kapitulierte m. ds. Formation i. Juli 1944 bei Minsk. Mitgl. d. NKFD u. d. BDO i. d.SU. 1948 Rückkehr nach Deutschland. 1949 Polit. Geschäftsführer d. NDP. Okt. 1949-Okt. 1953 1. stellv. Vors. d. NDP. 1949-58 Abg. d. VK. 1950-52 Vizepräs. d. VK. 1952-57 Angehöriger d. KVP/NVA. Generalleutnant u. Chef d. Stabes d. KVP bzw. NVA. 1958 i. d. Ruhestand versetzt. Mitgl. d. Hauptausschusses d. NDP u. d. Nat. Rates. Durch Selbstmord aus dem Leben geschieden.
Ausz.: Ritterkreuz (7. 4. 1944). VVO i. Silber u. a.

Nagel, Otto

Geb. 27. 9. 1894 i. Berlin als Sohn eins Tischlers
Gest. 12. 7. 1967 i. Berlin
L.: 1900-08 Schulbesuch. 1908 Glasmalerlehre i. Berlin. Abbruch d. Lehre. Erste künstl. Versuche. 1908-17 Arbeiter i. versch. Betrieben, darunter b. Bergmann u. Borsig. 1917-19 Soldat. 1918 KPD. 1918 Mitgl. eines Arbeiter- u. Soldatenrates. 1919-21 erneut Arbeiter. Ab 1921 freiberufl. Künstler. 1924/25 Organisator d. 1. deutschen Kunstausstellung i. d. SU. 1930 Aufbau u. Ltg. d. deutschen Abt. d. Internat. Kunstausstellung i. Amsterdam. Nach 1933 Ausstellungsverbot, KZ-Haft. Nach 1945 kulturpolitische Betätigung i. Land Brandenburg. Aufbau u. Ltg. d. Landesverbandes Brandenburg d. Kulturbundes. 1946 Abg. d. Landtages Brandenburg. 1948 Ernennung z. Prof. 1949-54 Abg. d. VK. 1950 Gründungsmitgl. d. Akademie d. Künste i. Ostberlin. 1953-55 Vors. d. Verbandes Bildender Künstler i. d. DDR. 1956-62 Präs., seit 1962 Vizepräs. d. Akademie d. Künste i. Ostberlin. Seit 1958 Ehrenmitgl. d. Akademie d. Künste d. UdSSR. Mitgl. d. Präs. Rates d. Deutschen Kulturbundes.
Ausz.: Nat.-Preis II. Klasse (1950). Goethe-Preis (Ostberlin, 1957). VVO i. Gold (1964) u. a.
Werke: „Frauen v. Wochenmarkt", 1926. „Streik", 1927. „Frühschicht", 1930, u. a. m.

Norden, Albert

Berlin
Geb. 4. 12. 1904 i. Myslowitz/Ost-Oberschlesien als Sohn eines Rabbiners
Gest. 30. 5. 1982
L.: Besuch d. Realgymn. i. Elberfeld. Abitur. 1918 Mitgl. d. Freien Sozialist. Jugend. 1920 Mitgl. d. KJV. 1920 Mitgl. d. KPD. 1921-23 Tischlerlehre i. Elberfeld. 1924 Volontär bei d. kommunistischen Zeitung „Freiheit" i. Düsseldorf. 1924 stellv. Chefred. d. „Klassenkampf" in Halle/Saale. 1925 stellv. Chefred. d. „Hamburger Volkszeitung". 1929 Red. d. „Roten Fahne". 1930 Chefred. d. „Ruhr-Echo" i. Essen. Danach bis 1933 stellv. Chefred. d. „Roten Fahne" i. Berlin. 1932 als Anhänger d. Remmele-Neumann-Gruppe i. d. KPD gemaßregelt. 1933 Emigration (Frankreich, CSR u. USA). 8. 7. 1938 dtsch. Staatsbürgerschaft aberkannt. Sekr. d. Aktionsausschusses Dtsch. Oppositioneller i. Paris u. Redakteur d. „Weltfront". 1939/40 i. Frankreich interniert. 1941 Emigration i. d. USA. Mitgl. d. „Rates f. ein demokratisches Deutschland". Herausg. d. Bulletins „Germany to-day". 1946 Rückkehr nach Deutschland, Pressechef d. DWK. 1948-1949 Chefred. von „Deutschlands Stimme" i. Berlin. 1949/50 Abg. d. Volksrates bzw. d. Prov. VK. 1949 bis 1952 Ltr. d. Hauptabtl. Presse i. Amt f. Information d. DDR. Sprecher d. Regierung d. DDR auf Prssekonferenzen. 1952 Prof. f. Geschichte a. d. Humboldt-Uni. Ostberlin. Ab Jan. 1954 Sekr. (im Range eines Staatssekr.) d. Ausschusses f. Dtsch. Einheit. Seit 1954 Mitgl. d. Präs. d. Nat. Rates d. Nat. Front. April 1955-April 1981 Mitgl. d. ZK d. SED u. Sekr. f. Propaganda. 1958-81 Vollmitgl. d. Politbüros d. ZK d. SED. 1958-81 Mitgl. d. Präs. d. Dtsch. Friedensrates u. d. Büros d. Weltfriedensrates. 1958-81 Abg. d. VK. Okt. 1976-Juni 1981 Mitgl. d. Staatsrates. Seit 11. 5. 77 Vizepräs. d. Weltfriedensrates.
Ausz.: VVO i. Gold (1964) Karl-Marx-Orden (1969 u. 1981). Dr. h. c. phil. d. Humboldt-Uni. (1979) u. a.
Veröff.: „Die wahren Herren Deutschlands", 1939. „Um die Nation", 1952. „Zwischen Berlin und Moskau", 1954. „Die spanische Tragödie". „Fälscher", Dietz-Verlag, Berlin, 1959. „Herrschen ohne Krone", 1973. „Vergiftete Waffe gegen Frieden u. Sozialismus", Nowosti, Moskau, 1978 u. a.

Nuschke, Otto

Geb. 23. 2. 1883 i. Frohburg b. Leipzig als Sohn eiens Druckereibesitzers
Gest. 27. 12. 1957 i. Berlin
L.: Bürgerschule u. Gymnasium. Lehre als Buch- u. Steindrucker. Studium d. graf. Kunst i. Leipzig u. Marburg. 1902 Volontär, 1904 Red., später Chefred. d. „Hessischen Landeszeitung". 1906 Generalsekr. d. Freisinnigen Vereinigung i. Kassel. Militärdienst. 1910-15 Parlamentsberichterstatter d. „Berliner Tageblattes". 1915-33 Chefred. d. „Berliner Volkszeitung". 1918-33 Mitgl. d. DDP bzw. Deutschen Staatspartei. 1919 Mitgl. d. Nationalversammlung. 1921-33 Abg. d. Preuß. Landtages. In d. NS-Zeit Landwirt i. Hennigsdorf. 1945 Mitbegründer d. CDU. Verlagsltr. d. „Neuen Zeit". 1947 neben Pieck u. Schiffer Vors. d. 1. Volkskongresses. 1947-57 komm. Vors. bzw. Vors. d. CDU i. d. DDR. Nachf. v. Jakob Kaiser. 1949-57 stellv. Vors. d. MR d. DDR. 1949-57 Abg. VK.
Ausz.: VVO i. Gold (1954) u. a.

Oelssner, Fred

Geb. 27. 2. 1903 i. Leipzig als Sohn eines Gewerkschaftsfunktionärs
Gest. 7. 11. 1977
L.: 1917 Mitgl. einer USPD-Jugendgruppe. 1918-21 Bezirksltr. d. Sozial. Proletarierjugend bzw. d. KJV i. Bez. Halle/Merseburg. 1920 Mitgl. d. KPD. Teilnahme am mitteldeutschen Aufstand. Ende 1921 Redaktionsvolontär i. Hamburg. Anschl. Red. komm. Zeitungen i. Breslau, Chemnitz, Stuttgart, Remscheid u. Aachen. 1923 vom Reichsgericht i. Leipzig wegen Hochverrats zu 1 Jahr Gefängnis verurteilt. 1926-32 Studium d. Gesellschaftswiss. (Polit. Ökonomie) a. d. Lenin-Schule u. am Inst. d. Roten Professur i. Moskau. 1932-33 Mitarbeiter d. ZK d. KPD. Ende 1933 Emigration nach Prag u. Paris. 1935 Übersiedlung i. d. SU. Lehrtätigkeit a. d. Lenin-Schule i. Moskau. 1937-40 wegen ideol. Fehler einfacher Arbeiter i. einer Papierfabrik. Während d. 2. Weltkrieges unter dem Namen Larew Ltr. d. Deutschland-Abt. d. Moskauer Rundfunks. Ab 1945 Ltr. d. Agitprop.-Abt. d. ZK d. KPD bzw. Ltr. d. Abt. Parteischulung i. PV d. SED. 1947-58 Mitgl. d. PV bzw. d. ZK d. SED. 1949-58 Abg. d. VK. 1949-50 Mitgl. d. Kl. Sekr. d. Politbüros. 1950-58 Mitgl. d. Politbüros d. ZK d. SED. 1950-55 Sekr. f. Propaganda d. ZK d. SED u. bis 1956 Chefred. d. theor. Zeitschrift d. SED „Einheit". 1955-58 stellv. Vors. d. Ministerrates u. Vors. d. Kommission f. Fragen d. Konsumgüterproduktion u. -versorgung u. Bevölkerung b. Präs. d. Ministerrates. 6. 2. 1958 wegen Kritik a. d. Wirtschaftspolitik d. Ulbricht-Flügels i. Politbüro d. ZK d. SED aus ds. Gremium ausgeschlossen u. von seinen Funktionen i. Staatsapparat entbunden (Schirdewan-Wollweber-Fraktion). 1958-69 Direktor d. Instituts f. Wirtschaftswiss. d. Akademie d. Wissenschaften i. Ostberlin. Sekr. d. Klasse f. Philosophie, Geschichte, Staats-, Rechts- u. Wirtschaftswissenschaften d. Akad. d. Wissenschaften. Vors. d. Nationalkom. f. Wirtschaftswiss.
Ausz.: VVO i. Gold (1955). Karl-Marx-Orden (1973) u. a.

Pieck, Wilhelm

Geb. 3. 1. 1876 i. Guben als Sohn eines ungelernten Arbeiters
Gest. 7. 9. 1960
L.: 1882-1890 Besuch d. Volksschule i. Guben. 1890-94 Tischlerlehre i. Guben. Ab 1894 auf Wanderschaft (Berlin, Wolfenbüttel, Blanken-

burg, Braunschweig, Marburg etc.). 1894 Mitgl. d. Holzarbeiterverbandes. 1895 Mitgl. d. SPD i. Marburg. 1896 Vorsitzender d. Holzarbeiterverbandes i. Osnabrück. Übersiedlung nach Bremen. 1905 Mitgl. d. Bremer Bürgerschaft. 1906 Sekr. d. Bremer Parteiorg. d. SPD. 1910 Sekr. d. SPD-Bildungsausschusses i. Berlin. 1916 Mitgl. d. Spartakusbundes. 1916 Soldat. Herbst 1916 v. einem Kriegsgericht zu 1 1/2 Jahren Gefängnis verurteilt. Illegaler Aufenthalt i. Berlin. Febr. 1918 Flucht nach Holland (zus. m. d. Sohn). Okt. 1918 Rückkehr nach Deutschland. 30. 12. 1918 Mitgl. d. ZK d. KPD. 15. 1. 1919 v. Beauftragten d. Gardeschützen-Div. verhaftet (Eden-Hotel). Wurde unmittelbar vor d. Erschießung Liebknechts u. R. Luxemburgs nach einer eingehenden Vernehmung auf freien Fuß gesetzt. 1921-28 Mitgl. d. Preuß. Landtages. 1924-33 Ltr. d. „Roten Hilfe" i. Deutschland. Ab 1928 MdR. Ab 1928 Mitgl. d. Exekutivkomitees d. Kommunistischen Internationale. 1930 Mitgl. d. Preuß. Staatsrates. 1931 setzte Thälmann eine Untersuchungskommission ein, die P's Verhalten während seiner Haft 1919 prüfen sollte. Das belastende Material wurde nicht ausgewertet. Febr. 1933 Emigration nach Frankreich u. d. SU. 28. 8. 1933 Aberkennung d. deutschen Staatsbürgerschaft. Ab Herbst 1935 Vors. d. KPD („Brüsseler Konferenz"). Nachf. Ernst Thälmanns. 1945 Rückkehr m. d. Roten Armee nach Deutschland. Bis April 1946 Vors. d. KPD, dann bis April 1954 zusammen m. O. Grotewohl Vors. d. SED. Seit Gründung d. SED (April 1946) ununterbrochen Mitgl. d. Zentralsekr. bzw. d. Politbüros. 1948 Präs. d. Deutschen Volksrates. Seit 11. 10. 1949 Präs. d. DDR. Ausz.: Karl-Marx-Orden (1953). VVO i. Gold (1954) u. a.

Rau, Heinrich

Geb. 2. 4. 1899 i. Feuerbach b. Stuttgart als Sohn eines Landwirts
Gest. 23. 3. 1961
L.: Nach dem Schulbesuch Stanzer u. Metallpresser b. d. Fa. Bosch. 1913-22 Mitgl. d. SAJ u. d. Fr. Sozial. Jugend. 1917 Mitgl. d. USPD. 1919 Mitbegründer u. Vors. d. Ortsgruppe Stuttgart d. KPD. 1920-32 Sekr. d. Abt. Landwirtschaft i. ZK d. KPD. Red. d. komm. Bauernzeitungen „Land-u. Forstarbeiter" u. „Der Pflug". 1923-33 Mitgl. d. Sekr. d. internat. Komitees d. Land- u. Forstarbeiter. 1928-33 Abg. d. Preuß. Landtages. 1930 Mitgl. d. Internat. Bauernrates. 1931 Mitgl. d. Büros d. Europ. Bauernkomitees. 1933 zu 2 Jahren Zuchthaus verurteilt. 1935 Emigration i. d. CSR u. anschl. i. d. SU. Bis 1937 Ltr. d. Internat. Agrar-Inst. i. Moskau. 1937-38 Teilnehmer a. spanischen Bürgerkrieg (Kommissar, Stabschef, Kommandeur d. XI. Internat. Brigade). 1938-39 Ltr. d. Hilfskomitees d. deutschen u. österreichischen Spanienkämpfer i. Paris. 1. 9. 1939 v. d. französ. Behörden verhaftet. 1942 a. d. Gestapo ausgeliefert. Bis 1945 Häftling i. KZ Mauthausen. 1945 erneut Mitgl. d. KPD. Vizepräs. d. Provinzialverwaltung Brandenburg, verantwortlich f. d. Landwirtschaft. 1946-48 Wirtschaftsmin. d. Landes Brandenburg. 1948-49 Vors. d. DWK. Juli 1949 i. d. PV (ab 1950 ZK) u. i. d. Politbüro kooptiert, seitdem ununterbrochen Mitgl. d. Politbüros. Seit 1949 Abg. d. VK. Okt. 1949 Min. f. Wirtschaftsplanung. Nov. 1950 stellv. Ministerpräs. d. DDR. 1950-52 Vors. d. Staatlichen Plankommission d. DDR. 1952-53 Ltr. d. Koordinierungsstelle f. Industrie u. Verkehr. 1953-55 Min. f. Maschinenbau. Seit 1955 Min. f. Außenhandel u. Innerdeutschen Handel.
Ausz.: VVO i. Gold (1954) u. a.

Renn, Ludwig

(richtiger Name: Arnold Vieth von Golssenau)
Geb. 22. 4. 1889 in Dresden als Sohn eines Gymnasialprofessors
Gest. 21. 7. 1979
L.: Besuch d. Gymn. i. Dresden-Neustadt. 1910 Abitur. Fahnenjunker i. 1. Leibgrenadierreg. 100 i. Dresden. 1911 Beförderung z. Offizier. Teiln. a. ersten Weltkrieg (Regimentsadjutant, Kompanie-u. Bataillonsführer). 1919 Führer eines Bataillons d. Sicherheitstruppe i. Dresden. 1920 a. d. Armee ausgeschieden. 1920 ein halbes Jahr b. d. Sicherheitspolizei tätig. 1920 bis 1923 Studium d. Nationalök., Rechtswiss. u. d. russ. Sprache a. d. Univers. Göttingen u. München. 1923 i. Dresden i. Kunsthandel tätig. 1925 Reisen d. versch. Länder (Italien, Griechenland usw.). 1926 Studium d. Kunstgeschichte, Archäologie, byzantinische, türk. u. chin. Geschichte i. Wien. 1928 Veröff. d. ersten Romans („Krieg"). 1928 Mitgl. d. KPD u. d. RFB. 1928-1932 Sekr. d. Bundes prolet.-revol. Schriftsteller i. Berlin sowie Herausgeber d. „Linkskurve" u. d. „Aufbruchs". 1929 u. 1930 i. d. SU. 1932 zwei Monate i. U-Haft wegen literar. Hochverrats. 1933 i. d. Nacht d. Reichstagsbrandes verhaftet u. zu zweieinhalb Jahren Gefängnis verurteilt. 1935 Entlassung a. d. Gefängnis Bautzen. 1936 Flucht i. d. Schweiz. 1936 bis 1937 Führer d. Thälmann-Bataillons u. Chef d. Stabes d. XI. Internat. Brigade i. Spanien. 1937-1938 Vortragsreise i. Auftr. d. span. republ. Regierung i. Nordamerika, Kanada u. Kuba. 1938 Dir. einer Offiziersschule i. Rot-Spanien. 1939 i. einem franz. Lager inhaftiert. Befreiung. Übersiedlung n. England, Nordamerika u. Mexiko. 1940-1941 Prof. f. mod. europ. Geschichte u. Sprachen a. d. Uni. Morelia/Mexiko. 1941-1946 Präs. d. Bewegung „Freies Deutschland" i. Mexiko. Präs. d. „Lateinamerik. Komitees d. freien Deutschen". Studium d. Anthropologie u. d. mexikanischen Archäologie. 1947 Rückkehr n. Dtschl. Mitgl. d. SED. Dir. d. Kulturwiss. Inst. i. Dresden u. Prof. f. Anthropologie a. d. TH Dresden. 1948 Vors. d. Kulturbundes i. Land Sachsen. Seit 1950 i. Berlin ansässig. Vorlesungen ü. chin. Kunstgeschichte a. d. Humboldt-Uni. i. Ostberlin. 1952 Mitgl. d. Akademie d. Künste i. Ostberlin. d. Vorstandes d. Schriftstellerverbandes d. DDR. Zeitweise Präsident d. Gesellschaft d. „Neue Heimat". Seit 1969 Ehrenpräs. d. DAK. Seit 1971 Ehrenpräs. d. PEN-Zentrums d. DDR.
Ausz.: Nat.-Preis I. Kl. (1961). VVO i. Gold (1959). Karl-Marx-Orden (1969) u. a.

Veröff.: „Krieg", Frankfurter Sozietätsdruckerei, 1928 (Aufbau-Verlag, Berlin, 1948). „Nachkrieg", Agis-Verlag, Berlin, 1930 (Aufbau-Verlag, Berlin, 1948). „Rußlandfahrten", Lasso-Verlag, Berlin, 1932. „Adel im Untergang", El Libro Libre, Mexiko, 1944 (Aufbau-Verlag, Berlin, 1947). „Morelia", Aufbau-Verlag, Berlin, 1950. „Vom alten u. vom neuen Rumänien", Aufbau-Verlag, Berlin, 1952. „Trini", Kinderbuchverlag, Berlin, 1954. „Der Spanische Krieg", Aufbau-Verlag, Berlin, 1955. „Meine Kindheit und Jugend", Aufbau-Verlag, Berlin 1957. „Krieg ohne Schlacht", Verlag der Nation, Berlin, 1957, u. a. m.

Rumpf, Willy

Geb. 4. 4. 1903 in Berlin als Sohn eines Angestellten
Gest. 8. 2. 1982
L.: Besuch d. Volks- u. Versicherungsfachschule. 1917-1920 Ausbildung als Versicherungsangestellter. 1920 Mitgl. d. KJV. Jugendsekr. d. KJV i. Ostsachsen u. Berlin-Brandenburg. 1921 bis 1932 Buchhalter, Kassierer, Korrespondent i. Außenhandel u. Verlagsltr. 1925 Mitgl. d. KPD. Mitgl. d. Unterbezirksltg. Berlin-Weißensee d. KPD. 1933-1938 i. Zuchthaus u. i. KZ-Haft. Angestellter. Zeitw. ill. lebend. 1945 erneut Mitgl. d. KPD. 1945-1947 stellv. Ltr. d. Finanzabt. b. Magistrat v. Gesamt-Berlin. 1947-1948 Ltr. d. Treuhandverwaltung Berlin. 1948-1949 Ltr. d. Finanzabt. d. DWK. 1949-1955 Staatssekr. i. Min. d. Finanzen. 1949 bis 1967 Abg. d. VK. 1950-1963 Kand., 1963-81 Mitgl. d. ZK d. SED. 1955 bis 1966 Min. d. Finanzen. Von S. Böhm abgelöst.
Ausz.: VVO i. Gold (1958). Karl-Marx-Orden (1963) u. a.

Schmidt, Elli

Geb. 9. 8. 1908 in Berlin
Gest. 30. 7. 1980
L.: 1927 Mitgl. d. KPD. Ltr. d. Frauensekr. d. BL Berlin-Brandenburg d. KPD. 1933-1937 ill. Tätigkeit f. d. KPD i. Reichsgebiet. Anschl. Emigration nach Prag, Paris u. 1940 i. d. SU. Besuch d. Leninschule i. d. SU. Richtete während d. 2. Weltkrieges unter dem Namen „Irene Gärtner" üb. d. Sender „Freies Deutschland" Aufrufe a. d. deutschen Frauen u. Soldaten. 1945-1949 Ltr. d Frauensekretariats i. zentr. Parteiapparat d. KPD bzw. SED. Anschl. bis Sept. 1953 Vors. d. DFD i. d. DDR. 1949/50 Abg. d. Prov. VK. 1946-1950 Mitgl. d. Zentralsekr., 1950 bis 1953 Mitgl. d. ZK u. Kand. d. Politbüros d. SED; i. Zusammenhang m. d. Zaisser-Herrnstadt-Affäre als Vors. d. DFD abgesetzt. Erhielt i. Jan. 1954 eine „strenge Rüge" u. wurde i. April 1954 (IV. Parteitag) nicht wieder i. d. ZK d. SED gewählt 1953-67 Ltr. d. Inst. f. Bekleidungskultur (jetzt Dtsch. Modeinst.). Durch Beschl. d. ZK d. SED v. 29. 7. 1956 i. Zuge d. Entstalinisierung rehabilitiert.
Ausz.: VVO i. Gold (1965). Ehrenspange z. VVO i. Gold (1968). Karl-Marx-Orden (1978) u. a.

Schön, Otto

Geb. 9. 8. 1905 i. Königsberg/Ostpr. als Sohn eines Arbeiters
Gest. 15. 9. 1968
L.: Besuch d. Volks- u. Realschule. 1920-28 Lehrling u. Bankangestellter i. Königsberg u. Berlin. 1925 Mitgl. d. KPD. 1928-33 hauptamtl. Funktionär d. KPD u. Roten Hilfe. 1933-37 inhaftiert. Danach Ausbildung zum Elektroschweißer u. Tätigkeit i. diesem Beruf. Militärdienst, 1943 als wehruntauglich entlassen. 1945 erneut Mitgl. d. KPD. Funktionär d. KPD i. Leipzig (Org.-Sekr.). 1946 bis 1950 Mitgl. d. Landesleitung Sachsen d. SED. 1949-50 2. Sekr. d. SED-Landesleitung Sachsen. Seit 1950 Mitgl. d. ZK d. SED u. d. Nat. Rates. 1950-53 Mitgl. d. Sekr. d. ZK d. SED. Seit 16. 11. 1958 Abg. d. VK. Ltr. d. Büros d. Politbüros u. d. Sekr. d. ZK d. SED. Enger Mitarbeiter W. Ulbrichts.
Ausz.: VVO i. Gold (1964). Karl-Marx-Orden (1965) u. a.

Seigewasser, Hans

Geb. 12. 8. 1905 als Sohn eines Arbeiters
Gest. 18. 10. 1979
L.: Besuch d. Volks- u. Realschule i. Berlin. 1919 Mitgl. d. SAJ. 1921 bis 1923 Ausbildung als Bankangestellter. 1921 Mitgl. d. USPD. 1922 Mitgl. d. SPD. 1926-33 Angest. d. Sozialvers. 1928 Mitgl. d. Jungsozialisten. 1930 Vors. d. Reichsltg. d. Jungsozialisten. 1931 SAP. 1932 Mitgl. d. KPD. Nach 1933 illegale Tätigkeit f. d. KPD. 1934-1945 i. Zuchthaus u. KZ inhaftiert. 1945-46 MA d. ZK d. KPD. Pers. Referent v. Franz Dahlem. 1946 bis 1950 MA. d. Parteivorstandes bzw. d. ZK d. SED. 1950-1953 stellv. Vors., 1953-1959 Vors. d. Büros d. Präs. d. Nat.-Rates d. Nat. Front (1959 v. Horst Brasch abgelöst). Seit 1950 Abg. d. VK. Seit 1953 Mitgl. d. Präs. d. Komitees d. Antifaschistischen Widerstandskämpfer. 1955-62 Mitgl. d. Zentralvorstandes d. Ges. f. Dtsch.-Sowj. Freundschaft. April 1959 bis Nov. 1960 1. Sekr. d. Bezirksausschusses Berlin d. Nationalen Front u. Vizepräs. d. Nationalrates. Seit Nov. 1960 Staatssekr. f. Kirchenfragen. Nachf. v. Werner Eggerath. Vors. d. Parl. Freundschaftsgruppe DDR-Frankreich. Vizepräs. d. Gesellschaft DDR-Frankreich.
Ausz.: VVO i. Silber (1955) u. i. Gold (1965). Ehrenspange zum VVO i. Gold (1970). Karl-Marx-Orden (1975) u. a.

Selbmann, Fritz

Geb. 29. 9. 1899 i. Lauterbach/Hessen als Sohn eines Kupferschmieds
Gest. 26. 1. 1975
L.: Volksschule. 1915-17 Bergarbeiter i. Bochum u. Bottrop. Teilnehmer am 1. Weltkrieg. 1920 Mitgl. d. USPD. 1922 Mitgl. d. KPD. 1923 i. franzö́s. Schutzhaft. 1924 Gefängnisstrafe wegen Landfriedensbruchs. 1925 Sekr. d. RFB u. Mitgl. d. Bezirksleitung d. KPD i. Ruhrgebiet. 1928 Abg. d. Rhein. Provinziallandtages. 1930 Bezirks-

ltr. d. KPD i. Oberschlesien u. Abg. d. Preuß. Landtages. 1931-33 Bezirksltr. d. KPD i. Sachsen. 1932 bis 1933 MdR. 1934-45 inhaftiert (Zuchthaus, KZ Sachsenhausen u. Flossenbürg). 1945 Präs. d. Landesarbeitsamtes u. Vizepräs. d. Landesverwaltung Sachsen. 1946 Abg. d. Sächs. Landtages. 1946 Min. f. Wirtschaft u. Wirtschaftsplanung d. Landes Sachsen. 1948-49 stellv. Vors. d. DWK. 1949-55 Min. f. Industrie, Min. f. Schwerindustrie u. Min. f. Berg- u. Hüttenwesen. 1950-63 Abg. d. VK. 1954-58 Mitgl. d. ZK d. SED. Nov. 1956 bis Sept. 1958 stellv. Vors. d. Ministerrates d. DDR (zugleich Vors. d. Kommission f. Industrie u. Verkehr b. Präs. d. Ministerrates). 1953-61 stellv. Vors. d. Staatl. Plankommission (Ltr. d. Abt. Bilanzierung u. Verteilung d. Produktionsmittel). Auf d. 25. Tagung d. ZK d. SED wegen „Managertums" u. indirekter Unterstützung d. Fraktion „Schirdewan und Wollweber" scharf kritisiert. März 1959 Selbstkritik geübt u. seine Abweichungen widerrufen. 1961-64 stellv. Vors. d. Volkswirtschaftsrates bzw. Vors. d. Komm. f. Wiss.-Techn. Dienste b. d. Plankommission. Danach freiberufl. Schriftsteller. Seit Mai 1969 Vizepräs. d. DSV.
Ausz.: VVO i. Gold (1964). Karl-Marx-Orden (1969) u. a.
Veröff.: „Die lange Nacht", Mitteldeutscher Verlag, Halle/S., 1961. „Der Mann u. sein Schatten", Theaterstück, 1963. „Die Söhne der Wölfe", 1965. „Alternative - Bilanz - Credo. Versuch einer Selbstdarstellung", 1969. „Der Mitläufer", u. a. m.

Singer, Rudolf

Geb. 10. 7. 1915 in Hamburg als Sohn eines Angestellten
Gest. 1. 11. 1980
L.: Real-Gymnasium. 1931-33 Lehre als Exportkaufmann. Bis 1936 als Einkäufer tätig. 1932 Mitgl. d. KJV. 1933 Mitgl. d. KPD. 1933/34 i. KZ Fuhlsbüttel. 1935 erneut verhaftet u. zu 2 1/2 Jahren Zuchthaus verurteilt. Emigration i. d. Schweiz. 1945-49 2. Sekr. d. Landesltg. Nordbayern d. KPD. Chefred. d. „Nordbayerischen Volksechos". 1950 Chefred. d. Zentralorgans d. KPD „Freies Volk" i. Düsseldorf. 1951 Übersiedlung i. d. DDR. 1952-1955 stellv. Chefred., 1955 bis 1963 Chefred. d. SED-Bezirkszeitung „Freiheit" i. Halle/S. 1956-63 Mitgl. SED-BL Halle. Seit Febr. 1963 Ltr. d. Abt. Agitation b. ZK d. SED u. stellv. Vors. d. Agitationskommission b. Politbüro. Febr. 1966-Juli 1971 Chefred. d. ND. Nachf. v. Hermann Axen. Seit April 1967 (VII. Parteitag) Mitgl. d. ZK d. SED. Seit 1967 Mitgl. d. ZV d. VDJ/VdJ. Seit Juli 1971 Vors. d. Staatl. Komitees f. Rundfunk. Nachf. v. Reginald Grimmer. Seit Nov. 1971 stellv. Vors. d. OIRT. Seit Nov. 1971 Abg. d. VK. Mitgl. d. Ausschusses f. Ausw. Angel. Mitgl. Vors. d. Parl. Freundschaftsgruppe DDR-Indien.
Ausz.: VVO i. Bronze (1959), in Silber (1964) u. i. Gold (1969). Karl-Marx-Orden (1980) u. a.

Steenbeck, Max

Geb. 21. 3. 1904 in Kiel als Sohn eines Lehrers
Gest. 15. 12. 1981
L.: Studium a. d. Uni. Kiel. 1928 Promotion zum Dr. phil. („Intensitätsmessung v. Röntgenstrahlen unter Benutzung v. Geigerzählern"). Später Ltr. d. Stromrichterwerkes i. Berlin-Siemensstadt. 1945 vorübergehend interniert. 1945 bis 1956 wiss. Tätigkeit i. d. UdSSR. An d. sowj. Atombombenentwicklung beteiligt. Seit 1956 o. Mitgl. d. DAW. Seit 1. 11. 1956 Prof. m. Lehrstuhl f. Physik d. Plasmas a. d. Friedrich-Schiller-Uni. Jena. Zeitw. Dir. d. Inst. f. Magnetohydrodynamik d. DAW i. Jena u. d. Wiss.-techn. Büros f. Reaktorbau i. Berlin-Oberschöneweide. 1962-64 Vizepräs. d. DAW. 1962-1965 stellv. Vors., Dez. 1965-Nov. 78 Vors. d. Forschungsrates b. Ministerrat. Nachf. v. Prof. Thießen. Seit Nov. 78 Ehrenvors. d. Forschungsrates. 1966 Mitgl. d. Akad. d. Wiss. d. UdSSR. Seit 1970 Präs. d. DDR-Komitees f. Europ. Sicherheit. Mitgl. d. Präs. d. AdW.
Ausz.: VVO i. Gold (1974). Nat.-Preis I. Kl. (1959 u. 1971) u. a.
Veröff.: „Impulse u. Wirkungen - Schritte auf meinem Lebensweg"., Verlag d. Nation, Berlin 1977.

Stibi, Georg

Geb. 25. 7. 1901 in Markt Rettenbach bei Memmingen als Sohn eines Schuhmachers
Gest. 30. 5. 1982
L.: Dorfschule. Lehre i. einer Molkerei. 1919-26 i. d. Bau- u. Holzindustrie tätig. 1919 Mitgl. d. USPD. 1922 Mitgl. d. KPD. Ab 1926 Lokalred., polit. Red. bzw. Chefred. d. „Freiheit" i. Düsseldorf. 1930 v. Reichsgericht wegen Hoch- u. Landesverrats zu 2 Jahre Gf. verurteilt. 1932 Korrespondent d. „Roten Fahne" i. Moskau. Nach 1933 MA v. Radio Moskau u. Korrespondent deutschsprach. Zeitungen. Teilnehmer a. span. Bürgerkrieg. 22. 8. 1938 dtsch. Staatsbürgerschaft aberkannt. Nach d. span. Bürgerkriege Emigrant i. Frankreich u. Mexiko. 1941-45 Sekr. d. Bewegung „Freies Deutschland" i. Mexiko. 1946 Red., 1949 Chefred. d. „Berliner Zeitung". Okt. 1949-50 stellv. Ltr. d. Amtes f. Information. 1953 Chefred. d. „Leipziger Volkszeitung". 1954 Mitgl. d. Redaktion, 1955 bis 1956 Chefred. d. Zentralorgans d. SED „Neues Deutschland". 1957-58 Botschafter d. DDR i. Rumänien. Juni 1958 bis März 1961 Botschafter i. d. CSR. Nachf. v. Bernhard Koenen. 1961-74 stellv. Min. f. Ausw. Angel.
Ausz.: VVO i. Gold (1961). Karl-Marx-Orden (1966), Stern d. Völkderfreundschaft i. Gold (1981) u. a.

Teller, Günter

Geb. 24. 11. 1925 i. Halle als Sohn eines Salzsieders
Gest. 28. 6. 1982
L.: Schlosser. 1945 Mitbegründer d. Antifa-Jugend

i. Halle/S. 1948 1. Kreissekr. d. FDJ i. Halle. 1949 Landessekr. d. FDJ Sachsen-Anhalt. Seit 1950 Angehöriger d. VP/KVP/NVA. Offizier. 1955 bis 1959 Mitgl. d. Zentralrats (Büro) d. FDJ. 1959 Dozent a. d. Militärakad. „Fr. Engels" i. Dresden. 1964 stellv. Ltr. bzw. Ltr. d. Politverwaltung i. Militärbez. Leipzig d. NVA. 1965 stellv. Chef d. PHV d. NVA f. organisationspolitische Arbeit. 1. 3. 1966 Generalmajor d. NVA. Seit 1. 2. 1968 Vors. d. GST. Nachf. v. Kurt Lohberger. Seit 26. 2. 75 Generalleutnant d. NVA.
Ausz.: VVO i. Silber (1964). Orden „Banner d. Arbeit" (1972). Scharnhorst-Orden (1981) u. a.

Ulbricht, Walter

Geb. 30. 6. 1893 i. Leipzig als Sohn eines Schneiders
Gest. 1. 8. 1973
L.: Volksschule. Möbeltischler. 1912 Mitgl. d. SPD. 1915-18 Kriegsdienst. 1918 2mal wegen revol. Propaganda u. Desertion verhaftet. Mitgl. d. Spartakusbundes. 1919 Mitgl. d. KPD. 1920 Mitgl. d. BL Halle-Merseburg d. KPD u. Red. d. Parteiorgans i. Halle/Sa. Danach Mitgl. d. BL d. VKPD i. Bez. Westsachsen u. Red. d. „Roten Kurier" i. Leipzig. 1921 Sekr. d. BL Groß-Thüringen d. KPD. Ab 1923 Mitgl. d. ZK d. KPD u. Sekr. d. ZK Mitgl. d. Militärrates d. KPD. 1924 f. d. Komm. Internationale i. Österreich tätig. Danach Vertreter der KPD b. Exekutivkomitee d. Komm. Internationale. 1926-29 Abg. d. Sächs. Landtages. 1928-33 Abg. d. Reichstages. Ab 1929 Ltr. d. BL Berlin-Brandenburg d. KPD. 1933 wegen Hochverrats zu 2 Jahren Festung verurteilt. Okt. 1933 Emigration (Prag, Paris u. Moskau). Ab 1934 Sekr. d. Politbüros d. Exil-KPD. 1943 Mitbegründer d. NKFD i. d. SU. April 1945 Rückkehr nach Deutschland. Leiter d. sogenannten „Gruppe Ulbricht". Maßgeblich am Aufbau d. KPD beteiligt. April 1946 stellv. Vors. d. SED. Seit 1946 ununterbrochen Mitgl. d. PV bzw. ZK sowie d. Zentralsekr. bzw. Politbüros d. SED. 1949-50 Mitgl. d. Kl. Sekr. d. Politbüros, seit 1950 Mitgl. d. Sekr. d. ZK d. SED. Seit 1949 Abg. d. VK u. von 1949 bis 1960 1. Stellv. d. Vors. d. Ministerrates. 1950-53 Generalsekr. d. SED. Juli 1953 bis Mai 1971 Erster Sekr. d. ZK d. SED. Febr. 1960-Juni 1971 außerdem Vors. d. Nat. Verteidigungsrates d. DDR. Sept. 1960 bis zum Tode Vors. d. Staatsrates. 1971-73 Vors. d. SED.
Ausz.: Karl-Marx-Orden (1953). VVO i. Gold (1954). Ehrenbürger d. Stadt Leipzig (1958) u. a.

Verner, Waldemar

Geb. 27. 8. 1914 i. Chemnitz als Sohn eines Metallarbeiters
Gest. 15. 2. 1982
L.: Volksschule. 1930-33 Lehre als Schaufensterdekorateur. Mitgl. d. Jungspartakusbundes u. 1930 d. KPD. Aug. 1933-Dez. 1933 i. KZ-Haft. Emigration nach Skandinavien. 1935 Teilnehmer a. Kongreß d. Komm. Jugendinternationale i. Moskau. Illegale Tätigkeit v. Skandinavien aus b. Blohm & Voß i. Hamburg u. i. d. Phönix-Reifenwerken. Herausgeber d. Emigranten-Ztg. „Deutsche Nachrichten" i. Kopenhagen. Während d. 2. Weltkrieges Mitbegründer d. NKFD i. Dänemark. Dez. 1945 Rückkehr nach Dtschl. Bis 1949 1. Sekr. d. SED-Kreisltg. Stralsund. Danach MA d. Amtes f. Information. Ab Mitte 1950 Chef d. Seepolizei (KVP-See). Vizeadmiral. 1952-1953 gleichzeitig stellv. Min. d. Innern. 1954-1963 Kand., seit 1963 Mitgl. d. ZK d. SED. 1956-1959 Chef d. Seestreitkräfte d. DDR. 1956-78 stellv. Min. f. Nat. Verteidigung u. August 1959-Dez. 1978 Chef d. Politischen Verwaltung d. NVA. Seit Febr. 1961 Admiral. Seit 1979 Generalsekr. d. DDR-Komitees f. Europ. Sicherheit u. Zusammenarbeit. Seit Juni 1981 Abg. d. VK. Bruder v. Paul V. Vors. d. ASV „Vorwärts".
Ausz.: VVO i. Gold (1969). Karl-Marx-Orden (1974) u. a.

Vieweg, Kurt

Geb. 29. 10. 1911 i. Göttingen als Sohn eines Angestellten
Gest. 2. 12. 1976
L.: Vor 1933 Mitglied d. Atamanen-Bewegung u. 1931 d. KPD. Nach 1933 Emigration nach Skandinavien (Dänemark u. Schweden). Mitarbeiter d. Abschnittsltg. „Nord" d. illegalen KPD. Illegale Grenzarbeit (zus. m. W. Weidauer etc.). 1945 erneut Mitgl. d. KPD. Hauptamtl. VdgB-Funktionär i. Sachsen-Anhalt. 1949-53 Generalsekr. d. VdgB. 1950-53 Sekr. f. Landwirtschaft d. ZK d. SED. 1950 bis 1954 Mitgl. d. ZK d. SED. Bis 1957 Prof. u. Dir. d. Inst. f. Agrarökonomik d. Akademie d. Landwirtschaftswiss. 1956 Promotion zum Dr. agr. 1957 wegen revision. Auffassungen seiner Funktion enthoben. Flucht i. d. Bundesrepublik. Herbst 1957 freiwillige Rückkehr i. d. DDR. 1958 zu 12 Jahren Zuchthaus verurteilt. Strafverbüßung i. Zuchthaus Bautzen II. 1965 entlassen.

Warnke, Herbert

Geb. 24. 2. 1902 i. Hamburg als Sohn eiens Arbeiters
Gest. 26. 3. 1975
L.: Besuch d. Volksschule i. Hamburg. 1919 bis 1923 Lehre (Nieter). Danach als Nieter auf d. Schiffswerft Blohm & Voß tätig. 1923 Mitgl. d. KPD. 1927 Mitgl. d. BL Wasserkante d. KPD. 1929-30 Vors. d. Betriebsrates d. Schiffswerft Blohm & Voß. 1929 aus d. Metallarbeiterverband wegen oppositioneller Tätigkeit ausgeschlossen. Danach Mitgl. d. RGO. 1931-33 Sekr. d. RGO i. Bremen. Sekr. f. Gewerkschaftsfragen d. BL Weser-Ems d. KPD. 1932-33 MdR. 1933-36 illegale Parteiarbeit f. d. KPD i. Reichsgebiet. 1936 Emigration nach Dänemark. Zusammenarbeit m. E. Wollweber. 1938 Übersiedlung nach Schweden. 1939-43 i. Schweden interniert. 1945 Rückkehr nach Deutschland. 1946 Vors. d. Landesvorstandes Mecklenburg d. FDGB. Danach Ltr. d. Hauptabt. Betriebsräte d. Organisationsabt. i. Bundesvorstand d. FDGB. Seit 25. 10. 1948 ununterbrochen Vors. d. Bundesvorstandes d.

FDGB. Seit 1949 Abg. d. VK. Seit 1950 Mitgl. d. ZK d. SED. 1950-53 Mitgl. d. Sekr. d. ZK d. SED. 1953-58 Kand., seit 1958 (V. Parteitag) Mitgl. d. Politbüros d. ZK d. SED. Seit 1953 Vizepräs. d. komm. Weltgewerkschaftsbundes. Ausz.: VVO i Gold (1955). Karl-Marx-Orden (1962) u. a.

Weigel, Helene

Geb. 12. 5. 1900 i. Wien als Tochter eines Kaufmanns (Spielzeug-Geschäft)
Gest. 6. 5. 1971
L.: Künstl. Ausbildung i. Wien. Ab 1918 Engagements i. Frankfurt/M. u. bei L. Jessner u. Reinhardt i. Berlin. 1933 Emigration i. d. Ausland (Schweiz, Dänemark, Frankreich, USA). 1948 Rückkehr nach Deutschland. Seitdem Ltr. d. „Berliner Ensembles" i. Ostberlin. Mitgl. d. Akademie d. Künste i. Ostberlin. Mai 1960 zum Prof. ernannt. 1928-56 verheiratet mit Bertolt Brecht. Ausz.: Nat.-Preis (1949, 1953 u. 1960) u. a.

Winzer, Otto

Geb. 3. 4. 1902 i. Berlin als Sohn eines Arbeiters
Gest. 3. 3. 1975
L.: Besuch d. Volksschule u. d. Fortbildungsschule f. d. graf. Gewerbe. 1916-22 Schriftsetzerlehre u. Tätigkeit als Schriftsetzer. 1919 Mitgl. d. Fr. Sozial. Jugend (später KJV). KJV-Funktionär. 1922 Hersteller i. Verlag d. Jugend-Internationale. Später Ltr. d. Verlages d. Jugend-Internationale. 1925 Mitgl. d. KPD. Versch. Funktionen. 1933-35 illegale Tätigkeit f. d. KPD. 1935-45 Emigrant i. Frankreich, Holland u. SU. Agitator unter d. deutschen Kriegsgefangenen i. d. SU. 29. 4. 1945 Rückkehr mit d. Gruppe Ulbricht nach Deutschland. Mitgl. d. ZK d. KPD. 1945-46 Stadtrat f. Volksbildung b. Magistrat v. Groß-Berlin. 1946-48 Mitgl. d. Gesamtberliner Stadtverordnetenversammlung. Seit 1947 ununterbrochen Mitgl. d. PV bzw. d. ZK d. SED. Mai-Dez. 1949 stellv. Chefred. d. ND. 1949-56 Staatssekr. u. Chef d. Privatkanzlei d. Präs. d. DDR. Seit 1950 Abg. d. VK. Zeitweise Mitgl. d. Verfassungsausschusses u. d. VK. 1956-59 stellv. Min. f. Auswärtige Angelegenheiten. 1959-65 1. stellv. Min. u. Staatssekr., Juni 1965-Jan. 1975 Min. f. Auswärtige Angelegenheiten d. DDR. Nachf. v. Lothar Bolz.
Ausz.: VVO i. Gold (1955). Karl-Marx-Orden (1962) u. a.

Wolf, Friedrich

Geb. 23. 12. 1888 i. Neuwied
Gest. 5. 10. 1953 i. Lehnitz bei Berlin
L.: Besuch d. Gymnasiums i. Neuwied. 1907 Abitur. Militärdienst i. Heidelberg. Kurzes Studium a. d. Münchener Kunstakademie u. danach d. Humanmedizin a. d. Uni. Tübingen, Bonn u. Berlin. 1913 Promotion zum Dr. med. Kriegsteilnehmer. Bataillonsarzt. 1918 Mitgl. d. Arbeiter- u. Soldatenrates i. Dresden. 1918 USPD. 1920 Stadtarzt i. Remscheid. 1921 Arzt u. Torfarbeiter i. Worpswede. 1921-33 Arzt i. Hechingen, Höllsteig/Bodensee u. Stuttgart. 1928 KPD. Funktionär i. Volksfilm-Verband u. Arbeiter-Theaterbund. 1933 Emigration über Österreich, Schweiz, Frankreich i. d. SU. Zeitw. i. Frankreich tätig. Dort 1939 verhaftet, KZ-Haft bis 1941 i. Vernet. Rückkehr i. d. SU. 1943 Mitbegründer d. NKFD i. d. SU. 1945 Rückkehr nach Deutschland. 1949-51 Chef d. DDR-Mission, dann Botschafter d. DDR i. Polen. Anschl. freiberufl. Schriftsteller i. Lehnitz. Mitgl. d. Vorstandes d. DSV. Vors. d. Deutsch-Polnischen Gesellschaft. Mitgl. d. DAK. Ausz.: Nat.-Preis (1949, 1950).
Veröff.: „Der arme Konrad", Drama, 1924. „Cyankali", Schauspiel, 1929 (verfilmt). „Die Matrosen von Cataro", Schauspiel, 1930. „Professor Mamlock", Schauspiel, 1934 (verfilmt). „Bürgermeister Anna", Lustspiel, 1949 (verfilmt). „Der Rat der Götter", Filmdrehbuch, 1950, u. a. m.

Wolf, Konrad

Geb. 20. 10. 1925 in Hechingen als Sohn des kommunistischen Schriftstellers Dr. med. Friedrich Wolf
Gest. 7. 3. 1982
L.: In Stuttgart aufgewachsen. 1933 m. d. Eltern i. d. Schweiz u. nach Frankreich emigriert. 1936-1945 Emigrant i. d. SU i. Moskau. Besuch einer dtsch., dann einer russ. Schule 1942-1948 Angehöriger d. Roten Armee (Oberleutnant). Sechsmal m. sowj. Orden ausgezeichnet. Nach d. Waffenstillstand 1945 kurze Zeit MA d. „Berliner Zeitung". Danach MA d. Kulturabt. d. SMA i. Wittenberg u. Halle/Saale. Verantwortl. f. d. darstellende Kunst, Theater u. Film. 1948 aus d. Roten Armee entlassen. 1948-1949 MA d. Hauses d. Kultur d. SU i. Ostberlin (verantwortl. f. Jugendarbeit u. Sport). 1949 bis 1954 Studium a. d. Film-HS Moskau (G. Alexandrow). 1952 SED. 1955 bis 1959 Assistent, dann Regisseur b. d. DEFA. 1955 Mitgl. d. Zentralrates d. FDJ. Nach seiner Rückkehr als Regisseur b. d. DEFA tätig („Sterne" usw.). 1959-1966 Vors. d. Zentralvorstandes d. Gewerkschaft Kunst i. FDGB. 1959-68 Mitgl. d. BV d. FDGB (1961-63 d. Präs.). Seit Juni 1965 Präs. d. Akad. d. Künste i. Ostberlin. Nachf. v. Willi Bredel.
Ausz.: Nat. Pr. I. Kl. (1968, Koll.-Ausz. u. 1971). Orden d. Vaterländischen Krieges 1. Grades (UdSSR, 1970). Karl-Marx-Orden (1974) u. a.
Werke: „Sterne", 1959. Film. „Prof. Mamlock", 1961, Film. „Der geteilte Himmel", 1964, Film. „Goya", 1971, Film. „Mama, ich lebe", 1977, Film, „Solo Sunny", 1980, u. a. m.

Wollweber, Ernst

Geb. 28. 10. 1898 i. Hannoversch-Münden als Sohn eines Tischlers
Gest. 3. 5. 1967
L.: Volksschule. Schiffsjunge, Matrose. 1916-18 Teilnehmer am 1. Weltkrieg (Kriegsmarine). 1918 maßgeblich a. d. Matrosenmeuterei i. Kiel beteiligt (SMS „Helgoland"). 1919 Mitgl. d. KPD. Versch. lt. Funktionen i. kommunistischen Par-

teiapparat, u. a. 1921-23 Pol. Sekr. Bez. Hessen-Waldeck. Mitgl. d. ZK d. KPD. Generalsekr. d. Deutschen Sektion d. Internationale d. Hafenarbeiter u. Seeleute. 1928-32 Abg. d. Preuß. Landtages. 1929-30 Mitgl. d. Provinziallandtages Niederschlesien. 1932 Abg. d. Deutschen Reichstages. 1932 Ltr. d. Org.-Abt. d. ZK d. KPD. Nach 1933 i. illegalen Parteiapparat d. KPD i. Reichsgebiet tätig, dann Emigration. Lt. Komintern-Funktionär i. Skandinavien. Organisierte von Skandinavien aus zahlreiche Sprengstoffattentate auf Schiffe d. Achsenmächte. 1940 i. Schweden verhaftet u. zu 3 Jahren Zuchthaus verurteilt. Auf Ersuchen d. sowj. Regierung v. Schweden a. d. Sowjetunion ausgeliefert. 1946 stellv. Ltr., ab 1947 Ltr. d. Generaldir. Schiffahrt i. d. SBZ. 1949 Staatssekr. i. Min. f. Verkehr. Ab 1. 5. 1953 Staatssekr. f. Schiffahrt. Juli 1953-Nov. 1955 Staatssekr. f. Staatssicherheit u. stellv. Innenmin. Nachf. v. W. Zaisser. 1955 bis 1957 Min. f. Staatssicherheit. 1954-58 Mitgl. d. ZK d. SED u. Abg. d. VK. Am 6. 2. 1958 zusammen mit Schirdewan wegen „Fraktionstätigkeit" u. Opposition gegen Ulbricht aus d. ZK d. SED ausgeschlossen u. mit einer strengen Rüge bestraft.
Ausz.: VVO i. Gold (1954).

Zaisser, Wilhelm

Geb. 20. 6. 1893 i. Rotthausen b. Gelsenkirchen als Sohn eines Gendarmeriewachtmeisters
Gest. 3. 3. 1958 i. Berlin
L.: 1907-1910 Besuch einer Präparandenanstalt, 1910-13 d. Ev. Lehrerseminars Essen. 1913-14 Militärdienst. Teilnehmer am 1. Weltkrieg (Leutnant). 1918 Mitgl. d. USPD. 1919 KPD. Ltr. d. „Roten Armee" a. d. Ruhr. Mitorganisator d. komm. Aufstands i. Kanton. 1932 KPdSU. 1929 Teilnehmer an einem Lehrgang d. 1. Militärschule i. Moskau. Danach als Agent d. militärischen Nachrichtendienstes d. SU tätig (u. a. i. China). Journal. Betätigung i. Ruhrgebiet. Zahlreiche Auslandsaufträge. 1936 Kommandeur d. XIII. Internat. Brigade i. Spanien. Später unter dem Decknamen „General Gomez" Stabschef aller Internat. Brigaden i. Spanien. Ab 1938 i. d. SU. 1939-43 Chefred. d. dtsch. Sektion i. Verlag f. fremdsprachige Lit. i. Moskau. Ab 1943 Ltr. d. Antifa-Schule Krasnogorsk. 1947 Polizeichef d. Landes Sachsen-Anhalt, 1948-50 sächs. Innenmin. u. Chefinstrukteur d. VP. Febr. 1950 bis Juli 1953 Min. f. Staatssicherheit. 1950 bis 1953 Mitgl. d. ZK u. d. Politbüros. Im Juli 1953 zusammen mit Herrnstadt sämtlicher Funktionen enthoben, da er „mit einer defaitistischen gegen die Einheit d. Partei gerichteten Linie aufgetreten" war u. eine „parteifeindliche Fraktion" gebildet hatte. Jan. 1954 aus d. SED ausgeschlossen. Zuletzt MA d. Dietz-Verlages u. d. Inst. f. Marxismus-Leninismus b. ZK d. SED.
Ausz.: Karl-Marx-Orden (1953).

Ziller, Gerhart

Geb. 19. 4. 1912 i. Dresden als Sohn eines Arbeiters
Gest. 14. 12. 1957 i. Berlin
L.: Elektromonteur u. techn. Zeichner. 1927 KJV. 1930 KPD. Während d. NS-Zeit mehrmals inhaftiert. 1945 Stadtrat i. Meißen. Aug. 1945 Hauptabtltr. f. Industrie i. d. sächs. Landesverwaltung. 1949 Min. f. Industrie u. Verkehr i. Sachsen. 1950 Min. f. Maschinenbau d. DDR. Febr. 1953-Jan. 1954 Min. f. Schwermaschinenbau. Juli 1953 bis zu seinem Tode Mitgl. u. Sekr. f. Wirtschaft d. ZK d. SED. Verübte Selbstmord u. wurde später beschuldigt, zur „parteifeindlichen Gruppe Schirdewan und Wollweber" gehört zu haben.

Zweig, Arnold

Geb. 10. 11. 1887 i. Glogau als Sohn eines Sattlermeisters
Gest. 26. 11. 1968 i. Berlin
L.: Besuch d. Volksschule i. Glogau u. d. Oberrealschule i. Kattowitz. 1907-14 Studium d. neueren Sprachen, Germanistik, Philos., Kunstgeschichte u. Psychologie a. d. Uni. Breslau, München, Berlin, Göttingen, Rostock u. Tübingen. 1910 erste literarische Arbeiten. 1915-18 Armierungssoldat a. d. Westfront u. Mitarbeiter d. Presseabt. d. Oberkommandos Ost. 1919-23 i. Starnberg, 1923-33 i. Berlin ansässig. Mitgl. d. Schutzverbandes Deutscher Schriftsteller. 1926 Mitgl. d. PEN-Clubs. 1933 Emigration i. d. Schweiz, nach Frankreich u. Palästina. 1948 Rückkehr über Prag nach Deutschland. Seitdem freiberufl. Schriftsteller i. Berlin. Seit 1948 Mitgl. d. Präs. d. Kulturbundes (Vizepräs.). 1949-67 Abg. d. VK. Zeitweise Mitgl. d. Gnadenaussch. d. VK. 1949 Mitgl. d. Deutschen Friedensrates u. d. Weltfriedensrates. 1950-53 Präs., anschl. Vizepräs. u. seit 1957 Ehrenpräs. d. Akademie d. Künste i. Ostberlin. Seit 1957 Präs. d. PEN-Zentrums Ost u. West. 1962 zum Prof. ernannt.
Ausz.: Kleistpreis (1915). Nat.-Preis I. Kl. (1950). Lenin-Friedens-Preis (1958). VVO i. Gold (1962) u. a.
Veröff.: „Novellen um Claudia", 1912. „Ritualmord i. Ungarn", Drama, 1914. „Gerufene Schatten", Erz., 1923 u. Verlag Reclam, Leipzig, 1948. „Der Streit um den Sergeanten Grischa", Roman, 1927 u. Aufbau-Verlag, Berlin, 1948. „Junge Frau von 1914", 1930 u. Aufbau-Verlag, Berlin, 1949. „Erziehung vor Verdun", 1935 u. Aufbau-Verlag, Berlin 1949. „Einsetzung eines Königs", 1937 u. Aufbau-Verlag, Berlin, 1950. „Das Beil v. Wandsbek", Verlag Kiepenheuer, Weimar, 1951 (verfilmt), u. a. m.